RECLAMS BALLETTLEXIKON

RECLAMS BALLETTLEXIKON

Von Horst Koegler
und Helmut Günther

Philipp Reclam jun. Stuttgart

CIP-Kurztitelaufnahme der Deutschen Bibliothek

Koegler, Horst:
Reclams Ballettlexikon / von Horst Koegler u. Helmut Günther. –
Stuttgart: Reclam, 1984.
ISBN 3-15-010328-2

NE: Günther, Helmut:; HST

Gesamtherstellung: Reclam, Ditzingen
Printed in Germany 1984
ISBN 3-15-010328-2

Vorwort

Der Blick zurück erfolgt keineswegs im Zorn, eher, ein bißchen weiser geworden, mit dem stoßseufzenden Eingeständnis der inzwischen gewonnenen Erkenntnis, daß es hundertprozentig perfekte und korrekte Lexika offenbar nicht gibt. Auch dieses, *Reclams Ballettlexikon*, erhebt deshalb gar nicht erst den Anspruch, vollständig und ohne Fehl zu sein. Aber ich hoffe doch, in meinem nunmehr vierten Versuch eines Ballettlexikons – vorausgegangen sind *Friedrichs Ballettlexikon* (Velber bei Hannover 1972) und die erste sowie die zweite, revidierte Auflage des *Concise Oxford Dictionary of Ballet* (London 1977; ²1982) – aus den Fehlern, Auslassungen und Versäumnissen der Vergangenheit gelernt zu haben und dem erstrebten, wennschon nie zu erreichenden Traumziel ein bißchen nähergekommen zu sein.

Am Eröffnungs-Statement des Vorwortes zum *Friedrich-Lexikon* hat sich nichts geändert: »Dies Lexikon unternimmt den Versuch einer Gesamtdarstellung des Balletts, seiner Persönlichkeiten, Werke, Kompanien, Kristallisationszentren und Fachwörter, samt der Randgebiete des Modern Dance, des Folkloretanzes und des Gesellschaftstanzes.«

Allerdings hat sich in den vergangenen zwölf Jahren eine leichte Gewichtsverlagerung ergeben, die das Ballett als künstlerische Ausdrucksform des klassisch-akademischen Tanzes zwar noch immer im Mittelpunkt unseres Blickfeldes beläßt, doch haben die damals so genannten Randgebiete inzwischen erheblich an Bedeutung und auch Ausbreitung gewonnen – entsprechend haben wir ihnen mehr Raum als früher zugestanden.

Daß das so ist, ist weniger meiner Initiative als dem Engagement Helmut Günthers zu verdanken, der bis zur Ablieferung seiner letzten Manuskripte darauf drängte, die bisher durchweg vernachlässigten Stichworte »Afrikanischer Tanz«, »Indischer Tanz«, »Spanischer Tanz«, »Jazzdance«, »Gesellschaftstanz«, »Modern Dance« und »Ausdruckstanz« sowie die davon abgeleiteten Einzelstichworte angemessen repräsentiert zu sehen. Unsere Zusammenarbeit war geradezu ideal – nie gab es auch nur die mindeste Unstimmigkeit, so daß keinerlei Kompromisse geschlossen zu werden brauchten (übrigens auch nicht mit dem Verlag, der in seinen Kalkulationen davon ausgegangen war, daß das Lexikon halb so umfangreich werden würde, wie es nun tatsächlich geworden ist). Aufmerksame Leser werden rasch genug die Günther- und die Koegler-Stichworte zu unterscheiden wissen.

So sehr ich bedauere, daß Helmut Günther nun nicht mehr das Produkt unserer gemeinsamen dreijährigen Anstrengungen zu sehen bekommt, so froh bin ich doch darüber, daß er sein Manuskript noch beenden konnte – ja, ich bin überzeugt davon, daß die Arbeit ihm, der unübersehbar vom Tode gezeichnet war, der unbedingte Wille, das Manuskript zu vollenden, ein paar zusätzliche Lebensmonate geschenkt hat. Leid tut mir allerdings, daß er keine Korrekturen mehr lesen konnte, denn sein Argusauge hätte sicher auch da noch Unstimmigkeiten entdeckt, wo unsereins geneigt ist, flüchtig darüber hinwegzulesen.

Am meisten Kummer bereitet mir nach wie vor die Schreibweise der russischen Namen, deren Transkription in unsere Schrift – hier wirklich konsequent zu verfahren scheint mir

nachgerade die menschliche Leistungsfähigkeit zu überfordern, so daß ich nur um freundliche Nachsicht bitten kann. Im Gegensatz zu meinen früheren Lexika habe ich mich entschlossen, alle russischen Daten nach dem neuen Gregorianischen Kalender anzugeben. Geblieben ist die Differenzierung zwischen St. Petersburg (bis 1914), Petrograd (bis 1924) und Leningrad.
Ein paar Tips als Gebrauchsanweisung: Fremdsprachige Titel findet man üblicherweise in ihrer verbreiteten deutschen Fassung (also *Aschenbrödel* für *Cinderella*); wo diese jedoch bei uns meist im Original verwendet werden, ist diese Version beibehalten worden (etwa *La Fille mal gardée*, *Sacre du printemps*) – Querverweise dürften das Auffinden der einen oder anderen Version nicht allzu schwierig gestalten; die Ballettgeschichte der einzelnen Länder ist im allgemeinen unter dem Stichwort ihrer Hauptstädte abgehandelt (Ausnahmen: New York, Amsterdam, Rio de Janeiro) – was Deutschland (und die Schweiz) angeht, so sind wir dezentralistisch verfahren und haben uns an die großen Städte gehalten.
In gewisser Weise stellt natürlich jedes Lexikon eine Kompilation von Informationen dar, die bereits an anderer Stelle veröffentlicht worden sind. *Reclams Ballettlexikon* macht da keine Ausnahme, stützt sich aber selbstverständlich weitgehend auf die eigenen einschlägigen früheren Publikationen und, was die Ereignisse der jüngsten Vergangenheit angeht, auf die von Hartmut Regitz so mustergültig besorgte Dokumentation in den Ballettjahrbüchern, die mit der Zeitangabe des jeweiligen Erscheinungsjahrs bei Orell Füssli in Zürich und bei Friedrich in Velber erschienen sind. Die Standard-Nachschlagewerke, die sich im Laufe der Jahre als unentbehrlich erwiesen haben und denen auch ich zahlreiche Informationen verdanke, sind nachstehend aufgeführt.
Die stehengebliebenen Fehler, Irrtümer und Auslassungen gehen allein zu meinen Lasten, der ich ausdrücklich dazu einladen möchte, mir über den Verlag entsprechende Hinweise und Verbesserungsvorschläge zukommen zu lassen.

Stuttgart, Mai 1984 *Horst Koegler*

Bibliographische Hinweise

Als Basismaterial wurde primär auf die folgenden Lexika zurückgegriffen:

Enciclopedia dello spettacolo, 9 Bde., Rom 1954–62, Nachtrag 1966.
A. Chujoy / P. W. Manchester, *The Dance Encyclopedia*, New York 1967.
H. Koegler, *Friedrichs Ballettlexikon*, Velber 1972.
G. B. L. Wilson, *A Dictionary of Ballet*, London 1974.
Balet Enziklopedia, Moskau 1981.
H. Koegler, *The Concise Oxford Dictionary of Ballet*, London 1982.
Riemann Musiklexikon, 3 Bde., Mainz 1958–67; 2 Erg.-Bde., ebd. 1972, 1975.
The New Grove Dictionary of Music and Musicians, London 1980.

Weitere, ständig benutzte Nachschlagewerke waren:

G. Balanchine / E. Mason, *Balanchine's Complete Stories of the Great Ballets*, Garden City, N. Y., 1977.
C. W. Beaumont, *Complete Book of Ballets*, London 1951; *Supplement to Complete Book of Ballets*, ebd. 1952; *Ballets of Today*, ebd. 1954; *Ballets Past and Present*; ebd. 1955.
P. Brinson / C. Crisp, *A Guide to the Repertory of Ballet & Dance*, Newton Abbot 1980.
O. F. Regner / H.-L. Schneiders, *Reclams Ballettführer*, Stuttgart [8]1980.
A. Bland, *The Royal Ballet – The First 50 Years*, London 1981.
S. Grigoriev, *The Diaghilev Ballet 1909–1929*, London 1953.
I. Guest, *The Romantic Ballet in Paris*, London 1966; *The Ballet of the Second Empire*, ebd. 1974.
L. Kirstein, *Movement & Metaphor*, New York 1970.
D. McDonagh, *The Complete Guide to Modern Dance*, Garden City, N. Y., 1976.
K. Peters, *Lexikon der klassischen Tanztechnik*, Hamburg 1961.
N. Reynolds, *Repertory in Review – 40 Years of the New York City Ballet*, New York 1977.
N. Roslavleva, *Era of the Russian Ballet*, London 1966.

Jahrbücher und andere Periodica, die vor allem dokumentarisches Material lieferten, sowie ständig herangezogene Zeitschriften:

The Ballet Annual – A Record and Year Book of the Ballet, 18 Bde., London 1947–63.
Ballett 1965, Chronik und Bilanz des Ballettjahrs, 19 Bde., Velber/Hannover/Zürich, 1965–83.
Dance Index, 7 Bde., New York 1942–48, Repr. ebd. [1971]
Dance Perspectives, 64 Nrn., New York 1958–74.
Dance World, 14 Bde., New York 1966–79.
Israel Dance '75, Bd. 1–8, Tel Aviv 1976–83.

Ballet News, New York 1979 ff.
Ballet Review, New York 1965 ff.
Ballett International, Köln 1982 ff.
Dance and Dancers, London 1950 ff.
Dance Chronicle, New York 1977 ff.
Dance Magazine, New York 1936 ff.
The Dancing Times, London 1898 ff.
Les Saisons de la danse, Paris 1968 ff.
Das Tanzarchiv, Hamburg/Köln 1953–80; seit 1981 vereint mit dem *Ballett-Journal*, Overath.

Abkürzungen

Gängige allgemeine Abkürzungen, Abkürzungen für biblische Bücher sowie Abkürzungen für die amerikanischen Bundesstaaten wurden nicht berücksichtigt.

arr.	arrangiert
Auff.	Aufführung
B.	Ballett, Ballet
Ch.	Choreographie
Comp.	Compagnie, Company
Dek.	Dekor, Gesamtausstattung
EA	Erstaufführung
Einst.	Einstudierung
Ens.	Ensemble
Insz.	Inszenierung
Komp.	Kompanie
Kost.	Kostüm(e)
Libr.	Libretto
Lit.	Literatur
Mitgl.	Mitglied
Mus.	Musik
Prod.	Produktion
Rep.	Repertoire
Th.	Theater, Theatre, Théâtre
UA	Uraufführung
Vorst.	Vorstellung

A

Abel, Katharina, österr. Tänzerin, * 22. 2. 1856 Wien, † 6. 3. 1904 Baden bei Wien. Studierte an der B.-Schule der Hofoper, deren Mitgl. sie 1871 wurde, Solotänzerin 1878, Solomimikerin 1884–92. Gehörte zu den beliebtesten Tänzerinnen der Wiener Ära von K. Telle, mit Franz in *Coppélia* als ihrer berühmtesten Rolle.

Abramowitsch, Ruth (auch R. Sorel), dt.-poln. Tänzerin und Pädagogin, * 1907 Halle (Saale), † 1. 4. 1974 Warschau. Studierte bei M. Wigman, Tänzerin der Wigman-Gruppe, dann Essen 1926, Solistin an der Städt. Oper Berlin 1927–33, wo sie als dramatische Tänzerin ihren größten Erfolg als Frau des Potiphar in L. Maudriks *Josephslegende* hatte. Zusammen mit ihrem Partner G. Groke auf ausgedehnten Solotanz-Tourneen. 1933 gezwungen zu emigrieren, ging nach Polen und unternahm von dort aus zusammen mit Groke Tourneen bis nach Übersee. Auswanderung nach Südamerika 1939, später Kanada. Kehrte zu Beginn der fünfziger Jahre nach Warschau zurück, wo sie bis zu ihrem Tode als Pädagogin tätig war.

Abraxas, ein Faust-B. in 5 Bildern, Libr. und Mus.: W. Egk, Ch.: M. Luipart, Dek.: W. Znamenacek; UA 6. 6. 1948, Bayer. Staatsoper, Prinzregenten-Th., München, mit M. Luipart, I. Kladiwowa, S. Schwarz, N. Nilanowa-Sanftleben u. a. – Egk benutzte Motive aus H. Heines Tanzpoem *Der Doktor Faust.* Der alternde Faust schließt seinen Pakt mit Bellastriga, einer schönen Hexe, die ihn der Erzbuhlin Archisposa zuführt, dann einem Pandämonium in der Hölle und schließlich der antiken Helena. Als er jedoch der reinen Liebe Margaretens begegnet und aus Ekel den Pakt zerreißt, ist er wieder sein altes Selbst und zieht Margarete mit sich in den Untergang. – Da die Münchner Insz. wegen angeblichen Erregens öffentlichen Ärgernisses aus politischen Gründen nach wenigen Vorst. vom Spielplan abgesetzt werden mußte, konnte erst die Berliner Auff. am 21. 10. 1949 an der Städt. Oper (Ch.: J. Charrat) das B. endgültig durchsetzen. Danach gehörte das oft auch in gekürzter Fassung gegebene B., dessen Titel auf die jüdische Magielehre der Kabbala verweist, über ein Jahrzehnt lang zu den populärsten dt. B.en. (→ Faust-Ballette.)

Lit.: O. F. Regner / H.-L. Schneiders, in: *Reclams Ballettführer*, Stuttgart [8]1980; *A.*, in: *Die Tanzarchiv-Reihe* 2, Hamburg 1964; M. Niehaus, in: *Himmel, Hölle und Trikot*, München 1959.

Abstrakter Tanz, von O. Schlemmer geprägter Begriff zur Bezeichnung der von ihm in den zwanziger Jahren am Bauhaus in Weimar und Dessau entwickelten Tanzformen, in denen der Tänzer nur noch als Animator und Träger geometrischer Formen und Figuren in einem klar strukturierten Raum fungiert. (→ Bauhaustänze.)

Abstraktes Ballett, ein B. ohne Handlung, das lediglich choreogr. Ziele verfolgt (Gegensatz: B. d'action). Bindungen an die Musik, ein Thema, eine seelische Stimmung oder eine allgemeine Idee sind möglich, aber nicht nötig. *Moves* von J. Robbins kommen ohne Musik aus, F. Ashtons *Symphonic Variations* (Mus.: Franck) stützen sich auf die Musik, L. Massines *Choreartium* (Mus.: Brahms, 4. Sinfonie) versucht, die musikalischen Vorgänge in den Raum zu projizieren, M. Fokines *Les Sylphides* (Mus.: Chopin) bemühen sich um die Herstellung einer allgemeinen romantischen Stimmung, G. Balanchines *Vier Temperamente* (Mus.: Hindemith) realisieren die verschiedenen Gemütszustände in Form von Charaktervariationen.

Académie Royale de Danse, 1661 von Ludwig XIV. in Paris gegründet, offizielle Registrierung durch das Parlament von Paris (Oberstes Gericht) erst am 30. 3. 1662. Ziel war die Fixierung objektiver Maßstäbe zur Perfektionierung der Tanzkunst. Die A. setzte sich zusammen aus einem Direktor und 13 Tanzmeistern. Jegliche öffentliche und private Ausübung der Tanzlehrertätigkeit sollte in Zukunft von einem Diplom abhängig sein, das die A. nach einer Prüfung erteilte und den betreffenden Tänzer zur Führung des Titels »Académicien de l'art de la danse« berechtigte. Erster Direktor war P. Beauchamp 1661–80, sein Nachfolger L. Pécour. In der Praxis war die A. ohne Wirkung und Bedeutung. J.-G. Noverre griff sie daher in seinen *Briefen über die Tanzkunst* als nutzlos an. 1780 offiziell aufgelöst. Die Entwicklung der frz. Tanzkunst wurde seit 1672 von der Académie Royale de Musique weitergeführt.

Académie Royale de Musique, Name der Pariser Opéra seit 1671. Deren Geschichte begann 1669, als Ludwig XIV. dem Komponisten Robert Cambert und dessen Textdichter Pierre Perrin die Konzession zur Gründung einer frz.-sprachigen Oper (Académie d'Opéra) verlieh. Als Eröffnungs-Vorst. hatte die Oper *Pomone* 1671 großen Erfolg. Doch Abbé Sourdéac und Marquis de Champeron, die finanziell-technischen Manager dieses ersten frz. Opernhauses, waren kriminelle Abenteurer und Betrüger, die das Unternehmen in den Bankrott steuerten. Auf Veranlassung des Königs mußten sie 1671 ihre Konzession an J.-B. Lully abtreten. Dieser wurde 1672 offiziell zum Direktor der nun als A. R. d. M. bezeichneten Opéra benannt. Die A. besaß auch eine B.-Komp., bestehend aus 12 Tänzerinnen und 12 Tänzern. Eine eigene Schule wurde 1713 angegliedert, aus ihr gingen die großen Tänzer und Tänzerinnen des 18. Jh.s hervor. Seit 1871 heißt die Pariser Opéra offiziell Th. National de l'Opéra.

Achcar, Dalal, bras. Tänzerin, Choreographin und B.-Direktorin, * um 1935 Rio de Janeiro. Studierte bei O. Preobrajenska, L. Egorova, I. Schwezoff und M. Makarova. Direktorin und Choreographin ihres eigenen B.s in Rio de Janeiro seit 1960 (mit dazugehöriger B.-Akademie). Zeitweise auch B.-Direktorin ebd. am Teatro Municipal. Organisierte verschiedene bras. B.-Festivals.

Adagio (ital., bequem, gemächlich). **1.** Als Tempovorschrift jede tänzerische Bewegungsfolge in einem langsamen Zeitmaß (Gegensatz: Allegro). **2.** Der Mittelteil des traditionellen B.-Exercise, der dazu dient, das Gefühl für Placement, Linie und Balance des Tänzers zu entwikkeln. **3.** Der Einleitungssatz eines meist vierteiligen Pas de deux. **4.** Der akrobatische Tanz von Revuetänzern. – Gebräuchlich ist auch das frz. Adage.

Adagio Hammerklavier, B. in 1 Akt, Ch.: H. van Manen, Mus.: Beethoven (aus der *Hammerklavier*-Sonate, op. 106), Dek.: J.-P. Vroom; UA 4. 10. 1973, Het Nationale B., Stadsschouwburg, Amsterdam, mit A. Radius, H. Ebbelaar, M. Sand, H. Jurriens, S. Marchiolli und F. Sinceretti. Ein konzertantes B. für 6 Tänzer und ihre emotionalen Abhängigkeiten als zeitlupenartige Variationsfolge über das Thema ›Adagio‹. Übernommen ins Rep. zahlreicher Komp.n. Dt. Erstprod. Dt. Oper Berlin 1975.

Adam, Adolphe Charles, frz. Komponist, * 24. 7. 1803 Paris, † 3. 5. 1856 ebd. Komponierte die Musik zu 14 B.en, u. a. für *Faust* (Ch.: A. J. J. Deshayes, 1833), *La Fille du Danube* (Ch.: F. Taglioni, 1836), *Giselle* (Ch.: J. Coralli und Jules Perrot, 1841), *La jolie fille de Gand* (Ch.: F.-D. Albert, 1842) und *Le Corsaire* (Ch.: J. Mazilier, 1856).

Adams, Carolyn, amer. Tänzerin, * 6. 8. 1943 New York. Studierte bei Mme. de Bayser, N. Fisher, M. Graham, B. Schönberg und in Paris bei K. Waehner. Wurde bekannt als Solistin der Komp. von P. Taylor, der sie von 1965 an angehörte, mit Rollenkreationen u. a. in *Post Meridian*, *Orbs* (beide 1966), *Public Domain* (1968), *Big Bertha* (1971), *Esplanade* (1975) und *Le Sacre du printemps* (1980). Leitet heute das Harlem Dance Studio.

Adams, Diana, amer. Tänzerin und Pädagogin, * 29. 3. 1926 Stanton (Va.). Studierte bei E. Hadley, E. Caton, A. de Mille und A. Tudor. Debüt im Musical *Oklahoma!* (1943). Tänzerin beim B. Th. 1943, Solistin 1945, dann Principal Dancer beim New York City B. 1950–63. Rollenkreationen u. a. in J. Robbins' *Facsimile* (1946), A. de Milles *Fall River Legend* (1948), G. Balanchines *La Valse* (1951), *Caracole* (1952), *Opus 34* (1954), *Agon* (1957), *Monumentum* und *Liebeslieder Walzer* (1960), F. Ashtons *Picnic at Tintagel* (1952). Filmrollen in D. Kayes *Knock on Wood* (1954) und G. Kellys *Einladung zum Tanz* (1956). Unterrichtet an der School of American B.

Adret, Françoise, frz. Tänzerin, Choreographin und B.-Direktorin, * 7. 8. 1920 Versailles. Studierte bei Mme. Rousanne, N. Kiss und V.

Gsovsky. Tänzerin bei R. Petits B.s de Paris 1948, dann B.-Meisterin und Choreographin bei einer Vielzahl europ., vorwiegend frz. Komp.n (aber auch an der Amsterdamer und Warschauer Oper), von 1968 an beim B.-Th. Contemporain. Anfang der achtziger Jahre B.-Direktorin in Lyon.

African Dance Company of Ghana. Die Komp. gehört zum Dance Department der Universität von Ghana. Direktor ist der Musikologe J. H. Nketia, Künstlerischer Leiter ist A. M. Opoku, einer der bekanntesten Tanzforscher Afrikas. Zahlreiche Tourneen haben die Komp. auch in Europa und Amerika bekannt gemacht, die die Eigenart des ghanaisch-westafrik. Tanzstils gegen alle westl. Einflüsse bewahrt hat.

Lit.: A. M. Opoku, *African Dances*, Legon (Ghana) 1965; J. H. Nketia, *Ghana – Music, Dance and Drummer*, Legon (Ghana) 1965.

Afrikanischer Tanz. Der schwarz-afrik. Tanz hat heute Weltgeltung erlangt. Die meisten neuen afrik. Staaten besitzen ihre nationalen Tanz-Ens.s, die überall in der Welt als Botschafter der traditionellen Musik- und Tanzkultur Afrikas auftreten. Technisch wird der schwarz-afrik. Tanz gekennzeichnet durch das Phänomen der Polyzentrik, das im Jazz Dance als Isolation bezeichnet und angewandt wird. Polyzentrik, Isolation bedeutet, daß der tanzende Körper nicht wie im europ. Tanz als geschlossene Einheit eingesetzt wird, sondern daß die einzelnen Körperteile sich unabhängig voneinander bewegen, ihr jeweils eigenes Zentrum bilden. Dieses Grundphänomen wird in Schwarz-Afrika variiert. Die verschiedenen Zentren werden verschieden stark eingesetzt. Es sind sechs große Tanzprovinzen und Tanzkulturen nachweisbar: der sudan., westafrik., zentralafrik., südafrik., ostafrik. und der nilotische Tanzstil. Aus dem sudan. und westafrik. Tanz entstand in den USA der Tap Dance, der Jazz Dance geht zurück auf den zentralafrik. Bantu-Stil.

Lit.: H. Günther, *Die Tänze und Riten der Afro-Amerikaner*, Bonn 1982.

Afternoon of a Faune → *Nachmittag eines Fauns, Der*.

Agamemnon-Ballette. B.e, die den tragischen Mythos des Königs A. behandeln, der nach seiner Rückkehr aus dem Trojanischen Krieg von seiner Gattin Klytämnestra erschlagen wurde, schufen u. a. J.-G. Noverre (in *Der gerächte A.*, Mus.: F. Aspelmayer, Wien 1771), F. Clerico (in *Il Ritorno d'A.*, Florenz 1821), R. von Laban (in *A.s Tod*, 1924) und M. Graham (in *Clytemnestra*, Mus.: H. El-Dabh, 1958). (→ Klytämnestra-Ballette.)

Age of Anxiety (*Zeitalter der Angst*). → Robbins, Jerome.

Agon, B. für 12 Tänzer, Ch.: G. Balanchine, Mus.: Strawinsky; UA 27. 11. (Benefiz-Vorst.) und 1. 12. 1957, New York City B., City Center, New York, mit D. Adams, M. Hayden, A. Mitchell, T. Bolender u. a. – Das handlungslose B. hat 3 Abschnitte und gliedert sich in verschiedene Duos, Pas de trois und Pas de quatre. Der Titel ist griechisch und heißt so viel wie Wettkampf. Strawinskys Partitur wurde z. T. durch de Lauzes *Apologie de la danse* und M. Mersennes *Musical Examples* inspiriert. Von anderen Komp.n übernommen. Dt. Erstprod. der Balanchine-Ch., Stuttgart 1970. Eigene Versionen u. a. von O. Krüger (europ. EA Düsseldorf 1958) und K. MacMillan (Royal B., 1958).

Lit.: O. F. Regner / H.-L. Schneiders, in: *Reclams Ballettführer*, Stuttgart [8]1980.

Ahrenkiel, Peter, dt. Tänzer und Pädagoge, * 20. 1. 1917 Plön. Studierte in Paris bei P. Leoneff und P. Grinvis. Tänzer in Lille, Hamburg, Mannheim, Köln und Wiesbaden. Leiter der Tanzabteilung an der Hochschule für Musik und Darstellende Kunst Frankfurt a. M. 1961–80.

Ailes de pigeon (frz., Taubenflügel), Absprung von einem Fuß, das andere Bein wird gestreckt in die Luft geworfen. Die Beine schlagen aneinander, dann Landung auf dem Spielbein, wobei das andere Bein in die Luft gestreckt wird. Ausführung *en avant* und *en arrière*.

Ailey, Alvin, amer. Tänzer, Choreograph und Pädagoge, * 5. 1. 1931 Rogers (Tex.). Studierte bei L. Horton, später auch bei M. Graham, H. Holm, Ch. Weidman und K. Shook. Schauspielunterricht bei Stella Adler. Tänzer beim L. Horton Dance Th. 1950, dessen Leitung er 1953 nach Hortons Tod übernahm. Mitwirkung in Musicals (u. a. *House of Flowers*, 1954), Filmen (u. a. *Carmen Jones*, 1954) und Schauspielen

(u. a. *Tiger, Tiger, Burning Bright*, 1962). Debüt als Choreograph mit seinem A. A. American Dance Th. 1958. Zahlreiche Tourneen mit seiner Komp., die ihn seit 1954 wiederholt nach Europa (auch in die Bundesrepublik) geführt haben. Zu seinen wichtigsten Ch.n gehören u. a. *Blues Suite* (trad. Mus., 1958), *Revelations* (trad. Mus.), *Knoxville: Summer of 1915* (Mus.: Barber, beide 1960), *Hermit Songs* (Mus.: Barber), *Feast of Ashes* (Mus.: C. Surinach, für R. Joffrey B., beide 1962), *Labyrinth* (später *Ariadne*, Mus.: A. Jolivet, 1963), *Reflections in D* (Mus.: D. Ellington, 1964), *Masekala Langage* (Mus.: H. Masekala, 1969), *The River* (Mus.: Ellington, für American B. Th., 1970), *Flowers* (Mus.: J. Joplin), *Choral Dances* (Mus.: Britten), *Mass* (Mus.: L. Bernstein, alle 1971), *The Lark Ascending* (Mus.: H. Vaughan Williams), *Sea Change* (Mus.: Britten, für American B. Th., beide 1972), *Hidden Rites* (Mus.: P. Sciortino, 1973), ferner zu den folgenden Kompositionen von Ellington: *Ailey Celebrates Ellington* (mehrere Fernsehfolgen, 1974), *The Mooche*, *Night Creatures* (beide 1975), *Pas de Duke* (Duo für J. Jamison und M. Baryschnikow), *Black, Brown and Beige* (1976) sowie *Passage* (Solo für Jamison, Mus.: Hale Smith, 1978), *Au bord du précipe*, Pop-Musik, Opéra, Paris 1983. – In seinen besten Arbeiten ist A. eine überzeugende Synthese aus Elementen des authentischen schwarzen Jazz Dance, des Modern Dance und auch des akademischen Tanzes gelungen, wobei der Jazz die entscheidende Energiequelle bildet. A.s schönste und wichtigste Arbeiten haben Leben, Leiden und Glauben der schwarzen Amerikaner zum Thema.

Lit.: J. H. Mazo / S. Cook, *The A. A. American Dance Theatre*, New York 1978; M. Hodgson, in: *Quintet*, New York 1976; E. Rogosin, in: *The Dance Makers*, New York 1980.

Ailian, Dai → Dai Ailian.

Air, en l' (frz., in der Luft), im B. eine Bewegungsfolge, die in der Luft ausgeführt wird, z. B. Tour en l'air, aber auch die Arbeit eines Beins in der Luft im Verhältnis zum Standbein. Gegensatz: *à terre*.

Akademischer Tanz, seit dem 17. Jh. entwickelter und immer mehr perfektionierter Th.-Tanz, dessen Schritt- und Bewegungsfolgen in der Danse d'école strikt kodifiziert sind und im Exercice zur Vervollkommnung der Technik des Tänzers täglich repetiert werden. Im 17. und 18. Jh. trugen Paris, im 19. Jh. Mailand und St. Petersburg entscheidend zur Weiterentwicklung des akademischen Tanzes bei.

Akesson, Birgit, schwed. Tänzerin und Choreographin, * 1908 Malmö. Studierte bei M. Wigman und tanzte in ihrer Gruppe. Solodebüt 1934 in Paris, unternahm dann zahlreiche Tourneen durch Europa und Amerika. Choreographierte auch fürs Kgl. Schwed. B. Mitbegründerin des Choreogr. Instituts Stockholm (1964) und Leiterin dessen Choreogr. Abteilung (bis 1968). Forschungsarbeiten über den afrik. Tanz.

Aktäon und Diana-Ballette → *Diana*-Ballette.

Ala und Lolly → *Skythische Suite*.

Albert, François Decombe, frz. Tänzer und Choreograph, * 15. 4. 1789 Bordeaux, † 18. 7. 1865 Fontainebleau. Studierte in Bordeaux bei lokalen Lehrern sowie in Paris bei J.-F. Coulon. Tänzer in Bordeaux, dann von 1803 an der Pariser Opéra (Premier danseur 1817–35), dort auch Choreograph (1829–42). Arbeitete auch in London, Neapel, Wien und Brüssel. Rollenkreationen u. a. in M. Gardels *Paul et Virginie* (1806), L. Milons *Nina* (1813) und F. Taglionis *The Marble Maiden* (1845). Choreographierte u. a. *Le Seducteur au village* (Mus.: J. Schneitzhoeffer, Paris 1813), *Cendrillon* (Mus.: A. Sor, Paris 1823), *Le Corsaire* (Mus.: N. Bochsa, London 1837), *La jolie fille de Gand* (Mus.: A. Adam, Paris 1842) und die B.e in Donizettis Oper *La Favorite* (Paris 1841). Autor von *L'art de la danse à la ville et à cour* (1834).

Albrecht, Angèle, dt. Tänzerin und Pädagogin, * 16. 11. 1942 Freiburg. Studierte bei L. von Sachnowsky und an der Royal B. School. Tänzerin Mannheim 1960/61, Hamburg 1961–67 und B. du XXe Siècle 1967–69 mit Rollenkreationen u. a. in M. Béjarts *Ni Fleurs, ni couronnes* (1968), *Actus Tragicus* (1969), *Nijinsky, Clown de Dieu* (1971), *Baudelaire* (1972), *I Trionfi* (1973) und *Pli selon pli* (1975). Auch als Malerin mit diversen Ausstellungen erfolgreich. Heute als Pädagogin in Brüssel tätig. Verheiratet mit dem Choreographen Lorca Massine.

Aldous, Lucette, neuseel. Tänzerin, * 26. 9. 1938 Auckland. Studierte in Sydney und an der Royal B. School. Tänzerin beim B. Rambert 1957–63, London Festival B. 1963–66, Royal B. 1966–70 und Australian B. 1971–77. Hatte ihre besten Rollen als Swanilda, Kitri (auch in R. Nurejews *Don Quixote*-Film, 1973) und La Sylphide.

Alegrias (span., Fröhlichkeit), lebhafter und schneller Flamenco-Tanz im ¾- oder ⁶⁄₈-Takt, auch als König der Flamenco-Tänze bezeichnet. Besondere Eleganz und reiches Spiel der Arme. Die A. ist der einzige Flamenco-Tanz, der einen exakten choreogr. Aufbau besitzt.

Alexander-Ballette. B.e über den König von Makedonien (356–323 v. Chr.) choreographierten u. a. J. G. Noverre (1765), G. Angiolini (Mus.: Gluck, Moskau 1767, ein weiteres *A. trionfante nell'Indie*, Verona 1780), P. Gardel *A. chez Apelles* (Paris 1808), S. Viganò (*A. nell'Indie*, Mailand 1820) und S. Lifar (*A. le Grand*, Mus.: Ph. Gaubert, Paris 1937).

Alexander Roy London Ballet Theatre. Die Komp. wurde 1965 unter dem Namen International B. Caravan als Tourneetruppe von Kammer-B.-Zuschnitt in Paris gegründet und ist seit 1966 in London ansässig, von wo aus sie regelmäßig ausgedehnte Gastspielreisen durch die engl. Provinz und auf den europ. Kontinent unternimmt. Direktor des Unternehmens ist A. R., der als Udo Badstübner Tänzer in Ost-Berlin war. Das Rep. besteht hauptsächlich aus von R. choreographierten B.en. Primaballerina ist R.s Frau Christina Gallea.

Algaroff, Youly, sowj.-frz. Tänzer und B.-Impresario, * 28. 3. 1918 Simferopol. Studierte bei E. Eduardowa und B. Kniaseff. Tänzer bei B.s de la Jeunesse 1937, dann Lyon, B.s des Champs-Elysées (1946 und 1948/49), freischaffend bei verschiedenen frz. Komp.n und Danseur étoile an der Pariser Opéra 1952–64. Seit 1965 B.-Impresario in Paris.

Algeranova, Claudie, engl. Tänzerin, * 24. 4. 1924 Paris. Studierte an der Cone-Ripman School. Tänzerin beim International B. 1941, dann bei Borovanskys Australian B., später in Luzern und Graz. B.-Sekretärin der Münchner Staatsoper seit 1967. War verheiratet mit dem engl. Tänzer, Pädagogen und B.-Meister Harcourt Algeranoff (1903–67).

Algo, Julian, dt. Tänzer, Choreograph und B.-Meister, * 9. 12. 1899 Ulm, † 24. 5. 1955 Stockholm. Studierte bei E. Eduardowa, H. Kröller und R. von Laban. Tänzer beim Petz-Kainer-B., dann bei Y. Georgi in Gera und Hannover 1925–27. B.-Meister in Duisburg 1927–31, dann Solotänzer und B.-Meister beim Kgl. Schwed. B. Seine hier choreographierten *Visions* (Mus.: Mussorgsky) gewannen 1945 den Ersten Preis beim Kopenhagener Wettbewerb der Archives Internationales de la Danse. Zu seinen bekanntesten Stockholmer B.en zählen *Orpheus in der Stadt* (Mus.: H. Rosenberg, 1935) und *La Taglioni* (Mus.: D. F. E. Auber, 1951).

Allan, Maud, kanad.-amer. Tänzerin, * 27. 8. 1873 Toronto, † 7. 10. 1956 Los Angeles. Wuchs in San Francisco auf, studierte Musik und kam über das Erlebnis der griechisch-klassischen Kunst zum Tanz. Debüt in Wien 1907 zu Kompositionen von Bach, Beethoven, Schubert und Schumann. Ihr berühmtestes Tanzwerk, *The Vision of Salome*, wurde wahrscheinlich im gleichen Jahr in München zu Musik von Marcel Remy uraufgeführt und war dann 1908 im Palace Th. in London ein enormer Erfolg. Tanzte fast immer barfuß (wie I. Duncan), in einem losen griech. Gewand, mit Vorliebe zu Musik von Mendelssohn Bartholdy. Tourneen führten sie bis 1917 durch die ganze Welt. Unterrichtete von 1928 an in England. Kehrte 1941 nach Amerika zurück und wurde dort vergessen. Schrieb bereits 1908 *My Life and Dancing*.

Lit.: L. McDearmon, *M. A.*, in: *Dance Chronicle* 2,2 (1978).

Allard, Marie, frz. Tänzerin, * 14. 8. 1742 Marseille, † 14. 1. 1802 Paris. War die Geliebte von Gaetan Vestris und die Mutter von Auguste Vestris. Als Tänzerin exzellierte sie im komischen Genre und Charakterfach. Debütierte in Marseille, wurde 1761 Mitgl. der Pariser Opéra, wo sie u. a. in J. G. Noverres UA von Mozarts *Les petits riens* 1778 tanzte. Zog sich 1782 vom Th. zurück.

Lit.: P. Migel, in: *The Ballerinas*, New York 1972.

Allegro. 1. Jede tänzerische Bewegungsfolge in einem raschen Zeitmaß (Gegensatz: Adagio).

2. Den auf das Adagio folgenden 3. Teil aus traditionellen B.-Exercise, der dazu dient, Attacke, Schnelligkeit, Dreh- und Sprungvermögen des Tänzers zu entwickeln. Typische A.-Schritte sind u. a. Pas de bourrée, Sauts und Batteries.

Allegro Brillante, B. in 1 Akt, Ch.: G. Balanchine, Mus.: Tschaikowsky (3. Klavierkonzert in Es-Dur op. 75), Kost.: B. Karinska; UA 1. 3. 1956, New York City B., City Center, New York, mit Maria Tallchief, N. Magallanes u. a. Ein handlungsloses B. für Solopaar und 4 Begleitpaare. Übernommen ins Rep. zahlreicher anderer Komp.n. Dt. Erstprod. Stuttgart 1965.

Lit.: O. F. Regner / H.-L. Schneiders, in: *Reclams Ballettführer*, Stuttgart [8]1980.

Allemande. 1. 1450 bis 1550 ein geradtaktiger dt. Schreittanz in gemessenem Tempo, gefolgt von einem Springtanz im ungeraden Takt, dem Hupfauf. Entspricht dem ital. Paar Bassa Danza (Basse Danse) und Saltarello, 1. Satz der Suite. **2.** Frz. Gesellschaftstanz des 18. Jh.s im ¾-Takt, der nach der Besetzung des Elsaß durch Frankreich aus dem elsäss.-süddt. ländlerartigen Volkstanz übernommen wurde. Diese A. ist eine frz. Version des Deutschen (Haydn, Mozart, Beethoven und Schubert haben solche Deutschen komponiert). Typisch sind die komplizierten Armfiguren.

Lit.: C. Sachs, in: *Eine Weltgeschichte des Tanzes*, Berlin 1933, Nachdr. Hildesheim 1976.

Allongé (frz., *allonger*, verlängern), im B. eine gestreckte Linie, wird meist im Zusammenhang mit der Arabesque gebraucht: die horizontale Linie zwischen den nach vorn und hinten ausgestreckten Armen.

Alonso, Alberto, kub. Tänzer, Choreograph und B.-Direktor, * 22. 5. 1917 Havanna. Studierte ebd. bei Nikolai Yavorsky, dann auch bei L. Tchernicheva, O. Preobrajenska und S. Idzikowski. Tänzer bei den B.s Russes de Colonel de Basil 1933–36 und 1941–48, American B. Th. 1944/45, B. Alicia Alonso 1948/49 und seit 1966 als B.-Meister beim B. Nacional de Cuba. Choreographierte zahlreiche B.e, von denen *Carmen Suite* (Mus.: Bizet / R. K. Schtschedrin, Bolschoi B., 1967) und *Retabla para Romeo y Juliet* (1970) am bekanntesten wurden.

Alonso, Alicia, kub. Tänzerin und B.-Direktorin, * 21. 12. 1921 Havanna. Studierte ebd., dann an der Vilzak-Schollar-Schule und School of American B. sowie bei V. Volkova. Tanzte in Broadway-Musicals, American B. Th. (1941), Havanna Pro-Arte Musical. Sehstörungen zwangen sie verschiedentlich, ihre Karriere zu unterbrechen. Ballerina beim B. Th. von 1943 an. Gründete 1948 eine eigene Komp. in Havanna, basierend auf ihrer Schule. Rückkehr zum American B. Th. 1951, Gastballerina bei zahlreichen Komp.n. Seit der kub. Revolution von 1959 ist sie Direktorin und Primaballerina des B. Nacional de Cuba, darüber hinaus als Gastballerina bei zahlreichen ausländischen Komp.n, wo sie auch als B.-Meisterin für die Einst. der B.-Klassiker sehr gefragt ist. Als Ballerina vielgerühmt wegen der Reinheit ihres klassischen Stils, mit Giselle als ihrer berühmtesten Rolle (noch 1983). Rollenkreationen u. a. in A. Tudors *Undertow* (1945), G. Balanchines *Theme and Variations* (1947), A. de Milles *Fall River Legend* (1948), Alberto A. *Romeo und Julia* (1946) und A. Mendez' Marguerite-Gautier-B. *Nous nous verrons hier soir* (1971), auch in der kub. Prod. von Alberto A. *Carmen Suite*. Jurorin bei zahlreichen internationalen B.-Wettbewerben. War verheiratet mit dem B.-Direktor Fernando A., jetzt verheiratet mit dem B.-Publizisten Pedro Simon.

Lit.: W. Terry, *A. and Her Ballet Nacional de Cuba*, New York 1981.

Alonso, Fernando, kub. Tänzer, Pädagoge und B.-Direktor, * 27. 12. 1914 Havanna. Bruder von Alberto A., studierte in Havanna und bei M. Mordkin, A. Vilzak und an der School of American B. Debütierte beim Mordkin B., dann in Musicals, Tänzer bei B. Caravan und B. Th. sowie Sociedad Pro-Arte Musical in Havanna. Direktor des B. de Cuba (das heutige B. Nacional de Cuba) 1948–75 und Pädagoge an der angegliederten Schule. War verheiratet mit der Ballerina und B.-Direktorin Alicia A.

Alston, Richard, engl. Tänzer und Choreograph, * 30. 10. 1948 Stoughton. Studierte an der London School of Contemporary Dance. Tänzer beim London Contemporary Dance Th. 1970, wo er bald auch zu choreographieren begann. Gründete 1972 seine eigene Komp. Strider. Ging dann 1975–78 mit einem Stipendium nach New York und studierte dort bei M. Cunningham. Seit 1980 Resident Choreographer beim B. Rambert.

Alt, Marlies, dt. Tänzerin, * 19. 3. 1950 Uffenheim. Studierte an der Essener Folkwang-Hochschule und bei M. Graham. Tänzerin beim Wuppertaler Tanz-Th. 1973–78. Rollenkreationen u. a. in P. Bauschs *Sacre du printemps* (1975) und *Blaubart* (1977).

Amaya, Carmen, span. Flamenco-Tänzerin und Choreographin, * 1913 Granada, † 19. 11. 1963 Bagur. Trat schon als Siebenjährige auf, tanzte als Achtjährige in Paris und war ihr ganzes Leben lang mit ihrer Komp. fast ununterbrochen auf Tournee, namentlich auch in Nord- und Südamerika. Eine der feurigsten und leidenschaftlichsten Zigeunertänzerinnen, die es je gegeben hat.

Lit.: D. H. Pohren, in: *Lives and Legends of Flamenco*, Sevilla 1964.

Amboise, Jacques d', amer. Tänzer, * 28. 7. 1934 Dedham (Mass.). Studierte an der School of American B. Tänzer des New York City B. seit 1950, avancierte schon bald zu einem der populärsten Principal Dancers der Komp. Rollenkreationen u. a. in G. Balanchines *Western Symphony* (1954), *Stars and Stripes* (1958), *Episodes* (1959), *Movements for Piano and Orchestra* (1963), *Brahms-Schoenberg Quartet* (1966), *Who Cares?* (1970) und *Union Jack* (1976). Filmrollen in *Seven Brides for Seven Brothers* (1954), *Carousel* und *The Best Things in Life Are Free* (beide 1956) sowie in der UA von Strawinsky/Balanchines Fernsehprod. von *The Flood* (1962). Immer wieder auch als Choreograph hervorgetreten. Er ist der Vater von Christopher d'A. (* 1961 New York, seit 1978 Tänzer beim New York City B.).

American Ballet, The. Die aus der School of American B. hervorgegangene Komp. debütierte im Dezember 1934 in Hartford (Conn.), gefolgt von einer zweiwöchigen Saison in New York im März 1935. Auf dem Rep. standen ausschließlich B.e von G. Balanchine: *Alma Mater*, *Dreams*, *Reminiscences*, *Serenade*, *Transcendence*, *Mozartiana* und *Errante*. Tänzer waren u. a. R. Boris, G. Caccialanza, A. Lyon, W. Dollar und E. Loring, mit T. Geva und P. Haakon als Gästen. Nach kurzer Neufundland-Tournee im Herbst 1935 zur Metropolitan Opera als Haus-B., verstärkt durch weitere Tänzer, mit A. J. Vilzak als Premier danseur. Balanchine choreographierte die Opern-B.e u. a. für *Die Fledermaus* und 1936 als getanzte Oper Glucks *Orpheus und Eurydike*. 1937 zweitägiges Strawinsky-Festival an der Met, mit Balanchines *Apollon musagète*, *Le Baiser de la Fée* und der UA von *Jeu de cartes*. Spannungen zwischen der Met-Direktion und Balanchine und L. Kirstein führten 1938 zum Bruch. In der Folgezeit organisierte Kirstein eine kleinere Komp. mit anderer Zielsetzung, das B. Caravan. Unter ihrem ursprünglichen Namen unternahm die Komp. 1941 eine Südamerika-Tournee, mit z. T. neuen Tänzern und einem Rep., bestehend u. a. aus *Ballet Imperial*, *Juke Box*, *Pastorale*, *Concerto Barocco*, *Billy the Kid*, *Filling Station* und *Apollon musagète*. Nach ihrer Rückkehr in die USA löste sich die Komp. auf, und Balanchine und Kirstein gründeten als nächste Komp. 1946 die B. Society.

Lit.: L. Kirstein, in: *The New York City Ballet*, New York 1973.

American Ballet Theatre, gegründet von ehemaligen Mitgl.ern des früheren Mordkin B.s unter der Direktion von L. Chase und R. Pleasant, Debüt als B. Th. am 11. 1. 1940 im Radio City Center Th., New York, mit 11 Choreographen, 85 Tänzern, 21 B.en, davon 6 UA. Ziel war ein Museum der besten Werke der B.-Geschichte, ergänzt durch ein mindestens gleich starkes Kontingent speziell in Auftrag gegebener amer. Werke. Bei starken künstlerischen Kursschwankungen geriet die Komp. mehrfach an den Rand des Bankrotts, vor dem sie aber durch die tatkräftige Initiative (und die sehr beträchtlichen privaten Investitionen) von L. Chase bewahrt wurde. Der Mangel an individuellem Stil wird kompensiert durch eine überaus weite Skala der künstlerischen Persönlichkeiten und Temperamente sowie das attraktive Tänzerangebot. Waren ursprünglich die Fokine-B.e das Rückgrat des Rep.s, so waren es später die Werke von A. Tudor, A. de Mille und B. Cullberg, während seit den siebziger Jahren die Großprod.en von Klassikern repertoirebeherrschend sind. Seit ihrem ersten Europa-Besuch 1946 hat die Komp. (die ihren heutigen Namen als A. B. T. seit 1957 führt) mehrfach große Übersee-Tourneen unternommen. Seit 1972/73 existiert eine assoziierte Gruppe unter der Leitung von Richard Englund, die B. Repertoy Company, die ihre Tänzer vorwiegend aus der A. B. T. School rekrutiert. Zu den prominentesten Tänzern gehören u. a. A. Alonso, S. Arova, J. Babilée, I. Baronova, M. Baryschnikow, E. Bruhn, F. Bujones, A. Dolin, A. Eglevsky, C. Fracci, J. Gilpin, C. Gregory, M. Hayden, R. Hightower, N. Kaye, G. Kirkland, R. A. Koesun, J. Kriza, H. Laing, T. Lander, N. Makarova, A. Markova, I. Nagy, R. Nurejew, L. Serrano, beide Tallchiefs, V. Verdy, I. Youskevitch und V. Zorina. Wichtige Kreationen waren u. a. Dolins *Pas de quatre* (1941), Tudors *Pillar of Fire* (1942), *Romeo and Juliet* und *Dim Lustre* (1943), Massines *Mademoiselle Angot* (1943), Robbins' *Fancy Free* (1944), Balanchines *Theme and Variations* (1947), de Milles *Fall River Legend* (1948), Cullbergs *Lady from the Sea* (1960), Robbins' *Les Noces* (1965), Felds *Harbinger* und *At Midnight* (1967), Aileys *The River* (1970), Tharps *Push Comes to Shove* (1976), M. Baryschnikows *Nußknacker* (1976) und *Don Quixote* (1978) und N. Makarovas *Bayadère* (1980).

Lit.: Ch. Payne, *A. B. T.*, New York 1978.

American Dance Festival, eine Reihe von Modern-Dance-Veranstaltungen zum Abschluß der Sommerkurse der Connecticut College School of Dance, erstmalig 1948. Zahlreiche wichtige Werke des Modern Dance hatten hier ihre Premiere, u. a. M. Grahams *Diversion of Angels* (1948 unter dem Titel *Wilderness Stair*) und *Secular Games* (1962), J. Limóns *The Moor's Pavane* (1949), D. Humphreys *Night Spell* (1951) und *Ruins and Visions* (1953), A. Nikolais' *Kaleidoscope* (1956), M. Cunninghams *Antic Meet* (1958) und *Scramble* (1967), P. Langs *Shore Bourne* (1964), P. Taylors *Insects and Heroes* (1961) und *Agathe's Tale* (1967), R. Kuch's *The Brood* (1967) und T. Tharps *Medley* (1969). B. Akesson (1956) und D. Hoyer (1957) gaben hier ihre USA-Debüts. Seit 1978 findet das Festival alljährlich in Durham (N. C.) statt.

American Dance Machine, The. Die in New York ansässige Komp. wurde 1976 gegründet und verdankt ihren Erfolg der ideenreichen und aktivierenden Energie von Lee Becker Theodore. Sie besteht aus etwa 20 Tänzern – angegliedert sind eine Schule (inzwischen mit Filiale in Tokio) und ein historisches Forschungszentrum. Ziel ist die Rekonstruktion und Konservierung von Musical-Ch.n aus der über fünfzigjährigen Geschichte dieser spezifisch amer. Th.-Gattung. Die Komp. gab ihr offizielles Debüt im Februar 1978 im historischen Ford Th. in Washington (D. C.).

Amerikaner in Paris, Ein. Die 1928 veröffentlichte Komposition von G. Gershwin hat immer wieder als B.-Musik Verwendung gefunden, zuerst wohl 1936 in Cincinnati in der Ch. von R. Page, doch dürfte kaum eine andere Version die Brillanz der Film-Ch. (1951) von G. Kelly erreicht haben.

Amiel, Josette, frz. Tänzerin, * 19. 11. 1930 Vanves. Studierte am Conservatoire und der Paris Opéra B.-Schule. Debütierte an der Opéra Comique, dann ab 1952 an der Opéra (Première danseuse 1953, Danseuse étoile 1958–71). Zahlreiche Gastspiele mit anderen Komp.n, oft mit F. Flindt als Partner. Rollenkreationen u. a. in S. Lifars *Chemin de lumière* (1957) sowie Flindts *La Leçon* (1963) und *Le jeune homme à marier* (1965).

Amodio, Amedeo, ital. Tänzer, Choreograph und B.-Direktor, * 14. 3. 1940 Mailand. Studierte ebd. an der B.-Schule der Scala sowie Span. Tanz bei Antonio Marin in Madrid. Debütierte als Tänzer 1958 an der Scala, zu der er immer wieder zurückgekehrt ist. Überwiegend mit kleineren ital. Tournee-Komp.n aufgetreten, für die er auch verschiedentlich als Choreograph gearbeitet hat. Seit 1980 ist er künstlerischer Direktor von Aterballetto in Reggio Emilia.

Amor, B. in 2 Teilen und 16 Bildern, Libr. und Ch.: Manzotti, Mus.: Romualdo Marenco, Dek. Alfredo Edel; UA 17. 2. 1886, La Scala, Mailand, mit Antonietta Bella, Ernestina Operti, E. Cecchetti. Zwischen der Anfangsszene des Chaos und dem Tempel der Liebe am Ende offeriert Manzotti eine Fülle spektakulärer Bilder, u. a. den Parnaß, das griech. Pantheon der Künste, den Triumph Cäsars, die Zerstörung Roms, Barbarossa und die Schlacht von Legnano. Neben Hunderten von Tänzern, Mimen, Kindern und Statisten waren auch ein Elefant, Pferde und Ochsen beteiligt.

Lit.: C. W. Beaumont, in: *Complete Book of Ballets*, London 1951.

Amor Brujo, El → *Liebeszauber, Der.*

Amor und Psyche-Ballette. Quelle ist der spätantike Roman »Der Goldene Esel« des 125 n. Chr. geborenen afro-röm. Schriftstellers Apuleius. Seit dem 17. Jh. ist die darin enthaltene Liebesgeschichte des Gottes Amor (Cupido) und der schönen Menschenfrau Psyche ein beliebter B.-Stoff. Auf Betreiben der auf Psyche eifersüchtigen Venus wird jene bis in die Unterwelt verfolgt. Doch gelingt es Amor, dem Sohn der Venus, der sich gegen den Willen seiner Mutter heimlich mit Psyche vermählt hatte, diese mit Hilfe von Jupiter zu befreien und mit ihr im Himmel Hochzeit zu feiern. Der Sinn dieses Mythos ist die Einheit von körperlicher und seelischer Liebe, wobei Venus die reine Sinnlichkeit verkörpert. Das erste A. u. P.-B. wurde 1619 im Pariser Louvre aufgeführt. Es folgte 1656 *Psyche* mit der Musik von J.-B. Lully und dem Text von J. de Benserade. 1669 veröffentlichte der Fabeldichter La Fontaine den Roman »Les Amours de Psyche et de Cupidon«. Darauf stützte sich Molière in seinem Tragédie-B. *Psyche* (Mus.: J.-B. Lully, Libr: Ph. Quinault und P. Corneille). Am 11. 2. 1762 gelangte in Stuttgart ein Noverre-B. *Psyche et l'Amour* zur UA (Mus.: J. J. Rodolphe [Rudolf], Bühne: Colomba, Kost.: Boquet). Dieses B. wurde 1788 auch in London und zwischen 1777 und 1796 in der Ch. von Le Picq in St. Petersburg gegeben. Das jüngste B. mit diesem Stoff stammt von J. Babilée: *Amour et son amour*, B. in 3 Bildern (Libr. und Ch., Mus.: C. Franck, Dek.: J. Cocteau), UA 13. 12. 1948 Paris, Th. des Champs Elysées, B. des Champs Elysées, mit J. Babilée und N. Philippart.

Amsterdam. Nachdem hier 1638 das erste Th. eröffnet worden war, fanden ab 1642 auch B.-Auff.en statt. 1658 gab es ein Jungfern-B., in dem die ersten Namen von holl. Tänzerinnen begegnen – 23 Jahre bevor in Paris die erste professionelle frz. Tänzerin in *Triomphe de l'Amour* die Bühne betrat. Entwicklung in zwei Gattungen: das komische Genre (mit nationaler Tendenz) war in A. zu Hause, während das allegorische Genre (im klassizistisch-frz. Stil) in Den Haag florierte. Der erste wichtige Choreograph in A. war Pietro Nieri (1761–69), dessen *Bauernleben* (1762) eine Art Vorläufer von J. Daubervals *Fille mal gardée* darstellte. Allmählich begann sich das Handlungs-B. durchzusetzen. Um 1790 kam es zu einer ersten Blütezeit in Den Haag u. a. mit aktuellen, politischen, aber auch heroischen, bürgerlichen, exotischen Stoffen und Harlekinaden. Um 1800 wirkten Jean Rochefort und nach ihm Le Boeuf als Choreographen in A., letzterer mit besonderem Erfolg in *Bacchus und Ariadne* und *Die Amsterdamer Kirmesfreude*. 1801–23 tanzte hier die Primaballerina Polly de Heus Cunninghamme, Schülerin von P. Gardel, bekanntester Ballerino war Jan van Well. Mit dem holl. Choreographen Piet Greive setzten sich dann romantische Einflüsse durch. Dessen erfolgreichstes B. war *Die goldene Zauberrose* oder *Der aus der Sklaverei befreite Harlekin* (1819). Ein sehr wichtiger Choreograph war 1828–68 Andries Voitus van Hamme, der allein 115 dreiaktige B.e für seine 60-Tänzer-Komp. choreographierte. Abgesehen von seinen eigenen Arbeiten (u. a. *Robert der Büßer* 1828), brachte er auch Hauptwerke von R. Taglioni, J. Coralli, J. Perrot und F. Albert nach A. (1844 EA von *Giselle*). 1871–87 wirkte in A. am Palais für Volksfleiß Eduard Witt mit dem Komponisten Coenen zusammen. Eine begrenzte Anhängerschaft fand in den dreißiger Jahren der Modern Dance im Gefolge von Lilli Green, Darja Collin, Corry Hartong und Florrie Rodrigo. Aus den Schulen der emigrierten Y. Georgi und I. Schwezoff bildeten sich um die Mitte der dreißiger Jahre eigene Komp.n, von denen die Georgi-Truppe 1941 zum offiziellen B. der Stadsschouwburg in A. avancierte und zum Sammelbecken der jungen holl. Tänzergeneration wurde. 1945 wurde nach Kriegsende das Scapino-B. von Hans Snoek für die Jugend gegründet, 1947 von Mascha ter Weeme das B. der Lage Landen und 1949 das Nederlandse Opera-B. von D. Collin (1959 beide zum Amsterdams B. vereinigt). 1949 entstand das B. Recital von S. Gaskell, 1954 aufgegangen in Het Nederlands B. Aus dem Amsterdams B. und Het Nederlands B. ging 1961 das Het Nationale B. hervor. Eine Tänzer-Sezession führte 1959 zum Entstehen des Nederlands Dans Theater.

Lit.: E. Rebling, *Een Eeuw Danskunst in A.*, Amsterdam 1950; J. Sinclair, *Ballet der Lage Landen*, Amsterdam 1956.

Anastasia, B. von K. MacMillan, Mus.: Martinů (6. Sinfonie), Dek.: Barry Kay; UA 25. 6. 1967, Dt. Oper Berlin, mit L. Seymour,

R. Holz, V. Derman, G. Bohner. »Die Frau, welche glaubt, Anastasia, die jüngste Tochter des Zaren Nikolaus zu sein, lebt in der Erinnerung an die schreckliche Nacht, in der die Zarenfamilie getötet wurde . . . Von Erinnerungen, Träumen und Wahnvorstellungen verfolgt, wird sie ihrer Umwelt . . . immer mehr entfremdet. In ihren Träumen tauchen die Gestalten der Zarin, des Zarewitschs und ihrer Geschwister sowie die Rasputins auf« (Programmheftnotiz). Eine erweiterte dreiaktige, abendfüllende Version (Mus.: Tschaikowsky, 1. und 2. Sinfonie) choreographierte MacMillan am 22. 7. 1971 fürs Royal B., Covent Garden, London, mit L. Seymour, S. Beriosova, D. Rencher, A. Sibley, A. Dowell.

Lit.: P. Brinson / C. Crisp, in: *Ballet & Dance*, Newton Abbot 1980.

Anaya, Dulce, kub. Tänzerin und B.-Direktorin, * 1933 Havanna. Studierte in Havanna bei G. Milenoff und den Alonsos, tanzte als D. Wöhner 1947 beim B. Th., dann als Ballerina beim B. de Cuba, 1951 wiederum beim B. Th., Stuttgart (1957/58) und Münchner Staatsoper (1958–63). Seit 1967 Ballerina des B. Concerto in Florida und seit 1970 Gründerin und Direktorin des Jacksonville B. Th. in Florida.

Andersen-Ballette. Der dän. Dichter Hans Christian Andersen, * 1805 Odense, † 1875 Kopenhagen, debütierte 1821 als Tänzer in dem heroischen B. *Armida* von C. Dahlén. Er unterhielt auch später Kontakt mit dem B. und gehörte zum Freundeskreis von Aug. Bournonville. Viele seiner Märchen dienten B.en zur Grundlage – u. a. *Die roten Schuhe* (Ch.: J. Haßreiter, Mus.: Raoul Mader, Wien 1898) – die engl. Filmversion von R. Helpmann und L. Massine stellte M. Shearer heraus (1948). Andere A.-B. waren: *Die kleine Meerjungfrau* (Ch.: H. Beck, Mus.: Fini Henriques, Kopenhagen 1909), *Klein Idas Blumen* (Ch.: Emilie Walbom, Mus.: P. von Klenau, Kopenhagen 1916), *Der Kuß der Fee* (nach *Die Eisjungfrau*, Ch.: B. Nijinska, Mus.: Strawinsky, Paris 1928), *Les cent baisers* (nach *Der Schweinehirt*, Ch.: B. Nijinska, Mus.: F. d'Erlanger, London 1935 – später auch als *Der Schweinehirt*, Ch.: H. Lander, Mus.: J. Hye-Knudsen, Kopenhagen 1936), *Des Kaisers neue Kleider* (Ch.: S. Lifar, Mus.: J. Françaix, Paris 1936), *Der tapfere Zinnsoldat* (Ch.: Lina Gerzer, Mus.: Max Büttner, Stuttgart 1936). – Für den amer. Spielfilm *Hans Christian Andersen* choreographierte R. Petit die B.-Einlagen (1951).

Lit.: H. Chr. A.-Heft, Dance Index, 4,9 (1945).

Andersen, Frank, dän. Tänzer, * 5. 4. 1943 Kopenhagen. Studierte an der Kgl. Dän. B.-Schule sowie bei N. Kiss und St. Williams. Mitgl. des Kgl. Dän. B.s seit 1971, Solotänzer 1977. Seit 1976 zahlreiche Tourneen mit der von D. Bjørn geleiteten Bournonville-Gruppe.

Andersen, Ib, dän. Tänzer, * 14. 12. 1954 Kopenhagen. Studierte an der Kgl. Dän. B.-Schule. Tänzer beim Kgl. Dän. B. 1973–80, seither Principal Dancer beim New York City B. Rollenkreationen u. a. in G. Balanchines *Davidsbündlertänze* und *Ballade* (beide 1980).

Anderson, Reid Bryce, kanad. Tänzer, * 1. 4. 1949 Westminster (B. C.). Studierte an der Dolores Kirkwood Academy of Performing Arts sowie an der Royal B. School. Mitgl. des Stuttgarter B.s seit 1969, Solist 1972. Rollenkreationen u. a. in K. MacMillans *Mein Bruder, meine Schwestern*, J. Neumeiers *Kameliendame* und W. Forsythes *Galileis Traum* (alle 1978). Gelegentlich auch als Choreograph hervorgetreten, besonders erfolgreich als Show-Choreograph. Seit 1983 auch B.-Meister des Stuttgarter B.s.

Andrejanowa, Elena, russ. Tänzerin, * 13. 7. 1819 St. Petersburg, † 26. 10. 1857 Paris. Besuchte die Kaiserl. B.-Schule in St. Petersburg, machte dort 1837 ihr Examen; eine der ersten russ. Ballerinen, die auch im Ausland auftraten: Paris 1845, Mailand. 1842 die erste Giselle in Rußland.

Angara, B. von J. Grigorowitsch (Libr. und Ch.), Mus.: Andrei Eschpai, Dek.: S. Wirsaladse; UA 30. 4. 1976, Bolschoi-B., Moskau, mit N. Bessmertnowa, W. Wassiljew, M. Lawrowski. Basierend auf Alexander N. Arbusows Schauspiel *Irkutsker Geschichte* (1960), handelt das B. von den Problemen sibir. Bauarbeiter und ihren emotionalen Konflikten.

Angelo, Ann Marie De → De Angelo, Ann Marie.

Angiolini, Gaspero, ital. Tänzer, Choreograph, B.-Meister und Komponist, * 9. 2. 1731 Florenz, † 5. (6.?) 2. 1803 Mailand. Gehörte mit seinem Lehrer F. Hilverding und seinem Gegner J. G. Noverre zu den Schöpfern des modernen Aktions-B.s. Stammte aus einer Th.-Familie und lernte zuerst als Tänzer bei seinem Vater. Ab 1758 wirkte er in Wien, wo er durch Hilverding und dessen Theorien über das B. d'action beeinflußt wurde und u. a. 1761 Glucks *Don Juan-B.* zur UA brachte und 1762 die Ch. von dessen *Orpheus und Eurydike* betreute. Im selben Jahr ging er, von Hilverding gerufen, erstmalig nach St. Petersburg, kehrte 1763 nach Wien zurück und choreographierte dort u. a. bis 1765 die B.e *La Morte de Cleopatra* (eigene Musik) und *Semiramide* (Mus.: Gluck), 1766–72 weilte er zum zweiten Male in Rußland. In St. Petersburg entstand u. a. *Le Départ d'Enée ou La Didon abandonnée* (eigene Musik), in Moskau entstanden etwa zehn weitere B.e, darunter *Les Chinois en Europe* (eigene Musik 1767), *Alessandro* (Mus.: Gluck, 1767), *Armide et Renaud* (Mus.: H. F. Raupach, 1770). 1772 Rückkehr nach Italien. 1773 und 1774 schrieb er seine berühmten polemischen Schriften gegen Noverre. Diesem warf A. vor, er habe seine Ideen von Hilverding gestohlen, vor allem machte er sich lustig über Noverres umständliche Inhaltsangaben. Ein B. müßte auch ohne Worte verstanden werden können. 1776–79 ging er, nach kurzem Aufenthalt in Wien, zum dritten Mal nach St. Petersburg. Kehrte dann nach Italien zurück, choreographierte B.e in Venedig, Mailand, Turin und Verona, arbeitete 1782–86 erneut in St. Petersburg und wirkte dann ausschließlich an ital. Th.n. 1797 wurde er wegen seiner demokratischen Ideen ins Gefängnis geworfen. Im Gegensatz zu Noverre war A. ein Mann, der Knappheit und Konzentration in Handlung und Geste forderte. Außergewöhnlich für seine Zeit war A.s ungewöhnliche musikalische Sensibilität, die ihn stets nach einer wirklichen Synthese von Musik und Ch. suchen ließ.

Lit.: Vorwort von R. Engländer zu den Partituren von *Don Juan* und *Semiramis* im Rahmen der Gesamtausgabe der Werke Glucks, Kassel 1966.

Anglaise, ein seit etwa 1700 aus England nach Frankreich gekommener Gesellschaftstanz, in dem sich je eine Linie von Tänzern und Tänzerinnen gegenüberstanden. In England wurde diese Formation als Longway bezeichnet. Dabei tanzte im sog. Whole Set Dance das erste Paar allein durch die Gasse zwischen den Tänzern hindurch und stellte sich dann hinten an. Das zweite Paar folgte, bis schließlich das letzte Paar vorne stand. Eine andere Form war der Minor Set Dance. »Das erste Paar tanzte eine bestimmte Figur und tauschte seine Stelle mit dem zweiten Paar; dieses, an die Spitze gerückt, führte die gleiche Figur aus und geriet wieder an die zweite Stelle, während das erste Paar, im Tanze fortfahrend, an die dritte Stelle kam, so daß nunmehr das dritte Paar oben stand und in den Tanz eintrat. So erreichte Paar um Paar die erste Stelle, während die schon Tanzenden immer weiter gegen das Unterende drangen. Statt der Einzelpaare konnten auch Gruppen aus zwei oder drei Paaren gleichzeitig in den Tanz eintreten« (C. Sachs, *Eine Weltgeschichte des Tanzes*, Berlin 1933, Nachdr. Hildesheim 1976).

Anissimowa, Nina Alexandrowna, sowj. Tänzerin und Choreographin, * 27. 1. 1909 St. Petersburg. Studierte bei M. Romanowa, A. Waganowa und bei A. Schiriajew an der Petrograd-Leningrader B. Schule (Examen 1926). Tänzerin am GATOB, wo sie 1932 die Therese in W. Wainonens *Flamme von Paris* kreierte. Debüt als Choreographin 1936 mit *Andalusische Hochzeit* (Mus.: E. Chabrier, H. Albeniz und E. Granados), gefolgt von *Gajaneh* (Mus.: Chatschaturjan, revidierte Version, 1942 für Kirow-B. in Molotow/Perm), *Lied der Kraniche* (Mus.: Lew B. Stepanow und S. Ismagilow, Ufa 1944). Hat verschiedentlich am Leningrader Maly-Th. gearbeitet. *Schwanensee* (Kopenhagen 1964).

Anna Karenina, Lyrische Szenen in 3 Akten, Libr.: B. Lwow-Anochkin, Ch.: M. Plissetzkaja, N. Ryschenko und V. Smirnow-Golowganow, Mus.: R. Schtschedrin, Dek.: Valeri Lewenthal (Kost. für Plissetzkaja von Pierre Cardin); UA 10. 6. 1972, Bolschoi-B., Moskau, mit M. Plissetzkaja, M. Liepa, N. Fadejetschew, J. Wladimirow. Das B. hält sich an die Hauptstationen von Tolstois Roman (1878), verzichtet jedoch auf die Lewin-Episode. Eigene Version von D. Parlić (Belgrad 1973). Ein weiteres abendfüllendes *A.-K.-Ballett* von A. Prokovsky, Mus.: Tschaikowsky, Australian B. (1979).

Ansermet, Ernest, schweiz. Dirigent, * 11. 11. 1883 Vevey, † 20. 2. 1969 Genf. Diaghilew engagierte ihn 1915 für sein B. Russe, wo er u. a. die UA von Strawinskys *Lied der Nachtigall*, *Pulcinella* (beide 1920), *Renard* (1922) und *Les Noces* (1923 – schon vorher auch die UA der *Geschichte vom Soldaten* 1918 für die Truppe von G. Pitoeff), E. Saties *Parade* (1917), M. de Fallas *Dreispitz* und S. Prokofjews *Chout* (beide 1923) dirigierte.

Anspannung – Abspannung. R. von Laban hat diese Begriffe zur Bezeichnung der gegensätzlichen Aktionen im Freien Tanz geprägt. Die Amerikaner benutzen das aus dem Graham-System abgeleitete *Contraction – Release*, die Engländer bevorzugen Tension – *Relaxation*.

Antigone, B. in 1 Akt, Libr. und Ch.: J. Cranko, Mus.: M. Theodorakis, Dek.: Rufino Tamayo; UA: 19. 10. 1959, Royal B., London, mit S. Beriosova, D. Blair, G. Burne, D. MacLeary u. a. – Das B. ist frei nach dem Drama des Sophokles arrangiert. Dt. EA Stuttgart 1961.

Antonio (d. i. A. Ruiz Soler), span. Tänzer, Choreograph und Leiter seines eigenen B.s, * 4. 11. 1922 Sevilla. Studium bei D. Manuel Real (Realito) in Sevilla, Debüt 1928 mit seiner dann langjährigen Partnerin Rosario auf einer offiziellen Ausstellung in Lüttich. Auf seinen Tourneen durch die ganze Welt wurde er als der führende span. Tänzer gefeiert. 1952, nach der Trennung von Rosario, gründete er seine eigene Komp., doch überschattet sein persönlicher Erfolg als Tänzer seinen Erfolg als Choreograph. Ihm geht es vor allem darum, die Techniken der klassisch span. Escuela Bolero, einer Verbindung von span. Tanzfolklore mit der klassisch-akademischen Technik, als Mittel theatralischer Ch.n zu benutzen. Doch tanzte er auch mit Rosario echte span. Volkstänze, wie die Jota oder Sevillana. Außerdem ist er als echter Andalusier ein Meister des Flamenco. Der Flamenco-Schmiedetanz Martinetes, ursprünglich nur ein Cante – ist seine Schöpfung. In vielen Ch.n, die er für seine Komp. schuf, überwogen allerdings die klassisch-akademischen Elemente. – Anfang der achtziger Jahre war A. als Nachfolger von A. Gades Direktor des 1978 gegründeten B. Nacional in Madrid.

Lit.: M. Cadieu, *Rosario et A.*, Paris 1950; C. W. Beaumont, *A.* London 1952; E. Brunelleschi, *A. and Spanish Dancing*, London 1958; G. Gyenes, *A., Danseur d'Espagne*, Paris 1965.

Antonius-und-Kleopatra-Ballette. Die tragische Liebesgeschichte der ägypt. Königin und des von Augustus geschlagenen röm. Feldherrn Antonius ist Thema zahlreicher B.e geworden, u. a. von J.-G. Noverre (Ludwigsburg 1765), J. Aumer (Mus.: R. Kreutzer, Paris 1808), I. Tschernyschow (Mus.: E. Lasarew, Maly-Th., Leningrad 1968) und U. dell'Ara (Mus.: Prokofjew, Mailand 1971).

Antuono, Eleanor D' → D'Antuono, Eleanor.

Aplomb, die Fähigkeit des Tänzers zum Gleichgewicht bei einer lotrechten Linie vom Standfuß über Rücken und Hals bis zum Kopf.

Apothéose (griech.-frz., Vergötterung), im B. das Schlußtableau, die feierliche Verklärung aller Beteiligten und deren Entrückung ins Überirdische. Die vielleicht berühmteste A. ist das gravitätische Andante molto maestoso in Tschaikowsky-Petipas *Dornröschen*.

Appalachian Spring, Tanzstück von M. Graham, Mus.: A. Copland, Bühne: I. Noguchi, Kost.: E. Gilfond; UA 30. 10. 1944, Kongreßbibliothek Washington (D. C.), mit M. Graham, M. O'Donnell, M. Cunningham, E. Hawkins. – Auftragswerk der Coolidge Foundation. Thema: Das religiös fundierte Ethos des amer. Pionierzeitalters im 19. Jh.

Lit.: D. McDonagh, in: *The Complete Guide to Modern Dance*, Garden City (N. Y.) 1976.

Apparitions, B. mit Prolog, 3 Bildern und Epilog, Libr.: C. Lambert, Ch.: F. Ashton, Mus.: Liszt (verschiedene Klavierstücke, arrangiert von Gordon Jacob), Dek.: C. Beaton; UA 11. 2. 1936, Sadler's Wells B., Sadler's Wells Th., London, mit R. Helpmann, M. Fonteyn, H. Turner. – Thematisch von Berlioz' *Symphonie fantastique* inspiriert; ein romantischer Dichter sucht in der Welt seiner Opiumträume das Symbol seiner Liebe.

Appel, Peter, holl. Tänzer, B.-Meister und Pädagoge, * 8. 9. 1933 Surabaya. Studierte beim Kennemer Studio in Haarlem und bei O. Preobrajenska. Tänzer beim Nederlands B., ab

1953 Solist in Basel. Gast-B.-Meister bei R. de Larrain und London Festival B. Leiter des Instituts für Bühnentanz und B.-Meister in Köln 1966–76. B.-Meister Hamburg. Staatsoper 1976–79, seither Basel.

Apprenti Sorcier, L'(*Zauberlehrling*) → Fokine M. M.

Après-midi d'un Faune, L' → *Nachmittag eines Fauns, Der*.

Ara, Ugo dell', ital. Tänzer, Choreograph und B.-Meister, * 13. 4. 1921 Rom. Studierte an der röm. Opern-B.-Schule. Tänzer des röm. Opern-B.s, als dessen Premier danseur er in zahlreichen Milloss-B.en getanzt hat. Ab 1946 auch an der Mailänder Scala. Seit 1950 vorwiegend als Choreograph tätig, als der er u. a. neue Versionen des Nonnen-B.s aus Meyerbeers *Robert der Teufel* (Palermo 1966) und von L. Manzottis *Excelsior* (Palermo 1967) choreographiert hat.

Arabesque (frz., Ornament im arab. Stil), eine der Grundhaltungen im akademischen Tanz: Standbein gestreckt, Spielbein in einer Höhe von mindestens 90° nach hinten gestreckt. Die Position der Arme und des Rumpfes sind variabel, entsprechend verschieden sind die Bezeichnungen der einzelnen A.s, z. B. A. allongée oder A. penchée. Sie war schon im 18. Jh. bekannt und wurde endgültig von C. Blasis kodifiziert. Ihren Höhepunkt hatte die A. im Zeitalter des romantischen B.s als ausdrucksvollste Pose der romantischen Sehnsucht nach einer höheren Welt.

Aradi, Mária, dt.-ung. Tänzerin, * 21. 9. 1944 Högy. Studierte an der Budapester B.-Schule. Tänzerin beim Budapester Staatsopern-B. ab 1960, dann B. Sopianae 1963–69, Münchner Th. am Gärtnerplatz 1970–72, bis 1982 beim Niederl. National-B., seit 1983 B.-Meisterin beim Niederl. National-B.

Araiz, Oscar, argent. Tänzer, Choreograph und B.-Direktor, * 2. 12. 1940 Bahia Blanca. Studierte bei Elide Locardi, R. Schottelius und D. Hoyer. Debütierte 1958 am Teatro Argentino in La Plata, hatte dann eine eigene Truppe 1964–67, anschließend Künstlerischer Direktor des B. del Teatro San Martino in Buenos Aires 1968–73, für das er zahlreiche B.e choreographierte. Danach freischaffender Gastchoreograph u. a. Hamburg. Staatsoper, Pariser Opéra, Royal Winnipeg B., Joffrey B. Seit 1980 B.-Direktor in Genf.

Araujo, Loipa, kub. Tänzerin, * um 1943 Havanna. Studierte an der Schule der Sociedad Pro-Arte Musical, dann auch bei den Alonsos, M. Fokine und J. Parés. Tänzerin beim National B. von Kuba seit 1959 (Primaballerina seit 1967). Gastiert oft im Ausland, am häufigsten bei R. Petits B.s de Marseille.

Arbeau, Thoinot (d. i. Jehan Tabourot, Lebensdaten nicht bekannt), war Geistlicher (Domherr) in Langres, liebte aber seit seiner studentischen Jugend den Tanz. Veröffentlichte im Alter von 69 Jahren 1588 sein berühmtes Tanzlehrbuch *Orchésographie* (griech., Tanzbeschreibung), einen Traktat über Pfeifen, Trommeln und Tanzen in Form eines Dialogs zwischen ihm und seinem jungen Freund Capriol. Es handelt sich um eine genaue Beschreibung aller Gesellschaftstänze des 16. Jh.s: Basse Danse, Pavane, Gaillarde, Volte, Courante, Allemande, Gavotte, Canaries, Bouffons, Morisque, Pavane d'Espagne und 23 Branles. Auch die Musik wird jeweils mitgeliefert. Weiter sind Ansätze der späteren fünf Fußpositionen erkennbar. Eine erste dt. Teilübersetzung erschien 1878 in Danzig (A. Czerwinski). Durch die engl. Übersetzung von C. W. Beaumont ließ sich F. Ashton 1930 zu seiner *Capriol Suite* inspirieren. Die beste engl. Übersetzung stammt von M. S. Evans (1948).

Archives Internationales de la Danse (A. I. D.), gegründet von Rolf de Maré, mit Pierre Tugal als Kurator, am 16. 6. 1931 in Paris zum Andenken an die B.s Suédois und deren Choreographen Jean Börlin. Ein reich bestücktes Archiv mit umfangreicher Bibliothek, Ausstattungsmodellen, Bühnen- und Kostümskizzen und Musikalien zur Tanzgeschichte aus aller Welt. Die Archive traten auch mit Vorträgen und Ausstellungen an die Öffentlichkeit. Sie veranstalteten 1932 in Paris den Ersten Choreographischen Wettbewerb, den K. Jooss mit seinem *Grünen Tisch* gewann. 1950 lösten sich die A. I. D. auf. Der größte Teil der Sammlung wurde dem Pariser Musée de l'Opéra einverleibt. Der Rest ging an das Tanzmuseum im Stockholmer Opernhaus.

Argentina, La (d. i. Antonia Mercé), span. Tänzerin, * 4. 9. 1890 Buenos Aires, † 18. 7. 1936 Bayonne. Ihre span. Eltern waren professionelle Tänzer, die zwei Jahre nach ihrer Geburt nach Spanien zurückkehrten, wo Manuel Mercé B.-Meister am Teatro Real in Madrid wurde. Er bildete seine Tochter im akademischen Stil aus. Sie wurde mit 11 Jahren Première danseuse an der Oper von Madrid. Mit 14 Jahren gab sie den akademischen Tanz auf und studierte bei ihrer Mutter noch einmal von Anfang an Span. Tanz. Achtzehnjährig gastierte sie erstmalig im Ausland, daran schlossen sich Tourneen an, die sie bis an ihr Lebensende durch ganz Europa und Nord- und Südamerika führten. In New York wurde sie als größte Tänzerin ihrer Zeit gefeiert. Der Pariser Kritiker A. Levinson hat ihrem Erscheinen den Grund für die Renaissance des Span. Tanzes in unserem Jahrhundert zugeschrieben. Obgleich sie alle ihre Inspirationen aus den span. Volkstänzen, den *bailes regionales*, zog, verwandelte sie diese Formen dank ihres genialen dramatischen Instinkts in vollkommene Kunstprodukte. Berühmt war auch ihr subtil-differenziertes Kastagnettenspiel.

Lit.: A. Levinson, *L. A.* Paris 1928; S. Cordelier, *La Vie brève de L. A.*, Paris 1936.

Argentinita, La (d. i. Encarnación López Júlves), span. Tänzerin, * 1895 Buenos Aires, † 24. 9. 1945 New York. Tochter span. Eltern (und Schwester von Pilar Lopez), absolvierte ihre Ausbildung im Span. Tanz in Spanien. Debütierte mit 6 Jahren in Madrid und galt schon bald als eine der hervorragendsten Exponentinnen des von ihr stilstreng exekutierten Flamenco. Zahlreiche Tourneen machten sie in Europa und beiden Amerika bekannt. Mit F. García Lorca zusammen gründete sie 1932 das B. de Madrid. Zu ihren beliebtesten Ch.n gehörten der Ravel-*Bolero* und die Granados-*Goyescas*. Beflügelt durch ihre Liebe zu dem großen Zigeuner-Toreador Ignacio Sánchez Mejías (1935 getötet), holte sie große Flamenco-Tänzerinnen wie La Macarrona und La Malena aus der Vergessenheit hervor. Ihr stundenlang dauerndes Flamenco-Programm *Las Calles de Cadiz* war der erste Höhepunkt des Th.-Flamenco. Mit Argentinita begann die Renaissance des Flamenco.

Lit.: D. H. Pohren, in: *Lives and Legends of Flamenco*, Sevilla 1964.

Argyle, Pearl, engl. Tänzerin, * 7. 11. 1910 Johannesburg, † 29. 1. 1947 New York. Studierte bei M. Rambert. Tänzerin beim B. Rambert 1926, dann auch bei Les B.s 1933, Camargo Society and Sadler's Wells B. Galt als eine der auffallendsten Schönheiten des engl. B.s. Rollenkreationen u. a. in F. Ashtons *Facade* (1931), N. de Valois' *Bar aux Folies-Bergères* und A. Howards *Mermaid* (beide 1934). P. Valéry und Jean Louis Vaudoyer haben in Tönen höchster Bewunderung über sie geschrieben.

Ari, Carina, schwed. Tänzerin, * 14. 4. 1897 Buenos Aires, † 24. 12. 1970 ebd. Studierte in Stockholm und in Kopenhagen bei M. Fokine. Ballerina der B.s Suédois während deren Existenz 1920–25. Danach in Paris als Choreographin tätig. Die von ihr eingesetzte C. A. Stiftung, in die sie große Vermögenswerte ihrer zweiten Ehe investierte, dient der Förderung des Tanzes in Schweden.

Ariadne-Ballette. B.e über das Schicksal der von Theseus verlassenen und von Dionysos (Bacchus) geehelichten Minos-Tochter Ariadne schufen u. a. J. F. Deshayes (Mus.: A. Blaise, Paris 1747), F. A. Hilverding (Wien 1754), G. Angiolini (Mailand 1773), wahrscheinlich auch G. Canziani (er war jedenfalls der Autor des Libr.s, Mus.: C. Canobbio, St. Petersburg 1789), S. Gallet (Mus.: Bossi, London 1797), S. Lifar (*Bacchus und Ariadne*, Mus.: A. Roussel, Paris 1931), E. Walter (Mus.: Monteverdi, Wuppertal 1958) und A. Ailey (Mus.: A. Jolivet, Harkness B. 1965).

Armida-Ballette → *Rinaldo*-Ballette.

Aroldingen, Karin von, dt.-amer. Tänzerin, * 9. 9. 1941 Berlin. Studierte in Berlin bei S. Ress und T. Gsovsky. Tänzerin beim American Festival B., Frankfurt a. M. 1959/60 (kreierte Anna II. in T. Gsovskys *Die Sieben Todsünden*, 1960), seit 1962 New York City B. (Solistin 1967, Principal Dancer 1972). Rollenkreationen u. a. in G. Balanchines *Who Cares?* (1970), *Violin Concerto* (1972) und *Davidsbündlertänze*

(1980). Hat mehrfach Balanchine-B.e bei anderen Komp.n einstudiert.

Lit.: J. Gruen, in: *The Private World of Ballet*, New York 1975.

Arova, Sonia, bulg.-engl. Tänzerin und B.-Direktorin, * 20. 6. 1927 Sofia. Studierte bei Anastas Petroff, O. Preobrajenska und S. Lifar. Tänzerin beim engl. International B. (1946), Metropolitan B. (1947, Rollenkreation in J. Taras' *Designs with Strings*, 1948), dann bei verschiedenen europ. und amer. Komp.n. Pas-de-deux-Recitals mit E. Bruhn und R. Nurejew. B.-Direktorin Oslo (1966–70), Hamburg. Staatsoper (1970/71), San Diego B. (1971–76), seither Direktorin der Tanzabteilung an der Alabama School of Fine Arts. Verheiratet mit dem Tänzer und Choreographen Thor Sutowski.

Arpino, Gerald, amer. Tänzer, Choreograph und Pädagoge, * 14. 1. 1928 West Brighton (Staten Islands). Studierte bei Mary Ann Wells in Seattle sowie in New York an der School of American B., bei M. O'Donnell und G. Shurr. Tänzer am Broadway und in R. Joffreys erster Komp., auch New York City Opera und B. Russe. Heute Choreograph und assoziierter Direktor des Joffrey B. und Kodirektor des American B. Center. Zu seinen bekanntesten B.en zählen *Sea Shadow* (Mus.: Ravel, später ersetzt durch M. Colgrass, 1962), *Viva Vivaldi!* (1965), *Olympics* (Mus.: T. Mayuzumi, 1966), *The Clowns* (Mus.: H. Kay, 1968), *Trinity* (Mus.: L. Holdridge, 1971), *Kettentanz* (Mus.: J. Strauß sen. und J. Mayer, 1971), *Chabriesque* (1972), *The Relativity of Icarus* (Mus.: G. Samuel, 1974), *Suite Saint-Saens* (1978) und *Divertissement* (Mus.: Verdi, 1980).

Arqué (frz. *arquer*, krümmen), Bezeichnung für O-beinig. Den X-beinigen Gegentyp eines Tänzers bezeichnet man als *jarreté*.

Arrière, en (frz., rückwärts), im B. eine Bewegung, die nach rückwärts ausgeführt wird.

Art of Movement Studio, The. Das 1946 in Manchester gegründete und 1953 mit dem Art of Movement Center in Addlestone (Surrey) vereinigte Institut untersucht auf Grund von R. von Labans Forschungen und Ergebnissen menschliches Bewegungsverhalten aller Art. Direktorin ist die Laban-Schülerin Lisa Ullmann.

Asakawa, Takako, jap. Tänzerin, * 23. 2. 1938 Tokio. Studierte an der Komadori Tanzschule. Tänzerin in der jap. Revue *Holiday in Japan*. Fortsetzung ihrer Studien in New York bei M. Graham, deren Komp. sie seit 1962 angehört (zahlreiche Übernahmen von Graham kreierter Rollen). Gastweise auch bei den Komp.n von P. Lang, B. Ross, A. Ailey, D. McKayle, L. Falco und L. Lubovitch. Jetzt auch mit eigener Komp., die sie zusammen mit ihrem Gatten, dem Tänzer David Hatch-Walker, leitet.

Aschenbrödel (frz. *Cendrillon*, engl. *Cinderella*, russ. *Soljuschka*). Alle A.-B.e lehnen sich an das berühmte Märchen von Perrault an. Schon 1813 brachte Duport in Wien ein A.-B. heraus. Von den folgenden sind die wichtigsten: (1) in 3 Akten, Ch.: Petipa, E. Cecchetti und L. J. Iwanow, Mus.: Baron Schell, Dek.: Levogt, Schistow und Botscharow; UA 13. (25.) 12. 1893, Marien-Th., St. Petersburg, mit P. Legnani und P. Gerdt; (2) in 3 Akten, Libr.: Heinrich Regel, Ch.: J. Haßreiter, Mus.: J. Strauß, J. Bayer, UA 4. 10. 1908, Hofoper Wien; (3) in 3 Bildern, Libr. und Ch.: M. Fokine, Mus.: F. d'Erlanger, Dek.: N. Gontcharova; UA 19. 7. 1938, B.s Russes de Colonel de Basil, Covent Garden, London, mit T. Riabouchinska und P. Petroff; (4) in 3 Akten, Libr.: N. Wolkow, Mus.: Prokofjew, Ch.: R. Sacharow, Dek.: P. Williams; UA 21. 11. 1945, Bolschoi-Th., Moskau, mit O. Lepeschinskaja, M. Gabowitsch u. a. Von dieser Version gibt es zahlreiche Neugestaltungen, u. a. von: K. Sergejew (Leningrad 1946), F. Ashton (London 1948), B. Wosien (Dresden 1950, D. E.), V. Gsovsky (München 1951), W. Orlikowsky (Paris 1963), O. M. Winogradow (Nowosibirsk 1964), W. Orlikowsky (Wien 1970), B. Stevenson (Washington 1970 und für London Festival B. 1973) und T. Schilling (Komische Oper Berlin 1968). – Die sowj. Fassungen enthalten gesellschaftskritische Züge. Die Einkleidung von A. für den Ball liefert den Anlaß für ein großes Divertissement der Jahreszeiten, ein späteres Charaktertanz-Divertissement illustriert die Reise des Prinzen auf der Suche nach seiner Ballpartnerin.

Lit.: O. F. Regner / H.-L. Schneiders, in: *Reclams Ballettführer*, Stuttgart [8]1980.

Ashley, Merrill, amer. Tänzerin, * 2. 12. 1950 St. Paul (Minn.). Studierte bei S. de Neergaard, Ph. Marmein und School of American B. Tänzerin beim New York City B. seit 1974, Solistin 1974, Principal Dancer 1977. Rollenkreationen u. a. in G. Balanchines *Ballo della Regina* (1977) und *Ballade* (1980) sowie J. Robbins' *Four Chamber Works* (*Concertino*, 1982).

Ashton, Sir Frederick, engl. Tänzer, Choreograph und B.-Direktor, * 17. 9. 1904 Guayaquil. Beeindruckt durch die Kunst A. Pawlowas, studierte er bei L. Massine und M. Rambert, die ihn 1926 zu seinem ersten B. *A Tragedy of Fashion* für eine Londoner Revue ermutigten. Tänzer in der Komp. von I. Rubinstein 1927, wo er unter Massine und B. Nijinska arbeitete, dann beim B. Rambert, choreographierte für den B. Club, die Camargo Society und als Chefchoreograph von 1935 an für das Vic-Wells B. (das spätere Sadler's Wells und heutige Royal B.), zu dessen Associate Director er 1952 und zu dessen Direktor er – als Nachfolger von N. de Valois – 1963 ernannt wurde. 1970 zog er sich von der Leitung der Komp. zurück, um wieder rein choreographisch tätig zu sein. Hat auch für das Sadler's Wells Th. B., London Festival B., New York City B., das Kgl. Dän. B. und das La Scala B. choreographiert. 1950 war er als Choreograph an dem Film *Tales of Hoffmann* beteiligt, 1971 choreographierte er den Film *Tales of Beatrix Potter*. A. hat mit seinen Ch.n das moderne engl. B. zu ersten internationalen Erfolgen und zu seiner heutigen Weltgeltung geführt. Er hat ihm ein Rep. gegeben, das von bemerkenswerter Vielfalt ist, und er hat diesem Rep. seinen Stil gegeben – den Stil einer weichen, flüssigen, außerordentlich musiksensiblen, primär lyrisch orientierten choreogr. Handschrift. A. ist ein Klassizist par excellence, von gleich bemerkenswerter Anpassungsfähigkeit in den von ihm renovierten B.en des traditionellen Rep.s wie von unerschöpflicher Erfindungskraft in den von ihm kreierten B.en – ein Choreograph von unbedingter Geschmackssicherheit und Kultiviertheit. Zu seinen engsten Mitarbeitern gehörten die Bühnenbildnerin S. Fedorovitch und der Dirigent C. Lambert. Eines der größten Verdienste A.s ist es, die Kunst M. Fonteyns zielstrebig ihrem Höhepunkt entgegengeführt zu haben, indem er die für ihr jeweiliges Entwicklungsstadium charakteristischen B.e schuf – eine schöpferische Zusammenarbeit von Choreograph und Ballerina auf allerhöchstem Niveau. Geadelt 1962. – Zu A.s wichtigsten B.en zählen u. a.: *Capriol Suite* (Mus.: W. Walton, 1930), *Façade* (Mus.: W. Walton, 1931), *Les Rendezvous* (Mus.: D. F. Auber, 1933), *Mephisto Valse* (Mus.: Liszt, 1934), *Der Kuß der Fee* (Mus.: Strawinsky, 1935), *Apparitions* (Mus.: Liszt/Lambert, 1936), *Les Patineurs* (Mus.: Meyerbeer), *A Wedding Bouquet* (Mus.: Lord Berners, beide 1937), *Dante Sonata* (Mus.: Liszt/Lambert, 1940), *Symphonic Variations* (Mus.: Franck, 1946), *Scènes de ballet* (Mus.: Strawinsky), *Aschenbrödel* (Mus.: Prokofjew, beide 1948), *Illuminations* (Mus.: Britten, 1950 – fürs New York City B.), *Daphnis und Chloe* (Mus.: Ravel, 1951), *Picnic at Tintagel* (Mus.: A. Bax – fürs New York City B.), *Sylvia* (Mus.: L. Delibes, beide 1952). *Hommage to the Queen* (Mus.: M. Arnold, 1953), *Romeo und Julia* (Mus.: Prokofjew, 1955 – fürs Kgl. Dän. B.), *Birthday Offering* (Mus.: Glasunow, 1956), *La Valse* (Mus.: Ravel – fürs La Scala B.), *Undine* (Mus.: H. W. Henze, beide 1958), *La Fille mal gardée* (Mus.: L.-J.-F. Hérold/J. Lanchbery, 1960), *Les deux pigeons* (Mus.: A. Messager), *Persephone* (Mus.: Strawinsky, beide 1961), *Marguerite and Armand* (Mus.: Liszt/Searle, 1963), *The Dream* (Mus.: Mendelssohn-Bartholdy, 1964), *Monotones* (Mus.: E. Satie, 1965 und 1966), *Jazz Calendar* (Mus.: R. Bennett), *Enigma Variations* (Mus.: E. Elgar, beide 1968), *Die Geschöpfe des Prometheus* (Mus.: Beethoven, 1970), *A Month in the Country* (Mus.: Chopin/Lanchbery, 1976), *Rhapsody* (Mus.: Rachmaninow, 1980) und *Varii Capricci* (Mus.: W. Walton, 1983). Choreographierte auch für die Opern-Prod.en *Four Saints in Three Acts* (Mus.: V. Thomson, 1934), *The Fairy Queen* (Mus.: H. Purcell, 1946), *Orpheus und Eurydike* (Mus.: Gluck, 1953) und *Tod in Venedig* (Mus.: Britten, 1973).

Lit.: D. Vaughan, *F. A. and His Ballets*, London 1977.

Assafjew, Boris Wladimirowitsch, sowj. Musikhistoriker und Komponist, * 29. 7. 1844 St. Petersburg, † 27. 1. 1949 Moskau. Schrieb das erste russ. Buch über Strawinsky (1929) und komponierte die Musik zu 27 B.en, darunter *Flamme von Paris* (1932), *Die Fontäne von Bachtschissarai* (1934) und *Der Gefangene aus dem Kaukasus* (1938).

Assel, B. in 3 Akten, Libr.: Boris Chaliulow und Nikolai Charitonow (nach Tschingis Aitmatows Roman *Meine Pappel im roten Kopftuch*), Ch.: O. Winogradow, Mus.: Wladimir Wlassow, Dek.: Valeri Lewenthal; UA 7. 2. 1967, Bolschoi-Th., Moskau, mit N. Timofejewa, N. Fadejetschew, J. Sekh und N. Ryabinkina. Der Held des B.s ist ein Chauffeur, der zu seiner ehemaligen Frau zurückkehrt, die er wiederverheiratet vorfindet. Jeder der drei Protagonisten blickt in die Vergangenheit zurück und erzählt die Geschichte aus seiner Sicht. – Die Ch. ist besonders stark in den männlichen Charaktertänzen.

Assemblé (frz. *assembler*, versammeln), im B. der Sprung von einem auf beide, üblicherweise in der 5. Position befindlichen Beine. Verschiedene Arten von A.s: *petits*, *grands*, *soutenus*, *simples*, *tournés* etc.

Astaire, Fred (geb. Frederick Austerlitz), amer. Tänzer, * 10. 5. 1899 Omaha (Nebr.). Berühmtester weißer Tap Dancer (Steptänzer) der USA, nannte sich selber gern im amer. Tänzerslang einen Hoofer. G. Balanchine bewunderte ihn als »den interessantesten, erfindungsreichsten und elegantesten Tänzer unserer Zeit«. Die Filmgesellschaft RKO ließ seine Beine mit einer Million Dollar versichern. Tanzte schon als Kind zusammen mit seiner Schwester Adele († 1981) in Vaudevilles, dann auch in Musicals. 1933 ging er, nach der Heirat seiner Schwester Adele mit einem engl. Lord, nach Hollywood, wo er zusammen mit Ginger Rogers seine ersten Filme drehte (u. a. *Flying Down to Rio*, 1933; *The Gay Divorcee*, 1934; *Roberta*, 1935; *Top Hat*, 1935; *Swing Time*, 1936; *Shall We Dance*, 1937; *The Story of Vernon and Irene Castle*, 1939). Weitere Filme mit Eleanor Powell (*Broadway Melody of 1940*), Rita Hayworth (*You'll Never Get Rich*, 1941 und *You Were Never Lovelier*, 1942), Judy Garland (*Easter Parade*, 1948), Leslie Caron (*Daddy Long Legs*, 1954/55), Audrey Hepburn (*Funny Face*, 1956), Cyd Charisse (*Bandwagon*, 1953 und *Silk Stockings*, 1957). Dann übernahm er verschiedene Fernseh-Prod.en und Schauspielerrollen. Seine Autobiographie veröffentlichte A. 1959 unter dem Titel *Steps in Time*.

Lit.: A. Croce, *The F. A. – G.-Rogers-Book*, New York 1972.

Atanasoff, Cyril, frz. Tänzer, * 30. 6. 1941 Puteaux. Studierte an der B.-Schule der Pariser Opéra, deren Mitgl. er 1957 wurde (Premier danseur 1962, Danseur étoile 1964). Rollenkreationen u. a. in M. Béjarts *La Damnation de Faust* (1964), R. Petits *Notre-Dame de Paris* (1965) und *Nana* (1976) sowie H. Spoerlis *La Fille mal gardée* (1981).

Lit.: G. Mannoni / P. Jouhaud, in: *Les Étoiles de l'Opéra de Paris*, Paris 1981.

Aterballetto. Die in Reggio Emilia ansässige Komp. ist nach ATER benannt, der Associazione degli teatri di Emilia Romagna. Vorausgegangen waren seit 1977 kleinere Tournee-Unternehmungen von ad hoc zusammengestellten B.-Gruppen unter der Leitung von V. Biagi. Unter ihrem jetzigen Namen besteht die Komp. aus 16 Tänzern, mit A. Amodio seit 1980 als künstlerischem Direktor. Außer Reggio Emilia werden Parma und Modena regelmäßig bespielt, darüber hinaus absolviert die Komp. ausgedehnte Gastspiele in der ital. Provinz, gelegentlich aber auch im Ausland (London-Debüt 1982). Das Rep. setzt sich aus Klassiker-Exzerpten und B.en von u. a. G. Balanchine, A. Tudor, K. MacMillan, J. Limón, G. Tetley, R. Alston und mehreren Arbeiten von Amodio zusammen, der auch als Startänzer der Komp. fungiert. Zu den häufig präsentierten Tänzergästen gehören E. Terabust und P. Schaufuss.

Attacke, im B. die Kraft und Intensität, mit der eine Bewegung angesetzt wird.

Attitude (frz., Haltung), eine Position, die angeblich von Giovanni da Bolognas Merkur-Statue (1564, Florenz, Museo Nazionale) inspiriert und von C. Blasis um 1820 kodifiziert wurde. Der Körper steht auf einem Bein, der dazugehörige Arm ist seitwärts oder nach hinten gestreckt, während das andere Bein im Winkel von 90° mit gebeugtem Knie nach hinten zeigt, der dazugehörige Arm wird über dem Kopf gehalten. Die verschiedenen nationalen Schulen haben verschiedene Varianten entwickelt. Die A. kann in mehreren Formen ausgeführt werden: *relevée*, *sautée*, *en tournant en avant* oder *en arrière*, *effacée*, *croisée* etc.

Auber, Daniel François Esprit, frz. Komponist, * 29. 1. 1782 Genf, † 12./13. 5. 1871 Paris. Komponierte keine B.e, doch wurden die ausgedehnten B.-Einlagen und Divertissements in seinen Grands Opéras für die Entwicklung des romantischen B.s wichtig. Beispiel: *Die Stumme von Portici* (Ch.: J. Aumer, 1828), die Titelrolle der Fenella, kreiert von L. Noblet, wurde ein begehrtes Objekt aller großen Ballerinen. Weitere Opern von Auber mit wichtigen Ch.n waren: *Le Dieu et la Bayadère* (Ch.: F. Taglioni, 1830), *L'Enfant Prodigue* (Ch.: A. Saint-Léon, 1850) und *Le Cheval de Bronze* (Ch.: L. Petipa, 1857). Mehrfach wurden später Kompositionen von ihm B.en unterlegt, so u. a. von F. Ashton (*Les Rendez-vous*, 1937), V. Gsovsky (*Grand Pas Classique*, 1956) und L. Christensen (*Divertissement d'Auber*).

Audeoud, Susana, verheiratete Janssen, schweiz. Tänzerin, * 10. 10. 1919 Köniz (Bern). Studium bei Dora Garraux in Bern und Angiola Sartorio in Florenz. Klassischen Tanz studierte sie in Paris bei O. Preobrajenska, A. Volinine und B. Kniaseff, Span. Tanz bei El Estampio, La Quica und Pericet. 1947 Primaballerina an der Oper von Madrid. 1948 erster gemeinsamer Tanzabend mit José de Udaeta in Genf. In den folgenden Jahren wurde das Duo Susana y José zu einem Gütebegriff der span. Tanzkunst. Bis 1970 Tourneen mit José durch die ganze Welt. Dann trennte sich das Paar. Susana gab seit diesem Jahr zahlreiche Kurse, unterrichtet regelmäßig beim National B. of Canada. Ihre bevorzugte Wirkungsstätte ist M. Béjarts Mudra in Brüssel. Sie unterrichtet regionale span. Volkstänze, Escuela Bolero (die Verbindung von span. Volkstänzen mit Techniken des klassischen B.s) und vor allem Flamenco. Gelegentlich auch als Choreographin hervorgetreten.

Lit.: G. Zacharias, *S. y José,* Wien 1970.

Aufforderung zum Tanz → *Geist der Rose, Der.*

Augusta, Mlle (Caroline Augusta Josephine Thérèse Fuchs, Comtesse de Saint-James), dt.-frz. Tänzerin, * 1806 München, † 17. 2. 1901. Studierte in München, dann auch in Paris. Tanzte in Brüssel in *Die Stumme von Portici* und *La Sylphide* und ging dann nach New York, wo sie 1836 in *Les Naiades* debütierte, aber auch in *La Bayadère* sowie als New Yorks erste Giselle (am 2. 2. 1846 – einen Monat zuvor war Mary Ann Lee in Boston Amerikas erste Giselle gewesen) erfolgreich war. Unternahm ausgedehnte Tourneen bis nach Montreal und Havanna. Kehrte 1850 nach Europa zurück.

Augustyn, Frank, kanad. Tänzer, * 27. 1. 1953 Hamilton (Ont.). Studierte an der Schule des National B. of Canada. Tänzer beim National B. of Canada seit 1970, Solist 1971, Principal Dancer 1972, häufiger Partner von K. Kain. Zahlreiche Gastspiele, auch im Ausland (u. a. Dt. Oper Berlin).

Lit.: C. Darling / J. Fraser, *Karen Kain und F. A.*, Toronto 1978.

Aumer, Jean, frz. Tänzer und Choreograph, * 21. 4. 1774 Straßburg, † Juli 1833 Saint-Martin-en-Bosc. Schüler von J. Dauberval in Bordeaux, wurde entscheidend durch dessen Ansichten über den Charaktertanz und das B. d'action geprägt. Debüt als Tänzer an der Pariser Opéra 1798. B.-Meister am Pariser Th. de la Porte Saint-Martin 1804–06, wo er verschiedene B.e von Dauberval einstudierte und seine ersten eigenen B.e herausbrachte, u. a. *Les deux Créoles* (Mus.: Henry Darondeau, 1806 – nach dem Roman *Paul et Virginie*). Seine *Les Amours d'Antoine et Cléopâtre* (Mus.: R. Kreutzer) kamen 1808 an der Opéra heraus und waren so erfolgreich, daß Jérome Bonaparte, kurzlebiger König von Westfalen, A. als B.-Meister nach Kassel holte, wo er bis zum Sturz von Napoleon (1814) blieb. Dann Choreograph in Wien bis 1820. Sein erfolgreichstes B. war hier: *Les Pages du Duc de Vendôme* (Mus.: A. Gyrowetz, 1815). Seine letzte Station war Paris, wo er nicht nur die Neuprod.en von Daubervals *La Fille mal gardée* und *Le Page inconstant* (dessen Titel sich auf den Figaro-Cherubino bezieht), sondern auch mit Erfolg eigene B.e herausbrachte: *La Somnambule* (Mus.: J. F. Hérold, 1827), *La Belle au bois dormant* (*Dornröschen*, 1829, Mus.: Hérold) und *Manon Lescaut* (Mus.: F. Halévy, 1830). 1831 setzte er sich zur Ruhe.

Lit.: I. Guest, in: *The Romantic Ballet in Paris*, London 1966.

Aureole, Tanzstück von Paul Taylor mit Musik von Händel (verschiedene Orchesterstücke); UA 4. 8. 1962 im Rahmen des American Dance Festival am Connecticut College (New London) mit Taylor, E. Walton, D. Wagoner, Sh. Kinney und R. Kimball. Übernommen von zahlreichen anderen Komp.n, u. a. Kgl. Dän. B.

(1968). Das B. ist eine abstrakte Ch. von kristallinischer Frische und Reinheit.

Lit.: D. McDonagh, in: *The Complete Guide to Modern Dance*, Garden City (N. Y.) 1976.

Auric, Georges, frz. Komponist, * 15. 2. 1899 Lodève, † 23. 7. 1983 Paris. Als Angehöriger der Komponistengruppe Les Six (1921) beteiligt an der Cocteau-Prod. von *Les Mariés de la Tour Eiffel*. Schrieb später u. a. die Musik zu B. Nijinskas *Les Fâcheux* (1924), L. Massines *Les Matelots* (1925), *Le Peintre et son Modèle* (1949) und *Bal des Voleurs* (1960), G. Balanchines *La Concurrence* (1932), S. Lifars *Phèdre* (1950) und V. Gsovskys *Der Weg zum Licht* (1952).

Ausdruckstanz, in Anlehnung an den dt. Expressionismus in Malerei und Dichtung geschaffene Bezeichnung für den in Deutschland seit etwa 1910 entwickelten, ballettfeindlichen Freien Tanz, der zuerst von R. von Laban und seinen Schülern, dann von der Laban-Schülerin M. Wigman und deren Schülerinnen bis etwa 1930 entwickelt und demonstriert wurde. In Amerika nannte man diesen dt. Stil German Dance. In der Sowjetunion sprach man von Plastischem Tanz. Wigman hat schon in den dreißiger Jahren, nach dem Ende des eigentlichen Ausdruckstanzes, empfohlen, lieber vom Neuen Künstlerischen Tanz zu sprechen, während A. von Milloss und auch andere Choreographen vom Freien Tanz sprechen. Die amer. Entsprechung des dt. Ausdruckstanzes ist der von M. Graham um 1930 begründete Modern Dance. In diesem Lexikon wird zur Bezeichnung des nicht-akademisch gebundenen modernen Th.-Tanzes generell die engl. Bezeichnung Modern Dance benutzt.

Australian Ballet, The. Die führende klassische B.-Komp. des Landes ist in Melbourne ansässig. 1962 gegründet, übernahm sie viele Tänzer des früheren Borovansky B., mit P. van Praagh als Künstlerischer Direktorin (später zus. mit Helpmann). Es bestehen enge Beziehungen zur engl. Royal B. School und zum Royal B. Das Rep. setzt sich aus Klassikern und modernen Werken zusammen. Seit ihrem ersten Europa-Gastspiel 1965 ist die Komp. mehrfach in Europa und den USA gewesen. Helpmann war Künstlerischer Direktor 1974/75, gefolgt von Anne Woolliams 1976/77, Van Praagh 1978/79, Marilyn Jones 1980–82 und M. Gielgud seit 1983.

Lit.: E. H. Pask, in: *Ballet in Australia. The Second Act 1940–1980*. Melbourne 1982.

Australian Dance Theatre. Die auf der Basis des zeitgenössischen Tanzes arbeitende Komp. ist in Adelaide ansässig. Sie wurde 1965 von Elizabeth Dalman gegründet, mit J. Flier als zeitweiligem Kodirektor. Reorganisiert 1977, mit J. Taylor als Künstlerischem Direktor, betreut sie heute Victoria und Südaustralien.

Australien. Th.-Tanzvorst.en lassen sich bis 1833 zurückverfolgen, als Mr. Cavendish de Castell vom Pariser Conservatoire in Sydney eine Tanzschule eröffnete. 1840 wurde Mme. Velbein für den Tanz am Royal Victoria Th. engagiert, während Mme. Rosine als B.-Meisterin vom Royal Th. in Melbourne engagiert wurde. 1841 gab es ein paar populäre zwei- und dreiaktige B.e wie *The Millers*, *Freaks of Milor Plump Podin*, *Cobbler and Tailor*, *Polinchinelle Vampir*, *Mountain Ape* und *Tawny in a Galloping Consumption*. Weitere B.e wurden von gastierenden ital. und engl. Komp.n aufgeführt. Lola Montez gab 1855 ihr sensationelles Debüt, und kurze Zeit darauf schwärmte alles von ›Tomato, dem dreifüßigen Tänzer‹. Für die Prod. von *Sindbad der Seefahrer* engagierte J. C. Williamson aus Melbourne ein Corps de b., das dann in der Comic Opera Comp. aufging, mit Mary Weir als Ballerina. Minnie Everett eröffnete 1897 eine B.-Schule am Melbourne Princess Th. und 1909 eine Filiale in Sydney. Minnie Hooper arrangierte »einige der grandiosesten Ballette, die es hier je zu sehen gab und wurde dafür von Melba selbst gepriesen« – sie waren für die Royal Comic Opera Comp.s und die Melba Opera Comp. bestimmt. A. Genée debütierte hier mit einer Komp., bestehend aus den Russian Imperial Dancers, wobei das Rep. aus *Coppélia*, *La Camargo* und *La Danse* sowie dem unvermeidlichen *Sterbenden Schwan* (getanzt von Helena Schmolz) bestand. Für die nächste Sensation sorgte 1914 Maud Allan. Doch den weitestreichenden Eindruck bewirkten die Pawlowa-Gastspiele 1926 und 1929. Während der zwanziger Jahre ließen sich ein paar hervorragende ausländische Lehrer hier nieder, u. a. Errol Addison, Lucie Saronova und Mischa Burlakov, der, zusammen mit Louise Lightfoot, das First Australian B. gründete und die ersten einheimischen Prod.en von *Petruschka*, *Scheherazade* und *Carnaval* besorgte sowie *The Fruit of Forgetfulness* (basierend auf P. Gauguins berühmtem Gemälde – Musik von Ramsay Pennycuick). Victor Dandré, Pawlowas ›Gatte‹, kehrte 1934 mit einer großen, von Spessiwtzewa und A. Vilzak angeführten Truppe zurück. La Meri kam 1936 und konkurrierte mit de Basils B.s Russes de Monte Carlo, die enorm erfolgreich waren und 1938 (als Covent Garden Comp.) und 1940 (als Original B. Russe) wiederkehrten, wobei D. Lichine seinen *Graduation Ball* in Sydney herausbrachte. Etwa zur gleichen Zeit formierte sich das B. Contemporain in Adelaide. Joanne Priest rief den South Australian B. Club ins Leben. Gertrud Bodenwieser ließ sich 1939, aus Wien kommend, hier nieder, gründete eine Schule, unternahm Tourneen mit ihrer Komp. Einige der de Basil Tänzer blieben zurück: Helene Kirsova, die eine Schule in Sydney eröffnete, aus der dann ihre Komp. hervorging, und E. Borovansky, der zusammen mit seiner Frau Xenia 1939 eine Schule in Melbourne eröffnete, die bald mit Schul-Vorst.en begann und aus der dann 1940 das Australian B. hervorging. In den vierziger Jahren wurden diverse Clubs und Gilden gegründet. Nach dem Zweiten Weltkrieg kamen zahlreiche ausländische Komp.n zu Tourneen, heute wird A. regelmäßig von den berühmtesten Komp.n aus aller Welt besucht, wie es selbst durch seine eigenen diversen Truppen einen substanziellen Beitrag zur internationalen Tanzszene liefert. Außer dem Australian B. und dem Australian Dance Th. sind noch erwähnenswert das West Australian B. (geleitet von Robin Haig, ansässig in North Fremantle), das Queensland B. (geleitet von Harold Collins, ansässig in Brisbane) und The Dance Comp. (geleitet von Graeme Murphy, ansässig in Sydney).

Lit.: E. H. Pask, *Enter the Colonies Dancing – A History of Dance in Australia 1835–1940*, Melbourne 1979; E. H. Pask, *Ballet in Australia, The Second Act 1940–1980*, Melbourne 1982.

Autumn Leaves, B. in 1 Akt, Libr. und Ch.: A. Pawlowa, Mus.: Chopin, verschiedene Klavierstücke, Dek.: Konstantin Korovin; UA Rio de Janeiro 1918 mit Pawlowa und A. Volinine. – Der Wind spielt mit dem Herbstlaub der Bäume und einer entwurzelten Chrysantheme, deren sich ein spazierengehender Dichter annimmt.

Avant, en (frz., nach vorn, vorwärts), in der Danse d'école alle nach vorn ausgeführten Bewegungen.

Aveline, Albert, frz. Tänzer und Choreograph, * 1883 Paris, † 3. 2. 1968 Anvierès. Studierte an der Schule der Pariser Opéra, der er während der ganzen Jahre seiner Aktivität verbunden blieb und zu dessen beliebtesten Étoiles er gehörte. B.-Meister 1917, später Direktor der Schule der Komp. Wurde populär als Partner von O. Spessiwtzewa und C. Zambelli, betreute die Wiederaufnahme mehrerer älterer B.e von L. Mérante, L. Staats und I. Clustine. Choreographierte u. a. die B.e *La Grisi* (Mus.: O. Métra, 1935), *Le Festin de l'Araignée* (Mus.: A. Roussel, 1939) und vor allem den Prolog zu J. Ph. Rameaus (1735) wieder aufgeführtem Opéra-B. *Les Indes Galantes* (1952).

B

Babilée, Jean, frz. Tänzer, Choreograph und Schauspieler, * 2. 2. 1923 Paris. Studierte an der Schule der Pariser Opéra, bei B. Kniaseff, A. Volinine und V. Gsovsky. Ging 1940 nach Südfrankreich und tanzte in Cannes und Monte Carlo, dann im Corps der Pariser Opéra. 1944 Teilnahme an den Pariser Soirées de Danse, für die er seine erste Ch. schuf (*Sérénité*, Mus.: Beethoven). 1945 Danseur étoile der B.s des Champs Elysées, von 1947 an auch der B.s de Paris. Danach kurzfristige Engagements, u. a. Städt. Oper Berlin (1957). 1956 Gründung einer eigenen Komp., Les B.s J. B. mit der er Auslandstourneen unternahm. In den sechziger Jahren spielte er in Film- und Theaterstücken, 1972/1973 war er Direktor des B. du Rhin in Straßburg. Nur noch selten trat er als Tänzer auf, so 1967 in der Titelrolle von *Der Verlorene Sohn* von J. Lazzini und in M. Béjart's *Life* (1979). Als Tänzer zeichnete sich B. durch seine Technik und Sprungkraft aus, dank der er zu einem der brillantesten Vertreter seiner Generation als *Blauer Vogel* und in *Spectre de la Rose* wurde. Zu seinen berühmtesten Rollengestaltungen gehören u. a. der Joker in *Jeu de cartes* (Ch.: J. Charrat, 1945), *Le jeune homme et la mort* (Ch.: R. Petit, 1946), *Till Eulenspiegel* (Ch.: J. Babilée, 1949), *Mario e il mago* (Ch.: L. Massine, 1956) und *Maratona di danza* (Ch.: Dick Sanders, 1957). Als Choreograph ist er vor allem durch die folgenden B.e bekannt geworden: *L'amour et son amour* (Mus.: Franck, 1948), *Till Eulenspiegel* (Mus.: Strauss, 1949), *Balance à trois* (Mus.: J.-M. Damase, 1955), *Caméleopard* (Mus.: H. Sauguet, 1956) und *Haï-Kaï* (Mus.: Webern, 1969). Seine berühmteste Schauspielrolle hatte er in Jean Genets Stück *Le Balcon*.

Baby Ballerinen wurden I. Baronova, T. Toumanova und T. Riabouchinska genannt, weil sie 1932 bei der Gründung des B. Russes de Monte Carlo, dem sie angehörten, erst 13, 14 und 15 Jahre alt waren.

Bacchanale, B. in 1 Akt von S. Dali (Libr. und Dek.), Ch.: L. Massine, Mus.: Wagner (*Tannhäuser*); UA 9. 11. 1939, B.s Russes de Monte Carlo, Metropolitan Opera House, New York, mit N. Krassovska, N. Theilade, A. Eglevsky, M. Platoff. Surrealistische B.-Phantasmagorie, in deren Mittelpunkt König Ludwig II. von Bayern steht, der sich als Wagner-Schwärmer mit einzelnen Gestalten aus Wagners Opern identifiziert. – Für die Bayreuther *Tannhäuser*-Insz. von 1961 schuf M. Béjart eine vieldiskutierte Ch., die er am 14. 1. 1965 in etwas revidierter Form unter dem Titel *Venusberg* in Brüssel ins Rep. seines B. du XXe Siècle übernahm. – Die UA hatte Lucien Petipa, der Bruder von Marius Petipa, 1861 für die *Tannhäuser*-Premiere der Pariser Opéra choreographiert. In der Bayreuther *Tannhäuser*-Auff. von 1904 hatte I. Duncan als Grazie im *Bacchanal* weltweites Aufsehen erregt. 1930 wurde es von R. von Laban und K. Jooss choreographiert.

Bacchus und Ariadne (frz. Originaltitel: *Bacchus et Ariane*), B. in 2 Akten, Libr.: Abel Hernant, Mus.: A. Roussel, Ch.: S. Lifar, Dek.: G. de Chirico; UA 22. 5. 1931, Opéra Paris, mit S. Lifar, O. Spessiwtzewa, Peretti. – Auf der Insel Naxos feiern Theseus und seine Begleiter den Sieg über den Minotaurus und die Rückkehr aus dem Labyrinth. Es erscheint Bacchus, der Theseus vertreibt und Ariadne in einen tiefen Schlaf versenkt. Als Ariadne sich beim Wiedererwachen verlassen wähnt, versucht sie, sich ins Meer zu stürzen, wird aber von Bacchus aufgefangen, der ihr durch einen Kuß Unsterblichkeit verleiht und sich mit ihr in einem Bacchanal vereinigt. Zahlreiche Alternativ-Prod.en, u. a. von Y. Georgi (Hannover 1964) und M. Descombey (Pariser Opéra 1967).

Bach, Johann Sebastian, dt. Komponist, * 21. 3. 1685 Eisenach, † 28. 7. 1750 Leipzig. Schrieb keine B.-Musik, doch wurden seine konzertanten und geistlichen Kompositionen häufig für B.e genutzt. Zu den wichtigeren Bach-B.en zählen: D. Humphreys *Air for the G String* (3. Orchestersuite, New York 1928, B. Nijinskas

Étude de Bach (Paris 1931), G. Balanchines *Concerto Barocco* (Konzert d-Moll für 2 Violinen, New York 1941), S. Lifars *Dramma per musica* (Kaffee-Kantate, Monte Carlo 1946), R. Petits *Le jeune homme et la mort* (Passacaglia und Fuge d-Moll, Paris 1946), J. Charrats *Diagramme* (6. Brandenburgisches Konzert, Paris 1957), B. Macdonalds *Aimez-vous Bach?* (Mus.: diverse, Oslo 1963), B. Harkarvys *Recital für Cello und acht Tänzer* (6. Cello-Suite, Den Haag 1964), J. Crankos *Brandenburg nos. 2 & 4* (London 1966), M. Béjarts *Actus tragicus* (Kantaten Nr. 106 und 51, Brüssel 1969), J. Robbins' *The Goldberg Variations* (New York 1971), H. Béjarts *Notre Faust* (Teile aus der h-Moll-Messe, Brüssel 1975), J. Neumeiers *Matthäus-Passion* (Hamburg 1981) und T. Tharps, *Bach-Partita* (Nr. 2, in d-Moll, New York 1984).

Bagnolet. In der Pariser Vorstadt findet seit 1969 jährlich ein Concours International de Chorégraphie statt: Le Ballet pour demain, der unter der Leitung von Jaque Chaurand rasch zu einer der angesehensten europ. Plattformen für ambitionierte Amateur- und professionelle Choreographen avanciert ist. Preise werden in den Kategorien ›professionels‹ und ›nonprofessionels‹ vergeben – zusätzlich gibt es einen ›prix de l'humeur‹.

Baiser de la Fée, Le → *Kuß der Fee, Der.*

Baker, Josephine, amer.-frz. Revuetänzerin und Chansonsängerin, * 3. 6. 1906 St. Louis (Miss.), † 12. 4. 1975 Paris. Begann als Chorus Girl in dem Neger-Musical *Shuffle Along* (1923), kam 1925 nach Paris, wo sie in der *Revue Nègre* zum ersten Mal auftrat. Ihre anschließenden Tourneen führten sie durch die ganze Welt. Von Paris aus verbreitete sie den afro-amer. Tanz Charleston in Europa. Bis in die sechziger Jahre trat sie in für sie arrangierten Shows auf.

Lit.: J. B., *Les Mémoires*, Paris 1927; Dieter Kühn, *J.*, Frankfurt a. M. 1976; J. B. / J. Bouillon, *Ausgerechnet Bananen* (aus dem Frz.), München 1976.

Bakst, Léon, russ. Maler, Bühnen- und Kostümbildner, * 10. 5. 1866 Grodno (Rußland), † 28. 12. 1924 Paris. 1890 Mitbegründer der von S. P. Diaghilew herausgegebenen Zeitschrift *Die Welt der Kunst* (Mir Iskusstwa). Gehörte jahrzehntelang dem Diaghilew-Kreis an, stellte bereits vor 1900 in Westeuropa aus, stattete 1903 die Auff. der *Puppenfee* im St. Petersburger Marien-Th. aus und war dann eine der treibenden Kräfte, die das Debüt der B.s Russes de Diaghilew in Paris vorbereiteten. Für diese Komp. schuf er dann seine wichtigsten Ausstattungen: *Cléopâtre* (1909), *Carnaval* und *Scheherazade* (1910), *Spectre de la rose* und *Narcisse* (1911), *Le Dieu bleu*, *Thamar*, *L'après-midi d'un faune* und *Daphnis und Chloe* (1912), *Jeux* (1913), *Josephslegende* (nur Kost. 1914), *Les Femmes de bonne humeur* (1917) und *Dornröschen* (1921). Arbeitete auch gelegentlich für I. Rubinstein (1911 Ausstattung von *Le Martyre de Saint-Sébastien*).

Lit.: A. Levinson, *L. B.*, Paris 1927; H. Rischbieter, in: *Bühne und Bildende Kunst im XX. Jahrhundert*, Hannover 1968; Charles Spencer, *B.*, New York 1977.

Bal, Le, B. in 1 Akt (2 Bildern), Libr.: B. Kochno, Ch.: G. Balanchine, Mus.: V. Rieti, Dek.: G. de Chirico; UA 7. 5. 1929, B.s Russes de Diaghilew, Monte Carlo, mit A. Danilova, F. Doubrovska, A. Dolin, S. Lifar und G. Balanchine. Es handelt sich um eine Maskenkomödie.

Balancé (frz. *balancer*, schaukeln, ins Gleichgewicht bringen), in der Danse d'école ein gleichmäßiger Schaukel- oder Wiegeschritt von einem auf das andere Bein.

Balanchine, George (geb. Georgi Melitonowitsch Balantschiwadse), russ.-amer. Tänzer, Choreograph und B.-Direktor, * 22. 1. 1904 St. Petersburg, † 30. 4. 1983 New York. Studierte von 1914 an in St. Petersburg an der Kaiserl. B.-Akademie (Examen 1921), wurde Mitgl. am GATOB (Staatlich-Akademisches Th. für Oper und B.), studierte nebenher Musik am Konservatorium und trat von 1922 an zunehmend in den Abenden des Jungen B.s als Choreograph vor die Öffentlichkeit. Weitere Ch.n, auch in Schauspiel-Insz.en, führten zu ständigen Reibereien mit seinen traditionalistisch eingestellten Vorgesetzten. Eine Deutschland-Tournee der Sowj. Staatstänzer benutzte er dazu, 1924 bei S. P. Diaghilew vorzutanzen und sich von ihm engagieren zu lassen. Nach einigen Opern-Ch.n wurde er 1925 Chefchoreograph der B.s Russes. Aus dieser Zeit datiert auch seine langjährige Freundschaft mit Strawinsky. Nach Diaghilews

Tod 1929 ging er kurzfristig an die Pariser Opéra, dann zum Kgl. Dän. B. und zu R. Blums B. Russe de Monte Carlo, gründete seine Les B.s 1933, bis ihn L. Kirstein 1934 nach Amerika holte – zunächst als Leiter der neuen School of American B., aus deren Schülern er die Mitgl.er seiner ersten amer. Komp. rekrutierte, die 1935 als American B. ihr New-York-Debüt gab und 1936 als Haustruppe von der Metropolitan Opera engagiert wurde, mit B. als Chefchoreograph, als der er auch 1937 das Strawinsky-Festival ausrichtete. In den folgenden Jahren existierte er von Gelegenheitsjobs, unterrichtete, choreographierte auch für das B. Russe de Monte Carlo, unternahm 1941 mit dem American B. eine Südamerika-Tournee, war 1946 Mitbegründer der B. Society und machte seine ersten Nachkriegs-Ch.n an der Pariser Opéra. 1948 wurde die B. Society ins New York City B. umgewandelt und übersiedelte ins City Center, wo B. sein Magnum opus der modernen Ch. schuf. Von hier aus unternahm er mit der Komp. seine ersten Europa-Tourneen und gastierte vom Ende der fünfziger Jahre an auch als Choreograph wieder häufiger in Europa. Im Frühjahr 1964 übersiedelte er mit seiner Komp. in das nach seinen Wünschen gebaute New York State Th. – B. war nacheinander mit vier seiner Ballerinen verheiratet: T. Geva, V. Zorina, Maria Tallchief und T. LeClerq. – B. gehört zu den bedeutendsten Choreographen-Persönlichkeiten der B.-Geschichte. Mit *Apollon musagète* fand er nach seinen revolutionären Anfängen 1928 seinen eigenen Stil, wurde zum überragenden Repräsentanten des Neoklassizismus, zu dem er nach gelegentlichen Experimenten in anderen Stilarten immer wieder zurückgekehrt ist. Er war ein Meister des handlungslosen, konzertanten B.s, während seine Aktions-B.e durchweg umstritten geblieben sind. Man wird ihn zu den großen stilschöpferischen Persönlichkeiten des zeitgenössischen Welt-Th.s rechnen dürfen. Durch ihn hat Amerika den schöpferischen Anschluß an die europ. B.-Tradition gefunden und beginnt nunmehr seinerseits (nicht zuletzt durch die zahlreichen Rep.-Übernahmen seiner B.e) auf Europa zurückzuwirken. – Aus B.s sehr umfangreichem Werkkatalog seien u. a. genannt – für Diaghilews B.s Russes: *Le Chant du rossignol* (Mus.: Strawinsky) und *Barabau* (Mus.: V. Rieti, 1925), *Apollon musagète* (Mus.: Strawinsky, 1928), *Le Bal* (Mus.: V. Rieti) und *Der verlorene Sohn* (Mus.: Prokofjew, 1929); für Les B.s 1933: *Cotillon* (Mus.: A. E. Chabrier), *Die sieben Todsünden* (Mus.: K. Weill) und *Errante* (Mus.: Schubert); fürs American B.: *Serenade* (Mus.: Tschaikowsky, 1934), *Kuß der Fee* und *Jeu de cartes* (beide Mus.: Strawinsky, 1937); für die American B. Caravan: *Concerto Barocco* (Mus.: Bach) und *Ballet Imperial* (Mus.: Tschaikowsky, 1941); für die B.s Russes de Monte Carlo: *Danses concertantes* (Mus.: Strawinsky, 1944), *Night Shadow* (Mus.: V. Bellini / V. Rieti) und *Raymonda* (Mus.: Glasunow – zus. mit Danilova, 1946); für die B. Society: *Die vier Temperamente* (Mus.: Hindemith, 1946) und *Orpheus* (Mus.: Strawinsky, 1948); für die Pariser Opéra: *Le Palais de cristal* (alias *Sinfonie in C*, Mus.: Bizet, 1947); fürs American B. Th.: *Theme and Variations* (Mus.: Tschaikowsky, 1947); fürs New York City B.: *Der Feuervogel* (Mus.: Strawinsky) und *Bourrée fantasque* (Mus.: A. E. Chabrier, 1949), *La Valse* (Mus.: Ravel), und *Schwanensee* (2. Akt, Mus.: Tschaikowsky, 1951), *Caracole* (Mus.: Mozart) und *Scotch Symphony* (Mus.: Mendelssohn Bartholdy, 1952), *Opus 34* (Mus.: Schönberg), *Der Nußknacker* (Mus.: Tschaikowsky), *Western Symphony* (Mus.: H. Kay) und *Ivesiana* (Mus.: Ch. Ives, 1954), *Pas de dix* (Mus.: Glasunow, 1955), *Allegro brillante* (Mus.: Tschaikowsky) und *Divertimento no. 15* (Mus.: Mozart, 1956), *Stars and Stripes* (Mus.: J. P. Sousa / H. Kay) und *Seven Deadly Sins* (Neuversion der *Sieben Todsünden*, Mus.: Weill, 1958), *Episodes* (zus. mit M. Graham, A. Webern, 1959), *Monumentum pro Gesualdo* (Mus.: Strawinsky) und *Liebeslieder-Walzer* (Mus.: Brahms, 1960), *Ein Sommernachtstraum* (Mus.: Mendelssohn Bartholdy, 1962), *Bugaku* (Mus.: T. Mayuzumi) und *Movements for Piano and Orchestra* (Mus.: Strawinsky, 1963), *Don Quixote* (Mus.: N. Nabokov, 1965), *Jewels* (Mus.: Fauré, Strawinsky und Tschaikowsky, 1967), *Metastaseis & Pithoprakta* (Mus.: Y. Xenakis) und *Slaughter on Tenth Avenue* (Mus.: R. Rodgers, 1968), *Who Cares?* (Mus.: Gershwin) und *Suite no. 3* (Mus.: Tschaikowsky, 1970), *Symphony in Three Movements*, *Violin Concerto*, *Duo concertante* und *Pulcinella* (zusammen mit J. Robbins, alle für das Strawinsky-Festival 1972), *Coppélia* (zus. mit M. Danilova, L. Delibes, 1974), *Sonatine* und *Tombeau de Couperin* (Mus.: Ravel,

1975), *Vienna Waltzes* (Mus.: J. Strauß jr., Lehár, R. Strauss, 1977), *Ballo della Regina* (Mus.: Verdi) und *Kammermusik no. 2* (Mus.: Hindemith, 1978), *Ballade for Piano and Orchestra* (Mus.: Fauré) und *Davidsbündlertänze* (Mus.: R. Schumann, 1980). – Er choreographierte weiterhin mehrere Musicals (u. a. *On Your Toes*, 1936, und *The Boys from Syracuse*, 1938), Filme (u. a. *The Goldwyn Follies*, 1938, *On Your Toes*, 1939, und *Ein Sommernachtstraum*, 1968) sowie die Fernseh-UA von Strawinskys *Die Flut* (1962). Opern-Insz.en von ihm waren Ravels *L'Enfant et les sortilèges* (Monte Carlo 1925), Glucks *Orpheus und Eurydike* (zuerst Metropolitan Opera House 1936, dann auch Hamburg 1963), Strawinskys *The Rake's Progress* (Met., 1953), Tschaikowskys *Eugen Onegin* (Hamburg 1962) und M. Glinkas *Ruslan und Ludmilla* (Hamburg 1969). Koautor (zus. mit Francis Mason) von *Balanchine's Complete Stories of the Great Ballets* (Garden City 1954, mehrere erg. Neuaufl.).

Lit.: B. Taper, *B.*, New York 1963; H. Koegler, *B. und das moderne Ballett*, Velber 1964; *Choreography by G. B. – A Catalogue of Works*, New York 1983.

Balançoire (frz., Schaukel), ein während des Stangenexercice ausgeführtes *grand battement* als Pendelbewegung des gestreckten freien Beines aus der Hüfte heraus in Gegenbewegung zum Rumpf. Die dem Standbein nächste Hand hält sich an der Stange fest.

Balasaraswati, ind. Tänzerin, * 1919 Madras, † 9. 2. 1984 ebd. Stammt aus einer alten Tänzerfamilie, in der die Tradition jener südind. Tempeltänze gepflegt wurde, die heute als Bharat Natyam bekannt sind. Tanzte schon als Kind in Tempeln, in den dreißiger Jahren von dem großen Tanzforscher Sri E. Krishna Iyer als hochbegabte Künstlerin entdeckt. Von Madras aus verbreitete sich ihr Ruhm als größte Repräsentantin des Bharat Natyam in Indien und auch in den USA. Amerika-Debüt 1962 in Jacob's Pillow. Gründete auch in Berkeley (Cal.) eine Schule für ind. Tanz. 1975 wurde sie zur Präsidentin der 33. Jahreskonferenz der tamil. Tanzmeister gewählt und hielt dort eine vielbeachtete Rede über den ind. Tanz.

Lit.: Enakshi Bhavnani, in: *The Dance in India*, Bombay 1965.

Bal des Cadets, Le → *Kadettenball.*

Bali, Tänze von. Die von Gamelan-Orchestern begleiteten Tänze der indones. Insel Bali sind nach dem Zweiten Weltkrieg entdeckt und berühmt geworden. Ihre Geschichte ist 2000 Jahre alt. Bali ist heute noch – jenseits des islam. Java – die am weitesten nach Osten vorgeschobene Bastion der ind. Kultur und der Hindu-Religion. Daher basieren viele balines. Tänze und Tanzdramen auf Stoffen, die aus den klassischen Hindu-Epen Mahabharata und Ramayana stammen. Der Hinduismus ist auf Bali mindestens 1500 Jahre alt. Aber die älteste Religion Balis ist vorhinduistisch. Es handelt sich um einen heute noch verbreiteten archaisch-ekstatischen Kult. In den verschiedenen *Sanghyang*-Tänzen – heute schon teilweise zu Touristen-Attraktionen geworden – erleben »heilige« junge Burschen und Mädchen in der völligen Tanzekstase das Einströmen göttlicher Kräfte in ihre Körper. Sie waten tanzend durch Feuer, sie sind unempfindlich gegen Schmerzen und Verletzungen geworden. In dem berühmtesten Tanz Balis, dem Affentanz *Ketjak*, werden zwar der göttliche Affe Hanuman und der göttliche Adler Garuda aus dem Ramayana gefeiert, aber der Sinn dieses Tanzfestes ist das Versinken der etwa 150 um eine Riesenfackel sitzenden und ihre Körper wiegenden Männer in der totalen Ekstase. In den vielen Tanzdramen, die von der bösen Waldhexe Ranga und dem guten Dämon Barong handeln, stoßen sich die von Ranga verzauberten Barong-Krieger ihren Kris in die eigene Brust, ohne daß Blut fließt. Außer der uralten Ekstase-Religion und den Hindu-Epen dienen auch die mittelalterlichen Königs- und Ritterdramen aus Ostjava als Quellen für dramatische Tanzstücke, so etwa für das Masken-B. *Topeng*. Das Grundthema dieser B.e ist stets das gleiche: zwei Liebende werden getrennt, erst nach vielen Qualen, Entführungen, Verfolgungen und Verzauberungen werden sie wieder zusammengeführt. Diese mittelalterlichen Tanzdramen sind stets heroisch und komisch zugleich. Den hohen adligen Personen stehen naive Bauern, listige Diener und groteske Clowns gegenüber. Auch der wohl schönste und bekannteste balines. Tanz, der von drei noch nicht 14 Jahre alten Mädchen vorgeführte *Legong*, gehört zu den mittelalterlichen Liebes- und Entführungs-B.en. – Alle traditionellen balines. Tänze sind auch heute noch tief religiös, sie finden daher in oder bei einem Tempel statt.

Technisch sind diese Tänze indisch geblieben. Es gibt kaum Sprünge, sondern fast nur kleinräumige Bewegungen im Stehen, Sitzen und Hocken. Arme und Finger werden betont. Indisch ist vor allem auch die Tribangha-Haltung, die dreifache Beugung des Körpers in sich selbst.

Lit.: B. de Zoete / W. Spies, *Dance and Drama in Bali*, London 1952; H. Cartier-Bresson, *Bali – Tanz und Theater*, Olten 1960; J. Brunet, *Tänze auf Bali*, 1972; J. Coast, *Dancers of Bali*, London 1954.

Ballabile (ital., tanzmäßig), Gruppentänze ohne Soli in B.en und Opern, vor allem des 19. Jh.s.

Ballerina (ital., Tänzerin), ein Titel, der nur der an der Spitze einer Komp. stehenden Solotänzerin offiziell verliehen wird. Heute ist dieser Titel verschlissen, weil einmal sich viele Tänzerinnen diesen selbst zulegen, zum anderen weil es die noch höheren Ränge der Primaballerina oder gar der Primaballerina assoluta gibt. Das männliche Gegenstück ist der Ballerino. In der Hierarchie des Pariser Opéra-B., das nach wie vor das Modell für die Rangfolge in einer B.-Komp. abgibt, gelten, von unten angefangen, folgende Rangstufen: Elèves, Seconde und Première quadrille (Corps), Coryphées, Petits und Grands sujets, Premières danseuses und Premiers danseurs, Étoiles und Premières étoiles.

Ballet Annual, engl. B.-Jahrbuch, herausgegeben von A. L. Haskell. Erschien erstmalig 1947 und zum letzten Mal 1963. Die Bände waren jeweils auf das folgende Jahr vorausdatiert, so der 18. und letzte Band als B. A. 1964. Von 1961 an zeichnete Mary Clarke als Mitherausgeberin.

Ballet aux ambassadeurs polonais (auch *Ballet des Polonais*), ein Divertissement, das die Königin-Mutter Katharina von Medici in Paris 1573 zu Ehren der poln. Gesandten aufführen ließ. Die Ch. der geometrisch angelegten Tänze stammte von B. de Beaujoyeux, die Musik von Orlando di Lasso. 16 Hofdamen stellten die 16 Provinzen Frankreichs dar. Als durchgetanzte Suite war dieses B. der wichtigste Vorläufer des B. Comique de la Reine und damit des B. de Cour.

Lit.: M. McGowan, in: *L'Art du Ballet de Cour en France 1581–1643*, Paris 1963.

Ballet blanc (frz., weißes B.), ein B. im akademischen Stil, in dem die Tänzerinnen weiße Knieröcke tragen, wie etwa im 2. *Giselle*-Akt und in *Les Sylphides*.

Ballet Caravan, eine von L. Kirstein 1936 gegründete Truppe als Arbeitsplattform für junge amer. Choreographen. UA waren u. a. *Pocahontas* (Ch.: L. Christensen, Mus.: E. Carter), *Encounter* (Mus.: L. Christensen / W. A. Mozart), *Promenade* (Mus.: W. Dollar / M. Ravel, alle 1936), *Yankee Clipper* (Mus.: E. Loring / P. Bowles), *Filling Station* (Mus.: E. Loring / V. Thomson, beide 1937) und *Billy the Kid* (Mus.: E. Loring / A. Copland, 1938). 1938 Namensänderung in American B. Caravan. 1941 vereinigt mit dem American B. auf Südamerika-Tournee. Aufgelöst im Okt. 1941.

Ballet Comique de la Reine (auch *Balet Comique de la Royne*). Das Wort »Comique« hat nichts mit Komik zu tun, sondern bedeutet hier dramatisch. Diese Prod., eine Verbindung von Tanz, Instrumentalmusik, Gesang und gesprochener Rezitation, wird allgemein als erstes B. im heutigen Sinn angesehen. Die Vorführung fand am 15. 10. 1581 im Pariser Hôtel de Bourbon im Louvre statt, anläßlich der Vermählungsfestlichkeiten des Duc de Joyeuse mit Mlle. de Vaudemont (Marguerite de Lorraine). Für die Gesamtinsz. zeichnete der Italiener Balthasar de Beaujoyeux (Baltazarini Belgioioso) verantwortlich. Das Stück dauerte von zehn Uhr abends bis nachts um halb vier. Den Verbindungsfaden der einzelnen Episoden lieferte die Circe-Legende. Als Corps fungierten 12 Najaden, die von Angehörigen der Aristokratie getanzt wurden. Hauptfiguren waren Jupiter, Pallas Athene, Pan, Merkur, weiterhin Dryaden, die vier Tugenden und acht Satyrn. Die Ch. von Beaujoyeux war geometrisch angelegt und präsentierte als Hauptformen Kreise, Spiralen, Drei- und Vierecke. Die Auff. wartete auch mit raffinierten Maschinen und großen Triumphwagen auf, sie kostete insgesamt 3,5 Millionen Goldfrancs. Im Grunde handelte es sich um eine Verbindung der älteren höfischen Allegorien und Maskenaufzüge mit den damals modernen ästhetisch-poetischen Prinzipien, der 1570 von dem Dichter Baïf gegründeten, kurzlebigen Académie de Poésie et de Musique, die auch für die Drucklegung des Buches sorgte. –

Der Sinn dieses B.s war philosophisch-politischer Art. Der irdisch-menschliche Tanz galt in Anlehnung an die damals gültige neoplatonische Philosophie als Nachahmung des himmlischen Sternentanzes, der Sphärenharmonie. Das B. sollte daher den Frieden für das vom Bürgerkrieg zwischen Katholiken und Hugenotten heimgesuchte Frankreich bewirken. Circe verkörperte nicht nur die sexuelle, sondern auch die politische Anarchie, die vom absoluten Herrscher zusammen mit den Dichtern, Bürgern und Tänzern bekämpft werden sollte. Daher mußten die Höflinge in diesem B. mittanzen. Ihr Tanz diente dem Frieden und der Macht Frankreichs.

Lit.: H. Prunières, *Le Ballet de Cour en France avant Benserade et Lully*, Paris 1914, Neudr. 1979; M. McGowan, *L'Art du Ballet de Cour en France 1581–1643*, Paris 1963.

Ballet d'action (frz., Handlungs-B.), ein nach dramaturgischen Gesichtspunkten aufgebautes B., dessen einzelne Komponenten gemeinsam auf die Darstellung einer dramatischen Handlung abgestimmt sind. Das Ziel ist eine Integration von Libr., Mus., Ch. und Dek. im Dienste der mit tänzerisch-pantomimischen Mitteln zu erzählenden Geschichte. Diese Art von B. stellt sich in bewußten Gegensatz zum Divertissement mit seinem mehr suitenhaften Charakter. Obgleich J.-G. Noverre als der erste überragende Repräsentant des B. d'a. gilt, haben sich vor und neben ihm der Engländer J. Weaver, der Österreicher F. Hilverding und der Italiener G. Angiolini um die Durchsetzung dieses Typs verdient gemacht.

Ballets de chevaux → Roß-Ballette.

Ballet de Cour (frz., Hof-B.), wurde unter Anleitung eines professionellen Tanzmeisters ausschließlich von Angehörigen des Adels aufgeführt, wobei auch die frz. Könige, Ludwig XIII. (1610–43) und Ludwig XIV. (1643–1715), aus politisch-repräsentativen Gründen mittanzten, ja mittanzen mußten. Seine Glanzzeit erlebte es zwischen 1570 und 1670. Vokale und instrumentale Musik, gesprochene Verse, Tanz, Pantomime und zeremonielle Auf- und Umzüge waren in gleichem Maße daran beteiligt. Spektakuläre technische Effekte mit Maschinen und prachtvollen Dekors und Kostüme gehörten ebenso dazu. In der Regel hielt man sich an eine poetische, mythologische oder auch politische Leitidee. Als erstes vollgültiges B. d. C. wird das 1581 entstandene *Ballet Comique de la Reine* angesehen. Das frz. B. d. C. endete 1669, als Ludwig XIV., bis dahin leidenschaftlicher Tänzer, nicht mehr öffentlich als Bühnentänzer auftreten wollte. Der Adel mußte dem Monarchen folgen. Nur noch ausnahmsweise durften Adlige in B.en auftreten. Zum letzten Mal tanzten Adlige – nur noch Männer – mit professionellen Tänzern und Tänzerinnen zusammen 1581 in der ersten Auff. des B.s *Le Triomphe de l'Amour*. Von da an wurden B.e nur noch von professionellen Tänzern und Tänzerinnen ausgeführt. Die Adligen tanzten nur noch Gesellschaftstänze.

Lit.: H. Prunières, *Le B. d. C. en France avant Benserade et Lully*, Paris 1914, Neudr. 1979; M. McGowan, *L'Art du B. d. C. en France 1581–1643*, Paris 1963; M.-Fr. Christout, *Le B. d. C. de Louis XIV*, Paris 1967.

Ballet de France → Charrat, Janine.

Ballet de la nuit, eines der repräsentativen B.s de Cour. Idee und Texte: I. de Benserade, Mus.: Jean de Cambefort und Jean-Baptiste Boësset, Ch.: J.-B. Lully u. a., Maschinen-Effekte: G. Torelli. Das am 23. 2. 1653 in Paris (Salle du Petit-Bourbon) aufgeführte B. dauerte 13 Stunden. Es begann mit dem Sonnenuntergang und führte die mythologischen Gestalten der Nacht und Episoden aus dem nächtlichen Paris vor. Lully, der selber den Sosias in einer pantomimischen Amphitryon-Szene gab, wurde nach der Auff. zum Hofkomponisten der B.e des Königs ernannt. Ludwig XIV., noch keine 15 Jahre alt, wirkte in verschiedenen Rollen mit, sein Tanz gipfelte in seinem Erscheinen als Sonne im großen Finale, nachdem Aurora den Tag zu neuem Leben erweckt hat. Doch ist es eine Legende, daß Ludwig XIV. deshalb als Sonnenkönig, als Roi Soleil in die Geschichte einging, weil er in diesem B. die Sonne getanzt habe. Dieses Gestirn wurde schon seit der Renaissance in Anlehnung an die neoplatonische Philosophie (Sphärenharmonie) als Symbol für die höchste himmlische Kraft gefeiert. Diese Kraft wurde auf Erden von den absoluten frz. Herrschern vertreten. Daher wurde schon Ludwig XIII. als Frieden stiftender Sonnenkönig gepriesen.

Ballet des Étoiles de Paris, eine Komp., die 1956 unter dem Namen B.s 1956 für das Festival von Lyon-Charbonnières zusammengestellt wurde – Leitung: M. Miskovitch (mit I. Lidova als Künstlerischer Kodirektorin). Die Komp. nannte sich später B. 1958 des Étoiles de Paris und tauschte dann jeweils die Jahreszahl aus, die jedoch 1961 wieder gestrichen wurde. Es handelte sich um eine ausgesprochene Solisten-Komp., zu deren Tänzern neben M. Miskovitch bei der Gründung noch J. Monin, H. Trailine, V. Mlakar, M. Sparemblek und V. Sulich gehörten – später zeitweise auch Y. Meyer, E. Pagava, D. Sifnios, I. Skorik, J. Giuliano und M. Banovitch. Choreographen waren u. a. J. Taras (*Le Rideau rouge*), S. Lifar (*L'Ecuyère*), J. Charrat (*La Dryade*), D. Sanders (*L'Echelle*) und M. Béjart (*Prométhée*).

Ballet des Polonais → Ballet aux ambassadeurs polonais.

Ballet du XXe Siècle. Die 1960 von M. Béjart in Brüssel gegründete und am dortigen Th. Royal de la Monnaie stationierte B.-Komp., die durch ausgedehnte Gastspielreisen in der ganzen Welt bekannt geworden ist, ist durch Béjarts eigene Prod.en geprägt worden – andere Choreographen haben nur am Anfang eine sehr begrenzte Rolle gespielt (u. a. M. Sparemblek und J. Charrat). Die Komp. setzte sich ursprünglich aus Tänzern zusammen, die Béjart aus seinem B.-Th. de Paris mitgebracht hatte, und denen, die er im B. des Brüsseler Opernhauses vorfand. Heute besteht sie aus Tänzern aller Kontinente. Zu den bekanntesten Tänzern der Komp. gehörten bzw. gehören A. Albrecht, T. Bari, K. Csarnoy, S. Farrell, M. Gielgud, D. Laga, S. Mirk, R. Poelvoorde, L. Proença, M. Seigneuret, D. Sifnios; P. Belda, V. Biagi, M. Boieru, P. Bortoluzzi, J.-M. Bouvron, A. Cano, G. Casado, J. Donn, Y. Le Gac, M. Gascard, L. Höfgen, A. Leclair, D. Lommel, W. Lowski, L. Massine, J. Nuyts, P. Touron, G. Wilk und A. Ziemski. Seit 1980/81 fungiert J. Donn als Künstlerischer Direktor in enger Zusammenarbeit mit Béjart als Choreograph. – Béjart hat das Rep., das ganz auf die Standardklassiker verzichtet, im Sinne seiner eigengeprägten B.-Ästhetik aufgebaut, die ihn immer wieder veranlaßt hat, mit seinen Massenspektakeln aus dem Opernhaus an andere Spielstätten, etwa den Cirque Royal oder den Forest-National zu übersiedeln. Zu den kompanieprägenden Prod.en zählen u. a. *Sacre du printemps* (1959 in Brüssel für eine ad hoc zusammengestellte Komp., aus der dann das B. du XXe S. hervorging), *Bolero* (Mus.: Ravel, 1960), *Les quatre fils Aymon* und *Hoffmanns Erzählungen* (Mus.: Offenbach, 1961), *A la recherche de Don Juan* und *Les Noces* (Mus.: Strawinsky, 1962), *Die lustige Witwe* (Mus.: Lehár, 1963), *Neunte Sinfonie* (Mus.: Beethoven, 1964), *Mathilde* (Mus.: Wagner, 1965), *Romeo und Julia* (Mus.: Berlioz, 1966), *Messe pour le temps présent* (Mus.: P. Henry, 1967), *Baudelaire* (diverse, 1968), *Les Vainqueurs* (Mus.: Wagner) und *Actus Tragicus* (Mus.: Bach, 1969), *Serait-çe la Mort?* (Mus.: R. Strauss, 1970), *Der Feuervogel* (Mus.: Strawinsky, 1970), *Lieder eines fahrenden Gesellen* (Mus.: Mahler) und *Nijinsky* (Mus.: diverse 1971), *Stimmung* (Mus.: Stockhausen, 1972), *Le Marteau sans maître* (Mus.: Boulez, 1973), *Golestan* (pers. Mus., 1973), *Trionfi* (Mus.: Berio, 1974), *Pli selon pli* (Mus.: Boulez) und *Notre Faust* (Mus.: Bach, 1975), *Le Molière imaginaire* (Mus.: N. Rota, 1976), *Petruschka* (Mus.: Strawinsky, 1977), *Gaité Parisienne* (Mus.: J. Offenbach / M. Rosenthal) und *Çe que la mort me dit* (Mus.: Mahler, 1978), *Les Illuminations* (Mus.: diverse, 1979), *Die Zauberflöte* (Mus.: Mozart, 1981), *Wien, Wien, nur du allein* (1982) und *Messe pour le temps futur* (1983).

Ballet Folklorico de Mexico. Die Komp. wurde 1952 von Amalia Hernandez mit einigen ihrer Schüler von der Abteilung für Modern Dance am Instituto Nacional de Bellas Artes in Mexico City gegründet. Die mex. Regierung übernahm das Protektorat und schickte die Komp. auf Auslandstourneen. Der große Erfolg führte zur offiziellen Etablierung als nationale Folklore-Gruppe, deren Generaldirektion nach wie vor Hernandez innehat. Heute gilt sie als eine der künstlerisch qualifiziertesten Folklore-Komp. der Welt. Eines der schönsten Werke ist die Darstellung einer indian. Fiesta, in der die Jungfrau Maria und deren Feier tänzerisch gestaltet werden.

Ballet for All → Royal Ballet.

Ballet Imperial, B. in 3 Sätzen, Ch.: G. Balanchine, Mus.: Tschaikowsky (das 2. Klavierkonzert in G-Dur), Dek.: M. Doboujinsky; UA

27. 5. 1941, American B., Hunter College Playhouse, New York, mit Marie-Jeanne, G. Caccialanza, W. Dollar u. a. Eine handlungslose, rigoros klassisch-akademische Reverenz an den Petipa-Stil des St. Petersburger Marien-Th.s. Spätere Einst.en u. a. Sadler's Wells B. (1950) und Dt. Oper Berlin (1968).

Lit.: G. Balanchine / F. Mason, in: *Balanchine's Complete Stories of the Great Ballets*, Garden City (N. Y.) 1977.

Ballet International → Cuevas, Marquis G. de.

Ballet mécanique. **1.** Eine 1925 entstandene, 1954 revidierte, ursprünglich nicht für die Bühne gedachte Orchesterkomposition von G. Antheil als Begleitmusik zu einem surrealistischen Film, den der Maler F. Léger entwerfen sollte. Das Orchester bestand aus 4 Klavieren, Geräuschinstrumenten, Autohupen und einem donnernden Flugzeugmotor. **2.** Maschinen-B. von A. Bolm; ursprünglich unter dem Titel *Iron Foundry* (Eisengießerei) Teil des Films *The Mad Genius*, dann selbständiges B., das seit seiner EA in Hollywood 1932 als B. m. bezeichnet wurde.

Ballet Nacional de Cuba. Die erste professionelle kub. B.-Komp. wurde 1948 gegründet. Sie nannte sich B. Alicia Alonso und unterstand der Leitung von Alicia und Fernando Alonso, während Alberto Alonso als Chefchoreograph fungierte. Man arbeitete unter großen Schwierigkeiten und Entbehrungen in Havanna und auf dem Lande und unternahm schon bald Auslandstourneen nach Südamerika und in die USA. Es folgte die Gründung einer B.-Akademie zur Heranbildung von Nachwuchskräften. 1955 wurde der Name in B. de Cuba umgewandelt. 1959 erfolgte eine gründliche Reorganisation der jetzt B. N. d. C. genannten Komp., die nach der Revolution erstmalig in den Genuß offizieller staatl. Förderung kam. In den folgenden Jahren erlebte die Komp. einen großen Aufschwung, verstärkt durch die internationale Anerkennung auf zahlreichen Tourneen durch die ganze Welt. Neben der nach wie vor überall gefeierten A. Alonso konzentrierte sich die Aufmerksamkeit der Weltöffentlichkeit zunehmend auf die begabten Nachwuchsballerinen der Komp. Das Rep. vereint Standardklassiker, folkloristisch inspirierte Werke und moderne Ch.n. Mitte der achtziger Jahre besteht die Komp. aus etwa 100 Corps-de-b.-Tänzern, mit L. Araujo, A. Bosch, M. García, J. Mendez, M. Plá, A. Brito, R. Suarez, L. Carreño. J. Esquivel, O. Salgado und A. Williams als bekanntesten Solisten. B.-Direktorin ist nach wie vor A. Alonso (auch Primaballerina), Chefchoreographen sind A. Mendez, I. Tenorio und G. Herrera. Außer den einheimischen Choreographen haben u. a. G. Balanchine, M. Béjart, B. Macdonald, J. Parés und R. Petit für die Komp. choreographiert, bzw. B.e zur Verfügung gestellt.

Ballet News, amer. B.-Zeitschrift, deren erste Ausgabe im Mai 1979 erschienen ist. Chefredakteur ist Robert Jackson, Managing Editor Karl F. Reuling.

Ballet Nuevo Mundo de Caracas. Die von der Fundacíon Pro-Artes Coreográficas protegierte Komp. wurde 1975 unter dem Namen B. Internacional de Caracas gegründet und unterstand der Leitung von Z. Rodriguez, mit V. Nebrada als Künstlerischem Direktor, von dem auch die meisten B.e des Rep.s stammten. Nach mehreren Saisons und Auslandsgastspielen kam es 1980 zu einem Zerwürfnis unter den Leitern der Komp., die 1982, nach dem Ausscheiden Nebradas, unter dem obigen Namen neugegründet wurde, mit Dale Talley als neben Rodriguez führendem Tänzer. Das Rep. besteht aus früheren, Nicht-Nebrada-B.en – u. a. von A. Ailey und M. Sappington – sowie Neuerwerbungen u. a. von H. van Manen und Choo San Goh.

Ballet Rambert. Die älteste der existierenden engl. B.-Komp.n ging aus einzelnen, von 1926 an unter der Verantwortung von M. Rambert veranstalteten B.-Prod.en hervor. Im Frühjahr 1930 gab es zwei erste kürzere Saisons in London, denen im Oktober eine durch den neugegründeten B. Club ermöglichte experimentelle Saison im Mercury Th. folgte. Später regelmäßige Sonntagsmatineen, die zu einer Plattform der jungen engl. Choreographen wurden. Zu den ersten von Rambert herausgestellten Choreographen gehörten F. Ashton (*A Tragedy of Fashion*, 1926), A. Tudor (*Cross-Garter'd*, 1931) und A. Howard (zusammen mit Susan Salaman *Our Lady's Juggler*, 1933). Allmählich, zunächst ausschnittsweise, wurden auch die traditionellen Klassiker erarbeitet. Es folgten erste Abstecher außerhalb Londons, 1937 auch zum ersten Mal über den Kanal nach Frankreich. Weitere choreogr. Wegmarken der auch während des Zweiten Weltkrieges unveränderten Aktivität waren u. a. F. Ashtons *Mephisto Valse* und A. Tudors *The Planets* (1934), *Lilac Garden* (1936) und *Dark Elegies* (1937), Howards *Lady into Fox* (1939), F. Staffs *Peter und der Wolf* und *Enigma Variations* (1940). Nach dem Krieg folgten die ersten Überseetourneen – auch nach China (1957) und den USA (1959). Zu den ersten nach dem Krieg von Rambert geförderten Choreographen zählten N. Morrice (*Two Brothers*, 1958; *Hazaña*, 1959; *A Place in the Desert*, 1961; *Conflicts*, 1962; *The Travellers*, 1963; *The Realms of Choice*, 1965), J. Taylor (*Diversities*, 1966), J. Cranko (*Variations on a Theme*, 1954; *La Reja*, 1959) und K. MacMillan (als Übernahme *Laiderette* 1955). Anfang der sechziger Jahre waren die Einst.en von *La Sylphide* und *Night Shadow* besonders erfolgreich. Zu den bekanntesten Tänzern dieser Ära des B. R. gehörten u. a. P. Argyle, F. Ashton, A. Tudor, H. Turner, P. Hinton, J. Gilpin, B. Wright, D. Paltenghi, B. Goldwyn, A. Bennett, L. Aldous und K. Bannerman. Abgesehen davon, daß sich das B. R. immer wieder um die Entdeckung junger Choreographen verdient gemacht hat, hat es auch einen eigenen Stil in seinen Klassiker-Prod.en entwickelt, einen Kammer-B.-Stil, der größeren Wert auf Details, Nuancen und psychologischen Realismus als auf spektakuläre theatralische Effekte legte. Nachdem sich in den sechziger Jahren zunehmend Krisenerscheinungen bemerkbar gemacht hatten, wurde die Komp. im Sommer 1966 von Grund auf reorganisiert. Die Klassiker-Prod.en wurden ganz aufgegeben, vom alten Rep. wenig mehr als die Tudor-B.e übernommen und der Akzent im übrigen auf die Auseinandersetzung mit den Techniken des amer. Modern Dance verlegt. Die Komp. wurde auf 17 Tänzer reduziert, die alle Solistenstatus haben. Zum Associate Director wurde neben Rambert N. Morrice ernannt, der dem Rep. weitere B.e beisteuerte, u. a. *Them and Us* und *1-2-3* (1968), *Blind Sight* (1969) und *That Is the Show* (1971). Als weitere jüngere Tänzer-Choreographen zogen J. Chesworth (*Time Base*, 1966; *Tic-Tac*, *H.* und *Pawn to King 5*, 1968; *Four According*, 1970), Chr. Bruce (*George Frideric* und *Living Space*, 1969; *... for these who die as cattle*, 1972; *There was a Time*, 1973; *Ancient Voices of Children*, 1975; *Black Angels*, 1976; *The Cruel Garden*, zusammen mit L. Kemp. 1977; *Preludes and Song*, 1980) und J. Taylor (*Diversities*, 1966; *'Tis Goodly Sport*, 1970; *Listen to the Music*, 1972 und *Almost an Echo* 1974) Aufmerksamkeit auf sich. Am entscheidendsten aber haben die B.e von Tetley das neue Profil der Komp. geprägt: die Übernahmen von *Pierrot lunaire*, *Ricercare* und *Freefall* (1967) und die eigens für die Komp. geschaffenen B.e *Ziggurat* (1967), *Embrace Tiger and Return to Mountain* (1968), *Rag Dances* (1971) und *The Tempest* (1979). In verschiedenen Workshops wurde mit Studenten der Kunsthochschulen zusammengearbeitet, daneben aber auch neue Wege der Heranführung von Publikumsnachwuchs ausprobiert (*Bertram Batell's Sideshow*, 1970). Seit 1981 fungiert R. North als Künstlerischer Direktor. Chefchoreographen sind R. Alston und Chr. Bruce.

Lit.: M. Clarke, *Dancers of Mercury*, London 1962; auch in M. Rambert, *Quicksilver*, London 1972.

Ballet Royal de Wallonie. Die in Charleroi ansässige Komp. wurde im Dezember 1966 gegründet (damaliger Name: B. de Wallonie). Den Tänzergrundstock bildete das frühere B. du Hainaut von Hanna Vooss, die zur Künstlerischen Direktorin ernannt wurde, mit Tony Hulbert als engstem Mitarbeiter und Chefchoreograph. Die klassisch ausgerichtete Komp., die über ein sehr eklektisches Rep. verfügt, bestand Anfang der achtziger Jahre aus 23 und 14 Corps-de-b.-Tänzern, zu denen 6 bis 10 Solotänzer kamen. Künstlerischer Direktor wurde 1981 J. Lefèbre, der auch als Chefchoreograph fungiert.

Ballet Russe de Monte Carlo. Die Komp. ging aus den von René Blum gegründeten B.s de Monte Carlo hervor, die ihrerseits wieder eine Folgeerscheinung der Trennung Blums von den B.s Russes de Monte Carlo waren. L. Massine fungierte bei der Gründung als Künstlerischer Direktor. Zur Eröffnungssaison in M. C. (April 1938) choreographierte dieser *Gaîté Parisienne* und *Siebente Sinfonie* (Mus.: Beethoven). Schon im Juni 1938 kam es zu der berüchtigten Saison im Drury Lane Th. in London, während im benachbarten Opernhaus von Covent Garden Colonel de Basils B.s Russes auftraten. Das führte zu einem Prozeß beider Komp.n um die Auff.-Rechte des Diaghilew-Rep.s. Das Ergebnis: Basil wurde das Exklusivrecht an bestimmten B.en von Massine zugesprochen. Im Oktober 1938 ging die Komp. von Blum nach Amerika, wohin sie nach Ausbruch des Krieges endgültig übersiedelte. Massine blieb bis 1945 bei der Komp. Zu deren Tänzern gehörten während der Kriegsjahre u. a. A. Danilova (Primaballerina 1938–51), A. Markova, M. Slavenska, T. Toumanova, F. Franklin, M. Platoff, I. Youskevitch, G. Zoritch. Bedingt durch den Krieg in Europa und die Ermordung Blums 1942 in Auschwitz strömten mehr und mehr amer. Tänzer in die Komp. 1942 choreographierte Agnes de Mille ihr erfolgreiches B. *Rodeo*, 1944 steuerte G. Balanchine seine *Danses concertantes* bei, gefolgt von *Le Bourgeois Gentilhomme* (1944) und *Night Shadow* (1946). 1944 übernahm F. Franklin die Position des B.-Meisters. Er war nach dem Ausscheiden Massines 1945 auch für die künstlerische Leitung zuständig, bis später S. Denham die Direktion übernahm. Die Komp. trat nach dem Krieg hauptsächlich in der amer. Provinz auf. Neue B.e waren immer spärlicher vertreten und von wenig Belang. Zu den wichtigeren Prod.en gehörten noch Balanchines dreiaktige, zusammen mit Danilova einstudierte Version von *Raymonda* (1946). Anfang der fünfziger Jahre wurde die Komp. aufgelöst. Sie wurde aber 1954 noch einmal gegründet, mit Maria Tallchief und F. Franklin als Stars und N. Novak, G. Tyven, Y. Chouteau, I. Borowska und L. Danielian als Solisten. Die Komp. trat nun nur noch in Provinzstädten auf, bis sie sich schließlich nach der Saison 1962/63 ohne offizielle Auflösung verflüchtigte. Die letzten erfolgreichen Rep.-Neuzugänge waren *Harold in Italien* (Ch.: L. Massine, 1954) und *Die Dame und das Einhorn* (Ch.: H. Rosen, 1953).

Lit.: J. Anderson, *The One and Only: The B. R. d. M. C.*, New York 1981.

Ballets Africains de la République de Guinée, Les, eine von Keita Fodéba 1950 in Conacry zusammengestellte Tanztruppe, deren »Gesänge und Tänze sowohl dem traditionellen und vorkolonialen Afrika unserer Ahnen sowie dem heutigen Afrika angehören, das sich mehr und mehr der westlichen Zivilisation angleicht, weil es von ihr durchdrungen wird« (Fodéba). Die am frz. Geschmack orientierte Komp., deren Programme das Grundproblem des heutigen Afrika, den Kampf zwischen Tradition und Modernität, widerspiegeln, ist wiederholt mit Erfolg auch in Amerika und Europa aufgetreten. Der Gründer des Ens.s K. Fodéba wurde um 1969 als angeblicher Verräter hingerichtet.

Ballets de Monte Carlo, Les, eine von R. Blum nach seiner Trennung von Colonel de Basil 1936 gegründete und in M. C. ansässige Truppe. Zu ihren Stars zählten u. a. V. Nemchinova, A. Vilzak und N. Gollner. Unter M. Fokines choreogr. Direktion entstanden *L'Epreuve d'amour* (1936) und *Les Eléments* (1937). 1938 wurde L. Massine Künstlerischer Leiter, gleichzeitig erfolgte die Umbenennung in B. Russe de M. C.

Lit.: s. a. Ballet Russe de Monte Carlo.

Ballets de Paris, von R. Petit nach seinem Bruch mit den B.s des Champs-Elysées gegründete frz. B.-Komp. Debüt am 21. 5. 1948 im Pariser Th. Marigny mit J. Charrat, R. Jeanmaire, C. Marchand, Petit, W. Skouratoff, S. Perrault und G. Hamilton als Solisten, dazu als Gast M. Fonteyn. Im Rep. dominierten die B.e von Petit: *Les Demoiselles de la nuit* (1948), *Carmen* (1949), *La Croqueuse de diamants* (1950). Hinzu kamen B.e von Charrat: *La Femme et son ombre*, *'adame miroir* (1948) und von W. Dollar *Le Combat* (1949). Nach Auslandstourneen löste sich die Komp. jeweils wieder auf, um für eine neue Pariser Saison neu zusammengestellt zu werden. Zweites Pariser Debüt am 17. 3. 1953 im Pariser Th. de l'Empire mit Marchand, Perrault, G. Reich und J. Babilée. Neue Petit-B.e waren: *Le Loup*, *Deuil en 24 heures*, *Cine-Bijou* und *Lady in the Ice*. Dann wieder am 20. 12. 1955 mit V. Verdy, V. Mlakar, T. Beaumont und D. Miller in Petits *La Chambre* und *Les belles damnées*, gefolgt im Februar 1958 von Petits *Contre-Point*, *La Rose des Vents, La Dame dans la lune* im Pariser Th. de l'Alhambra. Am 17. 4. 1959, im selben Haus, Petits *Cyrano de Bergerac* mit Jeanmaire, Beaumont, Petit, Reich und Ferran. – Die B.s de Paris waren als Nachfolge-Komp. der B.s des Champs-Elysées in den fünfziger Jahren *die* Schrittmacher des frz. Nachkriegs-B.s.

Ballets des Champs-Elysées, Les. Der eigentlichen Komp.-Gründung waren die Tanzveranstaltungen vorausgegangen, die Irène Lidova 1944 mit R. Petit und J. Charrat im Pariser Th. Sarah Bernhardt organisierte. Sie wurden zu einem Sammelbecken aller gegen den offiziellen Kurs des Opéra-B.s gerichteten Nachwuchstalente. Im März 1945 kam eine erste Vorst. im Th. des Champs-Elysées zustande, für die Petit *Les Forains* choreographierte. Zu den Tänzern gehörten J. Babilée und seine Frau N. Philippart, E. Pagava, I. Skorik, Y. Algaroff, Chr. Foye, S. Perrault, N. Vyroubova und Petit selbst. Aufgrund des großen Erfolgs lud Roger Eudes die Komp. ein, das Th. des Champs-Elysées zu ihrer Heimstätte zu machen. Am 12. 10. 1945 gab die Komp. dort ihr Debüt. In der Folgezeit entstand eine lange Reihe von Werken, an denen ein paar der interessantesten Literaten, Komponisten, Choreographen und Tänzer beteiligt waren, die Paris in den Jahren nach der Libération aufwies. Darunter waren u. a.: J. Charrats *Jeu de cartes* (1945), Ana Nevadas *Los Caprichos* (1946), J. Babilées *L'amour et son amour* (1947), A. von Milloss' *Le Portrait de Don Quichotte* (1947). Von Petit selbst stammten: *Déjeuner sur l'herbe*, *Le Rendezvous*, *La Fiancée du diable* (alle 1945), *Les Amours de Jupiter*, *Le jeune homme et la mort* (1946), *Le Bal des blanchisseuses* und *Treize danses* (1947). 1948 trennte sich Petit von der Komp., die noch bis 1951 unter der Direktion von Jean Robin, V. Gsovsky und B. Kochno existierte. Neue B.e waren: *La Création* und *La Rencontre ou Oedipe et le Sphinx* (beide 1948) von D. Lichine, *Le Peintre et son modèle* (1949) von L. Massine, *Till Eulenspiegel* (1949) von Babilée und *La Damnée* (1951) von W. Gore. Außer den schon genannten gehörten u. a. folgende Tänzer und Tänzerinnen zeitweise dem Ens. an: C. Marchand, L. Tcherina, L. Caron. 1950 zog Eudes seine Protektion ab, wodurch die Komp. ihre Residenz verlor und zu existieren aufhörte. Sie hatte zu dieser Zeit ihren historischen Zweck erfüllt: der jungen Generation der frz. Tänzer und Choreographen eine Plattform für Experimente zu bieten, wozu die Opéra mit ihrer traditionalistischen Orientierung niemals in der Lage gewesen wäre. Die Komp. überzeugte vor allem durch ihre Jugend, ihr unkonventionelles Auftreten, ihren Schick, ihre Tänzerpersönlichkeit und auf ihren zahlreichen Auslandstourneen durch ihre stark ausgeprägte Französität.

Lit.: K. Geitel, *Ballettzentrum Paris*, Berlin 1960.

Ballets des Étoiles, Les, die erste Komp. M. Béjarts, die er 1953 zusammen mit Jean Laurent als Direktor gründete. Debüt am 21. 8. 1953 im Pariser Th. de l'Étoile mit einem *Hommage à Chopin*-Programm von Béjart. Hauptstück des Rep.s wurde Béjarts *Sinfonie für einen einsamen Menschen* (1955), weitere erfolgreiche Kreationen waren u. a. Béjarts *Le Teck* (1956) und *Sonate à trois* (1957). Neuformiert im Sommer 1957 als B.-Th. de Paris.

Ballets Jooss. Hervorgegangen 1933 aus der Folkwang-Tanzbühne Essen, emigrierten die B. J. mit ihrem Gründer Kurt Jooss 1934 nach England, wo sie zuerst in Dartington Hall, dann in Cambridge eine Heimat fanden. Von hier aus unternahm die Komp. Tourneen bis nach Amerika. Während des Krieges zahlreiche Veranstaltungen im Rahmen des engl. ENSA-Kulturprogramms. 1949 kehrte Jooss nach Essen zurück, wo er die Reorganisation seiner Komp. in Angriff nahm, die sich jetzt wieder Folkwang-Tanz-Th. nannte. Einzelnen Gastspielen innerhalb der Bundesrepublik folgte 1953 noch einmal eine Saison im Londoner Sadler's Wells Th., nach der sich die Komp. auflöste. Eine in den sechziger Jahren ins Leben gerufene Nachfolge-Komp., das Folkwang-B. Essen, das von Fall zu Fall für Gastspiele und Tourneen neu zusammengestellt wurde, setzte sich hauptsächlich aus Dozenten und Studenten der Meisterklasse der Folkwang-Schule zusammen. – Im Mittelpunkt des Rep.s stand in all diesen Jahren Jooss' 1932 uraufgeführter Totentanz *Der grüne Tisch*. Zu den bekanntesten Tänzern der Komp. gehörten u. a. neben Jooss selbst S. Leeder, H. Züllig, Noelle de Mosa, Herta Thiele, Elsa Kahl, Ulla Soederbaum, Ernst Uthoff und Rolf Alexander. Zu den wichtigsten Rep.-Werken der B. J. zählten – neben dem *Grünen Tisch* – *Großstadt 1926* (1932), *Ball in Alt-Wien* (1932), *Der verlorene Sohn* (1933), *Ballade* (1935), *A Spring Tale* (1939), *Chronica* (1939), *Pandora* (1944) und *Dithyrambus* (1948). Von Züllig stammte *Le Bosquet* (1945). – Seit den siebziger Jahren wird das Werk des 1979 tödlich verunglückten

Jooss von seiner Tochter Anna Markard-Jooss betreut und weitergeführt.

Lit.: A. V. Coton, in *The New Ballet: Kurt J. and his work*, London 1946.

Ballets 1933, Les, eine 1933 in Paris von Edward James gegründete, nur eine Saison existierende Komp. mit avantgardistischer Zielsetzung – quasi ein Geschenk von James an seine Frau, die Tänzerin Tilly Losch. Die künstlerische Leitung hatten G. Balanchine, B. Kochno und Wladimir Dimitriev. Zu ihren Mitgl.ern zählten die drei Baby-Ballerinen I. Baronova, T. Riabouchinska und T. Toumanova sowie R. Jasinsky, L. Rostava, N. Leslie, T. Losch und L. Lenya. H. Sauguet, D. Milhaud, Ch. Koechlin und K. Weill komponierten die neuen B.e, die von A. Derain, P. Tchelitchev, Chr. Bérard und C. Neher ausgestattet und sämtlich von Balanchine choreographiert wurden. Das in Paris im Th. des Champs-Elysées und in London im Savoy Th. gezeigte Programm umfaßte die B.e *Fastes*, *Songes*, *L'Errante*, *Mozartiana* und *Les sept péchés capitaux* (*Die sieben Todsünden*).

Ballets Russes de Monte Carlo, Nachfolge-Komp. von S. P. Diaghilews B.s Russes. Sie ging hervor aus einer Vereinigung der B.s de l'Opéra de Monte Carlo (Leitung seit 1929 René Blum) und des B. de l'Opéra Russe à Paris (Leitung: Fürst Zeretelli und der angebliche Exzarenoberst Wassil de Basil). Die neue Komp. hatte Basil als Direktor, Blum als künstlerischen Leiter und S. Grigoriev, den ehemaligen Regisseur von Diaghilew, als Bühnendirektor. Von den ehemaligen Mitgl.ern der Diaghilew-Truppe schlossen sich B. Kochno, G. Balanchine, L. Massine, L. Wójcikowsky und F. Doubrovska der neuen Truppe an, die ihre restlichen Mitgl.er (einschließlich der drei Baby-Ballerinen I. Baronova, T. Riabouchinska und T. Toumanova) aus den Nachwuchskräften rekrutierte, welche aus den von russ. Emigrationstänzerinnen (Mmes. Kschessinska, Preobrajenska, Trefilova und Egorova) in Paris geleiteten Schulen hervorgingen. Die Komp. debütierte offiziell – nach einer ersten Gala-Vorst. zu Ehren des Fürsten von Monaco im Januar 1932 mit Balanchines *Cotillon* – im April 1932 in Monte Carlo. Sie triumphierte im Juni 1932 in Paris mit drei Werken von Balanchine (*La Concurrence*, *Cotillon* und *Le Bourgeois Gentilhomme*) und Massines *Jeux d'enfants*. Nach einer Saison in London begab sich die Komp. 1933 auf ihre erste USA-Tournee. Im gleichen Jahr verließ Balanchine die Truppe. Sein Nachfolger war Massine, der nun seine wichtigsten neuen B.e choreographierte: *Beau Danube*, *Beach*, *Scuola di ballo*, *Les Présages*, *Choreartium* (alle 1933), *Union Pacific* (in den USA entstanden) und *Jardin public* (1935). Von B. Nijinska wurden *Bolero*, *Variations*, *Étude* und *Les Comédiens jaloux* übernommen. Die wichtigste und am ehesten der Diaghilew-Ära vergleichbare Periode waren die Anfangsjahre, welche die internationale Diskussion über das Sinfonische B. auslösten. 1936 kam es zum Bruch zwischen Basil und Blum, der nun seine eigene Komp., die B.s de Monte Carlo gründete. Basil nannte die ihm verbliebene Komp. zunächst B. R. du Colonel de Basil, dann 1938 Covent Garden Russian B. und 1939 Original B. R. Fokine war 1938/39 für kurze Zeit bei Basil, während Massine zu Blum überwechselte. Wichtige B.e der Basil-Truppe waren Massines *Symphonie fantastique* (1936), Lichines *Francesca da Rimini* (1937) und *Der Verlorene Sohn* (1938), Fokines *Cendrillon* (1938) und *Paganini* (1939). (→ Original Ballet Russe.)

Lit.: K. Sorley Walker, *De Basil's B.s R.*, London 1982.

Ballet Society. Die Gesellschaft wurde 1946 von L. Kirstein und G. Balanchine in New York als Organisation zur Förderung des lyrischen Th.s mittels der Auff. neuer Werke gegründet. Es handelte sich um ein Subskriptions-Unternehmen, dessen Veranstaltungen nur Mitgl.ern zugänglich waren. Als B.-Meister fungierte L. Christensen, als technische Beraterin Jean Rosenthal und als Direktor des literarischen Ergänzungsprogramms (zu dem auch die Herausgabe des *Dance Index* gehörte) Paul Magriel. Unter den von der B. S. in Einzelveranstaltungen präsentierten Werken zogen folgende Balanchine-B.e die Aufmerksamkeit auf sich: Ravels *L'Enfant et les sortilèges*, Hindemiths *Four Temperaments*, Strawinskys *Orpheus*, *Renard*, *Divertimento*. Weitere B.e stammten von J. Taras, T. Bolender und L. Christensen. Auch die UA von G. C. Menottis Oper *The Medium* wurde von der B. S. veranstaltet. Die Prod. von *Orpheus*, ausnahmsweise in ein paar öffentlichen Vorst.en gezeigt, führte 1948 zur Einladung, die B. S. in das New York City B. umzuwandeln.

Ballet Sopianae. Die dem Opernhaus von Pécs (dem früheren Fünfkirchen) attachierte B.-Komp. nennt sich bei ihren Auslandsgastspielen B. S. nach der Römersiedlung, die sich einst hier befand. Sie wurde 1960 von dem Choreographen I. Eck gegründet und bestand anfangs ausschließlich aus gerade examinierten Absolventen der ung. B.-Institute. Ecks B.e bildeten den Grundstock des Rep.s, später profilierte sich dann auch Sándor Tóth (heute B.-Direktor) als Choreograph. Die Komp. bestand Anfang der achtziger Jahre aus 19 und 16 Tänzern.

Ballets Russes de Serge Diaghilew. Nach dem Erfolg seiner Frühjahrssaisons in Paris, bei denen er Ausstellungen russ. Maler, Konzerte mit russ. Musik und Vorst.en mit russ. Opern präsentiert hatte, brachte Diaghilew 1909 zum ersten Mal eine aus den besten Tänzern der Hof-B.e von St. Petersburg und Moskau zusammengestellte Komp. nach Paris, die am 18. 5. im Th. du Châtelet debütierte und mit ihren B.en *Le Pavillon d'Armide* (M. Fokine), den *Polowetzer Tänzen* aus *Fürst Igor* (L. I. Iwanow / M. Fokine) und der Tanzsuite *Le Festin* größte Begeisterung hervorrief. Das Datum markiert die Geburt des modernen B.s, dem Diaghilew mit seinen Mitarbeitern die künstlerische Seriosität zurückgab, nachdem es in den Jahrzehnten davor in Westeuropa mehr und mehr zu einem Amüsierspektakel herabgesunken war. Nach der überaus erfolgreich verlaufenen Pariser Premiere entschlossen sich Diaghilew und sein St. Petersburger Freundeskreis, das Gastspiel im nächsten Jahr zu wiederholen. 1911 konnte sich Diaghilew bereits von seinen Verpflichtungen gegenüber den Kaiserl. Th.n lösen und die Komp., die in diesem Jahr zum ersten Mal auch in London auftrat, unter seinem eigenen Namen präsentieren. Ihre Residenz wurde nunmehr Monte Carlo. Der Krieg begünstigte die definitive Lösung der B. R. von ihrer russ. Basis und zwang Diaghilew zu einer Exilexistenz. Die Pariser Saisons und Tourneen wurden mit kurzen Unterbrechungen fortgesetzt und führten die Komp. 1916/17 auch nach Amerika. Im letzten Augenblick wurde immer wieder irgendein Mäzen gefunden, der die Komp. vor dem drohenden Bankrott rettete. Der Einfluß, den die B. R. durch ihre permanente Gastspieltätigkeit auf die europ. B.-Szene ausgeübt haben, kann schwerlich überschätzt werden. 20 Jahre lang bestimmten Diaghilew und seine Mitarbeiter, zu deren Stab ein paar der profiliertesten Literaten, Komponisten und Maler jener Jahre gehörten, von den besten Choreographen ganz zu schweigen, was im B. en vogue war, reformierte er durch seine Integrations-Ästhetik das B. an Haupt und Gliedern, bis zu seinem Tod im August 1929, nach dem sich die B. R. auflösten. Die letzte Vorst. fand am 4. 8. 1929 in Vichy statt. Hatte die erste Pariser Saison im Mai 1909 als Solisten A. Palowa, T. Karsavina, B. Nijinska, M. Fokine, A. Bolm, W. Nijinsky, M. Mordkin und L. Novikov offeriert, so waren die Hauptsolisten der letzten Saison im Sommer 1929 T. Karsavina, O. Spessiwtzewa, A. Danilova, L. Tchernicheva, F. Doubrovska, L. Sokolova, A. Dolin, S. Lifar, L. Wójcikowsky, St. Idzikowsky und G. Balanchine. Zu den anderen Tänzern, die den B. R. zeitweise angehört haben, zählen u. a. I. Rubinstein, L. Lopokova, A. Nikitina, V. Nemchinova (auch M. Rambert und N. de Valois waren ehemalige Mitgl.), N. Zvereff, N. Orlov, E. Cecchetti, L. Massine und A. Vilzak. Regisseur der B. R. war S. L. Grigoriev, Trainingsleiter lange Jahre hindurch E. Cecchetti. – Die Geschichte der B. R. läßt sich in verschiedene Abschnitte unterteilen, die durch den jeweiligen zuständigen Chefchoreographen ihr Signum erhielten: 1909–12 und 1914 Fokine, 1913 Nijinsky, 1915–20 und 1925–28 Massine, 1922–26 Nijinska und 1926–29 Balanchine. Zu den Komponisten, die für Diaghilew gearbeitet haben, gehörten u. a. Strawinsky, R. Hahn, Ravel, Debussy, F. Schmitt, Strauss, Satie, de Falla, Respighi, Prokofjew, Poulenc, Auric, Milhaud, V. Rieti, H. Sauguet und N. Nabokov. Nicht geringer ist der Einfluß einzuschätzen, den Diaghilew durch die Zusammenarbeit mit prominenten und profilierten Malern nicht nur auf die B.-Ausstattung, sondern allgemein auf die Entwicklung des modernen Bühnenbildes und des Kostümentwurfs ausgeübt hat. Zu den bekanntesten der von ihm beauftragten Künstler gehörten u. a. A. Benois, L. Bakst, A. Golovine, N. Roerich, S. Soudeikine, J.-M. Sert, M. Larionov, M. Ballo, P. Picasso, A. Dérain, N. Goncharova, H. Matisse, J. Gris, M. Laurencin, G. Braque, H. Laurens, M. Utrillo, G. de Chirico und G. Rouault. – Der von Grigoriev in seinem Buch (s. u.) veröffentlichte Werkkatalog nennt 68 verschiedene Prod.en. Die wichtigsten B.e, geordnet nach ihren Choreographen, waren – von Fokine: *Le Pavillon d'Armide*, die *Polowetzer Tänze* aus *Fürst Igor*, *Les Sylphides, Cléopâtre* (alle 1909), *Le Carnaval*, *Scheherazade*, *Der Feuervogel* (1910), *Le Spectre de la rose*, *Narcisse*, *Petruschka* (1911), *Le Dieu bleu*, *Thamar*, *Daphnis und Chloe* (1912), *Papillons* und *Josephslegende* (1914); von Nijinsky: *L'Après-midi d'un faune* (1912), *Jeux* und *Le Sacre du printemps* (1913); von Massine: *Las Meninas* (1916), *Die gutgelaunten Frauen*, *Parade* (1917), *Der Zauberladen*, *Der Dreispitz* (1919), *Le Chant du rossignol*, *Pulcinella* (1920), *Cimarosiana* (1924), *Zéphire et Flore*, *Les Matelots* (1925), *Mercure*, *Le Pas d'acier* (1927) und *Ode* (1928); von Nijinska: *Renard* (1922), *Les Noces* (1923), *Les Biches*, *Les Fâcheux*, *Die Nacht auf dem kahlen Berge*, *Le Train bleu* (1924) und *Roméo et Juliette* (1926); von Balanchine: *Barabau* (1925), *La Pastorale*, *Jack-in-the-Box*, *The Triumph of Neptune* (1926), *La Chatte* (1927), *Apollon musagète*, *The Gods Go a-Begging* (1928), *Le Bal* und *Der verlorene Sohn* (1929).

Lit.: S. L. Grigoriev, *The Diaghilev Ballet 1909–1929*, London 1953; B. Kochno, *Diaghilev and the Ballets Russes*, Paris / New York 1970.

Ballets Suédois, eine ausgesprochen avantgardistisch orientierte B.-Komp., die ganz auf das traditionelle Rep. verzichtete. Sie wurde 1920 von Rolf de Maré gegründet, gab ihr Debüt am 25. 10. 1920 im Pariser Th. des Champs-Elysées und existierte bis 1925. Sie unterstand der choreogr. Direktion von Jean Börlin, der auch als Starsolist fungierte, bereiste ganz Europa und die USA und trug wesentlich zur Stimulierung des Interesses der zeitgenössischen Künstler am B. bei. Die Komp. diente der Komponistengruppe Les Six als szenische Plattform, und es waren die B. S., die deren erstes Gruppenwerk *Les Mariés de la Tour Eiffel* 1921 zur UA brachten. Milhaud und Honegger haben auch noch andere B.e für die B. S. komponiert, die sich weiterhin der musikalischen Mitarbeit von Satie, A. Casella, A. Tansman und D. Inghelbrecht versicherten, aber auch B.e zu Musik von Debussy und Ravel offerierten. Zu ihren Librettisten zählten u. a. B. Cendrars, P. Claudel, J. Cocteau, L. Pirandello und R. Clair. Entscheidend – wie bei der konkurrierenden Diaghilew-Truppe – war aber auch hier der Einfluß, der von prominenten bildenden Künstlern wie P. Bonnard, Th.-A. Steinlen, F. Léger, V. Hugo, F. Picabia und G. de Chirico ausging. Die Truppe setzte sich hauptsächlich aus schwed. und dän. Tänzern zusammen, von denen – neben Börlin – Carina Ari, Jenny Hasselquist, Kaj Smith, Yolande Figoni und Ebon Strandin am bekanntesten wurden. Die Werkliste nennt insgesamt 24 verschiedene Titel. Am populärsten waren: *Jeux*, *Iberia*, *Nuit de Saint-Jean*, *Le Tombeau de Couperin*, *El Greco*, *Les Vierges folles* (alle 1920); *L'Homme et son désir*, *Les Mariés de la Tour Eiffel* (1921), *Skating Rink* (1922), *La Création du monde* (1923), *La Jarre* und *Relache* (1924).

Lit.: *Les B. S. dans L'art contemporain*, Paris 1931; Ausstellungskatalog *Modern Swedish Ballet*, London 1970.

Ballets: U. S. A., eine von J. Robbins 1958 gegründete amer. B.-Komp., ursprünglich nur für das Festival zweier Welten in Spoleto und die Brüsseler Weltausstellung bestimmt, aber dort und bei rasch arrangierten Gastspielen in Florenz und Triest so erfolgreich, daß sie im folgenden Jahr erneut zu einer ausgedehnten Europa-Tournee zurückkehrte, die auch Vorst.en bei den Berliner Festwochen und in Stuttgart einschloß. Eine weitere Europa-Tournee folgte 1961, aber eine im Anschluß daran geplante Amerika-Tournee mußte schon nach wenigen Vorst.en abgebrochen werden. Zu den bekanntesten Tänzern, die keine Privilegien hatten, sondern je nach Individualität eingesetzt wurden, zählten W. Curley, K. Mazzo, V. Mlakar, S. Douglas, J. Jones und G. Tetley. Neue B.e, die Robbins für die Komp. schuf, waren *New York Export: Op. Jazz* (1958), *Moves* (1959) und *Events* (1961), dazu weitere Robbins-Übernahmen wie *Afternoon of a Faune*, *The Cage* und *The Concert*.

Ballett (ital. *ballare*, tanzen; Diminutiv von *ballo*). **1.** Der in künstlerisch stilisierter Form dargebotene Bühnentanz des abendländischen Kulturkreises. **2.** Das in dieser Form dargebotene Werk. **3.** Eine Komp., die solche Werke präsentiert. Der Begriff, der ursprünglich nur auf solche Werke angewandt wurde, die auf der Danse d'école basieren, also auf dem kodifizierten akademischen Bühnentanz, wird heute auch angewandt auf Folklore-Truppen, Jazz Dance-Truppen, Modern Dance-Truppen und exotische Komp.n.

Ballettdirektor. Die relativ junge Wortprägung bezeichnet die an der Spitze einer B.-Komp. stehende Persönlichkeit. Der B. kann ein reiner Managertyp, aber auch eine reine Künstlerpersönlichkeit sein, die dann zumeist auch als Chefchoreograph der Komp. fungieren wird. Eine Verbindung beider Typen ist nicht nur denkbar, sondern hat sich in der Vergangenheit und der Gegenwart als durchaus nützlich erwiesen. Man denke an S. Diaghilew, R. de Maré, L. Kirstein und B. Kochno. Der B. bestimmt die B.-Politik einer Komp., die sich aus der allgemeinen ästhetischen Konzeption, der Festlegung der Rep.-Richtlinien, der Auswahl des Mitarbeiterstabs und den Engagements von Choreographen und Tänzern ergibt. Der B. ist entscheidend verantwortlich für das Erscheinungsbild einer Komp. (→ Ballettmeister, → Trainingsmeister.)

Ballet-Théâtre Contemporain. Die Komp. wurde mit Unterstützung des frz. Kultusministeriums 1968 in Amiens gegründet und sollte als eine Begegnungsstätte zwischen den verschiedenen Künsten dienen, mit häufigen Gastspielen in den diversen frz. Maisons de culture sowie in Paris und im Ausland. Direktor war Jean-Albert Cartier, Chefchoreographin F. Adret. 1974 übersiedelte man nach Angers. Zahlreiche Choreographen haben Werke für die Komp. geschaffen, meist mit prominenten bildenden Künstlern zusammenarbeitend. Zu den führenden Solisten gehörten u. a. M. Parmain, M. Belmondo, V. Filatoff, J. Urbain und I. Lazarov. Choreographen waren neben Adret u. a. J. Lazzini, M. Descombey, F. Blaska, M. Sparemblek, J. Babilée, J. Butler, G. Skibine und D. Sanders. Die Komp. wurde 1978 aufgelöst, mehrere ihrer Mitgl. übersiedelten mit Cartier nach Nancy und etablierten am dortigen Th. das B.-Th. Français de Nancy, während in Angers ein neues choreogr. Zentrum für die Arbeit von A. Nikolais aufgebaut wurde.

Ballet-Théâtre de Paris. Unter diesem Namen gaben die neuformierten ehemaligen Les B.s de l'Étoile ihr Debüt im Juni 1958 im Pariser Th. Marigny. Zusammen mit M. Béjart zeichnete R. Henriques-Pimentel für die Direktion verantwortlich. Die ersten neuen Béjart-Prod.en waren *L'Etranger*, *Chapeaux* und *Pulcinella*, später folgten *Orphée*, *Arcane II* (1958), *Équilibre* und *La Mer* (1959). Eine Brüsseler Koprod. mit dem dortigen Opern-B., den B.s Miskovitch und dem Western Th.B. in Strawinskys *Sacre du printemps* führte 1960 zur Gründung des B. du XXe Siècle, in das Béjart seine Pariser Komp. einbrachte.

Ballett International, monatlich (im Sommer zweimonatlich) erscheinende Zeitschrift für B. und Tanz-Th. Begann im Herbst 1977 unter dem Titel *Ballett-Info* als hektographierter Informationsdienst für die Mitgl.er der in Köln ansässigen Dt. B.-Bühne. Erschien dann ab Oktober 1978 im normalen Zeitschriftendruck und seit Januar 1982 unter obigem Titel als zweisprachiges Magazin (dt.-engl.), herausgegeben von Rolf Garske. Zum engeren Redaktionsstab gehören Birgit Kirchner, Hedwig Müller und Norbert Servos.

Ballettmeister (auch *Maître de ballet*). Der Begriff hat im Laufe der Geschichte eine Wandlung durchgemacht. Er bezeichnete früher den bei Hofe und an den Th.n für das Arr. und die Einst. (manchmal auch die Komposition) der Tänze und B.e tätigen Mann. Heute bezeichnet der Begriff im allgemeinen die für die Durchführung des Probenbetriebs zuständige Persönlichkeit (es kann auch eine Frau sein), die an den größeren Komp.n nicht mehr mit dem B.-Direktor, dem Choreographen und dem Trainingsleiter identisch ist. Der B. hat die Proben einzuteilen und für die Auff.s-qualität der B.e zu sorgen, nachdem der Choreograph die Einst.s-Arbeit beendet hat. Er setzt im Grunde dessen Arbeit fort, weist Umbesetzungs-Tänzer in ihre Rollen ein und macht die Einst. aufführungsreif. (→ Ballettdirektor.)

Ballett 1965, der erste Band des seither regelmäßig im Friedrich Verlag (Velber, seit 1981 zus. mit Orell Füssli, Zürich) erscheinenden dt. B.-Jahrbuchs. Anfangs von H. Koegler und C. Barnes herausgegeben, zeichnen seit 1978 H. Regitz und H. Koegler für die Herausgabe verantwortlich.

Ballettomanie (griech., B.-Wahnsinn), ursprünglich im Rußland des 19. Jh.s jede Art von ebenso kenntnisreicher wie leidenschaftlicher Publikumsanteilnahme am B. und seinen Tänzern, die in fortgeschrittenem Stadium die Kennerschaft zugunsten eindeutigen Parteigängertums suspendiert. Mit seinem Buch *Ballettomania* führte A. Haskell diesen Begriff in den westl. Sprachschatz ein. Ein Ballettomane ist heute bei uns ein für das B. leidenschaftlich begeisterter Mensch.

Lit.: A. Chujoy, »Russian Ballettomania«, in *Dance Index* 7,3 (1948).

Ballettoper, Opernform, in der dem Tanz eine gleichberechtigte, wenn nicht dominierende Funktion gegenüber dem Gesang zugemessen ist. Die frühesten B.n sind die Tragédies lyriques oder Tragédies en musique von J.-B. Lully und P. Beauchamp. Erstes Beispiel: *Cadmus et Hermione* (1673). Die B.n des Rokokozeitalters (1697–1750) werden als Opéra-B.s bezeichnet. Solche galanten B.n wurden u. a. von A. Campra, Mouret und J.-Ph. Rameau komponiert. Typische B.n des 20. Jh.s sind: Rimskij-Korssakows *Der goldene Hahn*, Henzes *Boulevard solitude* und B. Blachers *Preußisches Märchen*. Opern mit größeren B.-Aufgaben werden gelegentlich zu B.n umfunktioniert. Ein besonders beliebtes Objekt dieser Art ist Glucks *Orpheus und Eurydike* (u. a. G. Balanchine, F. Ashton, M. Wigman, P. Bausch, J. Neumeier und H. Spoerli). Auch kommt es vor, daß ein Choreograph die Sänger entweder ans Proszenium oder ins Orchester setzt, um die Bühne für die tänzerische Interpretation der betreffenden Oper nutzen zu können. Beispiele: E. Walter in Monteverdis *Orpheus*, L. Massine in Rossinis *Barbier von Sevilla*, M. Béjart in Offenbachs *Hoffmanns Erzählungen*.

Ballett-Pantomime. 1. Die speziell für die Bedürfnisse des B.s entwickelte Sonderart von Pantomime, deren festgelegte mimische Gesten in Übereinstimmung mit der Musik in speziellen Szenen zur Übermittlung eines konkreten Handlungsgeschehens oder Gefühlsausdrucks dienen. Die Scène de pantomime entspricht also in etwa dem Rezitativ in der traditionellen Oper. **2.** B.e, in denen es primär auf die Herausarbeitung der dramatischen Geschichte ankommt, in denen also die gestische Übermittlung des Inhalts wichtiger ist als der Tanz. Die frühen B.s d'action – auch noch Angiolini/ Glucks *Don Juan* (1761) – heißen auf den Titelblättern meist noch B.-P. Aber auch M. Lengyel / B. Bartóks *Wunderbarer Mandarin* (1926) wird im Original noch als Pantomime bezeichnet. – Eine besondere Art der B.-P. haben die Dänen in ihrem Pantomimen-Th. im Kopenhagener Vergnügungspark Tivoli bis heute bewahrt.

Lit.: J. Lawson, *Mime*, London 1957.

Ballo, auch **balletto,** ursprünglich im 15. und 16. Jh. ital. Bezeichnung für kleine, von Tanzlehrern geschaffene Tanz-Pantomimen, die von mehreren Personen mit den Schritten der damaligen Gesellschaftstänze von Angehörigen des Adels aus- und aufgeführt wurden. Die Themen waren Verliebtheit, Werbung, Liebesglück, Eifersucht, Trennung. »Das allgemeinste Thema ist die Werbung in ihren verschiedenen Arten: La Mercantia, die Frau, die allen Gehör gibt, dargestellt von einer Dame mit drei Herren, einer neben ihr und zwei dahinter – elf Takte Saltarello, dann Halt, die Hinterherren weichen zur Seite, die Dame macht kehrt, der eine Hinterherr geht mit drei Schritten vor, dreht die Dame um sich selbst und ist mit drei Schritten auf dem alten Platz, der andere Hinterherr tut das gleiche, der ursprüngliche Kavalier macht kehrt und nähert sich von neuem, und in dieser Weise geht die Pantomime fort.« Das ist ein von dem ital. Tanzmeister A. Cornazano 1465 beschriebener B. Andere bekannte Schöpfer von Balli waren im 15. Jh. Domenico da Piacenza und G. Ebreo, im 16. Jh. noch Caroso und C. Negri. Erst im späten 16. Jh. (eigentlich ab 1570) wird die Verkleinerungsform *balletto* (frz. *ballet*) auch zur Bezeichnung für ein von mehreren Personen ausgeführtes größeres Tanzwerk.

Lit.: C. Sachs, in: *Eine Weltgeschichte des Tanzes*, Berlin 1933, Neudr. Hildesheim 1976.

Ballo della Regina, B. in 1 Akt, Ch.: G. Balanchine, Mus.: Verdi (B.-Musik aus *Don Carlos*), Kost.: Ben Benson; UA 15. 11. 1977 (Benefiz) und 21. 1. 1978 (Premiere), New York City B., City Center, New York, mit M. Ashley, R. Weiss. Ein Divertissement für 1 Solopaar, 4 Solistinnen und 12 Corps-de-b.-Tänzerinnen von außerordentlich virtuoser Bravour, eher der ital. als der russ. Schule des klassisch-akademischen Tanzes verpflichtet.

Ballo delle ingrate, Il, eine Mascherata von Ottavio Rinuccini (Text) und Claudio Monteverdi (Musik), die in der Ch. von Isacchino l'Ebreo am 4. 6. 1608 am Hof von Mantua aufgeführt wurde. In ihrem Mittelpunkt steht der Tanz der spröden Mädchen, die Pluto auf Bitten von Venus und Cupido aus dem Hades herbeizitiert – als Warnung für diejenigen lebenden jungen Damen, die von der Liebe nichts wissen wollen. In den Formen frz. Tänze stellen die Spröden die Leiden dar, die sie in der Unterwelt zu ertragen haben. Die Bezeichnung *ballo* ist hier identisch mit der Art von Tanzwerken, die in Frankreich seit etwa 1570 als B.e (*ballets*) bezeichnet werden.

Ballon (frz.), im B. die Fähigkeit eines Tänzers, während eines Sprungs den Eindruck zu erwekken, als ob er in der Luft einen Augenblick lang stillstünde. Die Schwerkraft der Erde scheint vorübergehend aufgehoben zu sein.

Ballonné (frz. *ballonner*, aufblähen), im B. ein Sprungschritt, bei dem der Tänzer ein Bein entweder nach vorn, zur Seite oder nach rückwärts durchstreckt. Dann Landung auf dem anderen Bein, wobei das Spielbein am Cou de pied schließt. – Giselle beginnt ihren ersten Tanz mit dem Corps de b. mit drei Ballonnés portés en avant.

Ballotté (frz. *ballotter*, hin und her schütteln), im B. ein Hochsprung am Platz mit Absprung auf dem Standbein. In der Luft werden die Knie zuerst unter dem Körper seitlich gebeugt, anschließend werden die gestreckten Füße in der Luft gekreuzt. Landung auf dem bisherigen Spielbein, während das andere waagerecht gestreckt herausgeschleudert wird.

Ballroom Dances, engl. Bezeichnung für Gesellschaftstänze. (→ Gesellschaftstanz.)

Balon, Jean, frz. Tänzer und Choreograph, * 1676 Paris, † 1739 ebd. Wurde 1691 Mitgl. der Opéra, tanzte 1695 mit L. Pécourt, N. Blondy und F. Prévost in *Les Saisons*, wirkte 1700 in dem *Jeu de cartes*-B. von Pécourt mit, wurde Compositeur der B.e des Königs und 1719 B.-Meister an der Opéra. Er schuf die B.e für M.-R. Lalandes *Les Eléments* und eine Neueinst. von J.-Ph. Rameaus *Charactères de la danse*, in der 1726 die Tänzerin Camargo debütierte. Als Tänzer war er für seine Leichtigkeit berühmt, jedoch ist die Rückführung des Terminus Ballon auf seinen Namen nicht gesichert. Durch seine mimische Begabung riß er schon 1714 das Publikum zur Begeisterung hin, als er während eines Festes der Herzogin von Maine auf ihrem Schloß in Sceaux zusammen mit der Prévost eine wortlose Pantomime gestaltete, deren Inhalt Corneilles *Horace* war. Diese Pantomime gilt heute als Vorläufer des späteren B. d'action.

Lit.: J. Lawson, in: *A History of Ballet and its Makers*, London 1964.

Bara, Charlotte, schweiz. Tänzerin und Choreographin, * um 1901 Brüssel. Studierte ebd. bei einer Duncan-Schülerin, dann in Berlin bei B. Trümpy und V. Skoronel sowie beim javan. Prinzen Raden Mas Jodjani (Mystischer Tanz) und A. Sacharoff. Debüt als Tänzerin mit eigenem Programm 1917 in Brüssel, eine ›Verkünderin der Heiligkeit des Tanzes‹, ab 1921 regelmäßig auch in Berlin. Seit den zwanziger Jahren im Tessin ansässig, erhielt sie 1928 ihr eigenes Th. San Materno in Ascona, wo sie bis Ende der fünfziger Jahre auftrat und unterrichtete. Ihre bekanntesten Tänze hießen *Sterbender Schmetterling* (Mus.: Chopin), *Musizierende Engel* (Mus.: Scarlatti), *Ägyptischer Tempeldienst* (Mus.: C. Scott), *Die Ägypterin* (Mus.: Grieg), *Antike Grabschrift* (Mus.: Debussy), später *Die Visionen der Jeanne d'Arc*, *Das verlorene Paradies*, *Die Versuchung in der Wüste*, *Bilder aus der Passion*, *Auferstehung*, *Seraphischer Reigen*, *Zu Ehren von Fra Angelico*. Der ital. Regisseur Anton Giulio Bragaglia pries sie als »Santa Ballerina«.

Lit.: H. Koegler, in: »Die Tanzfarm vom Monte Verità«, *Ballett 1979*.

Barabau, B. mit Chor von V. Rieti (Libr. und Mus.), Ch.: G. Balanchine, Dek.: M. Utrillo; UA 11. 12. 1925, B.s Russes de Diaghilew, Coliseum Th., London, mit L. Woizikovsky, S. Lifar, T. Chamié. Die einaktige Burleske geht auf ein ital. Kinderlied zurück, das von B. erzählt, einem gewitzten, reichen Bauern, der plündernde Soldaten hereinlegt, indem er sich totstellt. Alternative Versionen u. a. von Y. Georgi (Gera 1925) und N. de Valois (London 1936).

Barbay, Ferenc, ung. Tänzer, * 11. 6. 1943 Miskolc. Studierte an der Budapester B.-Schule,

Examen 1967. Tänzer beim Budapester Staatsopern-B., Solist an der Münchner Staatsoper seit 1969, wo er zahlreiche Rollen kreiert hat, u. a. auch in G. Tetleys *Sacre du printemps* (1974) und G. Veredons *Gaîté Parisienne* (1982). Ist gelegentlich auch als Choreograph hervorgetreten (Ravels *Daphnis und Chloe*, 1982).

Barber, Samuel, amer. Komponist, * 9. 3. 1910 West Chester (Penns.), † 23. 1. 1981 New York. Komponierte 1946 die Musik zu M. Grahams Medea-Tanzstück *Cave of the Heart*. Wiederholt wurden auch seine konzertanten Kompositionen Solotänzen und B.en zugrunde gelegt. Beispiele: T. Bolenders *Capricorn Concerto* (1948); eine spätere Version u. a. auch von J. Neumeier in *Separate Journeys* (Schwetzingen 1968). Ebenfalls von Bolender *Souvenirs* (1955); die *Suite of Six Short Dance Movements* von P. Wright (in *A Blue Rose*, Royal B., 1957); seine Liederzyklen *Knoxville* und *Hermit Songs* von A. Ailey (1960 und 1961).

Barberina, La (d. i. Barberina Campanini – auch Barbarina), ital. Tänzerin, * 1721 Parma, † 7. 6. 1799 Barschau (Schlesien). Wurde von dem neap. Tänzer Rinaldi Fossano ausgebildet und ging als dessen Partnerin nach Paris, wo sie 1739 in J.-Ph. Rameaus *Festes de Hébé ou Les Talens lyriques* an der Opéra debütierte. Berühmt wegen ihrer Pirouetten, Jetés battus und vor allem ihrer Entrechats huit. Ihre nächsten Rollen hatte sie u. a. in *Zaide*, *Reine de Grenade*, *Momus amoureux*, *L'Empire de l'amour* und *Les Fêtes grecques et romaines*. Sie war nacheinander die Mätresse mehrerer hoher Aristokraten. Friedrich II., König von Preußen, engagierte sie 1744 nach Berlin, doch brach sie den Vertrag und floh mit ihrem damaligen Geliebten, dem engl. Lord Stuart Mackenzie, nach Venedig. Friedrich zwang die Republik durch Androhung von Gewaltmaßnahmen zu ihrer Ausweisung und Auslieferung. So wurde sie mit mehr oder weniger Gewalt nach Berlin transportiert, erhielt aber dort außerordentliche Bezüge und Privilegien. Tanzte bis 1748 an der Oper von Berlin, heiratete dann 1749 den Geheimrat von Cocceji, den Friedrich als Regierungspräsidenten nach Schlesien schickte. Dort konnte sie sich drei Güter kaufen, die sie selbst verwaltete. Nach ihrer Scheidung (1788) ließ sie sich zur Gräfin de Campanini adeln und wandelte ihre Besitzungen in eine Stiftung für arme adlige Fräulein um. Dieser Stiftung stand sie selbst als Äbtissin vor. Während ihres Berliner Aufenthalts wurde sie von Friedrichs Hofmaler Antoine Pesne mehrfach gemalt.

Lit.: B., in: *Enciclopedia dello spettacolo*, Rom 1954; K. J. Lemmer, in: *Primaballerinen*, Berlin 1961.

Barbieri, Margaret, südafrik. Tänzerin, * 2. 3. 1947 Durban. Studierte bei Iris Manning und Brownie Sutton, dann an der Royal B. School, Examen 1965. Seither Tänzerin des Royal B., Principal Dancer seit 1970 (auch beim Sadler's Wells Royal B.).

Bari, Tania, holl. Tänzerin, * 5. 7. 1936 Rotterdam. Studierte bei N. Kiss, V. Gsovsky und A. N. Messerer. Von 1955–73 eine der Hauptsolistinnen von M. Béjart, erst beim B. de l'Étoile, dann beim B. du XXe Siècle. Rollenkreationen u. a. in Béjarts *Sonate à trois* (1957), *Sacre du printemps* (1959) und *Neunte Sinfonie* (1964).

Barnes, Clive Alexander, engl. Kritiker und Publizist, * 13. 5. 1927 London. Studierte an der Universität Oxford. Associate Editor von *Dance and Dancers* seit 1950. Schrieb Tanzkritiken für den *New Statesman*, *The Times*, *Daily Express* und *The Spectator*. Tanzkritiker der *New York Times* 1965–77 (ab 1967 auch Schauspielkritiker) und seither der *New York Post*. Schrieb »Frederick Ashton and His Ballets« (*Dance Perspectives* 9, 1961), *Nureyev* (1982) sowie Beiträge in zahlreichen Buchveröffentlichungen. Seine Frau Patricia B. ist New Yorker Korrespondentin von *Dance and Dancers*.

Baronova, Irina, russ.-engl. Tänzerin, * 1919 Petrograd. Studierte bei O. Preobrajenska in Paris und tanzte bereits 1930 in der Pariser Opéra. 1932 engagierte sie G. Balanchine als eine der drei Baby-Ballerinen für die B.s Russes de Monte Carlo, wo sie u. a. Rollen in L. Massines *Les Présages*, *Jeux d'enfants*, *Beau Danube* (Neufassung – alle 1933) und B. Nijinskas *Les cent baisers* (1935) kreierte. 1940 ging sie nach Amerika, wo sie Ballerina beim B. Th. war, aber auch in Filmen und Musicals auftrat. Nachdem sie 1946 noch Gastballerina bei Basils Original B. Russe war, zog sie sich ins Privatleben zurück, blieb aber Mitgl. der engl. Royal Academy of Dancing.

Barra, Ray (geb. Raymond Martin Barallobre), amer. Tänzer und B.-Meister, * 3. 1. 1930 San Francisco. Studierte an der San Francisco School of B. und American B. Th. School. Tanzte beim San Francisco Opera B., American B. Th. und als Solist beim Stuttgarter B. 1959–66, wo er Hauptrollen u. a. in J. Crankos *Romeo und Julia* (1962), *Schwanensee* (1963), *Feuervogel* (1964) und *Onegin* (1965) sowie in K. MacMillans *Las Hermanas* (1963) und *Lied von der Erde* (1965) kreierte. B.-Meister der Dt. Oper Berlin 1966–70, Frankfurter Opern-B. 1970–73 und Hamburger Staatsopern-B. 1973 bis 1976 – seither hauptsächlich als B.-Meister für Neumeier-Prod.en tätig.

Barre (frz.), Bezeichnung für die im B.-Saal angebrachte Stange, an der sich der Tänzer zur Stabilisierung seines Gleichgewichts festhalten kann. Jedes Exercice beginnt üblicherweise an der B. oder Stange.

Bart, Patrice, frz. Tänzer, * 30. 7. 1945 Paris. Studierte an der Schule der Pariser Opéra, trat 1959 in deren Komp. ein und avancierte 1972 zum Danseur étoile – mit M. Béjarts *Bhakti* als besonders erfolgreicher Rolle. Hat oft auch beim London Festival B. gastiert.

Lit.: G. Mannoni / P. Jouhaud, in: *Les Etoiles de l'Opéra de Paris*, Paris 1981.

Bartholin, Birger, dän. Tänzer, Choreograph und Pädagoge, * 1. 5. 1900 Odense. Studierte bei M. Fokine, N. Legat und A. Volinine. Tanzte in der Komp. von I. Rubinstein, bei den B.s de Monte Carlo, mit B. Kniaseff, V. Nemchinova und in Londoner Cochran Revuen, choreographierte diverse Stücke für die B.s de la Jeunesse in Paris und das Kgl. Dän. B. Eröffnete dann eine B.-Schule in Kopenhagen, die mit ihren jährlichen B.-Seminaren seit 1963 zunehmend internationale Aufmerksamkeit auf sich zog.

Bartók, Béla, ung. Komponist, * 25. 3. 1881 Nagyszebtmiklós, † 26. 9. 1945 New York. Schrieb die Musik für den *Holzgeschnitzten Prinzen* (Ch.: Otto Zöbisch, Budapest 1917) und den *Wunderbaren Mandarin* (Ch.: Hans Steinbach, Köln 1926). Zahlreiche seiner Kompositionen sind von Choreographen ihren B.en zugrunde gelegt worden – so u. a. die *Sonate für zwei Klaviere und Schlagzeug* (D. Hoyer, Hamburg 1951; A. von Milloss in *Sonate der Angst*, Rio de Janeiro 1954; M. Béjart in *Sonate à trois*, Essen 1957; K. MacMillan in *Rituals*, London 1975), *Kontraste für Violine, Klarinette und Klavier* (H. Ross in *Caprichos*, New York 1950), *Tanzsuite* (Milloss in *Hungarica*, Rom 1956; S. Barkóczy, Budapest 1968; E. Feld, New York 1969), *Musik für Streichinstrumente, Schlagzeug und Celesta* (E. Walter, Wuppertal 1955; I. Eck, Budapest 1964; H. van Manen in *Dualis*, Den Haag 1967), *Divertimento für Streichorchester* (D. Hoyer, Hamburg 1950; van Manen in *Opus 12*, Den Haag 1964), *Konzert für Orchester* (A. v. Milloss in *Schwelle der Zeit*, Rom 1951; E. Walter, Wuppertal 1959) und das 2. Klavierkonzert (A. v. Milloss in *Estro barbarico*, Köln 1963). Zu einer Orchesterbearbeitung von Stükken aus dem *Mikrokosmos* choreographierte B. Cullberg das B. *Medea* (Gaevle 1950). P. Bausch choreographierte *Blaubart – beim Anhören einer Tonbandaufnahme von Béla Bartóks Oper »Herzog Blaubarts Burg«* (Wuppertal 1977).

Baryschnikow, Michail Nikolajewitsch, russ. Tänzer und B.-Direktor, * 27. 1. 1948 Riga. Studierte an den B.-Schulen in Riga und Leningrad (bei A. Puschkin). Mitgl. des Kirow-B.s 1967, wo er rasch Karriere machte und als einer der brillantesten Solisten galt. L. Jakobson choreographierte ein *Vestris*-Solo für ihn, K. Sergejew die Titelrolle in seinem *Hamlet*-B. (1970) und N. D. Kassatkina und W. J. Wassiljow den Adam in ihrem B. *Die Erschaffung der Welt* (1971). Bei einer Kanada-Tournee einer Gruppe von sowj. Tänzern entschloß er sich 1974 im Westen zu bleiben, wo er bei zahlreichen Komp.n gastierte, vor allem aber beim American B. Th. und 1978/79 auch Mitgl. des New York City B. war. Seither gilt er als einer der Superstars der internationalen B.-Szene – ein Tänzer von ungewöhnlicher Vielseitigkeit, für den die verschiedensten Choreographen B.e geschaffen haben – u. a. J. Butler *Medea* (1975), J. Neumeier *Hamlet: Connotations*, T. Tharp *Push Comes to Shove*, J. Robbins *Other Dances* und A. Ailey *Pas de Duke* (alle 1976), R. Petit *Pique Dame* (1978), Robbins *Opus 19* (1979) und F. Ashton *Rhapsody* (1980). Als Regisseur begann er mit der Einst. des *Nußknacker* fürs American B. Th. (1977), gefolgt von *Don Qui-*

xote (American B. Th., 1978) und *Cinderella* (1984). Seit Herbst 1980 ist er Künstlerischer Direktor des American B. Th. Hauptrolle in dem amer. Film *The Turning Point* – zahlreiche Fernseh-Prod.en (u. a. *B. on Broadway*, 1980).

Lit.: *B. at Work – M. B. Discusses His Roles*, New York 1976; G. Smakov, *B.: From Russia to the West*, New York 1981.

Bas, en (frz., niedrig), im B. eine Tiefhaltung, etwa der Arme.

Basel. Eigenständige tänzerische Ambitionen des Stadt-Th.s reichen bis in die ausgehenden zwanziger Jahre zurück, orientierten sich in jenen Tagen noch vorzüglich am modernen Tanz, vertreten durch Persönlichkeiten wie R. Chladek und H. Rosen. 1938 gelangte hier A. Honegger / P. Claudels *Johanna auf dem Scheiterhaufen* (mit I. Rubinstein) zur UA. Überlokale B.-Aufmerksamkeit zog die Stadt erstmalig auf sich, als W. Orlikowsky hier 1955–67 als B.-Chef wirkte und außer den Klassikern und eigenen abendfüllenden Prod.en, u. a. die westeurop. EA der *Steinernen Blume* (1962) und der *Fontäne von Bachtschissarai* (1965) herausbrachte. Nach mehreren raschen Direktionswechseln (u. a. auch P. Smok 1970–73) begann eine Phase der neuen Konsolidierung von Rep. und Komp. mit der Berufung H. Spoerlis als B.-Chef 1973. Durch seine zielstrebige B.-Politik gelang ihm in relativ kurzer Zeit, das Basler B. an die Spitze aller schweiz. Komp.n und 1983 auf eine erste Amerika-Tournee zu führen.

Lit.: S. Enkelmann / R. Liechtenhan, *Ballett in B.*, Basel [um 1963]; Ph. Fleury / P. Kaufmann, *Heinz Spoerli – Ballett-Faszination*, Zürich 1983.

Basil, Colonel de (geb. Wassili Grigoriewitsch Woskresensky), russ.-engl. B.-Manager, * 16. 9. 1888 (?) laut Paß in Kowno/Kaunas (wahrscheinlicher aber in Baku), † 27. 7. 1951 Paris. Kämpfte als Oberst der Kuban-Kosaken 1917 bis 1918 gegen Türken und Deutsche im Vorfeld des Kaukasus und Persien, emigrierte 1919 nach Paris und wurde 1925 Assistent des Fürsten Alexis Zeretelli, der in Paris und London russ. Opernsaisons veranstaltete. B. gründete 1932 zusammen mit René Blum Les B.s Russes de Monte Carlo. Die Funktionen der beiden Gründer wurden bereits 1933 getrennt: B. wurde Allgemeiner Direktor, Blum Künstlerischer Direktor. Schon 1934 trat die nach wie vor in Monte Carlo beheimatete Truppe auf als B.s Russes du Col. W. de Basil, Blum jedoch wurde noch als Künstlerischer Direktor genannt. Da die Komp. seit 1934 überwiegend in London und den USA tanzte, nannte B. »seine« Truppe in London 1935 nur noch B.s Russes du Col. W. de Basil, Blum wurde nicht mehr erwähnt. Dieser und die Presse von Monte Carlo protestierten zwar, aber schon im April 1935 kamen Blum und B. überein, eigene Wege zu gehen. Der Oberst zahlte dafür eine Abfindung von 250000 Francs. Die faktische Trennung erfolgte im April 1936, als Blum seine B.s de Monte Carlo gründete. B. Truppe war nun wirklich selbständig und nannte sich B.s Russes du Col. W. de Basil, wie schon 1935. Nach mehreren Umbenennungen wurde im Oktober 1939 aus der B.-Truppe endgültig das Original B. Russe. – In der angelsächsischen Literatur werden häufig auch schon die B.s Russes de Monte Carlo 1932–34 als de Basil's B.s Russes bezeichnet. Mit den historischen Tatsachen stimmt das nicht überein.

Lit.: K. S. Walker, *De Basil's Ballets Russes*, London 1982.

Basque, Pas de (frz., Baskenschritt), im B. ein Schritt in drei Zählzeiten, der in etwa dem Walzerschritt im Gesellschaftstanz ähnelt. Er beginnt mit einem Dégagé, wird mit einem Rond de Jambe fortgeführt und endet mit einer Glissade.

Basse Danse (Bassa Danza), Gesellschaftstanz im geraden Takt, seit etwa 1450 in Norditalien und im Herzogtum Burgund bekannt. Beschreibungen vor allem bei den nordital. Tanzmeistern des 15. Jh.s. T. Arbeau nennt diesen Tanz 1588 in seinem Buch *Orchésographie* bereits veraltet. Es handelte sich um einen Schreittanz ohne Sprünge, jedoch mit Erhebungen auf den Ballen. Auf die Basse Danse folgte als Nachtanz im ungeraden Takt ein Saltarello. Dieser Zusammenstellung entsprach in Deutschland die Folge von Allemande I und Hupfauf.

Lit.: C. Sachs, in: *Eine Weltgeschichte des Tanzes*, Berlin 1933, Neudr. Hildesheim 1976.

Bat Dor Dance Company. Die Komp., deren hebräische Bezeichnung so viel wie zeitgenössisch heißt, ging aus den in Tel Aviv ansässigen, von Batheva de Rothschild geförderten und von J. Ordman geleiteten B. D. Studios hervor. Debüt im September 1967 mit zunächst 12 Tänzern unter der Leitung von Ordman und mit ihr als Hauptsolistin. Im Gegensatz zu der primär auf dem Modern Dance basierenden Batsheva Dance Comp. ist die B. D. D. C. um eine Verbindung der Techniken des akademischen Tanzes und Modern Dances bemüht. Choreographen, die für die Komp. gearbeitet haben, waren u. a. A. Tudor, R. van Dantzig, P. Wright, T. Bolender, N. Walker, R. Cohan, C. Keuter, C. Czarny, A. Ailey und, regelmäßig wiederkehrend, D. Reiter-Soffer. Seit April 1971 besitzt die Komp. ein eigenes Th. im B. D. D. Center in Tel Aviv. Ihr Deutschland-Debüt gab sie 1971 in Frankfurt a. M. 1983 verfügt sie über 28 Tänzer, häufiger Gastsolist ist R. Sheta.

Bathsheva Dance Company. Die 1963 von Bathsheva de Rothschild gegründete Modern Dance Comp. debütierte 1964 in Tel Aviv. Sie unterstand bis 1970 der künstlerischen Leitung von J. Dudley. Alle 16 Tänzer waren Israelis, die z. T. in New York und dort hauptsächlich bei M. Graham ausgebildet waren, welche in den Anfangsjahren auch als künstlerische Beraterin fungierte und der Komp. mehrere Werke zur Verfügung stellte. Gastchoreographen, die für die Komp. gearbeitet haben, waren u. a. P. Lang, D. McKayle, G. Tetley (*Mythical Hunters*), N. Morrice, J. Butler, J. Cranko, P. Koner und R. Cohan, doch haben immer wieder auch die eigenen Tänzer choreographisch gearbeitet – so u. a. R. Schenfeld, R. Gluck, L. Hodes, M. Efrati und E. Ben-David. Deutschland-Debüt bei den Berliner Festwochen 1969. Seit 1972 Mme. Rothschild ihre Protektion abzog, wird die Komp. vom Staat subventioniert. In den siebziger Jahren wechselte häufig die künstlerische Direktion (u. a. L. Hodes und Kai Lothmann, P. Sanasardo, seit 1981 M. Romano). 1983 umfaßt die Komp. 18 Tänzer.

Battement (frz., Schlag), Bewegungen, in denen das gestreckte Spielbein aus einer geschlossenen Position schleifend und mit sich streckendem Fuß in gerader Linie zur mittleren Höhe einer bestimmten Richtung gehoben wird, um dann wieder auf umgekehrtem Weg in die Ausgangsposition zurückgeführt zu werden. Es gibt verschiedene Arten von Battements, so z. B. *petits*, *grands*, *frappés*, *tendus* und *fondus*.

Batterie (frz. *battre*, schlagen), im B. das Aneinanderschlagen der gestreckten Beine, während sie einander kreuzen. Man unterscheidet zwischen Grande b. bei Bewegungsfolgen mit hoher Elévation und Petite b. bei den Kombinationen *terre à terre*.

Bauer, Margaret, österr. Tänzerin, * 24. 5. 1927 Wien. Studierte an der B.-Schule der Wiener Staatsoper, wurde 1945 Mitgl. der Komp., avancierte 1951 zur Solistin und war 1960–71 Erste Solotänzerin, als die sie sich im Fach der lyrischen Ballerina als exquisite Stilistin auswies. Wiederholt Gastspiele im Ausland, auch beim Moskauer Bolschoi-Th. Verheiratet mit dem Tänzer Erwin Pokorny.

Bauhaustänze. Nach den Stuttgarter Vorarbeiten an seinem *Triadischen Ballett* untersuchte Oskar Schlemmer seit seiner 1920 erfolgten Berufung ans Bauhaus erst in Weimar und dann verstärkt in Dessau systematisch die Beziehungen zwischen menschlichem Körper und Bühnenraum. Im Verlauf dieser Experimente gelangte er auf der 1925 in Dessau errichteten Versuchsbühne zu seinen sog. Bauhaustänzen. Ausgehend vom Raumtanz, der das Gehen, Schreiten und Springen zum Thema hatte, ließ er den Formentanz folgen, der mit Requisiten wie Stab, Stange, Keule und Kugel arbeitete, schloß dann den Gestentanz an, in dem Stehen, Liegen, Gestikulieren, der Kampf mit dem Mobiliar und unartikuliertes Sprechen vorgeführt wurden. Schließlich langte Schlemmer bei der Auseinandersetzung mit technischen Materialien an. So entstanden Baukastenspiel, Metall-, Glas-, Reifen-, Stäbe- und Kulissentanz. Dabei handelte es sich allerdings noch überwiegend um abstrakte Bewegungsstudien, die von Tänzern in verschiedenfarbigen Trikots und Masken ausgeführt und von Schlagzeug-Rhythmen begleitet wurden. Im Frauentanz und im Maskenchor ging Schlemmer darüber hinaus und brachte einzelne anekdotische Referenzen ins Spiel. In dem 1968 entstandenen Film *Mensch und Kunstfigur* hat Margarete Hasting einzelne dieser Tänze rekonstruiert.

Lit.: H. Hildebrand, *Oskar Schlemmer*, 1952; Ausstellungskataloge Zürich 1961 und Berlin 1963.

Baumann, Helmut, dt. Tänzer, Choreograph und Regisseur, * 31. 1. 1939 Berlin. Studierte bei G. Blank und P. van Dyk in Hamburg. Mitgl. des Hamburger B.s 1965/66, dann in

Münster und 1966–74 in Köln, wo er auch zu choreographieren begann und 1972–74 Direktor des Kölner Tanz-Forums war. Seither freischaffend, hauptsächlich als Regisseur von Musicals tätig.

Baumgärtner, Monika, dt. Tänzerin, * 5. 4. 1939 Leipzig. Studierte an der Staatl. B.-Schule in Berlin, debütierte am National-Th. Weimar und ist seit 1959 Solistin beim Leipziger Opern-B., wo sie die traditionellen Ballerinenrollen tanzt. Zahlreiche Kreationen in den B.en von E. Köhler-Richter.

Baur-Pantoulier, Franz, dt. Tänzer, B.-Meister und Choreograph, * 13. 2. 1931 München. Studierte an der B.-Schule der Münchner Staatsoper. Mitgl. des Opern-B.s 1947–62, wo er als Solist zahlreiche Rollen in B.en von V. Gsovsky und A. Carter kreierte. Anschließend Karriere als Choreograph, primär auf dem Folklore-Sektor tätig, aber auch für Film und Fernsehen.

Bausch, Pina (Philippine B.), dt. Tänzerin, Choreographin und B.-Direktorin, * 27. 7. 1940 Solingen. Studierte an der Essener Folkwang-Hochschule, tanzte beim Folkwang-B. sowie in New York beim American B. und im B. des Metropolitan Opera House. Begann mit experimentellen Ch.n fürs Folkwang-B., arbeitete als Gast-Choreographin an den Wuppertaler Bühnen und wurde dort zur Spielzeit 1973/74 Leiterin des Wuppertaler Tanz-Th.s, das durch ihre eigenwilligen, weit von jeder Tradition und Konvention entfernten Arbeiten zunehmend Aufmerksamkeit im In- und Ausland auf sich zog und seit der zweiten Hälfte der siebziger Jahre immer häufiger als Modellfall eines zeitgenössischen dt. Tanz-Th.s zu Gastspielen in die ganze Welt geschickt wurde. Dabei entfernte sie sich zusehends vom Tanz und nahm dafür immer neue Anregungen hauptsächlich von seiten des Schauspiels, aber auch der bildenden Kunst in ihre gleichwohl weiterhin als Ch.n fungierenden und von Tänzern ausgeführten Arbeiten auf. Sie gehört Anfang der achtziger Jahre zweifellos zu den einflußreichsten schöpferischen Persönlichkeiten der europ. Tanzszene, wird allerdings von zahlreichen ihrer Tänzerkollegen mit eher reserviertem Respekt angesehen. Schlüsselwerke ihrer Karriere waren u. a.: *Im Wind der Zeit* (Mus.: M. Dorner, 1968), *Aktionen für Tänzer* (Mus.: G. Becker, 1971), *»Tannhäuser«-Bacchanal* (Mus.: Wagner, 1972), *Fritz* (Mus.: diverse), *Iphigenie auf Tauris* (Mus.: Gluck), *Ich bring dich um die Ecke ...* (Mus.: Schlager, alle 1974), *Orpheus und Eurydike* (Mus.: Gluck), *Frühlingsopfer* (Mus.: Strawinsky, beide 1975), *Die sieben Todsünden* (Mus. Weill, 1976), *Blaubart* (Mus.: Bartók), *Komm, tanz mit mir* (Mus.: Volkslieder), *Renate wandert aus* (Mus.: Schlager, Songs und Evergreens, alle 1977), *Café Müller* (Mus.: Purcell), *Kontakthof* (Mus.: diverse, beide 1978), *Arien* (Mus.: diverse), *Keuschheitslegende* (Mus.: diverse, 1979), *1980* (Mus.: diverse), *Bandoneon* (Mus.: diverse, beide 1980), *Walzer* (Mus.: diverse, 1982), *Nelken* (Mus.: diverse, 1982).

Lit.: U. Weiss / I. Chamier, *Setz dich hin und lächle – Tanztheater von P. B.*, Köln 1979; H. Müller / N. Servos / G. Weigelt, *P. B. – Wuppertaler Tanztheater*, Köln 1979.

Bayadère, La (russ, Originaltitel: *Bayaderka*), B. in 4 Akten, Libr.: M. Petipa und S. Chudekow, Mus.: L. Minkus, Ch.: M. Petipa, Dek.: K. Iwanow, P. Lambin, O. Allegri und A. Kwapp; UA 4. 2. 1877, Marien-Th., St. Petersburg, mit J. Wazem. Das B. erzählt – in Anlehnung an *Sakuntala*, das berühmte Drama des klassischen ind. Dichters Kalidasa – von der gegenseitigen Liebe der Bajadere Nikia und des Kriegers Solor. Dieser muß sich jedoch aus Standesgründen mit Gamsatti, der Tochter eines Radscha, verloben. Gamsatti schickt ihrer Rivalin Nikia ein Blumengebinde, in dem eine giftige Schlange verborgen ist. An ihrem Biß stirbt die Bayadere. Solor träumt von einer Begegnung mit ihr im Königreich der Schatten. Im ursprünglichen, heute nicht mehr aufgeführten 4. Akt heiraten Solor und Gamsatti, aber der Palast, in dem die Feier stattfindet, wird vom Blitz getroffen. Das Paar wird unter den Trümmern begraben. – Das B. gilt als eines der besten Werke von Petipa. Es ist auch heute noch eine der Glanzproduktionen des Leningrader Kirow-B.s, wird aber auch von anderen Komp.n in der Sowjetunion getanzt, jedoch meist nur in der einaktigen Version der *Königreich der Schatten*-Szene, die eine der vollendetsten Ch.n von Petipa bietet. Bei seinen ersten westl. Auslandsgastspielen 1961 erregte das Kirow-B. beträchtliches Aufsehen mit dieser bis dahin im Westen nicht bekannten Szene. Am

27. 11. 1963 nahm das Royal B. in einer Einst. von R. Nurejew das B. in der einaktigen Fassung in sein Rep. auf, das seither auch von zahlreichen anderen westl. Komp.n übernommen worden ist. Eine abendfüllende Einst. schuf N. Makarova 1980 für das American B. Th. – Ein Opern-B. *Le Dieu et la bayàdere* von F. Taglioni war schon 1830 an der Pariser Opéra aufgeführt worden.

Lit.: O. F. Regner / H.-L. Schneiders, in: *Reclams Ballettführer*, Stuttgart [8]1980.

Bayanihan Dance Company. Die philippin. Tanz-Komp., die 1956 ihr Debüt in Manila gab, hat ihren Namen von einem Wort, das in Tagalog, der zweiten Sprache der Philippinen, ›zusammenarbeiten‹ bedeutet. Seit ihrem Erscheinen auf der Brüsseler Weltausstellung von 1958 genießt die Truppe unter der Leitung von Lucrecia Reyes Urtula auch in Europa große Popularität. Die Tänze der Philippinen spiegeln die Geschichte der Inseln wider, die 1521–1898 zum span. Kolonialreich gehörten; daher sind span. Tänze, Lieder, Instrumente und Kostüme am stärksten im Programm der B.D.C. vertreten. Noch heute anhaltende Folgen der bis 1946 dauernden Besetzung durch die USA sind starke amerik. Einflüsse, vor allem der Schautänze von Hollywood. Daneben zeigt die Komp. aber auch die alten Tänze der Ureinwohner der Insel Luzon, der bis vor kurzem noch als Kopfjäger berüchtigten Igorot; die Tänze der muslimischen Inseln im Süden lassen die Einflüsse der vorislamischen Hindukultur erkennen.

Lit.: F. Bowers, in: *Theatre in the East*, New York 1960; R. G. Alejandro, in: *Philippine Dance*, Manila 1978.

Bayard, Sylviane, frz. Tänzerin, * 8. 10. 1957 Bergerac. Studierte ebd. an der Tanzschule von Myrio und Deshas, dann auch bei R. Hightower in Cannes. Tänzerin beim Stuttgarter B. 1974–79, dann freischaffend in den USA (dort auch 1980/81 beim Pennsylvania B.), erneut Stuttgart 1981/82, dann Basel 1982/83 und nach einem Abstecher beim Australian B. wieder in Basel 1984.

Bayer, Josef, österr. Komponist, * 6. 3. 1852 Wien, † 12. 3. 1913 ebd. Komponierte die Musik zu 22 B.en, die in der Mehrzahl von J. Haßreiter choreographiert wurden. Repertoire – beständig erwies sich *Die Puppenfee* (1888).

Baylis, Nadine, engl. Bühnen- und Kostümbildnerin, * 15. 6. 1940 London. Wurde international bekannt durch ihre häufige Zusammenarbeit mit G. Tetley und Chr. Bruce. Für Tetley entwarf sie u. a. *Ziggurat* (1967), *Embrace Tiger and Return to Mountain* (1968), *Gemini* (1973), *Sacre du printemps* (1974), *Greening* (1975) und *The Tempest* (1979) – für Chr. Bruce *Ancient Voices of Children* (1975) und *Cantata* (1981) – darüber hinaus u. a. für N. Morrice *That Is the Show* (1971) und für J. Ulrich *Walzerträume* (1977) und *Für Maurice Ravel* (1978).

Beale, Alan, engl. Tänzer und B.-Meister, * 20. 5. 1936 Birmingham. Studierte bei K. Crofton und Sadler's Wells B. School. Mitgl. Sadler's Wells B. 1957–65. B.-Meister des Stuttgarter B.s seit 1966, gelegentlich auch als Choreograph tätig. Gastpädagoge in London sowie in den USA.

Beat (engl., Schlag). **1.** In der engl. B.-Fachsprache das Aneinanderschlagen, bzw. Kreuzen der gestreckten Beine in der Luft. **2.** In der Jazzmusik der regelmäßige Taktschlag (Gegensatz *offbeat*). Von dieser Bedeutung leiten sich die Begriffe B.-Musik und B.-Bewegung ab. Gemeint war damit die von den Beatniks initiierte, dann aber die von der internationalen Jugend getragene Musik der für die sechziger Jahre charakteristischen Subkultur. Die B.-Musik und die B.-Tänze inspirierten dann auch einige europ. Choreographen zu Beat-B.en. Beispiele sind P. Darrells *Mods and Rockers* (London 1963), H. van Manens *Ready-Made* (Den Haag 1967), Rock und Jerk in M. Béjarts *Messe für die heutige Zeit* (Avignon 1967), H. Baumanns *In A Gadda Da Vida* (Köln 1970), H. van Manens *Twice* (London 1970) mit Sex Machine von James Brown.

Beat-Tänze, heute noch benutzte Sammelbezeichnung für die modernen afro-amer. Gesellschafts- und Disco-Tänze. Dazu gehören u. a. Rock'n'Roll (1954–58), Twist (1960–62), die speziellen B.-T. (1964–66), Jerk (1965) und die vielen speziellen Soul-Tänze, die von 1967 bis 1974 getanzt wurden – z. B. Funky Broadway, Pearl, Tighten up, Sex Machine, James Brown African Twist, Reggae, Hustle. Diese und viele andere Tänze werden heute in der Regel als Pop- oder Rock-Tänze bezeichnet. B.-T. im speziellen Sinn werden jene Tänze genannt, die zwischen 1964 und 1966 im Anschluß an die erste USA-Tournee der Beatles (Februar 1964) entstanden.

Beatty, Talley, amer. Tänzer und Choreograph, * um 1923 New Orleans. Studierte bei K. Dunham, tanzte in ihrer Komp., in Musicals, dann auch mit seiner eigenen Komp. Wurde bekannt als Choreograph, der auf Jazz-Dance-Basis arbeitet – u. a. auch beim A. Ailey American Dance Th., Cullberg B., Batsheva Dance Comp. und Kölner Tanz Forum. Hauptwerke: *The Road of the Phoebe Snow* (1959) und *Come and Get the Beauty of It Hot* (1960).

Beauchamp, Pierre (auch **Beauchamps**, jedoch nicht, wie früher angenommen, Charles-Louis B.), frz. Tänzer, Choreograph und B.-Meister, * Versailles 1636. Sein Todesjahr ist ungewiß, wahrscheinlich starb er 1705 in Paris, doch gibt es auch Hinweise, daß er 1719 noch am Leben war, da keine Zeitung eine Nachricht über seinen Tod brachte. Er war bereits der Enkel einer Dynastie von frz. Musikern und Tänzern. Gründlich ausgebildet in beiden Professionen, debütierte er um 1650 und wurde Superintendant der B.e des Königs, an dessen Seite er in zahlreichen B.en auftrat. 1661 wurde er Direktor der Académie Royale de la Danse, 1672 B.-Meister an der Académie Royale de la Musique der Opéra. Choreographierte zusammen mit dem Musiker J. B. Lully zahlreiche B.s de Cour (bis 1669), mit Molière dessen Comédie-B.s, ab 1672 die B.-Opern Lullys. Nach dessen Tod (1687) zog sich B. zurück. Sein Nachfolger an der Opéra war L. Pécourt. Doch meldete die Zeitschrift Mercure im März 1719, Jean Balon sei Nachfolger von B. an der Opéra geworden. Demnach müßte nach dem 1704 erfolgten Rücktritt von Pécourt B. noch einmal Chef des Opern-B.s gewesen sein. B. schuf auch, wie er selber in einem Prozeß behauptete, ein genaues System der Tanznotation, das aber erst 1700 von R. A. Feuillet unter dem Titel Chorégraphie veröffentlicht wurde. Das Recht dazu hatte Feuillet schon 1699 durch ein kgl. Privileg erhalten, nachdem B. seinen Prozeß verloren hatte.

Beau Danube (ursprünglicher Titel: *Le beau Danube bleu* für *An der schönen blauen Donau*), B. in 1 Akt von L. Massine (Libr. und Ch.), Mus.: Joh. Strauß (arr. von Roger Désormière), B.: Wladimir Polunin (nach Constantin Guys), Kost.: E. de Beaumont. Das B. wurde am 17. 5. 1924 erstmals aufgeführt, und zwar im Rahmen der Soirées de Paris des Comte E. de Beaumont im Th. de la Cigale, Paris, mit L. Lopokova, Massine u. a. – Übernahme ins Rep. der B.s Russes de Monte Carlo am 15. 4. 1933 in Monte Carlo, mit R. Riabouchinska, A. Danilova, Massine u. a. Die damals sehr erfolgreiche tänzerische Charakterkomödie spielt im Wiener Prater um 1860, wo es zu einem Flirt zwischen einem wohlbehüteten jungen Mädchen und einem feschen Husaren kommt. In diese Liebelei platzt eine temperamentvolle Straßentänzerin hinein, die Ex-Mätresse des Offiziers. Am Schluß kommt es doch noch zu einer gutbürgerlichen Verlobung. – Das charmante und spritzige B. ist auch verschiedentlich in anderen Ch.n aufgeführt worden, so 1941 am Moskauer Stanislawski-Nemirowitsch-Dantschenko-Musik-Th. von W. Burmeister, M. Anirjanow und P. Markow unter dem Titel *Straussiana*; von W. Orlikowsky in Basel unter dem Titel *Wiener G'schichten*, 1961.

Lit.: O. F. Regner / H.-L. Schneiders, in: *Reclams Ballettführer*, Stuttgart [8]1980.

Beaujoyeux, Balthasar de (geb. Baltazarini de Belgiojoso), ital. Violinist, Komponist und Choreograph (Lebensdaten nicht bekannt). Zeitgenössische Schreibweise auch Beaujoyeulx. Kam um 1555 mit einer Gruppe von Violinisten aus Piemont im Dienste des Maréchal de Brissac nach Frankreich und machte dort dank seines Organisationstalents bei höfischen Festen Karriere. Als Kammerdiener der Königinmutter Katharina von Medici war er beteiligt an dem neoplatonischen B. *Paradis d'amour*, das 1572 anläßlich der Hochzeit (Bluthochzeit!) des protestantischen Königs Heinrich von Navarra mit der katholischen Marguerite von Valois, der Tochter von Katharina, aufgeführt wurde. 1573 arrangierte er anläßlich eines poln. Gesandtenbesuches das *Ballet aux ambassadeurs polonais*. Im Jahr 1581 schuf er sein historisch bedeutendstes Werk, das *Ballet Comique de la Reine*, mit dem die Geschichte des B. de Cour begann. Er zog sich 1584 zurück und starb um 1587 in Paris.

Lit.: H. Prunière, in: *Le Ballet de cour*, Paris 1914/1970; M. McGowan, in: *L'Art du Ballet de Cour en France 1581–1643*, Paris 1963.

Beaumont, Cyril William, engl. B.-Schriftsteller, * 1. 11. 1891 London. † 24. 5. 1976 London. Erwarb sich große Verdienste als Inhaber einer auf B.-Schriften spezialisierten Buchhandlung in der Londoner Charing Cross Road, sowie als Kritiker, Vorsitzender und Mitgl. verschiedener Londoner Akademien und Gesellschaften zur Förderung des B.s. Vor allem aber trat er hervor als Verfasser grundlegender Bücher wie u. a. *A Manual of the Theory and Practice of Theatrical Dancing* (zus. mit S. Idzikovski, 1922), *A Bibliography of Dancing* (1929/63), *Michel Fokine and His Ballets* (1935), *Three French Dancers of the XVIII. Century* (1934), *The Complete Book of Ballets* (1937), *The Diaghilev Ballet in London* (1940), *Supplement to the Complete Book of Ballets* (1942), *The Ballet Called Giselle* (1945), *The Sadler's Wells Ballet* (1946), *Dancers Under My Lens* (1949), *The Ballet Called Swan Lake* (1952), *Ballets of Today* (1954), *Ballets Past and Present* (1955) und *A Bookseller at the Ballet* (1975). Außerdem hat B. zahlreiche Bücher ins Englische übersetzt, die für die B.-Geschichte wichtig sind, so die Werke von J.-G. Noverre, P. Rameau und T. Gautier.

Beaumont, Tessa, frz. Tänzerin, * 8. 3. 1938 Paris. Studierte bei M. M. Kschessinska, N. Kiss, S. Peretti, V. Gsovsky und R. Franchetti. Tanzte mit den Komp.n von J. Charrat, R. Petit, M. Miskovitch, R. de Larrain und Grand B. Classique de France. Rollenkreationen u. a. in D. Sanders' *L'Echelle* (1956), M. Béjarts *Sonate à trois* (1957), R. Petits *Cyrano de Bergerac* (1959) und W. Orlikowskys *Cinderella* (1963). Zahlreiche Fernseh-Prod.en. Unterrichtet in Paris.

Beck, Hans, dän. Tänzer, B.-Meister und Choreograph, * 31. 5. 1861 Haderslev, † 10. 6. 1952 Kopenhagen. Ausbildung an der Schule des Kgl. Dän. B.s. Eintritt in die Komp., 1881 Solotänzer, 1894 B.-Meister. In dieser Position, die er bis 1915 innehatte, sorgte er für die intakte Überlieferung des Bournonville-Rep.s, für dessen *Napoli*-Neuprod. er zusätzlich die Variationen des Schlußaktes choreographierte. Eine seiner inspiriertesten Prod.en war *Coppélia* (1896), die sich bis heute in kaum veränderter Form im Rep. gehalten hat. Als Choreograph hatte Beck seinen größten Erfolg 1909 mit *Die kleine Seejungfrau* (Mus.: Fini Henriques). Er war auch nach seiner Pensionierung als Probenleiter tätig und half H. Lander bei der Einst. der Werke von A. Bournonville.

Beelitz, Klaus, dt. Tänzer, * 15. 10. 1938 Berlin. Studierte bei T. Gsovsky, debütierte an der Städt. Oper Berlin, avancierte 1961 zum Solotänzer. Zahlreiche Rollenkreationen in B.en von T. Gsovsky, K. MacMillan, M. Luipart u. a. Heute auch Probenleiter.

Beethoven. Ludwig van, dt. Komponist, * wahrscheinlich 16. 12. 1770 Bonn, † 26. 3. 1827 Wien. Komponierte 2 B.e: *Ritterballett* (Ch.: Habich, Bonn 1791) und *Die Geschöpfe des Prometheus* (Ch.: S. Viganò, Wien 1801). Weiterhin finden sich in seinem Œuvre zahlreiche Einzeltänze, die verschiedentlich choreographiert worden sind – namentlich von Podiumstänzern in den zwanziger und dreißiger Jahren unseres Jahrhunderts. Darüber hinaus haben sich die Choreographen immer wieder auch seiner konzertanten Werke bemächtigt, u. a. A. J. J. Deshayes bereits 1829 seiner 6. Sinfonie in London (später auch in dem Disney-Film *Fantasia*, 1940, und T. Schilling, Ost-Berlin 1979). 1908 tanzte I. Duncan die 7. Sinfonie in New York (später auch von L. Massine, Monte Carlo 1938, V. Biagi, Lyon 1971, und G. Casado, Karlsruhe 1980). 1923 choreographierte F. Lopuchow die 6. Sinfonie in Petrograd (*Tanzsinfonie oder Die Größe des Weltalls*), 1924 H. Kröller *Die Ruinen von Athen* in Wien, 1964 M. Béjart die 9. Sinfonie in Brüssel (der Schlußsatz als *Ode to Peace* bereits 1934 von Duncan in New York). Weitere B.e zu Musik von B. u. a. von K. Jooss (die Frühlingssonate in *Company at the Manor*, Cambridge 1943 – auch von E. Walter, Düsseldorf 1968), L. Massine (*Mondscheinsonate*, Chicago 1944 – auch von M. Miskovitch, Genua 1970), A. Tudor (die Ouvertüren zu *Egmont*, *Coriolan* und *Leonore III* in *La Gloire*, New York 1952), P. Taylor (die späten Quartette op. 127, 130 und 133 in *Orbs*, Den Haag 1966) und H. van Manen (op. 133 in *Große Fuge*, Scheveningen 1971, und *Adagio Hammerklavier*, Amsterdam 1973).

Befragung, Die, B. in 1 Akt, Ch.: J. Cranko, Mus.: B.-A. Zimmermann (Sonate für Cello solo), Kost.: J. Neumeier; UA 12. 2. 1967,

Stuttgart, mit I. Wiedmann, E. Madsen, A. Cardus u. a. – Das B. führt die Gewissenserforschung dreier Personen vor, die vor ein anonymes Gericht zitiert werden, um sich dort für ihre unbekannten Taten zu verantworten. Das Gericht fällt keine Urteile, die drei Täter werden dem Urteil ihres eigenen Gewissens überlassen.

Lit.: O. F. Regner / H.-L. Schneiders, in: *Reclams Ballettführer*, Stuttgart [8]1980.

Béjart, Maurice (d. i. M. Berger), frz. Tänzer, Choreograph und B.-Direktor, * 1. 1. 1927 (andere Quellen: 1924) Marseille. Sohn des Philosophen Gaston Berger. Studierte in Marseille, dann in Paris mit L. Staats, L. Egorova, N. Kiss und Mme. Rousanne sowie mit V. Volkova in London. Tänzerdebüt 1945 in Vichy, dann Tourneen mit S. Schwarz, J. Charrat und R. Petit. Tänzer bei M. Inglesbys International B. 1949/50 und beim Kgl. Schwed. B. 1950–52 (erste Film-Ch.: *Der Feuervogel*). Gründete 1953 zusammen mit dem Schriftsteller Jean Laurent Les B.s de l'Étoile, aus denen 1957 das B.-Th. de Paris hervorging (jeweils mit B. als Künstlerischem Direktor, Choreograph und Starsolist). Zahlreiche Tourneen machten ihn international bekannt. Für Brüssel choreographierte er teils mit eigenen Tänzern, teils mit dort vorhandenen 1959 Strawinskys *Sacre du printemps* – eine Prod., deren Erfolg 1960 zur Gründung des dort ansässigen B. du XXe Siècle führte. Während der folgenden Jahrzehnte baute er die Komp. zu einer der international meistdiskutierten B.-Truppen aus und führte sie auf ausgedehnten Tourneen rund um den Erdball. Seine spektakulären, häufig aktuelle Modeströmungen aufgreifenden, meist unverhohlen Sex-orientierten Prod.en haben dem Ballett überall riesige neue, insbesondere junge Zuschauerscharen zugeführt, während anspruchsvollere B.-Liebhaber sich nur ausnahmsweise für einzelne seiner B.e erwärmt haben. 1970 richtete er in Brüssel die der Komp. attachierte Mudra-Schule ein (inzwischen auch Filialinstitute in Afrika). 1980 übergab er die künstlerische Leitung der Komp. an den Tänzer J. Donn, arbeitet aber weiter als Choreograph für sie. Er hat relativ wenige B.e für andere als seine eigenen Komp.n choreographiert – u. a. *Die Reise* (Köln 1962) und für die Pariser Opéra Berlioz' *Fausts Verdammnis* (1964) sowie Strawinskys *Renard* (1965) und *Feuervogel* (1970). Als Choreograph entwickelte er sich von einem akademisch gegründeten, existenzialistisch ambitionierten Neo-Expressionismus, der in seiner *Sinfonie für einen einsamen Menschen* (Mus.: P. Henry, Paris 1955) kulminierte, über die Spectacle-total-Prod.en seiner frühen Brüsseler Jahre (*Quatre fils Aymon*, 1961; *Die lustige Witwe*, 1963) mehr und mehr zum Ideologen eines sehr persönlich geprägten, B.-Th.-Mystizismus, der zunehmend buddhist. und fernöstl. Einflüsse erkennen ließ – wie etwa in *Messe für die Gegenwart* (1967), *Bakhti* (1968), *Nijinsky, Clown Gottes* (1971), *Golestan – ein Rosengarten* (1973) und *Les Illuminations* (1979). Zwischendurch kehrte er immer wieder zu stärker choreogr. orientierten Werken zurück – so u. a. in *Bolero* (Mus.: Ravel, 1960), *Suite viennoise* (Mus.: Schönberg, Berg und Webern, 1962), *Neunte Sinfonie* (Mus.: Beethoven, 1964), *Le Marteau sans maître* (Mus.: Boulez, 1973) und *Light* (Mus.: Vivaldi, 1981). Eine Zeitlang war er intensiv mit dem Werk R. Wagners befaßt; nachdem er 1961 an der Bayreuther Wieland-Wagner-Prod. von *Tannhäuser* beteiligt war, choreographierte er *Venusberg* (1965), *Mathilde* (1965), *Baudelaire* (1968) und *Les Vainqueurs* (1969) und schrieb den Roman *Mathilde ou le Temps perdu* (1963). Außer den genannten B.en gehören zu seinen meistdiskutierten Arbeiten u. a. *Haut voltage* (Mus.: Henry, 1956), *Prométhée* (Mus.: M. Ohana, 1956), *Sonate à trois* (Mus.: Bartók, 1957), *Orphée* (Mus.: Henry, 1958), *Die Sieben Todsünden* (Mus.: Weill, 1961), *Hoffmanns Erzählungen* (die Oper von J. Offenbach als B.-Prod., 1961), *Les Noces* (Mus.: Strawinsky, 1962), *Romeo und Julia* (Mus.: Berlioz, 1966), *Lieder eines fahrenden Gesellen* (Mus.: Mahler, 1971), *Stimmung* (Mus.: Stockhausen, 1972), *La Traviata* (die Oper von Verdi als B.-Prod., 1973), *Mallarmé III* und *Tombeau* (Mus.: Boulez, 1973), *I Trionfi* (Mus.: Berio) und *Ce que l'amour me dit* (Mus.: Mahler, 1974), *Pli selon pli* (Mus.: Boulez, 1975), *Notre Faust* (Mus.: Bach und argent. Tangos, 1975), *Le Molière imaginaire* (Mus.: N. Rota, 1976), *Petruschka* (Mus.: Strawinsky, 1977), *Gaité Parisienne* (Mus.: J. Offenbach/M. Rosenthal), *Dichterliebe* (Mus.: R. Schumann/ N. Rota, 1978), *Variations ›Don Giovanni‹* (Mus.: Chopin, 1979), *Die Zauberflöte* (die Oper von Mozart als B.-Prod., 1981), *Wien, Wien, nur du allein* (Mus.: diverse), *Geschichte vom Soldaten* und *Konzert in D für Violine und*

Orchester (Mus.: Strawinsky, alle 1982), *Messe pour le temps futur* (Mus.: diverse, 1983). Er ist der Autor von *M. B., Un instant dans la vie d'autrui* (Paris 1979) und *B. par B.* (Paris 1979). Unter zahlreichen Preisen und Auszeichnungen auch der Erasmus-Preis (zusammen mit N. de Valois, 1974).

Lit.: M.-F. Christout, *B.*, Paris 1972.

Belgien. Als Hauptstadt des Landes zog Brüssel die meiste B.-Aufmerksamkeit auf sich, während in den Provinzen bis zum Ende des Zweiten Weltkriegs nur wenige B.-Vorst.en stattfanden. Obgleich Gent eine kleine Komp. hatte, die dem Opernhaus attachiert war und zwischen 1835 und 1891 gelegentliche B.-Vorst. gab – einschließlich *Giselle* und *Coppélia* – und obwohl Antwerpen kurze Zeit lang eigene B.-Ambitionen verfolgte, als Sonja Korty dort 1923 B.-Meisterin wurde, wurden die dort engagierten Tänzer hauptsächlich für die Opern-Prod.en benötigt. Erst mit der Gründung des in Charleroi ansässigen B. de Wallonie 1966 und dem B. von Flandern in Antwerpen 1970 kann man dort von regulärer professioneller B.-Arbeit sprechen, wobei beide Komp.n auf lokalen Unternehmungen aufbauen konnten.

Lit.: R. Barbier, *Van Operaballet naar Ballet van Vlaanderen*, Antwerpen 1973.

Belgrad. Vor dem Ersten Weltkrieg wurden nur in dem bis 1918 habsburgischen Agram (heute Zagreb) B.e im jugosl. Sprachraum aufgeführt. 1895 wurde dort von den Wiener Architekten Hellmer und Fellner jenes Opernhaus erbaut, das heute noch das Kroatische National-B. beherbergt. Erst 1902 wurde eine B.-Schule errichtet. Sehr stark waren die Einflüsse des Wiener B.s. Doch gab es auch schon B.e mit kroat. Themen: *Jela* (1895) und *Die Seen von Plitvice* (1898). In Belgrad erhielt die Oper 1921 eine eigene B.-Gruppe, die der Leitung von Claudia Isačenko unterstand. Die entscheidenden Persönlichkeiten während der Formationsjahre des neuen jugosl. Staates und National-B.s waren die russ. geschulten Helena Poliakova, Nina Kirsanova und Alexander Fortunato, vor allem aber die ab 1927 in B. arbeitende Margarita Froman, die mit der rasch expandierenden Komp. ein hauptsächlich auf die Diaghilew-Standardwerke gestütztes Rep. erarbeitete, das aber auch *Das bucklige Pferdchen, Raymonda* und das sehr beliebte *Lebkuchenherz* (Mus.: K. Baranović, 1927) einschloß. Um 1930 zählte das B. bereits etwa 50 Tänzer und Tänzerinnen, mit Ana Roje als einer der besten Solistinnen. 1930/31 arbeitete B. Romanoff hier, 1932–34 N. Kirsanova, unter deren Leitung P. und P. Mlakar erstmalig Aufmerksamkeit auf sich zogen. Sie dienten nicht nur dem jugosl., sondern durch ihre Arbeit in Zürich, München und Berlin auch dem dt. B. 1934–36 war B. Kniaseff B.-Chef in Belgrad, 1937/38 erneut Froman. Sie brachte das in Zürich uraufgeführte B. *Der Teufel im Dorf* der Mlakars mit der Musik von F. Lhotka (1938) auch in B. zur Auff. Während der Besetzung Jugoslawiens (1941–1945) suspendierte das B. in Belgrad, Zagreb und Ljubljana seine Tätigkeit völlig, so daß es 1945 einen Neubeginn gab. Das erste große B.-Ereignis nach dem Krieg 1947 war die Auff. von St. Hristićs und Fromans *Ochridischer Legende*, die zum meistaufgeführten jugosl. B. wurde. 1949 stieß D. Parlić zur Komp. – zunächst als Premier danseur, doch choreographierte er bereits im selben Jahr Prokofjews *Romeo und Julia*. Er qualifizierte sich rasch zum führenden jugosl. Choreographen – neben den Mlakars – und blieb der Komp. in wechselnden Positionen auch während seiner Auslandsengagements verbunden. 1950 brachten die Mlakars *Eine mittelalterliche Liebe* (Mus.: F. Lhotka) heraus, 1955 folgte Parlić mit *Eine chinesische Geschichte* (Mus.: K. Baranović) und 1956 mit *La Reine des îles* (Mus.: M. Thiriet). Ende der fünfziger Jahre studierte L. Lawrowski der Komp. seine berühmte *Giselle*-Ch. ein. Wichtige Premieren der sechziger und siebziger Jahre waren *Abbandonate* (Ch.: Parlić, Mus.: M. Kelemen, 1964), *Undine* (Ch.: I. Eck, Mus.: Henze, 1968), *Sternkreis* (Ch.: V. Kostić, Mus.: Albinoni/Penderecki, 1970), *Anna Karenina* (Ch.: Parlić, 1972), *Abraxas* (Ch.: Parlić, 1973), *Forma viva* (Ch.: Wladimir Logunov, 1979) und *Spiel* (Ch.: Dusan Trinić, 1979). – Trotz seines offenbar unerschöpflichen Reservoirs an Nachwuchstänzern hat Jugoslawien durch den ständigen Weggang seiner besten Persönlichkeiten – u. a. Froman, Roje, D. Sifnios, M. Sparemblek, I. Sertić, D. Boldin – empfindliche Verluste erlitten. Die Belgrader Komp. gastiert auch häufig im Ausland, in Deutschland zuerst 1953 in Wiesbaden. Weltruhm haben auch die drei jugosl. Folklore-Gruppen erlangt: Kolo (aus B.), Lado (aus Zagreb) und Taneć (aus Skopje).

Lit.: B. Marinković-Rakić / R. Nikolajević, *Yugoslav Ballet*, Belgrad 1958.

Belle au bois dormant, La → *Dornröschen*.

Belski, Igor Dmitriewitsch, sowj. Tänzer, Choreograph und B.-Direktor, * 28. 3. 1925 Leningrad. Studierte an der Leningrader B.-Schule und wurde nach seinem Examen (1943) Mitgl. des Kirow-B.s, wo er sich als Charaktersolist auszeichnete und Rollen in L. Jakobsons *Schurale* (1950) und K. Sergejews *Weg des Donners* (1959) kreierte. Choreographierte für das Kirow-B. *Küste der Hoffnung* (Mus.: A. Petrow, 1959) und den 1. Satz aus Schostakowitschs 7. Sinfonie (*Leningrader Sinfonie*, 1961). Als Chefchoreograph des Leningrader Maly-Th.s 1962–73 schuf er Neuversionen des *Buckligen Pferdchens* sowie von *Schwanensee* und *Nußknacker* und Erst-Ch.n von *9. Sinfonie* (Mus.: Schostakowitsch, 1966) und *Owod* (Mus.: I. Tschernow, 1967). Direktor des Kirow-B.s 1973–77. Seit 1966 unterrichtet er an der B.-Meister-Fakultät in Leningrad.

Benesh, Rudolf und Joan, engl. Tanz-Notatoren. R. B. (* 16. 1. 1916 London, † 3. 5. 1975 ebd.) und seine Frau J. B. (geb. Rothwell, * 24. 3. 1920 Liverpool) entwickelten die B. Dance Notation (Copyright 1955). Sie begannen 1956 mit dem Unterricht ihres Systems an der London Royal Academy of Dancing, gingen dann an die Royal B. School und gründeten 1962 ihr eigenes Institute of Choreology. Sie haben eine große Zahl von Tanz-Notatoren ausgebildet, die heute bei den wichtigsten Komp.n der (westl.) Welt arbeiten. Wie das musikalische Notensystem, stützt sich die B. Notation auf ein 5-Linien-System, in das die Positionen und Bewegungen des Körpers entsprechend dem musikalischen Ablauf in den Symbolen eingezeichnet werden, die für diesen Zweck entwickelt wurden. Zusammen mit der Labanotation ist die B. Dance Notation das heute international verbreitetste System der Tanz-Notation.

Lit.: R. B. / J. B., *An Introduction to B. Dance Notation*, London 1956.

Bennett, Michael, amer. Tänzer und Choreograph, * 8. 4. 1943 Buffalo (N. Y.). Studierte in Buffalo, tanzte in den Prod.en von *West Side Story* und *Subways Are for Sleeping* und wurde dann rasch einer der bekanntesten Broadway-Choreographen und -Regisseure mit *Promises, Promises* (1968), *Coco* (1970), *Company* (1971), *Follies* (1972), *A Chorus Line* (1975) und *Dreamgirls* (1982). Auch als Choreograph für Film und Fernsehen tätig.

Bennington School of Dance. So nannten sich die erstmalig 1934 veranstalteten Sommerkurse am Bennington College and Undergraduate Liberal Arts College for Women, die zu einer der wichtigsten Plattformen für den Modern Dance in den USA wurden und bis 1938 zahlreiche UA.en von M. Graham, D. Humphrey, H. Holm, Ch. Weidman u. a. sahen. 1939 ging man gastweise ans Mills College nach Kalifornien, 1940 wurde der Name in Bennington School of The Arts geändert, aber 1942 hörte sie praktisch zu existieren auf. Nach dem Krieg trat dann die Connecticut College School of the Dance ihre Nachfolge an.

Lit.: S. A. Kriegsman, *Modern Dance in America – The Bennington Years*, New York 1982.

Benois, Alexander Nikolajewitsch, russ. Maler und B.-Ausstatter, * 3. 5. 1870 St. Petersburg, † 9. 2. 1960 Paris. Einer berühmten Künstlerfamilie zugehörig, studierte er Jura an der Universität von St. Petersburg. Zusammen mit S. P. Diaghilew, L. Bakst und W. Nouvel gründete er 1899 die Zeitschrift *Mir Iskusstwa* (Welt der Kunst). Deren Stab war verantwortlich für die russ. Kunstausstellungen in Paris vor 1909 und danach für die erste russ. B.-Saison in Paris (1909), aus der die B.s Russes von Diaghilew hervorgingen, deren Künstlerischer Direktor B. bis 1911 war. Er war ein Mann von großem Wissen und untrüglichem Geschmack. Von Kind auf ein begeisterter Liebhaber des B.s, entwarf er 1901 seine ersten B.-Ausstattungen für das Marien-Th. in St. Petersburg (*Sylvia* und *Cupidos Rache*), dann 1907 für *Le Pavillon d'Armide*. Es waren jedoch seine Ausstattungen für Diaghilews Komp., die seinen Namen berühmt gemacht haben: *Les Sylphides*, *Le Festin* (beide 1909), *Giselle* (1910), *Petruschka* (1911) und *Das Lied der Nachtigall* (1914). Für die Komp. von Ida Rubinstein entwarf er die Ausstattungen für *La Bien-Aimée*, *Les Noces de Psyché et de l'Amour* (beide 1928) und *La Valse*

(1929), für das B. Russe de Monte Carlo *Kadettenball*, *Der Nußknacker* (beide 1940) und *Raymonda* (1946). – Sein Sohn Nicola war lange Zeit Chefausstatter der Mailänder Scala. Seine Nichte Nadia B., die Mutter Peter Ustinovs, hat mehrere Ausstattungen für das B. Rambert und das Sadler's Wells B. in London entworfen. Benois schrieb *Reminiscences of the Russian Ballet* (1941).

Benserade, Isaac de, frz. Dichter, * 1612 Lyons-la-Forêt, † 19. 10. 1691 Paris. Als Günstling von Richelieu, Mazarin und Ludwig XIV. war er bei Hofe außerordentlich beliebt und schrieb die poetischen Texte für die meisten B.s de Cour, die größtenteils von J.-B. Lully vertont wurden. Beispiele: *Ballet de la nuit* (1653), *Ballet royal des noces de Pélé et de Thétis* (1654), *Ballet royal des proverbes* (1654), *Les Amours déguisés* (1664) und *Le Triomphe de l'amour* (1681).

Lit.: O. Silin, *B. and his Ballets de Cour*, London 1940; I. Bartels, *Die Ballettexte B.s*, Diss. Wien 1951; M.-Fr. Christout, in: *Le Ballet de Cour de Louis XIV*, Paris 1967.

Bérain, Jean-Louis, frz. Kostümbildner und Ausstatter, * 1638 Bar-le-Duc, † 1711 (Sterbeort nicht bekannt). Er war von 1673 bis zu seinem Tode verantwortlich für die Kostüme der Auff.en an der Opéra, trat aber nur selten, wie 1681 in *Le Triomphe de l'amour*, auch als Bühnenbildner in Erscheinung. Seine reich ornamentierten typischen Barockkostüme fanden auch am Hof großen Anklang.

Lit.: H. Kindermann, in: *Theatergeschichte Europas*, Bd. 4, Salzburg 1961.

Bérard, Christian, frz. Maler und Th.-Ausstatter, * 1902 Paris, † 13. 2. 1949 ebd. Schuf auch einige Ausstattungen für B.e, so u. a. für G. Balanchines *Cotillon* (B. Russe de Monte Carlo, 1932) und *Mozartiana* (Les B.s 1933), für L. Massines *Phantastische Sinfonie* (Colonel de Basils B. Russe, 1936), *Siebente Sinfonie* (Blums B. Russe de Monte Carlo, 1938) und *The Clock Symphony* (Sadler's Wells B., 1948). Zusammen mit R. Petit und B. Kochno gründete er 1945 die B.s des Champs-Elysées und entwarf für sie die Dekorationen zu Petits *Les Forains* (1945) und D. Lichines *La Rencontre* (1948).

Lit.: P. Michaut, in: *Le Ballet Contemporain*, Paris 1950.

Bereska, Dussia, russ.-dt. Tänzerin, Choreographin und Pädagogin (Lebensdaten nicht bekannt). Studium bei P. Karsawin, vor allem aber bei M. Wigman an der Laban-Schule in Zürich. Nach 1918 leitete sie Labans Kammertanzbühne, deren erste Solistin sie war. Zu ihren Schülern gehörten u. a. K. Jooss, K. Bergeest, J. Algo und E. Frank. Zu ihren bekanntesten Kammertänzen zählen die stummen Szenen *Orchideen, Balladen* und *Tempeltänze* sowie die Tanzkomödien und Grotesken *Die grünen Clowns, Das überdrehte Planetarium* und *Die Blitzgroteske*. Alle ihre Tänze zeichnete sie in der von Laban geschaffenen Kinetographie auf, desgleichen dessen abendfüllendes *Ritterballett*. Sie verließ Deutschland Mitte der dreißiger Jahre, arbeitete dann in Paris und London, wo sie Ende der sechziger Jahre gestorben ist.

Lit.: R. von Laban, in: *Ein Leben für den Tanz*, Dresden 1935.

Berg, Alban, österr. Komponist, * 9. 2. 1885 Wien, † 24. 12. 1935 ebd. Komponierte keine B.-Musik, doch haben sich Choreographen immer wieder seiner Konzertmusik bemächtigt – so u. a. A. Sokolow der *Lyrischen Suite* (Mexico City 1953; auch J. Ulrich, München 1974, und R. van Dantzig, in *Room at the Top*, Amsterdam 1982), M. Béjart der Orchesterstücke op. 6 in *Matière* (als Teil der *Suite viennoise*, Brüssel 1961), I. Eck der *Lulu*-Suite (Pecs 1967) und G. Tetley des Violinkonzerts in *Threshold* (Hamburg 1972), auch J. Kylián in *Wiegenlied* (Nederlands Dans Th., 1983). Kompletter A.-B.-B.-Abend mit *Lyrische Suite* (Ch.: J. Ulrich), *Wiegenlied* (Ch.: J. Kylián) und den *Drei Orchesterstücken*, op. 6 (Ch.: W. Forsythe) in der Wiener Staatsoper 1984.

Berg, Bernd, dt. Tänzer und B.-Meister, * 20. 11. 1943 Mielau (Ostpr.). Studierte an der B.-Schule in Ost-Berlin, debütierte 1963 beim B. der Dt. Oper Berlin, war 1964–74 in Stuttgart engagiert (Solist ab 1967), ging dann nach London, wo er 1976 Tänzer beim Royal B. wurde und ist seit 1981/82 B.-Meister am Bonner Th.

Bergamasca, alter, derber Bauerntanz, der seinen Namen von der Stadt Bergamo in der Lombardei herleitet. Er wird zuerst ziemlich rasch im 2/4 Takt getanzt, wobei sich Männer und

Frauen in entgegengesetzten Kreisen bewegen. Dann wird die Melodie zum ¾-Takt. Jedes der Paare tanzt nun für sich. Die populärste Bergamasca finden wir in Mendelssohn Bartholdys Schauspielmusik zum *Sommernachtstraum*.

Bergeest, Karl, dt. Tänzer, Choreograph und B.-Meister, * 5. 1. 1904 Hamburg, † 21. 7. 1983 ebd. Nach Anfängen in den Laien-Klassen der Hamburger Laban-Schule wurde er von 1922 an von R. Laban im Bühnentanz ausgebildet, wirkte von 1924 an in der Tanzbühne Laban mit und tanzte 1926–29 an der Neuen Tanzbühne Münster (mit J. Keith, K. Jooss und F. Holst). Nach einer Spielzeit in Köln war er von 1930 an Mitgl. des Essener Folkwang-B.s, trat in eigenen Soloabenden auf, kreierte u. a. den Kriegsgewinnler in Jooss' *Grünem Tisch* und ging dann mit der Komp. ins Ausland. 1934–37 war er in Florenz engagiert, unternahm mit Lisa Czobel eine Tournee und wirkte ab 1937 als freischaffender B.-Meister in Berlin, wo er u. a. Ch.n für Filme und Revuen schuf. 1941–45 wirkte er in Graz und Danzig, 1949–51 als B.-Meister in Heidelberg, 1951–56 in Köln, 1956–58 in Freiburg. B.-Kreationen mit eigenem Libr.: *Olympische Spielereien* (Mus.: Rossini, Berlin 1938), *Moritaten* (Mus.: P. Burkhard, Berlin 1939), *Der Mann, der die Ohrfeigen bekam* (Mus.: Blacher, Graz 1941), *Reigen der Zeit* (Mus.: I. Arato, Köln 1952, zus. mit L. Czobel), *Wochenschau* (Mus.: H. Pauels, Köln 1954). War mit der Tänzerin Lisa Czobel verheiratet.

Bergese, Micha, dt. Tänzer und Choreograph, * 19. 2. 1945 Berlin. Studierte zunächst Musik, dann bei A. Hardie und an der London School of Contemporary Dance. Mitgl. des Londoner Contemporary Dance Th. 1970, später auch Solist, dann Associate Choreographer. Choreographierte u. a. *Hinterland* (Mus.: diverse, 1972), *Act of Waiting* (Mus.: Webern, 1977), *Solo Ride* (Mus.: Douglas Gould, 1978), *Some Dance and Some Duet* (Mus.: Strawinsky, 1980). Gründete 1980 sein eigenes 6-Männer-Ens. Mantis in London. Als Pädagoge für Modern Dance häufig auch in Deutschland tätig (Stuttgart, Dresden).

Berio, Luciano, ital. Komponist, * 24. 10. 1924 Imperia. Schrieb die Musik zu M. Béjarts *I trionfi* (Florenz 1974). Choreographen, die seine Konzertmusik für ihre Zwecke benutzt haben, waren u. a. A. Halprin (*Visage*, Rom 1963; auch A. von Milloss, Florenz 1973), G. Tetley (*Circles*, Nederlands Dans Th., 1968; *Laborintus*, Royal B., 1972; auch G. Cauley, Zürich 1973), J. Butler (Sinfonia in *Itinéraire*, B. Th. Contemporain, 1970; auch G. Veredon in *Collage*, Köln 1970, L. Lubovitch in *Whirligogs*, Bat-Dor Comp., 1970, H. van Manen in *Keep Going*, Düsseldorf 1971, N. Morrice in *That Is the Show*, B. Rambert, 1971), R. van Dantzig (*Après Visage*, Het. Nationale B., 1972) und A. Prokovsky (*Folk Songs*, New London B., 1974; auch J. Kylián, Nederlands Dans Th., 1979). Komplette B.-Programme haben M. Descombey an der Pariser Opéra Comique (1970) und F. Blaska in Grenoble (1974) choreographiert.

Beriosova, Svetlana, engl. Tänzerin, * 24. 9. 1932, Kaunas (Litauen). Tochter des B.-Meisters Nicholas Beriozoff, begann ihre Ausbildung bei L. Schollar und A. Vilzak in den USA, debütierte 1947 in Ottawa und schloß sich im gleichen Jahr dem Grand B. de Monte Carlo an. Ballerina des engl. Metropolitan B. 1948/49, dann Solistin beim Sadler's Wells Th. B. 1950, beim Sadler's Wells B. 1952, dort Ballerina 1952. Gastballerina bei zahlreichen Komp.n in der ganzen Welt. Aristokratische Ballerina in den Rollen des klassischen Rep.s, doch auch in modernen Rollen ausgezeichnet. Kreierte Rollen in J. Taras' *Designs with Strings* (1948), F. Ashtons *Rinaldo and Armida* (1955), *Birthday Offering* (1956), *Persephone* (1961) und *Enigma Variations* (1968), J. Crankos *Pagodenprinz* (1957) und *Antigone* (1959), K. MacMillans *Baiser de la Fée* (1960), *Diversions* (1961), *Images of Love* (1964) und *Anastasia* (Fassung 1970). Abschied von der Bühne 1975. Seither verschiedentlich Auftritte in M. Gielguds *Steps, Notes and Squeaks*.

Lit.: A. Franks, *S.B.*, London 1958.

Beriozoff, Nicholas, lit.-engl. Tänzer, Choreograph und B.-Meister, * 16. 5. 1906 Kaunas. Studierte in Prag, war ebd. bis 1930 Charaktertänzer, dann bis 1935 in Kaunas, 1935–38 bei R. Blums B. de Monte Carlo, 1938–44 beim B. Russe de Monte Carlo, wurde 1944 B.-Meister beim B. International du Marquis de Cuevas, ging 1948 zum Metropolitan B. nach England,

1950/51 an die Mailänder Scala, 1951–54 zum London Festival B., kehrte 1956 zur Cuevas-Komp. zurück, war 1957–59 B.-Direktor in Stuttgart, 1961/62 noch einmal bei der Cuevas-Komp., 1962–64 in Helsinki, 1964–71 in Zürich, 1971–73 in Neapel und wirkt seither hauptsächlich in den USA, wo er Ende der siebziger Jahre Direktor der B.-Abteilung der Bloomington Universität in Indiana war, daneben aber weiter in der ganzen Welt gastierte und seine B.e einstudierte. Ein B.-Meister der alten Schule, gelang ihm sowohl in Stuttgart wie in Zürich der Aufbau eines eigenständigen lokalen B.-Rep.s. Als Choreograph ist er auf die Einst. der Klassiker des 19. Jh.s und der Standardwerke des Diaghilew-Rep.s spezialisiert, doch hat er sich auch solcher B.e wie Henzes *Undine* sowie Prokofjews *Romeo und Julia* und *Cinderella* angenommen. Er ist der Vater der Tänzerin Svetlana Beriosova und mit der ehemaligen Stuttgarter Tänzerin Doris Catana verheiratet.

Berjoska-Ensemble (auch *Beryoska*, kleine Birke). Ein sowj. Tanz-Ens., das bei seiner Gründung 1948 ausschließlich aus Frauen bestand. Seinen Namen leitete es von dem gleichnamigen Reigentanz ab, in dem die Mädchen, die Füße unter ihren langen Sarafan-Röcken verborgen, in den Händen Birkenzweige tragend, wie auf unsichtbaren Rollen über die Bühne gleiten. Leiterin des Ens. ist Nadeshda Nadeshdina. 1961 kamen männliche Charaktertänze hinzu, wodurch sich auch die choreogr. Ziele der Komp. erweiterten. Die meisten Mitgl. des in Moskau ansässigen Ens.s kommen von den Staatl. B.-Schulen und absolvieren auch weiterhin ihr tägliches akademisches Training. Das B.-E. sieht sich nicht als ausgesprochene Volkstanzgruppe, sondern als ein B.-Ens., das die Mitte zwischen Volkstanz und akademischem Charaktertanz hält.

Lit.: N. Roslawlewa, *Beryoska*, Moskau 1960; Alexandra Čižova (Chizhova), *Beryoska Dance Company*, Moskau 1970.

Berlin. Eine planmäßige B.-Pflege setzte hier erst mit der Eröffnung des Kgl. Opernhauses Unter den Linden (1742) ein. Ganz französisch orientiert, waren Michel Poitier, Bartholomé Lany und Etienne Lauchery die ersten B.-Meister, mit La Barberina (1744–48) als berühmtester Ballerina. Obgleich das National-Th. am Gendarmenmarkt, zuständig für die dt. Oper und das Singspiel, anfangs eine eigene B.-Truppe unterhielt, wurden auch hier die B.-Abende von 1792 an durch das Hofopern-B. bestritten. Constantin Michael Telle, Monsieur Titus und Michel-François Hoguet waren die führenden B.-Meister während der ersten Hälfte des 19. Jh.s, unter denen sich der Spielplan an den internationalen Erfolgs-B.en orientierte (*La Fille mal gardée*, 1818; *Danina oder Jocko, der brasilianische Affe*, 1826; *La Sylphide*, 1832; *Giselle*, 1843; *Esmeralda*, 1847; *Le Diable à quatre*, 1849), in denen die internationale Ballerinen-Prominenz gastierte (besonders häufig F. Elßler und M. Taglioni). Eine Blütezeit erlebte das B. unter Paul Taglioni (1856–83), der schon vor seinem Amtsantritt *Undine* (1836), *Don Quixote* (1839) und *Satanella* (1852) choreographiert hatte und die Serie seiner Erfolge mit *Flick und Flocks Abenteuer* (1858), *Electra oder Die Sterne* (1862) und *Fantasca* (1869) bis *Coppélia* (1881) fortsetzte. Danach setzte ein rascher Niedergang ein, mit *Sylvia* (1884) und der *Puppenfee* (1892) als letzten wichtigeren Premieren des Jahrhunderts. Im neuen Jahrhundert orientierte sich B. seit dem ersten Gastspiel I. Duncans 1903 zunehmend auf den modernen Tanz zu, doch hatten auch die Pawlowa-Truppe (erstmalig 1907), ein Gastspiel des St. Petersburger Marien-Th.-B.s (1909) und die Diaghilew-Komp. (erstmals 1910) große Erfolge zu verzeichnen. Reguläre B.-Vorst. im jetzt Staatsoper genannten Haus Unter den Linden gab es erst wieder nach dem Ende des Ersten Weltkriegs. Unter Heinrich Kröller (1921–23), Max Terpis (1923–30), Rudolf von Laban (1930–34) und Lizzie Maudrik (1934–45) wurde ein modernes Rep. kultiviert, aus dem lediglich *Joan von Zarissa* (1940) überlebt hat. Als Dt. Staatsoper setzte das Institut nach dem Zweiten Weltkrieg zunächst im Admirals-Palast in Ost-Berlin seine Arbeit fort, wo T. Gsovsky 1945–51 als B.-Chefin wirkte und eine große Zahl von EA herausbrachte, darunter auch Prokofjews *Romeo und Julia* (1948). Die Komp. kehrte dann 1955 in das wiederaufgebaute Haus Unter den Linden zurück und erarbeitete hier unter der Leitung von Lilo Gruber (1955–70) ein aus Klassikern und modernen Stücken bestehendes Rep. Eine Zeitlang kommissarisch geleitet, bekam die Staatsoper erst wieder 1974 mit Egon Bischoff einen profilierteren B.-Direktor, der das Rep. durch den Import von Gastchoreographen (darunter auch G. Balanchine) zu revitalisieren versucht. Das zweite Opernhaus der Stadt, gegründet 1912 als Charlottenburger Opernhaus (später Städt. Oper Berlin, Dt. Opernhaus, heute Dt. Oper Berlin), hat von Anfang an seine eigene B.-Politik verfolgt, entwickelte aber erst unter Rudolf Kölling eine stärkere B.-Aktivität (1934–45). Unter T. Gsovskys Leitung (1957–66) gab es hier zahlreiche UA und EA, darunter auch Werke von Henze, Blacher und Nono. J. Charrat choreographierte den Dauererfolg des *Abraxas* (1949) und M. Wigman eine vieldiskutierte Version von *Sacre du printemps* (1957). K. MacMillan sorgte als B.-Direktor (1966–69) für eine angemessene Repräsentanz der Klassiker und choreographierte für die Komp. u. a. *Concerto* (1966) und *Anastasia* (1967), die später von anderen Komp.n übernommen wurden. Während der sechziger Jahre setzte ein Strom von Gastchoreographen ein, der auch heute noch unter der B.-Direktion von G. Reinholm weiterfließt – so waren hier u. a. in den letzten Jahren Balanchine, Taras, Bojartschikow, Van Manen, Van Dantzig, Panov, Forsythe, Spoerli und Pendleton zu Gast. Die dritte eigenständige B.-Komp, wird von der Komischen Oper in Ost-Berlin unterhalten, die seit der Verpflichtung T. Schillings 1965 als Chefchoreograph zunehmend an Ansehen im In- und Ausland gewonnen hat und heute von vielen Beobachtern für die führende B.-Komp. der DDR gehalten wird. Erwähnt werden sollte auch noch die große Rolle, die die Stadt namentlich während der zwanziger und beginnenden dreißiger Jahre als Plattform für den modernen Podiumstanz gespielt hat. Während der fünfziger Jahre startete T. Gsovsky den Versuch einer Opernunabhängigen B.-Komp., des B.er B.s. Seit dem Ende des Zweiten Weltkriegs wird das B.-Leben in beiden Teilen der Stadt wesentlich von den Gastspielen der internationalen Komp.n mitgeprägt.

Lit.: G. Zivier, *B. und der Tanz*, Berlin 1968.

Berliner Ballett. Die zunächst institutsunabhängige Komp. wurde von T. Gsovsky 1955 für die Berliner Festwochen gegründet und brachte in rascher Folge die Premieren von *Labyrinth, Signale, Souvenirs* und *Ballade* heraus, ausgestattet von J.-P. Ponnelle, mit G. Deege, S. Köller, G. Reinholm und R. Smolik als Hauptsolisten. Daran schlossen sich ausgedehnte Tourneen mit ständig wechselnden Tänzern an. Weitaus die meisten B.e des Rep.s wurden von T. Gsovsky choreographiert (mit diversen Übernahmen anderer Werke von ihr) – u. a. *Die Kameliendame, Hamlet, Der Mohr von Venedig, Orphée* und *Der Idiot*. Unter den Tänzern waren zeitweise I. Skorik, J. Sassoon, N. Trofimowa, H. Sommerkamp, Y. Chauviré, O. Ferri, J. Cadzow, G. Urbani und H. Horn. Mit der Übernahme der B.-Direktion der Dt. Oper Berlin durch T. Gsovsky wurde die Komp. dann zeitweise als Tournee-Ens. des Opern-B.s weitergeführt.

Berliner Tanzfabrik → Tanzfabrik.

Berlioz, Louis Hector, frz. Komponist, * 11. 12. 1803 La Côte-St. André, † 8. 3. 1869 Paris. Schrieb keine B.-Musik, doch enthält seine Oper *Die Trojaner* große B.-Einlagen, die von verschiedenen Choreographen mit unterschiedlichem Erfolg realisiert worden sind (u. a. M. Skeaping, Stockholm 1958; A. Woolliams, Stuttgart 1967; G. Lynne und M. Parker, London 1969; J. Taras und M. Wallmann, Paris 1969;. T. Bolender, New York 1973). Choreogr. Insz.en seiner *Romeo und Julia*-Sinfonie mit Chören u. a. von G. Skibine (Grand B. du Marquis de Cuevas, Paris 1955), E. Walter (Wuppertal 1959), M. Béjart (Brüssel 1966) und G. Veredon (Köln 1976) sowie von *Fausts Verdammnis* von Béjart (Pariser Opéra, 1964). Zahlreiche Choreographen haben sich der *Phantastischen Sinfonie* bemächtigt – u. a. L. Massine (B. Russe de Monte Carlo, 1936). H. Rosen (München 1967) und E. Walter (Düsseldorf 1975). Weitere B.e zu seiner Musik waren u. a. Massines *Harold in Italy* (B. Russe de Monte Carlo, 1954 – auch von H. Spoerli als *Child Harold*, Dt. Oper Berlin 1981), R. Petits *Palais de Chaillot* (diverse Ouvertüren, Paris 1962) und J. Carters *The Unknown Island* (zu den *Nuits d'été*, London Festival B., 1969 – auch von G. Casado, Karlsruhe 1980). Ein komplettes B.-Programm, bestehend aus *Les Nuits d'été*, *Le Carnaval Romain* und *Symphonie fantastique* choreographierte E. Walter unter dem Titel *Fantastische Nacht* 1981 für die Bayer. Staatsoper.

Bernard, Alain, schweiz. Tänzer, Pädagoge und Choreograph, * 20. 8. 1932 Basel. Studierte in Bern bei Beatrice Tschumi, in Lausanne bei

Alice Vronska und in Genf bei B. Kniaseff, darüber hinaus auch in Paris und New York sowie Jazz Dance bei F. Wagner, W. Nicks, F. Pietri und C. Thompson. Tänzer in Bern 1955/1956, dann Stockholm in verschiedenen Musicals 1958/59, Teatro Italiano del Balletto und B. Ludmilla Tcherina 1959, Solotänzer Bern 1960–62, Oberhausen 1962–64, dann verschiedentlich als Gastsolist in Luzern. Gründete 1959 in Bern ein Tanz- und Th.-Studio, das sich besonders der Pflege des Jazz und Musical Dance widmet. Leiter des Internationalen Sommerkurses für Tanz in Bern 1971–79. Gastchoreograph an verschiedenen Th.n und bei freien Gruppen (u. a. Klagenfurt, Kassel, Sofia, Warschau und Danzig), Gastpädagoge der Sommerkurse an der Dresdner Palucca-Schule 1974–76 und an der Musikpädagogischen Hochschule Warschau 1977–81.

Bernstein, Leonard, amer. Komponist, * 25. 8. 1918 Lawrence (Mass.). Schrieb die Musik für J. Robbins' *Fancy Free* (1944), *Facsimile* (1946) und *Dybbuk Variations* (1974). Robbins choreographierte auch seine 2. Sinfonie(in *Age of Anxiety*, 1950; auch von J. Neumeier, Hamburg 1979) sowie seine Musicals (*On the Town*, 1944; *Wonderful Town*, 1953; *Candide*, 1956; *West Side Story*, 1957). Die Tänze seiner *Mass* wurden von A. Ailey choreographiert (Washington, D. C., 1971), sein *Songfest* choreographierte Neumeier (Hamburg 1979).

Besobrasova, Marika, moneg. Tänzerin und Pädagogin, * 4. 8. 1918 Yalta (Rußland). Studierte bei J. Sedova, L. Egorova und V. Gsovsky, tanzte 1935–38 bei den B.s de Monte Carlo, hatte 1940–43 ihre eigene Komp. in Cannes, war dann B.-Meisterin beim Grand B. du Marquis de Cuevas 1947/48 und bei den B.s des Champs-Elysées 1949/50. Seit Mitte der sechziger Jahre hat sie eine eigene Schule in Monte Carlo, wo sie auch für die Ch. der Opern-Prod.en zuständig ist, wirkt darüber hinaus aber auch regelmäßig als Gast-B.-Meisterin bei vielen internationalen Komp.n (u. a. Kölner Sommerakademie, Stuttgart, Wien, Zürich, Mailand).

Bessmertnowa, Natalia Igorjewna, sowj. Tänzerin, * 19. 7. 1941 Moskau. Studierte 1952–61 an der Moskauer B.-Schule, wurde nach ihrem Examen Mitgl. des Bolschoi-B.s, zu dessen ersten Solisten sie seit 1970 gehört. Mit ihren anmutigen, lyrischen, ausgesprochen femininen Qualitäten ist sie eine ideale Interpretin der Ballerinenrollen des klassischen Rep.s, doch gehören auch Kitri, Julia, Schirin (in *Legende der Liebe*), Maria (in *Springbrunnen von Bachtschissarai*) zu ihren berühmten Rollen. Mit dem Choreographen J. Grigorowitsch verheiratet, kreierte sie Hauptrollen in den meisten seiner B.e – so in *Iwan der Schreckliche* (1975), *Angara* (1976), *Romeo und Julia* (1980) und *Das goldene Zeitalter* (1982). Sie ist die Schwester der Bolschoi-Tänzerin Tatjana Igorjewna B., die mit dem Tänzer M. Gabowitsch verheiratet ist.

Bessy, Claude, frz. Tänzerin und B.-Schulleiterin, * 20. 10. 1932 Paris. Studierte an der Schule der Pariser Opéra, trat 1945 in deren Komp. ein, avancierte zur Danseuse étoile 1956, seit 1972 Directrice de l'École de Danse de l'Opéra. Tanzte die Ballerinenrollen des klassischen und modernen Rep. – Rollenkreationen u. a. in S. Lifars *Schneewittchen* (1951), *Pas et lignes* (1954), *Les Noces fantastiques* (1955), *Chemin de lumière* (1957) und *Daphnis und Chloe* (1958) sowie in J. Crankos *La belle Hélène* (1955), G. Kellys *Pas de dieux* (1960), M. Descombeys *Sarracenia* (1964) und G. Skibines *Les Bandar Log* (1969). Offizieller Bühnenabschied 1975. Mitwirkung in zahlreichen Fernseh- und Film-Prod.en (u. a. in Kellys *Invitation to Dance*, 1953). Schrieb *Danseuse Étoile* (1961).

Lit.: A.-Ph. Hersin, *C.B.* in: *Les Saisons de la danse* 3 (1969) [mit vollst. Rollenverzeichnis].

Bettis, Valerie, amer. Tänzerin und Choreographin, * 1920 Houston, † 26. 9. 1982 New York. Ausbildung anfangs in ihrer Heimatstadt, dann vor allem bei der Wigman-Schülerin H. Holm in New York, in deren Gruppe sie 1938–40 mitwirkte. Ihren ersten eigenen Abend gab sie 1941 in New York, ihren Durchbruch erlebte sie 1943 mit *The Desperate Heart*. Mit einer eigenen Gruppe debütierte sie 1944. Zu ihren bekanntesten Werken gehören u. a. *Virginia Sampler* (Mus.: L. Smith, B. Russe de Monte Carlo, 1947), *As I Lay Dying* (nach W. Faulkner, Mus.: B. Segall, 1948), *Endstation Sehnsucht* (nach T. Williams, Mus.: A. North, zuerst 1952 für die Slavenska-Franklin-Komp.). Sie gehört darüber hinaus auch zu den Pionieren des Fernseh-B.s in Amerika. 1958 war sie verantwortlich für die Ch. der Th.-Adaption von J. Joyces *Ulysses in Nighttown*. Zu ihren jüngeren Werken zählen: *The Corner* und *Poems* (beide 1975), *Echoes of Spoonriver* (1976).

Lit.: D. McDonagh, in: *Complete Guide to Modern Dance*, New York 1977.

Bewegungschor. R. von Laban gründete die ersten Laien-Bewegungschöre als Medium für die tanzpraktische Auswertung der in seinen Kursen gelehrten Tanzmethodik und sah in ihnen den ersten Schritt auf dem Wege zu einer neuen, den Laien in chorischen Formationen aktiv einbeziehenden Festkultur. Die Bewegung gewann rasch an Boden und kulminierte schon zu Beginn der zwanziger Jahre in Arbeiten wie *Der schwingende Tempel* (1922) und *Lichtwende* (1923), gefolgt von *Agamemnons Tod* (nach J. G. Noverre, 1924), *Dämmernde Rhythmen* (1925) und *Titan* (1927). Die weitgehend von der Arbeiterbewegung getragenen Laien-Bewegungschöre wurden nach 1933 der NS-Ideologie angepaßt und erlebten noch einmal einen letzten Höhepunkt bei den Olympischen Festpielen 1936 in Berlin. Laban ging darauf nach England in die Emigration. Auch die dt. Th. hatten in den zwanziger Jahren ihren Ehrgeiz daran gesetzt, eigene Bewegungschöre zur Bewältigung der chorischen Aufgaben in Schauspiel und Oper einzusetzen, wobei die verstärkte Bemühung um die szenische Darstellung von Opern und Oratorien des Barock die Regisseure vor ganz neue kinetische Aufgaben stellte, um deren Lösung sich insbesondere H. Niedecken-Gebhard, Otto Erhardt und Herbert Graf große Verdienste erwarben.

Lit.: H. Brandenburg, in: *Das neue Theater*, Leipzig 1926; H. Eichberg, in: *NS-Thingspiel, Arbeiterweihespiel und olympisches Zeremoniell*, Stuttgart-Bad Cannstatt 1977.

Bey, Hannelore, dt. Tänzerin, * 6. 11. 1941 Leipzig. Studierte an der Dresdner Palucca-Schule. Mitgl. der Dresdner Staatsoper 1961–65. Studierte dann ein Jahr an der Leningrader B.-Schule und ist seit 1966 als Solistin an der Komischen Oper in Ost-Berlin engagiert, wo sie die Ballerinenrollen des klassischen und modernen Rep.s tanzt. Rollenkreationen u. a. in T. Schillings *Abraxas* (1965), *La Mer* (1968), *Undine* (1970), *Match* (1971), *Romeo und Julia* (1973), *Schwarze Vögel* (1975), *Pastorale* (1979), *Ein neuer Sommernachtstraum* (1981) und *Wahlverwandschaften* (1983). Sie ist mit dem Tänzer Frank Bey verheiratet.

Lit.: W. Gommlich, *H. B. und Roland Gawlik*, Berlin [Ost] 1977.

Bharat Natyam → Indischer Tanz.

Biagi, Vittorio, ital. Tänzer, Choreograph und B.-Direktor, * 24. 5. 1941 Viareggio. Studierte bei M. Porcile und M. Molina. Tänzer an der Mailänder Scala 1958–60, dann beim B. du XXe Siècle 1961–66, wo er auch seine ersten Ch.n schuf. Als Étoile an die Pariser Opéra Comique. B.-Direktor in Lyon 1969–77, wo er zahlreiche große sinfonische B.e (oft zu Musik von Prokofjew) choreographierte. Hat jetzt eine eigene ital. Gruppe, Danza prospettiva. Seit 1983 künstlerischer B.-Direktor am Teatro Massimo in Palermo.

Biches, Les, B. in 1 Akt, Ch.: B. Nijinska, Mus.: F. Poulenc, Dek.: M. Laurençin; UA 6. 1. 1924, B.s Russes de Diaghilew, Monte Carlo, mit Nijinska, V. Nemchinova, L. Tchernicheva, L. Sokolova, A. Vilzak, L. Woizíkowsky u. a. Der Titel bedeutet wörtlich: Die Hindinnen. Das B. zeigt acht tänzerische Nummern mit leichtem Jazz-Einschlag, die in einem Salon der zwanziger Jahre Mitgl.er einer moralisch etwas suspekten und nicht ohne satirische Akzente gezeichneten Jeunesse dorée zu unschuldigen und weniger unschuldigen Flirts zusammenführen. Arrangeurin dieser, wie Cocteau schrieb, »Fêtes galantes unserer Zeit«, ist eine weltweise-abgeklärte Gastgeberin. Zahlreiche Rep.-Übernahmen (u. a. Royal B., 1964, Düsseldorf, 1972).

Lit.: O. F. Regner / H.-L. Schneiders, in: *Reclams Ballettführer*, Stuttgart [8]1980.

Billy the Kid, B. in 1 Akt, Libr.: L. Kirstein, Mus.: A. Copland, Ch.: E. Loring, Dek.: Jared French; UA 16. 10. 1938, B. Caravan, Chicago, mit Loring, Marie-Jeanne, L. Christensen, T. Bolender u. a. Ein B.-Western aus dem Pionierzeitalter mit dem bewunderten und gefürchteten William Bonney (alias B. t. K.) als Helden, der schließlich von seinem früheren Freund, dem Sheriff, aus dem Hinterhalt erschossen wird. Unter den von amer. Folklore inspirierten B.en ist dies eines der erfolgreichsten. 1941 Übernahme ins Rep. des B. Th.

Lit.: G. Balanchine / F. Mason in: *Complete Stories of the Great Ballets*, Garden City, (N. Y.) 1977.

Bintley, David Julian, engl. Tänzer und Choreograph, * 17. 9. 1957 Huddersfield. Studierte bei Audrey Spencer, Dorothy Stevens und an der Royal B. School, wurde Mitgl. des Royal B. 1976, wo er Rollen in B.en von L. Seymour, D. Morse und K. MacMillan kreierte. Begann 1978 für das Sadler's Wells Royal B. zu choreographieren: *The Outsider* (Mus.: Josef Boháč) und *Take Five* (Mus.: D. Brubeck), gefolgt von *Meadow of Proverbs* (Mus.: Milhaud), *Punch and the Street Party* (Mus.: Lord Berners, 1979), *Homage to Chopin* (Mus.: A. Panufnik), *Adieu* (Mus.: Panufnik, 1980), *The Swan of Tuonela* (Mus.: Sibelius, 1982), *Metamorphosen* (nach Kafka; Mus.: P. McGowan, 1984). Seit 1983 Co-Choreographer des Sadler's Wells Royal B.

Birkmeyer, berühmte Wiener Tänzerfamilie. **1.** Adolf B. (Lebensdaten nicht bekannt), Mitgl. der Hofoper seit 1852, war 1870–85 ebd. Solotänzer. **2.** Sein Sohn Toni B. (* 25. 4. 1897 Wien, † 30. 8. 1973 ebd.) studierte an der B.-Schule der Hofoper, avancierte 1921 zum Solotänzer, war 1938–54 Erster Solotänzer und 1931–34 auch B.-Meister der Wiener Staatsoper. Seine bedeutendsten Rollen hatte er u. a. in *Josephslegende*, *Scheherazade*, *Carnaval* und *Der Taugenichts* in Wien. Mit G. Wiesenthal und T. Losch zusammen unternahm er ausgedehnte Auslandstourneen. 1948–63 unterrichtete er an der Wiener Staatsakademie. **3.** Sein Sohn Michael B. (* 20. 10. 1943 Wien) studierte an der B.-Schule der Wiener Staatsoper, bei seinem Vater, V. Gsovsky und R. Hightower, wurde 1960 Mitgl. der Komp. und avancierte 1967 zum Solotänzer. Rollenkreationen u. a. im Rahmen des Staatsopern-Rep.s in R. Nurejews *Schwanensee* und *Don Quixote*, W. Orlikowskys *Pagodenprinz* und *Daphnis und Chloe*, H. Landers *Études*, G. Balanchines *Divertimento Nr. 15*, A. Tudors *Pillar of Fire*, A. von Milloss' *Hommage à Couperin, Wandlungen* und *Estri*.

Birthday Offering, B. in 1 Akt, Ch.: F. Ashton, Mus.: Glasunow (verschiedene Stücke, arr. von R. Irving), Dek.: A Levasseur; UA 5. 5. 1956, Sadler's Wells B., Covent Garden, London, mit M. Fonteyn, B. Grey, V. Elvin, N. Nerina, R. Jackson, S. Beriosova, E. Fifield, M. Somes. Ein virtuoses Grand Divertissement, das Ashton zum 25. Geburtstag der Komp. für deren sieben Ballerinen und Somes geschaffen hat.

Bischoff, Egon, dt. Tänzer und B.-Direktor, * 10. 6. 1934 Gotha. Studierte an der Dresdner Palucca-Schule und an der Leningrader B.-Schule, dann Engagement an der Dt. Staatsoper in Ost-Berlin – dort Solist, Repetitor und Inspektor und seit 1974 B.-Direktor.

Bischoff-Mußhake, Ursula, dt. Tänzerin und Pädagogin, * 4. 11. 1927 Nürnberg. Studierte in Stuttgart bei Ida Herion, dann bei M. Lex an der Münchner D.-Günther-Schule, E. Duncan an der Stuttgarter Duncan-Schule sowie bei H. Kreutzberg und A. Mörike (später auch bei P. Roleff in München). Gründung einer eigenen Schule in Stuttgart 1954. Tanzpädagogin und Rhythmiklehrerin an der Staatl. Heimsonderschule für hörgeschädigte Kinder und Jugendliche in Nürtingen 1969, daraufhin Schließung der eigenen Schule. 1979 Neugründung einer eigenen Schule in Stuttgart, die auf der Integration von Hörenden und Hörgeschädigter im Rahmen der tänzerischen Erziehung beruht, mit deren TELOS-Gruppe sie (und andere Choreographen) Stücke erarbeitet hat, die bei ausgedehnten Gastspielreisen auch im Ausland zunehmend Aufmerksamkeit auf sich gezogen haben.

Bissell, Patrick, amerk. Tänzer, * 1. 12. 1957 Corpus Christi (Tex.). Studierte bei Bud Kerwin in Toledo (Ohio), dann an der National Academy of the Arts in Champaign (Ill.) und an der School of American. B. Tänzer beim American B. Th. 1977, Solist 1978, kreierte Hauptrolle in A. Tudors *Tiller in the Fields* (1979), wegen Undiszipliniertheit 1980 entlassen, Rückkehr zur Komp. 1981.

Bizet, Georges, frz. Komponist, * 25. 10. 1838 Paris, † 3. 6. 1875 Bougival. Komponierte keine spezifische B.-Musik, wohl aber Tanzeinlagen für seine Opern. Arrangements seiner Musik zu *Carmen* haben mehrfach die Basis zu B.en abgegeben, so schon für K. Golejsowskis *Carmen* (1931), dann u. a. für R. Pages *Guns and Castanets* (Arr.: Jerome Moross, Chicago 1939), R. Petits *Carmen* (Arr.: anonym, London 1949), A. Alonsos *Carmen-Suite* (Arr.: R. Schtschedrin, Moskau 1967) und J. Crankos *Carmen* (Arr.: W. Fortner und W. Steinbrenner, Stuttgart 1971). Mehrfach wurden auch seine *Jeux d'enfants* choreographiert – so u. a. von L. Massine (1932), D. Spies (1952) und Y. Georgi (1959). A. Howard bediente sich seiner Sinfonie in C-Dur für ihr B. *Assembly Ball* (1946), G. Balanchine choreographierte die gleiche Sinfonie 1947 für die Pariser Opéra (*Palais de cristal* – heutiger Titel *Symphony in C*). Die B.s de Marseille präsentierten 1974 ein *Hommage à B.* mit G. Vantaggios *Bizet'isme* (Musik aus *Jolie Fille de Perth*) und R. Petits *Jeux d'enfants*, *L'Arlesienne* und *Carmen*.

Bjørn, Dinna, dän. Tänzerin, * 14. 2. 1947 Kopenhagen. Tochter des Tänzers und Choreographen Niels B. Larsen. Studierte an der Schule des Kgl. Dän. B.s, debütierte 1966 in J. Robbins' *Nachmittag eines Fauns*, seither Mitgl. des Kgl. Dän. B.s, wo sie nicht nur in den Rollen des Bournonville-Rep.s exzelliert. Ist gelegentlich mit kleineren Ch.n hervorgetreten sowie, zusammen mit einigen Kollegen, häufig auch in Lecture-Demonstrations über Bournonville-Technik und -Stil.

Bjørnsson, Fredbjørn, dän. Tänzer und Pädagoge, * 10. 9. 1926 Kopenhagen. Studierte an der Schule des Kgl. Dän. B.s, wurde 1945 Mitgl. der Komp. und avancierte 1949 zum Solotänzer. Auslandsgastspiele mit der Komp., aber auch in kleineren Ens.-Gruppierungen haben ihn um die ganze Welt geführt. Seine besondere Stärke waren die Charakterrollen des Bournonville-Rep.s. Unterrichtet heute Bournonville-Technik (auch auf zahlreichen internationalen Seminaren). War mit der Tänzerin Kirsten Ralov verheiratet.

Blache, Jean-Baptiste, frz. Tänzer und Choreograph, * 17. 5. 1765 Berlin, † 24. 1. 1834 Toulouse. Beginn der Ausbildung in Berlin, ab 1776 bei Deshayes in Paris, 1781–86 Engagement an der Opéra. Anschließend frz. Provinzkarriere u. a. in Bordeaux (als Nachfolger von J. Dauberval), wo er u. a. die B.e *Daphnis*, *La Fête Indienne* und *La Folle par amour* choreographierte. An der Pariser Opéra schuf er 1806 zusammen mit L. Duport *Le Barbier de Séville* und 1820 *Les Filets de Vulcain ou Mars et Vénus* (Mus.: Schneitzhöffer). Zog sich 1830 vom Th. zurück, nachdem er vorher noch in Lyon eine vielgelobte Auff. von *Almaviva ou Rosine* herausgebracht hatte. – Sein Sohn Frédéric Auguste, * 1791 Marseille, war B.-Meister am Pariser Th. de la Porte-Saint-Martin, wo er 1825 *Jocko ou le Singe du Brésil* herausbrachte. Sein zweiter Sohn Alexis Scipion, * 1792 Marseille, † 1852 Bordeaux, war ein hochgeschätzter B.-Meister, der in Bordeaux, Paris, Marseille und St. Petersburg mehrere B.e choreographierte.

Blacher, Boris, dt. Komponist, * 6. 1. 1903 Newchang (China), † 30. 1. 1975 Berlin. Einer der fruchtbarsten dt. B.-Komponisten. Schrieb *Fest im Süden* (Ch.: Ellen Petz, Kassel 1937), *Harlekinade* (Ch.: Walter Kujawski, Krefeld 1940), *Das Zauberbuch von Erzerum* (nach Musik von Fr. von Flotow, Ch.: Adrienne Mireau, Stuttgart 1942), *Hamlet* (Ch.: V. Gsovsky, München), *Chiarina* (Ch.: J. Keith, Städt. Oper Berlin), *Der erste Ball* (nach Musik von Flotow, Ch.: J. Charrat, Städt. Oper Berlin, alle 1950), *Lysistrata* (Ch.: G. Blank, Städt. Oper Berlin, 1951), die B.-Oper *Preußisches Märchen* (Ch.: G. Blank, Städt. Oper Berlin, 1952), *Der Mohr von Venedig* (Ch.: E. Hanka, Wiener Staatsoper, 1953), *Demeter* (Ch.: Y. Georgi, Hannover, in Schwetzingen 1964) und *Tristan* (Ch.: T. Gsovsky, Dt. Oper Berlin, 1965). Verschiedentlich wurden auch seine konzertanten *Paganini-Variationen* für Orchester choreographiert – so von T. Bolender (Köln 1963) und U. Scholz (Frankfurt 1984) sowie seine *Konzertante Musik Opus 10* von R. Adama (Hannover 1971).

Blair, David, engl. Tänzer und B.-Meister, * 27. 7. 1932 Halifax, † 1. 4. 1976 London. Studierte an der Sadler's Wells B. School, wurde 1947 Mitgl. des Sadler's Wells Th. B., avancierte 1953 zum Solisten und 1955 zum Principal Dancer, löste 1961 M. Somes als offizieller Partner von M. Fonteyn ab und betätigte sich ab Mitte der sechziger Jahre zunehmend als Inszenator von B.-Klassikern in den USA. Rollenkreationen u. a. in J. Crankos *Pineapple Poll*, *Harlequin in April* (beide 1951), *Pagodenprinz* (1957) und *Antigone* (1959), F. Ashtons *Fille mal gardée* (1960) und K. MacMillans *Romeo und Julia* (1965). Sollte 1976 die Direktion des Norweg. B.s übernehmen, was sein Tod verhinderte. War mit der Tänzerin Maryon Lane verheiratet.

Lit.: C. Swinson, in: *Six Dancers of Sadler's Wells*, London 1956.

Blasis, Carlo, ital. Tänzer, Choreograph und Pädagoge, * 4. 11. 1797 Neapel (andere Datierungen: 1795 und 1803), † 15. 1. 1878 Cernobbio. B. ist einer der berühmtesten Theoretiker und Systematiker des B.s. Studierte bei J. Dauberval und P. Gardel, wurde Solotänzer an der Mailänder Scala, war 1826–30 Solist und Choreograph am King's Th. in London und tanzte später auch in St. Petersburg. 1837 wurde er zum Direktor der Kaiserl. Tanzakademie an der Scala von Mailand berufen, das damals zu Österreich gehörte. Gastspiele führten B. in den folgenden Jahren durch ganz Europa. 1820 erschien in Mailand sein berühmter *Traité élémentaire, théoretique et pratique de l'art de la danse*, 1828 in London sein *Code of Terpsichore*, 1847 in London die *Notes Upon Dancing* und 1857 in Mailand sein ambitioniertestes, aber auch am wenigsten bekanntes Werk *L'Uomo fisico, intellettuale e morale*. In diesen Büchern hat B., der im übrigen ein hochgebildeter Mann war, die Techniken des akademischen Tanzes für ganze Tänzergenerationen verbindlich kodifiziert. Zu seinen berühmtesten Schülerinnen gehörten F. Cerrito, C. Rosati, A. Maywood und E. Andrejanowa. Sein bekanntester Schüler war Giovanni Lepri, der seinerseits Lehrer von E. Cecchetti war. (→ Code of Terpsichore.)

Blaska, Félix, frz. Tänzer, Choreograph und B.-Direktor, * 8. 5. 1941 Gomel (UdSSR). Studierte am Pariser Conservatoire. Nach seinem Examen 1960 Mitgl. des Grand B. du Marquis de Cuevas, dann bei R. Petit, für dessen Komp. er 1966 als sein erstes B. *Octandre* (Mus.: E. Varèse) choreographierte, dem rasch weitere B.e folgten, teils für seine eigenen, 1969 gegründeten Les B.s de F.B. (mit denen er 1972 in die Maison de la Culture in Grenoble übersiedelte), teils auch für andere Komp.n (Marseille, Hamburg etc.). Weitere B.e von ihm waren u. a. *Danses concertantes* (Mus.: Strawinsky, 1968), *Electro-Bach* (Mus.: W. Carlos, 1969), *Ballet pour tam-tam et percussion* (Mus.: J. P. Drouet), *Deuxième Concerto* (Mus.: Prokofjew, beide 1970), *Poème Electronique* und *Arcana* (Mus.: E. Varèse, 1973) sowie *Spectacle Berio* (1974). Seit 1981 ist er Mitgl. der amerk. Trio-Gruppe Crowsnest (zus. mit Martha Clarke und Robert Barnett).

Blaubart-Ballette (frz. Titel: *Barbe-Bleue*, engl.: *Bluebeard*). Der Titelheld des Märchens von Ch. Perrault, der sechs seiner Frauen tötet, weil sie trotz seiner Warnung aus Neugier ein ihnen verbotenes Zimmer betreten, begegnet auch in zahlreichen B.en. Die bekanntesten stammen von A. Vestris (1824), C. Coppi (Mus.: Jacobi, London 1895), M. Petipa (Mus.: P. Schenk, St. Petersburg 1896) und M. Fokine (Mus.: Offenbach/Dorati, B. Th., Mexico City 1941). Ein B. *Blaubarts Traum* von dem norweg. Komponisten Harald Saeverud choreographierte Y. Georgi 1961 in Hannover. B.-Tanzszenen schuf 1977 Pina Bausch (Wuppertal) unter dem Titel *Blaubart – beim Anhören von Béla Bartóks Oper »Herzog Blaubarts Burg«*.

Blauer Vogel, Pas de deux aus dem Schlußakt des *Dornröschen*-B.s für die verzauberte Prinzessin Florine und den B. V., choreographiert von M. Petipa und E. Cecchetti, der zusammen mit V. A. Nikitina 1890 die UA in St. Petersburg tanzte. Ein auch als Konzertnummer beliebter vierteiliger Pas de deux, der große virtuose Anforderungen an den männlichen Tänzer stellt.

Blažek, Jiří, tschech. Tänzer und Choreograph, * 5. 7. 1923 Pardubice. Studierte bei S. Machov und A. Messerer, später auch am Moskauer GITIS Institut bei R. Sacharow und L. Lawrowsky. Debütierte 1943 am Prager Schwanda-Th., dann Tänzer am Th. des 5. Mai. Seit 1946 Mitgl. des Prager National-Th.s, zu dessen Choreographen er heute gehört. Rollenkreationen in B.en von Machov und J. Němeček. Choreographierte zahlreiche B.e – u. a. *Spartacus* (Mus. Chatschaturjan, 1957), *Faust* (Mus.: F. Skvor, 1958), *Petruschka* (Mus.: Strawinsky, 1962), *Nußknakker* (Mus.: Tschaikowsky, 1964), *Dornröschen* (Mus.: Tschaikowsky, 1966) – auch eine Neuprod. von *Giselle* (1969). Verheiratet mit der Tänzerin Marta Drottnerová.

Blondy, Nicolas, frz. Tänzer und Choreograph, * ? 1677, † 13. 8. 1747. Er war Neffe und Schüler von P. Beauchamp, wurde 1691 Mitgl. der Opéra, wo er in zahlreichen B.-Opern von J.-B. Lully und A. Campra auftrat, dessen *Fêtes venitiennes* (1710) er in einer Wiederauff. choreographierte. 1729–39 war er B.-Meister der Opéra. Für sie schuf er 1729 sein berühmtestes Werk: *Les Amours des Déesses* (Text: J.-B. Quinault). B. galt als der beste Danseur noble seiner Zeit, er war Partner von F. Prévost und Lehrer von M. Sallé und M. Camargo.

Blues Suite, Tanzstück von A. Ailey, Mus.: trad. Blues, arr. und gesungen von Brother John Sellers; UA 30. 3. 1958, A. Ailey and Comp., New York mit Clive Thompson, A. Ailey und Charles Moore. Der Schauplatz ist ein Provinzbordell für arme Neger. Das Stück beginnt am frühen Morgen, gipfelt im nächlichen Liebesfest und endet wieder mit dem trüben, grauen Morgen. Diesem Tag-Nacht-Verlauf entsprechen die verschiedenen Blues, die teils von Solisten, teils von Gruppen getanzt werden. Das Stück beginnt mit dem Good Morning Blues. Weitere Blues folgen, deren generelle Themen Trauer über das Ende einer Liebe, Verzweiflung, Protest und Zorn sind. Unter diesen Blues befinden sich: Mean Ol' Frisco, House of the Rising Sun, See See Rider, Slow Drag und Going to Chicago.

Lit.: D. McDonagh, in *The Couplete Guide to Modern Dance*, Garden City (N. Y.) 1976.

Blum, René, frz. B.-Impresario, * 13. 3. 1878 Paris, † 28. 9. 1942 Auschwitz. Unmittelbar nach S. P. Diaghilews Tod zum B.-Direktor der Oper von Monte Carlo berufen, war er die treibende Kraft bei der Begründung der B.s Russes de Monte Carlo, deren Manager er von 1932–34 war und deren Künstlerischer Direktor er bis 1936 blieb. Nach der Trennung von de Basil gründete er 1936 neu die B.s de Monte Carlo, mit Fokine als Chefchoreograph, 1938–40 war er zusammen mit Massine Kodirektor des B. Russe de Monte Carlo. Nach der dt. Besetzung Frankreichs wurde Blum nach Auschwitz verschleppt, wo er umgebracht wurde.

Blumenfest von Genzano (dän. Titel: *Blomsterfesten i Genzano*), B. in 1 Akt von August Bournonville, Mus.: E. Helsted und H. S. Paulli; UA 19. 12. 1858, Kgl. Dän. B., Kopenhagen. Der Stoff geht auf eine wahre Begebenheit vom Beginn des 19. Jh.s zurück und behandelt die Liebe und Prüfungen eines jungen Paares, der lieblichen Rosa und des Scharfschützen Paolo. Der Pas de deux gehört nach wie vor zu den beliebtesten Erbstücken des Bournonville-Rep.s.

Boatwright, Christopher, amer. Tänzer, * 25. 7. 1954 New York. Studierte an verschiedenen Schulen in New York. Mitgl. des Stuttgarter B.s 1974–83, Solist seit 1978, mit Apollo, Romeo (Ch.: Cranko), Orpheus (Ch.: Forsythe) und in *5 Tangos* (Ch.: Van Manen) als besten Rollen. Seit 1983 Principle Dancer beim Los Angeles B.

Bode, Rudolf, Begründer der nach ihm benannten Ganzkörpergymnastik, * 3. 2. 1881 Kiel, † 7. 10. 1971 München. Studierte 1901–06 Philosophie und Musik, war 1910/11 bei Jaques-Dalcroze in Hellerau, erwarb dort das Diplom als Lehrer der Rhythmischen Gymnastik nach Dalcroze, war jedoch enttäuscht von der ausschließlich musikorientierten Hellerauer Gymnastik und gründete 1911 in München eine eigene Gymnastikschule. Er war, wie der ebenfalls damals in München lebende Laban, überzeugt, daß rhythmische Aktivität allein aus dem Körper und dessen Rhythmen komme. Bestärkt wurde er durch einen dritten Wahl-Münchner, Ludwig Klages. Der für Bodes gymnastische Praxis zentrale ganzkörperliche Schwung wurde als identisch mit dem von Klages verkündeten irrationalen Rhythmus des Alls erlebt. Diese typisch dt. Lebens- und Rhythmusphilosophie verband B. mit dem neudeutschen Nationalismus. Im Nationalsozialismus fand er – seit 1922 Parteimitglied – jene rhythmisch durchwogte Kultgemeinschaft, die er ersehnte. So wurde er einer der Führer der NS-Leibeserziehung. Trotz aller berechtigten Angriffe konnte B. schon 1948 seine Arbeit wieder aufnehmen. Zweifellos war seine Gymnastik aus der dt. Lebensphilosophie entsprungen, aber diese Philosophie *mußte* nicht zu Hitler führen. Auch Laban, ein Gegner Hitlers, verkündete das ekstatische Einschwingen des tanzenden Körpers in den Rhythmus-Strom des Alls. Man kann Bodes zeitbedingte Rhythmusphilosophie von seiner Praxis trennen. Er hat als erster europ. Gymnastiklehrer die Gymnastik aus allen – musikalischen, turnerischen, militärischen und ästhetischen – Abhängigkeiten befreit, indem er Gymnastik allein als Aktivität des aus seinem Zentrum rhythmisch schwingenden Körpers propagierte und betrieb. Nur der Tanz war in den Augen Bodes verwandt mit der Gymnastik.

Lit.: H. Günther, in *Grundlagen und Methoden rhythmischer Erziehung*, hrsg. von G. Bünner und P. Röthig, Stuttgart 1975.

Bodenwieser, Gertrud, österr. Tänzerin, Pädagogin und Choreographin, * 3. 2. 1890 Wien, † 1959 Sydney (Australien). Debütierte 1919 und wurde Lehrerin für Gymnastik und Tanz an der Wiener Musikakademie. Sie gehört zu den Persönlichkeiten des Ausdruckstanzes. »Mein Streben geht dahin, daß meine Schüler den Tanz als Bekenntnis, als letzten Ausdruck ihres Ichs erfassen möchten. Der Tanz soll ihnen die Möglichkeit geben, schrankenlos aus sich herauszutreten.« Auch das spezielle Thema von G. B. war expressionistisch, es ging um den Rhythmus und die Dämonie der Maschine. Dieses Thema gestaltete sie vor allem in ihrem großen Gruppenwerk: *Dämon Maschine*. Nach der Besetzung Österreichs durch die Nazis emigrierte G. B. nach Australien und versammelte dort eine neue Gruppe von Tänzern um sich.

Lit.: P. Stefan (Hrsg.), in: *Tanz in dieser Zeit*, Wien 1926, R. Lämmel, in: *Der moderne Tanz*, Berlin 1928; G. B., *The New Dance*, Sydney 1970.

Böhme, Fritz, dt. Tanzpublizist, * 10. 5. 1881 Berlin, † 19. 3. 1952 ebd. Sein Wirken für die Tanzkunst war von einer außerordentlichen Vielseitigkeit und auf allen Gebieten bahnbrechend, geriet aber zunehmend unter den Einfluß der Nazi-Ideologie. 1919 wurde er Tanzkritiker der Dt. Allgemeinen Zeitung. Im Rundfunk, an Hochschulen und Volkshochschulen hielt er Vorträge und Kurse über Tanzgeschichte, Gymnastik, Volkstanz und Tanz-Notation. Er war entscheidend beteiligt an der Organisation der Tänzerkongresse in Magdeburg (1927), Essen (1928) und München (1930) sowie Mitherausgeber der *Dt. Tanzzeitschrift*, von *Der Tanz* und *Der Tanzkreis*. Buchpublikationen waren u. a.: *Tanzkunst*, *Tanz der Zukunft*, *Maßstäbe zu einer Geschichte der Tanzkunst*, *Der Tanz in der Kunst* (zus. mit Kurt Morek) und *Vom musiklosen Tanz*.

Börlin, Jean, schwed. Tänzer und Choreograph, * 13. 3. 1893 Haernösand, † 6. 12. 1930 New York. Studierte bei Gunhild Rosen am Kgl. Th. in Stockholm, trat 1905 ins Corps de b. ein, wurde stark von Fokine beeinflußt, avancierte 1913 zum Zweiten Solisten, verließ die Komp. jedoch 1918, um weiter bei Fokine in Kopenhagen zu studieren. Um diese Zeit lernte er den Mäzen Rolf de Maré kennen, der ihm im März 1920 einen Tanzabend im Pariser Th. des Champs-Elysées finanzierte und noch im selben Jahr Les B.s Suédois gründete, die am 25. 10. 1920 ihr Debüt gaben – mit B. als Erstem Solisten und Choreographen. Während ihrer bis 1924 dauernden Existenz schuf B. eine große Zahl von B.en: *Iberia* (Mus.: I. Albinez), *Les Vierges Folles* (Mus.: K. Atterberg), *La Nuit de Saint Jean* (Mus.: H. Alfvén), alle 1920, 1921 folgten: *L'Homme et son désir* (Mus.: D. Milhaud), *Les Mariés de la tour Eiffel* (Mus.: G. Taillefer, G. Auric, A. Honegger, D. Milhaud, F. Poulenc), *La Boîte à joujoux* (Mus.: Debussy). – 1922: *Skating Rink* (Mus.: Honegger). 1923: *La Création du Monde* (Mus.: Milhaud). – 1924: *Relâche* (Mus.: Satie) und *Der Krug* (Mus.: A. Casella). Börlin trat auch nach 1924 in Solo-Recitals auf, fiel aber bald einer Krankheit zum Opfer. Seine B.e bezogen ihre Hauptwirkung aus seiner Zusammenarbeit mit führenden Komponisten und Malern seiner Zeit.

Boeuf sur le toit, Le (dt. Titel: *Der Ochse auf dem Dach*), pantomimisches Divertissement, Libr. und Regie: J. Cocteau, Mus.: Milhaud, Dek.: G.-P. Fauconnet und R. Dufy; UA 21. 2. 1920, Comédie des Champs-Elysées, Paris, mit den Fratellini-Brüdern u. a. Zu Milhauds bras. Melodien und Rhythmen erfand Cocteau ein Szenarium, das in der titelgebenden Bar in Amerika während der Prohibition spielt. Zu den Figuranten gehören ein Boxer, ein Negerzwerg, ein rothaariger Transvestit, ein bildschöner Barkeeper u. a. Als ein Polizist die Bar kontrolliert, verwandelt sie sich im Handumdrehen in einen Milchausschank, wobei der Polizist durch den plötzlich eingeschalteten großen Ventilator enthauptet wird. – Das Stück war als Music-Hall-Groteske konzipiert, ist aber später verschiedentlich als B. inszeniert worden, u. a. von G. Balanchine (Petrograd 1923), V. Kratina (Hellerau-Laxenburg 1930) und J. Grant (Lübeck 1972).

Lit.: D. Milhaud, in: *Notes Without Music*, London 1952.

Bogdanic, Dinko, jugosl. Tänzer, * 4. 11. 1952 Starigrad. Studierte an der Tanzabteilung des Konservatoriums in Zagreb. Tänzer am National-Th. Zagreb, dann beim Pittsburgh B. Th., 1978–83 Solist an der Münchner Staatsoper, seither Staatsoper Hamburg.

Bohner, Gerhard, dt. Tänzer, Choreograph und B.-Direktor, * 19. 6. 1936 Karlsruhe. Studierte ebd., war dann als Tänzer in Mannheim 1958–60, Frankfurt a. M. 1960/61 und an der Dt.

Oper Berlin 1961–71 engagiert, wo seine Stärke das Charakterfach war, mit Rollenkreationen u. a. in T. Gsovskys *Labyrinth der Wahrheit* (1964) und *Tristan* (1965), J. Crankos *Feuervogel* (1964) sowie K. MacMillans *Anastasia* (1967) und *Kain und Abel* (1968). Als Choreograph begann er 1964 in Berlin mit kleineren Arbeiten, präsentierte seinen ersten eigenen Abend 1967 in der dortigen Akademie der Künste, errang mit *Spannen-Abschlaffen* (Mus.: J. Alsina) den 2. Preis beim Kölner Choreogr. Wettbewerb 1969 und hatte seinen entscheidenden Durchbruch mit den *Folterungen der Beatrice Cenci* (Mus.: G. Humel, Berlin 1971), die er für mehrere Komp.n einstudierte. Leiter des Tanz-Th.s Darmstadt 1972–75, dann des Bremer B.s 1978–81 (zusammen mit R. Hoffmann). Weitere Arbeiten von ihm waren u. a. *Lilith* (Mus.: G. Humel), *Présence* (Mus.: B. A. Zimmermann, beide 1972), *Der wunderbare Mandarin* (Mus.: Bartók, 1974), *Triadisches Ballett* (Mus.: H. J. Hespos, 1977), *Zwei Giraffen tanzen Tango* (Mus.: G. Humel, 1980) und *Bilder einer Ausstellung* (Mus.: Mussorgsky u. a., 1981).

Boieru, Marin, rumän. Tänzer, * 16. 8. 1952 Lugoj. Studierte an der B.-Schule von Cluj sowie in Leningrad. Tänzer des Bukarester Staatsopern-B.s ab 1970. 1978 Solist beim B. du XXe Siècle, seither Principal Dancer beim Pennsylvania B. – Rollenkreationen u. a. in M. Béjarts *Les Illuminations* (1979) und *Wien, Wien, nur du allein* (1982).

Bojarski, Konstantin Fedorowitsch, sowj. Tänzer, Choreograph und B.-Direktor, * 22. 2. 1915 Petrograd, † 14. 5. 1974 Leningrad. Studierte an der Leningrader B.-Schule, war nach seinem Examen Mitgl. des Kirow-B.s 1935–41, dann B.-Meister des Leningrader Musik-Komödien-Th.s 1945–56, B.-Direktor am Maly-Th. 1956–67 und anschließend bis zu seinem Tode Künstlerischer Leiter des Leningrader Eis-B.s. Choreographierte zahlreiche B.e, u. a. Strawinskys *Orpheus* und Schostakowitschs *Das Fräulein und der Rowdy* (beide 1962).

Bojartschikow, Nikolai Nikolajewitsch, sowj. Tänzer, Choreograph und B.-Direktor, * 27. 9. 1935 Leningrad. Studierte an der Leningrader B.-Schule und wurde nach seinem Examen 1954 Tänzer beim Maly-B., dann B.-Direktor in Perm 1971–77 und seither in gleicher Position am Leningrader Maly-Th. Choreographierte zahlreiche B.e, u. a. *Die drei Musketiere* (Mus.: V. Bassner, 1964), *Der holzgeschnitzte Prinz* (Mus.: Bartók, 1965), *Pique Dame* (Mus.: Prokofjew, 1969), *Romeo und Julia* (Mus.: Prokofjew, 1972 – auch an der Dt. Oper Berlin, 1974), *Der wunderbare Mandarin* (Mus.: Bartók, 1973), *Zar Boris* (Mus.: Prokofjew, 1975) und *Die Räuber* (nach F. Schiller, Mus.: M. Minkow, 1982). Er ist mit der Tänzerin Larissa Klimowa verheiratet.

Boldin, Dragutin, jugosl. Tänzer, Choreograph und B.-Direktor, * 16. 10. 1930 Zagreb. Studierte in Rijeka. Tänzer in Rijeka, Sarajewo, Zagreb, Nürnberg, Mannheim und Essen. B.-Meister in Oldenburg 1963–65, Lübeck 1965–67, Heidelberg 1968–77, wo er zahlreiche B.e choreographiert hat. Seither hauptsächlich in Münster und Bonn tätig.

Bolender, Todd, amer. Tänzer, Choreograph und B.-Direktor, * 17. 2. 1914 Canton (Ohio). Studierte bei Chester Hale, A. Vilzak und an der School of American B. Tänzer bei B. Caravan, Littlefield B., American B. Caravan, B. Th. und von 1946 an bei der B. Society und beim New York City B. B.-Direktor in Köln 1963–66, Frankfurt a. M. 1966–69, dann freischaffend tätig (häufig in der Türkei). Künstlerischer Direktor des Kansas City B. seit 1980. Rollenkreationen u. a. in G. Balanchines *Four Temperaments* (1946), *Symphonie Concertante* (1947) und *Agon* (1957), J. Robbins' *Age of Anxiety* (1950), *The Pied Piper* (1951), *Fanfare* (1953) und *The Concert* (1956). Seine erfolgreichsten B.-Ch.n sind *Souvenirs* (Mus.: Barber, 1951), *The Still Point* (Mus.: Debussy, 1955), *Creation of the World* (Mus.: Milhaud, 1960), *Thema und Variationen* (Mus. Blacher, 1963) und *Time Cycle* (Mus.: L. Foss, 1967). Häufig auch als Musical-Regisseur tätig.

Bolero. 1. Span. Tanz in mäßig bewegtem ¾-Takt, angeblich um 1780 von Sebastian Zerezo als Abart des Fandango gestaltet. Der Tänzer begleitet sich selbst mit Gesang und Kastagnetten, die Instrumentalbegleitung wird von Gitarren und Tamburin geliefert. **2.** Klassische span. Escuela Bolero (Bolera), eine Verbindung der span. Tanzfolklore (bailes regionales) mit den Techniken des klassisch-akademischen Tanzes. **3.** B. zu der bei M. Ravel in Auftrag gegebenen Musik, Ch.: B. Nijinska, Dek.: A. Bénois; UA 22. 11. 1928, Ida-Rubinstein-Komp., Opéra Paris, mit Rubinstein und A. Vilzak. In dieser Version spielt das B. in einer span. Taverne, wo der Tanz einer Zigeunerin auf dem Tisch die zuschauende Menge allmählich in einen Zustand der Raserei versetzt. Auch andere Choreographen haben sich der Musik von Ravel bedient und danach B.e mit oder ohne Handlung geschaffen, u. a. H. Lander (1934), S. Lifar (1941), P. Lopez und Argentinita (1943), A. von Milloss (1944), T. Gsovsky (1946), M. Béjart (1961) und L. Lawrowski (1964). Solo-Versionen stammen u. a. von A. Dolin und D. Hoyer (Drehtanz).

Lit.: O. F. Regner / H.-L. Schneiders, in: *Reclams Ballettführer*, Stuttgart [8]1980.

Bolm, Adolf, russ.-amer. Tänzer, Choreograph und Pädagoge, * 25. 9. 1884 St. Petersburg, † 16. 4. 1951 Hollywood. Eine der großen Pionierpersönlichkeiten des amer. B.s. Studium bei Karsavin und Legat an der Kaiserl. B.-Schule in St. Petersburg, 1904 Examen, dann Eintritt ins B. des Marien-Th.s. Erste Auslandstourneen mit A. Pawlowa. Großen Erfolg hatte er als Polowetzer Krieger in Fokines *Polowetzer Tänze* und als Pierrot in *Le Carnaval* bei den ersten Diaghilew-Gastspielen in Paris. 1911 verließ er das Marien-Th. und ging ganz zu S. P. Diaghilew. Nach der zweiten Amerika-Tournee dieser Komp. blieb Bolm 1918 in Amerika, inszenierte Opern und B.e an der Metropolitan Opera. 1928 choreographierte er in Washington die UA des von Elizabeth Sprague Coolidge bei Strawinsky in Auftrag gegebenen *Apollon musagète*. Ging dann nach Hollywood, wo er nicht nur Film-B.e schuf, sondern vor allem 1932 sein damals sensationelles B. *Iron Foundry* (Eisengießerei, Mus.: A. Mossolow). Hollywood blieb auch Bolms ständiger Wohnsitz, als er sich 1939 dem B. Th. anschloß, für dessen erste Saison er 1940 eine erfolgreiche Version von Prokofjews *Peter und der Wolf* choreographierte.

Bolschoi-Ballett (B. des Großen [Bolschoi] Akademischen Th.s für Oper und B. der UdSSR in Moskau). 1776 gilt als Beginn der Komp., doch die erste B.-Klasse gab es bereits 1773 am Moskauer Waisenhaus. Sie lieferte die Tänzer für das Petrowsky Th., das 1780 auf dem Areal des heutigen Bolschoi-Th.s eröffnet wurde. Als es 1805 abbrannte, diente das Arbat (Neue Kaiserliche) Th. als Ersatz-Haus, bis das Neue Bolschoi-Petrowsky-Th. (das gegenwärtige Bolschoi Th.) am 19. 1. 1825 seine Pforten öffnete. Sein erster wichtiger russ. B.-Meister war Adam Gluschkowski, ein Schüler von Didelot, der die ersten Puschkin-inspirierten B.e schuf. Während der zwanziger und dreißiger Jahre wurde es zur Basis der nationalruss. B.-Bewegung, mit Jekaterina Sankowskaja als dominierender Persönlichkeit. 1850 zählte die Komp. bereits 155 Tänzer. Blasis arbeitete hier und an der angegliederten Schule 1861–64. Die UA von Petipas' und Minkus' *Don Quixote* fand 1869, die berüchtigte UA von Reisingers und Tschaikowskys *Schwanensee* 1877 statt. Einen neuen Aufschwung nahm die Komp. unter Gorsky, der von 1878 bis zu seinem Tode 1924 eine große Anzahl von B.en choreographierte und als einer der großen Reformatoren des dramatischen B.s gilt. Die populärste Ballerina jener Jahre war J. Geltzer, die zusammen mit Gorsky, Mordkin und Tichomirow die Komp. nach der Oktoberrevolution von Grund auf neuorganisierte. Während der frühen zwanziger Jahre schlossen sich Messerer, Moissejew und Gabowitsch dem Institut an. 1927 fand die UA des ersten sowj. B.s neuen Stils statt, das sich länger im Rep. zu halten vermochte: *Der rote Mohn*. Semjonowa und Jermolajew gehörten zu den hervorragendsten Tänzern der frühen dreißiger Jahre und J. Gerdt zu den einflußreichsten, aus Leningrad importierten Lehrern. In den späteren dreißiger Jahren waren dann Lepeschinskaja, Preobrajenski und Koren die neuen Publikumsfavoriten unter den Tänzern. Dies waren auch die Jahre, in denen Wainonen und Sacharow als Choreographen bekannt wurden. Die wichtigsten neuen sowj. B.e wurden aber immer noch in Leningrad kreiert. Während des Zweiten Weltkriegs wurde die Komp. nach Kuibischew evakuiert. Mit der Übersiedelung von Ulanowa und dem Choreographen Lawrowski verlagerte sich das Schwergewicht des sowj. B.s mehr und mehr nach Moskau. Neben der Ulanowa zogen Plissetzkaja und Strutschkowa, dann auch Kondratjewa und Timofejewa die meiste Aufmerksamkeit auf sich – bei den Männern waren es Farmanjantz, Fadejetschew,

Schdanow, Kochlow, Liepa und Sech. 1954 kam es zur UA von Lawrowski-Prokofjews *Steinerner Blume*. 1956 absolvierte die Komp. ihr erstes westl. Gesamtgastspiel in London, 1958 ihr erstes Gastspiel in der Bundesrepublik, in München und Hamburg (1954 hatte eine aus den prominentesten Solisten des Kirow- und Bolschoi-B.s zusammengesetzte Truppe, die in Paris aus politischen Gründen nicht auftreten durfte, im Ost-Berliner Friedrichstadt-Palast gastiert). Unter den UA der nächsten Jahre waren Radunskys Neuversion des *Buckligen Pferdchens* (Mus.: Schtschedrin, 1960), Kassatkina-Wassiljows *Vanina Vanini*, Golejsowskis *Skrjabiniana* (beide 1962), Lapauri-Tarasowas *Leutnant Kije* (1963), Kassatkina-Wassiljows *Heroisches Poem (Geologen*, 1964), Winogradows *Assel* und A. Alonsos *Carmen-Suite* (beide 1967). Nachdem Grigorowitsch 1964 erst Chefchoreograph und dann als Nachfolger von Lawrowski Künstlerischer Leiter der Komp. geworden war und mit seiner Insz. von Chatschaturjans *Spartakus* 1968 einen der größten Erfolge ihrer Geschichte erzielt hatte, setzte eine allmähliche Stilwandlung ein, die statt der bis dahin im Vordergrund stehenden dramatischen Expressivität wieder Wert legte auf die tänzerisch-choreogr. Belange. In den folgenden Jahren widmete sich Grigorowitsch vor allem einer Erneuerung des Klassiker-Rep.s (*Nußknacker*, *Schwanensee*, *Dornröschen*), choreographierte aber auch Stücke wie *Iwan der Schreckliche* (1975), *Angara* (1976) sowie Neuversionen von *Romeo und Julia* (1979) und *Das goldene Zeitalter* (1982). Die populärsten Tänzer zu Beginn der achtziger Jahre sind Bessmertnowa, Maximowa, Pawlowa, Wassiljew, M. Lawrowski, Wladimirow und Gordejew. Die Komp. tritt regelmäßig auch im Kreml-Palast auf.

Lit.: H. Koegler, *B. B.*, Berlin 1959.

Bombana, Davide, ital. Tänzer, * 1960 Mailand. Studierte ebd. an der B.-Schule der Scala, deren Mitgl. er 1978 wurde, Solist 1979, Erster Solotänzer 1980, dann Principal Dancer des Pennsylvania B. 1981/82 und des Scottish B. seit 1982/83.

Bon, René, frz. Tänzer und B.-Meister, * 30. 8. 1924 Montpellier. Studierte bei L. Staats und N. Kiss, war 1940–43 an der Pariser Opéra Comique und 1943/44 an der Opéra engagiert, tanzte dann beim Grand B. du Marquis de Cuevas, bei J. Charrat, beim Maggio Musicale und in verschiedenen Tournee-Komp.n und begann Anfang der sechziger Jahre in die Karriere eines Gast-B.-Meisters und Trainingsleiters hinüberzuwechseln (Amsterdam, Wiener Staatsoper, Kölner Sommerakademie, Royal B. etc.).

Bonino, Luigi, ital. Tänzer, * 4. 10. 1949 Bra. Studierte bei S. Egri in Turin, deren Komp. er sich 1965 als Solist anschloß. Tanzte bei diversen ital. Komp.n, dann beim Cullberg B. 1973–75 und seither bei R. Petits B.s de Marseille.

Bonnefous, Jean-Pierre, frz. Tänzer, * 25. 4. 1943 Bourg-en-Bresse. Studierte an der Schule der Pariser Opéra, wurde 1959 Mitgl. der Komp., Premier danseur 1964 und Danseur étoile 1965. 1970–80 war er Principal Dancer des New York City B. mit häufigen Gastspielen in Paris und andernorts. Seit 1980 freischaffend als Choreograph tätig. Rollenkreationen u. a. in M. Béjarts *Fausts Verdammnis* (1964) und *Webern Opus V* (1966), M. Descombeys *Maratona di Danza* (Frankfurt a. M. 1965), R. Petits *Notre Dame de Paris* (1965), G. Skibines *La Péri* (1966), G. Balanchines *Violin Concerto* (1972), *Cortège Hongrois* (1973) und *Sonatine* (1975), J. Robbins' *A Beethoven Pas de deux* (1973) und *An Evening's Waltzes* (1966). Gelegentlich auch als Choreograph tätig. Er ist mit der Tänzerin Patricia McBride verheiratet.

Boquet, Louis (auch **Bosquet**), * 1717, † 1814 (Geburts- und Sterbeort nicht bekannt). War 1760–82 Chefkostümbildner der Pariser Opéra, arbeitete aber auch 1755–57 in London und 1763–65 in Stuttgart mit Noverre zusammen. Hier schuf er als »Herzogl. Designator« die Kost. für Jommellis Oper *Semiramis* (1762) mit den B.en *Psyche et l'Amour* und *Der Tod des Herakles*, für das Singspiel *Triumph des Amor* (1763), für *Die verlassene Dido* (B.e: 1763, *Medea und Jason*, sowie *Orpheus*), weiter für *Demophoon* (1764) mit dem B. *Der Tod des Lykomedes*. Mit seinen Stuttgarter Kost.n vertritt B. den überzüchteten galanten Rokokostil. Erst in den siebziger Jahren in Paris zeigen seine Kost. (sicher unter dem Einfluß Noverres) mehr Einfachheit und Natürlichkeit. 450 von Boquets Stuttgarter Kostümentwürfen befinden sich heute in Warschau. Sie stammen aus der berühmten Sendung, die Noverre 1766 an den letzten polnischen König Stanislaus II. Augustus Poniatowsky (1764–95) geschickt hat. (→ Noverre.)

Lit.: H. Kindermann, in: *Theatergeschichte Europas*, Bd. 4, Salzburg 1961.

Borg, Conny, schwed. Tänzer, Choreograph und B.-Direktor, * 1939 Stockholm. Studierte in Stockholm, wurde Mitgl. des Kgl. Schwed. B.s, Solist 1963. B.-Direktor in Göteborg 1967–70. Leiter des New Swedish B. (zusammen mit U. Gadd) 1970–72, dann B.-Direktor Malmö 1972–79. Seither freischaffend als Choreograph tätig.

Borovansky, Edouard, tschech.-austral. Tänzer, Choreograph und B.-Direktor, * 1902 Přerov, † 18. 12. 1959 Sydney. Studierte an der Schule des Prager National-Th.s, wurde dann Mitgl. der Komp. und Solist. Tanzte bei der Pawlowa-Komp. und als Solist beim B. Russe de Col. de Basil 1932–39. Blieb bei einer der Tourneen in Australien und eröffnete 1940 in Melbourne seine B. Academy. Aus dem Melbourne B. Club ging dann 1942 das Borovansky B. hervor, das 1944 seine erste professionelle Saison gab. B. studierte selbst die Klassiker-Prod. ein und choreographierte auch die Mehrzahl der Werke des modernen Rep.s. Seine Komp. leistete bedeutende Pionierdienste für das B. in Australien und ging nach seinem Tode im Australian B. auf.

Lit.: E. H. Pask, *Ballet in Australia – The Second Act 1940–1980*, Melbourne 1982.

Borowska, Irina, argent. Tänzerin und Pädagogin, * 9. 1. 1930 Buenos Aires. Studierte an der Schule des Teatro Colón, Tänzerin der Komp. 1940–54, dann als Ballerina beim B. Russe de Monte Carlo 1954–59 sowie mit den Komp.n von R. Page und Z. Solov und beim London Festival B. 1961–66. Hat dann in Wien an der Staatsakademie unterrichtet. Mit dem Tänzer Karl Musil verheiratet.

Borrmann, Ursula, dt. Tänzerin und Pädagogin, * 28. 9. 1937 Dresden. Studierte ebd. an der B.-Schule Morena sowie Palucca-Schule, dann an der Leningrader B.-Schule (dort Examen 1958). Solistin am Th. für Oper und B. Duschanbe 1958–60. Pädagogin an der Dresdner Palucca-Schule 1960, Trainingsmeisterin der Dt. Staatsoper Ost-Berlin 1963, National-Ens. der DDR 1964. Dozentin für Methodik des klassischen Tanzes und Künstlerische Leiterin der Staatl. B.-Schule Leipzig 1967–76. Seit 1978 Dozentin und seit 1980 Leiterin des Instituts für Bühnentanz in Köln, dort auch Dozentin an der Sommerakademie sowie Gastpädagogin im In- und Ausland.

Bortoluzzi, Paolo, ital. Tänzer, * 17. 5. 1938 Genua. Studierte bei U. dell'Ara, N. Kiss, V. Gsovsky und A. Messerer. Debütierte beim Nervi Festival 1957, tanzte bei Massines B. Europeo 1960 und wurde im gleichen Jahr Mitgl. des B. du XXe Siècle, zu dessen Erstem Solotänzer er rasch avancierte und dem er bis 1972 angehörte. Daneben war und ist er häufiger Gastsolist beim B. der Dt. Oper am Rhein und an der Mailänder Scala sowie bei zahlreichen anderen Komp.n (American B. Th., Wiener und Münchner Staatsopern-B. usw.). Rollenkreationen u. a. in M. Béjarts *Bolero* (1960), *IX. Sinfonie* (1964), *Cygne* (1965), *Romeo und Julia* (Mus.: Berlioz, 1966), *Messe für die Gegenwart* (1967), *Bhakti* (1968), *Nomos Alpha* (1969), *Feuervogel* (1970) und *Lieder eines fahrenden Gesellen* (1971), E. Walters *Geschöpfen des Prometheus* (1966), *Streichquartett Nr. 1* (Mus.: Janáček, 1966), *Cinderella* (1967), *Suite Nr. 1 für Violoncello* (Mus.: Bach, 1969), *Dornröschen* (1974), *Josefslegende* (1975) und *Cellokonzert h-moll* (Mus.: Dvořák, 1977). Mehrere Fernsehfilme (u. a. *Nomos Alpha*, *Porträt P. B.*, *Apollo* und *Augenblick der Erinnerung* [über Nijinsky]). Gelegentlich auch als Choreograph tätig. Seit 1984/85 B.-Direktor der Dt. Oper am Rhein Düsseldorf-Duisburg. Unterhält zusammen mit seiner Frau Jaleh Kerendi eine B.-Schule in Turin.

Bosch, Aurora, kub. Tänzerin und B.-Meisterin, * um 1940 Havanna. Studierte bei A. und F. Alonso sowie J. Parés, tanzte mit den Komp.n in San Francisco und Los Angeles, schloß sich 1959 dem National-B. von Kuba an, avancierte 1962 zur Solistin und 1967 zur Primaballerina. Gehört heute als B.-Meisterin zum Führungsstab der Komp.

Boschetti, Amina, ital. Tänzerin, * 1836 Mailand, † 1881 ebd. Schülerin von C. Blasis, debütierte 1848 an der Mailänder Scala, avancierte dort zur Primaballerina und gastierte auch häufig im Ausland. Kreierte 1862 an der Scala die drei Hauptrollen in P. Taglionis *Flick und Flock* und 1864 an der Pariser Opéra die Titelrolle in G. Guis. Rotas *La Maschera*. Baudelaire hat ihr in *Les Espaves* ein Sonett gewidmet.

Bosl, Heinz, dt. Tänzer, * 21. 11. 1946 Baden-Baden, † 12. 6. 1975 München. Studierte an der B.-Schule der Münchner Staatsoper, Mitgl. der Komp. 1962, Solist 1965. Galt als einer der besten dt. Tänzer der siebziger Jahre. Rollenkreationen u. a. in H. Rosens *Symphonie fantastique* (1966), J. Crankos *Begegnung in drei Farben* (1968) und J. Charrats *Casanova in London* (1970). Zu seinen besten Rollen zählten Crankos Onegin und Günther in J. Neumeiers Version des *Nußknacker*. Von 1973 an unternahm er mehrere Tourneen als Partner von M. Fonteyn. Die nach seinem Tod 1978 in München ins Leben gerufene B.-Stiftung versteht sich als eine Institution zur Förderung des tänzerischen Nachwuchses.

Lit.: M. Niehaus (Hrsg.), *H. B.*, München 1975.

Boston Ballet. Die von Virginia E. Williams geleitete Komp. ging aus dem New England B. of Boston hervor und debütierte 1964 beim Boston Arts Festival. Durch enge Zusammenarbeit mit dem New York City B. wurde die Übernahme zahlreicher Balanchine-B.e ermöglicht. Darüber hinaus setzt sich das Rep. aus Klassiker-Prod.en und modernen Werken zusammen. Seit Herbst 1980 wirkt V. Verdy als Kodirektorin, seit 1983 ist sie alleinige Künstlerische B.-Direktorin.

Bourgeois gentilhomme, Le, Comédie-B. von J.-B.-P. Molière und J.-B. Lully, Ch.: P. Beauchamp, Dek.: C. Vigareni; UA 14. 10. 1670, Chambord. Für das Vorspiel zu seiner Oper *Ariadne auf Naxos* (Stuttgart 1912) schuf R. Strauss eine Schauspielmusik zu der von H. v. Hofmannsthal bearbeiteten Komödie *Der Bürger als Edelmann*, zum Teil basierend auf der Originalmusik von Lully – einzelne Stücke daraus faßte er später zur *L. B. g.*-Suite zusammen, die verschiedentlich als B. choreographiert worden ist, u. a. von G. Balanchine (zuerst für die B.s Russes de Monte Carlo, 1932, eine spätere Fassung von ihm und J. Robbins fürs New York City B., 1979), L. Maudrik (als *Der Bürger Jourdain*, Staatsoper Berlin 1936) und A. Tudor (in *Knight Errand*, Touring Royal B., 1968).

Lit.: G. Balanchine / F. Mason, in: *Balanchine's Complete Stories of the Great Ballets*, Garden City (N. Y.) 1977.

Bournonville, Antoine, frz. Tänzer und Choreograph, * 19. 5. 1760 Lyon, † 11. 1. 1843 Fredesborg (Dänemark). Aus einer Künstlerfamilie stammend, studierte er bei Noverre in Wien und ging dann mit ihm nach Paris. Über Stockholm kam er 1792 als Solotänzer nach Kopenhagen, wo er in zahlreichen Galeotti-B.en tanzte und 1816–23 dessen Nachfolger als Direktor des Kgl. Dän. B.s wurde. Zu seinen bekanntesten B.en zählten *Les Meuniers provençaux* (1785) und *Les Pécheurs* (1789). Er war der Vater von August B.

Bournonville, August, dän. Tänzer, Choreograph und B.-Direktor, * 21. 8. 1805 Kopenhagen, † 30. 11. 1879 ebd. Sohn von Antoine B., wurde er achtjährig Mitgl. der Kgl. Dän. B.-Schule und mit 15 Jahren Tänzer der Komp., ging mit einem Stipendium nach Paris und studierte dort bei A. Vestris. Tanzte dann in Kopenhagen bis zur Verabschiedung seines Vaters, ging abermals mit einem Zweijahresurlaub nach Paris, wurde danach Mitgl. des B.s der Opéra für weitere 2 Jahre, war während dieser Zeit einer der bevorzugten Partner von M. Taglioni, gastierte in mehreren europ. Hauptstädten und kehrte am 1. 1. 1830 nach Kopenhagen zurück, wo er seinen Posten als Leiter des B.s und Choreograph am Kgl. Th. antrat. Nach Beendigung seiner Tänzerkarriere (1848) wirkte er weitere 7 Jahre in Kopenhagen, ging dann für ein Jahr als Choreograph an die Wiener Hofoper (1855/56), kehrte aber immer wieder nach Kopenhagen zurück, auch nach dreijähriger Tätigkeit in Stockholm und hat bis zu seinem Tode aktiven Einfluß auf das dän. B.-Geschehen genommen, nachdem er 1877 pensioniert worden war. Über seinen Tod hinaus sind seine Hauptwerke lebendig geblieben, die zum Grundstock des dän. Klassiker-Rep.s geworden sind und seit der in den dreißiger Jahren des 20. Jh.s einsetzenden B.-Renaissance auch die internationale Anerkennung genießen, die ihnen zu Lebzeiten B.s versagt geblieben war. B. war nicht nur eine der bedeutendsten Persönlichkeiten der B.-Geschichte, sondern eine der gebildetsten und kultiviertesten Erscheinungen der internationalen Th.-Szene seiner Zeit, ein Mann von exzeptioneller moralischer Integrität und ausgeprägtem sozialen Verantwortungsbewußtsein. Er hat mit fast allen dän. Komponisten jener Jahre zusammengearbeitet, die überhaupt Interesse am Th. hatten. »Durch sein Organisationstalent und durch seine Disziplin schuf er genau die richtige Struktur für das Kgl. Dän. B., eine Struktur, die bis auf den heutigen Tag in etwas modifizierter Form beibehalten wurde. Er verhalf dem künstlerischen Standard des dän. B.s zu einem hohen Niveau, und seine ›Kinder‹, wie er seine Schüler nannte, wurden als respektable Bürger angesehen – ein Ziel, das er sich in seiner Jugend für sich selbst zu erreichen vorgenommen hatte. Unter seiner Direktion blühte das B. in Dänemark auf und entwikkelte sich, trotz seines frz. Ursprungs, zu einer nationalen Kunstform mit ausgesprochen charakteristischen Zügen. *Joie de vivre* und *Beauty* sind die Eckpfeiler in B.s Konzeption des B.s [...]. Durch sein reiches Lebenswerk nimmt A. B. den hervorragendsten Platz in der Geschichte des dän. B.s ein [...]. Tanzen war für ihn eine Religion und die schönste und erhabenste aller Kunstformen« (S. Kragh-Jacobsen in *The Royal Danish Ballet*, s. u.). – Zu B.s noch heute konservierten B.en gehören: *Sylfiden* (Mus.: H. Løvenkjold, 1836), *Fest in Albano* (Mus.: M. J. Frølich, 1839), *Napoli* (Mus.: H. S. Paulli, E. Helsted, N. W. Gade und H. C. Lumbye, 1842). *Konservatorium* (Mus.: Paulli, 1849), *Kirmes in Brügge* (Mus.: Paulli, 1851), *Eine Volkssage* (Mus.: N. W. Gade und J. P. E. Hartmann, 1854), *La Ventana* (Mus.: Lumbye, 1854), *Blumenfest in Genzano* (Mus.: E. Helsted und Paulli, 1858), *Fern von Dänemark* (Mus.: J. Glaeser, L. Gottschalk, Lumbye, E. Dupuy, A. F. Lincke, 1860) und *Das Freiwilligen-Corps auf Amager* (Mus.: W. Holm, Dupuy und Lumbye, 1871). Aus Anlaß der 100. Wiederkehr von B.s Todestag veranstaltete Kopenhagen vom 23. bis 30. 11. 1979 ein B. Festival, mit einer Ausstellung ›Salut for B.‹ im Staatl. Kunstmuseum. Er schrieb *Mit Theaterliv* (1848, 2. Teil 1865, 3. Teil 1877 – engl. Übersetzung als *My Theatre Life*, Middletown, Conn., 1979) und *Efterlade Skrifter* (hrsg. von Charlotte B., 1891).

Lit.: S. Kragh-Jacobsen, in: *The Royal Danish Ballet*, Kopenhagen 1955; A. Fridericia, *A. B.*, Kopenhagen 1979 [in dän. Sprache]; W. Terry, *The King's Ballet Master*, New York 1979; K. Ralov (Hrsg.), *The B. School*, 3 Tle., New York 1979.

Bourrée, alter frz. Volkstanz, der teils im ¾-, teils im ²⁄₄-Takt getanzt wurde. Davon abgeleitet wurde der pas de bourrée des B.s, für den mehrfache Gewichtsverlagerung charakteristisch ist. Beginn aus 5. Position, rechter Fuß vorn; das linke Bein geht dicht über dem Boden in die 2. Position, während das rechte ein *demi-plié* ausführt; das linke Bein schließt nach rechts hinten zur Halbspitze auf, die Knie sind gestreckt; das rechte Bein öffnet sich *à la seconde*, das linke Bein schließt hinter dem rechten zur 5. Position auf.

Bourrée Fantasque, B. in 3 Sätzen von G. Balanchine, Mus.: E. Chabrier (außer der B. F. auch das Intermezzo aus seiner Oper *Gwendolyne* und seine *Fête Polonaise*), Kost.: B. Karinska; UA 1. 12. 1949, New York City B., City Center, New York, mit T. LeClerq, J. Robbins, Maria Tallchief, N. Magallanes, J. Reed, H. Bliss u. a. – Ein Divertissement, dessen 1. Satz humoristisch-burlesken Charakter hat, der 2. ist ein lyrisch-romantischer Pas de deux, der 3. ein spektakuläres Crescendo-Finale. Ins Rep. mehrerer anderer Komp.n übernommen.

Lit.: O. F. Regner / H.-L. Schneiders, in: *Reclams Ballettführer*, Stuttgart [8]1980.

Bozzacchi, Giuseppina, ital. Tänzerin, * 23. 11. 1853 Mailand, † 23. 11. 1870 Paris. Ging auf Anregung der Mailänder Primaballerina Amina Boschetti und von ihr unterstützt nach Paris, wo sie an der Opéra studierte und 1870 bei der UA von *Coppélia* die Swanilda kreierte. Überaus beliebt beim Publikum, konnte sie diese Rolle gerade achtzehnmal tanzen, fiel dann während der dt. Belagerung von Paris einem Fieber zum Opfer und starb an ihrem 17. Geburtstag.

Lit.: I. Guest, in: *The Ballet of the Second Empire*, London 1953.

Brabants, Jeanne, belg. Tänzerin, Choreographin, Pädagogin und B.-Direktorin, * 25. 1. 1920 Antwerpen. Studierte bei Lea Daan, später auch bei K. Jooss und S. Leeder, O. Preobrajenska und an der Sadler's Wells B. School, tanzte 1935–59 bei verschiedenen Komp.n und begann von 1935 an auch als Choreographin zu arbeiten – zunächst für die Dance Ens.s B., in denen sie zusammen mit ihren beiden Schwestern auftrat, zunehmend dann auch für das Kgl. Niederl. Th., die Kgl. Fläm. Oper sowie fürs Belg. Fernsehen und 1970–84 als Direktorin des in Antwerpen ansässigen (heute Königl.) B. von Flandern. Gründete zusammen mit ihrem Vater 1941 eine B.-Schule, unterrichtete an verschiedenen Instituten und seit 1951 an der B.-Schule der Antwerpener Kgl. Fläm. Oper, die jetzt dem Kgl. B. von Flandern assoziiert ist.

Lit.: R. Barbier, in: *Van Operaballet naar Ballet van Vlaanderen*, Antwerpen 1973.

Brahms, Johannes, dt. Komponist, * 7. 5. 1833 Hamburg, † 3. 4. 1897 Wien. Komponierte keine B.-Musik, doch wurden immer wieder Kompositionen von ihm B.en zugrunde gelegt – vor allem seine Ungarischen Tänze (beliebt bei den Podiumstänzern der zwanziger und dreißiger Jahre). Wichtige B.e zu Musik von ihm sind u. a. L. Massines *Choreartium* (4. Sinfonie, 1933), B. Nijinskas *Brahms Variations* (Themen von Händel und Paganini, 1944), G. Balanchines *Liebeslieder-Walzer* (op. 52 und 55, 1960) und *Brahms-Schoenberg Quartet* (op. 25, 1966), E. Felds *Intermezzo* (ausgewählte Klavierstücke, 1969), E. Walters *Erinnerung* (Streichsextett, op. 36, 1969), J. Crankos *Initialen R. B. M. E.* (2. Klavierkonzert, B-Dur, 1972), H. Spoerlis *Vier Gesänge für Frauenchor* (1981), *Fantasien* (op. 116, Nr. 1–7), *Ballade* (op. 10, beide 1983) T. Tharps und J. Robbins' *Brahms/Handel* (Händel-Variationen, orchestriert von E. Rubbra, 1984).

Braig-Witzel, Ballettschule. Renate Witzel (* 23. 9. 1929 Stuttgart) wurde ebd. in der Bühnentanz-Fachschule von Ida Herion ausgebildet (Examen 1948). Zugelassen als Lehrerin für Kunsttanz, Rhythmik und Gymnastik 1949, begann sie in Stuttgart mit dem Aufbau einer eigenen Schule und war nebenher als Tänzerin tätig (zeitweise auch Stuttgarter Oper). Anschließend noch Ausbildung als Gesellschaftstanzlehrerin. Nach der Heirat mit dem Schauspieler Alfred Braig erfolgte der Ausbau ihrer Schule zu ihrer heutigen Kapazität. Mitbegründer des B.-Lehrer-Berufsverbandes (heute Verband dt. B.-Schulen) 1972. Aus den Wintertanztagen gingen 1976 die Internationalen Stuttgarter Tanzwochen hervor, die inzwischen in die Stuttgarter Wintertanztage und die Stuttgarter Ostertanzwoche mit prominenten Dozenten aus der ganzen Welt unterteilt werden.

Branle (frz. *bransler*, sich regen), Sammelbezeichnung für alt-frz. Volkstänze in Form von Kreisreigen oder Kettenformationen. Fast jede frz. Provinz besaß ihre eigenen Branles. Arbeau beschreibt 1588 23 Arten. Sie tragen entweder die Namen ihrer Heimatlandschaft oder von Berufen. Am Hof Ludwigs XIV. wurden die Staatsbälle mit zwei Branles eröffnet: Branle à mener und Gavotte. Im ersten Branle traten alle Paare hintereinander an wie in der Polonaise, der König und die Königin befanden sich an der Spitze des Zuges. Doch nach dem ersten Umgang begab sich das Königspaar an das Ende der Prozession, das zweite Paar befand sich nun vorne. Es wurde so lange weitergetanzt, bis das Königspaar wieder vorne stand. Darauf folgte in ähnlich getanzter Weise die Gavotte, die ursprünglich ein Kreisreigen war. Erst nach der Gavotte waren die Paartänze an der Reihe: Courante und seit etwa 1670 das Menuett. In modernisierter Form tauchen Branles u. a. in Strawinskys *Agon* auf.

Braque, Georges, frz. Maler, * 13. 5. 1882 Argenteuil, † 31. 8. 1963 Paris. Zu seinen B.-Ausstattungen gehören: *Les Fâcheux* (Ch.: B. Nijinska, B.s Russes de Diaghilew, 1924), *Salade* (Ch.: Massine, Soirées de Paris, 1924) und *Zéphire et Flore* (Ch.: Massine, B.s Russes de Diaghilew, 1925).

Brasilianischer Tanz. Die authentischen Tänze Brasiliens sind afrik. Ursprungs, sie wurden von schwarzen Sklaven geschaffen. Von ihnen sind Maxixe, Samba und Baiao als Gesellschaftstänze weltbekannt. Der mit der Samba aufs engste verbundene schwarze Karneval von Rio gehört zu den großen Touristenattraktionen der Erde. Berühmt sind heute auch die religiös-ekstatischen, stets mit Tänzen verbundenen Kulte Candomblé in Bahia, Xango in Recife und Macumba in Rio. Zwei afrik. Kulturen bzw. Volksgruppen haben die afro-bras. Kultur und deren Tänze bis heute geformt: die Yoruba aus Nigeria und die Bantu aus Kongo (Zaïre) und Angola. Die Tänze und Kulte von Recife und Bahia sind Schöpfungen der nach B. verschleppten Yoruba, die in Amerika Nago genannt werden. Ihre Sprache ist im Kult von Bahia noch heute erhalten. Die yorub. Tänze zeigen auch in B. den typischen westafrik. Tanzstil: kleinräumige Fußbewegungen, jedoch kräftige Schulter- und Beckenmotionen, Oberkörper nach vorne gebeugt. In den yorub. Ekstase-Tänzen steigen die Götter (Orixa) in die Körper der Gläubigen herab, die sich tanzend in göttliche Wesen verwandeln. Noch stärker als die Yoruba haben die Bantu die bras. Kultur in Poesie, Sprache, Religion, vor allem aber in Musik und Tanz beeinflußt. In den Bantu-Kulturen werden die vergöttlichten Ahnen angerufen und beschworen, ihren Nachkommen auf dieser Erde zu helfen. Daher erscheinen auch heute noch in der afrobras. Macumba die gleichen afrik. Ahnengeister wie im alten Angola. Der aus der Macumba entsprungene Umbanda-Kult vereint sämtliche alten und neuen Geistesströmungen B.s.: Bantu-Ahnenkult, yorub. Göttererscheinungen, indian. Geisterglauben, kathol. Marien- und Heiligenverehrung, frz.-amer. Spiritismus-Mediumismus. Die weltlichen Tänze und der Karneval von Rio sind Schöpfungen der Angola-Bantu. Typisch für diese Bantu-Tänze – Maxixe, Samba und Baiao – sind die am Boden klebenden Füße, vor allem aber die isolierten, weitschwingenden Beckenbewegungen. Diese angolan. Pelvis-Motionen kamen schon in den frühesten, uns bekannten afro-bras. Tänzen vor, im Lundu und Batuque, die seit dem 17. Jh. bekannt sind. Typisch für die angolan. Tänze auch in B. ist der Ombligada, der Zusammenstoß der Bäuche beider Partner. Schließlich stammt noch aus Angola der heute in der bras. Jugend wieder sehr beliebte Kampftanz Capoeira.

Lit.: G. Kubik, *Angolan Traits in Black Music, Games and Dances of Brazil*, Lisboa 1979; H. Fichte, in: *Xango*, Frankfurt (Main) 1976; R. Bastide, in: *Les Amériques Noires*, Paris 1967; B. Moser, *Die schwarze Mutter von São Paulo*, Düsseldorf 1966; Claus Schreiner, in: *Musica Popular Brasileira*, Darmstadt 1977.

Brenaa, Hans, dän. Tänzer und Pädagoge, * 9. 10. 1910 Kopenhagen. Studierte an der Kgl. Dän. B.-Schule, wurde 1928 Mitgl. der Komp., war von 1943–55 Solotänzer und unterrichtete dann an der Schule die Bournonville-Klassen. Er ist heute wegen seiner Bournonville-Einst.en international sehr begehrt.

Breuer, Peter, dt. Tänzer, * 29. 10. 1946 Tegernsee. Studierte bei P. Roleff, G. Blank, L. Gonta und V. Gsovsky. Mitgl. des Bayer. Staatsopern B.s seit 1961 – seit 1964 auch des B.s der Dt. Oper am Rhein, darüber hinaus regelmäßige Gastspiele an der Dt. Oper Berlin und 1974–77 Principal Dancer beim London Festival B. Zahlreiche Rollenkreationen in B.en von u. a. E. Walter, H. van Manen, J. Butler und J. Vamos. Gilt zu Beginn der achtziger Jahre als der prominenteste dt. Tänzer im In- und Ausland.

Lit.: M. Niehaus, *P. B.*, München 1978.

Brexner, Edeltraud, österr. Tänzerin und Pädagogin, * 12. 6. 1927 Wien. Studierte an der B.-Schule der Wiener Staatsoper, deren Mitgl. sie von 1944–72 war (Solistin 1952, Primaballerina 1957). Zahlreiche Rollenkreationen in B.en vor allem von E. Hanka, darunter auch in *Der Mohr von Venedig* (1955) und *Hotel Sacher* (1957). Seit 1962 unterrichtet sie an der Opern-B.-Schule. Erste Trägerin des Fanny-Elßler-Rings. Seit 1980 Ehrenmitgl. der Wiener Staatsoper. Sie ist mit dem B.-Meister Richard Nowotny verheiratet.

Brianza, Carlotta, ital. Tänzerin, * 1867 Mailand, † 1930 Paris (angeblich durch Selbstmord). Sie war noch Schülerin von C. Blasis, avancierte rasch zur Primaballerina der Scala, absolvierte 1883 ihr erstes Amerika-Gastspiel, erregte 1887 großes Aufsehen, als sie im Arkadia-Th. von St. Petersburg in Manzottis B. *Excelsior* auftrat, woraufhin sie ans Marien-Th. engagiert wurde. Dort debütierte sie 1889 mit E. Cecchetti in L. Iwanows *Die Tulpe von Harlem* und kreierte 1890 die Aurora in Petipas *Dornröschen* und 1891 die Hauptrolle in seinem *Kalkabrino*. Ging 1891 nach Westeuropa zurück und unterrichtete nach Beendigung ihrer Tänzerlaufbahn in Paris, von wo sie Diaghilew 1921 als Carabosse für seine *Dornröschen*-Prod. nach London holte.

Brind, Bryony, engl. Tänzerin, * 27. 5. 1960 Plymouth. Studierte bei zahlreichen Privatlehrern, dann Royal B. School. Mitgl. des Royal B. seit 1978, Solistin 1981. Rollenkreation in M. Corders *L'Invitation au voyage* (1982).

Brisé (frz. *briser*, zerbrechen, brechen), ein zur kleinen Batterie gehöriger gebrochener Schritt: Sprung nach oben von einem Fuß, die Bewegung wird dann in der Luft durch ein leichtes Aneinanderschlagen beider Beine gebrochen, Landung auf beiden Füßen (Assemblé). Man unterscheidet zwischen B.s dessus und B.s dessous. Ein B. volé ist ein fliegendes B.: die Verbindung von dessus und dessous mit beiden in der Luft gestreckt bleibenden Beinen. Die

Coda des *Blauen Vogels* in *Dornröschen* beginnt mit einer Diagonale von 24 B.s volés, die abwechselnd nach vorn und hinten ausgeführt werden.

Britten, Benjamin, engl. Komponist, * 22. 11. 1913 Lowestoft, † 4. 12. 1976 Aldeburgh. Komponierte die Musik zum B. *Der Pagodenprinz* (Ch.: J. Cranko, Royal B., 1957) – auch seine Oper *Tod in Venedig* enthält mehrere B.-Sequenzen (Ch.: F. Ashton, 1973). Choreographen haben sich oft seiner konzertanten Musik bedient, u. a. seiner *Soirées musicales* (A. Tudor, 1938; Cranko in *Bouquet garni*, 1965), *Variations on a Theme of Frank Bridge* (Cranko, 1954; A. Carter in *Haus der Schatten*, 1955; W. Gore in *Die im Schatten leben*, 1958; J. Neumeier in *Stages and Reflections*, 1968), *The Young Person's Guide to the Orchestra* (J. Robbins in *Fanfare*, 1953), *Les Illuminations* (Ashton, 1950; T. Gsovsky, 1961; J. Ulrich, 1978), *Interludes aus Peter Grimes* (Ulrich in *Der Blaue Mantel*, 1979) und *Sinfonia da Requiem* (G. Tetley in *Songs of Albion*; K. Kylián in *Vergessenes Land*, beide 1981).

Brouillards, B. von J. Cranko, Mus.: Debussy (9 *Préludes* für Klavier: *Brouillards, La Puerta del vino, Voiles, General Lavine eccentric, Bruyères, Les Fées sont d'exquises danseuses, Feuilles mortes, Hommage à S. Pickwick Esq., Des Pas sur la neige*); UA 8. 3. 1970, Stuttgart, mit J. Reyn, S. Hanke, B. Keil, E. Madsen, R. Cragun, H. Clauss u. a. – Die 10 kurzen Tanzstücke – das Gruppenstück vom Anfang wird am Ende noch einmal wiederholt – reichen vom Pas seul über Pas de deux, Pas de trois bis zum Auftreten des ganzen Ens.s. Doch nirgendwo kommt es zu bleibenden Begegnungen. Alle diese Stücke handeln von der Vergeblichkeit und Vergänglichkeit aller menschlichen Beziehungen.

Lit.: O. F. Regner / H.-L. Schneiders, in: *Reclams Ballettführer*, Stuttgart [8]1980.

Brown, Carolyn, amer. Tänzerin und Choreographin, * 1927 Fitchburg (Mass.). Ausbildung in der Schule ihrer Mutter, später auch bei M. Craske und A. Tudor. Eines der Gründungs-Mitglieder der M. Cunningham Dance Comp. 1952 im Black Mountain College, dann bis 1972 eine seiner engsten Mitarbeiterinnen, die zahllose Partien in seinen Stücken kreierte. Mehrfach auch als Choreographin hervorgetreten sowie als engagierte Publizistin für die Sache des Avantgarde-Tanzes. Heute Dean of Dance an der State University of New York in Purchase.

Brown, Trisha, amer. Tänzerin und Choreographin, * 25. 11. 1936 Aberdeen (Wash.). Studierte am Mills College in Oakland (Cal.). Begann dort sowie am Reed College in Portland (Oreg.) und an der New York University auch zu unterrichten, war dann 1962 eines der Gründungs-Mitgl.er des Judson Church Dance Th., 1970 auch von Grand Union. Tritt heute mit eigener Gruppe auf, mit der sie auch in Europa gastiert. Eine von Amerikas experimentellen Choreographinnen, die durch ihre Begegnung mit A. Halprin und Rob. Dunn geformt wurde. Begann mit Bewegungsformen, die der Schwerkraft entgegenwirken (Tänzer, die an Zimmer- und Gebäudewänden auf und ab laufen und sich an der Decke hängend mit dem Kopf nach unten bewegen) und ging dann zur Erkundung des Bewegungs-Zeit-Verhältnisses über.

Lit.: S. Banes, in: *Terpsichore in Sneakers*, Boston 1980.

Bruce, Christopher, engl. Tänzer, Choreograph und B.-Direktor, * 3. 10. 1945 Leicester. Studierte in Scarborough und an der Rambert B. School, debütierte bei W. Gores London B. und wurde 1963 Mitgl. des B. Rambert, für das er auch seine ersten Ch.n machte und dem er zeitweise auch als Resident Choreographer und Associate Director angehörte. Zu seinen besten Rollen gehörten der Faun in Nijinskys *Nachmittag eines Fauns* und Pierrot in G. Tetleys *Pierrot lunaire* – wichtige Rollenkreationen u. a. in Tetleys *Embrace Tiger and Return to Mountain* (1968) und N. Morrices *That Is the Show* (1971). Choreographierte u. a. *George Frideric* (Mus.: Händel, 1969), *Wings* (Mus.: Bob Downes, Köln 1970), *... for these who die as cattle* (keine Mus., 1972), *There Was a Time* (Mus.: Brian Hodgson, 1973), *Ancient Voices of Children* (Mus.: G. Crumb, 1975) *Black Angels* (Mus.: Crumb, 1976), *Cruel Garden* (zus. mit L. Kemp, Mus.: C. Miranda, 1977), *Night with Waning Moon* (Mus.: Crumb, 1979), *Cantata* (Mus.: Strawinsky, Köln), *Ghost Dances* (südamer. Folk-Musik, beide 1981), *Berlin Requiem* (Mus.: K. Weill, 1982), *Concertino* (Mus.: Janáček (1983) und *Intime Briefe* (Mus.: Janáček,

1984). Hat außer für das Kölner Tanz-Forum u. a. auch für die Münchner Staatsoper, die Batsheva Dance Comp., das Australian B. Th., das Basler Th., das Nederlands Dans Th. und mit zahlreichen anderen Komp.n gearbeitet.

Brüssel. An der 1682 eröffneten Académie de musique und am 1700 ins Leben gerufenen Th. sur la Monnaie traten Tänzer – meist aus Italien stammend – zuerst in Opern-Prod.en von Lully auf. Eine reguläre Truppe mit einem kleinen Tänzer-Ens., bestehend aus 4 Herren und 5 Damen plus einer singenden Ballerina, wurde 1705 gegründet, doch dauerte es bis 1817, ehe man von einer legitimen B.-Komp. sprechen kann (7 Solisten, je 20 weibliche und männliche Tänzer plus 8 Kinder), die hauptsächlich in B.en von Oudar und Hus auftrat. 1819 wurde das heutige Th. Royal de la Monnaie eingeweiht (1855 brannte es aus, wurde aber unverzüglich wiederaufgebaut). Der erste prominente B.-Meister war J.-A. Petipa (1819–32, 1833–35, 1841/42 und 1843), der auch das Conservatoire de la Danse gründete (1826/27). Er choreographierte viele B.e und sah zu, daß die zahlreichen Mitgl.er seiner Familie die entsprechenden Rollen erhielten, lud aber auch F. Elßler, F. Cerrito, M. Taglioni, C. Grisi und L. Grahn als Gastballerinen ein. Im wiedererstandenen Haus wurde Desplace 1858 B.-Meister. 1871 choreographierte hier J. Hannsen die erste *Coppélia*-Prod. außerhalb Frankreichs. L. Petipa, 1872 zum B.-Meister berufen, wurde um die Jahrhundertwende von G. G. Saracco und F. Ambroisiny abgelöst, mit C. Brianza als temporärer Ballerina. Nach dem Ersten Weltkrieg wurde Marthe Coeck B.-Meisterin, gefolgt von verschiedenen frz. B.-Meistern, bis J. J. Etchevery 1953 die Leitung übernahm. Das wichtigste Datum in der B.-Geschichte der Stadt war 1960 die Gründung des B. de XXe Siècle von M. Béjart, das im Kgl. Opernhaus, im Cirque Royal und im Forest National ein riesiges junges Publikum anzieht und durch seine ausgedehnten Auslandstourneen der Stadt erstmals zu internationalem B.-Ruhm verholfen hat.

Lit.: J. Salés, in: *Théâtre Royal de la Monnaie*, Brüssel 1971.

Brugnoli, Amalia, ital. Tänzerin, * vor 1810, Todesjahr nicht bekannt. Sie war Primaballerina des San Carlo Th.s in Neapel in den zwanziger Jahren des 19. Jh.s und angeblich die erste Tänzerin, die auf Spitze getanzt hat. In Wien erregte sie damit schon 1823 beträchtliches Aufsehen, obgleich sie dieser Effekt sichtliche Anstrengung kostete. Sie gastierte 1832 auch in Paris und London.

Bruhn, Erik, dän. Tänzer und B.-Direktor, * 3. 10. 1928 Kopenhagen. Studierte an der Schule des Kgl. Dän. B.s, wurde 1947 Mitgl. der Komp., 1949 Solist und blieb ihr auch noch verbunden, als er von 1947 an zunehmend langfristige Gastengagements bei anderen Komp.n absolvierte (u. a. beim engl. Metropolitan B., immer wieder beim American B. Th., beim National B. of Canada, New York City B., Harkness B., R. Page Comp. etc.). Direktor des Kgl. Schwed. B.s 1967–71, zeitweise Associate Director und seit 1983/84 Artistic Director des National B. of Canada, dem er eine Reihe von Klassikern einstudiert hat (*La Sylphide*, 1965; *Schwanensee*, 1966; *Coppélia*, 1975). B. galt während seiner ganzen, offiziell 1972 beendeten Tänzerkarriere als einer der besten Tänzer der Welt, makellos in seiner Technik, unübertroffen in seiner Kultiviertheit und Nobilität, dazu von rarer Intelligenz. Einer der hervorragendsten Repräsentanten der Bournonville-Schule, exzellierte er auch in den Danseur-noble-Rollen des traditionellen Rep.s sowie als Jean in B. Cullbergs *Fräulein Julie* und als Don José in R. Petits *Carmen*. Der Film hat seinen Herzog Albrecht in *Giselle* konserviert (mit C. Fracci, 1969). Er ist der Autor (zusammen mit L. Moore) von *Bournonville and Ballet Technique* (London, 1961) und von einem Beitrag, *Beyond Technique* in: *Dance Perspectives* 36 (1968).

Lit.: J. Gruen, *E. B. Danseur Noble*, New York 1979.

Brunner, Gerhard, österr. B.-Direktor, * 23. 3. 1939 Villach. Studierte an der Universität Wien (Dr. jur.). War Musik- und Tanzkritiker für verschiedene österr. und dt. Zeitungen und Rundfunksender sowie Künstlerischer Beirat beim Wiener B. Festival 1969 und Steyrischen Herbst (Graz) 1976, bevor er 1976 zum B.-Direktor der Wiener Staatsoper berufen wurde. Organisator der Wiener Festivals Tanz '82 und '84. Er war mit der Tänzerin Christl Zimmerl verheiratet.

Bucklige Pferdchen, Das (auch **Das Höckerpferdchen;** russ. Originaltitel: *Konjok Gorbu-*

nok), B. in 5 Akten und 10 Szenen, Libr. und Ch.: A. Saint-Léon, Mus.: C. Pugni; UA 15. 12. 1864, Bolschoi-Th., St. Petersburg, mit Marfa Muriajewa, Nikolai Troitzky u. a. Das dem beliebten gleichnamigen Märchen von P. P. Jerschow nachgestaltete B. erzählt von den Wundertaten des russ. Volkshelden Iwanuschka, die dieser dank der Hilfe des B. Pf. vollbringt und mit denen er schließlich die für einen orientalischen Khan bestimmte Zarewna für sich gewinnt. Als Happy-End gibt es eine große Hochzeitsprozession aller Völker des russ. Reiches. – Die Ballettomanen von St. Petersburg waren zwar gegen das polyglotte Idiom dieses B.s, doch haben sie dessen Siegeszug über die Bühnen Rußlands und der Sowjetunion nicht aufgehalten. Weitere Versionen u. a. von M. Petipa (St. Petersburg 1895) und A. Gorsky (Moskau 1901). Ein völlig neues B. gleichen Titels hatte am 4. 3. 1960 im Moskauer Bolschoi-B. Premiere. Libr.: W. Wainonen und P. Maliarewska, Mus.: R. Schtschedrin, Ch.: A. Radunsky. Diese Version brachten 1963 in Leningrad sowohl das Maly-Th. (Ch.: I. Belski) als auch das Kirow-Th. (Ch.: N. Anissimowa) zur Auff.

Lit.: L. Kirstein, in: *Movement and Metaphor*, New York 1970.

Budapest. Bevor die Staatsoper 1884 ihr heutiges Gebäude bezog, fanden die B.-Vorst.en im Ofner Hof-Th. und im National-Th. statt. Hier gelangten die B.e des romantischen Rep.s zur Auff. – u. a. *La Fille mal gardée* (1839), *Undine* (1846), *Giselle*, *Paquita* (beide 1847), *La Péri* (1851), *Esmeralda* (1856), *La Sylphide* (1858), *Coppélia* (1877) und *Naila* (1881), in denen gelegentlich die berühmten Ballerinen der internationalen Szene gastierten. Daneben gab es auch ung. Pantomimen und B.e von ung. Choreographen wie Szöllösy, Farkas, Kaczér, Veszter, Kilányi und Tóth, doch kamen die meisten Pädagogen und Choreographen aus dem Ausland. Um die Mitte des Jahrhunderts war Emilia Aranyvári die erste ung. Primaballerina. Eine erste Blütezeit erlebte die Komp. unter N. Guerra, der mit kurzen Unterbrechungen 1902–15 hier wirkte. Zu seinen Schülern gehörten Emilia Nirschy, Anna Palley und F. Nádasi. Auf Guerra folgten E. Brada und O. Zöbisch (UA von Bartóks *Holzgeschnitztem Prinz*, 1917) sowie J. Czieplinsky. In den dreißiger Jahren unseres Jahrhunderts kam es zu einer Konzentration zunächst unter G. Oláh, der 1936 G. Harangozó und 1937 F. Nádasi engagierte, die später seine Nachfolger wurden. Während sich Harangozó große Verdienste als Choreograph erwarb, zeichnete sich Nádasi vor allem als Pädagoge aus. Auch A. von Milloss wurde zweimal eingeladen. Nach dem Zweiten Weltkrieg kam es zu einer engen Zusammenarbeit mit sowj. Choreographen und Pädagogen – u. a. W. Wainonen, A. Messerer, R. Sacharow, L. Lawrowski, N. Anissimowa, K. Bojarski, P. Gussew und W. Tschabukiani. 1950 wurde das Staatl. B.-Institut gegründet. Neben Harangozó waren E. Vashegyi, I. Eck, S. Barkóczy, A. Fodor und seit 1968 L. Seregi die meistvertretenen ung. Choreographen. 1977–83 war Seregi B.-Direktor. Inzwischen hat sich die Komp. zunehmend auch westl. Choreographen geöffnet – u. a. J. Charrat, F. Ashton, H. Lander, M. Béjart, G. Balanchine und A. Ailey. Die nun regelmäßig Auslandstourneen absolvierende Komp. tritt sowohl im Opernhaus wie im Erkel-Th. auf. Seit 1984 ist Adél Orosz B.-Direktorin.

Lit.: G. Körtevélyes / G. Lörinc, *Budapester Ballett*, Bd. 1, Berlin [Ost] 1971; Bd. 2, Budapest 1980.

Buenos Aires. Nachdem es vorher lediglich Gastspiele einzelner ausländischer Tanzpaare gegeben hatte, bekam B. A. bei der Eröffnung des Teatro Colón 1857 die erste richtige B.-Komp. zu sehen: die hauptsächlich aus Familienmitgliedern bestehende Truppe von Jean Rousset, die hier auch ein paar der bekanntesten Klassiker zur Auff. brachte. Ab 1861 erfreuten sich 12 Jahre lang die Bouffes Parisiens großer Beliebtheit. Giovanni Pratesi, der 1865 hier debütierte, eröffnete 1879 die erste B.-Schule der Stadt. Im selben Jahr war Angelo Ferrari mit L. Manzottis *Excelsior* äußerst erfolgreich – es gab daraufhin sogar eine Zigarette dieses Namens, die mit den Bildern der Ballerinen vertrieben wurde. 1903 brachte die Komp. von Ludovico Saracco *Coppélia* zur Auff. 1908 wurde das neue Teatro Colón eröffnet, dessen B.-Komp. auf 40 Mitgl.er meist ital. Herkunft verstärkt wurde. 1912 setzte ein nicht mehr abreißender Zustrom prominenter Gastballerinen und von Komp.n aller Art ein – darunter auch Diaghilews B.s Russes, I. Duncan und A. Pawlowa. 1925 erfolgte eine gründliche Reorganisation der Komp., mit einem größeren Kontingent argent. Tänzer als Basis. In den folgenden Jahren kam es zu zahlreichen Gastspielen prominenter Choreographen, die zum größten Teil hier ihre Erfolgswerke einstudierten, gelegentlich aber auch neue B.e präsentierten – auf der sehr umfangreichen Liste begegnen u. a. die Namen von A. Bolm, G. Kyascht, B. Nijinska (wiederholt), M. Fokine, B. Romanoff, S. Lifar, J. Cieplinsky, M. Wallmann (sehr häufig zwischen 1937 und 1948), G. Balanchine und I. V. Psota. Nach 1945 kamen dann u. a. D. Lichine, A. von Milloss, T. Gsovsky, M. Borovsky, H. Rosen, verschiedentlich auch L. Massine, J. Carter, R. Nurejew, G. Skibine und Y. Georgi. Heute ist der Spielplan am Teatro Colón, das 1968 erstmals seine B.-Komp. nach Europa schickte, ganz international orientiert, dabei ohne jegliche Kontinuität und Profil. Zeitweise verfügte die Stadt am Teatro San Martin auch über eine modern orientierte Komp., aus der der Choreograph O. Araiz hervorging.

Lit.: *B. A.*, in: *Enciclopedia dello spettacolo*, Rom, 1954/62.

Bugaku, B. in 1 Akt von G. Balanchine, Mus.: Toshiro Mayuzumi, Dek.: David Hays und B. Karinska; UA 20. 3. 1963, New York City B., City Center, New York, mit A. Kent, E. Villella u. a. Der Besuch von Gagaku, der Musiker und Tänzer am jap. Kaiserhof, in New York inspirierte Balanchine zu diesem dreiteiligen B., das, an sich handlungslos, als eine Art frei erfundenes jap. Hochzeitsritual zu interpretieren ist. Jap. Motionen erscheinen hier in ein zu gleichen Teilen mit Erotik und Akrobatik aufgeladenes westl. B.-Idiom übersetzt. Europ. Erstprod. Zürich 1980.

Lit.: O. F. Regner / H.-L. Schneiders, in: *Reclams Ballettführer*, Stuttgart [8]1980.

Bujones, Fernando, amer. Tänzer, * 9. 5. 1955 Miami (Fl.). Studierte bei A. Alonso in Havanna und an der School of American B. Debütierte 1970 bei der Komp. von A. Eglevsky, seit 1972 Mitgl. des American B. Th. (seit 1974 Principal Dancer). Gilt als einer der besten amer. klassischen Tänzer. Zahlreiche Gastspiele in der ganzen Welt (auch in Wien, Stuttgart und München).

Bukarest. Anfangs gab es B. nur als Tanzeinlagen gastierender ausländischer Operntruppen. 1852 wurde eine erste Tanzklasse an der Musikschule eingerichtet. 1869 gab es im National-Th. das erste klassische B. mit einem rumän. Stoff: *Das goldene Mädchen*, choreographiert von der amer. Ballerina Augusta Maywood. 1885 wurde ein rumän. Opern-Ens. dem National-Th. angegliedert, aus dessen dazugehöriger B.-Schule Maria Balanescu als erste prominente rumän. Ballerina hervorging. Vor dem Ersten Weltkrieg setzte eine verstärkte B.-Pflege ein, die nach der Verstaatlichung der Oper in B. erneuten Auftrieb erfuhr. Es kam zu einer engen Zusammenarbeit mit der Oper in Cluj. Auf dem Rep. beider Th. standen die Standardklassiker und die Erfolgswerke des Diaghilew-Rep.s. An den B.-Schulen in B. und Cluj arbeiteten so geschätzte Lehrer wie M. Balanescu, A. Romanovski, E. Pienescu-Liciu und B. Kniaseff. Nach 1945 leistete dann die UdSSR umfangreiche Entwicklungshilfe beim Neuaufbau des rumän. B.s, wobei auffällt, daß nicht nur die Standardklassiker, sondern auch B.e des modernen sowj. Rep.s durchweg von rumän. Choreographen inszeniert wurden, u. a. von O. Danovski, T. Urseanu und V. Marcu. In den sechziger Jahren erfolgte unter dem B.-Chef Danovski eine Öffnung des Rep.s für westl. Einflüsse, gipfelnd im Paris-Gastspiel der Komp. 1965 mit der B.-UA von Boulez' *Le Marteau sans maître* (Ch.: Stere Popescu). Außer den Klassiker-Prod.en und den obligatorischen B.en zu Musik von G. Enescu bietet das Rep. inzwischen eine Reihe von rumän. Eigenprod.en, unter denen sich Danovskis *Prinz und Bettler* besonderer Popularität erfreut.

Bulerias, Flamenco-Tanz, auch Chuflas (Aufschneiderei) genannt, wird in sehr schnellem Tempo, mit pantomimisch-humoristischen Akzenten getanzt. Bulerias werden meist am Ende von Flamenco-Darbietungen vorgeführt.

Burmeister, Wladimir Pawlowitsch, sowj. Tänzer, B.-Meister und Choreograph. * 15. 7. 1904 Witbesk, † 5. 3. 1971 Moskau. Studierte an der B.-Fakultät des Lunatscharski-Th.-Technikums in Moskau, trat schon während seines Studiums im Moskauer Miniatur-Th. und im Dramatischen B. auf und war von 1930 an führender Tänzer und später auch B.-Meister am Moskauer B.-Künstler-Th., das dann im B. des Stanislawski-Nemirowitsch-Dantschenko-Musik-Th.s aufging, dessen Chef-B.-Meister er wurde. Als erstes großes B. choreographierte er 1931 eine Neufassung von Adams *Korsar*. Seine späteren bedeutenden Ch.n schuf er primär für das Stanislawski-Nemirowitsch-Dantschenko-Musik-Th., u. a. *Straussiana* (1941), *Die lustigen Weiber von Windsor* (Mus.: W. Oranski, 1942), *Lola* (Mus.: S. Wassilenko, 1943), *Scheherazade* (Mus.: Rimskij-Korsakow, 1944), *Carnaval* (Mus.: Schumann, 1946), *Das Glücksufer* (Mus.: A. Spadavecchia, 1956), *Jeanne d'Arc* (Mus.: N. Pejko, 1958) und *Das einsame weiße Segel* (1970). Großes Aufsehen – bei einer Tournee dann auch im westl. Ausland – erregte 1953 seine Neuinsz. von *Schwanensee* nach der Originalpartitur, die er 1960 auch dem B. der Pariser Opéra einstudierte. Für das London Festival B. choreographierte er 1961 zu der Musik, die Tschaikowsky für das gleichnamige Stück von Ostrowski geschrieben hatte, ein *Snow Maiden* B.

Burth, Jürg, schweiz. Tänzer und Choreograph, * 28. 2. 1944 Zürich. Studierte an der B.-Schule der Zürcher Oper, dann auch bei R. Hightower und M. Graham. Debütierte 1964 beim Basler B., dann beim Kölner B. 1968–75, wo er 1971 zusammen mit H. Baumann, J. Ulrich und G. Veredon Mitbegründer des Kölner Tanz-Forums war, für das er auch seine ersten Ch.n schuf. Choreograph und B.-Kodirektor der Zürcher Oper 1975–78, heute freischaffend als Choreograph tätig (Zürich, Köln, Wiesbaden u. a.).

Busse, Ulrich, dt. Tänzer, * 25. 6. 1955 Berlin. Studierte in Hamburg bei Bohse-Adam, E. Klütz und an der Opern-B.-Schule sowie in München bei Roleff-King und an der B.-Schule der Staatsoper. Tänzer ebd. beim Staatsopern-B. 1975, Solist 1978–80, seit 1980/81 Solist in Zürich. Rollenkreationen u. a. in D. Gackstetters *Rilke* (1977), G. Picks *Aschenbrödel* (Ulm 1979), G. Bohners *Wieland der Schmied* (1979), J. Neumeiers *Bach-Suite 2* (1980) und H. Spoerlis *Narziß* (1981) sowie im Rahmen der Zürcher Balanchine- und Nurejew-Einst.en.

Butler, John, amer. Tänzer und Choreograph, * 29. 2. 1920 Memphis (Tenn.). Studierte an der M. Graham School und an der School of American B., tanzte 1945–55 bei der Graham Comp., trat in Musicals und Fernseh-Prod.en auf, gründete dann ein eigenes J. B. Dance Th., mit dem er auch in Europa gastierte, arbeitete aber vornehmlich als freischaffender Choreograph – u. a. für das New York Metropolitan Opera House, die New York City Opera, das New York City B., das Harkness B., das Pennsylvania B., das Australian B., in Europa u. a. auch für Nederlands Dans Th., B.-Th. Contemporain, in Köln, München und Düsseldorf. Zu seinen bekanntesten B.en zählen u. a. *The Unicorn, the Gorgon, and the Manticore* (Mus.: Menotti, Washington 1956), *The Sybil* (Mus.: Surinach, Spoleto 1959), *Carmina Burana* (Mus.: Orff, New York 1959), *Sebastian* (Mus.: Menotti, Den Haag 1963), *After Eden* (Mus.: Lee Hoiby, Cannes 1966), *Catulli Carmina* (Mus.: Orff, Caramoor Festival 1964), *A Season in Hell* (Mus.: P. Glanville-Hicks, New York 1967), *Transitions* (Mus.: Webern, Köln 1969), *Itinéraire* (Mus.: Berio, Angers 1970), *La Voix* (Mus.: G. Crumb, Strasbourg 1972), *Intégrales* und *Ameriques* (Mus.: Varèse, Paris 1973) und *Les Doubles* (Mus.: H. Dutilleux, München 1980).

C

Cabriole (ital. *capriola*, Reh), einen Sprungschritt mit gestreckten Beinen, wobei das untere gegen das obere Bein schlägt, das auf diese Weise noch ein bißchen höher fliegt, bevor zur Landung auf dem früheren Standbein angesetzt wird. In Volks- und Charaktertänzen werden häufig nur die Sohlen zusammengeschlagen, wobei die Knie gebeugt und nach außen gedreht werden müssen.

Cachucha, andalusischer Tanz im Dreiertakt von mäßig schnellem Tempo, dem Bolero ähnlich, ausgeführt von einer einzelnen Tänzerin mit Kastagnetten. Mitte des 19. Jh.s von großer Beliebtheit, die nach Fanny Elßlers außerordentlichem Erfolg mit ihrer selbst arrangierten Ch. in Corallis *Le Diable boîteux* 1836 zu einem regelrechten Cachucha-Fieber ausartete. Eine genaue Beschreibung findet sich in der *Grammatik der Tanzkunst* von F. A. Zorn (1887). Nach Zorn wurde die Cachucha 1967 von Ann Hutchinson und Philippa Heale für die B.-for-All-Gruppe des Royal B. rekonstruiert und in dieser Form 1969 auch von der Wiener Staatsoper übernommen.

Lit.: A. Hutchinson, *Fanny Elssler's C.*, London 1981.

Caciuleanu, Gheorge (Gigi), rumän. Tänzer, Choreograph und B.-Direktor, * 13. 5. 1947 Bukarest. Studierte an der Bukarester Staatsopern-B.-Schule, trat nach seinem Examen der Komp. bei und begann schon früh auch als Choreograph zu arbeiten. Nach zweimaligem Gewinn des Ersten Preises beim Kölner Wettbewerb für Junge Choreographen (1971 für *Voices*, Mus.: Collage; 1972 für *Kerzenschatten*, Mus.: Ravel, *Bolero*), entschloß er sich, im Westen zu bleiben, arbeitete zunächst beim Essener Folkwang-B., dann als B.-Meister und B.-Direktor in Nancy 1974–78, seither beim Th. Chorégraphique de Rennes – Centre National, mit dem er auch zahlreiche Tourneen unternommen hat. Häufige Gastspiele als Choreograph, u. a. Pariser Opéra und Hamburger Staatsoper.

Cadzow, Joan, austral. Tänzerin, * 17. 7. 1929 Melbourne. Studierte bei Jennie Brennan in Melbourne und an der Sadler's Wells School und war Mitgl. des Sadler's Wells Th. B. 1947–52. Tanzte dann bei mehreren frz. Komp.n, beim Nederlands B., in Frankfurt a. M. und an der Dt. Oper Berlin und wurde 1966 Ballerina beim B. der Dt. Oper am Rhein, dem sie auch heute noch angehört (inzwischen als Trainingsleiterin). Kreierte zahlreiche Rollen in B.en von E. Walter.

Cage, John, amer. Komponist, * 15. 9. 1912 Los Angeles. Wurde 1942 Musikdirektor der Komp. von M. Cunningham, der er lange Jahre angehörte und auch heute noch freundschaftlich beratend und als Komponist zahlreicher Stücke verbunden ist. Zu den anderen Choreographen, die Kompositionen von ihm verwendet haben, gehört auch H. van Manen (*Solo for Voice 1*, 1969; *Twilight*, 1972). Autor eines Beitrags in einem Symposium über das Verhältnis Komponist und Choreograph, in: *Dance Perspectives* 16 (1963).

Cage, The, B. in 1 Akt von J. Robbins (Libr. und Ch.), Mus.: Strawinsky (Concerto in D für Streichorchester), Bühne: J. Rosenthal, Kost.: Ruth Sobotka; UA 14. 6. 1951, New York City B., City Center, New York, mit N. Kaye, N. Magallanes, Y. Mounsey u. a. – Das B. geht von dem im Insekten- und Tierreich zu beobachtenden Phänomen aus, daß das Weibchen das Männchen nur zum Zwecke der Befruchtung benutzt. Nach der vollzogenen Kopulation wird das Männchen getötet. Die von Robbins erzählte Story handelt von der Zerstörung des Mannes in einer von Frauen beherrschten Gesellschaft.

Lit.: G. Balanchine / F. Mason, in: *Balanchine's Complete Stories of the Great Ballets*, Garden City (N. Y.), 1977.

Cahusac, Louis de, frz. Tanz-Schriftsteller, * 1700 Montauban, † 1759 Paris. Schrieb die Libretti zu zahlreichen Opern von Rameau, so für *Les Fêtes de Polymnie* (1745), *Les Fêtes de* *l'Hymen et de l'Amour* (1747) und *Zoroastre* (1749). In seiner 1754 veröffentlichten dreibändigen Abhandlung *La danse ancienne et moderne, ou traité historique sur la danse* (dt. Berlin 1759) setzte er sich für die dramatischen Belange des pantomimischen Tanzes ein, so daß man in ihm mit Recht einen Vorläufer von Noverres Theorien gesehen hat.

Cakewalk, paarweise ausgeführter Tanz der nordamer. Neger, der sich bis in die Sklavenzeit zurückverfolgen läßt. Ursprünglich handelte es sich um einen Tanzwettbewerb, bei dem das Siegerpaar u. a. auch einen Kuchen als Belohnung von der Herrschaft erhielt. Daher der Name Cakewalk = Kuchentanz. Die benutzten Techniken waren: shuffles (schlürfende Jazz Walks), hohe Beinwürfe, Beckenkreisen und Rückbeugungen des Oberkörpers. Bis 1890 wurde der C. auch von weißen Jugendlichen übernommen. 1892 gab es im Madison Square Garden in New York einen öffentlichen Wettbewerb für C. Mit dem Negro Musical *In Dahomey* gelangte der C. 1903 nach London und von da aus in die vornehme Gesellschaft der europ. Großstädte. Eine genaue Beschreibung für die europ. Gesellschaft gab der Wiener Tanzlehrer W. K. von Jolizza 1907 in seinem Buch *Die Schule des Tanzes*.

Lit.: L. F. Emery, in: *Black Dance in the USA*, Palo Alto 1972; H. Günther, *Jazz Dance*, Wilhelmshaven 1980.

Calegari, Maria, amer. Tänzerin, * 1957 Queens (N. Y.). Studierte ebd. bei Florence und Victor Riley, dann School of American B., Mitgl. des New Yorker City B. seit 1974, Solistin 1981, Principal Dancer 1983. Rollenkreationen u. a. in P. Martins' *Suite from ›Histoire du soldat‹* (1981), J. Robbins' *Gershwin Concerto*, *Septet* (*Four Chamber Pieces*, 1982) und *Glass Pieces* (1983).

Camargo (d. i. Marie Ann de Cupis de Camargo), frz. Tänzerin span. Abstammung, * 15. 4. 1710 Brüssel, † 28. 4. 1770 Paris. Debütierte in Brüssel, ließ sich dann in Paris bei F. Prévost und Blondy weiter ausbilden, wo sie 1726 Mitgl. der Opéra wurde und in eine scharfe Rivalität zu Marie Sallé geriet. Zog sich 1734–40 von der Bühne zurück, um als Mätresse des Grafen von Clermont zu leben, feierte aber dann noch einmal von 1741 bis zu ihrer 1751 erfolgten Pensionierung große Triumphe. Sie exzellierte als Brio-Tänzerin, verfügte über eine vorzügliche Batterie und eignete sich viele Techniken an, die bis dahin als ausgesprochenes Reservoir der männlichen Tänzer galten, z. B. Entrechats, Cabrioles etc. Sie war aber nicht nur eine vorzügliche Technikerin, sondern bezauberte auch durch ihr Temperament und ihren sehr weiblichen Charme in den B.en der Opern von Rameau, Campra, Destouches und Mouret. Um größere Sprungfreiheit zu erhalten, kürzte sie die Rocklänge und schaffte die hohen Absätze bei den Tanzschuhen ab. Nicolas Lancret porträtierte sie in zwei berühmten Gemälden. Petipa und Minkus schufen 1872 ein B. mit dem Titel *Camargo*. In England wurde 1930 eine B.-Fördergesellschaft nach ihr benannt.

Camargo Society, wurde auf Anregung von A. Haskell und Ph. J. S. Richardson 1930 als B.-Fördergesellschaft gegründet und trat am 19. 10. 1930 erstmalig im Londoner Cambridge Th. vor ihr Subskriptionspublikum – mit Ch.n von A. Genée, N. Legat, N. de Valois und F. Ashton. Die Tänzer kamen für diese und die späteren Veranstaltungen hauptsächlich aus den Studios von de Valois und M. Rambert. Sie erhielten ihre besondere Attraktivität durch die selbstlose Mitwirkung arrivierter Stars wie A. Dolin, A. Markova, L. Lopokova und selbst O. Spessiwtzewa, die hier in den ersten – gekürzten – brit. Prod.en von *Giselle* und *Schwanensee* tanzte. Während ihres dreijährigen Bestehens gelang es der C. S., dem B. neue Freunde und Förderer zuzuführen. Hier gelangten u. a. de Valois' *Création du monde* und *Job* (beide 1931), Ashtons *Façade* (1931) und A. Tudors *Adam and Eve* (1932) zur UA. Im Sommer 1933 konnte sich die Gesellschaft auflösen. Ihre Ziele waren erreicht, die Basis für ein eigenständiges brit. B. geschaffen, dessen weiterer Ausbau vom Vic-Wells B. und vom B. Rambert vorangetrieben wurde.

Cambré (frz., geschweift, gebogen), im B. eine Seitwärts- oder Rückbeugung des Oberkörpers.

Campanini, Barbara → Barberina, La.

Campianu, Eva, österr. Tanzhistorikerin, Pädagogin und Choreographin, * 25. 9. 1927 Temesvar (Rumänien). Studierte in Rumänien Pädagogik und Ch., war 1952–64 in Hermannstadt tätig. Seit 1964 in Wien, seit 1965 Professor für Historischen Tanz an der Hochschule für Musik und Darstellende Kunst. Seit 1970 Arbeit mit eigenem Ens. »Danze Antiche«, das sich um Rekonstruktion und Wiedergabe historischer Tänze auf Grund originaler Tanzaufzeichnungen bemüht – zahlreiche Gastspiele auch im Ausland. Gastdozentin für Historischen Tanz an Schulen, Akademien und Universitäten in Europa und den USA. Gelegentlich als Choreographin für Barock-Opern-Aufführungen tätig. Autorin *Terpsichore im Wien der Maria Theresia* (Wien 1979). Sie ist die Mutter der Wiener Staatsopern-Tänzerin und Choreographin Andrea C.

Campra, André, frz. Komponist, * 1660 (getauft am 4. 12.) Aix-en-Provence, † 29. 6. 1744 Versailles. 1697 brachte er anonym die B.-Oper *L'Europe galante* in Paris zur UA, 1699 unter dem Namen seines Bruders Joseph das B. *Le Carnaval de Venise*. Er wurde dann zum Kgl. Kapellmeister und Direktor der Musikpagen ernannt und schuf für die Pariser Opéra an die 25 B.e und B.-Opern. Einen Wiederbelebungsversuch an seiner B.-Oper *Les Fêtes vénitiennes* (1710) unternahmen die Wuppertaler Bühnen 1970 für die Schwetzinger Festspiele (Ch.: I. Sertic), *Le Carnaval de Venise* choreographierte N. Schmucki für das Festival von *Aix-en-Provence* 1975.

Canarie, ein von Arbeau (1588) beschriebener Paartanz im ⅜-Takt, der wahrscheinlich über die Kanarischen Inseln nach Spanien und Frankreich gelangte. Charakteristisch für diesen Tanz war das synkopierte klopfende Pochen mit Ferse und Spitze. Diese Technik ist sudan. Ursprungs, sie hat nichts mit der Zapateado-Technik der span. Tänze zu tun. Arbeau nennt den C. einen barbarischen, d. h. aber doch wohl afrik. Tanz.

Cancan (frz., Lärm), auch Chahut genannt, war ursprünglich ein maßvoll-heiterer Gesellschaftstanz, der von dem Komiker Masarié 1830 als Variante des Kontertanzes erfunden wurde. Dieser Tanz gelangte nach 1844 in die Pariser Music-halls und entwickelte dort ein immer freizügigeres Raffinement. Die Revue-Tänzerinnen warfen ihre Beine hoch in die Luft und zeigten dabei ihre Rüschenunterwäsche. Verschiedentlich wurde der C. von den Behörden wegen Obszönität verboten. Die zündendsten C.s finden sich in den Operetten von Offenbach (*Orpheus in der Unterwelt*). Henri de Toulouse-Lautrec hat den Tanz in vielen Zeichnungen aus dem Moulin Rouge verewigt. L. Massine bediente sich des C. für Höhepunktsmomente in *Der Zauberladen* (1919) und *Gaîté Parisienne* (1938).

Cannabich, Johann Christian, dt. Komponist, * 1731 (getauft am 28. 12.) Mannheim, † 20. 1. 1798 Frankfurt a. M. Schüler von J. Stamitz und N. Jommelli, wurde 1758 Konzertmeister des Mannheimer Hoforchesters und siedelte 1778 mit dem Hofe Karl Theodors nach München über. Komponierte die Musik zu über 40 B.en, die teilweise offensichtlich von Noverre beeinflußt waren und in der Mehrzahl von E. Lauchery in Mannheim und Kassel choreographiert wurden.

Lit.: R. Kloiber, *Die dramatischen Ballette von Chr. C*, Diss. München 1928.

CAPAB Ballet Company. Die in Kapstadt, Südafrika, ansässige B.-Komp. ist nach dem sie finanzierenden Cape Performing Arts Board benannt. Sie ging aus der University of Cape Town B. Comp. hervor und nahm ihren heutigen Namen 1965 an. Außer ihren regulären Saisons im Nico Malan Opernhaus in Kapstadt unternimmt sie regelmäßig Tourneen durch Südafrika und Namibia, früher auch nach Rhodesien. Ihre erste Direktorin war D. Howes, mit D. Poole als B.-Meister, der seit 1969 ihre Leitung innehat. Die von Ph. Spyra angeführte Truppe hat heute 60 Tänzer, importiert darüber hinaus ständig internationale Gaststars. Ihr Rep. basiert auf den Klassikern, daneben auf Werken des internationalen Marktes sowie auf B.en lokaler Choreographen (u. a. F. Staff, Gary Burne, Veronica Paeper).

Capriccio Espagnol, B. in 1 Akt von L. Massine und Argentinita zur gleichnamigen Musik von Rimskij-Korsakow, Dek.: Mariano Andreù (ursprünglich für Fokines *Jota Aragonesa*, 1937); UA 4. 5. 1939, B. Russe de Monte Carlo, Monte Carlo, mit Argentinita, Massine, A. Danilova, M. Panaieff u. a. – Eine Folge von fünf Tänzen ohne kontinuierliche Handlung in

Form eines großen span. Divertissements, das sich an ein paar Charaktertypen entlangrankt. Verfilmt unter dem Titel *Spanish Fiesta* von Warner Brothers 1941.

Lit.: G. Balanchine / F. Mason, in: *Balanchine's Great Stories of the Great Ballets*, Garden City (N. Y.) 1977.

Caprices du Cupidon et du Maître du Ballet, Les (dän. Originaltitel: *Amors og Balletmesterens Luner*), B. in 1 Akt von Vincenzo Galeotti, Mus.: Jens Lolle; UA 31. 10. 1786, Kgl. Dän. B., Kopenhagen. Dies ist das älteste B., dessen Ch. sich bis heute erhalten hat und das gelegentlich noch auf dem Spielplan des Kgl. Dän. B.s steht. Es handelt von den Streichen des Liebesgottes Cupido, der die falschen Liebhaber miteinander verkuppelt, und zwar in Form von verschiedenen national-akzentuierten Duos, mit einem turbulenten Finale, in dem die zwangsverkuppelten Liebenden danach trachten, voneinander loszukommen.

Capriola (ital., Bocksprung). Caroso da Sermoneta hat in seinem zuerst 1577 in Venedig erschienenen Buch diese Figur beschrieben, die er in *terzo*, *quarto* und *quinto* unterteilt und die demnach mit unseren entsprechenden Entrechats identisch ist.

Capriol Suite, B. in 1 Akt. Ch.: F. Ashton, Mus.: Peter Warlock (nach den Airs aus Arbeaus 1588 erschienenem Buch *Orchésographie*), Dek.: William Chappell; UA 25. 2. 1930, Rambert Dancers, Lyric Th., London, mit A. Howard, D. Gould, H. Turner, W. Chappell und Ashton selbst. Seinen Namen hat das B. nach Capriol, dem Schüler und Gesprächspartner von Arbeau in dessen Buch. Es handelt sich um eine Suite von Tänzen, deren frz. Charakter der junge Ashton ins Englisch-Elisabethanische übertrug.

Caracas → Ballet Nuevo Mundo de Caracas.

Carbone, Giuseppe, ital. Tänzer, Choreograph und B.-Direktor, * 7. 2. 1939 Messina. Studierte an der röm. Accademia Nazionale di Danza. War 1960–70 als Tänzer in Bonn engagiert, wo er auch zu choreographieren begann. Seither für verschiedene ital. Komp.n tätig – häufige Zusammenarbeit mit dem Komponisten S. Bussotti, 1980/81 B.-Direktor an der Mailänder Scala.

Carlson, Carolyn, amer. Tänzerin, Choreographin und B.-Direktorin, * 7. 3. 1943 Oakland (Cal.). Studierte an der Universität von Utah, der San Francisco B. School und bei A. Nikolais, in dessen Komp. sie 1965–71 tanzte. Schloß sich dann der Komp. von Anne Béranger an, übersiedelte nach Paris und trat mit verschiedenen Komp.n auf (u. a. Avignon, Hamburg, Mailand und Bordeaux). Danseuse étoile chorégraphique an der Pariser Opéra 1974–80 (weibliche Hauptrolle in G. Tetleys *Tristan*, 1974; zahlreiche experimentelle Ch.n.). Leitet seither eine eigene Gruppe für experimentelle Ch. am Teatro Fenice in Venedig, mit der sie häufig auch Auslandstourneen unternimmt. Auswahlliste ihrer Ch.n (überwiegend zu Musik-Collagen): *Exchange* (1967), *3 – 2 – 1 – 0* (1968), *Solo-Duo-Trio* (1969), *6+* (1971), *Onirocri* (1973), *Sablier prison* (1974), *Il y a juste un instant* (1974), *L'or des fous – Les Fous d'or* (1975), *Wind, Water, Sand* (1976), *This, That, The Other* (1977), *The Year of the Horse* (1978), *Trio* (1980), *Undici Onde* (1981) und *Underwood* (1982).

Carmagnole, La, von Gesang begleiteter, wilder und aufrührerischer Tanz der frz. Revolutionäre von 1789 im schnellen ⁶⁄₈-Takt, angeblich aus der Stadt Carmagnola in Piemont stammend und von Straßenmusikanten nach Paris gebracht. Der Farandole nicht unähnlich, wird die C. von einer langen Kette von Menschen ausgeführt, die sich durch die Straßen, um Bäume und um die Guillotine schlängelte und immer wieder in den Refrain »Dansons la C., Vive le son du canon!« ausbrach. Ein B. *C.* brachte Michaïl Moissejew 1930 in Odessa heraus. Im 3. Akt von W. Wainonens B. *Die Flamme von Paris* (1932) tanzen die Revolutionäre auf dem Höhepunkt ihrer Begeisterung die C.

Carmen. Die zuerst 1845 veröffentlichte Novelle von Prosper Mérimée ist wiederholt als Libr.-Grundlage für B.e benutzt worden. Am bekanntesten wurde R. Petits am 21. 2. 1949 im Londoner Prince's Th. von den B. de Paris uraufgeführte Version zu einem Musik-Arrangement von Melodien aus Bizets gleichnamiger Oper (Dek.: A. Clavé, mit R. Jeanmaire, Petit, S. Perrault, G. Hamilton u. a.; Teil des B.-Films *Un-deux-trois-quatre ou »Les Collants noirs«*, 1960; Fernseh-Prod. mit Jeanmaire und

M. Baryschnikow, FR 3, 1980). Weitere C.-B.e u. a. von Petipa (*C. et son Toréro*, Madrid 1845), K. Goleisowski (Moskau 1931), R. Page (*Guns and Castanets*, Chicago 1939), Alberto Alonso (*C.-Suite*, Mus.: R. Schtschedrin nach Bizet, Moskau 1967), J. Cranko (Mus.: W. Fortner und Wolfgang Steinbrenner, Stuttgart 1971) und P. Montagnon (*Carmencita*, Mus.: A. Madigan, Dt. Oper Berlin, 1984). – Ein *C.*-Tanzfilm von C. Saura, mit A. Gades als Choreograph und Hauptdarsteller, 1983.

Lit.: O. F. Regner / H.-L. Schneiders, in: *Reclams Ballettführer*, Stuttgart [8]1980.

Carmina Burana, weltliche Gesänge für Soli und Chor mit Begleitung von Instrumenten und mit Bildern von C. Orff, Insz. Oskar Wälterlin, Ch.: Inge Hertling, Dek.: Ludwig Sievert; UA 8. 6. 1937, Frankfurt a. M. – Zwischen die Anrufung des Schicksals, mit der das Stück anfängt und schließt, sind drei Teile gestellt: (1) *Im Frühling* und *Uf dem Anger* (als Preislied auf die Freuden der Natur), (2) *In taberna* (als Preislied auf die Freuden des Weines) und (3) *Cour d'amours* mit *Blanzifor et Helena* (als Preislied auf die Freuden der Liebe). Es handelt sich dabei um eine szenische Kantate mit lat., mittelhochdt. und altfrz. Texten. Die szenische Interpretationsform ist nicht vorgeschrieben, doch räumen die meisten Regisseure der Ch. einen entscheidenden Anteil ein. Solche stark choreogr. orientierten Insz.en schufen u. a. L. Maudrik (Staatsoper Berlin 1941), E. Hanka (Mailand 1942), M. Wigman (Leipzig 1943), H. Rosen (München 1959), J. Butler (New York 1959), P. Darrell (Dt. Oper Berlin 1968) und G. Bohner (Köln 1970).

Lit.: A. Liess, in: *Carl Orff*, Zürich 1977.

Carnaval, Le, B. in 1 Akt von M. Fokine (Libr. und Ch.), Mus.: R. Schumann (der gleichnamige Klavier-Zyklus, instrumentiert von Glasunow, Rimskij-Korsakow, A. Liadow, A. Tscherepnin und A. Arenski), Dek.: L. Bakst; UA 5. 3. 1910 im St. Petersburger Pawlow-Saal anläßlich eines Balls der Zeitschrift Satyricon, mit T. Karsawina, L. Leontjew, V. Fokina, L. Schollar, B. Nijinska, W. Nijinsky, W. Meyerhold u. a. Reguläre Th.-Premiere am 20. 5. 1910, B.s Russes de Diaghilew, Th. des Westens, Berlin, mit L. Lopokova als Colombine und Leontjew als Harlekin. – Das B. bietet eine Folge von Tänzen, in denen eine Biedermeier-Ballgesellschaft in Commedia-dell'arte-Kostümen und -Masken sich mit allerlei zärtlich-fröhlich-wehmütig-amourösen Spielen die Zeit vertreibt. Übernommen ins Rep. zahlreicher Komp.n (u. a. Köln 1962). Eigene Ch. von W. Burmeister (Moskau 1946).

Lit.: O. F. Regner / H.-L. Schneiders, in: *Reclams Ballettführer*, Stuttgart [8]1980.

Caroso (d. i. Fabritio C. da Sermoneta), ital. Tänzer, Choreograph, Tanztheoretiker und Komponist, * wahrscheinlich 1535 in Sermoneta bei Rom. Er war der Tanzlehrer des röm. Hochadels und veröffentlichte 1577 sein Buch *Il Ballarino*, das uns allerdings erst in einer 1581 in Venedig erschienenen Ausgabe erhalten ist. Weitere Editionen erhielten andere Titel: *Nobiltà di Dame* (1600) und *Raccolta di varii balli* (1630). C. beschrieb die gewöhnlichen Schritte der Gesellschaftstänze seiner Zeit nur kurz. Ihm ging es darum, die von ihm geschaffenen ›diverse sorti di Balli e Balletti‹, also Gruppen-Schautänze, für die Nachwelt zu erhalten. Dafür schrieb er auch die dazugehörige Musik in Lautentabulatur mit zahlreichen Kupferstichen als Illustrationen. Auch schildert C. bereits B.-Sprünge wie Entrechats.

Carter, Alan, engl. Tänzer, Choreograph, B.-Direktor und Pädagoge, * 24. 12. 1920 London. Studierte bei S. Astafieva und N. Legat. Tänzer beim Sadler's Wells und Sadler's Wells Th. B. (1938–47, Unterbrechung durch Kriegsdienst). Mitwirkung in den Filmen *Die roten Schuhe*, *Hoffmanns Erzählungen* und *Einladung zum Tanz*, dann beim St. James's B. und am Londoner Empire Th. B.-Direktor und Chefchoreograph der Bayer. Staatsoper 1954–59, in Wuppertal 1964–68. Choreographierte die dt. EA von Brittens *Der Pagodenprinz* (1958) und Henzes *Undine* (1959) – auch eins der ersten dt. Nachkriegs-Strawinsky-Programme (*Capriccio*, *Herr Orpheus* und *Feuilleton*, 1957). Seither in Bordeaux, Helsinki, Reykjavik und an der Elmshurst B. School in London tätig.

Carter, Jack, engl. Tänzer und Choreograph, * 8. 8. 1923 Shrivenham. Studierte an der Sadler's Wells B. School und bei O. Preobrajenska. Tänzer bei der B. Guild, beim Original B. Russe, B. Rambert und London Festival B. Arbeitete dann als Choreograph beim B. der Lage Landen in Amsterdam (*The Witch Boy*, Mus.: L. Salzedo, 1956), in Schweden, Buenos Aires und Genf sowie für diverse engl. Komp.n, war 1965–70 Chefchoreograph des London Festival B. (*Schwanensee* und *Coppélia*). Seither für verschiedene Komp.n tätig, u. a. auch fürs Royal B. Bekannteste Ch.n: *Agrionia* (Mus.: Salzedo, 1964), *Beatrix ou La jolie fille de Gand* (1966), *Cage of God* (Mus.: A. Rawsthorne, 1967), *Three Dances to Japanese Music* (1973) und *Lulu* (Mus.: Milhaud, 1976).

Casado, Germinal, belg. Tänzer, Choreograph und B.-Direktor, * 6. 8. 1934 Casablanca. Studierte in Paris u. a. bei Nina Leontiew, N. Zverev und V. Gsovsky. Tänzer in Wuppertal, beim Grand B. du Marquis de Cuevas und von 1959 bis in die frühen siebziger Jahre als einer der Hauptsolisten beim B. du XXe Siècle, wo er Hauptrollen in zahlreichen Béjart-B.en kreierte (u. a. *Sacre du printemps*, 1959, *Mathilde*, 1964, *Neunte Sinfonie*, 1964, und *Romeo und Julia*, 1966). Daneben auch als Ausstatter für Béjart tätig, u. a. für *Les 4 Fils Aymon* und *Hoffmanns Erzählungen* (1961), *A la recherche de Don Juan* (1962), *Die lustige Witwe* (1963), *Fausts Verdammnis* (1964), *Romeo und Julia* (1966), *Bhakti* (1968). Begann dann mit kleineren Ch.n und inszenierte verschiedene Musicals. B.-Direktor und Chefchoreograph der Danza-Viva-Komp. des Badischen Staats-Th.s Karlsruhe seit 1977.

Castil-Blaze (d. i. François-Henri-Joseph B.), frz. Musik- und B.-Kritiker, * 1. 12. 1784 Cavaillon, † 11. 12. 1857 Paris. Als Kritiker des *Journal des débats* verfolgte und beschrieb er seit Anfang der zwanziger Jahre des 19. Jh.s die Ereignisse der Pariser B.-Szene bis 1832. Autor von *La Danse et le ballet depuis Bacchus jusqu'à Mlle Taglioni* (1832), *L'Académie Impériale de Musique ... de 1645 à 1835* (3 Bde., 1847–55) und *L'Opéra Italien 1548–1856* (1856), die sämtlich zu den Standardwerken der B.-Geschichtsschreibung zählen.

Castle, Irene, * 7. 4. 1893 New Rochelle (N. Y.), † 25. 1. 1969 Eureka Springs (Ark.) und **Vernon** * 2. 5. 1877 Norwich (England), † 15. 2. 1918 Fort Worth (Tex.). Der in England geborene Vernon Castle ist der Schöpfer des modernen Gesellschaftstanzes. Zusammen mit seiner Gattin Irene übernahm er ab 1911 in Paris, vor allem aber dann zwischen 1912 und 1914 als Tanzlehrer und Schautänzer in New York die Social Dances der amer. Neger: Onestep, Ragtime, Cakewalk, Turkey Trot, Texas Tommy, Grizzly Bear, Maxixe und Tango. Auch die Musiker im Castle House, dem Tanzpalast der Castles, waren Schwarze: J. R. Europe, Buddy Gilmore und Ford Dabney. Aber die Begeisterung für die mit Beckenmotionen ausgeführten Negertänze ging 1914 zu Ende. Im Castle House wurden Plakate angeschlagen, in denen die Tänzer aufgefordert wurden, alle »übertriebenen und obszönen« Bewegungen zu unterlassen. So wurde der schwarze Tanz gezähmt und »zivilisiert«. Auf diese Weise entstand der moderne Gesellschaftstanz. Onestep, Castle Walk, Foxtrot, Maxixe und Tango wurden zu den ersten modernen weißen Gesellschaftstänzen. V. Castle schilderte sie 1914 in seinem Buch *Modern Dancing*. Er selbst meldete sich 1917 als geborener Engländer zur brit. Luftwaffe und verunglückte im Februar 1918 tödlich. Irene zog sich vom Tanzen zurück und heiratete ein zweites Mal. 1958 veröffentlichte sie ihre Memoiren *Castles in the Air*. Schon 1938 wurde der Film *The Story of Vernon and Irene Castle* mit Fred Astaire und Ginger Rogers herausgebracht.

Lit.: H. Günther, in: *Jazz Dance*, Wilhelmshaven 1980.

Catá, Alfonso, kub.-amer. Tänzer, Choreograph und B.-Direktor, * 3. 10. 1937 Havanna. Studierte an der School of American B. in New York. Tänzer bei R. Petit, R. Joffrey, Grand B. du Marquis de Cuevas, Stuttgarter B. und New York City B. B.-Direktor und Chefchoreograph Genf 1969–73, Frankfurt a. M. 1973–76, danach als Pädagoge in New York tätig. Künstlerischer Direktor des Baltimore B. 1980–82 und seither B. du Nord (Lille).

Catarina ou La Fille du bandit, B. in 3 Akten, 5 Szenen von Jules Perrot (Libr. und Ch.), Mus.: C. Pugni, Dek.: Charles Marshall; UA 3. 3. 1846, Her Majesty's Th., London, mit L. Grahn und J. Perrot. Das B. behandelt eine fiktive Liebesgeschichte zwischen dem Maler Salvatore Rosa und der Titelheldin, in deren Rolle auch F. Elßler Triumphe feierte.

Caton, Edward, amer. Tänzer, Choreograph und Pädagoge, * 3. 4. 1900 St. Petersburg,

† 22. 10. 1981 New York. Studierte bei Lydia Nelidowa in Moskau und A. Waganowa in Petrograd. Tänzer bei der Pawlowa-Komp., beim B. der Oper von Chicago, beim Littlefield B., Mordkin B. und B. Th. B.-Meister des B. Russe de Monte Carlo, B. Th., B. International und Grand B. du Marquis de Cuevas. Als Pädagoge häufig an der Schule von R. Hightower in Cannes tätig. Choreographierte die UA von Menottis *Sebastian* (1944).

Catulli Carmina, szenisches Spiel von C. Orff zu lat. Texten von Catull. Insz.: H. Niedecken-Gebhard, Ch.: T. Gsovsky, Bühne: Max Elten, Kost.: Helene Schmidt; UA 6. 11. 1943, Leipzig. – Im Rahmenspiel branden die Temperamente und Meinungen der Jungen und der Greise gegeneinander. Während jene die Macht des Eros preisen, verhöhnen diese, was für sie nur eine vorübergehende Begierde des Sexus ist. Um die Jungen zu warnen, führen sie ihnen als Hauptspiel die unglückliche Liebe Catulls zu Lesbia vor. Die Jungen lassen sich jedoch nicht davon überzeugen und huldigen weiter der ewig fortzeugenden Kraft der Liebe. – Das als dramatische Kantate konzipierte Werk wird meist mit dem Einsatz großer choreogr. Mittel zur Auff. gebracht – so u. a. von M. Wigman (Mannheim 1955), E. Hanka (Wien 1957), H. Rosen (München 1959), J. Butler (Karamoor Festival 1964), P. Darrell (Dt. Oper Berlin 1968), G. Bohner (Köln 1970) und H. Spoerli (Basel 1979).

Lit.: A. Liess, in: *Carl Orff*, Zürich, 1977.

Cauley, Geoffrey, engl. Tänzer, Choreograph und B.-Direktor, * 1942 Somerset, Bermuda. Studierte an der Sadler's Wells B. School. Tänzer beim Opern-B. von Covent Garden, dann Royal B., wo er 1967 auch zu choreographieren begann. Assistent von J. Field an der Mailänder Scala 1971–73, B.-Direktor Zürich 1973–75, später Chefchoreograph Florenz und freischaffend tätig (u. a. beim London Festival B. mit *Metamorphosen*, Mus.: R. Strauss, 1980, und *Der holzgeschnitzte Prinz*, Mus.: Bartók, 1981).

Cauwenbergh, Thomas van, belg. Tänzer, * 25. 9. 1954 Antwerpen. Studierte ebd. an der Städt. B.-Schule sowie bei zahlreichen Lehrern im Ausland. Nachdem er beim Tänzerwettbewerb von Lausanne 1973 die Goldmedaille gewonnen hatte, wurde er Solist beim Kgl. B. von Flandern. Ausgedehnte Gastsaisons beim Joffrey B. und London Festival B. sowie beim B. der Dt. Oper Berlin (kreierte André Bolkonsky in V. Panovs *Krieg und Frieden*, 1981, sowie Titelrolle in Panovs *Riccardo W.*, 1983). Er ist der Bruder des Tänzers Ben v. C.

Cave of the Heart, Tanzstück von M. Graham, Mus.: Barber, Bühne: Isamu Noguchi, Kost.: Edythe Gilford; UA 27. 2. 1947, M. Graham Dance Th., Ziegfeld Th., New York mit Graham, E. Hawkins, Yuriko, M. O'Donnell. Ausgangspunkt der tänzerischen Seelenexkursion ist die von Medea geübte Rache an Jason, der sie verlassen hat. Doch ist die Behandlung des mythischen Stoffes bei Graham sehr frei. Eine Vorform gelangte schon 1946 in New York unter dem Titel *Serpent's Heart* zur Auff. In Europa brachte K. Bergeest das Stück unter dem Titel *Medea* in Köln 1953 heraus. Die berühmteste Jason-Medea-Choreographie stammt von Noverre (1763).

Cébron, Jean, frz. Tänzer und Pädagoge, * 29. 4. 1927 Paris. Studierte bei seiner Mutter Mauriette C. (Tänzerin an der Pariser Opéra 1911–36 und Pädagogin an der angegliederten Schule 1934–56), bei S. Leeder in London und fernöstl. Tanz. Debüt mit eigener Gruppe in London 1956, dann Lehrer an der Essener Folkwang-Schule, für deren Meisterklasse er verschiedene Arbeiten schuf. Gastpädagoge auch in Rom und in den USA. Seit 1977 B.-Meister beim Wuppertaler Tanz-Th.

Cecchetti, Enrico, ital. Tänzer, B.-Meister und Pädagoge, * 21. 6. 1850 Rom, † 13. 11. 1928 Mailand. Sohn eines Tänzerehepaars, debütierte er fünfjährig in Genua, studierte bei dem Blasis-Schüler Lepri in Florenz, bereiste Amerika mit einer Tänzertruppe, debütierte 1870 an der Scala in *Götter von Walhalla*, gab Gastspiele als Premier danseur in den europ. Kapitalen, ging 1885 auch nach London und debütierte 1887 am St. Petersburg Marien-Th. in *Die Tulpe von Haarlem*. Wurde 1890 Zweiter B.-Meister der Kaiserl. Th. von St. Petersburg und 1892 Lehrer an der angegliederten Schule, wo er für die wesentliche Verbesserung des technischen Standards der Tänzer von St. Petersburg verantwortlich war. Zu seinen Schülerinnen gehörten hier u. a. V. Trefilowa, L. Egorowa, A. Pawlowa, J. Sedowa, A. Waganowa, M. Kschessinska, O. Preobrajenska, T. Karsawina; Schüler waren A. Gorsky, S. Legat, M. Fokine, A. Obouchoff und W. Nijinsky. Später kamen hinzu L. Massine, A. Bolm, L. Lopoukova, N. de Valois, A. Danilova, A. Markova, A. Dolin, S. Lifar. 1902 ging C. an die B.-Schule von Warschau, kehrte aber wieder nach St. Petersburg zurück und eröffnete dort eine eigene Schule, bis ihn Diaghilew 1910 für seine neue Truppe als B.-Meister verpflichtete. 1918 eröffnete er mit seiner Frau eine Schule in London, 1925–28 war er Direktor der B.-Schule an der Mailänder Scala. Seine Bedeutung hat C. als einer der berühmtesten Pädagogen der modernen B.-Geschichte. Für die strikte Bewahrung seines Systems setzte sich die 1922 in London gegründete Cecchetti Society ein, die 1924 der Imperial Society of Teachers of Dancing angegliedert wurde. In den USA gibt es seit 1939 einen C. Council of America. Der engl. Tanzpublizist C. Beaumont hat mehrere Bücher über die C.-Methode geschrieben. Zu den Rollenkreationen von C. als Tänzer gehörten Carabosse und Blauer Vogel in *Dornröschen* (1890), der Ober-Eunuch in *Scheherazade* (1910) und der Schaubudenbesitzer in *Petruschka* (1911).

Lit.: O. Racster, *The Master of the Russian Ballet*, New York 1923; V. Celli, *E. C.*, in: *Dance Index* 5,7 (1946).

Cech, Gisela, österr. Tänzerin, * 29. 8. 1945 Wien. Studierte an der B.-Schule der Wiener Staatsoper, in deren B.-Komp. sie 1961 eintrat (Solotänzerin seit 1970, Erste Solotänzerin seit 1972). Rollenkreationen in R. Adamas *Don Juan* (1969) und R. van Dantzigs *Ulysses* (1979). Mit dem Tänzer P. Vondrak verheiratet.

Ce que l'amour me dit, B. in 3 Bildern von M. Béjart (Libr. und Ch.), Mus.: Mahler, Kost.: J. Gombar, UA 24. 12. 1974, B. du XXe Siècle, Monte Carlo, mit J. Donn, L. Savignano, M. Gascard. Getanzt zum 4., 5. und 6. Satz von Mahlers 3. Sinfonie (deren letzter Satz den Titel lieferte: Was mir die Liebe erzählt), zeigt das B. einen jungen Mann auf der Suche nach seiner Identität, die er am Ende in seiner Liebe zu einem anderen Jungen entdeckt. Eine andere Version zur kompletten Sinfonie von J. Neumeier, *Dritte Sinfonie*, Hamburg 1975.

Cerrito, Fanny, ital. Tänzerin, * 11. 5. 1817 Neapel, † 6. 5. 1909 Paris. Schülerin von J. Perrot, C. Blasis und A. Saint-Léon (mit dem sie 1845–51 verheiratet war). Sie war eine der berühmtesten Ballerinen des romantischen Zeitalters, debütierte 1832 in Neapel und eroberte sich anschließend die Bühnen von Wien (1836), Mailand (1838), London (1840), Paris (1847), St. Petersburg (1855) und Moskau (1856). Sie besaß ungewöhnliche Kraft, war eine ausgesprochene Brio-Tänzerin, mit Temperament und erotischem Fluidum. Sie kreierte u. a. die Hauptrollen in *Alma ou La Fille de feu* (1842), *Undine* (1843), *La Vivandière* (1844), *Lalla Rookh* (1846), *Gemma* (1854) und wirkte auch bei der UA des berühmten *Pas de quatre* (1845) und des *Pas de Déesses* (auch *Le Jugement de Paris*, 1846) mit. Ende der fünfziger Jahre zog sie sich ins Privatleben zurück.

Lit.: I. Guest, *F. C.*, London 1956.

Chabrier, Alexis Emanuel, frz. Komponist, * 18. 1. 1841 Ambert, † 13. 9. 1894 Paris. Schrieb keine B.-Musik, doch wurden verschiedentlich Kompositionen von ihm B.en zugrunde gelegt – u. a. von A. Bolm in *Foyer de la danse* (1927), G. Balanchine in *Cotillon* (1932), N. de Valois in *Bar aux Folies Bergère* (1934), Balanchine in *Bourrée Fantasque* (1949), R. Petit in *Ballabile* (1950), R. Joffrey in *Chabriana* (1957), W. Gore in *Light Fantastic* (1963), E. Feld in *Cortège Burlesque* (1969) und *Cortège Parisien* (1970) sowie von G. Arpino in *Chabriesque* (1972).

Chaconne (ital. auch *ciaccona*; span. *chacona*), ein von Haus aus afro-kub. Tanz, der 1599 in Spanien zum ersten Mal erwähnt wurde. Lope de Vega sagte 1618 ausdrücklich, daß die Ch. aus dem schwarzen Westindien nach Sevilla gekommen sei. Die ursprüngliche Ch. besaß die gleichen starken Beckenmotionen wie die ebenfalls afro-kub. Sarabanda. Der Barock-Poet Marino nennt in seinem Epos *Adone* (1623) beide Tänze äußerst obszön. Wegen ihrer Bekkenbewegungen wurden Ch. und Sarabanda von der Kirche und der Obrigkeit als »bailes lascivos« verfolgt. Von Spanien aus gelangte die Ch. nach Italien und Frankreich und fand in verfeinerter Form Eingang in die B.-Opern von Lully, Rameau und Gluck, die ihre Tanzfolgen häufig mit einer gravitätischen Ch. beschlossen. Ähnlich wie bei der Passacaglia dient ein ostinates Baß-Motiv als musikalisches Fundament.

Chadwick, Fiona, engl. Tänzerin, * 13. 5. 1960 Morecambe (Lancs.). Studierte an der Royal B. School. Mitgl. des Royal B. seit 1978, anfangs B.-for-All-Gruppe, Solistin 1981.

Chagall, Marc, russ.-frz. Maler, * 7. 7. 1887 Witebsk. Schuf die Ausstattung für L. Massines *Aleko* (1942), A. Bolms Prod. von M. Fokines *Feuervogel* (1949, später von G. Balanchine für seine Version beim New York City B. übernommen) und S. Lifars *Daphnis und Chloe* (1958).

Lit.: Ch.-Ausgabe des *Dance Index*, 4,11 (1945); J. Lassaigne, *M. C.: Drawings and Water Colors for the Ballet*, New York 1969.

Chaîné (frz., gekettet), eigentlich Tours chaînés déboulés. Eine rasche, nahtlose Folge von Drehungen von einem Fuß auf den anderen, die in einer geraden Linie ausgeführt werden müssen.

Chalon, Alfred Edward, engl. Maler und Graphiker, * 1780 Genf, † 1860 (Sterbeort nicht bekannt). Seinen Lithographien verdanken wir zahlreiche Illustrationen der B.e des romantischen Zeitalters. Am berühmtesten wurde er als Rollenporträtist von M. Taglioni und durch seine Lithographie des *Pas de quatre* von 1845.

Champion, Gower, amer. Tänzer, Choreograph und Regisseur, * 22. 6. 1920 Geneva (Ill.), † 25. 8. 1980 New York. Studierte bei L. Fokine, H. Holm und N. Castle. Tänzer in Nachtclubs und am Broadway. Begann 1948 Musicals zu choreographieren und wurde dann einer der gefragtesten Regisseure am Broadway und in Hollywood (u. a. *Bye-bye Birdie*, 1960; *Carnival*, 1961; *Hello, Dolly*, 1964; *I Do! I Do!*, 1966; *42nd Street*, 1980). War mit seiner Tanzpartnerin Marge C. (geb. Marjorie Belcher) verheiratet.

Changement de pieds, im B. ein Sprung, während dessen die Position der Füße gewechselt wird. Je nachdem, ob es sich um einen kleineren oder höheren Sprung handelt, unterscheidet man Petits und Grands Ch.s.

Chant du rossignol, Le → *Gesang der Nachtigall, Der.*

Chappell, Annette, engl. Tänzerin und Pädagogin, * 30. 6. 1929 Liverpool. Studierte bei J. Espinosa. Tänzerin beim B. Rambert 1944–48, dann in Musicals 1949–55. Ballerina der Münchner Staatsoper 1955, dann Pädagogin an der angegliederten Schule. Übersiedelung nach Stuttgart 1970, wo sie seither an der John-Cranko-B.-Schule unterrichtet.

Charaktertanz, allgemeine Bezeichnung für den nicht akademisch definierten Bühnentanz entweder traditionalistischer, nationaler oder folkloristischer Herkunft, weiter auch für den Tanz der Handwerker-Zünfte, den komischen Tanz und den für einen bestimmten Rollentyp charakteristischen Tanz. Tänzer, die für den klassischen Tanz nicht primär begabt sind, bevorzugen oft das Charakterfach. Das B. kennt aber auch den Demi-caractère-Tänzer, zu dessen Kompetenz etwa der Blaue Vogel gehört.

Charles, Lynne Roberta, amer. Tänzerin, * 17. 1. 1955 New York. Studierte an der Harkness School, School of American B. und B. Th. School. Tänzerin bei der American B. Th. Comp. 1972–74, Genfer B. 1974/75 und seit 1975 als Erste Solistin beim Hamburger Staatsopern-B., wo sie Rollen in zahlreichen Neumeier-B.en kreierte (u. a. in *Schubert Streichquintett*, 1977; Aurora in *Dornröschen*, 1978; *Age of Anxiety*, 1979; *Matthäus-Passion* 1980/81; *Petruschka*, 1982, sowie *Feuervogel*, Wien 1983).

Charleston, Tanz, der schon in der Sklavenzeit unter den Negern der nordamerik. Südstaaten bekannt war. Seit 1900 wird er häufig erwähnt. In den zwanziger Jahren wurde der Ch. zu einem der ersten schwarzen Jazz Dances. 1923 durch das Negro Musical *Runnin' Wild* berühmt. Dieses Musical enthielt *den* Charleston schlechthin, der von dem schwarzen Jazzpianisten J. P. Johnson komponiert worden war. Josephine Baker brachte mit ihrer Revue Nègre den Tanz 1925 nach Paris. Für kurze Zeit, bis 1928, war der Ch. auch ein weißer Gesellschaftstanz. Allerdings wurde der Ch. durch die weißen Tanzlehrer auf Beinkicks und Kniedrehungen reduziert. Der schwarze Ch. aber, der westafrik. Wurzeln hat, zeigte nicht nur raffinierte Beinspiele, sondern auch schwingende Beckenmotionen und akustische Taps.

Lit.: M. Stearns, in: *Jazz Dance*, New York 1968; L. F. Emery, in: *Black Dance in the USA*, Palo Alto 1972; H. Günther, in *Jazz Dance*, Wilhelmshaven 1980.

Charrat, Janine, frz. Tänzerin, Choreographin und B.-Direktorin, * 24. 7. 1924 Grenoble. Studierte bei J. Ronsay, L. Egorova und A. Volinine. Debütierte als tanzender Kinderstar in dem Film *La Mort du cygne* 1937, trat 1941–44 in zahlreichen Veranstaltungen zusammen mit R. Petit auf und hatte ihren choreogr. Durchbruchserfolg 1945 mit Strawinskys *Jeu de cartes* bei den B.s des Champs-Elysées. Sie tanzte dann und choreographierte für verschiedene Komp.n, gründete 1951 ihre Les B.s J. Ch., mit denen sie zahlreiche Tourneen unternahm, war Anfang der sechziger Jahre eng mit dem B. du XXe Siècle verbunden, erlitt bei Fernsehaufnahmen einen schweren Verbrennungsunfall, der sie zu monatelangem Pausieren zwang, war B.-Chefin in Genf 1962–64, arbeitete dann vorwiegend als freischaffende Choreographin, eröffnete 1970 eine Schule in Paris und ist seit 1980 Direktorin für Tanz am Centre Pompidou in Paris. Wichtige B.e von ihr waren u. a. (wenn nicht anders angegeben, für ihre eigene Komp.) *'adame miroir* (Mus.: Milhaud, B. de Paris, 1945), *Concerto Nr. 3* (Mus.: Prokofjew, Opéra Comique, Paris 1947), *Abraxas* (Mus.: Egk, Städt. Oper Berlin, 1949), *Les Algues* (Mus.: G. Bernard, 1953), *Diagramme* (Mus.: Bach, Grand B. du Marquis de Cuevas, 1957), *Les 4 Fils Aymon* (zus. mit M. Béjart, B. du XXe Siècle, 1961), *L'Enfant et les sortilèges* (Mus.: Ravel, Volksoper Wien 1964), *Persephone* (Mus.: Strawinsky, Gelsenkirchen 1968), *Casanova in London* (Mus.: Egk, Münchner Staatsoper, 1969), *Offrandes et Hyperprism* (Mus.: Varèse, Opéra, Paris 1973).

Lit.: M. Humbert, *J. Ch. – Antigone de la danse*, Paris 1970.

Chase, Lucia, amer. Tänzerin und B.-Direktorin, * 24. 3. 1907 Waterbury (Conn.). Studierte bei M. Mordkin, M. Fokine, A. Tudor, A. Vilzak und B. Nijinska, war Ballerina beim Mordkin B. 1938/39 und gründete 1940 zusammen mit Oliver Smith das B. Th. (heute American B. Th.). Investierte immer wieder große Summen ihres Privatvermögens, baute die Gruppe mit großer Energie und Zielstrebigkeit zu einer der großen amer. B.Komp.n aus und hatte dessen Leitung bis 1980 inne.

Lit.: Ch. Payne, in: *American Ballet Theatre*, New York 1978.

Chassé (frz. *chasser*, jagen), Gleit- oder Sprungschritt aus einem Plié in der 5. Position, wobei ein Fuß den anderen sozusagen jagt und das Gewicht sich von dem einen auf den anderen Fuß verlagert. Kann nach allen Seiten ausgeführt werden.

Chat, Pas de (frz., Katzenschritt) ist ein seitwärts ausgeführtes kleines Jeté. Ausgangspunkt 5. Position, rechter Fuß hinten. Als Beispiel diene der Pas de Chat nach rechts. Absprung auf linkem Bein. Dieses wird in der Luft leicht gebeugt. Der Blick geht nach rechts. Das rechte Bein wird mit waagrechtem Oberschenkel nach rechts außen geführt, der Unterschenkel aber zeigt wieder nach innen und zwar so, daß die Zehen beinahe die Ferse des gebeugten linken Fußes berühren. Landung auf rechtem Fuß, der linke Fuß schließt sofort zur 5. Position auf.

Chatschaturjan, Aram Iljitsch, sowj. Komponist, * 6. 6. 1903 Tiflis, † 1. 5. 1978 Moskau. Sein B. *Das Glück* komponierte er 1939 für das Opern- und B.-Th. in Jerewan (Ch.: Ilja Arbatow). Da er jedoch mit dem Ergebnis nicht zufrieden war, arbeitete er die Musik von Grund auf um, woraus dann das B. *Gajaneh* hervorging (Ch.: N. Anissimowa, Kirow-B., Molotow-Perm 1942). Sein B. *Spartakus* gelangte 1956 beim Leningrader Kirow-B. zur UA (Ch.: L. Jakobson), doch vermochte erst die Moskauer Version von J. Grigorowitsch 1968 das bis dahin zwar häufig produzierte, nirgends aber recht erfolgreiche B. endgültig durchzusetzen.

Lit: F. Streller, *A. Ch.*, Leipzig 1968.

Chatte, La, B. in 1 Akt, Libr.: Sobeka (B. Kochno), Mus.: H. Sauguet, Ch.: Balanchine, Dek.: Naum Gabo und Antoine Pevsner; UA 30. 4. 1927, Diaghilews B.s Russes, Monte Carlo, mit O. Spessiwtzewa, S. Lifar u. a. – Dem B. liegt die Aesop-Fabel zugrunde, in der ein junger Mann Aphrodite bittet, die Katze, in die er sich verliebt hat, in ein junges Mädchen zu verwandeln – ein Wunsch, der erfüllt wird, bis das junge Mädchen schließlich Jagd auf eine Maus macht und in eine Katze zurückverwandelt wird, woraufhin der junge Mann stirbt. – Das B. hatte eine höchst originelle, ganz konstruktivistische Ausstattung aus durchsichtigen Materialien, die eine vielfache Lichtbrechung bewirkten.

Lit.: R. Buckle, in: *Diaghilev*, London 1979.

Chauviré, Yvette, frz. Tänzerin und Pädagogin, * 22. 4. 1917 Paris. Studierte an der Schule der Pariser Opéra, auch bei V. Gsovsky und B. Kniaseff. Kreierte ihre erste Solorolle in S. Lifars *Le Roi nu* 1936, tanzte in dem Film *La Mort du cygne* 1937, avancierte mit ihrer Rolle in Lifars *Le Chevalier et la demoiselle* 1941 zur Etoile des Opéra B.s, tanzte gastweise bei zahlreichen Komp.n der ganzen Welt, kehrte aber immer wieder zur Opéra zurück, wo sie 1972 ihre Abschieds-Vorst. gab, der sie aber als Pädagogin in verschiedenen Positionen verbunden blieb. Sie ist häufig auch in Deutschland aufgetreten, vor allem mit dem Berliner B. und in der Dt. Oper Berlin und galt nach 1945 über zwei Jahrzehnte lang als eine der hervorragendsten Interpretinnen der klassischen Ballerinenrollen (namentlich Giselle). Wichtige Rollenkreationen u. a. in den Lifar-B.en *David triomphant* und *Alexandre le Grand* (1937), *Joan von Zarissa* (1942), *Suite en blanc* (1943), *Dramma per musica* (1946), *Nautéos* und *Mirages* (1947) und *La Péri* (1957) sowie in J. Crankos *La belle Hélène* (1955) und L. Gais *Die Möwe* (1968). Schrieb *Je suis ballerine* (Paris 1960).

Lit.: L. Nemenschousky, *A Day With Y. Ch.*, London 1960.

Checkmate, B. mit Prolog, in 1 Szene. Libr. und Mus.: Arthur Bliss, Ch.: N. de Valois, Dek.: E. McKnight Kauffer; UA 15. 6. 1937, Sadler's Wells B., Th. des Champs-Elysées, Paris, mit June Brae, P. May, R. Helpmann, H. Turner u. a. Ein Spiel von Liebe und Tod, das nach den Regeln des Schachspiels abläuft. Sieger ist die Schwarze Königin, die sich zuerst der Roten Königin bemächtigt, dann des Roten Ritters und schließlich des Roten Königs. Londoner Premiere am 15. 10. 1937 im Sadler's Wells Th. 1964 folgte die Wiener Staatsoper mit der Original-Ch.

Lit.: P. Brinson / Cl. Crisp, in: *Ballet & Dance*, Newton, Abbot 1980.

Chesworth, John, engl. Tänzer, Choreograph und B.-Direktor, * 1930 Manchester. Studierte an der Rambert School. Tänzer beim B. Rambert ab 1952, wo er sich besonders in Charakterrollen auszeichnete. Begann 1966 auch zu choreographieren (*Time Base*, Mus.: W. Lutoslawski). Wurde im gleichen Jahr Direktionsassistent des reformierten B. Rambert, dann Associate Director 1970 und schließlich Künstlerischer Direktor 1975–80. Zahlreiche Ch.n, u. a. *Pawn to King 5* (Mus.: Pink Floyd, 1968), *Four According* (Mus.: G. Bačewicz, 1970), *Pattern for an Escalator* (Mus.: J. Harvey und G. Newson, 1972), *Project 634/9116MK2* (1974).

Chicago. Eigenständige B.-Aktivitäten begann die Stadt am Michigansee erst in den zehner Jahren des 20. Jh.s zu entwickeln. Pioniere waren Serge Oukrainsky und A. Bolm sowie R. Page, die als Primaballerina, Choreographin und B.-Direktorin seit Mitte der zwanziger Jahre die dominierende Persönlichkeit der lokalen B.-Szene war und ist. Als B.-Schulen, die zeitweilig auch eigene B.-Aktivitäten entwickelten, wurden die von Bentley Stone und Walter Camryn, Edna McRae und Richard Ellis für die Entwicklung einer eigenen städt. B.-Kultur am wichtigsten, während sich die am Modern Dance interessierten Kreise um S. Shearer scharten, die im nahegelegenen Winnetka County Th. ihr eigenes Zentrum aufbaute. Andere Persönlichkeiten, die wesentliche Initiativen beisteuerten, waren u. a. C. Littlefield, K. Dunham und T. Beatty. Auch die Ch. Lyric Opera entwickelte zeitweise eigene B.-Aktivitäten, die von 1955 an meist mit den Namen von R. Page verbunden waren (die Komp. wechselte mehrfach ihren Namen, u. a. Ch. Opera B., R. Page B.s). Seit 1974 gibt es auch ein Ch. City B., das von Maria Tallchief geleitet wird.

Childs, Lucinda, amer. Tänzerin und Choreographin, * 1940 New York. Machte ihr Examen als Dance Major am Sarah Lawrence College 1962, studierte dann noch bei M. Cunningham und H. Holm, tanzte in verschiedenen Komp.n und gehörte zu den einflußreichsten Persönlichkeiten des Judson Church Dance Th. 1962–65. Arbeitet seit 1970 mit ihrer eigenen Komp. an der Realisierung von tänzerischen Konzepten, die stark von der Minimal Art her geprägt sind.

Lit.: S. Barnes, in: *Terpsichore in Sneakers*, Boston 1980.

China. Das Land verfügt über eine jahrhundertealte eigene Th.-Tanztradition, die stark akrobatisch orientiert ist und in den virtuosen Ausstellungspiecen der Peking-Oper gipfelt, einer Mischform aus Drama, Gesang, Pantomime, Tanz und meist auch Kampfszenen. Während der frühen fünfziger Jahre unseres Jahrhunderts kamen zahlreiche sowj. Lehrer ins Land, die beim Aufbau einer nationalen klassisch-akademischen B.-Kultur halfen, basierend auf strikt nach sowj. Vorbild geführten Schulen in Peking und Schanghai, die ihrerseits wiederum zur Gründung von B.-Komp.n führten und so populäre B.e wie *Das rote Frauenbataillon* und *Das weißhaarige Mädchen* hervorbrachten, aber auch eigene chin. Prod. u. a. von *Giselle* und *Schwanensee* offerierten. Während der Kulturrevolution wurden dann die sowj. Lehrer außer Landes gejagt, jegliche Klassiker-Prod. untersagt, während verstärkte Bemühungen um eigene B.-Kreationen, basierend auf revolutionärer Thematik, einsetzten. Seit Ende der Kulturrevolution bemüht man sich wieder, jetzt mit eher westl. Hilfe, an frühere Errungenschaften anzuknüpfen und hat das Land seit Ende der siebziger Jahre zunehmend für Gastspiele prominenter westl. B.-Komp.n geöffnet, während das Zentral-B. Peking und das Klassische B. Schanghai wieder damit begonnen haben, ihr Rep. durch Klassiker-Einst.en zu bereichern.

Chinesische Nachtigall, Die, B. in 4 Bildern von W. Egk (Libr. und Mus.), Ch.: T. Gsovsky, Bühne: Helmut Jürgens, Kost.: Rosemarie Jakameit; UA 7. 5. 1953, Bayer. Staatsopern-B. im Kongreßsaal des Deutschen Museums (anläßlich der Fünfzigjahrfeier des Museums), mit N. Nilanowa-Sanftleben, N. Trofimowa, H. Hallhuber u. a. Das B. basiert auf dem Märchen *Die Nachtigall* von H. Chr. Andersen und handelt von dem todkranken kleinen Kaiser, den nur der Gesang der Nachtigall aufheitern kann. Die ihm von seinen Hofschranzen überbrachte künstlich gefertigte Nachtigall weist er jedoch zurück. Als ihm die echte Nachtigall in einem Käfig gebracht wird, setzt er sie frei und ist am nächsten Morgen von seinen Leiden genesen.

Lit.: O. F. Regner / H.-L. Schneiders, in: *Reclams Ballettführer*, Stuttgart [8]1980. (→ *Gesang der Nachtigall.*)

Chinesische Waisenknabe, Der (ital. Originaltitel: *L'Orfano della China*, dt. Titel auch *Der Prinz von China* und *Die Waise aus China*), B. von G. Angiolini nach Voltaires Stück *L'Orphelin de la Chine*; UA 1774 in Wien. Die Musik stammt wahrscheinlich nicht, wie angenommen, von Gluck, sondern von Angiolini selbst. Gerhard Winkler hat das einigermaßen schlüssig 1967 in seiner Wiener Dissertation *Das Wiener Ballett von Noverre bis Fanny Elßler* nachgewiesen. Im Mittelpunkt der Handlung steht der treue Mandarin Zamti, der den eigenen Sohn opfert, um den Thronerben des chin. Reiches zu retten, als Dschingiskan mit seinen Tataren Peking erobert. Neuprod. von P. und P. Mlakar mit Tänzern der Bayer. Staatsoper für die Bayreuther Barockwoche 1954.

Chirico, Giorgio de, griech.-ital. Maler, * 10. 7. 1888 Volos (Griechenland), † 19. 11. 1978 Rom. War verschiedentlich auch als B.-Ausstatter tätig – u. a. für *Der große Krug* (Ch.: J. Börlin, B. Suédois, 1924), *Le Bal* (Ch.: G. Balanchine, B.s Russes, 1929), *Bacchus und Ariadne* (Ch.: S. Lifar, Pariser Opéra, 1931), *Protée* (Ch.: D. Lichine, Col. de Basils B. Russe, 1938), *Amphion* (Ch.: A. von Milloss, Mailand 1944), *Tänze von Galanta* (Ch.: Milloss, Mailand 1945), *Josephslegende* (Ch.: M. Wallmann, Mailand 1951) und *Apollon musagète* (Ch.: Lifar, Mailand 1956).

Lit.: H. Rischbieter, in: *Bühne und bildende Kunst im XX. Jahrhundert*, Velber 1968.

Chladek, Rosalia, österr. Tänzerin, Choreographin und Pädagogin, * 21. 5. 1905 Brünn. Studierte 1921–24 an der Neuen Schule Hellerau, tanzte dort in der Gruppe von V. Kratina, debütierte als Solotänzerin 1924 in Dresden, war von 1924–28 Lehrerin für Körperbildung und Tanz in Hellerau und ab 1925 in Hellerau-Laxenburg bei Wien. 1928–30 gastierte sie als B.-Meisterin am Stadt-Th. von Basel. Zwischen 1930 und 1938 leitete sie sowohl die gymnastische Ausbildung als auch die Tanzgruppe in Hellerau-Laxenburg. Damals entwickelte sie jenes exakte System der tänzerischen Ausbildung, für das sie noch heute bekannt ist. Auch ihre choreogr. Begabung konnte sie damals entfalten. Doch ihre wichtigsten Beiträge zur modernen dt. Tanzgeschichte leistete sie als Solistin. Ihre Suite *Rhythmen* vom Jahr 1930 gehört zu den reifsten Werken des dt. Ausdruckstanzes. Doch gewann sie auch mit dem Gruppenwerk *Kontra-*

ste 1932 auf dem Pariser Wettbewerb der Choreographen – nach Jooss – den zweiten Preis. Andere Solotänze waren *Jeanne d'Arc* (1940) und *Afro-amerikanische Lyrik*. 1940–41 leitete sie die moderne Tanzausbildung an den Dt. Meister-Stätten für Tanz in Berlin, 1942–52 die Abteilung Tanz für Bühne und Lehrfach am Wiener Konservatorium und 1952–70 die Abteilung für Künstlerischen Tanz an der Akademie für Musik und Darstellende Kunst in Wien. Als Choreographin wirkte sie ab 1933 wiederholt bei den Klassiker-Insz.en in den antiken ital. Freilicht-Th.n mit sowie bei den Salzburger Festspielen und Wiener Festwochen. Sie choreographierte auch den Tanzfilm *Symphonie Wien* (1952) und inszenierte Glucks *Orpheus und Eurydike* an der Wiener Staatsoper. – Die Chladek-Technik wird heute von der Internationalen Gesellschaft Rosalia Chladek gelehrt und verbreitet.

Lit.: F. Klingenbeck, *Die Tänzerin R. Ch.*, Amsterdam/Wien 1936; *Tänzerin – Choreographin – Pädagogin R. Ch.*, hrsg. von G. Alexander / H. Groll, Wien 1965.

Choo San Goh → Goh, Choo San.

Chopin, Fryderyk Frantizek, poln. Komponist und Pianist, * 1. 3. 1810 Zelazow-Wola (bei Warschau), † 17. 10. 1849 Paris. Er komponierte keine B.-Musik, doch wurden seine Klavierstücke und Orchesterwerke immer wieder B.en zugrunde gelegt – so u. a. von M. Fokine in *Chopiniana* (1907 – später als *Les Sylphides*, 1909), A. Pawlowa in *Autumn Leaves* (1918), B. Nijinska in *Chopin Concerto* (das e-Moll Klavierkonzert, 1937), W. Dollar in *Constantia* (1944), J. Robbins in *The Concert* (1956), *Dances at a Gathering* (1969) und *In the Night* (1970), F. Ashton in *A Month in the Country* (1976) und J. Neumeier in *Die Kameliendame* (1978).

Choreartium, B. in 4 Sätzen, Ch.: L. Massine, Mus.: Brahms (4. Sinfonie in c-Moll), Dek.: Konstantin Terechkovich und Eugene Lourie; UA 24. 10. 1933, B. Russes de Monte Carlo, Alhambra-Th., London, mit I. Baronova, A. Danilova, T. Riabouchinska, N. Verchinina, V. Zorina, R. Jasinski, D. Lichine, P. Petroff, Y. Shabelevski u. a. In diesem zweiten sinfonischen B. (das erste war *Les Présages*) verzichtete Massine auf jegliches Programm, er bemühte sich lediglich um eine choreogr. Visualisierung der musikalischen Stimmungsinhalte.

Lit.: C. W. Beaumont, in: *Complete Book of Ballets*, London 1951.

Choreographie (griech., Tanzschrift). Le Feuillet nannte 1700 sein System der Tanzschrift Chorégraphie. 1767 veröffentlichte der Tanzlehrer C. J. von Feldtstein sein Buch: *Die Kunst, nach der Choreographie zu tanzen und Tänze zu schreiben*. Hier ist also Ch. noch identisch mit Tanzschrift. Erst in neuerer Zeit versteht man unter Ch. »die dichterische Erfindung und tanz-technische Fixierung des durch Ballett oder Pantomime Darzustellenden« (V. Junk, *Handbuch des Tanzes*, Stuttgart 1930). Davon abgeleitet Choreograph als der für die Erfindung und Komposition von Tanzschritten und Tänzen zuständige Autor eines B.s.

Choreologie (griech., Wissenschaft vom Tanz). In seiner engl. Form wird dieser Terminus als Choreology von R. und J. Benesh zur Bezeichnung der von ihnen entwickelten Tanzschrift, der Benesh Dance Notation, in Anspruch genommen.

Chorós. Im klassischen Altgriechisch Bezeichnung für Gruppentanz, weiter aber auch für den Tanzplatz, vor allem aber in der Tragödie für den Chor, der als Vertreter der Gemeinschaft sprechend, singend und tanzend die Handlung der Schauspieler kommentiert und weiterführt. Der Platz für den Tragödienchor war die kreisförmige Orchestra. Der einzelne Chortänzer wurde als Choreut, der Tanzlehrer als Chorodidáskalos bezeichnet. Im mittelalterlichen Latein bedeutete Chorea einen Kreisreigen. Im Neugriechischen ist Chorós das Wort für Tanzvergnügen, für Ball.

Chout, Le (russ. Originaltitel: *Skazka pro schuta*), B. in 6 Bildern von S. Prokofjew (Libr. und Mus.), Ch.: Tadeusz Slavinsky und M. Larionov (auch Dek.); UA 17. 5. 1921, B.s Russes de Diaghilew, Th. Gaité-Lyrique, Paris, mit Katharina Devillier, Slavinsky, Javzinsky u. a. – Das B., das auch unter dem Titel *Le Bouffon* und im Deutschen als *Der Narr* bekannt wurde, basiert auf zwei Geschichten, die Prokofjew auf Diaghilews Anregung hin der klassischen russ. Märchensammlung von Afanasjew entnahm. Es handelt auf sehr grausam-groteske Weise von dem Narren, der sieben andere Narren narrte, und zwar mittels einer Wunderpeitsche, als deren Opfer sieben Närrinnen tot auf der Strecke bleiben. Das musikalisch äußerst geistreiche und sarkastische B. hat sich international nicht recht durchsetzen können, und auch Prokofjews konzertante Suite gelangt nur relativ selten zur Auff. Dt. EA (?), Ch.: Franz Hellmut Zehnpfennig (Köln 1927). Mehr Erfolg hatte G. Steinweg mit ihrer Prod. an der Komischen Oper in Ost-Berlin (1957).

Lit.: O. F. Regner / H.-L. Schneiders, in: *Reclams Ballettführer*, Stuttgart [8]1980.

Christensen, Lew, amer. Tänzer, Choreograph und B.-Direktor, * 9. 5. 1909 Brigham City (Utah). Studierte an der School of American B. Tänzer in Vaudeville-Prod.en und beim American B. B.-Meister und Solist der B. Caravan, dann beim San Francisco Opera B., B. Society 1946–48, Pädagoge an der School of American B., B.-Meister des New York City B. bis 1955 und seither Direktor und Chefchoreograph des San Francisco B. Hat zahlreiche B.e choreographiert, u. a. *Pocahontas* (Mus.: E. Carter, 1936), *Filling Station* (Mus.: V. Thomson, 1938), *Jinx* (Mus.: Britten, 1942) und *Con Amore* (Mus.: Rossini, 1953). Mit der Ballerina Gisella Caccialanza verheiratet. Er ist der Bruder von Harold Chr. (* 1904 Brigham City, langjähriger Tänzer beim B. Caravan und beim San Francisco Opera B., dann Leiter der San Francisco B. School) und von William Chr. (* 1902 Brigham City, langjähriger Tänzer des San Francisco Opera B. und seit 1951 in Utah tätig, wo er in Salt Lake City das Utah B. gegründet hat).

Chujoy, Anatole, lit.-amer. Tanz-Publizist, * 1894 Riga, † 24. 2. 1969 New York. Studierte Jura an den Universitäten von Riga, Warschau und St. Petersburg-Petrograd. Übersiedelte in den frühen zwanziger Jahren in die Vereinigten Staaten, wo er für amer. Tanzzeitschriften schrieb, 1936 an der Gründung des *Dance Magazine* beteiligt und von 1942 bis zu seinem Tode Herausgeber und Chefredakteur der *Dance News* war. Autor, Übersetzer und Herausgeber zahlreicher Bücher, u. a. der *Dance Encyclopedia* (1949 – später noch einmal von Grund auf überarbeitet, mit P. Manchester als Mitautorin, 1967), *The New York City Ballet* (1953) und *Fokine, Memoirs of a Ballet Master* (1961).

Ciceri, Pierre, frz. Bühnenbildner und Chefdekorateur der Pariser Opéra. * 1782, † 1868 (Geburts- und Sterbeort nicht bekannt). Teilweise in Zusammenarbeit mit anderen Malern entwarf er u. a. die Bühnenbilder zu Didelots *Flore et Zéphyre* (1815), Alberts *Cendrillon* (1823), Aumers *La Somnambule* (1827) und *La Belle au bois dormant* (1829), Taglionis *La Sylphide* (1832) und *La Fille du Danube* (1836), Corallis *Giselle* (1841), Alberts *La jolie fille de Gand* (1842) und Maziliers *Le Diable à quatre* (1845). 1822 führte er an der Pariser Opéra für die von Louis J. M. Daguerre ausgestattete Oper *Aladin* von Isouard die Gasbeleuchtung ein.

Cinderella → *Aschenbrödel.*

Cintolesi, Ottavio, chil. Tänzer, Choreograph und B.-Direktor, * 14. 4. 1924 Santiago de Chile. Studierte am Tanzkonservatorium der Universität von Santiago bei E. Uthoff, K. Jooss, E. Poliakova u. a. Tänzer beim Chil. National-B. ab 1946, später auch B.-Meister und Choreograph. Dann in Paris, Washington, New York, Chicago, San Francisco und bei J. Charrats Komp. in verschiedenen Funktionen tätig, danach in Florenz, Zürich, beim B. Th. Contemporain, B.-Direktor in Bonn 1973–77 und seit 1979 wieder beim Städt. B. von Santiago. Er ist mit der Tänzerin Irena Milovan verheiratet.

Ciseaux (richtig *Pas ciseaux*, frz., Scherensprung), Sprungschritt von zwei Beinen auf ein Bein, wobei sich die Beine in der Luft zu einer weiten 2. Position öffnen – was aussieht wie das Öffnen und Wiederschließen einer Schere.

Cito, Marion, dt. Tänzerin und B.-Meisterin, * 29. 1. 1939 Berlin. Studierte bei T. Gsovsky. Tänzerin an der Städt. und Dt. Oper Berlin 1957–71, wo sie zahlreiche Rollen in B.en von T. Gsovsky, K. MacMillan und G. Bohner kreierte, dann in Darmstadt 1972–74 und seit 1976 in Wuppertal, wo sie zum Führungsstab der Komp. gehört.

Clarke, Mary, engl. Tanz-Publizistin, * 23. 8. 1923 London. Schrieb für diverse engl. und amer. Tanzzeitschriften, war dann Assistant

Editor des engl. *Ballet Annual* 1952–63 und ist seither Chefredakteurin der *Dancing Times*, heute auch Tanzkritikerin des *Guardian*. Autorin zahlreicher Bücher, u. a. von *The Sadler's Wells Ballet* (1955), *Dancers of Mercury, the Story of Ballet Rambert* (1962), *The Encyclopedia of Dance & Ballet* (zus. mit D. Vaughan, 1977), *Design for Ballet* (mit C. Crisp 1978) und *The History of Dance* (mit Crisp 1981).

Clauss, Heinz, dt. Tänzer und Pädagoge, * 17. 2. 1935 Esslingen. Studierte bei R. Mayer in Stuttgart und N. Kiss in Paris. Tänzer beim Stuttgarter Opern-B. 1951–57, dann Zürich 1957–59, Hamburg 1959–67 und wieder Stuttgarter B. 1967–76, wo er zahlreiche Rollen kreierte, u. a. in J. Crankos *Onegin* (Neufassung 1967), *Présence* (1968), *Der Widerspenstigen Zähmung* (1969), *Brouillards* und *Poème de l'Extase* (1970) sowie in K. MacMillans *Die Sphinx* (1968) und *Fräulein Julie* (1970). Galt darüber hinaus als einer der reinsten Balanchine-Stilisten, als der er namentlich als Apollo auch internationale Anerkennung gefunden hat. Leiter der Stuttgarter J.-Cranko-B.-Schule seit 1976.

Lit.: K. Geitel, *H. C.* in: *Ballett* 1967, Velber 1967.

Cléopâtre (dt. Titel: *Eine ägyptische Nacht*), B. in 1 Akt, Libr. und Ch.: M. Fokine, Mus.: A. Arensky, Bühne: O. Allegri, Kost.: M. Zandin; UA 8. 3. (21. 3.) 1908, Marien-Th., St. Petersburg, mit A. Pawlowa, P. Gerdt, O. Preobrajenska, W. Nijinsky u. a. – Amoun, verlobt mit der Priesterin Ta-hor, verliebt sich auf den ersten Blick in die Königin C., eine Majestätsbeleidigung, die so ungeheuerlich ist, daß er sie mit dem Tode bezahlen muß. Nachdem sich ihm die Königin, die ihrerseits seine Schönheit unwiderstehlich findet, ein einziges Mal hingegeben hat, muß der junge Mann sterben. Der ursprüngliche russ. Titel war: *Ägyptische Nächte*. Unter dem endgültigen Titel C. dann in derselben Ch., mit musikalischen Ergänzungen von S. Tanejew, Rimskij-Korsakow, Glasunow, Mussorgsky und N. Tscherepnin, Dek.: L. Bakst; erstmalig 2. 6. 1909, Diaghilew-Komp., Th. du Châtelet, Paris, mit I. Rubinstein, T. Karsavina, A. Pawlowa, Nijinsky, Fokine u. a. (→ *Kleopatra*-Ballette.)

Clerk, Florence, frz. Tänzerin, * 1951 Paris. Studierte an der Schule der Pariser Opéra. Tänzerin des Opéra-B. seit 1967, Danseuse étoile seit 1975. Sie ist mit dem Tänzer Charles Jude verheiratet.

Lit.: G. Mannoni / D. Jouhaud, in: *Les Étoiles de l'Opéra de Paris*, Paris 1981.

Cleveland Ballet. Die in der Stadt am Eriesee in Ohio beheimatete Komp. ging aus dem Cleveland Dance Center hervor, das der 1976 ihr Debüt gebenden Komp. als Tänzer-Nachwuchsreservoir dient. Sie steht unter der gemeinsamen Leitung von Dennis Nahat und Ian Horvath (bis 1984), von denen Nahat auch als Chefchoreograph fungiert. Weitere B.e der Vierzigtänzerkompanie stammen u. a. von L. Massine, K. Jooss, A. de Mille und G. Balanchine.

Clifford, John, amer. Tänzer, Choreograph und B.-Direktor, * 12. 6. 1947 Hollywood. Studierte bei Irina Kosmovska, E. Loring und an der School of American B. Tänzer beim New York City B. 1967–74, 1973/74 Principal Dancer. Rollenkreationen u. a. in G. Balanchines *Glinkiana* (1967) und J. Robbins' *Dances at a Gathering* (1969). Choreographierte 1968 sein erstes B. fürs New York City B., gefolgt von zahlreichen weiteren Ch.n (auch für Dt. Oper Berlin: *Gershwin Concerto*, 1972). Seit 1973 Künstlerischer Direktor und Chefchoreograph des Los Angeles B.

Clog Dance (engl. *clog*, Holzschuh), ein aus Irland und Lancashire stammender Tanz, der in Schuhen mit Holzsohlen getanzt wird. Es handelt sich darum, wie in der mit ähnlichen Techniken getanzten irischen Jig, Klänge mit den Füßen zu erzeugen. F. Ashton läßt in seiner *Fille mal gardée* Mutter Simone einen C. D. ausführen.

Cloud Gate Theatre. Die in Taiwan ansässige B.-Komp. wurde 1973 von Lin Hwai-min gegründet, der als Künstlerischer Direktor und Chefchoreograph fungiert. Ihr Name ist vom ältesten der überlieferten chin. Tänze abgeleitet. Die Komp. bemüht sich um eine Synthese aus traditionellem chin. Tanz (einschließlich dem der Peking Oper) und zeitgenössischen Tanztechniken. Auf seinen regelmäßigen Auslandsgastspielen kam sie 1979 erstmals in die USA und 1981 nach Europa.

Clustine, Ivan, russ. Tänzer und B.-Meister, * 10. 8. 1862 Moskau, † 21. 11. 1941 Nizza. Studierte an der Bolschoi-B.-Schule, Examen 1878, gleichzeitig Tänzer am Bolschoi-B., Premier danseur 1886, B.-Meister 1898. Eröffnete eine eigene B.-Schule in Paris 1903, B.-Meister an der Opéra 1909–14, dann bis 1931 als B.-Meister und Choreograph bei der Pawlowa-Truppe, anschließend freischaffend als B.-Meister und Choreograph tätig. Studierte für das Pawlowa-Rep. *Die Puppenfee*, Auszüge aus *Dornröschen* und *Raymonda* und die berühmte *Gavotte* (zu P. Linckes *Glühwürmchen-Idyll*) ein.

Clytemnestra → *Klytämnestra.*

Cocteau, Jean, frz. Dichter, Schriftsteller und Maler, * 5. 7. 1889 Maison-Lafitte (bei Paris), † 11. 10. 1963 Milly-le-Forêt. Er lernte früh Diaghilew kennen, der sich von ihm Plakate und Szenarien entwerfen ließ und ihn mit seinem vielzitierten Ausspruch »Jean, étonne-moi!« zu immer neuen Exzentritäten anstachelte. Schrieb für die B.s Russes de Diaghilew die Libretti zu *Le Dieu bleu* (Ch.: M. Fokine, 1912), *Parade* (Ch.: L. Massine, 1917) und *Le Train bleu* (Ch.: B. Nijinska, 1924) – für die Comédie des Champs-Elysées die von den drei Fratellini herausgebrachte B.-Farce *Le Boeuf sur le toit* (Mus.: Milhaud, 1920) – für die B.s Suédois *Les Mariés de la Tour Eiffel* (Ch.: J. Börlin, 1921) – für die Soirées de Paris *Roméo et Juliette* (choreogr. Insz.: Cocteau, 1924) – für die B.s des Champs-Elysées *Le jeune homme et la mort* (Ch.: R. Petit, 1946) und *L'Amour et son amour* (Ch.: J. Babilée, 1948) – für die Pariser Opéra *Phèdre* (Ch.: S. Lifar, 1950) – für München *Die Dame und das Einhorn* (Ch.: H. Rosen, 1953). Cocteau hat sich darüber hinaus in einer Vielfalt von Artikeln über das B. und seine Persönlichkeiten ausgelassen und galt zeit seines Lebens als unermüdlicher Anreger und Förderer des B.s. 1955 wurde er in die Académie Française berufen. Eine Prod. *Cocteau et la Danse* (mit *Le Fils d'air*, *L'Ange Heurtebise* und *Les Mariés de la Tour Eiffel*) vom Mudra Institut und B. du XXe Siècle (Brüssel 1972); eine biographische Phantasmagorie *Poppy* von G. Murphy bei der Sydney Dance Company (1979).

Code of Terpsichore. Bis heute ist das Ersterscheinungsjahr dieses Werks umstritten. 1828, 1830 und 1831 werden genannt. Richtig ist 1828, wie das Titelblatt der Erstausgabe zeigt (Repr. in der Reihe *Dance Horizons*, 1955). Als Verlag erscheint hier James Bulcock. Dieses Haus machte bankrott, noch während die ersten Exemplare des C. o. T. gedruckt und gebunden wurden. So gelangte in England nur eine beschränkte Anzahl von Exemplaren dieser ersten Auflage in den Buchhandel und die Öffentlichkeit. 1830 erschien das Buch in Paris unter dem Titel *Manuel complet de la Danse*, 1831 dann in London The Second Edition, im Verlag Edward Bull. Der Titel ist geändert, das Buch heißt jetzt *The Art of Dancing* und galt das ganze Jahrhundert hindurch als das Standardwerk der akademischen Tanztechnik. (→ Blasis.)

Cohan, Robert, amer. Tänzer, Pädagoge, Choreograph und B.-Direktor, * 1925 New York. Studierte bei M. Graham und war 1946–57 und 1962–69 einer ihrer profiliertesten Solisten. Eröffnete 1958 eine eigene Schule in Boston, arbeitete auch andernorts, tanzte am Broadway und in Filmen und trat ab 1959 sporadisch mit einer eigenen Komp. auf. 1967–83 war er Direktor der London School of Contemporary Dance und des London Contemporary Dance Th., für das er zahlreiche B.e choreographiert hat, u. a. *Eclipse* (Mus.: E. Lester, 1967), *Cell* (Mus.: R. Lloyd, 1969), *Stages* (Mus.: A. Nordheim und B. Downes, 1971), *Waterless Method of Swimming Instruction* (Mus.: Downes, 1974), *Stabat Mater* (Mus.: Vivaldi, 1975), *Class* (Mus.: J. Kelichov, 1975), *Forest* (Mus.: B. Hodgson, 1977), *Field* (Mus.: Hodgson, 1980), *Dances of Love and Death* (Mus.: C. Davis und C. Nancarrow, 1981) und *Chamber Dances* (Mus.: G. Burgon, 1982).

Cohen, Frederic (Fritz), dt.-amer. Komponist, * 1904 Bonn, † 9. 3. 1967 New York. Begann nach seinen Universitätsstudien 1924 als Repetitor bei Y. Georgi und wurde dann nach verschiedenen Zwischenstationen Musikdirektor und Künstlerischer Kodirektor der B.s Jooss, denen er von 1932–42 angehörte und für die er zahlreiche B.e komponierte, u. a. *Der Grüne Tisch* (1932), *Ball in Alt-Wien* (nach J. Lanner, 1932), *Seven Heroes* (nach H. Purcell, 1933), *The Mirror*, *Johann Strauss, To-night!* (nach Strauß, beide 1935) und *Spring Tale* (1939). Er blieb bei der Rückkehr von Jooss nach Essen in Amerika.

Cohen, Selma Jeanne, amer. Tanz-Publizistin, * 1920 Chicago. Studierte an der Universität von Chicago sowie bei E. McRae, E. Loring, M. Graham, H. Holm und J. Limón, Dozentin für Tanz-Ästhetik und -Geschichte an zahlreichen Schulen und Colleges in den USA. Mitarbeiterin vieler amer. und ausländischer Tanz-Fachpublikationen. Managing Editor 1959–75 der *Dance Perspectives*. Herausgeberin von *The Modern Dance: Seven Statements of Belief* (1966), *Doris Humphrey: An Artist First* (1972), *Dance As a Theatre Art* (1974) und *Next Week, Swan Lake* (1982). Gegenwärtig mit den Vorbereitungen der *International Encyclopedia of the Dance* befaßt.

Cole, Jack, amer. Tänzer und Choreograph, * 27. 4. 1914 New Brunswick (N. J.), † 17. 2. 1974 Los Angeles. Studierte in Denishawn bei R. St. Denis und T. Shawn. Nach der endgültigen Trennung von Ruth und Ted im Sommer 1931 schloß er sich 1931/32 der Männertruppe von Shawn an. 1932/33 tanzte er kurz bei D. Humphrey und Ch. Weidman, anschließend nur noch in teuren Night Clubs. Seinen Ruhm begründete er damit, daß er als erster weißer Tänzer den schwarzen Jazz Dance als eigenständige Technik entdeckte. Seit 1935 verband er ind. Tanzbewegungen mit Jazz-Musik und Isolationstechniken des schwarzen Jazz Dance. So entstand der sog. Hindu Jazz, den er zuerst mit seiner Gruppe in vornehmen Nachtlokalen demonstrierte. C. ist zwar nicht der Vater des Jazz Dance überhaupt, sondern mit dem Hindu Jazz der Vater der modernen Jazz Dance-Synthesen. Berühmt wurde er vor allem als Choreograph der Musicals *Alive and Kicking* (1950), *Kismet* (1953), *Jamaica* (1957), *Foxy* (1964), *Man of La Mancha* (1965) und *Mata Hari* (1967) sowie des *Requiem für Jimmy Dean* (Mus.: Ronald Herder, Harkness B., 1968).

Coleman, Michael, engl. Tänzer, * 10. 6. 1940 Beacontree. Begann als Steptänzer, dann Studium an der Royal B. School. Mitgl. der Touring Group des Royal B. 1959, dann 1965 des Royal B., Principal Dancer seit 1968. Ein glänzender Virtuose (Blauer Vogel, *La Bayadère*) und Demi-caractère-Tänzer (Ashtons *La Fille mal gardée*, Robbins' *Dances at a Gathering*) – auch als Jeremy Fisher in Ashtons Film *Tales of Beatrix Potter* (1970).

Lit.: J. Green, in: *The Private World of Ballet*, New York 1975.

Collet, Ingrid, dt. Tänzerin, Choreographin und B.-Direktorin, * 24. 10. 1938 Ibbenbüren. Tänzerische Grundausbildung als Elevin am Pfalz-Th. Kaiserslautern bei Kurt Steigerwald. Tänzerin Dortmund 1955–58, Raimund-Th. Wien 1958/59, Trier 1959/60. Studierte weiter in Paris 1960/61, Halbsolistin Mainz 1961–63, Solotänzerin und Assistentin Bielefeld 1963–66, dann freiberuflich beim Deutschen Fernsehen 1966/67, Stellvertretende B.-Meisterin und Solotänzerin Krefeld/Mönchengladbach 1967–69 und seit 1969 in Oldenburg (zunächst als Stellvertretende B.-Meisterin und Solotänzerin, dann B.-Meisterin 1972, B.-Direktorin 1982). Choreographierte zahlreiche B.e des historischen und zeitgenössischen Rep.s.

Collier, Lesley, engl. Tänzerin, * 13. 3. 1947 Orpington (Kent). Studierte an der Royal Academy of Dancing und Royal B. School. Mitgl. des Royal B. seit 1965, Principal Dancer seit 1972. Tanzt die Ballerinen-Rollen des Rep.s. Rollenkreationen u. a. in F. Ashtons *Rhapsody* (1980) und R. Nurejews *The Tempest* (1982). Sie ist mit dem Tanzkritiker Nicholas Dromgoole verheiratet.

Combat, Le (engl. Titel: *The Duel*), B. in 1 Akt von W. Dollar (Libr. und Ch.), Mus.: R. de Banfield, Dek.: Vicomtesse Marie-Laure de Noailles; UA 24. 2. 1949, B. de Paris, Princes Th. London, mit J. Charrat und W. Skouratoff. – Das B. basiert auf einer Episode aus Tassos *Befreitem Jerusalem* und zeigt die Begegnung des Kreuzritters Tancred mit dem Sarazenenmädchen Clorinda, die in einer Ritterrüstung kämpft und erst nach empfangenem Todesstreich ihre wahre Identität zu erkennen gibt. Zunächst nur ein großes Pas de deux, wurde das B. bei seiner Einst. fürs New York City B. 1950 um drei zusätzliche Ritter erweitert. Von zahlreichen anderen Komp.n übernommen. In eigener Ch. von D. Parlić an der Wiener Staatsoper 1959.

Lit.: G. Balanchine / F. Mason, in: *Balanchine's Complete Stories of the Great Ballets*, Garden City (N. Y.) 1977.

Combattimento di Tancredi e Clorinda, Il, Szenische Kantate von C. Monteverdi, 1624, Venedig. Sie basiert auf dem gleichen Stoff wie auch *Le Combat* und hat neuerdings verschiedene rein choreogr. Insz.en erfahren – u. a. von E. Walter (*Der Zweikampf*, Wuppertal 1954), M. Sparemblek (Paris 1967), J. Thorpe (Manchester 1970) und W. Forsythe (Stuttgart 1981).

Comédie-Ballett heißt der im 17. Jh. geschaffene B.-Typ, der eine stark mit Tänzen durchsetzte Komödie bot. Begründer und zugleich Vollender dieser Art von B. waren Molière als Dichter, Lully als Komponist und Beauchamp als Choreograph. Die Geschichte dieses Typs begann 1661 mit *Les Fâcheux* (1924 neue Ch. von B. Nijinska). Es folgten u. a. *Le Mariage forcé* (1664) und *Les Amants Magnifiques* (1770). Höhepunkt und Ende der Gattung war Molières *Le Bourgeois Gentilhomme* (1670).

Lit.: F. Böttger, *Die Comédie-Ballet von Molière-Lully (Berlin 1930; Repr. 1979).*

Comelin, Jean-Paul, frz. Tänzer, B.-Meister und Choreograph, * 10. 9. 1939 Cannes. Studierte bei Y. Brieux. Debütierte an der Pariser Opéra, dann Tänzer beim London Festival B., in Hamburg, beim National B. of Washington, Pennsylvania B., Wisconsin B. und Milwaukee B., wo er auch als B.-Meister und Choreograph tätig war. 1981–83 B.-Meister beim Stuttgarter B.

Commedia dell'arte, vom 16. bis zum 18. Jh. florierender ital. Typ der Stegreifkomödie mit ihren feststehenden Maskencharakteren Harlekin, Brighella, Pantalone, Dottore, Pulcinella, Pierrot, Capitano, Columbine usw. hat im 19. und 20. Jh. vielfach als Basis für B.-Libretti gedient. Beispiele: M. Petipas *Les Millions de Harlequin* (1900), M. Fokines *Carnaval* (1910), L. Massines *Pulcinella* (1920), B. Nijinskas *Les Comédiens jaloux* (1932), S. Lifars *La vie de Polichinelle* (1934) und *Salade* (1935), J. Rey und J. Burghausers *Diener zweier Herren* (1958), Dorst-Killmayers *La Buffonata* (1961), G. Tetleys *Pierrot Lunaire* (1962), K. MacMillans *The Poltroon* (1972) und *The World of Harlequin* (1973).

Concert, The, B. in 1 Akt, Ch.: J. Robbins, Mus.: Chopin (verschiedene Klavierstücke, z. T. instrumentiert von H. Kay), Kost.: I. Sharaff; UA 6. 3. 1956, New York City B., City Center, New York, mit T. LeClerq, Y. Mounsey, W. Curley, T. Bolender u. a. – Das B., das im Deutschen den Untertitel *Die Gefahren für jedermann* hat, besteht aus einer Folge von parodistischen Skizzen, in denen Konzertbesucher ihre Reaktionen auf das Anhören von Chopin-Musik tänzerisch darstellen. Eine revidierte Fassung, die Robbins für das Spoleto Festival 1958 einstudierte (und die eines der populärsten Rep.-B.e von Robbins' 1959 gegründeten B.: U. S. A. wurde), erhielt zwei von Saul Steinberg gemalte Prospekte. Von mehreren Komp.n übernommen (u. a. Zürich 1981).

Lit.: O. F. Regner / H.-L. Schneiders, in: *Reclams Ballettführer*, Stuttgart [8]1980.

Concerto, B. in 1 Akt, Ch.: K. MacMillan, Mus.: Schostakowitsch (Klavierkonzert Nr. 2, op. 102), Dek.: J. Rose; UA 30. 11. 1966, Dt. Oper Berlin, mit D. Carli, F. Kapuste, L. Seymour, R. Holz und S. Kesselheim. – Eine handlungslose, sinfonisch konzipierte Ch., die sich lediglich dem Stimmungsgehalt der einzelnen Sätze verpflichtet weiß. Von verschiedenen anderen Komp.n übernommen.

Lit.: O. F. Regner / H.-L. Schneiders, in: *Reclams Ballettführer*, Stuttgart [8]1980.

Concerto Barocco, B. in 3 Sätzen, Ch.: G. Balanchine, Mus.: Bach (Konzert für 2 Violinen und Orchester in d-Moll), Dek.: E. Berman; UA 29. 5. 1940, American B., Hunter College Th., New York, mit M. Jeanne, J. Shea, W. Dollar u. a. – Ein handlungsloses, konzertantes B., dessen Ch. sich als eine Art visuell-ornamentaler Kommentar zu Bachs Musik begreift. Spätere Einst.en haben auf jegliches Dekor verzichtet und lassen die Tänzer in einem einheitlichen Trainingsdreß auftreten. Von zahlreichen anderen Komp.n übernommen – in Deutschland zuerst in Hamburg 1960.

Lit.: O. F. Regner / H.-L. Schneiders, in: *Reclams Ballettführer*, Stuttgart [8]1980.

Concurrence, La, B. in 1 Akt, Libr. und Dek.: André Derain, Ch.: G. Balanchine, Mus.: G. Auric; UA 12. 4. 1932, B. Russes de Monte Carlo, Monte Carlo, mit I. Baronova, T. Toumanova, L. Woizikovsky u. a. L. C. war nach *Cotillon* das zweite B., das Balanchine für die im Januar 1932 von Blum und Basil gegründeten B.s Russes de Monte Carlo schuf. Das B. handelt von der Konkurrenz zweier Schneiderateliers, deren Besitzer auf der Straße miteinander streiten, um auf diese Weise Kunden anzulocken.

Conley, Sandra, engl. Tänzerin, * 24. 10. 1943 Hatfield. Studierte bei Stella Wallace an der Sutton School of Dancing und Royal B. School. Tänzerin bei der Royal B. Touring Comp. 1962, dann Solistin, Royal B. seit 1971, Principal Dancer 1980.

Connecticut College School of Dance. Die seit 1948 regelmäßig durchgeführten sechswöchigen Sommerkurse im C. C., New England, haben sich rasch als eine der vordersten Plattformen für Modern Dance in den USA etablieren können. Lange Jahre hindurch war D. Humphrey der Spiritus rector des Unternehmens, an dem jedoch fast alle führenden Persönlichkeiten der amer. Modern Dance Szene fallweise beteiligt waren. Dabei wurde immer der größte Wert auf einen möglichst engen Arbeitskontakt zwischen Dozenten und Studenten gelegt. Die jeweiligen Kurse gipfeln in dem ebenfalls jährlich veranstalteten American Dance Festival.

Lit.: T. Borek, *The C. C. American Dance Festival, Dance Perspectives 50* (1972).

Connor, Laura, engl. Tänzerin, * 1946 Portsmouth. Studierte bei Mavis Butler, dann an der Royal B. School. Tänzerin beim Royal B. 1965, Solistin 1970, Principal Dancer 1973–82. Beste Rollen in *La Fille mal gardée*, *La Bayadère* und *Dances at a Gathering*.

Constant, Marius, frz. Komponist und Dirigent, * 7. 2. 1925 Bukarest. Schrieb die Musik u. a. zu M. Béjarts *Haut Voltage* (1956), R. Petits *Cyrano de Bergerac* (1956), *Éloge de la folie* (1966), *Paradise Lost* (1967), *24 Préludes* (1967), *Nana* (1976) und M. Marceaus *Candide* (1971). Directeur musicale de la danse an der Pariser Opéra 1973–80.

Contes Russes, B. mit Prolog und 4 Bildern, Ch.: L. Massine, Mus.: A. Liadow, Dek.: M. Larionov; UA 11. 5. 1917, B.s Russes de Diaghilew, Th. du Châtelet, Paris, mit L. Sokolova, St. Idzikowski, L. Tchernicheva, Massine u. a. – Eine Folge von Szenen aus russ. Märchen auf folkloristischer Grundlage. Die *Kikimora-Episode* hatte schon am 25. 8. 1916 in San Sebastian Premiere.

Contraction – Release, ein von Martha Graham entwickeltes und in ihrer Technik grundsätzlich benutztes Gegensatzpaar von Bewegungen. C. bedeutet: Zusammenziehen und Zusammensacken des Körpers bei Vollendung der Ausatmung. R. bedeutet: Befreiung, Ausdehnung, Größerwerden des Körpers auf dem Höhepunkt der Einatmung. Die Übungen mit C. und R. müssen im Graham-Stil stets vom Becken ausgehen.

Contredanse, abgeleitet von engl. *Country dance*, der Bezeichnung für ältere engl. Volkstänze vor 1600. In der 1651 in John Playfords Buch *The English Dancing Master* vorgestellten Gesellschaftstanzform werden zwei Grundtypen behandelt: (1) Longways, Reihentänze von einander gegenüberstehenden Partnern; (2) Rounds, also im Kreis getanzte Rundtänze. Um 1685 gelangte die engl. Form auf den Kontinent und wurde hier nun Contredanse, auch Contretanz, Kontertanz und Kontratanz genannt. Er erfreute sich im 18. Jh. größter Beliebtheit an den Höfen, vor allem aber in der bürgerlichen Gesellschaft, wobei aus Longways und Rounds verschiedene Varianten entwickelt wurden: Quadrille, Cotillon, Anglaise, Ecossaise, der dt. Contretanz (Haydn, Mozart und Beethoven) und die Contredanse Française (Rameau).

Cook, Bart, amer. Tänzer, * 7. 6. 1949 Ogden (Utah). Studierte bei W. Christensen, P. Keeler und School of American B. Tänzer beim B. West, New York City B. seit 1971, später Solist, dann Principal Dancer 1980. Rollenkreationen u. a. in J. Robbins' *An Evening's Waltzes* (1973), *Dybbuk Variations* (1974) und *The Four Seasons* (1979) sowie in G. Balanchines *Vienna Waltzes* (1977).

Copland, Aaron, amer. Komponist, * 14. 11. 1900 Brooklyn (N. Y.). Schrieb die Musik zu R. Pages *Hear Ye! Hear Ye!* (1934), E. Lorings *Billy the Kid* (1938), A. de Milles *Rodeo* (1942), M. Grahams *Appalachian Spring* (1944) und H. Rosens *Dance Panels in Seven Movements* (1963). Weitere B.e, die sich seiner konzertanten Musik bedienen, sind u. a. A. Tudors *Time Table* (basierend auf *Music for Theatre*, 1941 – auch für P. Darrells *Lessons in Love*, 1966, und J. Ulrichs *Ballet for a Theatre*, 1973), D. Humphreys *El Salon Mexico* (1943), J. Robbins' *The Pied Piper* (basierend auf seinem Konzert für Klarinette und Streichorchester, 1951) und J. Neumeiers *Hamlet Connotations* (basierend auf seinen *Connotations for Orchestra*, 1976).

Coppélia ou La Fille aux yeux d'email, B. in 3 Akten, Libr. nach E. T. A. Hoffmanns *Der Sandmann* von Charles Nuitter und A. Saint-Léon, Ch.: Saint-Léon, Mus.: Delibes, Bühne: Cambon, Despléchin, Lavastre, Kost.: Paul Lormier; UA 25. 5. 1870, Opéra, Paris, mit Giuseppina Bozacchi (Swanilda) und Eugénie Fiocre (Franz). – Das B. verknüpft die Liebesgeschichte von Swanilda und Franz mit der Geschichte des Puppenmachers Coppelius, dessen größter Ehrgeiz es ist, eine beseelte Puppe zu schaffen. Franz verliebt sich prompt in Coppélia, die er lebendig glaubt, um nach allerlei Schabernack zu erkennen, daß sie doch nur eine Puppe ist, was ihn zu einer schleunigen Rückkehr zu Swanilda veranlaßt, woraufhin ein großes Schluß-Divertissement alle miteinander versöhnt. – Mit ihrem Hauch von frz. parfümierter Balkan-Folklore (Csárdás!) erfreut sich *C.* seit ihrer UA in der ganzen Welt unverminderter Beliebtheit. Die dt. EA choreographierte P. Taglioni an der Berliner Oper 1881, nachdem die Wiener Hofoper *C.* schon 1876 in der Ch. von K. Telle herausgebracht hatte. 1896 folgte München mit A. Genée, die als eine der berühmtesten Swanildas in die B.-Geschichte eingegangen ist. Für die internationale Überlieferung sonst noch wichtig: M. Petipas Version für St. Petersburg 1884 (revidiert 1894 von E. Cecchetti) und H. Becks Version für Kopenhagen 1896. Das B. hat seither viele Neuinsz. erfahren, wobei die Rolle des Franz jedoch meist von einem männlichen Tänzer gegeben wurde, während sich in Paris bis in die fünfziger Jahre unseres Jahrhunderts der Brauch am Leben hielt, ihn *en travestie* mit einer Frau zu besetzen. Einen interessanten Versuch der Gegenüberstellung von Original-Prod. und heutiger Aufführungspraxis unternahm die B.-for-All-Gruppe des Royal B. zuerst 1967. Weitere international beachtete Neuinsz.en in der jüngeren Vergangenheit u. a. von P. Lacotte für die Pariser Opéra (1973), von G. Balanchine für das New York City B. (1974), von R. Petit für die B.s de Marseille (1975) und von H. Spoerli in Basel (1984).

Lit.: O. F. Regner / H.-L. Schneiders, in: *Reclams Ballettführer*, Stuttgart [8]1980; I. Guest, *The Two C.s*, London 1970; *C.*, *L'Avant-Scène Ballet / Danse* 4, Paris [o. J.].

Coq d'or, Le → *Goldene Hahn, Der.*

Coralli, Jean (d. i. J. C. Peracini), ital. Tänzer und Choreograph, * 15. 1. 1779 Paris, † 1. 5. 1854 ebd. Kam aus einer Bologneser Familie, studierte an der Schule der Pariser Opéra und debütierte ebd. 1802. Seine ersten choreogr. Erfahrungen sammelte er in Wien, Mailand, Lissabon und Marseille, ging 1825 als B.-Meister ans Pariser Th. de Porte-Saint-Martin und wurde 1831 als Choreograph an die Opéra berufen, wo er einige der berühmtesten B.e seiner Zeit schuf. Er choreographierte u. a. *Paul und Rosette, oder Die Winzer* (Mus.: M. Umlauf), *Der großmütige Kalif*, *Amphion, oder Der Zögling der Musen*, *Die Abenzerragen, oder Die feindlichen Volksstämme* (alle 1806), *Die Inkas, oder Die Eroberung von Peru* (Mus.: A. Gyrowetz), *Helena und Paris* (Mus.: J. N. Hummel, beide 1807 – alle Wien), *Imene deificato*, *La mania del ballo* (beide 1815), *Le nozze di Zefiro e Flora* (1816), *La Statua di Venere*, *Belisa* (Mus.: Grossoni, beide 1825 – alle Mailänder Scala), *Lisbell ou La nouvelle Claudine* (Mus.: Grossoni), *Les Ruses espagnoles* (Mus.: Pâris, beide 1825), *Monsieur de Pourceaugnac*, *Gulliver*, *La Visite à Bedlam* (alle 1826), *Le Mariage de raison* (alle Mus.: A. Piccini), *La Neige* (Mus.: Chautagne und Ferrand, beide 1827), *Les Hussards et les jeunes filles*, *Léocadie* (Mus.: Béancour und Miller, beide 1828), *Les Artistes* (Mus.: Piccini, 1829, alle Th. de la Porte-Saint-Martin, Paris), *Die Nachtwandlerin*, *Die Heirat aus Vernunft*, *Childerich, König der Franken* (Mus.: P. J. Riotte und Gyrowetz, alle Wien 1830), *L'Orgie* (Mus.: M. E. Carafa, 1831), *La Tempête, ou L'Ile des génies* (Mus.: J. Schneitzhoeffer, 1834), *Le Diable boiteux* (Mus.: C. Gide, 1836), *La Chatte métamorphosée en femme* (Mus.: A. de Montfort, 1837), *La Tarentule* (Mus.: Gide, 1839), *Giselle* (zus. mit J. Perrot, Mus.: A. Adam, 1841), *La Péri* (Mus.: F. Burgmüller, 1843), *Eucharis* (Mus.: E. Deldevez, 1844) und *Ozai, ou L'Insulaire* (Mus.: Gide, 1847 – alle Pariser Opéra) sowie u. a. die

Opern-Ch. für die UA von Cherubinis *Ali-Baba* (1833). Seine Frau Teresa war während seines Wien-Engagements 1805–09 Solotänzerin am Kärntnertor-Th.

Lit.: I. Guest, in: *The Romantic Ballet in Paris*, London 1966.

Cordua, Beatrice, dt. Tänzerin, * 12. 3. 1943 Hamburg. Studierte ebd. und an der Royal B. School. Tänzerin in Hamburg 1959–62, Solistin in Köln 1962–66, Frankfurt a. M. 1966–73 und seither wieder in Hamburg. Rollenkreationen u. a. in J. Neumeiers *Feuervogel* (1970), *Romeo und Julia* (1971), *Le Sacre* und *Daphnis und Chloe* (1972), *Schumann* (1974), *Schwanensee* (1976), *Don Quixote* (1979), *Songfest* (1979) und *Matthäuspassion* (1981). Gelegentlich auch als Choreographin hervorgetreten.

Corelli, Juan, span.-frz. Tänzer und Choreograph, * 1. 11. 1934 Barcelona. Studierte bei St. Idzikowsky und O. Preobrajenska. Tänzer beim B. des Teatro Liceo in Barcelona, B. Russe de Col. de Basil und Grand B. du Marquis de Cuevas, danach freischaffend als Choreograph tätig, u. a. in Washington (D. C.), Ost-Berlin und Sofia – zahlreiche Fernseh-Ch.n.

Cornazano, Antonio, ital. Tanzmeister und Tanzautor, * 1431 Piacenza, † um 1500 Ferrara. Er verfaßte wahrscheinlich 1455 (1465?) das Werk *Libro dell'arte del danzare* (vorhanden in der Vatikan-Bibliothek). Cornazano gehörte zu den ersten großen Tanzlehrern und Tanzautoren der Renaissance.

Corps de ballet. Die Mitgl.er der B.-Truppe, auch Gruppentänzer genannt, im Gegensatz zu den Solotänzern und Solotänzerinnen. Das C. tritt fast immer kollektiv auf, doch kann ein Choreograph auch einzelne Gestalten individuell profilieren, wie z. B. Fokine die Jahrmarktsbesucher in *Petruschka*.

Corsaire, Le, B. in 3 Akten und 5 Bildern, Libr.: H. Vernoy de Saint-Georges und J. Mazilier, Ch.: Mazilier, Mus.: A. Adam u. a., Bühne: Martin, Despléchin, Cambon und Thierry, Kost.: A. Albert; UA 23. 1. 1856, Opéra, Paris, mit C. Rosati, D. Segarelli u. a. – Die Handlung basiert auf Lord Byrons gleichnamigem Gedicht. Im Mittelpunkt der sehr turbulenten Ereignisse stehen Médora, ein griech. Mädchen, das auf dem Sklavenmarkt von Adrianopel von einem reichen Pascha gekauft wird, und ihr Liebhaber, der Piratenhäuptling Conrad. Sie haben alle möglichen Abenteuer zu bestehen, werden zum Schluß noch Opfer eines spektakulären Schiffbruchs (für den der Chef-Maschinist der Pariser Opéra, Victor Sacré, besonders gelobt wurde), ehe sie sich ganz zuletzt auf einem Felsenriff gerettet wiederfinden. – Eine frühere Version, choreographiert von F. D. Albert, Mus.: R. Bochsa, hatte bereits 1837 am Londoner King's Th. Premiere. Eine vollkommen neuchoreographierte Version brachte M. Petipa 1899 in St. Petersburg heraus, mit musikalischen Ergänzungen von R. Drigo, L. Minkus und C. Pugni, und es ist diese Version, auf die die heute noch in der Sowjetunion anzutreffenden Insz.en zurückgehen. Der heute auch im Westen oft getanzte Pas de deux benutzt Musik von Drigo, die Ch. wird meist als »nach Petipa« bezeichnet. W. Orlikowsky choreographierte das komplette B. mit der Komp. von Zagreb für die Bregenzer Festspiele 1975.

Lit.: O. F. Regner / H.-L. Schneiders, in: *Reclams Ballettführer*, Stuttgart [8]1980.

Cortizo, Fernando, chil. Tänzer, B.-Meister und Choreograph, * 23. 11. 1940 Santiago de Chile. Studierte ebd. an der B.-Schule des Teatro Municipal. Tänzer der dortigen B.-Komp. 1961–67, dann B. Nacional Chileno 1967 bis 1970, Münster 1973/74, Wuppertaler Tanz-Th. 1974–79 und seit 1979 B.-Meister und Choreograph in Hildesheim – unter seinen Ch.n verschiedene B.e zu Auftragskompositionen von Serge Weber.

Coryphée (altgriech. *koryphaios*, Chorführer in der klassischen Tragödie). Im hierarchischen Aufbau des Pariser Opéra-B. bezeichnet der Terminus die Position eines an der Spitze des Corps de b. stehenden Tänzers (es gibt jeweils mehrere), der in kleineren Ens.-Aufgaben eingesetzt wird (z. B. Tanz der vier Kleinen Schwäne in *Schwanensee*). Dem frz. Begriff entspricht etwa die bei uns gebräuchliche Einstufung eines Halbsolisten.

Cosi, Liliana, ital. Tänzerin, * 15. 8. 1941 Mailand. Studierte an der B.-Schule der Scala, später auch in Moskau. Seit ihrem Examen 1958 Mitgl. des Scala-B.s, 1975 zur Primaballerina assoluta ernannt. Zahlreiche Gastspiele bei ausländischen Komp.n (u. a. London Festival B., Bolschoi-B.) und regelmäßige Italien-Tourneen mit kleineren Tänzer-Gruppen.

Cotillon (frz., Unterrock). **1.** Im 18. Jh. identisch mit Contredanse Française = Quadrille: je 4 über Kreuz stehende Paare tanzen dabei bestimmte, vorgeschriebene Figuren mit Partnerwechsel. **2.** Seit 1796 Name für ein im 19. Jh. beliebtes Tanzspiel, das als Höhepunkt jedes Balls ausgeführt wurde. Mit Hilfe von allerlei scherzhaften, z. T. kostbaren Requisiten, den industriell hergestellten Cotillon-Artikeln, wurden hier die sich liebenden Paare zusammengeführt. Als Musik wurden Walzer, Polka, Galopp und Mazurka gespielt. Der Cotillon, der in Tschaikowskys *Eugen Onegin* am Schluß des 2. Aktes den Ball beschließen sollte, wird von einer Mazurka eingeleitet. **3.** B. in 1 Akt, Libr.: B. Kochno, Ch.: Balanchine, Mus.: E. Chabrier (verschiedene Stücke), Dek.: Chr. Bérard; UA 12. 4. 1932, B. Russes de Monte Carlo, Monte Carlo, mit T. Toumanova, D. Lichine, L. Woizikovsky u. a. Das B. zeigt einen Ball, unter dessen harmlos-glitzernder Oberfläche in kurzen dramatischen Episoden gefährliche Abgründe sichtbar werden, ohne daß man sagen könnte, was wirklich geschieht.

Cou de pied (frz., Knöchel des Fußes, wörtlich: Hals des Fußes). Die Fußsohle des Spielbeins wird *sur le cou de pied* an das Standbein angelegt.

Coulon. Berühmte frz. Tänzerfamilie während des ausgehenden 18. Jh.s und in der ersten Hälfte des 19. Jh.s. Anne-Jacqueline C. gehörte von 1778–1802 als Tänzerin der Opéra an, wo sie mit Dauberval, Gardel und Vestris zusammen auftrat, war aber 1788 auch am Londoner King's Th. erfolgreich. Ihr Bruder Jean-François C. (1764–1836) tanzte ab 1787 an der Opéra und war 1808–30 einer der berühmtesten Pariser B.-Lehrer. Sein Sohn Antoine-Louis C. (1796 bis 1849) machte als Tänzer an der Opéra Karriere, gastierte aber häufig auch im Londoner Her Majesty's Th., zu dessen B.-Regisseur er 1844 ernannt wurde. Sein zweiter Sohn Eugene C. war ein sehr gefragter Lehrer für Gesellschaftstanz in England.

Lit.: M. H. Winter, in: *The Pre-Romantic Ballet*, London 1974.

Country dances → Contredanse.

Coupé (frz. *couper*, schneiden), eigentlich Pas de coupé (durchgeschnittener Schritt). Im 18. Jh. (vgl. B. Rameau) bestand ein Coupé aus einem halben Coupé und einem Pas glissé. Beginn mit Plié des linken Fußes, dann gleitet der rechte Fuß am linken Fuß vorbei nach vorn, erhebt sich auf Ballen und übernimmt das Gewicht. Es folgt Pas glissé: streiche den linken Fuß auf der Spitze am Boden nach vorn in 4. Position. Der Grundschritt des Menuetts bestand aus zwei Beugeschritten, also aus zwei halben Coupés und zwei Gehschritten (Pas tendu). Das moderne Coupé besteht nur noch aus einer Gewichtsverlagerung. In der einfachsten Form handelt es sich darum, das Spielbein aus einer offenen Position auf die Erde zu setzen, wobei das andere, das seitherige Standbein zum Cou de pied hochgezogen wird oder aber in eine offene Position geschlagen wird.

Couperin, François, frz. Komponist, * 10. 11. 1668 Paris, † 12. 9. 1733 ebd. Einer berühmten Familie von Organisten, Clavecinisten und Komponisten zugehörig, komponierte er keine B.-Musik, doch wurden seine Cembalo- und Kammermusikstücke häufig einzelnen Tänzen und B.en zugrunde gelegt. Aus mehreren seiner Kompositionen stellte R. Strauss eine von ihm instrumentierte Tanzsuite für kleines Orchester nach F. C. zusammen, die H. Kröller unter dem Titel *Höfische Tänze im Stil Ludwigs XIV.* 1923 für die Wiener Staatsoper choreographierte (als erweiterte Fassung unter dem Titel *Verklungene Feste* von P. u. P. Mlakar an der Münchner Staatsoper 1941). Auch Ravels *Le Tombeau de Couperin* (1917) ist verschiedentlich choreographiert worden, u. a. von G. Balanchine (New York City B., 1975).

Courante (frz. *courir*, laufen). Ursprünglich bei Arbeau (1588) ein lustiges pantomimisches Werbe- und Sprödentanzspiel, das seine Wurzeln im Volkstanz noch deutlich erkennen läßt. Seit 1660 aber wurde daraus ein feierlicher höfischer Tanz im 3/2- oder 3/4-Takt, mit dem bis 1700 unter Ludwig XIV. die offiziellen Hofbälle eröffnet wurden. Die Schritte ähnelten denen des Menuetts. Die Courante veraltete bis 1700. Aber noch der dt. Tanzlehrer und Tanzautor G. Taubert (*Der rechtschaffene Tantzmeister*, 1717) nannte die Courante den Doktortanz, den Fundamentaltanz für alle anderen Tänze. In der Suite hat die Courante den zweiten Platz zwischen Allemande und Sarabande inne.

Couronne, en (frz., Krone), die gekurvte, den Kopf gleichsam einrahmende Haltung der Arme über dem Kopf.

Couru, Pas (frz. *courir*, laufen, gelaufener Schritt), im B. ein rascher Anlaufschritt oder meist mehrere vor einem Absprung.

Covent Garden, Royal Opera House. Londons Opernhaus wurde 1732 als Schauspiel-Th. eröffnet. Durch ein Feuer 1809 zerstört, wurde es im folgenden Jahr wiederaufgebaut. 1847 Umbenennung in Royal Italian Opera. Abermals Opfer einer Feuersbrunst 1856, wurde 1858 der gegenwärtige Bau eingeweiht. Wiedereröffnet nach dem Zweiten Weltkrieg 1946, dient es seither als Heimstätte der Covent Garden Opera und des damaligen Sadler's Wells (heutigen Royal) B. In den Sommermonaten gastieren hier die berühmtesten internationalen B.-Komp.n.

Cragun, Richard, amer. Tänzer, * 5. 10. 1944 Sacramento (Cal.). Zunächst Steptänzer, dann Studium bei Barbara Briggs, an der kanad. Banff School of Fine Arts und Royal B. School sowie bei V. Volkova. Seit 1962 Tänzer in Stuttgart, wo er rasch als einer der profiliertesten Solisten der Cranko-Komp. Karriere machte. Von einer außerordentlichen robusten Virtuosität, kreierte er zahlreiche Rollen, u. a. in Crankos *L'Estro Armonico* (1963), *Opus 1* (1965), *Présence* (1968), *Der Widerspenstigen Zähmung* (1969), *Brouillards* und *Poème de l'extase* (1970), *Carmen* (1971), *Initialen R. B. M. E.* (1972) und *Spuren* (1973), P. Wrights *The Mirror Walkers* (1963) und *Namouna* (1967), K. MacMillans *Lied von der Erde* (1965), G. Tetleys *Voluntaries* (1974) und *Daphnis und Chloe* (1975), J. Neumeiers *Kameliendame* (1978) und *Endstation Sehnsucht* (1983), W. Forsythes *Orpheus* (1979) und J. Kyliáns *Vergessenes Land* (1981). Häufige Gastspiele bei anderen Komp.n.

Lit.: W. Terry / F. Höver, *R. C.*, Pfullingen 1982.

Cramér, Ivo, schwed. Tänzer, Choreograph und B.-Direktor. Studierte bei B. Cullberg und S. Leeder. Tänzer bei der Cullberg Komp. 1944, dann Tourneen mit eigener Truppe bis zur Gründung des Svenska Dansteatern (mit Cullberg, 1946). B.-Meister bei der Verde Gaio Comp. in Lissabon 1948/49, dann als freischaffender Choreograph und Operettenregisseur in Schweden tätig, auch beim Kgl. Schwed. B., für das er 1958 seine definitive Version des auf Folklore-Motiven aus Dalekarlien basierenden *Verlorenen Sohn* (Mus.: H. Alfvén) schuf (zuerst 1947). Eine neue Komp., C. B., rief er 1967 für den Verband der schwed. Riks Th. ins Leben, für die er zahlreiche Ch.n schuf (viele über religiöse Themen). Künstlerischer Direktor des Kgl. Schwed. B.s 1975–80.

Cranko, John, brit. Tänzer, Choreograph und B.-Direktor, * 15. 8. 1927 Rustenburg (Südafrika), † 26. 6. 1973 Dublin. Studium an der B.-Schule der Universität Kapstadt, wo er schon 1942 sein erstes B. zu Strawinskys Suite aus der *Geschichte vom Soldaten* choreographierte, dann 1946 an die Sadler's Wells B. School nach London, choreographierte im selben Jahr J. Strauß' *Tritsch-Tratsch-Polka*, wurde Mitgl. des Sadler's Wells Th. B., erregte 1947 erneut Aufsehen mit seiner Ch. zu Debussys *Children's Corner* und wandte sich daraufhin ganz der Ch. zu, wobei er in den nächsten Jahren u. a. folgende B. schuf: 1949: *Sea Change* (Mus.: Sibelius, *En Saga*) und *Beauty and the Beast* (Mus.: Ravel) fürs Sadler's Wells Th. B.; 1950: *The Witch* (Mus.: Ravel, Klavierkonzert G-Dur) fürs New York City B.; 1951: *Pineapple Poll* (Mus.: Sullivan/Mackerras) und *Harlequin in April* (Mus.: R. Arnell) fürs Sadler's Wells Th. B.; 1952: *Bonne – Bouche* (Mus.: A. Oldham) fürs Sadler's Wells Th. B.; 1953: *The Shadow* (Mus.: E. von Dohnányi) fürs Sadler's Wells B.; 1954: *The Lady and the Fool* (Mus.: Verdi/Mackerras) fürs Sadler's Wells Th. B. und *Variations on a Theme* (Mus.: Brittens Frank-Bridge-Variationen) fürs B. Rambert; 1955: *La belle Hélène* (Mus.: Offenbach/Auber/Rosenthal) für die Pariser Opéra; 1957: als erste abendfüllende engl. B.-UA *Der Pagodenprinz* (Mus.: Britten) fürs Royal B.; 1959: *La Reja* (Mus.: Scarlatti) fürs B. Rambert und *Romeo und Julia* (Mus.: Prokofjew) für die Mailänder Scala; 1960: *Antigone* (Mus.: M. Theodorakis) fürs Royal B. – weiterhin die beiden selbstverfaßten Revuen *Cranks* (1955) und *New Cranks* (1960) sowie die UA von Brittens Oper *Ein Sommernachtstraum* (Gesamtinsz. Aldeburgh 1960). Eine Gast-Insz. seines *Pagodenprinzen* 1960 in Stuttgart führte 1961 zu seiner Ernennung als Stuttgarter B.-Direktor, als der er dank seiner außerordentlich zielstrebigen Ens.- und Rep.-Politik das B. der Württembergischen Staats-Th. zu einer der führenden Komp.n der internationalen Szene aufbaute, wobei ihm seine Vielseitigkeit als Choreograph und besonders seine Begabung für die Schaffung abendfüllender Handlungs-B.e zugute kam. Er führte seine Komp. auch auf ihre ersten Auslandsgastspiele, die ihr in Ost wie in West triumphale Erfolge einbrachten, wirkte als Gastchoreograph auch in Köln, Berlin (Ost und West), beim Royal B. und bei der Batsheva Dance Comp. sowie, mittels seiner Assistenten, in Toronto, Santiago, New York und Kopenhagen und ab 1968 auch als Chefchoreograph der Münchner Staatsoper. Dank seiner überaus fruchtbaren und anregenden Tätigkeit hat das dt. B. erneut Anschluß an die internationale B.-Tradition gefunden. Er starb auf dem Rückflug seiner Komp. von einem Gastspiel in New York. Zu seinen bemerkenswertesten Ch.n seiner Meisterjahre gehörten u. a. (wenn nicht anders angegeben, für das Stuttgarter B.): 1961: *Katalyse* (Mus.: Schostakowitsch, Konzert für Klavier und Trompete); 1962: *Daphnis und Chloe* (Mus.: Ravel) und Neufassung *Romeo und Julia*; 1963: *L'Estro Armonico* (Mus.: Vivaldi) und *Schwanensee* (Mus.: Tschaikowsky); 1964: *Der Feuervogel* (Mus.: Strawinsky – zuerst für Dt. Oper Berlin) und *Concerti grossi* (Mus.: Händel – für Köln); 1965: *Jeu de cartes* (Mus.: Strawinsky), *Onegin* (Mus.: Tschaikowsky/Stolze) und *Opus 1* (Mus.: A. Webern); 1966: *Brandenburg Nos. 2 and 4* (Mus.: Bach – fürs Royal B.), *Konzert für Flöte und Harfe* (Mus.: Mozart) und *Der Nußknacker* (Mus.: Tschaikowsky); 1967: *Die Befragung* (Mus.: B. A. Zimmermann), *Oiseaux exotiques* (Mus.: O. Messiaen) und *Quatre Images* (Mus.: Ravel); 1968: *Fragmente* (Mus.: Henze), *Présence* (Mus.: Zimmermann) und *Begegnung in drei Farben* (Mus.: Strawinsky, Konzert für Klavier und Blasorchester – für Münchner Staatsoper); 1969: *Der Widerspenstigen Zähmung* (Mus.: Scarlatti/Stolze) und *Triplum* (Mus.: W. Fortner – für Münchner Staatsoper); 1970: *Brouillards* (Mus.: Debussy), *Poème de l'extase* (Mus.: Skrjabin) und *Ebony Concerto* (Mus.: Strawinsky – für Münchner Staatsoper); 1971: *Carmen* (Bizet-Collage von Fortner und W. Steinbrenner), *Die Jahreszeiten* (Mus.: Glasunow – eine frühere Fassung 1962) und *Into the Cool* (Mus.: Stan Getz – fürs Noverre B.); 1972: *Initialen R. B. M. E.* (Mus.: Brahms) und *– 1 + 8* (Mus.: Haydn); 1973: *Spuren* (Mus.: Mahler). 1967 drehte die BBC einen TV-Film *Cranko's Castle*.

Lit.: M. Winkler-Betzendahl / H. Koegler, *Ballett in Stuttgart*, Stuttgart 1964; N. de Valois / W. E. Schäfer [u. a.], *J. C. und das Stuttgarter Ballett*, Stuttgart 1973; J. C. und W. E. Schäfer, *Gespräche über den Tanz*, Frankfurt a. M. 1974; H. Kilian, *Stuttgarter Ballett*, Weingarten 1980.

Craske, Margaret, engl. Tänzerin und Pädagogin, * 26. 11. 1892 Norfolk. Studierte u. a. bei Van Dyke und S. Astafieva, vor allem aber bei E. Cecchetti. War für kurze Zeit Tänzerin bei Diaghilews B.s Russes, die sie 1921 wieder verließ, dann bei der Carl Rosa Opera Comp., dem Royal Italian B., in Barries Prod. *The Truth About Russian Dancers*, auch in Londoner Music-Hall-Prod.en. Wurde Cecchettis Assistentin, hatte während der dreißiger Jahre ihr eigenes Studio in London, unterrichtete aber auch beim Sadler's Wells B. und wuchs mehr und mehr in die Rolle der führenden Cecchetti-Autorität hinein. Ging dann auf Veranlassung A. Tudors nach Amerika, wo sie drei Jahre lang als Lehrerin mit dem B. Th. auf Tournee ging. Später gab sie Klassen beim Metropolitan Opera B. und unterrichtete jahrelang an der Juilliard School. Noch als Neunzigjährige an der Manhattan School of Dance tätig. Verfaßte zusammen mit C. W. Beaumont *The Theory and Practice of Allegro in Classical Ballet (Cecchetti Method)* (1930) und mit F. Derra de Moroda *Practice of Advanced Allegro in Classical Ballet (Cecchetti Method)* (1956).

Création du monde, La (Die Erschaffung der Welt), B. in 1 Akt, Libr.: Blaise Cendrars, Ch.: J. Börlin, Mus.: Milhaud, Dek.: F. Léger; UA 25. 10. 1923, B. Suédois Paris, Th. des Champs-Elysées, mit Börlin, Ebon Strandin u. a. Das auch als B. Nègre bezeichnete Werk behandelt die Erschaffung der Welt, wie sie sich in der Phantasie afrik. Negerstämme begeben haben mag. Das B., das in seiner ursprünglichen Version entscheidend durch Légers Dek. geprägt wurde, ist häufig neu choreographiert worden. Max Terpis brachte es 1929 an der Staatsoper

Berlin heraus. Eine erfolgreiche moderne amer. Fassung schuf T. Bolender 1960 fürs New York City B. (1964 auch in Köln).

Lit.: O. F. Regner / H.-L. Schneiders, in: *Reclams Ballettführer*, Stuttgart [8]1980.

Croisé (frz. *croiser*, kreuzen), im B. eine Stellung des Tänzers im schrägen Winkel zum Zuschauer, wobei das Spielbein die Linie des Körpers überschneidet. Kann *en avant* oder *en arrière* ausgeführt werden.

Crumb, George, amer. Komponist, * 24. 10. 1929 Charleston (W. Va.). Seine *Ancient Voices for Children* ist eine der für B.-Zwecke am häufigsten benutzten Partituren der zeitgenössischen Musik – so u. a. von J. Stripling (Stuttgart 1971), M. Sparemblek (Lissabon 1972), J. Butler (in *La Voix*, B. du Rhin, 1972) und Chr. Bruce (B. Rambert, 1975). Bruce hat auch seine *Black Angels* (B. Rambert, 1975) und *Echos in Autumn for Stationary Flying* (Utah Repertory Dance Th., 1973) choreographiert. Hamburg bot eine erste Trilogie von B.en zu seiner Musik unter dem Titel *Makrokosmos* (1975), bestehend aus Sergej Handzics *The Echo* (*Voice of the Whale*), F. Howalds *The Cry* (*Ancient Voices*) und J. Neumeiers *The Silence* (*Makrokosmos*, vol. 1). L. Houlton beendete ihre G. C. Trilogie für das Minnesota Dance Th. 1978, bestehend aus *Ancient Air* (*Ancient Voices*, 1973), *Diabolus* (Black Angels, 1974) und *Contemporary Airs – Discontinued Spaces* (*Dream Sequence*, 1978).

Csárdás (ung. *csárda*, Wirtshaus). Es handelt sich um einen paarweise ausgeführten erotischen Werbetanz. Das Wort bedeutet: Bauerntanz in einer Wirtschaft. Der C. tauchte um 1835 in den Ballsälen der ung. Städte auf und erlebte unter nachdrücklicher Förderung durch Liszt seine Blütezeit zwischen 1842 und 1880. Der Tanz zerfällt in einen langsamen, melancholisch-pathetischen Einleitungsteil, den Lassu, und den eigentlichen, wild aufgeregten C., den Friss oder Frischka, mit Soli der Männer, Drehungen und Sprüngen. Charakteristisch ist auch die Einwärtsdrehung vieler Schritte und das Zusammenschlagen der Stiefelabsätze. Im B. taucht der C. zuerst 1870 in *Coppélia* auf.

Csarnoy, Katalin, ung. Tänzerin, * 26. 12. 1948 Szolnok. Studierte an der Budapester B.-Schule, seit ihrem Examen 1967 Mitgl. des Staatsopern-B.s, Solistin 1971. Mehrere Rollenkreationen in den B.en von L. Seregi. Seit 1975 Solistin beim B. du XXe Siècle. Rollenkreationen in M. Béjarts *Dichterliebe* und *Ce que l'amour me dit* (1978).

Cuevas, Marquis George de (d. i. Marquis de Peidrablanca de Guana de Cuevas), chil.-amer. Mäzen und B.-Direktor, * 26. 5. 1885 Santiago de Chile, † 22. 2. 1961 Cannes. Mit dem Geld seiner Frau, einer Rockefeller-Erbin, gründete er in New York 1943 das B. Institute und B. International, das 1944 sein Debüt gab. Im Sommer 1947 übernahm er das Nouveau B. de Monte Carlo und leitete es hinfort als Grand B. du Marquis de C., mit B. Nijinska als B.-Meisterin. Dies war die erste europ. B.-Komp. mit einem starken Kontingent amer. Tänzer (u. a. R. Hightower, Marjorie Tallchief, W. Dollar und G. Skibine) und B.en von amer. Choreographen (Dollars *Constantia*, E. Catons *Sebastian*, Skibines *Tragödie in Verona*). Der Erfolg der ersten Pariser Saison 1947 markierte den Beginn eines ausgedehnten Tournee-Programms, das die Komp. in die meisten Länder der westl. Welt führte. Der Geschmack und die Vorlieben des Marquis bestimmten die Politik der Komp., die auf den Kassen-Appeal großer Starnamen setzte. Die künstlerischen Resultate wurden im Laufe der Jahre immer magerer, doch blieb die Komp. bis zum Tode des Marquis eine Plattform für interessante Tänzer, darunter auch R. Nurejew, der hier nach seiner Flucht seine erste Heimat im Westen fand. Nach dem Tode des Marquis versuchte sein Neffe Raymundo de Larrain die Komp. am Leben zu erhalten, bis sie im Juni 1962 aufgelöst wurde. Außer Nijinska nennt die Liste der B.-Meister u. a. Dollar, N. Beriozoff und J. Taras. Zu den Tänzern, die zeitweise bei der Komp. engagiert waren, gehörten u. a. A. Markova, T. Toumanova, L. Massine, D. Lichine, E. Bruhn, J. Moreau, V. Skouratoff, N. Vyroubova, S. Golovine, G. Melikova, N. Polajenko, B. Consuelo, D. Dale, A. Prokovsky und S. Goviloff. Zu den repertoirebeständigeren B.en zählen u. a. Skibines *Annabel Lee* (1951) und *Idylle* (1954), A. Ricardas *Doña Inez de Castro* (1952), J. Taras' *Piège de lumière* (1952) und Nijinska-Helpmanns *Dornröschen* (1960).

Lit.: P. Daguerre, *Le M. d. C.*, Paris 1954.

Cullberg, Birgit, schwed. Tänzerin, Choreographin und B.-Direktorin, * 3. 8. 1908 Nyköping. Nach ihrem Literaturstudium an der Stockholmer Universität ging sie 1935–39 an die Jooss-Leeder-Schule nach Dartington in England, ließ sich bei Lilian Karina in Stockholm klassisch ausbilden, studierte in späteren Jahren aber auch noch an der Graham-Schule in New York. Trat ab 1939 mit einer eigenen Gruppe in Konzertveranstaltungen und satirischen Revuen auf, gründete 1946 zusammen mit I. Cramér das Svenska Dansteatern, war 1952–57 Choreographin des Kgl. Schwed. B.s, arbeitete dann als freischaffende Choreographin hauptsächlich in Skandinavien, aber auch verschiedentlich in Deutschland (Dortmund, Köln, München, Düsseldorf, Bayreuth) und in New York. Leitet seit 1967 das mit staatl. und städt. Subventionen geförderte C. Baletten. Sie ist immer wieder auch als Fernseh-Choreographin hervorgetreten (Prix d'Italia für *The Evil Queen*, Mus.: Dag Wirén, 1961) und viel gefragt als Lektorin und Tanzschriftstellerin. In ihren B.en, die zumeist literarische Stoffe von starker dramatischer Substanz behandeln, hat sie sich mehr und mehr vom klassisch-akademischen Tanz ab- und dem Modern Dance zugewandt. Zu ihren bekanntesten B.en zählen u. a. *Fräulein Julie* (Mus.: T. Rangström) und *Medea* (Mus.: Bartók/Sandberg, beide 1957), *Mondrentier* und *Frau vom Meer* (Mus.: beide Riisager, 1960), *Eden* (Mus.: H. Rosenberg, 1967), *Eurydike ist tot* (Mus.: E. Morricone und G. Pontecorvo, 1968), *Bellman* (Mus.: Beethoven, 1971), *Revolte* (Mus.: Bartók, 1973), *Rapport* (Mus.: A. Petterson, 1977) und *War Dances* (Mus.: Petterson, 1979). Sie schrieb *Television Ballet* für *The Dance Has Many Faces* (^{2}1966) und *Ballet: Flight and Reality* für *Dance Perspectives* 29 (1967). Sie ist die Mutter der Tänzer Niklas und Mats Ek.

Lit.: E. Näslund, *B. C.*, Stockholm 1978.

Cunningham, Merce, amer. Tänzer, Choreograph, Pädagoge und Leiter seiner eigenen Komp., * 16. 4. 1919 Centralia (Wash.). Er studierte zunächst Step-, Volks- und Gesellschaftstanz, dann an der Cornish School of Fine Arts in Seattle und 1939 auch an der Bennington School of Dance, war dann Tänzer bei der Graham-Comp. 1940–45, studierte nebenher auch an der School of American B. und kreierte Rollen u. a. in Grahams *Every Soul is a Circus* (1939), *El Penitente* (1940), *Letter to the World* (1940) und *Appalachian Spring* (1944). Als Choreograph arbeitete er ab 1942 zunächst unabhängig, ab 1953 dann mit eigener Gruppe. Entscheidend wurde sein enger Arbeitskontakt mit dem Komponisten J. Cage, wichtig seine Zusammenarbeit mit avantgardistischen amer. Malern wie R. Rauschenberg, A. Warhol, F. Stella und J. Johns. In seinen Stücken arbeitet er mit isolierten Bewegungsmaterialien, die weit vom akademischen Tanz entfernt sind. Verschiedentlich hat er auch mit aleatorischen Elementen experimentiert. Lange Jahre hindurch galt er als die führende Persönlichkeit der amer. Avantgarde-Tanzszene, und noch immer zählt er zu deren kreativsten Autoren. Die Liste seiner Arbeiten zählt zu Beginn der achtziger Jahre rund 70 Titel, darunter u. a. *Septet* (1953), *Minutiae* (1954), *Suite for Five* (1956), *Nocturnes* (1956), *Antic Meet* (1958), *Summerspace* (1958), *Rune* (1959), *Crises* (1960), *Aeon* (1961), *Story* (1963), *Winterbranch* (1964), *How to Pass, Kick, Fall, and Run* (1965), *Place* (1966), *Scramble* (1967), *Rainforest* (1968), *Walkaround Time* (1968), *Canfield* (1969), *Tread* (1970), *Landrover* (1972), *Changing Steps* (1973), *Sounddance* (1974), *Rebus* (1975), *Torse* (1976), *Travelogue* (1977), *Inlets* (1977), *Exchange* (1978), *Duets* (1980), *Gallopade* (1981) und *Trails* (1982). Außer Cage gehören E. Satie und E. Browne zu seinen bevorzugten Komponisten. 1972 schuf er für die Pariser Opéra zusammen mit Cage und Rauschenberg *Un jour ou deux*. 1964 startete er die Serie seiner *Events*, die in den folgenden Jahren durchnumeriert wurden und sich aus Abschnitten seiner Rep.-Stücke und kleineren Novitäten zusammensetzten. Er schrieb *A Technique for Dance* für *The Dance Has Many Faces* (1951) und das Buch *Changes: Notes on Choreography* (1970).

Lit.: J. Klosty, *M. C.*, New York 1975.

Cuoco, Joyce, amer. Tänzerin, * 7. 5. 1953 Boston. Sie studierte zunächst Steptanz, dann bei H. Hoctor, A. Roje und V. E. Williams sowie Jazztanz bei L. Daniel, war 1963/64 die Klara der *Nußknacker*-Prod. des Boston B.s, trat als tanzendes Wunderkind in mehreren Fernseh-Shows auf, übersiedelte 1965 mit ihrer Familie nach Los Angeles, tanzte in den Shows von D. Kaye und E. Sullivan, auch in Radio City Music Hall und bei R. Page, war dann Mitgl. des Stuttgarter B.s 1970–76 und ist seither Solistin an der

Münchner Staatsoper. Zahlreiche Rollenkreationen in B.en von J. Cranko sowie, seit ihrem Münchner Engagement, in B.en von Y. Vamos. Eine ihrer besten Rollen ist die Swanilda in diversen *Coppélia*-Prod.en.

Currier, Ruth, amer. Tänzerin, Choreographin und B.-Direktorin, * 4. 1. 1926 Ashland (Ohio). Studierte bei D. Humphrey und J. Limón, dessen Komp.-Mitgl. sie wurde. Kreierte zahlreiche Rollen in seinen Tanzstücken, u. a. in *Night Spell* (1951), *The Exiles*, *Ritmo Jondo* (1953) und *Missa Brevis* (1958). Begann 1952 auch als Choreographin zu arbeiten und trat dann zunehmend mit einer eigenen Komp. auf, während sie noch Mitgl. der Limón-Komp. war, deren Leitung sie 1972–78 innehatte.

Curry, John, engl. Eiskunstläufer, * 9. 9. 1949 Birmingham. Trainierte bei Carlo Fassi, studierte Tanz bei J. Graeme und beeindruckte die Zuschauer vieler Wettbewerbskämpfe nicht nur durch seine artistische Virtuosität, sondern auch durch seine genuin tänzerische Musikalität. Nachdem er die Goldmedaillen sowohl bei den Olympischen Spielen wie bei der Weltmeisterschaft 1976 gewonnen hatte, trat er erstmalig 1977 mit seinem Dance Th. of Skating in London auf, das er für die späteren Vorst.en in New York dann Ice Dancing nannte und für das er Choreographen wie T. Tharp, K. MacMillan, P. Darrell und R. Hynd zu interessieren verstanden hat, die alle für ihn und seine Eistänzer B.e geschaffen haben. 1980 gab er sein Broadway-Debüt in *Brigadoon*. Zusammen mit dem Fotografen K. Money gab er das Buch *J. C.* (London 1978) heraus.

Cygne, Le → *Sterbende Schwan, Der.*

Czobel, Lisa, ung.-dt. Tänzerin, * 2. 4. 1906 Bamberg. Begann 1925 ihre Ausbildung an der Trümpy-Schule in Berlin, tanzte aber auch bereits in der Gruppe von Vera Skoronel, ging 1928/29 nach Paris, studierte dort bei O. Preobrajenska und L. Egorova, trat ab 1930 in eigenen Kammertanzabenden auf und war gleichzeitig beim Essener Folkwang-B. engagiert, wo sie u. a. das junge Mädchen in *Der grüne Tisch* von Jooss kreierte. Sie ging nach 1933 ins Ausland, war 1934–38 vorwiegend in Italien tätig, unternahm 1937/38 eine von H. Scherchen und J. Cocteau geleitete Schweiz-Tournee als Prinzessin in der *Geschichte vom Soldaten*, war 1940–44 Solotänzerin in Bern, ging 1945/46 mit Trudi Schoop auf Tournee, war 1946/47 unter H. Rosen in Basel engagiert und lehrte 1947/48 als Pädagogin in den USA. 1949 kehrte sie nach Deutschland zurück, zuerst nach Heidelberg, wo sie unter der Leitung von K. Bergeest arbeitete, den sie später heiratete. Tanzte 1951–56 in Köln, wo sie auch als Choreographin an der UA von *Reigen der Zeit* (1952) mitwirkte und die Titelrolle in der europ. EA von S. Barbers *Medea* (Ch.: Bergeest, 1953) tanzte. Zusammen mit A. von Swaine unternahm sie 1950–65 zahlreiche Tourneen, die sie durch alle fünf Erdteile führten.

D

Dämon, Der, Tanz-Pantomime in 2 Bildern, Libr.: Max Krell, Mus.: Hindemith, Regie: Albrecht Joseph, Dek.: T. C. Pilartz; UA 1. 12. 1923 Darmstadt, mit Nini Willenz, Aenne Osborn und Gillis v. Rappard. – Ein Dämon unterwirft sich nacheinander zwei Schwestern und wendet sich nach ihrer Fesselung seinen nächsten Opfern zu. – Das B. ist auch 1925 in Münster (Ch.: K. Jooss) aufgeführt worden, weiter 1931 in Antwerpen (Ch.: S. Korty), 1947 in Göttingen (Ch.: Otto Krüger), 1949 an der Städt. Oper Berlin (Ch.: J. Keith), 1958 in Florenz (Ch.: A. v. Milloss), 1959 im Österr. Fernsehen (Ch.: R. Chladek) und 1964 in Bern (Ch.: Anna Menge).

Dänemark → Königlich Dänisches Ballett

Dai, Ailian, chin. Tänzerin, Pädagogin, Choreographin und B.-Direktorin, * 10. 5. 1916 Trinidad. Studierte bei M. Craske und A. Dolin in London, K. Jooss und R. v. Laban in Dartington. Ging 1940 nach China, dort zuerst Auftritte in Tanz-Recitals und mit verschiedenen Gruppen. Direktorin des Zentralen Gesangs- und Tanz-Ens.s 1949–54, Leiterin der Tanzschule Peking 1954–64, Direktorin des Zentral-B.s (Peking) 1963/64, Vizedirektorin des Zentralen Opern- und B.-Th.s 1964–66. Nach der ›Kulturrevolution‹ Künstlerische Direktorin des Zentral-B.s 1976–80, jetzt Künstlerische Beraterin. Vizepräsidentin des Gesamtchin. Tänzerverbandes. Hat wiederholt auch für diverse Ens.s choreographiert. Mitgl. des International Council Kinetography/Labanotation (ICKL) und des Conseil International de la Danse (CIDD) der UNESCO.

Dalcroze, Emile Jaques, * 6. 7. 1865 Wien, † 1. 7. 1950 Genf. Der Vater Jaques, wie seine Frau aus einer alten Waadtländer Familie stammend, war bis 1875 Uhrenvertreter in Wien, kehrte aber dann nach Genf zurück. Den zusätzlichen Namen Dalcroze übernahm der junge Jaques 1886, um sich von einem frz. Musiker mit gleichem Namen (ebenfalls ohne c) zu unterscheiden. Nach Musikstudien in Paris und Wien wurde Dalcroze 1892 Professor für Harmonielehre und 1893 für Solfège am Genfer Konservatorium. Dabei machte er die grundlegende Entdeckung seines Lebens. Seine Studenten *mußten* anscheinend ihre Körper bewegen, wenn sie spielten oder sangen. Aus dieser Beobachtung erwuchs für D. die Überzeugung von der untrennbaren Einheit von Musik und Körperbewegung. Das einigende Band war der Rhythmus. D. verkündete: Musikalischer Rhythmus muß und will leiblich erscheinen, wenn er lebendig sein soll. Seit 1902 begann D. mit seiner Rhythmischen Gymnastik (nicht eurythmisch, wie in amer. Büchern gelegentlich behauptet wird). In den Übungen von D. realisierten die Arme den jeweiligen Takt, die Füße aber die konkreten rhythmischen Notenwerte. Sein Durchbruch kam, nach Widerständen im calvinistischen Genf, 1905 auf einem Sängerfest in Solothurn. Auf Einladung von W. Dohrn, dem Sekretär des Dt. Werkbundes, übersiedelte D. mit den meisten seiner Schüler und Schülerinnen 1910 nach Dresden und 1911 in die für ihn gebaute Bildungsanstalt Dalcroze in der Gartenstadt Hellerau bei Dresden. Hier wurde – so erlebten es die Zeitgenossen – die Einheit des Lebens, die Einheit von Körper und Geist, von Musik und Bewegung wieder geschaffen. Arme und Beine wurden zu Trägern der Seele. In Hellerau schien die Zerrissenheit der modernen Welt aufgehoben zu sein. Es war daher kein Wunder, daß die geistige Elite Europas in das »Rhythmische Dorf« pilgerte. Unter den ersten Schülern befanden sich die Th.-Reformer A. Appia und G. Haaß-Berkow, die Tänzerinnen Marie Wiegmann (später Mary Wigman), Gertrud Falke, Valonie (später Valerie) Kratina und Myriam Ramberg, die als Marie Rambert Nijinsky (1913) unterrichtete und 1926 zur Mitbegründerin des engl. B.s wurde. – D. war im Juli 1914 vorübergehend nach Genf zurückgekehrt, er sah Hellerau aber nie wieder. Er hatte im September 1914 ein Manifest mitunterzeichnet, in dem die Deutschen als Barbaren verdammt wurden, weil ihre Artillerie die Kathedrale von Reims beschossen hatte. »D. ist für Deutschland erledigt«, schrieb die *Frankfurter Zeitung*. Die dt. Nationalisten trugen auch keine Bedenken, dem reinrassigen Schweizer den jüdisch klingenden Namen Dalkes anzuhängen. – Ohne Zweifel gehen alle modernen gymnastischen Systeme auf D. zurück, aber schon vor 1914 wandten sich D.-Jünger wie der Gymnastiker Bode und Mary Wigman gegen den Meister. Er, so sagten sie mit Recht, benutze den Körper nur als Mittel der Musikerziehung, nicht aber als eigenständiges gymnastisch-tänzerisches Phänomen. – In Deutschland erfolgte die Weiterentwicklung der Rhythmischen Gymnastik ohne, ja gegen D. Die Unterwerfung der Rhythmik unter die Musik allein wurde aufgegeben. In Hellerau entstand 1919 die »Neue Schule Hellerau für Rhythmik, Musik und Körperbildung« unter der Leitung von Christine Baer-Frisell und Valerie Kratina. Dort studierten auch R. Chladek und H. Holm. 1925 übersiedelten die Hellerauer nach Schloß Laxenburg bei Wien. Der Meister schloß die Laxenburger aus seiner Gemeinschaft aus. Sie waren, so schrieb er, seinen musikalischen Prinzipien untreu geworden. 1938 wurde die Schule Hellerau-Laxenburg nach dem Anschluß Österreichs geschlossen.

Lit.: K. Storck, *E. J.-D.*, Stuttgart 1912; Frank Martin, *E. J.-D.*, Neuchâtel 1965; W. Otto, *Die Hellerauer Schulfeste* in: *Musikbühne* 76, Berlin [Ost] 1976.

Dali, Salvador, span. Maler, * 11. 3. 1904 Figueras. Entwarf das Dek. für die Massine-B.e *Bacchanale* (B. Russe de Monte Carlo, New York 1939), *Labyrinth* (B. Russe de Monte Carlo, New York 1941), *Mad Tristan* (B. International, New York 1944), *Sentimental Colloquy* (B. International, New York 1944), für Argentinitas *Café de Chinitas* (Detroit 1944) und M. Béjarts *Gala* und *Le Chevalier romain et la dame espagnole* (B. du XXe Siècle, Venedig 1961).

Lit.: H. Rischbieter, in: *Bühne und bildende Kunst im XX. Jahrhundert*, Velber 1968.

Dallas Civic Ballet. Die in Dallas (Tex.) ansässige Komp. wurde 1957 gegründet. Seit Übernahme der Direktion durch G. Skibine und M. Tallchief 1969 und Angliederung der D. C. B. Academy 1971 hat sie ihre Aktivitäten mächtig ausweiten können. Ihr Rep. basiert auf den Standard-Klassikern, zahlreichen Skibine-B.en sowie Einzelwerken von Balanchine, Dolin, Taras, Miskovitch u. a. Nach Skibines Tod wurde F. Flindt 1981 zum Künstlerischen Direktor ernannt.

Dame aux camélias, La → *Kameliendame, Die.*

Dame de Pique, La → Puschkin-Ballette.

Dame und das Einhorn, Die (frz. Titel: *La Dame et la licorne*), B. in 1 Akt, Libr. und Dek.: J. Cocteau, Ch.: H. Rosen, Mus.: Jacques Chailley; UA 9. 5. 1953, Th. am Gärtnerplatz, München, mit Geneviève Lespagnol, B. Trailine, V. Mlakar u. a. – Cocteau hat sich durch die Einhorn-Teppiche im Pariser Cluny-Museum zu seinem B. inspirieren lassen: Das Einhorn nimmt Futter nur aus der Hand einer Jungfrau entgegen, es stirbt, nachdem sich die Dame einem Ritter hingegeben hat. Rosens Ch. wurde u. a. von der Städt. Oper Berlin (1954), der Bayer. Staatsoper (1958) sowie vom B. Russe de Monte Carlo (1955) ins Rep. übernommen.

Lit.: O. F. Regner / H.-L. Schneiders, in: *Reclams Ballettführer*, Stuttgart [8]1980.

Dance Collection of the New York Public Library, The, eingerichtet 1944 als Teil der Musikabteilung der Bibliothek. Ein eigener Kurator wurde 1947 eingesetzt – seither Entwicklung unter der Leitung von G. Oswald zur führenden Tanzbibliothek der Welt. Vertreten sind alle Arten von Tanz. Zur Bibliothek gehört auch das umfangreiche Jerome-Robbins-Filmarchiv.

Dance Horizons, eine New Yorker Taschenbuch-Publikationsreihe von Reprints der Tanzliteraturklassiker, gegründet 1965, mit Werken von u. a. Arbeau, Pécour, Feuillet, Lambranzi und Noverre bis zu St. Denis, Shawn, Laban und Beaumont.

Dance Index, Amerikas erste wissenschaftlich ambitionierte Tanzzeitschrift, assoziiert der B.-Caravan-Komp., herausgegeben von Baird Hastings, L. Kirstein und Paul Magriel. Das erste Heft erschien im Januar 1942, weitere Veröffentlichungen in unregelmäßigen Abständen. Mehr und mehr waren die einzelnen Hefte einem Thema gewidmet. Als letzte Ausgabe erschien die Doppelnummer 7/8 des 7. Jg.s, 1948. Ein Reprint wurde 1971 veröffentlicht.

Dance Notation → Notation.

Dance Notation Bureau. Die 1940 in New York gegründete Institution dient der Erforschung und Nutzbarmachung der verschiedenen Tanzschriftsysteme, hat sich aber hauptsächlich als amer. Zentrum der Labanotation oder Kinetographie Laban verdient gemacht und auch die ersten Copyright-Registrierungen von Ch.n beim dafür zuständigen Büro in Washington durchgesetzt.

Dance Theatre of Harlem. Gründer dieser Komp. war A. Mitchell, der erste Negertänzer, der in einer rein weißen Komp., dem New York City B., zum Solisten (1959) befördert wurde und der dort wichtige Rollen kreierte. Mitchell wollte und will zeigen, daß nicht nur er allein, sondern auch andere Kinder aus dem Negerghetto von Harlem imstande seien, klassisch-akademisch zu tanzen. Sein politisch motiviertes Ziel war die Schaffung einer B.-Schule und einer Tanz-Komp. für schwarze Amerikaner. Der Entschluß für die Gründung einer solchen Institution wurde 1968 nach dem Mord an M. L. King gefaßt. Am Anfang wurde die Schule eingerichtet, die Komp. von 24 Tänzern debütierte am 8. 1. 1971 im Guggenheim Museum in New York. Im Juni 1971 gab die Komp. ihr Europa-Debüt beim Festival von Spoleto, 1976 kam sie auch nach Berlin. – Den Unterricht im klassischen B. erteilt K. Shook. Das Rep. der Komp. umfaßt Werke von L. Horton (*The Beloved*), von Balanchine (u. a. *Agon, Bugaku, Concerto, Barocco*), G. Tetley (*Greening*) und W. Dollar (*Combat*). Dazu kommen noch Werke von Mitchell selbst und anderer schwarzer Choreographen. Mitchells eigene B.e (*Holberg Suite, Tones, Rhythmetron, Fête Noire, Manifestations* u. a.) sind handlungslose B.e im neoklassizistischen Stil. Neben den weißen Ch.n hat die Komp. auch schwarze Werke im Rep.: G. Holders *Dougla*, das im schwarzen Haiti spielt, vor allem aber *Forces of Rhythm* von L. Johnson. Dieses Werk ist so etwas wie ein Markenzeichen der Komp. Es zeigt den langen Weg, den der schwarze Tanz der USA von Afrika über den Jazz Dance zum klassischen B. zurückgelegt hat. Es ist Mitchells eigener Weg von den Harlemer Ghetto-Tänzen zu Balanchines Neoklassizismus. Fast reinen Jazzstil zeigt T. Beattys *Caravanserai* (1974) mit der Musik von C. Santana. In dem Tanzstück von W. Scott *Every Now and Then* dürfen die jungen schwarzen Tänzer sogar in ihrem ursprünglichen schwarzen Stil tanzen. Ob es möglich ist, in zwei Stilen (klassisches B. und Jazz Dance) gleichzeitig wirklich zu Hause zu sein, kann erst die Zukunft zeigen.

Lit.: M. Hodgson, in: *Quintet*, New York 1976.

Dances at a Gathering, B. in 1 Akt von J. Robbins, Mus.: Chopin, Kost.: Joe Eula; 8. (Preview Gala) und UA 22. 5. 1969, New York City B., New York State Th., New York, mit A. Kent, S. Leland, K. Mazzo, P. McBride, V. Verdy, A. Blum, J. Clifford, R. Maiorano, J. Prinz und E. Villella. Eine handlungslose, gleichwohl außerordentlich stimmungsdichte Folge von Etüden, Walzern, Mazurken und je einem Nocturno und Scherzo zu Klavierbegleitung – ein B. über das Gemeinschaftsgefühl, in dem klassisch-akademische Enchaînements durch Mazurka-Folklorismen leicht verfremdet werden. Seit 1970 auch im Rep. des Royal B.

Lit.: O. F. Regner / H.-L. Schneiders, in: *Reclams Ballettführer*, Stuttgart [8]1980.

Danilova, Alexandra, russ.-amer. Tänzerin und Pädagogin, * 20. 11. 1904 Peterhof (bei St. Petersburg). Studierte an der Kaiserl. (später Staatl.) B.-Schule in St. Petersburg-Petrograd, trat nach ihrem Examen ins Marien-Th.-B. ein, tanzte 1922/23 erste Solorollen, ging 1924 mit einer kleinen, von Balanchine angeführten Gruppe auf Westeuropa-Tournee, schloß sich noch im selben Jahr Diaghilew an, avancierte 1927 zur Ballerina, war 1932–36 Ballerina der B.s Russes de Monte Carlo, 1936–38 in Basils B.s Russes und 1938–52 Primaballerina des B. Russe de Monte Carlo, unternahm 1954–56 Tourneen mit einer eigenen Gruppe und gab 1957 ihre Abschieds-Vorst. in New York. Seither als Pädagogin tätig. Als Ballerina der drei Monte-Carlo-Komp. war sie eine der populärsten Tänzerinnen ihrer Zeit, von großer Vielseitigkeit, außerordentlich charmant, ebenso elegant wie distinguiert: eine Dame von Welt. Rollenkreationen u. a. in Balanchines *The Triumph of Neptune* (1926), *Apollon musagète* (1928), *Le Bal* (1929), *Danses concertantes*

(1944) und *Night Shadow* (1946). Ihre größten Triumphe feierte sie als Odette und Swanilda sowie in Massines *Beau Danube* (1933) und *Gaité Parisienne* (1938). Zusammen mit Balanchine studierte sie 1946 Glasunows *Raymonda* fürs B. Russe de Monte Carlo und 1974 *Coppélia* fürs New York City B. ein.

Danilowa, Maria, russ. Tänzerin, * 1793 (Geburtsort nicht bekannt), † 20. 1. 1810 St. Petersburg. Studierte an der Kaiserl. B.-Schule in St. Petersburg und ragte schon als Schülerin so sehr heraus, daß ihr Lehrer Didelot sie in mehreren seiner B.e einsetzte. Triumphierte als Fünfzehnjährige in *Die Liebschaften von Venus und Adonis* an der Seite von L. Duport, mit dem sie eine kurze, unglückliche Liebe verband, die ihre zarte Gesundheit untergrub, so daß sie schon als Siebzehnjährige an einer Lungenentzündung starb, kurz nachdem sie ihr Examen gemacht hatte. Sie wurde von mehreren Dichtern (u. a. Karamsin und Gneditsch) in Versen verewigt.

Danina oder Jocko der brasilianische Affe, B. in 4 Akten, Libr. und Ch.: F. Taglioni, Mus.: Peter von Lindpaintner; UA 12. 3. 1826, Stuttgart, mit Marie Taglioni, A. Stuhlmüller, J. Briol u. a. Das außerordentlich beliebte, in Stuttgart während der ersten beiden Spielzeiten 33mal gegebene B. basiert auf einem frz. Melodrama. Im Mittelpunkt der Handlung steht D., eine schöne Brasilianerin, die eines Tages den Affen Jocko vor einem Schlangenbiß rettet. Dieser revanchiert sich später, indem er D.'s Sohn vor einem geplanten Kidnapping bewahrt. – Das B. wurde in unzähligen Prod.en in ganz Europa aufgeführt, geriet aber mit dem Aufkommen des romantischen B.s rasch in Vergessenheit. Die Mlakars choreographierten 1940 eine Neuversion für die Münchner Staatsoper.

Danse d'école (frz., Tanz der Schule), im B. der akademische Schulstil des B.s, dessen System zuerst von Beauchamp und Feuillet (1700) formuliert und das weiter von Blasis in dessen Werken perfektioniert wurde.

Danse macabre → Totentanz.

Danses concertantes, B. in 5 Sätzen, Ch.: Balanchine, Mus.: Strawinsky, Dek.: Berman; UA 10. 9. 1944, B. Russe de Monte Carlo, City Center New York, mit Danilova und Danielian. Ein Auftragswerk des Werner Janssen Orchestra in Los Angeles und ebd. 1942 konzertant uraufgeführt. Später auch in zahlreichen anderen choreogr. Versionen (von Balanchine in überarbeiteter Form für das New Yorker Strawinsky Festival 1972) u. a. von K. MacMillan (London 1955), T. Bolender (Köln 1964) und F. Blaska (Amiens 1968).

Lit.: O. F. Regner / H.-L. Schneiders, in: *Reclams Ballettführer*, Stuttgart [8]1980.

Danseur, Danseuse (frz., Tänzer und Tänzerin), kann mit zahlreichen Adjektiven verbunden werden – z. B. D. étoile (für die an der Spitze der Hierarchie des B.s der Pariser Opéra stehenden Tänzer), D. caractère (für einen Charaktertänzer) oder D. noble (für einen Tänzer der Prinzenrollen).

Dansmuseet. Das Stockholmer Tanzmuseum wurde 1953 im Kgl. Th. zur Ausstellung von R. de Marés Sammlung von Kostümen, Masken, Musikinstrumenten und anderen Tanzgegenständen vorzüglich aus Asien eröffnet. Es erweiterte dann seinen Rahmen zur Aufnahme von Tanz-Memorabilia auch anderer Kulturen und beherbergt die umfangreichste Sammlung von Dokumenten zur Geschichte der B.s Suédois. Im Oktober 1971 übersiedelte es in das neuerbaute Filmhaus, zehn Jahre später, Anfang 1981, konnte es seinen eigenen Gebäudekomplex in der Laboratoriegatan im Stockholmer Diplomatenviertel eröffnen.

D'Antuono, Eleanor, amer. Tänzerin, * 1939 Cambridge (Mass.). Studierte bei Maria Papporello und Virginia Williams in Boston, Debüt beim New England Civic B., ab 1954 beim B. Russe de Monte Carlo (Solistin 1956), Joffrey B. 1960/61, American B. Th. 1961–79 (Principal Dancer 1963) und seither beim Pittsburgh B.

Dantzig, Rudi van, holl. Tänzer, Choreograph und B.-Direktor, * 4. 8. 1933 Amsterdam. Studierte an der Akademie von S. Gaskell, debütierte 1952 bei der B. Recital Komp., dann Tänzer und Choreograph beim Het Nederlands B. 1954–59. Als Tänzer und Choreograph auch Gründungs-Mitgl. des Nederlands Dans Th. 1959/60, dann Rückkehr zum heutigen National

B., in dessen Direktion er 1967 eintrat. Gastchoreograph u. a. beim B. Rambert, Harkness B., Royal B., Kgl. Dän. B., American B. Th., Bat-Dor Dance Comp. und Wiener Staatsopern-B. Seine B.e, von denen viele in enger Zusammenarbeit mit T. van Schayk als Tänzer und Ausstatter entstanden sind, zeigen starke autobiographische, oft auch prononciert gesellschaftskritische Züge – sie basieren auf dem klassisch-akademischen Fundament, sind aber weit offen für Einflüsse von seiten des Modern Dance. Wichtige B.-Titel u. a. *Nachteiland* (Mus.: Debussy, 1955), *Die Tischgefährten* (Mus.: Bartók, 1958), *Jungle* (Mus.: H. Badings, 1961), *Monument für einen gestorbenen Jungen* (Mus.: Jan Boerman, 1965), *Augenblicke* (Mus.: Webern, 1968), *Epitaph* (Mus.: Ligeti, 1969), *Unterwegs* (Mus.: I. Yun, 1970), *The Ropes of Time* (Mus.: Boerman, 1970), *Gefärbte Vögel* (Mus.: Niccolò Castiglioni und Bach, 1971), *Hier ruht: ein Sommertag* (Mus.: Schuberts Unvollendete, 1973), *Blown in a Gentle Wind* (Mus.: Strauss, *Tod und Verklärung*, 1977), *Vier letzte Lieder* (Mus.: Strauss, 1977), *Ulysses* (Mus.: R. Haubenstock-Ramati, 1979), *Life* (als Koprod. mit H. van Manen in *Live/Life*; Mus. diverse, 1979), *Antwort geben* (Mus.: Webern, 1980), *Room at the Top* (Mus.: Berg, 1982).

Daphnis und Chloe (frz. Originaltitel: *Daphnis et Chloë*), B. in 3 Bildern, Libr. und Ch.: Fokine, Mus.: Ravel, Dek.: Bakst; UA 8. 6. 1912, B.s Russes de Diaghilew, Th. du Châtelet, Paris, mit Karsavina, Nijinsky, Bolm u. a. – Das B. erzählt nach dem Hirtenroman des Longos von der Liebe der beiden Findelkinder D. und Ch. auf der Insel Lesbos, wie Ch. von Piraten entführt wird, worauf D. den Gott Pan anruft, der die Piraten verjagt und die beiden Liebenden miteinander vereint. Spätere Versionen u. a. von Ashton (London 1951), Lifar (Dek.: Chagall, Brüssel/Paris 1958), Cranko (Stuttgart 1962), Neumeier (Frankfurt a. M. 1972), Van Manen (2. Suite, Amsterdam 1972) und Tetley (Stuttgart 1975). – Ein anderes B. *D. und Ch.* mit Musik von Leo Spies (Ch.: T. Gsovsky, Leipzig 1942).

Lit.: O. F. Regner / H.-L. Schneiders, in: *Reclams Ballettführer*, Stuttgart [8]1980.

Dark Elegies, B. in 1 Akt, Libr. und Ch.: A. Tudor, Mus.: Mahler (Kindertotenlieder), Dek.: Nadia Benois; UA 19. 2. 1937, B. Rambert, Duchess Th., London, mit P. van Praagh, A. de Mille, M. Lloyd, A. Tudor, H. Laing u. a. – Das B. besteht aus einer Folge von Trauertänzen, die kollektiv und einzeln von den Angehörigen einer Gemeinschaft ausgeführt werden. Sie könnten Leute in einem Fischerdorf sein, die gemeinsam ihr schweres Los tragen. Der Sänger der Lieder sitzt auf einem Schemel an der rechten Seite der Bühne. – Tudor hat das B. später auch anderen Komp. einstudiert. Die dt. Erstprod. hatte am 9. 9. 1970 an der Hamburger Staatsoper Premiere.

Lit.: O. F. Regner / H.-L. Schneiders, in: *Reclams Ballettführer*, Stuttgart [8]1980.

Darrell, Peter, engl. Tänzer, Choreograph und B.-Direktor, * 16. 9. 1929 Richmond (Surrey). Studierte an der Sadler's Wells B. School, gehörte zu den ersten Mitgliedern des Sadler's Wells Th. B., ging dann zum London Festival B. und choreographierte hier und beim B. Workshop seine ersten B.e. Mit Elizabeth West zusammen gründete er 1957 das Western Th. B., das er nach ihrem Tode (1962) in Alleinverantwortung weiterführte, und für das er zahlreiche B.e choreographierte. 1969 wurde aus der Komp. dann das der Scottish Opera in Glasgow angeschlossene Scottish Th. B., das heutige Scottish B. Gastchoreograph u. a. in Zürich, Dt. Oper Berlin, New London B., London Festival B. und American B. Th. Wichtige B.e waren u. a. *The Prisoners* (Mus.: Bartók, 1957), *A Wedding Present* (Mus.: Bartók, 1962), *Jeux* (Mus.: Debussy, 1963), *Mods and Rockers* (Mus.: The Beatles, 1963), *Sun Into Darkness* (Mus.: M. Williamson, 1966), *Beauty and the Beast* (Mus.: T. Musgrave, 1969), *Othello* (Mus.: Liszt, 1971), *Tales of Hoffmann* (Mus.: Offenbach/Lanchbery, 1972), *Mary, Queen of Scots* (Mus.: J. McCabe, 1976) und *Chéri* (Mus.: D. Earl, 1980) sowie Prod.en von *Giselle* (1971), *Nußknacker* (1972/73) und *Schwanensee* (1977).

Lit.: P. Brinson / C. Crisp, in: *Ballet & Dance*, Newton Abbot 1980.

Darsonval, Lycette, frz. Tänzerin und Pädagogin, * 12. 2. 1912 Coutances. Studierte an der Schule der Pariser Opéra, bei C. Zambelli, L. Egorova und Mme. Rousanne. Debütierte 1930 an der Opéra, ging dann ins Ausland, kehrte

1936 an die Opéra zurück, der sie bis 1953 angehörte (ab 1940 als Étoile). Anschließend zahlreiche Tourneen mit eigener Truppe durch die frz. Provinz, Europa und Amerika, dafür auch als Choreographin tätig. Überaus vielseitig und verdienstvoll bei der Propagierung des B.s auch in abgelegenen Gegenden. Leiterin der B.-Schule der Opéra 1957–59, seither am Konservatorium in Nice tätig. Rollenkreationen u. a. in Lifars *David triomphant* (1937), *Oriane et le Prince d'amour* (1938), *Adélaide* (1938) und in seiner *Sylvia*-Version (1941 – Einst. dieser Version in Peking 1980). Sie ist die Schwester des Tänzers Serge Perrault.

Dauberval, Jean (geb. Jean Bercher), frz. Tänzer und Choreograph, * 19. 8. 1742 Montpellier, † 14. 2. 1806 Tours. Studium an der Schule der Pariser Opéra, dort Debüt 1761, 1762–64 Auftritte in Stuttgart bei Noverre, 1763 in Paris Premier danseur demi-caractère, 1770 Premier danseur noble und 1771 Maître de B., als der er sich um die Verbreitung der Theorien von Noverre große Verdienste erwarb. 1785–91 arbeitete er in Bordeaux, wo er 1789 *La Fille mal gardée*, sein berühmtestes Werk, schuf. Diese Ch. wurde zum Vorbild der Gattung des Demi-caractère-B.s. Aber auch in seinen anderen B.en erwies sich D. als ein dramatischer Autor von hohen Graden – so in *Le Déserteur, Psiché et l'Amour, Télémaque* und *Le Page inconstant* (nach Beaumarchais' *Le Mariage de Figaro*). D. gehört zweifellos zu den revolutionären Schöpfern des auf Noverre folgenden Aktions-B.s. Sein B. *La Fille mal gardée* war das erste B., in dem Bauern und Bäuerinnen die »Helden« waren. Zu D.s Schülern gehörten Didelot, Aumer und Viganò.

Lit.: I. Guest, in: *La Fille mal gardée*, London 1960; M. H. Winter, in: *The Pre-Romantic Ballet*, London 1974.

Davidsbündlertänze, B. in 1 Akt, Ch.: Balanchine, Mus.: Schumann, Dek.: Ter-Arutunian, 12. (Gala Preview) und UA 19. 6. 1980, New York City B., New York State Th., New York, mit Farrell, Aroldingen, H. Watts, Mazzo, d'Amboise, Lüders, Martins und Ib Andersen. Das Klavier ist in das Dek. eines Ballsaals einbezogen, der winterliche Isolation suggeriert. Zu Schumanns berühmtem Klavierzyklus op. 6 tanzen 4 Paare, die alle unter einem unausgesprochenen Kummer zu leiden scheinen. Es gibt ein paar Anspielungen und Parallelen zu Schumanns so außerordentlichen Gefühlsschwankungen unterworfenem Leben.

Lit.: J. Gruen, in: *The World's Great Ballets*, New York 1981.

Davies, Siobhan, engl. Tänzerin, Choreographin und Pädagogin, * 18. 9. 1950 London. Studierte am Hammersmith College of Art and Building und 1967–71 bei R. Cohan an der London School of Contemporary Dance. Tänzerin bei B. for All 1971, seither beim London Contemporary Dance Th., seit 1972 auch als Choreographin und seit 1974 als Associate Choreographer sowie als Lehrerin (gastweise auch bei anderen Institutionen und im Ausland). Seit 1981 auch Auftritte mit eigener Gruppe, für die sie u. a. *Plain Song* und *Standing Wave* choreographierte.

Lit.: P. Brinson / C. Crisp, in: *Ballet & Dance*, Newton Abbot 1980.

Daydé, Liane, frz. Tänzerin, * 27. 2. 1937 Paris. Studierte an der Schule der Pariser Opéra. Mitgl. des Opéra B. 1945–59, seit 1951 Danseuse étoile. Anschließend beim Grand B. du Marquis de Cuevas, zahlreiche Gastspiele in der ganzen Welt und ab 1963 mehrere Jahre lang Primaballerina des von ihrem Gatten Claude Giraud geleiteten Grand B. Classique de France. Rollenkreationen u. a. in Lifars *Schneewittchen* (1951), *Fourberies* (1952) und *Romeo und Julia* (1955), Landers *Printemps à Vienne* (1954) und Rosens *Dance Panels in Seven Movements* (1963).

Dean, Laura, amer. Tänzerin, Choreographin und Pädagogin, * 3. 12. 1945 Staten Island (N. Y.). Studierte an der High School of Performing Arts und School of American B. sowie mit Sanasardo, Graham und M. Cunningham. Tänzerin bei P. Taylor, Monk und R. Wilson. Seit 1967 auch als Choreographin tätig, seit 1971 mit eigener Gruppe, für die sie teilweise auch die von den Tänzern selbst ausgeführte Musik komponiert – zeitweise enge Zusammenarbeit mit Steve Reich and Musicians. Charakteristisch sind ihre endlosen Drehbewegungen und geometrischen Muster. Titel u. a.: *Square Dance* (1972), *Circle Dance* (1972), *Jumping Dance* (1972), *Walking Dance* (1973), *Spinning Dance* (1974), *Response Dance* (1974), *Music* (1980),

Tympani (1981), *Sky Light* und *Fire* (beide 1982).

Lit.: A. Livet, in: *Contemporary Dance*, New York [o. J.].

De Angelo, Marie Ann, amer. Tänzerin, * 1. 10. 1952 Pittston (Pa.). Studierte bei Schollar und Vilzak. Tänzerin beim San Francisco B. 1970, dann Joffrey B. ab 1972, auch American B. Th. und zahlreiche ausländische Komp.n – auch mit eigenem Programm *Tribute to Pavlova* (1981).

Déboulé (frz. *débouler*, plötzlich weglaufen), im B. eine rasche Drehung von einem Fuß auf den anderen. Ausführung gewöhnlich entweder in gerader Linie (*chaîné*) oder im Kreis (*en manège*).

Debussy, Claude, frz. Komponist, * 22. 8. 1862 St.-Germain-en-Laye, † 25. 3. 1918 Paris. Hat mehrere Kompositionen für das Tanz-Th. geschrieben: seine *Masques et Bergamasques* sind zwar 1910 nicht über das Stadium eines B.-Szenariums hinausgelangt, aber es folgten *Le Martyre de Saint Sébastien* (für I. Rubinstein, Ch.: M. Fokine, 1911), *Khamma* (für M. Allan, 1912 – szenische UA in der Instrumentation von Ch. Koechlin, Ch.: J. J. Etchevery, Paris 1947), *Jeux* (Ch.: W. Nijinsky, 1913) und *La Boîte à joujoux* (1913 – UA in der Instrumentation von A. Caplet, Ch.: A. Hellé, Paris 1919). – B.e zu D.s konzertanter Musik sind u. a. L. Fullers *Nuages* und *Sirènes* (1913), Nijinskys *Nachmittag eines Fauns* (1912 – zahlreiche andere Versionen), T. Bolenders *Still Point* (die ersten 3 Sätze des Streichquartetts, 1955), R. van Dantzigs *Night Island* (*Six Epigraphes antiques*, 1956), E. Walters *La Demoiselle élue* (1966), T. Schillings *La Mer* (1968), J. Crankos *Brouillards* (diverse Préludes für Klavier, 1970) und J. Kyliáns *Cathédrale engloutie* (1975). Eine abendfüllende *Soirée D.* mit verschiedenen Stücken (u. a. *Jeux, Nachmittag eines Fauns* und *Fêtes*) von R. Petit (Marseille 1982).

Dedans (frz., innen), im B. entweder eine Einwärtsdrehung (etwa in der Pirouette) oder aber eine Einwärtsstellung der Füße. Gegensatz: *en dehors*, das Auswärtsprinzip der Füße des akademischen B.s und dessen Drehungen.

Deege, Gisela, dt. Tänzerin, * 24. 11. 1928 Berlin. Studierte bei T. Gsovsky, Debüt Leipziger Oper 1943, Tänzerin an der Dt. Staatsoper Ost-Berlin 1947–50, dann im *Abraxas*-Tournee-Ens. von H. Pawlinin, Solistin an der Städt. und Dt. Oper Berlin 1956–65, während dieser Zeit auch zahlreiche Tourneen mit dem Berliner B. Rollenkreationen u. a. in T. Gsovskys *Hamlet* (1953), *Pelleas und Melisande* und *Der rote Mantel* (1954), *Labyrinth, Souvenirs, Ballade* und *Orphée* (1955), *Der Mohr von Venedig* (1956), *Schwarze Sonne* (1959) und *Paean* (1960).

Lit.: G. Orban, *G. D.*, Berlin 1957.

Défilé (frz., Parademarsch), an der Pariser Oper eine zu besonderen Anlässen erfolgende, spektakuläre Präsentation des ganzen B.-Ens., von den jüngsten Corps-Mitgl.ern bis zu den Étoiles in strikt hierarchischer Reihenfolge. Zum Marsch aus Berlioz' *Die Trojaner* wird die ganze Bühne, inklusive des dahintergelegenen Foyer de la danse geöffnet. Die Tänzer schreiten in Gruppen, dann, in den höheren Rängen, einzeln an die Rampe, um dann ihren definitiven Platz in dem ganz symmetrisch arrangierten Tableau einzunehmen. (→ Ballerina.)

Dégagé (frz., frei, ungezwungen), im B. die Gewichtsverlagerung von einem auf das andere Bein.

Degas, Edgar Hilaire Germain, frz. Maler, * 19. 7. 1834 Paris, † 26. 9. 1917 ebd. Er zeichnete, malte und modellierte zahllose Tänzerinnen bei ihrer Arbeit im B.-Saal und auf der Bühne, wobei ihn weniger die individuelle Persönlichkeit als der sinnliche Eindruck von Licht und Schatten im Spiel der Bewegung interessierte. Seine Genreszenen haben immer wieder B.e inspiriert, so u. a. Ashtons *Foyer de la danse* (Mus.: Lord Berners, 1932), Lifars *Entre deux rondes* (Mus.: Samuel-Rousseau, 1940) und G. Blanks *Scènes de ballet* (Mus.: Strawinsky, 1952).

Dehors (frz., auswärts), im B. das Auswärtsprinzip der akademischen Schule – die Auswärtsdrehung der Füße, Knie, Hüften und des ganzen Körpers im Gegensatz zur *en dedans*-Haltung. Bei Drehungen bedeutet *en dehors* eine Drehung mit Richtung nach außen.

Delibes, Clément Philibert Léo, frz. Komponist, * 21. 2. 1836 St-Germain-du-Val, † 16. 1. 1891 Paris. Mit L. Minkus zusammen komponierte er 1866 das B. *La Source* (Ch.: Saint-Léon, Paris 1866), dann (ohne Minkus) *Coppélia ou la fille aux yeux d'émail* (Ch.: Saint-Léon, Paris 1870) und *Sylvia ou la nymphe de Diane* (Ch.: Mérante, Paris 1876).

Deller, Florian, österr. Komponist, getauft 2. 5. 1729 Drosendorf, † 19. 4. 1773 München. Mitgl. des Stuttgarter Hoforchesters seit 1751. Komponierte hier und anschließend in Wien mehrere B.e für Noverre – u. a. *Orpheus und Eurydice* (1763), *Der Sieg des Neptun* (1763) und *Der Tod des Lykomedes* (1764). Die von ihm komponierten B.e wurden auch andernorts häufig aufgeführt, besonders von Lauchery in Kassel, dessen 1768 in Kassel veröffentlichter Band mit B.-Szenarien *Recueil des ballets exécuté sur les théaters de Cassel* 7 Werke mit Musik von ihm enthält.

Lit.: S. Sadie, in: *The New Grove Dictionary of Music and Musicians*, vol. 5, London 1980.

Delsarte, François, frz. Bewegungspädagoge, * 11. 11. 1811 Solesme, † 20. 7. 1871 Paris. Analysierte die Gesten und Ausdrucksmöglichkeiten des menschlichen Körpers und brachte sie in ein Lehrsystem ein, das, von Kopf, Torso und Gliedern ausgehend, alle Kategorien dreifach unterteilte (Gesetz der Trinität). Die berühmteste Vertreterin seiner Theorie und Praxis war die Amerikanerin Geneviève Stebbins, deren Lehrer Steele McKaye noch ein direkter Schüler von Delsarte gewesen war. G. Stebbins war die Schöpferin der spezifisch amer. Delsartik. Der Franzose hatte gelehrt, jede Empfindung und jeder Gedanke könne an einem bestimmten Körperglied lokalisiert, durch eine bestimmte Bewegung realisiert werden. Mit dieser Ausdrucksgymnastik wirkte G. Stebbins auf die Tänzerinnen I. Duncan und R. St. Denis. Aber nicht nur die Tänzerinnen, auch die Gattinnen und Töchter der amer. Millionäre gingen bei Stebbins in die Schule, um beseelte Körperanmut zu erlernen. Auch richteten viele Colleges D.-Klassen ein. T. Shawn sprach von einem regelrechten D.-Craze. Wahrscheinlich wurde auch Dalcroze während seines Pariser Aufenthaltes (1884–86) von der frz. Delsartik beeinflußt. In Berlin gründete Hade (Hedwig) Kallmeyer, eine direkte Schülerin von G. Stebbins, 1909 ein Institut für harmonische Körper- und Ausdruckskultur.

Lit.: T. Shawn in: *Every little Movement*, 1954/1963; J. W. Zorn, *The Essential D.*, New York 1968.

Demi (frz., halb), im B. eine nur im Ansatz ausgeführte Bewegung, z. B. *demi-plié*.

Demi-caractère (frz., Halbcharakter), im B. eine Art von Tanz, die auf der Basis der akademischen Technik zusätzlich die für einen bestimmten Typ oder eine Rolle charakteristischen Bewegungen verwendet. Davon abgeleitet der Demi-caractère-Tänzer.

Demoiselles de la nuit, Les, B. in 1 Akt und 3 Bildern, Libr.: J. Anouilh, Ch.: Petit, Mus.: J. Françaix, Dek.: L. Fini, UA 22. 5. 1948, Th. Marigny, Paris, mit Fonteyn, Petit, G. Hamilton u. a. – Ein junger Musiker, der zu einer Katzenhochzeit gebeten wird, verliebt sich in die Katzenbraut Agathe, mit der er auf und davon geht. Sie versucht, ihm eine treue Gattin und echte Frau zu sein, kann aber eines Nachts dem Ruf der Kater auf dem Dach nicht widerstehen. Ihr Mann, der ihr dorthin folgt, stürzt ab und stirbt, woraufhin sich Agathe neben ihn legt und ebenfalls das Zeitliche segnet. Dt. EA, Ch.: L. Kretschmar, Mannheim 1955.

Lit.: O. F. Regner / H.-L. Schneiders, in: *Reclams Ballettführer*, Stuttgart [8]1980.

Denard, Michael, frz. Tänzer, * 5. 11. 1944 Dresden. Studierte bei Golovina, Peretti und Franchetti. Debüt in Toulouse, dann via Nancy an die Pariser Opéra Comique, tanzte weiterhin mit den Komp.n von Golovine, D. Sanders, Lorca Massine und Lacotte. Étoile an der Pariser Opéra seit 1971, zahlreiche Gastspiele bei ausländ. Komp.n. Rollenkreationen u. a. in Béjarts *Feuervogel* (1970), Lacottes *La Sylphide* (Fernseh-Prod. 1972) und *Marco Spada* (1981), M. Cunninghams *Un jour ou deux* (1973), Tetleys *Tristan* (1974), Petits *Symphonie fantastique* (1975) und Grigorowitschs *Romeo und Julia* (1978).

Lit.: G. Mannoni / P. Jouhaud, in: *Les Étoiles de L'Opera de Paris*, Paris 1981.

Denby, Edwin, amer. Schriftsteller und Tanzkritiker, * 1903 Tientsin (China), † 12. 7. 1983 Searsport, Maine. Studierte an der Harvard University und in Wien sowie in Hellerau-Laxenburg. Während der frühen dreißiger Jahre Tänzer am Darmstädter Th. Tanzkritiker bei

Modern Music 1936–42, *New York Herald Tribune* 1942–45. Mitarbeiter bei zahlreichen Tanz-Publikationen. Autor von *Looking at the Dance* (New York 1949) und *Dancers, Buildings and People in the Streets* (New York 1965).

Den Haag → Amsterdam → Nederlands Dans Theater.

Denham, Sergei J. (d. i. Sergei Iwanowitsch Dokouchaiew), amer. B.-Impresario, * 22. 10. 1896 Samara (Kuibyshew), † 30. 1. 1970 New York. Schon in seiner in Moskau verbrachten Jugend war D. ein Ballettomane, wurde aber nach seiner Emigration (1921) in die USA ein erfolgreicher Bankier und Finanzexperte. Zusammen mit dem Millionär Julius Fleischmann gründete er 1938 die Organisation World Art Inc., später Universal Art, deren Zweck es war, das 1938 entstandene B. Russe de Monte Carlo von R. Blum und Massine finanziell zu stützen. Da Blum nach der Besetzung Frankreichs 1940 nicht mit seiner Komp. in die USA übersiedelte, war Denham sein Nachfolger. Nachdem Massine, der Künstlerische Leiter der Truppe, diese 1942 verlassen hatte, war Denham von 1942 bis zum Ende der Komp. (1962) alleiniger Direktor, auch Künstlerischer Leiter.

Denishawn. Die nach R. St. Denis und ihrem Gatten T. Shawn benannte und von ihnen geleitete Tanzschule öffnete 1915 in Los Angeles ihre Pforten. Obgleich alle Tanzsparten unterrichtet wurden, konzentrierte sich die Schule hauptsächlich auf orientalische Tanzkulturen und den seit 1920 entstehenden amer. Modern Dance. Zahlreiche prominente Vertreter dieses Tanzsstils und dieser Tanztechnik haben sich bei Denishawn ihr berufliches Rüstzeug geholt, u. a. M. Graham, D. Humphrey, Ch. Weidman und J. Cole. 1931 löste sich Denishawn und die Gruppe der von hier aus Tourneen durch Amerika und auch Asien unternehmenden D. Dancers auf. (→ Shawn, Ted, → St. Denis, Ruth.)

Deppisch, Renate, dt. Tänzerin, * 4. 3. 1945 Würzburg. Studierte an der B.-Schule der Bayer. Staatsoper sowie bei G. Blank, Hightower und Frandsen. Debüt an der Münchner Staatsoper, Tänzerin beim B. der Dt. Oper am Rhein 1964–72, seither in Gelsenkirchen und Essen. Zahlreiche Rollenkreationen in B.en von Walter, Sansinanea und Pilato.

Derewianko, Wladimir Iljitsch, sowj. Tänzer, * 15. 1. 1959 Omsk. Studierte an der B.-Schule von Nowosibirsk und an der Moskauer B.-Schule. Mitgl. des Bolschoi-B.s seit 1977, wo er eine seiner elektrisierendsten Virtuosenrollen in Wassiljews *Diese entzückenden Klänge* hat. Seit 1983 in Rom ansässig, wo er mit der Ballerina Paola Belli verheiratet ist.

Deroc, Jean, schweiz. Tänzer, Pädagoge, Choreograph und B.-Direktor, * 5. 5. 1925 Zürich. Studierte bei Mario Volkart, Kniaseff, Preobrajenska und Egorova. Tänzer u. a. in Basel, Malmö, Lyon, Berlin und Zürich. B.-Meister in St. Gallen, Luzern, Graz und Bremen. Jetzt Leiter seines eigenen Schweizer Kammer-B.s, für das er auch zahlreiche Ch.n geschaffen hat.

Derp, Clotilde von, dt. Tänzerin, * 1892 Berlin, † 11. 1. 1974 Rom. Debütierte 1912 mit Solotänzen in München, später auch in London, Wien und Berlin. *Frühlingsstürme*, *Moment Musical* (Schubert), *Maientanz*, *Volksweise*, *Chant sans Paroles* und *Papillons* hießen ihre beim Publikum vor 1914 beliebtesten Tänze. Sie war eine der typischen Vertreterinnen des frühen dt. Ausdruckstanzes – vor Laban und Wigman. Ihre Seele, so schien es den Zeitgenossen, wurde in ihrem jungen Körper sichtbar. Nach ihrer Vermählung 1919 mit A. Sacharoff trat sie meist zusammen mit ihm auf. Ihre Programmnummern zeichneten sich durch eine außerordentliche mimische Kultiviertheit und kostümliche Akribie aus. Nachdem sich beide Sacharoffs von der Bühne zurückgezogen hatten, eröffneten sie 1953 in Rom eine Tanzschule.

Lit.: H. Brandenburg, in: *Der moderne Tanz*, München 1931.

Derra de Moroda, Friderica, griech.-engl.-österr. Tänzerin, Pädagogin, Choreographin, B.-Meisterin und Tanzpublizistin, * 2. 6. 1897 Preßburg, † 19. 6. 1978 Salzburg. Studierte an der B.-Schule des Münchner Hof-Th.s und bei F. Jungmann, später auch diplomierte Meisterschülerin bei E. Cecchetti. Debüt 1912 in der Wiener Secession, dann eigene Tanzabende in Deutschland und Rußland, ab 1913 auch in London (vornehmlich in Music Halls und Weihnachtspantomimen). Choreographin fürs Sadler's Wells B. und die Komp.n von Dolin und Markova. Mitbegründerin der Cecchetti Society, dann Fellow, Council Member, Examiner und Life Member der Imperial Society of Teachers of Dancing. Leiterin des neugegründeten KDF-B.s seit 1940. Nach 1945 dann in Salzburg ansässig, wo sie schon 1934–39 zusammen mit Kreutzberg die Tanzkurse des Mozarteums geleitet hatte. Dort eine eigene Schule 1952–67 und Aufbau ihrer weltweit berühmten Tanzbibliothek (nach ihrem Tode dem Mozarteum angegliedert). Als Publizistin ist sie hauptsächlich durch ihre Arbeiten über die Tanzschrift des 18. Jh.s und ihre Veröffentlichungen über die Cecchetti Methode international bekannt geworden. 1928 übersetzte sie G. Lambranzis *Theatralische Tantz-Schul* ins Englische und entdeckte dann 1936 auch das aus dem Jahr 1716 stammende Originalmanuskript. Mitarbeiterin an der 2. Auflage von *A Manual of the Theory and Practice of Classical Theatrical Dancing* (1932). Koautorin (mit M. Craske) von *The Theory and Practice of Advanced Allegro in Classical Ballet* (1953). Postum erschien: D. d. M., *The Dance Library 1480–1980 – A Catalogue* (1982).

Descombey, Michel, frz. Tänzer, Choreograph und B.-Meister, * 28. 10. 1930 Bois-Colombes. Studierte bei Egorova und an der Schule der Pariser Opéra, Mitgl. 1947, Premier danseur 1959, B.-Meister der Komp. 1963–69. B.-Direktor in Zürich 1971–73. Danach freischaffend tätig, u. a. beim B. Th. Contemporain, Bat-Dor Dance Comp. und Tokyo Classical B., seit 1975 in Mexiko, Chefchoreograph B. Teatro del Espacio de Mexico 1977. Zahlreiche Ch.en, vorzugsweise zu zeitgenössischer Musik von u. a. Stockhausen, Varèse, Mayuzumi und Berio. Er ist mit der Tänzerin Martine Parmain verheiratet.

Deshayes (um 1750 auch: **de Hesse**), berühmte frz. Künstlerfamilie, die im 18. und 19. Jh. mehrere Schriftsteller, Tänzer, Choreographen und Komponisten hervorgebracht hat. In der B.-Geschichte am bekanntesten wurde André Jean-Jacques D., * 1777 Paris, † 1846 ebd., der, nachdem er unter Pierre Gardel an der Opéra gearbeitet hatte, über Madrid und Mailand nach London gelangte, wo er erstmalig 1800 am King's Th. und späteren Her Majesty's Th. auftrat. Dort war er bis 1845 als Tänzer und später als Choreograph sehr geschätzt. Bereits 1829 choreographierte er Beethovens Pastoral-Sinfonie, im selben Jahr auch *Masaniello*, dann *Kenilworth* (1831), *Faust* (1833) und *Le Brigand de Terracina* (1837). Mit J. Perrot zusammen studierte er 1842 die Londoner EA von *Giselle* ein, für F. Cerrito schrieb er im gleichen Jahr das Libr. zu *Alma ou La Fille de feu*.

Designs with Strings, B. in 1 Akt, Ch.: J. Taras, Mus.: Tschaikowsky (Klaviertrio in a-Moll), Dek.: George Krista; UA 6. 2. 1948, Metropolitan B., Edinburgh, mit S. Beriosova, S. Arova, C. Franca, Delysia Blake, E. Bruhn und D. Adams. – An sich ein handlungsloses B., enthält es doch Spurenelemente von Erfahrungen junger Liebender. – Die dt. Erstprod. studierte Taras 1964 unter dem Titel *Dessins pour six* an der Dt. Oper Berlin ein, danach auch 1969 in Stuttgart.

Lit.: O. F. Regner / H.-L. Schneiders, in: *Reclams Ballettführer*, Stuttgart [8]1980.

Despréaux, Jean-Etienne, frz. Dichter und B.-Meister, * 1748 Paris, † 1820 ebd. Begann als Statist 1764 an der Opéra und avancierte nach einer Fußverletzung zum Violinisten und B.-Meister. 1789 heiratete er die berühmte Ballerina Madeleine Guimard und zog sich mit ihr ins Privatleben zurück, wonach er sich nur noch als erfolgreicher Dichter und Satiriker mit dem B. befaßte. 1806 veröffentlichte er sein Buch *Mes Passe-Temps: Chansons, suivies de l'art de la danse, poème en quatre chants, calqué sur l'art Poétique de Boileau Despréaux*.

Dessous (frz., unten, darunter), im B. die Ausführung einer Bewegung, bei der das Spielbein *hinter* das Standbein geführt wird – im Gegensatz zu einer *dessus*-Bewegung.

Dessus (frz., oben, darüber), im B. die Ausführung einer Bewegung, bei der das Spielbein *vor* das Standbein geführt wird – im Gegensatz zu einer *dessous*-Bewegung.

Détourné (frz., umgeleitet), im B. eine Drehbewegung bei geschlossenen Füßen auf den beiden Fußballen.

Detrich, Tamas, amer. Tänzer, * 25. 7. 1959 New York. Studierte bei D. Howard und an der Stuttgarter John-Cranko-Schule. Mitgl. des Stuttgarter B.s seit 1978, Solotänzer seit 1981.

Rollenkreationen u. a. in U. Scholz' *Märchen* (1980) und *variation-1* (1983), J. Kyliáns *Vergessenes Land* (1981).

Deutsche Meister-Stätten für Tanz. Das im Mai 1936 in Berlin gegründete, der unmittelbaren Aufsicht durch die Reichs-Th.-Kammer unterstellte Institut war als Dachorganisation für die dt. Tänzerschaft gedacht, die hier ihre Diplome ablegen, die Lehrbefähigung erwerben, sich in Sonder- und Meisterkursen vervollkommnen, sich mit tanztheoretischen Fragen auseinandersetzen und sich vor allem mit dem NS-Gedankengut vertraut machen sollte. Im Sommersemester 1937 sah der Unterrichtsplan folgende Meisterklassen vor: Bühnentanz, National- und Charaktertanz, Tänzerische Körperbildung, Kammertanz, Tanz-Pädagogik, Laientanzgestaltung, Staatskunde, Rassen- und Erblehre, Geschichte des Tanzes und Laufendes Praktikum (allgemeine Stilbildung). Abteilungsleiter waren damals: H. Kreutzberg und C. F. Wilckens (Sonderkurse), T. Rauser, M. Terpis, L. Wernicke, M. Wigman, F. Böhme, R. Cunz, G. Fischer-Klamt und A. E. Frauenfeld. Als Veranstaltungs-Komp. wurde 1937 die Dt. Tanzbühne ins Leben gerufen, deren Leiter 1940–41 H. Niedecken-Gebhard war.

Deutscher Tänzerkongreß. Der erste Kongreß fand im Juni 1927 in Magdeburg statt. Er verstand sich als Diskussionsforum der damals anstehenden ästhetischen, vor allem aber auch der sozialen Probleme der dt. Tänzerschaft. Vorführungen von einzelnen Solotänzern und von Tanzgruppen lieferten das praktische Anschauungsmaterial. Zu harten Auseinandersetzungen zwischen den Fronten der Th.-Tänzer und der modernen Konzert-Tänzer kam es dann beim zweiten D. T. 1928 in Essen. Fast schon die Ausmaße einer nationalen Tanzschau nahm der dritte D. T. 1930 in München an, wo über die drei Hauptthemen Th.-Tanz, Laientanz und soziale Lage der Tänzer diskutiert wurde. Die wichtigste Veranstaltung war *Totenmal* von M. Wigman. T. Shawn vertrat auf diesem Kongreß den amer. Modern Dance. Nach dem Zweiten Weltkrieg beriefen die Genossenschaft Deutscher Bühnenangehöriger und der Deutsche Tänzerbund einen – wiederum – ersten D. T. 1951 zu den Ruhr-Festspielen nach Recklinghausen ein, der jedoch nur ein relativ geringes Echo fand. Um so größer war der Rahmen des zweiten D. T. in Recklinghausen 1952 mit Referaten von u. a. M. Wigman, K. Jooss, A. Knust, T. Gsovsky, R. Chladek und H. Lander; weiter gab es Diskussionen und Vorführungen von u. a. H. Kreutzberg, D. Hoyer, M. Vogelsang, R. Chladek, L. Czobel, A. von Swaine, R. George und dem Folkwang-Tanz-Th. Der nächste D. T. 1958 im Rahmen der ersten Krefelder Sommerakademie war dann wieder ein reines Diskussionsforum für die sozialen Belange der dt. Tänzerschaft.

Deutscher Tanz (auch *Deutscher* oder *Teutscher* genannt). Der seit dem 17. Jh. bekannte, vor allem aber im 18. Jh. verbreitete Name für die seit dem Mittelalter bekannten süddt. alpinen paarweise getanzten erotischen Werbe-Drehtänze im ¾-Takt. Sie wurden auch als Schwäbisch, Steyrisch, Langaus oder Schleifer bezeichnet. Die langsame ländliche Form des Deutschen wurde seit 1770 auch Ländler genannt. Aber noch der städt. Deutsche kam eindeutig aus den unteren Klassen, er stand daher an der letzten Stelle in der sozialen Rangfolge der Tänze. So tanzen in Mozarts *Don Giovanni* Don Ottavio und Donna Anna das aristokratische Menuett, Don Giovanni und Zerlina den bürgerlichen Contre, während der Diener Leporello und der Bauer Masetto den rustikalen Deutschen tanzen. Gleichwohl haben Haydn, Mozart, Beethoven und Schubert D. T.e komponiert. Durch Beschleunigung des Tempos entstand aus dem Deutschen der moderne Walzer. Noch Anfang des 19. Jh.s waren Deutscher, Ländler und Walzer – so etwa bei Schubert – weitgehend identisch.

Lit.: P. Nettl, in: *Tanz und Tanzmusik*, Freiburg 1962.

Deutscher Tanzpreis, gestiftet vom Dt. Berufsverband für Tanzpädagogik e. V. gemeinsam mit der Zeitschrift *B.-Journal / Das Tanzarchiv* zur Ehrung herausragender Vertreter der Tanzkunst. 1983 erstmals an T. Gsovsky und G. Palucca verliehen, 1984 an K. Peters.

Deutsche Tanzbühne. Sie wurde im Dritten Reich als Organisation für die Durchführung von Tanzveranstaltungen in Berlin gegründet und unterstand zunächst der Leitung von R. von Laban, der auch noch für die Deutschen Tanzfestspiele 1935 zuständig war. 1937 kam es dann zur Gründung einer angeschlossenen Komp., die sich überwiegend aus Dozenten und Schülern der Dt. Meister-Stätten für Tanz in Berlin zusammensetzte und am 14. 12. 1937 mit einem Programm *Heitere und ernste Tänze* im Beethovensaal debütierte. Mit der Berufung von Prof. Dr. N. Niedecken-Gebhard als Leiter der Meister-Stätten wurde der kurzlebige Versuch unternommen, sie zu einer Tanztruppe auszubauen, der es oblag, »die Weltgeltung des dt. Kunsttanzes zu festigen« (Niedecken-Gebhard). Als solche debütierte sie erneut am 10. 10. 1940, also mitten im Krieg, mit *Höfische Suite* (Mus.: Händel), *Apollon und die Amazone* (Mus.: F. Walter – beide Ch.: R. Chladek), *Goyescas* (Ch.: T. Gsovsky, Mus.: E. Granados) und *Till Eulenspiegels lustige Streiche* (Ch.: V. Kratina, Mus.: R. Strauss), Solisten waren außer Chladek auch A. Dorowa, D. Hoyer, H. Kreutzberg, G. Groke, K. Bergeest, R. Mayer und L. Egenlauf.

Deux Pigeons, Les, B. in 3 Akten, Ch.: L. Mérante, Mus.: A. Messager, Bühne: Rubé, Chaperon, J. B. Lavastre, Kost.: Bianchini; UA 18. 10. 1886, Opéra, Paris, mit Marie Sanlaville (*en travestie* als Pepio), Rosita Mauri u. a. – Die Handlung basiert auf der Fabel Lafontaines von den beiden Tauben: Pepio zieht es von seiner Freundin Gourouli weg zu einem abenteuerlichen Leben bei den Zigeunern. Gourouli folgt ihm, verkleidet sich als Zigeunerin und verdreht ihm den Kopf. Als die anderen ihn komplett ausgeraubt haben, kehrt er reumütig zu Gourouli zurück, so daß einem Happy-End nichts mehr im Wege steht. – Eine einaktige Version schuf Albert Aveline für C. Zambelli 1919 an der Pariser Opéra. Als erfolgreich und repertoirebeständig erwies sich die Fassung, die F. Ashton 1961 für das Touring Royal B. in London choreographierte (mit L. Seymour, E. Anderton und Ch. Gable – die Rolle der Zigeunerin wird hier von einer zweiten Tänzerin dargestellt).

Lit.: P. Brinson / C. Crisp, in: *Ballet & Dance*, Newton Abbot 1980.

Devant (frz., vorn), im B. eine Bewegung, die *vor* dem Körper ausgeführt wird; Gegensatz *derrière* (frz., hinten).

Développé (frz. *développer*, entwickeln), im B. die Entfaltung eines Beines aus der geschlossenen Position über die angegebene Zwischenposition (z. B. *sur le cou-de-pied* oder *passé*) bis zur geforderten Höhen- oder Seitenstreckung.

Devi, Ritha, ind. Tänzerin, * 6. 12. 1934 Baroda. Sie studierte folgende Stile: Bharat Natyam, Manipuri, Kathakali, Mohini Atam, Kuchipudi und Orissi. Tourneen führten sie seit 1958 durch die ganze Welt. Sie hat auch in London und den USA (Jacob's Pillow) unterrichtet. Jetzt Lehrerin für ind. Tanztechniken an der Universität New York.

Diable amoureux, Le, B. in 3 Akten und 8 Bildern, Libr.: J.-H. Vernoy de Saint-Georges, Ch.: J. Mazilier, Mus.: Fr. Benoist und N.-H. Reber, Bühne: H.-R. Philastre und Ch.-A. Cambon, Kost.: P. Lormier; UA 23. 9. 1840, Opéra, Paris, mit P. Leroux, Mazilier u. a. – Der verliebte Teufel des Titels ist Urielle, ein weiblicher Dämon, der in Gestalt eines Pagen dem verschuldeten Grafen Frédéric seine Seele abzuhandeln versucht, dabei aber letzten Endes selbst stirbt und nur durch das Erscheinen eines Engels davor bewahrt wird, von den Dämonen Beelzebubs in Stücke gerissen zu werden.

Lit.: C. W. Beaumont, in: *Complete Book of Ballets*, London 1951.

Diable à quatre, Le, B. in 3 Akten, Libr.: Adolphe de Leuven, Ch.: J. Mazilier, Mus.: A. Adam, Bühne: P. Ciceri u. a., Kost.: Paul Lormier; UA 11. 8. 1845, Opéra, Paris, mit C. Grisi, L. Petipa, Mazilier u. a. – Das B. spielt in Polen und hat zwei Hauptpaare: Graf und Gräfin und den Korbflechter Mazourki mit seiner Frau Mazourka. Außerdem gibt es einen blinden Geiger, dessen Instrument die Gräfin in einem Zornanfall zerbricht und der sich daraufhin als Zauberer entpuppt. Sie wird bestraft, indem sie einen Tag lang den Platz der Korbflechterin einnehmen muß und dabei von Mazourki roh behandelt wird, während Mazourka als Gräfin die Bedienten des Schlosses durch ungewohnte Güte verblüfft. Am Ende geloben Gräfin und Mazourki, sich in Zukunft menschenfreundlicher zu betragen.

Lit.: C. W. Beaumont, in: *Complete Book of Ballets*, London 1951.

Diable boîteux, Le (dt. Titel: *Der hinkende Teufel*), B. in 3 Akten, Libr.: Burat de Gurgy und Adolphe Nourrit, Ch.: J. Coralli, Mus.:

Casimir Gide, Bühne: Ch. Séchan u. a., Kost.: Eugène Lami; UA 1. 6. 1836, Opéra, Paris, mit F. Elßler, Mazilier u. a. – Das B. basiert auf dem Roman *Der hinkende Teufel* von Lesage. Der junge Student Cléophas befreit den in eine Flasche eingesperrten Dämon Asmodée aus seiner Gefangenschaft und wird von diesem belohnt, indem er ihm die drei Frauen zuführt, die ihm auf einem Ball begegnet sind. Der Student verliebt sich heftig in die Tänzerin Florinda, verliert sein ganzes Geld im Spielsalon bei Dorotea und findet schließlich sein wahres Glück in den Armen der mittellosen Paquita. – Es war dieses B., in dem F. Elßler als Florinda mit ihrer Cachucha einen ihrer größten Erfolge hatte.

Lit.: C. W. Beaumont, in: *Complete Book of Ballets*, London 1951.

Diaghilew, Serge Pawlowitsch, russ. Impresario und B.-Direktor, * 31. 3. 1872 Selitschew Kasernen (Distrikt Nowgorod), † 19. 8. 1929 Venedig. Kam 1890 als Jurastudent nach St. Petersburg, interessierte sich aber vornehmlich für die Kunst, schloß sich einem Kreis junger Maler und Musiker um A. Benois und L. Bakst an und gründete mit seinen Freunden 1899 die fortschrittlich orientierte Zeitschrift *Mir Iskusstwa* (Welt der Kunst). Im selben Jahr berief ihn Fürst S. Wolkonsky als künstlerischen Berater (Dramaturg) ans Marien-Th., als der er für die Herausgabe des Jahrbuchs der Kaiserl. Th. verantwortlich war – auch führte er die Oberaufsicht bei den sehr erfolgreichen Neuinsz.en von *Sadko* und *Sylvia*. Schon 1901 trat er wegen Spannungen innerhalb des Hauses von seinem Posten zurück. Nachdem seine Zeitschrift 1904 ihr Erscheinen eingestellt hatte, veranstaltete er in den folgenden Jahren mehrere Ausstellungen russ. Kunst in St. Petersburg und Paris. 1908 brachte er als Th.-Impresario Mussorgskys *Boris Godunow* nach Paris. Daraus ergab sich eine Pariser Einladung für eine russ. Opern- und B.-Stagione im Frühsommer 1909. Aus den hierfür versammelten Tänzern der beiden Kaiserl. Th. in St. Petersburg und Moskau, die im Mai und Juni 1909 in Paris einen triumphalen Erfolg errangen, gingen dann, nach der Trennung Nijinskys vom Marien-Th., die von D. gemanagten B.s Russes hervor, die bis zu seinem Tode eine gründliche Reformierung der europ. B.-Szene bewirkten. Die oft am Abgrund des Nichts existierende Komp., die nach der Oktoberrevolution nie wieder nach Rußland zurückgekehrt ist, war ein reines Produkt der europ. Finanzaristokratie. Sie verhalf dem B. insgesamt durch D.s untrüglichen Spürsinn für Nachwuchsbegabungen nicht nur auf dem Gebiete des Tanzes, sondern auch auf dem der Literatur, der Musik und vor allem der bildenden Kunst durch sein einzigartiges Integrationstalent und seinen geschmackssicheren Anspruch zu neuer künstlerischer Seriosität. So konnte er die Rolle eines Katalysators spielen, dessen Einfluß über das B. hinaus auf das Th. seiner Zeit wirkte. Wo immer er ein Talent entdeckte, ließ er ihm jegliche Förderung angedeihen, und so ist die Liste seiner Mitarbeiter (entgegen unausrottbaren Meinungen hat D. niemals selbst choreographiert) zu einer Ehrenliste des B.s im ersten Viertel des 20. Jh.s geworden, auf der neben so berühmten Tänzernamen wie Karsavina, Tchernicheva, Spessiwtzewa, Sokolowa, Danilova, Doubrovska, Nijinsky, Bolm, Woizikovsky, Dolin und Lifar auch die Namen der Choreographen Fokine, Massine, Nijinska und Balanchine stehen, dazu die Malernamen Benois, Bakst, Roerich, Picasso, Matisse, Laurençin, Derain, Braque, Utrillo, de Chirico und Rouault sowie die Komponistennamen Strawinsky, Prokofjew, Ravel, Debussy, Satie, de Falla, Milhaud und Poulenc. Der Einfluß D.s wirkt mittels der durch ihn künstlerisch geformten Persönlichkeiten bis auf den heutigen Tag nach, und es ist keine Frage, daß er zu den bedeutendsten Th.-Persönlichkeiten des 20. Jh.s zählt. (→ *Ballets Russes de Serge D.*) [Dort auch Literaturangaben zur Geschichte seiner Komp. und eine Liste der von ihm produzierten B.e.]

Lit.: R. Buckle, *D.*, London 1979.

Diana-Ballette. B.e über die Mondgöttin (auch Artemis), die auch die Göttin der Jagd und der Keuschheit ist, hat es in immer wieder neuen Versionen gegeben. Es handelt sich dabei um zwei verschiedene Themen. Im Mythos von D. und Aktäon wird der Jäger Aktäon bestraft, weil er die Göttin D. (Artemis) erblickte und belauschte, als sie mit ihren Nymphen in einem Bergsee badete. Die Göttin verwandelte den Jäger in einen Hirsch. Im zweiten Mythos ist Artemis-D. identisch mit der Mondgöttin Selene. Sie besucht jede Nacht ihren schönen Geliebten Endymion. Diesem hatte Zeus die Möglichkeit des ewigen Schlafes, d. h. das ewige Leben geschenkt, damit ihn die Göttin jede Nacht besuchen konnte. Endymion zeugte mit ihr 50 Töchter. Schon Noverre beklagte sich darüber, daß die B.-Schöpfer seiner Zeit die beiden Mythen durcheinander brachten. Er selber schuf 1772 in Wien – nicht in Stuttgart – ein B. *Diane et Endymion*. Andere frühe D.-B.e: *D. ed Endimione* von Giuseppe Fabiani (Venedig 1765); *D. sorpresa* von Onorato Viganò (Venedig 1774); *D.s Überraschung* von Jos. Wölfl (London 1805). H. Heine veröffentlichte 1854 ein B.-Libr. *Die Göttin D.*, das jedoch nie aufgeführt wurde; E. Wellesz komponierte 1924 *Das Wunder der D.*; B. Nijinska choreographierte 1929 *Aubade* (Actéon, Mus.: Poulenc) für den Vicomte de Noailles; aus dem Jahr 1949 stammt schließlich noch *Endymion* von S. Lifar.

Dichterliebe – Amor di poeta, B. von Béjart, Mus.: R. Schumann und N. Rota, Gedichte und Texte von H. Heine und Ch. Baudelaire; Bühne und Beleuchtung: A. Burett, Kost.: T. Bosquet; UA 4. 12. 1978, B. du XXe Siècle, Palais des Beaux Arts, Brüssel, mit Béjart, Donn, Y. le Gac, C. Verneuil, R. Poelvoorde, M. Gascard, P. Touron u. a. Mit Béjart selbst in der Rolle des Poeten und mit Donn als Héros de l'histoire entfaltet sich das B. als eine autobiographische Alfresco-Revue à la Fellini – weiterhin beteiligt: Les Amis (Les Muses, Un Chat, Elle), Les Forces de la mort (L'homme en noir, La Femme en blanc, Le Motard), Les Personnages mythologiques (Pegase, Dionysos, Zarathoustra) und La Poésie de derisoire (Le Cirque).

Didelot, Charles-Louis, frz. Tänzer, Choreograph und Pädagoge, * 1767 Stockholm, † 7. 11. 1837 Kiew. Studium zunächst bei seinem Vater am Kgl. Th. in Stockholm, dann in Paris und Bordeaux bei Dauberval und Lany, später auch bei Noverre und A. Vestris. 1788 tanzte er bei Noverre in London, dann in Bordeaux und debütierte 1790 an der Pariser Opéra, wo er Partner von Madeleine Guimard war. Er arbeitete dann in London, wo er 1796 sein wohl berühmtestes B. *Flore et Zephyre* fürs King's Th. schuf. Er setzte sich nachdrücklich für das Handlungs-B. in der Noverre-Nachfolge ein und führte verschiedene inszenatorische und kostümliche Reformen ein wie Flugapparate und fleischfarbene Trikots. 1801–11 arbeitete er in St. Petersburg, hier schuf er die eigentliche Basis für das berühmte St. Petersburger B.-Schulsystem. Während der nächsten fünf Jahre studierte er seine B.e in Paris und London ein und kehrte 1816 endgültig nach St. Petersburg zurück, wo er zahlreiche B.e choreographierte und das russ. B. an den Kaiserl. Th.n von Grund auf reformierte. D. war in Rußland an der Vervollkommnung des Aktions-B.s beteiligt. Er genoß großes Ansehen, auch bei A. Puschkin, der von D.s B.en sagte, daß in ihnen mehr Poesie stecke als in der ganzen frz. Literatur der damaligen Zeit. Bekannte B.e: *Apollon und Daphne* (1802), *Cupido und Psyche* (Mus.: C. Cavos, 1810), *Telemachos auf der Insel der Calypso* (1807), *Nicette und Lukas oder Das junge Milchmädchen* (1817), *Raoul de Créquis oder Die Rückkehr vom Kreuzzug* (Mus.: C. Cavos, 1819) und *Der Gefangene im Kaukasus* (nach Puschkin, Mus.: Cavos, 1823). D. war auch für die erste russ. Prod. von Daubervals *La Fille mal gardée* (1827) verantwortlich.

Lit.: M. G. Swift, *A Loftier Flight – The Life and Accomplishments of Ch.-L. D.*, Middletown (Conn.) 1975.

Die im Schatten leben, B. in 1 Akt, Libr. und Ch.: W. Gore, Mus.: Britten (Variationen über ein Thema von Frank Bridge), Dek.: H. Heckroth; UA 29. 1. 1958, Frankfurt a. M. mit P. Hinton, P. Herbinger, W. Winter u. a. – Ein Ehemann bringt seine geistig völlig normale junge Frau durch eine Intrige in ein Irrenhaus, wo sie durch ihre Erlebnisse in der Welt der Wahnsinnigen schließlich selbst irre wird. – Gore hat das B. unter dem Titel *Eaters of Darkness* später noch für andere Komp.n einstudiert.

Dienes, Gedeon, ung. Tanzpublizist, * 16. 12. 1914 Budapest. Sohn von Valeria D., arbeitete mit in der Orchestrischen Schule seiner Mutter. Beamter im Außenministerium 1946 bis 1952. Organisierte die Bibliothek und Dokumentation des Ung. Instituts für kulturelle Beziehungen, dessen Direktor er seit 1973 ist. Ung. Vertreter im Tanz-Komitee des Internationalen Th.-Instituts der UNESCO. Mitarbeiter zahlreicher internationaler Publikationen über den Tanz.

Dienes, Valéria, ung. Tanz-Pädagogin, Choreographin und Tanz-Theoretikerin, * 25. 5. 1879 Szekszárd, † 8. 6. 1978 Budapest. Studierte

Philosophie und Mathematik an der Universität Budapest (Dr. der Philosophie, Mathematik und Ästhetik, Budapest 1905), dann mit H. Bergson am Pariser Collège de France. Beeindruckt von I. Duncan und nachdem sie an R. Duncans griech. Gymnastikkursen in Paris teilgenommen hatte, begann sie in Budapest 1912 mit ihren systematischen Forschungen über die menschliche Bewegung, aus denen ihre Orchestrische Schule hervorging – ihr individuelles Unterrichtssystem und der Ch., das sie auch publizierte. Begann 1917 mit Auff.en, die in ihren großen chorischen Dramen gipfelten: *Warten auf die Dämmerung* (1925), *Die acht Seligpreisungen* (1926), *Die Hochzeit der zehn Jungfrauen* (1934), *Die Straße der Kinder* (1935) und *Die Mutter* (1937) – die meisten mit Lajos Bárdos als musikalischem Mitarbeiter. Ihr Institut existierte bis 1944. Ihr System des Orchestrischen basiert auf den vier menschlichen Bewegungskriterien: Raum, Zeit, Kraft und Bedeutung, die mit Skulptur, Rhythmus, Dynamik und Symbolismus korrespondieren. Sie war die Mutter von Gedeon D.

Dieu bleu, Le, B. in 1 Akt, Libr.: J. Cocteau und Frédéric de Madrazo, Ch.: M. Fokine, Mus.: R. Hahn, Dek.: L. Bakst; UA 13. 5. 1912, B. Russe de Diaghilew, Th. du Châtelet, Paris, mit W. Nijinsky, T. Karsavina u. a. – Eine Hindu-Legende von der Liebe eines jungen Paares vor dem Hintergrund von Tempelritualen, in die schließlich der Blaue Gott Krishna eingreift.

Dieu et la bayadère, Le, B.-Divertissement der gleichnamigen Oper von Auber, Ch.: F. Taglioni; UA 13. 10. 1830, Opéra, Paris, mit M. Taglioni, L. Noblet u. a. – Es handelt sich hier um eine B.-Oper im Anschluß an Goethes Ballade *Der Gott und die Bajadere*. In der sehr pantomimisch orientierten Rolle der Bajadere Zoloé feierte M. Taglioni einen ihrer ersten großen Triumphe. Eine reine B.-Version mit ähnlicher Story choreographierte M. Petipa 1877 unter dem Titel *La Bayadère*.

Dieux mendiants, Les (*Gods Go a' Begging*) → Kochno, B. → Händel, G. F.

Dill, Gerlinde, österr. Tänzerin, Pädagogin und B.-Meisterin, * 25. 7. 1933 Wien. Studierte bei W. Fränzl und an der Schule der Wiener Staatsoper sowie an der Hochschule für Musik. Mitgl. des Wiener Staatsopern-B.s seit 1949, zunehmend mit Solorollen betreut, dann Assistentin, Proben- und Trainingsleiterin und Pädagogin an der Schule der Staatsoper, seit 1980 B.-Meisterin. Choreographin der Neujahrskonzerte seit 1976.

Dim Lustre, B. in 1 Akt, Libr. und Ch.: A. Tudor, Mus.: R. Strauss (Burleske für Klavier und Orchester), Dek.: Motley; UA 20. 10. 1943, American B. Th., Metropolitan Opera House, New York, mit N. Kaye, H. Laing u. a. – »Ein Hauch Parfüm, die Berührung mit einer Hand, ein verstohlener Kuß wirbeln Erinnerungen auf, welche die Sicherinnernden für kurze Zeit zu anderen Momenten zurücktragen und sie in einem veränderten Zustand zurücklassen« (Programmheft). – Zur selben Musik choreographierte E. Feld 1971 ein B. *Theatre* für seine American B. Company in New York.

Lit.: G. Balanchine / F. Mason, in: *Balanchine's Complete Stories of the Great Ballets*, Garden City (N. Y.) 1977.

Dirtl, Willy, österr. Tänzer, * 4. 3. 1931 Wien. Studierte an der B.-Schule der Wiener Staatsoper, deren Mitgl. er 1948–71 war, seit 1954 als Erster Solotänzer. Rollenkreationen u. a. in Hankas *Der Mohr von Venedig* (1955), *Hotel Sacher* und *Medusa* (beide 1957), Milloss' *Die Einöde* und Walters *Die Irrfahrten des Odysseus* (beide 1965).

Diversion of Angels, Tanzstück von M. Graham, Mus.: Norman Dello Joio, Bühne: I. Noguchi; UA 13. 8. 1948, M. Graham Dance Comp., Conn. College, New London, mit M. O'Donnell, P. Lang, H. McGehee, E. Hawkins, R. Cohan u. a. – Der Titel (ursprünglich *Wilderness Stair*) stammt aus einem Gedicht von Ben Bellitt, er gilt »einem lyrischen Ballett über die Schönheit der Jugend, das Vergnügen und den Mutwillen, die schnelle Freude und die schnelle Niedergeschlagenheit der ersten Liebe« (Programmheft).

Lit.: D. McDonagh, in: *The Complete Guide to Modern Dance*, Garden City (N. Y.) 1976.

Diversions, B. in 1 Akt, Ch.: K. MacMillan, Mus.: A. Bliss (Musik für Streicher), Dek.: Philip Prowse; UA 15. 9. 1961, Royal B., Covent Garden Opera House, London, mit M. Lane, S. Beriosova, D. MacLeary, G. Usher u. a. – Ein handlungsloses B. für 2 Kontrast-Solopaare und 8 Tänzerinnen. – Dt. Erstprod. am 20. 5. 1964 in Stuttgart.

Divertimento Nr. 15, B. in 5 Sätzen, Ch.: Balanchine, Mus.: Mozart (Divertimento in B-Dur, KV 287), Kost.: Chr. Bérard (ursprünglich für *Les Songes*); UA 19. 2. 1952, New York City B., City Center, New York, mit Maria Tallchief, Hayden, Wilde, D. Adams, LeClerq, Eglevsky u. a. Eine gründlich revidierte Fassung des ursprünglich *Caracole* genannten B.s hatte am 31. 5. 1956 im American Shakespeare Festival Th. Stratford (Ont.) Premiere. – Ein handlungsloses B. von brillanter Virtuosität. Europ. Erstprod. Wiener Staatsopern-B. 1969.

Lit.: G. Balanchine / F. Mason, in: *Balanchine's Complete Stories of the Great Ballets*, Garden City (N. Y.) 1977.

Divertissement (ital. *divertire*, sich unterhalten), ursprünglich die Tanz- und Gesangseinlagen in Bühnenwerken. Sie begegnen gewöhnlich zwischen den Akten oder am Schluß eines Stücks, auch als eingeschobene Episoden, die mit der Haupthandlung in losem Zusammenhang stehen (z. B. als festliche Krönung eines Ereignisses). Als B.-Einlagen kommen sie in vielen frz. Opern vor, von Rameau (*Platée*) und Gluck (*Iphigénie en Aulide*) bis zu Gounod (*Faust*) und Saint-Saëns (*Samson et Dalila*). In den großen Handlungs-B.en des 19. Jh.s begegnen sie gewöhnlich als suitenartige Folge von Tänzen im letzten Akt (z. B. in *Coppélia* und *Dornröschen*), können aber auch an früherer Stelle stehen (*Schwanensee*-Ballakt). – D.s werden auch die für ein tänzerisches Konzertprogramm arrangierten Folgen von Soli, Pas de deux und kleineren Gruppentänzen genannt.

Doboujinsky, Mstislav, russ. Maler und B.-Ausstatter, * 2. 8. 1875 Nowgorod, † 1957 New York. Kam durch den Kontakt mit Diaghilew zum B. und entwarf für dessen Komp. 1914 *Papillons* und *Midas*. Spätere Dek.s u. a. für *Die Puppenfee* (A.-Pawlowa-Komp., 1915), *Coppélia* (B.s Russes de Monte Carlo, 1935 und B. Rambert, 1956), *Der Nußknacker* (Sadler's Wells B., 1937), *Ballet Imperial* (American B., 1941), für American B. Th. *Russian Soldier* (1942), *Mlle Angot* (1943) und *Graduation Ball* (1944) sowie *Prisonnier du Caucase* (1951) fürs Grand B. du Marquis de Cuevas.

Dobrievich, Pierre, jugosl. Tänzer und B.-Meister, * 27. 12. 1931 Veles. Studierte an der Zagreber B.-Schule. Debüt beim Zagreber Staatsopern-B. 1955. Anschließend Tänzer beim B. Th. de Paris, L.-Tcherina-Komp., Les Étoiles de Paris und 1960–75 beim B. des XXe Siècle, daselbst auch B.-Meister. B.-Direktor der Mailänder Scala 1975–78. Danach temporäre Engagements, B.-Meister der Münchner Staatsoper 1981–83, seit 1983/84 in Saarbrükken. Verheiratet mit der Tänzerin, B.-Meisterin und gelegentlichen Choreographin Louba D.

Dobson, Deborah, amer. Tänzerin, * 23. 6. 1950 Sacramento (Cal.). Studierte in Sacramento, an der San Francisco B. School und School of American B. Tänzerin beim American B. Th. 1969–75, Stuttgarter B. 1975/76, in Genf 1976–78 und seither als Erste Solistin in Zürich. Mit dem Tänzer Jonas Kage verheiratet.

Dolguschin, Nikita Alexandrowitsch, sowj. Tänzer und Choreograph, * 8. 11. 1938 Leningrad. Studierte an der Leningrader B.-Schule. Mitgl. des Kirow-B.s 1959–61, dann Nowosibirsk 1961–66, Moissejew Staatl. Konzert-Ens. 1966–68 und seither beim Leningrader Maly-B., tanzt aber auch beim Kirow-B. Rollenkreation u. a. in Winogradows *Jaroslawna* (1974). Gelegentlich auch als Choreograph tätig, u. a. *Mozartiana* (Mus.: Tschaikowsky, 1970) und *Klytämnestra* (Mus.: Gluck, 1972).

Dolin, Sir Anton, engl. Tänzer, B.-Meister und Pädagoge, * 27. 4. 1904 Slinfold (Sussex), † 25. 11. 1983 Paris. Studierte in Brighton, dann bei Astafieva und B. Nijinska. Begann als Kinderdarsteller, Corpstänzer in Diaghilews Londoner *Dornröschen* 1921, Solist der Komp. ab 1924, Rollenkreationen in Nijinskas *Le Train bleu* (1924), Balanchines *Der verlorene Sohn* und *Le Bal* (beide 1929), zwischenzeitlich auch eigene Gruppe mit Nemchinova. Nach Auflösung der B.s Russes in Revuen, Mitbegründer der Camargo Society 1930, für die er 1931 *Job* in de Valois' Ch. kreierte. Solist des Vic Wells B. 1931–35. Gründete zusammen mit Markova 1935 das Markova-D.-B. (bis 1938). Mitgl., dann Gastsolist beim American B. Th. 1940–46, für das er auch als Choreograph tätig war (*Pas de quatre*, 1941). Titelrollenkreation in Fokines *Blaubart* (1941). 1944/45 Choreograph der New Yorker *Seven Lively Arts*-Revue (UA von Strawinskys *Scènes de ballet*, 1944). Leiter und Erster Solist der neuen Markova-D.-Komp. 1945–48, dann Gastsolist beim Original B. Russe, Sadler's Wells B. und B. Russe de Monte Carlo. 1949 Formierung einer neuen Komp. (zus. mit Markova), aus der dann 1950 das London Festival B. hervorging, dessen Künstlerischer Direktor und Erster Solist er bis 1961 blieb. Danach freischaffend als B.-Meister, Choreograph und Pädagoge in der ganzen Welt tätig, ab 1961 auch verschiedentlich als Dozent bei der Kölner Sommerakademie. Autor mehrerer Bücher, u. a. *Pas de deux*: *The Art of Partnering* (London 1949); *Alicia Markova* (London 1953); *Autobiography* (London 1960) und *The Sleeping Ballerina – The Story of Olga Spessivtzeva* (London 1966). Er gilt als einer der international angesehensten Pioniere des B.s im 20. Jh. in England. Adelsprädikat 1981.

Dollar, William, amer. Tänzer, Choreograph und Pädagoge, * 20. 4. 1907 St. Louis (Mo.). Studierte bei Fokine, Mordkin, Balanchine, Vladimirov und A. Volinine, tanzte u. a. beim Philadelphia Opera B., 1936/37 beim American B., dann B. Caravan, B. Th., New Opera Comp. und B. International (1944). Als B.-Meister war er u. a. bei B. Society, Grand B. de Monte Carlo und Grand B. du Marquis de Cuevas tätig. Seine bekanntesten B.e: *Constantia* (Mus.: Chopin, International B., 1944) und *Le Combat* (Mus.: R. de Banfield, B. de Paris, 1949).

Domenico da Piacenza (auch **D. da Ferrara**), ital. Tanzmeister und Theoretiker, * Piacenza im letzten Jahrzehnt des 14. Jh.s, † nach 1462. Er arbeitete am Hof der Este von Ferrara und faßte als erster Tanzmeister der Renaissance seine grundlegenden Theorien über die Tanzkunst und die damaligen Ch.n um 1416 in einem Codex zusammen, der sich in der Pariser Nationalbibliothek befindet. Der Titel: *De arte saltandi et choreas ducendi* (ital. Untertitel: *De la Arte di ballare et danzare*). Beschreibungen der von ihm geschaffenen *Balli* und *Balletti* liegen von ihm selbst und von seinen Schülern Guglielmo Ebreo und Antonio Cornazano vor.

Donizetti, Gaetano, ital. Komponist, * 29. 11. 1797 Bergamo, * 8. 4. 1848 ebd. Komponierte keine B.e, wohl aber B.-Einlagen für seine Opern, von denen besonders die für Paris geschriebenen *Les Martyrs* (Ch.: Coralli, 1840), *La Favorite* (Ch.: F. D. Albert, 1840) und *Dom Sébastien de Portugal* (Ch.: Albert, 1843) große Divertissements enthielten. Diese Einlagen wurden später verschiedentlich von Choreographen B.en zugrunde gelegt – so u. a. von A. Howard in *Veneziana* (London 1953), Balanchine in *Donizetti Variations* (New York 1960; europ. Erstprod. Hamburg 1967), Bolender in *Donizettiana* (Frankfurt a. M. 1967) und Harkarvy in *La Favorita* (Harkness B., 1969).

Don Juan, Tragische B.-Pantomime in 1 Akt und 3 Bildern, Libr. und Ch.: G. Angiolini, Mus.: Gluck; UA 17. 10. 1761, Kärntnertor-Th., Wien. – Angiolini, neben Noverre der bedeutendste Vorkämpfer des Aktions-B.s, begnügte sich noch – im Gegensatz zu Mozart – mit der Reduzierung des klassischen Stoffs auf die drei Protagonisten Don Juan – Donna Elvira – Komtur, zu denen sich noch der Diener Sganarello gesellt. Das Ende ist tragisch: Furien und Dämonen ziehen Don Juan mit sich in die Hölle hinab. Angiolini ist hier ein repräsentatives Beispiel des klassischen Handlungs-B.s gelungen, das nicht zuletzt durch Glucks Musik seinen besonderen Rang erhielt. Es war bei den Zeitgenossen sehr beliebt und blieb in Wien vierzig Jahre lang auf dem Spielplan. – Spätere Insz.en bearbeiteten das Libr. – so H. Kröller 1924 in Wien und R. von Laban 1925 in seinen drei *D.-J.*-Reigen. Eine vielbeachtete Neuprod. schuf Fokine 1936 für Blums B.s de Monte Carlo in London. Von den dt. Auff.en der jüngeren Vergangenheit verdient die dem Libr. von Da Ponte stark angenäherte Version erwähnt zu werden, die E. Walter 1962 in Wuppertal herausgebracht und 1965 in Düsseldorf wiederholt hat. Internationale Beachtung fand das *D.-J.*-B., das John Neumeier 1972 in Frankfurt a. M. schuf (1974 auch für das National B. of Canada). – Andere *D.-J.*-B.e waren u. a.: *Le grand festin de Pierre* (Paris 1764), 1769 ein B. der Ackermannschen Th.-Truppe in Leipzig, Onorato Viganòs *Il convitato di pietra* (Venedig 1787), T. Gsovskys *D. J.* (zur gleichnamigen Tondichtung von R. Strauss, Berlin 1938 – zur gleichen Musik auch von Ashton 1948 in

London und M. Luipart 1957 in Bonn). In San Francisco schuf L. Christensen 1973 ein *D.-J.*-B.

Lit.: O. F. Regner / H.-L. Schneiders, in: *Reclams Ballettführer*, Stuttgart [8]1980.

Donn, Jorge, argent. Tänzer und B.-Direktor, * 28. 2. 1947 Buenos Aires. Studierte an der B.-Schule des Teatro Colón, trat in kleineren Rollen und im Fernsehen auf und ging 1964 zum B. du XXe Siècle, wo er rasch zu einem der profiliertesten Solisten avancierte. Rollenkreationen u. a. in Béjarts *Neunte Sinfonie* (1964), *Cygne* (1965), *Romeo und Julia* (1966), *Messe für die Gegenwart* (1967), *Baudelaire* (1968), *Die Sieger* (1969), *Serait-çe la mort?* und *Sonate* (1970), *Nijinsky, Clown de Dieu* (1971), *Stimmung*, *Marteau sans maître* und *Golestan* (1973), *I trionfi* und *Ce que l'amour me dit* (1974), *Notre Faust* (1975), *Dichterliebe* (1978), *Les Illuminations* (1979), *Zauberflöte* (1981), *Wien, Wien, nur du allein* (1982) und *Messe für die Zukunft* (1983). Künstlerischer Direktor der Yantra Komp. 1976 und des B. du XXe Siècle seit 1980. Das belg. Fernsehen produzierte einen Film über ihn *Le Danseur* (1972). Mitwirkung in dem Spielfilm *Les Uns et les Autres* (Alternativ-Titel: *Bolero*, 1982).

Don Quixote, B. mit Prolog, in 4 Akten und 8 Bildern, Libr. und Ch.: M. Petipa, Mus.: Minkus; UA 26. 12. 1869, Bolschoi-Th., Moskau, mit Sobeschanskaja, S. Sokolow, W. Wanner u. a. In Petipas erster Version handelt es sich noch um eine sehr robuste Komödie, die sich in großen Zügen an die Liebesgeschichte von Quiteria und Basil aus dem 2. Band des Romans von Cervantes hielt (aus Quiteria wird im B. Kitri) – D. Q. und sein Diener Sancho Pansa liefern nur den roten Faden, der die einzelnen Episoden (u. a. die Begegnung mit einer Truppe von Wanderschauspielern, aber auch schon der Kampf mit den Windmühlenflügeln) zusammenhält. Eine dramaturgisch gründlich überarbeitete und choreogr. revidierte Form schuf Petipa 1871 für St. Petersburg. 1900 inszenierte Gorsky das B. neu fürs Moskauer Bolschoi-Th. – eine Fassung, die durch ihren Charakterrealismus großes Aufsehen erregte. Sie wiederum lieferte die Basis für die Neuinsz. von 1940, die R. Sacharow besorgte, und die noch heute im Rep. des Bolschoi-B.s ist, das sie in Deutschland zuerst bei seinem Gastspiel 1968 in Köln zeigte. Auch die erste westl. Prod. des kompletten B.s, die Witold Borkowski 1962 für das B. Rambert in London einstudierte, lehnte sich an die Gorsky-Version an. Nurejew hingegen, der *D. Q.* zuerst 1966 für das Wiener Staatsopern-B. inszenierte, hielt sich im großen und ganzen an die Petipa-Vorlage (später auch für das Australian B. – 1973 auch verfilmt –, sowie u. a. für Pariser Opéra, Zürich und Oslo). – Andere *D. Q.*-B.e, die sich mehr oder weniger frei an Cervantes hielten, u. a. von Hilverding (Wien 1740), Noverre (Mus.: Starzer, Wien 1768), L. Milon (Pariser Opéra, 1801), Didelot (St. Petersburg 1808), P. Taglioni (Mus.: Strebinger, Berlin 1850), Milloss (als *Portrait de D. Q.*, B.s des Champs-Elysées, 1947), T. Gsovsky (Mus.: Leo Spies, Dt. Staatsoper Ost-Berlin, 1949), de Valois (Mus.: R. Gerhard, Sadler's Wells B., 1950), Lifar (als *Le Chevalier errant*, Mus.: Ibert, Pariser Opéra, 1950) und Balanchine (Mus.: Nabokov, New York City B., 1865).

Lit.: O. F. Regner / H.-L. Schneiders, in: *Reclams Ballettführer*, Stuttgart [8]1980.

Dornröschen (russ. Originaltitel *Spjaschtschaja krassawiza*; auch frz. *La Belle au bois dormant*, engl.-amer. *The Sleeping Beauty*, ital. *La bella addormentata*), B. mit Prolog, in 3 Akten und 4 Bildern, Libr.: M. Petipa und Iwan Wsewoloschki, Mus.: Tschaikowsky, Bühne: N. Andrejew, M. Botscharow, K. Iwanow und M. Schischkow, Kost.: Wsewoloschki; UA 15. 1. 1890, Marien-Th., St. Petersburg, mit Brianza, P. Gerdt, Cecchetti, Maria Petipa, B. Nikitina u. a. – Das B. hält sich an das von Perrault erzählte Märchen von der Prinzessin Aurora, der die zur Taufe nicht geladene böse Fee Carabosse prophezeit, daß sie sich an ihrem 16. Geburtstag an einem Spinnrocken stechen und daraufhin in ewigen Schlaf sinken werde – eine Voraussage, die die gute Fliederfee dahingehend abwandelt, daß Aurora nach hundertjährigem Schlaf von einem jungen Prinzen wachgeküßt werde. Beide Prophezeiungen erfüllen sich, und so kann am Schluß das große Hochzeitsdivertissement von Aurora und dem Prinzen Florimund (auch Désiré) gefeiert werden. – Das *D.*-B. Petipas gilt als der Höhepunkt der zaristischen B.-Kultur. Mit den Feen-Variationen im Prolog, dem Rosen-Adagio für Aurora und vier Prinzen im 1. Akt, Auroras Variation, den Charaktertänzen, dem Pas de deux der Prinzessin Florine und des Blauen Vogels und dem Grand Pas de deux im Schlußakt hat uns Petipa ein paar seiner kostbarsten choreogr. Eingebungen hinterlassen, die bis auf den heutigen Tag sorgsam konserviert worden sind. – Im Westen nahm der Ruhm des B.s von der 1921 von Diaghilew in London produzierten Auff. unter dem Titel *The Sleeping Princess* seinen Ausgang (nachdem 1896 bereits eine Insz. des kompletten B.s durch Giorgio Savocco, mit Brianza als Aurora, an der Mailänder Scala stattgefunden hatte). Trotz ihres großen Erfolgs konnte sie wegen ihrer enormen Kosten nicht im Rep. gehalten werden, so daß Diaghilew 1922 eine sich hauptsächlich auf den letzten Akt beschränkende Fassung unter dem Titel *Le Mariage de la Belle au bois dormant* in Paris neu herausbrachte. Andere Komp.n brachten dann ihre eigenen mehr oder weniger gekürzten Fassungen heraus (in Amerika Mordkin, 1936 und C. Littlefield, 1937), doch scheint erst die Sadler's Wells Prod. von 1939 der nächste westl. Rekonstruktionsversuch des Petipaschen Originals gewesen zu sein. Mit dieser Insz. siedelte das Sadler's Wells B. 1946 nach Covent Garden über, und es war diese Insz., die fortan fast allen westl. Neueinst.en als Modell galt – mit ihr eröffnete die Komp. 1949 auch ihr erstes Amerika-Gastspiel (weitere Prod.en für das Royal B., mit teilweise ergänzter Ch. von Ashton und de Valois, von P. Wright 1968 und 1984, MacMillan 1973 und 1977). Weitere wichtige Prod.en u. a. von Beriozoff (Stuttgart 1957), Nijinska und Helpmann (Grand B. du Marquis de Cuevas 1960), Nurejew (Mailand 1966; später auch für London Festival B., Canadian National B. und Wiener Staatsopern-B.), MacMillan (Dt. Oper Berlin, 1967), Grigorowitsch (Bolschoi-B., 1973) und Neumeier (Hamburg 1978). Eine Kammer-B.-Bearbeitung von Henze brachte Alfredo Bortoluzzi 1951 unter dem Titel *Die schlafende Prinzessin* in Essen heraus. Béjart produzierte 1968 seine Variationen über Petipasche *D.*-Themen unter dem Titel *Ni fleurs, ni couronnes* mit dem B. du XXe Siècle in Grenoble. Es existieren mehrere Film- und Fernsehaufzeichnungen des B.s. Andere *D.*-B.e waren u. a. *La Belle au bois dormant* von Aumer (Mus.: Hérold, Paris 1829) und *D.* von Laban (Mus.: Joh. Strauß, Berlin 1934).

Lit.: O. F. Regner / H.-L. Schneiders, in: *Reclams Ballettführer*, Stuttgart [8]1980.

Doubrovska, Felia, russ.-amer. Tänzerin und Pädagogin, * 1896 (Geburtsort nicht bekannt), † 17. 9. 1981 New York. Examen 1913 an der St. Petersburger Kaiserl. B.-Schule, tanzte im Marien-Th.-B., ging 1920 zu den B. Russes de Diaghilew, wo sie u. a. in B. Nijinskas *Les Noces* (1923) und Balanchines *Apollon musagète* (1928) und *Der verlorene Sohn* (1929) Rollen kreierte. 1938/39 Solotänzerin beim Metropolitan Opera B. War dann jahrzehntelang eine der prominentesten Lehrerinnen an der School of American B. Verheiratet mit dem ehemaligen Tänzer und langjährigen Pädagogen P. Vladimirov.

Doutreval, André, österr. Tänzer, Choreograph, B.-Direktor und Pädagoge, * 5. 1. 1942 Wien. Studierte an der B.-Schule der Wiener Staatsoper. Mitgl. des Staatsopern-B.s 1958/59, dann über Klagenfurt, Köln, Bern, Wuppertal, Düsseldorf, Dt. Oper Berlin und Frankfurt a. M. nach Kassel, wo er als B.-Direktor des Staats-Th.s 1970–76 zahlreiche B.e choreographierte. Seither ebd. Leiter einer B.-Schule, zusammen mit seiner Frau Sylvia Haemmig. Beide zeichnen auch verantwortlich für die Veranstaltungen der B. Arena Kassel.

Dowell, Anthony, engl. Tänzer, * 16. 2. 1943 London. Studierte an der Royal B. School. Mitgl. des Covent Garden Opera B.s 1960, dann ab 1961 des Royal B., wo er 1961 seine erste Solorolle in Bruhns Einst. des *Napoli*-Pas-de-six hatte und sich rasch als einer der führenden Solisten der Komp. profilierte (Principal Dancer seit 1966). Mit seiner splendiden Technik, seiner eleganten Leichtigkeit und noblen Allüre zählt er zu den besten Danseurs nobles der Gegenwart. Seit 1979 ist er auch Principal Dancer des American B. Th. Rollenkreationen – außer in den Klassiker-Einst.en – u. a. in F. Ashtons *The Dream* (1964), *Monotones* (1965), *Jazz Calendar* und *Enigma Variations* (1968), *Meditation* (1971), *Ein Monat auf dem Lande* (1976) und *Varii Capricci* (1983), A. Tudors *Shadowplay* (1967), K. MacMillans *Anastasia* (Version 1971), *Triad* (1972) und *Manon* (1974), H. van Manens *Four Schumann Pieces* (1975), G. Tetleys *Con-*

tredances (1979), R. Nurejews *The Tempest* (1982) und J. Neumeiers *Feuervogel* (1983).

Lit.: J. Gruen, in: *The Private World of Ballet*, New York 1975.

Dósza, Imre, ung. Tänzer und B.-Direktor, * 9. 11. 1941 Budapest. Studierte an der Budapester B.-Schule. Mitgl. des Staatsopern-B.s seit 1959 und heute einer der führenden Solisten, der auch regelmäßig im Ausland gastiert (u. a. Stockholm, Oslo und Dt. Oper Berlin), war 1983/84 Direktor des Budapester Staatsopern-B.s. Rollenkreationen u. a. in Seregis *Spartakus* (1969), *Der holzgeschnitzte Prinz* (1970), *Sylvia* (1972), *Die Zeder* (1975) und *Variationen über ein Kinderlied* (1977). Verheiratet mit der Tänzerin Vera Szumrák.

Drapal, Julia, österr. Tänzerin, * 28. 2. 1917 Wien. Studierte an der B.-Schule der Wiener Staatsoper. Mitgl. des Wiener Staatsopern-B.s 1934–58 (seit 1949 Primaballerina). Eine ungewöhnlich temperamentvolle und ausdrucksstarke Tänzerin, exzellierte sie außer in den Ballerinenrollen des klassischen Rep.s in Charakter- (Zobeide in *Scheherazade*, Frau Potiphar in *Josephslegende*) und komischen Rollen (Solotanz als Schusterbub).

Draper, Paul, amer. Tänzer, * 25. 10. 1909 Florenz. Er machte sich einen Namen als Steptänzer (Tap), studierte aber auch klassisches B. bei A. Vilzak und A. Oboukhoff in New York, debütierte 1932 in London und entwickelte konsequent einen Stil des amer. Tap Dance, der ihn immer näher an das B. heranführte. Zahlreiche Tourneen, 1961 auch zu den Berliner Festwochen. Sein ambitioniertestes Stück war die musiklose *Sonata for Tap Dancer*. Er genießt auch heute noch als Pädagoge und Autor hohes Ansehen.

Dream, The, B. in 1 Akt. Ch.: F. Ashton, Mus.: Mendelssohn Bartholdy (arr. von J. Lanchbery), Bühne: Henry Bardon, Kost.: David Walker; UA 2. 4. 1964, Royal B., Covent Garden Opera House, London, mit A. Sibley, A. Dowell, K. Martin, A. Grant u. a. – In seiner B.-Nacherzählung von Shakespeares *Ein Sommernachtstraum*, die er anläßlich des 400. Geburtstages des engl. Dramatikers schuf, hielt sich Ashton eng an die originale Handlung (jedoch unter Ausschaltung von Theseus und Hippolyta), der er im Einklang mit der Musik von Mendelssohn ein romantisch-biedermeierliches Gewand gegeben hat. – Andere Versionen → *Sommernachtstraum*.

Lit.: P. Brinson / C. Crisp, in: *Ballet & Dance*, Newton Abbot 1980.

Dreher. In Österreich wurde auch der Ländler im ¾-Takt als D. bezeichnet. In Süddeutschland aber (Hessen) ist D. ein Tanz im ²⁄₄-Takt. Er wird in ununterbrochenen Drehungen fast auf der Stelle in rasendem Tempo ausgeführt. Daher gilt der D. als einer der schwierigsten Volkstänze in Deutschland, oft als Geschicklichkeitstanz. Im Vogtland war der D. der Gipfel dörflicher Tanzkunst. Im Wechsel mit dem Walzertakt bildete der D., allerdings dann im halben Tempo, einen Zwiefachen.

Lit.: M. Oetke, in: *Der deutsche Volkstanz*, Berlin [Ost] 1982.

Dreispitz, Der (span. *El sombrero de tres picos*, frz. *Le Tricorne*, engl. *The Three-Cornered Hat*), B. in 1 Akt, Mus.: de Falla, Libr.: Martinez Sierra, Ch.: L. Massine, Dek.: P. Picasso; UA 22. 7. 1919, B.s Russes de Diaghilew, Alhambra Th., London, mit Massine, T. Karsavina, L. Woizikovsky, St. Idzikowski u. a. – Das B. hält sich eng an die gleichnamige Erzählung des span. Dichters Alarcón, in der es um die schöne Müllerin, ihren eifersüchtigen Gatten und den schon etwas senilen Corregidor geht, der der Müllerin nachstellt, sich von ihr und dem Müller aber eine kräftige Abfuhr holt. Die erste dt. Auff. choreographierte Anni Häns 1933 in Mannheim. Massine studierte seine Original-Ch. 1963 in Köln ein. Das B. ist aber auch häufig von anderen Choreographen inszeniert worden und hat sich als einer der größten B.-Erfolge des 20. Jh.s erwiesen.

Lit.: O. F. Regner / H. L. Schneiders, in: *Reclams Ballettführer*, Stuttgart [8]1980.

Drei Musketiere, Die (dän. Originaltitel: *De Tre Musketerer*), B. in 2 Akten, Libr. und Ch.: F. Flindt, Mus.: Georges Delerue, Dek.: B. Daydé; UA 11. 5. 1966, Kgl. Dän. B., Kopenhagen, mit H. Kronstam, K. Simone, A. Lærkesen, F. Ryberg, P. Martins, J. Madsen u. a. – Das B. erzählt in Anlehnung an den Roman von A. Dumas die Abenteuer des jungen Gascogners d'Artagnan und seiner drei Kameraden Athos, Aramis und Porthos im Dienst des Königs von Frankreich und seiner wunderschönen

Königin. Sie geraten in gefährliche Verstrickungen, in die sie durch die attraktive Milady de Winter als Spionin Richelieus und seiner Leibgarde hineingezogen werden. – Die dt. Erstprod. hatte 1967 an der Bayer. Staatsoper Premiere. – Eine sowj. Version des Stoffs (Ch.: N. Bojartschikow, Mus.: W. Basner) gelangte am 29. 12. 1964 am Leningrader Maly-Th. zur UA. Diese Version wurde auch von der Ost-Berliner Staatsoper übernommen.

Dresden. Die Anfänge des B.s in D. gehen auf die Gründung der Hofkapelle zurück. Erster vom Hof bestallter B.-Meister war der 1612 als »Springer« engagierte Adrian Rothbein, der auch für den Tanzunterricht des Adels verantwortlich war. Auf ihn folgte Gabriel Möhlich (ab 1621), der 1638 Heinrich Schützens *Ballett von dem Orpheo und der Euridice* herausbrachte. Er war schon 1642 von dem Franzosen Rimbautte abgelöst worden, ihm folgten ab 1651 mehrere frz. B.-Meister und die Deutschen Georg Bentley und Dietrich Bose. Als Gast-B.-Meister schuf Loys de la Marche 1664 das *Frauenzimmer Ballett der Glückseligkeit*. Als wichtigstes Barock-B. gelangte 1678 *Musikalische Oper und Ballett von Wirkung der Sieben Planeten* zur Auff. Zu Beginn des 18. Jh.s bestand das B.-Ens. aus 7 Tänzerinnen und 8 Tänzern. Ballerino war der damals sehr geschätzte Louis de Poitier. 1705 wurde die frz. Truppe aufgelöst, 1714–22 wirkte als B.-Meister Charles Duparc, mit seiner Frau als Ballerina. Duparcs Nachfolger war bis 1763 Jean Favier. Zu seiner Zeit war das B. hauptsächlich in den Opern von Joh. A. Hasse tätig. 1756 bestand die Komp. aus dem Primoballerino Domin. Lensi, den Primeballerinen Annette Tagliavini, Catherine André und Manon Coudray, 12 Tänzerinnen und 10 Tänzern. 1763 wurde das Ens. aufgelöst. Die Dokumente über die folgenden Jahrzehnte wurden im letzten Krieg weitgehend zerstört. Von 1821–31 wirkte hier als Choreograph der aus Wien stammende Gärtner, gefolgt von Lepitre (bis 1860), Pohl (1861–75) und Köller (ab 1876). 1910 kam E. Jaques-Dalcroze aus Genf nach Dresden und leitete 1911–14 die Rhythmische Bildungsanstalt Jaques-Dalcroze in Hellerau bei Dresden. 1919–25 bestand dort unter der Leitung von Christine Baer-Frisell und V. Kratina die Neue Schule Hellerau. 1920 gründete M. Wigman ihre berühmte Dresdener Schule, aus der u. a. H. Kreutzberg, Y. Georgi, G. Palucca, H. Holm, M. Wallmann und M. Terpis hervorgingen. An der Staatsoper wirkte 1924–28 Ellen Petz, die vielbeachtete Auff.en von *Josephslegende* (Mus.: R. Strauss, 1924), *Tanzsymphonie* (Mus.: E. N. von Rezniček, 1925), *Elixiere des Teufels* (Mus.: Jap Kool) und 1926 zum ersten Mal in Deutschland A. Casellas *Der große Krug* herausbrachte. 1937 fand hier die europ. EA von Strawinskys *Jeu de cartes* statt (Ch.: Kratina), 1944 die UA von G. von Einems *Prinzessin Turandot* (Ch.: T. Gsovsky), 1945–48 wirkte Gertrude Baum-Gründig als B.-Meisterin, ihr folgten jeweils für kurze Zeit A. Bortoluzzi, B. Wosien, W. Kreideweiss, E. Hansen und Vlastimil Jilek. Von 1956–64 wirkte der bekannte DDR-Choreograph T. Schilling in Dresden. Ihm folgte kommissarisch von 1964–68 Mola Hillebron und 1968–79 Vera Müller (vorher Dessau) als B.-Direktorin. Ihr bekanntestes B. war 1972: *Wir aber nennen Liebe lebendigen Frieden*. Während es der Dresdener Oper nach 1945 rasch gelang, wieder weltweite Aufmerksamkeit auf sich zu ziehen, rangiert D. heute in der DDR-Rangliste der B.-Komp. mit Abstand hinter Berlin und Leipzig. Zwar hat D. zum ersten Mal in Deutschland zwei Prokofjew-B.e herausgebracht: *Aschenbrödel* (Ch.: Wosien, 1950) und *Die steinerne Blume* (Ch.: Schilling, 1960), auch behaupteten sich Schillings Insz.en von *Schwanensee* (1959) und *Dornröschen* (1963) mehrere Jahre auf dem Rep., gelegentlich zog D. durch eine UA überlokale Aufmerksamkeit auf sich (*Pigment*, Ch.: Hillebron, Mus.: Fritz Geisler, Libr.: A. Burkat), doch fällt die B.-Bilanz der auch nach 1945 ungemein theaterfreudigen Stadt negativ aus. Erst seit Beginn der achtziger Jahre findet D. durch das Wirken des Chefchoreographen H. Wandtke wieder überlokale Beachtung. Eine steile Aufwärtsentwicklung verzeichnet dagegen die Palucca Fachschule für künstlerischen Tanz mit ihren jährlich veranstalteten Sommerkursen, die stets einen internationalen Dozentenstab aufweisen und auch einen internationalen Teilnehmerkreis interessieren.

Drew, David, engl. Tänzer und Choreograph, * 12. 3. 1938 London. Studierte an der Westbury School of Dancing und an der Royal B. School. Tänzerdebüt 1944 in Covent Garden, dann Militärdienst, Mitgl. des Royal B., Principal Dancer seit 1974. Gelegentlich auch als Choreograph tätig (auch für Musicals: *Canterbury Tales*, 1968).

Dreyer, Bernd, dt. Tänzer, * 5. 9. 1946 Berlin. Studierte an der B.-Schule in Ost-Berlin und in Leningrad. Mitgl. des Staatsopern-B.s in Ost-Berlin seit 1967 (Solist seit 1971). Tanzt die Premier-danseur-Rollen des traditionellen und modernen Rep.s.

Drigo, Riccardo, ital. Komponist, * 30. 6. 1846 Padua, † 1. 10. 1930 ebd. War ab 1878 Kapellmeister der Oper in St. Petersburg und 1886–1917 Chefdirigent des Marien-Th.-B.s. Zu seinen bekanntesten B.-Kompositionen gehören *Der Talisman* (Ch.: Petipa, 1889), *Die Zauberflöte* (Ch.: L. Iwanow, 1893) und *Les Millions d'Arlequin* (Ch.: Petipa, 1900).

Dritte Sinfonie von Gustav Mahler, B. in 6 Sätzen, Ch. und Kost.: Neumeier, Mus.: Mahler; UA 14. 6. 1975, Staatsoper Hamburg, mit Z. Rodrigues, M. Eglevsky, Finney, Klaus, Midinet u. a. »Das Thema meines Balletts ist die Musik von Gustav Mahler. Ich habe meine beim Anhören seiner Dritten Sinfonie ausgelösten Gefühle choreographisch in menschliche Bewegung umgesetzt, um sie optisch zu vermitteln. Der Titel des 6. Satzes ist von Gustav Mahler. Die anderen Titel sind von mir, aus meiner Sicht, so genannt« (Neumeier). Die Satztitel lauten: Gestern – Sommer – Herbst – Nacht – Engel – Was mir die Liebe erzählt. Den 4. Satz (Nacht) hat Neumeier ursprünglich als Pas de trois für Haydée, Madsen und Cragun 1974 in Stuttgart choreographiert und »John Cranko – und seiner Kompanie – mit Dank gewidmet«.

Driver, Senta, amer. Tänzerin und Choreographin, * 5. 9. 1942 Greenwich (Conn.). Studierte am Bryn Mawr College und Ohio State University, bei Graham, M. Cunningham, D. Farnworth und M. Black. Mitgl. der Tanzfakultät an der Ohio State University, dann der P. Taylor Dance Comp. 1967–73. Hat seither ihre eigene Gruppe, HARRY, für die sie zahlreiche Ch.n gemacht hat.

Drottnerová, Marta, tschech. Tänzerin, * 26. 8. 1941 Gottwaldov. Studierte bei E. Gabzdyl in Ostrava und bei Gerdt in Moskau. Debüt 1957 in Ostrava, Mitgl. des B.s am Prager National-Th. seit 1959 und eine der führenden tschech. Ballerinen, die oft auch im Ausland aufgetreten ist. Verheiratet mit dem Tänzer und Choreographen Jirí Blažek.

Drzewiecki, Conrad, poln. Tänzer, Choreograph und B.-Direktor, * 14. 10. 1926 Posen. Studierte bei M. Kopiński, J. Kapliński, Woizikovsky, T. Piankova, J. Andrews, F. und D. Dupuy u. a. Tänzerdebüt 1948, Mitgl. des Posener Opern-B.s 1950, später auch Solist (nach mehreren Auslandsgastspielen beim Th. d'Art du B., der Komp. von Tcherina und dem Grand B. du Marquis de Cuevas), B.-Meister und Choreograph 1963–73. Seit 1973 Direktor des Posener Poln. Tanz-Th.s, für das er zahlreiche Ch.n geschaffen hat (zeitweise auch Direktor der Posener B.-Schule).

Dudinskaja, Natalia Michailowna, sowj. Tänzerin und B.-Meisterin, * 21. 8. 1912 Charkow. Studium zunächst bei ihrer Mutter, dann ab 1923 an der Petrograder B.-Schule, wo sie als Schülerin von A. Waganowa 1931 ihr Examen machte. Schon vorher hatte sie als Prinzessin Florine debütiert, bereits sechs Monate später tanzte sie Odette-Odile beim Kirow-B. Nach und nach erarbeitete sie sich alle großen Ballerinen-Rollen des klassischen Rep.s, in denen sie wegen ihrer virtuosen Technik außerordentlichen Erfolg hatte. Sie tanzte aber auch die Ballerinen-Rollen des modernen sowj. Rep.s und kreierte u. a. Partien in W. Tschabukianis *Laurencia* (ihre berühmteste Rolle 1939), N. Anissimowas Neufassung von *Gajaneh* (1945), K. Sergejews *Aschenbrödel* (1946) und *Pfad des Donners* (1957), R. Sacharows *Der eherne Reiter* (1949), L. Jakobsons *Schuraleh* (1950) und B. Fensters *Taras Bulba* (1955). Sie ist mit K. Sergejew, dem ehemaligen Künstlerischen Direktor des Kirow-B.s verheiratet und leitete bis 1971 als erste B.-Meisterin die Perfektionsklassen der Komp. In dem Film *Meister des russischen Balletts* tanzt sie die Odile in *Schwanensee.*

Dudley, Jane, amer. Tänzerin, Choreographin und Pädagogin, * 3. 4. 1912 New York. Studium bei H. Holm, M. Graham und L. Horst. 1937–44 bei der Graham-Komp., 1942–54 zusammen mit S. Maslow und W. Bales im Dance

Trio. Für diese Gruppe choreographierte sie mehrere Stücke u. a. *The Lonely Ones* (1946) und vor allem ihr ambitioniertestes Werk *Family Portrait* (1954). Nach ihrer aktiven Tänzerkarriere betätigte sie sich als Pädagogin und war Ende der sechziger Jahre Künstlerische Direktorin der israel. Batsheva-Komp., tanzte aber auch noch 1970 in einer New Yorker Graham-Saison ihre 1943 kreierte Rolle in *Deaths and Entrances*. Zwischen 1971 und 1977 leitete sie die Graham-Klassen an der London School of Contemporary Dance.

Duell, Daniel, amer. Tänzer, * 17. 8. 1952 Rochester (N. Y.). Studierte bei D. McLain in Dayton (Ohio), dann School of American B. Mitgl. des New York City B. seit 1972, Solist 1977, Principal Dancer 1980. Rollenkreationen u. a. in P. Martins' *Calcium Light Night* (1977) und Robbins' *The Four Seasons* (1979). Er ist der Bruder des Tänzers Joseph D. und mit der Tänzerin Kyra Nichols verheiratet.

Duell, Joseph, amer. Tänzer, * 30.4. 1956 Dayton (Ohio). Studierte bei D. McLain und an der School of American B. Mitgl. des New York City B. seit 1975, Solist 1980. Hat zunehmend auch als Choreograph Aufmerksamkeit auf sich gezogen. Er ist der Bruder des Tänzers Daniel D.

Düsseldorf. Vorläufer der späteren Hof-B.e sind hier schon 1511 überliefert. 1558 nahmen die »Fürstlichen Täntz« einen großen Raum anläßlich der Hochzeit von Herzog Johann Wilhelm mit der Markgräfin Jakobe von Baden ein. 1638 wird Joh. Bapt. Ballactor als Trompeter und Tanzmeister genannt. 1687 setzt dann die Reihe der reich mit B.en bestückten barocken Opern ein. Die B.-Meister kamen meist aus Frankreich. Unter seinem äußerst B.-aufgeschlossenen Herzog Jan Wellem verstand sich D. als eine Art Vorstadt von Paris, doch sank die großartige städt. Festkultur 1716 mit ihm ins Grab. In der Folgezeit kamen Komödien- und Operntruppen, die aber nur einzelne Tänze und B.e zur Auff. brachten. Bei der Eröffnung des Neuen Stadt-Th.s am Hofgarten 1875 zählte das Tanzcorps ganze 5 Mitgl.er. Auffällig an der lokalen B.-Meisterinnen-Folge ist, daß es sich fast ausschließlich um Fräuleins handelte. Erst während der dreißiger Jahre des 20. Jh.s gewinnt die städt. B.-Pflege greifbarere Kontur. B.-Meister waren jetzt H. Kreutzberg 1933/34, Milloss 1934–36 (starker Aufschwung der B.-Aktivitäten), H. Freund 1936–38, H. Denies 1938–41 und H. H. Steinbach 1941–44 – nach 1945 dann E. von Pelchrzim 1945/46, Rob. Mayer 1946–48 und B. von Kaminski 1948–51. Stärkere Spuren hinterließ die Ära Y. Georgi 1951–54 (bereits 1953 *Sacre du printemps*). Mit der Institutionalisierung der Städt. Oper am Rhein übernahm Otto Krüger die B.-Leitung 1956–59 und choreographierte neben viel klassischer Moderne hier auch die europ. EA von Strawinskys *Agon* (1958). Es folgten die kurzlebigen Direktorate von N. Nilanowa 1959/60, dt. EA von D. ApIvors *Bluthochzeit* (1960) und W. Ulbrich 1960–64. Auf eine völlig neue, wesentlich vergrößerte Basis wurde die Arbeit dann ab 1964 mit der Berufung von E. Walter als B.-Direktor gestellt. Binnen relativ kurzer Zeit gelang ihm der Aufbau eines leistungsfähigen Ens.s mit profilierten Solisten und eines weitgespannten Rep.s, das um ein ausgewogenes Verhältnis zwischen Klassiker-Prod.en, Walter-Kreationen und Importen von Gast-Ch.n (u. a. Balanchine, Nijinska, Massine, Cullberg, Cranko, Van Manen) bemüht ist. Die ständig wachsende Vorst.s-Zahl und sich häufende Auslandsgastspiele führten 1971 zur Angliederung einer zweiten Komp. zur Wahrnehmung der B.-Verpflichtungen im Rahmen des Opernspielplans. Inzwischen gehören die regelmäßig in D. und in Duisburg veranstalteten B.-Tage zu den festen Einrichtungen der Spielzeit. Zur Spielzeit 1984/85 wurde P. Bortoluzzi als Nachfolger des verstorbenen E. Walter zum B.-Direktor berufen.

Lit.: G. Barfuss / K. Geitel / H. Koegler, *Ein Ballett in Deutschland*, Düsseldorf 1971.

Dukas, Paul, frz. Komponist, * 1. 10. 1865 Paris, † 17. 5. 1935 ebd. Er komponierte 1911 das Tanz-Poem *La Péri*, das in der Ch. von I. Clustine 1912 in Paris uraufgeführt und seither immer wieder neu choreographiert wurde. Seine sinfonische Dichtung *Der Zauberlehrling* wurde zuerst von Fokine 1916 in Petrograd als B. zur Auff. gebracht.

Dumilâtre, Adèle, frz. Tänzerin, * 30. 6. 1821 Paris, † 4. 5. 1909 ebd. Mitgl. der Pariser Opéra 1840–48, kreierte Myrtha in *Giselle* (1841). Ihre

Schwester Sophie D. war ebenfalls Tänzerin an der Opéra 1838–45.

Dumoulin, David, frz. Tänzer (Lebensdaten nicht bekannt). Als jüngster der drei Brüder François, Pierre und D., die alle drei als Tänzer hervortraten, war er der berühmteste. Er gehörte 1705–51 der Opéra an, wo er der Partner u. a. von Camargo, F. Prévost und M. Sallé war.

Duncan, Elizabeth, amer. Pädagogin, * 1874 San Francisco, † 1. 12. 1948 Tübingen. War die Schwester von Isadora D. und gründete zusammen mit dieser 1904 in Berlin-Grunewald ein Mädchenpensionat auf der Basis einer Erziehungsmethode, die der körperlich-gymnastisch-tänzerischen Bildung Gleichberechtigung neben der geistigen Ausbildung beimaß. 1908 eröffnete sie mit Max Merz eine eigene Schule, die mit ihren Vorführungen bei der Dresdener Hygiene-Ausstellung 1911 Aufsehen erregte. Im selben Jahr übersiedelte die Schule in ein eigens für sie erbautes Gebäude bei Darmstadt (Marienhöhe). Im Ersten Weltkrieg ging E. D. nach Amerika, in die Nähe von New York, 1920 kehrte sie zurück, wirkte bis 1925 in Potsdam-Wildpark, eröffnete 1921 eine Zweigstelle in New York und ließ sich 1925–33 im Schloß Klessheim bei Salzburg nieder. 1933 übersiedelte sie nach Prag und ging dann 1935 nach München. Sie hielt nach dem Krieg noch zusammen mit Merz Kurse in Stuttgart ab. Ihre Leiche soll 1948 nach Paris überführt worden sein.

Lit.: H. Brandenburg, in: *Der moderne Tanz*, München 1913, ^{2}1921; V. Seroff, in: *The Real Isadora*, New York 1971.

Duncan, Irma (geb. Irma Dorette Henriette Ehrich-Grimme, verh. Sherman S. Rogers), dt.-amer. Tänzerin und Pädagogin, * 1897 in Schleswig-Holstein, † 20. 9. 1977 in Santa Barbara. Sie war eine der ersten Schülerinnen von Isadora Duncan in ihrer 1904 in Berlin-Grunewald gegründeten Schule, debütierte 1905 in der Kroll-Oper, unternahm dann mit der Kindergruppe mehrere Tourneen, die sie 1908 auch nach St. Petersburg führte, begann schon als Vierzehnjährige an der Schule von Elizabeth Duncan in Darmstadt zu unterrichten und ging 1914 an die Schule von Isadora D. in Bellevue-sur-Seine bei Paris. Eine Tournee der D.-Gruppe brachte sie 1914 nach Rußland und auch nach New York. Dorthin kehrte sie als eine der sechs D. Dancers 1918–20 zurück. Sie tanzte dann wieder mit Isadora in Paris und war 1921 Mitbegründerin ihrer Moskauer Schule, deren Leitung sie nach Isadoras Tod 1927 übernahm. Mit ihren Moskauer Schülern und Schülerinnen bereiste sie 1928 die USA und China. Nach einem erneuten Gastspiel blieb sie 1930 in Amerika, dessen Staatsangehörigkeit sie 1935 erwarb, nachdem sie 1934 ihre Abschieds-Vorst. in New York mit der Insz. eines konzertanten Festspiels *Ode to Peace* zum Schlußsatz aus Beethovens 9. Sinfonie gegeben hatte. Nach ihrer Heirat mit dem Amerikaner Rogers zog sie sich allmählich aus der Öffentlichkeit zurück. Buchveröffentlichungen von ihr sind: *Isadora Duncan's Russian Days* (zus. mit A. Ross Macdougall, New York 1929); *The Technique of Isadora*, New York 1937; *Duncan Dancer*, Middletown 1966.

Duncan, Isadora, amer. Tänzerin und Pädagogin, * 26. 5. 1877 (nicht 1878!) San Francisco, * 14. 9. 1927 Nizza. Hatte in ihrer Jugend etwas B.-Unterricht bei Maria Bonfanti in New York, haßte aber diese Technik und lehnte sie als unnatürlich ab. Ihr ganzes tänzerisches Werk war gegen das klassische B. gerichtet. Hingegen betonte sie selber den Einfluß, den Delsarte und dessen amer. Schülerin G. Stebbins auf sie ausgeübt hatte. Ihre Tänze waren rein emotional-expressiven Ursprungs. Dennoch bildete sie sich ein, auf diese Weise den Tanz der griech. Antike wiederbeleben zu können. Auch ihr Entschluß, barfuß und ohne Trikot, nur mit einer losen Tunika bekleidet zu tanzen, geht auf ihr Studium des griech. Tanzes zurück. Sie begann 1895–97 in Chicago, New York und London als Schauspielerin und Pantomimin in der Th.-Gruppe von Augustin Daly, gab dann am 24. 3. 1898 ihren ersten Solotanzabend in New York, fuhr im Sommer 1899 nach London, wo sie seit Februar 1900 unter Intellektuellen und Künstlern ihre ersten Erfolge hatte. Ihren Durchbruch erlebte sie erst in Paris 1900/01. Dort zählten zu ihren Bewunderern A. Rodin und M. Ravel, die Gräfin Greffulhe und der Fürst Polignac. Ende 1901 ging sie zusammen mit L. Fuller nach Berlin, trennte sich aber bald von dieser. In Wien und vor allem dann in Budapest (April 1902) konnte sie als Solotänzerin ihre ersten Triumphe feiern. Weitere Erfolge hatte sie im Winter 1902/03 in Berlin, wo sie

1904 mit ihrer Schwester Elizabeth ihre erste Schule gründete. 1904 absolvierte sie ihr erstes Rußland-Gastspiel, das Fokine in seinen Reformbestrebungen bestärkt hat. Auch später ist sie immer wieder nach Rußland zurückgekehrt. Dort errichtete sie 1921 eine Schule. Tourneen von ihrem späteren Pariser Wohnsitz aus führten sie durch ganz Europa, wo sie allenthalben eine große und begeisterte Anhängerschaft um sich versammeln konnte. Hingegen zeigte ihr Amerika bei ihren Tourneen (1909, 1911, 1917 und 1922) durchweg die kalte Schulter. Vor dem Krieg waren den Amerikanern Isadoras Tänze zu fremd, nach dem Krieg wurde sie aus moralischen und politischen Gründen abgelehnt. Ihre Liebesaffären mit dem Th.-Reformer E. G. Craig, dem Nähmaschinen-Millionär Paris Singer, vor allem aber mit dem sowj. Dichter S. Jessenin (mit dem sie 1922 bis zu dessen Selbstmord 1925 verheiratet war) und andere Affären mit jungen Männern – alle diese Geschichten machten sie dem puritanischen Amerika aufs höchste verdächtig. Dazu kam noch die von ihr öffentlich in Tanz und Wort bekundete Sympathie für die junge revolutionäre Sowjetunion. Trotz ihrer Vorliebe, zu klassischer Musik zu tanzen und trotz ihrer Gruppen-Ch.n für ihre Schülerinnen und auch bei den Wagner-Festspielen in Bayreuth 1904 beruht die eigentliche Bedeutung von I. D. nicht so sehr auf ihren durchaus zeitbedingten künstlerisch-tänzerischen Darbietungen, sondern auf ihrem Wirken als Vorkämpferin eines neuen weiblichen Körperfreiheitsgefühls. Daher fand ihr Wirken in zahlreichen literarischen und bildlichen Darstellungen vor allem des Jugendstils ihren Niederschlag. Sie fand auch ein ihrem wilden Leben entsprechendes Ende: Bei einer Autofahrt in einem Rennwagen entlang der Côte d'Azur verfing sich ihr Schal in den Rädern und erdrosselte sie. Ihre bis 1921 reichende Autobiographie *My Life* erschien 1927 (auch in dt. Ausgabe). Die geplante Fortsetzung *My Two Years in Bolshevik Russia* wurde nicht mehr geschrieben. Einen erfolgreichen Fernsehfilm schuf 1966 Ken Russell. Umstritten war hingegen der Film *The Loves of Isadora* (1969) von Karel Reisz, mit Vanessa Redgrave in der Hauptrolle. Das B. *Isadora*, das MacMillan am 30. 4. 1981 anläßlich des 50. Geburtstags des rein klassisch ausgerichteten Royal B. in London herausbrachte, war in sich schon paradox. Die Kritik nannte Merle Park als Isadora eine ideale Fehlbesetzung.

Lit.: W. Terry, *I. D.*, New York 1964; I. I. Schneider, *I. D. – The Russian Years*, London 1968; V. Seroff, *The Real Isadora*, New York 1971; Gordon McVay, *Isadora and Esenin*, Michigan 1980.

Duncan, Jeff, amer. Tänzer und Choreograph, * 4. 2. 1930 Cisco (Tex.). Studium u. a. bei H. Holm, A. Nikolais, J. Limon, M. Cunningham und I. Schwezoff, Debüt 1952 im Henry Street Playhouse, Assistent von D. Humphrey und A. Sokolow. Er tanzte bei verschiedenen Ens.s und mit seiner eigenen Dance Comp. auch in Broadway-Musicals. Er ist Gründer und Leiter des Dance Th. Workshop in New York. Seine bekanntesten Tanzwerke sind: *Antique Epigrams*, *Four Preludes*, *Frames*, *Terrestrial Figure* (Solotänze) und *Three Fictitious Games*, *Winesburg Portraits* und *Outdoors Suite* (Ens.-Ch.n).

Dunham, Katherine, amer. Tänzerin und Choreographin, * 22. 6. 1912 Chicago. Sie begann bei Ruth Page in Chicago mit klassischem B., studierte aber auch Ethnologie bei M. Herskovits, der die junge Afro-Amerikanerin auf die schwarzen Tänze von Westindien hinwies. Ein Stipendium ermöglichte ihr 1936, die Tänze der karib. Inseln zu studieren. Die erste Frucht dieser Forschungsreise war das Buch *The Dances of Haiti*. Nach ihrer Reise benutzte sie das von ihr gesammelte Material, um die schwarzen Tänze Westindiens auf die Bühne zu bringen. So entstand 1937 in New York ihr erstes bedeutendes Werk *Negro Dance Evening*. Am 18. 2. 1940 brachte K. D. in New York ihr Jazz-Tanzstück heraus: *Tropics and Le Jazz Hot*. In diesem Stück mit dem Untertitel *From Haiti to Harlem* wollte sie den Weg zeigen, den der schwarze Tanz von Westindien und New Orleans bis nach Harlem zurückgelegt hatte. Hier handelte es sich um das erste Tanzkunstwerk, das nicht nur afro-amer. Themen behandelte, sondern das auch schwarze Tanztechniken künstlerisch einsetzte. Mit diesem Werk wurden auch zwei schwarze Tänzer und Choreographen bekannt: Archie Savage und Talley Beatty. Im gleichen Jahr 1940 gab es nach langer Unterbrechung am Broadway auch wieder ein All Negro Musical: *Cabin in the Sky* mit Ethel Waters und K. D. in den Hauptrollen. Ihr berühmtester Film war 1942 *Carnival of Rhythm*. 1943 entstand noch ein zweites großes Werk: *Tropical Revue*. Aus der Gruppe von K. D. gingen neben Beatty und Savage auch andere bekannte schwarze Tänzer und Tänzerinnen hervor: Lavinia Williams, Syvilla Ford, Vanoye Aikens, Jean-Léon Destiné, Walter Nicks u. a. – 1945 gründete sie in New York die Dunham School of Dance, die allerdings nur bis 1954 bestand. Doch feierte sie in den fünfziger Jahren mit ihrer Truppe in der ganzen Welt große Triumphe. Sie gehört zu den Schöpferinnen des modernen schwarzen Jazz Dance. Seit 1967 leitet sie als Direktorin das Performing Arts Training Center at Southern Illinois University, East St. Louis Branch. Sie ist auch als Schriftstellerin hervorgetreten.

Lit.: T. Harman, *African Rhythm – American Dance*, New York 1974; R. Beckford, *K. D.*, New York 1979.

Dunkle Elegien → *Dark Elegies*.

Dunn, Douglas, amer. Tänzer und Choreograph, * um 1942 Palo Alto (Cal.). Tanzte in den Komp.n von Y. Rainer, M. Cunningham und Grand Union 1970–76. Heute meist Soloauftritte oder mit seiner eigenen Gruppe. Choreographierte *Pulcinella* für Pariser Opéra 1980.

Duo Concertante, B. in 1 Akt und 5 Sätzen, Ch.: Balanchine, Mus.: Strawinsky; UA 22. 6. 1972, New York City B., New York State Th., New York, mit Mazzo und P. Martins. Ein Stück für 2 Tänzer, die verschiedentlich Beziehungen zu dem links auf der Bühne placierten Duo von Geiger und Pianist herstellen. Es gibt keine eigentliche Handlung – gleichwohl scheint sich ein Liebesverhältnis anzubahnen.

Lit.: G. Balanchine / F. Mason, in: *Balanchine's Complete Stories of the Great Ballets*, Garden City (N. Y.) 1977.

Dupond, Patrick, frz. Tänzer, * 14. 3. 1959 Paris. Studierte an der B.-Schule der Pariser Opéra. Mitgl. des Opéra-B.s seit 1974, Premier danseur 1978, Danseur étoile 1980. Rollenkreationen u. a. in Neumeiers *Vaslaw* (1979), Petits *Fantôme de l'Opéra* (1980), Spoerlis *La Fille mal gardée* (1981) und Aileys *Au bord du préscipice* (1983).

Lit.: I.-L. Pastori: *P. D.: Le Fureur de Danser*, Paris 1982.

Duport, Louis Antoine, frz. Tänzer, Choreograph und B.-Meister, * 1781 oder 1783 Paris, † 19. 10. 1853 ebd. Nach einem Debüt an einem kleineren Pariser Th. machte er 1797–1808 eine meteorhafte Karriere an der Opéra, die ihn in eine scharfe Rivalität zu dem 20 Jahre älteren A. Vestris brachte. Dieser Streit inspirierte J. Berchoux 1806 zu einem Gedicht: »La Danse, ou La Guerre des Dieux de l'Opèra.« Viel bewundert ob seiner Leichtigkeit und technischer Virtuosität, zog er auch als Choreograph zunehmend Aufmerksamkeit auf sich: *Acis et Galathée* (Mus.: Darandeaux/Gianella, 1805), dann zusammen mit J. B. Blache *Figaro* (1806) und *L'Hymen de Zéphyre ou Le Volage fixé* (1806). Diese Erfolge verblendeten Duport. Er stellte immer höhere finanzielle Forderungen und versuchte sogar, P. Gardel, den B.-Meister und Chefchoreographen der Opéra zu verdrängen. Als auch ein Interventionsversuch Napoleons nichts nutzte, verließ Duport heimlich Paris, als Frau verkleidet, und zwar zusammen mit Mlle George, einer früheren Mätresse Napoleons. Er begab sich über Wien nach St. Petersburg, wo er in den B.en von Didelot brillierte und wo er seine berühmte Liebesgeschichte mit Maria Danilowa erlebte. 1812 verließ er Rußland wieder und blieb kurze Zeit in Wien, wo er am Kärntnertor-Th. mehrere B.e choreographierte: *Zephyr oder Der wiederkehrende Frühling*, *Die spanische Abendunterhaltung*, *Der blöde Ritter oder Die Macht der Frauen* (1812), *Telemach auf der Insel Kalypso*, *Der ländliche Tag*, *Acis und Galathea oder Der Riese Polifem* und *Die Erziehung des Adonis oder dessen Aussöhnung mit Venus* (alle 1813). 1813 heiratete er die Wiener Ballerina Therese Neumann, ging mit ihr nach Neapel und London und kehrte 1821 nach Wien zurück. Dort übernahm er zusammen mit D. Barbaia die Direktion des Kärntnertor-Th.s. 1836 zog er sich nach Paris ins Privatleben zurück. – Da in den USA in der ersten Hälfte der neunziger Jahre des 18. Jh.s ebenfalls ein Louis Duport als musizierender und tanzender Wunderknabe auftrat, der aber 1796 von der Bildfläche völlig verschwand, entstand die Theorie, daß beide Duports miteinander identisch seien, da der Pariser D. 1797 mit seiner großen Karriere begonnen hatte. Rätselhaft bleibt auch das Verschwinden des amer. D. Ein Beweis für die Identität der beiden kann indessen nicht erbracht werden.

Lit.: L. Moore, »The Duport Mystery«, *Dance Perspectives* 7 (1960).

Dupré, Louis, frz. Tänzer, * 1697, † 1774 (Geburts- und Sterbeort nicht bekannt). Er war 1715–51 gefeierter Solotänzer der Pariser Opéra, wo er Le Grand D. genannt wurde und wo er noch als Sechzigjähriger das Publikum durch seine Grazie und auch seine stattliche Figur begeisterte. Casanova allerdings äußerte sich anläßlich seines Besuches in Paris 1750 ziemlich ironisch über den »großen« Dupré. Bis 1743 leitete D. die B.-Schule der Opéra, wo G. Vestris und Noverre u. a. zu seinen Schülern gehörten.

Durang, John, amer. Tänzer und Choreograph. * 6. 1. 1768 York (Pa.), † 1822 Philadelphia. Errang als erster amer. Tänzer allgemeine Anerkennung (besonders berühmt ob seiner Hornpipes und Harlekinaden). Mitgl. der Old American Comp. von Lewis Hallam in Philadelphia und New York 1784–96, dann Direktor der Pantomimen im Zirkus von Ricketts Amphi-Th. in Philadelphia und 1800–19 im dortigen Chestnut Th. Seine berühmtesten Pantomimen waren u. a. *The Country Frolic or The Merry Haymakers* (1796) und *The Western Exhibition, or The Whiskey Boy's Liberty Pole* (1797). Er hatte eine große Familie und sorgte dafür, daß alle seine Kinder Tanzunterricht bekamen – am berühmtesten wurde sein Sohn Charles D. (1794–1870), der zu verschiedenen Zeiten als Schauspieler, Manager, Inspizient, Schriftsteller, Kritiker und Autor verschiedener Tanzführer tätig war.

Lit.: L. Moore, *J. D.*, *Dance Index*, 1,8 (1942).

Duse, Riccardo, schweiz. Tänzer, Choreograph und B.-Direktor, * 1. 8. 1937 Rom. Studierte bei Mara Dousse, Kniaseff und N. Zvereff. Tänzer an der Mailänder Scala 1955–58, Compagnia de baletto italiano 1958/59, Het Nederlands B. 1960, Köln 1961–66, New York City B. 1967 und Frankfurt a. M. 1967–72. B.-Meister und Choreograph in Luzern 1972–79, B.-Direktor in Freiburg 1976–83 und in Bern 1979, seit 1983/84 in Kassel. Hat zahlreiche B.e choreographiert. B.-Meister bei den Bayreuther Festspielen seit 1972. Mit der Tänzerin Reka Tobias verheiratet.

Duvernay, Pauline, frz. Tänzerin, * 1813 Paris, † 2. 9. 1894 Mundford (Norfolk). Studierte bei Vestris und F. Taglioni, debütierte 1831 in *Mars et Vénus* an der Pariser Opéra und im gleichen Jahr in London in *La Belle au bois dormant*. Ihre Karriere verlief außerordentlich erratisch, bedingt durch ihre vielen privaten Konflikte. Wie F. Elßler hatte sie einen ihrer größten Erfolge mit der Cachucha. Rückzug ins Privatleben 1837, als sie einen engl. Bankier heiratete und sich hinfort der Wohltätigkeit widmete.

Dvořák, Antonín, tschech. Komponist, * 8. 9. 1841 Nehalozeves, † 1. 5. 1905 Prag. Schrieb keine B.-Musik, doch wurde verschiedentlich Konzertmusik von ihm B.en zugrunde gelegt – so u. a. die immer wieder neuchoreographierten *Slawischen Tänze* op. 46 und 72 (Ch.: I. V. Psota, B. Th., 1941), die *Sinfonischen Variationen* (Ch.: R. Hynd, London Festival B., 1970), die Sinfonische Dichtung *Der Wassermann* (Ch.: Taubert, Braunschweig 1967), die *Sinfonie aus der Neuen Welt* (Ch.: J. Lefèbre, B. de Wallonie, 1972) und das *Amerikanische Quartett* (Ch.: P. Šmok, Komische Oper, Ost-Berlin, 1979).

Dybbuk Variations, B. in 1 Akt und 11 Szenen, Ch.: Robbins, Mus.: Bernstein, Bühne: Ter-Arutunian, Kost.: P. Zipprodt; UA 15./16. 5. 1974, New York City B., New York State Th., New York, mit McBride, Tomasson u. a. Das B. benutzt Sch. Anskis dramatische Legende aus dem Jahr 1916 über die dämonische Besitzergreifung eines Mädchens durch den bösen Geist des ihr anverlobten Liebhabers und dessen Austreibung lediglich als Basis einer Reihe von Tänzen, die von den Riten und Halluzinationen des düsteren magisch-religiösen Ambiente des Stücks und den Obsessionen seiner Charaktere handeln. – Eine frühere B.-Version von H. Ross (Mus.: R. Starer, B. of Two Worlds, Berlin 1960) – eine spätere *The Possessed* von P. Lang (Mus.: M. Kupferman / J. Spiegelman, New York 1975).

Lit.: (für Robbins' *D. V.*) G. Balanchine / F. Mason, in: *101 Stories of the Great Ballets*, Garden City (N. Y.) 1975.

Dyk, Peter van, dt. Tänzer, Choreograph und B.-Direktor, * 21. 8. 1929, Bremen. Studierte bei T. Gsovsky, Kniaseff und Lifar. Tänzer-Debüt an der Dt. Staatsoper Ost-Berlin 1946, dann Städt. Oper Berlin 1950/51, anschließend als B.-Chef nach Wiesbaden 1951/52, als Tänzer zur Komp. von J. Charrat 1952–54, als erster Deutscher Danseur étoile an der Pariser Opéra 1955–62, B.-Direktor Hamburger Staatsoper

1962–70, Staatsoper Hannover 1973/74, B. du Rhin (Straßburg) 1974–78, Genf 1978–80 und seit 1981 in Bonn. Begann als Choreograph mit Schönbergs *Pelleas und Melisande* und Henzes *Dritter Sinfonie* in Wiesbaden 1952 – seither zahlreiche B.-Kreationen (am bekanntesten wurde seine B.-Version von Schuberts *Unvollendeter Sinfonie*, 1957).

Dynalix, Paulette, frz. Tänzerin und Pädagogin, * 10. 3. 1917 Grenoble. Studierte bei Zambelli an der Schule der Pariser Opéra. Mitgl. des Pariser Opéra-B.s 1935–57, Danseuse étoile 1943. Ihre berühmteste Rolle war der Franz in *Coppélia*. Danach als Pädagogin tätig und Beraterin der engl. *Two Coppélias*-Prod. beim B. for All.

E

Eagling, Wayne, kanad. Tänzer, * 1950 Montreal. Studierte bei Patricia Webster und an der Royal B. School. Mitgl. des Royal B. 1969, Solist 1972, Principal Dancer 1975. Tanzt die Danseur-noble-Rollen des traditionellen modernen Rep.s. Rollenkreationen u. a. in K. MacMillans *Triad* (1972), *Elite Syncopations* (1974), *Gloria* (1980) und *Different Drummer* (1984), H. van Manens *Four Schumann Pieces* (1975) und R. Nurejews *The Tempest* (1982).

Eaters of Darkness → *Die im Schatten leben.*

Ebbelaar, Han, holl. Tänzer, * 16. 4. 1943 Hoorn. Studierte bei B. Harkarvy, H. Bouman, H. Zaraspe und P. Wilde. Tänzer beim Nederlands Dans Th. 1959–69, American B. Th. 1969/1970, seither Holl. National B. als erster Solist. Kreierte zahlreiche Rollen in Van-Manen-B.en, u. a. *Sinfonie in drei Sätzen* (1963), *Essay in der Stille* (1964), *Metaforen* (1965), *Fünf Skizzen* (1966), *Twilight* (1972), *Daphnis und Chloe* (1972), *Adagio Hammerklavier* (1973) und *Sacre du printemps* (1974). Verheiratet mit der Tänzerin A. Radius.

Lit.: *A. Radius, H. E. Dancing*, Haarlem 1979.

Ebony Concerto. Strawinskys dreisätziges Konzert für Jazzband, das er 1946 für Woody Herman komponierte, ist mehrfach B.en zugrunde gelegt worden – so u. a. von A. Carter (in *Feuilleton*, München 1957), J. Taras (New York 1960, auch 1964 an der Dt. Oper Berlin), J. Cranko (München 1970), H. van Manen (Amsterdam 1976) und I. Kylián (Scheveningen 1981).

Ebreo, Guglielmo, ital. Tanzmeister und Pädagoge jüdischer Abstammung, wie er selbst mit seinem Namen – G. der Jude – betonte. Vor 1430 in Pesaro geboren, daher sein Beiname Pisauriensis. Er war Schüler von Domenico da Piacenza, unterrichtete die frühen Gesellschaftstänze der Renaissance an verschiedenen ital. Fürstenhöfen und schuf eigene Balli für höfische Feste. Berühmt wurde er durch ein Buch in ital. Sprache, das in einem Pariser Codex auf das Jahr 1463 datiert wurde. Dieses Werk existiert in verschiedenen Handschriften und Bibliotheken u. a. Florenz, Siena und Paris. Auch der Titel dieses Werks wechselt von Handschrift zu Handschrift. Der Pariser Codex lautet: Guglielmi Habraei pisauriensis de Praticha seu arte tripudii vulghare opusculum. Geschrieben wurde dieses Manuskript in Mailand. Die Handschrift von Siena trägt (von einer späteren Hand) den Titel: Trattato della danza composta da Maestro Guglielmo. Eine moderne Ausgabe erschien unter dem Titel *Trattato dell' Arte del Ballo* (Bologna 1968). Es handelt sich aber stets um das gleiche Werk.

Lit.: O. Kinkeldey, *A Jewish Dancing Master of the Renaissance*, New York 1929; Repr. in: *Dance Horizons* 8 (1966).

Ecart, en (frz., beim Seitenschritt), im B. die prononcierte Weiterspreizung der gestreckten Beine während des Sprungs.

Ecarté (frz., abgelegen, entfernt), im B. eine Körperposition, die schräg zum Zuschauer, also in eine Ecke gerichtet ist, wobei das vordere Bein dem Publikum am nächsten ist. Andere Positionen, die sich auf das Verhältnis von Tänzer-Körper und Publikum beziehen, sind *de (en) face, croisé* und *effacé.*

Echappé (frz. *échapper*, entrinnen, entkommen), im B. ein aus der geschlossenen Fußposition ausgeführter Sprung mit anschließendem Rückfall in eine offene Position.

Echo der Trompeten (schwed. Originaltitel: *Ekon av Trumpeter*), B. in 1 Akt, Libr. und Ch.: A. Tudor, Mus.: Martinů (Fantaisies Symphoniques), Dek.: Birger Bergling; UA 28. 9. 1963, Kgl. Schwed. B., Stockholm, mit G. Andersson, S. Lindberg, A. Wiedersheim-Paul, M. Mengarelli u. a. – Tudor statuiert zwar nüchtern: »Zeit und Ort der Handlung, wann und wo immer die Zivilisation siegreich vorgedrungen ist«, aber die wirkliche Inspirationsquelle scheint die Vernichtung des Dorfes Lidice durch dt. Truppen gewesen zu sein. Das B. handelt von der Rückkehr eines Partisanen in sein besetztes Dorf. Er wird von einer Frau versteckt, aber die Okkupanten finden ihn und hängen ihn auf. Dt. Erstprod. Dt. Oper Berlin, 1984. Zur selben Musik choreographierte K. MacMillan 1967 in Berlin seine erste *Anastasia*-Version.

Lit.: O. F. Regner / H.-L. Schneiders, in *Reclams Ballettführer*, Stuttgart [8]1980.

Echternacher Springprozession. Sie wird alljährlich in Echternach (Luxemburg) am Pfingstdienstag ausgeführt und geht auf ein altes Gelübde aus dem 14. Jh. zurück. Sie gilt als Dank für das Aufhören des damals grassierenden Veitstanzes. Viele Tausende nehmen auch heute noch daran teil. Die »Springer«, d. h. die eigentlichen Tänzer halten sich an den Händen oder binden sich mit Tüchern aneinander. Sie tanzen einen durch die ganze Stadt führenden Reigen bis zum Grab des 739 verstorbenen, in der Kirche begrabenen hl. Willibrord. Das Eigentümliche dieser Tanzprozession besteht darin, daß jeweils nach 5 Schritten vorwärts 3 wieder zurückgesprungen werden.

Eck, Imre, ung. Tänzer, Choreograph und B.-Direktor, * 2. 12. 1930 Budapest. Studierte bei F. Nádasi. Tänzer beim Budapester Staatsopern-B. 1947, begann dort 1950 zu choreographieren. 1960 Mitbegründer des B. Sopianae in Pécs, für das er die Mehrzahl seiner B.e choreographiert hat, auch die UA von W. Bukovýs *Hiroshima* (1962). Choreographierte u. a. *Csonger und Tünde* (Mus.: Leo Weiner, 1958), *Sacre du printemps* (Mus.: Strawinsky, 1963), Musik für *Streicher, Schlagzeug und Celesta* (Mus.: Bartók, 1964), *Undine* (Mus.: Henze, 1969), *Requiem* (Mus.: Verdi, 1977), *Ballett Beethoven* (1978), *Othello* (Mus.: Verdi, 1980), *Der wunderbare Mandarin* (Mus.: Bartók, 1981).

École de Danse de l'Opéra de Paris, L'. Die B.-Schule der Pariser Opéra geht auf das Jahr 1713 zurück und erfreut sich seither einer ununterbrochenen Tradition bedeutender Lehrer und hochtalentierter Schüler, aus denen das Pariser Opéra-B. vornehmlich seinen Nachwuchs rekrutiert. Aufnahmealter ist 8 bis 12 (für Jungen bis zu 13) Jahre. Der B.-Lehrplan, der eine 5jährige Ausbildung vorsieht, wird ergänzt durch den akademischen Schulunterricht. Directrice der Schule ist gegenwärtig C. Bessy. Y. Chauviré unterrichtet die Classe de perfectionnement (Stil und Interpretation).

Ecossaise. Über die Vorgeschichte der E. als Volkstanz ist nichts Sicheres bekannt. Als Gesellschaftstanz wurde sie nur im ersten Drittel des 19. Jh.s getanzt. Beethoven, Schubert und Chopin haben E.n geschrieben. Diese moderne E. gehört zur Gruppe der Longways wie die gleichzeitige Anglaise. Herren und Damen stehen sich in zwei Linien gegenüber. Jedes Paar tanzt im Laufe des Tanzes mit jedem anderen Paar, rückt aber jeweils eine Stelle nach unten, zum Ende hin. Im Gegensatz zur Anglaise benutzte die E. den Polka-Wechselschritt: links – rechts – links. Dieser Schritt wird auch noch heute im engl., amer., ja sogar schott. Volkstanz mit dem dt. Wort Schottischer bezeichnet. Aber mit Schottland hat die historische E. nichts zu tun.

Lit.: C. Sachs, in: *Eine Weltgeschichte des Tanzes*, Berlin 1933.

Eduardowa, Eugenie Platonowna, russ. Tänzerin und Pädagogin, * 1882 St. Petersburg, † 10. 12. 1960 New York. Studierte an der Kaiserl. B.-Schule in St. Petersburg, machte 1901 ihr Examen und tanzte bis 1917 am Marien-Th., wo sie als bravouröse Demi-caractère-Ballerina, aber auch als außergewöhnlich schöne Frau sehr geschätzt war. Nachdem sie mit der Pawlowa-Komp. auf Tournee gegangen war, ließ sie sich 1920 in Berlin nieder, wo sie bis 1938 eine der renommiertesten B.-Schulen unterhielt. Sie war mit dem Tanzschriftsteller Joseph Lewitan verheiratet, mit dem sie 1938 nach Paris und 1947 nach New York emigrierte. Zu ihren prominentesten Berliner Schülern und Schülerinnen gehören u. a. S. Ress, V. Zorina, N. Trofimowa, Lula von Sachnowski, A. von Swaine, G. Blank und R. Mayer, in Paris dann auch T. Leskova, G. Skibine und Y. Algaroff.

Effacé (frz. *effacer*, ausstreichen), im B. eine Position des Körpers, in dem dieser sich in einem schrägen Winkel zum Publikum befindet. Doch im Gegensatz zu *croisé* befindet sich das vordere Bein am weitesten vom Publikum entfernt. Ein Teil des Körpers ist daher den Zuschauern verborgen.

Efrati, Moshe, israel. Tänzer und Choreograph, * 24. 12. 1934 Jerusalem. Studierte an der Jerusalem Academy, bei M. Graham, J. Taylor und L. Horst. Debütierte 1956 in Jerusalem und war 1964 eines der Gründungs-Mitgl. der Batsheva Dance Comp., Rollenkreationen u. a. in G. Tetleys *Mythical Hunters* (1965), P. Langs *Voices of Fire* (1967) und N. Morrices *Percussion Concerto* (1970). Zu seinen bekanntesten Ch.n zählen u. a. *Sin Lieth at the Door* (Mus.: Noam Sheriff, 1969) und *Ein-Dor* (Mus.: Zvi Avni, 1970). Gastchoreograph u. a. an der Dt. Oper Berlin und B. von Flandern. Gründete 1974 seine eigene Truppe und 1978 das Kol Demama Tanz-Ens., in dem taube und normal hörende Tänzer zusammenarbeiten.

Egk, Werner, dt. Komponist, * 17. 5. 1901 Auchsesheim bei Augsburg, † 10. 7. 1983 Inning am Ammersee. Schrieb die Musik zu den B.en *Joan von Zarissa* (Ch.: L. Maudrik, Berlin 1940), *Abraxas* (Ch.: M. Luipart, München 1948), *Ein Sommertag* (Ch.: J. Charrat, Berlin 1950), *Die chinesische Nachtigall* (Ch.: T. Gsovsky, München 1953), *Danza* (Ch.: H. Rosen, München 1960) und *Casanova in London* (Ch.: Charrat, München 1969). Mehrfach wurde auch seine *Französische Suite* choreographiert, u. a. von M. Taubert (Braunschweig 1964) und J. Cranko (*Une Fête galante*, München 1969). Zahlreiche B.-Verweise in seinen Büchern *Musik – Wort – Bild* (1960) und *Die Zeit wartet nicht* (1981).

Eglevsky, André, russ.-amer. Tänzer und Pädagoge, * 21. 12. 1917 Moskau, † 4. 12. 1977 Elmira (N. Y.). Kam schon 1921 mit seiner Mutter nach Nizza und 1930 nach Paris. Dort Studium bei A. Volinine, L. Egorova, M. Kschessinska, 1932 Debüt bei B. Kniaseff und Eintritt in die eben von Blum und Basil gegründeten B.s Russes de Monte Carlo. Dort übernahm er seine ersten Rollen in Massines *Jeux d'Enfants* (1932) und *Scuola di Ballo* (1933). 1935 schloß er sich der Komp. von L. Woizikovsky an, ging 1936 zu Blums B.s de Monte Carlo, 1937/38 – nach Übersiedlung in die USA – zum American B., 1939–42 zum B. Russe de Monte Carlo, 1942/43 zum American B. Th., tanzte auch beim B. International, Original B. Russe, Grand B. du Marquis de Cuevas 1947–50 und 1951–58 beim New York City B. Eröffnete danach eine eigene Schule, unterrichtete aber auch an der School of American B. Er war ein wegen seiner technischen Virtuosität, aber auch wegen seiner noblen Haltung sehr geschätzter Tänzer. Rollenkreationen u. a. in Fokines *L'Epreuve d'amour* und *Don Juan* (beide 1936), Lichines *Helen of Troy* (1942), in eigener Ch. *Sentimental Colloquy* (Mus.: P. Bowles, 1944), Balanchines *Pas de trois*, *Capriccio Brillant*, *Schwanensee* (alle 1951), *Caracole*, *Scotch Symphony*, *Harlequinade*, *Pas de deux* (alle 1952), *Western Symphony* (1954), *Roma*, *Pas de dix* (beide 1955) und *Waltz Scherzo* (1958).

Egorova, Lubov, russ.-frz. Tänzerin, * 8. 8. 1880 St. Petersburg, † 18. 7. 1972 Paris. Studium an der Kaiserl. B.-Schule, 1898 Examen, Mitgl. des Marien-Th.-B.s, 1912 Avancement zur Ballerina. Ging 1918 nach Paris, tanzte bei den B.s Russes de Diaghilew und eröffnete 1923 in Paris eine eigene Schule. Zu ihren bedeutendsten Schülerinnen gehörten u. a. S. Schwarz, J. Charrat und E. Pagava. War mit dem Prinzen Troubetzkoy verheiratet.

Eherne Reiter, Der (russ. Originaltitel: *Medny wsdanik*), B. mit Prolog, in 4 Akten und 9 Bildern, Libr.: P. Abolimow, Ch.: R. Sacharow, Mus.: R. Glière, Dek.: M. Bobyschow; UA 14. 3. 1949, Kirow-B., Leningrad, mit K. Sergejew, N. Dudinskaja u. a. – Dem B. liegt das gleichnamige Gedicht A. Puschkins zugrunde. Erzählt wird die tragische Liebesgeschichte Eugens und Paraschas vor dem historischen Hintergrund der Überschwemmung St. Petersburgs von 1824, die Eugen in seiner durch den Verlust der Geliebten verursachten Umnachtung dem E. R. – der Statue Peters des Großen – zuschreibt. In der Moskauer Premiere derselben Ch. im selben Jahr tanzten M. Gabowitsch und G. Ulanowa die Hauptrollen. Choreograph der dt. EA: V. Bräuer (Rostock 1960).

Lit.: C. W. Beaumont, in: *Ballets Past & Present*, London 1955.

Eifman, Boris Jakowlewitsch, sowj. Tänzer, Choreograph und B.-Direktor, * 22. 7. 1946 Rubtsowsk. Studierte an der B.-Schule von Kischinew, dann an der choreogr. Fakultät des Konservatoriums in Leningrad. Tänzer am Kischinew Opern- und B.-Th., am Leningrader Maly-Th. und seit 1977 Leiter des Leningrader Akademischen B.s. Choreographierte u. a. *Gajaneh* (Mus.: Chatschaturjan, Maly-Th., Leningrad 1972), *Feuervogel* (Mus.: Strawinsky, Kirow-B., Leningrad 1975) und für seine Komp. *Bumerang* (Mus.: J. McLaughlin, 1979) und *Der Idiot* (Mus.: Tschaikowsky, 1980).

Eiko und Koma, jap. modernes Tanzpaar, E. Otake, * 14. 2. 1952 Tokio, K. Takashi Yamada, * 27. 9. 1948 Niigita. Beide arbeiten seit 1971 zusammen und haben bei Kazuo Ohno in Tokio und Manja Chmiel in Hannover studiert. New York Debüt 1976 und seither dort ansässig. Ihre gemeinsam choreographierten Tänze zeichnen sich durch ihre zeitlupenhaften, ritualistischen Motionen aus. Arbeiten von ihnen u. a.: *White Dance* (1976), *Fur Seal* (1977), *Before the Cock Crows* (1978), *Fluttering Back* und *Fission* (1979) und *Grain* (1983).

Ein Amerikaner in Paris → *Amerikaner in Paris, Ein.*

Eine ägyptische Nacht → *Cléopâtre.*

Einem, Gottfried von, österr. Komponist, * 24. 1. 1918 Bern. Schrieb die Musik zu den B.en *Prinzessin Turandot* (Ch.: T. Gsovsky, Dresden 1944), *Rondo vom Goldenen Kalb* (Ch.: H. Swedlund, Hamburg 1952), *Pas de coeur* (Ch.: V. Gsovsky, München 1952), *Glück, Tod und Traum* (Ch.: Y. Georgi, Alpach 1954) und *Medusa* (Ch.: E. Hanka, Wien 1957). Georgi choreographierte ein B. zu seinem Orchesterstück *Ballade* (Hannover 1958).

Eine Tochter Kastiliens → *Tochter Kastiliens, Eine.*

Ek, Mats, schwed. Tänzer und Choreograph, * 18. 4. 1945 Malmö. Sohn von B. Cullberg und des Schauspielers Anders Ek, Bruder von Niklas Ek. Begann als Schauspieler, studierte dann von 1972 an der Stockholmer B.-Akademie. Tänzer beim Cullberg B. 1973/74, Düsseldorf 1974/75 und seither wieder beim Cullberg B. Begann 1976 zu choreographieren mit *Batman* (Mus.: Bartók), gefolgt von u. a. *St. Georg und der Drache* (Musik-Collage, Pop und Folk, 1976), *Soweto* (Collage zeitgenössischer Musik, 1977), *Bernarda Albas Haus* (Collage span. Musik und J. S. Bach, 1978), *Die vier Jahreszeiten* (Mus.: Vivaldi, 1978), *Antigone* (verschiedene griech. Musik, 1979), *Jugenderinnerungen* (Mus.: Bartók, 1980) und eine sehr eigenwillig moderne *Giselle*-Insz. (1982). Gast-Choreograph beim Nederlands Dans Th.

Ek, Niklas, schwed. Tänzer, * 16. 6. 1943 Stockholm. Sohn von B. Cullberg und des Schauspielers Anders Ek, Bruder von Mats Ek. Begann nach seinem Militärdienst mit seiner Tänzerausbildung, studierte bei D. Feuer in Stockholm und bei M. Graham und M. Cunningham in New York, Tänzer bei der Cunningham-Komp., dann Cullberg B. 1967–72, B. du XXe Siècle 1972–75, Cullberg B. 1975–80 und seither Principal beim Kgl. Schwed. B. Zahlreiche Rollenkreationen in B.en von seiner Mutter und von M. Béjart.

Elektra-Ballette. 1. Ein romantisches B. in 5 Bildern *Electra ou La Pléiade perdue* brachte B. Taglioni mit C. Grisi 1849 am Londoner Her Majesty's Th. heraus. **2.** Ein *Électre* genanntes Tragédie-B. d'après Sophocle, Libr.: P. Rhallys, Insz. und Ch.: Rhallys und J. Charrat, Mus.: H. Pousseur, Dek.: S. Greuz; UA 10. 6. 1960, Th. de la Monnaie, Brüssel, mit Charrat, M. Banovitch, H. Trailine, J. Giuliano und P. Belda in den Hauptrollen (es waren aber auch Schauspieler und Chöre beteiligt). **3.** *E.*, B. in 1 Akt, Ch.: R. Helpmann, Mus.: M. Arnold, Dek.: Arthur Boyd; UA 26. 3. 1963, Royal B. Covent Garden, London, mit N. Nerina, D. Blair u. a. **4.** Ein Jazz-B. *E.* (Mus.: W. Lauth) von H. Müller 1967 in Mannheim. **5.** *E.*, *Studie über Hysterie* (Mus.: Stockhausen) von M. Taubert 1972 in Braunschweig. **6.** *E.* von T. Bolender (Mus.: Henzes 5. Sinfonie), Hongkong 1972. **7.** Ein Film *Elektreia* von Miklós Jancsó wurde 1974 in Budapest von Károly Szigeti choreographiert. (→ *Klytämnestra*-Ballette.)

Eléments, Les. 1. B. in 1 Akt, Ch.: J. Perrot, Mus.: Bajetti; UA 26. 6. 1847, Her Majesty's Th. London, mit C. Grisi, C. Rosati, F. Cerrito. Ein Divertissement in der *Pas de quatre*-Nachfolge, wobei die drei Ballerinen Wasser, Feuer und Luft darstellen, nachdem eingangs die Erde durch ein Ens. gestaltet worden war. **2.** B. in 1 Akt, Ch.: M. Fokine, Mus.: J. S. Bach (Ouvertüre h-Moll), Dek.: D. Bouchène. Laut Fokines Memoirs fand die UA für Blums B.s de Monte Carlo am 1. 4. 1937 im Alhambra-Th. in London mit N. Theilade, I. Youskevitch u. a. statt (nach P. Michaut UA 24. 6. 1937 im Londoner Coliseum). Fokine hat hier ein handlungsloses B. mit Solopartien für Flora, Zephyr, Vulkan und die Tritonen, Gruppentänzen für Wasser, Blumen, Luft und Flammen geschaffen.

Elévation (frz., Erhebung), im B. die Fähigkeit eines Tänzers, zu springen und Bewegungen in der Luft auszuführen. Die E. ist als Sprungkraft vom Ballon eines Tänzers zu unterscheiden, der ihn befähigt, eine Zeitlang in der Luft zu bleiben.

Elève (frz., Schüler), an der Pariser Opéra die Anfänger, die Lehrlinge, die auch populär als Petits rats (kleine Ratten) bezeichnet werden.

Elfes, Les. 1. B. in 3 Akten und 4 Bildern, Libr.: J.-H. V. de Saint-Georges, Ch.: J. Mazilier, Mus.: Nicolo Gabrielli, Bühne: E. D. J. Despléchin, Nolau u. a., Kost.: A. Albert; UA 11. 8. 1856, Opéra, Paris, mit A. Ferraris, L. Petipa, D. Segarelli u. a. Das B. handelt von einem Grafen, der sich in eine Sylvia-Statue verliebt, die von der Königin der Elfen belebt wird. Es war das Pariser Debüt von Ferraris, die als Sylvia einen sensationellen Erfolg hatte. **2.** B. in 1 Akt, Ch.: Fokine, Mus.: Mendelssohn Bartholdy (Ouvertüre zu *Ein Sommernachtstraum* und 2 Sätze des Violinkonzerts), Dek.: Kairansy und Fokine; UA 26. 2. 1924, B. Fokine, Metropolitan Opera House, New York. – Ein handlungsloses B., das sich um eine choreogr. Realisierung des Geistes von Mendelssohn Bartholdys Musik bemüht. Neueinst. am 24. 4. 1937 für Blums B. de Monte Carlo.

Elgar, Sir Edward, engl. Komponist, * 2. 6. 1857 Broadheath (Worcs.), † 23. 2. 1934 Worcester. Schrieb die Musik zu dem B. *The Sanguine Fan*, das als Pantomime 1917 in London uraufgeführt wurde, aber auf seine B.-UA bis 1976 warten mußte (Ch.: R. Hynd unter dem Titel *L'Eventail*, London Festival B., Monte Carlo). Verschiedentlich sind seine *Enigma Variations* choreographiert worden (F. Staff, Cambridge 1940, F. Ashton, Royal B. 1968).

Eliasen, Johnny, dän. Tänzer, * 1949 Kopenhagen. Studierte an der Schule des Kgl. B.s. Solist beim Skand. B. 1964 und seit 1967 beim Kgl. Dän. B., Solotänzer 1972. Rollenkreationen u. a. in F. Flindts *Felix Luna* und *Trio* (1973) und *Toreador* (1978).

Elite Syncopations, B. in 1 Akt, Ch.: K. MacMillan, Mus.: S. Joplin u. a., Dek.: I. Spurling; UA 7. 10. 1974, Royal B., Covent Garden, London, mit V. Derman, M. Mason, M. Park, J. Penney, M. Coleman, W. Eagling u. a. Ein Ragtime-B. in einem Tanzsaal, mit einer kostümierten Band im Hintergrund und Tänzern in Karnevalskostümen. Auch im Rep. des National B. of Canada.

Lit.: P. Brinson / C. Crisp, in: *Ballet & Dance*, Newton Abbot 1980.

Ellis, Wendy, engl. Tänzerin, * 6. 12. 1951 Risaton (Lancs.). Studierte an der Royal B. School. Tänzerin beim Royal B. 1970, Solistin 1975, Principal 1979. Rollenkreationen u. a. in K. MacMillans *Mayerling* (1978) und *Gloria* (1980).

Elßler, Fanny (d. i. Franziska), österr. Tänzerin, * 23. 6. 1810 Gumpendorf bei Wien, † 27. 11. 1884 Wien. Sie war die Tochter von Haydns Kammerdiener und Notenkopist Johannes E. Zusammen mit ihrer Schwester Therese (1808–78) besuchte sie die B.-Schule am Th. an der Wien von Friedrich Horschelt. Ob sie je Mitgl. des Horscheltschen Kinder-B. war, ist nach wie vor umstritten. Beide Schwestern gingen 1818 zum B. am Kärntnertor-Th., das damals der Leitung von J. Aumer unterstand und in dem auch bereits ihre älteste Schwester Anna E. (1804–63) tanzte. In B.en von F. Taglioni, Louis Henry und A. Vestris fiel sie schon bald auf. Schon 1825 beeindruckte sie auch das Publikum von Neapel durch ihr Temperament und ihren sinnlichen Charme. 1830 debütierte sie in Berlin, wo sie besonders als *Schweizer Milchmädchen* gefeiert wurde, 1831 dann auch als Fenella in Aubers Oper *Die Stumme von Portici* und als Zoloe in *Le Dieu et la bayadère*, vor allem aber in *La Fille mal gardée*. 1833 folgte London, wo es im King's Th. in Didelots *Flore et Zéphyre* zu einer Konfrontation mit Marie Taglioni kam, die diese hier noch für sich entschied. Doch schon bei ihrer Rückkehr 1834 unterwarf sich F. E. auch die Themse-Stadt. Im selben Jahr feierte sie in Corallis B. *La Tempête* ihren ersten Triumph an der Pariser Opéra, wo

M. Taglioni ihre Erfolge mit größtem Unbehagen verfolgte. Ihren größten Erfolg in Paris hatte sie 1836 in der Rolle Florindas, der Cachucha-Tänzerin, in J. Corallis B. *Le Diable boiteux*, wo ihre einzigartige dramatische Begabung voll zum Zuge kam. Sie wurde von Th. Gautier bewundert, der ihr zahlreiche Besprechungen widmete und der sie als »heidnische Ballerina« der »christlichen Ballerina« M. Taglioni gegenüberstellte. 1839 erregte sie mit ihrer *Cracovienne* in J. Maziliers B. *La Gipsy* erneutes Aufsehen, weiter auch in Corallis *La Tarentule*. Nach langwierigen Verhandlungen begab sie sich 1840 auf ihre Amerika-Tournee, die sie nicht nur in New York, sondern auch in den anderen Städten der USA und auch in Havanna (Kuba) ungeahnte Triumphe feiern ließ. Diese Tournee brachte der Tänzerin ein so beträchtliches Vermögen ein, daß sie ihren von der Pariser Opéra gewährten Urlaub um mehr als ein Jahr überziehen und dafür eine entsprechend hohe Konventionalstrafe bezahlen konnte. 1842 war sie wieder in Europa, tanzte in Wien, Berlin, Brüssel, Dublin, Hamburg und 1843 erstmalig in London die Rolle der Giselle. Es folgte 1844 ihr wegen der politischen Spannung zu Österreich nur mäßig erfolgreiches Gastspiel an der Mailänder Scala. Dafür lag ihr Budapest zu Füßen und erneut London bei ihrem Auftreten in Perrots *La Esmeralda*. 1846/47 unternahm sie eine große Italien-Tournee. 1848–50 besuchte sie zweimal Rußland, wo sie in St. Petersburg und besonders in Moskau noch begeisterter gefeiert wurde als irgendwo vorher. 1851 gab sie 12 Abschieds-Vorst.en im Wiener Kärntnertor-Th., hauptsächlich in *La Esmeralda*, *Catarina* und *Faust*. Mit ihrer Tochter Therese lebte sie zunächst in Hamburg, kehrte aber 1855 nach Wien zurück, wo sie bis zu ihrem Tod noch lebhaften Anteil am Th.-Leben der Stadt nahm und auch Schauspielern Bewegungsinstruktionen gab. F. E. war eine der größten Ballerinen der romantischen Epoche. Sie begeisterte ihre Zeitgenossen vor allem durch ihr sinnliches Temperament und ihr dramatisches Rollenengagement. – Ihre Schwester Therese, die anfangs die Ch.en für sie entworfen hatte, trat häufig in en travestie-Rollen auf und mußte sich wegen ihrer Körpergröße zahlreiche Spöttereien gefallen lassen.

Lit.: R. Raab, *F. E.*, Wien 1962; I. Guest, *F. E.*, London 1970. [Mit ausführlicher Bibliographie.]

Elvin, Violetta (geb. V. Prochorowa), sowj.-engl. Tänzerin, * 3. 11. 1925 Moskau. Studierte an der Bolschoi-B.-Schule. Tänzerin am Staats-Th. Taschkent, dann 1942 beim Bolschoi-B. in Kuibischew, Solistin 1945. Emigrierte mit ihrem Mann Harold E. nach England, debütierte 1946 als Prinzessin Florine beim Sadler's Wells B. und tanzte dann die Ballerinenrollen des Rep.s. Rollenkreationen u. a. in F. Ashtons *Cinderella* (Sommerfee, 1948), *Daphnis und Chloe* (Lykanion, 1951), *Homage to the Queen* (1953), *Birthday Offering* (1956), R. Petits *Ballabile* (1950) und A. Howards *Veneziana* (1953). Zog sich 1956 von der Bühne zurück und lebt seither in Italien.

Lit.: C. Swinson, *V. E.*, London 1953.

Embattled Garden, Tanzstück von M. Graham, Mus.: C. Surinach, Bühne: I. Noguchi; UA 3. 4. 1958, M. Graham and Dance Comp., Adelphi-Th., New York, mit M. Turney, Yuriko, B. Ross und G. Tetley. – Der im Titel genannte Garten ist der Garten Eden, in dem es zu leicht satirisch angelegten Begegnungen zwischen Lilith, Eva, Adam und dem Fremden kommt.

Lit.: D. McDonagh, in: *The Complete Guide to Modern Dance*, Garden City (N. Y.) 1976.

Emboîté, Pas (frz. *emboîter*, einfügen, einschachteln), im B. eine Serie von voreinander geschachtelten Schritten in die jeweils 5. Position.

Embrace Tiger and Return to Mountain, B. in 1 Akt, Ch.: G. Tetley, Mus.: M. Subotnick (*Silver Apples of the Moon*), Dek.: N. Baylis; UA 21. 11. 1968, B. Rambert, J. Cochrane Th., London, mit A. Craig, Chr. Bruce, J. Taylor u. a. – Das B. geht von den Übungen des chin. Lehrbuchs T'ai-Chi aus, die als Instruktion zum Schattenboxen dienen – ein System des gewaltlosen Widerstandes. Es handelt sich um ein scheinbar abstraktes B., unter dessen kühler, glatt polierter Oberfläche nicht näher bezeichnete Spannungen knistern. Später auch im Rep. des Nederlands Dans Th.

Lit.: O. F. Regner / H.-L. Schneiders in: *Reclams Ballettführer*, Stuttgart [8]1980.

Emperor Jones, Tanzstück von J. Limón, Mus.: H. Villa Lobos, Bühne: K. Swados, Kost.: P.

Lawrence; UA 12. 7. 1956, J. Limón Dance Comp., Ellenville (N. Y.), mit Limón, L. Hoving u. a. – Basierend auf dem gleichnamigen Einakter von E. O'Neill, werden die Schlußstationen der Jagd auf den ehemaligen Schlafwagenschaffner Brutus Jones vorgeführt, der sich zum Herrn einer karib. Insel aufgeworfen hat, und der hier noch einmal in Rückblenden das Elend seiner Vergangenheit resümiert.

Lit.: D. McDonagh, in: *The Complete Guide to Modern Dance*, Garden City (N. Y.) 1976.

Empire Ballets. Zusammen mit dem Alhambra Th. war das E. Th. Londons Hauptplattform für B.-Vorst.en um die Jahrhundertwende. Von 1887 bis 1914 erlebte das Th. seine größte Blütezeit. B.-Meisterin war die Österreicherin K. Lanner, einer der ersten Premier danseurs war E. Cecchetti und zehn Jahre lang, von 1897 bis 1907, war A. Genée Primaballerina, gefolgt später von L. Kyasht und Ph. Bedells. Auch A. Bolm gab hier ein Gastspiel.

Lit.: I. Guest, *The Empire Ballet*, London 1962.

Enchaînement (frz. *enchaîner*, verketten, verknüpfen), im B. eine zu einer zusammenhängenden Phrase verknüpfte Folge von Bewegungen.

Endicott, Josephine Ann, austral. Tänzerin, * 14. 3. 1950 Sydney. Studierte an der Australian B. School und am Londoner Dance Centre. Tänzerin bei der Australian B. Comp. 1969–72 und seither beim Wuppertal Tanz-Th., wo sie Hauptrollen in den meisten P.-Bausch-B.en kreiert hat.

Endstation Sehnsucht, B. in 2 Teilen von J. Neumeier (Libr., Ch., Insz., Ausstattung) nach dem Schauspiel von Tennessee Williams, Mus.: Prokofjew (Visions fugitives, op. 22, Orchesterfassung von Rudolf Barschai) und A. Schnittke (1. Sinfonie); UA 3. 12. 1983, Stuttgart, mit M. Haydée, R. Cragun, Lisi Grether, V. Klos, Johannes Kritzinger u. a. Neumeier hat seiner B.-Version von T. Williams' *A Streetcar Named Desire* (1947) als Rückblende aus der Perspektive der ins Irrenhaus eingelieferten Blanche Du Boi angelegt und zeigt im ersten Teil die Vorgänge um Blanches Hochzeit im Herrenhaus von Belle Reve und den Niedergang der Familie, bevor er sich im zweiten Teil mit den Ereignissen beim Besuch ihrer Schwester in deren Haus in New Orleans befaßt. Ein früheres B. *A Streetcar Named Desire* choreographierte V. Bettis 1952 zu Musik von A. North (dem Komponisten der Filmmusik) für die Slavenska-Franklin Comp.

Enfant et les sortilèges, L' (dt. Titel: *Das Kind und der Zauberspuk*), lyrische Phantasie in 2 Teilen, Libr.: Colette, Mus.: Ravel; UA 21. 3. 1925 Monte Carlo. – Ein ungezogenes Kind reizt die Gegenstände seiner Umgebung so sehr, daß sie sich beleben und das Kind in die Flucht jagen. Im Garten findet es Tiere und Bäume ebenso feindselig, bis es sich durch eine gute Tat – es verbindet einem verwundeten Eichhörnchen die Pfote – mit allen wieder aussöhnt. – Colette sprach selbst von einem »B. für meine Tochter« und die relativ seltenen Auff.en des Werkes waren meist stark choreographisch orientiert – so u. a. von G. Balanchine (*The Spellbound Child*, New York 1946 und 1975), M. Descombey (Paris 1960), J. Charrat (Wien 1964), St. Sebastian (Met, New York 1981) und J. Kilián (Nederlands Dans Th. 1984).

Englund, Richard, amer. Tänzer, Lehrer und B.-Direktor, * 1931 Seattle. Studierte an der Harvard Universität sowie bei A. Tudor, M. Graham und V. Volkova. Tänzer bei den Komp.n von J. Limón, Metropolitan Opera B., National B. of Canada und American B. Th. Seit 1972 Leiter der B. Repertory Comp., die dem American B. Th. assoziiert ist.

Englund, Sorella, finn. Tänzerin, * 1945 Helsinki. Studierte bei Elsa Sylverston und an der Opern-B.-Schule. Tänzerin beim Opern-B. in Helsinki, seit 1967 beim Kgl. Dän. B., Solistin 1970, wo sie Rollen in B.en von F. Flindt, B. Marks und E. Holm kreiert hat.

Enigma Variations, B. in 1 Akt, Ch.: F. Ashton, Mus.: E. Elgar, Dek.: J. Trevelyan Oman; UA 25. 10. 1968, Royal B., Covent Garden, London, mit D. Rencher, S. Beriosova, D. Doyle u. a. – In seinem Variationszyklus hat Elgar sich selbst und den Kreis seiner Freunde dargestellt. Ashton hat diese Porträts zu einer sehr engl. Genreszene aus der Zeit um die Jahrhundertwende gebündelt, in der alle von Elgar genannten Persönlichkeiten auftreten.

Darüber hinaus ist das B. ein sehr subtiles Poem über die Themen Sympathie, Güte, Freundschaft, Liebe und Verzicht geworden. Eine frühere Version von F. Staff (Cambridge 1940).

Lit.: P. Brinson / C. Crisp, in: *Ballet & Dance*, Newton Abbot 1980.

Enkelmann, Siegfried, dt. Tanzphotograph, * 24. 12. 1905 Krasnopol, † 10. 1. 1978 München. Der führende dt. Tanzphotograph seiner Zeit. Arbeitete lange Jahre in Berlin, bevor er 1960 nach München übersiedelte. Bücher von ihm waren u. a. *Tänzer unserer Zeit* (Berlin 1936), *Schönheit im Tanz* (Berlin 1939), *Ballett in Deutschland* (mit T. Gsovsky, Berlin 1956), *Ballett in Deutschland II* (mit H. Koegler, Berlin 1958).

Entrechat (frz., Kreuzsprung), im B. ein senkrechter Sprung aus der 5. Position mit gestreckten Füßen – in der Luft werden dann die Füße mehrfach gekreuzt, bevor wieder in der 5. Position gelandet wird. Die ergänzende Zahl *quatre*, *six* oder sogar *huit*, aber auch *cinq* oder *sept*, bezeichnet nicht die Zahl der geforderten oder ausgeführten Kreuzungen, sondern die Zahl der Bewegungen jedes Beins. Beim E. quatre werden also die Füße nur zweimal, beim E. six nur dreimal gekreuzt. Die Camargo soll als erste Tänzerin den E. quatre ausgeführt und dazu ihren Rock etwas gekürzt haben.

Entrée (frz., Eintritt), im B. der Auftritt zu einer neuen Nummer. Vor allem Divertissements werden in einzelne Entrées aufgeteilt. Im Opéra-B. des frühen 18. Jh.s auch Bezeichnung für Akt.

Entremets (frz., Süßspeisen). Im späten Mittelalter und der frühen Renaissance wurden die aus Musik, Tanz und pantomimischen Szenen bestehenden Intermezzi zwischen den einzelnen Gängen eines Banketts so genannt. Berühmt waren die E. am Hof der Herzöge von Burgund. Es handelte sich um Vorstufen des späteren B.s.

Eoline ou La Dryade, B. in 6 Bildern, Libr. und Ch.: J. Perrot, Mus.: C. Pugni; UA 8. 3. 1845, Her Majesty's Th., London, mit L. Grahn, Perrot u. a. Das B. basiert auf dem böhmischen *Libussa*-Märchen von Musäus, verknüpft die Geschichte aber mit der schlesischen *Rübezahl*-Sage. Schauplatz sind die böhmischen Wälder, wo die Dryade Eoline am Tage ihrer Hochzeit mit Edgar sterben muß, weil Rübezahl die Eiche, die ihre Heimstätte ist, anzündet.

Epaulement (frz. *épauler*, schultern, Gewehr anlegen), im B. allgemein die Schulterhaltung. Zu der technischen Definition hat sich im Lauf der Zeit die Verwendung als Qualitätsbegriff (für korrekte Schulterhaltung) gesellt.

Episodes, B. in 2 Teilen, Ch.: M. Graham und G. Balanchine, Mus.: Webern, Bühne: D. Hays; UA 14. 5. 1959, M. Graham and Dance Comp. und New York City B., City Center, New York, mit Graham, B. Ross, H. McGehee, E. Winter, S. Wilson u. a., sowie V. Verdy, J. Watts, D. Adams, J. d'Amboise, A. Kent, M. Hayden, P. Taylor u. a. – Ursprünglich hatten beide Choreographen zusammenarbeiten wollen, aber dann beschränkte sich Graham auf den ersten Teil mit ihrer eigenen Komp. – zu Weberns Passacaglia, op. 1, und 6 Stücke für Orchester, op. 6 –, in dem Maria Stuart auf dem Weg zum Schafott in der Rückerinnerung die wichtigsten Stationen ihrer Auseinandersetzung mit Königin Elisabeth rekapituliert (mit S. Wilson vom New York City B. als Elisabeth), während Balanchine sich mit dem abstrakten zweiten Teil auf seine Komp. – zu Weberns Sinfonie, op. 21, 5 Stücke für Orchester, op. 10, Concerto, op. 24, Variationen für Orchester, op. 30, und Ricercata – beschränkte (mit P. Taylor in op. 30). Später wurden der Graham-Teil und das Taylor-Solo aufgegeben, so daß *E.* heute nur noch in den 4 Balanchine-Stücken überlebt. Ins Rep. mehrerer anderer Komp.n übernommen (Dt. Oper Berlin 1969).

Lit.: O. F. Regner / H.-L. Schneiders, in: *Reclams Ballettführer*, Stuttgart [8]1980.

Epreuve d'amour, L' → *Liebesprobe, Die.*

Equilibre (frz., Gleichgewicht), im B. die Fähigkeit, eine Balance oder eine Pose zu halten.

Era, Antonietta dell', ital. Tänzerin, * 16. 12. 1861, (Sterbedaten nicht bekannt). War 1879 bis 1909 Primaballerina in Berlin, kam 1886 nach St. Petersburg, wo sie zuerst in Operettenzwischenakten in Sommer-Th.n auftrat und wurde dann als Gastballerina ans Marien-Th.

engagiert, wo sie außerordentlich beliebt war und 1892 die Zuckerfee in L. Iwanows *Nußknacker* kreierte.

Erdman, Jean, amer. Tänzerin, Choreographin und Pädagogin, * 20. 2. 1917 Honolulu. Sie studierte u. a. bei M. Graham, an der Bennington Summer School und an der School of American B. sowie bei verschiedenen Lehrern fernöstlicher Tanzstile. Von 1938–43 (und auch später noch als Gast) bei der Graham-Comp. 1942 schuf sie mit M. Cunningham mehrere Tanzwerke. 1944 gründete sie ihre eigene Truppe, für die sie zahlreiche Ch.n entwarf und mit der sie regelmäßig Amerika-Tourneen unternahm. Ihr wichtigstes Werk war 1962 *The Coach with the Six Insides* nach dem Roman *Finnegans Wake* von J. Joyce. Damit bereiste sie auch Europa. Bis 1972 leitete sie das Dance Th. Program der New York University School of Arts. Dann eröffnete sie in New York ihr eigenes Art Center, The Open Eye, eine Multimedia-Gruppe, die Tanz, Drama und Musik zusammenbringen will. J. E. gehört zu den ersten bedeutenden Vertreterinnen des Modern Dance.

Erler, Stefan, dt. Tänzer, Pädagoge und B.-Meister, * 14. 3. 1944 Breslau. Studierte in München bei Otto Ornelli, dann an der B.-Schule der Münchner Staatsoper. Tänzer des Münchner Staatsopern-B.s 1962, inzwischen auch Lehrer an der Schule und B.-Meister.

Errand into the Maze, Tanzduo von M. Graham, Mus.: G.-C. Menotti, Bühne: I. Noguchi, Kost.: Edythe Gilford; UA 28. 2.1947, Ziegfeld-Th., New York, mit Graham und Mark Ryder. – Ausgehend von der Theseus-Sage und dem Kampf gegen den Minotaurus wird hier der Sieg über die Angst des eigenen Herzens dargestellt. Die Heldin begegnet ihr, besiegt sie und erkämpft sich so ihre eigene Freiheit. Das Tanzstück gehört zu jenen Werken, in denen M. Graham sich mit antiken Mythen auseinandersetzte.

Errante, B. in 1 Akt, Libr. und Ch.: G. Balanchine, Mus.: Schubert (die *Wanderer*-Phantasie, instrumentiert von Liszt), Dek.: P. Tchelitchev; UA 10. 6. 1933, Les B.s 1933, Th. des Champs-Elysées, Paris, mit T. Losch. – Im Mittelpunkt des B.s steht eine junge Frau, die in ihrer Brust heftige, allerdings sehr obskure Kämpfe ausficht. Spätere Neueinst.en fürs American B. (1935) und B. Th. (1943).

Erschaffung der Welt, Die (russ. Originaltitel: *Sotworenje mira*), B. in 3 Akten, Libr. und Ch.: N. Kassatkina und W. Wassiljow, Mus.: A. Petrow, Dek.: E. G. Stenberg; UA 23. 3. 1971, Kirow-B., Leningrad, mit J. Solofjew, M. Baryschnikow, I. Kolpakowa, V. Panow, G. Ragoschina u. a. Eine ironisch gefärbte Nacherzählung der Schöpfungsgeschichte, basierend auf Zeichnungen des frz. Karikaturisten Jean Effel. Später auch von anderen Komp.n übernommen (Dt. Staatsoper Berlin, 1977). – Ein anderes B. mit gleichem Titel *La Création du monde*.

Lit.: E. Rebling, in: *Das große Ballett-Lexikon*, München 1977.

Escudero, Vicente, span. Tänzer, * 27. 10. 1892 Valladolid, † 4. 12. 1980 Barcelona. Er trat bereits als Kind in Cafés und Kabaretts auf, debütierte 1920 mit seiner dann langjährigen Partnerin Carmita García in Paris, tanzte aber auch häufig mit Pastora Imperio und vor allem mit La Argentina zusammen (1928: *Amor Brujo*). Unternahm bis 1961 weltweite Tourneen als Solotänzer und mit seiner Gruppe. Er genoß den Ruf, der nobelste und auch der am meisten schöpferische span. Tänzer der Welt zu sein. Obwohl kein Zigeuner, galt Escuderos besondere Liebe dem Flamenco. 1947 veröffentlichte er ein Buch *Mi Baile*.

Lit.: D. E. Pohren, in: *Lives and Legends of Flamenco*, Sevilla 1964.

Esmeralda, La, B. in 3 Akten und 5 Bildern, Libr. und Ch.: J. Perrot, Mus.: C. Pugni, Bühne: W. Grieve, Kost.: Mme Copère; UA 9. 3. 1844, Her Majesty's Th., London, mit C. Grisi, Perrot, A. L. Coulon u. a. – Das B. basiert auf V. Hugos Roman *Der Glöckner von Notre Dame* und schildert die unerwiderte Liebe des tauben und verwachsenen Quasimodo zu der bildschönen Straßentänzerin E., der auch der Erzdiakon Frollo hoffnungslos nachstellt. In die sehr komplizierte Handlung ist ferner der Dichter Pierre Gringoire verstrickt. E. fällt einer Intrige zum Opfer und soll hingerichtet werden, als Quasimodo den wahren Schurken entlarvt: Frollo. In dieser Fassung hat das B. noch ein Happy-End. Es erfreute sich in Rußland besonderer Beliebtheit, wo F. Elßler in der

Titelrolle einen ihrer größten Erfolge hatte. Es ist dort immer wieder neueinstudiert worden, z. T. mit erheblichen Veränderungen. Für die Petipa-Insz. in St. Petersburg komponierte R. Drigo neue Musikeinlagen, zu denen auch der noch heute beliebte *Diana und Aktäon*-Pas de deux gehört. 1902 brachte A. Gorski in Moskau ein neues B. *Gudules Tochter* über denselben Stoff heraus (Mus.: A. Simon). Eine gründliche Neubearbeitung des Perrot-B.s, Libr.: W. Tichomirow und W. Burmeister, Ch.: Burmeister, Musikbearbeitung R. Glière und S. Wassilenko (mit tragischem Ende) kam 1950 am Moskauer Stanislawsky - Nemirowitsch - Dantschenko - Th. heraus und wurde rasch von anderen sowj. Bühnen übernommen (dt. EA dieser Version, Ch.: V. Bräuer, Rostock 1969). Ein völlig anderes B. über den gleichen Stoff *Notre Dame de Paris* von R. Petit (Mus.: M. Constant, Opéra, Paris 1965). Noch vor Perrot hatte Antonio Monticioni bereits 1839 an der Mailänder Scala ein B. über den gleichen Stoff herausgebracht.

Lit.: L. Kirstein, in: *Movement & Metaphor*, New York 1970.

Espinosa, berühmte span. Familie, seit 1872 in England ansässig, die zahlreiche bedeutende B.-Pädagogen hervorgebracht hat – von Léon E. (1825–1904) über Edouard E. (1871–1950, Mitbegründer der Royal Academy of Dancing 1920 und der British B. Organization 1930, Autor mehrerer Lehrbücher) und Edward Kelland-E. (Vorsitzender der British B. Organization) bis zu Bridget E. (geb. Kelly, * 1928, Tänzerin beim Embassy B. und International B., seit 1966 Künstlerische Leiterin der Elmhurst School).

Esquivel, Jorge, kub. Tänzer, * 1950 Havanna. Studierte bei M. Gurov, J. Banegas, A. Leontieva sowie an der Nationalen B.-Schule. Tanzte schon als Schüler in den Vorst.en des Kub. National-B.s mit, dem er seit 1972 als Tänzer angehört. Qualifizierte sich rasch als der führende kub. Premier danseur seiner Generation, als der er die einschlägigen Rollen des klassischen und modernen Rep.s tanzt (bevorzugter Partner A. Alonsos).

Esser, Ulf, dt. Tänzer und B.-Meister, * 6. 3. 1942 Krefeld. Studierte an der Universität Köln sowie an der Essener Folkwang-Hochschule. Tänzer beim Stuttgarter B., dann auch Pressereferent bis 1981. Seit 1981/82 B.-Meister und stellvertretender B.-Direktor Frankfurt a. M. Verschiedentlich als Gastpädagoge in den USA tätig (u. a. Peninsula B. und Marin Civic B.).

Estampío, Juan Sánchez-Valencia, El, span. Flamenco-Tänzer und -Lehrer, * 1883 im Zigeunerviertel von Jerez de la Frontera, † 1957 Madrid. Estampío ist sein Beiname, das Wort bedeutet Windstoß, Explosion. E. tanzte zunächst in Cafés und Kabaretts, wurde bald als großer Flamenco-Tänzer berühmt und trat 1921 in Diaghilews *Cuadro flamenco*-Prod. auf. Er eröffnete dann eine Schule, die sich große Verdienste um den span. Tänzernachwuchs erworben hat. Auch Susana Audeoud und ihr Partner José de Udaeta gehörten zu seinen Schülern. E. war ein Purist, ein Vertreter des alten klassischen Zigeuner-Flamenco.

Estro Armonico, L', B. in 3 Sätzen, Ch.: J. Cranko, Mus.: Vivaldi (drei von K.-H. Stolze eingerichtete Concerti aus dem gleichnamigen Zyklus); UA 27. 4. 1963 Stuttgart, mit R. Barra, H. Delavalle, A. Cardus, R. Cragun u. a. – Die »Concerti für Flöte, Oboe und Streicher (Tänzerinnen und 2 Tänzer), für Solovioline und Streicher (1 Tänzerin und 1 Tänzer) und für Flöte, Oboe und Violine (ganzes Ens.) sind choreographisch untereinander verbunden. Die in den ersten beiden Concerti gestellten Themen werden im dritten aufgenommen und weiterentwickelt« (Cranko im Programmheft).

Étoile (frz., Stern), in der B.-Hierarchie der Pariser Opéra ein Titel, der fallweise an einzelne Premières danseuses und Premiers danseurs verliehen wird.

Études, B. in 1 Akt, Ch.: H. Lander, Mus.: K. Riisager (nach Czerny), Dek.: E. Nordgren; UA 15. 1. 1948, Kgl. Dän. B., Kopenhagen, mit M. Lander, H. Brenaa, S. E. Jensen u. a. – Das B. entwickelt sich als eine Demonstration des akademischen Schulstils, vom Plié an der Stange über die Adagio-Übungen *au milieu* bis zu den Allegro- und Batterie-Exercises – insgesamt als ein brillantes Crescendo und Accelerando der technischen Schwierigkeiten des klassischen B.s. Eingeschoben ist ein romantischer à la

Sylphide-Pas-de-deux. Das B. gehörte lange Jahre zu den erfolgreichsten Stücken des dän. und internationalen Rep.s. Es hat in Kopenhagen mehrere Neueinstud.en erfahren und ist von zahlreichen Komp.n in aller Welt übernommen worden (auch München 1963, Köln 1965 und Wien 1967).

Lit.: O. F. Regner / H.-L. Schneiders, in: *Reclams Ballettführer*, Stuttgart [8]1980.

Eugen Onegin → *Onegin*.

Eulenspiegel → *Till Eulenspiegel*.

Eurhythmie (griech. *Eurhythmia*), in der griech. Antike die rhythmische Ordnung und die damit verbundene Anmut der Bewegungen. Seit der Renaissance dient der Begriff zur Bezeichnung des Gleichmaßes der Teile untereinander und der Wohlproportioniertheit dieser Teile im Verhältnis zum Ganzen.

Eurythmie. Dieser Begriff – ohne das griech. rh in Rhythmòs – wurde seit 1912 von Rudolf Steiner, dem Schöpfer der Anthroposophie, für die von ihm geschaffene Bewegungskunst benutzt, die Musik, Wort und Körperbewegung in einer Synthese zu vereinigen sucht. Eurythmie ist Unterrichtsfach in den anthroposophischen Schulen.

Evdokimova, Eva, amer. Tänzerin, * 1. 12. 1948 Genf. Studierte an der B.-Schule der Bayer. Staatsoper und bei M. Fay in London, dann auch in Kopenhagen und Leningrad. Debütierte 1966 beim Kgl. Dän. B. und ging 1969 an die Dt. Oper Berlin, deren Primaballerina sie seit 1973 ist – seit 1971 auch Principal Dancer des London Festival B., darüber hinaus Gastballerina bei zahlreichen Komp.n in der ganzen Welt. Eine der international angesehensten Ballerinen ihrer Generation. Verheiratet mit dem amer. Dirigenten Michael Gregori.

Lit.: A. Kleinert, *Porträt einer Künstlerin: E. E.*, Berlin 1981.

Event. M. Cunningham startete die Serie seiner E.s 1964 mit *Museum E. 1* in Wien, das aus Exzerpten verschiedener seiner Arbeiten bestand. Er hat diese Programmkombinationen, die ihm gestatten, eine gemischte Folge unzusammengehöriger Einzelstücke zu präsentieren, dann später fortgesetzt und bis heute etwa 200 solcher E.s zur Auff. gebracht.

Evers, Uwe, dt. Tänzer, * 26. 3. 1941 Hamburg. Studierte ebd. bei A. Sauer und K. Peters. Tänzer in Gelsenkirchen 1959–67, dort auch schon Solotänzer mit zahlreichen Rollenkreationen in den B.en von B. Pilato, dann auch Essen 1967–83. Häufige Auslandsgastspiele in B.-Insz.en von Pilato, mit dem zusammen er seit 1983/84 die B.-Leitung der Dortmunder Oper innehat.

Excelsior, B. in 6 Akten und 12 Bildern, Ch.: L. Manzotti, Mus.: Romualdo Marenco, Dek.: Alfredo Edel; UA 11. 1. 1881, Teatro alla Scala, Mailand, mit Bice Vergani, Carlo Montanara u. a. – Das ungemein aufwendige und spektakuläre B. schildert den Aufstieg der menschlichen Zivilisation und den stürmischen Fortschritt der Technik als Auseinandersetzung zwischen den Kräften der Dunkelheit und des Lichts. Nach der Erfindung des Dampfschiffs, des Brückenbaus, der Elektrizität, der Telegraphie, dem Bau des Suez-Kanals und der Untertunnelung des Mont Cenis gibt sich die Dunkelheit geschlagen. Es folgt ein Grand Festival der Nationen mit einer Apotheose des Lichts und des Friedens. – Das B. war zu seiner Zeit ungeheuer beliebt und verbreitete sich schnell über den ganzen europ. Kontinent. Nach seiner Wiener Premiere am 17. 5. 1885 blieb es 29 Jahre lang im Rep. und erreichte 329 Vorst.en.

Lit.: C. W. Beaumont, in: *Complete Book of Ballets*, London 1951.

Exercice (frz., Übung), im B. das tägliche Tanztraining, während das engl. Wort Exercise für jede Art von Bewegungsübung benutzt wird.

F

Façade, B. in 1 Akt, Ch.: F. Ashton, Mus.: W. Walton, Dek.: John Armstrong; UA 26. 4. 1931, Camargo Society, Cambridge Th., London, mit L. Lopokova, P. Argyle, A. Markova, Ashton u. a. – Das B. verzichtet auf die Texte von Edith Sitwell, die ursprünglich zu Waltons Musik rezitiert wurden. Vorgeführt wird eine Folge von unzusammenhängenden, satirischen Charaktersketches: Scottish Rhapsody, Yodelling Song, Polka, Tango, Foxtrott usw. Das B. war ein augenblicklicher Erfolg. Ashton hat es später wiederholt neu einstudiert und dabei auch Ergänzungen vorgenommen. – Schon vorher hat Günter Hess in Hagen eine dt. B.-Version der Suite von Walton choreographiert.

Lit.: P. Brinson / C. Crisp, in: *Ballet + Danse*, Newton Abbey 1980.

Face, en (frz., ins Gesicht), im B. eine Stellung des Tänzers, in der er dem Publikum seine ganze Frontseite direkt zuwendet.

Fâcheux, Les. 1. Comédie-B. von Molière, Ch. und Mus. P. Beauchamp; UA 17. 8. 1661 bei einer Festveranstaltung für Ludwig XIV. in Vaux. Es handelte sich um das erste B. dieser Gattung. **2.** B. in 1 Akt, Libr.: B. Kochno, Ch.: B. Nijinska, Mus.: G. Auric, Dek.: G. Braque; UA 19. 1. 1924, B.s Russes de Diaghilew, Monte Carlo, mit L. Tchernicheva, A. Vilzak, A. Dolin u. a. Wie bei Molière wird ein Liebhaber auf dem Weg zu einem Rendezvous unentwegt von allen möglichen unliebsamen Personen, den Fâcheux, aufgehalten. Diese veranlassen ihn, sich an ihren Torheiten zu beteiligen. Das stark pantomimisch akzentuierte B. war kein Erfolg, aber Diaghilew liebte es so sehr, daß er es 1927 von Massine neu choreographieren ließ.

Fadejetschew, Nikolai Borissowitsch, sowj. Tänzer, * 27. 1. 1933 Moskau. Studierte an der Moskauer Bolschoi-B.-Schule, wurde 1952 Mitgl. des Bolschoi-B.s, Solist 1953, später der bevorzugte Partner von M. Plissetzkaja. Rollenkreationen u. a. in A. Alonsos *Carmen Suite* (1967), J. Grigorowitschs *Schwanensee* (1969) und Plissetzkajas *Anna Karenina* (1972). Im engl. *Giselle*-Film (1956) tanzt er den Albrecht als Partner von G. Ulanowa. Seit 1977 ist er Rep.-B.-Meister beim Bolschoi-B.

Failli (frz. *faillir*, verfehlen), im B. einen Sprung, wobei beide Beine sich zunächst geschlossen in der Luft in 5. Position befinden. Rechter Fuß normalerweise vorn. Dann wird der Körper in der Luft gedreht: die linke Schulter wird nach vorn genommen, der Kopf wendet sich nach links. Schließlich wird das linke Bein nach hinten gestreckt. Landung auf rechtem Fuß, während der linke Fuß durch die 1. in die 4. Position nach vorne gleitet. Ende in *demi-plié*. Failli gehört zur Gruppe der Sissone-Sprünge: Absprung von beiden Beinen, Landung auf einem Bein. Failli wird daher auch als Sissone chassé passé bezeichnet.

Falco, Louis, amer. Tänzer und Choreograph, * 2. 8. 1942 New York. Studierte bei J. Limón, Ch. Weidman, M. Graham und an der American B. Th. School. Tänzer bei der Limón Comp. 1960. Begann 1967 zu choreographieren, seit 1968 hauptsächlich für seine eigene Gruppe, mit der er ausgedehnte Tourneen (mehrfach auch nach Europa) unternimmt. Zu seinen bekanntesten Ch.n gehören u. a. *Caviar* (1970), *Sleepers* (1971), *Escargot* (1978) und *Kate's Rag* (1980). Choreographierte *Journal* (1971) und *Eclipse* (1974) fürs Nederlands Dans Th., *Tutti-frutti* (1973) für B. Rambert und *The Eagle's Nest* (1980) für die Mailänder Scala sowie *Black and Blue* (1982) für seine eigene Komp. und *Leonardo's Room* (Mus.: G. Gaslini, Mailänder Scala, 1983). Die meisten seiner B.e haben Musik von Burt Alcantara. Schuf die Ch. für den Film *Fame* (1980).

Falla, Manuel de, span. Komponist, * 23. 11. 1876 Cadiz, † 14. 11. 1946 Alta Gracia (Argentinien). Schrieb die Musik für P. Imperios *El amor brujo* (*Der Liebeszauber*, 1915) und L. Massines *Le Tricorne* (*Der Dreispitz*, 1919).

Seine nachgelassene Oper *Atlantida* enthält mehrere ausgedehnte Tanznummern (Ch.: M. Wallmann, Mailänder Scala, 1962).

Fall – Recovery. Dieses Begriffs-Gegensatzpaar – Fallen und Aufrichten – wurde hauptsächlich von Doris Humphrey in ihrem Unterrichtssystem verwendet. Ihm entspricht im Deutschen das Kontrastpaar Anspannung – Abspannung. Auch das von Martha Graham geschaffene und benutzte Gegensatzpaar Contraction – Release kann mit F. – R. verglichen werden.

Fall River Legend, B. in 1 Akt, Libr. und Ch.: A. de Mille, Mus.: M. Gould, Bühne: O. Smith, Kost.: Miles White; UA 22. 4. 1948, B. Th., Metropolitan Opera House, New York, mit A. Alonso, Peter Gladke, M. Bentley, J. Kriza. – Das B. basiert auf einem wirklichen Vorfall in den neunziger Jahren des vorigen Jahrhunderts in Fall River (Mass.), wo Lizzie Borden ihre Stiefmutter, von der sie unentwegt gequält wurde, mit 40 Axtschlägen tötete und danach ihren Vater mit dem 41. Schlag. Die von A. Alonso kreierte Rolle der Lizzie wurde später eine der berühmtesten Rollen von Nora Kaye.

Lit.: G. Balanchine / F. Mason, in: *Balanchine's Complete Stories of the Great Ballets*, Garden City (N. Y.) 1977.

Fancy Free, B. in 1 Akt, Libr. und Ch.: J. Robbins, Mus.: Bernstein, Bühne: O. Smith, Kost.: K. Love; UA 18. 4. 1944, B. Th., Metropolitan Opera House, New York, mit Robbins, K. Kriza, M. Bentley, J. Reed u. a. – Robbins' erstes B. handelt von drei Matrosen auf Landurlaub in New York und ihren Abenteuern mit drei Mädchen in einer Bar. Ein augenblicklicher Hit, lieferte es den Stoff für das spätere Musical *On the Town* (1944). Spätere eigene Versionen u. a. von F. Marteny (Graz 1969) und T. Schilling (Komische Oper Berlin, 1971).

Lit.: O. F. Regner / H.-L. Schneiders, in: *Reclams Ballettführer*, Stuttgart [8]1980.

Fandango, span. Werbetanz im ¾- oder ⅜-Takt für ein Einzelpaar. Dieser durch und durch erotische Tanz, den Casanova 1768 in Madrid als »äußerst wollüstig« empfand, stammt von dem afro-kub. Tanz Chica ab. Er wird ausgeführt zu Gitarren- und Kastagnetten-Begleitung und häufig durch eine freie Copla unterbrochen, die der Tänzer seiner Partnerin zusingt. Landschaftliche Variationen sind u. a. Malagueña, Rondeña, Murciana. In der B.-Musik begegnet ein Fandango erstmalig 1761 in Glucks *Don Juan*, von Mozart übernommen in *Figaros Hochzeit*. Von A. Saint-Léon stammt ein B. *Le Procès du Fandango* (1858). Thema ist der angeblich von einem Papst angestrengte Prozeß gegen den obszönen F. 1972 choreographierte A. Tudor ein *Fadango-Ballett* zur Musik von Padre Soler für das National B. of Canada.

Fantastische Sinfonie (frz. Originaltitel: *Symphonie fantastique*), B. in 5 Bildern, Ch.: L. Massine, Mus.: H. Berlioz, Dek.: Chr. Bérard; UA 24. 7. 1936, Col. de Basils B. Russe, Covent Garden, London, mit Massine, T. Toumanova, N. Verchinina, P. Petroff, M. Platoff, Y. Shabelevski, G. Zoritch u. a. – Bei seiner Konzeption des B.s hat sich Massine im großen und ganzen an das Programm von Berlioz' »Episodes de la vie d'un artiste« gehalten, deren einzelne Sätze Traumbilder, Leidenschaften (1), Ein Ball (2), Auf dem Lande (3), Der Gang zum Richtplatz (4) und Walpurgisnacht (5) überschrieben sind. Im Mittelpunkt der Handlung steht ein junger Komponist von krankhafter Sensibilität und verzehrender Phantasie, der in seinen Opiumträumen von einer fixen Idee verfolgt wird, die sich ihm in Gestalt einer unerreichbaren Geliebten manifestiert. Massine hat das B. später auch anderen Komp.n einstudiert. Eigene choreogr. Versionen zur gleichen Musik u. a. von Y. Georgi (Hannover 1954), H. Rosen (München) und T. Schilling (Komische Oper Berlin, beide 1967) und E. Walter (Düsseldorf 1975).

Lit.: C. W. Beaumont, in: *Complete Book of Ballets*, London 1951.

Farandole, sehr alter frz. Tanz im ⁶⁄₈-Takt aus der Provence. Er wird in einer Kette von Paaren getanzt, die sich an den Händen halten oder durch Tücher miteinander verbunden sind, wobei sie sich in Spiralen und Verschlingungen fortbewegen. Die Begleitung liefert ein Spieler mit Einhandflöte und Tambourin. Im B. begegnet eine F. am Anfang des 2. Aktes von *Dornröschen*, später dann auch in dem sowj. B. *Flamme von Paris* (1932).

Farber, Viola, amer. Tänzerin, Choreographin und B.-Direktorin, * 25. 2. 1931 Heidelberg.

Studierte bei K. Litz, M. Cunningham, M. Craske und A. Corvino. Tänzerin bei der Cunningham Comp., später auch bei P. Taylor und Litz, bevor sie sich selbständig machte und mit einer eigenen Truppe Tourneen unternahm. Seit 1981 Künstlerische Direktorin des Centre Nationale de Danse Contemporaine in Angers (Frankreich).

Farha, Clint, amer. Tänzer, * 21. 12. 1953 Kansas. Studierte an verschiedenen amer. Schulen, auch bei M. Day in Washington. Tänzer beim Holl. National-B. 1978. Rollenkreationen u. a. in H. van Manens *5 Tangos* (1977), *Klaviervariationen* (1980) und *Sarkasmen* (1982) sowie T. van Schayks *Landscape* (1982). Verheiratet mit der Tänzerin Nicolette Langestraat.

Farmanjantz, Georgi Karapetowitsch, sowj. Tänzer, * 4. 11. 1921 Beschezk, Bezirk Kalinin. Studierte an der Moskauer Bolschoi-B.-Schule. Mitgl. des Bolschoi-B.s 1940, zu dessen hervorragendsten Charaktertänzern er gehörte, mit dem Hopak aus *Taras Bulba* als seinem berühmtesten Tanz. Beendete seine Laufbahn 1963 und ist seither als Pädagoge und B.-Meister tätig.

Farrell, Suzanne, amer. Tänzerin, * 16. 8. 1945 Cincinnati. Studierte in Cincinnati, dann an der School of American B. Tänzerin beim New York City B. 1961, Principal dancer 1965. Heiratete den Tänzer P. Mejia 1969, wonach sie die Komp. mit Eklat verließ und 1970–74 beim B. du XXe Siècle tanzte. Seit 1975 wieder beim New York City B., wo sie zur Balanchine-Ballerina par excellence avancierte. Kreierte u. a. Rollen in Balanchines *Movements for Piano and Orchestra* (1963), *Meditation* (1964), *Don Quixote* (1965), *Variations* (1966), *Jewels* (1967), *Metastaseis & Pithoprakta* (1968), *Slaughter on Tenth Avenue* (Version 1968), *Union Jack* (1976), *Vienna Waltzes* (1977), *Davidsbündlertänze* (1980), *Mozartiana* (Version 1981) und *Variations for Orchestra* (1982) sowie in M. Béjarts *Sonate* (1970), *Les Fleurs du mal* (1971), *Nijinsky, Clown de Dieu* (1971), *Golestan* (1973), *I Trionfi* (1974) und J. Robbins' *Piano Concerto in G* (1975).

Lit.: J. Gruen, in: *The Private World of Ballet*, New York 1978.

Farruca, ein ursprünglich asturischer (Nordspanien) Volkstanz, der im andalus. Cadiz von Zigeunern übernommen und so zum Flamenco-Tanz wurde. Musikalisch ähnelt die F. dem Flamenco-Tango. Massine hat im *Dreispitz* eine F. als Solotanz für den Müller choreographiert.

Fauré, Gabriel, frz. Komponist, * 12. 5. 1845 Pamiers, † 4. 11. 1924 Paris. Schrieb keine B.-Musik, doch ist seine konzertante Musik verschiedentlich von Choreographen für ihre B.e benutzt worden, so u. a. von A. Howard in *La Fête étrange* (verschiedene Klavierstücke und Lieder, London B., 1940), J. J. Etcheverry in *Pelléas et Mélisande* (die gleichnamige Orchestersuite, Brüssel 1953 – auch von anderen Choreographen), G. Balanchine im Smaragd-Teil seiner *Jewels* (ebenfalls *Pelléas et Mélisande* sowie die *Shylock*-Overtüre, New York City B. 1967) und in *Ballade for Piano and Orchestra* (New York City B., 1980) sowie K. MacMillan in *Requiem* (Stuttgart 1976 – im gleichen Jahr auch von G. Casado und J. Russillo).

Faust-Ballette. Eine B.-Pantomime *The Negromancer or the History of Dr. Faustus* von John Rich wurde 1723 am Londoner Th. von Lincoln's Inn Fields aufgeführt. Im gleichen Jahr brachte John Thurmond, Nachfolger von John Weaver als B.-Meister am Drury Lane Th., eine B.-Pantomime *Harlequin Doctor Faustus* heraus. Für das Kgl. Dän. B. choreographierte A. Bournonville 1832 ein F.-B. (Mus.-Arr.: Ph. L. Keck). Es folgte A. J. J. Deshayes 1833 mit einem F.-B. zu einer Partitur von A. Adam (der verschiedene Stücke daraus in seine spätere *Giselle* übernahm) am King's Th. in London. Im Jahr 1847 verfaßte H. Heine (auf Anregung von B. Lumley, Direktor des Londoner Her Majesty's Th.) ein pantomimisches B. *Der Doktor F.*, das aber nie realisiert wurde. Es hat jedoch nach seinen Veröffentlichungen in frz. und dt. Sprache mehrere andere Faust-B.e inspiriert. In Berlin wurde 1852 ein B. *Satanella* oder *Metamorphosen* von P. Taglioni aufgeführt. Dieses B. geht auf Jacques Cazottes *Diable amoureux* mit der Teufelin Biondetta als Zentralfigur zurück. Das erfolgreichste F.-B. des 19. Jh.s stammte von J. Perrot, der es 1848 mit Fanny Elßler als Gretchen für Mailand choreographierte und dann auch 1851 in Wien und 1854 in St. Petersburg einstudierte. 1856 brachte W. Reisinger in Hamburg zur Musik von Kredler ein B. *Mephistophelia* heraus. Eine an Heines

Szenarium orientierte Fassung choreographierte Remislav Remislavský 1926 für das Prager National-Th. (Mus.: František Škvor), eine weitere Hélène Kirsova 1941 für ihr Australian National B. in Sydney (Mus.: Henry Krips). Schließlich hatte 1948 W. Egks *Abraxas* in der Ch. von M. Luipart an der Bayer. Staatsoper Premiere. Eine choreogr. Insz. von Berlioz' *F. Verdammnis* schuf Béjart 1964 für die Pariser Opéra. Im Dezember 1975 brachte er sein B. *Notre F.* in Brüssel heraus (Mus.: Bachs h-Moll-Messe). – Ein poln. F.-B. *Pan Twardowski* choreographierte Adolph Sonnenfeld 1871 in Warschau.

Lit.: M. Niehaus, *Himmel, Hölle und Trikot*, München 1959.

Feast of Ashes, B. in 1 Akt, Ch.: A. Ailey, Mus.: C. Surinach (Doppio Concertino und ein Teil aus Ritmo Jondo), Dek.: Jack Venza; UA 30. 9. 1962, R. Joffrey B., Fashion Institute of Technology, New York, mit Françoise Martinet, L. Bradley, P. Sutherland. – Dem B. liegt García Lorcas *Bernarda Albas Haus* zugrunde: der Sohn einer reichen Familie soll die älteste Tochter der verwitweten Bernarda Alba heiraten, liebt aber die jüngste, die mit ihm flieht, ihren Aufstand aber mit ihrem Tode sühnen muß. – Andere B.e über denselben Stoff: K. MacMillans *Las Hermanas* (1963), I. Sertićs *Abbandonate* (1964) und E. Pomares' *Las Desenamoradas* (1967).

Fedicheva, Kaleria Iwanowna, sowj. Tänzerin, * 20. 7. 1936 Ust-Ijory. Studierte an der Leningrader B.-Schule. Tänzerin beim Kirow-B. 1955, wo sie in den Charakterrollen des modernen Rep.s ihre Stärke hatte, aber auch als Odette-Odile, Kitri und Nikia exzellierte. Rollenkreationen u. a. in I. Belskis *Leningrader Sinfonie* (1961) und K. Sergejews *Hamlet* (1970). Verließ die Sowjetunion 1975, um mit ihrem amer. Mann Martin Freedman zusammenzuleben. Seither in den USA tätig, wo sie verschiedentlich Klassiker-Insz.en gemacht hat.

Fedjanin, Wladimir, sowj. Tänzer, * 12. 4. 1946 Schachty. Studierte an der Leningrader B.-Schule. Tänzer beim Kirow-B. 1967, auch in Odessa und beim Bolschoi-B. Seit 1976 Erster Solist an der Komischen Oper Berlin, wo er Rollen in T. Schillings *Schwarze Vögel* (1976) und *Schwanensee* (1978) kreiert hat und auch als Pädagoge und B.-Meister tätig ist.

Feier, Die, Tanzzyklus von Mary Wigman, erste Fassung 1927, endgültige Fassung 1928 mit den 3 Teilen: Der Tempel (4 Monotonien) – Im Zeichen des Dunklen – Festlicher Ausklang. »Dieses Werk war wohl das reifste und auch erfindungsreichste aller meiner Gruppenkompositionen. Es war durch und durch sinfonisch gebaut, reiner Tanz, dem keinerlei verbindende Handlung unterlegt war. Seine drei Sätze unterschieden sich lediglich durch ihren Stimmungsgehalt und setzten sich in den Spielarten ihrer raumbewegenden und gestaltenden Kräfte voneinander ab.« (M. Wigman in: *Die Sprache des Tanzes*, Stuttgart 1963.)

Feist, Hertha, dt. Tänzerin, Pädagogin und Choreographin. (Lebensdaten nicht bekannt.) Sie studierte zuerst Gymnastik bei Rudolf Bode, dann Tanz bei R. von Laban. Sie wurde Mitgl. von dessen Tanztruppe und eröffnete 1923 in Berlin eine Schule für Tanz und Gymnastik nach der Bewegungslehre R. von Labans. 1925 trat sie erstmals mit Labanschen Bewegungschören auf und veranstaltete 1926 ihren ersten eigenen Tanzabend, dem zahlreiche weitere folgten. 1928 zeigte sie in Berlin *Die Berufung*, ihre ambitionierteste Tanzdichtung. Sie wandte sich dann der tänzerischen Erziehung der Sportstudenten an der Dt. Hochschule für Leibesübungen in Berlin zu und wurde dabei aktiv unterstützt von Carl Diem, dem Direktor der Hochschule. Hertha Feist arbeitete als erste, zusammen mit Diem, auf eine Integration des Tanzes in das Studium der Sportstudenten hin.

Feld, Eliot, amer. Tänzer, Choreograph und B.-Direktor, * 1943 Brooklyn. Studierte an der School of American B. Tänzer beim New York City B., in der *West Side Story*-Prod. und beim American B. Th., wo er mit seiner ersten Ch. *Harbinger* (Mus.: Prokofjew) 1967 einen durchschlagenden Erfolg hatte und im selben Jahr sein zweites B. *At Midnight* (Mus.: Mahler) choreographierte. 1969 gründete er seine eigene American B. Comp., die in Spoleto debütierte (*Cortège Burlesque*, Mus.: E. Chabrier, *Meadow Lark*, Mus.: Haydn, und *Intermezzo*, Mus.: Brahms). In rascher Folge choreographierte er weitere B.e, u. a. *Early Songs* (Mus.: Strauss), *Cortège Parisien* (Mus.: Chabrier), *The Consort* (Mus.: Dowland u. a., sämtlich 1970) und *A*

Soldier's Tale (Mus.: Strawinsky, 1972). Aus finanziellen Gründen gezwungen, seine Komp. aufzulösen, kehrte er 1971–74 zum American B. Th. zurück, arbeitete aber auch für andere Komp.n (Royal Winnipeg B., London Festival B., Kgl. Schwed. B., Kgl. Dän. B., Stuttgart u. a.). 1974 unternahm er mit dem E. F. B. einen neuen Komp.-Gründungsversuch (*Seraphic Songs* und *The Tzaddik*, Mus.: A. Copland, *Mazurka*, Mus.: Chopin). Neuere B.e von ihm sind *Excursions* (Mus.: Barber, 1975), *Impromptu* (Mus.: Roussel, 1976), *Variations on America* (Mus.: Ives und W. Schuman, 1977), *Santa Fé Saga* (Mus.: M. Gould, 1978), *Circa* (Mus.: Hindemith, 1980), *Play Bach* (1981), *Over the Pavement* (Mus.: Ives) und *Scenes* (Mus.: Copland, beide 1982). Seit Sommer 1982 verfügt seine Komp. über ein eigenes Haus in New York, das frühere Elgin, jetzige Joyce Th.

Lit.: M. B. Siegel, in: *The Shapes of Change*, Boston 1979.

Femmes de bonne humeur, Les → *Gutgelaunten Frauen, Die.*

Fenley, Molissa, amer. Tänzerin und Choreographin, * 15. 11. 1954 Las Vegas. Aufgewachsen in Nigeria und Spanien, studierte sie Tanz am Mills College in Oakland, Cal., und ging 1977 nach New York, wo sie 1978 mit einer eigenen Gruppe im Studio von M. Cunningham debütierte. Es folgten Auftritte in Paris, Hongkong, Montreal, Amsterdam, beim Wiener Tanz '82-Festival und immer wieder New York (The Kitchen, Dance Th. Workshop, auch im Rahmen des Brooklyn Academy Next Wave Festivals, 1983). In ihren strikt durchstrukturierten Stücken arbeitet sie mit einem Minimum an Schrittmaterial, dem eine kraftvolle Rhythmik eignet. Titelauswahl: *Planets* (1978), *Red Art Screen* (1979), *Mix* (1979), *Energizer* (1980), *Sudden Current* (1980), *Gentle Desire* (1981), *Hemispheres* (1983).

Fenster, Boris Alexandrowitsch, sowj. Tänzer, Choreograph und B.-Meister, * 17. 4. 1916 Petrograd, † 29. 12. 1960 Leningrad. Studierte an der Leningrader B.-Schule. Tänzer beim Maly-B. 1936, wo er schon bald zum choreogr. Assistenten von L. Lawrowsky avancierte. Chefchoreograph des Maly-B.s 1945–53, danach beim Kirow-B. Choreographierte u. a. *Der falsche Bräutigam* (nach Goldonis *Diener zweier Herren*, Mus.: M. Tschulaki, 1946), *Jugend* (Mus.: Tschulaki, 1949), *Taras Bulba* (Mus.: Solofjow-Sedoy, 1955) und *Maskerade* (Mus.: L. Laputin, 1960).

Fermé (frz., geschlossen), im B. eine geschlossene Position (1., 3. oder 5.) der Füße, im Gegensatz dazu die Positions ouvertes, die offenen Positionen.

Fern von Dänemark (dän. Originaltitel: *Fjernt fra Danmark eller Et Costumebal ombord*), Vaudeville-B. in 2 Akten, Libr. und Ch.: A. Bournonville, Mus.: J. Glaeser (sowie von L. Gottschalk, H. C. Lumbye, E. Dupuy und A. F. Lincke); UA 20. 4. 1860, Kgl. Dän. B., Kopenhagen. – Bournonville führt hier vor, was alles passieren kann, wenn eine dän. Fregatte in einem argent. Hafen vor Anker geht. Es gibt eine Liebesromanze, an der ein dän. Marine-Oberleutnant, die Tochter des Konsuls und ihr Liebhaber beteiligt sind, und es gibt einen Maskenball an Bord, der den Vorwand für ein großes Charaktertanz-Divertissement liefert.

Lit.: C. W. Beaumont, in: *Supplement to Complete Book of Ballets*, London 1952.

Ferri, Alessandra, ital. Tänzerin, * 1964 Mailand. Studierte an der Schule der Mailänder Scala, dann, als Gewinnerin des Prix-de-Lausanne-Wettbewerbs 1980, an der Royal B. School. Tänzerin des Royal B.s seit Dez. 1980, Solistin seit 1983. Rollenkreationen u. a. in K. MacMillans *Valley of Shadows* (1983) und *Different Drummer* (1984) sowie als Anna in seiner Fernseh-Prod. der *Sieben Todsünden* (1983).

Fest in Albano (dän. Originaltitel: *Festen i Albano*), Idyllisches B. in 1 Akt. Ch.: A. Bournonville, Mus.: J. F. Frölich; UA 28. 10. 1839, Kgl. Dän. B., Kopenhagen. – Bournonville schuf dieses B. anläßlich der Heimkehr des dän. Bildhauers B. Thorvaldsen nach Kopenhagen und läßt darin verschiedene von dessen Statuen auftreten.

Festival Ballet → London Festival Ballet.

Fêtes Chinoises, Les, das erste große B. von Noverre, von A. Chujoy in seiner *Dance Encyclopedia* als Jahr der UA 1749 angegeben (Foire

St. Laurent, Paris, Bühne: François Boucher, Kost.: Louis Boquet), dieses Datum ist jedoch umstritten. Die Noverre-Biographen D. Lynham und P. Tugal plädieren für 1751, wahrscheinlich in Marseille oder Straßburg. Neuprod.en dann 1751/52 in Lyon, 1754 an der Pariser Opéra Comique und 1755 am Drury Lane Th. in London. Das B. wurde auch unter dem Titel *Les Métamorphoses Chinoises* aufgeführt. – Die Londoner Prod. führte in der zweiten Vorst. (12. 11. 1755) zu jener berühmt gewordenen Theaterschlacht zwischen dem franzosenfreundlichen Adel und dem einfachen Londoner Volkspublikum, das, wegen des beginnenden engl.-frz. Kolonialkrieges, Noverre als Franzosen haßte und auspfiff.

Feuervogel, Der (russ. Originaltitel: *Schar pzitza*, frz.: *L'Oiseau de feu*, engl: *Firebird*), B. in 1 Akt und 2 Bildern, Libr. und Ch.: M. Fokine, Mus.: Strawinsky, Dek.: A. Golovine; UA 25. 6. 1910, B.s Russes de Diaghilew, Opéra, Paris, mit T. Karsavina, Fokine, E. Cecchetti, V. Fokina u. a. – Fokine benutzte Elemente verschiedener russ. Volksmärchen. Erzählt wird die Geschichte vom Prinzen Iwan, der bei einer Jagd den F. erbeutet. Um wieder freizukommen, gibt der Vogel Iwan eine Wunderfeder, mit der er den Vogel in der Stunde der Gefahr herbeibeordern kann. Diese Stunde ist da, als Iwan sich in die schöne Zarewna verliebt hat, die mit ihren Freundinnen von dem bösen Zauberer Kastschej gefangengehalten wird. Mit Hilfe des F.s vernichtet Iwan den Zauberer und befreit die Zarewna und ihre Gefährtinnen, wonach sie beide zu ihrer Hochzeit schreiten. – Der F. gehört zu den erfolgreichsten B.en des 20. Jh.s und ist immer wieder neuinszeniert worden. Diaghilew brachte 1926 eine revidierte Fassung mit neuem Dek. von N. Gontscharova heraus, die 1954 von S. Grigoriev fürs Royal B. rekonstruiert wurde. A. Bolm choreographierte 1945 eine eigene Version fürs B. Th., für die M. Chagall die Ausstattung entwarf. G. Balanchine verwendete diese Ausstattung in seinen Einst.en des B.s beim New York City B. 1949 und 1970. Weitere Einst.en u. a. von J. Cranko (Dt. Oper Berlin, 1964), M. Béjart (Opéra, Paris, und Brüssel 1970) und J. Neumeier (Frankfurt a. M. 1970, und Wien 1983).

Lit.: O. F. Regner / H.-L. Schneiders, in: *Reclams Ballettführer*, Stuttgart [8]1980.

Feuillet, Raoul-Auger, frz. Tänzer und Choreograph, lebte etwa 1675–1710. Er war Schüler von Beauchamp und angeblicher Erfinder eines Tanzschriftsystems, das er 1701 (nicht 1700!) unter dem Titel *Chorégraphie ou L'Art de d'écrire La Dance par Caractères, Figures et Signes demonstrarifs* veröffentlichte. Beauchamp behauptete wohl mit Recht, daß diese Tanzschrift im Grunde von ihm stamme. Eine engl. Übersetzung von John Weaver erschien 1706, 1717 brachte der Leipziger Tanzmeister G. Taubert in seinem Buch *Rechtschaffener Tantzmeister* eine dt. Übersetzung heraus. Abgesehen von dem von ihm ausgearbeiteten System der Tanznotation gibt Feuillets Buch eine vollständige Definition der Prinzipien des akademischen Tanzes, von den 5 Positionen der Füße über das En dehors, die Führung der Arme bis zu den Sprüngen und zur Grande élévation. Wichtig ist von den anderen Büchern F.s noch *Recueil de Contredanses* (1706). Es ist die erste frz. Darstellung der aus England übernommenen Contredanses (Country Dances).

Fewster, Barbara, engl. Tänzerin und Pädagogin. (Lebensdaten nicht bekannt.) Studierte an der Wessex Schule in Bournemouth und an der Sadler's Wells School. Tänzerin beim Sadler's Wells B. und Mitbegründerin des Sadler's Wells Th. B. 1946, B.-Meister-Assistentin 1947, B.-Meisterin 1951–54. Tournee als B.-Meisterin der Old Vic-Prod. des *Sommernachtstraums* 1954/55. Pädagogin an der Royal B. School 1955, Deputy Principal 1967 und seit 1968 Principal.

Field, John (geb. J. Greenfield), engl. Tänzer und B.-Direktor, * 22. 10. 1921 Doncaster. Studierte bei Shelag Elliott-Clarke und Edna Slocombe. Debütierte beim Liverpool B. Club 1938. Tänzer beim Sadler's Wells B. 1939, avancierte rasch zum Principal Dancer. Künstlerischer Direktor des Sadler's Wells Th. B. 1956. Kodirektor des Royal B. (mit K. MacMillan) 1970/71. B.-Direktor der Mailänder Scala 1971–74. Künstlerischer Direktor der Royal Academy of Dancing 1975–79 und 1979–84 Künstlerischer Direktor des London Festival B. Verheiratet mit der Tänzerin Anne Heaton.

Fille du Danube, La, B. in 2 Akten und 4 Bildern, Libr. und Ch.: F. Taglioni, Mus.: A.

Adam, Bühne: Ciceri, Despléchin, Diéterle, Feuchères, Séchan, Kost.: Henri d'Orchevillers; UA 21. 9. 1836, Opéra, Paris, mit M. Taglioni, A. Legallois, P. Leroux, J. Mazilier u. a. – Die Donautochter, die einst am Ufer des Flusses gefunden wurde, und der Sohn eines Barons verlieben sich. Als der Baron sie dann auf einem Ball zu seiner künftigen Gattin erwählt, stürzt sie sich vom Schloßbalkon aus in die Donau. Nachdem der Geliebte ihr dorthin gefolgt ist, wird er von der Wassernymphe einer Liebesprobe unterzogen, die er besteht. Daraufhin dürfen beide Liebenden zurückkehren und heiraten.

Fille du Pharaon, La (russ. Titel: *Dotsch Faraona*), B. in 3 Akten und 9 Bildern, mit Prolog und Epilog, Libr.: Vernoy de Saint-Georges und M. Petipa, Ch.: Petipa, Mus.: C. Pugni, Bühne: A. Roller und Wagner, Kost.: Kelwer und Stoljakow; UA 30. 1. 1862, Bolschoi-Th., St. Petersburg, mit C. Rosati, N. Goltz, Petipa, L. Iwanow u. a. – Das B. basiert auf Th. Gautiers Roman *Die Mumie*. Auf einer Wüstenexpedition suchen Lord Wilson und sein Diener John Bull in einer Pyramide Schutz. Dort rauchen sie Opium und werden in eine Traumwelt transportiert, in der aus dem Lord der junge Ägypter Ta-hor wird, der die Pharaonentochter Aspicia liebt und deswegen zahlreiche Abenteuer, auch gegen den ebenfalls in Aspicia verliebten Nubierkönig, zu bestehen hat. Das B., das über vier Stunden dauerte und nahezu 400 Mitwirkende hatte, war so erfolgreich, daß es Petipa die Ernennung zum Zweiten B.-Meister der Kaiserl. Th. einbrachte.

Lit.: L. Kirstein, *L. F. du Ph.*, in: *Movement & Metaphor*, New York 1970.

Fille mal gardée, La (dt. Titel: *Vergebliche Vorsicht*, auch *Das schlechtbehütete Mädchen*), B. in 2 Akten und 3 Bildern, Libr. und Ch.: J. Dauberval, Mus.: Potpourri beliebter frz. Volksweisen und Opernmelodien; UA 1. 7. 1789, Grand Th., Bordeaux, wahrscheinlich mit Mme. Théodore (Daubervals Frau) als Lise, unter dem Titel *Le Ballet de la Paille, ou Il n'est qu'un pas du mal au bien*. Erzählt wird eine rustikale Liebesgeschichte: wie Lise den jungen Colas liebt, wie ihre Mutter Simone sie an den reichen Einfaltspinsel Alain verheiraten will, und wie Lise und Colin mit List die Mutter herumkriegen, daß sie ihnen doch noch ihren Segen gibt. – Das B. erhielt seinen bis heute beibehaltenen Titel, als Dauberval es 1791 am Londoner Pantheon Th. neuinszenierte. Es machte schnell die Runde über die europ. Bühnen, kam 1794 in einer Einst. von S. Viganò auch nach Wien, gelangte aber erst 1803 nach Paris an die Opéra – dort auch 1828 neu einstudiert vom Dauberval-Schüler J. Aumer zu einer neuen Musik von J. F. Hérold, teils auf der Bordeaux-Version basierend, teils aus Rossinischen Opernmelodien bestehend. Es war diese Prod., in der F. Elßler 1837 in Paris außerordentliche Triumphe feierte; sie blieb bis 1854 auf dem Rep. In St. Petersburg war sie zuerst 1818 inszeniert und dann 1828 von Didelot, der noch von Dauberval selbst in die Rolle des Colas eingewiesen worden war, wiederaufgefrischt worden, nachdem Moskau das B. schon seit 1808 auf dem Spielplan hatte. Das Erscheinen F. Elßlers 1848 und 1850 sorgte hier für einen erneuten Popularitätszuwachs. 1864 inszenierte P. Taglioni eine Neufassung in Berlin, für die P. L. Hertel eine neue Musik schrieb. Auf diese Musik basierten auch M. Petipa und L. Iwanow ihre St. Petersburger Neuinsz. von 1885, in der V. Zucchi als eine der besten Lises aller Zeiten gefeiert wurde. Seit der letzten Jahrhundertwende vermischen sich dann die einzelnen Versionen. In Rußland und der Sowjetunion ist das B. verschiedentlich neuinszeniert worden – u. a. von A. Gorsky 1901 und 1918 in Moskau, von A. Messerer und I. Moissejew 1930 ebd. und von L. Lawrowsky 1937 sowie von O. Winogradow 1971 am Leningrader Maly-Th. In Westeuropa hielten kleinere russ. Tänzertruppen (u. a. A. Pawlowa und L. Kyasht) die Erinnerung an das B. wach – in Amerika war die wichtigste Insz. B. Nijinskas Prod. für das B. Th. (1940). 1946 kam es zu einer von Alexandra Balaschowa (einer ehemaligen Moskauer Ballerina der Gorsky-Schule) betreuten Kurzfassung beim Nouveau B. de Monte Carlo, die später vom Grand B. de Marquis de Cuevas übernommen wurde. Weltweite Aufmerksamkeit zog dann die Neuprod. auf sich, die F. Ashton am 28. 1. 1960 für das Royal B. in London schuf – zu einer von J. Lanchbery gründlich überarbeiteten Partitur (Dek.: O. Lancaster, mit N. Nerina, D. Blair, A. Grant u. a.). Sie wurde einer der größten Erfolge in der Geschichte der Komp. und von zahlreichen

Komp.n in der ganzen Welt übernommen (auch München 1971). Weitere Versionen u. a. von J. Parés (Dt. Oper Berlin, 1978) und H. Spoerli (Opéra, Paris, 1981).

Lit.: *L. F. m. g.*, hrsg. von Ivor Guest, London 1960; O. F. Regner / H.-L. Schneiders, in: *Reclams Ballettführer*, Stuttgart [8]1980.

Filling Station, B. in 1 Akt, Libr.: L. Kirstein, Ch.: L. Christensen, Mus.: V. Thomson, Dek.: P. Cadmus; UA 6. 1. 1938, B. Caravan, Avery Memorial Th., Hartford (Conn.), mit J. Deering, Marie Jeanne, T. Bolender, Christensen u. a. – Eins der ersten All-American B.e, mit dem Tankwärter Mac als Helden. Die Charaktere sind als Comic-Strip-Figuren angelegt, mit Traktoristen, einem Autofahrer, einem betrunkenen jungen Liebespaar und dem unvermeidlichen Gangster, der das Mädchen erschießt – als sich dann jedoch nach der Festnahme des Gangsters der Leichenzug in Bewegung setzt, winkt es den Trauernden verschmitzt zu.

Lit.: G. Balanchine / F. Mason, in: *Balanchine's Complete Stories of the Great Ballets*, Garden City (N. Y.) 1977.

Film. Obgleich es sehr frühe F.e von Tänzern wie A. Pawlowa, O. Spessiwtzewa und J. Geltzer gibt, erlangte der Tanz auf der Leinwand erst in den dreißiger Jahren eigene Bedeutung, und zwar durch die F.-Musicals von B. Berkeley, F. Astaire (zus. mit G. Rogers) und etwas später G. Kelly. Einer der ersten eigenständigen B.-F.e war *La Mort du cygne*, Ch.: S. Lifar, mit M. Slavenska, Y. Chauviré u. a. (1938). Cartoon-Ch.n in größerem Rahmen gab es erstmalig in W. Disneys *Fantasia* (1940). L. Massine verfilmte *Capriccio Espagnol* und *Gaîté Parisienne* 1941 in Hollywood. Der populärste B.-F. aller Zeiten wurden *Die roten Schuhe*, Ch.: R. Helpmann und Massine, mit M. Shearer (1948). Weitere Spiel-F.e, in denen das B. eine wichtige Rolle spielte, waren u. a. Y. Georgis *Ballerina* (mit V. Verdy, 1950), Kellys *Ein Amerikaner in Paris* (mit L. Caron, 1951) und R. Petits *Hans Christian Andersen* (mit Z. Jeanmaire und E. Bruhn, 1951) sowie der stark ballettorientierte Opern-F. *Hoffmanns Erzählungen* (Ch.: Massine und F. Ashton, 1951). Kelly produzierte dann 1952 *Einladung zum Tanz*, eine Folge von B.-Episoden, mit C. Sombert, T. Toumanova, D. Adams, C. Bessy, I. Youskevitch, T. Rall und sich selbst, der aber erst 1956 in die Kinos gelangte. Aus der Sowjetunion kam 1953 *Trio Ballett* mit Ausschnitten aus *Schwanensee* (G. Ulanowa, N. Dudinskaja, K. Sergejew), *Fontäne von Bachtschissaray* (Ulanowa, M. Plissetzkaja, P. Gusjew) und *Flamme von Paris* (W. Tschabukiani) und 1954 L. Lawrowskys *Romeo und Julia* (Ulanowa und J. Schdanow). 1954 sah auch Massines stark tanzorientiertes *Carosello napoletano* und A. Tomskys mit tschech. Tänzern produzierten *Roten Mohn*. Ulanowa und N. Fadejetschew tanzten die Hauptrollen in dem engl. *Giselle*-Film (1956). Einen Bolschoi-*Schwanensee* gab es 1957 (Plissetzkaja, Fadejetschew), 1961 dann ein Bolschoi-*Aschenbrödel* (R. Strutschkowa, G. Lediach). M. Fonteyn stand im Mittelpunkt des 1959 angelaufenen F.s *The Royal Ballet* (Ausschnitte aus dem 2. Akt *Schwanensee*, *Feuervogel* und *Undine*). 1960 folgten Tschabukianis *Othello* aus Tiflis und Petits *Un-deux-trois* (dt. Titel *Carmen '62*) mit Kurzfassungen von *Carmen*, *Cyrano de Bergerac*, *La Croqueuse de diamants* und *Deuil en 24 heures*. Der neuen russ. Version des *Buckligen Pferdchens* von 1961 (mit W. Wassiljew und Plissetzkaja) folgte 1964 ein Kirow-*Dornröschen* (A. Sisowa, Dudinskaja und J. Solofjew). 1965 brachte *An Evening with the Royal Ballet* (Ashtons *La valse*, *Les Sylphides*, der *Korsar*-Pas-de-deux und *Auroras Hochzeit*, mit Fonteyn und R. Nurejew). Ein abendfüllender F. *Die Tänzerin Plissetzkaja* erschien 1966, gefolgt 1967 von *Bolschoi-Ballett* (Schule, Ausschnitte aus der *Steinernen Blume*, *Paganini* und *Bolero*). Im gleichen Jahr auch K. MacMillans *Romeo und Julia* (Fonteyn und Nurejew) und G. Balanchines *Ein Sommernachtstraum*. Spielfilme mit größeren Tanzsequenzen waren 1966 *Ballerina* (M. Hoenningen) und K. Reisz' *Isadora* (V. Redgrave). Zwei *Schwanensee*-F.e kamen aus Wien (Fonteyn und Nurejew, 1966) und Leningrad (Y. Yewtejewa, J. Markowsky, 1968), eine weitere *Giselle* 1969 (American B. Th., mit C. Fracci und Bruhn). Aus China erregte 1970 *Das rote Frauenbataillon* Aufsehen, dem 1972 *Das weißhaarige Mädchen* folgte. Ein B.-F. gänzlich anderer Art war Ashtons *Tales of Beatrix Potter* (1971). Nurejews *I am a Dancer* präsentierte ihn 1972 in Ausschnitten aus *La Sylphide* (Fracci), *Marguerite and Armand* (Fonteyn), *Field Figures* (D. Bergsma) und *Dornröschen* (L. Seymour), gefolgt 1973 von seinem *Don Quixote* (Australian B., Helpman, L. Aldous). B.-F.e jüngeren Datums waren *The Turning Point* (M. Baryschnikow, L. Browne, 1977), *The Children of Theatre Street* (Leningrader B.-Schule, 1978), *Nijinsky* (G. de la Peña, 1980), *Fame* (Ch.: L. Falco, 1980) und *She Dances Alone* (Kyra Nijinsky, 1982).

Fils prodigue, Le → *Verlorene Sohn, Der.*

Fin du jour, La, B. in 1 Akt, Ch.: K. MacMillan, Mus.: M. Ravel (Klavierkonzert in G-Dur), Dek.: I. Spurling; UA 15. 3. 1979, Royal B., Covent Garden, London, mit M. Park, J. Penney, J. Hosking, W. Eagling u. a. Eine Folge von Tänzen, spritzig, witzig, kapriziös, die sich an Mode-Entwürfen der dreißiger Jahre orientiert.

Lit.: P. Brinson / C. Crisp, in: *Ballet & Dance*, Newton Abbot 1980.

Finney, Truman, amer. Tänzer, Pädagoge und B.-Meister, * 13. 10. 1944, Quincy (Ill.). Studierte an der Stone-Camryn Schule in Chicago und School of American B. Tänzer beim New York City B. 1963, dann Stuttgart, Köln 1968–70, Frankfurt a. M. 1970–73 und seither Hamburg. Kreierte zahlreiche Rollen in B.en von J. Neumeier. Nachdem er kurz auch in Hartford (Conn.) gearbeitet hatte, ist er seit 1979 B.-Meister in Hamburg.

Finnisches Nationalballett, das B. der Finn. Staatsoper in Helsinki, der auch eine B.-Schule angeschlossen ist. Seit Gründung des Hauses wird eine Tanztruppe zur Befriedigung der Bedürfnisse in Oper und Operette unterhalten, die stets eng mit dem St. Petersburger Marien-Th. zusammengearbeitet und von dort ihre Kräfte für die gelegentlichen B.-Vorst.en bezogen hat. Unter George Gé (1893–1962), dem aus St. Petersburg stammenden, von 1921–35 in Helsinki weilenden B.-Meister wurden erste größere B.-Aufgaben in Angriff genommen: 1922 inszenierte er den ersten finn. *Schwanensee*. Sein Nachfolger kam aus der angegliederten Schule: der Russe Alexander Saxelin. Als erste finn. Ch. steuerte Irja Koskinen dem Rep. 1935 das B. *Scaramouche* zu Musik von Sibelius bei. Nach 1945 internationalisierte die Komp. sich zusehends. Als Gastchoreographen und B.-Meister wirkten hier u. a. B. Bartholin, M. Skeaping, R. Sacharow, B. Cullberg, S. Lifar, H. Lander, N. Beriozoff, D. Parlić, A. Carter, I. Egk und H. Spoerli. Nacheinander erschienen die großen Klassiker im Rep., auch die modernen Klassiker und neue finn. B.e, die sich aber kaum je international durchzusetzen vermochten. Es bestehen weiterhin enge Kontakte mit Leningrad, aber auch mit Moskau, die immer wieder Gasttänzer und auch Choreographen nach Helsinki schicken. Seit Ende der fünfziger Jahre hat die Komp. mehrere Auslandstourneen unternommen. Ihr gegenwärtiges Haupthandicap sind eine zu kleine Bühne und ein zu kleines Opernhaus. Finn. Tänzer, die international bekannt geworden sind, sind u. a. Margareta von Bahr, Doris Laine, Sorella Englund, Klaus Salin, Matti Tikkanen und Leo Ahonen. Gegenwärtiger Direktor der Komp. ist G. Pankov (seit 1981).

Fisch, dt. Bezeichnung für Temps de poisson, wenn der Partner die wie ein Fisch mit dem Kopf zu Boden tauchende Partnerin in einer Pose hält – eine sehr effektvolle Schlußpose für Pas de deux (namentlich im Aurora-Pas-de-deux).

Flamenco bezeichnet die Tänze und Musikstile der andalus. Zigeuner. Die bekanntesten Flamenco-Tänze sind: Alegrias, Soleares, Bulerias, Farruca, Zapateado, Tango, Tanguillo, Zambra, Caña, Chuflas, Tientos und Jaleos. Außer dem Einfluß der Zigeuner sind hier auch maurisch-arabische Einflüsse verarbeitet worden. Anfangs wurde nur zu Händeklatschen und Gesängen getanzt. Erst später kam die Gitarre hinzu. Immer gibt es einen festliegenden Grundrhythmus, zu dem Varianten, neue Schritte und Gegenakzente erfunden werden. Der F. lebt aus der Spannung zwischen dem gegebenen Gesetz und der Individualität der Interpretation. Ein F.-Tänzer muß »duende« besitzen, um die Zuschauer zu packen. Duende ist der Dämon, der den Tänzer packt und in Ekstase versetzt. Heute ist der F. ein weltweit anerkannter Tanzstil.

Lit.: J. Udaeta, *F.*, Die Tanzarchiv-Reihe 5 (1964); D. E. Pohren, *Lives and Legends of Flamenco* (Sevilla 1964); ders. *The Art of Flamenco* (Sevilla 1967); V. Escudero, *Mi Baile*, Barcelona 1947.

Flamme von Paris, Die (russ. Originaltitel: *Plamja Parija*), B. in 4 Akten und 5 Bildern, Libr.: N. Wolkow und W. Dmitrijew, Ch.: W.

Wainonen, Mus.: B. Assafjew, Dek.: Dmitrijew; UA 2. 11. 1932, GATOB, Leningrad, mit W. Tschabukiani, F. Balabina, N. Anissimowa, G. Ulanowa u. a. – Die Handlung spielt nach der Französischen Revolution im Sommer 1792. Die revolutionären Marseiller ziehen nach Paris, wobei ihr Anführer Philippe sich in einem Dorf in das Mädchen Jeanne verliebt, die sich mit ihrem Vater dem Trupp anschließt. Während Ludwig XVI. und Marie Antoinette ein glanzvolles Hoffest feiern, deckt die Schauspielerin Mireille das Komplott des Adels gegen das Volk auf, dessen Abgesandte aus ganz Frankreich in Paris zusammenströmen, wo die revolutionäre Stimmung in der Erstürmung der Tuilerien gipfelt. Der Sieg der Revolution wird dann auf einem Platz mit einem großen Volksfest gefeiert, das zugleich die Hochzeit für Jeanne und Philippe ist (und bei dem sie den sehr populär gewordenen Pas de deux tanzen). – Das B. bemüht sich sehr intensiv um die Herstellung eines revolutionären Pathos. Es hat sich jahrelang auf den Spielplänen der Sowjetunion und ihrer Satellitenstaaten gehalten, ist im Westen hingegen nur durch Filmausschnitte und den Pas de deux bekannt geworden. Die dt. EA choreographierte L. Gruber 1953 in Leipzig.

Lit.: O. F. Regner / H.-L. Schneiders, in: *Reclams Ballettführer*, Stuttgart [8]1980.

Fledermaus, Die. Johann Strauß' Operette (Wien 1874) hat verschiedentlich als Basis von B.en gedient, so u. a. R. Hynd in *Rosalinde* (PACT B., Johannesburg 1978) und R. Petit in *La Chauve-Souris* (Les B.s de Marseille, 1979).

Flic-Flac (frz., klipp-klapp), im B. ein Schleifschritt, bei dem das Spielbein zur Seite geöffnet und rasch wieder geschlossen wird, wobei es am Boden entlangschleift, abwechselnd ein bißchen hinter und vor der Wade.

Flier, Jaap, holl. Tänzer, Choreograph und B.-Direktor, * 27. 2. 1934 Scheveningen. Studierte bei S. Gaskell. Tänzer bei der B. Recital Comp. 1952, dann beim Nederlands B. Gründungs-Mitgl. des Nederlands Dans Th. 1959 (zus. mit seiner Frau Willy de la Bye), wo er rasch zu einem der führenden Tänzer avancierte und zahlreiche Rollen, besonders in B.en von G. Tetley (*Die anatomische Lektion*, *Arena*), kreierte. Begann 1955 auch zu choreographieren und war 1970–73 Künstlerischer Direktor der Komp. Arbeitete dann in gleicher Position beim Australian Dance Th. Heute wieder in Europa tätig.

Flindt, Flemming, dän. Tänzer, Choreograph und B.-Direktor, * 30. 6. 1936 Kopenhagen. Studierte an der Schule des Kgl. Dän. B.s, in dessen Komp. er 1955 eintrat. Solotänzer 1957. Beurlaubt für mehrere Jahre, tanzte er beim London Festival B., an der Pariser Opéra (Étoile 1960), bei der Komp. von R. Page und beim Royal B. Von 1962 an trat er wieder häufiger beim Kgl. Dän. B. auf und kehrte 1966 ganz zur Komp. als B.-Direktor zurück. Als Tänzer exzellierte er sowohl in den Rollen des traditionellen Klassiker- wie auch des dän. Bournonville-Rep.s, aber auch in modernen Ch.n von u. a. H. Lander, B. Cullberg und R. Petit. Begann 1963 auch zu choreographieren – zuerst fürs Fernsehen eine B.-Adaption von E. Ionescos *La Leçon* (dt. Titel: *Die Unterrichtsstunde*), die er dann auch an der Pariser Opéra einstudierte (später bei vielen anderen Komp.n). Weitere B.e von ihm waren u. a. (z. T. ursprünglich fürs Fernsehen entstanden) *Die drei Musketiere* (Mus.: G. Delerue, 1966), *Der wunderbare Mandarin* (Mus.: Bartók, 1967), *Der junge Mann muß heiraten* (Mus.: Per Noergaad, 1968), *Nußknacker* (Mus.: Tschaikowsky, 1971), *Triumph des Todes* (Mus.: Th. Koppel, 1971), *Felix Luna* (Mus.: O. Buck, 1973), *Dreamland* (Mus.: Koppel, 1974) und *Toreador* (nach Bournonville, M. Helsted und E. D. Bjerno, 1978). Nach seinem 1978 erfolgten Rücktritt gründete er eigene Komp., mit der er in Kopenhagen und auf Tourneen auftrat (Hauptprod.: *Salome*, Mus.: P. M. Davies, mit seiner Frau Vivi F. in der Titelrolle, 1978). Seit 1981 Künstlerischer Direktor des Dallas B. Choreographierte 1982 in Oslo *Die Hochzeitsprozession von Hardanger* (frei nach Bournonville, Mus.: Norweg. Volksweisen, bearbeitet von E. M. Iversen).

Flore et Zéphyre, B. in 1 Akt, Libr. und Ch.: Ch. Didelot, Mus.: Cesare Bossi, Dek.: Liparotti; UA 7. 7. 1796, King's Th. London. Es erregte zu seiner Zeit großes Aufsehen, wo immer es inszeniert wurde, weil es reichen Gebrauch von Flugmaschinen machte, mit denen

Zephyr und Cupido vom Himmel herabsteigen, während andererseits Chloris, nachdem sie Zephyr die Flügel geraubt hat, davonfliegt. Es handelt sich um eine Pastoralkomödie: Zephyr liebt Chloris, ist aber unbeständig. Daher muß er erst bestraft werden, ehe er Besserung gelobt und das Happy-End herbeiführt. Das B. war überall sehr beliebt und hielt sich lange im Rep. M. Taglioni debütierte darin 1830 in London. Für Diaghilews B. Russe choreographierte Massine 1925 ein B. *Zéphyre et Flore*. Die Musik dafür schrieb Vladimir Dukelsky, der sich später in Amerika Vernon Duke nannte.

Florestan-Pas-de-trois, ein nachträglich in das *Dornröschen*-Schlußdivertissement eingefügter Pas de trois für Florestan und seine Schwestern, der zu der Musik getanzt wird, die Tschaikowsky für das Quartett der Edelstein-Feen schrieb.

Förster, Lutz, dt. Tänzer, * 2. 1. 1953 Solingen. Studierte an der Essener Folkwang-Hochschule. Mitgl. des Folkwang-Tanzstudios 1975, dort Zusammenarbeit mit S. Linke, R. Hoffmann und P. Bausch. Seit 1978 Mitgl. des Wuppertaler Tanz-Th.s, dort an fast allen P.-Bausch-Prod.en beteiligt, unterbrochen durch einen Arbeitsurlaub in New York 1981/82, wo er weiter bei R. Currier und Z. Rommett studiert und in der Komp. von J. Limón getanzt hat.

Fokina (geb. Vera Petrowna Antonowa), russ. Tänzerin, * 3. 8. 1886 St. Petersburg, † 29. 7. 1958 New York. Studierte an der Kaiserl. B.-Schule in St. Petersburg, machte 1904 ihr Examen und wurde Mitgl. des Marien-Th.-B.s. Sie heiratete 1905 den Tänzer und Choreographen Michail Fokine, dessen verläßlichste Interpretin sie wurde. Mit ihm ging sie später zu Diaghilew und in die westl. Emigration. Rollenkreationen u. a. in *Carnaval* (1910) und *Feuervogel* (1910).

Fokine, Michail Michailowitsch, russ. Tänzer und Choreograph, * 5. 5. 1880 St. Petersburg, † 22. 8. 1942 New York. Trat 1889 in die B.-Schule der Kaiserl. Th. ein, machte 1898 sein Examen, wurde Mitgl. des Marien-Th.-B.s und avancierte 1904 zum Ersten Solisten. Er begann 1902 zu unterrichten und choreographierte 1905 sein erstes B. für eine Schüler-Vorst.: *Acis und Galathea*. Im gleichen Jahr entstand Fokines wohl berühmtestes Tanzwerk *Der Sterbende Schwan* als Solo für A. Pawlowa bei einer Wohltätigkeitsveranstaltung. Schon 1904 hatte er den Kaiserl. Th.n ein B.-Szenarium *Daphnis und Chloe* vorgelegt, in dem er erstmalig seine Gedanken zu einer Reform des B.s im Sinne einer größeren dramatischen, stilistischen und inszenatorischen Einheitlichkeit und einer stärkeren Integration von Libretto, Musik, Tanz und Dekor mitgeteilt hatte. Seine Vorschläge wurden nicht beachtet. 1907 choreographierte er sein erstes großes B. für die Kaiserl. Th.: *Le Pavillon d'Armide*, mit N. Tscherepnin und A. Benois als Mitarbeitern, und mit A. Pawlowa, W. Nijinsky und P. Gerdt in den Hauptrollen. Schon vorher hatte er im selben Jahr eine Frühfassung von *Les Sylphides* alias *Chopiniana* geschaffen. Obgleich er selbst ein ausgezeichneter, ausdrucksstarker und technisch versierter Tänzer war, lieferte er seinen eigensten ballettgeschichtlichen Beitrag als Choreograph, als der er zu den größten Reformpersönlichkeiten gehörte – in seinem ständigen Kampf für dramatische Wahrhaftigkeit im B. vergleichbar solchen Männern wie Noverre und Viganò. Als Diaghilew für seine erste Pariser Saison 1909 eine Tänzertruppe zusammenstellte, berief er F. als Chefchoreographen, der hier seine Theorien in die Praxis umsetzen konnte. Mit seinen Einst.en von *Le Pavillon d'Armide*, den *Polowetzer Tänzen*, *Les Sylphides* und *Cleopâtre* errang er nicht nur einen unerhörten persönlichen Triumph, sondern wies der B.-Kunst den Weg zu einer neuen Seriosität. Diesen Weg setzte er konsequent fort mit den von ihm choreographierten B.en *Le Carnaval* (Mus.: R. Schumann), *Scheherazade* (Mus.: Rimskij-Korsakow) und *Der Feuervogel* (Mus.: Strawinsky – alle 1910); *Le Spectre de la rose* (Mus.: von Weber), *Narcisse* (Mus.: Tscherepnin) und *Petruschka* (Mus.: Strawinsky – alle 1911), *Le Dieu bleu* (Mus.: R. Hahn), *Thamar* (Mus.: A. Balakirew) und *Daphnis und Chloe* (Mus.: Ravel – alle 1912), *Papillons* (Mus.: Schumann), *Die Josephslegende* (Mus.: R. Strauss) und *Der goldene Hahn* (Mus.: Rimskij-Korsakow – alle 1914). 1912 kam es während der Proben zu Daphnis und Chloe zum Streit zwischen Fokine und Diaghilew, weil der letztere Nijinsky als alleinigen Choreographen der Komp. aufbauen wollte. Fokine trennte sich darauf von Diaghilew. Er kam nur 1914 kurz zurück, um die drei eben genannten B.e zu schaffen. 1914 bei Kriegsausbruch kehrte F. nach Petrograd, das ehemalige St. Petersburg, zurück. 1918 verließ er Rußland für immer. Er wurde als freischaffender Choreograph tätig (bis auf ein kurzes Engagement als Chefchoreograph 1936/37 bei Blums B.s de Monte Carlo), vor allem in Skandinavien, bevor er sich 1921 in New York niederließ. Von hier aus unternahm er weltweite Reisen, um seine großen Erfolgs-B.e aus der Diaghilew-Zeit neu zu inszenieren. Er schuf bis zu seinem Tode neue B.e, von denen jedoch kaum eines noch an seine früheren Erfolge heranreichte. Seine Werkliste umfaßt immerhin 81 Titel. Von den späteren Werken seien hier genannt: *Der Zauberlehrling* (Mus.: P. Dukas), *Jota Aragonesa* (Mus.: M. Glinka – beide Petrograd 1916), *Le Rêve de la Marquise* (Mus.: Mozart, New York 1921), *Les Elfes* (Mus.: Mendelssohn Bartholdy, New York 1924), *Faust* (Mus.: Mussorgski und Grieg, Philadelphia 1927), *L'Epreuve d'a-mour* (Mus.: Mozart zugeschrieben, *Die Liebesprobe*), *Don Juan* (Mus.: Gluck, beide 1936), *Les Eléments* (Mus.: Bach, 1937). Die letzteren B.e wurden 1936 und 1937 für Blums B.s de Monte Carlo geschaffen. Es folgten: *Cendrillon* (Mus.: d'Erlanger, London 1938) und *Paganini* (Mus.: Rachmaninow, London 1939). Diese beiden B.e wurden für die B.s Russes du Col. de Basil geschaffen. 1941 entstand noch *Bluebeard* (Mus.: Offenbach-Dorati), 1942 *Russian Soldier* (Mus.: Prokofjew), beide fürs B. Th. (L. Chase). – Sein theoretisches Vermächtnis hat F. in einem am 6. 7. 1914 in der Londoner *Times* veröffentlichten Brief formuliert. Dies sind seine 5 Prinzipien: (1) In jedem Fall eine neue Bewegungsform zu schaffen, die dem Sujet, der Zeit und dem Charakter der Musik gemäß ist, statt sich mit Kombinationen vorgefertigter Schritte und Bewegungsfolgen zu begnügen. – (2) Tanz und mimische Gestik haben im B. nur dann eine Bedeutung, wenn sie als Ausdruck einer dramatischen Situation fungieren. – (3) Konventionelle Gesten sind nur dann zugelassen, wenn es der Stil des B.s erfordert – in allen anderen Fällen sind die Gesten der Hand durch Bewegungen des ganzen Körpers zu ersetzen. Der Mensch kann und soll von Kopf bis Fuß ausdrucksvoll sein. – (4) Die Gruppe dient nicht nur als Ornament. Das neue B. schreitet von der Ausdruckshaftigkeit des Gesichts und der Hände zu der des ganzen Körpers fort, und von der des individuellen Körpers zu Gruppen von Körpern und der Ausdruckshaftigkeit des kollektiven Tanzes einer Gruppe. – (5) Die Verbindung des Tanzes mit anderen Künsten. Das neue B., das sich weigert, sich sklavisch der Musik oder der Dekoration zu unterwerfen, und die Verbindung der Künste nur unter der Bedingung der vollständigen Gleichheit anerkennt, räumt sowohl dem Ausstatter wie dem Musiker vollkommene Freiheit ein.

Lit.: C. W. Beaumont, *M. F. and his Ballets*, London 1935; Fokine, *Memoirs of a Ballet Master* [hrsg. und übersetzt von seinem Sohn Vitale] Boston 1961, dt. Ausgabe der Memoiren: *Gegen den Strom*, hrsg. von L. Wolgina und U. Pietzsch, Berlin [Ost] 1974.

Folia (portug., Tollheit), portug. Tanz, wahrscheinlich afro-bras. Ursprungs, im Dreiertakt vom Ende des 16. und Anfang des 17. Jh.s mit viel Lärm (Kastagnetten usw.) und allen möglichen Verkleidungsscherzen – wobei der Eindruck entstand, daß alle Tänzer »den Verstand verloren haben« (Beschreibung aus Madrid von 1611).

Folk Dance and Song Society, English, engl. Volkstanz-Gesellschaft, 1911 von Cecil Sharp, dem Initiator der modernen engl. Volkstanzbewegung, in London gegründet. Ihr Ziel ist die Bewahrung und Pflege der altengl. Volkstänze und der dazugehörigen Volksmusik. Die wichtigsten Pflegegebiete dieser Gesellschaft sind die Country Dances, die Morris Dances und die Sword Dances (Schwerter-Kettentänze).

Folkesagn, Et → Volkssage, Eine.

Folkwang Ballett Essen. Aus der 1927 in Essen gegründeten Folkwang-Schule ging 1928 das von S. Leeder, A. Siimola, F. Cohen und E. Kahl, mit K. Jooss an der Spitze geleitete Folkwang-Tanz-Th.-Studio hervor, das 1930 von der Essener Oper übernommen wurde. Unter diesem Namen und später als Folkwang Tanzbühne, Essen, brachte die Komp. von 1929 bis zu ihrer Emigration u. a. folgende B.e in eigenen Ch.n heraus (alle Ch.n von Jooss): *Drosselbart* (Mus.: Mozart), *Zimmer Nr. 13* (Mus.: Cohen), *Pavane auf den Tod einer Infantin* (Mus.: Ravel), *Suite 1929* (Mus.: Cohen – alle 1929), *Gaukelei* (Mus.: Cohen), *Petruschka* (Mus.:

Strawinsky), *Le Bal* (Mus.: Rieti), *Polowetzer Tänze* (Mus.: Borodin – alle 1930), *Coppélia* (Mus.: Delibes), *Der verlorene Sohn* (Mus.: Prokofjew – beide 1931), *Der Grüne Tisch* (Mus.: Cohen), *Großstadt* (Mus.: Tansman) und *Ein Ball in Alt-Wien* (Mus.: Lanner-Cohen – alle 1932). Danach setzte die Komp. ihre Tätigkeit im Ausland als B.s Jooss fort. Nachdem Jooss 1949 nach Essen zurückgekehrt war, kam es 1951 zu einer Neugründung des Folkwang-Tanz-Th.s der Stadt Essen, an der auch einige der früheren Mitarbeiter beteiligt waren (H. Züllig, U. Söderbaum, R. Alexander, N. de Mosa u. a.). Die Komp. unternahm bis 1953 einige Tourneen im Ausland, wobei das Rep. auch ein paar neue B.e bot – u. a. Zülligs *Phantasie* (Mus.: Schubert) sowie Jooss' *Colombinade* (Mus.: Joh. Strauß und Jazz), *Dithyrambus* (Mus.: Händel), *Der Nachtzug* (Mus.: Tansman) und *Weg im Nebel* (Mus.: A. Montijn). Als die Stadt Essen ihre Unterstützung zurückzog, löste Jooss auch diese Komp. 1953 wieder auf. In der Spielzeit 1963/64 kam es abermals zu einer Neugründung, die sich jetzt Folkwang B. nannte und sich aus Studierenden der Meisterklasse der Folkwang-Schule zusammensetzte. Dabei handelte es sich nicht um eine ständig existierende, unabhängige Komp., sondern um ein Ens., das sich von Fall zu Fall für mehrere Auff.en zusammenfand, wobei außer Dozenten und Meisterschülern auch bereits andernorts im Engagement befindliche Folkwangschüler hinzugezogen wurden. Außer Jooss haben u. a. auch L. Hoving, J. Cébron, A. Tudor, Züllig und P. Bausch neue B.e für das F. B. geschaffen. Das heute bestehende F. Tanz-Studio basiert auf B.n von S. Linke (Leiterin der Komp.) und von Marilen Breuker.

Lit.: A. V. Coton, *The New Ballet*, London 1946; Ausstellungskatalog *Venezia Danza Europa '81* (Marsilio Editori).

Folterungen der Beatrice Cenci, Die, B. von G. Bohner (Ch.), Mus.: G. Humel, Kost.: E. Kruse; UA 16. 4. 1971, Akademie der Künste, Berlin, mit S. Kesselheim, F. Frey, M. Cito, W. Gabrisch, Bohner und 5 Tänzern der Dt. Oper Berlin. – Im Mittelpunkt dieses choreogr. Aktionsstücks, das man auch das erste B. der Grausamkeit genannt hat, steht die berüchtigte Renaissance-Römerin, von der die Folterer das Geständnis ihres Mordes an ihrem Vater, der sie zur Blutschande verleitet hatte, zu erpressen versuchen. Spätere Einst.en auch in Marseille, München und Düsseldorf.

Fondu (frz. *fondre*, schmelzen), im B. eine leichte Kniebeuge des Standbeins.

Fontäne von Bachtschissaray, Die (russ. Originaltitel: *Bachtschissaraiski fontan*), B. in 4 Akten, Libr.: N. Wolkow, Ch.: R. Sacharow, Mus.: B. Assafjew, Dek.: W. Chodasewitsch; UA 28. 9. 1934, GATOB, Leningrad, mit G. Ulanowa, T. Wetscheslowa, M. Dudko u. a. – Dem B. liegt das gleichnamige Poem von A. Puschkin zugrunde: Maria, eine poln. Prinzessin, wird nach dem Überfall auf ihr Schloß dem Tataren-Khan Girej als Beute dargebracht, aber sie kann ihren toten Verlobten nicht vergessen. Der Khan hat nur noch für sie Interesse, was seine bisherige Mätresse Zarema veranlaßt, Maria in einem Eifersuchtsanfall zu töten. Girej läßt daraufhin zum Gedenken an Maria eine Fontäne der Tränen anlegen. – Das B. verbreitete sich schnell über die Bühnen der Sowjetunion und nach 1945 auch über die der Satellitenstaaten. Die dt. EA choreographierte T. Schilling 1955 in Weimar. Eine weitere Version von W. Orlikowsky 1965 in Basel. – Foma Nijinsky, der Vater von Waslaw N., brachte schon 1892 in Kiew ein B. *Ein Opfer der Eifersucht* über den gleichen Stoff heraus.

Lit.: O. F. Regner / H.-L. Schneiders, in: *Reclams Ballettführer*, Stuttgart [8]1980.

Fonteyn, Dame Margot (geb. Peggy Hookham), engl. Tänzerin, * 18. 5. 1919 Reigate. Studierte in Shanghai bei G. Goncharow, in London bei S. Astafieva und an der Sadler's Wells School. Debütierte in der *Nußknacker*-Prod. des Vic-Wells B. 1934 und kreierte ihre erste größere Rolle in F. Ashtons *Le Baiser de la Fée* (1935). Tanzte dann alle Ballerinenrollen des klassischen Standard-Rep.s und kreierte zahlreiche Hauptrollen in den B.en von Ashton, wobei sie rasch zur Image-Ballerina des Sadler's Wells und späteren Royal B. avancierte. Nach 1959 Gastballerina des Royal B., das sie 1979 zur Primaballerina assoluta ernannte, daneben Gastspiele in der ganzen Welt. Präsidentin der Royal Academy of Dancing seit 1954. Nachdem sie schon lange Jahre als unumstrittene Primaballerina assoluta der westlichen Welt galt, erreichte ihre Kunst einen neuen Gipfel der Altersreife durch ihre ständige Partnerschaft mit R. Nurejew (seit 1962). Wichtige Rollenkreationen u. a. in Ashtons *Apparitions* (1936), *A Wedding Bouquet* (1937), *Dante Sonata* (1940), *Symphonic Variations* (1946), *Scènes de ballet* (1948), *Cinderella* (alternativ mit M. Shearer, 1948), *Daphnis und Chloe* (1951), *Sylvia* (1952), *Homage to the Queen* (1953), *Birthday Offering* (1956), *Undine* (1958), und *Marguerite and Armand* (1963), R. Helpmanns *Hamlet* (1942), R. Petits *Les Demoiselles de la nuit* (1948), *Paradis perdu* (1962) und *Pelléas et Mélisande* (1969), Nurejews *Schwanensee* (Wien 1964), K. MacMillans *Romeo und Julia* (1965), J. Crankos *Poème de l'extase* (Stuttgart 1970), M. Grahams *Lucifer* (1975) und P. Darrells *The Scarlet Pastorale* (1975). Einige ihrer Interpretationen sind in Filmen konserviert worden: *The Royal Ballet* (*Undine* und *Feuervogel*), *An Evening with the Royal Ballet* (*Les Sylphides*, *Le Corsaire*, *Auroras Hochzeit*), *Romeo und Julia* und Nurejews *I am a Dancer* (*Marguerite and Armand*). Produzierte 1979 die Fernsehserie *The Magic of Dance*. Verheiratet mit Dr. Roberto Arias, früherer Botschafter Panamas in London. Geadelt zur Dame of the Order of the British Empire 1956. Verschiedene Ehrendoktorate. Autorin der Bücher M. F.: *An Autobiography* (1975, dt. *Die zertanzten Schuhe*, 1976), *A Dancer's World* (1978, dt. *Tanzen*, 1980) und *The Magic of Dance* (1979, dt. *Vom Zauber des Tanzes*, 1981).

Lit.: K. Money, *F. – The Making of a Legend*, London 1973; A. Bland, *F. and Nureyev*, London 1979, dt. *F. und Nurejew*, München 1981.

Forains, Les, B. in 1 Akt. Libr.: B. Kochno, Ch.: R. Petit, Mus.: H. Sauguet, Dek.: Chr. Bérard; UA 2. 3. 1945, B.s des Champs-Elysées, Th. des Champs-Elysées, Paris, mit J. Charrat, E. Pagava, Petit u. a. – Die Jahrmarktsgaukler des Titels sind Komödianten: ein Zauberer, Akrobaten, Siamesische Zwillinge, Clowns usw. Sie geben eine Vorst. auf einem Platz, müssen aber enttäuscht weiterziehen, weil die Zuschauer vor dem herumgereichten Hut rasch das Weite suchen. – Die dt. EA choreographierte Christian Foye in enger Anlehnung an Petit 1965 für die Hamburger Staatsoper.

Foregger, Nikolai Michailowitsch, russ. Schauspielregisseur und B.-Meister, * 18. 4. 1892 Moskau, † 8. 6. 1939 Kuibyschew. Unterrichtete 1920/21 am Moskauer Proletkult-Studio Kurse für Tafiatrenasch – sein eigenes System einer neuen Körperbewegungskultur – und war 1921–25 Leiter seiner eigenen Mastfor-Bühne (Mast für Meister, for für Foregger), wo er mit seinem *Maschinentanz* großes Aufsehen erregte. Er sagte dem konventionellen Tanz rigoros den Kampf an und erklärte: »Die Musen sind Fabrikarbeiter geworden und haben sich den Gewerkschaften eingegliedert. Ihre Begegnungsstätte ist nicht länger der Olymp, sondern der Zentralsowjet der Gewerkschaften, und es ist nicht Apollo, der ihnen gebietet, sondern Tomasky [der oberste Gewerkschaftssekretär] ... Unser Leben schafft sich seine Tänze der Gehsteige, der rasenden Autos, der Exaktheit der Maschinenarbeit, der Geschwindigkeit der heutigen Masse, der Erhabenheit der Wolkenkratzer. Der künftige Geschichtsschreiber der Kunst wird unsere Jahre die Jahre des Propheten nennen« (in *Ritmi i kultura tantza*). Die spätere sowj. Th.-Geschichtsschreibung warf ihm »Fetischismus des menschlichen Körpers als ideal trainierte Maschine« vor. Er wirkte dann als Chefregisseur in Charkow (1929–34), Kiew (1934–36) und Kuibyschew (1938–39).

Lit.: M. G. Swift, in: *The Art of the Dance in the USSR*, Notre Dame (Ind.) 1968.

Forlana, auch Furlana, ein lebhafter, aus Friaul (Venetien) stammender, ursprünglich slowen. Werbetanz für ein oder zwei Paare im ⁶⁄₈-Takt. Als Volkstanz florierte sie besonders in Venedig des 18. Jh.s, blieb aber lebendig bis in unsere Zeit.

Forsythe, William, amer. Tänzer, Choreograph und B.-Direktor, * 30. 12. 1949 New York. Studierte bei J. Watts, M. Black und F. Jhung. Tänzer beim Joffrey B., Stuttgarter B. 1971–81, wo er 1976 zu choreographieren begann (*Urlicht*, Mus.: Mahler). War dann zunehmend auch für andere Komp.n tätig (u. a. Basel, Nederlands Dans Th., Dt. Oper Berlin, Münchner Staatsoper, Frankfurt a. M., Joffrey B. und Wiener Staatsoper. Seit 1984/85 B.-Direktor in Frankfurt a. M. Choreographierte u. a. *Flore subsimplici* (Mus.: Vivaldi 1977), *Traum des Galilei* (Mus.: Penderecki, 1978), *Orpheus* (Mus.: Henze), *Time Cycle* (Mus.: L. Foss), *Seite 1 – Love Songs – Alte Platten* (Pop-Musik,

München, alle 1979), *Say bye-bye* (Collage aus Rock- und Pop-Musik, Nederlands Dans Th.), *Schade, daß sie eine Hure ist* (Th. Jahn, Montepulciano, beide 1980), *Whisper Moon* (Mus.: W. Bolcolm), *Die Nacht aus Blei* (Mus.: H. J. von Bose, Dt. Oper Berlin, beide 1981), *Gänge* (Mus.: Jahn u. a., Nederlands Dans Th., 1982) und *Drei Orchesterstücke, op. 6* (Mus.: Berg, Wiener Staatsoper, 1984).

Fortner, Wolfgang, dt. Komponist, * 12. 10. 1907 Leipzig. Komponierte das B. *Die weiße Rose* (Ch.: J. Keith, Städt. Oper Berlin, 1951 – zahlreiche Einst. an anderen Bühnen). 1971 schuf er zusammen mit W. Steinbrenner eine Bizet-Collage für J. Crankos *Carmen*-B. Verschiedentlich sind auch seine konzertanten Werke choreographiert worden, u. a. von E. Walter das *Ballet blanc* (in *Flamingos*, Wuppertal 1959), von O. Krüger die *Mouvements für Klavier und Orchester* (Essen 1960), von Cranko das Orchesterstück mit obligaten Klavieren *Triplum* (München 1969). Für Crankos *Poème de l'extase* instrumentierte er als Prolog A. Skrjabins 9. Klaviersonate (Stuttgart 1970).

Fosse, Bob, amer. Choreograph und Regisseur, * 23. 6. 1927 Chicago. Studierte bei Frederick Weaver. Startete zusammen mit Charles Gross ein Nachtclub-Duo unter dem Titel The Riff Brothers. Trat in verschiedenen Broadway-Musicals auf, auch in der Verfilmung von *Kiss me, Kate* (1953), und gilt heute als einer der führenden amer. Choreographen und Regisseure für Musicals (auch im Film), mit Titeln wie *The Pajama Game* (1953), *Damn Yankees* (1955), *My Sister Eileen* (1955), *How to Succeed in Business Without Really Trying* (1963), *Sweet Charity* (1966), *Cabaret* (Filmfassung, 1971), *Pippin* (1972), *Lenny* (1974), *The Little Prince* (1975), *Chicago* (1975), *Dancin'* (1978) und *All That Jazz* (Film, 1980).

Fouetté (frz. *fouetter*, peitschen), im B. eine peitschend-rotierende Bewegung des Spielbeins aus dem Knie. In der Coda des Schwarzen-Schwan-Pas-de-deux in *Schwanensee* führt Odile 32 Fouettés *en tournant* aus.

Four Last Songs → *Vier letzte Lieder.*

Four Schumann Pieces, B. in 4 Sätzen, Ch.: H. van Manen, Mus.: R. Schumann (Streichquartett A-Dur, op. 41/3), Dek.: J. P. Vroom; UA 31. 1. 1975, Royal B., Covent Garden, London, mit A. Dowell, J. Penney, L. Collier, W. Eagling u. a. Ein handlungsloses B., das ganz auf die Tänzerpersönlichkeit Dowells abgestellt ist. 1976 auch vom Holl. National-B. und National B. of Canada übernommen.

Four Seasons, The → Verdi, Giuseppe.

Four Temperaments, The → *Vier Temperamente, Die.*

Fourth Symphony → Neumeier, John.

Foxtrot (engl., Fuchsgang). Ein afro-amer. Foxtrot wird 1876 in einem Lehrbuch für Clog Dance (Holzschuhtanz) und Negro Jig (Tap Dance) zum erstenmal erwähnt. Der moderne Foxtrot (Langsamer Foxtrott), entstanden aus einem langsam gespielten Onestep, kam 1914 nach England. Er wird nur mit langsamen (*slow*) und schnellen (*quick*) raumgreifenden Gehschritten getanzt. Aus diesem Foxtrot ging 1924 der Quickstep (der Schnelle Foxtrott) hervor. Dieser Tanz verband und verbindet normale Gehschritte wieder mit *chassés*, also mit den Wechselschritten des Twostep und der Polka. Foxtrot und Quickstep sind seit 1929 die klassischen Tänze des Engl. Stils für die Standard-Tänze.

Foyer de la Danse. So hieß das unmittelbar hinter der Bühne der Pariser Opéra gelegene, mit B.-Stangen und Spiegeln ausgestattete Künstler-Foyer, das im 19. Jh. ein berühmt-berüchtigter Treffpunkt für die Abonnenten und die von ihnen protegierten Tänzerinnen war. Heute findet es lediglich als Probebühne Verwendung und wird beim Défilé zur Hauptbühne geöffnet. E. Degas hat einem seiner Tänzer-Gemälde diesen Titel gegeben, das seinerseits verschiedene so genannte B.e inspiriert hat (u. a. von A. Bolm und F. Ashton).

Fracci, Carla, ital. Tänzerin, * 20. 8. 1936 Mailand. Studierte an der B.-Schule der Scala. Tänzerin des Scala-B.s seit 1954, Solistin 1956, Primaballerina 1958. Hat oft auch bei anderen Komp.n gastiert, sehr häufig beim American B. Th. Ihre erfolgreichsten Rollen hat sie in den B.en des romantischen Rep.s, wo sie oft mit M. Taglioni verglichen worden ist. Verheiratet mit dem Regisseur Beppe Menegatti, der zahlreiche B.e mit ihr produziert hat (in Zusammenarbeit mit dem Choreographen Loris Gai), u. a. *Die Möwe* (nach Tschechow, 1968), *Macbeth* (1969) und *Die steinerne Blume* (1973). Tanzt die Titelrolle in der Verfilmung der American B. Th. Prod. von *Giselle* (mit E. Bruhn als Partner) und Karsavina in dem *Nijinsky*-Film (1980). Ihr Fernsehfilm *Serata von C. F.* gewann 1973 die Goldene Rose von Montreux.

Fränzl, Willy, österr. Tänzer, B.-Meister und Pädagoge, * 5. 6. 1898 Wien, † 24. 6. 1982 ebd. Studierte an der B.-Schule der Hofoper. Tänzer des Hofopern-B.s 1914, Solist 1921, erster Solotänzer 1938, Lehrer an der B.-Schule 1931–62, B.-Meister der Komp. 1935–62, als der er die B.e von J. Haßreiter, H. Kröller und M. Wallmann betreute. Insbesondere ist ihm die Konservierung der Haßreiterschen *Puppenfee*-Ch. zu danken. Sein Renommee als Choreograph beruht in erster Linie auf der Vielfalt seiner Walzer-Interpretationen. Mit seiner Frau Lucia Bräuer leitete er eine der angesehensten Wiener Schulen für B. und Gesellschaftstanz.

Fräulein Julie (schwed. Originaltitel: *Fröken Julie*), B. in 1 Akt und 4 Bildern, Libr. und Dek.: A. Fridericia, Ch.: B. Cullberg, Mus.: T. Rangström; UA 1. 3. 1950 Riksteatern, Västeras (Schweden), mit E.-M. von Rosen, J. Mengarelli, Cullberg u. a. Das B. stützt sich auf A. Strindbergs naturalistisches Trauerspiel und handelt von dem Konflikt zwischen dem adeligen Fräulein und ihrem vitalen Diener Jean, dessen herausfordernder Sinnlichkeit sie als Folge der hochgepeitschten Emotionen einer Mittsommernacht erliegt, um ihre Verfehlung anschließend mit dem Tode zu büßen. Von zahlreichen Komp.n in der ganzen Welt übernommen, u. a. Dt. Oper am Rhein (Düsseldorf 1965), Dt. Oper Berlin (1979). – Ein anderes B. mit dem gleichen Titel von K. MacMillan (Mus.: A. Panufnik, Stuttgart 1970).

Lit.: O. F. Regner / H.-L. Schneiders, in: *Reclams Ballettführer*, Stuttgart [8]1980.

Françaix, Jean, frz. Komponist, * 23. 5. 1912 Le Mans. Komponierte u. a. die B.e *Scuola di Ballo* (nach Boccherini, Ch.: L. Massine, 1933), *La Luthérie enchantée* (dt. Titel: *Instrumentenzauber*, Ch.: S. Korty, 1936), *Le Roi nu* (dt. Titel: *Des Kaisers neue Kleider*, Ch.: S. Lifar, 1936) und *Les Demoiselles de la nuit* (Ch.: R. Petit, 1948). G. Balanchine choreographierte seine Serenade für Streichorchester (*À la Françaix*, 1951).

Francesca da Rimini, B. in 1 Akt und 2 Bildern, Libr.: D. Lichine und Henry Clifford, Ch.: Lichine, Mus.: Tschaikowsky, Dek.: Messel; UA 15. 7. 1937, B. Russe du Colonel de Basil, Covent Garden, London, mit L. Tchernicheva, P. Petroff, M. Platoff, A. Danilova, R. Jasinski u. a. – Dies ist die international am bekanntesten gewordene B.-Version der von Dante in seiner *Göttlichen Komödie* erzählten Geschichte von Paolo und Francesca, die einander lieben, obgleich Francesca mit Paolos älterem und häßlichem Bruder Malatesta verlobt ist. Dieser ertappt die beiden beim Lesen einer Liebesgeschichte und ermordet seinen Bruder, der zusammen mit Francesca stirbt. Auch andere Choreographen haben den Stoff behandelt und ihren B.en dieselbe Phantasie-Ouvertüre von Tschaikowsky zugrunde gelegt – u. a. Fokine (Petrograd 1915), W. Dollar (Le Th. d'Art du B., 1961) und M. Pistoni (Mailand 1965). Ein B. *F. d. R.* zu Musik von B. Assafjew choreographierte N. Cholfin 1947 am Moskauer Stanislawski-Nemirowitsch-Dantschenko-Musik-Th.

Franchetti, Jean-Pierre, frz. Tänzer, * 27. 4. 1944 Paris. Sohn des Tänzers, Pädagogen und B.-Meisters Raymond F. (* 1921 Auberviliers). Studierte bei Mauricette Cébron, dann bei seinem Vater. Tänzer an der Pariser Opéra 1959, Premier danseur 1967, Danseur étoile 1971. Exzelliert in Charakterrollen, mit Kreationen u. a. in M. Béjarts *Feuervogel* (1970), J. Butlers *Amériques*, F. Blaskas *Poème électrique* (beide 1973) und R. Nurejews *Manfred* (1979). Verheiratet mit der ehemaligen Tänzerin E. Gobin.

Lit.: G. Mannoni / P. Jouhaud, in: *Les Étoiles de l'Opéra de Paris*, Paris 1981.

Franck, César, belg. Komponist, * 10. 12. 1822 Liège, † 8. 11. 1890 Paris. Komponierte keine B.-Musik, doch wurden seine konzertanten Werke verschiedentlich B.en zugrunde gelegt – so u. a. von I. Duncan in *Redemption* (Paris 1915), F. Ashton in *Symphonic Variations* (Sadler's Wells B., 1946; auch von D. Lichine in *Evolución del movimento*, Buenos Aires 1947), J. Babilée in *Psyché* (B.s des Champs-Élysées,

1948), J. Lazzini in *Le Chasseur maudit* (Liège 1955) und J. Russillo in *Samson François* (das Klavierquintett, Paris 1971).

Frandsen, Edite (geb. E. Feifere), lett.-dän. Tänzerin und Pädagogin, * 20. 1. 1914 Riga. Studierte bei A. Fedorova. Tänzerin beim Opern-B. in Riga 1927, Primaballerina 1933 bis 1944. Ging dann nach Dänemark und eröffnete eine B.-Schule. B.-Meisterin in Malmö 1952. Lehrerin an der Kgl. Dän. B.-Schule 1961–72, wo A. Laerkesen, L. Isaksen und D. Bjoern zu ihren Schülerinnen gehörten. Professorin an der Wiener Musik- und Theater-Akademie 1972–75, anschließend B.-Meisterin Dt. Oper am Rhein 1975–79.

Frankfurt (Main). Zwar ist schon aus dem Mittelalter bekannt, welch eine wichtige Rolle man hier tänzerischen Veranstaltungen unter den Lustbarkeiten beimaß, doch kam es erst um die Mitte des 18. Jh.s mit Gründung eines städt. Th.s zu einer kontinuierlichen Tanzpflege. Unter dem Th.-Intendanten Joh. Böhm gelangten hier ab 1781 die ersten Noverre-B.e zur Auff., arrangiert von dem Noverre-Schüler Peter Vogt, der im gleichen Jahr auch Gluck-Angiolinis *Don Juan* (in 5 Akten) herausbrachte, welcher sich bis 1790 im Spielplan hielt. Auch im 1792 eröffneten F.er National-Th. wurde das B. gepflegt. Wiederholt gastierte hier die frz. Komp. Volange. Andere Gäste zu Beginn des 19. Jh.s waren die Prager Familie Uhlich, Monsieur Gigel und Mme. Guerin aus Berlin und eine Tänzertruppe des Wiener Hof-Th.s. 1810 eröffnete B.-Meister Lepitre eine B.-Schule, aus der auch die sehr beliebten Mercy und Helene Pitsch hervorgingen. Dann kam wiederholt die Familie Kobler, auch die frz. Komp. von Théodore et Jullien, die Komp. Casorti, das Ehepaar Taglioni, die B.-Komp. des Brüsseler Hof-Th.s und eine Pariser Gruppe unter dem Berliner Choreographen Telle (die letzten beiden 1831). 1833 wirkt hier der B.-Meister Eduard Prée, 1840 wird es ein gewisser Meersmann, der mit seiner Frau, der Ballerina Rachele Gazzaniga von der Mailänder Scala, *Das schlecht behütete Mädchen* herausbringt. Sie tanzt auch in dem berühmten Nonnen-B. in Meyerbeers *Robert der Teufel*. Anfang der fünfziger Jahre schwärmt auch F. von L. Grahn. 1863 gastiert das B. der Hamburger Oper unter K. Lanner. 1872 wurde Golinelli B.-Meister, der in seinen B.en seine ganze Familie auf die Bühne brachte. Er wurde 1878 von Ambrogio abgelöst, dem 1884–95 Maestro Gyurian folgte. B.-Titel, die im letzten Viertel des 19. Jh.s in F. zur Auff. gelangten, waren u. a. *Giselle*, *Robert und Bertram*, *Der Blumen Rache*, *Der Rekrut*, *Johannisnacht*, *Malers Traumbild*, *Coppélia*, *Verwandelte Katze*, *Puppenfee* und *Excelsior*. Über die ersten anderthalb Jahrzehnte des 20. Jh.s liegen keine B.-Nachrichten aus F. vor. 1915–17 hatte hier H. Kröller seine erste B.-Meister-Position inne, war aber durch die Kriegsereignisse sehr behindert. 1920 erregte N. Impekoven erstes Aufsehen. 1922 choreographierte Ilse Petersen die dt. EA von B. Bartóks *Der holzgeschnitzte Prinz*. Sehr große Verdienste erwarb sich B.-Meister Max Ferretti, der auch Universitäts-Tanzmeister war und 1930 im Alter von 80 Jahren starb. 1937 kam es zur UA von Hermann Reutters *Kirmes von Delft* (Ch.: S. Korty). Im selben Jahr choreographierte Inge Herting im Rahmen einer Wälterlin-Insz. die UA von C. Orffs *Carmina Burana*. Nach dem Zweiten Weltkrieg zog F. erstmals B.-Aufmerksamkeit auf sich, als H. Freund hier 1951–57 als B.-Meister wirkte und mit Tänzern wie N. Trofimowa, M. Fris, I. Mann, S. Köller, M. Luipart und R. Köchermann zusammenarbeitete. Ihm folgte W. Gore 1957–59, der hier die UA von *Die im Schatten leben* (*Eaters of Darkness*, 1958) herausbrachte. Dann hatte T. Gsovsky die B.-Leitung der Städt. Bühnen 1959–66 inne, die hier hauptsächlich Zweitauflagen ihrer Berliner B.e einstudierte, 1960 aber auch die dt. EA von Brecht-Weills *Die sieben Todsünden* choreographierte. Ihr Nachfolger war 1966–69 T. Bolender, zu dessen besten B.en *Time Cycle* (1967) gehörte. Von 1969–73 nahm das F.er B. ungewöhnlichen Aufschwung durch die initiativen- und ideenreiche B.-Direktion von J. Neumeier, dank dessen zielstrebiger Komp.- und Rep.-Politik und dramaturgisch klugen Bemühungen um neue abendfüllende Programmformen. Diese Höhe konnte das F.er B. unter seinen Nachfolgern A. Catá (1973–77) und F. Howald (1977–80) sowie E. Madsen (1980–84) nicht aufrechterhalten. Seit 1984/85 wirkt hier W. Forsythe als B.-Direktor.

Frankie and Johnny, B. in 1 Akt. Libr.: Michael Blandford und Jerome Moross, Mus.: Moross,

Ch.: R. Page und Bentley Stone, Dek.: Paul Dupont; UA 19. 6. 1938, Page-Stone-B., Great Northern Th., Chicago, mit Page und Stone in den Titelrollen. – Das B. folgt der bekannten amer. Ballade von Frankie, die eine Hure im Chicago der neunziger Jahre ist, und ihrem treulosen Zuhälter Johnny, der von ihr erschossen wird. – 1945 wurde das B. ins Rep. des B. Russe de Monte Carlo übernommen.

Franklin, Frederic, engl.-amer. Tänzer, Choreograph, Pädagoge und B.-Direktor, * 13. 6. 1914 Liverpool. Studierte bei Elliott-Clarke, dann bei L. Kyasht, N. Legat und L. Egorova. Debüt Casino de Paris 1931. Tänzer in Londoner Kabaretts, Music Halls etc., dann mit der Markova-Dolin Comp. 1935–37. Premier danseur beim B. Russe de Monte Carlo 1938, B.-Meister 1944. Später bei verschiedenen Komp.n tätig, u. a. Sadler's Wells B., Slavenska-F. B., Mailänder Scala und American B. Th. Kreierte Rollen u. a. in L. Massine *Gaîté Parisienne* (1938), *Siebente Sinfonie* (1938) und *Étrange Farandole* (1939), F. Ashtons *The Devil's Holiday* (1939) und A. de Milles *Rodeo* (1942). Direktor des National B., Washington (D. C.) und der angegliederten Schule 1962–74, seither bei verschiedenen Komp.n, u. a. Dance Th. of Harlem, Pittsburgh B. Th., Cincinnati B. und San Juan B.

Frankreich. Ein typisches Renaissance-Produkt, ging das B. hier aus den allegorischen Hof-Schaustücken und den Bemühungen der Académiciens hervor, das ursprüngliche Verhältnis zwischen Dichtkunst, Musik und Tanz, wie es im griech. Th. vorhanden war, wiederherzustellen. Katharina von Medici unterstützte diese Bestrebungen, als sie aus Florenz nach Paris kam, und das *Ballet Comique de la Reine* diente 1581 als Modell für das sich allmählich herauskristallisierende B. de cour. Die Académie Française fixierte 1635 die literarischen Regeln für das Abfassen von B.-Libretti. Die Gründung der Académie Royale de Danse 1661 und die Eröffnung einer der Académie Royale de Musique angegliederten Tanzschule 1672 markierten den Beginn einer systematischen Erforschung objektiver Normen zur Perfektionierung der Tanzkunst. Das gleiche Jahr 1661 sah den Höhepunkt des Comédie B.s mit *Les Fâcheux* von Molière und Beauchamp. Mit der Ernennung Lullys als Direktor der Académie Royale de Musique erfuhr der Status des Tanzes 1672 eine beträchtliche Aufwertung. In seinem *Triomphe de l'amour* erschien Mlle. Lafontaine 1681 als erste professionelle Tänzerin im Palais Royal. Es dauerte jedoch noch bis 1758, ehe das erste B. ohne Worte aufgeführt wurde, Noverres *Caprices de Galatée* in Lyon. Mit Daubervals *La Fille mal gardée* erschien 1789 das erste Demi-caractère-B. in Bordeaux. 1831 wies dann das B. der Nonnen in Meyerbeers Oper *Robert der Teufel* dem romantischen B. den Weg. Höhepunkte dieser Richtung waren Taglionis *La Sylphide* 1832 und Coralli-Perrots *Giselle* 1841. Dies war das goldene Ballerinen-Zeitalter, mit M. Taglioni, F. Elßler, C. Grisi und F. Cerrito als Rivalinnen. Der generelle Niedergang des frz. B.s während der zweiten Hälfte des 19. Jh.s wurde 1870 mit der Premiere von Saint-Léons *Coppélia* kurz unterbrochen – das erste Charakter-B. der Geschichte. Nicht einmal die glanzvolle Eröffnung des Palais Garnier mit Mérantes *Sylvia* konnte 1876 vergessen machen, daß F. seinen besten Choreographen an Rußland verloren hatte: Petipa. Erst während der zehner und zwanziger Jahre des 20. Jh.s erlangte Paris seinen Ruf als Welthauptstadt des B.s zurück – nicht durch genuin frz. Beiträge, sondern dank der regulären Saisons von Diaghilews B.s Russes. Nach ihrem Ende 1929 erwachte die Pariser Opéra zu neuem Leben durch die langjährige B.-Direktion von S. Lifar, ohne daß sich ihr Einfluß auch außerhalb der Pariser Bannmeile bemerkbar gemacht hätte. Nach 1945 änderte sich die Situation grundlegend, wurde frz. B. zu einem schicken Exportartikel durch die kleinen Komp.n von R. Petit, J. Charrat, J. Babilée und etwas später auch Miskovitch und Béjart. An der Opéra trat Lifar wiederholt zurück, um anschließend sein Comeback zu feiern, und die B.-Direktoren wechselten in rascher Aufeinanderfolge. Abermals verlor F. seinen kreativsten Choreographen, als Béjart nach Brüssel ging und dort sein B. du XXe Siècle aufbaute. Obgleich F. von allen wichtigen Komp.n der ganzen Welt in ständig wachsendem Umfang besucht wurde, blieb sein schöpferischer Beitrag gering. Dabei bringen die frz. B.-Schulen nach wie vor eine Fülle hervorragend ausgebildeter Tänzer hervor. Seit den sechziger Jahren mehren sich die B.-Aktivitäten auch außerhalb von

Paris: J. Lazzinis Arbeit in Marseille (wo Petit seit 1973 sein Domizil aufgeschlagen hat), die Gründung des B. Th. Contemporain 1968 in Amiens, V. Biagis B.-Direktion in Lyon, F. Blaskas Aktivitäten in Grenoble und das B. du Rhin der Opernhäuser von Straßburg und Mülhausen, später auch Rennes unter G. G. Caciuleanu. Zunehmend macht sich auch Interesse für den zeitgenössischen Tanz breit, gipfelnd in C. Carlsons Berufung als Étoile chorégraphique an der Opéra 1974–81. Eine weitere Belebung der frz. Tanzszene erhofft man sich von der Berufung R. Nurejews als B.-Chef der Pariser Opéra zur Spielzeit 1983/84. F. verfügt heute über eine Vielzahl von klassischen und modernen Komp.n jeglicher Größenordnung, über zahlreiche, das ganze Land überziehende Tanzfestivals, doch sein Beitrag zur internationalen Tanzszene ist zu Beginn der achtziger Jahre nicht entfernt den amer. und engl. Beiträgen vergleichbar. Einen guten Überblick über das frz. Tanzschaffen bieten die seit Februar 1968 erscheinenden Hefte der Tanzzeitschrift *Les Saisons de la danse.*

Frappé (frz. *frapper*, schlagen), im B. der leichte Fersenanschlag des Spielbeins gegen das Standbein im Wechsel von *sur le cou-de-pied dessus* und *dessous.*

Fritsch, Albin, dt. Pädagoge, * 4. 5. 1921 Wenzelsdorf (ČSSR), † 1. 7. 1980 Berlin. Studierte Pädagogik an der Technischen Hochschule Dresden, promovierte ebd. mit einer Arbeit über das »Beispiel der pädagogischen Funktion des Tanzes in der Geschichte der Erziehung«. Mitbegründer und langjähriger Direktor der zentralen B.-Schule in Ost-Berlin.

Froman, Margarita Petrowna, russ.-jugosl. Tänzerin, Choreographin und B.-Meisterin, * 8. 11. 1890 Moskau, † 24. 3. 1970 Boston. Sie studierte an der Schule des Moskauer Bolschoi-B.s, machte 1915 ihr Examen, ging 1916 zu Diaghilew, kehrte 1917 als Ballerina zum Bolschoi-B. zurück, ging dann 1921 nach Jugoslawien, wo sie sich zuerst in Zagreb, später auch in Belgrad große Verdienste um den Aufbau der dortigen Schulen und B.-Komp.n erwarb. Zu ihren bekanntesten Schülerinnen gehörten Mia Corak (alias Mia Slavenska) und Ana Roje. Sie choreographierte und inszenierte eine große Zahl von B.en, von Klassikern wie *Coppélia, Schwanensee* und *Raymonda* über Diaghilew-B. wie *Petruschka, Dreispitz* und *Les Noces* bis zu national-jugosl. Stoffen wie *Das Lebkuchenherz* (Mus.: Kresimir Baranović, 1924) und *Ochridische Legende* (Mus.: Steven Hristić, 1947). Anfang der fünfziger Jahre übersiedelte sie in die USA, wo sie in Connecticut noch lange unterrichtete. (→ Belgrad.)

Frühlingsopfer, Das → *Sacre du printemps, Le.*

Fünf Positionen. Bezeichnet die nach Rameau (1725) von P. Beauchamp fixierten Grundstellungen der Füße im akad. B. In der 1. Position bilden beide vollkommen auswärts gedrehten Füße eine ununterbrochene gerade Linie – die Fersen stoßen hier aneinander. In der 2. Position bilden beide Füße ebenfalls eine gerade Linie – mit einem Schrittabstand zwischen beiden Fersen. In der 3. Position stehen beide Füße parallel und in entgegengesetzte Richtung zeigend hintereinander – die Ferse des hinteren Fußes schmiegt sich dabei in die mittlere Höhlung des Vorderfußes. Die 4. Position ist – wie die 2. – eine offene Position, wobei beide Füße parallel und in entgegengesetzte Richtung zeigend hintereinander stehen – im Gegensatz zur 3. jedoch mit einem Abstand von etwa einem Schritt. In der 5. Position stehen beide Füße parallel und in entgegengesetzte Richtungen zeigend exakt hintereinander, wobei Spitzen und Fersen der beiden Füße einander berühren.

5 Tangos, B. in 5 Teilen, Ch.: H. van Manen, Mus.: A. Piazzolla, Dek.: J. P. Vroom; UA 3. 11. 1977, Holl. National-B., Stadsschouwburg, Amsterdam, mit C. Farha, S. Marchiolli u. a. Choreographiert zu Piazzollas 5 Tangos für 7 Paare, sind die Titel der einzelnen Stücke »Todo Buenos Aires«, »Mort«, »Vayamos al Diablo«, »Resurreccion del Angel« und »Buenos Aires, Hora 0«. Von zahlreichen anderen Komp.n übernommen (Dt. Oper Berlin, 1979; Stuttgart und Basel 1981).

Fukagawa, Hideo, jap. Tänzer, * 23. 8. 1949 Nagoya. Studierte bei Minoru Otchi und J. Schneider. Tänzer beim Asami Maki B. in Tokio, dann Komische Oper Ost-Berlin 1969,

Stuttgart 1971, Münchner Staatsoper 1973–80. Hat seither eine eigene B.-Schule in Tokio.

Fuller, Loie, amer. Tänzerin, * 22. 1. 1862 Fullersbourg, † 21. 1. 1928 Paris. Hatte nie eine richtige Tanzausbildung, sondern begann in Show-Prod.en und führte in solch einem Stück 1890 einen *Serpentinentanz* aus, der hauptsächlich auf dem Effekt fließender Seidenbahnen beruhte. Sie fand damit so ungeheueren Anklang, daß sie sich ganz auf die Darbietung von Soloakten konzentrierte, die mit Tanz zwar kaum etwas zu tun hatten, die Zeitgenossen des Jugendstils aber faszinierten, besonders in Europa, wo sie 1892 bei den Folies-Bergères in Paris debütierte. Dort brachte sie es zu so großem Ruhm, daß ihr zur Pariser Weltausstellung 1900 ein eigenes Theater zur Verfügung gestellt wurde. Hier experimentierte sie mit neuen Beleuchtungseffekten, mit neuen durchsichtigen Stoffen und mit neuen mechanischen Hilfsmitteln (z. B. Stäben, mit denen sie ihre Arme verlängerte), mittels derer sie neuartige Bewegungssuggestionen erzeugte. Sie verfügte über keinerlei Technik, sondern improvisierte aus einer »unbestimmten Kraft« heraus Nummern, die sie *Serpentinentanz*, *Feuertanz*, *Das Veilchen*, *Der Schmetterling* und *Tanz der Freude* nannte. Dafür holte sie sich Anregungen aus der Natur und der bildenden Kunst. Obwohl sie Isadora Duncan 1901 nach Berlin und Wien brachte, kann man sie schwer als Pionierfigur des Modern Dance reklamieren. Doch gibt es keinen Zweifel, daß sie ihre Zeitgenossen faszinierte, u. a. auch den Bildhauer Rodin und den Maler Toulouse-Lautrec. Kein Geringerer als A. France schrieb das Vorwort zu ihren 1908 veröffentlichten Memoiren *Quinze ans de ma vie*.

Lit.: Cl. de Morinni, *L. F.*, in Dance Index 1,3 (1942).

Fulton, Gaye, engl. Tänzerin, * 15. 10. 1939 Manchester. Studierte an der Arts Educational School. Tänzerin beim London Festival B. 1958, Solistin 1960. Primaballerina Zürich 1964–78. Gastballerina beim Washington National B. 1970, London Festival B. 1970/71, dann wieder regelmäßig ab 1972. Eine hervorragende Vertreterin der klassischen Ballerinenrollen, wurde sie in Zürich zur Beriosoff-Ballerina par excellence. Verheiratet mit dem Dirigenten Karl Rickenbacher.

Furiant, feuriger, rascher böhmischer Volkstanz mit wechselnder Taktart (3 Takte 2/4, 2 Takte 3/4). Es handelt sich um einen ländlichen Werbetanz mit erotischer Pantomime des Mannes, während das Mädchen vor ihm oder um ihn herumtanzt. Am Schluß finden sich beide zu einem gemeinsam getanzten Ländler-Walzer. Dvořáks *Slawische Tänze* und Smetanas Oper *Die verkaufte Braut* enthalten besonders zündende F.s.

Furlana → Forlana.

Furtwängler, Gise, dt. Tänzerin, Choreographin und B.-Direktorin, * 25. 9. 1917 Berlin, † 1. 11. 1979 Hannover. Studierte bei M. Terpis und T. Rauser. Debütierte als Kabarett-Tänzerin. Tänzerin in Königsberg, Wuppertal, mit verschiedenen Tournee-Komp.n, dann an der Ostberliner Komischen Oper, wo sie 1955 S. Prokofjews *Verlorenen Sohn* choreographierte. B.-Direktorin in Oberhausen 1961–64, Münster 1964–66, Köln 1966–69, Krefeld 1971–74 und Hannover 1974–76. Schuf einige ihrer besten B.e zu Kammermusik, u. a. *Serenade op. 24* (Mus.: Schönberg, 1964), *Klaviertrio* (Mus.: Ravel, 1966), *Intime Briefe* (Mus.: Janáček, 1968), aber auch sehr erfolgreiche Versionen von Milhauds *'adame miroir* (1964) und Ravels *Rhapsodie espagnole* und *Bolero*.

Fuzelier, Louis, frz. Schriftsteller und Choreograph, * 1677, † 1752. Mitgl. der Académie Royale. Er genoß großes Ansehen vor allem als Verfasser der B.e *Les Amours des dieux* (1727) und *Les Indes galantes* (Mus.: Rameau, 1735).

G

Gable, Christopher, engl. Tänzer, Schauspieler und Pädagoge, * 1940 London. Studierte an der Royal B. School. Mitgl. der Tourneegruppe des Royal B. 1957, Solist 1959, Principal Dancer 1961, dann Solist der Covent Garden Comp. 1963–67, wonach er in eine Schauspielerkarriere überwechselte. Einer der populärsten Tänzer der Komp., als der er alle einschlägigen Premier-danseur-Rollen tanzte. Rollenkreationen u. a. in K. MacMillans *The Invitation* (1960) und *Images of Love* (1964) sowie – alternativ mit R. Nurejew – *Romeo und Julia* (1965). Seither mehrfach in Filmen von K. Russell, u. a. in *The Boyfriend* (1972). Seit 1982 Leiter der Central School of B. in London.

Gabowitsch, Michail Michailowitsch, sowj. Tänzer, * 27. 5. 1948 Moskau. Sohn des prominenten Bolschoi-Tänzers und Pädagogen Michail G. (* 1905, † 1965), studierte er an der Moskauer Bolschoi-B.-Schule. Mitgl. des Bolschoi-B.s 1967, zu dessen populärsten Solisten er heute gehört, ein exzellenter Charaktertänzer. Verheiratet mit der Tänzerin Tatjana Bessmertnowa.

Gadd, Ulf, schwed. Tänzer, Choreograph und B.-Direktor, * 8. 3. 1943 Göteborg. Studierte bei Mila Gardemeister und an der Kgl. Schwed. B.-Schule. Mitgl. des Kgl. Schwed. B.s 1960, Solist 1965. Tänzer beim Harkness B. und in Göteborg 1968–70, wo er Bartóks *Wunderbaren Mandarin* choreographierte und anschließend mit C. Borg zusammen das Neue Schwed. B. gründete, mit dem er auf Tournee ging. Seit 1972 B.-Meister und Choreograph in Göteborg, ist er seit 1976 Künstlerischer Direktor der dortigen Komp., als der er zahlreiche B.e choreographiert u. a. *Der Ring* [des Nibelungen], 1983), als Gast aber auch bei anderen Komp.n gearbeitet hat (Dt. Oper Berlin, 1972).

Gades, Antonio, span. Tänzer, * 1936 Madrid. Debütierte als Dreizehnjähriger im Circo Price, ging im nächsten Jahr zu Pilar Lopez, in deren Komp. er neun Jahre lang tanzte. Anfang der sechziger Jahre arbeitete er in Rom, Spoleto und Mailand. Seinen großen internationalen Durchbruch hatte er, als er mit seiner eigenen Komp. bei der Weltausstellung von New York im Jahr 1964 auftrat. Er gilt als einer der faszinierenden span. Tänzer seiner Generation. Sein Ziel war und ist es, das klassische B. »mit den kulturellen Notwendigkeiten unseres Volkes zu verbinden«. G. wurde 1978 zum Leiter des in diesem Jahr gegründeten Span. National-B.s ernannt, jedoch schon 1980 von Antonio (Ruiz Soler) abgelöst. Choreograph der Filme *Bluthochzeit* (1982) und *Carmen* (1983).

Gagaku, bezeichnet die »vornehme Musik«, die seit 703 n. Chr. ununterbrochen am jap. Kaiserhof tradiert und gespielt wurde. Das Ens., das die Gesänge und Tänze ausführt, besteht ausschließlich aus Männern, die seit Jahrhunderten aus denselben Familien kommen. Die dem Begriff G. integrierten musikbegleiteten Tänze heißen für sich Bugaku. Dabei handelt es sich um einen rituell-formalistischen Tanzstil von strenger Symmetrie ohne jegliche Handlung. – Durch den 1959 erfolgten Besuch des G.-Ens.s in New York wurde Balanchine zu seinem *Bugaku-B.* inspiriert.

Gai, Loris, ital. Tänzer und Choreograph, * 1928 Pistoia. Studierte an der B.-Schule der Mailänder Scala. Tänzer beim Scala-B. bis 1960. Wurde bekannt als Choreograph für die Komp. von C. Fracci und B. Menegatti, für die er u. a. *Die Möwe* (Mus.: R. Vlad, 1968), *Baiser de la Fée* und *Pulcinella* (Mus.: Strawinsky, 1971), die ital. EA der *Steinernen Blume* (Mus.: Prokofjew, 1973), *Nobilissima Visione* (Mus.: Hindemith) und *Tragödie der Salome* (Mus.: Strauss, 1974) choreographierte.

Gaîté Parisienne, B. in 1 Akt, Libr. und Dek.: Comte Étienne de Beaumont, Ch.: L. Massine, Mus.: J. Offenbach (instrumentiert von M. Rosenthal), UA 5. 4. 1938, B. Russe de Monte Carlo, Monte Carlo, mit Nina Tarakanova, Eugenia Delarova, Massine, F. Franklin, I. Youskevitch u. a. – Die Handlung hat nur andeutungsweise etwas mit der gleichnamigen Operette von Offenbach zu tun. Das B. spielt in einem Pariser Nachtlokal der Belle Epoque. Im Mittelpunkt stehen ein reicher Peruaner, eine Handschuhverkäuferin, ein Blumenmädchen und ein Offizier. Zwischen ihnen und den anderen Beteiligten entwickeln sich mehrere Flirts und Amouren. Die Rolle der Handschuhverkäuferin wurde später zu einem der größten Erfolge von A. Danilova. Massine hat das B., das 1941 verfilmt wurde, verschiedentlich auch anderen Komp.n einstudiert. Ein anderes B., *G. P.*, gleichfalls zu Musik von Offenbach, von M. Béjart 1978 fürs B. du XXe Siècle. Unter diesem Titel, zusammen mit Offenbachs *Le Papillon*, Ch.: G. Veredon, München 1982.

Lit.: G. Balanchine / F. Mason, in: *Balanchine's Complete Stories of the Great Ballets*, Garden City (N. Y.) 1977.

Gajaneh (russ. Originaltitel), B. in 4 Akten und 6 Bildern, Libr.: K. Derschawin, Ch.: N. Anissimowa, Mus.: Chatschaturjan, Bühne: N. Altman, Kost.: T. Bruni, UA 9. 12. 1942, Kirow-B., Molotow-Perm. – Die Handlung spielt in einer armen. Baumwoll-Kolchose. G., eine Baumwollpflückerin, ist mit dem heruntergekommenen Giko verheiratet, der sich später als Brandstifter betätigt und festgenommen wird – sie liebt indessen den Kolchosvorsitzenden Kasakow, und am Schluß finden die beiden denn auch zusammen, wobei es zu einem Fest-Divertissement kommt, mit dem Säbeltanz als berühmtester Einzelnummer. – Unter dem Titel *Das Glück* war eine Frühfassung der Musik bereits 1939 in Jerewan zur UA gelangt (Ch.: Ilja Arbatow). Eine überarbeitete Fassung von Anissimowa hatte am 20. 2. 1945 in Leningrad Premiere, wobei die Hauptrollen von N. Dudinskaja, Anissimowa, N. Sukowski und K. Sergejew getanzt wurden. Nachdem schon 1947 in Hamburg H. Swedlund die dt. EA der *G.*-Suite (*Die Erde*) choreographiert hatte, kam es 1955 zur dt. EA des kompletten B.s an der Dt. Staatsoper Berlin (Ch.: L. Gruber). Zu einer Musikauswahl aus *G.* choreographierte G. Skibine das B. *Der Gefangene im Kaukasus* (Grand B. du Marquis de Cuevas, 1951).

Lit.: O. F. Regner / H.-L. Schneiders, in: *Reclams Ballettführer*, Stuttgart [8]1980.

Gala Performance, B. in 1 Akt und 2 Bildern, Libr. und Ch.: A. Tudor, Mus.: Prokofjew (1. Satz des 3. Klavierkonzerts, dann Klassische Sinfonie), Dek.: H. Stevenson; UA 5. 12. 1938, London B., Toynbee Hall, London, mit P. van Praagh, M. Lloyd, G. Larsen, Tudor und H. Laing. – Das B. zeigt zunächst die Vorbereitungen auf der Bühne für eine B.-Gala, dann die Vorst. selbst, in der drei Ballerinen, La Reine de la danse aus Moskau, La Déesse de la danse aus Mailand und La Fille de Terpsichore aus Paris einander die Schau zu stehlen trachten. – Anderthalb Jahre nach seiner UA ins Rep. des B. Rambert übernommen, hat sich das B. von dort aus auch international rasch durchgesetzt und Eingang ins Rep. zahlreicher europ. und amer. Truppen gefunden. Dt. Erstprod. am 12. 10. 1963 an der Dt. Oper Berlin. – Eine eigene Version zur selben Musik choreographierte S. Ress unter dem Titel *Wettstreit der Ballerinen* 1950 an der Komischen Oper Berlin.

Lit.: O. F. Regner / H.-L. Schneiders, in: *Reclams Ballettführer*, Stuttgart [8]1980.

Galeotti, Vincenzo (eigentl. Tomaselli), ital. Tänzer, Choreograph und Pädagoge, * 1733 Florenz, † 1816 Kopenhagen. Er wurde in Italien ausgebildet, bereiste als Tänzer Europa, war dann 1765–73 an verschiedenen Th.n in Venedig engagiert, choreographierte dort auch seine ersten Opern-B.-Einlagen und Divertissements, gastierte 1769/70 am Londoner King's Th. und ging dann, stark beeindruckt von dem ihm überall begegnenden Einflüssen Noverres und Angiolinis, 1775 nach Kopenhagen, wo er weiterhin als Tänzer wirkte und als Lehrer und B.-Meister die Basis schuf, auf der das Kgl. Dän. B. bis zum heutigen Tage ruht. Er war dort bis an sein Lebensende tätig und hat sich um die Durchsetzung des B. d'action große Verdienste erworben. Die Titel seiner für Kopenhagen geschaffenen B.e weisen ihn als vielseitig interessierten Mann aus. Deutlich unter dem Einfluß von Angiolini stehen *Die verlassene Dido* (1777), *Don Juan* (1781) und *Semiramis* (Mus.: Darbes, 1787). Später entstanden u. a. noch *Telemach auf der Insel Kalypsos* (1792), *Annette und Lubin* (1797), *Inez de Castro* (1804), *Romeo und Julia* (Mus.: K. Schall, 1811) und *Macbeth* (Mus.: Schall, 1816). Sein populärstes B. *Die Launen Cupidos und des Ballettmeisters* (Mus.: J. Lolle, 1786) ist die älteste der erhalten gebliebenen

Ch.n. Es wird noch heute vom Kgl. Dän. B. aufgeführt.

Gallet, Sébastien, frz. Tänzer und Choreograph, * 1753, † 1807 (Geburts- und Sterbeort nicht bekannt). Er war Schüler Noverres und wie dieser ein Gegner Angiolinis. Nach Engagements in Venedig, Turin, Mailand und Neapel wirkte er 1803–05 in Wien, wo er folgende B.e herausbrachte: *Bacchus und Ariadne* (Mus.: Th. Weigel, 1803), *Die verliebten Torheiten*, *Der Sabinerraub* (Mus.: P. Wranitzky), *Amors Rache*, *Vologesus oder Der Triumph der Treue* (Mus.: Winter – alle 1804), *Zufriedenheit überwiegt Reichtum oder Der Tiroler Jahrmarkt*, *Freundschaft mehr als Liebe*, *Die Erkenntlichkeit*, *Der Seehafen* (alle 1805) und *Verlegenheit durch Zufälle* (erstes »romantisches« B. in Wien).

Galliarde, auch Gaillarde (ital. *gagliarda*, Femininform von *gagliardo*, stark, rasch). Bezeichnet 1550–1650 einen höfischen Paartanz von ausgelassen-keckem Charakter im Dreiertakt. Es handelt sich von Haus aus um einen pantomimischen Werbetanz, dem meist eine gravitätische Pavane vorausgeht. Die G. wurde im Lauf der Zeit immer rascher und zügelloser, sie erforderte mit ihren Fußstößen und Sprüngen besondere Geschicklichkeit.

Galopp, im Tanz ein 1805 zum ersten Mal erwähnter paarweise getanzter Gesellschaftstanz, der sich seit 1825 von Norddeutschland aus rasch über ganz Europa verbreitete. Der mit schnellem Tempo gespielte G. vereinigte Wechselschritte mit Drehungen. Als Schlußtanz eines Balls erfreute er sich bis etwa 1875 größter Beliebtheit. Am berühmtesten wurde der Galop infernal von Offenbach in dessen Operette *Orpheus in der Unterwelt* (1858).

Games, Tanzstück von D. McKayle, Mus.: traditionelle Songs, gesungen von June Lewis und McKayle, Dek.: Paul Bertelsen, Kost.: Remy Charlip; UA 21. 3. 1951, Hunter College Playhouse, New York, mit McKayle, Charlip u. a. – Das Stück zeigt Kinder, die in den Slums ihre traditionellen Lieder und Spiele singen und ausführen, immer unter dem Schatten der Furcht vor den »Cops«, den Polizisten. McKayle wurde mit diesem Tanzstück berühmt, er hat es auch anderen Gruppen neueinstudiert.

Lit.: G. Balanchine / F. Mason, in: *Balanchine's Complete Stories of the Great Ballets*, Garden City (N. Y.) 1977.

Gamson, Annabelle, amer. Tänzerin und Choreographin, * 6. 8. 1928 New York. Studierte bei J. Levien, M. O'Donnell, H. Platonova, an der High School of Performing Arts und mit K. Dunham. Als Tänzerin zeitweise bei der Duncan Comp. Erstes eigenes Programm unter dem Namen A. Gold im New Yorker Henry Street Playhouse 1955. Studierte weiter bei A. Nikolais. Durch Lecture-Demonstrations über I. Duncan kam sie dazu, einzelne Tänze von Duncan zu rekonstruieren, mit denen sie 1974 im American Th. Laboratorium einen Überraschungserfolg erzielte, der sie dazu veranlaßte, sich intensiv mit der Rekonstruktion von Duncan-Tänzen, aber auch von Wigman-Tänzen zu befassen, mit denen sie regelmäßig auftritt. Ist auch als Choreographin eigener Tänze tätig.

Ganio, Denys, frz. Tänzer, * 25. 4. 1950 Villeneuve-les-Avignon. Studierte an der Pariser Opéra-B.-Schule. Tänzer beim Opéra-B. 1965, dann beim B. de Marseille, wo er zahlreiche Rollen in den B.en von R. Petit kreierte, u. a. in *Les Intermittences du coeur* (1974), *Coppélia* (1975), *Nußknacker* (1976), *Fledermaus* (1979), *L'Arlesienne* (1981) und *Hoffmanns Erzählungen* (1982).

García, Marta, kub. Tänzerin, * um 1945 Havanna. Studierte an der B.-Schule der Alonsos, mit Eugenia Klemenskaia und an der Escuela Provincial de B. Tänzerin beim Kub. National-B. 1965, wo sie die Ballerinen-Rollen tanzt. Rollenkreationen in den B.en von J. Parés, A. Alonso und A. Vaquez.

García Lorca, Federico, span. Dichter und Dramatiker, * 5. 6. 1898 Fuentevaqueros, † 19. 8. 1936 Viznar. Seine Gedichte und Schauspiele haben häufig die Anregung zu einzelnen Tänzen und B.en gegeben – so u. a. zu D. Humphreys *Lament for Ignacio Sánchez Mejías* (Mus.: N. Lloyd, 1947), S. Gaskells *Die Liebe von Don Perlimplin und Belisa* (Mus.: Villa-Lobos, 1952; auch T. Gsovskys *Der rote Mantel*, Mus.: Nono, 1954), A. Rodrigues' *Blood Wedding* (Mus.: D. ApIvor, 1953; auch als Film-Ch. von A. Gades, 1982), H. Tomaszewskis *Sobald fünf Jahre vergehen* (Mus.: J. Luciuk, 1972), B. Pilatos *Der verdorrte Zweig* (nach *Yerma*, Mus.: M. Kelemen, 1974; auch von D. Reiter-Soffer in *Yerma*, Mus.: G. Crumb, 1976), Chr. Bruces *Ancient Voices of Children* (Mus.: Crumb, 1975; zahlreiche andere Versionen zur gleichen Musik) und *Cruel Garden* (Mus.: C. Miranda, 1977). Sein am meisten ballettadaptiertes Stück ist jedoch *Bernarda Albas Haus* (1936), zu dem Ch.n u. a. von A. Ailey (*Feast of Ashes*, Mus.: C. Surinach, 1962), K. MacMillan (*Las Hermanas*, Mus.: F. Martin, 1963), I. Sertić (*Las Apasionadas*, Mus.: Kelemen, 1964) und E. Pomare (*Las Desenamoradas*, Mus.: J. Coltrane, 1967) existieren. Ein abendfüllendes *Spectacle F. G. L.* (mit *Amours de Don Perlimplin*, *Noces de sang* und *Ignazio Sánchez Mejías*) choreographierte J. Giuliano für das Th. des Hauts-de-Seine 1972.

Gardel, Maximilien, frz. Tänzer und B.-Meister, * 18. 12. 1741 Mannheim, † 11. 3. 1787 Paris. Er war der Sohn eines B.-Meisters am Hofe König Stanislaws von Polen. Debüt 1755 an der Pariser Opéra. 1762–64 tanzte er in Stuttgart unter Noverre. Weitere Laufbahn an der Opéra. Dort erregte er großes Aufsehen, als er 1772 als erster Tänzer in Rameaus *Castor und Pollux* ohne Maske tanzte (um nicht mit Vestris verwechselt zu werden, der in seiner Rolle angekündigt worden war). Im Jahr 1773 wurde er zusammen mit Dauberval zum B.-Meister ernannt. Er gilt als einer der Vorkämpfer der B.-Pantomime im Sinne Noverres. Seine erfolgreichsten B.e waren u. a. *Ninette à la cour* (1778), *Mirza et Lindor* (Mus.: Gossec, 1779), *Le Déserteur* (1784), *Le premier navigateur* (Mus.: Grétry, 1785).
Sein Bruder und Schüler Pierre Gardel, * 4. 2. 1758 Nancy, † 18. 10. 1840 Paris, wurde 1780 Solist an der Opéra, er löste 1787 seinen verstorbenen Bruder als Choreograph und B.-Meister ab. Letzteren Posten behielt er bis zu seiner Pensionierung im Jahre 1829. Er war einer der berühmtesten Lehrer seiner Zeit, zu dessen Schülern auch C. Blasis gehörte. Von seinen zahlreichen B.en seien genannt: *Télémaque* (Mus.: Miller, 1790), *Psyché* (1790), *La Dansomanie* (Mus.: Mehul, 1800), *Achille à Scyros* (Mus.: Cherubini) und *Paul et Virginie* (Mus.: Kreutzer, 1806).

Garski, Brigitte, dt. Tänzerin und Pädagogin, * 17. 1. 1932 Bochum. Studierte an der Essener Folkwang-Schule, Berliner Wigman-Schule und Hamburger Rogge-Schule. Tourneen mit Soloprogrammen 1950–60. Studierte weiter in New York am Connecticut College und bei M. Graham. Choreogr. Mitarbeiterin von D. Hoyer bei den Salzburger Festspielen 1963–65. Seit 1966 am Kölner Institut für Bühnentanz als Dozentin für Modernen Tanz und Historischen Tanz. Gründete 1973 ebd. das Ens. für Historischen Tanz »Corona di Danza«, für das sie seither als Choreographin tätig ist und mit dem sie verschiedene Gastspielreisen unternommen hat.

Gaskell, Sonia, holl. Pädagogin, Choreographin und B.-Direktorin, * 14. 4. 1904 Vilkaviškis (Litauen), † 9. 7. 1974 Paris. Nachdem sie noch bei Diaghilew engagiert war und in Paris 1936–39 unterrichtet hatte, ging sie nach Amsterdam, wo sie wiederum unterrichtete und nach dem Zweiten Weltkrieg die B. Recital Gruppe gründete. Sie wurde dann 1954 Direktorin des Nederlands B., gründete die Niederländische B.-Akademie in Den Haag, wurde 1959 zur Direktorin des Amsterdam B. ernannt, aus dem 1961 das heutige Holl. National-B. hervorging, dessen Künstlerische Direktorin sie bis 1969 war. Sie choreographierte zahlreiche B.e, doch beruht ihre eigentliche Bedeutung auf ihrem Wirken als Organisatorin und Pädagogin. Gilt als eine der wichtigsten Pionierpersönlichkeiten des B.s in Holland.

Lit.: C. van de Weetering / L. Utrecht, *S. G.*, Zutphen 1976.

GATOB, Abkürzung für Gosudarstweni Akademischeski Teatr Operi i Baleta (Staatlich-akademisches Th. für Oper und B.). Bezeichnung für das ehemalige St. Petersburg-Petrograder Marien-Th. nach der Oktoberrevolution 1917 (bis zur 1935 erfolgten Umbenennung in Kirow-Th.).

Gaugusch, Christine, österr. Tänzerin, * 4. 3. 1951 Wien. Studierte an der B.-Schule der Wiener Staatsoper, deren Mitglied sie seit 1966 ist, Halbsolistin 1977, Solistin 1982. Rollenkreationen u. a. in H. Spoerlis *Ein Faschingsschwank* (1977) und im Rahmen der Wiener Prod. von J. Neumeiers *Daphnis und Chloe* (1983).

Gautier, Théophile, frz. Dichter und Schriftsteller, * 30. 8. 1811 Tarbes, † 23. 10. 1872 Neuilly.

War einer der führenden Köpfe der frz. Romantik und gewann ab 1836 als Kritiker von *La Presse* großen Einfluß auf die Entwicklung des Pariser B.s. Als Bewunderer und – nicht erhörter – Liebhaber von C. Grisi war er als Koautor am Libr. von *Giselle* beteiligt. Er war ein Formalist ersten Ranges, dessen höchstes Ideal auch im B. *l'art pour l'art* war. Seine Kritiken vermitteln einen überaus anschaulichen Begriff des Pariser B.s von 1836–48. Seine Originalbeiträge sind über verschiedene Bände verteilt. Sie erschienen in einer von C. W. Beaumont edierten engl. Publikation: *The Romantic Ballet As Seen by Th. G.* (1932).

Lit.: E. Binney, *Les Ballets de Th. G.*, Paris 1965.

Gavotte, ursprünglich ein Reigentanz der Gavots in der Provence mit einem Solopaar in der Mitte eines Kreises. Schon im 16. Jh. wurde die G. ein Gesellschaftstanz. Unter Ludwig XIV. wurde sie – nach dem Branle – zum zweiten Eröffnungstanz eines feierlichen Hofballs. Alle Paare nahmen daran teil und tanzten hinter dem Königspaar einher. Nach 1700 wurde die G. nur noch als Bühnentanz gepflegt. Dabei gingen allerdings die Hüpfschritte und Sprünge des alten Volkstanzes nicht verloren.

Gawlik, Roland, dt. Tänzer, * 15. 9. 1944 Grossenhain. Studierte an der Dresdner Staatsopern-B.-Schule, später auch bei A. Puschkin in Leningrad. Tänzer beim Dresdner Staatsopern-B. 1962, Komische Oper Berlin 1966, wo er rasch zum führenden Solisten der Komp. avancierte. Solist an der Komischen Oper 1966–78, seither Dt. Staatsoper Berlin. Rollenkreationen in zahlreichen B.en von T. Schilling, auch die Titelrolle in L. Seregis Ostberliner Staatsopern-Prod. von *Spartakus*.

Lit.: W. Gommlich, *Hannelore Bey und R. G.*, Berlin [Ost] 1977.

Geisendoerfer, Wolfgang, dt. Tänzer, Choreograph und B.-Meister, * 27. 11. 1934 Allenstein (Ostpr.). Eleve am Staats-Th. Schwerin bei J. Weidt 1951, Tänzer an der Dt. Staatsoper in Ost-Berlin 1952, Halbsolist 1955, Solotänzer 1958–61. Ging dann zusammen mit seiner Frau, der Tänzerin Gisa Werkowska, in die Bundesrepublik und war hier zunächst in verschiedenen Fernseh-B.-Prod.en tätig. Seit 1963 in Bielefeld, zunächst als Solotänzer, dann Trainingsmeister 1965, seit 1969 B.-Meister. Choreographierte zahlreiche B.e des klassischen und modernen Rep.s.

Geist der Rose, Der (frz. Originaltitel: *Le Spectre de la rose*), B. in 1 Akt, Libr.: J. L. Vaudoyer, Ch.: M. Fokine, Mus.: C. M. von Weber (*Aufforderung zum Tanz*), Dek.: Bakst; UA 19. 4. 1911, B.s Russes de Diaghilew, Monte Carlo, mit T. Karsavina und W. Nijinsky. – Ein Mädchen kehrt mit einer Rose in der Hand von einem Ball zurück, sinkt in einen Sessel und träumt sich in die Erinnerung an den Ball zurück, auf dem es mit dem Geist des Überbringers ihrer Rose einen Walzer tanzt. Nachdem sich der Geist mit einem Sprung durch das Fenster wieder verflüchtigt hat, erwacht es und weiß nicht recht, ob es Wirklichkeit oder nur ein Traum war, was es erlebt hat. – Unzählige Paare haben seither dieses B. de deux (zur Berlioz-Instrumentation von Webers Musik) getanzt, aber keines scheint je wieder den Duft und die Poesie beschworen zu haben, die den beiden Originalinterpreten nachgerühmt wird.

Lit.: O. F. Regner / H.-L. Schneiders, in: *Reclams Ballettführer*, Stuttgart [8]1980.

Geitel, Klaus, dt. B.-Kritiker und Musikschriftsteller, * 14. 8. 1924 Berlin. Studierte an den Universitäten in Halle, Berlin und Paris. B.-Kritiker der *Welt* seit 1959, häufig auch im Rundfunk. Schrieb *Ballettzentrum Paris* (1960), *Ballett vor der Premiere* (1961), *Stars auf Spitze* (1963), *Der Tänzer Nurejew* (1967), *Hans Werner Henze* (1968) und *Das Abenteuer Béjart* (1970). Weitere Beiträge u. a. in *Internationales Ballett auf deutschen Bühnen* (1968) und *Ein Ballett in Deutschland* (1971), sowie regelmäßig im dt. B.-Jahrbuch *Ballett 1968* ff.

Geltzer, Jekaterina Wassiljewna, russ. Tänzerin, * 14. 11. 1876 Moskau, † 12. 12. 1962 ebd. War die Tochter von Wassili G., Mime und Regisseur des Moskauer Bolschoi-B.s, trat 1884 in die Schule ein, machte 1894 ihr Examen und wurde anschließend ins Bolschoi-B. übernommen. Ging dann noch zwei Jahre nach St. Petersburg, um dort unter Johansson zu arbeiten und erwarb sich so eine für ihre Zeit ungewöhnlich starke und ausgeglichene Technik, die sie mit einem außerordentlichen dramatisch-darstellerischen Talent verband. Sie war schon damals eine ungemein persönlichkeitsstarke Ballerina, die wohl die traditionellen Rollen ihres Rep.s tanzte, aber ihre eigentliche Stärke in Demi-caractère-Rollen wie Kitri (in *Don Quixote*) und Gorskys Esmeralda-B. (*Gudules Tochter*) zeigte, wie sie denn überhaupt *die* Gorsky-Ballerina war. Tanzte 1910 mit der Diaghilew-Komp. in Paris. Auf dem Höhepunkt ihrer Karriere war sie jedoch erst nach der Oktoberrevolution angelangt, als sie 1927 die Tao-Hoa in der UA des *Roten Mohn* kreierte. Anläßlich ihres 25jährigen Bühnenjubiläums feierte A. Lunatscharski sie in einer bedeutsamen Rede. Sie war mit dem Tänzer und Pädagogen W. Tichomirow verheiratet. Heute gilt sie als erste Ballerina des neuen Sowjetstaats.

Gelvan, Vladimir, sowj. Tänzer, * 20. 10. 1946 Riga. Studierte an der B.-Schule ebd. und an der Moskauer Bolschoi-B.-Schule. Tänzer in Riga 1964–74, American B. Th. 1975/76 und seit 1976/77 als erster Solist an der Dt. Oper Berlin, wo er die einschlägigen Premier-danseur-Rollen tanzt. Rollenkreationen u. a. in V. Panovs *Aschenbrödel* (1977) und *Der Idiot* (1979), in L. Houltons *Tristan* (1979) und P. Montagnos *Carmencita* (1984).

Genée, Dame Adeline (geb. Anina Jensen), dän.-engl. Tänzerin, * 6. 1. 1878 Århus, † 23. 4. 1970 Esher (Surrey). Studium bei ihrem Onkel und ihrer Tante A. Genée, Debüt als Zehnjährige in Christiania (Oslo). 1896 erste Auftritte in Berlin und München. Ab 1897 war sie zehn Jahre lang die umschwärmte Ballerina des Londoner Empire-Th. Zwischendurch tanzte sie auch mit H. Beck als Partner beim Kgl. Dän. B. In London trat sie ab 1911 im Coliseum und Alhambra Th. auf. Ihre Abschieds-Vorst. gab sie 1917, trat aber noch bis 1933 in Einzel-Vorst.en auf. 1920 wurde sie zur Präsidentin der Londoner Association of Operatic Dancing gewählt, aus der 1935 die Royal Academy of Dancing hervorging. Diesen Posten hatte sie bis 1954 inne. Sie war auch 1930 Gründungs-Mitgl. der Camargo Society. 1950 wurde sie zur Dame of the Order of the British Empire geadelt. Sie muß eine der attraktivsten und charmantesten Swanildas aller Zeiten gewesen sein und feierte ihre größten Triumphe in B.en jenes unproblematischen, leichten Unterhaltungsgenres, wie sie vom Publikum um 1900 in London und New York verlangt wurden. Sie hat sich darüber hinaus große Verdienste um die Etablierung der brit. B.-Kultur erworben.

Lit.: I. Guest, *A. G. – A Lifetime of Ballet Under Six Reigns*, London 1958.

Genf. Abgesehen von Tanzeinlagen in Opern- und Operetten-Prod. hat die Stadt keine eigene B.-Tradition. Während des Ersten Weltkriegs sorgten einzelne Vorst.en des Ens. von dem in G. ansässigen Jaques-Dalcroze, der in Lausanne exzilierten I. Duncan und ihrer Schülerinnen sowie der Sacharows für ein kurz aufflackerndes Interesse. Reguläre B.-Vorst.en gibt es erst seit der Wiedereröffnung des Grand Th., dessen B.-Komp. der Leitung von J. Charrat (1962–64), S. Golovine (1964–69), A. Catá (1969–73) und P. Neary (1973–79) innehatten. Seit 1979 ist O. Araiz B.-Direktor.

Lit.: R. de Candolle, in: *Histoire du Théâtre de Genève*, Genf 1978.

George, Roger, schweiz. Tänzer, Choreograph, B.-Meister und Pädagoge, * 3. 4. 1921 Alassio. Studierte modernen Tanz bei Else Hausin in Bern und klassischen Tanz u. a. bei A. Volinine. Mit der Tanzgruppe Hausin tanzte er ab 1937 in der Schweiz, 1946–48 war er in Basel engagiert, von wo aus er seine ersten eigenen Kammertanzabende und Duo-Abende mit Aenne Goldschmidt-Michel unternahm. 1948–50 tätig am Opernhaus Zürich, 1950–52 beim Essener Folkwang-Tanz-Th., 1952/53 in Darmstadt, 1953–55 in Heidelberg, 1955–60 in Mannheim, 1960–63 in Heidelberg, Essen und Schwetzingen, 1963–67 in Essen (als B.-Meister und Solotänzer – u. a. *Daphnis et Chloé*, Mus.: J. B. de Boismortier, 1964; *La Buffonata*, Mus.: W. Killmayer, 1966), 1967/68 in Oberhausen, 1968 bis 1970 an der Universität von Bahia (Brasilien) als Professor am dortigen Tanzinstitut.

Georgi, Yvonne, dt.-holl. Tänzerin, Choreographin, Pädagogin und B.-Direktorin, * 29. 10. 1903 Leipzig, † 25. 1. 1975 Hannover. Studierte in Leipzig, 1920 an der Dalcroze-Schule in Hellerau, 1921 am Dresdner Wigman-Studio, gab 1923 ihren ersten Tanzabend in Leipzig, dem zahlreiche weitere Konzerttanzveranstaltungen (anfangs oft mit G. Palucca zusammen) folgten, wurde 1924 Solistin bei K. Jooss in Münster und trat 1925 ihr erstes B.-Meister-Engagement in

Gera an, wo sie als erste eigene B.e *Saudades do Brazil* (Mus.: Milhaud), *Barabau* (Mus.: Rieti) und *Pulcinella* (Mus.: Strawinsky) choreographierte. B.-Chefin in Hannover 1926–31, mit H. Kreutzberg als Erstem Solisten, mit dem sie häufige Tourneen im In- und Ausland unternahm und 1928 erstmalig nach Amerika ging. Hier eröffnete sie auch ihre erste Schule. Nächste wichtige B.e waren u. a. *Tanzsuite* (Mus.: E. Wellesz), *Das seltsame Haus* (Mus.: Hindemith) und *Baby in der Bar* (Mus.: W. Grosz). 1931 gastierte sie an der Berliner Staatsoper als Choreographin mit *Le Train bleu* (Mus.: Milhaud) und übersiedelte im Herbst nach Amsterdam, veranstaltete ebd. diverse Tanzabende und wirkte als Choreographin für die dortige Wagnervereinigung, deren B.-Komp. von ihr gegründet wurde (später B. Y. G.). 1932–36 kehrte sie mit einem Halbjahresvertrag nach Hannover zurück, wo sie mit V. Gsovsky zusammenarbeitete. Von 1938 an veranstaltete sie mit ihrer holl. B.-Komp. regelmäßige Sommersaisons in Scheveningen und reiste mit ihr 1939 auch nach New York und Washington (D. C.). Während des Zweiten Weltkriegs trat sie mit ihrer Komp. in Holland auf, wirkte als Choreographin bei Schauspiel- und Opern-Auff.en in Amsterdam mit und choreographierte 1944 die holl. EA von C. Orffs *Carmina Burana*. 1950 drehte sie mit L. Berger zusammen in Paris den Film *Ballerina*. 1951 ging sie als B.-Meisterin zur *Abraxas*-Komp. und war dann 1951–54 B.-Meisterin in Düsseldorf, wo sie u. a. *Sacre du printemps* (Mus.: Strawinsky, 1953) choreographierte. Im Sommer folgte dann die UA von G. von Einems *Glück, Tod und Traum* in Alpach. Von Herbst 1954 bis 1969/70 war sie B.-Direktorin des Landes-Th.s Hannover und bis 1972/73 auch Leiterin der Tanzabteilung der Hochschule für Musik und Theater. Während dieser Jahre erlebte das B. in Hannover eine Blütezeit wie nie zuvor und seither nie wieder. Darüber hinaus wirkte sie als Gastchoreographin auch in Wien, Wuppertal, Göttingen, Salzburg, Bayreuth und Buenos Aires. Zu ihren wichtigsten B.-Ch.n dieser Zeit gehörten u. a. (wenn nicht anders angegeben mit Premiere in Hannover) *Human Variations* (Mus.: M. Gould, 1955), *Der Mohr von Venedig* (Mus.: Blacher, 1956), *Elektronisches Ballett* (Mus.: H. Badings), *Le Loup* (Mus.: H. Dutilleux, beide 1957), *Agon* (Mus.: Strawinsky, 1958), *Ruth* (Mus.: H. Erbse, Wien), *Das Einhorn, der Drache und der Tigermann* (Mus.: G. C. Menotti, beide 1959), *Die Frau von Andros* (Mus.: Badings, 1960), *Angst* (Mus.: M. Constant, 1961), *Metamorphosen* (Mus.: R. Strauss, 1962), *Demeter* (Mus.: Blacher, Schwetzingen 1964), *Der Golem* (Mus.: F. Burt, 1965), *Paradis perdu* (Mus.: Constant, 1968), *Jeux vénitiens* (Mus.: Lutoslawski, 1970) und *Klein Zack, genannt Zinnober* (Mus.: N. Karetnikow, 1970).

Lit.: H. Koegler, *Y. G.*, Velber 1963.

Georgiadis, Nicholas, griech. B.-Ausstatter, * 1925 Athen. Wurde international bekannt als Ausstatter von K. MacMillans *Danses concertantes* (1955), denen zahlreiche weitere MacMillan-B.e folgten: *House of Birds* (1955), *Noctambules* (1956), *The Burrow* (1958), *Agon* (1958), *The Invitation* (1960), *Las Hermanas* (Stuttgart 1963), *Romeo und Julia* (1965), *Schwanensee* (Berlin 1969), *Manon* (1974) und *Mayerling* (1978). Er war auch der Ausstatter von J. Crankos *Daphnis und Chloe* (Stuttgart 1962) und R. Nurejews *Schwanensee* (Wien 1964), *Dornröschen* (zuerst Mailand 1966), *Nußknacker* (zuerst London 1968), *Raymonda* (Zürich 1972), *Don Quixote* (Zürich 1979), *Manfred* (Zürich 1981) und *The Tempest* (London 1982).

Gerber, Judith, österr. Tänzerin, * 24. 7. 1946 Wien. Studierte an der B.-Schule der Wiener Staatsoper und bei T. Birkmeyer, E. Vondrak, V. Denisova und V. Pereyaslavec. Tänzerin des Wiener Staatsopern-B.s 1961, Solistin seit 1973.

Gerdt, Jelisaweta Pawlowna, russ. Tänzerin und Pädagogin, * 30. 4. 1891 St. Petersburg, † 6. 11. 1975 Moskau. Als Schülerin ihres Vaters, des Tänzers Pawel Andrejewitsch G., studierte sie ab 1899 an der Kaiserl. B.-Schule in St. Petersburg, ebenso bei Anna Johansson, machte ihr Examen 1908, wurde Mitgl. des Marien-Th.s, bekam 1910 ihre ersten Ballerinenrollen und avancierte 1919 auch offiziell zur Ballerina, als die sie bis gegen Ende der zwanziger Jahre alle großen Rollen des traditionellen Rep.s tanzte. Ab 1928 unterrichtete sie auch und ging 1934 an die Schule des Moskauer Bolschoi-B.s, wo zu ihren Schülerinnen u. a. M. Plissetzkaja, R. Strutschkowa, J. Maximowa und J. Ryabikina gehörten.

Gerdt, Pawel (Friedrich) Andrejewitsch, russ. Tänzer und Pädagoge, * 4. 12. 1844 St. Petersburg, † 12. 8. 1917 Wamaloki (Finnland). Studierte an der Kaiserl. B.-Schule bei Jean und M. Petipa sowie bei Chr. Johansson, machte 1864 sein Examen und wurde als Premier danseur des Marien-Th.s der berühmteste russ. Tänzer seiner Zeit, mit dem zu tanzen jede Ballerina als ein Privileg betrachtete. Seine außergewöhnliche mimische Expressivität ermöglichte es ihm, seine Karriere lange über ihren Höhepunkt hinaus fortzusetzen. Als seine größte Rolle betrachtete er selbst den Rudolf in Petipas Neueinst. von F. Taglionis *La Fille du Danube* (1880). Hauptrollen kreierte er u. a. in Petipas *Dornröschen* (1890), *Aschenbrödel* (1893), *Die Rast der Kavallerie* (1896) und *Raymonda* (1898), in Petipas und L. Iwanows *Schwanensee* (1895) und in Iwanows *Nußknacker* (1892). Seine Abschieds-Vorst. gab er 1916 als Don Gamache in *Don Quixote*. Zu seinen Schülern gehörten u. a. A. Pawlowa, T. Karsavina, L. Kyasht, M. Fokine, N. und S. Legat und W. Tichomirow sowie seine Tochter Jelisaweta Pawlowna.

Lit.: M. Goldstein, *P. G. – Meistertänzer und Pädagoge*, Das Tanzarchiv 8 (1973).

German Dance, in den zwanziger und dreißiger Jahren vornehmlich in Amerika gebräuchliche Bezeichnung für den dt. Ausdruckstanz. Nach Deutschland erst übernommen (und unverständlicherweise noch heute gelegentlich gebraucht), als man in den USA schon dazu übergegangen war, die spezifisch dt. Variante des Modern Dance als Central European Dance zu bezeichnen.

Gershwin, George, amer. Komponist, * 26. 9. 1898 Brooklyn, † 11. 7. 1937 Hollywood. Komponierte keine B.-Musik, doch sind seine Konzertmusik und Songs oft zu B.-Zwecken benutzt worden, besonders seine *Rhapsody in Blue* (Ch.n u. a. von A. Dolin, A. von Milloss, N. Verchinina, J. Němeček), sein *Amerikaner in Paris* (u. a. von R. Page, Film von G. Kelly, 1951) und sein Klavierkonzert (u. a. Kelly in *Pas de dieux*, Pariser Opéra, 1960, J. Robbins in *The Gershwin Concerto*, New York City B., 1982). L. Massine choreographierte 1940 *The New Yorker* zu einer Musikauswahl von G., G. Balanchine 1970 *Who Cares?* (verschiedene Songs) und E. Feld 1974 *The Real McCoy* (verschiedene Songs).

Gerster, Joachim, dt. Tänzer, Choreograph und B.-Direktor, * 7. 1. 1936 Perleberg. Studierte bei D. Hoyer, E. Klütz, T. Gsovsky und N. Kiss. Tänzer in Mannheim 1958–60, Dt. Oper Berlin 1960–63, Salzburg 1963/64, Braunschweig 1964–78, ebd. B.-Direktor 1974 und seit 1978 in Mannheim. Choreographierte zahlreiche B.e, u. a. die dt. EA von Offenbachs *Le Papillon* (Braunschweig 1977).

Gert, Valeska, dt. Tänzerin, Pantomimin, Schauspielerin und Kabarettistin, * 11. 1. 1892 Berlin, † 15. 3. 1978 Kampen (Sylt). Trat erstmalig mit drei Tänzen in einem von Rita Sacchetto in Berlin gegebenen Programm auf, ging dann als Schauspielerin an die Münchner Kammerspiele und veranstaltete zahlreiche Tourneen mit ihren Grotesktänzen (*Canaille, Kupplerin, Clown, Pianist, Salome, Politische Versammlung, Boxkampf, Pferderennen*), die sie in alle Länder Europas und auch in die Sowjetunion führten. Als Gestalterin stark pantomimisch orientierter Tänze behauptete sie, lange vor Barrault und Marceau, »die Erfinderin der modernen Tanzpantomime« zu sein. Als Jüdin mußte sie in die USA emigrieren, aber schon kurz nach Kriegsende kehrte sie nach Deutschland zurück und trat als Kabarettistin und Filmschauspielerin auf. Sie veröffentlichte mehrere autobiographische Bücher: *Mein Weg*, *Bettler-Bar von New York* und *Ich bin eine Hexe*.

Lit.: F. Hildebrandt, *Die Tänzerin V. G.*, Stuttgart 1926.

Gerzer, Lina, dt. Tänzerin, Choreographin, B.-Meisterin und Pädagogin, * 14. 2. 1897 München. Studierte ab 1903 an der Münchner Kinder-B.-Schule des National-Th.s. Solotänzerin in Barmen 1912/13, Hofsolotänzerin in Dessau 1914–19, Primaballerina in Dresden 1919–22, B.-Meisterin am Dt. Opernhaus, Berlin 1922–25, Zweite B.-Meisterin in München 1925–27. Von 1927–39 war sie nacheinander B.-Meisterin, Primaballerina und Staats-B.-Meisterin in Stuttgart. Dort choreographierte sie eine große Zahl von B.en: Glucks *Don Juan*, Beethovens *Die Geschöpfe des Prometheus*, Bayers *Die Puppenfee*, Strauss' *Josephslegende*, Strawinskys *Petruschka* und de Fallas *Dreispitz*. Zu eigenen Libretti schuf sie *Sonne und Erde*,

Der tapfere Zinnsoldat, *Tanzsuite* und *Tanzsuiten*. Nach Beendigung ihrer Stuttgarter Tätigkeit eröffnete sie in München eine Bühnentanzschule.

Gesang der Nachtigall, Der (frz. Originaltitel: *Le Chant du rossignol*), B. in 1 Akt, Ch.: L. Massine, Mus.: Strawinsky, Dek.: H. Matisse; UA 2. 2. 1920, B.s Russes de Diaghilew, Opéra, Paris, mit T. Karsavina, L. Sokolova, St. Idzikovsky u. a. – Das B. erzählt in Anlehnung an H. Chr. Andersens Märchen vom Kaiser in China, der die natürliche Nachtigall verbannt, als ihm eine mit Juwelen geschmückte künstliche geschenkt wird. Als er zusehends dem Tode verfällt, schweigt die künstliche Nachtigall, doch hilft ihm die wieder herbeigeholte natürliche Nachtigall, den Weg zurück ins Leben zu finden. – Dem B. liegt die Sinfonische Dichtung zugrunde, die Strawinsky aus seiner gleichnamigen, von Diaghilew 1914 uraufgeführten Oper exzerpierte. 1925 beauftragte Diaghilew G. Balanchine mit einer neuen Ch., die Balanchines erste größere Arbeit für die Komp. war. Dt. EA von L. Maudrik 1927 an der Städt. Oper Berlin. Spätere Versionen u. a. von W. Walter (Wuppertal 1957) und J. Cranko (München 1968). (→ *Chinesische Nachtigall, Die.*)

Lit.: O. F. Regner / H.-L. Schneiders, in: *Reclams Ballettführer*, Stuttgart [8]1980.

Geschichte vom Soldaten (frz. Originaltitel: *Histoire du soldat*), gelesene, gespielte und getanzte Handlung in 2 Teilen, Libr.: Ch. F. Ramuz, Mus.: Strawinsky, Regie und Ch.: G. Pitoeff, Dek.: R. Auberjonois; UA 28. 9. 1918 Lausanne, mit George und Ludmilla Pitoeff u. a. – Der Soldat überläßt dem Teufel seine Geige gegen ein Reichtum verheißendes Zauberbuch. Später holt er sich die Geige zurück, die jedoch keinen Ton mehr von sich gibt. Er wirft sie weg, zerreißt das Buch und ist wieder arm. Im Schloß des Königs listet er erneut dem Teufel die Geige ab, heilt mit seinem Spiel die kranke Prinzessin und zwingt den Teufel so lange zu tanzen, bis der zu Boden sinkt. Als der Soldat zu seiner Mutter in die Heimat zurückkehren will, erscheint ihm bei seinem Grenzübertritt der geigende Teufel und holt ihn zu sich in die Hölle. – Das formal eigenwillige Spiel für Musiker, Schauspieler und Tänzer hat immer wieder neue Insz.en herausgefordert, an denen gelegentlich berühmte Tänzer mitgewirkt haben, z. B. H. Holm, M. Shearer, S. Beriosova, Chr. Zimmerl, G. Daum und E. Evdokimova als Prinzessin, R. Helpmann als Teufel, P. Draper und J. Babilée als Soldat. Die dt. EA fand 1922 in Frankfurt a. M. statt. Nach der UA stellte Strawinsky eine Konzertsuite zusammen, die Diaghilew ursprünglich in der Ch. von L. Massine und mit dem Dekor von Picasso herausbringen wollte. Der Plan zerschlug sich jedoch. Spätere Versionen dieser Suitenbearbeitung u. a. von J. Cranko (Kapstadt 1942), E. Feld (American B. Th., 1971), P. Martins (New York City B., 1981) und M. Béjart (B. du XXe Siècle, 1982).

Lit.: G. Balanchine / F. Mason, in: *Balanchine's Complete Stories of the Great Ballets*, Garden City (N. Y.) 1977.

Geschichten der Beatrix Potter → *Tales of Beatrix Potter.*

Geschöpfe des Prometheus, Die (ital. Originaltitel: *Gli uomini di Prometeo*), heroisch-allegorisches B. in 2 Akten, Ch.: S. Viganò, Mus.: Beethoven; UA 28. 3. 1801, Kgl. Hof-Th. nächst der Burg, Wien, mit Herrn Cesari (Prometheus), Mad. Brendl (Terpsichore), Mad. Cesari (Thalia), Mad. Reuth (Melpomene) und Gaetano Gioja (Bacchus) sowie Mlle. Casentini und Herrn Viganò – dazu, ohne Darstellernamen, die Rollen von Apollo, Amphion, Arion und Orpheus. – Das Libr. zu diesem B. ist verlorengegangen, die unternommenen Rekonstruktionsversuche, die sich allein auf den Th.-Zettel und die Partitur Beethovens (Ouvertüre, Introduktion und 16 Nummern) stützen, sind alle zu verschiedenen Ergebnissen gelangt. Viganò schuf selbst 1813 eine Neufassung für die Mailänder Scala, die jedoch nur 4 Nummern der Originalpartitur verwandte und den Rest aus anderen Kompositionen Beethovens sowie aus eigenen Stücken Viganòs, J. Weigls und J. Haydns *Schöpfung* ergänzte. Spätere Versionen u. a. von A. Knust (Dessau 1927), S. Lifar (Paris 1929), A. von Milloss (zuerst Augsburg 1933), N. de Valois (London 1936), E. Walter (Düsseldorf 1966), F. Ashton (Royal B., Bonn 1970), E. M. von Rosen (Göteborg 1972) und I. Sertić (Theater am Gärtnerplatz, München 1984). Teile der Partitur bezog R. Strauss in sein gemeinsam mit H. von Hofmannsthal verfaßtes Festspiel mit Tänzen und Chören *Die Ruinen von Athen* (Ch.: H. Kröller, Wien 1924) ein. Kröller benutzte dann ebenfalls Teile der Partitur für sein 1926 in Wien herausgebrachtes B. *Bacchusfest.*

Lit.: O. F. Regner / H.-L. Schneiders, in: *Reclams Ballettführer*, Stuttgart [8]1980.

Gesellschaftstanz (engl. Ballroom Dance, auch Social Dance), Bezeichnung für den geselligen, gewöhnlich in Sälen stattfindenden und der Unterhaltung der Beteiligten dienenden Tanz. Es handelt sich in der Regel um Paartänze. Der moderne Gesellschaftstanz wird auch sportlich als Turniertanz gepflegt, wobei zwei Stile unterschieden werden: die Standardtänze Engl. Stils und die Lateinamer. Tänze. Den Gesellschaftstänzen stehen auf der einen Seite die traditionellen Volkstänze, auf der anderen die in der Regel künstlerisch gestalteten Schau- und Bühnentänze gegenüber.

Lit.: H. Günther / H. Schäfer, *Vom Schamanentanz zur Rumba*, Stuttgart 1975.

Gielgud, Maina, engl. Tänzerin und B.-Direktorin, * 14. 1. 1945 London. Nichte des Schauspielers Sir John G., studierte an der Londoner Hampshire School sowie bei T. Karsavina, St. Idzikovsky, V. Gsovsky, L. Egorova und R. Hightower. Tänzerin bei R. Petits Komp. 1961, dann beim Grand B. du Marquis de Cuevas 1962, Grand B. Classique de France 1964–67, B. du XXe Siècle 1967–71, Dt. Oper Berlin 1971/72, Ballerina beim London Festival B. 1972–75, danach freischaffend tätig, häufig bei der Royal B. Touring Comp., zahlreiche Gastengagements (u. a. Marseille, Budapest). Organisierte eine eigene Prod. *Steps, Notes and Squeaks*, mit der sie von 1978 an auf Tournee ging. Gelegentlich auch als Choreographin tätig. Proben-B.-Meisterin beim London City B. 1981–83. Seit 1983 Artistic Director des Australian B.

Gigue, ein in Frankreich um 1700 beliebter heiterer Hüpftanz, meist im 6/8- oder 12/8-Takt. Sie ist möglicherweise irischen Ursprungs wie auch die Jig. In der Kunst-Musik bildet die G. meist den Schlußteil der Suite.

Gil, Jean-Charles, frz. Tänzer, * 1959 Spanien. Studierte in Lausanne. Seit 1978 Tänzer beim B. de Marseille, wo er schnell zu einem der führenden Solisten avancierte. Rollenkreationen u. a. in R. Petits *Parisiana 25* (1979), *Hoffmanns Erzählungen* und *Les Amours de Franz* (beide 1982).

Gilpin, John, engl. Tänzer, * 10. 2. 1930 Southsea, † 5. 9. 1983 London. Studierte an der Cone-Ripman und Rambert School. Trat schon als Kinderdarsteller auf. Tänzer beim B. Rambert 1945, Solist bei R. Petits Komp. 1959, dann von 1950 an beim London Festival B., dessen Starsolist er wurde, später auch Assistant Artistic Director 1959 und Artistic Director 1962–65. Ein ebenso brillanter wie eleganter Danseur noble, gastierte er bei vielen Komp.n in der ganzen Welt. Rollenkreationen u. a. in A. Howards *A Sailor's Return* (1947), F. Ashtons *Le Rêve de Léonor* (1949), M. Charnleys *Symphony for Fun* (1952) und *Alice in Wonderland* (1953), N. Beriozoffs *Esmeralda* (1954), A. Dolins *Variations for Four* (1957), J. Carters *Beatrix* (1966) und P. Darrells *La Vida* (1970). Danach als Pädagoge, B.-Meister und Schauspieler u. a. in Kopenhagen, Tokio, Ankara und New York tätig. Schrieb seine Autobiographie *A Dance with Life* (1982).

Gioia, Gaetano (in Wien auch Gioja), ital. Tänzer und Choreograph, * 1768 Neapel, † 30. 3. 1826 ebd. Debütierte mit Viganò in Rom und choreographierte 1789 sein erstes von insgesamt 221 B.en für Vicenza: *Sofonisba.* Verehrte Viganò sehr, galt selbst als hervorragender Mime und wurde Sophokles des Tanzes genannt. Wirkte zwischen 1790 und 1801 nacheinander in Venedig, Mailand, Neapel und Wien, danach in Turin und wieder in Neapel. Zu seinen bekanntesten Werken zählten: *Antigone* (Venedig 1790), *Alceste* (Wien 1800), *Il ritorno d'Ulisse* (Neapel 1804). Sein berühmtestes, auch von Viganò bewundertes B. war *Cesare in Egitto* (Mailand 1815).

Giordano, Gus, amer. Tänzer, Pädagoge und Choreograph, * 10. 7. 1930 St. Louis. Gehört zu den führenden amer. Lehrern des Jazz Dance. Sein Buch *American Jazz Dance* war das erste offizielle Lehrbuch dieses Tanzstils (1966). Eine große Anthologie des amer. Jazz Dance stellte G. 1975 zusammen.

Gipsy, La, B. in 3 Akten und 5 Bildern, Libr.: H. Vernoy de Saint-Georges und J. Mazilier, Ch.: Mazilier, Mus.: Benoist, Thomas und Marliani, Bühne: Philastre und Cambon, Kost.: Paul Lormier; UA 28. 1. 1839, Opéra, Paris, mit F. Elßler, Mazilier u. a. Das B. behandelt das Schicksal von Sarah Campbell, Tochter eines royalistischen Lords, die vom Schloß ihrer Eltern in Schottland geraubt wird, unter Zigeunern aufwächst, sich in den Flüchtling Stenio verliebt, schließlich durch Zufall von ihrem Vater wieder erkannt wird, auf das elterliche Schloß zurückkehrt, sich aber dort nach ihrem Zigeunerleben zurücksehnt, von Stenio besucht wird, der sich als ihr Gatte und obendrein als Aristokrat legitimiert. Dadurch fordert sie die Eifersucht einer Zigeuner-Rivalin heraus, die Stenio erschießen läßt, woraufhin Sarah einen Dolch packt und diesen ins Herz der Rivalin stößt. – In diesem B. tanzte F. Elßler ihre berühmte Cracovienne. Das B. ist nicht zu verwechseln mit F. Taglionis *La Gitana.*

Giselle, ou les Wilis, Phantastisches B. in 2 Akten, Libr.: Vernoy de Saint-Georges, Th. Gautier und J. Coralli, Ch.: Coralli und J. Perrot, Mus.: A. Adam, Bühne: Pierre Ciceri, Kost.: Paul Lormier; UA 28. 6. 1841, Opéra, Paris, mit C. Grisi, L. Petipa, A. Dumilâtre u. a. – Die Handlung spielt im Rheintal. G., ein Bauernmädchen, liebt Albert (meist Albrecht genannt), von dem sie nicht weiß, daß er ein Graf und mit Bathilde, Tochter des Herzogs von Kurland, verlobt ist. Auch Albert liebt G. und erweckt dadurch die Eifersucht des Jagdhüters Hilarion, der seine Liebe zu G. unerwidert sieht. Anläßlich eines Jagdpicknicks der herzoglichen Gesellschaft stellt Hilarion seinen Nebenbuhler öffentlich bloß, woraufhin G. den Verstand verliert und in den Armen ihrer Mutter stirbt. Im 2. Akt besuchen sowohl Hilarion wie auch Albert das Grab von G. zu nächtlicher Stunde, um dort zu beten. Es ist die Stunde des Erscheinens der Wilis, in denen der Geist von tanzliebenden Bräuten, die vor ihrer Hochzeit gestorben sind, Gestalt annimmt. Angeführt von Myrtha, ihrer Königin, tanzen sie ihre Geisterreigen. Hilarion wird von ihnen in den See getrieben, wo er ertrinkt. Auch Albert ist nahe dran, sich zu Tode zu tanzen, doch wird er von G. gerettet, die so lange mit ihm tanzt, bis der Morgen heraufdämmert, der die Wilis – und auch G. – in ihr Geisterreich zurückzukehren zwingt. – Das B., zu dem die Autoren durch H. Heines, in seinem Buch *Zur Geschichte der neuen schönen Literatur in Deutschland* (1833), mitgeteilter Legende über die Wilis inspiriert wurden, gilt bis heute als Inbegriff des romantischen B.s. Bereits bei seiner UA – in der nach allgemeiner Überzeugung die G.-Partie von Perrot choreographiert wurde – gab es als Einlage den von F. Burgmüller komponierten Bauern-Pas-de-deux. G. ist dann immer wieder neuinszeniert und mehrfach auch verfilmt worden und hat sich dabei manchen Eingriff in den Handlungsablauf und die Ch. gefallen lassen müssen – so brachte A. Cortesi 1843 an der Mailänder Scala eine fünfaktige Version mit neuer Musik von G. Bajetti heraus. Da die Pariser Aufführungstradition 1868 abbrach, stützen sich die heutigen Auff. auf die St. Petersburger Tradition, wo die Ch. zunächst 1842 von A. Titus rekonstruiert wurde, bis dann M. Petipa 1887 seine definitive revidierte Fassung herausbrachte, die noch als Grundlage für die von Diaghilews Komp. in Westeuropa gezeigten Auff.en diente. In dieser St. Petersburger Version erschienen erstmalig die beiden zu Musik von L. Minkus choreographierten Variationen für G. im 1. und 2. Akt. Die Wiener Premiere fand 1842 statt (Einst.: Dlle Hermine Blangy), die Berliner 1843 (Einst.: F. M. Hoguet). Im deutschsprachigen Th.-Raum gab es die erste Nachkriegs-Insz. von B. Pilato 1953 in Bonn, später dann u. a. in Stuttgart (R. Mayer 1955). Wichtige Einst.en der jüngeren Vergangenheit u. a. von P. Wright (Stuttgart 1966), E. Walter (Düsseldorf 1971), H. Spoerli (Basel 1976) und J. Neumeier (Hamburg 1983). Eine moderne Neufassung choreographierte M. Ek 1982 für die Cullberg Comp. Unter den zahlreichen Verfilmungen besonders erwähnenswert: G. Ulanowa und N. Fadejetschew mit dem Bolschoi-B. (1956) und C. Fracci und E. Bruhn mit dem American B. Th. (1969).

Lit.: O. F. Regner / H.-L. Schneiders, in: *Reclams Ballettführer*, Stuttgart [8]1980; C. W. Beaumont, *The Ballet Called G.*, London 1944.

Gitana, La, B. mit Prolog, 3 Akten und 5 Bildern, Libr. und Ch.: F. Taglioni; UA 5. 12. 1838, Bolschoi-Th., St. Petersburg, mit M. Taglioni, N. O. Goltz u. a. – Das B. erzählt die Geschichte von der Herzogstochter Lauretta, die mit sieben Jahren entführt wird, bei Zigeunern zu einer virtuosen Tänzerin heranwächst und in die sich Iwan, der Sohn des

Gouverneurs von Nischni-Nowgorod, verliebt und den Zigeunern folgt. Schließlich aber kommt die Truppe wieder an den herzoglichen Hof zurück, wo sich die wahre Identität Laurettas herausstellt. Sie kann nun auch offiziell Iwans Braut werden. (→ *Gipsy, La.*)

GITIS, Abkürzung für Gosudarstweni Institut Teatralnowo Iskusstwa. – Bezeichnung für das Moskauer Staatl. Institut für Th.-Kunst, an dem es auch eine choreogr. Fakultät gibt.

Glasunow, Alexander Konstantinowitsch, russ. Komponist, * 10. 8. 1865 St. Petersburg, † 21. 3. 1936 Paris. Schrieb die Musik zu M. Petipas *Raymonda* (1898), *Ruses d'amour* (1900) und *Les Saisons* (1900). G. Balanchine benutzte Teile aus *Raymonda* für sein B. *Pas de dix* (1955), *Raymonda Variations* (1961) und *Cortège Hongrois* (1973). F. Ashton ließ sich verschiedene Kompositionen von G. für sein B. *Birthday Offering* (1956) zusammenstellen, ebenso L. Christensen für *Variations de B.* (1960). A. Gorsky choreographierte als eins der ersten sinfonischen B.e G.s *Fünfte Sinfonie* 1916, M. Fokine im gleichen Jahr G.s *Stenka Razin.*

Gleede, Edmund, dt. Dramaturg und B.-Direktor, * 16. 3. 1944 Lüneburg. Studierte an der Universität München, dann als Dramaturg, Regie-Assistent und Regisseur in Kassel, Frankfurt a. M., Wuppertal, Braunschweig und an der Dt. Oper Berlin, wo er als Prod.-Dramaturg u. a. mit J. Neumeier, P. Bausch, J. Gerster und V. Panov (in Basel und Wien auch mit H. Spoerli) zusammenarbeitete. B.-Direktor der Münchner Staatsoper 1980–84.

Glière, Reinhold Moritzowitsch, russ. Komponist, * 11. 1. 1876 Kiew, † 23. 6. 1956 Moskau. Komponierte die Musik zu den B.en *Chrysis* (Ch.: N. Mill, 1912), *Ägyptische Nächte* (Ch.: W. Nemirowitsch-Dantschenko, 1926), *Der Rote Mohn* (Ch.: P. Lastschilin und W. Tichomirow, 1927), *Komödianten* (nach L. de Vegas *Fuente Ovejuna*, 1931, später unter dem Titel *Eine Tochter Kastiliens*, Ch.: A. Tschitschinadse, 1955) und *Der eherne Reiter* (Ch.: R. Sacharow, 1949).

Glinka, Michail Iwanowitsch, russ. Komponist, * 1. 6. 1804 Nowo-Spaskoje (Gvt. Smolensk), † 15. 2. 1857 Berlin. Komponierte keine B.-Musik, doch wurden Einzelstücke aus seinen Opern und seiner Konzertmusik verschiedentlich B.en zugrunde gelegt – u. a. von M. Fokine *Jota Aragonesa* (Petrograd 1916), R. Sacharow Polonaise und Krakowiak aus *Iwan Sussanin* (Moskau 1937), J. Cranko die Ouvertüre zu *Ruslan und Ludmilla* (Stuttgart 1966) und G. Balanchine verschiedene Stücke in *Glinkiana* (New York 1967).

Gluck, Christoph Willibald (Ritter von), dt. Komponist, * 2. 7. 1714 Erasbach (Oberpfalz), † 15. 11. 1787 Wien. Komponierte die Musik zu den drei G. Angiolini-B.en *Don Juan* (Wien 1761), *Alessandro* (Laxenburg 1765) und *Semiramis* (Wien 1765), ferner ein umstrittenes B. *L'orfano della China*, das 1774 aufgeführt wurde (Angiolini nahm das auf einer Tragödie von Voltaire basierende Libr. mit nach St. Petersburg, wo er es mit einer von ihm selbst komponierten Musik zur Auff. brachte). Auch seine Opern sind stark ballettorientiert, namentlich *Alkestis* (Wien 1761, Paris 1776), *Orpheus und Eurydike* (Wien 1762, Paris 1774) und *Iphigenie in Aulis* (Paris 1774), so daß verschiedentlich reine B.-Insz.en versucht worden sind, wobei die Sänger ganz an den Rand gedrängt wurden (*Alkestis* 1958 von M. Wigman in Mannheim, *Orpheus und Eurydike* u. a. von G. Balanchine 1936 an der New Yorker Met und 1963 in Hamburg, Wigman 1947 in Leipzig, P. Bausch 1975 in Wuppertal, J. Neumeier 1978 in Hamburg, H. Spoerli 1983 in Basel, *Iphigenie auf Tauris* von Bausch 1974 in Wuppertal).

Gluck, Rena, amer.-isr. Tänzerin, Pädagogin und Choreographin, * 14. 1. 1933 New York. Studierte an der Blanche Evan School of Creative Dance, High School of Performing Arts, Juilliard School und mit M. Graham. Gründungs-Mitgl. der Batsheva Dance Comp. 1964 und eine ihrer profiliertesten Solistinnen. Begann dann auch zu choreographieren und unterrichtet heute sowohl an ihrer eigenen Schule in Tel Aviv als auch bei der Inbal und Batsheva Comp.

Godunow, Alexander Boris, sowj. Tänzer, * 1949 Riga. Studierte ebd. an der B.-Schule und an der Moskauer Bolschoi-B.-Schule. Tänzer beim Bolschoi-B. 1967, Rollenkreationen u. a. in M. Plissetzkajas *Anna Karenina* (1972) und V. Boccadoros *Verlorene Liebesmüh* (1976). Entschloß sich bei einem New-York-Gastspiel des Bolschoi-B.s 1979, nicht mehr nach Moskau zurückzukehren. Principal beim American B. Th. 1979–82. Zahlreiche Gastspiele, u. a. Dt. Oper Berlin, Israel B., Asami Maki B. (Tokio) und B. du XXe Siècle (Rollenkreation in M. Béjarts *Alexander der Große*, 1982). War mit der Tänzerin Ludmilla Wlassowa verheiratet, die sich von ihrem Mann lossagte und nach aufregenden diplomatischen Verwicklungen nach Moskau zurückgekehrt ist.

Goethe-Ballette. Auch Goethes Werke haben als Inspirationsquelle für B.e gedient, so bereits 1777 sein Briefroman *Die Leiden des jungen Werthers* einem in Preßburg aufgeführten B. Denselben Stoff übernahm auch der Holländer Piet Greive (Amsterdam 1816). Die Ballade *Der Gott und die Bajadere* regte die gleichnamige B.-Oper von D. F. E. Auber an, die 1830 mit M. Taglioni als Zoloé an der Pariser Opéra zur UA gelangte (Ch.: F. Taglioni). Spätere reine B.-Versionen u. a. von L. Gerzer (Mus.: Leonid Kreutzer, Städt. Oper Berlin, 1923) und S. Korty (Mus.: Gerhard Frommel, B. der Frankfurter Oper, Baden-Baden 1937). Ein B. *Die Gräfin von Egmont* (Mus.: P. Giorza) choreographierte Gius. Rota 1861 an der Mailänder Scala. Die Ballade *Der Zauberlehrling* scheint Fokine zuerst in Petrograd 1916 choreographiert zu haben (Mus.: P. Dukas). Eine spätere Version stammt von H. Lander (Kopenhagen 1940). Ein weiteres Goethe-B. *Les Affinités électives* (nach *Die Wahlverwandtschaften*) brachte F. Blaska zu Musik von Patrice Mestral 1966 in Paris heraus. *Wahlverwandtschaften* auch von T. Schilling (Mus.: Schubert), Komische Oper, Ost-Berlin 1983. (→ Faust-Ballette.)

Goh, Choo San, malays. Tänzer und Choreograph, * 1948 Singapur. Studierte ebd. Tänzer beim Scapino B. und Holl. National-B., seit 1976 beim Washington B., dem er heute als Choreograph angehört (unterrichtet auch an der Washington School of B.). Hat zahlreiche B.e auch für andere Komp.n choreographiert, u. a. Pennsylvania B., American B. Th. und Opéra, Paris.

Goldberg Variations, The, B. in 2 Teilen, Ch.: J. Robbins, Mus.: J. S. Bach, Kost.: J. Eula, Pianist Gordon Boelzner; UA 27. 5. 1971, New York City B., New York State Th., New York, mit R. Estopinal, M. Steele, G. Kirkland, S. Leland, J. Clifford, R. Maiorano, P. Martins, P. McBride, H. Tomasson u. a. – Das B. ist zu Bachs gleichnamigem Klavier-Variationszyklus choreographiert. Es handelt sich um ein rein konzertantes B. Das Thema wird von einem Paar in Barockkostümen exponiert und von 6 Solisten und 12 Corps-Tänzern in Trainingsdreß durchgeführt. Im zweiten Teil, der mehr förmlich-höfischen Charakter hat, sind die 3 führenden Paare und die 20 Corps-Tänzer dann in Barockkostümen, bis zum Schluß noch einmal das Paar der Exposition erscheint, doch jetzt im Trainingsdreß. – Die kartesianische Logik der Choreographie läßt das B. wie eine heimliche Huldigung an das Zeitalter der Aufklärung erscheinen.

Lit.: G. Balanchine / F. Mason, in: *Balanchine's Complete Stories of the Great Ballets*, Garden City (N. Y.) 1977.

Goldene Hahn, Der (russ. Originaltitel: *Solotoi petuschok*, frz. *Le Coq d'or*), Oper von W. Bielski (Libr.) und N. Rimskij-Korsakow (Mus.). Diaghilews B.s Russes brachten das Werk (Moskau 1909) am 21. 5. 1914 in der Pariser Opéra in einer Auff. heraus, die von M. Fokine ganz durchchoreographiert worden war (die Sänger waren lediglich mit dem Singen ihrer Partien befaßt – alle Rollen und Chöre wurden von Tänzern dargestellt). Im Dek. von N. Gontscharowa tanzten T. Karsavina, Al Bulgakow, E. Cecchetti u. a. Eine reine B.-Version, ohne Sänger, choreographierte Fokine zu einer Suitenfassung der Musik 1937 für Col. de Basils B. Russe.

Goldoni-Ballette. Die Stücke des ital. Dramatikers (1707–93) haben verschiedentlich als Inspirationsquelle für B.e gedient. Die wichtigsten sind: *Die gutgelaunten Frauen* (Ch.: Massine, Mus.: Scarlatti-Respighi, B.s Russes de Diaghilew, Rom 1917), *Scuola di ballo* (Ch.: Massine, Mus.: Boccherini-Françaix, Soirées de Paris 1924), *Der falsche Bräutigam* (alias *Der Diener zweier Herren*, Ch.: B. Fenster, Mus.: M. Tschulaki, Maly-Th., Leningrad 1946), *Mirandolina* (Ch.: W. Wainonen, Mus.: S. Wassilenko, Kirow-Th., Leningrad 1949) und *Der Die-*

ner zweier Herren (Ch.: J. Němeček, Mus.: J. Burghauser, National-Th. Prag 1958).

Goldschmidt, Aenne (geb. Michel), schweiz. Tänzerin, Pädagogin und Choreographin, * 8. 11. 1920 Bern. Lebt seit 1949 in der DDR. Ausbildung in der Tanzschule Sauerbeck (Bern), dann Tänzerin, z. T. freischaffend, in der Schweiz (häufig mit R. George). 1951–1959 Leiterin der Tanzgruppe des Staatl. Volkskunst-Ens.s der DDR. Anschließend freischaffend als Choreographin und Pädagogin. Ihr wichtigstes Werk ist das dreibändige *Handbuch des deutschen Volkstanzes* ([3]1978).

Goleisowski, Kasjan Jaroslawitsch, russ. Tänzer und Choreograph, * 5. 3. 1892 Moskau, † 4. 5. 1970 ebd. Begann seine Ausbildung in Moskau, ging dann nach St. Petersburg, machte 1909 sein Examen und trat ins B. des Marien-Th.s ein. Im Jahr 1910 wechselte er zum Moskauer Bolschoi-B. über und arbeitete während dieser Zeit häufig auch für N. Baljews Kabarett *Chauve Souris*, wo er sich durch zugespitzte Grotesk-Miniaturen einen Namen machte. Er war ein durchaus experimenteller Choreograph, der seine Ideen zuerst in seinem Studio in Moskau ausprobierte. Berühmt wurde er durch sein Kammer-B., dessen bedeutendstes Werk 1925 unter dem Titel *Joseph der Schöne* aufgeführt wurde. Auf die jungen Choreographen des sowj. B.-Oktobers, namentlich auf G. Balantschiwadse, den späteren Balanchine, übte er großen Einfluß aus. Die Proteste gegen sein B. *Smertsch* (*Die Windhose*, Mus.: B. B. Beer, 1927) führten zu seinem Rücktritt, doch ist er auch später immer wieder als Choreograph in Erscheinung getreten, u. a. mit *Karneval* (Mus. nicht von Schumann, sondern von Wassilenko, Moskau 1928). Anschließend arbeitete G. überwiegend in der Provinz, kehrte aber 1962 mit *Skrjabiniana* nach Moskau ans Bolschoi-Th. zurück. Er war auch ein Spezialist für Volkstänze, namentlich für solche aus Spanien, Ungarn und Altrußland.

Lit.: N. Roslavleva, in: *Era of the Russian Ballet*, London 1966.

Golem, Der, B. in 1 Akt, Libr.: E. Hanka und F. Burt, Mus.: Burt, Ch.: Y. Georgi, Dek.: W. Schachteli; UA 31. 1. 1965, Hannover, mit H. Krause, M. Vitzthum, W. Winter, D. Czinady und B. Weiss. – Rachel, die von dem jungen Channoch umworben wird, wird von einem Mob entführt. Um sie zurückzuholen, belebt der Rabbi den G. Als er mit Rachel zurückkehrt, erliegt sie zusehends seiner Faszination. Der Golem reißt sie an seine Brust und drückt sie zu Tode, fällt danach aber selbst der fanatischen Deborah zum Opfer, die ihm den Schem entreißt, der ihn zum Leben erweckt hatte. Spätere Versionen u. a. von F. Marteny (Graz 1966), A. Mitterhuber (Th. an der Wien, 1967) und E. Walter (Wiener Staatsoper, 1982).

Golovine, Serge, frz. Tänzer und Pädagoge, * 20. 11. 1924 Monaco. Studierte bei J. Sedova und A. Ricaux. Tanzte während des Krieges beim Opern-B. von Monte Carlo, dann beim Nouveau B. de Monte Carlo 1946, an der Pariser Opéra 1947 und von 1950 an beim Grand B. du Marquis de Cuevas, zu dessen Startänzern er gehörte, bewundert insbesondere wegen seiner Leichtigkeit und Batterie. Seine berühmtesten Rollen waren der Blaue Vogel und der Geist der Rose. Ging dann 1962 mit seiner eigenen Truppe auf Tournee und war B.-Meister an der Genfer Oper 1964–69. Unterhält heute eine eigene Schule in Genf. Er ist der Bruder der Tänzer Solange Golovina und Georges Goviloff.

Golowkina, Sophia Nikolajewna, sowj. Tänzerin und Pädagogin, * 13. 10. 1915 Moskau. Studierte an der Moskauer Bolschoi-B.-Schule. Tänzerin beim Bolschoi-B. 1933–59. Seit 1960 Direktorin der Bolschoi-B.-Schule.

Gontcharova, Nathalia Sergejewna, russ. Malerin und Th.-Ausstatterin, * 3. 6. 1881 Ladyschino (bei Tulsa), † 18. 10. 1962 Paris. Für Diaghilews B.s Russes entwarf sie die Ausstattungen zu *Der goldene Hahn* (Ch.: Fokine, 1914), *Renard* (zus. mit Larionow, Ch.: Nijinska, 1922), *Les Noces* (Ch.: Nijinska, 1923), *Die Nacht auf dem kahlen Berge* (Ch.: Nijinska, 1924) und für die Wiederaufnahme des *Feuervogel* (1926) – weiter zu Fokines *Igrouchki* (New York 1921) und *Aschenbrödel* (London 1938), Lifars *Sur le Borysthène* (Paris 1932) und Massines *Bogatyri* (New York 1938). Sie war mit dem Maler M. Larionow verheiratet.

Lit.: In: *Bühne und Bildende Kunst im XX. Jahrhundert*, hrsg. von H. Rischbieter, Velber 1968.

Gopal, Ram, ind. Tänzer, Choreograph und Pädagoge, * 20. 11. 1920 Bangalore. Studierte zuerst den Kathakali-Stil von Kerala, später auch die anderen klassischen Tanzstile Indiens. Mit der amer. Exotik-Tänzerin La Meri unternahm er 1937 eine Ostasien-Tournee. In den Jahren 1938 und 1939 bereiste er fast die ganze Welt. Nach Ausbruch des Krieges kehrte er nach Indien zurück. Dort trat er wieder als Tänzer auf und gründete eine Schule für alle ind. Tanzstile. Im Jahr 1947 ging er mit einer eigenen Truppe nach London, von wo aus er zahlreiche Tourneen unternahm. Er leitet dort auch eine eigene Akademie für ind. Tanz und ind. Musik. Seine bekanntesten Schöpfungen waren *Dances of India*, *Legend of the Taj Mahal* und *Dance of the Setting Sun*. Unter dem Titel *Rhythm in the Heavens* veröffentlichte er 1957 in London seine Autobiographie.

Gordejew, Watscheslaw Michailowitsch, sowj. Tänzer, * 3. 8. 1948 Moskau. Studierte ebd. an der Bolschoi-B.-Schule. Tänzer beim Bolschoi-B. 1968, wo er die Premier-danseur-Rollen des einschlägigen Rep.s tanzt. Verheiratet mit der Tänzerin Nadeschda Pawlowa.

Gore, Walter, schott. Tänzer und Choreograph, * 8. 8. 1910 Waterside (Schottland), † 15. 4. 1979 Pamplona (Spanien). Studierte an der Italia Conti Schule und bei L. Massine. Tänzer während der ersten Saison der Rambert Dancers 1930, dann beim B. Rambert bis 1935. Anschließend beim Vic-Wells B., wo er die Titelrolle in N. de Valois' *The Rake's Progress* (1935) kreierte. Verließ die Komp. schon im selben Jahr, um für Musicals zu choreographieren. Rückkehr zum B. Rambert als Solist, von 1938 an auch als Choreograph mit *Confessional* (Mus.: Sibelius, 1941) als bekanntestem B. Kehrte nach seinem Kriegsdienst erneut zum B. Rambert zurück, choreographierte dort u. a. *Simple Symphony* (Mus.: Britten, 1944), *Mr. Punch* (Mus.: A. Oldham, 1946), *Winter Night* (Mus.: Rachmaninow, 1948) und *Antonia* (Mus.: Sibelius, 1949). Für die New B. Comp. choreographierte er *Street Games* (Mus.: Ibert, 1952). Mit seiner Frau, der Tänzerin P. Hinton, ging er nach Australien, kehrte wieder nach England zurück, wo er 1954 das W. G. B. gründete, mit dem er 1955/56 Tourneen unternahm (auch nach Australien). In Europa arbeitete er weiter mit dem B. der Lage Landen und der Miskovitch-Komp. zusammen, war B.-Meister in Frankfurt a. M. 1957–59, wo er als eines seiner erfolgreichsten B.e *Die im Schatten leben* (*Eaters of Darkness*, Mus.: Britten, 1958) schuf. Im gleichen Jahr choreographierte er für das Edinburgh Festival B. *Night and Silence* (Mus.: Bach, arr. von Ch. Mackerras). Gründete 1961 das London B. und arbeitete dann vorwiegend als Gastchoreograph – u. a. B. Rambert, Western Th. B., Norweg. National-B., Gulbenkian B., Augsburg (1971/72) und Northern Dance Th.

Lit.: P. Brinson / C. Crisp, in: *Ballet & Dance*, Newton Abbot 1980.

Gorsky, Alexander Alexejewitsch, russ. Tänzer, Choreograph, B.-Meister und Pädagoge, * 18. 8. 1871 St. Petersburg, † 20. 10. 1924 Moskau. 1880 Eintritt in die Kaiserl. B.-Schule in St. Petersburg, 1889 Examen, Mitgl. des Marien-Th.-B.s, 1895 Solist. Unter P. Gerdt wurde G. 1896 Assistent an der B.-Schule. Mit W. Stepanow befreundet, sorgte er dafür, daß dessen Tanzschrift-System Unterrichtsfach wurde. 1898 wurde er nach Moskau geschickt, um dort, gestützt auf die Stepanow-Notation der St. Petersburger Auff., *Dornröschen* zu inszenieren. In St. Petersburg brachte er 1899 in einer Schul-Matinee sein B. *Clorinda, die Königin der Bergfeen* heraus, deren Ch. er schon vor Probenbebinn genau notiert hatte. Ab Herbst 1900 ging er als Premier danseur und Regisseur ganz zum Bolschoi-B. nach Moskau. Noch im gleichen Jahr choreographierte er eine eigene Version von *Don Quixote*, in der er erstmalig seine auch von Stanislawsky beeinflußten Vorst.en von einem dramatisch konzipierten Handlungs-B. in größerem Rahmen realisieren konnte. 1901 folgten seine revidierten Fassungen von *Schwanensee* und dem *Buckligen Pferdchen*. 1902 wurde er B.-Meister und choreographierte *Gudules Tochter* (*Esmeralda*). Andere wichtige Moskauer B.-Insz.en von ihm waren: *Der Zauberspiegel* (Mus.: Arseny Koreschenko, 1905), *Salammbo* (Mus.: A. Arends, 1910), *Schubertiana* (1913), *Stenka Razin* (Mus.: Glasunow, 1918), *Nußknacker* (1919), *Salomes Tanz* (Mus.: R. Strauss, 1921) und *Die Venus-Grotte* (Mus.: Wagner aus Tannhäuser, 1923). – G. wird heute von der sowj. B.-Geschichtsschreibung als Vorkämpfer eines dramatisch ambitionierten B.-Realismus gefeiert, der keinen geringeren Rang einnimmt als sein Zeitgenosse und Mitkämpfer Fokine.

Lit.: N. Roslavleva, in: *Era of the Russian Ballet*, London 1966.

Goslar, Lotte, dt.-amer. Tänzerin, Choreographin und Mimin, * Dresden (Lebensdaten nicht bekannt). Studierte an der M.-Wigman-Schule, hauptsächlich aber bei G. Palucca, debütierte in Berlin, verließ 1933 Deutschland und ging zu E. Manns Kabarett Die Pfeffermühle nach Zürich, mit der sie mehrere Tourneen unternahm. Hatte großen Erfolg mit Werich und Voscovec am Freien Th. in Prag, kam dann mit der Mann-Truppe 1937 nach Amerika, wo sie auch in Nachtclubs auftrat und ging 1943 nach Hollywood. Hier gründete sie ihre erste eigene Truppe, die sie dann immer wieder fallweise zusammengerufen und mit der sie viele ausgedehnte Tourneen in den USA, vereinzelt auch nach Europa unternahm und seit Ende der siebziger Jahre wiederholt auch in Deutschland aufgetreten ist. Sie hat auch regelmäßig unterrichtet – Schülerinnen von ihr waren u. a. Marilyn Monroe und G. Champion. Zwei ihrer Titel sind besonders charakteristisch für die von ihr entwickelte Mischform von Tanz und Pantomime: *For Humans Only* (1954) und *Clowns and Other Fools* (1966). Brecht schrieb für sie eine *Circus Scene*. Ihre heutige Komp. nennt sich Pantomime Circus. Eine außerordentlich wandlungsfähige Künstlerin, verfügt sie über einen herzigen Humor, aber auch über ätzende Satire.

Gould, Morton, amer. Komponist, * 10. 12. 1913 Richmond Hill (N. Y.). Schrieb die Musik für A. de Milles *Fall River Legend* (1948) und E. Martinez' *Fiesta* (1957). Konzertmusik von ihm benutzte J. Robbins in *Interplay* (seine *American Concertette*, 1945), Y. Georgi in *Human Variations* (1955), M. Goddard in *Symphonette* (*Latin-American Symphonette*, 1963) und G. Balanchine in *Clarinade* (*Derivations for Clarinet and Jazz Band*, 1964).

Goyescas, verschiedene Tanz-Versionen zu dem gleichnamigen Zyklus von Klavierstücken (auch instrumentiert) von F. Granados – u. a. von Argentinita, von Y. Georgi (Hannover 1935), T. Gsovsky (Deutsche Tanzbühne Berlin) und A. Tudor (B. Th., New York), beide 1940.

Graduation Ball → *Kadettenball.*

Graff, Jens, norweg. Tänzer und B.-Direktor, * 1942 (Geburtsort nicht bekannt). Studierte in Oslo. Tänzer beim Bordeaux B. und in London, Erster Solist in Hamburg 1968, Cullberg B. 1968–70, Kgl. Schwed. B. 1970–80, Künstlerischer Direktor des Norweg. B.s in Oslo 1980–83.

Graham, Martha, amer. Tänzerin, Choreographin, Pädagogin und Direktorin ihrer Komp., * 11. 5. 1894 Allegheny (Pa.). Begann 1916 in Denishawn zu studieren und blieb dort als Schülerin und Mitgl. der Denishawn Dancers bis 1923. Ging dann als Lehrerin an die Eastman School of Music in Rochester, debütierte 1926 mit ihrem ersten Soloprogramm in New York und wandte sich dann der planmäßigen tänzerischen Erkundung ihres amer. Erbes zu. Bereits 1927 gründete sie die M. G. School of Contemporary Dance, die sie bis heute leitet, und die sie zum internationalen Zentralinstitut des Modern Dance ausgebaut hat. Aus den Schülern rekrutierte sie die Tänzer ihrer Komp., die sich in den USA gegen größte Widerstände durchsetzte, nach 1950 dann aber auch in Europa sowie in Israel und im Fernen Osten zunehmende Anerkennung fand. Als Choreographin ist sie die große Mythenstifterin des modernen Tanz-Th.s, die die Erfahrungen und Erkenntnisse der Psychoanalyse auf unverkennbar amer. Weise in ihre Dance Plays genannten Werke einbringt. In Amerika wird sie als eine der bedeutendsten Persönlichkeiten des zeitgenössischen Th.s verehrt. Eher vereinzelt sind Stücke von ihr auch ins Rep. anderer Komp.n übernommen worden (u. a. Batsheva Dance Comp., London Contemporary Dance Th.). Ihre engsten Mitarbeiter waren L. Horst als musikalischer Berater und I. Noguchi als ihr häufigster Bühnenbildner (die Kostüme hat sie meist selbst entworfen). Die Liste ihrer Schüler ist Legion. Die materielle Basis ihrer Arbeit wurde durch die Bethsabee de Rotschild Stiftung garantiert. Es existieren verschiedene Filme von ihren Stücken – am wichtigsten ist der von ihr selbst kommentierte Film *A Dancer's World* (1957), der einen aufschlußreichen Einblick in ihre Ästhetik und Arbeitsmethodik vermittelt. Sie hat zahlreiche Auszeichnungen und Preise erhalten, darunter auch den Aspen Award

1965, den Ehrendoktor der Künste von der Harvard University (1966) und den Award of Merit (1970). Ihr Werkverzeichnis umfaßt Mitte der achtziger Jahre an die 200 Titel – als die wichtigsten seien genannt: *Primitive Mysteries* (Mus.: Horst, 1931), *American Document* (Mus.: R. Green, 1938), *Every Soul Is a Circus* (Mus.: P. Nordoff, 1939), *El Penitente* (Mus.: Horst), *Letter to the World* (Mus.: H. Johnson, beide 1940), *Punch and Judy* (Mus.: R. McBride, 1941), *Deaths and Entrances* (Mus.: Johnson, 1943), *Hérodiade* (Mus.: Hindemith), *Appalachian Spring* (Mus.: Copland, beide 1944), *Dark Meadow* (Mus.: C. Chávez), *Cave of the Heart* (Mus.: Barber, beide 1946), *Errand Into the Maze* (Mus.: G. C. Menotti), *Night Journey* (Mus.: W. Schuman, beide 1947), *Diversion of Angels* (Mus.: Dello Joio, 1948), *Judith* (Mus.: Schuman, 1950), *Canticle for Innocent Comedians* (Mus.: T. Ribbink, 1952), *Seraphic Dialogue* (Mus.: Dello Joio, 1955), *Clytemnestra* (Mus.: H. El-Dabh), *Embattled Garden* (Mus.: C. Surinach, beide 1958), *Episodes: Part 1* (Mus.: Webern, 1959), *Acrobats of God* (Mus.: Surinach), *Alcestis* (Mus.: V. Fine, beide 1960), *Phaedra* (Mus.: R. Starer), *Secular Games* (Mus.: Starer, beide 1962), *Circe* (Mus.: A. Hovhaness, 1963), *The Witch of Endor* (Mus.: Schuman, 1965), *Cortege of Eagles* (Mus.: E. Lester, 1967), *A Time of Snow* (Mus.: Dello Joio), *The Lady of the House of Sleep* (Mus.: Starer, beide 1968), *The Archaic Hours* (Mus.: Lester, 1969), *Mendicants of Evening* (Mus.: D. Walker), *Myth of a Voyage* (Mus.: Hovhaness, beide 1973), *Lucifer* (Mus.: El-Dabh, 1975), *Acts of Light* (Mus.: C. Nielsen, 1981), *Dances of the Golden Hall* (Mus.: A. Panufnik, 1982), *Phaedra's Dream* (Mus.: G. Crumb, 1983) und *Sacre du printemps* (Mus.: Strawinsky, 1984). Veröffentlichte *The Notebooks of M. G.* (1973).

Lit.: L. Leatherman, *M. G.*, New York 1961; D. McDonagh, *M. G. – A Biography*, New York 1974.

Grahn, Lucile, dän. Tänzerin, * 30. 6. 1819 Kopenhagen, † 4. 4. 1907 München. Studierte an der Schule des Kgl. Dän. B.s, wo Bournonville sich ihrer besonders annahm, trat schon als Siebenjährige auf, debütierte offiziell 1834, kreierte 1835 die Astrid in Bournonvilles *Valdemar*, war 1836 die erste dän. Sylphide und 1837 Quitteria in Bournonvilles *Don Quixote*. Wich dann den Nachstellungen Bournonvilles aus, indem sie sich nach Paris beurlauben ließ. Dort debütierte sie 1838 in *Le Carnaval de Venise*, ging für kurze Zeit nach Hamburg und trat nach ihrem endgültigen Zerwürfnis mit Kopenhagen 1839 ein dreijähriges Engagement an der Opéra an, wo sie als Rivalin von F. Elßler besonderen Erfolg in *La Sylphide* hatte. 1845 war sie an der Kreation des *Pas de quatre* in London beteiligt. Im selben Jahr kreierte sie dort die Titelrolle in Perrots *Eoline* und war 1846 Perrots erste *Catarina ou La Fille du bandit*. Auch in Deutschland erfreute sie sich größter Beliebtheit, namentlich als Giselle und Esmeralda. Mit ihrer prodeutschen Haltung im preuß.-dän. Krieg von 1848–49 verscherzte sie sich alle dän. Sympathien, setzte aber ihre Karriere in Deutschland noch lange nach ihrem Rücktritt als Tänzerin (1856) fort: 1858–61 B.-Meisterin in Leipzig, 1869–75 als Choreographin an der Münchner Hofoper. Sie hinterließ ihr Vermögen der Stadt München, die eine Straße nach ihr benannte.

Grand Pas, im B. eine Nummernfolge, bestehend aus Entrée für Ballerina, Premier danseur und Corps – Adagio – einzelnen Variationen – Coda. Beispiele in *Paquita* und *Raymonda*.

Grand Trio, B. in 4 Sätzen, Ch.: H. van Manen, Mus.: Schubert, Dek.: J. P. Vroom; UA 31. 5. 1979, Wiener Staatsopern-B., Th. an der Wien, Wien, mit G. Cech, G. Dirtl. Zu Schuberts Klaviertrio in B-Dur, op. 99, choreographiert, behandelt das B. eine zart aufkeimende Liebesaffäre zwischen einer Dame der Gesellschaft und einem jungen Mann. Auch im Rep. des Holl. National-B.s (1979).

Grands Ballets Canadiens, Les, in Montreal ansässige Komp., ging aus den B.s Chiriaeff hervor, die 1956 am Festival von Montreal beteiligt waren und 1957 ihren neuen Namen annahmen. Im selben Jahr wurde auch die assoziierte Académie d. G. B. C. gegründet. Beide unterstehen der Leitung von Ludmilla Chiriaeff, mit F. Nault als Künstlerischem Kodirektor und A. Dolin als langjährigem Künstlerischem Berater. Die Komp. unternimmt regelmäßig Tourneen, besuchte die USA erstmals 1959 und Europa 1969. Das Rep. basiert auf den Standardklassikern, zahlreichen B.en von Nault, dessen Rock-B. *Tommy* ein jahrelanger

Dauer-Hit war – eine weitere Spezialität der Komp. war eine komplette Orff-Trilogie, bestehend aus *Carmina Burana* (Ch.: Nault), *Catulli Carmina* (Ch.: J. Butler) und *Trionfo di Afrodite* (Ch.: N. Walker) – sowie von B. Macdonald, der seit 1974 Künstlerischer Direktor ist (mit Nault als Haus-Choreographen).

Grant, Alexander, brit. Tänzer und B.-Direktor, * 22. 2. 1925 Wellington (Neuseeland). Studierte ebd. und an der Sadler's Wells School. Tänzer beim Sadler's Wells B. 1946, erste Rollenkreation in L. Massines *Mam'zelle Angot* (1947). Solist seit 1949, entwickelte er sich zu einem der vielseitigsten Charaktertänzer der Komp. mit einer Vielzahl von Rollenkreationen u. a. in F. Ashtons *Cinderella* (1948), *Daphnis und Chloe* (1951), *Undine* (1958), *La Fille mal gardée* (1960), *Persephone* (1961), *The Dream* (1964), *Jazz Calendar* (1968), *Enigma Variations* (1968) und *Ein Monat auf dem Lande* (1976). Eine seiner besten Rollen war Petruschka. Direktor der B.-for-All-Gruppe des Royal B. 1971–75, Künstlerischer Direktor des National B. of Canada 1976–83. Er ist der Bruder des Tänzers Garry G.

Lit.: C. Swinson, in: *Six Dancers of Sadler's Wells*, London 1956.

Grant, John, austral. Tänzer, Choreograph und B.-Meister, * 29. 11. 1932 Sydney. Studierte an der Borovansky B. Academy in Melbourne. Tänzer beim Borovansky B. 1955. Kam 1960 nach Deutschland. Solotänzer in Essen 1960/61, Bern 1961/62, Hagen 1962–64 (dort auch stellvertretender B.-Meister), Wuppertal 1964/65, Dortmund 1965–70 (auch Trainingsleiter und Assistent des B.-Meisters). Seit 1970/71 B.-Meister und Chefchoreograph an den Bühnen der Hansestadt Lübeck. Zahlreiche Gastspiele als Musical-Choreograph, u. a. Ruhrfestspiele Recklinghausen, Essen, Th. des Westens in Berlin, Nürnberg, Reikjavik.

Grantzeva, Tatiana, russ.-amer.-frz. Tänzerin, B.-Meisterin und Pädagogin, * Petrograd (Geburtsdatum nicht bekannt). Studierte bei L. Egorova und O. Preobrajenska, später auch bei V. Pereyaslavec und A. Anderson-Ivantzova. Tänzerin beim B. Russe de Monte Carlo 1938–44, dann in den USA beim B. for America, an der New Yorker Metropolitan Opera und beim Cincinnati Summer Opera Festival. Kehrte 1962 als B.-Meisterin zum B. Russe de Monte Carlo zurück. In den letzten Jahren Gast-B.-Meisterin und Pädagogin bei zahlreichen Komp.n in Amerika und Europa – u. a. B. du XXe Siècle, Komp. von R. Petit, Kölner Sommerakademie.

Grantzow, Adele, dt. Tänzerin, * 1. 1. 1845 Braunschweig, † 7. 6. 1877 Berlin. Ausbildung bei ihrem Vater, dem B.-Meister Gustav G. Früher Eintritt in die Braunschweiger Oper. Dort erweckte sie die Eifersucht der Favoritin des Herzogs, ging darauf als Première danseuse nach Hannover, wo Saint-Léon sie sah. Dieser empfahl ihr, nach Paris zu gehen, von wo aus er sie 1865 als Première danseuse nach Moskau mitnahm. Dort debütierte sie in Saint-Léons *Fiammetta* mit Erfolg, wurde aber auch in *La Fille mal gardée* gefeiert. In Paris debütierte sie 1866 in *Giselle* und tanzte die Titelrolle exklusiv bis zur Absetzung des B.s 1868, reüssierte aber auch in Saint-Léons *Néméa*. Dann sollte sie in Paris die Naila in Saint-Léons *La Source* kreieren, mußte die Rolle aber wegen einer Fußverletzung wieder abgeben – der erste von den zahlreichen Unglücksfällen, die ihrer Karriere ein so frühzeitiges Ende setzen sollten. Nach neuen Triumphen in Moskau und St. Petersburg führte sie 1867 *La Source* zu dem Erfolg, der den ersten Vorst.en versagt geblieben war. Als Médora in Maziliers *Der Korsar* zog sie sich 1867 erneut eine Fußverletzung zu, tanzte die Rolle jedoch weiter, auch wieder in St. Petersburg und noch einmal in Paris im folgenden Sommer. Dann mußte sie längere Zeit pausieren. In St. Petersburg kreierte sie 1869 noch Saint-Léons *Le Lys*, war auch als Swanilda für *Coppélia* (1870) vorgesehen, aber alle weiteren Pläne wurden durch fortgesetzte Krankheit vereitelt. Sie starb, nachdem man ihr einer Thrombose wegen ein Bein abgenommen hatte.

Lit.: I. Guest, in: *The Ballet of the Second Empire*, London 1953.

Grass, Günter, dt. Romanschriftsteller, * 16. 10. 1927 Danzig. Schrieb die Libretti zu drei B.en, die alle zuerst von M. Luipart choreographiert wurden: *Fünf Köche* (Mus.: Horst Geldmacher, Aix-les-Bains 1957 unter dem Titel *Les Cuisiniers méchants*), *Stoffreste* (Mus.: A. Reimann, Essen 1959) und *Die Vogelscheuchen* (Mus.: Reimann, Dt. Oper Berlin, 1970).

Grau, Helge, dt. Tänzer und Musical-Darsteller, * um 1938 Recklinghausen. Studierte in Köln. Tänzerdebüt 1958 in Wuppertal. Ging dann zum Bavaria-Fernseh-B. nach München und via Spoleto zu J. Robbins' B.s: USA. Kreierte den Riff in der dt.-sprachigen EA von *West Side Story* 1968 in Wien. Studierte dann auch noch Schauspiel und Gesang und widmete sich ganz seiner Musical-Laufbahn, zunächst als Darsteller, dann zunehmend auch als Choreograph (*West Side Story*, Bregenzer Festspiele 1981, *The Pirates of Penzance*, Hannover 1983).

Greco, José, span. Tänzer, * 23. 12. 1919 Montorio-Nei-Freantani (Italien). Er studierte bei Mme Veola in New York und in Madrid bei Argentinita und La Quica, debütierte 1935 bei der Salmaggi Operntruppe, war 1943–45 Partner von Argentinita, tanzte 1946–48 bei P. Lopez und gründete 1949 seine eigene span. B.-Kompanie, mit der er dann die Welt bereist hat. Er trat auch häufig im Film und Fernsehen auf und gilt als eine der großen Show-Persönlichkeiten des span. Tanzes.

Greening, B. in 1 Akt, Ch.: G. Tetley, Mus.: A. Nordheim, Dek.: N. Baylis; UA 29. 11. 1975, Stuttgart, mit B. Keil, J. Kage, N. Kimball, Chr. Boatwright u. a. Das B. handelt von Leuten, die auf etwas warten, ohne in der Lage zu sein, dieses etwas genauer zu bestimmen. Übernommen ins Rep. des London Festival B. (1978), Kgl. Dän. B.s (1979) und Dance Th. of Harlem (1981).

Lit.: P. Brinson / C. Crisp, in: *Ballet & Dance*, Newton Abbot 1980.

Greenston, Stephen, amer. Tänzer, * 9. 12., wohl 1952 Alexandria (Va.). Studierte bei Ellen Eckhardt, dann bei Margaret Barnwell in Washington (D. C.). Tänzer beim National B. of Canada 1972–75, seit 1976 beim Stuttgarter B., Solotänzer 1981. Rollenkreationen u. a. in U. Scholz' *Schäferspiele* (1980), R. Helliwells *Hedda* (1981) und M. Béjarts Neuversion von *Petruschka* (1982). Hat eine seiner besten Rollen als Joker in J. Crankos *Jeu de cartes* und als Gurn in *La Sylphide*.

Gregory, Cynthia, amer. Tänzerin, * 8. 7. 1946 Los Angeles. Studierte bei C. Maracci, M. Panaieff und Rosselat. Tänzerin beim San Francisco B. 1961 und seit 1965 (mit zahlreichen Unterbrechungen) als Principal beim American B. Th. Tanzt die Ballerinenrollen des einschlägigen Rep.s, mit Rollenkreationen u. a. in M. Smuins *The Eternal Idol* (1970), D. Nahats *Brahms Quintet* (1970), A. Aileys *The River* (1971) und R. Nurejews amer. Prod. von *Raymonda* (1975). Gastspiele bei zahlreichen anderen Komp.n (u. a. Stuttgart, Wien).

Lit.: J. Gruen, in: *The Private World of Ballet*, New York 1975.

Grey, Beryl (geb. B. Groom), engl. Tänzerin und B.-Direktorin, * 11. 6. 1927 Highgate. Studierte bei M. Sharp, A. de Vos und Sadler's Wells School. Debütierte als jüngstes Mitgl. beim Sadler's Wells B. 1941. Erste Ballerinenrolle 1942: Odette-Odile. Rollenkreationen u. a. in F. Ashtons *The Quest* (1943), *Les Sirènes* (1946), *Cinderella* (1948), *Homage to the Queen* (1953) und *Birthday Offering* (1956), N. de Valois' *Promenade* (1943) und L. Massines *Donald of the Burthens* (1951). Verließ das Royal B. 1957, um als freischaffende Ballerina tätig zu sein, mit Gastspielen auch in Peking und Tiflis. Generaldirektorin der B.-Schule des Arts Educational Trust 1966. Künstlerische Direktorin des London Festival B. 1968–79. Autorin der Bücher *Red Curtain Up* (1958) und *Through the Bamboo Curtain* (1965). Dr. h. c. der Musik, Leicester University, 1970; Dr. der Literatur, London 1974.

Lit.: H. Fisher, *B. G.*, London 1955.

Grieg, Edvard Hagerup, norweg. Komponist, * 15. 6. 1843 Bergen, † 4. 9. 1907 ebd. Komponierte keine B.-Musik, doch wurde seine Konzertmusik verschiedentlich B.en zugrunde gelegt – wiederholt sein Klavierkonzert (u. a. von J. Charrat als Pas de deux, 1953), aber auch seine *Peer-Gynt*-Suite (u. a. von F. Lopuchow in *Die Eisjungfrau*, Leningrad 1927, W. Orlikowsky, Basel 1956, und B. Cullberg, Norweg. Fernsehen, 1976) und die *Holberg Suite* (J. Cranko, Stuttgart 1967, A. Mitchell, New York 1970). A. Howard benutzte für ihr B. *Twelfth Night* verschiedene Stücke von G. (London 1942).

Grigoriev, Serge Leonowitsch, russ.-engl. Tänzer und B.-Meister, * 5. 10. 1883 Tichwin, † 28. 6. 1968 London. Studierte an der B.-Schule in St. Petersburg, Mitgl. des Marien-Th.-B.s

1900. Diaghilew engagierte ihn als B.-Meister für seine Pariser Saison 1909 und erneuerte sein Engagement (auch als Regisseur) von da an jährlich bis zum Ende seiner B.s Russes (1929). Zu seinen Rollenkreationen gehörten der Sultan Schariar in M. Fokines *Scheherazade* (1910) und der Russ. Kaufmann in L. Massines *Zauberladen* (1919). Nach Diaghilews Tod ging er 1932–36 als Regisseur zu den B.s Russes de Monte Carlo und gehörte 1936–46 den verschiedenen Gruppen von Col. de Basil an. 1953 veröffentlichte er in London *The Diaghilev Ballet 1909–1929*. 1954 betreuten er und seine Frau, L. Tchernicheva, die Neueinst. von Fokines *Feuervogel* beim Sadler's Wells B. und 1957 ebd. *Petruschka*.

Grigorowitsch, Juri Nikolajewitsch, sowj. Tänzer, Choreograph und B.-Direktor, * 2. 1. 1927 Leningrad. Studierte ebd. an der B.-Schule. Tänzer beim Kirow-B. 1946, wo er in Demicaractère-Rollen exzellierte. Hatte schon auf der Schule erste choreogr. Versuche unternommen und machte 1956 als B. für die Examenskandidaten *Valse Fantaisie* (Mus.: Glinka). 1957 choreographierte er für das Kirow-B. Prokofjews *Die Steinerne Blume*, die in ihrer Moskauer UA-Version von L. Lawrowsky nur mäßigen Beifall gefunden hatte, und war damit so erfolgreich, daß das Bolschoi-B. 1959 seine Insz. übernahm. Schon hier zeigte sich G.s ausgesprochen neoklassizistische Orientierung, die seiner Insz. zu einer für damalige sowj. Verhältnisse ungewöhnlich tänzerischen Leichtigkeit und Flüssigkeit verhalf. Ohne jeglichen Verzicht auf dramatische Veranschaulichung, verstand er es, alle pantomimischen Elemente dem Tanz zu integrieren. 1961 choreographierte er *Legende von der Liebe* (Mus.: A. Melikow) fürs Kirow-B., dessen B.-Meister er 1962 wurde. 1964 ging er als Chefchoreograph und Künstlerischer Direktor zum Bolschoi-B. nach Moskau und choreographierte hier seitdem: *Dornröschen* (Mus.: Tschaikowsky, 1965), *Nußknacker* (Mus.: Tschaikowsky, 1966), *Spartakus* (Mus.: Chatschaturjan, 1968), *Schwanensee* (Mus.: Tschaikowsky, 1969), eine neue Version von *Dornröschen* (1973), *Iwan der Schreckliche* (Mus.: Prokofjew, 1975), *Angara* (Mus.: A. Eschpai, 1976), *Romeo und Julia* (Mus.: Prokofjew, 1979) und *Das goldene Zeitalter* (Mus.: Schostakovitsch, 1982). Ein brillant begabter Klassizist und phantasievoller Regisseur, gelang ihm eine allmähliche Verjüngung des Bolschoi-B.s und eine Veränderung seines Stil-Image zugunsten einer größeren Leichtigkeit, Kultiviertheit und Eleganz, ohne daß die Komp. darüber ihr Spezifikum, nämlich das intensive dramatische Rollenengagement ihrer Tänzer, eingebüßt hätte. Seit Ende der siebziger Jahre sieht er sich jedoch einer wachsenden Opposition nicht nur von jüngeren Tänzern gegenüber, die seiner Direktion Konservativismus und Stagnation vorwerfen. Hat verschiedentlich auch im Westen gearbeitet (Staatsoper Wien, Pariser Opéra, Kgl. Dän. B.). Verheiratet mit der Tänzerin N. Bessmertnowa.

Grisi, Carlotta, ital. Tänzerin, * 28. 6. 1819 Visinida (Istrien), † 20. 5. 1899 Genf. War schon als Zehnjährige Starschülerin an der Schule der Mailänder Scala. Auf einer Tournee durch Italien begegnete sie 1834 in Neapel J. Perrot, der sie unter seine Fittiche nahm. Sie war jedoch nie mit ihm verheiratet, obwohl sie sich zeitweise Mme Perrot nannte. Ihre ersten Auftritte in Paris brachten ihr keinen Erfolg. Doch 1841 erhielt sie endlich den begehrten Kontrakt an der Opéra – mit Perrot als Choreograph für ihre Debüt-Pas. 1841 kam dann der Erfolg ihres Lebens: die von Perrot für sie speziell choreographierten Soli in *Giselle*. In den nächsten Jahren folgten die B.-Kreationen *La jolie fille de Gand* (Ch.: F. D. Albert, 1842), *La Péri* (Ch.: J. Coralli, 1843), *La Esmeralda* (Ch.: Perrot, London 1844), *Pas de quatre* (Ch.: Perrot, London 1845), *Le Diable à quatre* (Ch.: Mazilier, Paris 1845), *Paquita* (Ch.: Mazilier, Paris 1846) und *La Filleule de feu* (Ch.: Perrot, Paris 1849). Sie tanzte noch in St. Petersburg und London, zog sich dann jedoch 1853 ins Privatleben in die Schweiz zurück. Seit den Tagen der Arbeit an *Giselle* war sie die große, allerdings unerfüllt gebliebene Liebe von Th. Gautier, dem sie ihren Partner Lucien Petipa vorzog.

Größe des Weltalls, Die → *Tanzsinfonie.*

Groke, Georg, dt. Tänzer, * 28. 12. 1904 Königsberg. Studium 1925–27 an der Dresdner Wigman-Schule, 1926/27 Solotänzer in Essen und 1927–33 an der Städt. Oper Berlin. Außerdem zahlreiche Solotanzveranstaltungen, auch zusammen mit R. Abramowitsch, mit der er 1933 nach Polen emigrierte. Von dort aus wieder zahlreiche Auslandstourneen. Im Jahr 1939 kehrte er wieder nach Deutschland zurück und tanzte 1940/41 u. a. bei der Dt. Tanzbühne in Berlin. Militärdienst und Gefangenschaft unterbrachen seine Karriere. In den Jahren 1949–52 war er als Solist an der Komischen Oper Berlin engagiert, 1952/53 als Erster Solist an der Leipziger Oper und 1953–59 abermals an der Komischen Oper Berlin, wo er seine bedeutendsten Rollen u. a. in Steinwegs *Scheherazade*, *Der Chout* und *Petruschka* hatte.

Großbritannien. Pantomimische Einlagen in den Schauspielen und die Hof-Masques der Tudors und Stuarts waren die Vorläufer des klassischen B.s in G. John Weavers erstes komisches Handlungs-B. *The Tavern Bilkers* wurde 1702 gegeben, gefolgt von seinen *The Loves of Mars and Venus* 1717 als erstes seriöses Handlungs-B. In den dreißiger Jahren des 18. Jh.s arbeitete Händel mit M. Sallé zusammen und 1754 erschien Noverre, um mit D. Garrick zusammenzuarbeiten. Didelots *Zéphyre et Flore* gab es 1796 in London und Blasis veröffentlichte seinen *Code of Terpsichore* ebd. 1828. Während der vierziger Jahre des 19. Jh.s eroberte das romantische B. London. Perrot choreographierte *Undine* 1843, *La Esmeralda* 1844 und den *Pas de quatre* 1845 – alle für Lumley. Während der letzten Dezennien des 19. Jh.s verlagerte sich die Hauptaktivität zu den Music-Halls Alhambra (nach 1871) und Empire Th. (nach 1884). A. Genée war 1897 die große Attraktion des Empire. Als sie 1908 nach Amerika ging, übernahm L. Kyasht ihre Position. 1910 wurde *The Dancing Times* gegründet. 1911 erschienen Diaghilews B.s Russes zu ihrem ersten Besuch in London. 1912 übersiedelte A. Pawlowa nach London. Phyllis Bedells war die erste engl. Primaballerina am Empire nach 1914. S. Astafieva begann 1916 in London zu unterrichten, gefolgt von M. Rambert 1916 – im gleichen Jahr brachte L. Massine den *Zauberladen* und *Dreispitz* in London heraus. Aus der 1920 gegründeten Association of Operatic Dancing wurde die gegenwärtige Royal Academy of Dancing. Diaghilew präsentierte 1921 am Alhambra seine *Sleeping Princess*. 1922 wurde die Cecchetti Society gegründet. N. de Valois eröffnete 1926 ihre Schule – im gleichen Jahr brachte F. Ashton seine *Tragedy of Fashion* mit den Rambert Dancers im Lyric Th., Hammersmith, heraus. Die Camargo Society nahm 1930 ihre Arbeit auf – mit Ashtons *Facade* und de Valois' *Job* (1931) als Hauptbeiträgen. Das Vic-Wells B. gab 1931 seine erste Vorstellung. 1933 machte Ashton als erstes B. *Les Rendezvous* für Sadler's Wells, während Massines *Choreartium* endlose Diskussionen über das Sinfonische B. auslöste. Das Sadler's Wells B. hatte 1935 seine erste West-end-Saison mit de Valois' *The Rake's Progress* und brachte seine ersten Klassiker-Prod.en heraus. Die zweite Hälfte der dreißiger Jahre wurde von A. Tudor beherrscht, der 1936 *Lilac Garden*, 1937 *Dark Elegies* choreographierte und 1938 sein London B. gründete (das bis 1941 existierte). Auch während des Zweiten Weltkriegs ging das B.-Leben in London weiter, wenn auch in reduziertem Maßstab. 1940 kamen Ashtons *Dante Sonata* und A. Howards *La Fête étrange* heraus, während ein paar Exilpolen und engl. Kollegen das Anglo-Polish B. gründeten, das bis 1947 überlebte. M. Inglesby gründete 1941 ihr International B. (bis 1953). 1946 zog das Sadler's Wells B. mit einer Neuinsz. von *Dornröschen* in Covent Garden ein und krönte seine erste dortige Saison mit Ashtons *Symphonic Variations*, während das neugegründete Sadler's Wells Th. B. das Th. in der Rosebury Ave. zu seiner Residenz machte. Als erste ausländische Komp.n nach dem Kriege kamen die B.s des Champs-Elysées und das B. Th. aus New York. 1947 sah das Debüt des Metropolitan B. Ende der vierziger Jahre kehrten A. Markova und A. Dolin aus Amerika zurück und gründeten 1950 das London Festival B. 1949 gab das Sadler's Wells B. sein triumphales New-York-Debüt. *Ballet Imperial* war 1950 der erste brit. Balanchine-Import – im gleichen Jahr erschien das New York City B. zu seinem ersten Besuch in London. Die frühen fünfziger Jahre sahen den Durchbruch J. Crankos und Londons Aufstieg zur Weltkapitale des Span. Tanzes. Während die Aktivitäten der Sadler's Wells Comp., des London Festival B. und des B. Rambert ständig zunahmen, kamen mehr und mehr ausländische Komp.n nach London, so u. a. R. Petits B.s de Paris, J. Charrats B.s de France, das B. der Pariser Opéra und die Komp. von M. Graham. Als nächster brit. Choreograph von internationalem Renommee erschien K. MacMillan 1955 auf der Szene. Im folgenden Jahr erhielten die beiden Sadler's Wells Komp.n ihr königliches Statut. Für großes Aufsehen sorgte 1956 das erste westl. Gastspiel des Moskauer Bolschoi-B.s. E. West und P. Darrell gründeten 1957 das in Bristol ansässige Western Th. B., das 1969 als Scottish Th. B. nach Glasgow übersiedelte und sich seit 1974 Scottish B. nennt. Frühere Versuche von M. Middleton, M. Morris u. a., eine B.-Komp. in Schottland aufzubauen, waren zum Scheitern verurteilt, und das war auch das Schicksal des Edinburgh Festival B. von 1958. Ashtons *La Fille mal gardée* wurde 1960 zum größten Kassenerfolg des Royal B., gefolgt von MacMillans damals als sehr gewagt angesehener *The Invitation* und dem ersten Gastspiel von M. Béjarts Brüsseler B. du XXe Siècle mit *Sacre du printemps*. 1961 sah das erste Londoner Gastspiel des Kirow-B.s und den ersten Auftritt R. Nurejews im Rahmen von M. Fonteyns RAD-Gala. Als Nachfolger der pensionierten N. de Valois übernahm Ashton 1963 die Leitung des Royal B. und verstärkte das Rep. durch diverse Tudor-Kreationen und -Übernahmen sowie den Erwerb von B. Nijinskas *Les Biches* und *Les Noces*. Der zeitgenössische Tanz faßte nun auch in London stärker Fuß: die Graham-Komp. kam wieder, die Komp.n von M. Cunningham und P. Taylor gastierten und die London Contemporary Dance School wurde gegründet. 1965 sah das Debüt von P. Brinsons ambitionierter B. for All-Gruppe. Das B. Rambert wurde 1966 total reorganisiert und fungierte hinfort als führende Londoner Plattform für zeitgenössischen Tanz, mit einem Rep., das sich anfangs stark auf B.e von G. Tetley stützte. 1969 sah die Gründung des London Contemporary Dance Th., das Debüt von Geoff Moores Moving Being und L. Meyers Northern Dance Th. in Manchester. Als Choreographen machten N. Morrice, J. Chesworth und Chr. Bruce beim B. Rambert mehr und mehr von sich reden. Beim Royal B. löste MacMillan 1970 Ashton als Direktor ab (mit P. Wright als Kodirektor) und lud J. Robbins, Tetley und Van Manen als Gastchoreographen ein. G. Samsova und A. Prokovsky riefen 1972 das bis 1979 existierende London B. ins Leben, eine Truppe von kammerballettartigem Zuschnitt. In den siebziger Jahren gab es zunehmende Tanzaktivitäten auch in der Provinz. Moores Moving Being siedelte 1972 nach Cardiff über (bis 1976), 1974 wurde das kurzlebige Welsh Dance Th. gegründet. Die etablierten Komp.n entwickelten neue Aktivitäten (Vorst.en des Royal B. in einem von Ort zu Ort transportierten Zelt) und es bildeten sich mehr und mehr kleine, experimentelle moderne Gruppen. N. Morrice folgte 1977 MacMillan als Direktor des Royal B., während letzterer weiterhin als Chefchoreograph fungiert.

Große Fuge, B. von H. van Manen (Ch. und Kost.), Mus.: Beethoven (op. 133 und Cavatina aus dem Streichquartett op. 130, beide in der Fassung für Streichorchester), Bühne: J. P. Vroom; UA 8. 4. 1971, Nederlands Dans Th., Scheveningen, mit M. Sarstädt, J. Benoit, M. Venema, F. Vervenne u. a. – Nach der den 4 Herren vorbehaltenen Exposition kommt es in den Soli, Duos und Ens.-Formen zu einer immer deutlicheren Polarisation des männlich-weiblichen Kontrastverhältnisses, dessen Spannung in der Cavatina zu einem Unisono der sexuellen Gleichberechtigung, Emanzipation und Harmonie umgepolt wird. Später übernommen von u. a. Royal B. (1972) und Basler B. (1982). Eine frühere Version von J. Erdman in *Song of the Turning World* (New York 1953).

Lit.: P. Brinson / C. Crisp, in: *Ballet & Dance*, Newton Abbot 1980.

Große Krug, Der (Originaltitel: *La Jarre* bzw. *La Giara*), B. in 1 Akt, Libr.: L. Pirandello, Ch.: J. Börlin, Mus.: A. Casella, Dek.: G. de Chirico; UA 19. 11. 1924, B. Suédois, Th. des Champs-Elysées, Paris. – Die folkloristisch gefärbte Geschichte spielt auf Sizilien. In ihrem Mittelpunkt steht ein beschädigter Krug. Ein Topfflicker bessert ihn aus, kommt dann aber aus dem Inneren des Krugs nicht mehr heraus. Dieser muß erneut zerbrochen werden, damit der Topfflicker wieder ans Tageslicht gelangen kann. – Spätere Versionen u. a. von E. Petz 1926 in Dresden, R. Galli 1927 am Metropolitan Opera House von New York, N. de Valois 1934 in London und wiederholt von A. von Milloss (zuerst in Rom 1939).

Lit.: C. W. Beaumont, in: *Complete Book of Ballets*, London 1951.

Großstadt, B. in 3 Bildern, Libr. und Ch.: K. Jooss, Mus.: A. Tansman (Sonatine Transatlantique), Dek.: H. Heckroth; UA 21. 11. 1932, Folkwang-Tanzbühne, Köln, mit Mascha Lidolt, S. Leeder und E. Uthoff. – Das gesellschaftskritisch engagierte B. stellt ein Arbeitermädchen zwischen seinen jungen Arbeiterfreund und einen reichen Kapitalisten, der es mit Geld und schönen Kleidern für sich gewinnt, während der proletarische Freund enttäuscht zurückbleibt. Spätere Einst.en Wuppertal (1974), Joffrey B. (1975), Kölner Tanz-Forum (1982).

Großvatertanz, dt. Kehraustanz aus dem 17. Jh., der zum Schluß der Hochzeitsfeier von allen Gästen durch das ganze Haus getanzt wurde, wobei jeder Gast einen Wirtschaftsgegenstand (aber keinen Besen) in die Hand nimmt. Die Melodie bestand aus einem langsamen Teil im ¾-Takt (Und als der Großvater die Großmutter nahm) und einem schnellen Springtanz im ²⁄₄-Takt (Mit dir und mir ins Federbett). Bach hatte diesen zweiten Teil schon 1743 in der Bauernkantate verwendet. In der klassischen Musik begegnet der Tanz in Schumanns *Papillons* und Tschaikowskys *Nußknacker*.

Gruber, Lilo, dt. Tänzerin, Choreographin und B.-Direktorin, * 3. 1. 1915 Berlin. Studierte ebd. sowie bei M. Wigman in Leipzig, weiterhin Schauspiel und Opernregie in Berlin. Debüt als Tänzerin 1931. B.-Meisterin in Greifswald 1945, dann über Plauen und Leipzig an die Ostberliner Dt. Staatsoper, deren B.-Direktorin sie von 1955 bis zu ihrer Pensionierung 1970 war. Choreographierte ebd. u. a. *Gajaneh* (Mus.: Chatschaturjan, 1955), *Coppélia* (Mus.: Delibes, 1956), *Neue Odyssee* (Mus.: V. Bruns, 1957), *Romeo und Julia* (Mus.: Prokofjew, 1963), *Sklaven, ein Spartakus-Ballett* (Mus.: W. Hohensee, 1964) und *Ballade vom Glück* (Mus.: K. Schwaen, 1967).

Grüne Tisch, Der, Totentanz in 8 Bildern, Libr. und Ch.: K. Jooss, Mus.: F. A. Cohen, Dek.: H. Heckroth, Folkwang-Tanzbühne, Th. des Champs-Elysées, Paris, mit Jooss, E. Uthoff, E. Kahl, K. Bergeest, L. Czobel u. a. – An einem Verhandlungstisch diskutieren 10 Schwarze Herren miteinander und schießen auf dem Höhepunkt ihrer Auseinandersetzungen in die Luft: der Krieg beginnt. Die anschließenden Szenen (Der Abschied – Die Schlacht – Die Vertriebenen – Die Partisanin – Die Schänke – Totenmarsch) stellen die Folgen dar. In allen diesen Szenen tritt der Tod auf und hält seine Ernte. Die Schlußszene knüpft wieder an den Anfang an: die hinter Masken versteckten Herren verhandeln erneut am grünen Tisch. – Das B. erhielt 1932 den Ersten Preis des von R. de Maré und Les Archives Internationales de la Danse in Paris organisierten Choreogr. Wettbewerbs. Es wurde zum Image-Werk der B.s Jooss, die nach ihrer Emigration damit die ganze Welt bereisten. Auch nach der Rückkehr von Jooss 1949 und den verschiedenen Weiterführungsversuchen seiner Komp. bildete das auch fürs Fernsehen verfilmte B. das Rückgrat des Rep.s. Jooss hat das B. immer wieder für die verschiedensten Komp.n in der ganzen Welt neuinszeniert, auch die ersten dt. Prod.en außerhalb der Essener Komp. an der Bayer. Staatsoper (1965) und in Köln (1971).

Lit.: O. F. Regner / H.-L. Schneiders, in: *Reclams Ballettführer*, Stuttgart [8]1980.

Gsovsky, Nikita, dt. Tänzer und Pädagoge, * 10. 2. 1941 Kaiserslautern. Studierte in Köln und, nachdem er bei der Krefelder Sommerakademie 1957 V. Gsovsky begegnet war, bei diesem in Paris, der ihn adoptierte. Tänzer beim B. du XXe Siècle 1960, Erster Solotänzer Dt. Oper am Rhein, Düsseldorf 1964–67, dann Hamburger Staatsoper 1967–70. Zwischenzeitlich B.-Meister am Hamburger Operettenhaus. Eröffnete 1973 eine eigene Schule in Kellinghusen, der 1976 ein Internat angegliedert wurde, seit 1980 Leiter des Schleswig-Holsteinschen B.-Internats. Autor des Buches *Ballettstunde* (1980), das als Basis für einen 13teiligen Fernsehfilm des NDR diente.

Gsovsky, Tatjana (geb. T. Issatschenko), russ.-dt. Tänzerin, Pädagogin, Choreographin und B.-Direktorin, * 18. 3. 1901 (nicht 1902) Moskau. Studierte in Petrograd im I.-Duncan-Studio sowie bei L. Nowikow, Matjatin und Kirsanowa, später auch in Hellerau. Nach der Oktoberrevolution wurde sie B.-Chefin in Krasnodar, wo sie Victor Gsovsky begegnete, den sie heiratete und mit dem sie nach Berlin ging, wo sie 1928 eine eigene Schule eröffneten. Als Choreographin trat sie zuerst in verschiedenen Varietés in Erscheinung, arbeitete dann an verschiedenen Th.n in Deutschland, wobei sie in Leipzig 1942 die UAen von L. Spies' *Romeo und Julia* und *Daphnis und Chloe* und 1943 von Orffs

Catulli carmina choreographierte sowie 1944 die UA von G. von Einems *Prinzessin Turandot* in Dresden. B.-Chefin der Dt. Staatsoper in Ost-Berlin 1945–52, deren Komp. sie in überraschend kurzer Zeit zu einem leistungsstarken und profilierten Ens. aufbaute. Ihre wichtigsten Insz.en dieser Zeit waren u. a. *Don Juan* (Mus.: Gluck), *Daphnis und Chloe* (Mus.: Ravel), *Bolero* (Mus.: Ravel), *Nobilissima Visione* (Mus.: Hindemith), *Petruschka* (Mus.: Strawinsky, sämtlich 1946), *Goyescas* (Mus.: E. Granados, 1947), *Romeo und Julia* (Mus.: Prokofjew, dt. EA 1948), *Dornröschen* (Mus.: Tschaikowsky) und *Don Quixote* (Mus.: Spies, beide 1949). 1952/53 wirkte sie am Teatro Colón (wo sie auch später verschiedentlich gearbeitet hat). 1953 choreographierte sie die UA von Orffs *Trionfo di Afrodite* in Mailand und von W. Egks *Die chinesische Nachtigall* in München sowie *Choreomusica* (Mus.: Mozart) und *Hamlet* (Mus.: Blacher) mit dem Ens. der Städt. Oper Berlin. 1954–66 war sie B.-Direktorin, bzw. Chefchoreographin der Städt. Oper Berlin (ab 1961 Dt. Oper Berlin) und hatte auch danach noch mehrere Jahre die Trainingsleitung inne. Für die Komp. choreographierte sie in diesen Jahren u. a. *Pelleas und Melisande* (Mus.: M. Baumann), *Der rote Mantel* (Mus.: Nono, beide UA.en 1954), *Dornröschen* (Mus.: Tschaikowsky, 1955), *Der Mohr von Venedig* (Mus.: Blacher, 1956), *Agon* (Mus.: Strawinsky), *Die letzte Blume* (Mus.: N. Nabokov), *Menagerie* (Mus.: G. Klebe, die letzten beiden als UA, alle 1958), *Schwarze Sonne* (Mus.: F. Hartig), *Undine* (Mus.: Henze, beide 1959), *Paean* (Mus.: R. Gassmann und O. Sala), *Romeo und Julia* (Mus.: Prokofjew, beide 1960), *Les Illuminations* (Mus.: Britten), *Les Noces* (Mus.: Strawinsky, beide 1961), *Labyrinth der Wahrheit* (Mus.: E. Varèse, 1964) und *Tristan* (Mus.: Blacher, UA 1965). Aus ihren diversen für die Berliner Festwochen arrangierten Prod.en (*Der Idiot*, Mus.: Henze, 1952) ging 1955 das von ihr – später mit G. Reinholm als Kodirektor – geleitete Berliner B. hervor, eine selbständige, z. T. vom Senat subventionierte Truppe von kammerballettartigem Zuschnitt, die, mit stets wieder neu zusammenengagierten Tänzern, zahlreiche Tourneen bis nach Südamerika und Japan unternahm. Im Rep. dieser Truppe spiegelte sich am deutlichsten T. G.s Ästhetik und choreogr. Stil: eine literarisch-bildkünstlerische Sensibilität von ausgesprochen feminin-erotischem Reiz, basierend auf einem gründlich beherrschten akademischen Vokabular, das sich allen zeitgenössischen Strömungen weit offenhielt und in Gruppierungen und Posen von ausgepicht plastisch-akrobatisch-artistischem Raffinement gipfelte. Hauptkreationen für das Berliner B. waren von ihr u. a. *Signale* (Mus.: Klebe), *Souvenirs* (Mus.: Offenbach-Karlinsky, beide 1955), *Fleurenville* (Mus.: Klebe, 1956), *Die Kameliendame* (Mus.: H. Sauguet), *Kain* (Mus.: P. Sandloff, beide 1957) und die Neufassung *Der Idiot* (1959). 1959–66 war sie zusätzlich auch B.-Direktorin in Frankfurt a. M., wo sie u. a. die dt. EA von Brecht-Weills *Die sieben Todsünden* choreographierte (1960). Im selben Jahr brachte sie an der Pariser Opéra die *Kameliendame* heraus. Sie übte noch lange Jahre nach Beendigung ihrer aktiven choreogr. Karriere, der das dt. B. nach 1945 eine Reihe seiner zeittypischsten, anregendsten und provozierendsten Erfolge verdankte, als Lehrerin an der Berliner B.-Akademie einen maßgebenden Einfluß auf die junge dt. Tänzergeneration aus. In der Geschichte des dt. B.s im 20. Jh. gebührt ihr ein hervorragender Platz – vergleichbar in ihrem Wirkungsradius nur auf der Ebene der H. Kröller, R. von Laban, M. Wigman, K. Jooss, Y. Georgi und J. Cranko. Sie schrieb das Vorwort zu S. Enkelmann, *Ballett in Deutschland* (1954).

Gsovsky, Victor, russ.-frz. Tänzer, Choreograph, Pädagoge und B.-Meister, * 12. 1. 1902 St. Petersburg, † 14. 3. 1974 Hamburg. Studierte bei E. Sokolowa und begann schon sehr früh zu unterrichten, heiratete 1924 seine Kollegin Tatjana Issatschenko und ging mit ihr 1925 nach Berlin, wo er B.-Meister an der Staatsoper wurde, als Tänzer und Mimiker auftrat und mehrere Opern-B.e choreographierte. Zusammen mit seiner Frau eröffnete er 1928 eine eigene Schule, arbeitete 1930–33 als Filmchoreograph für die UFA, ging 1937 zum Markova-Dolin-B. nach London und eröffnete 1938 in Paris eine Schule, aus der u. a. I. Skorik, C. Marchand, V. Verdy und S. Perrault hervorgingen. Während dieser Zeit machte er verschiedene Film-Ch.n. 1945 inszenierte er mit großem Erfolg den 2. *Schwanensee*-Akt an der Pariser Opéra, 1946 *La Sylphide* für die B.s des Champs-Elysées. 1947 ging er zum Metropolitan B. nach London,

1948 als B.-Meister zu den B.s des Champs-Elysées, 1950–52 als B.-Direktor an die Münchner Staatsoper, wo er neben Klassiker-Insz.en und Prokofjews *Aschenbrödel* auch die UA.en von *Hamlet* (Mus.: Blacher, 1950), *Weg zum Licht* (Mus.: G. Auric), *Pas de coeur* (Mus.: G. von Einem) und *Pas d'action* (Mus.: Henze, alle 1952) choreographierte. 1952 ging er nach Paris zurück und choreographierte dort u. a. *Antinous* (Mus.: L. Nicolaou, Grand B. du Marquis de Cuevas, 1953) und *Aschenbrödel* (Mus.: Prokofjew, Opéra, Paris 1954). Als sein repertoirebeständigstes Stück erwies sich sein *Grand Pas classique* (Mus.: D. F. Auber, 1956). 1957–61 unterrichtete er alljährlich bei der Sommerakademie des Tanzes in Krefeld/Köln. B.-Meister der Dt. Oper am Rhein in Düsseldorf 1964–67 und an der Hamburger Oper 1967–70. Er war einer der angesehensten B.-Lehrer seiner Generation.

Günther, Dorothee, dt. Pädagogin, * 8. 10. 1896 Gelsenkirchen, † 18. 9. 1975 Weiss (bei Köln). Studierte Graphik und absolvierte dann eine Pädagogenausbildung für Mensendieck-Gymnastik. Eröffnete 1924 mit C. Orff als musikalischem Mitarbeiter in München die G.-Schule, die zur zentralen Münchner Ausbildungsstätte für Gymnastik, musikalisch-rhythmische Bewegungsbildung und Freien Tanz wurde. Nachdem Maja Lex 1925 als Tänzerin, Choreographin und Pädagogin zu ihr gestoßen war, entstand 1930 die Tanzgruppe Günther München, die als aufführungspraktisches Instrument durch zahlreiche Tourneen für eine weite Verbreitung ihrer Ideen sorgte. Als Choreographin war sie insbesondere an den tänzerischen Massenveranstaltungen anläßlich der Berliner Olympischen Spiele (1936), am Breslauer Turnfest (1938) und an der Stockholmer Lingiade (1939) beteiligt. Nach der Zerstörung ihrer Münchner Schule durch Kriegseinwirkung 1945 ging sie 1948 nach Rom, wo sie lange Jahre als Publizistin tätig war. Im Jahr 1962 veröffentlichte sie im Rahmen der Rowohlt-Enzyklopädie das Buch *Der Tanz als Bewegungsphänomen*. (→Lex Maja.)

Günther, Helmut, dt. Tanzpublizist, * 4. 8. 1911 Michelfeld (Schwäbisch Hall), † 17. 2. 1983 Stuttgart. Studierte in Tübingen und Bristol Geschichte, Germanistik, Anglistik, Vergleichende Sprachwissenschaft und Philosophie. Studienrat in Neckarsulm und Stuttgart. Kam als Mitgl. der Sozialistischen Arbeiterjugend zum Volkstanz, später auch Gesellschafts- und Turniertanz sowie B.-Unterricht (Tanzschule Albert Burger, Stuttgart). Zahlreiche Veröffentlichungen in Fachzeitschriften, in der *Stuttgarter Zeitung*, der *Zeit* und beim Funk – zunächst über Gesellschaftstanz, dann zunehmend auch über Jazz Dance sowie über nichtwestl. Tanzkulturen. Zeitweise Dozent für Tanzgeschichte an der Stuttgarter Cranko-Schule. Buchautor *Vom Schamanentanz zur Rumba* (zus. mit H. Schäfer, 1959), *Tanzunterricht in Deutschland* (1970), *Grundphänomene und Grundbegriffe des afrikanischen und afro-amerikanischen Tanzes* (1970, 31977), *Vom Rock'n Roll bis Soul* (1976), *Jazz Dance* (1980) und *Die Tänze und Riten der Afro-Amerikaner* (1982).

Guerra, Antonio, ital. Tänzer, Choreograph und B.-Meister, * 30. 12. 1810 Neapel, † 20. 7. 1846 Neuwaldegg (bei Wien). Studierte am Konservatorium von Neapel, tanzte als Fünfzehnjähriger den Colin in einer Duport-Einst. von *La Fille mal gardée* und hatte darin so großen Erfolg, daß er hinfort nur noch »le petit Duport« genannt wurde. Schuf seine ersten B.-Werke für Wien (1826/27) und Neapel, debütierte 1836 in Paris in *La Sylphide* als Partner von M. Taglioni, choreographierte dort 1837 *Les Mohicans* (Mus.: A. Adam) und wurde 1838 Erster Solotänzer und B.-Meister am Her Majesty's Th. in London, wo er 1839 als Partner von F. Elßler in seiner eigenen Version von *La Gitana* tanzte. 1841–46 wirkte er als B.-Meister am Wiener Hof-Th. Dort brachte er noch mehrere B.e heraus.

Guest, Ivor, engl. B.-Historiker, * 14. 4. 1920 Chistlehurst. Von Beruf Rechtsanwalt, wurde er dank seiner zahlreichen Buchveröffentlichungen zu einem der angesehensten B.-Historiker der Welt, vor allem als Autorität über das B. des 18. und 19. Jh.s. Schrieb *The Ballet of the Second Empire 1858–70* (1953), *The Romantic Ballet in London* (1954), *The Ballet of the Second Empire 1847–58* (1955), *Fanny Cerrito* (1956), *Victorian Ballet Girl* (über Clara Webster, 1957), *Adeline Genée* (1958), *The Alhambra Ballet* (1959), *La Fille mal gardée* (Hrsg., 1960), *The Dancer's Heritage* (1960), *The Empire Ballet* (1962), *The Romantic Ballet in Paris*

(1966), *Two Coppélias* (1970), *Fanny Elssler* (1970), *Le Ballet de l'Opéra de Paris* (1976) und *Adventures of a Ballet Historian* (1982). Editorial Adviser der *Dancing Times* seit 1963, Mitgl. des Executive Committee der Royal Academy of Dancing seit 1965 und Chairman seit 1969. Verheiratet mit der Tanz-Notatorin A. Hutchinson.

Guglielmo Ebreo → Ebreo, Guglielmo.

Guimard, Marie-Madeleine, frz. Tänzerin, getauft 27. 12. 1743 Paris, † 4. 5. 1816 ebd. Als Fünfzehnjährige trat sie ins B.-Corps der Comédie Française ein, ging 1762 (1763?) an die Opéra, wo sie in L. Fuzeliers *Les Fêtes Grecques et Romaines* debütierte, 1763 zur Première danseuse noble avancierte und in vielen Demicaractère-Rollen der Werke von Noverre und P. Gardel große Erfolge hatte, u. a. in *Les Caprices de Galatée* (1776), *Les petits riens* (1778), *Mirza et Lindor* (1779) und *Le premier navigateur* (1785), vor allem aber in Rameaus Opéra-B. *Castor et Pollux*. Sie war so dünn, daß sie das »Skelett der Grazien« genannt wurde. Besonders gern trat sie in Rollen auf, in denen sie eine naive Schäferin sein durfte – was einen besonders pikanten Kontrast zu ihren öffentlich bekannten Amouren mit so prominenten Persönlichkeiten wie Jean Benjamin de la Borde und dem Prinzen von Soubise ergab. In einer Vorstadt von Paris besaß sie eine luxuriöse Villa, die von Fragonard ausgemalt worden war. Dort unterhielt sie ein Privat-Th., den Tempel der Terpsichore, in dem zahlreiche B.e, meist von eindeutiger erotischer Zweckbestimmung, aufgeführt wurden. Im Jahr 1789 heiratete sie den Choreographen und Dichter J.-E. Despréaux und zog sich mit ihm ins Privatleben zurück.

Lit.: P. Migel, in: *The Ballerinas*, New York 1972.

Guizerix, Jean, frz. Tänzer, * 27. 10. 1945 Paris. Studierte bei D. Bazet und M. Guillaumin. Tänzer beim Pariser Opéra B. 1964, Premier danseur 1971, Étoile 1972. Ein sehr geschätzter Charaktersolist, der sich besonders in Rollen des modernen Rep.s ausgezeichnet hat. Rollenkreationen u. a. in M. Cunninghams *Un jour ou deux* (1973), G. Tetleys *Tristan* (1974) und R. Nurejews *Manfred* (1979). Verheiratet mit der Tänzerin W. Piollet.

Lit.: G. Mannoni / P. Jouhaud, in: *Les Étoiles de l'Opéra de Paris*, Paris 1981.

Gulbenkian Ballet (Grupo Gulbenkian de Bailado). Die portug. Gulbenkian Stiftung rief 1965 in Lissabon eine eigene B.-Komp. ins Leben, die seit 1970 in dem luxuriös mit Studios und eigenem Th. ausgestatteten G.-Gebäudekomplex residiert. Der erste B.-Meister war W. Gore, gefolgt von M. Sparemblek 1970–75, der das Rep. auf eine moderne Basis stellte. Nach einer Übergangszeit mit C. Trincheiras als Chefchoreograph ist seit 1978 J. Salavisa B.-Direktor mit Vasco Wellenkamp als Chefchoreograph. Deutschland-Debüt, Wiesbadener Mai-Festspiele 1984.

Gusjew, Pjotr Andrejewitsch, sowj. Tänzer, Pädagoge und B.-Meister, * 29. 12. 1904 St. Petersburg. Tänzer am GATOB bis 1934. Trat vielfach mit seiner Partnerin Olga Mungalowa in spektakulär akrobatischen Pas de deux auf. Pädagoge an der Moskauer Bolschoi-B.-Schule 1937, deren Direktor 1937–40 und ab 1950. Zwischendurch wieder Tänzer beim Kirow-B. 1945–51. Zu verschiedenen Zeiten zwischen 1935 und 1957 B.-Meister am Moskauer Stanislawsky- und Nemirowitsch-Dantschenko-Musik-Th. Ist oft als Pädagoge und B.-Meister ins Ausland geschickt worden (u. a. Peking 1957–60). Direktor des Maly-B.s 1960/61 und seither pensioniert, arbeitet aber weiter an der Ch.-Fakultät des Leningrader Konservatoriums sowie als B.-Meister für Klassiker-Einst.en in der Sowjetunion und im Ausland (Neuseeland, Australien, Budapest, Tokio u. a.).

Gutgelaunten Frauen, Die (frz. Originaltitel: *Les Femmes de bonne humeur*), B. in 1 Akt, Libr. und Ch.: L. Massine, Mus.: D. Scarlatti – V. Tommasini, Dek.: L. Bakst; UA 12. 4. 1917, B.s Russes de Diaghilew, Teatro Costanzi, Rom, mit L. Lopouchova, L. Tchernicheva, E. Cecchetti, St. Idzikowski, Massine u. a. Das Libr. geht auf Goldonis Stück *Le donne di buon umore* zurück und erzählt eine komplizierte und verwechslungsreiche Liebesgeschichte von dem zärtlichen Rinaldo und der reinen Costanza, die sich mit Hilfe des Gastwirts Niccolo schließlich doch gegen ihre feindlichen Eltern und Rivalen durchsetzen. Massine hat das B. später auch anderen Komp.n einstudiert.

Lit.: C. W. Beaumont, in: *Complete Book of Ballets*, London 1951.

Gymnopédies, 3 Klavierstücke von Satie (1888), später instrumentiert von Debussy und A. Roland-Manuel. Sie sind oft zu B.-Zwecken verwendet worden (gelegentlich kombiniert mit Saties *Trois Gnossiens*), u. a. von F. Ashton in *Monotones* (Royal B., 1965) und H. van Manen in *Squares* (Nederlands Dans Th., 1969).

Gypsy, La → *Gipsy, La.*

Gyrowetz, Adalbert, österr. Komponist, * 20. 2. 1763 Budweis, † 19. 3. 1850 Wien. Er war 1804 bis 1831 Kompositeur und Kapellmeister des Wiener Hof-Th.s und schrieb die Musik zu 40 B.en, u. a. *Die Inkas oder Die Eroberung von Peru* (Ch.: J. Coralli, 1807), *Gustav Wasa* (Ch.: Muzzarelli, 1811), *Der flatterhafte Page oder Figaros Hochzeit* (Ch.: J. Aumer, 1819), *Die zwei Tanten oder Ehemals und heute* (Ch.: Aumer, 1820) und, am berühmtesten, *Das Schweizer Milchmädchen* (Ch.: F. Taglioni, 1821).

H

Haag, Den → Amsterdam und Nederlands Dance Theater.

Haas, Henn, dt. Tänzer, Choreograph und B.-Meister, * 26. 2. 1907 Riga. Studium ab 1926 in Riga, bei Vera Fokina, dann M. Wigman und an den Meisterstätten für Tanz in Berlin. Examen als Pädagoge und B.-Meister. 1936–38 freischaffender Tänzer, 1938–45 Solotänzer in Weimar, 1945–49 als Begründer und Leiter des Th. des Tanzes Weimar-Erfurt, 1950/51 beim Henn-Haas-Tanz-Ens., Berlin, 1952–56 als leitender Choreograph des FDGB-Tanz-Ens.s, danach Choreograph in Halle. B.e von ihm waren u. a. *Zauberfell* (Mus.: Köbler, 1946), *Mütter der Welt* (Mus.: Findeisen, 1950), *Trommlerin* (Mus.: Hohensee, 1953), *Spartakus* (Mus.: Hohensee, 1962), *Eckensteher* (1964), *Fridolin* (Mus.: Wenzel, 1967) und *Flucht vor Göttern* (Mus.: Hohensee, 1969). In Halle brachte er auch 1970 die dt. EA von R. Schtschedrins *Carmen* heraus.

Habanera, afro-kub. Tanz, benannt nach der kub. Hauptstadt. Gelangte Ende des 19. Jh.s über Spanien nach Europa. Dem Tango rhythmisch nicht unähnlich, stellt sie einen gemäßigt-langsamen Tanz im ²⁄₄-Takt dar. Der Tango kann auf die Habanera zurückgeführt werden. Berühmte H.s: Yradiers *La Paloma* und Bizets »Die Liebe vom Zigeuner stammt« in *Carmen*. Auch Ravel und Chabrier haben später H.s komponiert.

Häger, Bengt, schwed. Museumsdirektor, * 27. 4. 1916 Malmö. Studierte an der Universität Stockholm. Impresario und Tournee-Manager verschiedener Komp.n. Präsident der Schwed. Tänzervereinigung 1944–64. Generalsekretär der Pariser Archives internationales de la danse 1947–49. Direktor des Stockholmer Tanzmuseums seit 1952. Gründungs-Direktor der Staatl. Schwed. Tanzschule 1963–71. Tanzreferent verschiedener schwed. Gremien und der UNESCO sowie beim schwed. Fernsehen. Präsident der Carina Ari Stiftung. Autor verschiedener Bücher und Fernseh-Prod.en über Tanz. Verheiratet mit der Tänzerin Lilavati.

Händel, Georg Friedrich, dt.-engl. Komponist, * 23. 2. 1685 Halle, † 14. 4. 1759 London. Komponierte keine B.e, doch enthalten viele seiner Opern ausgedehnte B.-Einlagen – so schon seine 1705 in Hamburg uraufgeführte *Almira*. Durch seine Begegnung mit M. Sallé in London wurde das tänzerische Element in seinen Opern und Gelegenheitsarbeiten für die Bühne noch verstärkt – so in seinem 1734 umgearbeiteten *Pastor Fido* (dazu als Prolog *Terpsichore*), vor allem aber in *Ariodante* (1735) und *Alcina* (1735). Von H.s konzertanten Werken ist vor allem die Feuerwerks- und Wasser-Musik verschiedentlich choreographiert worden, doch hat sich keine der Ch.n international zu behaupten vermocht, auch nicht G. Balanchines kurzlebiges *The Figure in the Carpet* (New York City B., 1960). Zu einer Bearbeitung verschiedener H.-Stücke choreographierte Balanchine für die Diaghilew-Komp. *The Gods Go a'Begging* (1928). Zu den erfolgreicheren H.-B.en zählen u. a. P. Taylors *Aureole* (1962) und Chr. Bruces *George Frideric* (1969). M. Wigman choreographierte H.s Oratorium Saul 1954 für Mannheim, F. Howald ein abendfüllendes Stück *Requiem für einen verrückten König* (Georg III. – außer Musik von H. auch P. Maxwell Davies' titelgebende Gesänge) 1982 fürs Münchner Staatsopern-B.

Haigen, Kevin, amer. Tänzer, * 6. 11. 1954 Miami (Fla.). Studierte an der School of American B. und American B. Th. School. Tänzer beim American B. Th., Stuttgarter B., dann Erster Solist Hamburger B. 1976–83. Rollenkreationen u. a. in J. Neumeiers *Josephslegende* (Wien 1977), *Sommernachtstraum* (1977), *Dornröschen* (1978), *The Age of Anxiety* (1979) und *Petruschka* (1982). Seit 1983 beim Nederlands Dans Th.

Hallhuber, Heino, dt. Tänzer und Schauspieler, * 16. 12. 1927 München. Studierte ebd. an der B.-Schule der Oper. Tänzer beim Münchner

Staatsopern-B. 1949 bis Anfang der siebziger Jahre, als Gast auch bei der Komp. von J. Charrat. Gehörte zu den persönlichkeitsstärksten Darstellern der Komp. und kreierte zahlreiche Rollen in den B.en von V. Gsovsky, A. Carter und H. Rosen. Ist häufig auch im Film und Fernsehen aufgetreten und hat als Tänzer und Choreograph verschiedentlich an Auff.en der Experimentierbühne der Münchner Staatsoper mitgewirkt.

Halprin, Anna, amer. Tänzerin, Choreographin und Pädagogin, * 13. 7. 1920 Winnetka (Ill.). Studierte bei M. O'Doubler und an der Harvard School of Design. Tänzerin bei der Komp. von D. Humphrey und Ch. Weidman 1945. Gründete zusammen mit Walland Lathrop ein Studio in San Francisco, in dem sie 1948–55 unterrichtete. Gründete das Dancers' Workshop 1955, wo sie mit Malern, Architekten, Musikern, Lehrern und Tänzern zusammenarbeitete. Begann 1959 mit Summer Workshops, zu deren Gruppe u. a. Terry Riley, LaMonte Young, Y. Rainer und M. Monk gehörten. Von 1963 an zog sie zunehmend Aufmerksamkeit auf europ. Avantgarde-Festivals auf sich. New York Debüt 1967, wobei die Polizei einer Nacktszene wegen intervenierte. Richtete 1969 ein Multi-Racial Communal Workshop für Architekten ein, zusammen mit ihrem Mann Lawrence H., Architekt für Städtebau in San Francisco. Eine der anregendsten Pioniergestalten der Dance-Happening-Szene.

Halte de Cavalerie, B. in 1 Akt, Libr. und Ch.: M. Petipa, Mus.: Iwan Armsheimer, Bühne: Levogt, Kost.: Ponomarew; UA 2. 2. 1896, Marien-Th., St. Petersburg, mit P. Legnani, P. Gerdt u. a. – Das B. spielt in einem Dorf im alten Österreich. Die Tochter Marie des Dorfvorstehers liebt Pierre, aber ein plötzlich auftauchendes Kavallerieregiment verursacht Verwirrung: erst stellt ein Kornett Marie nach, dann wird dieser von seinem Hauptmann abgelöst, der wiederum seinem Oberst weichen muß, bis schließlich Pierre die Hand Mariens zugesprochen wird. Alles endet mit einem großen Verlobungsfest. Das B., eines der letzten von Petipa, erfreute sich im vorrevolutionären Rußland größter Beliebtheit, wird aber auch heute noch gelegentlich aufgeführt.

Lit.: C. W. Beaumont, in: *Complete Book of Ballets*, London 1951.

Hamburg. B. gibt es hier seit dem Beginn der Oper im 17. Jh. Während der späten dreißiger und vierziger Jahre des 19. Jh.s gastierten hier Ballerinen wie M. Taglioni, L. Grahn, F. Cerrito, C. Grisi und F. Elßler, die eine derartige Popularität genoß, daß sie nach Beendigung ihrer Karriere in H. zeitweise ihren Wohnsitz nahm. K. Lanner choreographierte hier ihre ersten B.e in den frühen achtziger Jahren des 19. Jh.s. Während der Jahrhundertwende bestand das H.er B.-Rep. vorwiegend aus *Coppélia*, *Puppenfee* und *Meißner Porzellan*. Überlokale Aufmerksamkeit zog H. auf sich, als R. von Laban und A. Knust nach dem Ersten Weltkrieg hier arbeiteten – auf ihrem Erbe basiert noch heute das lokale Interesse für den zeitgenössischen Tanz, als dessen Verwalter hauptsächlich die Schule von L. Rogge gilt. Einen leichten Auftrieb erfuhr die B.-Aktivität der Oper unter der Leitung von H. Swedlund, die hier vom Beginn der dreißiger bis in die fünfziger Jahre wirkte. Ein kurzes Intermezzo blieb die B.-Direktion D. Hoyers an der Oper (1949–51). Nach G. Blanks interimistischer Leitung wirkte P. van Dyk 1960–70 als B.-Direktor der Oper, wobei der Hauptakzent außer auf seinen gediegenen eigenen Prod.en (B.-UA von O. Messiaens *Turangalîla*-Sinfonie 1960) auf den Balanchine-Importen lag, gipfelnd in der gemeinsamen Ehrung der Oper und des New York City B. von Strawinsky anläßlich dessen 80. Geburtstag 1962 (mit *Apollon musagète*, europ. EA von *Agon* und *Orpheus*). Nach einer Interimsdirektion übernahm J. Neumeier 1973 die B.-Direktion der H.er Oper und sorgte durch seinen umsichtigen Komp.- und Rep.-Aufbau, durch Neuorganisation der angeschlossenen Schule und durch die Bespielung auch des Th.s am Spielbudenplatz (früher Operettenhaus) seit 1981 für eine zunehmend auch internationale Beachtung findende B.-Aktivität, wie sie H. auf so breiter, von so engagiertem Publikumsenthusiasmus mitgetragener Basis nie zuvor erlebt hat.

Lit.: Chr. Albrecht: *Zehn Jahre John Neumeier und das Hamburger Ballett*, Hamburg 1983.

Hamel, Martine van, holl.-amer. Tänzerin, * 16. 11. 1945 Brüssel. Tochter eines Diplomaten, studierte an B.-Schulen in Kopenhagen, Java, Den Haag, Caracas und längere Zeit bei B. Oliphant in Toronto. Solistin beim National

B. of Canada 1963, City Center Joffrey B. 1970, American B. Th. 1971 und seit 1973 ebd. als Principal.

Hamlet-Ballette. Es hat verschiedene B.e in Anlehnung an Shakespeares Trauerspiel gegeben. Eines der ersten dürfte Francesco Clericos *Amleto* gewesen sein (1788 Venedig, Mus.: Clerico). In Paris schuf Louis Henry 1816 ein *H.*-B. (Mus.: Graf Wenzel Gallenberg). B. Nijinska brachte 1934 mit ihrer Komp. in Paris ein *H.*-B. heraus (Mus.: Liszt, Dek.: G. Annenkoff mit Nijinska und R. Chanova). In der anglo-amer. Welt am bekanntesten wurde *H.*, B. in 1 Akt, Ch.: R. Helpmann, Mus.: Tschaikowsky, Dek.: L. Hurry; UA 19. 5. 1942, Sadler's Wells B., New Th., London, mit Helpmann, M. Fonteyn, C. Franca, D. Paltenghi u. a. – Einer der größten Erfolge des dt. Nachkriegs-B.s war *H.*, Libr.: T. Gsovsky, Ch.: V. Gsovsky, Mus.: Blacher, Dek.: H. Jürgens; UA 19. 11. 1950, Bayer. Staatsoper, München, mit F. Baur, I. Skorik, Gertraud Stubner, H. Hallhuber u. a. Weitere Insz.en u. a. von H. Swedlund (Hamburg 1952), T. Gsovsky (Berlin 1953, Stuttgart 1954) und Y. Georgi (Hannover 1962). – Ein abendfüllendes *H.*-B. brachte K. Sergejew 1970 beim Leningrader Kirow-B. heraus (Mus.: Nikolai Tscherwinski). Weitere *H.*-B. von W. Tschabukiani 1971 in Tblissi (Mus.: Rawaz Gabichwadse) und John Neumeier 1976 für das American B. Th. ein Werk *H.*: *Connotations* (Mus.: Copland).

Hammes, Lothar, dt. Tänzer, * 29. 4. 1940 Dessau. Studierte an der Kinder-B.-Schule des Landes-Th.s ebd., der Dresdner Palucca-Schule und mit einem Stipendium in Leningrad. Über Köthen und Rheydt kam er 1960 nach Bremen, wo er einer der profiliertesten Solisten in den Prod.en von J. Kresnik war, mit dem er 1979 nach Heidelberg überwechselte.

Hanka, Erika, österr. Tänzerin, Choreographin und B.-Direktorin, * 18. 6. 1905 Vincovci (Kroatien), † 15. 5. 1958 Wien. Studierte an der Wiener Akademie für Musik und Darstellende Kunst und Essener Folkwang-Schule. Tänzerin beim Folkwang-B. 1933. Solistin und Assistentin Düsseldorf 1936–39, via Köln, Essen und Hamburg nach Wien, wo sie 1942 B.-Meisterin (später B.-Direktorin) an der Staatsoper wurde und bis zu ihrem Tod geblieben ist. Hat sich um den Aufbau des Wiener Staatsopern-B.s und den Ausbau seines Rep.s in den schwierigen Nachkriegsjahren und bei der Rückkehr in das wiederaufgebaute Haus am Ring große Verdienste erworben. Als Choreographin hatte sie ihre Stärke in ihren präzise erzählten Handlungs-B.en. Choreographierte zahlreiche Werke des modernen Standard-Rep.s. Unter ihren vielen B.-UAen sind die bedeutendsten *Titus Feuerfuchs* (Mus.: Joh. Strauß, Hamburg 1941), *Höllische G'schicht* (Mus.: Joh. Strauß, 1949), *Homerische Sinfonie* (Mus.: Th. Berger, 1950), *Der Mohr von Venedig* (Mus.: Blacher, 1955), *Hotel Sacher* (Mus.: Hellmesberger/Schönherr, 1957) und *Medusa* (Mus.: von Einem, 1957, alle Wien).

Hanke, Susanne, dt. Tänzerin, * 30. 3. 1948 Altdöbern. Studierte an der B.-Schule der Stuttgarter Oper. Elevin des Stuttgarter B.s 1964, 1965/66 mit einem Stipendium an die Londoner Royal B. School, seit 1966 wieder beim Stuttgarter B., Solistin 1969. Rollenkreationen u. a. in J. Crankos *Der Widerspenstigen Zähmung* (1969), *Brouillards* (1970) und *Initialen R. B. M. E.* (1972), R. Helliwells *Ballade vom Meer und von der Liebe* (1978) und U. Scholz' *Das Märchen* (1980).

Hannover. Die B.-Tradition der Stadt reicht zurück bis 1636, als die B.-Meister Jemmes, Le Conte und Desnoyer glänzende Tanzfeste nach frz. Vorbild arrangierten. Später kamen dann Komödiantentruppen mit einzelnen B.-Einst.en. 1819/20 hatte die Tänzerfamilie Kobler großen Erfolg. Später gastierte wiederholt das Tänzerpaar Grantzow aus Braunschweig. 1845 versetzte das Kinder-B. der Mme Weiß aus Wien die Stadt in große Begeisterung. 1847 gastierten F. Cerrito und A. Saint-Léon, gefolgt von L. Grahn, C. Grisi und M. Taglioni. 1852 wurde das neue Hof-Th. eröffnet, wo das Ehepaar Kilanyi aus Prag *Miranda* und P. Taglionis *La Sylphide* zur Auff. brachten. Von 1854 an beherrschte die Familie Kobler erneut die lokale Tanzszene. Der erste preußische B.-Meister H.s wurde 1860–98 der Bayer Franz Degen, der seine größten Erfolge mit Delibes' *Coppélia* (1879) und Beethovens *Geschöpfen des Prometheus* (1882) hatte. Großes Aufsehen riefen

1914 die drei Vorstellungen der B.s Russes von Diaghilew hervor. Nach dem Ersten Weltkrieg bereiteten die stark choreogr. orientierten Insz.en von H. Niedecken-Gebhardt ein neues Tanzverständnis vor. 1922–24 wirkte hier als B.-Meister und Solotänzer M. Terpis. Die in H. geborene M. Wigman gab mehrere Tanzgastspiele. Einen markanten Einschnitt setzte 1926 das Engagement Y. Georgis als B.-Meisterin, die mit H. Kreutzberg als Solotänzer hier zunächst bis 1931 wirkte, 1933–36 noch einmal mit einem Halbjahresvertrag wiederkehrte und 1954–70 abermals als B.-Chefin hier tätig war und mit ihren vielseitigen Aktivitäten dem B. in H. zu überlokaler Aufmerksamkeit verhalf. Ihr folgten als B.-Chefs R. Adama, P. van Dyk, G. Furtwängler und seit 1978 L. Höfgen.

Harangozó, Gyula, ung. Tänzer, Choreograph und B.-Meister, * 19. 4. 1908 Budapest, † 10. 11. 1974 ebd. Studierte an der B.-Schule der Oper ebd. und wurde 1926 Mitgl. der Komp., der er bis zu seinem Tod angehörte. Hat sich vor allem als Choreograph der B.-Bartók-B.e einen internationalen Namen gemacht: *Der holzgeschnitzte Prinz* (zuerst 1939), *Der wunderbare Mandarin* (zuerst 1945), darüber hinaus zahlreiche andere B.e sowie Ch.n für Film und Fernsehen. Er ist der Vater des Tänzers G. H.

Lit.: G. Körtvélyes / G. Lörinc, in: *Budapester Ballett*, Budapest 1971.

Harangozó, Gyula, ung. Tänzer, * 1956 Budapest. Sohn von G. H. sen. und der B.-Meisterin Irén Hamala, studierte an der Budapester B.-Schule und an der Moskauer Bolschoi-B.-Schule. Tänzer beim Budapester Staatsopern-B. 1971, Solist 1977. Zahlreiche Auslandsgastspiele, u. a. Scottish B., Münchner Staatsoper, Wiener Staatsoper. Kreierte Rollen in L. Seregis *Variationen über ein Kinderlied* (1977) und G. Veredons *Gaîté Parisienne* (1982).

Harkarvy, Benjamin, amer. Tänzer, Choreograph und B.-Meister, * 16. 12. 1930 New York. Studierte bei G. Chaffee, E. Caton, E. Anderson-Ivantzova, A. Tudor, M. Craske und an der School of American B. Tänzer bei der Brooklyn Lyric Opera 1949/50, unterrichtete 1951–55 an der Fokine B. School, dann an seiner eigenen Schule. Direktor, Choreograph und B.-Meister beim Royal Winnipeg B. 1957/1958, ging dann nach Holland, gründete 1959 das Nederlands Dans Th., dem er bis 1969 als Kodirektor angehörte, leitete 1969/70 das Harkness B., war 1970/71 Künstlerischer Direktor des Holl. National-B.s und war 1972–82 Künstlerischer Kodirektor des Pennsylvania B., als der er zahlreiche B.e choreographiert hat. Seither freischaffend.

Harkness Ballet. Die amer. Komp. ist nach Rebekah H. benannt (* 17. 4. 1915 St. Louis, Mo., † 17. 6. 1982 New York), die sich als Vorsitzende der R. H. Foundation seit 1961 durch ihre ständigen Zuwendungen für das amer. B. große Verdienste erworben hat. Sie unterstützte sowohl J. Robbins' Ballets: U. S. A. als auch das R. Joffrey B. und gründete 1964 ihre eigene Komp., die im Frühjahr 1965 in Cannes debütierte. Sie war als Plattform junger amer. Talente gedacht und unterstand zunächst der Leitung von G. Skibine, bald gefolgt von B. Macdonald und B. Harkarvy. Man warf ihr oft Mangel an künstlerischer Integrität vor, bewunderte sie aber ob der Vitalität ihrer Tänzer. Sie war ständig auf Tournee, gab aber nur dreimal Gastspiele auch in New York. Zurückgerufen von einer Europa-Tournee 1970, wurde sie aufgelöst. Gleichzeitig wurde der H. Youth Comp., die sich überwiegend aus Absolventen des 1965 eröffneten H. House for B. Arts rekrutierte, Seniorstatus zuerkannt. Weitere Tourneen dieser Komp. unter der Leitung von B. Stevenson, gefolgt von V. Nebrada – sie eröffnete 1974 auch das völlig neugestaltete H. Th. am Broadway (Nähe Lincoln Center, inzwischen wieder abgerissen), wurde aber 1975 ebenfalls aufgelöst. Obgleich prominente Choreographen wie J. Butler, St. Hodes, R. van Dantzig, J. Neumeier und M. Sappington für die Komp. gearbeitet haben, entwickelte sie niemals ein eigenständiges künstlerisches Profil, doch haben mehrere hier debütierende Tänzer später Karriere gemacht – u. a. L. Isaksen, B. Ruiz, F. Jhung, H. Tomasson, L. Rhodes und Chr. Aponte.

Harlequin in April, B. in 2 Akten, mit Prolog und Epilog, Libr. und Ch.: J. Cranko, Mus.: Rich. Arnell, Dek.: John Piper; UA 8. 5. 1951, Sadler's Wells B., S. Wells Th., London, mit P.

Miller, D. Blair, St. Holden u. a. – Das B. bezieht seine Inspiration aus einer Zeile in T. S. Eliots Gedichtband *The Waste Land*, in der es heißt: »April is the cruellest month, breeding / Lilacs out of the dead land . . .« Es wird in dem B. keine kontinuierliche Geschichte erzählt. Gezeigt wird, wie der Mensch geboren wird, langsam aufwächst, die Liebe kennenlernt, auf dem Höhepunkt seines Lebens anlangt, alt wird und stirbt, während Harlequin zusieht, seine Kommentare gibt, ohne jedoch in der Lage zu sein, in das Geschehen einzugreifen und zu helfen. – Cranko hat dasselbe Thema, unter Verzicht auf die Harlequin-Figur, später noch einmal in seinem *Opus 1* aufgegriffen.

Lit.: O. F. Regner / H.-L. Schneiders, in: *Reclams Ballettführer*, Stuttgart [8]1980.

Harlequinade, B. in 2 Akten, Ch.: Balanchine, Mus.: R. Drigo (*Les Millions d'Arlequin*), Dek.: R. Ter-Arutunian; UA 4. 2. 1965, New York City B., New York State Th., mit P. McBride, E. Villella u. a. – Das B. ist Balanchines neue Version von Petipas seinerzeit sehr beliebten *Millions d'Arlequin*. Eine gute Fee verhilft Harlequin zu den bewußten Millionen, um ihn in den Augen des Vaters seiner geliebten Colombine aufzuwerten.

Lit.: G. Balanchine / F. Mason, in: *Balanchine's Complete Stories of the Great Ballets*, Garden City (N. Y.) 1977.

Harnaschie, B. in 3 Bildern, Libr.: K. Szymanowski und S. Lifar, Mus.: Szymanowski, Ch.: J. Nikolska; UA 1935, National-Th., Prag. Das B. verarbeitet Motive der Goralen-Folklore aus den Karpaten: ein Goralenmädchen soll mit einem reichen Bauernsohn vermählt werden, liebt aber Jánošík, der als Anführer der in den Bergen lebenden Harnaschie, einer Räuberbande, mit seinen Anhängern in die Hochzeitsfeier einbricht und die Braut in seine Berge entführt. – Spätere Insz.en u. a. von Lifar (Paris 1936), H. Swedlund (dt. EA als *Der Brautraub*, Hamburg 1937) und M. Statkiewicz (poln. EA Posen 1938).

Hart, Evelyn, kanad. Tänzerin, * 14. 4. 1956 Ontario. Studierte bei Dorothy Carter in London (Ont.), dann bei David Moroni. Mitgl. des Royal Winnipeg B. seit 1976, Solistin 1978, Principal Dancer 1979. Tanzt die Ballerinenrollen des klassischen und modernen Rep.s.

Hartmann, Thomas, dt. Tänzer, * 6. 11. 1952 (Geburtsort nicht bekannt). Ausgebildet an der Tanzschule von A. Bornhacke-Ulrichs, dann an der Dresdner Palucca-Schule. Tänzer an der Dresdner Staatsoper seit 1970, zu deren führendem Premier danseur er rasch avancierte. Gastspiele an der Komischen Oper in Ost-Berlin. Tanzt die einschlägigen Rollen des Rep.s. Zahlreiche Rollenkreationen in den B.en von H. Wandtke.

Haskell, Arnold Lionel, engl. B.-Schriftsteller, * 19. 7. 1903 London, † 14. 11. 1980 Bath. War nach Studium in Cambridge 1930 Mitbegründer der Camargo Society und aktiv an den Vorbereitungen beteiligt, die schließlich zur Gründung der Vic-Wells B. School führten. Als Kritiker arbeitete er ab 1935 für den *Daily Telegraph*, später auch für andere Zeitungen. Von 1947 bis 1965 war er Direktor der Sadler's Wells und späteren Royal B. School. Als Autor veröffentlichte er 1928 sein erstes, rasch berühmtes Buch: *Some Studies in Ballet*. Andere wichtige Buchtitel waren *Ballettomania* (1934), *Diaghileff* (sic!, 1935) und *Ballet, A Complete Guide to Appreciation* (zuerst 1938). Es folgten noch u. a. *In His True Centre* (Autobiographie, 1954), *Gala Performance* (1955), *Balletomane at Large* (1972). Von 1947 bis 1963 zeichnete er auch als Herausgeber des *Ballet Annual*.

Haßreiter, Joseph, österr. Tänzer, Choreograph, Pädagoge und B.-Meister, * 30. 12. 1845 Wien, † 8. 2. 1940 ebd. Studierte an der Schule der Hofoper ebd. sowie in Deutschland. Tänzer beim Hofopern-B. 1870–90, dann bis 1920 B.-Regisseur, B.-Meister, Vorstand der B.-Schule und Lehrer der Solisten, zeitweise auch Tanzlehrer bei Hofe. 1918 wurde er zum Ehren-Mitgl. der Hofoper ernannt, der er fünfzig Jahre als aktives Mitgl. angehörte. Als Choreograph debütierte er 1888 mit der *Puppenfee* (Mus.: J. Bayer), seinem erfolgreichsten B., das allein in der Hof- und Staatsoper über 750 Auf-f.en erlebte. Choreographierte 48 B.e – u. a. ebenfalls zu Musik von Bayer *Sonne und Erde* (1889) und *Aschenbrödel* (eine Joh.-Strauß-Bearbeitung, 1908) sowie zu Musik von anderen Komponisten *Die roten Schuhe* (Mus.: R. Mader, 1898), *Die Jahreszeiten der Liebe* (Mus.: Schubert-Lehnert, 1911), *Klein Idas Blumen* (Mus.: P. von Klenau, 1917) und als letztes B.

Der 18. Lenz (Mus.: Erzherzogin Immaculata, 1918). Er erfreute sich außerordentlicher Beliebtheit in Wien, wo nach der *Puppenfee Sonne und Erde* (363 Auff.en) und *Jahreszeiten der Liebe* (135 Auff.en) seine meistaufgeführten B.e waren.

Hatch-Walker, David, kanad. Tänzer, Pädagoge und Choreograph, * 14. 3. 1949 Edmonton (Alberta). Studierte an der Schule des National B. of Canada und an der M. Graham School. Tänzer beim B. Rambert 1969, dann M. Graham Dance Comp. 1970–76, seither bei verschiedenen Komp.n und seit 1977 bei der von ihm und seiner Frau, T. Asakawa, geleiteten Asakawalker Dance Comp., für die er auch choreographiert hat. Pädagoge an der Graham School seit 1976 sowie am Asakawalker Dance Studio in New York, vielfach auch im Ausland tätig.

Haut, En (frz., oben) im B. die Armhaltung über dem Kopf.

Hawkins, Erick, amer. Tänzer und Choreograph, * 1917 Trinidad (Col.). Studierte an der School of American B., tanzte 1935–37 beim American B. und 1936–38 bei der B. Caravan. Dann schloß er sich der M. Graham Comp. an, bei der er bis 1951 blieb. Von 1948–50 war er mit M. Graham verheiratet. Nach der Trennung gründete er eine eigene kleine Gruppe ausgesprochen experimentell-esoterischen Charakters, die er zusammen mit der Komponistin-Pianistin Lucia Dlugoszewski leitet. Charakteristische Titel seiner ungegenständlichen Tänze: *Inner Feet of a Summer Fly* (1957), *Sudden Snake-Bird* (1960), *Early Floating* (1962), *Here and Now with Watchers* (1964), *Tightrope* (1968), *Angels of the Inmost Heaven* (1972), *Greek Dream with Flute* (1973), *Meditation on Orpheus* (1975), *Ah Oh* (1977), *Plains Daybreak* (1979), *Avanti* (1980), *Heyoka* (1981) und *The Joshua Tree* (1983).

Hay, Deborah, amer. Tänzerin und Choreographin, * 18. 12. 1941 New York. Studierte bei ihrer Mutter, am Henry Street Playhouse und bei M. Cunningham. Tänzerin bei den Komp.n von J. Limón und Cunningham. 1964 löste sie sich von den Standardtechniken, konzentrierte sich auf Tai-Chi-Übungen und wurde eines der Gründungs-Mitgl.er der Judson Church Movement. Arbeitet seither mit nicht speziell ausgebildeten Tänzern auf Straßen, in Parks, Turnhallen und Museen. Verheiratet mit dem Maler Alex H., der als Tänzer in ihren Prod.en mitwirkt.

Lit.: S. Banes, in: *Terpsichore in Sneakers*, Boston 1980.

Haydée, Marcia, bras. Tänzerin und B.-Direktorin, * 18. 4. 1937 Niteroi. Studierte bei V. Veltchek, T. Leskova und an der Sadler's Wells School. Schon als Schülerin am Teatro Municipal in Rio de Janeiro aufgetreten. Nach weiteren Studien bei L. Egorova und O. Preobrajenska Tänzerin beim Grand B. du Marquis de Cuevas 1957, dann seit 1961 beim Stuttgarter B., Primaballerina 1962, B.-Direktorin seit 1976. Häufige Gastspiele in der ganzen Welt, seit 1980 regelmäßig auch beim B. du XXe Siècle. Eine der großen dramatischen Ballerinen ihrer Generation, wurde sie zur Cranko-Ballerina par excellence. Rollenkreationen u. a. in Crankos *Romeo und Julia* (1962), *Onegin* (1965), *Présence* (1968), *Der Widerspenstigen Zähmung* (1969), *Carmen* (1971), *Initialen R. B. M. E.* (1971) und *Spuren* (1973), K. MacMillans *Las Hermanas* (1963), *Lied von der Erde* (1965), *Fräulein Julie* (1970) und *Requiem* (1977), G. Tetleys *Voluntaries* (1973) und *Daphnis und Chloe* (1975), J. Neumeiers *Hamlet: Connotations* (1976), *Kameliendame* (1978) und *Endstation Sehnsucht* (1983), M. Béjarts *Divine* (1981) und *Wien, Wien, nur du allein* (1982).

Lit.: H. Kilian, *M. H.*, Sigmaringen 1975.

Hayden, Melissa, kanad.-amer. Tänzerin und Pädagogin, * 25. 4. 1923 Toronto. Studierte bei B. Volkov, A. Vilzak und L. Schollar. Tänzerin Radio City Music Hall, dann B. Th. 1945, bei verschiedenen anderen Komp.n. Wurde international bekannt als Ballerina des New York City B., dem sie 1950–73 (mit nur einer kurzen Unterbrechung) angehörte. Zahlreiche Rollenkreationen u. a. in J. Robbins' *Age of Anxiety* (1950), *The Pied Piper* (1951) und *In the Night* (1970), F. Ashtons *Illuminations* (1950), T. Bolenders *Wunderbarer Mandarin* (1951), G. Balanchines *Caracole* (1952), *Valse fantaisie* (1953), *Divertimento No. 15* (1956), *Agon* (1957), *Stars and Stripes* (1958), *Episodes* (1959), *Liebeslieder Walzer* (1960), *A Midsum-*

mer Night's Dream (1962), *Brahms-Schoenberg Quartet* (1966), *Glinkiana* (1966) und *Cortège Hongrois* (1973). Ballerinarolle in Ch. Chaplins Film *Limelight* (1953). Unterrichtet heute an ihrer eigenen Schule in New York. Buchautorin von *M. H. – Off Stage and On* (1963) und *Dancer to Dancer* (1981).

Lit.: J. Gruen, in: *The Private World of Ballet*, New York 1975.

Haydn, Franz Joseph, österr. Komponist, * wahrscheinlich 31. 3. (getauft 1. 4.) 1732 Rohrau, † 31. 5. 1809 Wien. Komponierte keine B.-Musik. Sein Kopist und treuester Helfer war Johann Florian Elßler, der Vater von Fanny E. Verschiedentlich wurden konzertante Kompositionen von ihm B.en zugrunde gelegt – u. a. schon von S. Viganò 1813 in seinem Mailänder *Prometheus*, der nur noch Teile von Beethovens originaler Musik verwendete. Unter den B.en zu H.-Musik aus neuerer Zeit seien erwähnt: L. Massines *Clock Symphony* (Nr. 101, Sadler's Wells B., 1948), G. Balanchines *Trumpet Concerto* (Es-Dur, Sadler's Wells Th. B., 1950), E. Felds *Meadowlark* (aus den Flöten-Quartetten und aus dem Streichquartett op. 74/1, Royal Winnipeg B., 1968), T. Tharps *As Time Goes By* (letzte beide Sätze aus der Sinfonie Nr. 45, *Abschieds*-Sinfonie, Joffrey City Center B., 1973) und *Push Comes to Shove* (Sinfonie Nr. 82, *Der Bär*, American B. Th., 1976), J. Kyliáns *Symphony in D* (Sinfonie Nr. 101, *Die Uhr*, erste beide Sätze, und Nr. 73, *Die Jagd*, 4. Satz, Nederlands Dans Th., 1976), I. Markó, Auszüge aus *Die Schöpfung* (Györ 1982).

Heberle, Therese, österr. Tänzerin, * 1806 Wien, † 5. 2. 1840 Neapel. Ging aus Horschelts Wiener Kinder-B. hervor, tanzte 1813–26 in Wien und ging dann nach London an die Ital. Oper. In Neapel heiratete sie einen Bankier, der ihr ganzes Geld durchbrachte, wonach sie zur Bühne zurückkehrte. Trat an der Mailänder Scala auf und ab 1836 wieder in London. Die Mailänder waren so begeistert von ihr, daß sie später C. Grisi als la petite Heberle bezeichneten. Grillparzer hat ihr sein Gedicht *Vorzeichen* gewidmet.

Heckroth, Hein, dt. Bühnenausstatter, * 14. 4. 1901 Gießen, † 6. 7. 1970 Alkmaar (Niederlande). Arbeitete 1924 erstmals in Donaueschingen mit Kurt Jooss zusammen (*Persisches Ballett*, Mus.: E. Wellesz). Diese Zusammenarbeit führte ihn über Münster (u. a. *Der Dämon*, 1925) und Essen (u. a. *Drosselbart* 1929 und *Der Grüne Tisch*, 1932) nach Holland (*Sieben Helden*, 1933), England (u. a. *Ballade* und *The Mirror*, 1935) und Amerika. Von dort ging die Reise wieder zurück nach Oxford und Cambridge. Weltweiten Ruhm errang er mit seinen Filmausstattungen zu *Die roten Schuhe* (1948) und *Hoffmanns Erzählungen* (1952). 1955 kehrte er nach Deutschland zurück und wurde Chefausstatter der Städt. Bühnen Frankfurt a. M. Hier entwarf er u. a. B.-Dekorationen für W. Gores *Die im Schatten leben* (1958), T. Gsovskys *Abraxas* (1959) und T. Bolenders *Der Wunderbare Mandarin* (1967).

Heiden, Heino, dt. Tänzer, Choreograph, B.-Meister und Pädagoge, * 6. 10. 1923 Wuppertal. Studierte bei T. und V. Gsovsky, S. Ress, O. Preobrajenska und A. Tudor. Tänzer beim Ostberliner Staatsopern-B. 1945–47, Dresdener Staatsopern-B. 1947/48, Ostberliner Komische Oper B. 1947–50, Abraxas-Komp. 1950/51, Münchner B. des Th.s am Gärtnerplatz 1951/52. Ging dann nach Kanada, arbeitete in Vancouver und fürs Fernsehen in Montreal. Kehrte als B.-Meister nach Mannheim zurück 1960–63, dann Antwerpen 1965/66 und Kiel-Lübeck 1967–69. Gastchoreograph beim Washington B., Royal Winnipeg B., Vancouver B., National B. of Canada und Scapino B. Unter seinen zahlreichen Ch.n auch die erste dt. Version von *La Fille mal gardée* nach dem Kriege (Mus.: H. G. Gitschel, Mannheim 1962). Seit 1970 Leiter einer eigenen Schule in Lübeck und (zus. mit Hans-Ulrich Hettinger) des Lübecker Kinder-Tanz-Th.s.

Heidenreich, Heinz, österr. Tänzer, * 6. 4. 1950 Wien. Studierte an der B.-Schule der Wiener Staatsoper, deren Mitgl. er seit 1965 ist, Halbsolist 1973, Solist 1982. Rollenkreationen u. a. in H. Spoerlis *Ein Faschingsschwank* (1977), H. van Manens *Grand Trio* (1978), E. Walters *Der Golem* und N. Christes *Und so weiter* (beide 1982).

Heil, Helga, dt. Tänzerin und B.-Meisterin, * Frankfurt a. M. (Geburtsjahr nicht bekannt.) Studierte ebd. bei Alf Bern und Käte Jäger. Mitgl. des Frankfurter Opern-B.s seit 1950, zunächst als Corps-Tänzerin, Halbsolistin 1962, Assistentin des B.-Meisters 1972, Charaktersolistin und Stellvertretende B.-Meisterin 1973, heute Organisationsleiterin des Frankfurter B.s. Verschiedentlich auch als Choreographin in Schauspiel-Prod.en tätig.

Heim, Hella, dt. Tänzerin, * 19. 2. 1902 Stuttgart. Studierte an der B.-Schule des Kgl. Hof-Th.s in Stuttgart, anschließend Corps-de-ballet-Tänzerin ebd. und Solistin 1920. Nach ihrem Th.-Abschied 1952 lud sie J. Cranko ein, 1962 die Amme in seiner Stuttgarter *Romeo-und-Julia*-Insz. zu übernehmen, was dazu führte, daß sie auch in weiteren Prod.en die Ammen- und Mütterfiguren übernahm (u. a. *Onegin*, *Giselle*, *Schwanensee*). Am 22. 2. 1982 fand zu ihrem 80. Geburtstag in Stuttgart die 329. Auff. von *Romeo und Julia* mit ihr in ihrer angestammten Rolle statt.

Heine, Heinrich, dt. Schriftsteller, * 13. 12. 1797 Düsseldorf, † 17. 2. 1856 Paris. Nachdem H.s Erzählung von den »Wilis« in seiner 1833 veröffentlichten *Geschichte der neueren schönen Literatur in Deutschland* (1835 unter dem Titel *De l'Allemagne* in Paris erschienen) Th. Gautier die Grundinspiration zu *Giselle* (Paris 1841) geliefert hatte, entwarf H. 1846 ein B.-Libr. *Die Göttin Diana* in der Hoffnung auf eine Auff. durch Benj. Lumley, den Manager des Londoner Her Majesty's Th. Es handelte sich dabei um eine Verknüpfung griech. Mythen mit dt. Sagen. Diese Hoffnung zerschlug sich jedoch, wenn auch wahrscheinlich Anregungen des 1854 im Anhang zu *Die Götter im Exil* veröffentlichten Libr.s Eingang in das Pariser *Tannhäuser-Bacchanale* von Wagner gefunden haben. Auf Anregung von Lumley schrieb H. dann 1847 *Der Doktor Faust*, Ein Tanzpoem, dessen fünfaktiges Libr. in frz. Übersetzung bereits im Februar abgeliefert wurde. Die schon begonnenen Proben wurden dann jedoch – laut Lumley – wegen inszenatorischer Schwierigkeiten abgebrochen. Die dt. Fassung publizierte H.s Verleger Campe 1851 in Hamburg. Zwar finden sich Spuren des Libr.s von H. in verschiedenen Faust-B.en bis zu Egks *Abraxas*, doch stellte erst der 1926 von Remislav Remislavský zu Musik von František Škvor am Prager National-Th. choreographierte *Doktor Faust* eine annähernde Realisierung von H.s Absichten dar. Hélène Kirsova choreographierte 1941 in Sydney eine stark verkürzte Version von H.s Libr. zu Musik von Henry Krips für ihre eigene Komp. In den Zeitungsartikeln von H. finden sich viele aufschlußreiche Beobachtungen und Anmerkungen zum B.-Leben seiner Zeit – namentlich in *Zeitungsberichte über Musik und Malerei* (Neuausg. Frankfurt a. M. 1964). (→ *Faust*-Ballette.)

Lit.: M. Niehaus, in: *Himmel, Hölle und Trikot*, München 1959; *Abraxas*, in: Die Tanzarchiv-Reihe 2, Hamburg 1964.

Heinel, Anna Friederike, dt. Tänzerin, * 4. 10. 1753 Bayreuth, † 17. 3. 1808 Paris. Sie soll schon 1763 in Stuttgart dem großen Tänzer Gaetano Vestris begegnet sein, den sie 1792 heiratete. Auch soll sie unter Noverre bis 1767 in Stuttgart und Wien getanzt haben. Doch in den amtlichen Stuttgarter Dokumenten wird der Name Heinel nicht genannt. Ihr offizielles Debüt hatte sie 1768 an der Pariser Opéra, wo man sie »La Reine de la danse« nannte. In den folgenden Jahren entwickelte sich eine heftige Rivalität mit Vestris. 1772 ging sie nach London, wo sie auch in den folgenden Jahren wiederholt tanzte. Im Jahr 1773 kehrte sie nach Paris zurück, wo sie sich mit Vestris aussöhnte und noch bis 1782 tanzte. Im Jahr 1792 heiratete sie Vestris. Sie war nicht nur als brillante Technikerin berühmt, als der ihr die Erfindung der Pirouette à la seconde zugeschrieben wurde, sondern auch ihres tragischen Stiles wegen, mit dem sie in B.en wie Noverres *Medée et Jason*, *Les Horaces* und *Apelle et Campasbe* die Zuschauer erschütterte.

Lit.: P. Migel, in: *The Ballerinas*, New York 1972.

Heiß, Jürgen, dt. Tänzer, Choreograph und B.-Meister, * 26. 12. 1943 Hermannsbad (Warthe). Studierte an der Staatl. B.-Schule in Ost-Berlin (Examen 1964). Tänzer an der Staatsoper Dresden 1964–67, Komische Oper Ost-Berlin 1967–71, Stuttgarter B. 1971–77. Stellvertretender B.-Direktor, Trainingsmeister und Choreograph Frankfurt a. M. 1977–80. Dann freischaffend als Trainingsmeister und Choreograph u. a. Basel, Het Nationale B., Nancy, Paris. B.-Meister und Choreograph Mainz 1981–83, dann Hagen seit 1983/84.

Held, Helga, dt. Tänzerin, * 3. 9. 1935 Berlin, † 29. 3. 1981 Antwerpen. Begann im Kinder-B.

von M. Hess, studierte bei Ch. Sevelin, G. Blank und T. Gsovsky. Tänzerin in Wuppertal 1953–60, Köln 1960–67, danach Gastballerina u. a. in Graz, Düsseldorf und Bonn. Kreierte zahlreiche Rollen in B.en von u. a. E. Walter, A. von Milloss und F. Marteny.

Hellerau-Laxenburg. Die 1911 von Jaques-Dalcroze in Hellerau bei Dresden gegründete »Bildungsanstalt Jaques-Dalcroze« mußte aus politischen Gründen schon 1914 schließen. An ihre Stelle trat 1915 vorläufig der »Verein für rhythmisch-musikalische Erziehung, Hellerau«. 1919 wurde dann die »Neue Schule für angewandten Rhythmus Hellerau« gegründet. Die Leitung hatten Christine H. Baer-Frissell, V. Kratina und Ernst Ferand. Zu der rhythmischen Erziehung trat nun auch der Tanz als reguläres Ausbildungsfach. 1923 gelangten hier von der Tanzgruppe Kratina Bartóks *Der holzgeschnitzte Prinz* und Milhauds *L'homme et son désir* zur Auff. – Ein erfolgreiches Wien-Gastspiel führte 1925 zur Übersiedelung der Schule nach Laxenburg bei Wien, wo im ehemaligen kaiserl. Schloß unterrichtet wurde. Ernst Ferand-Freund, von Dalcroze herkommend, aber ihn selbständig fortsetzend, war einer der Gründer von Hellerau-Laxenburg. Auch Christine Baer-Frissell und Valeria Kratina waren schon vor dem Krieg Schülerinnen von Dalcroze gewesen. Aber der Meister schloß die Laxenburger aus seiner Gefolgschaft aus. Sie waren, schrieb er, seinen eigentlichen musikalischen Prinzipien untreu geworden. Tatsächlich ging man in Laxenburg viel stärker vom Körper aus, als es sich Dalcroze gewünscht hatte. Gleichberechtigte Fächer waren rhythmisch-musikalische Erziehung, Körperbildung und Tanz. Hervorragendes künstlerisches Ereignis war 1927 eine szenisch-tänzerische Wiedergabe von Bachs Kantate *Der zufriedengestellte Äolus*. Zwischen 1930 und 1938 leitete Rosalia Chladek sowohl die gymnastische Ausbildung als auch die Tanzgruppe in Hellerau-Laxenburg. Nach der Annexion Österreichs wurde die Schule geschlossen.

Lit.: H. Koegler, »Hellerau und die Anfänge des modernen Tanzes«, in: *Ballett 1977*.

Helliwell, Rosemary Anne, engl. Tänzerin und Choreographin, * 28. 7. 1955 London. Studierte an der Doreen Bird School of Th. Dance und John-Cranko-B.-Schule. Mitgl. des Stuttgarter B.s seit 1976, Haus-Choreographin 1977–82. Choreographierte u. a. *Ballade vom Meer und von der Liebe* (Mus.: Fauré, 1978), *Suite Nr. 2* (Mus.: Bach), *Odd Man Out* (Mus.: Rossini, beide 1980), *Hedda Gabler* (Mus.: St. Skrowczewski, 1981) und *Sinfonietta La Jolla* (Mus.: Martinů, 1982). Auch für andere Komp.n als Gastchoreograph tätig, *Alice in Wonderland* (Mus.: J. Horovitz, Northern B. Th., 1983).

Helms-Blasche, Anna, dt. Volkstanzforscherin, * 23. 1. 1877 Fuhlsbüttel, † 24. 1. 1963 Hamburg. Fand früh Anschluß an die dt. Jugendbewegung und kam auf der Suche nach neuen Geselligkeitsformen zum Tanz. Mit ihrem Mann, dem Lehrer Julius Blasche, sammelte sie schon ab 1905 niederdeutsche Bauerntänze, die sie unter ihrem volkstümlichen Namen »Bunte Tänze« veröffentlichte. Diese Sammlungen alter niederdeutscher Volkstänze wurden zur Grundlage der modernen dt. Volkstanzforschung. Durch ihren 1908 gegründeten Geestländer Tanzkreis gewann sie nachhaltigen Einfluß auf die Jugendbewegung und die moderne Volkstanzbewegung. Ihre bekanntesten Sammlungen: Vierländer Volkstänze (1911); Bunte Tänze, Band 1–12, Leipzig/Frankfurt a. M. 1924–54.

Helpmann, Sir Robert, austral. Tänzer, Choreograph, B.-Direktor und Schauspieler. * 9. 4. 1909 Mount Gambier (Süd-Australien). Studierte bei der Pawlowa-Komp., tanzte 1926 bis 1930 in Australien, ging 1933 nach England, schloß sich dem Vic-Wells B. an und war 1934–50 als Premier danseur des Sadler's Wells B. tätig. Neben A. Dolin war er die erste Startänzerpersönlichkeit des jungen engl. B.s. Wichtige Rollenkreationen in: *The Haunted Ballroom* (1934), *Checkmate* (1937), *The Prospect Before Us* (1940), *Don Quixote* (1950 – alle Ch.n: de Valois). Weiter tanzte er in folgenden B.en von Ashton: *Apparitions* (1936), *Nocturne* (1936), *A Wedding Bouquet* (1937), *Dante Sonata* (1940), *The Wanderer* (1941) und *Don Juan* (1948). Als Choreograph begann er 1942 mit *Comus* (Mus.: Purcell-Lambert). Es folgten *Hamlet* (Mus.: Tschaikowsky, 1942), *Miracle in the Gorbals* (Mus.: A. Bliss, 1944) und *Adam Zero* (Mus.: Bliss, 1946) – durchweg dramatisch akzentuierte B.e, in denen er meist selbst die Hauptrolle tanzte. Berühmt wurde er durch seine Mitwirkung in den Filmen *Die roten Schuhe* (1948) und *Hoffmanns Erzählungen* (1951). Seit Mitte der sechziger Jahre verlagerte er seine Tätigkeit mehr und mehr nach Australien, wo er zusammen mit P. van Praagh Künstlerischer Direktor des Australian B. wurde, für das er *The Display* (Mus.: M. Williamson, 1964), *Yugen* (Mus.: Yuzo Toyama, 1965), *Sun Music* (Mus.: Peter Sculthorpe, 1968), und *Perisynthion* (Mus.: Williamson, 1974) choreographierte. In Nurejews Film *Don Quixote* (1973) tanzte er die Titelrolle. Im Jahr 1976 zog er sich von der Bühne zurück, nachdem er mit R. Hynd zusammen *The Merry Widow* als einen der größten Hits des Australian B.s herausgebracht hatte. 1968 geadelt zum Knight of the Order of the British Empire.

Lit.: C. Brahms, *R. H. – Choreographer*, London 1943.

Helsinki → Finnisches Nationalballett.

Hendel, Henriette (geb. Johanne H. Rosine Schüler), dt. Tänzerin, Pantomimin und Schauspielerin, * 13. 2. 1772 Döbeln, † 4. 3. 1849 Köslin. Tochter reisender Komödianten, erhielt ihre tänzerische Ausbildung von den B.-Meistern der Th., in denen ihre Eltern auftraten (Mereau in Gotha, Weininger in Breslau usw.). Zeigte sich sehr beeindruckt von J. J. Engels Buch *Gedanken über Pantomime*, Rehbergs Zeichnungen von Lady Hamiltons »Attitudes« und ihrer Begegnung mit V. Galeotti in Kopenhagen. Begann als Schauspielerin und spezialisierte sich mehr und mehr auf die Darstellung »Lebender Bilder«, d. h. skulptureller Tänze, zu denen sie sich durch die Mythologie, antike Skulpturen sowie dt. und ital. Malerei der Renaissance inspirieren ließ. Sie entwickelte daraus ein abendfüllendes Spektakel, mit dem sie länger als ein Dezennium Deutschland, Skandinavien und Rußland bereiste. L. Moore, die über sie gearbeitet hat, meinte, daß man sie für die erste Vertreterin ›of modern expressionistic dance‹ halten könne. Zu ihren Bewunderern gehörten auch Goethe und Schiller.

Henry, Pierre, frz. Komponist, * 9. 12. 1927 Paris. Einer der Pioniere der *Musique concrète*. Schrieb (zus. mit Pierre Schaeffer) *Symphonie pour un homme seul* (1950), die M. Cunningham 1952 teilweise für ein B. benutzte – komplett dann von M. Béjart 1955. Mehrfache Zusammenarbeit mit Béjart: *Le Voyage au cœur d'enfant*, *Arcane I* (beide 1955), *Haut Voltage* (mit M. Constant), *Die Reise* (beide 1956), *Orphée* (1958), *La Reine verte* (1963), *Variations pour une porte et un soupir* (1965 – auch von G. Balanchine, 1974), *La Tentation de Saint Antoine*, *Messe pour le temps present* (beide 1967) und *Nijinsky, Clown de dieu* (1971). Aus der Zusammenarbeit mit G. Pick gingen hervor *Les Noces chymiques* (Paris 1980) und *Woyzeck* (Augsburg 1981).

Henry Street Settlement Playhouse, 1915 als Schauspielschule und Th. in New York gegründetes Unternehmen, beherbergte 1948–70 das Dance Th. of Alwin Nikolais und war während dieser Zeit eine der vordersten Plattformen für experimentellen Tanz in New York City.

Henze, Hans Werner, dt. Komponist, * 1. 7. 1926 Gütersloh. H. ist von seinen kompositorischen Anfängen an dem Tanz gegenüber immer sehr aufgeschlossen gewesen. Vielfach durchdringen sich in seinem Œuvre tänzerische, pantomimische, konzertante und gesangliche Formen, so daß die Zuordnung der einzelnen Werke zur einen oder anderen Gattung nicht immer eindeutig ist. Der Verlagskatalog registriert die folgenden B.e: *Anrufung Apolls* (3. Sinfonie, Ch.: P. van Dyk, Wiesbaden 1949 – auch E. Walter, Wuppertal 1961, und G. Tetley in *Gemini*, Sydney 1973), *Jack Pudding* (1949 – Ch.: E. von Pelchrzim, Wiesbaden 1951), *Ballett-Variationen* (1949 – Ch.: Walter, Wuppertal 1958), *Rosa Silber* (1950 – Ch.: L. Kretschmar, Köln 1958), *Die schlafende Prinzessin* (nach Tschaikowskys *Dornröschen* (1951 – Ch.: A. Bortoluzzi, Essen, 1954), *Der Idiot* (Ch.: T. Gsovsky, Berlin 1952), *Maratona di danza* (Ch.: D. Sanders, Berlin 1957), *Undine* (Ch.: F. Ashton, London 1958), *Des Kaisers Nachtigall* (Pantomime – Venedig 1959), *Tancredi* (1. Version als *Pas d'action*, Ch.: V. Gsovsky, München 1954 – 2. Version als *Tancredi*, Ch.: R. Nurejew, Wien 1966), *Tristan* (Ch.: G. Tetley, Paris 1974) und *Orpheus* (Ch.: W. Forsythe, Stuttgart 1979). – H.s *Das Wundertheater*, Oper für Schauspieler, choreographierte M. Luipart 1949 in Heidelberg, die B.-Oper *Boulevard Solitude* O. Krüger 1952 in Hannover. Weitere Ch.n konzertanter Werke u. a.: die 2. Sinfonie von J. Gerster 1970 in Braunschweig, die 5. Sinfonie von T. Bolender (Solo für E. Frankel als *Elektra*) 1972 in Hongkong. H. schrieb *Undine – Tagebuch eines Balletts* (München 1959).

Lit.: K. Geitel, *H. W. H.*, Berlin 1968.

Herczog, István, ung. Tänzer, * 18. 11. 1943 Budapest. Studierte an der B.-Schule ebd. Tänzer beim Budapester Staatsopern-B. 1962. Ging 1966 nach Deutschland, wo er in Regensburg, Stuttgart, Freiburg und am Münchner Th. am Gärtnerplatz engagiert war, dann als Solist beim Münchner Staatsopern-B. 1972–74 und seither in Düsseldorf. Zahlreiche Rollenkreationen in B.en von E. Walter. Ist gelegentlich auch als Choreograph hervorgetreten.

Herkules-Ballette. Seit der Pantomime *Der rasende H.* in der röm. Kaiserzeit hat es immer wieder neue pantomimisch-tänzerische Darstellungen des berühmtesten Helden der griech. Mythologie gegeben – u. a. *Hercule amoureux* (Ch.: P. Beauchamp, Paris 1662), *La Mort d'Hercule* (Ch.: Noverre, Stuttgart 1762), *H. und Dejanira* (Ch.: Giacomo Romoli, Venedig 1774), *Der Tod des H.* (Ch.: F. Clerico, Wien 1798), *H. in der Unterwelt* (Ch.: O. Viganò, Venedig 1791) und *Héraclès* (Ch.: J. Charrat, Mus.: M. Thiriet, Paris 1953).

Hermanas, Las, B. in 1 Akt, Libr. und Ch.: K. MacMillan, Mus.: F. Martin (Konzert für Cembalo und Kleines Orchester), Dek.: N. Georgiadis; UA 13. 7. 1963 Stuttgart, mit R. Papendick, M. Haydée, R. Barra, H. Heinrich, B. Keil u. a. – Der Titel bezieht sich auf die Schwestern, die im Haus ihrer verwitweten Mutter zusammenleben. Die älteste Schwester wird einem jungen Mann anverlobt, der aber während der Nacht zu der jüngsten Schwester zurückkehrt. Die beiden werden während einer leidenschaftlichen Liebesszene überrascht. Der Mann flieht, die Mutter verschließt das Haus, die jüngste Schwester aber erhängt sich. Das traditionelle span. Sittengesetz triumphiert über die menschlichen Leidenschaften. – Das B. bezieht seine Grundinspiration aus García Lorcas *Bernarda Albas Haus*. Andere B.e über denselben Stoff: *Feast of Ashes* (Ch.: A. Ailey, Mus.: C. Surinach, Joffrey B. 1962), *Las Apasionadas* (auch *Abbandonate* oder *Die Verlassenen*, Ch.: I. Sertić, Mus.: M. Kelemen, Lübeck 1964) und *Las Desenamoradas* (Ch.: E. Pomare, Mus.: M. Coltrane, New York 1967).

Lit.: O. F. Regner / H.-L. Schneiders, in: *Reclams Ballettführer*, Stuttgart [8]1980.

Herodiade, Tanzstück von M. Graham, Mus.: Hindemith, Bühne: I. Noguchi, Kost.: E. Gilfond; UA (unter dem Titel *Mirror Before Me*) 28. 10. 1944, Library of Congress, Washington, mit Graham und May O'Donnell. – Das Stück ist ein Auftragswerk der Elizabeth Sprague Coolidge Stiftung. Die »Recitation orchestrale« folgt in instrumentaler (nicht vokaler!) Deklamation Wort für Wort der frz. *Hérodiade* von St. Mallarmé: Herodias, endlich von ihrer Amme alleingelassen, sieht in einem Spiegel ihre Vergangenheit und ihre Zukunft und schickt sich in ihr Los. – Die Premiere in New York fand am 15. 5. 1945 statt. Die dt. EA brachte H. Heiden 1961 in Mannheim heraus.

Hérold, Louis-Joseph-Ferdinand (auch Herold), frz. Komponist, * 28. 1. 1791 Paris, † 19. 1. 1833 ebd. Als Répétiteur an der Pariser Opéra komponierte er eine Reihe von B.en, die sämtlich von J. Aumer choreographiert wurden: *Astolphe et Joconde*, *La Somnambule* (beide 1827), *Lydie*, eine Neuversion von *La Fille mal gardée* (beide 1828) und *La Belle au bois dormant* (1829).

Lit.: I. Guest, in: *La Fille mal gardée*, London 1960.

Hertel, Peter Ludwig, dt. Komponist, * 21. 4. 1817 Berlin, † 13. 6. 1899 ebd. War Hofkomponist und B.-Kapellmeister an der Kgl. Oper in Berlin. Komponierte die sämtlich von P. Taglioni choreographierten B.e *Satanella* (1852), *Flick und Flock* (1858), *Sardanapal* (1865) und *Fantasca* (1869) sowie die Berliner Neufassung von *La Fille mal gardée* (1864).

Hess, Günter, dt. Tänzer, Choreograph, B.-Meister, Pädagoge und Regisseur, * 11. 2. 1903 Berlin, † 18. 3. 1979 ebd. Studierte ebd. am B.-Studio von H. Storck sowie bei M. Terpis, R. von Laban und L. Novikov. Eröffnete 1920 eine Laienschule für tänzerische Gymnastik, später weitere Studios und Tanzschulen. War 1951–68 Dozent für Bewegungslehre und Regie an der Max-Reinhardt-Schule und Hochschule für Musik in Berlin. Gab 1921 seinen ersten Tanzabend in Berlin, gefolgt von zahlreichen Tourneen und

Einzelgastspielen, oft auch Duo-Programme zusammen mit L. Kretschmar, daneben Mitwirkung in Kabarett- und Schauspiel-Auff.en. B.-Meister und Choreograph in Osnabrück 1925–27, Dessau 1927/28 (Zusammenarbeit mit W. Kandinsky an Mussorgskys *Bildern einer Ausstellung*), Hagen 1928–30 (u. a. UA von W. Waltons *Facade*), Chemnitz 1931–33, Wuppertal 1933–37, Marburger Festspiele 1929–39 sowie in Duisburg, Braunschweig und Berlin. Hatte zeitweise eine eigene Komp. Mehrere UA.en am Th. am Gärtnerplatz in München 1947–49.

High School of Performing Arts, gegründet 1948 als Zweiginstitut der New Yorker Metropolitan Vocational High School und seit 1961 zugehörig zur High School of Music and Arts. Die Tanzabteilung wurde lange Jahre von Dr. Rachael Yocom geleitet – sie offeriert über 200 Studenten eine gründliche Tanzausbildung zusätzlich zum akademischen Schulunterricht. Viele amer. Tänzer, die später Karriere gemacht haben, haben sich hier ihr Rüstzeug geholt. Dozenten waren u. a. G. Shurr, A. Hutchinson, N. Walker und B. Malinka. Die Schule steht im Mittelpunkt des Films *Fame* (1980).

Hightower, Rosella, amer. Tänzerin, Pädagogin und B.-Direktorin, * 30. 1. 1920 Ardmore (Okla.). Studierte bei D. Perkins in Kansas City, Mitgl. des B. Russe de Monte Carlo 1938–41, Solistin, dann Ballerina beim B. Th. 1941–45, L. Massines B. Russe Highlights und Original B. Russe 1945/46, anschließend beim Nouveau B. de Monte Carlo und Grand B. du Marquis de Cuevas bis zu dessen Tod (1961). Tanzte als Gastballerina auch bei anderen Komp.n. Gründete 1962 in Cannes das Centre de Danse Classique, das sich rasch zum Zentrum der tänzerischen Aktivität an der Côte d'Azur entwickelte. Gastpädagogin bei den verschiedensten Komp.n (u. a. Köln, Stuttgart, Brüssel). B.-Direktorin an der Oper von Marseille 1969–72, Pariser Opéra 1981–83, seither Mailänder Scala. Eine glänzende Virtuosin, wurde sie als Ballerina in den Rollen des einschlägigen Rep.s viel bewundert. Rollenkreationen in einer großen Anzahl von B.en, u. a. in Massine *Mam'zelle Angot* (1943), A. Ricardas *Doña Inez de Castro*, J. Taras' *Piège de lumière* (beide 1952), H. Landers *La Sylphide* (in der Cuevas-Prod., 1953), D. Lichines *Corrida* (1957) und M. Béjarts *Variations* (1959). Ihre Tochter Dominique Robier war zeitweise Tänzerin beim B. du XXe Siècle.

Lit.: J. Gruen, in: *The Private World of Ballet*, New York 1975.

Hilverding, Franz Anton Christoph, österr. Tänzer, Choreograph, B.-Meister und Pädagoge, * Wien (getauft 17. 11.) 1710, † 29. 5. 1768 ebd. Stammte aus einer Familie von Schauspielern und Puppenspielern. Sein Taufpate und Stiefvater war der berühmte Wiener Hanswurst Gottfried Prehauser. Möglicherweise hat er bei dem Brünner Tanzmeister Coblet studiert, dessen Tochter Maria Anna er 1729 heiratete. Vermutlich hat er dann seine Ausbildung in Paris bei dem berühmten Blondy (Blondi) fortgesetzt. 1735 wurde er Hoftänzer, 1749 Hoftanzmeister in Wien. Seine ersten bekannt gewordenen B.e, 1744 vermutlich für Dresden oder Wien geschaffen, waren literarisch ambitioniert: *Britannicus* (nach Racine), *Idomenäus* (nach Crébillon) und *Alzire* (nach Voltaire). Zwischen 1752 und 1757 schuf er etwa 30 B.e für die verschiedenen Wiener Th., volkstümliche, komische, dramatische, mythologische und exotische Werke, u. a. *Le Divertissement des jardiniers*, *Les Aventures de Leopoldstadt*, *Orphée et Eurydice*, *Des quatre coins* oder *Frau Gevatterin leih mir die Schärr*. Im Jahre 1758 brachte er *Le Turc Généreux* heraus, ein Werk, das starke Ähnlichkeit mit Noverres *Alexandre et Campasbe* (1774) und Mozarts *Entführung aus dem Serail* (1782) aufwies. Im November 1758 ging er nach Rußland und übernahm dort bis 1764 die Leitung der B.e von St. Petersburg und Moskau. Sein bekanntestes Werk: *Amour et Psyché* (Moskau 1762). Kehrte 1765 nach Wien zurück und brachte dort zur Hochzeit des jungen Kaisers Joseph II. *Le Triomphe de l'amour* heraus, in dem auch Marie-Antoinette und ihre Brüder Ferdinand und Maximilian mitwirkten. Choreographierte weiterhin für Wien *Les Amants protégés par l'amour* und für Innsbruck *Enea in Italia*. Versuchte sich 1766 als Pächter am Kärtnertor-Th., machte aber schon 1767 bankrott und zog sich vom Th. zurück. H. gilt als einer der Wegbereiter des dramatischen Handlungs-B.s, das von seinem Schüler G. Angiolini weiter ausgebaut und von Noverre zur Vollendung geführt wurde.

Lit.: Derra de Moroda, »F. A. Chr. H.«, in: *Ballett 1967*.

Hindberg, Linda, dän. Tänzerin, * 5. 2. 1955 Wiesbaden. Studierte an der Kgl. Dän. B.-Schule. Mitgl. der Komp. seit 1974, Solotänzerin 1977. Rollenkreationen u. a. in F. Flindts *Toreador* (1978) und G. Tetleys *Feuervogel* (1982).

Hindemith, Paul, dt. Komponist, * 16. 11. 1895 Hanau, † 28. 12. 1958 Frankfurt a. M. Komponierte die Musik zu den B.en *Der Dämon* (Regie: Albrecht Joseph, Darmstadt 1923), *Nobilissima Visione* (Ch.: L. Massine, London 1938), *Hérodiade* (Ch.: M. Graham, Washington 1944) und *Die vier Temperamente* (Ch.: G. Balanchine, New York 1946), ferner Musik für mechanische Orgel zum *Triadischen Ballett* von O. Schlemmer (Donaueschingen 1926). B.e zu unidentifizierter Musik von H. choreographierten u. a. Y. Georgi in *Das seltsame Haus* (Hannover 1928) und S. Korty in *Der Antiquar* (Antwerpen 1933). Weitere B.e zu Musik von H. waren u. a. G. Balanchines *Metamorphoses* (zu den Metamorphosen über Themen von C. M. von Weber, New York 1952) und *Kammermusik Nr. 2* (New York 1978), H. van Manens *Fünf Skizzen* (5 Stücke für Streichorchester, op. 44, Den Haag 1966) und R. Alstons *Chicago Brass* (Konzertmusik, op. 49, B. Rambert, 1983).

Hinkende Teufel, Der → *Diable boiteux, Le.*

Hinkson, Mary, amer. Tänzerin und Pädagogin, * 16. 3. 1930 Philadelphia. Studierte bei M. Graham, L. Horst, K. Shook, J. Taylor und I. Schwezoff. Tänzerin der Graham Comp. 1952, avancierte rasch zu einer der profiliertesten Solistinnen – Rollenkreationen u. a. *Canticle for Innocent Comedians* (1952), *Seraphic Dialogue* (1955), *Acrobats of God* (1960) und *Circe* (1963). Begann 1951 an der Graham School zu unterrichten, später auch an der Juilliard School sowie zahlreiche Gastdozenturen, häufig auch bei der Kölner Sommerakademie.

Hinton, Paula, engl. Tänzerin, * 1924 Ilford. Studierte bei H. Delamere-Wright in Liverpool, ging 1944 zum B. Rambert und tanzte dann, verheiratet mit W. Gore, in den verschiedenen Komp.n ihres Mannes (u. a. auch Frankfurt a. M. 1956–58). Eine ungewöhnlich dramatisch ausdrucksvolle Ballerina, kreierte Rollen u. a. in Gores *Antonia* (1949), *Night and Silence*, *Die im Schatten leben* (beide 1958), *Sweet Dancer* (1964) und *Dance Pictures* (1971).

Hiob → *Job.*

Histoire du soldat → *Geschichte vom Soldaten.*

Ho, Sin Hang (Terrance), dt. Tänzer und Choreograph, * 16. 6. 1951 Nam Hoi (China). Studierte an privaten B.-Schulen in Hongkong und London. Solotänzer in Münster 1971/72, beim B. Royal de Wallonie 1972/73, Luzern 1973–75, Basel 1975–77, Freiburg 1977–83 (auch als Choreograph, B.-Meister und Stellvertreter des Künstlerischen Leiters). Seit 1983/84 als Solotänzer, Choreograph, B.-Meister und Stellvertreter des Künstlerischen Leiters in Kassel.

Hochzeit, Die → *Noces, Les.*

Hoecke, Micha van, belg. Tänzer, Choreograph und Pädagoge, * 1945. (Geburtsort nicht bekannt.) Studierte bei O. Preobrajenska. Tänzer beim B. du XXe Siècle 1962, wo er sich rasch als einer der führenden Charaktersolisten profilierte. Rollenkreationen u. a. in M. Béjarts *Les Oiseaux* (1965), *Les 4 Fils Aymon* (2. Version, 1969) und *Nijinsky, Clown de dieu* (1971). Als Choreograph begann er 1971 mit *Le Fou* (nach Gogols *Aufzeichnungen eines Wahnsinnigen*, Mus.: Strawinsky und M. Hadjidakis), gefolgt u. a. von *Les Mariés de la Tour Eiffel* (Mus.: Groupe des Six, 1972). Leitet heute die Mudra-Schule in Brüssel.

Höckerpferdchen, Das → *Bucklige Pferdchen, Das.*

Höfgen, Lothar, dt. Tänzer, Choreograph und B.-Direktor, * 27. 5. 1936 Wiesbaden. Studierte bei P. Roleff und P. van Dyk. Tänzer in Nürnberg, Mannheim, Lübeck und Mainz, Solist in Köln 1959–64 (zahlreiche Rollenkreationen in B.en von A. von Milloss und in M. Béjarts *Die Reise*, 1962) und beim B. du XXe Siècle 1964–66 (weitere Rollenkreationen u. a. in Béjarts *Neunte Sinfonie*, 1964, und *Cygne*, 1965). B.-Direktor in Karlsruhe 1966–69, Bonn 1970–73, Mannheim 1973–78 und seither in Hannover. Unter seinen zahlreichen Ch.n am erfolgreichsten: *Polymorphia* (Mus.: Penderecki, Bonn 1966).

Hønningen, Mette, dän. Tänzerin, * 3. 10. 1944 Kopenhagen. Studierte an der Kgl. Dän. B.-Schule. Tänzerin beim Kgl. Dän. B. seit 1963, Solotänzerin 1967. Eine ungewöhnlich vielseitige Ballerina. Rollenkreationen u. a. in Disneys Film *Ballerina* (1966), F. Flindts *Traumland* (1974) und G. Tetleys *Feuervogel* (1982).

Höver, Fritz, * 27. 11. 1921 Euskirchen. Vorsitzender der von ihm 1958 in Stuttgart gegründeten Noverre-Gesellschaft, als der er sich große Verdienste um die Förderung des B.-Verständnisses sowie junger Tänzer- und Choreographen-Begabungen verdient gemacht hat. Koautor der Bücher *John Cranko und das Stuttgarter Ballett* (1969; Neue Folge 1972), *Birgit Keil* (1980) und *Richard Cragun* (1982).

Hoffmann, Ernst Theodor Amadeus, dt. Erzähler und Komponist, * 24. 1. 1776 Königsberg, † 25. 6. 1822 Berlin. Seine phantastischen Erzählungen haben verschiedentlich als Basis von B.-Libretti gedient, – so u. a. *Der Sandmann* für *Coppélia* (Libr.: Ch. Nuitter und A. Saint-Léon, Ch.: Saint-Léon, Mus.: L. Delibes, Paris 1870), *Nußknacker und Mäusekönig* für *Der Nußknacker* (Libr.: M. Petipa, Ch.: L. Iwanow, Mus.: Tschaikowsky, St. Petersburg 1892), *Elixiere des Teufels* für ein gleichnamiges B. (Ch.: Ellen Petz, Mus.: Jaap Kool, Dresden 1925), *Der goldene Topf* für ein gleichnamiges Tanzspiel (Ch.: Almut Winckelmann, Kassel 1942) und *Klein Zaches genannt Zinnober* für *Klein Zack genannt Zinnober* (Libr.: N. Kassatkina und W. Wassiljow, Ch.: Y. Georgi, Mus.: N. Karetnikow, Hannover 1970). – Eine choreogr. Insz. der Oper *Hoffmanns Erzählungen* von Offenbach schuf M. Béjart mit dem B. du XXe Siècle 1961 in Brüssel, gleichnamige B.e zu Musik von Offenbach von P. Darrell 1972 für das Scottish Th. B. und R. Petit 1982 für das B. National de Marseille. Auf »Assoziationen zur Welt E. T. A. H.s« stützt sich das *Klavierkonzert Nr. 2 Es-Dur*, das E. Walter zu Musik von C. M. von Weber 1971 in Düsseldorf choreographierte.

Hoffmann, Reinhild, dt. Tänzerin, Choreographin und B.-Direktorin, * 1. 11. 1943 Sorau. Studierte an der Essener Folkwang-Schule, Tänzerin beim Folkwang-Tanzstudio, zahlreiche Soloauftritte. B.-Direktorin in Bremen seit 1978 (anfangs zus. mit G. Bohner). Choreographierte u. a. *Solo mit Sofa* (Mus.: Cage, 1978), *Fünf Tage, fünf Nächte* (Mus.: Ligeti, 1979), *Hochzeit* (Mus.: Strawinsky), *Unkrautgarten* (Mus.: G. Barry, beide 1980), *Erwartung* und *Pierrot lunaire* (Mus.: Schönberg), *Könige und Königinnen* (Mus.: P. Raaben, alle 1982) und *Callas* (Mus.: diverse, 1983).

Hoguet, Michael François, frz. Tänzer, Choreograph und B.-Meister, * 1793 Paris, † 5. 4. 1871 Berlin. Schüler von Jean François Coulon in Paris, kam 1817 als Premier danseur an die Kgl. Oper nach Berlin, wo er zunächst als Choreograph mit Nachstudierungen Pariser B.e begann, dann aber auch zahlreiche eigene B.e schuf. Er wirkte in Berlin bis zu seiner Pensionierung 1856, wobei er sich der zunehmenden Konkurrenz von P. Taglioni zu erwehren hatte. Gegen Ende seines Lebens schrieb er seine Memoiren nieder. Seine erste Berliner B.-Einst. war 1818 *Das schlecht bewachte Mädchen*, alias Daubervals *La Fille mal gardée*. Eigene Kreationen u. a. *Die Maskerade* (Mus.: G. A. Schneider, 1819), *Arlequin in Berlin* (Mus.: C. Blum, 1831), *Der Geburtstag* (Mus.: Blum, 1833), *Der Soldat aus Liebe* (Mus.: Schmidt, 1837), *Robert und Bertrand* (basierend auf dem beliebten Melodrama *Robert Macaire*, 1841), *Aladin oder Die Wunderlampe* (Mus.: Gährisch, 1854). Das Publikum schätzte an H. besonders seinen »Sinn für das Charakteristische und Nationelle, zwei Elemente, die erst in neuerer Zeit ihre Wichtigkeit für das Ballett bekunden«. Seine drei erfolgreichsten B.e mit mehr als 100 Auff.en waren *Der Geburtstag*, *Robert und Bertrand* und *Aladin*.

Holder, Christian, amer. Tänzer, * 18. 6. 1949 Trinidad. Begann als Tänzer in der Folklore-Truppe seines Vaters Bosco H., studierte an der Corona Stage School, ab 1964 in New York bei M. Graham und Bella Malinka an der High School of Performing Arts, kam 1966 als Eleve zur Joffrey Komp. und wurde einer ihrer führenden Solisten. Eine seiner besten Rollen hatte er in Joffreys *Astarte*. Von ihm kreierte B.e sind u. a. G. Arpinos *Animus* (1969), *Trinity* (1970) und *Valentine* sowie M. Sappingtons *Weewis* (beide 1971).

Holder, Geoffrey, amer. Tänzer und Choreograph, * 1. 8. 1930 Port-of-Spain (Trinidad).

Tanzte zuerst in der Komp. seines Bruders Bosco in Trinidad, wurde dann deren Direktor, kam 1953 mit ihr nach New York, unterrichtete an der K. Dunham School und tanzte in verschiedenen Broadway Musicals (*House of Flowers*, 1954), auch beim Metropolitan Opera House B. und bei J. Butler. Heiratete die Horton-Schülerin Carmen de Lavallade, für die er einige bedeutende Soli schuf, u. a. *Sunday Suite* (1959) und *Songs of Auvergne* (1961). Mit ihr zusammen trat er 1955 in dem von ihm geschaffenen Tanzwerk *Banda* auf. Banda ist der erotische Tanz für den haitianischen Totengott. Für die Ailey-Comp. choreographierte er 1967 das auf Haiti spielende B. *Prodigal Prince*, für das Dance Theatre of Harlem 1974 das afro-karib. B. *Dougla*. Für dieselbe Truppe studierte er 1982 sein altes Werk *Banda* wieder ein.

Holland →Amsterdam; →Nationale Ballet, Het; →Nederlands Dans Theater; →Scapino Ballet.

Holm, Hanya (geb. Johanna Eckert), dt.-amer. Tänzerin, Pädagogin und Choreographin, * 3. 3. 1893 Worms. Studierte ab 1914 Klavier am Hochschen Konservatorium in Frankfurt a. M. Ging dann – bewegungsorientiert, wie sie war – an die 1919 gegründete Neue Schule Hellerau, die zu der Zeit mit Dalcroze nichts mehr zu tun hatte. Von Hellerau ging der Weg 1921 zu Mary Wigman, die ab 1920 in Dresden eine Schule besaß. H. H. wurde als Tänzerin und Pädagogin eine ihrer engsten Mitarbeiterinnen. Sie wirkte mit an den großen Werken von M. Wigman: *Feier* (1928) und *Totenmal* (1930). Im Jahr 1931 ging sie nach New York, um dort eine Wigman-Schule zu eröffnen. Daraus ging 1936 ihr H.-H.-Studio hervor, das neben der M.-Graham-School zu einem der führenden Institute für Modern Dance in den USA wurde. Ebenfalls 1936 rief sie eine eigene Tanzgruppe ins Leben, mit der sie in Denver debütierte und in den folgenden Jahren das ganze Land bereiste. Ihre wichtigsten Ch.n während dieser Zeit waren *Trend* (Mus.: E. Varèses *Ionisation* und *Octandre*, Bennington College, 1937), *Metropolitan Daily* (Mus.: Gregory Tucker, Bennington College, 1938) und *Tragic Exodus* (Mus.: Vivian Fine, New York 1939) – durchweg zeitbewußte, zum Teil auch sehr gesellschaftskritische Stücke. Gründete in Colorado Springs 1941 das Center of the Dance in the West, wo sie noch heute jährlich Sommerkurse veranstaltet. Im Rahmen der *Ballet Ballads* choreographierte sie ihr erstes Musical-B. (*The Eccentricities of Davey Crockett*, 1948). Weitere Musicals folgten: *Kiss Me, Kate* (1948), *My Darlin' Aida* (1952), *My Fair Lady* (1956), *Where's Charley?* (1957) und *Camelot* (1960). 1961 wurde sie zur Leiterin der Tanzabteilung der New Yorker Musical Th. Academy ernannt. Ihr eigenes Studio in New York schloß sie 1967. Zu ihren bekanntesten Schülern zählen u. a. V. Bettis, J. Moore, G. Tetley, D. Redlich, A. Nikolais und Jeff Duncan.

Lit.: W. Sorell, *H. H. – The Biography of an Artist*, Middletown 1969.

Holst, Frida, dt. Tänzerin, Choreographin, B.-Meisterin und Pädagogin, * 6. 5. 1900 Hamburg-Altona, † 19. 5. 1979 Duisburg. Wurde 1917–20 an der Hamburger Falke-Schule ausgebildet, machte dort auch ihr Diplom als B.-Meisterin und Tanzmeisterin. Arbeitete dann auch bei M. Wigman und gab 1922/23 ihre ersten Solotanzabende in Hamburg. In den folgenden Jahren war sie als Solotänzerin und B.-Meisterin in verschiedenen Städten beschäftigt. Rollenkreation der Alten Mutter 1932 im »Grünen Tisch« von Jooss. Bis 1944 war sie wieder als B.-Meisterin an verschiedenen Bühnen tätig. Zwischen 1945 und 1965 hatte sie eine eigene Schule in Duisburg. B.-Kreationen von ihr waren u. a.: *Scarlattiana* (Mus.: Casella), *Don Juan* (Mus.: Gluck, beide Essen 1928), *Der große Krug* (Mus.: Casella, Essen 1929), *Feuervogel* (Mus.: Strawinsky, Duisburg 1939), *Max und Moritz* (Mus.: N. Schultze, Rostock 1941), *Die falschen und die wahren Gesichter* (Mus.: St. Heller, Duisburg 1951).

Holzgeschnitzte Prinz, Der (ung. Originaltitel: *A fából faragott Királyfi*), Tanzspiel in 1 Akt, Libr.: B. Balász, Mus.: Bartók, Ch.: Otto Zöbisch, Dek.: Graf Bánffy; UA 12. 5. 1917 Budapest, mit Anna Palley (*en travestie* als Prinz), Emilia Nirschy, Ede Brada und Boriska Hormat. – Erzählt wird von den Prüfungen, die Prinzessin und Prinz zu bestehen haben, ehe sie einander angehören können. Eine Fee überwacht das ganze Geschehen. Wald und Fluß beleben sich und stellen sich dem Prinzen entgegen. Die Prinzessin will in ihrem eitlen Hochmut zuerst nichts vom Prinzen wissen, verliebt sich aber auf der Stelle in die von ihm mit einem prächtigen Mantel und Krone geschmückte Holzpuppe und muß dann beschämt erkennen, daß ihr vermeintlicher Liebhaber nur aus Holz besteht. – Dt. EA 1922 in Frankfurt a. M. (Ch.: Ilse Petersen). Weitere Einst.en u. a. von V. Kratina (Hellerau 1923), H. Kröller (München 1924), G. Harangozó (zuerst Budapest 1939), A. von Milloss (Venedig 1950), D. Hoyer (Hamburg 1951), H. Freund (Frankfurt a. M. 1956), W. Walter (Wuppertal 1962), L. Seregi (Budapest 1970) und G. Cauley (London Festival B., 1981).

Lit.: O. F. Regner / H.-L. Schneiders, in: *Reclams Ballettführer*, Stuttgart [8]1980.

Homme et son désir, L' (dt. Titel: *Der Mensch und sein Begehr*), B. in 3 Bildern, Libr.: P. Claudel, Ch.: J. Börlin, Mus.: Milhaud, Dek.: Andrée Parr; UA 6. 6. 1921, B.s Suédois, Th. des Champs Elysées, Paris, mit M. Johanson, Börlin, T. Stejermer, K. Smith, C. Ari u. a. – »Der Mensch beginnt sich in seinem Traum zu bewegen . . . Und was er tanzt, ist der ewige Tanz der Sehnsucht, des Begehrens und des Exils . . .« (Claudel). Dt. EA 1923 von der Tanzgruppe Kratina in Hellerau. Milloss brachte 1960 in Köln eine Neufassung zur Auff.

Lit.: C. W. Beaumont, in: *Complete Book of Ballets*, London 1951.

Honegger, Arthur, schweiz. Komponist, * 10. 3. 1892 Le Havre, † 27. 11. 1955 Paris. Schrieb u. a. die Musik zu den B.en *Les Mariés de la Tour Eiffel* (zus. mit den anderen Mitgl.-ern der Komponistengruppe Les Six, Ch.: J. Börlin, B.s Suédois, 1921), *Skating Ring* (Ch.: Börlin, B.s Suédois, 1922), *Les Noces de l'Amour et de Psyché* (nach Bach, Ch.: B. Nijinska, Bühne: I. Rubinstein, 1931), *Amphion* (Ch.: L. Massine, Bühne: I. Rubinstein), *Semiramis* (Ch.: M. Fokine, Bühne: I. Rubinstein, beide 1934), *Cantiques des Cantiques* (Ch.: S. Lifar, Opéra, Paris 1938), *Chota Roustaveli* (zus. mit A. Tscherepnin und Z. Harsanyi, Ch.: Lifar, Nouveau B. de Monte Carlo, 1946), *L'Appel de montagne* (Ch.: S. Peretti, Opéra, Paris 1945) und *La Naissance des couleurs* (Ch.: Lifar, Opéra, Paris 1949). T. Shawn choreographierte 1933 H.s *Pacific 231* für seine Male Dancers, A. Howard eine Auswahl seiner Klavierstücke 1939 in *Lady Into Fox*, M. Wallmann 1955 seinen *Totentanz* für die Salzburger Festspiele, H. Macke 1957 seine Symphonie mimée *Horace victorieux* in Hamburg.

Hopak, russ. *Gopak*, ein aus der Ukraine stammender, sehr rascher Nationaltanz im 2/4-Takt, der ursprünglich nur von Männern getanzt wurde. Er fand durch Mussorgsky in *Der Jahrmarkt von Sorotschintzy* Eingang in die Kunstmusik und erfreut sich in russ. Tanzkonzert-Programmen nach wie vor größter Beliebtheit.

Hornpipe, alter schott.-engl. Matrosentanz, benannt nach einem nicht mehr gebräuchlichen schalmeiartigen Instrument. Bis 1760 im Tripeltakt, später in England, Irland, Schottland und Amerika im geraden Takt getanzt. Hornpipes komponierten u. a. H. Purcell und G. F. Händel. Technisch ähnelt die Hornpipe der irischen Jig. Die Sounds werden mit den Füßen erzeugt.

Horschelt, Friedrich, dt. Tänzer, Choreograph und B.-Meister, * 14. 4. 1793 Köln, † 9. 12. 1876 München. War 1815–21 B.-Meister am Th. an der Wien, wo sein Kinder-B. der Sechs- bis Zwölfjährigen (zu dessen Mitgl.ern Th. Heberle, Angioletta Mayer, die spätere Wilhelmine Schröder-Devrient, möglicherweise auch F. Elßler gehörten) eine so anrüchige Berühmtheit genoß, daß es 1821 »auf kaiserliche Entschließung« aufgelöst wurde. H. ging dann nach München, wo seine erfolgreichsten B.e *Das Waldmädchen*, *Die Wildschützen*, *Das Amorsfest*, *Die Portraits*, *Das Urteil des Paris* und 1823 *Die Silberschlange* (in »feiner poetischer Wiener Art«) waren. Im Jahr 1829 wurde er pensioniert, worauf das Publikum für ihn demonstrierte. Er wurde dann 1837 nach München zurückgerufen, wo er bis zu seinem Ruhestand (1848) hauptsächlich B.-Einlagen in den Opern von Auber, Meyerbeer und Halévy schuf.

Horst, Louis, amer. Pianist, Komponist, Tanzschriftsteller und Pädagoge, * 12. 1. 1884 Kansas City, † 23. 1. 1964 New York. War nach seinen Studien in San Francisco und Wien engster musikalischer Mitarbeiter von R. St. Denis 1915–26 und Musik-Direktor der Graham Comp. 1926–48. Komponierte für Graham u. a. *Primitive Mysteries* (1931), *Frontier* (1935) und *El Penitente* (1940). Unterrichtete Tanzkomposition an der Neighborhood Playhouse School of Th. in New York 1928–64, in den Sommerkursen des Bennington College 1935–45, an der Connecticut College Summer School 1948–63 und an der Tanzabteilung der Juilliard School 1948–63. Gründete 1934 die dem Modern Dance gewidmete Zeitschrift *Dance Observer* und blieb ihr Herausgeber bis zu seinem Tode. Seine wichtigsten Bücher waren *Pre-Classic Dance Forms* (1937) und *Modern Dance Forms* (1960).

Horton, Lester, amer. Tänzer, Choreograph und Pädagoge, * 23. 1. 1906 Indianapolis, † 2. 11. 1953 Los Angeles. Hatte so gut wie keine formal-traditionelle Tanzausbildung, sondern war seit seiner Jugend nur interessiert an den Tanzformen der nichtwestl. Völker, vor allem an der indian. Tanzkultur (in seiner Heimat noch lebendig). So verherrlichte er schon in seinem ersten großen, 1927 in Indianapolis aufgeführten Werk *Hiawatha* – nach Longfellows *Song of H.* – das mythische Leben der Indianer. Er strebte insgesamt zurück zu den Ursprüngen des Tanzes. Ausgehend von diesen »primitiven« Tanzformen entwickelte er den spezifischen Horton-Stil des Modern Dance. Dieser Stil wird noch heute in der Schule von A. Ailey gelehrt. – H. zog 1928 nach Kalifornien, wo er Tanzfestspiele organisierte und 1934 eine eigene Gruppe, die L.-H.-Dancers, gründete. Seit 1948 besaß er auch sein eigenes Tanz-Th. in Los Angeles. Seine wichtigsten – oft revidierten – Werke waren u. a. *Salome* (Schlagzeug-Begleitung, zuerst 1934), *Sacre du Printemps* (Mus.: Strawinsky, 1937), *Conquest* (Mus.: Lou Harrison, 1938), *Liberian Suite* (Mus.: Duke Ellington, 1947), *Totem Incantation* und *The Beloved* (Mus.: beide Judith Hamilton, 1948). Als Lehrer gewann H. großen Einfluß auf zahlreiche junge am Modern Dance interessierte Tänzer und Tänzerinnen der Westküste. In der Schule von H. wurden zum ersten Mal weiße Tänzerinnen (Bühne: Lewitzky und J. Trisler) zusammen mit schwarzen Schülern und Schülerinnen unterrichtet. Berühmt wurden von diesen C. de Lavallade, A. Ailey und J. Truitte.

Lit.: L. Warren, *L. H.*, New York 1977.

Horváth, Krisztina, ung. Tänzerin, Choreographin und B.-Direktorin, * 6. 4. 1947 Budapest. Studierte ebd. an der Staatl. B.-Schule. Tänzerin beim B. in Pécs 1967–72, Düsseldorf 1972–74, Kölner Tanz-Forum 1974–81, B.-Direktorin Osnabrück 1981–83 und seither Freiburg. Begann mit choreogr. Arbeiten für die B.-Werkstatt der Kölner B.-Bühne, später dann auch Scapino B. und Wiesbaden. Erstes abendfüllendes Stück: *Dorfszenen* (Mus.: Bartók und Kodály, Osnabrück 1982), später *Romeo und Julia* (Mus.: diverse, Freiburg 1983). Verheiratet mit dem Tänzer Michael Molnar.

Hotel Sacher, B. in 6 Bildern, Libr. und Ch.: E. Hanka, Mus.: Jos. Hellmesberger und Max Schönherr, Dek.: G. Wakhevitch; UA 10. 5. 1957, Staatsoper Wien, mit E. Brexner, L. Bräuer, E. Zlocha, W. Dirtl, R. Adama u. a. – Es gibt fünf Hauptpersonen in diesem personenreichen Wiener Quiproquo: die große Diva Della Stella, deren Schwester Pepi Swoboda, die Veilchenverkäuferin Mizzi, den Empfangschef im Sacher, Sedlmayer, und den Leutnant von Sandor. Die Handlungsstationen sind die Hotelhalle im Sacher, Vor dem Bühnentürl, Im Séparée, Fahrt im Fiaker, Auf dem Ringelspiel und Ball im Sacher. Dort werden alle auftretenden Irrtümer aufgeklärt, drei Liebespaare sinken einander in die Arme: Pepi und der Minister, die Diva und der Leutnant und die Veilchenmizzi und Herr Sedlmayer.

Hoving, Lucas, holl.-amer. Tänzer, Pädagoge und Choreograph, * um 1920 Groningen. Studierte bei F. Rodrigo und Y. Georgi, dann bei J. Jooss in Dartington. Tänzer bei den Komp.n von Jooss, M. Graham und V. Bettis, am längsten jedoch bei J. Limón, wo er Rollen u. a. in dessen *Le Malinche*, *The Moor's Pavane* (beide 1949), *The Traitor* (1954) und *Emperor Jones* (1956) sowie in D. Humphreys *Night Spell* (1951) und *Ruins and Visions* (1953) kreierte. Hatte dann in den frühen sechziger Jahren eine eigene Truppe, für die er *Icarus* (Mus.: Shin-Ichi Matsushita) choreographierte. Gastdozent an der Juilliard School, Essener Folkwang-Schule, Schwed. Staatl. Tanzschule und an anderen Instituten. Direktor der Rotterdamer Tanzakademie 1971–78.

Howald, Fred, schweiz. Tänzer, Choreograph und B.-Direktor, * 16. 10. 1946 Bern. Studierte ebd., dann an der Stuttgarter Cranko-Schule. Tänzer beim Stuttgarter B. 1968–70, Frankfurter B. 1970–73, Solist beim Hamburger B.

1973–77, B.-Direktor in Frankfurt a. M. 1977–80. Kreierte mehrere Rollen in B.en von J. Neumeier. Gastchoreograph u. a. Wiener Staatsoper, Basel, Münchner Staatsoper. Choreographierte u. a. *Orpheus* (Mus.: Strawinsky, Hamburg 1976), *Golaud-Pelléas-Mèlisande* (Mus.: Debussy und Schönberg, Frankfurt a. M. 1978), *Prometheus* (Mus.: B. A. Zimmermann, Beethoven, A. Skrjabin, Frankfurt a. M. 1979), *Lélio* (Mus.: Berlioz, Frankfurt a. M. 1980) und *Requiem für einen verrückten König* (Mus.: Händel und P. Maxwell Davies, München 1982). Verheiratet mit der Tänzerin Silvia Winterhalder.

Howard, Andrée, engl. Tänzerin und Choreographin, * 3. 10. 1910 London, † 18. 3. 1968 ebd. Studierte bei M. Rambert, L. Egorova, M. Kschessinska, O. Preobrajenska und V. Trefilova. Als Gründungs-Mitgl. des B. Club choreographierte sie zusammen mit Susan Salaman *Our Lady's Juggler* (Mus.: O. Respighi, 1930) und *The Mermaid* (Mus.: Ravel, 1934) – später dann allein für das B. Rambert *Der Tod und das Mädchen* (Mus.: Schubert, 1937) und *Lady into Fox* (Mus.: Honegger, 1940); aber auch ihre 1940 für das London B. geschaffene *La Fête étrange* (Mus.: Fauré) wurde sofort ins Rep. des B. Rambert übernommen, ebd. auch *Carnival of Animals* (Mus.: Saint-Saëns, 1943), *The Fugitive* (Mus.: L. Salzedo, 1944) und *The Sailor's Return* (Mus.: Oldham, 1947). Für das Sadler's Wells Th. B. schuf sie u. a. *Assembly Ball* (Mus.: Bizet, 1946), *The Spider's Banquet* (Mus.: A. Roussel, 1944), *A Mirror for Witches* (Mus.: D. Aplvor, 1952) und *Veneziana* (Mus.: Donizetti, 1953).

Howard, David, engl. Tänzer und Pädagoge, * London (Geburtsdatum nicht bekannt). Studierte an der Arts Educational School. Tänzer am Londoner Palladium 1955–57, Sadler's Wells Th. B. und Royal B. 1957–63, National B. of Canada 1963/64, dann in verschiedenen Musicals, Filmen und Fernseh-Prod.en. Begann 1965 an der Arts Educational School zu unterrichten, dann an der Harkness School 1966, B.-Meister des Harkness B. 1967–70, Direktor der Harkness B. School 1970–77. Eröffnete 1977 in New York eine eigene B.-Schule. Gastpädagoge bei zahlreichen Komp.n und Schulen in Kanada und den USA.

Howard, Robin, engl. Gründer des London Contemporary Dance Th., * 21. 5. 1924 London. Studierte an der Universität Cambridge. Ein langjähriger Bewunderer von M. Graham, begegnete er ihr 1962 und wurde ihr überzeugtester brit. Gewährsmann. Arrangierte ihre Londoner Saison 1963 und unterstützte engl. Tänzer, die nach New York gingen, um bei ihr zu studieren. Eröffnete 1966 in London eine Schule, aus der die London School of Contemporary Dance hervorging, die ihrerseits als Basis des 1967 gegründeten London Contemporary Dance Th. diente. Gründete den Contemporary B. Trust (seit 1971 Contemporary Dance Trust) als Kontrollinstanz, der 1969 The Place erwarb und zur Residenz von Schule und Komp. machte. Eine der einflußreichsten Persönlichkeiten im Hinblick auf die Ausbreitung des Graham-Systems in England.

Hoyer, Dore, dt. Tänzerin und Choreographin, * 12. 12. 1911, † 30.(?)12. 1967 Berlin. Sie war keine Schülerin von M. Wigman. Ihre Ausbildung begann sie vielmehr 1927 an der Zweigschule der Hellerau-Laxenburg-Schule in Dresden, ging dann noch ein Jahr an die Palucca-Schule in Dresden und wurde als Solotänzerin nach Plauen engagiert. Ihren ersten eigenen Tanzabend gab sie 1933 in Dresden. In der Gruppe von M. Wigman tanzte sie 1935; 1940 war sie Solistin der Dt. Tanzbühne Berlin. Nach dem Krieg übernahm sie 1945 die Leitung der ehemaligen Wigman-Schule in Dresden und gründete mit Schülerinnen eine Gruppe, die mit ihren *Tänzen für Käthe Kollwitz* auf Tournee ging. Arbeitete danach als Solotänzerin und B.-Meisterin an der Hamburger Staatsoper. Gast-Insz.en in Mannheim und Ulm; mehrere Tourneen nach Südamerika (Buenos Aires). 1957 besuchte sie die USA, im gleichen Jahr tanzte sie die Auserwählte in M. Wigmans Berliner Insz. von Strawinskys *Sacre du Printemps*. Tanzabende in Deutschland, Europa und Übersee, 1959 choreograph. Mitarbeiterin der Dt. EA von Schönbergs *Moses und Aron* in Berlin. In ihren letzten Lebensjahren, vor ihrem Selbstmord, wirkte sie vor allem in Südamerika. In ihrer Hamburger Zeit brachte sie als Choreographin mehrere Werke heraus. Von überragender Bedeutung als Individualistin des Modern Dance. Die meisten ihrer Tänze entstanden in enger Zusammenarbeit mit ihrem ständigen Klavier- und Schlagzeug-Begleiter Dimitri Wiatowitsch. Standen zu Beginn ihres Schaffens Zyklen von Tänzen im Vordergrund, die sich an konkrete Themen hielten (*Masken*, 1933), so machten sie zunehmend abstrakten Themen Platz wie etwa *Andante Estatico* (Mus.: Klebe), *Ostinato* (Mus.: Wiatowitsch). In ihrem letzten Berliner Programm waren dann auch zeitkritische Töne, etwa in *Vietnam*, nicht zu überhören. Aber im Grunde war sie immer eine große Einzelgängerin. Ihre Bewegungen verzichteten auf alle Anmut und Schönheit, ihr ging es allein um den Ausdruck. Kantige, stampfende, federnde Motionen charakterisierten ihre Tänze.

Lit.: *D. H.*, Die Tanzarchiv-Reihe 4 (1964).

Humel, Gerald, amer. Komponist, * 7. 11. 1931 Cleveland (Ohio), lebt in Berlin. Schrieb die Musik für V. Gsovskys B. *Junge Liebe* (nach Turgenjew, nicht aufgeführt), M. Tauberts *Herodias* (Braunschweig 1967), G. Bohners *Die Folterungen der Beatrice Cenci* (Berlin 1971), *Lilith* (Berlin 1972) und *Zwei Giraffen tanzen Tango* (Bremen 1980) sowie für J. Neumeier *Othello* (Ch.: G. Pick, Aachen 1984).

Humphrey, Doris, amer. Tänzerin, Choreographin und Pädagogin, * 17. 10. 1895 Oak Park (Ill.), † 29. 12. 1958 New York. Studierte an verschiedenen Schulen B., Gesellschaftstanz, Volkstanz und Tap Dance. 1917 Mitgl. der Denishawn-Komp., tanzte sie in den folgenden Jahren mit dieser Komp. Zusammen mit Charles Weidman trennte sie sich 1928 von Denishawn. Im selben Jahr erste Vorst. eines »Dance Program Presented by D. H. with Charles Weidman and their Student Concert Group« in New York – u. a. mit *Color Harmony* und *Air for the G String*. Es folgten 1929 *Air on a Ground Bass* und *Life of the Bee*, 1930 im Rahmen des Dance Repertory Th. – eine zusammen mit Weidman, Graham und Tamiris bestrittene Vorst.s-Reihe in New York – *Drama of Motion*, Insz. von Schönbergs *Die glückliche Hand* am Metropolitan Opera House. 1931 brachte sie in New York *The Dance of the Chosen* (später *The Shakers*) heraus. 1933 Schauspiel-Ch. für das Negerstück *Run, Lil Chillun* von Hall Johnson. 1934 Mitgl. des Lehrkörpers der Bennington School of Dance. 1935/36 entstand ihre große Tanz-Trilogie *New Dance*, *Theatre Piece*, *With My Red Fires*. Es folgten 1938 *Race of Life*, *Passacaglia in C Minor*, 1940 *Song of the West*, 1943 *El Salon Mexico*, 1944 *Inquest*. In diesem Werk tanzte D. H. zum letzten Mal selbst. Sie mußte dann wegen Arthritis ihre aktive Tänzerlaufbahn beenden, wurde jedoch 1946 Tanzdirektorin der New Yorker Young Men's – Young Women's Hebrew Association. Als künstlerische Direktorin der José Limón-Comp. choreographierte sie *The Story of Mankind* und *Lament for Ignacio Sanchez Mejías*, 1947 *Day on Earth*, 1951 *Quartet Number 1* (später *Night Spell*). Für ein Buch über Choreographie erhielt sie 1949 ein Guggenheim-Stipendium. Das betreffende Buch erschien dann 1959 unter dem Titel *The Art of Making Dances*. 1948 ging sie an die Connecticut College School of Dance. 1951 wurde sie Mitgl. des Lehrkörpers der Juilliard School in New York. 1955 gründete sie das Juilliard Dance Th., für das sie 1956 *Theatre Piece No. 2* choreographierte. – Die Bedeutung von D. H. für den amer. Modern Dance ist ebenso gültig für die Tänzerin, Choreographin und Pädagogin. Als solche entwickelte sie ihr eigenes Lehrsystem, basierend auf den Kontrastpaaren von Balance und Nicht-Balance, Recovery und Fall, abgeleitet aus dem Begreifen des möglichen Bewegungsbereichs als »Bogen zwischen zwei Toden« (der Bewegungslosigkeit einer vollkommenen Balance und dem völligen Sich-der-Schwerkraft-Überlassen). – So wurde für D. H. das Physische, die Körperbewegung, eins mit dem Dramatischen.

Lit.: D. H., *New Dance* (Autobiography) Dance Perspectives 25 (1966); S. D. Cohen, *D. H., An Artist first*, Middletown 1972.

Hutchinson, Ann, amer. Tänzerin und Spezialistin für Tanznotation, * 1918 New York. Studierte bei K. Jooss und S. Leeder in Dartington, in New York bei H. Holm, M. Graham, J. Limón, A. Tudor, M. Craske, E. Caton, darüber hinaus auch Gesellschaftstanz, Volkstanz, Spanisch und Indisch. Gilt als eine der führenden internationalen Autoritäten der Kinetographie Laban, die sie bei Laban selbst gründlich studiert hatte. Doch hat sie sich auch andere historische und moderne Tanzschriftsysteme angeeignet und vergleichende Arbeiten über die verschiedenen Systeme publiziert, ließ allerdings nie einen Zweifel an der Überlegenheit der Labanotation. Von 1940–61 war sie Mitbegründerin und Präsidentin des Dance Notation Bureau in New York. Ihr großes Werk *Labanotation* veröffentlichte sie in New York 1954. 1961 wurde sie Mitbegründerin des International Council of Kinetography Laban. Sie übersiedelte dann nach London und heiratete den B.-Schriftsteller Ivor Guest, ist aber noch immer in Fragen der Tanznotation aktiv.

Hyatt, Gigi, dt.-amer. Tänzerin, * 6. 12. 1962 Berlin. Studierte ebd. an der Tanzakademie bei T. Gsovsky, dann beim Kinder-B. der Bayer. Staatsoper und der B.-Abteilung der Münchner Hochschule für Musik. Gefördert von der Heinz-Bosl-Stiftung, errang sie Goldmedaillen beim Ersten Dt. B.-Wettbewerb in München (1980) und beim Internationalen B.-Wettbewerb in Jacksonville (Miss.) (1982). Tänzerin beim Hamburger Staatsopern-B. seit 1982/83. Erste Rollenkreation in J. Neumeiers *Artus-Sage* (1982).

Hynd, Ronald, engl. Tänzer, Choreograph und B.-Direktor, * 22. 4. 1931 London. Studierte an der Rambert School, Tänzer beim B. Rambert 1949–52, Sadler's Wells und Royal B. 1952–70, Solist 1954. Rollenkreationen u. a. in J. Crankos *Pagodenprinz* (1957) und *Antigone* (1959). B.-Direktor Münchner Staatsoper 1970–73 und erneut ab 1984/85. Choreographierte u. a. *Kuß der Fee* (Mus.: Strawinsky, zuerst fürs Holl. National-B., 1968), *Dvorak Variations* (London Festival B., 1970), *The Merry Widow* (Mus.: Lehár, Australian B., 1975), *The Sanguine Fan* (Mus.: E. Elgar, London Festival B., 1976), *Rosalinda* (Mus.: Joh. Strauß, PACT B., 1978) und *Papillon* (Mus.: Offenbach, Houston B., 1979).

I

Ibert, Jacques, frz. Komponist, * 15. 8. 1890 Paris, † 6. 2. 1960 ebd. Komponierte u. a. die Musik zu den B.en *Les Rencontres* (Ch.: B. Nijinska, Pariser Opéra, 1925), *Gold Standard* (Ch.: R. Page, Chicago 1934), *Diane de Poitiers* (Ch.: M. Fokine, Pariser Opéra, 1934), *Les Amours de Jupiter* (Ch.: R. Petit, B. des Champs-Elysées, Paris 1946) und *Le Chevalier errant* (Ch.: Lifar, Pariser Opéra, 1950) sowie die Musik zum Zirkusakt von G. Kellys Tanzfilm *Einladung zum Tanz*. Häufig wurde sein *Divertissement*, zusammengestellt aus Nummern seiner Musik zum Lustspiel *Der italienische Strohhut*, choreographiert – u. a. von R. Page (Paris 1951), W. Gore (*Street Games* für New B. Comp., 1952), A. von Milloss (Rio de Janeiro 1954) und A. Carter (Wuppertal 1965). Sein *Quintett* für Bläser choreographierte P. Wright zuerst 1963 in Stuttgart.

Icare, B. in 1 Akt, Libr., Ch. und Rhythmen: S. Lifar, Instrumentation: J. E. Szyfer, Dek.: P. R. Larthe; UA 9. 7. 1935, Opéra Paris mit Lifar u. a. – Das B., eigentlich ein großes Solo mit kleinem Gruppen-Akkompagnement, schildert das Schicksal von Icarus, des Sohns von Daidalos. Der Sohn stürzte bekanntlich ab, als er sich mit seinen selbstgebauten Flügeln, deren Federn er mit Wachs zusammenklebte, in die Luft erhob und die Sonne das Wachs zum Schmelzen brachte. Lifars B. erregte durch seine Rhythmusbegleitung anstelle des üblichen Orchesters bei seinem Erscheinen großes Aufsehen, das sich aber bei den späteren Wiederaufnahmen (u. a. 1962 mit neuem Dek. von Picasso) schnell abnutzte. – Ein Modern-Dance-Stück *Icarus* (Mus.: Shin-Ichi Matsushita) choreographierte 1964 L. Hoving für seine eigene Komp. Weitere *I.*-B.e stammen von W. Wassiljew (Mus.: S. Slonimsky, Bolschoi-B. 1971), A. von Milloss (Mus.: Guido Turchi, Florenz 1972) und G. Arpino (*The Relativity of I.*, Mus.: G. Samuel, City Center Joffrey B., New York 1974).

Idiot, Der. Es gab zwei B.e nach Dostojewskys gleichnamigem Roman: **1.** B.-Pantomime in 7 Szenen, mit Pro- und Epilog, Libr. und Ch.: T. Gsovsky, Mus.: H. W. Henze, Bühne: J.-P. Ponnelle, Kost.: K. Märzke; UA 1. 9. 1952, Hebbel-Th., Berlin, mit K. Kinski, N. Trofimowa, W. Palar, H. Horn, F. Graf, W. Leistner, W. Höllein u. a. – **2.** B. in 3 Akten, Libr. und Ch.: V. Panov, Mus.: Schostakowitsch (diverse Kompositionen), Bühne: G. Schneider-Siessen, Kost.: B. Müller; UA 25. 6. 1979, Dt. Oper Berlin, mit V. Gelvan, R. Sheta, E. Evdokimova, G. Panova u. a.

Lit. (Gsovsky-Version): O. F. Regner / H.-L. Schneiders, in: *Reclams Ballettführer*, Stuttgart [8]1980.

Idzikowski, Stanislas, poln.-brit. Tänzer und Pädagoge, * 13. 2. 1894 Warschau, † 12. 2. 1977 London. Studierte bei Cecchetti in Warschau, debütierte beim Empire Th. B. in London, tanzte dann in der Pawlowa-Komp. und 1914–26 bei Diaghilew, wo er u. a. Rollen in Massines *Die gutgelaunten Frauen* (1917), *Les Contes Russes* (1917), *Der Zauberladen* (1919), *Der Dreispitz* (1919), *Pulcinella* (1920) und Balanchines *Jack-in-the-Box* (1926) kreierte. Auch als Blauer Vogel in der *Dornröschen*-Prod. von 1921 wurde er sehr gefeiert. Er tanzte dann noch als Gast beim Vic-Wells B., wo er 1933 eine Hauptrolle in Ashtons *Les Rendez-vous* kreierte. Unterrichtete noch lange Jahre in London. Zusammen mit Beaumont verfaßte er *A Manual of Classical Theatrical Dancing* (1922). Als Tänzer genoß er großes Ansehen wegen seiner ungewöhnlichen Elevation und seiner brillanten Virtuositätstechnik.

Illuminations, Les, B. in 1 Akt, Ch.: F. Ashton, Mus.: Britten, Dek.: C. Beaton; UA 2. 3. 1950, New York City B., City Center, New York, mit N. Magallanes, M. Hayden, T. LeClerq, R. Barnett u. a. – Eine Folge von getanzten Visionen in Anlehnung an die von Rimbaud stammenden frz. Liedertexte des gleichnamigen Zyklus von Britten. In ihrem Mittelpunkt steht das Schicksal eines Dichters (Rimbaud). Übernommen vom Joffrey B. (1980) und Royal B. (1981). Andere B.-Versionen der gleichen Musik u. a. von T. Gsovsky (Dt. Oper Berlin, 1961) und N. Walker (Dt. Oper Berlin, 1969). Ein ganz anderes B. gleichen Titels zu orientalischer Musik und Musik von P. Henry, Ch.: M. Béjart, B. du XXe Siècle (Brüssel 1979).

Lit.: G. Balanchine / F. Mason, in: *Balanchine's Complete Stories of the Great Ballets*, Garden City (N. Y.) 1977.

Impekoven, Niddy, dt. Tänzerin, * 2. 11. 1904 Berlin. Debütierte bereits Ende 1910 anläßlich einer Berliner Wohltätigkeitsveranstaltung und bezauberte augenblicklich das Publikum durch ihre kindliche Spontaneität und Phantasie. Sie studierte weiter, trat sowohl als Schauspielerin wie als Tänzerin auf, arbeitete 1914–17 bei H. Kröller in Frankfurt a. M., dann an der Schule für klassische Gymnastik auf Schloß Bieberstein a. d. Rhön und studierte mit Kröller ihr erstes eigenes Programm ein: *Der gefangene Vogel*, *Das Leben der Blume*, *Schalk*, *Puppentänze*. Damit hatte sie 1918 in der Berliner Lindenoper sofort einen ungewöhnlichen Erfolg, der sie auch auf ihren Tourneen durch ganz Europa begleitete. Es war die spielerisch-serene Art ihres Tanzes, welche die Zeitgenossen begeisterte. Ihre Autobiographie *Die Geschichte eines Wunderkindes* erschien 1955 in Zürich.

Imperial Society of Teachers of Dancing. Die 1904 in London gegründete Gesellschaft der Tanzpädagogen ist die größte Berufsorganisation ihrer Art in der Welt. Sie wurde 1924 reorganisiert und umfaßt heute alle Disziplinen des Tanzes, also auch Gesellschaftstanz und Volkstanz. Im gleichen Jahr 1924 schloß sich auch die Cecchetti Society als Unterabteilung an. Die Aufnahmeprüfungen sind sehr streng. Erst nach dem Bestehen mehrerer Examina erfolgt die Zuerkennung der vollen Mitgliedschaft, die über den Titel Member (Mitgl.) zur Führung des Titels F. (Fellow) I. S. T. D. berechtigt.

Imperiale Accademia di Ballo, offizielle Bezeichnung der B.-Schule des Teatro alla Scala in Mailand. C. Blasis wurde 1837 ihr Direktor. Von hier aus reformierte er die Ausbildung der Th.-Tänzer, die dann sein auch schriftlich niedergelegtes pädagogisches Vermächtnis in die ganze Welt trugen. Zu den Schülern der Akademie zählten die größten Ballerinen ihrer Zeit, u. a. C. Grisi, F. Cerrito, S. Fuoco, P. Legnani, V. Zucchi und E. Cecchetti, der 1925 ihr Direktor wurde. Ihm folgten C. Fornaroli (1928–33), Ettorine Mazzuchelli (1933–50), V. Volkova (1950/51), E. Bulnes (1951–54, 1962–69), Elide Bonagiunta (1969–74), anschließend Anita Maria Prina.

Imperio, Pastora (geb. P. Rojas), span. Flamenco-Tänzerin, * 1894 in Sevilla (laut G. B. L. Wilson um 1885 in Granada), † 1961 (Sterbeort nicht bekannt). Als Tochter der Tänzerin Rosario Monje (La Mejorana) tanzte sie zunächst in den Tavernen und Kabaretts von Sevilla, trat dann mit ihrem Bruder Victor Rojas als Begleiter auf der Gitarre auch in Th.ŋ und Music-Halls auf und wurde zwischen 1908 und 1925 als eine der führenden Vertreterinnen des Flamenco gefeiert. Ihre außerordentlich sinnliche Art zu tanzen brachte ihr den Ehrentitel La Emperaora (die Kaiserin) ein. Zu ihren berühmtesten Tänzen gehörten u. a. *Viva Madrid*, *Cuna cañi* und *Testamento gitano*. Von ihr stammt auch 1915 die erste Auff. von de Fallas B. *El Amor brujo*.

Inbal. Das hebräische Wort bezeichnet den Glockenklöppel, der das tote Metall zu klingendem Leben erweckt. Es wurde international bekannt durch die isr. Tanz-Th.-Truppe, die unter diesem Namen bis heute die ganze Welt bereist und die 1968 zu ihrem ersten Gastspiel in die Bundesrepublik kam. Sie wurde 1950 von Sara Levi-Tanai gegründet und war ursprünglich dazu bestimmt, die Tänze und Lieder der jemenit. Minderheit zu konservieren, die nach 1948 (Gründung des Staates Israel) nach mehr als 1500 Jahren Exil im Jemen nach Israel zurückkehren konnte. Wie dieses originale Gesangs- und Schrittmaterial bereits zahlreiche Überlagerungen durch Elemente aus dem Orient, aus Afrika und dem Mittelmeerraum aufwies (die jemenit. Tänze waren ursprünglich reine Männertänze), so sind inzwischen viele Einflüsse durch westl. Formen hinzugekommen. Die Tanzbilder von Inbal (am bekanntesten wurde *Jemenitische Hochzeit* von S. Levi-Tanai) offerieren durchweg ein vielgestaltiges stilistisches Idiom. Shlomo Haziz, langjähriges Mitgl. von Inbal, wurde 1976 zum Direktor der Truppe ernannt.

Lit.: G. Manor, *Quest for a Movement Language*, Israel 1975.

Indes galantes, Les, Opern-B. mit Prolog, 3 Entrées und Epilog, Libr.: Louis Fuzelier, Mus.: J.-Ph. Rameau; UA 23. 8. 1735, Opéra Paris. Ein nachkomponiertes 4. Entrée kam 1736 hinzu. Erzählt werden vier Liebesgeschichten in verschiedenen Teilen der Welt. Die Titel der Entrées sind: *Le Turc généreux*, *Les Incas du Pérou*, *Les Fleurs* und *Les Sauvages*. Das Werk war Rameaus dritte Oper. Als typisches Rokoko-Opern-B. erfreute es sich bei den Zeitgenossen größter Beliebtheit. Die Oper wurde dann vergessen und erst 1952 in einer Neubearbeitung, inszeniert von M. Lehmann, an der Opéra wiederaufgenommen. Sie errang erneut, nicht zuletzt dank einer verschwenderischen Ausstattung, einen über Jahre anhaltenden Erfolg. In dieser Form bietet sie: Prolog *Le Palais d'Hébé*, Ch.: A. Aveline, Dek.: J. Dupont; (1) Entrée *Le Turc généreux*, Ch.: Aveline, Dek.: G. Wakhevitch; (2) Entrée *Les Incas*, Ch.: S. Lifar, Dek.: J. Carzou; (3) Entrée *Les Fleurs*, Ch.: H. Lander, Dek.: Fost und Moulène; (4) Entrée *Les Sauvages*, Ch.: Lifar, Dek.: Chapelain-Midy; Epilog, Ch.: Lifar.

Indischer Tanz, Klassischer. Es gibt neben den im folgenden behandelten klassischen Tanzstilen in Indien noch Hunderte von Volkstänzen der hinduist. Bauern und vor allem die großartigen Tribal dances, die Tänze der vorarischen und vordrawidischen, nicht-hinduisierten Stämme. Der heute in Indien am meisten verbreitete und auch in Europa bekannteste klassische ind. Tanzstil ist *Bharat Natyam*. Es handelt sich um die alten Tempeltänze der Provinz Tamil Nad (Hauptstadt Madras) im Süden von Indien. Die technischen und philosophischen Grundlagen dieses Solostils sind mindestens 2000 Jahre alt. Sie finden sich in dem großen Werk *Natyam Sastra*, das angeblich von *Bharata Muni*, dem legendären Vater der klassischen ind. Tänze, stammt. Die vielen erhaltenen Tanzskulpturen in den alten Tempeln Südindiens zeigen die ununterbrochene Kontinuität dieses Tanzstils. Nur der Name *Bharat Natyam* ist neu. Bis in die dreißiger Jahre sprach man von Dasi Atam, dem Tanz der Devadasi, der Tempeltänzerinnen. Der wirtschaftliche und moralische Verfall der Tempel und Tempeltänzerinnen forderte einen neuen Namen. Seit den dreißiger Jahren wird *Bharat Natyam* auch von den Damen der besten Gesellschaft getanzt. Deren Lehrerinnen gehören auch heute noch dem Stande der Devadasi und deren männlichen Instruktoren an. Ein *Bharat Natyam*-Zyklus besteht aus 6 Akten: Alarippu, Jatisvaram, Sabdam, Varnam, Padam und Tillana. Häufig wird noch am Schluß ein Natanam Adinar hinzugefügt. Das ist die Wiederholung jenes Tanzes, mit dem der vierhändige Gott Shiva als Nataraja, als König des Tanzes, einst die Welt im Rhythmus erschuf. Es gibt in diesem Stil reinen, abstrakten Tanz: Nrtta. Aber vor allem in Sabdam, Varnam und Padam werden religiöse Inhalte körperlich-rhythmisch sichtbar gemacht. Diese dramatischen Tanzteile werden als nritya bezeichnet. *Bharat Natyam* ist also ein expressiver und dramatischer Tanzstil mit religiösen Inhalten. Verwandt mit diesem Stil ist der ebenfalls südind. Tanzstil *Orissi* oder *Odissi*. Auch zwei weitere südind. Tanzformen gelten heute als klassisch: die religiösen Tanzdramen der Brahmanen von *Kuchipudi* (Provinz Andhra Pradesh) und *Melatur* (Tamil Nad). Die Provinz Kerala im äußersten Südwesten ist die Heimat des *Kathakali-Stils*. Auch hier handelt es sich um Tanzdramen, deren Inhalt aus den religiösen Epen Mahabharata und Ramayana stammen. *Kathak* ist der Tanzstil des hindustan., z. T. schon islam. Nordens. Dieser Stil zeigt im Gegensatz zu Bharat Natyam raumgreifende Motionen, harte Stampfschritte und blitzartige Drehungen. Vermutlich stammt der Flamenco vom Kathak ab. Aus dem äußersten Nordosten Indiens, aus Manipur, kommt der *Manipuri*-Stil, der heute den reinsten tänzerischen Ausdruck des Krishna-Kultes darstellt. Daher ist Manipuri durch und durch erotisch und sinnlich. Kein Geringerer als der große Dichter Tagore hat Manipuri für Indien und die Welt entdeckt.

Lit.: E. Bhavnani, *The Dance in India*, Bombay 1965; E. Rebling, *Die Tanzkunst Indiens*, Berlin [Ost] 1981.

Indrani, Rehman, ind. Tänzerin, * 1929 Madras. Tochter der Amerikanerin *Ragini Devi*, die nach Südindien kam, um die dortigen Tänze zu studieren und 1928 ihr Buch *Dances of India* in Calcutta veröffentlichte. Die Tochter studierte zuerst *Bharat Natyam*, später auch andere Stile des ind. Tanzes. Sie wurde vor allem eine Spezialistin des bis dahin gering geachteten Orissi-Stils. Ihre Tourneen in Amerika und Europa brachten ihr den Ruf ein, eine der besten Vertreterinnen der klass. ind. Tanzstile zu sein.

Inglesby, Mona, engl. Tänzerin, Choreographin und B.-Chefin, * 1918 London. Studierte bei M. Rambert, M. Craske, L. Egorova u. a., tanzte beim B. Club und B. Rambert. Gründete 1940 ihr International B., wo sie gleichzeitig Direktorin, Choreographin und Ballerina war. B.-Kreationen von ihr waren u. a. *Endymion* (Mus.: M. Moszkowski, 1941), *Everyman* (Mus.: R. Strauss, 1943) und *The Masque of Comus* (Mus.: Händel-Irving, 1946). Zog sich schon 1953 ins Privatleben zurück.

Initialen R. B. M. E., B. in 4 Sätzen, Ch.: J. Cranko, Mus.: Brahms, Dek.: J. Rose; UA 18. 1. 1972 Stuttgart, mit R. Cragun, B. Keil, M. Haydée, E. Madsen u. a. – Cranko: »Ein Ballett für die Freunde Richard, Birgit, Marcia und Egon, zu Musik von Johannes Brahms, dessen leidenschaftlicher Sinn für Freundschaft und Liebe durch sein Werk wie seine Briefe und auch durch Zeugnisse anderer belegt ist.« – Die Initialen des zu Brahms' 2. Klavierkonzert in B.-Dur choreographierten B.s beziehen sich auf die vier von Cranko genannten Tänzer, deren Persönlichkeiten in jeweils einem Satz porträtiert werden.

Lit.: O. F. Regner / H.-L. Schneiders, in: *Reclams Ballettführer*, Stuttgart [8]1980.

Institute of Choreology, 1962 gegründet von Rudolf und Joan Benesh als Schule für die Benesh-Tanzschrift, die als Choreologie (Choreology) bezeichnet wird.

Intermezzo, B. in 1 Akt, Ch.: E. Feld, Mus.: Brahms, Kost.: St. Simmons; UA 29. 6. 1969, The American B. Comp., Spoleto, mit Chr. Sarry, J. Sowinski u. a. – Ein romantisches B., von drei Paaren in einem Ballsaal zu Brahms' op. 39, op. 117/3 und op. 118/3 ausgeführt, wobei der Pianist in das Geschehen einbezogen ist. Übernommen vom National B. of Canada und American B. Th. (beide 1972) sowie Stuttgart (1975).

Lit.: G. Balanchine / F. Mason, in: *Balanchine's Complete Stories of the Great Ballets*, Garden City (N. Y.) 1977.

International Ballet. Die 1940 von M. Inglesby gegründete Komp. mit ihr selbst als Direktorin, Choreographin und Ballerina, debütierte am 19. 5. 1941 in Glasgow, absolvierte jährliche Gastspiele in London und unternahm bis zu ihrer Auflösung 1953 zahlreiche Tourneen durch England, Schottland und Irland, gastierte aber auch auf dem Kontinent. Rückgrat des Rep.s waren die Klassiker-Insz.en von N. Sergejew, dem ehemaligen Regisseur des St. Petersburger Marien-Th.s, der seine Aufzeichnungen über die Petipa- und Iwanow-Ch.n mit in die Emigration genommen hatte: *Schwanensee, Dornröschen, Coppélia* und *Polowetzer Tänze*. Hinzu kamen B.e u. a. von M. Fokine (*Les Sylphides* und *Carnaval*), A. Howard (*Twelfth Night*), H. Turner und Inglesby. Tänzer der anfangs 21 Mitgl.er starken Komp. waren u. a. Turner, M. Shearer, H. Algeranoff, C. Algeranova, M. de Lutry, C. Franca und S. Arova sowie als Gäste N. Gollner und P. Petroff.

International Ballet Caravan → Alexander Roy London Ballet Theatre.

International Ballet of Caracas → Ballet Nuevo Mundo de Caracas.

International Dance Council, gegründet unter dem Protektorat der UNESCO 1973 in Paris zur Förderung internationaler Begegnungen zu Gesprächen und Diskussionen über Ch. auf allen tänzerischen Gebieten sowie zur Ausarbeitung eines Programms für den Schutz und die Bewahrung des tänzerischen Welterbes und die Vorbereitung eines Welt-Copyright für Ch.

Internationale Sommerakademie des Tanzes. 1955 erfolgte in Krefeld die Gründung einer Gesellschaft zur Förderung des künstlerischen Tanzes. Vorgesehen war die Organisation von Vorträgen, Auff.en, Arbeitskreisen und Tagungen. Diese Gesellschaft veranstaltete 1957 in Krefeld die I. Sommerakademie, die unter der Leitung von Heinrich Wendel und Heinz Laurenzen stand, und bei der R. Chladek, V. Gsovsky, B. Kniaseff und P. van Praagh 174 Teilnehmer unterrichteten. Auch in den nächsten drei Jahren fanden die jeweils vierzehntägigen Sommerkurse in Krefeld statt – wobei die Teilnehmerzahl bis 1960 auf 402 anstieg. Neue Dozenten während dieser Jahre waren u. a. J. Udaeta, W. Nicks, L. Schubert, A. Danilova, Ch. Sevelin und N. Kiss. 1961 verlegte die Gesellschaft ihren Sitz nach Köln, wo die weiteren Sommerakademien (ab Nr. V) im Müngersdorfer Stadion, in den Räumen der Sporthochschule stattfanden. Die Leitung übernahmen 1961–62 A. von Milloss und Laurenzen, 1963–65 T. Bolender und Laurenzen, 1966–77 Laurenzen und H. Lindlar und ab 1978 Laurenzen und von Rautenstrauch. Während dieser Jahre schwankte die Teilnehmerzahl zwischen 591 (1964) und 463 (1967). Sie stieg ständig weiter an. Im Jahr 1974 besuchten 627 Teilnehmer die Akademie, 1980 zählte man 724 Tänzer und Tänzerinnen. Neu hinzukommende Dozenten waren u. a. A. Dolin, L. Woizikovsky, R. Bon, H. Lander, B. Besobrasowa, F. Doubrovska, Yuriko, U. Knaflewsky, P. Appel, S. Arova, E. Frandsen, J. Watts, A. Ailey, F. Wagner, R. Hightower, B. Garski, V. Pereyaslavec, G. Tetley, H. Zaraspe, P. Wright, A. Tudor, H. Kronstam, P. Christopher, L. Simonson, T. Grantzeva, M. Hinkson, S. Douglas, D. McKayle, U. Borrmann, R. Currier, T. Brown, S. Molcho, A. Roboz, A. A. Borsow, Luigi, M. Mattox, E. Campianu, H. van Manen und viele andere. Seit 1964 veranstalteten die Kölner Bühnen jeweils parallel eine B.-Woche mit eigenen Prod.en und Gastkomp.n. Erstmalig fand 1968 ein Wettbewerb junger Choreographen statt, dessen Preisträger Zoltan Imre, Diana Isabel Obedman und Aline Roux waren. Beim zweiten Wettbewerb 1969 gingen die Preise an Pina Bausch, Gerhard Bohner und Suzanne Hywell. Beim dritten Wettbewerb 1970 wurden keine Preise verliehen. Im Jahr 1971 gingen die Preise an Gheorghe Caciuleanu, Saeko Ichinohe und Tihana Skrinjaric, 1972 dann an G. Caciuleanu, Z. Imre, Antonius Lutgerink, B. Berg. 1973 und 1974 keine Preise. 1975 zwei gleichrangige Preise für Alejandro Witzmann-Anaya und Susanne Linke. 1976 ebenfalls zwei gleichrangige Preise an Reinhild Hoffmann und Carlos Orta. 1977 ging der erste Preis an Jean-Marc Foret, 1978 kein Preis, 1979 erster Preis an Nils Christe, kein Preis 1980. Erster Preis 1981 an Rhys Martin. Auch im Jubiläumsjahr 1981 gehörte die Kölner Sommerakademie zu den profiliertesten Konstanten des dt. und internationalen B.-Jahres. Erster Preis 1982: Maryse Delente, 1983: Jan Linkens.

Lit.: K. Peters, »25 Jahre Internationale Sommerakademie des Tanzes Köln«, in: *Das Ballett und die Künste*, Köln 1981.

Internationaler Ballettwettbewerb Varna → Varna, Internationaler Ballettwettbewerb.

Interplay, B. in 4 Sätzen, Ch.: J. Robbins, Mus.: M. Gould (American Concertette), Dek.: Carl Kent; UA 1. 6. 1945 im Rahmen von B. Roses *Concert Varieties*, Ziegfeld Th., New York, mit J. Reed, M. Bentley, J. Kriza, M. Kidd, Robbins u. a. – Die 4 Sätze für 4 plus 4 Tänzer haben keine Handlung. Sie heißen: Free Play – Horseplay – Byplay – Teamplay. Grundstimmung ist ein sportiver, sehr amer. Enthusiasmus, der im Pas de deux des Byplay auch romantische Formen annimmt, sich aber vorwiegend um eine Synthese aus klassischen und Jazztanz-Motionen bemüht. Das B., Nr. 2 im Werkverzeichnis von Robbins, hatte sofort einen derartigen Erfolg, daß es schon im Oktober 1945 ins Rep. des B. Th. übernommen wurde (Dek. O. Smith). Robbins hat es dann auch dem New York City B. und seinen eigenen B.s: U. S. A. einstudiert.

Lit.: O. F. Regner / H.-L. Schneiders, in: *Reclams Ballettführer*, Stuttgart [8]1980.

In the Night, B. in 4 Sätzen, Ch.: J. Robbins, Mus.: Chopin (Nocturnes op. 27/1, 55/1, 2/9 und 2), Kost.: J. Eula, Solopianist G. Boelzner; UA 29. 1. 1970, New York City B., New York State Th., mit K. Mazzo, V. Verdy, P. McBride, A. Blum, P. Martins und F. Moncion. – Jedes der drei Paare tanzt zunächst ein Nocturno allein, wobei alle sehr verschiedene emotionale Charaktere offenbaren – dann führt sie die Schlußnummer noch einmal alle zusammen auf die Bühne, von wo sie nach einem scheinbar gemeinsamen Walzer in die Nacht entschwinden. – Das B. entstand als eine Art Nachgedanke zu Robbins' 1969 uraufgeführten *Dances at a Gathering*.

Lit.: G. Balanchine / F. Mason, in: *Balanchine's Complete Stories of the Great Ballets*, Garden City (N. Y.) 1977.

Intime Briefe, B.e zu L. Janáčeks viersätzigem 2. Streichquartett haben u. a. choreographiert G. Furtwängler (Köln), P. Smok (Prag, beide 1968), L. Seymour (Sadler's Wells Royal B., 1978), J. Kylián (Kgl. Schwed. B. fürs Schwed. Fernsehen, 1980) und Chr. Bruce (B. Rambert, 1984).

Lit.: (der Furtwängler-Version): O. F. Regner / B.-L. Schneiders, in: *Reclams Ballettführer*, Stuttgart [8]1980.

Invitation, The, B. in 1 Akt, Libr. und Ch.: K. MacMillan, Mus.: M. Seiber, Dek.: N. Georgiadis; UA 10. 11. 1960, Royal B., New Th., Oxford, mit L. Seymour, Chr. Gable, A. Heaton, D. Doyle u. a. – MacMillan basierte sein Libr. auf den beiden Romanen *Erwachende Herzen* von Colette und *Haus des Engels* von Beatriz Guido. Erzählt wird die Geschichte einer doppelten Verführung und vom Verlust der Unschuld. Leidtragende sind zwei junge Menschen, Cousine und Vetter, die sich bei einer Party ihrer Gefühle für einander bewußt werden, jedoch den lüsternen Spekulationen eines ebenfalls anwesenden, ihrer Partnerschaft gründlich überdrüssigen Ehepaares zum Opfer fallen. Übernommen von mehreren Komp.n, u. a. Dt. Oper Berlin (1966).

Lit.: O. F. Regner / H.-L. Schneiders, in: *Reclams Ballettführer*, Stuttgart [8]1980.

Invitation to the Dance, B.-Film in 3 Teilen von Gene Kelly (1956): *Circus* (Mus.: Ibert, mit Sombert, Kelly und Youskevitch), *Ring Around the Rosy* (Mus.: A. Previn, mit Paltenghi, Youskevitch, Diana Adams, Toumanova) und *Sindbad der Seefahrer* (Mus.: Rimskij-Korsakows *Scheherazade*, arr. von Roger Eden, mit Kelly und David Kasday).

Iranisches Nationalballett, im Roudaki Hall Opernhaus von Teheran ansässige B.-Komp., 1967 von Nejad Ahmadzadeh gegründet und teilweise vom iran. Ministerium für Kunst und Kultur subventioniert. Von anfangs etwa einem Dutzend Tänzern wuchs sie bis 1978, als sie der Direktion von A. Pourfarrokh unterstellt war, auf 46 Tänzer, von denen etwa ein Drittel iran. Herkunft war. Gepflegt wurde ein internationales, auf klassischer Basis ruhendes Rep. Die Komp. wurde sofort nach der Revolution von 1979 aufgelöst.

Irish Ballet Company, erste professionelle Komp. des Landes, in Cork ansässig, wurde 1974 von Denise Moriarty gegründet (die vorher schon 25 Jahre lang das halbprofessionelle Cork B. geleitet hatte), mit ihr selbst als Künstlerischer Direktorin und D. Reiter-Soffer als Chefchoreograph. Seit 1983 Irish National B.

Isadora, B. in 2 Akten, Libr.: G. Freeman, Ch.: K. MacMillan, Mus.: R. Rodney Bennett, Dek.: B. Kay; UA 30. 4. 1981, Royal B., Covent Garden, London, mit M. Park, Mary Miller, L. Connor, J. Hosking, D. Rencher, St. Jeffries u. a. – Das B. erzählt von den Wechselfällen und stürmischen Liebesaffären im Leben von I. Duncan, wobei die Titelrolle unter eine Tänzerin und eine Schauspielerin (die aus I.s Memoiren und anderen Dokumenten rezitiert) aufgeteilt ist. Ein Solo *I.* von M. Béjart (Mus.: diverse) für M. Plissetzkaja (Monte Carlo 1977, seit 1983 auch im Rep. des Stuttgarter B.s mit M. Haydée).

Isenring, Lucia (zeitweise L. Montagnon), schweiz. Tänzerin, * 7. 2. 1952 Ilanz. Studierte an der Stuttgarter B.-Schule. Mitgl. des Stuttgarter B.s 1971–81. Rollenkreationen u. a. in W. Forsythes *flore subsimplici* (1977) und *Time Cycle* (1979), sowie K. MacMillans *Mein Bruder, meine Schwestern* (1978). Solistin in Frankfurt a. M. 1981–84 und seither beim Königl. Schwed. B. Hat eine ihrer besten Rollen in G. Tetleys *Pierrot lunaire*. Verheiratet mit dem Tänzer und B.-Direktor E. Madsen.

Israel. Bühnentanz begann hier (im damaligen Palästina, unter brit. Mandat) in den späten zwanziger Jahren, als Rina Nikova, eine emigrierte russ. Ballerina, mit ihrer Gruppe in Jerusalem auftrat. Sie versuchte sich an biblischen B.en, mit orientalischen Themen auf klassischer Grundlage. Während der dreißiger Jahre ließen sich eine Reihe europ. Choreographen hier nieder, u. a. G. Kraus, Tilla Rössler und die Schwestern Ohrenstein, die sämtlich Vertreterinnen des zentraleurop. Ausdruckstanzes waren. Zur gleichen Zeit wurde von Rivka Sturman, Gurit Kadman u. a. die Volkstanzbewegung ins Leben gerufen, die arabische und drusische Formen und Schritte neben selbst erfundenen Ausdrucksmitteln benutzten und Tänze schufen, die sehr beliebt waren bei den Mitgl.ern der neuen agrarischen Siedlungen und die Bande zwischen den jüdischen Immigranten und ihrem Land stärkten. Choreographen und Tänzer wie Jardena Cohen versuchten, mit ihren Schülern Komp.n aufzubauen. Es gab auch Versuche, einen Stil des Mittleren Ostens zu schaffen, in dem typisch orientalische Arten von Bewegung, Musik und Rhythmus in Tänzen zusammengefaßt wurden, doch sie waren nur teilweise erfolgreich. Lediglich S. Levi-Tanai, eine Choreographin jüdisch-jemenitischer Herkunft, die 1949 das Inbal Tanz-Th. gründete, entwickelte einen Stil, der eine Verbindung von zeitgenössischer Tanztechnik mit dem sanften, introvertierten orientalischen Stil darstellt, den sie seiner dominierenden, fast immer im Demi-Plié ausgeführten Auf-und-Nieder-Bewegungen wegen ›jemenitisch-gotisch‹ nennt. Bald nach der Gründung des Staates I. kamen mehrere junge amer. Tänzer hierher, während eine Reihe von ›Sabra‹ (gebürtige Israelis) Tänzern nach New York ging, um dort hauptsächlich an der Juilliard- oder Graham-Schule zu studieren. G. Kraus und T. Beatty gründeten 1951 das kurzlebige I. B. Th. In den späten fünfziger Jahren kam A. Sokolow wiederholt nach I. und studierte dem Lyrical Th. einige ihrer B.e ein. Die meisten dieser Tänzer schlossen sich später der → Bathsheva Dance Comp. an, die B. de Rothschild 1964 ins Leben rief. Dies war die erste professionelle moderne Komp. in I., die strikt nach der Graham-Technik arbeitete. 1968 gründete Mme Rothschild zusätzlich die → Bat-Dor Dance Comp., mit J. Ordman als künstlerischer Leiterin. Schon ein Jahr vorher hatten B. Yampolsky und H. Markman eine Klassische B.-Komp. (das heutige → Israel B.) ins Leben gerufen. Auch die Kibbutz-Bewegung unterhält inzwischen verschiedene Tanzstudios und verfügt über eine halbprofessionelle Tanz-Komp. Seit 1975 erscheint jährlich ein von G. Manor und J. Brin Ingber herausgegebenes Tanzjahrbuch: *Israel Dance* (mit jeweiliger Jahreszahl).

Israel Ballet, The. Die Komp. begann als Kammer-B. dimensionierte Classical B. Comp. 1968 unter der Direktion von Berta Yampolsky und Hillel Markman, zwei Tänzern, die früher Mitgl.er des B. Russe de Monte Carlo gewesen waren. In Tel Aviv ansässig und auch heute noch der gleichen Leitung unterstehend, hat sie heute etwa 25 aus der ganzen Welt stammende Tänzer, die ein Rep. von ausgesuchten Klassikern und moderne Ch.n von u. a. G. Balanchine, T. Bolender, J. Lazzini, J. Charrat, F. Blaska, H. Spoerli und Yampolski tanzen. Die Komp. unternimmt regelmäßig Auslandstourneen.

Istomina, Awdotja Iljinitscha, russ. Tänzerin, * 17. 1. 1799 St. Petersburg, † 8. 7. 1848 ebd. Ging aus der Schule von Ch. Didelot hervor, tanzte schon 1816 in dessen *Acis und Galathea* und machte dann eine brillante Karriere als Première danseuse mime, als die sie besonders in Didelots B.en *Zephir und Flora*, *Der Kalif von Bagdad*, *Unnütze Vorsichtsmaßnahme*, *Der Gefangene im Kaukasus* (1823) und *Ruslan und Ludmila* (1824, schon 1821 von Adam Gluszkowski choreographiert) erfolgreich war. Sie war aber nicht nur eine bedeutende Darstellerin, sondern auch eine Virtuosin, die besonders wegen ihres Aplombs, ihrer Elevation und Pirouetten berühmt war. Puschkin hat sie im ersten Kapitel seines *Eugen Onegin* verewigt: »Und als der Vorhang aufgegangen, / die Geiger ihre Bogen schwangen, / steht sie, umringt von Nymphen da, / die herrliche Istomina, / läßt einen Fuß am Boden wippen, / den anderen kreisen in der Luft, / und plötzlich schwebt sie, wie ein Duft, / ein Flaum im Hauch von Aeols Lippen, / bald windend und entwindend bald / den Knäul der biegsamen Gestalt.« Nach 1829 zwang sie ein Fußleiden zu einer Reduzierung ihrer Auftritte, bis sie 1836 auf recht drastische Weise pensioniert wurde. Sie starb an der Cholera.

Italien. Jeder der vielen Renaissance-Höfe der Halbinsel war darum bemüht, einen eigenen Tanzmeister als Organisator und Arrangeur der höfischen Festivitäten zu haben. Einige von ihnen wurden sehr berühmt, u. a. Domenico da Piacenza, Antonio Cornazano und Guglielmo Ebreo, während Bergonzio di Bottas *Dinner-B.*, das er 1489 in Tortona einstudierte, weit über die Stadtmauern hinaus Ruhm genoß. Doch die begabteren Tanzmeister emigrierten nach Paris, wo sie für die wirklich entscheidenden Fortschritte des B.s verantwortlich waren. I.s wichtigste kreative Eigenbeiträge entstanden nahezu ausnahmslos in Mailand, gefolgt, in wesentlich reduziertem Maßstab, von Neapel und Rom. Darüber hinaus gab es immer wieder gelegentliche B.-Vorst.en in Städten wie Venedig, Turin und Florenz, und international renommierte Choreographen schlugen dort für ein oder zwei Saisons ihre Zelte auf, während Gastballerinen und -ballerinos mit rasch zusammengewürfelten Ens.s auftraten, doch gab es keinerlei Kontinuität, geschweige denn eine eigene Tradition. In jüngerer Vergangenheit hat auch Palermo gelegentlich eigene B.-Ambitionen bekundet, aber solche Versuche waren fast immer sehr kurzlebig. Kleinere ital. Komp.n haben verschiedentlich Tourneen unternommen, aber international bekannt geworden ist nur die Truppe von C. Fracci, B. Menegatti und L. Gai, allenfalls noch die in Turin ansässige Komp. von S. Egri und in jüngster Zeit das Aterbaletto von Reggio Emilia. Im Sommer dienen die Festspiele von Florenz (Maggio Musicale), Genua-Nervi, Spoleto und Verona gastierenden ausländischen Truppen als willkommene Auftrittsforen.

Ives, Charles, amer. Komponist, * 20. 10. 1874 Danbury (Conn.), † 19. 5. 1954 New York. Schrieb keine B.-Musik, doch seine konzertanten Stücke erfreuen sich bei Choreographen einer noch immer wachsenden Beliebtheit, siehe u. a. G. Balanchines *Ivesiana* (New York City B., 1954), H. Spoerlis *Flowing Landscapes* (Basel 1975), J. Burths *Jahre danach* (Zürich 1976), P. Martins' *Calcium Light* (New York City B., 1977) und J. Ulrichs *American Landscapes* (Köln 1983).

Ivesiana, B. in 6 Episoden, Ch.: G. Balanchine, Mus.: Ch. Ives; UA 14. 9. 1954, New York City B., City Center, New York, mit J. Reed, F. Moncion, P. Wilde, J. d'Amboise, A. Kent, T. LeClerq u. a. – Balanchine hat die Episoden, ihren musikalischen Titeln gemäß, als Einzelstücke, ohne Zusammenhang, choreographiert. Ihre Reihenfolge bei der UA war: *Central Park in the Dark*, *Hallowe'en*, *The Unanswered Question*, *Over the Pavements*, *In the Inn* und *In the Night*. – Seit der Premiere der revidierten Fassung vom 16. 3. 1961 besteht das B. nunmehr aus den 4 Episoden *Central Park in the Dark*, *The Unanswered Question*, *In the Inn* und *In the Night*. Später von mehreren Komp.n übernommen, u. a. Dt. Oper Berlin (1971).

Lit.: O. F. Regner / H.-L. Schneiders, in: *Reclams Ballettführer*, Stuttgart [8]1980.

Iwan der Schreckliche (russ. Originaltitel: *Iwan Grosny*), B. in 2 Akten, Libr. und Ch.: J. Grigorowitsch, Mus.: Prokofjew (arr. von M. Chulaki), Dek.: S. Wirsaladse; UA 20. 2. 1975, Bolschoi-B., Moskau, mit J. Wladimirov, N. Bessmertnova, B. Akimov. Das B. benutzte die Musik, die Prokofjew für die beiden gleichnamigen Eisenstein-Filme (1942–45) komponiert hatte, ferner Auszüge aus dessen 3. Sinfonie und der Film-Musik zu *Alexander Newsky* (1939). Das B. zeigt den Wahnsinn, in den der Zar Iwan IV., genannt der Schreckliche, nach der Vergiftung seiner ersten Frau Anastasia immer mehr verfiel.

Lit.: G. Balanchine / F. Mason, in: *Balanchine's Complete Stories of the Great Ballets*, Garden City (N. Y.) 1977.

Iwanow, Lew Iwanowitsch, russ. Tänzer, B.-Meister, Choreograph und Pädagoge, * 2. 3. 1834 Moskau, † 24. 12. 1901 St. Petersburg. Studierte zunächst in Moskau, dann in St. Petersburg und wurde schon 1850 Mitgl. des Corps des Bolschoi-Th.s in St. Petersburg, Vorläufer des späteren Marien-Th.s. Sein Examen machte I. allerdings erst 1852. Perrot, der ihn als Russen zunächst nicht recht leiden konnte, mußte ihm dann auf Grund seiner Qualitäten doch auch Hauptrollen übertragen. Von 1858 an unterrichtete er auch in den Kinderklassen der Kaiserl. B.-Schule. Nachdem Petipa 1869 Erster B.-Meister geworden war, avancierte I. zum Premier danseur und Premier mime, als der er seine größten Erfolge in Perrots *Faust*, *Esmeralda*, *Catarina* und *Der Korsar*, A. Saint-Léons *Fiammetta* und Petipas *La Fille du Pharaon*, *La Bayadère* und *Zoraya* hatte. 1882 wurde er B.-Regisseur, 1885 Zweiter B.-Meister neben Petipa. Er war aber weiterhin als Charaktertänzer tätig, als der er schon 1874 von A. Bournonville gelobt worden war. Als Choreograph begann er 1885 mit einer neuen Version von *La Fille mal gardée* (Mus.: Hertel). Es folgten u. a. *Der verzauberte Wald* (Mus.: R. Drigo, 1887), *Die Harlemer Tulpe* (Mus.: B. Fitingoff-Schell, 1887). Er choreographierte dann 1892 die Tänze für Rimskij-Korsakows B.-Oper *Mlada* und im selben Jahr in Vertretung für den erkrankten Petipa die UA von Tschaikowskys *Der Nußknacker*. 1893 brachte er eine Neufassung von Bernardellis *Die Zauberflöte* (Mus.: Drigo) heraus und zusammen mit E. Cecchetti *Aschenbrödel* (Mus.: Fitingoff-Schell). Für eine Tschaikowsky-Gedächtnis-Matinee choreographierte er 1894 den 2. Akt von *Schwanensee* und hatte damit so großen Erfolg, daß sich Petipa zur Auff. des ganzen B.s entschloß, das bei der UA in Moskau 1877 nicht überzeugt hatte. Für die Premiere in St. Petersburg am 15. 1. 1895 choreographierte I. auch noch den 4. Akt, während Petipa den 1. und 3. übernahm. Zusammen mit Petipa brachte er 1894 *Floras Erwachen* (Mus.: Drigo) heraus. 1896 choreographierte er *Acis und Galathea*

(Mus.: A. Kadletz), 1897 *Die Tochter des Mikado* (Mus.: Wrangel), 1899 in Neufassungen Perrots *Marco Bomba* und Saint-Léons *Graziella*. Er starb während einer Neuinsz. von *Sylvia* (Mus.: Delibes), an der er mit P. Gerdt zusammenarbeitete. – Er wähnte sich zeit seines Lebens verkannt und unterdrückt. So ist er auch in die B.-Geschichte eingegangen, als ein Mann von hochgradiger Sensibilität und außerordentlicher Musikalität, der aber nie aus dem Schatten seiner Vorgesetzten heraustrat – aus dem einfachen Grund, weil es zu seiner Zeit noch unvorstellbar war, daß ein Russe die Geschicke des Kaiserl. B.s in St. Petersburg leitete. Er besaß zweifellos als Choreograph mehr Musikalität als Petipa. Auch stand er diesem in der Poesie und Anschaulichkeit seiner raumdynamischen Gruppen-Ch.n gewiß nicht nach. Heute sehen wir außerdem in seinen weißen *Schwanensee*-Akten Vorläufer des Sinfonischen B.s. Andererseits besteht heute darüber kein Zweifel, daß I. auch unter einem weniger dominierenden Chef als Petipa immer nur der denkbar beste zweite Mann an der Spitze des Marien-Th.-B.s gewesen wäre.

Lit.: Y. Slonimsky, »Writings on L. I.«, in: *Dance Perspectives 2* (1959); N. Roslavleva, in: *Era of the Russian Ballet*, London 1966.

Iwanson, Jessica, schwed. Tänzerin, Pädagogin und Choreographin, * 21. 4. 1948 Stockholm. Studierte ebd. an der B.-Akademie, Imperial Society of Dance in London sowie bei N. Kiss, M. Graham, F. Jhung und American B. Center. Tänzerin in den Komp.n von W. Nicks und K. Dunham 1966/67, I. Cramér 1968–70, P. Goss 1970–73. Lebt seit 1973 in München, wo sie als Assistentin von W. Milié begann, dann im Dance Center unterrichtete und seit 1977 mit ihrer eigenen Komp. arbeitet, die seit 1979 auch eine eigene Schule unterhält. Als Choreographin hauptsächlich für ihre eigene Komp. tätig, mit der sie in München bei den verschiedensten Anlässen auftritt, die aber auch außerhalb Münchens Gastspiele absolviert. Ihre Arbeiten sind überwiegend kurze, handlungslose Stücke für 1 bis 8 Tänzer, die sie zu zeitgenössischer Musik choreographiert.

J

Jack Pudding (auch *Jacques Pudding*), B. in 3 Teilen, Libr. und Mus.: Henze, Ch.: Edgar von Pelchrzim, Dek.: J.-P. Ponnelle; UA 30. 12. 1950 Wiesbaden, mit Pelchrzim u. a. – Anknüpfend an Molières *Georges Dandin*, führt das B. die Tragikomödie des armen betrogenen Harlekin-Ehemannes vor, der, von aller Welt verlacht, sich selbst am Laternenpfahl aufknüpft, durch die Unschuld eines Kindes jedoch, das mit ihm spielen will, wie Petruschka wiederbelebt wird, um ewig weiterzuleben. – Spätere Versionen u. a. von E. Walter 1954 in Wuppertal und 1957 an der Städt. Oper Berlin.

Jacob's Pillow. Ted Shawn erwarb 1930 die so genannte Farm in der Nähe von Lee (Mass.), die er zu einem Sommer-Th. und der Residenz seiner 1933–40 existierenden Men Dancers Comp. ausbaute. In den folgenden Jahren wurden hier Tanz-Sommerkurse abgehalten. Im Jahr 1941 kaufte eine Interessengruppe die Farm mit dem biblischen Namen und gründete das J. P. Dance Festival, setzte Shawn als Direktor ein und baute ein spezielles Tanz-Th. für 500 Zuschauer. Weitere bauliche Vergrößerungen wurden 1959 vorgenommen, und das Th. erhielt den Namen Ted Shawn Th. Mit nur einer kurzen Unterbrechung hat Shawn von 1942–71 das Festival geleitet, das eine der sommerlichen Hauptattraktionen der amer. Tanzszene ist. Es zeichnet sich aus durch seine Offenheit für alle Arten von Tanz. Nach Shawns Tod im Jahr 1972 übernahmen nacheinander Ch. Reinhart, W. Terry, N. Walker und (seit 1980) Liz Thompson die Leitung von J. P.

Jacob-Scheuermann, Lilly (bis 1977 L. Scheuermann), österr. Tänzerin, * 13. 11. 1948 Wien. Studierte an der B.-Schule der Wiener Staatsoper. Mitgl. der Komp. seit 1961, Solotänzerin 1970, Erste Solotänzerin 1972. Tanzt die Ballerinenrollen des klassischen und modernen Rep. Rollenkreationen u. a. in A. von Milloss' *Alpach Quintett* (1966), A. Ursuliaks *Therese* (1971), J. Gersters *Rosamunde* (1978), R. van Dantzigs *Ulysses* (1979), E. Walters *Der Golem* und N. Christes *Und so weiter* (1982).

Jacobsen, Palle, dän. Tänzer, * 3. 12. 1940 Kopenhagen. Studierte an der Kgl. Dän. B.-Schule und wurde anschließend Mitgl. des Kgl. Dän. B.s, das er 1960 verließ, um in Graz, Basel, Düsseldorf und Johannesburg zu tanzen. Rückkehr zum Kgl. Dän. B. 1967, Solotänzer 1969. Gelegentlich auch als Choreograph (Fernsehen, auch B.e für K. Simone) hervorgetreten.

Jagust, Marjan, jugosl. Tänzer und B.-Meister, * 18. 4. 1937 Zagreb. Studierte ebd. und an der Belgrader B.-Akademie. Tänzer in Zagreb 1957, dann via Heidelberg und Lübeck nach Wuppertal 1965–73 und seither B.-Meister am Münchner Th. am Gärtnerplatz. Kreierte zahlreiche Rollen in B.en von I. Sertić.

Jahn, Wilfried, dt. Tänzer, * 25. 11. 1943 Berlin. Studierte an der Ostberliner B.-Schule. Tänzer an der Dt. Staatsoper in Ost-Berlin 1964, inzwischen als Solist. Hatte eine seiner besten Rollen in Kassatkina-Wassiljows *Sacre du printemps*.

Jahreszeiten, Die (russ. Originaltitel: *Wremena goda*), B. in 1 Akt und 4 Bildern, Libr. und Ch.: M. Petipa. Mus.: Glasunow, Dek.: P. Lambin und I. Ponomarjow; UA 7. 2. 1900, Eremitage-Th., St. Petersburg – dann 13. 2. 1900, Marien-Th., St. Petersburg, mit A. Pawlowa, O. Preobrajenska, M. Kschessinska, N. Legat u. a. – Ein großes B.-Divertissement, das mit einer Winterszene beginnt, den Frühling, Sommer und Herbst folgen läßt und mit einer nächtlichen Sternen-Apotheose schließt. – Das B. ist immer wieder neu choreographiert worden, u. a. von N. Legat (1907), L. Leontjew (GATOB 1924), A. Warlamow (Bolschoi-B. 1959) und J. Cranko (Stuttgart 1962). Als Solonummer wurde das Bacchanal aus dem Herbst besonders berühmt durch die Interpretation der Komp. von A. Pawlowa. Auch Ashtons *Birthday Offering* (1956) verwendet Teile der Musik. – Andere *J.*-B.e u. a. von F. Hilverding (Wien, um 1750), J. Perrot (Mus.: C. Pugni, London 1848), E. Taubert und E. Graeb (Mus.: P. L. P. Hertel, Berlin 1889), J. Haßreiter (*Die J. der Liebe*, Mus.: Schubert-Lehner, Wien 1911), M. Cunningham (*The Seasons*, Mus.: J. Cage, B. Society 1947), D. Parlić (Mus.: Th. Berger, Wien 1960), J. Carter (*The Seasons*, Mus.: Verdi aus *Die sizilianische Vesper*, London Festival B. 1965), E. Walter (Mus.: Vivaldi, Düsseldorf 1970), sowie von K. MacMillan (*The Four Seasons*, B. in 4 Teilen, Mus.: Verdi; UA 5. 3. 1975, Royal B., Covent Garden, London, mit Derman, Parkinson, Eagling, Mason, Wall, Dowell u. a.), und J. Robbins (Mus.: Verdi; UA 18. 1. 1979, New York City B., New York, mit Baryschnikow, McBride, Nichols, Duell u. a.).

Lit.: O. F. Regner / H.-L. Schneiders, in: *Reclams Ballettführer*, Stuttgart [8]1980.

Jakobson, Leonid Wenjaminowitsch, sowj. Tänzer, Choreograph und B.-Meister, * 15. 1. 1904 St. Petersburg, † 18. 10. 1975 Moskau. Studierte ab 1923 in den Abendkursen der Leningrader B.-Schule, ging 1925 an die reguläre B.-Schule und machte dort 1926 sein Examen, trat dann dem Kirow-B. bei, wo er sich besonders in grotesken und Demi-caractère-Rollen auszeichnete. Schon frühzeitig choreographierte er kleine Stücke für seine Kollegen. 1930 war er bereits choreogr. Mitarbeiter der umstrittenen UA von *Das Goldene Zeitalter* (zus. mit E. I. Kaplan, W. Wainonen und W. P. Tschesnokow). Schon hier zeichnete sich seine Vorliebe für ungewöhnliche, grotesk-akrobatische Formen ab. Damals entstanden bereits sein *Vogel und Jäger* und *Das blinde Mädchen*. In Kasan begann er 1941 mit der Arbeit an *Schuraleh* (Mus.: Farid Jarullin), die er jedoch wegen des Kriegsausbruchs nicht beenden konnte. Daher hatte seine Fassung erst am 28. 6. 1950 beim Leningrader Kirow-B. Premiere. Für das Maly-B. schuf er 1952 *Solveig* (Mus.: Grieg, bearbeitet von B. Assafjew und J. Kornblit). Für das Kirow-B. choreographierte er 1956 Chatschaturjans *Spartakus*. Weitere Arbeiten von ihm, die durchweg wegen ihrer für sowj. Verhältnisse unkonventionellen Bewegungsformen umstritten waren, waren u. a. *Choreographische Miniaturen* (1958), *Die Wanze* (nach Majakowski, Mus.: F. Otkazow, Kirow-B. 1962), *Neue Liebe* (Mus.: Ravel, Kirow-B. 1963), *Die Zwölf* (nach dem Gedicht von A. Blok, Mus.: Boris Tistschenko, Kirow-B. 1964) und *Land der Wunder* (Mus.: Isaak Stern, Kirow-B. 1967). In Leningrad gründete er 1970 eine eigene Gruppe, genannt Choreogr. Miniaturen. – War mit der Tänzerin Irina Pevsner verheiratet, die 1983 zusammen mit ihrem Sohn Nikolai nach USA emigrierte, von wo aus sie verschiedentlich die Einstudierung von Choreographien ihres verstorbenen Mannes betreut hat.

Jakus, Ivan, tschech. Tänzer und Pädagoge, * 1945 Zilina (ČSSR). Studierte am Konservatorium in Bratislava. Tänzer beim Slowakischen Soldaten-Ens. 1966–68, als Solist am Th. an der Wien 1968–74 und seither an der Wiener Volksoper. Seit 1980 auch Lehrer an der B.-Schule der Österr. Bundes-Th.

Jamaica's National Dance Theatre. Diese Tanzgruppe wurde 1962 in Kingston von Eddy Thomas und Rex Nettleford gegründet. Ihr geht es hauptsächlich um die Darstellung und Bewahrung der afro-jamaican. Folklore in Kult, Tanz und Musik. Dementsprechend heißen ihre Stükke: *Bandana Dance, Pocomania, Plantation Revelry*. Doch umfaßt das Rep. heute auch Tanzstücke, in denen Techniken des nordamer. Modern Dance benutzt werden: *The King Must Die, Desperate Silences, Misa Criola*. Erster Auftritt in London 1972, in New York 1973.

Lit.: Rex Nettleford, *Roots and Rhythms*, New York 1969.

Jamison, Judith, amer. Tänzerin, * 10. 5. 1944 Philadelphia. Studierte nicht nur klassisch-akademischen Tanz, sondern auch Tap Dance, Jazz Dance, Modern Dance und sogenannten afrik. Primitivtanz. Ihre wichtigste Ausbildungsstätte war die Philadelphia Dance Academy, von wo A. de Mille sie 1964 für ihr B. *The Four Marys* engagierte. Seit 1965 tanzt sie in der Komp. von A. Ailey, dessen führende Solistin sie wurde. Hauptrollen u. a. in Aileys *Revelations, Blues Suite* und *Knoxville: Summer 1915*, T. Beattys *Road of the Phoebe Snow* und *Black Belt*, L. Johnsons *Lament*, L. Hovings *Icarus* und G. Holders *Prodigal Prince*. In den siebziger Jahren trat J. J. auch mit von Ailey choreographierten Soli hervor: *Cry* (Mus.: Laura Nyro, 1971) und *Passage* (Schicksal der Voodoo-Priesterin Marie Laveau in New Orleans, 1978). Pas de deux tanzte sie mit Baryschnikow (*Pas de

Duke, Mus.: Duke Ellington, 1976) und A. Godunow (1981). In Europa berühmt wurde sie in der Rolle von Potiphars Weib in der von J. Neumeier neu choreographierten *Josephslegende* (Wien 1977). In dem Musical *Sophisticated Ladies* (Leitung: M. Smuin, Mus.: Duke Ellington) tanzte und spielte sie 1981 die Hauptrolle.

Lit.: O. Maynard, *J. J.* Garden City (N. Y.) 1982.

Janáček, Leoš, tschech. Komponist, * 3. 7. 1854 Hukvaldy, † 12. 8. 1928 Ostrava. Schrieb die Musik zu dem B. *Rákos Rákoczy* (Ch.: A. Berger, Prag 1891), doch sehr viel häufiger sind seine konzertanten Kompositionen für B.e verwendet worden. Am intensivsten hat sich J. Kylián mit der Musik von J. auseinandergesetzt: *Rückkehr ins fremde Land* (Klavierstücke *1. X. 1905, Auf verwachsenem Pfade* und *Im Nebel*, Stuttgart 1975), *Sinfonietta* (Nederlands Dans Th., 1978), *Glagolithische Messe* (Nederlands Dans Th., 1979) und *Intime Briefe* (Kgl. Schwed. B. fürs Schwed. Fernsehen, Stockholm 1980). Auch P. Smok hat sich immer wieder der Musik von J. bedient (*Intime Briefe*, Prag 1968, *Glagolithische Messe*, Brünn 1969, *Sinfonietta*, Basel 1971). Weitere Ch.n zu Musik von J. u. a. von S. Machov (*Lachische Tänze*, Prag 1947), L. Ogoun (*Taras Bulba*, Brünn 1963), E. Walter (*1. Streichquartett*, Düsseldorf 1966), und G. Furtwängler (*Intime Briefe*, Köln 1968, auch von L. Seymour, Sadler's Wells Royal B., 1978) und Chr. Bruce (*Concertino*, B. Rambert 1983, und *Intimate Pages*, B. Rambert 1984) und R. North (*An meine Tochter*, Fernseh-B. zu *Auf verwachsenem Pfade*, ZDF 1984).

Janotta, Monique, frz. Tänzerin, * 3. 3. 1945 Paris. Studierte an der Schule der Pariser Opéra sowie bei S. Golovina, M. Besobrasova, R. Hightower und S. Golovine. Tänzerin in Genf, beim Grand B. Classique de France und seit 1970 als Erste Solistin in Düsseldorf, wo sie zahlreiche Rollen in B.en von E. Walter kreiert hat.

Japan. Während das Land über eine jahrhundertealte eigene Th.-Tanz-Tradition verfügt, die in der Hervorbringung so hochstilisierter Formen wie Kabuki und Gagaku gipfelte, ist die Begegnung J.s mit dem akademischen Tanz relativ jungen Datums. In den Jahren nach 1910 richteten Miss Mix und Mr. und Mrs. G. V. Rosi aus London im Kaiserl. Th. und Opern-Departement Tanzkurse ein. Mit zu den ersten in J. auftretenden Tänzern gehörten J. Smirnowa und B. Romanow, denen 1921 die Pawlowa-Komp. folgte, die größtes Aufsehen erregte. J.s neuentdeckter Tanzenthusiasmus wurde gestärkt durch die Besuche der Denishawn Dancers 1925, von R. Pages Komp. 1926 und Argentinas und ihrer Truppe 1927. Eine eigene jap. Variante des modernen Tanzes begann sich in den dreißiger Jahren zu entwickeln, mit Ishii Baku und Takado Tasao als führenden Köpfen. Nach dem Zweiten Weltkrieg häuften sich die Gastspiele von klassischen und modernen Komp.n aus dem Ausland und es kam zu zahlreichen Schulgründungen in den größeren Städten, aus denen die ersten jap. B.-Komp.n hervorgingen, die meist auf semiprofessioneller Basis arbeiteten und immer wieder für Kurzsaisons neu zusammengestellt wurden, und die daher auch kaum in der Lage waren, eine kontinuierliche Rep.-Bildung zu betreiben. Als herausragende Komp. profilierte sich die 1960 gegründete Tokio B. Comp., die durch ihre Pädagogen, Gastchoreographen und ihr Rep. stark sowjetorientiert ist. Andere Komp.n, von denen man gelegentlich gehört hat, waren u. a. das Tokyo City B., das Tokyo B. Th. (bei dem Roy Tobias ein paar Balanchine-B.e einstudierte) und das Star Dancers B. (für das A. Tudor zeitweise tätig war). In den letzten Jahren gewinnt auch die moderne Tanzbewegung mehr und mehr an Boden, die ihre eigene jap. Form speziell im sogenannten *ankoku buto* (soviel wie: Tanz der dunklen Seele) ausgebildet hat, begründet von Hijikata Tatsumi. Einer ihrer bemerkenswertesten Vertreter ist Kazu Ono, der als über Siebzigjähriger mit seinem »Homage à la Argentina« bei den europ. Th.-Festivals der Avantgarde während der späten siebziger Jahre Aufsehen erregte.

Jaques-Dalcroze, Emile → Dalcroze.

Jardin aux lilas (auch unter dem engl. Titel: *Lilac Garden*), B. in 1 Akt, Libr. und Ch.: A. Tudor, Mus.: E. Chausson (Poème), Dek.: Hugh Stevenson (auch am Libr. beteiligt); UA 26. 1. 1936, B. Rambert, Mercury Th., London, mit M. Lloyd, H. Laing, Tudor, P. van Praagh u. a. – Ein B., das ganz von seinen wechselnden emotionalen Stimmungen lebt. Am Vorabend ihrer Hochzeit mit einem ungeliebten Mann will sich Caroline, die Braut, in einem von Flieder durchdufteten Garten von ihrem Liebhaber verabschieden. Aber dieser Abschied findet nicht statt, da die beiden ständig von anderen Gästen, dem Bräutigam und dessen früherer Mätresse unterbrochen werden. In seiner psychologischen Sensibilität stellt dieses B. eine von Tudors reifsten Schöpfungen dar.

Lit.: L. Kirstein, in *Movement & Metaphor*, New York 1970. O. F. Regner / H.-L. Schneiders, in : *Reclams Ballettführer*, Stuttgart [8]1980.

Jaroslawna, B. in 3 Akten, Libr., Ch. und Dek.: O. Winogradow, Mus.: B. Tischenko; UA 30. 6. 1974, Maly Th., Leningrad, mit T. Fesenko, N. Dolguschin u. a. – Das B. basiert auf der altrussischen, aus dem 13. Jh. stammenden Heldensage von Igors Feldzug, auf die auch A. Borodins Oper *Fürst Igor* zurückgeht. Die Perspektive des B.s ist allerdings eine andere, und zwar wird der Feldzug von Igor Swjatoslawitsch gegen die Polowetzer aus der Sicht der zu Hause zurückbleibenden, leidenden Frauen dargestellt. Die ungewöhnliche dramatische Aussagekraft der Prod. ist nicht zuletzt der engen Zusammenarbeit von Winogradow mit Juri Ljubimow, dem prominenten Regisseur vom Moskauer Taganka Th., zu verdanken.

Jarre, La → *Große Krug, Der.*

Jarreté (franz., x-beinig), im Gegensatz zu einem o-beinigen Tänzer (frz. *arqué*).

Jaska, Marialuise, österr. Tänzerin, * 1954 Wien. Studierte an der B.-Schule der Wiener Staatsoper, deren Mitglied sie seit 1969 ist, Halbsolistin 1977, Solistin 1982. Rollenkreationen u. a. in F. Howalds *Valse triste* (1978), E. Walters *Rondo* (1979) und *Der Golem* sowie N. Christes *Und so weiter* (beide 1982). Eine ihrer besten Rollen ist Myrtha in *Giselle*.

Jazz Dance. Wie die Jazzmusik stammt auch der Jazz Dance (Jazztanz) aus der afro-amer. Volkskultur der USA. Er benutzt die typisch afrik. Technik der Isolation /Polyzentrik, d. h. jedes Körperglied bewegt sich isoliert, also völlig unabhängig von den anderen Körpergliedern. Jedes Körperglied wird so zu einem eigenen aktiven Bewegungszentrum. Diese polyzentrische Isolationstechnik steht im völligen Gegensatz zur europ. Ganzkörpertechnik. Isoliert bewegt werden im Jazz Dance vor allem jene Körperteile, die im europ. Tanz überhaupt nicht oder kaum aktiviert werden: Kopf, Schultern und Schultergürtel, Brustkorb und vor allem das Becken, das im Jazz Dance mit dem griech. Wort Pelvis bezeichnet wird. Das Wort Jazz Dance wird zum ersten Mal 1917 für eine Suite von vier sog. Pelvis-Tänzen benutzt: Shimmy, Texas Tommy, Eagle Rock, Bee. Seit den vierziger Jahren wurde der ursprünglich rein schwarze Jazz Dance auch von weißen Tänzern, zuerst von Jack Cole, entdeckt und übernommen. Umgekehrt studierten seit den fünfziger Jahren auch schwarze Tänzer die Tanztechniken der Weißen: Modern Dance und klassisches B. So entstanden jene Synthesen, die heute als Modern Jazz Dance verbreitet werden. Typischer Vertreter: A. Ailey. Der ursprünglich noch rein afrik. Jazz Dance wurde nun als Primitive Dance bezeichnet. In Europa wurde der Jazz Dance seit den sechziger Jahren unter den professionellen Tänzern bekannt. Zu seiner Verbreitung trugen vor allem die Kölner Sommerakademie und Fred Traguths Bonner Tanzwerkstatt bei. Die bekanntesten amer. Lehrer des Jazz Dance sind: Ruth Walton, Walter Nicks, George Moore, Luigi, Matt Mattox, Frank Wagner und Gus Giordano.

Lit.: M. Stearns, *Jazz Dance*, New York 1968; G. Giordano, *Anthology of American Jazz Dance*, Evanston 1975; H. Günther, *Jazz Dance*, Berlin/Wilhelmshaven 1980, [2]1982; F. Traguth, *Modern Jazz Dance*, Bonn 1977.

Jeanmaire, Renée (genannt Zizi), frz. Tänzerin und Revuestar, * 29. 4. 1924 Paris. Studierte an der B.-Schule der Pariser Opéra, wurde Mitgl. des Opéra-B.s 1939. Tanzte 1944 in den Soirées de la danse im Pariser Th. S. Bernhardt, war 1946 Ballerina des Nouveau B. de Monte Carlo und 1947 während der letzten Saison von Col. de Basils Original B. Russe in London. Tanzte dann als Hauptstar der von ihrem Mann R. Petit geleiteten Bs. de Paris, für das sie als berühmteste Rolle *Carmen* kreierte (1949). In Petits *Croqueuse de diamants* (1950) trat sie erstmalig auch als Chansonette auf. Weitere Rollenkreationen u. a. in Petits *La Rose des vents* (1958) und *Cyrano de Bergerac* (1959). Sie drehte 1951 in Hollywood den Film *Hans Christian Andersen* und trat 1953 am Broadway in *The Girl in Pink Tights* auf. Ihr nächster B.-Film war *Carmen '62*. Von 1970 an trat sie in mehreren von

Petit choreographierten Revuen im Casino de Paris auf. Neue Rollen von ihr zuletzt in Petits *Symphonie fantastique* (Opéra, Paris 1975) und *Die Fledermaus* (Marseille 1979).

Lit.: A. Livio, in: *Etoiles et Ballerines*, Paris 1965.

Jeanne d'Arc-Ballette. B.e über die Jungfrau von Orléans wurden u. a. geschaffen von S. Viganò (Mailand 1820), J. Aumer (Mus.: W. R. Gallenberg, Wien 1821), M. Graham (*Seraphic Dialogue*, Mus.: N. Dello Joio 1955) und W. Burmeister (Mus.: N. Peiko, Stanislawsky-Nemirowitsch-Dantschenko-Musik-Theater, Moskau 1957; EA 1963 in Rostock, Ch.: V. Bräuer).

Jefferies, Stephen, engl. Tänzer, * 24. 6. 1941 Reintelm (Deutschland). Studierte an der Royal B. School. Mitgl. des Royal B. seit 1969, Principal Dancer seit 1973. Rollenkreationen u. a. in J. Laytons *The Grand Tour* (1971), G. Tetleys *Dances of Albion* (1980) und K. MacMillans *Isadora* (1981) und *Different Drummer* (1984). Tanzte 1976/77 beim National B. of Canada. Verheiratet mit der Tänzerin Rashna Homji.

Jenner, Ann, engl. Tänzerin, * 8. 3. 1944 Ewell. Studierte bei M. Shrimpton und an der Royal B. School. Mitgl. des Royal B. seit 1961, Principal Dancer seit 1970. Wechselte 1978 zum Australian B. über. Verheiratet mit dem Tänzer Dale Baker.

Lit.: J. Gruen, in: *The Private World of Ballett*, New York 1975.

Jensen, Chris, amer. Tänzer, * 24. 1. 1952 Los Angeles. Studierte bei A. Ruiz, H. De Rea, C. Maracci und School of American. B. Tänzer in Genf 1971–73, als Solist beim Harkness B. 1973–75, Joffrey B. 1975/76, Basel 1977–79, Nederlands Dans Th. 1979–81 und seither wieder in Basel, wo er Rollen in zahlreichen B.en von H. Spoerli kreiert hat.

Jeppesen, Lis, dän. Tänzerin, * 1957 Kopenhagen. Studierte an der Kgl. Dän. B.-Schule. Mitgl. des Kgl. Dän. B.s seit 1973, Solotänzerin seit 1980.

Jesuiten-Ballette. Th.-Vorst.en haben immer eine wichtige Rolle in der jesuitischen Erziehungsarbeit gespielt. Spektakuläre B.-Prod. haben sich besonders im 17. Jh. großer Beliebtheit erfreut, speziell diejenigen des Collège Louis-le-Grand in Paris. Sie waren jedoch immer umstritten, und ihre Rechtfertigung mißglückte vollkommen, als P. C. Porée in *L'homme instruit* 1762 den Kritikern zu antworten versuchte. Ménéstrier und P. Le Jay waren J.-Priester, die wichtige Abhandlungen über das B. verfaßt haben.

Jeté oder Pas jeté (frz. *jeter*, werfen). Bezeichnet im B. einen Sprung von einem Fuß auf den anderen. Davon abgeleitet der Grand jeté als großer Sprung nach vorn.

Jeu de cartes (amer.: *Card Party*, dt.: *Kartenspiel*), B. in 3 Runden, Libr. und Mus.: Strawinsky, Ch.: Balanchine, Dek.: I. Sharaff; UA 27. 4. 1937, American B., Metropolitan Opera House, New York, mit W. Dollar u. a. Vorgeführt wird ein Pokerspiel, das immer wieder vom Joker gestört wird. Für das B. Russe de Monte Carlo studierte Balanchine das B. 1940 als *Poker Game* ein. Bereits 1937 brachte V. Kratina das B. an der Dresdner Staatsoper heraus. Nach dem Krieg wurden dann zwei Einst.en berühmt: die von J. Charrat 1945 für die B.s des Champs-Elysées und die von J. Cranko 1965 in Stuttgart (später u. a. auch in London, Köln, Kopenhagen und Hamburg).

Lit.: O. F. Regner / H.-L. Schneiders, in: *Reclams Ballettführer*, Stuttgart [8]1980.

Jeune homme à marier, Le → *Junge Mann muß heiraten, Der.*

Jeune homme et la Mort, Le, B. in 1 Akt, Libr. und Gesamtkonzeption: J. Cocteau, Ch.: R. Petit, Mus.: Bach (Passacaglia in c-Moll), Bühne: G. Wakhevitch; UA 25. 6. 1946, B.s des Champs-Elysées, Th. des Champs-Elysées, Paris, mit J. Babilée und N. Philippart. – Ein junger Künstler wartet in seiner Dachkammer ungeduldig auf seine Geliebte, die ihn jedoch abweist, woraufhin er sich erhängt. Die Frau erscheint erneut, jetzt jedoch mit einer Todesmaske. Sie übergibt ihm eine ähnliche Maske und geleitet ihn aus dem Raum, wonach man beide über die Dachfirste in den Nachthimmel von Paris entschwinden sieht. Das B. galt lange Zeit als Inbegriff des Pariser Nachkriegs-B.-

Existentialismus und verhalf Babilée zu seiner berühmtesten Rolle.

Lit.: O. F. Regner / H.-L. Schneiders, in: *Reclams Ballettführer*, Stuttgart [8]1980.

Jeux, Poème dansé in 1 Akt, Ch.: W. Nijinsky, Mus.: Debussy, Dek.: L. Bakst; UA 15. 5. 1913, B.s Russes de Diaghilew, Th. des Champs-Elysées, Paris, mit Nijinsky, T. Karsavina und L. Schollar. – Ein Tennisball, der in einen Garten fliegt, gefolgt von einem jungen Tennisspieler, führt zu einem kurzen, aber unentschiedenen Flirt zwischen ihm und zwei Freundinnen, die zufällig im selben Moment den Garten betreten – bis ein zweiter in den Garten fliegender Ball das Intermezzo amoroso beendet, denn der junge Mann jagt nun diesem Ball nach, gefolgt von den beiden Freundinnen. Das B. hatte 1913 nur einen mäßigen Erfolg (es war Diaghilews erstes B. in modernen Kostümen). Erst 1920 brachte J. Börlin seine wesentlich positiver aufgenommene Version bei den B.s Suédois heraus. Spätere Versionen u. a. von W. Dollar (B. Th., New York 1950), E. Walter (Wuppertal 1958, auch Düsseldorf 1973), Y. Georgi (Hannover 1962), P. Darrell (Western Th. B. 1963), J. Taras (New York City B. 1966) und T. van Schayk (Het Nationale B. 1977).

Lit.: O. F. Regner / H.-L. Schneiders, in: *Reclams Ballettführer*, Stuttgart [8]1980.

Jeux d'enfants, B. in 1 Akt, Libr.: B. Kochno, Ch.: L. Massine, Mus.: Bizet, Dek.: J. Miró; UA 14. 4. 1932, B.s Russes de Monte Carlo, Th. de Monte Carlo, mit T. Riabouchinska, T. Toumanova, D. Lichine u. a. Ein Kind träumt davon, daß seine Spielsachen zum Leben erwachen, spielt mit ihnen und verliebt sich auch ein bißchen in den auftretenden Reisenden. – Spätere Versionen u. a. von A. Aveline (Pariser Opéra, 1941), Balanchine (New York City B., 1955) und Y. Georgi (Hannover, 1959).

Jewels, B. in 3 Teilen, Ch.: G. Balanchine, Mus.: Fauré, Strawinsky und Tschaikowsky, Bühne: P. Harvey, Kost.: Karinska; UA 13. 4. 1967, New York City B., New York State Th., New York, mit V. Verdy, C. Ludlow, M. Paul, F. Moncion, P. McBride, E. Villella, P. Neary, S. Farrell, J. d'Amboise u. a. – Es handelt sich um drei handlungslose Divertissements: (1) *Smaragde* zu Faurés *Pelléas et Mélisande* und *Shylock*; (2) *Rubine* zu Strawinskys Capriccio für Klavier und Orchester; (3) *Diamanten* zu Tschaikowskys 3. Sinfonie (ohne den 1. Satz).

Lit.: G. Balanchine / F. Mason, in: *Balanchine's Complete Stories of the Great Balletts*, Garden City (N. Y.) 1977.

Jhung, Finis, korean.-amer. Tänzer und Pädagoge, * 28. 5. 1937, Honolulu. Studierte ebd., dann bei W. Christensen und V. Pereyaslavek. Tänzer beim San Francisco B. 1960, Joffrey B. 1962, Harkness B. 1963–70. Unterrichtet heute an seiner eigenen Schule in New York.

Jig, alter Volkstanz, der heute noch in Irland unter diesem Namen getanzt wird. Es gibt davon zwei Arten: Slip Jig für mehrere Paare im 9/8-Takt, vor allem aber die Double Jig oder Solo Jig im 6/8-Takt für einen einzelnen Tänzer. Diese irische Solo Jig gehört zur großen Familie der akustischen Fuß-Klopftänze. Sie wurde seit dem 18. Jh. auch unter den irischen Siedlern Nordamerikas beliebt und dort – zusammen mit der afro-amerik., aus dem Sudan stammenden synkopierten Negro Jig (Buck Dance) – zum modernen Tap Dance. Tap ist die engl. Bezeichnung für die mit den Füßen erzeugten Sounds.

Jitterbug (Zitterwanze, auch Jive und Boogie), afro-amerik. Tanz, der sich in den dreißiger Jahren vor allem in den Negertanzsälen von New York, besonders im Savoy, entwickelte. Aktiviert werden dabei Beine und Hüften. Die Tänzerin wird häufig von ihrem Partner weggeschleudert (throwaway). Akrobatische Tänzer werfen ihre Partnerin auch in die Luft. Aus dem Jitterbug der dreißiger Jahre wurde in den fünfziger Jahren der moderne Rock'n'Roll entwickelt, der Akrobatik unbedingt verlangt. Hingegen wurde der »gezähmte« Jitterbug (ohne Kunstfiguren) unter dem Namen Jive zum anerkannten Gesellschaftstanz. Dieser Jive ist seit 1968 fünfter Tanz der lateinamer. Tänze.

Joan von Zarissa, B. mit Prolog, 4 Bildern und Epilog, Libr. und Mus.: W. Egk, Insz.: Heinz Tietjen, Ch.: I. Maudrik, Dek.: Jos. Fenneker: UA 20. 1. 1940, Staatsoper Berlin, mit B. Wosien, L. Meudtner, R. Jahnke u. a. – Joan, ein burgundischer Ritter aus dem 15. Jh., verliebt sich bei einem Turnier in Isabeau, die Gemahlin des Eisernen Ritters, der von Joan getötet wird. Die trauernde und betende Isabeau wird dann ein Opfer seiner männlichen Verführungskraft. Anläßlich einer Pantomimenvorführung jedoch wendet sich Joan der schönen, jungen Florence zu und fordert dadurch den Zorn Isabeaus und des ganzen Hofstaates heraus. Im Spiel verliert Joan dann Florence an seinen Narren Lefou, während Geistergestalten auf ihn eindringen und ihn mit dem Schwert richten. – Egk wurde zu seinem B. durch ein in Antwerpen befindliches Gemälde von Jean Fouquet inspiriert. Die Texte zu den überleitenden Madrigalen entnahm er den Chansons des Charles d'Orléans. – Das B. wurde rasch von anderen dt. und europ. Bühnen übernommen. Bekannte Versionen stammen von E. Hanka (Wiener Staatsoper, 1942), S. Lifar (Pariser Opéra, 1942), T. Gsovsky (Buenos Aires 1950) und H. Rosen (München 1960).

Lit.: O. F. Regner / H.-L. Schneiders, in: *Reclams Ballettführer*, Stuttgart [8]1980.

Job (Hiob), Masque für Tänzer in 8 Szenen, Libr.: Geoffrey Keynes, Ch.: N. de Valois, Mus.: R. Vaughan Williams, Dek.: Gwendolen Raverat, Perücken und Masken: Hedley Briggs; UA 5. 7. 1931, Camargo Society, Cambridge Th., London, mit John McNair, A. Dolin u. a. – Dargestellt werden, weniger als B., sondern als pantomimische Tableaux vivants in Anlehnung an die Illustrationsvorlagen aus William Blakes *Book of Job*, die Anfechtungen und die Standfestigkeit Hiobs, gegen dessen unbedingtes Gottvertrauen auch Satan machtlos ist. Die Prod. der Camargo Society wurde schon zweieinhalb Monate später ins Rep. des Vic-Wells B. übernommen. Das Stück hat später verschiedene Neueinst.en erfahren, so 1970 beim Royal B.

Lit.: O. F. Regner / H.-L. Schneiders, *Hiob*, in: *Reclams Ballettführer*, Stuttgart [8]1980.

Jocko der brasilianische Affe → *Danina oder Jocko der brasilianische Affe*.

Joffrey, Robert (geb. Abdulla Jaffa Anver Bey Khan), amer. Tänzer, Choreograph, Pädagoge und B.-Direktor, * 24. 12. 1930 Seattle (Wash.). Studierte bei Mary Ann Wells und an der School of American B. sowie Modern Dance an der High School of Performing Arts, wo er 1950 zu unterrichten begann, nachdem er zuvor schon bei R. Petits B.s de Paris getanzt hatte. Choreographierte sein erstes B. *Persephone* (Mus.: R. Silverman) 1952 für ein Workshop-Programm. Formte seine eigene Gruppe, R. J. B. Concert, 1954, choreographierte weiter *Pas de Déesses* (Mus.: J. Field) und *Le Bal masqué* (Mus.: Poulenc) für deren New Yorker Debüt, gefolgt von *Cembalokonzert* (Mus.: de Falla) und *Pierrot lunaire* (Mus.: Schönberg, beide 1955). Gründete zusammen mit G. Arpino als Chefchoreograph 1956 das R. J. B., das 1966 seinen Namen in City Center J. B. änderte und 1976 abermals in J. B., das zusätzlich seit Juli 1983 in Los Angeles einen zweiten Stammsitz unterhält. Spätere Ch.n von J. waren u. a. *Gamelan* (Mus.: L. Harrison, 1962), *Astarte* (Mus.: Crome Syrcus Band, 1967) *Rememberances* (Mus.: Wagner, 1973) und *Postcards* (Mus.: Satie, 1980).

Joffrey Ballet. Die amer. Komp. hat mehrfach ihren Namen gewechselt. Sie ging aus dem Robert Joffrey B. Concert hervor, das am 29. 5. 1954 im New Yorker YM-YMCA seine erste Vorst. gab, mit Joffreys *Pas de Déesses* als Hauptwerk. Die Tänzer rekrutierten sich vorwiegend aus den Schülern des von Joffrey und R. Arpino geleiteten American B. Center. 1956 unternahm die Komp. als Robert Joffreys Th. Dancers ihre erste Tournee, der viele weitere folgten. 1960 wurde daraus das Robert Joffrey B., das nun auch über ein eigenes Orchester verfügte. 1962 übernahm die amer. Mäzenatin R. Harkness das Patronat über die Komp., die daraufhin ihr Rep. großzügig erweitern konnte und ihre ersten Auslandsgastspiele unternahm, die sie 1963 auch in die Sowjetunion führte. Außer Joffrey und Arpino hatten zu dieser Zeit bereits auch B. Macdonald, A. Ailey und L. Christensen für die Komp. choreographiert, deren führende Solisten damals L. Bradley, L. Isaksen, B. Ruiz, R. Gain, F. Jhung, L. Rhodes und H. Tomasson waren. 1964 kam es zu einem Zerwürfnis zwischen Joffrey und R. Harkness, das zu einer Auflösung der Komp. führte, deren Rep. und Tänzer z. T. in das neugegründete Harkness B. übernommen wurden. Mit Hilfe der Ford Foundation begann Joffrey den Neuaufbau der Komp., die 1965 beim Jacob's Pillow Festival debütierte und bei ihrem ersten Auftreten 1966 im New Yorker City Center so erfolgreich war, daß sie eingeladen wurde, in Zukunft als residente Komp. der City Center Organisation zu fungieren. Das führte zur abermaligen Umbenennung in City Center Joffrey B. – mit Joffrey als Künstlerischem Direktor und Arpino als Chefchoreograph und Direktionsstellvertreter. 1969 absolvierte die Komp. ihr erstes, mit außerordentlichem Erfolg aufgenommenes Mitteleuropa-Gastspiel bei den Wiener Festwochen. 1970 kam es zur Gründung der Joffrey II Komp., die aus jungen Eleven des American B. Center besteht und von Sally Bliss geleitet wird. Seit 1976 heißt die Komp. J. B. Im Sommer 1983 eröffnete sie eine Filiale in Los Angeles, wo sie residente Komp. des Music Centers wurde, behält aber weiter ihre New Yorker Basis bei. Nach wie vor bilden die Arpino-B.e das Rückgrat des Rep.s, das zwar auf die Klassiker des 19. Jh.s weitgehend verzichtet, dafür aber mit einer großzügigen Auswahl von modernen Klassikern von M. Fokine, L. Massine, G. Balanchine, F. Ashton, K. Jooss, A. de Mille und J. Cranko aufwartet und darüber hinaus eine große Anzahl von Kreationen solcher Choreographen wie u. a. Ailey, T. Tharp, L. Dean, M. Pendleton, W. Forsythe und Ch. San Goh offeriert. Die rund 40 Tänzer starke Komp. macht keinen Unterschied zwischen Solisten und Corps-de-ballet-Mitgl.ern.

Johansson, Christian, schwed. Tänzer und Pädagoge, * 20. 5. 1817 Stockholm, † 12. 12. 1903 St. Petersburg. Studierte an der Schule des Kgl. B.s in Stockholm und bei A. Bournonville in Kopenhagen, wurde 1837 Premier danseur in Stockholm, wo er häufig mit Marie Taglioni tanzte, debütierte dann 1841 in *La Gitana* in St. Petersburg. Auch dort wurde er Premier danseur, als der er bis zu seinem Rücktritt 1869 hohen Ruf genoß. Danach wandte er sich der Ausbildung des Nachwuchses zu. Er wurde einer der angesehensten Lehrer der Kaiserl. B.-Schule. Unter seinen vielen Schülern waren M. Kschessinska, O. Preobrajenska und P. Gerdt. – Seine Tochter Anna J., * 1860 in St. Petersburg, † ebd. 1917, war eine der berühmtesten Ballerinen des Marien-Th.s. Sie machte 1878 ihr Examen und debütierte in *Esmeralda.* Nach Beendigung ihrer Laufbahn (1900) begann sie zu unterrichten und leitete von 1911 bis zu ihrem Tod die Perfektionsklasse.

Johnson, Nicholas, engl. Tänzer, * 12. 9. 1947 London. Studierte an der Royal B. School. Tänzer bei der Royal B. Touring Group 1965, Solist 1968, Principal Dancer 1970. Seit 1975 beim London Festival B.

Jolie fille de Gand, La, B.-Pantomime in 3 Akten, Libr.: J.-H. V. de Saint-Georges, Ch.: F. D. Albert, Mus.: A. Adam, Dek.: Ciceri, Philastre, Gambon und Lormier; UA 22. 6. 1842, Opéra Paris, mit C. Grisi, L. Fitzjames, L. Petipa u. a. – Im Mittelpunkt der Handlung steht Beatrix, ein junges Mädchen aus Gent, das kurz vor seiner Hochzeit mit Benedict steht. Doch auch der Marquis de San Lucar hat ein Auge auf sie geworfen. Sie weiß nicht recht, wem sie den Vorzug geben soll. Da hat sie eines Nachts einen schrecklichen Traum, der sie als Mätresse des Marquis in schwierige Situationen verstrickt, so daß sie sich schließlich lebensmüde in einen Abgrund stürzt. In diesem Moment erwacht sie. Sie weiß nun, daß sie Benedict liebt. Darauf wird mit den üblichen Hochzeitsvorbereitungen begonnen.

Lit.: C. W. Beaumont, in: *Complete Book of Ballets*, London 1951.

Jolivet, André, frz. Komponist, * 8. 5. 1905, Paris. Schrieb für S. Lifar *Guignol et Pandore* (Paris 1944). Seine Konzertmusik ist verschiedentlich B.en zugrunde gelegt worden, am häufigsten von G. Skibine (das Klavierkonzert in *Concerto*, Straßburg 1957; *Ombres lunaires*, Opéra, Paris 1960; *Marines*, Opéra Comique, Paris 1961), aber auch u. a. von E. Walter (*Delphische Suite*, Wuppertal 1963), J. Lazzini (*Suite transocéan*, Marseille 1963) und J. Kylián (*Incantations*, Stuttgart 1971).

Jones, Betty, amer. Tänzerin und Pädagogin, * 1926 Meadville (Pa.). Studierte bei J. Limón, T. Shawn, A. Markova und La Meri. Tänzerin bei einer Tournee-Komp. von *Oklahoma!*, dann von 1947 an bei Limón, dessen Komp. sie bis zu seinem Tode (1972) angehörte, mit einer großen Zahl von Rollenkreationen in seinen B.en, darunter auch Desdemona in *The Moor's Pavane* (1949). Sie trat dann hauptsächlich zusammen mit Fritz Lüdin in Konzertprogrammen auf und arbeitet heute als Gastpädagogin und an ihrer eigenen Schule in Honolulu (Hawaii).

Jones, Bill T., amer. Tänzer und Choreograph, * 15. 2. 1952 Bunnell (Fl.). Studierte an den Staatsuniversitäten von New York, in Binghampton und Brockport auch Humphrey-Weidman- und Cecchetti-Technik. Arbeitete dann mit Percival Borde, Trisha Brown, Steve Paxton, Y. Rainer und Senta Driver zusammen. Seit 1971 arbeitet er mit Arnie Zane zusammen, wobei ihre Stücke auf dem Kontrast zwischen dem großen, athletischen, schwarzen B. T. J. und dem kleinen, agilen, weißen A. Z. beruhen. J. bezeichnet sich selbst als »composer of images and language«. Sein Bewegungsstil wird durch die athletische Akrobatik und die Energie seiner Persönlichkeit bestimmt, die durch seine Texte ergänzt werden, in denen er immer wieder auch direkt das Publikum attackiert. Titelauswahl: *Negroes for Sale* (1973), *Track Dance* (1974), *Whosedebabedolbabedoll* (1977), *Monkey Run Road* (1979), *Valley Cottage* (1981) und *Rotary Action* (1982). Nach ihrem Berlin-Gastspiel wurde ihnen der Kritikerpreis 1980 zuerkannt.

Jooss, Kurt, dt. Tänzer, Choreograph, B.-Direktor und Pädagoge, * 12. 1. 1901, Wasseralfingen (Württ.), † 22. 5. 1979 Heilbronn (Autounfall). Studierte Musik an der Stuttgarter Hochschule 1920/21, begegnete dort R. von Laban, arbeitete bei ihm in Mannheim und Hamburg 1922/23 und ging 1924 als B.-Meister und Bewegungsregisseur ans Stadt-Th. Münster. Gründete dort mit der estländ. Tänzerin Aino Siimola (die er 1929 heiratete), dem Musiker F. A. Cohen, dem Laban-Schüler S. Leeder und dem Bühnen- und Kostümbildner H. Heckroth als engsten Mitarbeitern die Neue Tanzbühne, für die er 1924–26 seine ersten Ch.n in einem noch sehr expressionistischen Stil schuf, u. a. *Ein persisches Ballett* (Mus.: Wellesz, 1924), *Der Dämon* (Mus.: Hindemith), *Die Brautfahrt* (Mus.: Rameau und Couperin, beide 1925), *Larven* (Schlagzeug-Begleitung), *Tragödie* (Mus.: Cohen) und *Kaschemme* (Mus.: Chohen, alle 1926). Studierte danach klassisch-akademischen Tanz in Wien und Paris. Leiter der Tanzabteilung an der Essener Folkwang-Schule 1927, wo er 1928 das aus seinen Münsteraner Mitarbeitern und Schülern zusammengesetzte Folkwang-Tanz-Th. gründete. Seine dafür geschaffenen B.e wiesen zunehmend auch klassische Elemente auf: *Drosselbart* (Mus.: Mozart), *Zimmer Nr. 13* (Mus.: Cohen), *Suite 1929* (Mus.: Cohen), *Pavane* (Mus.: Ravel, alle 1929), *Petruschka* (Mus.: Strawinsky), *Gaukelei* (Mus: Cohen, beide 1930). B.-Meister am Essener Stadt-Th. 1930, mit seiner Komp., die jetzt den Namen Folkwang Tanzbühne Essen annahm. In der Folgezeit entstanden u. a. *Le Bal* (Mus.: Rieti), *Polowetzer Tänze* (Mus.: Borodin, beide 1930), *Coppélia* (Mus.: Delibes), *Der verlorene Sohn* (Mus.: Prokofjew, beide 1931), *Pulcinella* (Mus.: Strawinsky, 1932) und vor allem der am 3. 7. 1932 in Paris anläßlich des von R. de Maré veranstalteten Choreogr. Wettbewerbs uraufgeführte *Grüne Tisch* (Mus.: Cohen), der ihm nicht nur die Goldmedaille einbrachte, sondern seinen Namen schlagartig international bekannt machte. In seiner radikal gesellschaftskritischen Haltung wie in seiner kraftvollen Synthese von Mitteln des Freien Deutschen Tanzes und des klassisch-akademischen B.s wurde das Werk zum Inbegriff des von J. angestrebten Ideals eines neuen zeitbezogenen Th.-Tanzes. Es wurde zum Grundstock seiner Komp., für die er noch im selben Jahr *Großstadt* (Mus.: Tansman) und *Ein Ball in Alt-Wien* (Mus.: Lanner) schuf. Die Machtübernahme Hitlers zwang ihn 1933 zur Emigration mit seiner Truppe. Diese nannte sich jetzt B.s Jooss und ging auf weltweite Tourneen. Stammsitz war die in Dartington Hall in England eingerichtete Schule. In den bis 1949 dauernden Emigrationsjahren choreographierte J. u. a. *Seven Heroes* (Mus.: Purcell/Cohen, Maastricht 1933), *Der verlorene Sohn* (Mus.: Cohen, Amsterdam 1933), *Persephone* (Mus.: Strawinsky, für die Komp. von I. Rubinstein, Paris 1934), *Ballade* (Mus.: John Colman), *The Mirror* (Mus.: Cohen, beide Manchester 1935), *Johann Strauss Tonight* (London 1935), *A Spring Tale* (Mus.: Cohen, Oxford 1939), *Company at the Manor* (Mus.: Beethoven/Cook, Cambridge 1943) und *Pandora* (Mus.: Rob. Gerhard, Cambridge 1944). 1947 löste er die Komp. auf. In Santiago choreographierte er 1948 für das Chil. National-B. *Juventud* (Mus.: Händel – später unter dem Titel *Dithyrambus*). 1949 kehrte er nach Essen zurück und begann mit dem Neuaufbau der Folkwang-Schule und seiner Komp., die 1951 seine *Colombinade* (Mus.: Strauß/Montijn) herausbrachte, ihren eigentlichen neuen Start aber erst 1952 in Essen mit *Weg im Nebel* (Mus.: A. Montijn) und *Nachtzug* (Mus.: Tansman) hatte. Sie setzte dann ihre Tourneen fort, wobei sich das Rep. nach wie vor hauptsächlich auf den *Grünen Tisch* stützte. Daneben baute J. die Folkwang-Schule zu einem der führenden pädagogischen Institute für Tanz in der Bundesrepublik auf. Nach 1953 stellte die Komp. vorübergehend ihre Tätigkeit ein. 1963 kam es zu einer abermaligen Neugründung, und zwar mit Dozenten der Schule und Mitgliedern der 1961 eingerichteten Meisterklasse. Aufgeführt wurden Arbeiten der Folkwang-Dozenten H. Züllig, L. Hoving, A. Tudor, J. Cébron und P. Bausch sowie immer wieder der *Grüne Tisch*. J. ging dann 1954–56 als B-Meister ans Düsseldorfer Opernhaus, für das er neu Orffs *Catulli Carmina* choreographierte. Der große Erfolg seiner Bearbeitung und Ch. für die Prod. von Purcells *Feenkönigin* bei den Schwetzinger Festspielen 1959 führte zu weiteren Schwetzinger Einladungen für Rameaus *Castor und Pollux* (1962) und Purcells *Dido und Aeneas* (1966). Bei den Salzburger Festspielen 1968 arbeiteten J. und seine Komp. an der erfolgreichen Prod. von Cavalieris *Rappresentatione di anima et di corpo* mit und zeigten im Rahmen eines B.-Abends im Landes-Th. sein B. *Phasen* (Mus.: E. Sehlbach). Ende 1968 schied er aus der Leitung der Folkwang-Schule aus und bereiste als Inszenator seines *Grünen Tisch* (aber auch anderer B.e) die ganze Welt. – Daß er in Deutschland nach seiner Rückkehr aus der Emigration zunächst nicht wieder als Choreograph Fuß fassen konnte, hatte damit zu tun, daß sein Stil in den fünfziger Jahren, den Jahren der Entdekkung des klassischen B.s in Deutschland, antiquiert wirkte. Seit dem Ende der sechziger Jahre kam es jedoch zu einer regelrechten J.-Renaissance. Diese ging zunächst von Schweden (Komp. von B. Cullberg) und den USA aus (Joffrey B.), während sich in Deutschland das Kölner Tanz-Forum insbesondere der Pflege des Jooss-Rep.s annimmt. Sein Werk wird von seiner Tochter Anna Markard fortgeführt. → Folkwang Ballett Essen, → Ballets Jooss.

Lit.: A. V. Coton, *The New Ballet*, London 1946; Ausstellungskatalog *Venezia Danza Europa '81* (Marsilio Editori).

Joplin, Scott, um 1900 führender Ragtime-Komponist (1899: *Maple Leaf Rag*), * 24. 11. 1868 Texarkana (Tex.), † 1. 4. 1917 New York. Neues Interesse an der Ragtime-Musik entstand Anfang der siebziger Jahre. So wurden mehrere B.e mit Musik von Joplin geschaffen: *Eternity Bounce* von J. Waring (1973), *Ragtime* von A. Catà (auch mit Mus. von Strawinsky und G. Schuller, Frankfurt a. M. 1973), *The Ragtime Dance Company* von G. Veredon (Köln 1974), *Elite Syncopations* von MacMillan (auch Mus. anderer Komponisten, Royal B., London 1974).

Joseph der Schöne (russ. *Josef prekrasnij*), B. in 2 Akten und 5 Bildern, Ch.: K. Goleisowski, Mus.: S. Wassilenko, Dek.: B. Erdman; UA 3. 3. 1925, Experimental-Th., Moskau. Das B. ist eine sehr freie Nacherzählung der biblischen Geschichte von Joseph. Es erregte großen Unwillen wegen seiner erotischen Freizügigkeit und der plastisch-malerischen Ch. von Goleisowski, der die fast nackten Körper der Tänzer mit bestimmten Farbmustern bemalen ließ, damit sie zusammen mit dem Bühnenbild malerische Gruppen ergäben. Auf der aus einem großen Treppenaufbau bestehenden Bühne entstand so eher der Eindruck von lebenden Statuen als ein nach tänzerischen Gesichtspunkten konzipiertes B.

Josephslegende (Titel der UA: *La Légende de Joseph*), Handlung in 1 Akt, Libr.: Harry Graf Kessler und H. von Hofmannsthal, Mus.: R. Strauss, Ch.: M. Fokine, Bühne: J. M. Sert, Kost.: L. Bakst; UA 14. 5. 1914, B.s Russes de Diaghilew, Opéra Paris, mit L. Massine, M. Kousnetsova u. a. Die Autoren stellten sich die Nacherzählung der biblischen Geschichte vom Hirtenknaben Joseph und dessen Zurückweisung von Potiphars Weib in einem venezianischen Ambiente des Paolo Veronese um 1530 vor. Mit allem Raffinement spielten sie den Kontrast von schwüler, orientalischer Sinnenlust und jünglingshafter Keuschheit aus. Am Schluß entrücken Engel den unerschrocken seiner Tortur entgegensehenden Joseph in eine Apotheose, während sich Potiphars Weib in ohnmächtiger Frustration mit ihren Perlenketten erdrosselt. – Dies war Massines Debüt bei Diaghilew, aber alle Pracht und aller Aufwand vermochten nicht, der Prod. zu einem wirklichen Erfolg zu verhelfen. Auch die vielen späteren Auff.en konnten das pompöse B. für das Rep. nicht retten. Eine gültige Auff. gelang erst J. Neumeier 1977 in Wien mit J. Jamison als Potiphars Weib.

Lit.: O. F. Regner / H.-L. Schneiders, in: *Reclams Ballettführer*, Stuttgart [8]1980.

Jota, schneller span. Volkstanz aus der Provinz Aragón im ⅜- oder ¾-Takt, der von Einzelpaaren getanzt wird. Die Begleitung besteht aus Gesang, Kastagnetten und Gitarren. – Fokine choreographierte M. Glinkas *Jota Aragonesa* 1916 am Petrograder Marien-Th. L. Massine nahm eine Jota in sein B. *Der Dreispitz* auf.

Jude, Charles, frz. Tänzer, * 25. 7. 1953 Mytho (Südvietnam). Studierte bei A. Kalioujny, S. Peretti und am Konservatorium von Nizza. Mitgl. des Pariser Opéra-B.s seit 1971, Étoile seit 1977. Kreierte Romeo in J. Grigorowitschs *Romeo und Julia* (1978). Verheiratet mit der Tänzerin F. Clerc.

Lit.: G. Mannoni / P. Jouhaud, in: *Les Étoiles de l'Opéra de Paris*, Paris 1981.

Judgement of Paris, B. in 1 Akt, Libr. und Kost.: Hugh Laing, Ch.: A. Tudor, Mus.: Weill (Dreigroschenopern-Suite); UA 15. 6. 1938, London B., Westminster Th., London, mit A. de Mille, Charles Bidmead, Th. Langfield, Tudor und Laing. – Der Stoff vom Urteil des Paris, um dessen Gunst sich die drei Göttinnen Venus, Juno und Minerva bewerben, ist hier in eine heruntergekommene Bar verlegt. Paris ist ein schon leicht beschwipster Gast, der sich nach den Darbietungen der drei nicht mehr ganz taufrischen Gewerbedamen zwar noch für Venus entscheidet, ihr aber nicht mehr den Preis übergeben kann, worauf sich die drei Damen und der Kellner auf ihn stürzen, um ihm seine Brieftasche zu rauben. – Tudor hat das B. zwei Jahre später dem B. Rambert einstudiert. Auch andere Komp.n haben es in ihren Spielplan aufgenommen.

Lit.: G. Balanchine / F. Mason, in : *Balanchine's Complete Stories of the Great Ballets*, Garden City (N. Y.) 1977.

Jugement de Pâris, Le (Das Urteil des Paris). Die erste B.-Version dieses klassischen Stoffs wurde 1795 von P. Gardel für die Pariser Opéra geschaffen. Berühmt aber wurde erst das gleichnamige B.-Divertissement in 1 Akt von Jules Perrot, Mus.: C. Pugni; UA 23. 7. 1846, Her Majesty's Th., London, mit M. Taglioni, L. Grahn, F. Cerrito, A. Saint-Léon u. a. – Der ungeheure Erfolg des *Pas de quatre* von 1845 veranlaßte B. Lumley und Perrot zu diesem neuen Divertissement, dem sie jedoch durch Hinzufügung weiterer mythischer Gestalten einen größeren Rahmen zu geben versuchten. Kernstück des B.s war der sogenannte *Pas des Déesses*, in dem Juno, Pallas Athene und Venus um die Gunst von Paris wetteifern, der sich jedoch beharrlich weigert, einer von ihnen den Preis zuzuerkennen. M. Taglioni gab in diesem B. am 21. 8. 1847 ihre Abschieds-Vorst. – Inspiriert durch die aus dem Jahr 1846 stammende Lithographie von Jacques Bouvier, unternahm K. Lester 1939 eine Rekonstruktion für das London B. unter dem Titel *Pas des Déesses*. Repertoirebeständiger war jedoch die unter demselben Titel zu Musik von John Field (arr. von H. Hardy) 1954 von R. Joffrey im YM-YWHA in New York choreographierte Version, die er 1955 auch dem B. Rambert einstudierte, und die zu einem der populärsten B.e des Joffrey City Center B. wurde.

Lit.: C. W. Beaumont (Perrot), in: *Complete Book of Ballets*, London 1951.

Juilliard School of Music. Die Tanzabteilung der renommierten New Yorker Musikschule wurde 1952 eingerichtet und untersteht der Leitung von Martha Hill. Zeitweise haben hier u. a. unterrichtet M. Graham, A. de Mille, D. Humphrey, J. Limón, J. Robbins, A. Tudor, L. Horst und A. Hutchinson. Offeriert wird eine abgeschlossene Tanzausbildung mit Schlußdiplom. Die jährlichen Vorst.en der Production Group sind Teil des New Yorker B.-Kalenders. Seit 1964 residiert sie zusammen mit der School of American B. im gleichen Gebäudekomplex des Lincoln Center.

Junge Mann muß heiraten, Der (dän. Originaltitel: *Den unge mand skal giftes* – auch unter dem Titel: *Le jeune homme à marier*), Fernseh-B. von E. Ionesco, Ch.: Fl. Flindt, Mus.: Per Nørgåd, Dek.: Jacques Noël, Dän. Fernsehen 1965, mit Flindt, J. Amiel u. a. – Bühnen-UA des B.s in 1 Akt am 15. 10. 1967, Kgl. Dän. B., Kopenhagen, mit P. Martins. M. Hønningen u. a. – Erst nach sehr langem Zögern willigt der junge Mann ein, die Familie der für ihn auserwählten Braut zu empfangen. Die Familie erscheint auch und präsentiert gleich eine ganze Anzahl von sehr skurrilen Bräuten. Er lehnt sie jedoch alle ab, bis ihm die Braut mit den drei Gesichtern vorgestellt wird. Mit ihr ist er einverstanden. Sie gibt ihm einen langen Kuß, woraufhin er zu Boden sinkt, während sie in die

Höhe entschwebt. Familienauftrag erfüllt, Bräutigam tot. – Ionesco benutzte sein Stück *Jacques oder der Gehorsam* als Basis seines zweiten B.-Fernsehfilm-Szenariums, das er wiederum speziell für Flindt verfaßte, dessen Fernseh- und B.-Fassung seiner *Unterrichtsstunde* (*La Leçon*, 1963) ihm sehr zugesagt hatte.

Jungfrau-von-Orleans-Ballette → *Jeanne-d'Arc-Ballette.*

Jurriëns, Henny, holl. Tänzer, * 21. 2. 1949 Arnhem. Studierte bei W. Marova sowie bei S. Arova, R. Franchetti, R. Bon und I. Kramér. Tänzer beim Norweg. National-B. 1966–70 und seither Principal Dancer beim Holl. National-B., wo er zahlreiche Rollen in den B.en von R. van Dantzig und H. van Manen kreiert hat.

K

Kabuki (jap., Gesang-Tanz-Geschichte), bezeichnet jene populäre Form des jap. Tanzdramas, die sich in Gegensatz stellt zu der strengen und hoch stilisierten Form des aristokratischen Nô. Das K. leitet sich her von der seit etwa 1600 aktiven Tempeltänzerin und Laienpriesterin Okuni aus Izumo, die mit einer Truppe von Tänzerinnen zuerst in Kyoto und dann in Edo, dem heutigen Tokio, auftrat und dabei eine Stilsynthese aus religiösen Tänzen, komischen Interludien, Bauerntänzen, Pantomimen und vor allem erotischen Tänzen schuf. Daraus ergaben sich Spiele, die sich allmählich auch größere Bühnen eroberten. Der Weg zur Bühne führt über einen quer durch das Publikum laufenden Steg (Hanamichi, Blumenweg). Das Auftreten der Frauen wurde aus moralischen Gründen schon 1629 verboten, 1652 folgte aus ähnlichen Gründen auch ein Verbot für minderjährige Knaben. Seither werden alle Rollen in den speziellen K.-Th.n von Männern dargestellt. Ganze Dynastien von Darstellern haben sich im Laufe der Jahrhunderte gebildet. Doch können sich außerhalb der K.-Th.s auch Frauen, vor allem Geishas, als K.-Tänzerinnen betätigen. Frauen spielen weiter eine Rolle als Lehrerinnen und Schulleiterinnen. Das heutige K. ist eine hochgradig stilisierte Form von Gesamtkunstwerk, bestehend aus Instrumentalmusik, Gesang, gesprochenem Wort und Tanz. Der K.-Tanz aber hat fast nur eine erzählende Funktion. Er stellt rhythmisch-pantomimisch die im Gesang vorgetragene Geschichte dar. Make-up, Kostüme und Requisiten (Fächer, Tücher, Schwerter) sind nicht weniger wichtig als die Bewegung. Im übrigen gibt es inzwischen auch K.-Tanztruppen, die sich aus Mitgl.ern beider Geschlechter zusammensetzen.

Lit.: B. Ortoloni in: H. Kindermann, *Fernöstliches Theater*, Stuttgart 1966; Yasuji Toita, *K., the Popular Theatre,* New York 1970.

Kadettenball (engl. Originaltitel: *Graduation Ball*), B. in 1 Akt, Libr. und Ch.: D. Lichine, Mus.: Joh. Strauß (arr. von A. Dorati), Dek.: A. Benois; UA 28. 2. 1940, Original B. Russe, Th. Royal, Sydney, mit T. Riabouchinska, D. Lichine, B. Runanine, I. Schwezoff, N. Orlov u. a. Die Handlung spielt in einem Wiener Mädchenpensionat, dessen Insassen einen Ball für die Kadetten der benachbarten Militärakademie geben. Es kommt zu allerlei Flirts, ein Divertissement wird vorgeführt, es entspinnt sich eine zarte Romanze und es wird allerlei Jux betrieben. Am Ende geben der alte General und die Pensionsvorsteherin das Zeichen zum Aufbruch – und das Publikum ist jedesmal ganz begeistert, wenn die Vorsteherin beim Schlußvorhang ihre Perücke abnimmt und enthüllt, daß sie von einem Tänzer dargestellt wurde. Das B., von Lichine auch vielen anderen Komp.n einstudiert, hat nichts von seiner Beliebtheit verloren.

Lit.: O. F. Regner / H.-L. Schneiders, in: *Reclams Ballettführer*, Stuttgart [8]1980.

Kafka, Lubomir, tschech. Tänzer, * 23. 4. 1956 Jablonec. Studierte am Prager Konservatorium und Leningrader B.-Schule. Solist beim B. des Prager National-Th.s seit 1975.

Kåge, Jonas, schwed. Tänzer, * 1950 Lidingö. Studierte an der Kgl. Schwed. B.-Schule und bei R. Hightower. Mitgl. des Kgl. Schwed. B.s 1967, Solist 1970. Tänzer beim American B. Th. 1971, Solist 1972, Principal Dancer 1973–75, dann Stuttgart 1975/76, Genf 1976–78 und seither Zürich. Zahlreiche Gastspiele (u. a. London, Berlin). Rollenkreationen u. a. in G. Tetleys *Greening* (1975) und H. Spoerlis *Le Mal du Pays* (1979). Verheiratet mit der Tänzerin D. Dobson.

Kahl, Elsa, dt.-amer. Tänzerin und Pädagogin, Hamburg (Geburtsjahr nicht bekannt). Sie war Tänzerin am Folkwang-Tanz-Th. und bis 1942 Mitgl. der B.s Jooss. Rollenkreationen u. a. in *Der Grüne Tisch* (1932), *Der verlorene Sohn* (1933), *Johann Strauss, Tonight!* (1935) und *The Mirror* (1935). Mit ihrem Mann, dem Jooss-Komponisten Fritz Cohen, blieb sie in den USA und unterrichtete dort noch bis 1963.

Kain und Abel. Die biblische Geschichte vom erstgeborenen Sohn Adams, der zum Mörder seines Bruders wurde (1. Mose 4,1 ff.), ist verschiedentlich zur Grundlage eines B.-Libr.s genommen worden, u. a. von J. Carter in *Cage of God* (Mus.: A. Rawsthorne, London 1967), K. MacMillan in *K. und A.* (Mus.: A. Panufnik, Dt. Oper Berlin, 1968) und M. Efrati in *Sin Lieth at the Door* (Mus.: N. Sheriff, Batsheva Dance Comp., 1969).

Kain, Karen, kanad. Tänzerin, * 28. 3. 1951 Hamilton (Ont.). Studierte an der Schule des National B. of Canada, Mitgl. der Komp. seit 1969, Principal Dancer 1970. Tanzt die Ballerinenrollen des klassischen und modernen Rep. Häufige Gastspiele bei anderen Komp.n, auch mit R. Nurejew, vor allem bei den B.s de Marseille. Rollenkreationen u. a. in R. Petits *Les Intermittences du coeur* (1974), *Coppélia* und *Nana* (1976).

Lit.: C. Darling / J. Fraser, *K. K. and Frank Augustyn*, Toronto 1978.

Kameliendame, Die, B. mit Prolog, in 3 Akten, Libr. und Ch.: J. Neumeier, Mus.: Chopin, Dek.: J. Rose; UA 4. 11. 1978, Stuttgart, mit M. Haydée, E. Madsen, R. Anderson, B. Keil, R. Cragun u. a. – Die mit der Auktion des Nachlasses von Marguerite Gautier beginnende Handlung hält sich eng an den Ablauf von Dumas fils' Roman *La Dame aux camélias* (1848), inklusive der Gestalten von Manon Lescaut und Des Grieux, denen Marguerite und ihr Liebhaber Armand zuerst in einer B.-Vorst. von *Manon Lescaut* begegnen. Das B. verwendet ausschließlich originale, nicht arrangierte Musik von Chopin, u. a. das komplette 2. Klavierkonzert, die *Romanze* aus dem 1. Klavierkonzert, die *Grande Fantaisie sur des airs polonais*, die *Grande Polonaise* und verschiedene Klavierstücke. Übernommen ins Rep. des Hamburger B.s 1980. Frühere Versionen u. a. von F. Termanini in *Rita Gauthier* (Mus.: Verdi, Turin 1857), R. Chladek in ihrem Solo *D. K.* (Mus.: Chopin, Wien 1943), J. Taras in *Camille* (Mus.: Schubert/Rieti, Original B. Russe, 1946), A. Tudors *Lady of the Camellias* (Mus.: Verdi, New York City B., 1951), R. Pages *Camille* (Mus.: Verdi, Chicago 1957), T. Gsovskys *D. K.* (Mus.: H. Sauguet, Berlin 1957), F. Ashtons *Marguerite and Armand* (Mus.: Liszt, arr. von H. Searle, Royal B. 1963) und A. Mendez' *Nous nous verrons hier soir* (Kuban. National-B., 1971). Eine spätere Version von J. Lefèbre in *Dame aux camélias* (Mus.: Verdi, Charlerois 1980).

Kammermusik Nr. 2, B. in 4 Sätzen, Ch.: G. Balanchine, Mus.: Hindemith, Kost.: B. Benson; UA 26. 1. 1978, New York City B., mit K. von Aroldingen, C. Neary, A. Lüders, S. Lavery u. a. Das B., choreographiert für 2 Solopaare und ein männliches Corps de ballet aus 8 Tänzern zu Hindemiths op. 36, Nr. 1, für Klavier und 12 Soloinstrumente, bietet eine Folge außerordentlich gespannter, rätselhafter Begegnungen.

Kanada. B. in K. ist eine Errungenschaft des 20. Jh.s, beginnend mit kleinen B.-Schulen in den großen Städten, die einzelne Vorst.gruppen zum Kanad. B. Festival entsandten, das 1948 erstmalig stattfand und bis 1954 in verschiedenen Städten weitergeführt wurde. Die erste professionelle Komp., das Royal Winnipeg B. (anfangs The Winnipeg B.) wurde 1939 gegründet, gefolgt vom National B. of Canada in Toronto 1951 und von den Grands B.s Canadiens in Montreal 1952. Dies sind nach wie vor die drei Haupt-B.-Komp.n des Landes, die seither eine stürmische Aufwärtsentwicklung erlebt haben. Zu den bekannteren zeitgenössischen Komp.n gehören u. a. die Winnipeg Contemporary Dancers (seit 1964), das Toronto Dance Th. (1968) und das Anna Wyman Dance Th. in Vancouver (1971). Auch das kanad. Fernsehen hat viel zur Verbreitung des B.s beigetragen. Heute gehören die führenden kanad. Komp.n zu den gern gesehenen B.-Gästen in aller Welt.

Kaplan, Semjon Schljomowitsch, sowj. Tänzer und Pädagoge, * 25. 12. 1911 St. Petersburg. Studierte an der Leningrader B.-Schule. Tänzer beim Kirow-B. 1930–59. Unterrichtete an der Leningrader B.-Schule 1936–38 und seit 1956 mit Unterbrechungen bis auf den heutigen Tag. Pädagoge beim Kirow-B. und Maly-B. nach 1959. Schrieb das Libr. für Lopuchow/Solofjew-Sedoys B. *Taras Bulba* (1940).

Lit.: V. Panov / G. Feifer, in: *Ballett – mein Leben*, Stuttgart 1980.

Kapuste, Falco, dt. Tänzer, * 12. 12. 1943 Oels. Studierte bei Y. Georgi und J. de Ruiter. Tänzer in Wiesbaden 1963, als Solist in Hamburg 1965 und an der Dt. Oper Berlin 1965, als Erster Solist in Düsseldorf seit 1970. Zahlreiche Gastspiele. Rollenkreationen u. a. in B.en von K. MacMillan und E. Walter.

Karalli, Vera Alexejewna (auch Koralli), russ. Tänzerin, * 8. 8. 1889 Moskau, † 16. 11. 1972 Baden bei Wien. Studium bei A. Gorsky an der B.-Schule des Moskauer Bolschoi-Th.s, 1906 Examen, Eintritt in das Bolschoi-B., 1914 Ballerina. 1909 und 1919/20 tanzte sie in Diaghilews B.s Russes, 1930–37 B.-Meisterin in Bukarest, 1938–41 in Paris. Seit 1956 lebte sie in Wien.

Karelskaja, Rimma Kladijewna, sowj. Tänzerin und B.-Meisterin, * 19. 4. 1927 Kaluga. Studierte an der Moskauer Bolschoi-B.-Schule. Mitgl. des Bolschoi-B.s 1946–73, wo sie ihre besten Rollen als Odette-Odile, Raymonda und Myrtha hatte. Seither Pädagogin und B.-Meisterin für das klassische Rep., zeitweise auch B.-Meisterin beim Moskauer Klassischen B.

Karinska, Barbara, russ.-amer. Kostümbildnerin, * 3. 10. 1886 Charkow, † 18. 10. 1983 New York. Verließ Rußland nach der Revolution und ging zunächst nach Paris, wo sie sich rasch einen Namen als Kostüm-Schneiderin so renommierter B.-Ausstatter wie Chr. Bérard, A. Derain und C. Beaton machte. Übersiedelte 1938 nach New York, wo sie erstmalig für G. Balanchines *Bourrée fantasque* (1949) auch als Kostümbildnerin tätig war und danach die Kost. für zahlreiche Balanchine-B.e entworfen hat.

Karl, Ludwig, österr. Tänzer, * 1957 Wien. Studierte an der B.-Schule der Wiener Staatsoper, deren Mitgl. er seit 1972 ist, Halbsolist 1980, Solist 1982. Rollenkreationen u. a. in H. van Manens *Grand Trio* (1978), V. Panovs *Scheherazade* (1981), E. Walters *Golem* und N. Christes *Und so weiter* (1982).

Karsavina, Tamara Platonowna, russ.-engl. Tänzerin und Pädagogin, * 9. 3. 1885 St. Petersburg, * 26. 5. 1978 Beaconsfield. Tochter des Marien-Th.-Tänzers Platon Karsavin, studierte sie an der Kaiserl. B.-Schule bei P. Gerdt, Th. Koslow, Chr. Johansson und E. Cecchetti und debütierte 1902 am Marien-Th., dem sie nominell bis 1918 angehörte (von 1909 an als Ballerina). Seit der Gründung (1909) war sie Mitgl. der Diaghilew-Komp. In den folgenden Jahren wuchs sie zur Image-Ballerina der B.s Russes heran, für die M. Fokine seine Hauptwerke choreographierte. Zu den von ihr kreierten B.en gehören u. a. *Les Sylphides* (1908), *Cléopâtre* (1909), *Carnaval*, *Feuervogel* (beide 1910), *Spectre de la rose, Narcisse, Petruschka* (alle 1911), *Le Dieu bleu, Thamar, Daphnis und Chloe* (alle 1912), *Jeux, La Tragédie de Salomé* (beide 1913), *Papillons, Le Coq d'or* (beide 1914), *Der Dreispitz* (1919), *Pulcinella* und *Le astuzie femminili* (beide 1920). Sie kehrte 1914 bei Kriegsausbruch nach St. Petersburg zurück, heiratete 1917 dort in zweiter Ehe den brit. Diplomaten Henry Bruce und gelangte mit diesem auf einer abenteuerlichen Flucht im Juni 1918 nach London, wo sie fortan lebte. Bei Diaghilew trat sie noch verschiedentlich als Gastballerina auf. 1930/31 wirkte sie in diversen Vorst.en des B. Rambert mit, hat aber auch danach intensiven Kontakt mit der engl. B.-Welt gehalten. Bis 1955 wirkte sie als Vize-Präsidentin der Royal Academy of Dancing. Auch war sie als Beraterin und Lehrerin noch lange aktiv. Sie gehörte zu den bedeutendsten Ballerinen der B.-Geschichte, die durch ihre schöpferische Zusammenarbeit mit Fokine und ihrem anfänglichen Partner W. Nijinsky einen erheblichen Anteil an der Entwicklung der B.-Kunst im 20. Jh. hatte. Schon 1930 veröffentlichte sie unter dem Titel *Theatre Street* ihre Memoiren, ein Standardwerk der modernen B.-Literatur. Später folgten *Ballet Technique* (1956) und *Classical Ballet: The Flow of Movement* (1962).

Kartenspiel, Das → *Jeu de cartes.*

Kasatschok, feuriger ukrainischer Kosakentanz im ²⁄₄-Takt. Wird heute paarweise getanzt, die Männer schlagen die Fersen zusammen und führen mit den Beinen in Hockstellung sogenannte Prisjadki (Hockeschleudern) aus.

Kassatkina, Natalia Dmitrijewna, sowj. Tänzerin und Choreographin, * 7. 6. 1934 Moskau. Studierte an der Moskauer Bolschoi-B.-Schule. Mitgl. des Bolschoi-B.s 1954, wo sie sich im Charakterfach spezialisierte. Als Choreographin arbeitete sie erstmalig gemeinsam mit ihrem Mann W. Wassiljow zusammen in *Vanina*

Vanini (nach Stendhal, Mus.: N. Karetnikow, 1962). Es folgten u. a., ebenfalls zusammen mit Wassiljow, *Heroisches Poem* (*Geologen*, Mus.: Karetnikow, 1964), *Sacre du printemps* (Mus.: Strawinsky, 1965) und *Präludien und Fugen* (Mus.: Bach, 1968 – alle fürs Bolschoi-B.), *Die Erschaffung der Welt* (Mus.: A. Petrow, Kirow-B., 1971), *Erkenntnis* (Mus.: J. Buzko, Stanislawsky-Nemirowitsch-Dantschenko-Musik-Th., Moskau 1974) und *Puschkin* (Mus.: Petrow, Kirow-B., 1979). Zeitweise auch zusammen mit ihrem Mann als B.-Direktorin und Chefchoreographin des Klassischen B.s Moskau tätig.

Katalyse, B. in 3 Sätzen, Ch.: J. Cranko, Mus.: Schostakowitsch (1. Klavierkonzert); UA 8. 11. 1961, Stuttgart, mit G. Burne, M. Morena, R. Barra, M. Faure, H. Delavalle u. a. – Das B. führt die Wirkungen vor, die das Erscheinen des Katalysators in Gestalt eines männlichen Tänzers auf eine schwarz- und eine weißgekleidete Gruppe hat. Cranko ließ offen, worauf er es in diesem B. abgesehen hatte. Es war Crankos erstes Stuttgarter B., das auch von anderen Komp.n übernommen wurde (u. a. Düsseldorf 1965, München 1968).

Lit.: O. F. Regner / H.-L. Schneiders, in: *Reclams Ballettführer*, Stuttgart [8]1980.

Kathak (wörtlich: Geschichtenerzähler). Dieser klassisch ind. Tanz stammt aus dem einst von den moslemischen Fürsten eroberten und beherrschten ind. Norden. Daher zeigt dieser Stil islamische Einflüsse in Kostüm und Technik. Die Tänzerinnen tragen weitschwingende Pluderhosen; der Inhalt ist zwar hinduistisch (Krishna-Mythos), aber im Gegensatz zu dem statuarisch-monumentalen Bharat Natyam zeigt Kathak weiträumige Schritte, rasche Drehungen und Wirbelbewegungen. Die Beine sind vor allem wichtig im Kathak, und so werden die mit Hunderten von Glöckchen besetzten Waden und Fußknöchel als Rhythmus- und Klanginstrumente eingesetzt.

Kathakali, Bezeichnung für das pantomimische Tanzdrama, das in Malabar, heute zum südind. Staat Kerala gehörend, schon vor 300 Jahren geschaffen wurde. Es vereint die Traditionen der alten Rituale vorarischen Ursprungs mit den in dem uralten Lehrbuch *Natjaschastra* aufgezeichneten Vorschriften für Tanz, Mimus und Drama. K. bietet eine vollkommen integrierte Kunstform aus Tanz, Schauspiel, Gesang, Instrumentalmusik und Gebärdensprache. Der Kunst des Make-up, das das Gesicht in eine Maske verwandelt, kommt im K. besondere Bedeutung zu, wobei die verschiedenen Farben hinweisen auf Art und Stand des Helden. Die Themen entstammen der in den klassischen Epen aufgezeichneten Mythologie. Die Auff. findet entweder im Hof eines Tempels oder im Freien nach Einbruch der Dunkelheit statt und kann die ganze Nacht hindurch dauern.

Lit.: Cl. R. und B. T. Jones, *K.*, San Francisco 1970. E. Rebling, in: *Die Tanzkunst Indiens*, Berlin [Ost] 1981.

Katzer, Georg, dt. Komponist, * 10. 1. 1935 Habelschwerdt (Schlesien). Komponierte die Musik zu den T. Schilling-B.en *Schwarze Vögel* (1975) und *Ein neuer Sommernachtstraum* (1981).

Kaye, Nora, amer. Tänzerin, * 17. 1. 1920 New York. Studierte bei M. Fokine, A. Vilzak, L. Schollar, an der Metropolitan Opera B. School und School of American B. Tanzte im Kinder-B. der Metropolitan Opera. Mitgl. des American B. 1935. Gründungsmitgl. des B. Th. 1939, avancierte sie rasch zur führenden dramatischen Ballerina der Komp. Rollenkreation u. a. in A. Tudors *Pillar of Fire* (1942), doch auch in den klassischen Ballerinenrollen überaus beliebt. Tänzerin beim New York City B. 1951–54, wo sie weitere Rollen in J. Robbins' *The Cage* (1951) und Tudors *La Gloire* (1952) kreierte. Kehrte 1954–59 zum American B. Th. zurück, weitere Rollenkreationen u. a. in K. MacMillans *Winter's Eve* und *Journey* sowie H. Ross' *Paean* (alle 1957). Heiratete Ross und gründete mit ihm zusammen 1960 das B. of Two Worlds, dessen Primaballerina sie wurde, mit neuen Rollen in Ross' *Angel Head, Rashomon Suite* und *The Dybbuk*. Zog sich 1961 von der Bühne zurück, arbeitet aber weiterhin als Assistentin ihres Mannes in dessen Film- und Musical Prod.en. Seit 1977 Direktions-Mitgl. beim American B. Th.

Kecsek, Erwin, dt. Tänzer, Pädagoge. Choreograph und B.-Direktor, * 14. 2. 1941 Temesvar (Rumänien). Studierte an der B.-Schule in Klausenburg, später auch an der Palucca-Schule in Dresden und in Leningrad. Choreograph und Trainingsleiter Klausenburg 1961–1971, Solotänzer und Assistent des B.-Meisters Würzburg 1972/73, Solotänzer, Choreograph und B.-Meister Lüneburg 1973–81 (dort auch Spielleiter für Operette und Musical), B.-Direktor, Chefchoreograph und Spielleiter am Pfalz-Th. Kaiserslautern seit 1981. Choreographierte zahlreiche B.e des klassischen und modernen Rep.s. Verheiratet mit der Tänzerin Edith Barna.

Kehlet, Niels, dän. Tänzer, * 6. 9. 1938 Kopenhagen. Studierte an der Schule des Kgl. Dän. B.s. Mitgl. der Komp. 1957, Solotänzer 1961. Ein Demi-caractère-Virtuose, ist er gleich brillant im Bournonville- wie im modernen Rep. Zahlreiche Rollenkreationen u. a. in F. Flindts *Die drei Musketiere* (1965) und *Der wunderbare Mandarin* (1967). Zahlreiche Auslandsgastspiele, mehrfach mit der ital. Komp. von Fracci-Menegatti-Gai, wo er auch die Titelrolle in Gais *Pulcinella* (1971) kreierte.

Keil, Birgit, dt. Tänzerin, * 22. 9. 1944 Kowarschen. Studierte an der Stuttgarter B.-Schule und Royal B. School. Mitgl. des Stuttgarter B.s seit 1961, Solistin 1965 und heute eine seiner führenden Ballerinen. Zahlreiche Rollenkreationen – u. a. in K. MacMillans *Las Hermanas* (1963), *Fräulein Julie* (1970) und *Mein Bruder, meine Schwester* (1978), J. Crankos *Opus 1, Jeu de cartes* (1965), *Brouillards* (1970), *Die Jahreszeiten* (1971) und *Initialen R.B.M.E.* (1972), P. Wrights *Namouna* (1967), G. Tetleys *Voluntaries* (1973), *Greening* und *Daphnis und Chloe* (1975), J. Neumeiers *Kameliendame* (1978), W. Forsythes *Orpheus* (1979), H. Spoerlis *Träume* (1980) und *Sackgasse* (1982) sowie J. Kyliáns *Vergessenes Land* (1981).

Lit.: L. E. Spalt / C. Barnes [u. a.], *B. K.*, Pfullingen 1980.

Keith, Jens, dt. Tänzer, Choreograph und B.-Meister, *1898 Stralsund, † 23. 7. 1958 Berlin. Studierte bei Laban in Hamburg, ging als Solotänzer bis 1930 an die Berliner Staatsoper, wirkte dann als B.-Meister in Essen und ging später mit einem eigenen Ens. auf Tournee. Von 1945–49 war er B.-Meister der Städt. Oper Berlin, wo er vor allem die UA von B. Blachers *Chiarina* (1950) und W. Fortners *Die weiße Rose* (1951) als freischaffender Choreograph schuf, als der er in seinen letzten Lebensjahren tätig war.

Kelemen, Milko, jugosl. Komponist, * 30. 3. 1924, Prodrawska Slatina. Komponierte die Musik zu den B.en *Der Spiegel* (Ch.: M. Sparemblek, Enghien 1959), *Abbandonate* (Ch.: I. Sertić, Lübeck 1964) und der multimedialen B.-Oper *Apocalyptica* (Ch.: H. Wandtke, Dresden 1983).

Kelly, Gene, amer. Schauspieler, Tänzer, Choreograph und Filmregisseur, * 23. 8. 1912 Pittsburgh. Studierte verschiedene Tanzstile an der Tanzschule seiner Mutter in Pittsburgh, ging dann jedoch dort zur Universität, kam 1939 nach New York, spielte dort kleine Rollen in Musicals, machte dort auch seine ersten Ch.n und hatte seinen großen Durchbruch 1941 in der Titelrolle des Musicals *Pal Joey*. Er wurde darauf nach Hollywood verpflichtet, wo er seither in zahlreichen Filmen mitwirkte, und zwar als Schauspieler, Sänger, Tänzer, Regisseur und Choreograph. Seine ehrgeizigsten tänzerischen Unternehmungen waren die Filme *Ein Amerikaner in Paris* (1952) und *Einladung zum Tanz* (1956), seine Fernseh-Show *Dancing is a Man's Game* (1958) und sein B. *Pas de Dieux* (Mus.: Gershwin) an der Pariser Opéra (1960). Im gleichen Jahr wurde er in die Frz. Ehrenlegion aufgenommen.

Kent, Allegra, amer. Tänzerin, * 11. 8. 1938 Los Angeles. Studierte bei B. Nijinska und an der School of American B. Principal Dancer des New York City B.s 1953–84 (mit Unterbrechungen). Zahlreiche Rollenkreationen u. a. in G. Balanchines *Ivesiana* (1954), *Agon* (1957), *Sieben Todsünden* (Version 1958), *Stars and Stripes* (1958), *Episodes* (1959), *Bugaku* (1963) und *Brahms-Schönberg Quartett* (1966), J. Robbins' *Dances at a Gathering* (1969) und *Dumbarton Oaks* (1972).

Lit.: J. Gruen, in: *The Private World of Ballet*, New York 1975.

Keres, Imre, ung. Tänzer, B.-Meister und Choreograph, * 1. 6. 1930 Szeged. Studierte an der Budapester B.-Schule. Tänzer am Staats-Th. Szeged 1947/48, Budapester Staatsoper 1948–56, Assistent von Y. Georgi in Hannover, dann B.-Meister Lübeck 1958–62, B.-Direktor Wiesbaden 1962–76, 1971/72 gleichzeitig auch am Münchner Th. am Gärtnerplatz, seit 1979 B.-Direktor Braunschweig. Zahlreiche Klassiker-Einst.en, aber auch moderne Ch.n, oft in

Zusammenarbeit mit seiner früheren Frau C. Gorá.

Kershaw, Stewart, engl. Dirigent, * 11. 4. 1941 Oxford. Studierte an der Kgl. Musik-Akademie in London und am Pariser Konservatorium. B.-Dirigent des Royal B. 1966–69, Opéra de Lyon 1970/71, Münchner Staatsoper 1971–74, Stuttgarter B. 1972–79.

Kersley, Leo, engl. Tänzer und Pädagoge, * 1920 Watford. Studierte bei St. Idzikowski und M. Rambert, tanzte 1936–41 beim B. Rambert, 1941/42 beim Sadlers Wells B., 1942/43 beim Anglo-Polish B. und 1946–51 als Solist beim Sadler's Wells Th. B. Unterrichtete dann in Amerika und Holland, eröffnete 1959 mit seiner Frau J. Sinclair eine Schule in Harlow (Essex) und veröffentlichte 1952 zusammen mit ihr *A Dictionary of Ballet Terms.*

Kesselheim, Silvia, dt. Tänzerin, * 21. 7. 1942 Hamburg. Studierte ebd. an der Opern-B.-Schule sowie an der Royal B. School. Tänzerin beim Hamburger Staatsopern-B. 1960/61, Stuttgarter B. 1961–65, Dt. Oper Berlin 1965–71, Dt. Oper am Rhein 1971/72, Darmstadt 1972 bis 1975, danach nur noch gastweise in Prod.en von G. Bohner. Rollenkreationen in zahlreichen Bohner-B.en, u. a. *Die Befristeten, Quartett auf das Ende der Zeit* (beide 1969), *Die Folterungen der Beatrice Cenci* (1970), und *Lilith* (1972). Seit 1983 wieder Tänzerin beim Wuppertaler Tanz-Th.

Kettentanz, B. in 9 Tänzen, Ch.: B. Arpino, Mus.: Joh. Strauß und J. S. Mayer, Kost.: J. Eula; UA. 20. 10. 1971, City Center Joffrey B., City Center, New York. Eine nahtlose Folge von Tänzen für 6 Paare, die gekennzeichnet sind von virtuoser Energie und jugendlich-bravourösem Überschwang.

Lit.: G. Balanchine / F. Mason, in: *Balanchine's Complete Stories of the Great Ballets*, Garden City (N.Y.) 1977.

Keuter, Cliff, amer. Tänzer und Choreograph, * 1940 Boise (Ida). Studierte bei W. Lathrop, M. Graham, D. Farnworth, M. Slavenska und P. Sanasardo. Tänzer bei der Tamiris-Nagrin Comp. 1962. Gründete 1969 eine eigene Truppe, hat aber auch für andere Komp.n choreographiert.

Keveházi, Gábor, ung. Tänzer, * 25. 2. 1953 Budapest. Studierte ebd. an der B.-Schule und an der Leningrader B.-Schule. Mitgl. des Budapester Staatsopern-B.s seit 1972, Solotänzer 1973. Zahlreiche Rollenkreationen – u. a. in L. Seregis *Die Zeder* (1975), *Serenade* (1977) und *Variationen über ein Kinderlied* (1978).

Khalfouni, Dominique, frz. Tänzerin, * 23. 6. 1951 Paris. Studierte an verschiedenen privaten Schulen, dann an der Schule der Pariser Opéra. Mitgl. des Opéra-B.s 1967, Danseuse étoile 1976. Verließ die Opéra 1980, um freischaffend zu arbeiten und seither hauptsächlich beim B. de Marseille engagiert. Rollenkreationen u. a. in R. Petits *Rosalinde* (1981) und *Hoffmanns Erzählungen* (1982).

Killar, Ashley, engl. Tänzer und Choreograph, * 18. 6. 1944 London. Studierte an der Royal B. School und M. Graham School. Mitgl. des Stuttgarter B.s 1963–67, Western (Scottish) Th. B. 1967–71, Royal B. New Group 1971 bis 1974, dann freischaffend tätig, Haus-Choreograph beim PACT B. in Johannesburg seit 1979. Begann als Choreograph bei den Stuttgarter Noverre-Matineen – seither zahlreiche B.e hauptsächlich für engl. und südafrik. Komp.n.

Killmayer, Wilhelm, dt. Komponist, * 21. 8. 1927 München. War längere Zeit B.-Kapellmeister der Münchner Staatsoper. Komponierte die B.-Oper *La Buffonata* (Ch.: I. L. Wöbke, Heidelberg 1961) und die B.-Musik zu *La Tragedia di Orfeo* (Ch.: H. Rosen, Staatsoper, München 1961), *Pas de deux classique* (UA als *Pas de trois*, Ch.: B. Trailine, Staatsoper, München 1965) und *Encores* (Ch.: F. Baur-Pantouilier, Th. am Gärtnerplatz, München 1970).

Kinder-Ballett der Madame Weiss → Wiener Kinder-B.

Kinetic Molpai (griech., Tänze beim Erntedankfest), B. in 11 Sektionen, Ch.: Ted Shawn, Mus.: Jess Meeker; UA 5. 10. 1935, Goshen (New York), Ted Shawn and his Men Dancers. Dieses philosophisch-religiöse für Shawn repräsentative B. zeigt in 11 Einzeltänzen die Kraft des gegen Schicksal und Tod kämpfenden Mannes. Shawn selbst über sein Thema: Es geht um Liebe, Kampf, Tod und Sieg über den Tod.

Lit.: D. McDonagh, in: *The Complete Guide to Modern Dance*, Garden City (N.Y.) 1976.

Kinetographie → Notation.

King, Karl Heinz, dt. Tänzer und Pädagoge, * 10. 1. 1931 Köln. Studierte ebd. bei A. Bell, an der Sadler's Wells B. School sowie bei Mme Rousanne, B. Kniaseff, N. Kiss, V. Gsovsky und J. Udaeta. Mitgl. des Kölner Opern-B.s 1947–49, bei der *Abraxas*-Komp. 1951, Düsseldorf 1951/52, Bielefeld 1953–55 (auch Stellvertretender B.-Meister), Münchner Th. am Gärtnerplatz 1955–60. Seit 1956 leitet er zusammen mit P. Roleff die B.-Schule Roleff-K. in München.

King, Kenneth, amer. Tänzer und Choreograph, * 1. 4. 1948 Freeport (N. Y.). Studierte am Antioch College Philosophie (u. a. Nietzsche, Sartre und Wittgenstein), knüpfte Kontakte zum Judson Dance Th. an, wo er mit M. Monk, G. Solomons jr. und anderen zusammenarbeitete. Seit 1964 ist er mit theatralischen Collagen hervorgetreten, an denen auch Filme und Videoprojekte beteiligt sind und die durch ihre starke Einbeziehung von philosophischen, aber auch ausgesprochen sozialkritischen Texten geprägt sind. Er selbst vergleicht seine puzzleähnlichen, fließend leichten Tänze mit einem Spiegel. Seit 1976 arbeitet er mit dem Komponisten William-John Tudor zusammen, später stieß Christopher Peregoy als Fotograf und Designer zu ihnen. Jack Anderson nannte ihn einen »Choreographen für denkende Menschen«. Beim Wiener Tanz-'84-Festival zeigte er als jüngste Arbeiten *Currency* (1980), *S-C-A-N* (1982), *Flextime*, *Annexialics* (1983), *Moose (On the Loose)* und *Complete Electric Discharge* (1984).

Lit.: S. Banes, in *Terpsichore in Sneakers*, Boston 1980.

King, Liz, brit. Tänzerin und Choreographin, * 15. 9. 1947 Salisbury. Studierte bei Nesta Brooking in London und an der Royal B. School. Tänzerin beim Stuttgarter B., Münchner Staatsopern-B. und B. Royal de Wallonie, dann experimentelle Arbeit mit Schauspielern in London. Seit 1978 einzelne Ch.n in Wien, zuerst beim Workshop der Freunde der Wiener Staatsoper, dann für das Tanzforum Wien. Im Herbst 1982 Gründung des Tanz-Th.s Wien, zusammen mit Manfred Biskup, Harmen Tromp und Esther Linley, für das sie *Mid Atlantic, Ionisation*, *Reineke* und *Afrika, Afrika* choreographierte.

Kirkland, Gelsey, amer. Tänzerin, * 1953 Bethlehem (Penn.). Studierte an der School of American B. Mitgl. des New York City B. 1968, Solistin 1969, Principal Dancer 1972. Rollenkreationen u. a. in G. Balanchines *Feuervogel* (Version 1970) und *Suite Nr. 3*, J. Robbins' *Goldberg Variations* (1971), *Scherzo fantastique* (1972) und *An Evening's Waltzes* (1973). Verließ die Komp. 1974. Seither Ballerina beim American. B. Th. mit mehreren abrupten Unterbrechungen, häufig mit M. Baryschnikow oder R. Nurejew als Partner. Rollenkreationen u. a. in A. Tudors *The Leaves are Fading* und J. Neumeiers *Hamlet Connotations* (1976). Gastballerina bei zahlreichen Komp.n, u. a. auch Stuttgarter B.

Kirmes in Brügge, Die (dän. Originaltitel: *Kermessen in Brügge eller De tre Gaver*), B. in 3 Akten, Ch.: A. Bournonville, Mus.: H. S. Paulli; UA 4. 4. 1851, Kgl. Dän. B., Kopenhagen. – Die Handlung berichtet von den Erlebnissen dreier Bürgersöhne aus Brügge. Sie retten Eleonore, die Tochter des Alchimisten Mirewelt, die von Adligen entführt werden soll. Mirewelt belohnt dafür jeden mit einer Zaubergabe. Geert bekommt einen Ring, der ihn die Herzen aller Frauen gewinnen läßt, Adrian bekommt ein Schwert, dank dessen er überall siegreich ist, und Carelis kriegt eine Fidel, die alle Leute tanzen läßt. Die drei ziehen in die Welt und erleben die abenteuerlichsten Dinge. Zum Schluß aber geraten sie in die Gefahr, auf dem Scheiterhaufen verbrannt zu werden, doch rettet Carelis die Situation, indem er ganz Brügge zum Tanze zwingt, bis der Bürgermeister schließlich einen Generalpardon unterzeichnet. – Dies ist eins von Bournonvilles humorvollsten B.en, das seine malerische Inspiration aus den Bildern von Jan Steen und D. Teniers bezog.

Kirnbauer, Susanne, österr. Tänzerin, * 27. 7. 1942 Wien. Studierte an der B.-Schule der Wiener Staatsoper sowie bei N. Kiss, R. Hightower, S. Peretti und R. Franchetti. Mitgl. des Wiener Staatsopern-B.s 1956, Solistin 1967, Erste

Solistin 1972. Zeitweise beurlaubt, tanzte sie auch bei der Komp. von J. Charrat und M. Miskovitch sowie beim Grand B. de Paris.

Kirow-Ballett. Das Leningrader Akademische Th. für Oper und B. S.M. Kirow erhielt 1935 seinen Namen nach dem im Jahr zuvor ermordeten ersten Sekretär der Leningrader Parteiorganisation. Seine Vorläufer waren das Bolschoi-Th. in St. Petersburg, das die Opern- und B.-Komp.n der Stadt 1738–1850 beherbergte, und das 1860 eröffnete Marien-Th., doch siedelte das B. erst 1880, endgültig dann 1889 ins Marien-Th. über (Einzelvorst.en fanden auch im Eremitage-Th. und im Th. von Zarskoje Zelo, [heute Puschkin] statt). Nach der Oktoberrevolution von 1917 erfolgte die Umbenennung in Staatl. Akademisches Th. für Oper und B. (russ. Abkürzung: GATOB), bis das Th. dann 1935 seinen heutigen Namen erhielt. – 1738 wurde der Franzose J.-B. Landé beauftragt, eine B.-Schule für die Kinder der Angestellten des Zarenpalastes einzurichten. Dies war die Basis, auf die sich die St. Petersburg-Petrograd-Leningrader Schul- und B.-Tradition stützt. Nachdem im 18. Jh. hier Choreographen wie F. A. Hilverding, R. Fossano, G. Angiolini u. a. gewirkt hatten, führte Ch.-L. Didelot, der auch die ersten B.e nach Puschkin-Stoffen zur Auff. brachte, das B.-Ens. und die Schule, die er beide von Grund auf reformierte, während des ersten Viertels des 19. Jh.s auf einen frühen Gipfel ihrer Wirksamkeit. Damals wirkten auch die ersten russ. Künstler, deren Namen in die B.-Geschichte eingegangen ist: der B.-Meister I. Walberg und die Tänzer A. I. Istomina, J. I. Kolossowa und A. Gluschkowski. Mit den im Zuge des romantischen B.s nach St. Petersburg kommenden Gastballerinen aus Westeuropa wetteiferten dann so bedeutende russ. Tänzer wie J. Andrejanowa, J. Teleschowa und N. Golz. 1847 kam M. Petipa als Solotänzer nach St. Petersburg, der sich allmählich zur Spitze der Komp. vorarbeitete und 1862–1903 als hauptverantwortlicher B.-Meister die Komp. auf den Höhepunkt ihrer zaristischen Geschichte führte. Schon vorher hatten J. Perrot und A. Saint-Léon für die Durchsetzung internationaler Maßstäbe gesorgt, doch es war Petipa, der, zusammen mit L. Iwanow als engstem Mitarbeiter, den klassischen frz. Schulstil zum Imagebestimmenden Nobelklassizismus umgeformt hat, dessen pädagogisches Zentrum die B.-Schule in der Th.-Straße war, das heutige Waganowa-Institut für Ch., die noch immer berühmteste B.-Schule der Welt. Ihr Wirken gipfelte in der Zusammenarbeit mit den Komponisten P. I. Tschaikowsky und A. Glasunow, deren Produkt die B.e *Dornröschen* (1890), *Nußknacker* (1892), *Schwanensee* (1894/95 – die UA hatte 1877 in Moskau stattgefunden) und *Raymonda* (1898) waren. P. Gerdt, O. Preobrajenska, M. Kschessinska, V. Trefilowa, A. Waganowa, N. und S. Legat, A. Pawlowa, T. Karsawina, A. Bolm und W. Nijinsky gehörten zu den renommiertesten Tänzern der Komp., die auch im Westen sehr gefeiert wurden – zumal nach der Gründung von S. Diaghilews B.s Russes, die sich zum großen Teil aus Tänzern des Marien-Th.-B.s rekrutierten und mit den B.en des ebenfalls aus der Komp. hervorgegangenen M. Fokine weltweites Aufsehen erregten und die westeurop. B.-Renaissance einleiteten. Nach einer durch die politischen Veränderungen bedingten Periode der Ungewißheit als Folgeerscheinung der Oktoberrevolution von 1917 wurde das GATOB in den zwanziger Jahren durch das Wirken solcher Choreographen wie F. W. Lopuchow zu einer umstrittenen, aber ungemein lebendigen und schöpferischen Plattform für experimentelle Ch. Aus den außerhalb des Th.s, aber mit zum Ens. gehörenden Künstlern veranstalteten Abenden des Jungen B.s ging auch der Choreograph G. Balanchine hervor. In den dreißiger Jahren gelangten dann hier die wichtigsten Werke des neuen sowj. B.-Rep.s zur UA – u. a. *Flamme von Paris* (Ch.: W. Wainonen, 1932), *Die Fontäne von Bachtschissaray* (Ch. R. Sacharow, 1934), *Laurencia* (Ch.: W. Tschabukiani, 1939) und *Romeo und Julia* (Ch.: L. Lawrowsky, 1940 – die Welt-UA hatte schon 1938 in Brünn stattgefunden). Es waren diese Jahre, die den Aufstieg G. Ulanowas zur Sowjetballerina neuen Typs sahen. 1941–44 wurde die Komp. nach Molotow-Perm evakuiert – in der belagerten Stadt blieb nur ein kleines Tänzer-Kontingent zurück, das weiterhin regelmäßige Vorst.en gab. Nach dem Zweiten Weltkrieg verlagerte sich das Schwergewicht der sowj. B.-Szene nach Moskau, doch genoß die Komp. als stilreinstes Klassiker-Ens. der Welt auch weiterhin einen exzeptionellen Ruf, den die 1961 erstmalig durchgeführten Gastspiele nach Paris, London und New

York eher noch vergrößerten. Diese Gastspiele standen unter der Leitung von N. Dudinskaja und K. Sergejew, die während der fünfziger Jahre das führende Solistenpaar der Truppe waren und danach die Direktion übernahmen. Während dieser Ära war das Hauptaugenmerk der Komp. auf die Konservierung der Klassiker gerichtet, doch kam hier erstmalig auch J. Grigorowitsch als Choreograph zum Zuge. Als prominenteste Tänzer dieser Jahre genossen I. Kolpakowa, N. Makarowa, A. Sisowa, G. Komlewa, W. Semjonow, J. Solowjew, M. Baryschnikow und V. Panow auch außerhalb der UdSSR größtes Ansehen. Ende 1970 legte Sergejew die Direktion der Komp. nieder, nachdem bei einem London-Gastspiel im Sommer dieses Jahres N. Makarowa in England zurückgeblieben war (wie vorher schon R. Nurejew 1961 beim Gastspiel in Paris). Doch auch unter der Direktion von W. Semjonow gärte es weiter unter den Tänzern, die, frustriert durch die künstlerische Stagnation und den hermetischen Abschluß gegen jegliche westl. Tendenzen, weiterhin jede Möglichkeit eines Absprungs in den Westen nutzten (siehe Baryschnikow) oder zu emigrieren versuchten (die langwierigen Auseinandersetzungen des Ehepaars Panov mit den Behörden). Inzwischen sind auch einige wenige B.e aus dem Westen ins Rep. übernommen worden: A. Dolins *Pas de quatre*, E. M. von Rosens und A. Bournonvilles *La Sylphide* und R. Petits *Notre Dame de Paris*, doch der eigenschöpferische Beitrag der Komp. ist weiterhin minimal, obgleich seit 1977 ein Choreograph von der Potenz O. Winogradows an ihrer Spitze steht. Die ständigen Skandale bei Gastspielen im Westen haben zu einer starken Einschränkung der Gastspieltätigkeit geführt (im auffallenden Gegensatz zum Moskauer Bolschoi-B.). Beim mehrmonatigen Sommergastspiel in Paris 1982 stand als einziges zeitgenössisches B. Winogradows *Revisor* auf dem Programm – die Hauptsolisten der Saison waren Kolpakowa, Altinai Assylmuratova, Tatjana Terechowa, Olga Tschentschikowa, Galina Mesentzewa, Elena Jewtejewa, Irina Schistiakowa, Elena Kondratjenko, Ninel Kurgapkina, Konstantin Zachlinsky, Jewgeni Neff, Marat Daukajew, Eldar Aljew, Vadim Guljajew, Andrej Garbutz.

Kirstein, Lincoln, amer. Schriftsteller und B.-Direktor, * 4. 5. 1907 Rochester (N.Y.). Studierte an der Harvard Universität. Ein junger Mann aus wohlhabender Familie, gelang es ihm, G. Balanchine zur Übersiedelung in die USA zu überreden. Mit ihm zusammen und E. M. M. Warburg gründete er 1934 die School of American B. Ebenfalls Gründer der B. Caravan 1936. Redakteur des *Dance Index* 1942–48. Rief 1946 die B. Society ins Leben, aus der das New York City B. hervorging, dessen Generaldirektor er seit 1948 ist. Durch seine enge Zusammenarbeit mit Balanchine und der Komp. wurde er zu einer der einflußreichsten Persönlichkeiten der amer. und internationalen B.-Szene. Als Ghostwriter war er 1932/33 an R. Nijinskys Nijinsky-Biographie beteiligt. Seine wichtigsten Bücher sind u. a. *Dance* (1935), *Blast at Ballet, a Corrective for the American Audience* (1938), *The Classic Ballet, Basic Technique and Terminology* (mit M. Stuart, 1952), *Movement & Metapher* (1970), *The New York City Ballet* (1974) und *Nijinsky Dancing* (1975).

Kiss, Nora, frz. Tänzerin und Pädagogin, * 1908 Piatigorsk. Studierte bei V. Alexandrova, V. Brianza, A. Violinine und R. Sarkissian. Tanzte 1929–35 in verschiedenen frz. und russ. Komp.n (u. a. bei B. Romanow und G. Balanchine) und begann 1938 in Paris zu unterrichten, wo sie 1946 ein eigenes Studio eröffnete und lange Jahre zu den prominentesten Lehrerinnen ebd. gehörte. Zahlreiche Gastkurse auch im Ausland, u. a. Rom, Köln, Brüssel, Kopenhagen und Toronto.

Kisselgoff, Anna, amer. B.-Kritikerin, * 12. 1. 1938 Paris. Studierte am Bryn Mawr College und an der Columbia University. Tanzausbildung bei V. Belova und J. Yazvinsky. Tanzkritikerin der *New York Times* seit 1968 und seit 1977 deren Chefkritikerin und Redakteurin für Tanz.

Kistler, Darcy, amer. Tänzerin, * 1964 Riverside (Cal.). Studierte an der School of American B. Mitgl. des New York City B. 1980, Solistin 1981, Principal Dancer 1982. Rollenkreationen u. a. in P. Martins' *Geschichte vom Soldaten* (1981) und *Die Zauberflöte* (1982) sowie in J. Robbins' *Gershwin Concerto* (1982).

Kitahara, Hideteru, jap. Tänzer, Choreograph und B.-Direktor, * 12. 11. 1940 Lsesaki-shi.

Studierte an der Schule des Tschaikowsky Memorial B. in Tokio sowie mit A. Danilova, F. Franklin, A. Messerer und A. Warlamow. Tänzer beim Tschaikowsky Memorial B. seit 1961 und heute der führende Solist und Künstlerische Direktor der Komp.

Kivitt, Ted, amer. Tänzer und B.-Direktor, * 21. 12. 1942 Miami (Flo.). Studierte bei A. Gavriloff, T. Armour, J. A. Kneeland und G. Milenoff. Tanzte in Nightclubs und Musicals. Tänzer beim American B. Th. 1961, Solist 1964–80. Rollenkreationen u. a. in J. Robbins' *Les Noces* (1965) und M. Smuins *Gartenfest* (1968). Seit 1980 Künstlerischer Leiter des Milwaukee B. Verheiratet mit der Tänzerin Karena Brock.

Kjakscht, Lydia und Georg → Kyasht.

Klaus, François, frz. Tänzer, * 10. 11. 1947 Cannes. Studierte bei M. Besobrasova. Tänzer beim B. Classique de France, Stuttgarter B., Münchner Staatsopern-B. Erster Solist Hamburger Staatsoper seit 1973. Rollenkreationen in zahlreichen J. Neumeier-B.en, u. a. *Schumann* (1974), *Dritte Sinfonie von Gustav Mahler* (1975) und *Sommernachtstraum* (1977) sowie *Artus-Sage* (1983). Verheiratet mit der Tänzerin Robyn White.

Klaviervariationen (niederld. *Pianovariaties*), B.-Folge von H. van Manen. Die einzelnen, getrennt zur UA gelangten Stücke sind mit römischen Ziffern numeriert: I, Mus. J. S. Bach (3 Duette aus der Klavierübung 3, BWV 802, 804 und 805) und L. Dallapiccola (Tre episodi dal balletto *Marsia*), Kost.: J.-P. Vroom, 4. 11. 1980, Het Nationale Ballet, Stadsschouwburg, Amsterdam; II (*Sarcasmen*), Mus.: S. Prokofjew (5 *Sarcasmen*, op. 17), Dek.: G. Balanchine (später nicht mehr genannt), 28. 12. 1981, Het Nationale Ballet, Stadsschouwburg, Amsterdam; III (*Gnossiennes*), Mus.: E. Satie (*Gnossiennes* 1, 2 und 3), Kost.: Joop Stokvis, 25. 3. 1982, Het Nationale Ballet, Stadsschouwburg, Amsterdam; IV (*Pose*), Mus.: C. Debussy (*Etudes*, Nr. 12, 2, und 4), Dek.: J.-P. Vroom, 20. 10. 1982, Het Nationale Ballet, Theater Carré, Amsterdam; V (*Exposed*), Mus.: C. Debussy (*Etudes*, Nr. 1 und 10, *Morceau de Concours*, Nr. 6, und *Berceuse héroique*), Dek.: J.-P. Vroom, 18. 1. 1984, Het Nationale Ballet, Stadsschouwburg, Amsterdam. Es handelt sich um unterschiedlich besetzte, nicht zusammenhängende Stücke, die unterschiedliche Aspekte des Verhältnisses zwischen den Geschlechtern beleuchten.

Klebe, Giselher, dt. Komponist, * 28. 6. 1925 Mannheim. Komponierte die Musik zu den T. Gsovsky-B.en *Signale* (Berlin 1955), *Fleurenville* (Berlin 1956), *Menagerie* (Berlin 1958) und zu I. Keres' *Villons Testament* (Wiesbaden 1971).

Klemisch, Dietlinde, österr. Tänzerin, * 14. 9. 1938 Wien. Studierte ebd. an der B.-Schule der Staatsoper und bei N. Kiss. Mitgl. des Staatsopern-B.s 1952, Solotänzerin 1957 bis 1981. Rollenkreationen u. a. in den B.en von E. Hanka, A. von Milloss und W. Orlikowsky.

Kleopatra-Ballette. Der Stoff der Liebesbeziehungen der ägypt. Königin zu Cäsar und Marc Anton und ihr Tod ist häufig als Thema für B.e benutzt worden. G. Angiolini schuf 1762 zur Musik von ihm selbst für Wien *La Morte di Cleopatra.* In Ludwigsburg choreographierte Noverre 1765 ein *K.*-B. Es folgten Gius. Canciani (Venedig 1778), Franc. Clerico (Wien 1800), Jean Aumer (*Les Amours d'Antoine et de Cléopâtre*, Mus.: R. Kreutzer, Opéra, Paris 1808), *K.*-B.e des 20. Jh.s: *Antoine et Cléopâtre* von I. Rubinstein (Mus.: Fl. Schmitt, Paris 1920), H. Haas (*Legende vom Nil*, Mus.: Ernst Ludwig, Weimar 1948), L. Tschernyschow (*Antonius und Kleopatra*, Mus.: Ed. Lasarew, Maly-B., Leningrad 1968), U. dell'Ara (*Notte egiziane*, Mus.: Prokofjew, Mailand 1971), M. Louis (*Cleopatra*, Kopenhagen 1976). (Über Fokines *Ägyptische Nächte*, St. Petersburg, 1908 → *Cléopâtre*.)

Klos, Dieter, dt. Tänzer und B.-Meister, * 16. 2. 1931 Essen. Studierte ebd. an der Folkwang-Schule und in New York an der B. Th. School und International B. School. Tänzer beim Folkwang-Tanz-Th., in Düsseldorf, bei den Komp.n von J. Charrat, M. Béjart und am Broadway. B.-Meister Essen 1963–67, Gelsenkirchen 1967–71, Bonn 1971–73 und Hannover seit 1976.

Klos, Vladimir, tschech.-dt. Tänzer, * 1. 7. 1946 Prag. Studierte ebd. am Konservatorium und an der B.-Schule des National-Th.s. Mitgl. des Prager Studio B.s, dann Stuttgarter B. seit 1968, Solist 1973. Rollenkreationen u. a. in J. Crankos *Brouillards* (1970) und J. Neumeiers *Kameliendame* (1978) und *Endstation Sehnsucht* (1983).

Klytämnestra-Ballette. Die Gemahlin des Agamemnon, Mutter von Elektra, Chrysothemis und Orest, die ihren Gatten ermorden ließ, ist die Zentralfigur in M. Grahams *Clytemnestra* (Mus.: Halim El-Dabh, 1958), begegnet aber auch in Noverres *Der gerächte Agamemnon* (Mus.: F. Aspelmayer, Wien 1771, nicht 1772!), T. Gsovskys *Schwarze Sonne* (Mus.: H. F. Hartig, 1959), J. Charrats *Electre* (Mus.: H. Pousseur, 1960), R. Helpmanns *Electra* (Mus.: M. Arnold, 1963) und N. A. Dolguschins *K.* (Mus.: Gluck, Maly-Th., 1972). (→ *Agamemnon*-Ballette, → *Elektra*-Ballette.)

Knaflewsky, Ursula, dt. Tänzerin und Pädagogin, * 1924 Hamburg. Studierte beim Kinder-B. des Hamburger Stadt-Th.s. Tänzerin ebd. an der Staatsoper 1941. Seit ihrer 1950 erfolgten Begegnung mit dem Flamenco ganz auf den Span. Tanz konzentriert. Studierte bei El Estampio, La Quica, El Cojo u. a. Eröffnete 1956 ein eigenes Studio für B.- und Nationaltanz in Hamburg, dort auch Vorst.en mit eigenem Ens. Solotänzerin und Trainingsleiterin beim B. der Dt. Oper am Rhein in Düsseldorf 1961–64. Seit 1964 Dozentin für Flamenco, Kastagnettentechnik und Nationaltanz am Kölner Institut für Bühnentanz, schon seit 1963 auch als Dozentin für Span. Tanz bei der Kölner Sommerakademie. Gastkurse für Span. Tanz in Sitges, Amsterdam und Rotterdam.

Kniaseff, Boris, russ.-frz. Tänzer und Pädagoge, * 1. 7. 1900 St. Petersburg, † 7. 10. 1975 Paris. Studierte bei K. Goleisowsky, M. Mordkin und L. Nelikowa. Tänzer bei verschiedenen frz. und russ. Komp.n 1921–32, häufig als Partner von O. Spessiwtzewa. B.-Meister an der Pariser Opéra Comique. Eröffnete 1937 ein eigenes Studio in Paris, später auch in Lausanne, Genf, Rom und Athen. B.-Meister bei verschiedenen Komp.n, gewann seinen weltweiten Ruf vor allem als Pädagoge, als der er ein eigenes Trainingssystem entwickelte, das das übliche Stangenexercise durch Übungen ersetzt, die auf dem Boden liegend ausgeführt werden (*barre par terre*).

Knill, Hans, schweiz. Tänzer und B.-Meister, * 18. 2. 1941 Schaffhausen. Studierte bei H. Bamert, H. Plucis, F. Stebler und R. Casenave. Tänzer bei der Komp. von J. Charrat, in Genf und seit 1967 beim Nederlands Dans Th., wo er seit 1973 B.-Meister ist. Heute Künstlerischer Kodirektor (zus. mit J. Kylián). Zahlreiche Rollenkreationen in B.en von H. van Manen und G. Tetley.

Knütter, Hans, dt. Tänzer und B.-Meister, * 12. 10. 1940 Berlin. Studierte bei T. Gsovsky. Tänzer an der Dt. Staatsoper in Ost-Berlin bis 1961, Dt. Oper Berlin 1961–64, Frankfurt a. M. 1965–68. B.-Meister in Basel 1968–71 und seit 1971 am Münchner Th. am Gärtnerplatz.

Knust, Albrecht, dt. Pädagoge und Kinetograph, * 5. 10. 1896 Hamburg, † 19. 3. 1978 Essen. Studierte bei Laban, machte 1923 sein Diplom als Bewegungschorleiter, wurde Lehrer und 1925–34 Leiter der Hamburger Laban-Schule. Spezialisierte sich dann auf die von Laban entwickelte Bewegungsschrift, die Kinetographie Laban (im Ausland: Labanotation), die er vervollkommnete und weiterentwickelte, war 1939–45 Kinetograph der Bayer. Staatsoper und wirkte von 1951 bis zu seinem Tode als Leiter des Studios für Kinetographie an der Essener Folkwang-Hochschule. Seine zahlreichen Vortragsreisen, Gastdozenturen und Publikationen haben ihm international zu seinem bedeutenden Ruf verholfen. Autor von *Abriß der Kinetographie Laban*, München 1942, erw. Neuaufl. Hamburg 1956.

Kochno, Boris, russ.-frz. B.-Schriftsteller, * 3. 1. 1904 Moskau. Als Freund und Sekretär Diaghilews wurde er 1923 Mitgl. der B.s Russes, für die er die Libretti zu *Les Fâcheux* (1924), *Zéphire et Flore, Les Matelots* (beide 1925), *La Pastorale* (1926), *La Chatte* (1927), *Ode, The Gods Go a-Begging* (beide 1928), *Le Bal* und *Der verlorene Sohn* (beide 1929) schrieb. Künstlerischer Berater beim B. Russe de Monte Carlo. Schrieb weiter die Libretti für *Cotillon* und *Jeux d'enfants* (1932). Mitbegründer (neben G. Balanchine) von Les B.s 1933.

Nach 1945 arbeitete er mit R. Petit zusammen und wurde Mitbegründer der B.s des Champs-Elysées. Weitere Libretti für *Les Forains* (1945), *Les Amours de Jupiter, Le Bal des blanchisseuses* (beide 1946) und *Paris* (1964). Buchautor von *Le Ballet* (1954) und *Diaghilev et Les Ballets Russes* (1970). Einige seiner B.-Libretti wurden unter dem Pseudonym Sobeka veröffentlicht.

Kodály, Zoltán, ung. Komponist, * 16. 12. 1882 Kecskemét, † 6. 3. 1967 Budapest. Schrieb keine B.-Musik, doch sind Konzertstücke von ihm oft B.en unterlegt worden – u. a. von M. Graham in *Lamentation* (New York 1930), A. von Milloss in *Kurucz Mese* (*Tänze aus Galanta* und *Tänze aus Maroszek*, Budapest 1935), J. Limón in *Missa brevis in tempore belli* (New York 1958) und I. Eck in *Variationen über das Volkslied ›Der Pfau‹* (B. Sopianae, 1971).

Köchermann, Rainer, dt. Tänzer, B.-Meister und Choreograph, * 3. 2. 1930 Chemnitz. Studierte bei T. Gsovsky, G. Blank, V. Gsovsky und W. Gore. Tänzer an der Dt. Staatsoper Ost-Berlin 1949–51, Solist Dt. Oper Berlin 1951–55, Frankfurt a. M. 1955–59, Hamburger Staatsoper 1960–73. Zahlreiche Rollenkreationen in B.en von u. a. T. Gsovsky, G. Blank, W. Gore und P. van Dyk. B.-Meister und Choreograph Osnabrück 1974–76, Saarbrücken 1976 bis 1981.

Koegler, Horst, dt. B.- und Musikkritiker und Redakteur, * 22. 3. 1927 Neuruppin. Studierte an der Universität Kiel und Th.-Hochschule Halle (Saale). Dramaturg und Opernregisseur am Gerhart Hauptmann Th. Görlitz 1949–51. B.-Kritiker der *Welt* (1957–59), *Stuttgarter Zeitung* seit 1959, Musikredakteur seit 1977. Deutschland-Korrespondent *Dance and Dancers, Ballett News* und *Les saisons de la danse*. Buchautor von u. a. *Ballett international* (1960), *Yvonne Georgi* (1963), *Balanchine und das moderne Ballett* (1964), *Friedrichs Ballettlexikon von A–Z* (1972), *In the Shadow of the Swastika – Dance in Germany 1927–1936* (*Dance Perspectives 57*, 1974) und *The Concise Oxford Dictionary of Ballet* (1977, [2]1982). Schrieb *›Dance, Western‹* für *Encyclopedia Britannica* (1974). Mitherausgeber des dt. B.-Jahrbuchs seit *Ballett 1965*.

Köhler-Richter, Emmy, dt. Tänzerin, Choreographin und B.-Direktorin, * 9. 2. 1918 Gera. Studium bei M. Wigman in Dresden und T. Gsovsky in Berlin, als Tänzerin in mehreren dt. Städten engagiert, 1947–51 B.-Meisterin in Köln, 1953–55 in Basel, 1956–68 in Weimar. 1958–78 war sie B.-Direktorin und Chefchoreographin der Städt. Th. in Leipzig. Dank ihrer eigenwilligen Klassiker-Prod.en (*Dornröschen, Schwanensee, Esmeralda*) und ihrer nicht weniger eigenwilligen Insz.en solcher Standardwerke wie *Abraxas, Legende von der Liebe* (Mus.: Arif Melikow), *Romeo und Julia* (Mus.: Prokofjew) und *Eine Tochter Kastiliens* (Mus.: Glière, dt. EA 1960), zu denen noch eigene Werke wie *Das Fanal* (ein Spartakus-B., Mus.: Wolfg. Hohensee, 1961) und *Thijl Uilenspiegel* (Mus.: Uwe Ködderitzsch, 1965) hinzukommen, hat sie dem Leipziger Opern-B. zu einem führenden Platz unter den B.-Komp.n der DDR verholfen.

Kölling, Rudolf, dt. Tänzer, Choreograph und Pädagoge, * 9. 2. 1904 Hannover, † 5. 5. 1970 Münster. Wurde ausgebildet in der Opern-B.-Schule von Hannover, bei Laban und M. Wigman, ging dann als Solotänzer 1924 an die Berliner Staatsoper, gehörte zu den »Sechs von der Staatsoper«, die Anfang der dreißiger Jahre zahlreiche Tourneen unternahmen, war von 1934 bis zur Einstellung des Th.-Betriebs (1944) B.-Meister des Dt. Opernhauses in Berlin. Nach 1945 war er als B.-Meister an der Städt. Oper Berlin, in Weimar, Ost-Berlin (Metropol-Th.), 1948–50 in München (Staatsoper) und 1955–64 in Münster engagiert. Eigene Ch.n von ihm waren u. a. *Der Stralauer Fischzug* (Mus.: L. Spies, 1936), *Die Gaunerstreiche der Courasche* (Mus.: R. Mohaupt, 1936), *Apollo und Daphne* (Mus.: Spies, 1936) und *Die Sonne lacht* (abendfüllend, Mus.: Spies, 1942). An der Bayer. Staatsoper choreographierte er 1949 die erste dt. Nachkriegs-Auff. von Strawinskys *Sacre du printemps*.

Köllinger, Bernd, dt. B.-Direktor und Librettist, * 11. 9. 1944 Saalfeld. Studierte in Leipzig an der Fachschule für Tanz, der Universität und der Th.-Hochschule. Wissenschaftlicher Mitarbeiter für Bühnentanz im Verband der Th.-Schaffenden der DDR 1971–73. Seit 1974 B.-Direktor der Komischen Oper in Ost-Berlin. Schrieb das Libr. zu G. Krätkes *Bernarda Albas*

Haus (1974) sowie zu T. Schillings *Schwarze Vögel* (1975), *Göttliche Komödie, Menschliche Komödie* (beide 1976), *Revue* (1977), *Schwanensee* (neues Libr. auf der Grundlage der Originalpartitur von Tschaikowsky, 1978), *Pastorale* (1979), *Ein neuer Sommernachtstraum, Don Parasol* (beide 1981) und *Carnaval* (1982). Autor von *Der Tanz – Zehn Versuche* (1975) und *Tanztheater – Tom Schilling und die zeitgenössische Choreographie* (1983). Dozent für Tanztheorie und B.-Dramaturgie an der Leipziger Th.-Hochschule.

Köln. Obgleich Tanz und B. in vielerlei Form in den verschiedenen theatralischen Darbietungen von jeher hier eine große Rolle gespielt haben und die Tanzcorps der diversen Karnevalsgesellschaften über eine bedeutende lokale Tradition verfügen, kam es erst relativ spät zu separaten B.-Darbietungen im Rahmen der lokalen Th.-Komp.n. Eine etwas zweifelhafte Berühmtheit erlangte K., als in der Insz. von Hans Strohbach 1926 Bartóks *Wunderbarer Mandarin* hier zur UA kam und aus moralischen Gründen auf Betreiben des damaligen Oberbürgermeisters K. Adenauer sofort wieder abgesetzt werden mußte. 1930 gelangte hier erstmalig außerhalb der Diaghilew-Komp. Strawinskys *Sacre du printemps* zur Auff. (bereits im Mai, also noch vor New York – die Ch. hatte Lazar Galpern angelegt, die Insz. wurde dann vom Intendanten Prof. Max Hofmüller zu Ende geführt, mit Ruth Marcus und K. Bergeest in den Hauptrollen). Weitere interessante Prod.en waren u. a. Iril Gadescows *Mercure* (Mus.: Satie, 1930), Inge Hertings *Auf der Alm* (zu W. Egks *Georgica*, 1935) und *Des Kaisers neue Kleider* (Mus.: J. Françaix, 1937). Gegen Ende der dreißiger Jahre zog die unabhängig vom Th. existierende Tanzgruppe von E. Lang durch ihre Märchen-B.e einige Aufmerksamkeit auf sich. Nach 1945 setzte eine kontinuierliche B.-Pflege erst wieder unter K. Bergeest ein, der hier 1951–56 B.-Meister war und in enger Zusammenarbeit mit L. Czobel und z. T. auch A. von Swaine eine Reihe von B.en choreographierte, die auch über K. hinaus Beachtung fanden, darunter die dt. EA von Barbers *Medea* (1954). Seine Nachfolgerin war L. Kretschmar 1956–59. Internationalen Zuschnitt erhielt die B.-Arbeit durch das Wirken von A. von Milloss 1960–63, der zusätzlich zu seiner eigenen choreogr. Aktivität auch eine Reihe renommierter Gastchoreographen nach K. einlud – so choreographierte M. Béjart für K. 1962 die UA von P. Henrys *Die Reise* – und 1961 die Verlegung der Internationalen Sommerakademie des Tanzes von Krefeld nach Köln in die Wege leitete, die nach wie vor einer der stärksten Aktivposten der K.er B.-Szene ist. Milloss war auch der erste Direktor des ebenfalls 1961 ins Leben gerufenen, der Rheinischen Musikschule angegliederten Instituts für Bühnentanz, das 1965 auch dem bis dahin in Hamburg von K. Peters aufgebauten Tanzarchiv eine temporäre (inzwischen wieder reprivatisierte) Heimstätte bot. Milloss-Nachfolger waren 1963–66 T. Bolender und 1966–69 G. Furtwängler, die sich nachdrücklich für die Förderungen des Choreographen-Nachwuchses einsetzten, von denen sich J. Ulrich, H. Baumann und J. Burth sowie G. Veredon so profilierten, daß sie die zur Spielzeit 1971/72 vollkommen reorganisierte und als Tanz-Forum Köln neustrukturierte Komp. in kollektiver Direktion übernehmen konnten (seit 1978 ist Ulrich alleiniger Direktor). Unter dem neuen Namen konnte die um ein dezidiert zeitgenössisches Rep. bemühte Komp. auch international zunehmend Aufmerksamkeit auf sich ziehen, wozu außer den Kreationen insbesondere von Ulrich und seinen Kollegen auch die kontinuierlich betriebene Zusammenarbeit mit Choreographen wie Chr. Bruce, G. Tetley und, besonders intensiv, H. van Manen (daneben wird auch das K.-Jooss-Rep. speziell gepflegt) beitrug, so daß K. heute neben Wuppertal als die profilierteste Plattform des modernen Tanz-Th.s in der Bundesrepublik gilt – ein Renommee, das sie auch der jährlich in Zusammenhang mit der Sommerakademie veranstalteten Woche des Modernen Tanzes und dem Choreogr. Wettbewerb verdankt. Weitere beträchtliche Aktivitäten, besonders auch auf dem Gebiete des Laientanzes, gehen von der seit Ende der siebziger Jahre hier ansässigen Deutschen B.-Bühne (die kein Th.-Unternehmen, sondern ein Verein tanzengagierter Interessenten ist) aus, die auch hinter der vom B.-Bühnen-Verlag herausgegebenen Zeitschrift *Ballett International* steht.

Königlich Dänisches Ballett. Hof-B.e sind in Kopenhagen seit der zweiten Hälfte des 16. Jh.s nachweisbar. Im Lille Grönegade Th. (1722)

und im Kgl. Th. am Kongens Nytorv (1748) wurde das B. von ital. und frz. B.-Meistern beherrscht. Pierre Laurent gründete 1771 eine reguläre B.-Schule. Zwischen 1775 und 1811 erlebte die Komp. ihre erste Blütezeit unter dem Florentiner V. Galeotti, dessen B. *Amor und die Launen des Ballettmeisters* (1786) sich bis heute in der originalen Ch. im Spielplan gehalten hat. Aber auch seine B.e nach Stoffen von Voltaire und Shakespeare sowie seine Exkurse in die skand. Geschichte erfreuten sich großer Beliebtheit. Der frz. Tänzer Antoine Bournonville, der 1792 nach Kopenhagen gekommen war, war als Nachfolger von Galeotti nur der Steigbügelhalter für seinen Sohn August Bournonville (1805–79), den größten Choreographen und B.-Meister, den das dän. B. je hervorgebracht hat und darüber hinaus ein außerordentlich erfolgreicher Pädagoge, der das dän. B.-Schulsystem von Grund auf reformierte. Von 1829 bis kurz vor seinem Tode kontrollierte er die Geschicke der Schule und der Komp., die ihm ihren weltweiten Ruf verdanken. Von seinem halben Hundert für Kopenhagen kreierten B.en bilden knapp zehn bis heute den Klassikerstamm des dän. Rep.s – darunter so beliebte Werke wie *La Sylphide* (1836), *Napoli* (1842), *Konservatorium* (1849), *Kirmes in Brügge* (1851), *Eine Volkssage* (1854) und *Fern von Dänemark* (1860). Seine beiden Schüler H. Beck und V. Borchsenius versuchten als Nachfolger Bournonvilles Erbe zu konservieren, doch war der Abstieg der Komp. nicht zu übersehen. Obgleich M. Fokine und G. Balanchine Ende der zwanziger und Anfang der dreißiger Jahre einige Einst.en übernahmen, fehlte es doch an repertoirebeständigen eigenen Kreationen. Erst in den vierziger und fünfziger Jahren nahm die Komp. unter der straffen Leitung von H. Lander einen neuen Aufschwung und zog jetzt erstmalig auch internationale Aufmerksamkeit auf sich, die durch die ersten Auslandsgastspiele noch verstärkt wurden und zu einer regelrechten Bournonville-Renaissance führten. Als erstes dän. B. des 20. Jh.s fanden Landers *Études* (1948) Eingang ins Welt-Rep. Nach Landers Übersiedlung nach Paris (1952) gab es eine erneute Periode der Instabilität, die durch häufige Direktionswechsel und das Engagement prominenter Gastchoreographen (u. a. Balanchine, J. Robbins, F. Ashton, R. Petit, K. MacMillan und B. Cullberg) gekennzeichnet war, bis F. Flindt 1966 die Direktion übernahm und dem Rep. durch Neueinst.en der Bournonville-Klassiker, Eigenprod.en und den Import wesentlicher Gast-Ch.en ein neues Fundament zu geben versuchte, bis er 1979 von H. Kronstam abgelöst wurde, der sich um eine weitere Konsolidierung des modernen Rep.s als Gegengewicht zu den nach wie vor mit außerordentlicher Sorgfalt konservierten Bournonville-Klassikern bemüht zeigt. Unbeeinflußt vom Auf und Ab der choreogr. Entwicklung hat die Komp. auch im 20. Jh. niemals Mangel an interessanten Tänzerpersönlichkeiten gehabt. Margot Lander und Børge Ralov, die in den dreißiger und vierziger Jahren aktiv waren, wurden abgelöst von Mona Vangsaae, Kirsten Ralov und Marg. Schanne, während Toni Lander und Erik Bruhn international Karriere machten und auch Kronstam und Flindt häufig im Ausland gastierten. Heute stehen A. Dybdal, S. Englund, L. Hindberg, M. Hønningen, L. Jeppesen, K. Simone, S. Østergaard, F. Andersen, F. Bjørnsson, J. Eliasen, P. Jacobsen, N. Kehlet, H. Kronstam, N. B. Larsen, F. Ryberg und A. Villumsen an der Spitze der Komp., die das Hauptkontingent ihrer Tänzer nach wie vor aus der angegliederten Schule bezieht, welche in den fünfziger Jahren von V. Volkova entscheidende neue Impulse erhielt.

Königlich Schwedisches Ballett. Unter dem frz. B.-Meister Antoine de Beaulieu fand 1683 die erste Hof-B.-Vorst. in Schweden statt. Für das 1775 in Stockholm gegründete Opernhaus wurde dann der frz. B.-Meister Louis Gallodier verpflichtet, dessen Komp. 24 Tänzer zählte. Zehn Jahre später bestand die Komp. bereits aus 72 Tänzern, unter denen sich auch ein paar Schweden befanden. Unter Gustav III. erfreute sich das B. ausgesprochener Beliebtheit. Antoine Bournonville (der Vater von August B.) und Jean Marcadet reüssierten als Choreographen. Ch. Didelot wurde zwar in Stockholm geboren, machte jedoch im Ausland Karriere. Filippo Taglioni wurde 1818 B.-Meister, seine hier geborene Tochter Marie wuchs jedoch im Ausland auf und kehrte nur sehr gelegentlich als Gast nach Stockholm zurück. Ein weiterer Verlust war der außerordentlich begabte Premier danseur und spätere berühmte Pädagoge Chr. Johansson, der mit der Taglioni nach Rußland ging und dort blieb. Der erste schwed. B.-Meister von Rang war Anders Selinder, ein Zeitgenosse von A. Bournonville, der seine B.e gern auf Folklorematerial gründete. Auch Bournonville jr. wirkte verschiedentlich in Stockholm. Die Komp. erlitt dann in der zweiten Hälfte des 19. Jh.s einen Niedergang, von dem sie sich erst wieder leicht erholte, als das Ehepaar Fokine 1913 nach Stockholm kam, einige der Fokine-B.e einstudierte und den Nachwuchsbegabungen neue Hoffnung gab, die sich dann allerdings wieder im Ausland, bei den 1920–25 in Paris ansässigen B.s Suédois von R. de Marée realisierte. Fokine kam zwar öfter nach Stockholm, doch gab es keine kontinuierliche B.-Pflege. 1928 wurde der Pole Jan Cieplinski als B.-Meister verpflichtet, 1931 kam der Laban-Schüler J. Algo, der 1940 von dem russ. orientierten Finnen G. Gé abgelöst wurde. Das tanzinteressierte Publikum wandte sich unterdessen mehr und mehr dem Modern Dance zu, der mit I. Duncans erstem Gastspiel 1906 triumphalen Einzug in Stockholm gehalten hatte. Man war viel mehr beeindruckt von Persönlichkeiten wie K. Jooss, M. Wigman und H. Kreutzberg, und es war ihre Richtung, der sich choreogr. ambitionierte Nachwuchstänzer wie Cullberg und I. Cramér anschlossen, als sie ihre eigenen Gruppen gründeten. Einen neuen Beginn gab es 1950 mit der Berufung von A. Tudor als B.-Direktor, der 1953 von M. Skeaping abgelöst wurde, die sich auf die Klassikerpflege konzentrierte. Auch das moderne Rep. erhielt neuen Auftrieb durch Arbeiten von u. a. Cullberg (*Fräulein Julie, Medea*) und Cramér (*Der verlorene Sohn*). Tudor kehrte gelegentlich zurück und das Rep. wurde erweitert durch B.e u. a. von G. Balanchine und L. Massine, in jüngerer Vergangenheit auch durch Arbeiten von u. a. J. Robbins, J. Limón, G. Tetley, K. MacMillan, R. Nurejew, E. Feld, J. Cranko, J. Kylián und H. Spoerli. Als B.-Direktoren folgten aufeinander B. Macdonald 1964–66, E. Bruhn 1967–71, James Moore 1972–75, Cramér 1975–80, Gunilla Roempke 1980–84 und seither E. Madsen. Die Komp. zählt in der Spielzeit 1982/83 68 Corps-de-b.-Tänzer (38 plus 30). Solisten sind A. Alhanko, K. Lidström, A. Strüwer, N. Ek, N.-A. Häggbom, I. Kisch und P.-A. Segerström.

Köster, Liselotte, dt. Tänzerin, * 1911 Berlin. Ab 1928/29 an der Berliner Staatsoper engagiert, 1935/36 am Dt. Opernhaus, dem sie bis zur 1944 erfolgten Th.-Schließung angehörte. Ab 1945 wieder Solotänzerin bei der Städt. Oper Berlin (1959/60, danach noch vereinzelt als Gastballerina). Sie war eine der persönlichkeitsstärksten Tänzerinnen der dt. B.-Szene und kreierte eine große Zahl von Charakterrollen – u. a. in R. Köllings *Der Stralauer Fischzug* und *Die Gaunerstreiche der Courasche* (beide 1936), J. Keiths *Josephslegende* (1946), J. Charrats *Abraxas* (alternativ mit Charrat als Archisposa, 1949), G. Blanks *Lysistrata* (1951) und T. Gsovskys *Hamlet* (1953). Mit ihrem Gatten, dem Tänzer Jockel Stahl, trat sie in zahllosen Solotanzabenden – auch im Ausland – auf.

Kolo, Sammelname für die jugosl. Reigen, die mit kleinen Schritten, gelegentlich aber auch mit Sprüngen ausgeführt werden. Die Tänzer sind dabei im Kreis oder in einer Reihe geordnet. Sie fassen sich an den Händen oder legen die Arme einander auf die Schultern. – Ein K. bildet den Beschluß des B.s *Der Teufel im Dorf* (1939) von P. und P. Mlakar. – K. heißt auch das 1948 gegründete, in Belgrad ansässige serb. Volkstanz-Ens., das durch seine Tourneen in der ganzen Welt bekannt geworden ist.

Kolossowa, Eugenia, russ. Tänzerin, * 1780, † 1869 (Geburts- und Sterbeort nicht bekannt). Von I. Walberg besonders protegiert, war sie Didelots favorisierte Ballerina während seiner Jahre in St. Petersburg, hatte ihre größten Erfolge in Didelots *Die ungarische Hütte* und *Raoul de Créquis* und begeisterte vor allem durch ihre dramatische Ausdruckskraft, war aber auch in den russ. Nationaltänzen beliebt. Als Didelot für einige Jahre (1811–16) Rußland verließ, vertraute er ihr die Leitung der Schule an, deren Niveau sie noch verbessern konnte.

Kolpakowa, Irina Alexandrowna, sowj. Tänzerin, * 22. 5. 1933 Leningrad. Studierte ebd. an der B.-Schule bei A. Waganowa. Wurde nach ihrem Examen 1951 Mitgl. des Kirow-B.s, wo sie rasch avancierte und zu dessen führenden Ballerinen sie nach wie vor gehört. Rollenkreationen u. a. in J. Grigorowitschs *Steinerner Blume* (1957) und *Legende der Liebe* (1961), I. Belskis *Küste der Hoffnung* (1959), G. Alexidzes *Ala und Lolly* (1969) und Kassatkina-Wassiljows *Die Erschaffung der Welt* (1971). Ihre berühmtesten Rollen sind Giselle, Mascha (*Der eherne Reiter*), Raymonda und Aurora. In einer ihr gewidmeten Gala-Vorst. kreierte sie 1969 Rollen in B.en von Alexidze, I. Tschernischow und O. Winogradow. Verheiratet mit dem Tänzer Wladilen Semjonow.

Komlewa, Gabriella Trofimowna, sowj. Tänzerin, * 27. 12. 1938 Leningrad. Studierte ebd. an der B.-Schule und wurde nach ihrem Examen 1957 Mitgl. des Kirow-B.s, wo sie schon bald die Ballerinenrollen des klassischen und modernen Rep.s tanzte. Rollenkreation in O. Winogradows *Gorianka* (1968). Ihre besten Rollen sind Aurora, Raymonda, Nikija (*La Bayadère*) und das Mädchen in *Leningrader Sinfonie.*

Kondratjewa, Marina Viktorowna, sowj. Tänzerin, * 1. 2. 1934 Leningrad. Studierte an der Moskauer Bolschoi-B.-Schule und wurde nach ihrem Examen 1952 Mitgl. des Bolschoi-B.s, wo sie schon im folgenden Jahr Ballerinenrollen tanzte. Kreierte 1960 die Muse in L. Lawrowskis *Paganini* und alternativ (mit M. Plissetzkaja) 1972 die Titelrolle in Plissetzkajas *Anna Karenina.* Ihre besten Rollen sind Giselle, Aurora, Maria (in *Fontäne von Bachtschissaray*) und *Aschenbrödel.*

Kondratow, Juri Grigoriewitsch, sowj. Tänzer und Pädagoge, * 6. 2. 1921 Moskau, † 15. 7. 1967 ebd. Studierte an der Moskauer Choreogr. Schule, machte 1940 sein Examen und gehörte 1940–59 als Mitgl. des Bolschoi-B.s zu den profiliertesten Premiers danseurs der Komp. Als ständiger Partner von G. Ulanowa, die mit ihm 1951 ihr erstes westl. Auslandsgastspiel in Florenz absolvierte, genoß er hohes Ansehen. Er kreierte 1949 den Fabrizio in W. Wainonens *Mirandolina*, wurde 1961 Künstlerischer Direktor am Moskauer Choreogr. Institut und später Direktor des Staatl. Eis-B.s der UdSSR.

Koner, Pauline, amer. Tänzerin, Choreographin und Pädagogin, * 1912 New York. Studierte bei Fokine, Michio Ito und Angelo Cansino, debütierte 1926 in der Fokine-Komp., gab 1930 in New York ihren ersten Solotanzabend und machte dann ihre Karriere als Konzerttänzerin. Sie wurde eine der führenden Repräsentantinnen des sozial-humanistisch engagierten Modern Dance der dreißiger Jahre. D. Humphrey übte einen großen Einfluß auf sie aus. Von 1946–60 tanzte sie hauptsächlich mit der Limón-Komp., wo sie u. a. Rollen in Limóns *La Malinche* und *The Moor's Pavane* (beide 1949) und D. Humphreys *Ruins and Visions* (1953) kreierte. Im Jahr 1949 gründete sie eine eigene Komp., mit der sie ausgedehnte Tourneen, auch nach Europa und Asien, unternommen hat. Für die 1958 verstorbene D. Humphrey schuf sie 1962 als Memorial ihr wohl schönstes Solo: *The Farewell* (Mus.: Mahlers Lied von der Erde, letzter Satz). Neuere Werke: *Solitary Songs* I–IV (1963–75) und das dreiteilige Werk *Flight* (1979).

Konservatorium oder Eine Heiratsanzeige (dän. Originaltitel: *Konservatoriet eller Et Avisfrieri*), Vaudeville-B. in 2 Akten, Ch.: A. Bournonville, Mus.: H. S. Paulli; UA 6. 5. 1849, Kgl. Dän. B., Kopenhagen. – Die Handlung spielt in einer B.-Klasse des Pariser Konservatoriums und verbindet eine Liebesgeschichte mit einem Training à la Vestris.

Lit.: P. Brinson / C. Crisp, in: *Ballet & Dance*, Newton Abbot 1980.

Konzert für Flöte und Harfe, B. in 3 Sätzen, Ch.: J. Cranko, Mus.: Mozart; UA 26. 3. 1966, Stuttgart, mit A. Cardus, Ilse Wiedmann, B. Berg, R. Cragun und 10 Herren. – Zu Mozarts C-Dur-Konzert, KV 229, hat Cranko dieses handlungslose B. choreographiert, das seinen spezifischen Reiz durch die ungewöhnliche Konfrontation von 2 Solopaaren mit einer ausschließlich männlichen Corps-Equipe erhält. – Auf den Auslandstourneen wird das B. meist unter dem Titel *Mozart Concerto* gegeben.

Lit.: O. F. Regner / H.-L. Schneiders, in: *Reclams Ballettführer*, Stuttgart [8]1980.

Korsar, Der → *Corsaire, Le.*

Koschelew, Wladimir Arkadjewitsch, sowj. Tänzer, * 24. 1. 1938 Moskau. Studierte ebd. an der Bolschoi-B.-Schule und wurde nach seinem Examen 1956 Mitgl. des Bolschoi-B.s, wo er sich rasch als einer der besten Demi-caractère-Solisten profilierte. Rollenkreationen u. a. in Kassatkina-Wassiljows *Vanina Vanini* (1962) und *Heroisches Poem* (1964) sowie als Narr in J. Grigorowitschs *Schwanensee* (1969).

Koslov, Leonid und Valentina, sowj. Tänzerehepaar, L. K. * 1947, V. K. * 1955, beide Moskau. Studierten beide ebd. an der Bolschoi-B.-Schule, wo er 1965 und sie 1973 ihr Examen machten und anschließend Mitgl.er des Bolschoi-B.s wurden, dem sie bis 1979 angehörten, als sie sich bei einer USA-Tournee der Komp. in Los Angeles entschlossen, nicht nach Moskau zurückzukehren. Seither zahlreiche Engagements als Gastpaar überwiegend bei kleineren Komp.n, aber 1981 auch als Principal Artists beim Australian B. Seit 1983 beide Principal Dancers beim New York City B.

Kovach and Rabovksy, ung.-amer. Tänzer- und Pädagogen-Ehepaar, Nóra K. * 1931 Satoraljaujhely, István R. * 1930 Szeged. Studierten an der Budapester B.-Schule und in Leningrad und waren beide Mitgl.er des Budapester Staatsopern-B.s, von dem sie sich bei einem Ost-Berlin-Gastspiel 1953 absetzten und unter Schlagzeilen-machenden Begleitumständen in den Westen flüchteten. Sie tanzten kurz beim London Festival B. und gingen dann in die USA, wo sie zunächst mit einer kleineren Tänzertruppe ausgedehnte Tourneen unternahmen und vorwiegend in Nachtclubs und Luxushotels auftraten und später eine Schule in Beechhurst (N.Y.) gründeten. Gemeinsam verfaßten sie das Buch *Leap through the Curtain* (1955).

Kowtun, Valeri Petrowitsch, sowj. Tänzer, * 22. 10. 1944 Donetsk. Studierte an der B.-Schule in Kiew, wo er 1965 sein Examen machte. Mitgl. des B.s in Charkow 1965–68 und seither Solist in Kiew.

Kozeluch, Leopold Anton, böhm. Komponist, * 9. 12. 1752 Welwarm, † 7. 5. 1818 Wien. Hatte 1771 in Prag seinen ersten Erfolg als B.-Komponist und schrieb in den nächsten 6 Jahren weitere 24 B.e und B.-Pantomimen, bevor er 1778 nach Wien übersiedelte. B.-Titel von ihm waren u. a. *La Principessa Adelaisa ritrovata ovvere, Die wiedergefundene Tochter Ottos III., Kaisers der Deutschen* (Ch.: A. Muzzarelli, Wiener Burg-Th., 1794), *La Tempestà di Telemacco* (Wien 1798), *Die Maskerade oder Harlekins verschmitzte Streiche* (Ch.: F. Clerico, Wiener Kärtnertor-Th., 1799), *La Morte di Ottone II imperatore* und ein B. zur Krönung Leopolds II., 1791.

Krätke, Grita, dt. Tänzerin, Choreographin und Pädagogin, * 11. 6. 1907 Leipzig. Studierte an der Kinder-B.-Schule des Stadt-Th.s Kiel, der Kieler Laban-Schule, der Essener Folkwang-Schule, später auch in London, Leningrad und Moskau. War 1925–29 in Kiel engagiert, arbeitete dann freischaffend 1930–41 (eigene Schulen in Wuppertal und Schwerin). Tänzerin am Dt. Th. in Lille 1942/43 und beim KDF-B. 1943–45. B.-Chefin in Schwerin 1945–51, Pädagogin an der Staatl. B.-Schule in Ost-Berlin 1951–62, B.-Meisterin und Choreographin an der Dt. Staatsoper in Ost-Berlin 1963–71. Choreographierte zahlreiche B.e, u. a. *Romeo und Julia* (Mus.: Prokofjew, Schwerin 1949) sowie in Berlin *Die sieben Todsünden der Kleinbürger* (Mus.: Weill, 1963), *Der verlorene Sohn* (Mus.: Prokofjew, 1964) sowie *Petruschka* (unter Einbeziehung von Teilen der Fokine-Ch., Mus.: Strawinsky, 1965).

Krakowiak (frz. *Cracovienne*), poln. Paartanz aus der Gegend um Krakau, in raschem 2/4-Takt mit synkopiertem Rhythmus, bei dem die Fersen aneinander geschlagen werden. Er erfreute sich im romantischen B. größter Beliebtheit, besonders durch F. Elßlers Cr. in *La Gipsy* (1839). Auch als Gesellschaftstanz war der K. eine Zeitlang beliebt.

Krasowskaja, Vera Michailowna, sowj. B.-Historikerin, * 11. 9. 1915 Petrograd. Studierte an der Leningrader B.-Schule, war 1933–41 Tänzerin beim GATOB und Kirow-B. und arbeitet heute am Leningrader Th.-Institut. Autorin der Bücher *Wachtang Tschabukiani* (1965), *Russisches Ballett-Theater vom Beginn bis zur Mitte des 19. Jahrhunderts* (1958), *Leningrader Ballett* (1961), *Russisches Ballett-Theater der zweiten Hälfte des 19. Jahrhunderts* (1963), *Anna Pawlowa* (1964), *Russisches Ballett-Theater zu Beginn des 20. Jahrhunderts* (1. Teil: Choreographen, 1971; 2. Teil: Tänzer, 1972) und *Nijinsky* (1974).

Kratina, Valeria, dt. Tänzerin, Choreographin, B.-Meisterin und Pädagogin, * 12. 7. 1892 Dresden, † 23. 4. 1983 München. Studierte 1910 bis 1914 bei Dalcroze in Hellerau, weiter u. a. bei Laban, M. Wigman und Velcek in Paris, hatte 1915–19 eine Tanzschule in München und gab dort 1916 ihren ersten eigenen Tanzabend. Von 1919–25 unterrichtete sie an der Neuen Schule Hellerau, rief dort ihre eigene Tanzgruppe ins Leben und übersiedelte 1925 mit der Schule nach Laxenburg bei Wien, wo sie die Tanzausbildung übernahm und von wo aus sie mit ihrer Gruppe zahlreiche Europatourneen übernahm. Von 1930–33 war sie B.-Meisterin in Breslau, 1933–37 in Karlsruhe und 1937–44 in Dresden. Gast-Insz.en führten sie u. a. an die Berliner Kroll-Oper, an die Wiener Staatsoper und 1940 an die Dt. Tanzbühne Berlin (*Till Eulenspiegel*, mit H. Kreutzberg, Mus.: R. Strauss). Größere Ch.n von ihr waren u. a. *L'Homme et son désir* (Mus.: Milhaud, 1923), *Der holzgeschnitzte Prinz* (Mus.: Bartók, 1923), *Der verlorene Sohn* (Mus.: Prokofjew, Breslau 1932), *Der Teufel im Dorf* (Mus.: F. Lhotka, Karlsruhe 1935), *Das Dorf unter dem Gletscher* (Mus.: H. Sutermeister, Karlsruhe 1937), *Jeu de cartes* (Mus.: Strawinsky, europ. EA Dresden 1937), *Sinfonischer Kolo* (Mus.: J. Gotovac, Dresden 1939) und *Carmina Burana* (Mus.: Orff, Dresden 1940).

Kraus, Gertrud, österr.-israel. Tänzerin, Choreographin und Pädagogin, * 6. 5. 1903 Wien, † 23. 11. 1977 Tel Aviv. Ausgebildet als Pianistin und Tänzerin an der Wiener Staatsakademie. Trat als Podiumstänzerin 1928–50 in Europa, Ägypten, Palästina und Israel auf. Hatte bis 1934 ihre eigene Komp. in Wien, später auch in Israel, wo sie noch bis 1973 regelmäßig in ihrem Studio in Tel Aviv unterrichtete und die meisten der bekannt gewordenen israel. Tänzer bei ihr gearbeitet haben. Angesehen auch als Malerin und Musikerin. Professor für Tanz an der Rubin Akademie für Musik und Tanz in Jerusalem.

Lit.: G. Manor, *The Life and Dance of G. K.*, Hakkibutz 1978.

Kresnik, Johannes, österr. Tänzer, Choreograph und B.-Meister, * 12. 12. 1939 Bleiburg (Kärnten). Studierte in Graz und Köln. Tänzer in Graz, Bremen und 1961–68 in Köln, wo er auch choreogr. zu arbeiten begann. B.-Meister in Bremen 1968–79 und Heidelberg seit 1980, arbeitete daneben aber auch verschiedentlich an der Dt. Oper Berlin, Th. an der Wien, Nürnberger Opernhaus und Münchner Oper. Wurde bekannt durch seine gesellschaftskritisch zugespitzten tänzerischen Aktionsstücke – u. a. *Kriegsanleitung für jedermann* (1970), *Schwanensee AG* (1971), *Die Nibelungen* (1974), *Romeo und Julia* (1975), *Bilder des Ruhmes* (1976), *Magnet* (1978), *Familiendialog* (1980), *Sacre* (Mus.: Strawinsky, 1982 – in den meisten Fällen basieren K.s Arbeiten auf Musik-Collagen), *Mars* (Mus.: W. Haupt, 1983) und *Ausverkauf* (Mus.: Haupt, 1984).

Kretschmar, Lisa, dt. Tänzerin, Choreographin, B.-Meisterin und Pädagogin, * 19. 12. 1918 Eibenstock (Erzgebirge). Studierte bei G. Hess in Chemnitz, tanzte schon 1934 ebd. am Central-Th., Tänzerin in Wuppertal 1935–37, Hannover 1937–39, zahlreiche Duo-Abende mit Hess zusammen im In- und Ausland 1939–43, Tourneen mit eigenem Soloprogramm 1946–50, anschließend in Göttingen und Mannheim, wo sie 1953–56 als B.-Chefin wirkte, dann in gleicher Funktion in Köln 1956–59, Leiterin der Tanzabteilung an der Mannheimer Musikhochschule 1963–82. Unter ihren zahlreichen Ch.n auch die erste dt. Nachkriegs-Auff. von Tschaikowskys komplettem *Schwanensee* in eigener Ch. (Mannheim 1954) und die dt. EA von H. Sauguets *Les Demoiselles de la nuit* (Köln 1955).

Kreutzberg, Harald, dt. Tänzer, Choreograph und Pädagoge, * 11. 12. 1902 Reichenberg, † 25. 4. 1968 Muri (Bern). Debütierte 1907 in der Operette *Der fidele Bauer*, nahm als Achtjähriger Tanzunterricht bei Mme Grondona in Leipzig, besuchte das Gymnasium bis zum Einjährigen, ging dann an die Kunstgewerbeschule Dresden, wurde Modezeichner, nahm gleichzeitig an den Laienklassen von M. Wigman teil, wechselte dann auf Einladung von Wigman in deren Ausbildungsklasse über und erarbeitete dort seinen ersten Tanz, *Trommelspuk*, der nur von Pauken und Gong begleitet wurde. Max Terpis, seit 1921 Wigman-Schüler, war von diesem Tanz begeistert und nahm K. mit nach Hannover, als er dort B.-Leiter wurde. Mit Terpis ging K. dann 1924 an die Berliner Staatsoper (Leitung Max von Schillings). Dort hatte er in dem B. von Terpis *Die Nächtlichen* (Mus.: E. Wellesz) in der Rolle der Angst seinen ersten großen Erfolg. Für die Rolle des Narren in Terpis' *Don Morte* rasierte er sich 1926 seinen Kopf kahl, und dieser kahle Schädel wurde hinfort zu einer Art Markenzeichen seiner Erscheinung. Die Musik dazu hatte Friedrich Wilckens komponiert, der von da an K.s ständiger musikalischer Begleiter und engster Mitarbeiter wurde. Im Jahr 1926 spielte er auch den Zeremonienmeister in M. Reinhardts Salzburger *Turandot*-Insz. Im folgenden Jahr war er der Puck in Reinhardts Salzburger *Sommernachtstraum.* Mit diesem unternahm er 1927/28 seine erste Amerika-Tournee, wobei er einen nachhaltigen Eindruck auf die Vertreter des Modern Dance machte. Um die gleiche Zeit gab er auch in Deutschland zahlreiche Solo- und Duo-Abendc (letztere zus. mit Elisabeth Grube). Im Dezember 1926 tanzte er bei Y. Georgi in Hannover den Petruschka, 1927 ging er als Solotänzer ganz nach Hannover, und es folgten die ersten gemeinsamen Tanzabende K./Georgi, denen sich 1929/30 ihre ersten Amerika-Tourneen anschlossen. Sie beendeten ihre Zusammenarbeit 1931 an der Berliner Staatsoper mit *Die Planeten* und *Le Train bleu*. Georgi siedelte in diesem Jahr nach Amsterdam über. Die nächsten Amerika-Tourneen führte K. gemeinsam mit Ruth Page durch. K. war weiterhin als Solotänzer tätig. Seine ständigen Tourneen im In- und Ausland ließen ihn bald zum bekanntesten dt. Tänzer seiner Zeit werden. Vereinzelt trat er auch als Choreograph größerer Gruppenwerke in Erscheinung, so in Berlin 1936 bei der Olympiade (*Waffentanz*, Mus.: Egk). Auch nach dem Krieg führten ihn Tourneen, meist mit Wilckens, weiterhin durch die ganze Welt. Daneben wandte er sich zunehmend der Pädagogik zu und eröffnete 1955 in Bern eine Schule. Im Jahr 1957 gab er seinen 100. Tanzabend in Berlin. Seine Tourneen beendete er 1959, war aber noch bis zu seinem Tod aktiv, als Schauspieler, choreogr. Mitarbeiter in Opern-Insz.en, Pädagoge und Gastdozent. – Als Tänzer wirkte er nicht schulbildend. Seine Einzeltänze (u. a. *Tanz des Zeremonienmeister, Henkerstanz, Der verliebte Gärtner, Li-Tai-Pe, Seliger Walzer*) wie auch seine Zyklen (*Tänze vor Gott, Der ewige Kreis*) zeichneten sich durchweg durch ihren komödiantisch-theatralischen Gestus aus, dessen Erscheinungsbild nicht zuletzt durch die von ihm selbst stammenden Kostümentwürfe mitgeprägt wurde. »Er konnte so ernst, so tiefsinnig, so abgründig sein wie nur irgendeiner seiner Kollegen, aber er besaß auch die unter seinen landsmännischen Kollegen so viel seltenere Gabe des Humors, der Heiterkeit, der Verspieltheit. In einer Ära, die sich dem Podiumstanz verschrieben hatte, kultivierte er auf dem Podium das Theater« (H. Koegler).

Lit.: H. Wille, *H. K. – Yvonne Georgi*, Leipzig 1930; *H. K. Über sich selbst*, Detmold 1938; E. Pirchan, *H. K.*, Wien 1941.

Krieger, Viktorina Wladimirowna, russ. Tänzerin, * 9. 4. 1893 St. Petersburg, † 23. 12. 1978 Moskau. Trat 1903 in die Schule des Bolschoi-B.s in Moskau ein, machte 1910 ihr Examen und wurde Mitgl. der Komp., wo ihre besten Rollen diejenigen waren, in denen sie ihr dramatisches Talent als typische Gorsky-Ballerina beweisen konnte. Im Jahr 1921 tanzte sie in der Komp. von A. Pawlowa, 1923–25 unternahm sie eine Amerika-Tournee mit M. Mordkin. Zum Bolschoi-B. kehrte sie 1925 zurück, war aber mit ihren Aufgaben unzufrieden, so daß sie mit mehreren gleichgesinnten Kollegen 1927 eine kleine Gruppe bildete, die mit kammerballettartigen Fassungen bekannter Stücke (u. a. in *Ketten des Harems*, hinter denen sich die frühere *Scheherazade* verbarg, *Das bucklige Pferdchen, Der Korsar* und *Roter Mohn*) Tourneen unternahm. Die Gruppe arbeitete unter ihrer Führung nach der Stanislawsky-Methode und brachte 1933 eine aufsehenerregende Neufassung von *La Fille mal gardée* unter dem Titel *Die Rivalen* heraus. Die Komp. nannte sich Kunst-Th. des B.s und hatte weitere Erfolge mit *Die Carmagnole* und der Try-Out-Fassung von R. Sacharows *Die Fontäne von Bachtschissaray* (1936), in der K. die Zarema kreierte. Aus dieser Komp. ging das spätere sogenannte Stanislawsky-B. hervor. K. kehrte dann zum Bolschoi-B. zurück, wo sie 1945 die Stiefmutter in Sacharows *Aschenbrödel* kreierte. 1958 wurde sie Direktorin des Bolschoi-Th.-Museums.

Krisch, Winfried, dt. Tänzer und Pädagoge, * 8. 8. 1936 Hamburg. Studierte ebd. bei A. Sauer und K. Peters sowie bei N. Kiss in Paris. Tänzer in Malmö, Bonn 1957/58, Essen 1958/59, Köln 1959–63 und Münchner Staatsoper 1963–70. Zahlreiche Rollenkreationen in B.en von u. a. M. Luipart, A. von Milloss und H. Rosen. Eröffnete nach Beendigung seiner Tänzerlaufbahn in München eine B.-Schule.

Kritikerpreis. Der vom Verband Dt. Kritiker gestiftete Preis wird jährlich auch in der Sparte Tanz verliehen. Preisträger waren bisher: 1951 D. Hoyer (auch 1967), 1952 H. Kreutzberg, 1953 T. Gsovsky (auch 1965), 1954 G. Deege, 1955 E. Bredow, 1956 S. Preisser, 1957 G. Reinholm, 1958 P. van Dyk, 1959 J. Dornys, 1960 nicht verliehen, 1961 M. Wigman, 1962 L. Czobel und A. von Swaine, 1963 K. Vernon, 1964 nicht verliehen, 1966 nicht verliehen, 1968 M. Chmiél, 1969 M. Radamm, 1970 Tanz-Forum Köln, 1971 M. Haydée, 1972 G. Bohner,

1973 E. Evdokimova, 1974 F. Frey und G. Daum, 1975 Pilobolus, 1976 R. Sheta, 1977 K. Jooss, 1978 Nele Hertling und Dirk Scheper (Akademie der Künste, Berlin), 1979 V. Gelvan, 1980 Bill T. Jones, 1981 B. Keil, 1982 R. Hoffmann und 1983 A. Gades.

Kriza, John, amerik. Tänzer, * 15. 1. 1919 Berwyn (Ill.), † 18. 8. 1975 Naples (Fla.). Studierte bei Bentley-Stone, A. Dolin und P. Vladimirow. Tänzer beim B. Th. 1940, zu dessen populärsten Solisten er bis 1966 gehörte. Rollenkreationen u. a. in J. Robbins' *Fancy Free* (1944), *Interplay* (1945), M. Kidds *On Stage!* (1945), A. de Milles *Fall River Legend* (1948) und H. Ross' *Caprichos* (1950).

Kröller, Heinrich, dt. Tänzer, Choreograph und B.-Meister, * 25. 7. 1880 München, † 25. 7. 1930 Würzburg. Studierte bei Flora Jungmann an der B.-Schule der Münchner Oper, wurde dort 1901 Solotänzer, ging 1907 nach Paris und arbeitete dort bei C. Zambelli und L. Staats. Wirkte dann sieben Jahre lang als Premier danseur in Dresden und ließ sich, als seine Hoffnung, dort B.-Meister zu werden, endgültig gescheitert war, nach Frankfurt a. M. engagieren, wo seine ersten Ch.n überlokale Aufmerksamkeit fanden, so daß ihn München 1917 als B.-Meister und Choreograph an die dortige Oper berief. Von 1919–22 wirkte er gleichzeitig auch an der Berliner Staatsoper, von 1922–28 an der Wiener Staatsoper. In einer Zeit, in der das dt. B. einer vollkommenen Stagnation anheimgefallen war und sich das Interesse ganz auf den Modern Dance oder aber die internationalen Erfolge der Diaghilew-Komp. konzentrierte, stellte sein Wirken an den Opernhäusern von München, Berlin und Wien den Orientierungspfeiler eines soliden, klassisch-basierten, aber auch für alle modernen Entwicklungen aufgeschlossenen Professionalismus dar. In Berlin waren seine wichtigsten Einst.en die Dt. EA von Strauss' *Josephslegende* (1921) und *Sylvia* von Delibes (1922). In Wien brachte er die UA von Strauss' *Couperin-Suite* (1923) und *Schlagobers* (1924) heraus. Wichtige Neuprod.en waren darüber hinaus Glucks *Don Juan* (1924) und Beethovens *Die Ruinen von Athen* (1924). In München erregte er Aufsehen mit seinen Insz.en von modernen B.en wie *Der holzgeschnitzte Prinz* (Mus.: Bartók), *Pulcinella* (Mus.: Strawinsky), *Mammon* (Mus.: Krenek), *Wolkenkratzer* (Mus.: J. A. Carpenter) und *Skating Rink* (Mus.: Honegger). In Mailand, wo er gelegentlich als Gast wirkte, brachte er u. a. *Casanova* (Mus.: Pick-Mangialli) heraus. Er betätigte sich auch als Opernregisseur und inszenierte u. a. die Münchner UA von W. Braunfels' *Die Vögel* (1920) und die Orffsche Bearbeitung von Monteverdis *Orfeo* (1929).

Lit.: N. See, *Tänzer, Choreograph und Regisseur in der Zeitenwende*, in: Neue Zeitschrift für Musik 9 (1970).

Kronstam, Henning, dän. Tänzer, Pädagoge und B.-Direktor, * 29. 6. 1934 Kopenhagen. Studierte ebd. an der Schule des Kgl. B.s, Mitgl. des Kgl. Dän. B.s seit 1952, Solotänzer seit 1956 und einer der profiliertesten Bournonville-Tänzer der Komp. Rollenkreationen u. a. in F. Ashtons *Romeo und Julia* (1955) und F. Flindts *Die drei Musketiere* (1966). Einige seiner erfolgreichsten Rollen waren G. Balanchines Apollo sowie R. Petits Cyrano de Bergerac und der Toreador in *Carmen*. Häufige Gastspiele bei Komp.n überall in der Welt. Seit 1979 Direktor des Kgl. Dän. B.s.

Krug, Der → *Große Krug, Der.*

Kruuse, Marianne, dän. Tänzerin, * 30. 10. 1942 Kopenhagen. Studierte bei Edith Dam und B. Bartholin. Tänzerin beim Skand. B. 1959–61, dann in Frankreich, Stuttgart 1965–70, Solistin in Frankfurt a. M. 1970–73 und seither in Hamburg. Zahlreiche Rollenkreationen in B.en von J. Neumeier, u. a. *Haiku* (1966), *Separate Journeys* (1968), *Rondo* (1970), *Romeo und Julia, Nußknacker* (beide 1971), *Kuß der Fee, Daphnis und Chloe* (beide 1972), *Meyerbeer-Schumann* (1974), *Streichquintett C-Dur, Sommernachtstraum* (beide 1977) und *Songfest* (1979).

Kschessinskaja, Mathilde-Maria Felixowna (im Westen meist Kschessinska), russ. Tänzerin und Pädagogin, * 31. 8. 1872 Ligowo bei Peterhof, † 6. 12. 1971 Paris. War die Tochter des beliebten poln. Charaktertänzers Felix Kschessinsky, studierte bei L. Iwanow, J. Vazem und Chr. Johansson, machte 1890 ihr Examen und wurde Mitgl. des Marien-Th.-B.s, wo sie 1892 zur Ballerina, 1893 zur Primaballerina und 1895 (als einzige Russin – außer ihr besaß nur noch P. Legnani offiziell diesen Titel) zur Primaballerina assoluta avancierte. Nach 1904 wirkte sie nur noch als Gastballerina am Marien-Th. Sie trat verschiedentlich auch in Westeuropa auf, so 1911/12 in der Komp. von Diaghilew. Als Ballerina von bemerkenswerter technischer Brillanz hatte sie ihre besten Partien in Demi-caractère-Rollen wie Kitri und Esmeralda. Doch kreierte sie auch Rollen u. a. in Petipas *Le Reveil de Flore* (1894), *Die Jahreszeiten, Les Millions d'Arlequin* (beide 1900) und *Der Zauberspiegel* (1903). Als Geliebte des Zarewitsch Nikolaus (des späteren letzten Zaren Nikolaus II.) und mehrerer russ. Großfürsten (seit 1900 lebte sie mit dem Großfürsten Andrei Wladimirowitsch zusammen, den sie 1921 im frz. Exil heiratete) war sie eine der einflußreichsten und von ihren Kollegen gefürchtetsten Damen der St. Petersburger Gesellschaft, die in ihrem Palais am Kronwersky Prospekt (von dessen Balkon aus Lenin 1917 seine erste große Rede an die Bevölkerung von Petrograd hielt) aus und ein ging. Sie emigrierte 1920 an die Côte d'azur und eröffnete dann 1929 ein eigenes Studio in Paris-Passy, wo T. Riabouchinska ihre prominenteste Schülerin wurde. 1960 erschienen in Paris, London und New York ihre Memoiren: *Souvenirs de la K.*, bzw. *Dancing in St. Petersburg.*

Küste des Glücks (sowj. Originaltitel: *Bereg stschastja*), B. in 4 Akten, Libr.: P. Abolimow, Ch.: W. Burmeister und I. Kurilow, Mus.: A. Spadavecchia, Dek.: B. Wolkow und E. Archangelskaja; UA 6. 11. 1948, Stanislawsky-Nemirowitsch-Dantschenko-Musik-Th., Moskau. Die Handlung spielt während des letzten Krieges. Petja, Kostja und Tolja sind drei Freunde, die über Nataschas Garten herfallen, ihn aber während der Nacht wieder in Ordnung bringen. Später begegnen die drei als Soldaten Natascha in Sewastopol wieder. Alle drei halten um ihre Hand an, aber sie liebt Petja. Kostja opfert sein Leben, als er einen Tank sprengt, Tolja fällt im Kampf, Petja wird verwundet. Natascha wird dann eine tüchtige Erzieherin, aber sie ist einsam, bis Petja eines Tages zurückkehrt, jetzt aber als Leutnant und Held der Sowjetunion.

Kun, Zsusza, ung. Tänzerin und Pädagogin, * 9. 12. 1934 Budapest. Studierte ebd. an der B.-Schule sowie in Moskau bei J. Gerdt und A. Messerer. Tänzerin beim Budapester Staatsopern-B. 1949, Solistin 1952–77, als die sie zu den populärsten Tänzerinnen der Komp. gehörte. Rollenkreationen u. a. in I. Ecks *Sacre du printemps* (1963) sowie L. Seregis *Spartakus* (1968) und *Sylvia* (1972). Zahlreiche Auslandsgastspiele (regelmäßig beim London Festival B. 1961–65). Heute Leiterin des Staatl. B.-Instituts. Verheiratet mit dem Tänzer Levente Sipeki.

Kuppe-Loew, Traudl, dt. Tänzerin und Pädagogin, * 20. 12. 1921 Kempten. Studierte bei Harry Heymann und Hella Simon in Ulm. 1939 Emigration nach England. Weiterstudium an der Royal Academy of Dancing sowie an der Cone-Ripman School in London. Tänzerin bei der Th. Group der Free German League of Culture sowie am Scala und am Stoll Th. Rückkehr nach Deutschland 1947, wo sie seit 1954 in Stuttgart Leiterin einer B.-Schule ist, für deren Veranstaltungen sie B.e für Kinder und Jugendliche choreographiert hat.

Kůra, Miroslav, tschech. Tänzer, Choreograph und B.-Direktor, * 26. 5. 1924 Brünn. Studierte bei I. V. Psota und in Leningrad. Debütierte als Tänzer 1939 in Brünn, danach bei verschiedenen tschech. Komp.n tätig, nach 1945 hauptsächlich am Prager National-Th., wo er der gefeiertste Tänzer seiner Generation war. Seit 1948 auch verschiedentlich als Choreograph hervorgetreten sowie zeitweise B.-Direktor in Prag. Wurde international vor allem durch seine Fernseh-Prod.en mit Petr Weigl bekannt. Verheiratet mit der Tänzerin Jarmila Manšingrová, Vater der Tänzerin Jana Kůrová.

Kurgapkina, Ninel Alexandrowna, sowj. Tänzerin und Pädagogin, * 13. 2. 1929 Leningrad. Studierte ebd. an der B.-Schule. Mitgl. des Kirow-B.s seit ihrem Examen 1947, wo sie rasch als eine der profiliertesten Ballerinen Karriere machte und bis zu ihrer Pensionierung 1975 zu den populärsten Tänzerinnen der Komp. gehörte. Begann 1969 auch zu unterrichten und leitet heute die Leningrader B.-Schule.

Kůrová, Jana, tschech. Tänzerin, * 18. 6. 1959 Prag. Tochter von J. Manšingrová und M. Kůra, studierte sie an der Tanzabteilung des Prager Konservatoriums und an der Moskauer Bolschoi-B.-Schule. Mitgl. des Prager National-Th.s als Solistin seit 1976. Zahlreiche Auslandsgastspiele, meist mit L. Kafka als Partner.

Kusnetzow, Swjatoslaw Petrowitsch, sowj. Tänzer, Pädagoge und B.-Meister, * 10. 6. 1930 Leningrad. Studierte ebd. an der B.-Schule, Mitgl. des Kirow-B.s nach seinem Examen 1950, wo er sich rasch als einer der herausragenden Charaktersolisten profilierte, mit Jago, Andrej (*Taras Bulba*), Waslaw (*Fontäne von Bachtschissaray*) und Frondoso (*Laurencia*) als beste Rollen. Seit seiner Pensionierung (1970) zeitweise als B.-Meister und heute als Dozent für szenische Bewegung am Leningrader Institut für Th., Musik und Kino tätig. Verheiratet mit der Tänzerin Inna Subkowskaja.

Kuß der Fee, Der (frz. Originaltitel: *Le Baiser de la fée*), B. in 1 Akt und 4 Bildern, Libr. und Mus.: Strawinsky, Ch.: B. Nijinska, Dek.: A. Benois; UA 27. 11. 1928, Komp. Ida Rubinstein, Opéra Paris, mit Rubinstein, L. Schollar, A. Vilzak u. a. In Anlehnung an Andersens Märchen *Die Eisjungfrau* handelt das B. von der Fee, die eine im Schneesturm umherirrende Mutter mit Kind rettet und dem Sohn dabei einen Kuß auf die Stirn drückt. Mit dem Zeichen dieses Kusses kann sie ihn später als einen der ihren reklamieren und ihn von seiner Braut und der Hochzeit weg in die Unsterblichkeit entführen. Spätere Versionen u. a. von Ashton (Sadler's Wells B., 1935), Balanchine (American B., 1937), L. Maudrik (Staatsoper Berlin, 1937), MacMillan (Royal B., 1960), E. Walter (Düsseldorf 1965) und J. Neumeier (Frankfurt a. M. 1972).

Lit.: O. F. Regner / H.-L. Schneiders, in: *Reclams Ballettführer*, Stuttgart [8]1980.

Kusserow, Hans von, dt. Tänzer und Pädagoge, * 25. 3. 1911 Wollstein (Posen). Studierte in Breslau u. a. bei H. Swedlund und V. Kratina, später auch bei J. Algo, E. Egorova, V. Gsovsky, M. Rambert und an der Londoner Royal Academy. Debütierte 1928 am Stadt-Th. Breslau, dann Duisburg-Bochum, zahlreiche Tourneen als Varieté-Tänzer (mit Gladys als Partnerin) sowie bei Film-Prod.en im In- und Ausland. Solotänzer in Stuttgart 1945–50, Dt. Staatsoper in Ost-Berlin 1951–60, in den sechziger Jahren verschiedentlich in Marseille engagiert, wo er auch zu unterrichten begann, dann in Fulda Pädagoge an der B.-Schule von Carla Kusanke, tritt noch heute gelegentlich in einzelnen B.-Auff.en im Münchner Th. am Gärtnerplatz auf.

Kyasht, Lydia Georgiewna (richtig: Kjakscht), russ.-engl. Tänzerin und Pädagogin, * 25. 3. 1885 St. Petersburg, † 11. 1. 1959 London. Studierte bei P. Gerdt, N. Legat u. a. an der Kaiserl. B.-Akademie in St. Petersburg, war 1902–08 Mitgl. des Marien-Th.-B.s und ging dann nach London, wo sie als Ballerina des Empire-B.s populär war. Sie tanzte die Ballerinenrollen des klassischen Rep.s und besaß in den vierziger Jahren eine eigene Komp. B. de la Jeunesse Anglaise, deren Mitgl.er sich hauptsächlich aus ihren Londoner Schulen rekrutierten. In London veröffentlichte sie 1929 auch ihre *Romantic Recollections*. – Ihr Bruder Georgi Georgjewitsch K. (* 7. 2. 1873 St. Petersburg, † 22. 3. 1936 Kaunas) war Solist am Marien-Th. und u. a. später B.-Meister von 1920/21 an der Wiener Staatsoper.

Kylián, Jiři, tschech. Tänzer, Choreograph und B.-Direktor, * 21. 3. 1947 Prag. Studierte am Prager Konservatorium und an der Londoner Royal B. School. Mitgl. des Stuttgarter B.s 1968–76 und seit 1976 B.-Direktor des Nederlands Dans Th., das unter seiner Leitung einen enormen internationalen Prestige-Zuwachs zu verzeichnen hat. Begann 1970 in Stuttgart zu choreographieren, wo *Kommen und Gehen* (Mus.: Bartók, 1971), *Blaue Haut* (Volksmusik, 1974) und *Rückkehr ins fremde Land* (Mus.: Janáček, 1975) zu seinen erfolgreichsten Arbeiten gehörten (später choreographierte er noch für Stuttgart *Vergessenes Land*, Mus.: Britten, 1981). Sein erstes B. fürs Nederlands Dans Th. choreographierte er als Gast: *Viewers* (Mus.: F. Martin, 1973), gefolgt von – u. a. – *La Cathédrale engloutie* (Mus.: Debussy), *Verklärte Nacht* (Mus.: Schönberg), *Torso* (Mus.: T. Takemitsu, alle 1975), *Sinfonie in D* (Mus.: Haydn, 1976), *November Steps* (Mus.: Takemitsu, 1977), *Kinderspiele* (Mus.: Mahler), *Sinfonietta* (Mus.: Janáček), *Psalmensinfonie* (Mus.: Strawinsky, sämtlich 1978), *Mša Glagoslkaja* (Mus.: Janáček), *Dream Dances* (Mus.: Berio, beide 1979), *Feldmesse* (Mus.: Martinů), *Overgrown Path* (Mus.: Janáček, beide 1980), *Nomaden* (Mus.: Strawinsky, Ebony Concerto, 1981), *Svadebka* (Mus.: Strawinsky, *Les Noces*, 1982), *Stamping Ground* (Mus.: C. Chavez), *Wiegenlied* (Mus.: Berg, beide 1983) und *L'Enfant et les sortilèges* (Mus.: Ravel, 1984).

L

Laban, Rudolf von (geb. R. L. de Varaljas), dt. Tänzer, Choreograph, B.-Meister und Tanztheoretiker, * 15. 12. 1879 Preßburg (Bratislava), † 1. 7. 1958 Weybridge. Da L. es liebte, seine frühen Jahre (bis 1910) zu mythisieren, sind die Angaben in seiner Autobiographie (1936) ebenso legendenhaft wie seine anderen gelegentlichen »Erinnerungen«. Er verbrachte – nach eigenen Angaben – die Jahre 1900–1907 als Kunststudent und Tänzer in Paris, war 1907–1910 als Tänzer in mehreren dt. Städten, vor allem aber in Wien tätig. Um 1910 kam er nach München, wo er seine erste Schule gründete und seine ersten Schülerinnen fand. Hier stieß 1913 M. Wigman zu ihm. Die Sommermonate 1913 und 1914 verbrachte die Schule auf dem Monte Verità bei Ascona. Hier arbeiteten neben M. Wigman auch G. Leistikow, Suzanne Perrotet und Käthe Wulff zusammen mit L., um ein »Tanz-Ton-Wort-Stück« *Der Sieg des Opfers* von dem Dichter und Tanzhistoriker Hans Brandenburg für die Kölner Werkbund-Ausstellung vorzubereiten. Der Krieg zerschlug diesen Plan. L. weilte 1914–19 in Ascona und Zürich. Das Jahr 1920 verbrachte er größtenteils in Stuttgart, um hier sein großes tanzphilosophisches Werk *Die Welt des Tänzers* zu vollenden und herauszubringen. Hier wurden Jooss und der Ulmer J. Algo seine Schüler. 1921 war er am National-Th. Mannheim tätig. Von Herbst 1922 bis August 1926 wirkte er in Hamburg. Dort gründete er zusammen mit Dussia Bereska (seit 1916 bei L.) ein Kammertanz-Th. A. Knust wurde hier der erste Leiter der Laban-Bewegungschöre. Von 1925–26 arbeitete er in Würzburg, gründete dort sein Choreogr. Institut (1927 nach Berlin verlegt) und war 1930–34 B.-Direktor an der Berliner Staatsoper. Mit seiner Gruppe wirkte er 1927 beim Magdeburger Tänzerkongreß, 1930 bei den Bayreuther Festspielen und noch 1936 bei den Berliner Olympischen Spielen mit. In seinen Ch.n verzichtete er meist auf Dekor, oft auch auf Musik oder begnügte sich mit einer bloßen Schlagzeug-Begleitung. Charakteristische Arbeiten von ihm waren u. a. *Der Spielmann* (1917), *Die Geblendeten* und *Himmel und Erde* (beide 1921, Mus. von F. Wilckens, dem späteren Begleiter von Kreutzberg), *Schwingende Gestalten* (1922), *Gaukelei* (1923), *Casanova* (1923). Für seine Arbeit als Choreograph von Bewegungschören seien die Titel *Der schwingende Tempel* (1922), *Lichtwende* (1923), *Agamemnons Tod* (nach Noverre, 1924), *Dämmernde Rhythmen* (1925) und *Titan* (1927) genannt. Werke zu klassischer Musik waren u. a. *Don Juan* (Gluck, 1925), *Terpsichore* (Händel, 1925), *Narrenspiegel* (Liszt, 1926) und *Ritterballett* (Beethoven, 1927). – Im März 1937 wurde L. unter entwürdigenden Umständen als »Staatsfeind« – er war Sozialist und Pazifist – zur Emigration gezwungen. Er ging zuerst nach Paris, dann im Januar 1938 nach England. Hier kam er wieder mit seinen Schülern K. Jooss, S. Leeder und Lisa Ullmann zusammen. Mit letzterer gründete er 1946 das Art of Movement Studio in Manchester, das 1953 nach Addlestone (Surrey) verlegt wurde. In Manchester entwickelte L. zusammen mit dem Industriellen Lawrence ein System der industriellen Arbeitsökonomie und Arbeitsersparnis. Bereits in seinem 1926 in Jena veröffentlichten Buch *Choreographie* hatte er die Grundlagen der von ihm entwickelten, Kinetographie genannten Tanzschrift vorgestellt, die dann von der Dt. Gesellschaft für Tanzschrift in Berlin propagiert wurde. Sie wurde von ihm, Jooss und vor allem A. Knust ständig weiterentwickelt und fand auch im Ausland unter dem Namen Labanotation Verbreitung. In New York wurde 1940 ein eigenes Dance Notation Bureau gegründet. L. war schon früh der große Philosoph und Theoretiker des modernen Tanzes, der sich mit Nachdruck für die Unabhängigkeit des Tanzes von den anderen Künsten einsetzte. Für ihn entsprang der Impuls des Tanzes aus der Körpermitte, pflanzte sich von dort aus in die Extremitäten fort und vereinte Körper, Seele und Geist zu einem harmonischen Ganzen. Dem Tänzer stellte er als dramatischen Gegenspieler den dreidimensionalen kosmischen Raum gegenüber und entwickelte aus dieser Konfrontation sein System der 12 Bewegungsrichtungen (in der graphischen Notierung eines Ikosaeders). Seine Bedeutung als Systematiker und Anreger des modernen Tanzes ist kaum zu überschätzen. Sie übersteigt bei weitem seine Bedeutung als Choreograph und Tanzkünstler. – Deutsche Bücher von L. u. a.: *Die Welt des Tänzers* (1920); *Choreographie* (1926); *Schrifttanz: Methodik, Orthographie, Erläuterungen* (1928); *Ein Leben für den Tanz* (1935). Diese reichlich mythisierende Autobiographie ist nur noch in einer von Lisa Ullmann besorgten und kommentierten engl. Übersetzung erhältlich: *A Life for Dance* (1975). Engl. geschriebene Bücher: *Effort* (zus. mit F. C. Lawrence, 1947); *Modern Educational Dance* (1948); *The Mastery of Movement on the Stage* (1950); *Principles of Dance and Movement Notation* (1956); *Choreutics* (posthum, 1966). Diese engl. Bücher sind durchweg in mehreren Auflagen erschienen.

Lit.: S. Thornton, *A Movement Perspective of Rudolf Laban*, London 1971, amer. Ausg. u. d. T. *Laban's Theory of Movement*, Boston 1971; John Foster, *The Influences of R. L.*, London 1977; K. Peters u. a., *Laban*, Tanzarchiv-Reihe 19/20 (1979).

Labanotation, engl.-amer. Bezeichnung für die von Laban geschaffene Tanzschrift (Kinetographie). Sie wurde in Deutschland von A. Knust, in den USA von A. Hutchinson (seit 1962 in London) und der dt. Emigrantin Irmgard Bartenieff (1900–81) weiter entwickelt. Zentrum war seit 1940 das Dance Notation Bureau in New York.

Lit.: A. Hutchinson-Guest, *Labanotation, The System of Analysing and Recording Movement*, New York 1954, ^{2}1970.

Labis, Attilio, frz. Tänzer und Choreograph, * 5. 9. 1936 Vincennes. Studierte an der B.-Schule der Pariser Opéra. Tänzer des Opéra-B.s 1954, Premier danseur 1959, Danseur étoile 1960–72 – seither nur noch gelegentliche Gastauftritte. Rollenkreationen u. a. in G. Kellys *Pas de dieux* (1960), S. Lifars *Icare* (Version 1962) und M. Béjarts *Renard* (1963). Heute als freischaffender Choreograph tätig. Verheiratet mit der Tänzerin Christiane Vlassi.

Labyrinth, B. in 4 Bildern, Libr. und Dek.: S. Dali, Ch.: L. Massine, Mus.: Schubert (7. Sinfonie); UA 8. 10. 1941, B. Russe de Monte Carlo, Metropolitan Opera House, New York, mit F. Franklin, G. Zoritch u. a. Das Labyrinth erscheint hier als Symbol des für die Kunst und das Leben gefährlichen Romantizimus. Der Faden der Ariadne, durch den Theseus wieder den Ausgang aus dem Labyrinth findet, symbolisiert die Kontinuität des Klassizismus, der als Retter auftritt. Der Minotaurus verkörpert hier die romantische Revolution, Theseus aber das Licht der Tradition.

Lit.: C. W. Beaumont, in: *Supplement to Complete Book of Ballets*, London 1942.

Lacotte, Pierre, frz. Tänzer, Choreograph und Pädagoge, * 3. 2. 1932 Chatou. Studierte an der B.-Schule der Pariser Opéra. Tänzer beim Opéra-B. 1946–55. Gründete dann sein eigenes B. de la Tour Eiffel, für das er zahlreiche B.e choreographierte, und mit dem er ausgedehnte Tourneen unternahm. Premier danseur am Metropolitan Opera B. in New York 1956/57. Neugründung seines B. de la Tour Eiffel 1959, dann Leiter des B. National Jeunesses Musicales de France 1963, mit seiner Frau G. Thesmar als Ballerina. Eine Fernseh-Prod. von Schneitzhoeffers *La Sylphide* 1971 war so erfolgreich, daß er sie 1972 für die Komp. der Pariser Opéra wiederholte, gefolgt 1973 von *Coppélia.* Gilt seither als Autorität für die Wiederbelebung von B.-Klassikern. Jüngere Einst.en von ihm sind F. Taglionis *Nathalie* (Moskauer Klassisches B., 1980) und J. Maziliers *Marco Spada* (Rom 1981).

Lady and the Fool, The, B. in 1 Akt und 3 Bildern, Libr. und Ch.: J. Cranko, Mus.: Verdi (arr. von Ch. Mackerras), Dek.: Richard Beer; UA 25. 2. 1954, Sadler's Wells Th. B., New Th., Oxford, mit P. Miller, K. MacMillan, J. Mosaval u. a. Eine berühmte Schöne, La Capricciosa, lädt zwei Straßenclowns, Moondog und Bootface, ein, mit ihr auf einen Ball zu kommen. Nachdem sie dort ihre Maske abgenommen hat, stellt sich heraus, daß sie in Wirklichkeit eine armselige und unglückliche Frau ist. Moondog verliebt sich in sie und sie sich in ihn, die Gesellschaft ist schockiert, zu dritt verlassen sie das Fest und bereiten sich, arm, aber glücklich, ihr Nachtlager auf einer Straßenbank. – Das B. wurde 1959 ins Rep. des Royal B. übernommen, spätere Einst.en u. a. Stuttgart (1961), Dt. Oper Berlin (1965).

Lit.: D. Brinson / C. Crisp, in: *Ballet & Dance*, Newton Abbot 1980.

Lady into Fox, B. in 1 Akt und 3 Bildern, Libr. und Ch.: A. Howard, Mus.: Honegger (Klavierstücke, arr. von Charles Lynch), Dek.: Nadia Benois; UA 15. 5. 1939, B. Rambert, Mercury Th., London, mit S. Gilmour, Ch. Boyd u. a. – Das B. basiert auf dem gleichnamigen Roman von David Garnett und behandelt die Verwandlung einer Gutsherrin, die hin- und hergerissen ist zwischen der Liebe zu ihrem Gatten und ihren tierischen Instinkten. Am Ende gewinnen diese die Oberhand, voller Trauer entläßt der Gatte seine Füchsin in die Freiheit der Natur. Das American B. Th. nahm das B. 1940 in sein Rep. auf.

Lit.: C. W. Beaumont, in: *Supplement to Complete Book of Ballets*, London 1942.

Ländler, seit dem späten 18. Jh. gebräuchlicher Sammelname für die alten ober- und niederösterr., aber auch steier. Paar-Werbetänze im ¾- oder ⅜-Takt, die auch als Deutsche bekannt waren. Haydn, Mozart (1780, Ländlerische Tänze), Beethoven und Schubert haben Ländler geschrieben. Aus der mit enger Körperberührung getanzten Schlußfigur der L. ging im späten 18. Jh. der Walzer hervor. Die heutige Volkstanzforschung (Hamza) teilt alle österr. Ländler in drei große Gruppen ein: Steierisch-Almerisch, Ländlerisch (Ländler im speziellen Sinn aus Oberösterreich) und den in Tirol bekannten Schuhplattler. Darüber hinaus werden heute in der Forschung alle südd. Werbetänze als Ländler bezeichnet.

Lit.: E. Hamza, *Der Ländler*, Wien 1957.

Laerkesen, Anna, dän. Tänzerin, * 2. 3. 1942 Kopenhagen. Studierte ebd. bei E. Frandsen und an der Schule des Kgl. B.s, dessen Mitgl. sie 1960 wurde, Solotänzerin 1964, Erste Solotänzerin 1966. Wurde international durch ihre Interpretation der Titelrolle in *La Sylphide* bekannt.

Lafontaine, Mlle de (auch La Fontaine), frz. Tänzerin, lebte etwa 1655–1738. Debütierte 1681 an der Pariser Opéra in Lullys *Le Triomphe de l'amour* und war die erste Frau, die hier als professionelle Tänzerin auftrat. Sie kreierte dann die weiblichen Hauptrollen in vielen weiteren Lully-Werken – u. a. in *Persée* (1682), *Phaëton* (1683), *Amadis de Gaule* (1684), *Roland* (1685), *Le Temple de la paix* (1685), *Armide* (1686), *Acis et Galathée* (1686), Colasses *Achille et Polixène* (1687), sowie Desmarets *Didon* (1693). Sie war die erste berühmte Ballerina der Opéra.

Laing, Hugh (geb. H. Skinner), brit. Tänzer, * 6. 6. 1911 auf Barbados (Westindien). Studierte bei M. Craske und M. Rambert in London, sowie bei O. Preobrajenska in Paris, debütierte 1932 in London beim B. Club und kreierte dann beim B. Rambert zahlreiche B.e von Tudor, u. a. *The Planets* (1934), *The Descent of Hebe* (1935), *Jardin aux lilas* (1936), *Gallant Assembly* (1936) und *Dark Elegies* (1937); als Mitgl. von Tudors London B. *Judgment of Paris, Gala Performance* und *Soirée musicale* (alle 1938). Ging im September 1939 mit Tudor zum American B. Th. nach New York und kreierte dort weitere Rollen, u. a. in Fokines *Bluebeard* (1941), Massines *Aleko* und A. de Milles *Tally-Ho* (beide 1944) – vor allem aber in den Tudor-B.en *Pillar of Fire* (1942), *Romeo und Julia, Dim Lustre* (beide 1943), *Undertow* (1945), *Shadow of the Wind* (1948) und *Nimbus* (1950) sowie in dem von Tudor choreographierten Musical *The Day Before Spring* (1945). Im Jahr 1950 ging er zum New York City B., wo er weitere Rollen in Tudors *Lady of the Camellias* (1951) und *La Gloire* (1952), auch in T. Bolenders *Der wunderbare Mandarin* (1951) und Balanchines *Bayou* (1952) kreierte. Er war der ideale Interpret der Tudor-B.e, exzellierte aber auch u. a. als Balanchines *Der verlorene Sohn*. Später als Fotograf tätig. Von 1947–53 verheiratet mit der Tänzerin Diana Adams.

Lakatos, Gabriella, ung. Tänzerin, * 18. 10. 1927 Budapest. Studierte ebd. an der B.-Schule. Mitgl. des Staatsopern-B.s 1943, Erste Solistin 1947 bis in die siebziger Jahre. Eine speziell ihrer dramatischen Rollengestaltungen wegen (Mädchen im *Wunderbaren Mandarin*) vielbewunderte Ballerina. Zahlreiche Auslandsgastspiele.

Lalla Rookh or The Rose of Lahore, B. in 4 Bildern, Libr. und Ch.: J. Perrot, Mus.: C. Pugni, Dek.: Charles Marshall; UA 11. 6. 1846, Her Majesty's Th., London, mit F. Cerrito, Perrot, A. Saint-Léon u. a. – Das B. basiert auf der gleichnamigen Erzählung von Th. Moore und handelt von der schönen L. R., Tochter des

Kaisers von Hindustan. Sie ist dem König von Buchara versprochen, verliebt sich aber auf ihrem Brautzug dorthin in den jungen Dichter Feramorz, der sie nicht nur vor den Nachstellungen des bösen Groß-Nazirs schützt, sondern ihr auch während eines fürchterlichen Unwetters beisteht. In Buchara wird sie traurig vor den jungen König geschleppt, der sich jedoch als Feramorz zu erkennen gibt und nun davon überzeugt ist, daß sie ihn nicht nur wegen seines Reichtums, sondern aus Liebe heiraten will.

Lit.: C. W. Beaumont, in: *Complete Book of Ballets*, London 1951.

Lambert, Constant, engl. Komponist, * 23. 8. 1905 London, † 21. 8. 1951 ebd. Wurde 1930 Kapellmeister der Camargo Society und blieb in dieser Position bis 1947 beim Vic-Wells und Sadler's Wells B., wo er neben N. de Valois und F. Ashton entscheidend zur künstlerischen Profilierung dieser Komp. beitrug. Komponierte u. a. die Musik zu den B.en *Romeo und Julia* (Ch.: B. Nijinska, für Diaghilew, 1926), Ashtons *Pomona* (1930), *Rio Grande* (1930), *Horoscope* (1938) und *Tiresias* (1951). Als Arrangeur war er auch an de Valois' *The Prospect Before Us* (Mus.: W. Boyce, 1940), R. Helpmanns *Comus* (Mus.: Purcell), R. Petits *Ballabile* (Mus.: Chabrier), an Ashtons *Les Rendezvous* (Mus.: Auber, 1933) und *Les Patineurs* (Mus.: Meyerbeer, 1937) beteiligt. Er veröffentlichte 1934 *Music Ho! A Study of Music in Decline* über zeitgenössische Musik.

Lit.: A. Shead, *C. L.*, London 1973.

Lambranzi, Gregorio, venez. Choreograph und B.-Meister, dessen Buch *Neue und Curieuse Theatralische Tantz-Schul* 1716 in Nürnberg erschien. Es bietet fünfzig zeitgenössische Tänze, von denen jeweils zwei Notenzeilen mit der Melodie, darunter dann eine oder mehrere Personen bei der Ausführung eines typischen Schritts und schließlich eine knappe Wortcharakterisierung des jeweiligen Tanzes gegeben werden. Vorgestellt werden u. a. höfische Tänze wie Sarabande, Courante, Bourrée, Rigoudon, vor allem aber zum Teil recht derbe Tänze von Bauern, Handwerkern, Soldaten, Fischern, Akrobaten, Figuren der Commedia dell'Arte und oberital. Volkstänze wie Furlana und Bergamasca. Die Zeichnungen stammen von dem Nürnberger Kupferstecher Johann Georg Puschner. Ein Facsimile-Reprint erschien 1975 in Leipzig. Derra de Moroda, die 1936 die Zeichenvorlagen der Originalausgabe in der Münchner Staatsbibliothek entdeckt hatte, brachte 1928 in London eine engl., 1972 eine amer. Ausgabe heraus. Die nicht zu überschätzende Bedeutung des Buches liegt darin, daß hier im Gegensatz zum höfischen B. die bürgerlich-volkstümlichen Formen des damaligen Bühnentanzes gezeigt werden.

Lament for Ignacio Sanchez Mejias, Modern Dance Stück, Ch.: D. Humphrey, Mus.: Norman Lloyd, Bühne: Michael Czaja, Kost.: P. Lawrence; UA 5. 1. 1947, J. Limón Dance Comp., Belasco Th., New York, mit Limón, Letitia Ide u. a. Zur Rezitation des Gedichts von García Lorca über den Tod des berühmten Stierkämpfers gestalten zwei Tänzer das Drama jenes Stierkampfes, dem er zum Opfer fiel.

Lit.: D. McDonagh, in: *The Complete Guide to Modern Dance*, Garden City (N.Y.) 1976.

Lamentation, Solotanz, Ch.: M. Graham, Mus.: Kodály; UA. 8. 1. 1930, New York, mit Graham. Die Tänzerin sitzt während des ganzen Stücks auf einer Bank, das Thema ist die leidvolle Einsamkeit des modernen Menschen.

La Meri (geb. Russell Meriwether Hughes), amer. Tänzerin, Pädagogin, Ethnologin und Tanzschriftstellerin, * 1898 in Louisville (Ky.). Studierte schon als Kind span. und mex. Tanz in San Antonio (Tex.), setzte ihre Studien in Hawaii und Spanien fort, studierte in New York auch akademischen und orientalischen Tanz, unternahm ab 1926 umfangreiche Studienreisen zur Erforschung vor allem der asiatischen Tanzkulturen. Gab 1927 in San Antonio ihren ersten eigenen Tanzabend, 1930 ihr Europa-Debüt in Florenz, wo sie bis 1938 ihren Wohnsitz hatte, von dem aus sie weitere Tourneen und Reisen unternahm. 1938 kehrte sie in die USA zurück, eröffnete mit Ruth St. Denis in New York die School of Natya, die 1942 in dem von ihr geleiteten Ethnologic Dance Center aufging und bis 1956 eine der wichtigsten Ausbildungsstätten für Tanzethnologie war. Gleichzeitig rief sie ihr Exotic B. ins Leben, mit dem sie ausgedehnte Tourneen unternahm. Bücher von ihr: *Principles of the Dance Art* (1933), *Dance as an Art Form* (1933), *Gesture Language of the Hindu*

Dance (1941), *Spanish Dancing* (1948) und *The Basic Elements of Dance Composition* (Jacob's Pillow, 1965), *Total Education in Ethnic Dance* (1977), *Dance Out the Answer* (Autobiographie 1977).

Lanchbery, John, engl. B.-Dirigent und Musik-Arrangeur, * 15. 4. 1923 London. Musikdirektor des Metropolitan B. 1947–49, dann Sadler's Wells Th. B. 1951, Principal Conductor Royal B. 1960–72, Australian B. 1972–78, American B. Th. 1978–80. Arrangierte die Musik zu zahlreichen B.en, u. a. für K. MacMillans *House of Birds* (1955) und *Mayerling* (1978), F. Ashtons *La Fille mal gardée* (1960), *The Dream* (1964), *Geschöpfe des Prometheus* (1970), *Tales of Beatrix Potter* (Film, 1971) und *Ein Monat auf dem Lande* (1976), R. Nurejews *Don Quixote* (1966), P. Darrells *Hoffmanns Erzählungen* (1972), R. Hynds *Lustige Witwe* (1975) und *Rosalinda.* Musikdirektor des Films *The Turning Point* (1977).

Landé, Jean-Baptiste, frz. Tänzer und B.-Meister, Geburtsdaten unbekannt, † 9. 3. 1748 St. Petersburg. Wirkte als Tänzer in Paris, Dresden und 1727 in Stockholm, ging 1734 nach St. Petersburg, wo Rinaldi Fossano bereits eine Tanzschule für die Töchter des Adels unterhielt. Mit ihnen veranstaltete L. eine erfolgreiche Schülerauff., die die Gründung einer weiteren Tanzschule als Basis für eine russ. B.-Komp. nahelegte. Diese Pläne wurden 1738 realisiert. Die ersten Schüler dieser von L. gegründeten und geleiteten Tanzschule Ihrer Majestät waren 12 Söhne und 12 Töchter von Hofbediensteten, die in speziellen Räumen des Winterpalastes einen Dreijahreskursus absolvierten. Hier gelang es L., die ersten professionellen russ. Solotänzer heranzuziehen. Das Jahr 1738 gilt daher als Geburtsjahr des B.s von St. Petersburg. Auch nach dem Tode der Kaiserin Anna Johannowna setzte L. seine Arbeit unter Elisabetha Petrowna, der Tochter Peters des Großen, fort. Er schuf jedes Jahr ein neues B. und die Divertissements in den Opern.

Lander, Harald (geb. Alfred Bernhardt Stevnsborg), dän.-frz. Tänzer, Choreograph, B.-Meister, B.-Direktor und Pädagoge, * 25. 2. 1905 Kopenhagen, † 14. 9. 1971 ebd. Trat 1913 in die Schule des Kgl. Dän. B.s ein, wo seine Hauptlehrer Chr. Christiansen, H. Beck und Gust. Uhlendorff waren, wurde 1923 in die Komp. übernommen, wo er sich besonders als Charaktertänzer auszeichnete, studierte 1926/27 in der UdSSR russ. Volkstanz, 1927–29 in den USA bei Fokine, Ivan Tarasoff und in Mexico bei Juan de Baucaire. Kehrte 1929 nach Kopenhagen zurück, wo er noch im selben Jahr zum Ersten Solotänzer avancierte. Im Jahr 1931 folgte seine Berufung zum B.-Meister und sein Choreographen-Debüt mit *Gaucho* (Mus.: E. Reesen). Mit Beginn der Spielzeit 1932/33 wurde er Direktor der B.-Schule. Er blieb bis 1951 B.-Direktor des Kgl. Dän. B.s, das unter ihm eine Periode lebhafter schöpferischer Aktivität erlebte, führte die Komp. 1938 zu ihrem ersten Auslandsgastspiel nach Paris, erwarb sich große Verdienste um die Reorganisation der Schule, sorgte für stilvolle Neueinst.en der Bournonville-Klassiker und choreographierte 30 B.e zwischen 1931 und 1951, darunter *Diana, Fußball* (beide Mus.: Poulenc, beide 1933), *Bolero* (Mus.: Ravel, 1934), *Die kleine Meerjungfrau* (Mus.: Fini Henriques, 1936), *Die sieben Todsünden* (Mus.: Weill, 1936), *Thorvaldsen* (Mus.: Joh. Hye-Knudsen, 1938), *Das Dänemark Ballett* (Mus.: Hye-Knudsen, 1939), *La Valse* (Mus.: Ravel 1940), *Schlaraffenland* (Mus.: K. Riisager), *Qarrtsiluni* (Mus.: Riisager, beide 1942), *Quasi una fantasia* (Mus.: Beethoven, 1945), *Étude* (Mus.: Czerny-Riisager, 1948) und *Salut für August Bournonville* (Mus.-Arr.: von Reesen, 1949). Nach einem Streit mit der Direktion des Kgl. Th.s ging er 1952 nach Paris, wo er Galeottis *Les Caprices de Cupidon*, den Blumen-Akt in *Les Indes Galantes* und vor allem seine *Études* (nur die erste Fassung von 1948 hieß *Étude* – alle 1952) an der Opéra inszenierte. Im Jahr 1953 übernahm er eine Jungenklasse an der Schule der Opéra, war 1956/57 (und noch einmal 1959–63) deren Direktor und wirkte in den folgenden Jahren als Gastchoreograph in Europa, Nord- und Südamerika, wobei er immer wieder seine berühmten *Études* neueinstudierte (1963 in München, 1965 in Köln, 1967 in Hamburg und Wien), verschiedentlich auch B.e von Galeotti und Bournonville. Neue B.e waren u. a. *Printemps à Vienne* (Mus.: Schubert, 2. Sinfonie, Opéra Paris, 1954), *Rendez-vous* (Mus.: Mozarts Kleine Nachtmusik, Versailles 1961), *Vita Eterna* (Mus.: Dvořáks Slawische Tänze, London Festival B., 1958). Nach 1962 hat er verschiedentlich auch wieder in Kopenhagen gearbeitet und dort *Les Victoires de l'Amour* (Mus.: Lully, 1962) choreographiert. Im selben Jahr war er auch erstmalig Dozent der Kölner Sommerakademie des Tanzes. Von 1932–50 war er mit Margot L., von 1950–65 mit Toni L. verheiratet.

Lit.: E. Aschengreen, *Études*, Kopenhagen 1970.

Lander, Margot (geb. M. Florentz-Gerhardt), dän. Tänzerin, * 2. 8. 1910 Kopenhagen, † 19. 7. 1961 ebd. Trat 1917 in die Schule des Kgl. Dän. B.s ein, machte 1925 ihr Examen, wurde Mitgl. der Komp., avancierte 1931 zur Solotänzerin und 1942 als bisher einzige dän. Tänzerin zur Primaballerina. Sie wurde ebenso in den Bournonville-B.en wie in den von H. Lander speziell für sie geschaffenen *Études* bewundert. Ihre größten Triumphe feierte sie als Swanilda. 1950 Abschied von der Bühne. Sie war 1932–50 mit Harald L. verheiratet.

Lander, Toni, dän. Tänzerin, * 19. 6. 1931 Kopenhagen. Studierte ebd. an der Schule des Kgl. B.s, dessen Mitgl. sie 1948 wurde, Solotänzerin 1950. Heiratete den Choreographen Harald L. 1950 und ging mit ihm nach Paris, wo sie weiter bei L. Egorova und O. Preobrajenska studierte. Gastballerina beim Original B. Russe in London 1951/52, dann Ballerina beim London Festival B. 1954–59, American B. Th. 1961–71; häufige Gastspiele bei anderen Komp.n (auch bei der *Le Rendezvous manqué*-Prod., 1958). Nach 1971 auch wieder verschiedentlich als Ballerina und Gastpädagogin beim Kgl. Dän. B. Nach ihrer Scheidung von Lander heiratete sie 1966 den Tänzer und Choreographen Bruce Marks, als dessen Assistentin sie heute tätig ist.

Lang, Pearl, amer. Tänzerin, Choreographin und Pädagogin, * 29. 5. 1922 Chicago. Studierte u. a. bei M. Graham und L. Horst, tanzte 1942–52 und auch später noch verschiedentlich bei Graham, wo sie u. a. Rollen in *Diversion of Angels* (1948), *Canticle for Innocent Comedians* (1952) und *Ardent Song* (1954) kreierte. Gründete 1952 eine eigene Komp., für die sie u. a. folgende Werke choreographierte: *And Joy is my Witness* (1955), *Shirah* (1960), *Apasionada* (1962), *Shore Bourne* (1964), *The Possessed* (1975) und *The Tailor's Magillah* (1981). Ihr besonderes Interesse gilt jiddischen Stoffen.

Lanner, Katti (Katharina), österr. Tänzerin, B.-Meisterin, Choreographin und Pädagogin, * 14. 9. 1829 Wien, † 15. 11. 1908 London. Als Tochter des berühmten Walzer-Komponisten Joseph L. studierte sie an der Schule der Wiener Hofoper, debütierte 1845 im Th. am Kärntnertor in A. Guerras *Angelica*, hatte 1847 großen Erfolg als Fenella in der Oper *Die Stumme von Portici* und tanzte Hauptrollen u. a. in *Giselle* (Myrtha, 1852), Paul Taglionis *Die verwandelten Weiber* (1853) und in Bournonvilles *Der Toreador* (1854). Als nach ihrem Vater auch ihre Mutter und ihr Bruder gestorben waren, trennte sie sich von Wien, hatte 1856 einen triumphalen Erfolg als Giselle in Berlin, gastierte dann in Dresden und München und wurde als Ballerina und B.-Meisterin ans Stadt-Th. von Hamburg engagiert. Dort choreographierte sie 10 B.e u. a. *Uriella, der Dämon der Nacht* (1862), *Die Rose von Sevilla* oder *Ein Abend bei Don Bartolo* (1862) und *Asmodeus oder Der Sohn des Teufels auf Reisen* (1863). Nach Gastspielen in Skandinavien, Rußland und Westeuropa ging sie 1872 nach New York. Sie schlug 1875 ihren Wohnsitz in London auf. Dort erwarb sie sich große Verdienste als B.-Meisterin des Empire-Th., die sie von 1887 bis 1897 blieb. In dieser Zeit war das Empire-Th. eine der Hauptpflegestätten des B.s in London, die noch zusätzliche Attraktivität erhielt, als es gelang, Adeline Genée als Ballerina an das Haus zu verpflichten. Von ihren 33 B.en mögen ein paar Titel die Spannweite ihrer Interessen bekunden: *The Sports of England* (1887), *Cleopatra* (1889), *The Paris Exhibition* (1889 – alle Mus.: Hervé), *Orfeo* (1891), *Versailles* (1892), *Round the Town* (1893 – alle Mus.: Léopold Wenzel), *On Brighton Pier* (Mus.: W. E. Ford, 1894), *Monte Christo* (1896), *Alaska* (1898), *The Milliner Duchess* (1903 – alle Mus.: Wenzel), *The Dancing Doll* (d. i. *Die Puppenfee*, Mus.: J. Bayer, 1905) und schließlich noch *Sir Roger de Coverley* (Mus.: Osmond Carr, 1907).

Lit.: I. Guest, in: *The Empire Ballet*, London 1962.

Lany, Jean-Barthélemy, frz. Tänzer, Choreograph und B.-Meister, * 24. 3. 1718 Paris, † 29. 3. 1786 ebd. War der Sohn des B.-Meisters Jean L., wurde 1740 Solotänzer an der Opéra, trat dort in den B.-Opern von u. a. Destouches, Rameau und Boismortier auf und ging 1743 als Ballerino und B.-Meister nach Berlin, wo er zahlreiche B.e schuf. Unter seinen Tänzern war zeitweise auch der junge Noverre. Er kehrte hochgeehrt nach Paris zurück, wo er noch als Charaktertänzer großes Ansehen genoß und als Choreograph u. a. an den UA.en von Rameaus *Les Fêtes d'Amour et de l'Hymen* (1748), *Platée* (1749), *Zoroastre* (1749), *La Guirlande ou Les Fleurs enchantées* (1751), *Les Surprises de l'amour* (1757) und *Les Paladins* (1760) beteiligt war. Nach seiner Rückkehr nach Paris widmete er sich ganz der Ausbildung seiner Schüler, zu denen u. a. M. Gardel und J. B. Dauberval zählten. Thérèse Vestris, die Schwester von Gaetano V., war seine Mätresse. – Seine Schwester Louise-Madeleine L. (* 1733 Paris, † 1777 ebd.) war eine exzellente Ballerina der Opéra, die ihre größten Erfolge in den B.en ihres Bruders hatte. Sie muß eine vorzügliche Technikerin gewesen sein und soll den Entrechat six erfunden haben.

Lapauri, Alexander Aleandrowitsch, sowj. Tänzer, Choreograph und Pädagoge, * 15. 6. 1926 Moskau, * 6. 8. 1975 ebd. Studierte ebd. an der Bolschoi-B.-Schule und wurde nach seinem Examen 1944 Mitgl. des Bolschoi-B.s, wo er rasch als Charaktertänzer Karriere machte. Seine besten Rollen hatte er als Hilarion und Khan Girej (*Fontäne von Bachtschissaray*) sowie in *Walpurgisnacht.* Ein ungewöhnlich persönlichkeitsstarker Tänzer von athletischem Körperbau und viriler Ausstrahlung, exzellierte er in Virtuositäts-Pas-de-deux mit seiner Frau, R. Strutschkowa, als Partnerin (*Moszkowski-Walzer, Frühlingsgewässer* u. a.). Als Choreograph arbeitete er mit O. Tarassowa zusammen in *Lied der Wälder* (Mus.: G. Schukowsky, 1961) und *Leutnant Kije* (Mus.: Prokofjew, 1963). Unterrichtete auch an der Bolschoi-B.-Schule.

Larionow, Michail Fedorowitsch, russ.-frz. Maler und Bühnenbildner, * 22. 5. 1881 Tiraspol (Ukraine), † 10. 4. 1964 Paris. Ging 1914 nach Paris, wo er häufig für Diaghilew gearbeitet hat, so zusammen mit Massine in *Soleil de nuit* (1915), *Kikimora* (1916) und *Les Contes Russes* (1917), dann mit Thadée Slawinsky in *Chout* (1921), mit B. Nijinska in *Renard* (1922, auch mit Lifar in der Version von 1929), sowie mit Lifar in *Sur le Borysthène* (Pariser Opéra, 1932). – War mit der Malerin Nathalie Gontcharova verheiratet.

Lit.: H. Rischbieter, in: *Bühne und bildende Kunst im XX. Jahrhundert*, Velber 1968.

Larsen, Gerd, norweg.-brit. Tänzerin, B.-Meisterin und Pädagogin, * 20. 2. 1921 Oslo. Studierte bei M. Craske und A. Tudor. Tänzerin bei Tudors London B., wo sie die frz. Ballerina in *Gala Performance* kreierte (1938), dann beim B. Rambert, International B. und Sadler's Wells B., wo sie 1954 zur Solistin avancierte und später Principal Mime beim Royal B. wurde. Heute Pädagogin der Komp. War mit dem Tänzer Harold Turner verheiratet.

Lit.: J. Gruen, in: *The Private World of Ballet*, New York 1975.

Larsen, Niels Bjørn, dän. Tänzer, Pädagoge, B.-Meister und B.-Direktor, * 5. 10. 1913 Kopenhagen. Studierte ebd. an der Schule des Kgl. B.s, dessen Mitgl. er 1933 wurde, tanzte 1935–37 in der Komp. von T. Schoop und kehrte dann zum Kgl. Dän. B. zurück, Solotänzer 1942 und bis auf den heutigen Tag einer der großen Charakterdarsteller der Komp. Zwischenzeitlich Leiter einer eigenen Komp. (1946), Pädagoge an der Kgl. B.-Schule, B.-Meister des Kgl. Dän. B.s 1951–56, dann Direktor des Pantomimen-Th.s im Kopenhagener Tivoli, Künstlerischer Direktor des Kgl. Dän. B.s 1961–65. Heute auch als Pädagoge von Pantomimenklassen und als Regisseur ein international vielgefragter Mann. Seine berühmtesten Pantomimenrollen sind die Hexe Madge in *La Sylphide* und der Opernsänger in *Napoli.* Er ist der Vater der Tänzerin Dinna Bjørn.

Lauchery, Etienne (auch dt. Stephan), frz. Tänzer, Choreograph und B.-Meister, * Sept. 1732 Lyon, † 5. 1. 1820 Berlin. Kam 1746 nach Mannheim, wurde dort 1756 Hof-Tanzmeister, 1764–72 B.-Meister in Kassel, kehrte 1772 nach Mannheim zurück, arbeitete ab 1778 zusätzlich auch in München, 1780–86 erneut in Kassel und 1788–1813 in Berlin. Ein 1768 über seine B.e in Kassel erschienenes Buch *Recueil des Ballets* nennt 37 Titel. Neben den üblichen mythologischen und anakreontischen Stoffen choreographierte L. auch *Les Fêtes hessoises* (1765) und *Don Quichotte de la manche* (1767). Die Musik stammte großenteils von J. Toeschi, R. Deller, Chr. Cannabich oder J. Frenzel. – Sein Sohn

Albert L., * 19. 9. 1779 Mannheim, † 26. 3. 1853 Berlin, wurde 1796 als Eleve seines Vaters in Berlin engagiert, ging 1800 zur Vervollkommnung seiner Ausbildung nach Paris, kehrte 1803 als Solotänzer nach Berlin zurück und wurde dort Leiter der B.-Schule, als der er zeit seines Lebens großes Ansehen genoß.

Laurencia (russ. Originaltitel), B. in 3 Akten und 5 Bildern, Libr.: Eugen Mandelberg, Ch.: W. Tschabukiani, Mus.: A. Krein, Dek.: S. Wirsaladse; UA 22. 3. 1939, Kirow-Th., Leningrad, mit N. Dudinskaja, Tschabukiani u. a. Das B. basiert auf Lope de Vegas *Fuente Ovejuna (Die Schafsquelle)* und behandelt den Aufstand der Bauern eines kastilischen Dorfes, die, angeführt von L. und ihrem Verlobten Frondoso, das Schloß des tyrannischen Großkomturs stürmen und ihn umbringen. Schon 1931 hatte es unter dem Titel *Komödianten* ein B. über denselben Stoff am Moskauer Bolschoi-Th. gegeben (Ch.: A. Tschekrygin, Mus.: R. Glière), aus dem später in einer Neufassung *Eine Tochter Kastiliens* wurde (Ch.: A. W. Tschitschinadse, Stanislawsky-Nemirowitsch-Dantschenko-Musik-Th., Moskau 1955).

Lit.: C. W. Beaumont, in *Supplement to Complete Book of Ballets*, London 1942.

Laurenzen, Heinz, dt. Amtsrat, * 8. 1. 1930 St. Hubert (Krefeld). War maßgeblich beteiligt an der 1955 erfolgten Gründung der in Krefeld eingetragenen Gesellschaft zur Förderung des künstlerischen Tanzes, aus der 1957 die Internationale Sommerakademie des Tanzes hervorging, die 1961 von Krefeld nach Köln übersiedelte und zu deren Leitungs-Team er von Anfang an gehörte und weiter gehört. Verwaltungsdirektor der Rheinischen Musikschule, des Konservatoriums der Stadt Köln und des Instituts für Bühnentanz-Ballettakademie Köln.

Lausanne, Prix de. Auf Grund der Initiative einiger kulturambitionierter Industrieller wurde 1973 der P. d. L. für junge Tänzer der Altersgruppe 16 bis 19 Jahre gestiftet, die noch vor ihrer professionellen Karriere stehen. Er wird jährlich von einer aus 10 prominenten internationalen B.-Persönlichkeiten zusammengesetzten Jury an die Gewinner des viertägigen Wettbewerbs verliehen und besteht aus einem einjährigen Stipendium an einer der renommierten B.-Schulen der westl. Welt und schließt auch die Lebenshaltungskosten ein. Zusätzlich wird ein Preis für den besten schweiz. Teilnehmer verliehen.

Lavallade, Carmen de, amer. Tänzerin, * 6. 3. 1931 Los Angeles. 1948 als Elevin bei der Lester Horton Comp. engagiert, mit der sie dann regelmäßig auftrat. Studierte weiter bei C. Maracci klassisches B., ging nach Hortons Tod 1953 nach New York, wirkte in verschiedenen Filmen mit, u. a. in *Carmen Jones*, tanzte 1954/55 in dem Broadway-Musical *House of Flowers*, wo sie den ebenfalls mitwirkenden Tänzer Geoffrey Holder kennenlernte und heiratete. Er schuf für sie einige Soli, u. a. *Sunday Suite* (Mus.: Odetta, 1959) und *Songs of Auvergne* (Mus.: Jos. Cantaloube, 1961). Mit Holder tanzte sie 1955 auch in dessen B. *Banda*, einem Werk, das von dem afro-haitian. Totengott handelt (Neufassung 1982). Arbeitete erstmalig 1956 mit J. Butler zusammen, der sie dann immer wieder für seine Prod.en holte, mit ihm machte sie auch ihre ersten Fernsehfilme und trat mit seiner Komp. mehrfach in Spoleto auf. 1956–58 tanzte sie am Metropolitan Opera House, arbeitete aber auch weiter bei M. Craske und M. Graham, dann in verschiedenen Broadway Shows sowie in den Komp.n von A. Ailey, G. Tetley und D. McKayle, bei der New York City Opera und beim American B. Th. 1959 kreierte sie Butlers Version von *Carmina Burana* und 1964 seine *Catulli Carmina*. Eine ihrer besten Rollen hatte sie in Butlers *Portrait of Billie* (1962). Weitere bedeutende Rollen u. a. in Tetleys *Chronochromie* (1966) und *Mythical Hunters*, McKayles *Reflections in the Park* und in ihrem eigenen, hauptsächlich von Holder choreographierten Programm *Theatre of Dance*. In letzter Zeit wirkte sie als Dozentin for Stage Movement to Actors an der Yale-Universität. Auch trat sie selber als Schauspielerin auf, u. a. als Titania im *Sommernachtstraum* und als Emilia in *Othello*.

Lavery, Sean, amer. Tänzer, * 16. 8. 1956 Harrisburg (Penn.). Studierte bei R. Thomas und B. Fallis. Tänzer beim San Francisco B. 1962–74, Frankfurt a. M. 1974–76, Chicago B. 1976 und seit 1977 beim New York City B., Principal Dancer 1978. Rollenkreationen u. a. in G. Balanchines *Kammermusik Nr. 2* (1978) und J. Robbins' *Four Chamber Works* (1982).

Lawrence, Pauline, amer. Pianistin und Kostümdesignerin, * 1900 Los Angeles, † 16. 6. 1971, Stockton (N. J.). Schloß sich 1917 der Denishawn Comp. als Pianistin an, dann bei der Graham Comp. und bei der Humphrey-Weidman und Limón Comp. Heiratete Limón und wurde zu seiner Chef-Kostümdesignerin und persönlichen Assistentin.

Lawrowsky, Leonid Michailowitsch, sowj. Tänzer, Choreograph, B.-Direktor und Pädagoge, * 18. 6. 1905 St. Petersburg, † 26. 11. 1967 Paris. Studierte an der B.-Schule des Marien-Th.s, machte 1922 sein Examen, wirkte im selben Jahr bei den Abenden des Jungen B.s mit, wurde Tänzer beim GATOB, wo er die Premier-danseur-Rollen des Standard-Rep.s tanzte (bis 1936), begann schon 1922 auch zu unterrichten und betreute 1926–34 als künstlerischer Leiter die B.-Auff.en im Haus des Volkes in Leningrad. Seine erste Ch. machte er 1930 mit B.-Schülern: *Sinfonische Etüden* (Mus.: R. Schumann), als erstes abendfüllendes B. dann *Fadetta* (Mus.: Delibes' *Sylvia*, 1934). B.-Direktor am Maly-Th., 1936/37 – Neuprod.en von *La Fille mal gardée* und *Der Gefangene aus dem Kaukasus* (Mus.: B. Assafjew). 1937–40 B.-Direktor am Kirow-Th., wo er die sowj. EA von Prokofjews *Romeo und Julia* 1940 herausbrachte. Während des Krieges B.-Direktor am Th. von Jerewan (Armenien). B.-Direktor des Bolschoi-B.s 1944–56. Wirkte weiter als Choreograph bei der Komp. und erneut als deren Direktor 1960–64, anschließend Direktor der Moskauer Akademischen Choreogr. Schule. Beim Bolschoi-B. waren seine wichtigsten Prod.en: *Giselle* (1944), *Raymonda* (1945), *Romeo und Julia* (1946), *Der rote Mohn* (1949), *Die steinerne Blume* (1954), *Paganini* (Mus.: Rachmaninow, 1960), *Stadt bei Nacht* (Mus.: Bartóks *Wunderbarer Mandarin*) und *Seiten des Lebens* (Mus.: A. Balantschiwadse, beide 1961). Er war eine der führenden Persönlichkeiten der neuen Sowjet-Ch., dessen choreogr. Verdienste im Westen immer umstritten waren, während Einmütigkeit über die hervorragende Qualität seiner *Giselle*-Einst. herrschte. Er war der Vater des Tänzers Michail L.

Lawrowsky, Michail Leonidowitsch, sowj. Tänzer, * 29. 9. 1941 Tiflis. Sohn des Choreographen Leonid L., studierte er an der Moskauer Bolschoi-B.-Schule und wurde nach seinem Examen 1961 Mitgl. des Bolschoi-B.s, wo er in seines Vaters *Seiten des Lebens* debütierte und heute zu den führenden Solisten gehört. Zusammen mit N. Bessmertnowa als Partnerin oft auch als Gast im Ausland. Kreierte den Prinzen in J. Grigorowitschs *Nußknacker* (1966) und eine der Hauptrollen in seinem B. *Angara* (1976). Heute B.-Direktor der Komp. von Tiblissi.

Lazzini, Joseph, frz. Tänzer, Choreograph und B.-Direktor, * 1927 Marseille. Studierte bei F. Meylach in Nizza. Tänzer beim Opern-B. in Nizza und bei verschiedenen ital. Komp.n. B.-Direktor Lüttich 1954–57, Toulouse 1958, Marseille 1959–68. Gründete dann 1968 sein eigenes Th. Française de la Danse, das ebenso kurzlebig war wie die meisten seiner weiteren Aktivitäten. Seither als freischaffender Choreograph tätig, u. a. auch am Metropolitan Opera House, New York, der Pariser Opéra, der Mailänder Scala und beim Israel B. Hat häufig mit interessanten Ausstattern zusammengearbeitet, u. a. A. Calder, R. Allio, B. Daydé, M. Raffaelli. Zu seinen bekannter gewordenen B.en zählen u. a. *Hommage à Jérôme Bosch* (Mus.: J. Meyrowitz, 1961), $E=MC^2$ (Mus.: A. Mossolow, 1964), *Lascaux* (Mus.: J. Antill) und *Eppur si muove* (Mus.: F. Miroglio, beide 1965) sowie seine Version von Prokofjews *Verlorenem Sohn* mit J. Babilée (1967).

Leavitt, Thaïs, amer. Tänzerin, * 9. 1. 1957 Santa Monica (Cal.). Studierte ebd. bei Joey Harris und Don Hewitt, dann bei St. Holden und an der Royal B. School. Tänzerin in Dortmund 1975/76, Lübeck 1976–78, Erste Solotänzerin Dt. Oper am Rhein, Düsseldorf, seit 1978/79. Rollenkreationen u. a. in E. Walters *Erwartung* (1979), *Fantaisies* (1980), *Symphonie Nr. 4* (1982) und *Petruschka* (1983). Eine ihrer besten Rollen ist Lizzie Borden in A. de Milles *Fall River Legend.* Verschiedene Tourneen in einem Recital-Programm mit P. Bortoluzzi.

Leben, Gudrun, dt. Tänzerin und B.-Meisterin, * 19. 10. 1920 Berlin. Studierte ebd. bei T. und V. Gsovsky sowie an der B.-Schule des Dt. Opernhauses. Tänzerin ebd. seit 1937, später auch Solistin (Städt. Oper Berlin) und Assistentin des B.-Direktors der Dt. Oper Berlin seit

1964 sowie B.-Meisterin ebd. seit 1973, als die sie auch verschiedentlich B.-Einlagen in Opern-Prod.en choreographiert hat.

Leclair, André, belg. Tänzer und Choreograph, * 29. 1. 1930 Brüssel. Studierte bei Monique Querida und V. Gsovsky. Tänzer bei den B.s des Champs-Elysées 1947, dann als Danseur étoile am Brüsseler Th. de la Monnaie 1949 und dem ebd. neuformierten B. du XXe Siècle, dem er bis 1966 verbunden blieb. Begann 1956 zu choreographieren. B.-Meister der Kgl. Oper Antwerpen 1966, B.-Direktor ebd. 1968 und seit 1970 Chefchoreograph des B. van Vlaanderen.

LeClerq, Tanaquil, amer. Tänzerin, * 2. 10. 1929 Paris. Ging als Zehnjährige an die School of American B., trat 1945 erstmalig in Jacob's Pillow auf, wurde 1946 Solistin der B. Society, wo sie mehrere Partien in Balanchines B.en kreierte. Sie wurde dann eine der profiliertesten und berühmtesten Solistinnen des New York City B., mit sehr hohen Beinen und sehr langen und dünnen Armen. Balanchine schuf für sie einige seiner interessantesten B.e, u. a. *Bourrée fantasque* (1949), *Jones Beach* (1950), *La Valse* (1951), *Metamorphosen* (1952), *Nußknacker, Opus 34, Western Symphony* und *Ivesiana* (alle 1954). Doch war sie auch eindrucksvoll in den Kreationen anderer Choreographen, so in Ashtons *Les Illuminations* (1950) und Robbins' *Age of Anxiety* (1950), *The Pied Piper* (1951), *Nachmittag eines Fauns* (1953) und *The Concert* (1956). Auf einer Europa-Tournee zog sie sich 1956 eine Polio-Infektion zu, die ihrer Karriere ein Ende setzte. – 1952–69 mit Balanchine verheiratet.

Leçon, La → *Unterrichtsstunde, Die*

Lee, Mary Ann, amerik. Tänzerin, * 1823 Philadelphia, † 1899 wahrsch. ebd. Debütierte 1837 in Philadelphia in *The Maid of Cashmere* (engl. Version von Aubers *Le Dieu et la Bayadère*), tanzte dort und in Baltimore *La Sylphide*, dann 1839 in New York *La Bayadère* und *The Sisters*. Bei James Sylvain, dem Partner von F. Elßler, lernte sie deren Erfolgs-Rep., studierte 1844 in Paris bei J. Perrot und rief 1845 mit George Washington Smith eine kleine amer. Truppe ins Leben, mit der sie eine Tournee unternahm. Auf ihrem Rep. standen u. a. Alberts *La jolie fille de Gand*, F. Taglionis *La Fille du Danube* und *Giselle*, die 1846 in Boston ihre amer. EA erlebte. Sie gab 1847 eine Reihe von Abschieds-Vorst.en, kehrte aber 1852/53 noch einmal kurz zur Bühne zurück, um die Fenella in der *Stummen von Portici* zu spielen. Sie gilt als Amerikas erste klassische Ballerina von internationalem Renommee.

Lit.: L. Moore, *M. A. L. – First American Giselle*, Dance Index 2,5 (1943).

Leeder, Sigurd, dt. Tänzer, Choreograph, B.-Meister und Pädagoge, * 14. 8. 1902 Hamburg, † 20. 6. 1981 Herisau (Schweiz). Studierte bei Laban in Hamburg, hatte dort auch eine eigene Gruppe, schloß sich 1924 der Neuen Tanzbühne in Münster an, wo er einer von K. Jooss' engsten Mitarbeitern wurde, unternahm mit ihm eine Tournee, die sie beide allein als »Zwei Männliche Tänzer« bestritten. Mit Jooss übersiedelte er 1928 nach Essen, arbeitete im Folkwang-Tanz-Th.-Studio mit und unterrichtete an der Folkwang-Schule. Emigrierte 1934 mit den B.s Jooss und wurde mit Jooss Kodirektor ihrer Schule in Dartington (1934–41). Von 1942–47 war er auch B.-Meister der B.s Jooss, für die er 1943 *Sailor's Fancy* (Musik-Arr.: Martin Penny) choreographierte. Nach Auflösung der Komp. unterrichtete er bis 1960 in London, ging dann 1960–64 an die Tanzabteilung der Universität von Chile in Santiago und übersiedelte 1965 nach Herisau, wo er eine neue Schule gründete, die er bis zu seinem Tode leitete.

Lefèbre, Jorge, kub. Tänzer, Choreograph und B.-Direktor, * Havanna (Lebensdaten nicht bekannt). Studierte bei den Alonsos in Havanna, später auch mit W. Dollar, M. Mattox und Luigi. Tänzer bei der Komp. von K. Dunham, dann 1963 beim B. du XXe Siècle. Seit 1980 Künstlerischer Direktor des B. Royal de Wallonie. Zahlreiche Ch.n – auch fürs Kub. National-B. –, u. a. *Edipe Roi* (Mus.: Maderna, 1970) und *La Dame aux camélias* (Mus.: Verdi, 1980).

Legat, Nikolai Gustavowitsch, russ. Tänzer, Choreograph und Pädagoge, * 27. 12. 1869 St. Petersburg, † 24. 1. 1937 London. Studierte bei seinem Vater Gustav und dann an der Kaiserl. B.-Schule bei P. Gerdt und Chr. Johansson, machte 1888 sein Examen und trat dem Marien-

Th. bei, wo er als einer der brillantesten Techniker in 20 Jahren in 70 B.en auftrat, u. a. in Kreationen von Petipa und L. Iwanows *Nußknacker* (1892). M. Kschessinska, A. Pawlowa und V. Trefilova bevorzugten ihn als Partner. Mit seinem Bruder Sergei wurde er 1903 als Nachfolger Petipas B.-Meister am Marien-Th. und choreographierte eine Reihe von B.en, wandte sich aber hauptsächlich der Pädagogik zu und übernahm dann nach Johansson († 1903) auch die Leitung der B.-Schule. Zu den von ihm geförderten Solisten gehörten u. a. L. Egorova, O. Preobrajenska, J. Sedova, A. Waganowa, T. Karsavina, M. Fokine, W. Nijinsky, A. Bolm und sein Bruder Sergei. Mit seiner Frau Nadine Nikolajeva († 1971) unternahm er eine ausgedehnte Auslandstournee, dann verließen beide 1923 die Sowjetunion. Er ging 1925 als Nachfolger von Cecchetti als B.-Meister zu Diaghilew und 1926 nach London. Dort gründete er eine Schule, die rasch zu internationalem Ruhm gelangte und zu deren Schülern zeitweise u. a. V. Nemtchinova, A. Danilova, L. Lopokova, S. Lifar, M. Inglesby, P. May, M. Fonteyn, N. de Valois, A. Dolin und A. Markova gehörten. Nach seinem Tode führte seine Frau die Schule weiter. Außer seinem Ruhm als Pädagoge des russ. B.-Schulsystems genoß N. L. auch Ansehen als Karikaturist, der noch in St. Petersburg einen Band *Russisches Ballett* veröffentlichte.

Legat, Sergei Gustavowitsch, russ. Tänzer, * 27. 9. 1875 Moskau, † 1. 11. 1905 St. Petersburg. Bruder von Nikolai G. Legat. Studierte bei Johansson und Gerdt, später auch bei seinem Bruder, machte 1894 sein Examen und galt als einer der virtuosesten Stilisten der Komp., begann dann schon sehr bald zu unterrichten und wurde einer der maßgebenden Lehrer des jungen Nijinsky. Noch nicht 30 Jahre alt verübte er 1905 – vermutlich unter dem Druck seiner Frau, einer Tochter Petipas – Selbstmord, nachdem er innerhalb der Komp. des Marien-Th.s eine Revolte der Tänzer und Tänzerinnen angeführt hatte, die niedergeschlagen wurde wie die gleichzeitige Revolution der Arbeiter. Bei seinem Begräbnis wurde er als einer der Opfer der ersten russ. Revolution u. a. von A. Pawlowa gefeiert.

Legend of Judith, Tanzstück in 1 Akt von M. Graham, Mus.: Mordecai Seter, Dek.: Dani Karavan; UA 25. 10. 1962, M. Graham Dance Comp., Habima Th., Tel-Aviv, mit Graham, L. Hodes, B. Ross, Yuriko u. a. In Form eines Rituals wird die Geschichte vorgetragen, wie Judith den Holofernes erschlägt und dadurch die Stadt Bethulia vor ihrem Feind rettet. Laut Programmheftnotiz spielt die Handlung zur Gänze in der unbekannten Seelenlandschaft einer Frau, die eine Art Judith ist. Premiere in New York am 13. 10. 1963.

Legende von der Liebe (russ. Originaltitel: *Legende o ljubwi*), B. in 3 Akten und 7 Bildern, Libr.: Nazim Hikmet, Ch.: J. Grigorowitsch, Mus.: Arif Melikow, Dek.: S. Wirsaladse; UA 23. 3. 1961, Kirow-Th., Leningrad, mit I. Kolpakowa, O. Moissejewa, A. Gribow, A. Gridin u. a. Das B. basiert auf einer alten türk. Legende. Sie erzählt von Mechmeneh Banu, einer Herrscherin, die ihre Schönheit opfert, um ihre Schwester Schirin vor dem sicheren Tode zu retten. Als der kraftvolle und schöne junge Maler Ferhad erscheint und er und Schirin sich ineinander verlieben, bereut sie ihren Entschluß. Die beiden Liebenden wollen fliehen, werden aber dabei gefaßt und vor die Herrscherin gebracht, die Ferhad nur freigeben will, wenn er eine verschüttete Quelle freilegt. Als er nahe am Ziel ist, ersinnt sie eine neue List. Sie will nur dann der Verbindung der Liebenden zustimmen, wenn er die Arbeit aufgibt. Doch F. arbeitet weiter, um die Wassernot seines Volkes zu beheben. Gerührt nehmen die beiden Liebenden Abschied voneinander, sogar die Herrscherin ist erschüttert von so viel menschlicher Größe. – Das B. wurde 1965 ins Bolschoi-Rep. übernommen und machte rasch die Runde über die Bühnen der Ostblockstaaten. Anläßlich des Gastspiels des Leningrader B.s während der Berliner Festtage 1962 wurde das Werk auch in Ost-Berlin gezeigt. Dt. EA von Ruth Wolf 1965 in Weimar.

Lit.: O. F. Regner / H.-L. Schneiders, in: *Reclams Ballettführer*, Stuttgart [8]1980.

Légende de Joseph, La → *Josephslegende*.

Léger, Fernand, frz. Maler und Th.-Ausstatter, * 4. 2. 1881 Argentan (Normandie), † 17. 8. 1955 Gif-sur-Yvette. Entwarf die Dek. für *Le Skating Rink* (Ch.: J. Börlin, B. Suédois, 1923), *La Création du monde* (Ch.: Börlin, 1923), *Da-*

vid triomphant (Ch.: S. Lifar, Pariser Opéra, 1937) und *Léonard de Vinci* (Ch.: J. Charrat, Paris 1952).

Lit.: H. Rischbieter, in: *Bühne und bildende Kunst im XX. Jahrhundert*, Velber 1968.

Legnani, Pierina, ital. Tänzerin, * 1863, † 1923 (Geburts- und Sterbeort nicht bekannt). War eine Schülerin der Beretta in Mailand und gilt als eine der brillantesten Virtuosinnen aller Zeiten. In *Casatis Salandra* hatte sie 1890 im Alhambra Th. in London großen Erfolg, 1892 wurde sie Primaballerina an der Mailänder Scala, 1893 ging sie nach St. Petersburg, wo sie im Marien-Th. in Petipas *Aschenbrödel* mit ihren 32 Fouettés dem Publikum buchstäblich den Kopf verdrehte und den Ehrgeiz der russ. Tänzerinnen stimulierte. Sie selber verbesserte ihre Technik noch bei N. Legat und kreierte die Odette-Odile in der *Schwanensee*-Premiere von 1895. Neben der Kschessinska war sie die einzige Primaballerina assoluta. Das russ. Publikum und die junge russ. Tänzergeneration beteten sie wie ein Idol an. Kreierte weiterhin Hauptrollen u. a. in Petipas *Der Talisman* (1895), *Halte de cavalerie, Barbe-Bleu* (1896), *Raymonda* (1898) und *Ruses d'amour* (1900). Beendete ihre Karriere 1901 mit einer Vorst. von Petipas *La Camargo* und kehrte dann nach Italien zurück, wo sie der Prüfungskommission der Scala angehörte.

Leipzig. Informationen über die B.-Geschichte der Stadt liegen bisher nur in fragmentarischer Form vor. Als erste bekannte B.-Titel begegnen *Das Milchmädchen* (1819), *Danina, oder Jocko, der brasilianische Affe, Liesa und Collin* (alias *La Fille mal gardée*, beide 1930), *Die Peri* (1848), *Esmeralda* (1849), *Die Weiberkur* (1850), *Paquita* (1851/52), *Undine* (1856), *Gisela, oder Die Wilis* (1860) und *Sylphide* (1865). Unter den B.-Meistern war auch Herr Reisinger (1866–74), während dessen Ära das neue Stadt-Th. am Augustusplatz eröffnet wurde – mit einer Komp., bestehend aus 1 Solotänzer, 3 Solotänzerinnen und 23 Corps-Damen. Unter seinen Nachfolgern Homann, Gyurian und Golinelli gab es u. a. *Die Puppenfee* (1889) und *Meißner Porzellan* (1890). Spätere B.-Meister waren Marie Förster, Josefine Strengsmann, Emma Grodona, Erna Abendroth-Ihrke (1924–42) und T. Gsovsky (1943/44), die hier 1943 die UA von C. Orffs *Catulli Carmina* choreographierte. Nach dem Zweiten Weltkrieg wirkten hier als B.-Meister H. Freund (1945–49), dann gastweise D. Spies, G. Steinweg (1950–53), L. Gruber (1953/54), W. Ulbrich (1954–56) und 1958–78 E. Köhler-Richter, die es verstand, mit ihren eigenwilligen Klassiker-Insz.en, UA.en und EA.en auch überlokale Aufmerksamkeit auf sich zu ziehen. Chefchoreograph seit 1980 ist Dietmar Seyffert.

Leistikow, Gertrud, dt.-niederl. Tänzerin, Choreographin und Pädagogin, * 21. 9. 1885 Bückeburg, † 23. 11. 1948 (Sterbeort nicht bekannt). Wurde in Berlin bei Hade Kallmeyer ausgebildet, veranstaltete 1910 ihre erste eigene Tanzmatinee, gastierte 1911/12 in Rußland, kam 1912 nach München und unternahm bis 1920 ausgedehnte Tourneen durch Deutschland, die Schweiz und die Niederlande, wo sie sich 1921 niederließ und von wo aus sie wiederum bis 1939 auf weitere Tourneen ging. Um 1925 gründete sie Schulen in Den Haag und Amsterdam und wurde so zur Pionierin des modernen Tanzes in den Niederlanden. In Deutschland war sie noch vor Mary Wigman eine Vertreterin des sogenannten dt. Ausdruckstanzes. Ihre bekanntesten Tänze von 1910 bis 1914: *Gottesanbeterin, Maskentanz des Haremswächters, Totentanz, Furientanz, Faun, Rhapsodie Nr. 2* (Mus.: Brahms) und *Valse* (Mus.: Chopin, op. 64, Nr. 1); 1921: *Prélude* (Mus.: Bach) und *Goldene Maske*; 1922–30: *Rote Groteske* (russ. Volksmelodien) und *Indonesische Impressionen*; 1932: *Die sieben Schneider* (Tanzspiel nach W. Busch). Der mit G. L. befreundete Münchner Dichter und Tanzschriftsteller H. Brandenburg sagte von ihr: »Der Urgrund der Tragödie ist der Urgrund ihres Tanzes . . . Der schmerzvolle Gegensatz zwischen dem Persönlichen und dem Überpersönlichen setzt ihren Körper in Aktion, dessen rhythmisches Handeln eine Darstellung eben dieses Gegensatzes ist.«

Lit.: H. Brandenburg, in: *Der moderne Tanz*, München 1913, ³1921.

Leland, Sara, amer. Tänzerin, * 2. 8. 1941 Melrose (Mass.). Studierte bei E. V. Williams in Boston. Tänzerin beim Joffrey B. 1959/60 und seither beim New York City B., Solistin 1963, Principal Dancer 1972. Rollenkreationen u. a. in J. Robbins' *Dances at a Gathering* (1969) und

An Evening's Waltzes (1973) sowie in G. Balanchines *Symphony in Three Movements* (1972). Heute auch verschiedentlich als B.-Meisterin von Robbins und Balanchine mit der Einst. ihrer B.e für andere Komp.n betraut.

Lit.: J. Gruen, in: *The Private World of Ballet*, New York 1975.

Lemaitre, Gérard, frz. Tänzer, * 8. 12. 1936 Paris. Studierte an der B.-Schule des Th. du Châtelet, Tänzer ebd., dann B. Marigny, B.s de Paris, B.s Georges Reich, Grand B. du Marquis de Cuevas und von 1960–82 beim Nederlands Dans Th., zu dessen profiliertesten Solisten er gehörte, mit zahlreichen Rollenkreationen in B.en von H. van Manen, der speziell für ihn *Opus Lemaitre* (1972) und *Memories of the Body* (1979) choreographierte. Seit 1983 B.-Meister beim Scapino B.

Lemanis, Osvald, lett. Tänzer, Choreograph und B.-Meister, * 1903 Riga, † 9. 9. 1965 Flint (Mich.). Studierte an der Schule des Lett. National-B.s, bei M. Fokine und L. Egorova, wurde 1926 Mitgl. des Lett. National-B.s, avancierte 1928 dort zum Premier danseur, arbeitete 1931 und 1934 an M. Reinhardts *Die schöne Helena* und *Der Kaufmann von Venedig* in Berlin und Venedig mit und war 1934–44 Chefchoreograph der Komp. in Riga. Von 1945–48 war er Chef des neugegründeten Lett. B.s und 1948–50 B.-Meister in Stuttgart, wo er *Debussy Suite, Bolero* (Mus.: Ravel), *Tanzsuite* (alle 1949) und vor allem *In Scribo Satanis* (Mus.: O. E. Schilling, 1950) herausbrachte. Er ging dann nach Detroit und unterrichtete dort am Institute of Musical Arts und später am Michigan Mercy College.

Leningrad. Das frühere St. Petersburg hieß von 1914 an Petrograd und nahm seinen heutigen Namen 1924 an. Zur B.-Geschichte der Stadt → Kirow-Ballett, → Leningrader Ballettensemble, → Maly-Ballett.

Leningrader Ballettensemble (Leningradski Ensembl Baleta). Gegründet 1977 ursprünglich als Forum für moderne gastierende Choreographen. Künstlerische Leitung Boris J. Eifman. Das Rep. umfaßt u. a.: *Unter dem Schutz der Nacht* (Ch.: M. Murdmaa, Mus.: *Der wunderbare Mandarin* von Bartók, 1977); *Verführung* (Ch.: D. Seifert, Mus.: Rick Wakeman, 1977) sowie von Eifman *Zwei Stimmen* (Mus.: Pink Floyd, 1977); *Nur Liebe* (Mus.: Schtschedrin, 1977); *Feuervogel* (Mus.: Strawinsky, 1978); *Ewige Bewegung* (Mus.: Chatschaturjan, 1978); *Bumerang* (nach Motiven von Brechts Dreigroschenoper, Mus.: John McLaughlin, 1978); *Der Idiot* (Mus.: Tschaikowsky u. a., 1980); *Autographen* (Mus.: Vivaldi, Beethoven, Schnittke).

Leningrader Sinfonie, B. in 1 Akt, Libr. und Ch.: I. Belski, Mus.: Schostakowitsch, Dek.: Michail Gordon; UA 14. 4. 1961, Kirow-Th., Leningrad, mit A. Sissowa und Solowjew. Das B. basiert auf dem 1. Satz der 7. Sinfonie, die Schostakowitsch im Dezember 1941 im belagerten Leningrad komponierte. Es führt das Schicksal der Leningrader Jungbürger vor, die aus ihrem Frieden herausgerissen werden, sich unter den härtesten persönlichen Opfern dem Feind entgegenstellen und diesen schließlich besiegen. Es handelt sich um ein typisches Helden-B. neuen sowj. Stils.

Leonowa, Marina Konstantinowna, sowj. Tänzerin, * 18. 2. 1949 Moskau. Studierte ebd. an der Bolschoi-B.-Schule und wurde nach ihrem Examen 1968 Mitgl. des Bolschoi-B.s, zu dessen populärsten Ballerinen sie heute zählt.

Leotard, eng anliegendes Trainingsgewand für Tänzerinnen, das einem ärmellosen, einteiligen Badekostüm ähnelt. Erfinder: der frz. Akrobat Jules L. (1830–70).

Lepeschinskaja, Olga Wassiljewna, sowj. Tänzerin und Pädagogin, * 28. 9. 1916 Kiew. Studierte an der Moskauer Bolschoi-B.-Schule, machte 1933 ihr Examen und wurde Mitgl. des Bolschoi-B.s, dem sie bis 1963 angehörte. Hatte ihren ersten großen Erfolg in I. Moissejews *Die drei Fetten* (1935), dann auch als Jeanne (in *Flamme von Paris*), Aurora (1936), in der UA von Popko, Pospechin und Radunskis *Swetlana* (1939) sowie u. a. in den Ballerinenrollen von *La Fille mal gardée, Don Quixote, Coppélia, Nußknacker, Der rote Mohn, Der eherne Reiter* und *Mirandolina*. Trat darüber hinaus auf Tourneen in der ganzen Welt in Konzertnummern auf und galt als eine der virtuosesten Tänzerinnen ihrer Zeit, die über eine fast männliche Technik verfügte. Arbeitet heute als Gastpädagogin, häufig an der Komischen Oper in

Ost-Berlin, aber auch im Westen (u. a. Dt. Oper Berlin, Stuttgart, München).

Le Picq, Charles (auch Lepic, Pick und Lepij), frz. Tänzer und Choreograph, * 1744 Neapel, † 1806 St. Petersburg. Studierte und tanzte 1761–64 bei Noverre in Stuttgart, wo er 1763 an der Kreation von *Medea und Jason* maßgeblich beteiligt war, trat dann in verschiedenen Städten Europas, u. a. in Wien und 1769–72 in Venedig auf, wo er auch als Choreograph wirkte, zusammen mit seiner ersten Frau, der Tänzerin Anna Binetti. Hier, sowie in Padua, Mailand und Neapel studierte er hauptsächlich B.e von Noverre ein. Er ging 1776 nach Paris, debütierte in der Premiere von Glucks *Alceste* und tanzte häufig mit M. Guimard zusammen. Von 1782–85 wirkte er als Ballerino und B.-Meister am Londoner King's Th. und studierte dort 11 B.e ein, darunter Glucks *Der Steinerne Gast* sowie ein *Macbeth*-B. (Mus.: Locke, arr. von Barthélemon, 1785). Begab sich 1786 als B.-Direktor nach St. Petersburg, wo er Gertruda Rossi heiratete und bis zu seiner Pensionierung 1798 zahlreiche B.e von Dauberval, Gardel und Noverre einstudierte. Er selbst choreographierte *Bergère* (1970), *Didona abbandonata, La Belle Arsène, Les deux Savoyards* (alle 1795), *Les Amours de Bayard* und *Tancrède* (beide 1798). Er stand immer im Schatten seines Lehrers Noverre, war diesem stets loyal ergeben und gab 1803/04 in St. Petersburg die große vierbändige St. Petersburger Ausgabe von Noverres Werken heraus. Die Libretti zu dessen B.en sind im 3. Band gesammelt. Der Verleger war Jean Charles Schnoor.

Lesginka, Volkstanz der in der Sowjetrepublik Daghestan wohnenden Lesginen. Es handelt sich um einen raschen, im ⁶⁄₈-Takt stehenden, meist als männliches Solo (mitunter aber auch von Paaren) ausgeführten Tanz, der Kraft, Ausdauer und Geschicklichkeit demonstrieren soll und oft mit Dolchen getanzt wird. Begegnet schon bei Glinka und wurde vor allem durch Chatschaturjans B. *Gajaneh* bekannt.

Leskova, Tatiana, frz.-bras. Tänzerin, Pädagogin und B.-Meisterin, * 1922 Paris. Studierte bei L. Egorova, B. Kniaseff und A. Oboukhoff. Debütierte 1937 an der Pariser Opéra Comique, dann beim B. de la Jeunesse 1938, Original B. Russe 1939–45. Ließ sich 1945 in Rio de Janeiro nieder, wo sie mit verschiedenen Komp.n auftrat, ihre eigene B. Society 1948 ins Leben rief und 1950–71 als B.-Meisterin und Choreographin (später auch Direktorin) am Teatro Municipal wirkte.

Letter to the World, Tanzstück von M. Graham, Mus.: Hunter Johnson, Texte aus Gedichten von Emily Dickinson, Bühne: Arch Lauterer, Kost.: Edythe Gilfond; UA 11. 8. 1940, Bennington College, mit Graham, J. Dudley, E. Hawkins, M. Cunningham u. a. In dieser ihrer ersten größeren Gruppenkomposition befaßte sich Graham mit dem Leben und der Poesie der New England Dichterin E. Dickinson, die hier in zweifacher Person auftritt: Die Tanzende und Die Sprechende. Die anderen Figuren heißen Die Stammutter (der Tod), Der Liebhaber und März. New Yorker Premiere 1941.

Lit.: D. McDonagh, in: *The Complete Guide to Modern Dance*, Garden City (N.Y.) 1976.

Leutnant Kije (russ. Originaltitel: *Podporuschik Kische*), B. in 1 Akt, Libr.: A. Weinzler, A. Mischarin, A. Lapauri und D. Tarassowa, Mus.: Prokofjew, Ch.: Lapauri und Tarassowa, Dek.: Boris Messerer; UA 10. 2. 1963, Bolschoi-Th. Moskau, mit L. Bogomalowa, R. Strutschkowa u. a. – Das B. basiert auf der Konzertsuite des gleichnamigen Films und handelt von jenem Leutnant, der das Produkt eines Tintenkleckses war, also in Wirklichkeit gar nicht existierte, gleichwohl am Hofe von Zar Paul eine märchenhafte Karriere machte, glänzend verheiratet war und am Schluß mit allen Ehren beigesetzt wurde. Den Anstoß zum Film hatte der satirische Roman von Juri Tynjanow geliefert. – Zur gleichen Musik hatte M. Fokine bereits 1942 in New York sein eher heroisch ambitioniertes B. *Russian Soldier* choreographiert. – Dt. EA, Ch.: F. Baur-Pantoulier, Th. am Gärtnerplatz, München 1971.

Lit.: G. Balanchine / F. Mason, in: *Balanchine's Complete Stories of the Great Ballets*, Garden City (N.Y.) 1977.

Levinson, André Jakowlewitsch, russ.-frz. B.-Schriftsteller, * 1. 1. 1887 St. Petersburg, † 3. 12. 1933 Paris. War schon als Professor für Romanistik an der Universität von St. Petersburg ein Verfechter der strengen akademischen

Ideale des B.s. Auch nach seiner Emigration nach Paris (1918) wandte er sich als Kritiker gegen alle Reformversuche von Fokine und Diaghilew. Veröffentlichte eine Reihe von grundlegenden Büchern über B.-Geschichte und B.-Ästhetik – u. a. *Meister des Balletts* (zuerst 1923), *Ballet romantique* (1919), *L'oeuvre de Léon Bakst* (1921), *Paul Valéry, Philosophe de la danse* (1927), *La Argentina* (1928), *Marie Taglioni, La Danse d'aujourd'hui* (beide 1929), *Serge Lifar, Destin d'un danseur* (1934).

Levi-Tanai, Sara, israel. Tänzerin, Choreographin und B.-Direktorin, * 1911 Jerusalem. Gründete 1950 das Tanz-Ens. Inbal, das ursprünglich die jüdisch-jemenitischen Tänze tradieren sollte und wollte. Für diese Komp. schuf sie u. a. folgende Werke: *Sabbath-Frieden* (1953), *Jemenitische Hochzeit* (1954), *Wilde Rose* (1967), *Jacob* (1973), *Geist der Freude* (1975). Ihr Nachfolger als Leiter von Inbal wurde 1976 Shlomo Haziz.

Lit.: G. Manor, in: *Inbal*, Tel-Aviv 1975.

Lewitzky, Bella, amer. Tänzerin, Choreographin und Pädagogin, * 13. 1. 1916 Los Angeles. Studierte von 1934 an bei L. Horton und gehörte bis 1950 der Horton Dance Group und dem Horton Dance Th. an, wo sie ihre wichtigsten Rollen in Hortons *Sacre du printemps* (1937) und *Salome* (1938) hatte. Unterrichtete dann in verschiedenen Schulen in Kalifornien. Anfang der fünfziger Jahre gründete sie ihre eigene Komp., mit der sie 1971 auch in New York debütierte, wo ihr die Kritik einen sicheren Th.-Instinkt bestätigte und ihr Werk *On the Brink of Time* (Mus.: Morton Subotnick, 1969) zu den bedeutendsten Solotanzschöpfungen der Gegenwart zählte. Andere bekannte Werke: *Orrenda/Oneness* (1969), *Spaces between* (1974), *Greening* (1976).

Lit.: E. Rogosin, in: *The Dance Makers*, New York 1980.

Lex, Maja, dt. Tänzerin, Choreographin und Pädagogin, * 23. 8. 1906 München. Sie kam von der Gymnastik her, studierte Musik bei C. Orff und trat 1925 in die 1924 von Dorothee Günther und Orff gegründete Münchner Schule für Gymnastik und Tanz ein. Leitete ab 1927 die Münchner Kammertanzbühne, d. h. die in der Öffentlichkeit auftretende Tanzgruppe der Günther-Schule. Ihren Durchbruch als Solotänzerin hatte sie beim Münchner Tanzkongreß 1930 mit ihrer *Barbarischen Suite*. Führende Rolle hatte sie ebd. in dem von A. Talhoff geschaffenen und von M. Wigman choreographierten Stück *Das Totenmal*. Im gleichen Jahr entstand aus der Kammertanzbühne die Tanzgruppe Günther-München, deren choreogr. Leitung sie innehatte, während die musikalische Leitung in den Händen der Orff-Schülerin Gunild Keetman lag. In den folgenden Jahren bis 1943 unternahm sie Tourneen als Solistin der Tanzgruppe Günther-München, unterrichtete an der Münchner Günther-Schule und auch an anderen Schulen. Schuf einzelne Arbeiten, auch im Rahmen der Berliner Olympischen Spiele (1936) und der Pariser Weltausstellung von 1937, wo sie einen Grand Prix erhielt. Nach der Schließung der Günther-Schule ging sie in den ersten Nachkriegsjahren nach Italien, wirkte 1951 als Choreographin an Wieland Wagners Bayreuther *Parsifal*-Insz. mit und wurde 1955 als Dozentin für Rhythmische Bewegung und Tanz an die Kölner Sporthochschule berufen. Sie gründete dort eine Tanzgruppe, die sich vor allem dem Elementaren Tanz zuwandte. Aus dieser Gruppe ging 1976 die Tanzgruppe M. L. hervor, die heute von ihrer Schülerin Graziela Padilla geleitet wird. Diese Gruppe hat auch bei Auslandsgastspielen großen Erfolg.

Lichine, David (geb. D. Liechtenstein), russ.-amer. Tänzer und Choreograph, * 25. 10. 1910 Rostow, † 26. 6. 1972 Los Angeles. Studierte ab 1926 bei L. Egorova und B. Nijinska, debütierte 1928 bei Ida Rubinstein in der UA von Nijinskas *Les Noces de Psyché et de l'Amour* und tanzte 1930 in der Komp. von A. Pawlowa, 1931 in der Komp. von B. Kniaseff und 1932–36 bei den B.s Russes de Monte Carlo. Hier kreierte er Rollen u. a. in Balanchines *Cotillon* und in Massines *Jeux d'enfants, Présages, Le Beau Danube* (alle 1932), *Choreartium* (1933) und *Union Pacific* (1934). Auch in den Rollen des Standard-Rep.s hatte er großen Erfolg wegen seiner außergewöhnlichen Elevation und mimischen Fähigkeiten. Im Jahr 1933 schuf er sein erstes eigenes B. *Nocturne* (Mus.: Rameau). Nach der Trennung von Basil und Blum tanzte er in Basils B.s Russes. Für diese Komp. schuf er u. a. 1937 *Francesca da Rimini* (Mus.: Tschaikowsky) und vor allem *Graduation Ball* (Mus.: Joh. Strauß, arr. von A. Dorati 1940, Dt. EA Hannover 1967). Mit seiner Frau Tatiana Riabouchinska ging er 1941 zum American B. Th., wo er 1942 die von Fokine begonnene, aber wegen dessen Tod nicht mehr vollendete Ch. zu *Helen of Troy* komplettierte und u. a. Mussorgskis *Jahrmarkt von Sorotschinzi* (1943) herausbrachte. Er kehrte kurz zu Basils Original B.s Russes zurück, wo er *Kain und Abel* (1946) choreographierte und ging 1947 nach Buenos Aires. Schon 1948 arbeitete er bei dem B.s des Champs-Elysées, für die er zwei seiner besten B.e choreographierte: *La Création* (ohne Musik, Dt. EA mit dem Titel *Créateur*, Dt. Oper, Berlin 1962) und *La Rencontre ou Oedipe et le Sphinx* (Mus.: H. Sauguet, Dt. EA Hannover 1968). Auch ist er häufig als Gastchoreograph tätig gewesen, u. a. beim Grand B. du Marquis de Cuevas, bei der Dt. Op. Berlin (*Image chorégraphique*, Mus.: Prokofjews 5. Sinfonie, 1962) und der Mailänder Scala.

Lido, Serge, russ.-frz. B.-Photograph, * 28. 1. 1906 Moskau, † 6. 3. 1984 Paris. Hat sich in Paris als einer der führenden B.-Photographen unserer Zeit profiliert. Mitarbeiter zahlreicher internationaler Zeitschriften und B.-Publikationen. Autor zahlreicher B.-Photoalben von *Danse* (1947) bis *Les Étoiles de la Danse dans le Monde* (1975), mit Texten seiner Frau Irène Lidova (* 7. 1. 1907 Moskau), die Korrespondentin zahlreicher internationaler B.-Zeitschriften ist und 1944 Mitorganisatorin der Soirées de la danse am Pariser Th. S. Bernhardt war, aus denen die B.s des Champs-Elysées hervorgingen.

Liebeslieder Walzer, B. in 2 Bildern, Ch.: G. Balanchine, Mus.: Brahms, Bühne: D. Hays, Kost.: Karinska; UA 22. 11. 1960, New York City B., City Center, New York, mit D. Adams, M. Hayden, Jillana, V. Verdy, B. Carter, C. Ludlow, N. Magallanes und J. Watts. In einem Wiener Salon des vorigen Jahrhunderts tanzen 4 Paare Walzer, begleitet von 2 Klavierspielern am links auf der Bühne befindlichen Flügel und den 4 ebenfalls dort postierten Sängern. Im 1. Teil wird die Ch. durch leichte Gesellschaftstanz-Akzente charakterisiert. Im 2. Teil verschwinden dann die Wände, die Damen tragen jetzt Spitzenschuhe und es findet eine Art B.-Metamorphose des Walzers statt. Übernommen ins Rep. des Wiener Staatsopern-B.s (1977) und Royal B. (1979).

Lit.: G. Balanchine / F. Mason, in: *Balanchine's Complete Stories of the Great Ballets*, Garden City (N.Y.) 1977.

Liebesprobe, Die (auch *Die Rekrutierung* – internationaler Titel: *L'Epreuve d'amour*), B. in 1 Akt. Die 1928 in der Sammlung des Steiermärkischen Musikvereins wiederentdeckte Musikabschrift trägt den Titel *Divertißement / Die Regrutierung / oder / die Liebes-Probe / Die Musik zu diesem Divertißement ist / meistens von denen Contratänzen / des Herren Mozart / angewendet.* Der Mozart-Forscher A. Einstein vermutet, daß es sich dabei um das Divertissement in 3 Tableaux *Der Rekrut* von Effisio Catte handelt, das zu Musik von verschiedenen Komponisten 1838 im Wiener Kärntnertor-Th. gegeben wurde. – Im Mittelpunkt der Handlung steht ein junges Liebespaar. Sie ist die Tochter eines reichen Bauern, der sie möglichst reich verheiraten will. Er ist ein armer Bauernjunge. Ein Werbekorporal sorgt für zusätzliche Komplikationen, doch am Schluß geht alles gut aus – die Liebe der beiden besteht auch die Probe der räumlichen Trennung. – Das B. wurde nach der Wiederentdeckung des Manuskripts erstmalig von H. J. Fürstenau 1930 in Karlsruhe gegeben und danach häufig in Deutschland aufgeführt. International setzte es sich jedoch erst in der Fassung durch, die M. Fokine 1936 fürs B. Russe von R. Blum in Monte Carlo schuf (mit V. Nemtchinova, A. Eglevsky, A. Oboukhoff u. a.). Dieser Fassung gab Fokine zusammen mit seinem Ausstatter A. Derain als Kolibrettist in Anlehnung an eine korean. Volkserzählung das Gepräge einer Porzellan-Chinoiserie. Eine eng an das Fokinesche Original angelehnte Prod. von G. Gé 1956 fürs Finn. National-B. stand noch in den sechziger Jahren auf dem Rep. der Komp. in Helsinki.

Lit.: O. F. Regner / H.-L. Schneiders, in: *Reclams Ballettführer*, Stuttgart [8]1980.

Liebeszauber, Der (span. Originaltitel: *El Amor brujo*), B. in 1 Akt, Libr.: G. Martinez Sierra, Mus.: M. de Falla, Ch.: Pastora Imperio; UA 15. 4. 1915, Teatro Lara, Madrid, mit Imperio. Die Handlung spielt unter Zigeunern auf einem andalusischen Dorfplatz. Candelas, eine leidenschaftliche, junge Zigeunerin, hat einmal einen Zigeuner geliebt, der in einem

Kampf getötet wurde und dessen Geist sie seither ständig verfolgt. Er drängt sich auch zwischen sie und den von ihr geliebten jungen Carmelo. In einem großen Reinigungsritual, in dem Carmelo in der Verkleidung des Geistes erscheint, wird Candelas von ihrem Wahn geheilt, so daß einer Verbindung der beiden Liebenden nichts mehr im Wege steht. Diese span. Version konnte sich nicht durchsetzen. Erst als die weltberühmte La Argentina 1925 im Pariser Trianon Lyrique das B. mit sich selber in der Hauptrolle, weiter mit Escudero und Georges Wague choreographierte, nahmen sich auch andere Choreographen des Werkes an. Noch 1925 inszenierten Adolf Bolm und Mme Bériza das B. Im Jahr 1926 wurde es von La Argentina in der Opéra Comique inszeniert. Sie führte es auf ihren Tourneen in vielen Ländern auf. Auch andere span. Tänzerinnen nahmen es in ihr Rep. auf.

Lit.: O. F. Regner / H.-L. Schneiders, in: *Reclams Ballettführer*, Stuttgart [8]1980.

Lied der Nachtigall → *Gesang der Nachtigall.*

Lied von der Erde, Das, B. in 6 Sätzen, Ch.: K. MacMillan, Mus.: Mahler; UA 7. 11. 1965 Stuttgart, mit E. Madsen, R. Barra, A. Cardus, M. Haydée u. a. MacMillan bedient sich hier der Gestalt des Ewigen, die er durch alle Sätze gehen läßt, um sie auf diese Weise miteinander zu verknüpfen. Im einzelnen handelt es sich um eher stimmungshafte als anekdotische Interpretationen der 6 Sätze, die Mahler nach Texten aus Hans Bethges *Die chinesische Flöte* komponiert hat. Sie addieren sich zu einem choreogr. Poem, dessen Grundstimmung die Trauer über die Vergänglichkeit alles Irdischen ist. MacMillan studierte das B. 1966 auch dem Royal B. ein. – Eine frühere Version schuf A. Tudor als *Shadow of the Wind* 1948 für das American B. Th. Den letzten Satz der Musik choreographierte Pauline Koner als *Farewell* 1962 für sich selbst und widmete dieses Solo dem Gedächtnis ihrer verstorbenen Lehrerin Doris Humphrey.

Lit.: O. F. Regner / H.-L. Schneiders, in: *Reclams Ballettführer*, Stuttgart [8]1980.

Lieder eines fahrenden Gesellen (frz. Originaltitel: *Chant du compagnon errant*), B. in 1 Akt, Ch.: M. Béjart, Mus.: Mahler; UA 11. 3. 1971, B. du XXe Siècle, Forest National, Brüssel, mit P. Bortoluzzi und R. Nurejew. Zu Mahlers Liedzyklus wütet ein romantisch gezeichneter Student (Nurejew) gegen sich und die Welt, bis ihn das Schicksal (Bortoluzzi) an die Hand nimmt und ihn besänftigt. Später von zahlreichen anderen Paaren übernommen (in Stuttgart E. Madsen und R. Cragun). – Andere Ch.n, u. a. von J. Neumeier (Frankfurt a. M. 1971) und H. Spoerli (Basel 1979).

Lieder ohne Worte, B. in 10 Tänzen, Ch.: H. van Manen, Mus.: Mendelssohn Bartholdy, Dek.: P. Vroom; UA 18. 6. 1977, Nederlands Dans Th., Circus-Th., Scheveningen, mit A. van Boven, E. Hampton, G. Lemaitre u. a. Zu einer Auswahl von Stücken aus Mendelssohns gleichnamigem Klavierzyklus spürt van Manen den subtilen menschlichen Verhältnissen zwischen 4 miteinander bekannten Paaren nach. Später übernommen ins Rep. u. a. des Wiener Staatsopern-B.s (1978), Essen (1981) und A. Ailey Dance Th. (1982).

Liégeois, Jean-Pierre, belg. Tänzer, * 24. 6. 1945 Brüssel. Studierte ebd. an der Tanzakademie, ging 1966 als Eleve nach Bonn, wurde dort 1968 Tänzer des Opern-B.s. Seit 1971/72 Solist an der Dt. Oper Berlin, wo er seine besten Rollen als Petruschka, Mercutio und Jean (in *Fräulein Julie*) hat. Seit 1980 auch gelegentlich als Choreograph tätig (Film *Looping*, 1980, Opern-Ch.n *Idomeneo*, 1981, *Macht des Schicksals*, 1982, *Die tote Stadt*, 1983). Leitet zusammen mit der Schauspielerin Sydne Rome das Berliner Let's Move Studio.

Liepa, Maris-Rudolf Eduardowitsch, sowj. Tänzer, * 27. 7. 1936 Riga. Studierte in Riga und an der Moskauer Bolschoi-B.-Schule, Examen 1955. Tänzer in Riga 1955/56, dann Solist am Moskauer Stanislawsky- und Nemirowitsch-Dantschenko-Musik-Th. 1956–60 und danach einer der profiliertesten Solisten des Bolschoi-B.s, wo außer den traditionellen Premier-danseur-Rollen Crassus (in *Spartakus*) und Wronsky (in *Anna Karenina*) zu seinen markantesten Partien gehören. Studierte für sich und N. Bessmertnowa 1967 M. Fokines *Spectre de la rose* ein. Unterrichtet auch an der Bolschoi-B.-Schule. Seit 1983 Leiter des B.s der Staatsoper in Sofia. Er ist der Vater des Tänzers Andris L.

Lifar, Serge, russ.-frz. Tänzer, Choreograph, B.-Direktor und Tanzpublizist, * 2. 4. 1905 Kiew. Studierte ebd. bei B. Nijinska. Schloß sich 1923 Diaghilews B.s Russes an, Premier danseur 1925 und kreierte Rollen u. a. in Nijinskas *Le Train bleu* (1924), L. Massines *Les Matelots* (1925), *Pas d'acier* (1927) und *Ode* (1928) sowie G. Balanchines *Barabau* (1925), *La Chatte* (1927), *Apollon musagète* (1928), *Le Bal* und *Der verlorene Sohn* (1929). Seine erste Ch. war eine neue Version von Strawinskys *Renard* (1929). Während seines Engagements bei den B.s Russes profilierte er sich als der führende Tänzer seiner Generation. B.-Direktor und Premier danseur étoile an der Pariser Opéra 1929–45, als der er die B.-Komp. des Hauses von Grund auf reorganisierte und zu neuer kreativer Aktivität inspirierte. Während dieser Jahre choreographierte er eine große Zahl von B.en, in denen er meist selbst die männliche Hauptrolle tanzte – u. a. *Geschöpfe des Prometheus* (Mus.: Beethoven, 1929), *Bacchus und Ariadne* (Mus.: A. Roussel, 1931), *Salade* (Mus.: Milhaud), *Nachmittag eines Fauns* (Mus.: Debussy), *Icare* (selbst arr. Rhythmen, alle 1935), *Harnasie* (Mus.: Szymanowski), *Le Roi nu* (Mus.: J. Françaix, beide 1936), *David triomphant* (Mus.: V. Rieti), *Alexandre le Grand* (Mus.: P. Gaubert, beide 1937), *Oriane et le Prince d'amour* (Mus.: F. Schmitt), *Le Cantique des cantiques* (Mus.: Honegger, beide 1938), *Entre deux rondes* (Mus.: M. Samuel-Rousseau, 1940), *Le Chevalier et la damoiselle* (Mus.: Gaubert), *Istar* (Mus.: V. d'Indy), *Boléro* (Mus.: Ravel, alle 1941), *Joan von Zarissa* (Mus.: W. Egk), *Les Animaux modèles* (Mus.: Poulenc, beide 1942), *Suite en blanc* (Mus.: E. Lalo, 1943), *Guignol et Pandore* (Mus.: A. Jolivet) und *Les Mirages* (Mus.: H. Sauguet, beide 1944). Angeklagt der Kollaboration mit den dt. Besatzungstruppen, verließ er Paris 1944 und gründete das Nouveau B. de Monte Carlo, für das er *Aubade* (Mus.: Poulenc), *Dramma per musica* (Mus.: Bach), *Chota Roustaveli* (Mus.: Honegger u. a.), *La Péri* (Mus.: P. Dukas), *Eine Nacht auf dem kahlen Berge* (Mus.: Mussorgsky, alle 1946) und *Nautéos* (Mus.: J. Leleu, 1947) choreographierte. Kehrte 1947–58 an die Pariser Opéra zurück, arbeitete als Gastchoreograph aber auch für andere Komp.n. Weitere B.e für Paris waren u. a. *Le Chevalier errant* (Mus.: Ibert), *Phèdre* (Mus.: G. Auric, beide 1950), *Schneewittchen* (Mus.: M. Yvain, 1951), *Feuervogel* (Mus.: Strawinsky, 1954), *Les Noces fantastiques* (Mus.: J. Delannoy) und *Romeo und Julia* (Mus.: Prokofjew, beide 1955) sowie *Daphnis und Chloe* (Mus.: Ravel, Mailänder Scala, 1948). Gründete 1947 das Pariser Institut Chorégraphique und 1957 die Université de la Danse. Seit 1959 hat er freischaffend gearbeitet, dabei auch gelegentlich Rückkehr an die Opéra. Mitgl. zahlreicher Juries und Tanzkomitees. Sein Verdienst als genereller Animateur der modernen frz. B.-Szene sind wesentlich größer als seine choreogr. Verdienste, deren parfümierter, eminent frz. Neoklassizismus heute leicht démodé wirkt. Er gilt jedoch auch heute noch als eine der einflußreichsten Persönlichkeiten des frz. B.s. Als Autor hat er zwischen 1935 und 1967 nicht weniger als 25 Bücher veröffentlicht, u. a. *Le Manifeste du Chorégraphe* (1935), *Diaghilev, Histoire du Ballet Russe* (beide 1939), *Traité de danse académique* (1949), *Vestris, Dieu de la danse* (1950), *Traité de chorégraphie* (1952), *Les trois grâces du XXe siècle* (1957) und *Ma Vie* (1965).

Lit.: J. Gruen, in: *The Private World of Ballet*, New York 1975.

Ligeti, György, ung.-österr. Komponist, * 28. 5. 1923 Dicsöszentmarton. Schrieb keine B.-Musik, doch sind seine Konzertstücke wiederholt B.en zugrunde gelegt worden – u. a. von J. Flier in *Nouvelles Aventures* (1969), R. van Dantzig in *Epitaph* (L.s *Atmosphères* und *Volumina*, 1969) und *Ramifications* (1973 – auch von Milloss in *Per aspera*, 1973), F. Adret in *Requiem* (1971), T. van Schayk in *Unvollendet vergangene Zeit* (L.s *Lontano*, 1971) und von J. Neumeier in den Elfenszenen seines *Sommernachtstraums* (u. a. *Volumina*, 1977).

Light, B. von M. Béjart, Mus.: A. Vivaldi und Pop-Gruppen Residents und Tuxedomoon, Dek.: Nuno Corte-Real; UA 21. 9. 1981, B. du XXe Siècle, Cirque Royal, Brüssel, mit Y. Morishita, S. Mirk, K. Kharkevitch, J. Donn, Y. Le Gac, P. Touron, M. Gascard u. a. – Béjarts pausenloses Zwei-Stunden-Stück ist eine phantasmagorische Huldigung an die Städte Venedig und San Francisco.

Lilac Garden → *Jardin aux lilas.*

Limón, José, mex.-amer. Tänzer, Choreograph und Pädagoge, * 12. 1. 1908 Culiacán (Mexiko),

† 2. 12. 1972 New Jersey. Kam als Siebenjähriger in die USA, begann mit 20 Jahren Malerei zu studieren und entschloß sich nach einem Tanzabend von Kreutzberg-Georgi, Tänzer zu werden. Studierte bei D. Humphrey und Ch. Weidman, debütierte 1928 in New York, tanzte dann in der Gruppe Humphrey-Weidman und begann 1931 seine ersten kleinen Stücke zu choreographieren. Sein erster Gruppentanz *Danza de la Muerte* (Mus.: H. Clark) entstand für die Bennington School of Dance. Es folgten 1939 die *Danzas mexicanas* (Mus.: L. Nowak) und 1940 *War Lyrics* (Mus.: E. Williamson), von denen seine Zusammenarbeit mit der Tänzerin May O'Donnell datiert, mit der er erfolgreiche Tourneen unternahm. Er heiratete 1942 seine Kostümbildnerin Pauline Lawrence und choreographierte *Chaconne in d-Moll* (Mus.: Bach). Nach seiner Militärzeit (1943–45) studierte er noch akademischen Tanz und gab eine Reihe von Duo-Abenden mit Beatrice Seckler und Dorothy Bird. Gründete 1947 seine J. L. American Dance Comp., die sich mit ihrem Debüt in New York sogleich als eine der vordersten Gruppen des Modern Dance etablierte. Mit D. Humphrey als Künstlerischer Kodirektorin und P. Koner, R. Currier, B. Jones und L. Hoving sowie ihm selbst in vielen Hauptrollen schuf er seine bedeutendsten Werke, u. a. *The Moor's Pavane* (Mus.: Purcell), *La Malinche* (Mus.: N. Lloyd, beide 1949), *The Exiles* (Mus.: Schönberg, 1950), *The Traitor* (Mus.: G. Schuller, 1954), *There is a Time* (Mus.: N. Dello Joio), *The Emperor Jones* (Mus.: H. Villa-Lobos, beide 1956), *Missa Brevis* (Mus.: Kodály, 1958), *My Son, My Enemy* (Mus.: Faine, 1965), *The Winged* (Mus.: H. Johnson, 1966), *Psalm* (Mus.: E. Lester, 1967), *Comedy* (Mus.: J. Wittmann, 1968) und *The Unsung* (ohne Mus., Juilliard Dance Ens., 1970). Als Lehrer trat er an der Juilliard School aber auch bei verschiedenen amer. Sommerfestivals hervor. 1957 gastierte er mit seiner Komp. bei den Berliner Festwochen. – Die Komp. blieb nach dem Tode von L. unter der künstlerischen Leitung von Ruth Currier (* 1926) bestehen. Diese schuf u. a. für die Komp. 1975 das Tanzstück *Phantasmagoria*. Ihr folgte 1978 Carla Maxwell. Bill Cratty, ein Tänzer der Komp., choreographierte 1981 ein von der Kritik sehr gelobtes B. *The Kitchen*.

Lit.: D. McDonagh, in: *The Complete Guide to Modern Dance*, Garden City (N.Y.) 1976.

Linke, Susanne, dt. Tänzerin, Pädagogin und Choreographin, * 19. 6. 1944 Lüneburg. Studierte am Mary-Wigman-Studio in Berlin und an der Essener Folkwang-Schule. Examen 1970 als Tanzpädagogin. Tänzerin am Folkwang-Tanzstudio 1970–73, wo sie auch zu choreographieren anfing und 1975 mit dem Aufbau eines neuen Folkwang-Tanzstudios begann, das sie als Tänzerin und Choreographin leitet – nebenher aber auch Tourneen mit einem Solotanzprogramm. Arbeiten von ihr – überwiegend mit Musik-Collagen – waren u. a. *Danse funèbre* (1975), *De la nuit à l'aube* (1976), *Warten sie auch?*, *L'histoire obscure* (beide 1977), *Die Nächste bitte* (1978), *Im Bade Wannen, Wo, wer, wie was* (beide 1980), *Frauenballett* (1981) und *Wir können nicht alle nur Schwäne sein* (1982).

Liška, Ivan, tschech. Tänzer, * 8. 11. 1950 Prag. Studierte an der Tanzabteilung des Prager Konservatoriums. Tänzer in Düsseldorf 1969–74, Solist Münchner Staatsoper 1974–77 und seither in Hamburg. Rollenkreationen u. a. in J. Neumeiers *Sommernachtstraum* (1977) und *Matthäuspassion* (1981) sowie in G. Bohners *Triadischem Ballett* (1977). Verheiratet mit der Tänzerin Colleen Scott.

Lissabon. Der Tanz erfreute sich bei den portug. Königen des 15. und 16. Jh.s großer Beliebtheit. Schon um 1550 gab es nicht weniger als 16 Tanzschulen in L. Während der span. Besetzung konnten dann jedoch Tanzveranstaltungen nur noch im Rahmen des Jesuiten-Th.s stattfinden. In den öffentlichen Th.n der Academia da Trinidade und der Tagus Opera fanden in den dreißiger und vierziger Jahren des 18. Jh.s auch B.-Veranstaltungen nach Wiener und Pariser Vorbild statt. Das Erdbeben von 1775 bedeutete dann einen empfindlichen Rückschlag für alle theatralische Aktivität, doch gab es Opern-Auff.en mit B.en von Noverre, die offenbar von seinen Stuttgarter Solisten einstudiert wurden. 1793 wurde das neuerbaute San Carlos Opernhaus eröffnet, mit zwei B.en von G. Gioja auf dem Programm: *La Felicita Lusitana* und *Gli Dispetti amorosi*. Später wirkten hier Pietro Angiolini und Gius. Cagiani als B.-Meister, die während der Kriege gegen Napoleon patriotische B.e mit echten Soldaten auf die Bühne brachten. Für das romantische B. hatte L. weniger übrig. *La Sylphide* fiel bei der Premiere 1938 durch. 1843 brachte A. Maywood *Giselle* nach L., doch scheint erst K. Lanner mit ihrer Truppe 1870 *Giselle* wirklich zum Erfolg geführt zu haben. Mehr geschätzt waren die Arbeiten von A. Saint-Léon, der hier 1854–56 arbeitete und *Il Saltarello* zur UA brachte. Dagegen konnte sich weder C. Blasis noch E. Cecchetti durchsetzen. Während des 20. Jh.s kamen dann zunehmend ausländische Gast-Komp.n ins Land, aber selbst Diaghilews B.s Russes, die 1917/18 länger hier bleiben mußten, hatten nur einen mittelmäßigen Erfolg. 1940 wurde mit Regierungsunterstützung das Verde-Gaio gegründet, das als Folklore-Ens. begann und dann eine Weile unter I. Cramér arbeitete. Das Gulbenkian B., gegründet 1965, begann unter W. Gore im Fahrwasser des engl. B.s, öffnete sich aber unter M. Sparemblek (1970–75) moderneren Strömungen. Obgleich die Stadt heute regelmäßig von den führenden ausländischen Truppen besucht wird, hält sich ihr eigener schöpferischer Beitrag zur internationalen Tanzszene in engen Grenzen.

Lit.: J. Sasportes, ›Feast and Folias: The Dance in Portugal‹, *Dance Perspectives* 42 (1970); ders., *Historía da Danca em Portugal*, Lissabon 1970.

Liszt, Franz (Ferenc), ung. Komponist, * 22. 10. 1811 Raiding, † 31. 7. 1886 Bayreuth. Schrieb keine B.-Musik, doch sind seine Konzertstücke oft B.en zugrunde gelegt worden – u. a. von M. Fokine in *Les Préludes* (für die Pawlowa-Komp., 1913 – auch von R. St. Denis, 1928), B. Nijinska in *Hamlet* (1934), T. Gsovsky in *Orphée* (Berlin, 1955 – auch Milloss, 1966), P. Darrell in *Othello* (1. Satz der *Faust*-Sinfonie, 1973) und G. Furtwängler in *Dante Sinfonie* (Hannover 1975). Spezielle Arrangements seiner Musik für Nijinskas *Le Bien-aimée* (1928), F. Asthons *Mephisto Waltz* (1934), *Apparitions* (1936), *Dante Sonata* (1940), *Visions of Marguerite* (1952) und *Marguerite and Armand* (1963), K. MacMillans *Mayerling* (1978), H. van Manens *Live* (Amsterdam 1979) und E. Payers *Liszt* (Augsburg 1981).

Littlefield, Catherine, amer. Tänzerin, Choreographin, Pädagogin und B.-Direktorin, * 16. 9. 1904 Philadelphia, † 19. 11. 1951 New York. Studierte zunächst bei ihrer Mutter Caroline L., dann in New York bei Kobeleff und L. Albertieri sowie in Paris bei L. Staats und L. Egorova. Tanzte am Broadway und in den Vorst.en der Grand Opera Comp. in Philadelphia, wo sie an der Schule ihrer Mutter auch zu unterrichten begann. Gründete 1934 die C. L. B. Comp., aus der 1936 das Philadelphia B. hervorging, die erste ausschließlich aus Amerikanern bestehende, klassisch orientierte B.-Komp., deren Ballerina sie war, und für die sie zahlreiche B.e choreographierte, darunter 1937 die erste komplette amer. Prod. von Tschaikowskys *Dornröschen.* Im gleichen Jahr brachte sie ihre Komp. als erste amer. B.-Truppe nach Europa (Paris, Brüssel, London). Nachdem der Zweite Weltkrieg die Auflösung ihrer Komp. erzwungen hatte, arbeitete sie als Pädagogin weiter. Zählt zu den bedeutenden Pioniergestalten des amer. B.s. Am bekanntesten wurde ihr B. *Barn Dance* (amer. Folk-Music, 1937 – auch im Rep. des B. Th., 1944).

Litz, Katherine, amer. Tänzerin, Choreographin und Pädagogin, um * 1912 Denver, † 19. 12. 1978 New York. Studierte bei D. Humphrey, Ch. Weidman, L. Horst, H. Platonova und Rich. Thomas, debütierte 1936 bei der Komp. von Humphrey-Weidman, tanzte 1936 bis 1942 in dieser Truppe, trat aber auch von 1940–42 in der Concert Group von A. de Mille auf, ebenso in deren Musicals *Oklahoma* (1943) und *Carousel* (1945). Im Jahr 1948 debütierte sie als Choreographin in New York. Zu ihren bekanntesten Werken gehörten *The Glyph, Twilight of the Flower* (1952), *Story of Love from Fear to Flight* (1954), *The Fall of the Leaf* (1959), *Women* (1976). K. Litz gehörte zu den wichtigsten Vertreterinnen des frühen Modern Dance, in ihren Solotänzen und Gruppen-Ch.n durchdringen sich häufig kindliche Verspieltheit und satirischer Angriff. In Dance Perspectives 38 schrieb sie *Thoughts and Inner Harangue.*

Live/Life, B.-Prod. in 2 Teilen von H. van Manen und R. van Dantzig, Mus.: (1) F. Liszt, (2) überwiegend Ch. Ives, Dek.: (1) K. Dekker, (2) T. van Schayk; UA 2. 6. 1979, Het Nationale B., Carré-Th., Amsterdam, mit (1) Coleen Davis und H. Jurriens, (2) M. Aradi, H. Ebbelaar, S. Marchiolli, M. Sand, F. Sinceretti, M. Venema u. a. – Van Manens 1. Teil ist ein Video-B., das während seiner Ausführung von Henk van Dijk gefilmt und gleichzeitig auf einen Eidofor-

Bildschirm projiziert wird. Der 2. Teil, an dem van Schayk auch als Choreograph beteiligt ist, besteht aus einer Collage von revolutionären Szenen von der russ. Oktoberrevolution bis zu einer tumultuarischen Parlamentseröffnung in Amsterdam.

Livry, Emma (geb. E.-Marie Emarot), frz. Tänzerin, * 24. 9. 1842 Paris, † 26. 7. 1863 Neuilly. Studierte bei Mme Dominique und erfreute sich der Protektion von Marie Taglioni, die in ihr ihre Nachfolgerin heranzuziehen hoffte – eine Hoffnung, die sich bei ihrem Debüt als *La Sylphide* (1858) glänzend zu realisieren schien. M. Taglioni schuf dann 1860 eigens für sie das Offenbach-B. *Le Papillon*, doch konnte sie Taglionis nächstes B. *Zara* nicht mehr kreieren, da sie sich 1862 bei der Generalprobe einer Neuinsz. von Aubers Oper *Die Stumme von Portici* schwere Brandverletzungen zuzog, denen sie acht Monate später erlag.

Lit.: I. Guest, in: *The Ballet of the Second Empire*, London 1953.

Løvenskjold, Herman Severin, norweg.-dän. Komponist, * 20. 7. 1815 Holdenjernvärk, † 5. 12. 1870 Kopenhagen. Schrieb die Musik zu A. Bournonvilles *La Sylphide* (1836) und *Die neue Penelope* (1847) und war einer der an seinem B. *Fantasies* (1838) beteiligten Komponisten.

Lommel, Daniel, frz. Tänzer, * 26. 3. 1943 Paris. Studierte bei N. Kiss. Debütierte bei der Komp. von J. Charrat 1962, dann Hamburg 1964–67 und B. du XXe Siècle 1967–80, zu dessen hervorragendsten Solisten er gehörte, mit zahlreichen Rollenkreationen, u. a. in M. Béjarts *Bhakti, Messe für die Gegenwart* (beide 1967), *Baudelaire* (1968), *Les Vainqueurs, Actus tragicus* (beide 1969), *Nijinsky, Clown de Dieu* (1971), *Tombeau* (1973), *I Trionfi di Petrarca* (1974) und *Pli selon pli* (1975). Hat gelegentlich auch choreographiert. Seit 1980 Künstlerischer Direktor des Aenon Tanz-Th.s in Athen.

London. Es waren frz. und ital. Tänzer und Tanzmeister, die im 17. und 18. Jh. das B. nach L. brachten. Als erste engl. Persönlichkeiten traten dann der aus Shrewsbury stammende Tanzmeister und Schriftsteller John Weaver und John Rich hervor, dessen Harlekins-Pantomimen im Th. von Lincoln's Inn Fields überaus beliebt waren, und der 1725 M. Sallé und ihren Bruder nach L. engagierte, wo sich auch Händel außerordentlich beeindruckt von ihrer Kunst zeigte. Dann kamen A. Vestris und J.-G. Noverre, die im King's Th. und in Drury Lane großen Erfolg hatten. 1776–1800 wirkte Ch. Didelot am King's Th. Der Versuch, 1808 einen engl. B.-Meister, Louis d'Egville, und engl. Tänzer zu beschäftigen und am King's Th. eine Academy of Dancing einzurichten, scheiterte jedoch, so daß wieder ausländische Kräfte herangezogen wurden. 1830–40 war C. Blasis B.-Meister am King's Th. Mit dem L.-Debüt von M. Taglioni 1830 begann die Blütezeit des romantischen B.s, die L. als eines der Weltzentren des B.s etablierte, besonders als zu Benjamin Lumleys Zeiten 1842–48 J. Perrot als B.-Meister am Her Majesty's Th. (dem umbenannten früheren King's Th.) wirkte und hier 1845 seinen *Pas de quatre* für Taglioni, F. Cerrito, C. Grisi und L. Grahn choreographierte. Nach Lumleys Rücktritt erlitt die B.-Begeisterung einen empfindlichen Rückschlag. Die Aktivität konzentrierte sich dann in den gemischten Programmen des Alhambra Th. und des Empire Th., wo K. Lanner und A. Genée ihre großen Triumphe feierten, bis dann um die letzte Jahrhundertwende der Ansturm der verschiedenen russ. Truppen einsetzte, der seinen Höhepunkt in den zahlreichen Gastspielen von Diaghilews B.s Russes und ihrer verschiedenen Nachfolge-Komp.n fand. Der nachhaltige Eindruck der Diaghilew-Komp. ermutigte die Engländer dann zu eigenen Initiativen. 1930 wurde die Camargo Society gegründet, aus dem B. Club ging schließlich das B. Rambert hervor, während die um N. de Valois und das Old Vic gescharten Tänzer in das Sadler's Wells B. und heutige Royal B. überführt wurden. Nach dem Zweiten Weltkrieg erlebte L. eine neue B.-Blüte mit zahlreichen Komp.-Gründungen, öffnete sich auch mehr und mehr den vielfältigen Aktivitäten des Modern Dance und hat heute durch die zusätzlich zu den eigenen Initiativen regelmäßig hier gastierenden ausländischen Truppen eine das ganze Jahr über anhaltende B.-Saison. – Über die Geschichte der einzelnen Institutionen und Komp.n → Camargo Society, → Ballet Rambert, → Empire Ballets (Alhambra Ballets), → International Ballet, → London Ballet, The (Tudor), → London Ballet, → London Contemporary Dance Theatre, →Metropolitan Ballet, →New London Ballet und Royal Ballet.

Lit.: I. Guest, *The Romantic Ballet in London*, London 1954; I. Guest, *The Alhambra Ballet*, New York 1959; I. Guest, *The Empire Ballet*, London 1962; C. W. Beaumont, *The Diaghilev Ballet in London*, London 1940; M. Clarke, *Dancers of the Mercury* London 1962; J. Percival, in: *Modern Ballet* London 1970; A Bland, *The Royal Ballet* London 1981.

London Ballet, The (Tudor). Nachdem A. Tudor 1937 das B. Rambert verlassen hatte, gründete er zusammen mit A. de Mille und H. Laing das Dance Th. Daraus entstand im Dezember 1938 The London B., das hauptsächlich in der Toynbee Hall auftrat. Tudor choreographierte für diese Komp. *Judgment of Paris, Gallant Assembly, Soirée Musicale* und *Gala Performance*, übernahm aber auch B.e, die er für das B. Rambert kreiert hatte, wie *Jardin aux lilas* und *Dark Elegies*. Zu den Tänzern gehörten u. a. H. Laing, P. van Praagh, M. Lloyd, G. Larsen und D. Paltenghi. Als Tudor und Laing im September 1939 nach New York übersiedelten, wurden P. van Praagh und M. Lloyd Kodirektoren. Unter ihnen fanden K. Lesters *Pas des Déesses* und A. Howards *Fête étrange* Aufnahme in das Rep. Im Juni 1940 wurde die Komp. mit dem B. Rambert zusammengelegt, löste sich aber schon 1941 wieder auf.

London Ballet, von W. Gore gegründete Komp., debütierte 1961 und unternahm dann Tourneen durch England und auch im Ausland, mit Paula Hinton, Gores Frau, als Ballerina. Außer Klassikern wie *Giselle* und *Les Sylphides* bestand das Rep. vorwiegend aus B.en von Gore selbst, u. a. *Eaters of Darkness, Night and Silence, The Fair Maid, Shindig* und *Rencontre*. Schon 1963 wurde die Komp. wieder aufgelöst.

London Contemporary Dance Theatre. Die vom Contemporary Dance Trust geförderte Komp. gab ihre erste Vorst. im Oktober 1967 als Contemporary Dance Group in East Grimstead. Ihr Domizil ist The Place in London, wo von 1969 an die meisten der frühen Vorst.en der Komp. stattfanden, und wo auch die London School of Contemporary Dance untergebracht ist. Die anfängliche enge Verbindung mit der New Yorker Graham School, die auch durch die Berufung R. Cohans als Künstlerischer Leiter manifest wurde (1967–83), wuchs sich im Laufe der Zeit zu einem breiteren Fundament aus. Zu ihren bekanntesten Tänzern gehörten u. a. N. Lapzezon, R. Powell, W. Louther und R. North. Nach der anfänglichen Rep.-Konzentration auf B.e von u. a. Graham, A. Sokolow, P. Taylor, A. Ailey und Cohan verlagerte sich das choreogr. Schwergewicht zunehmend auf Arbeiten der jüngeren Tänzergeneration (u. a. North, R. Alston, S. Davies, M. Bergese und Chr. Bannerman).

London Festival Ballet. Die Truppe hat verschiedentlich ihren Namen geändert: Festival B., dann London's Festival B. und seit 1968 L. F. B. Sie ging aus der Tänzergruppe hervor, die A. Markova und A. Dolin nach ihrer Rückkehr aus Amerika 1949 um sich geschart hatten. Unter der Direktion von Dr. Julian Braunsweg, mit Dolin als Künstlerischem Leiter, debütierte sie am 24. 10. 1960 im Londoner Stoll Th., mit Markova, Dolin, J. Gilpin, N. Krassovska, A. Landa, D. Dale und L. Godfrey als Ersten Solisten sowie L. Massine, D. Lichine und T. Riabouchinska als Gaststars. Von Anfang an hatte es die Komp. auf die Erarbeitung eines populären Rep.s abgesehen, mit sicheren Zugstücken und immer neuen Gaststars. Mit ihren regulären Saisons in London zu Weihnachten und im Sommer (jahrelang hauptsächlich in der Royal Festival Hall, heute auch im Coliseum und anderen Th.n), in der engl. Provinz, aber auch auf dem europ. Kontinent und in Übersee, gelang es ihr, den Ruf der populärsten engl. B.-Komp. zu erwerben und über wechselnde Direktionen hinweg zu erhalten. Dolin übergab 1962 die Künstlerische Leitung an Gilpin (bis 1964), es folgten B. Grey 1968–79, J. Field 1979–84 und seither P. Schaufuss. Außer den schon genannten gehörten zu den populärsten Tänzern der Komp. u. a. S. Arova, B. Wright, O. Briansky und N. Polajenko in den frühen Jahren, mit Y. Chauviré, A. Danilova, M. Slavenska, T. Toumanova, V. Verdy und M. Miskovitch als Gaststars – später T. Lander, M. Burr, I. Borowska, L. Aldous, G. Fulton, D. Richards, G. Samsova, F. Flindt, L. Musil und A. Dubreuil – und in jüngster Vergangenheit P. Schaufuss, E. Evdokimova, P. Breuer, M. Gielgud, P. Ruanne, P. Clarke, E. Terabust und P. Bart, mit R. Nurejew als Gaststar während dessen eigener Londoner Sommersaisons. Das Rep. basiert auf den Standardklassikern. Besonders erfolgreich waren u. a. M. Charnleys *Symphony for Fun* (1952), H. Landers *Etudes* (1954), J. Carters *The Witch Boy* (1957) und Dolins *Variations for Four* (1957). Schon relativ früh war hier eine Konzentration auf abendfüllende Prod.en zu beobachten, von Charnleys *Alice in Wonderland* (1953), N. Beriozoffs *Esmeralda* (1954), W. Burmeisters *The Snow Maiden* (1961), W. Orlikowskys *Peer Gynt* (1963) und J. Carters *Beatrix* (alias *La jolie fille de Gand*, 1966) bis zu Nurejews *Romeo und Julia* (1977), Schaufuss' *La Sylphide* (1979) und Crankos *Onegin* (1984).

Lit.: J. Braunsweg, *Braunsweg's Ballet Scandals*, London 1973.

Lopez, Pilar, span. Tänzerin, * 4. 6. 1912 S. Sebastian. Sie debütierte mit 7 Jahren in der Truppe ihrer berühmten Schwester Argentinita, der sie bis zu deren Tod (1945) angehörte. Ab 1943 trat sie auch als Choreographin in Erscheinung, gründete 1946 eine Gruppe, zu deren Mitgl.ern anfangs auch J. Greco und M. Vargas gehörten. Umfangreiche Tourneen machten sie und ihre Komp. in der ganzen Welt bekannt. Zu ihren wichtigsten Ch.n zählen u. a. *Der Dreispitz* (Mus.: de Falla, 1948), *Liebeszauber* (Mus.: de Falla, 1955), *L'Espagnolade* (Mus.: E. Halffter), *Tres Escenas Andaluzas* (Mus.: Santander), *El Cojo enamorado* (Mus.: Halffter) und *Concierto de Aranjuez* (Mus.: J. Rodrigo).

Lopokova, Lydia Wassiljewna (auch frz. Lopoukhova, russ. Lopuchowa), russ.-engl. Tänzerin, * 19. 10. 1891 St. Petersburg, † 14. 6. 1981 Seaford. Sie war die Schwester von Andrei und Fedor Lopuchow, studierte an der Kaiserl. B.-Schule in St. Petersburg, machte 1909 ihr Examen und trat 1910 den B.s Russes de Diaghilew bei, tanzte dann in Amerika auf Tourneen mit A. Volinine und M. Mordkin und kehrte 1916 zur Diaghilew-Komp. zurück, wo sie u. a. Rollen in Massines *Les Femmes de bonne humeur, Parade* (beide 1917) und *Der Zauberladen* (1919) kreierte, 1921 dann auch in der Londoner *Dornröschen*-Prod. tanzte. Sie machte sich dann mit Massine, L. Sokolova, N. de Valois und L. Woizikovsky selbständig, kreierte 1924 die Ballerina in Massines *Le Beau Danube* und kehrte erneut während der Schlußjahre bis 1929 zur Diaghilew-Komp. zurück, wo sie in den B.en von Fokine und Massine sehr gefeiert wurde. Sie war 1930 Gründungs-Mitgl. der Londoner Camargo Society, tanzte 1931 in der UA von F. Ashtons *Façade*, trat 1932 noch mit größtem Erfolg als Swanilda beim Vic-Wells B. auf, zog sich aber dann langsam vom B. zurück. Im Jahr 1935 war sie noch Mitgründerin des von ihrem dritten Gatten, dem berühmten Wirtschaftstheoretiker Lord Keynes, geschaffenen Arts Th. in Cambridge.

Lopuchow, Andrei Wassiljewitsch, russ. Tänzer und Pädagoge, * 8. 8. 1898 St. Petersburg, † 23. 5. 1947 Leningrad. War der Bruder von Lydia L. und Fedor L., trat 1908 in die Kaiserl. B.-Schule ein, machte 1916 sein Examen und war von 1916–45 Mitgl. des Marien-Th. und Kirow-B.s, zu dessen brillantesten Charaktertänzern er gehörte. Als Koautor war er auch an dem Buch *Grundlagen des Charaktertanzes* beteiligt.

Lopuchow, Fedor Wassiljewitsch, russ. Tänzer, Choreograph und Pädagoge, * 19. 10. 1886 St. Petersburg, † 28. 1. 1973 Leningrad. War der Bruder von Lydia L. und Andrei L., trat 1896 in die Kaiserl. B.-Schule ein und machte 1905 sein Examen. Wurde dann Mitgl. des Marien-Th.s, tanzte 1909–11 zusammen mit seiner Schwester Lydia bei Diaghilew und in Amerika und begann 1916 mit seinen ersten choreogr. Experimenten und seinen theoretischen Aufzeichnungen. Diese erschienen 1925 in Berlin in russ. Sprache unter dem Titel *Puti Ballettmeistera* (Wege eines Ballettmeisters). L. interessierte sich besonders für die Prinzipien der Sinfonisierung des Tanzes im Anschluß an die sinfonischen Ausdrucksmittel der Musik. Diesbezügliche Experimente führten 1923 zu seiner *Tanzsinfonie* zur 4. Sinfonie von Beethoven, an deren Auff. u. a. auch A. Danilova, L. Lawrowsky und G. Balantschiwadse (später als Balanchine bekannt) beteiligt waren. Als B.-Direktor des GATOB von 1922–30 machte er sich durch seine gewissenhafte Klassikerpflege verdient, vor allem aber als ständiger choreogr. Experimentator mit neuen Ausdrucksmitteln, die ihm zwar häufig Widerspruch, aber auch die Bewunderung vieler Fachleute einbrachte, die ihn einen Choreographen für Choreographen nannten. Von 1931–36 war er der erste Direktor des neubegründeten B.s am Maly-Th., wo er durch kühne Experimente (*Harlekinade, Coppélia* und *Der helle Bach*) viel Aufsehen erregte.

Nach seiner Ablösung durch L. Lawrowsky richtete er 1937 die ersten Lehrgänge für B.-Meister an der Leningrader B.-Schule ein. Von 1944–47 und 1955–58 war er aufs neue Direktor des Kirow-B.s, als der er 1945 eine vieldiskutierte Fassung von *Schwanensee* herausbrachte und 1957 J. Grigorowitsch mit der Insz. von Prokofjews B. *Die steinerne Blume* beauftragte. Ab 1961 leitete er die B.-Meister-Fakultät am Leningrader Konservatorium. Seine wichtigsten B.e waren u. a. *Feuervogel* (Mus.: Strawinsky, 1921), *Tanzsinfonie* (Mus.: Beethoven, 1923), *Die Nacht auf dem kahlen Berg* (Mus.: Mussorgsky), *Die rote Windhose* (Mus.: W. M. Deschewow, beide 1924), *Pulcinella* (Mus.: Strawinsky, 1926), *Renard* (Mus.: Strawinsky), *Die Eisjungfrau* (Mus.: Grieg), *Die leibeigene Ballerina* (Mus.: K. Kortschmarew, alle 1927), *Der Nußknacker* (Mus.: Tschaikowsky, 1928), *Der Bolzen* (Mus.: Schostakowitsch, 1931). Diese B.e wurden im GATOB aufgeführt. Für das Maly-Th. schuf er *Harlekinade* (Mus.: R. Drigo, 1933), *Coppélia* (Mus.: Delibes, 1934), *Der helle Bach* (Mus.: Schostakowitsch, 1935); für das Kirow-Th. *Taras Bulba* (Mus.: W. Solowjew-Sedoi, 1940), *Schwanensee* (Mus.: Tschaikowsky, 1945) und *Frühlingsmärchen* (Mus.: B. Assafjew, 1947); schließlich noch *Bilder einer Ausstellung* (Mus.: Mussorgsky, 1963) für das Stanislawsky-Nemirowitsch-Dantschenko-Musik-Th. Zu seinen bekanntesten schriftlichen Werken gehörten: *Die Größe des Weltalls* (Tanzsinfonie 1923); *Wege eines Ballettmeisters* (1925); *Sechzig Jahre beim Ballett* (1966); *Choreographische Bekenntnisse* (1971). – Sein Sohn ist der Tänzer Wladimir F. L.

Lit.: E. Suritz, »Triumph der Technik oder Menschen als tanzende Maschinen. Das sowjetische Ballett der zwanziger Jahre und der Einfluß des Konstruktivismus«, in: *Ballett 1981*.

Loring, Eugene, amer. Tänzer, Choreograph und Pädagoge, * 1904 Milwaukee, † 30. 8. 1982 Kingston (N.Y.). Studierte an der School of American B. Tänzer bei M. Fokines Komp. 1934, dann 1936 zum American B., wo er Rollen in G. Balanchines *Alma Mater* und *Card Game* kreierte. Begann 1936 für die B. Caravan zu choreographieren, mit *Yankee Clipper* (Mus.: P. Bowles, 1937) und *Billy the Kid* (Mus.: A. Copland, 1938) als größten Erfolgen, gefolgt von *The Great American Goof* (Mus.: H. Brant) für die Eröffnungs-Vorst. des B. Th. 1940. Gründete 1941 seine eigene Gruppe, die Dance Players. Nachdem er zeitweise am Broadway gearbeitet hatte, ging er um die Mitte der vierziger Jahre nach Los Angeles und eröffnete dort seine American School of Dance. Zahlreiche Film-Ch.n, u. a. für *Meet Me in Las Vegas* (1955), *Funny Face* (1956) und *Silk Stokkings* (1956). Spätere B.e von ihm waren u. a. *Capital of the World* (Mus.: G. Antheil, American B. Th., 1953) und verschiedene Musical-Prod.en. Verkaufte 1974 seine Schule, um sich auf seine Arbeit als Chairman der Tanzabteilung an der University of California in Irvine zu konzentrieren.

Lormeau, Jean-Yves, frz. Tänzer, * um 1951 Dalat (Südvietnam). Studierte am Konservatorium in Saint-Germain-en-Laye und dann am Nationalkonservatorium in Paris. Tänzer beim B. der Opéra 1971, Premier danseur 1977, Danseur étoile 1982. Rollenkreationen u. a. in der Neueinst. von *Sylvia* (1979) und A. Nikolais' *Schema* (1980).

Los Angeles Ballet, vom ehemaligen New-York-City-B.-Tänzer John Clifford geleitete Komp., debütierte 1974. Clifford fungiert auch als Chefchoreograph und Startänzer. Außer seinen eigenen B.en bietet das Rep. hauptsächlich Balanchine-Reprisen. Principal Dancers sind Johnna Kirkland und Polly Shelton. Die Komp. hatte 1981 ihre erste Saison in New York.

Losch, Tilly, österr.-amer. Tänzerin, Schauspielerin und Malerin, * 15. 11. 1904(?) Wien, † 24. 12. 1975 New York. Trat 1913 in die B.-Schule der Hofoper ein, wurde 1921 ins Opern-B. übernommen und war 1924–28 Solotänzerin, als die sie u. a. die Prinzessin Teeblüte in *Schlagobers* (1924) und die Titelrolle in *Das lockende Phantom* (1926) kreierte. Sie wirkte 1927 in Max Reinhardts Salzburger *Sommernachtstraum*-Insz. mit, für die sie auch die Ch. schuf. Tanzte mit H. Kreutzberg auf Tourneen, ging mit Reinhardt nach England und Amerika und heiratete einen reichen Engländer, Edward James, der mit ihr als Ballerina Balanchines Les B.s 1933 finanzierte, wo sie die Hauptrollen in *Errante* und *Die sieben Todsünden* kreierte. In Amerika trat sie noch verschiedentlich in Filmen auf, wandte sich aber dann der Malerei zu.

Loudières, Monique, frz. Tänzerin, * 1956 (Geburtsort nicht bekannt). Studierte an der B.-Schule der Pariser Opéra. Mitgl. des Opéra-B.s 1972, Première danseuse 1982, Danseuse étoile 1982. Verheiratet mit dem Tänzer Hervé Dirmann.

Louis, Murray, amer. Tänzer, Choreograph und Pädagoge, * 4. 11. 1926 New York. Studierte an der Universität von New York und absolvierte seine Tanzausbildung bei A. Halprin, am Colorado Summer College und von 1949 an am Henry Street Playhouse, wo er der engste Mitarbeiter, Assistent und Hauptsolist von A. Nikolais wurde. Seit Mitte der fünfziger Jahre ist er auch als Choreograph und Pädagoge hervorgetreten. Heute hat er seine eigene Komp., die regelmäßig in New York auftritt, aber auch ausgedehnte Auslandstourneen unternimmt und seit 1972 auch verschiedentlich nach Europa gekommen ist. Er ist ein außerordentlich witziger Tänzer und Choreograph, der es liebt, mit Isolationsbewegungen einzelner Körperglieder zu arbeiten (immer wieder auch für andere Komp.n). Typische B.e vom ihm sind u. a. *Calligraph for Martyrs* (1962), *Junk Dances* (1964), *Proximities* (1969), *Index to Necessary Neuroses* (1973), *Porcelain Dialogues* (1974), *Moment* (Mus.: Ravel, Streichquartett, Scottish B., 1975), *The City* (1980), *Apéritif* (1982). Eine Fernsehserie von ihm trägt den Titel *The Body as an Instrument.* Er ist auch ein gewandter Autor der in dem Band *Inside Dance* gesammelten Essays (1980).

Loup, Le (dt. Titel: *Der Wolf*), B. in 1 Akt, Libr.: J. Anouilh und G. Neveux, Mus.: H. Dutilleux, Ch.: R. Petit, Dek. J. Carzou; UA 17. 3. 1953, B. de Paris, Th. de l'Empire, Paris, mit Petit, V. Verdy, C. Sombert, G. Reich u. a. – Ein junges Mädchen heiratet einen Mann und wird sich erst danach bewußt, daß er in Wirklichkeit ein Wolf ist. Zuerst zu Tode erschrocken, lernt sie ihn jedoch allmählich seiner Güte und Zärtlichkeit wegen lieben. Als die anderen Dorfbewohner jedoch merken, daß ein Wolf unter ihnen lebt, töten sie ihn. Y. Georgi choreographierte 1957 in Hannover die dt. EA.

Lit.: O. F. Regner / H.-L. Schneiders, in: *Reclams Ballettführer*, Stuttgart [8]1980.

Louther, William, amer. Tänzer, Choreograph und Pädagoge, * 22. 1. 1942 New York. Studierte ebd. an der High School of Performing Arts, an der Juilliard School und bei M. Graham. Debüt in der Komp. von M. O'Donell 1958, dann am Broadway, bei den Komp.n von A. Ailey, M. Graham und D. McKayle. Rollenkreationen u. a. in McKayles *District Storyville* (1959), Grahams *Circe* (1964) und *Archaic Hours* (1969). Ging 1969 zum London Contemporary Dance Th., weitere Rollenkreationen u. a. in R. Cohans *Stages* (1971) und B. Morelands *Kontakion* (1972). Choreographierte *Vesalii Icones* (Mus.: P. Maxwell Davies, 1970) und *Divertissement: In the Playground of the Zodiac* (Mus.: G. Quincey) und begann auch zu unterrichten. Direktor der Batsheva Dance Comp. 1972–74 und des Welsh Dance Th. 1975/76. Seither freischaffend tätig.

Loves of Mars and Venus, The, B. in 6 Szenen, Libr. und Ch.: John Weaver; UA 2. 3. 1717, Drury Lane Th. Das B. zeigte rein tänzerisch-pantomimisch, wie der Gott Vulkan seine Frau Venus mit Mars beim Ehebruch ertappt und wie er die beiden in dem von ihm geschmiedeten Netz fängt. Dieses Werk gilt als erster Vorläufer des späteren, von Noverre geforderten und entwickelten Aktions-B.s.

Lubitz, Monika, dt. Tänzerin, * 3. 6. 1943 Berlin. Studierte an der Ostberliner B.-Schule sowie in Leningrad. Tänzerin in Leipzig 1965, wo sie bald die Ballerinenrollen in den B.en von E. Köhler-Richter tanzte, dann Komische Oper Berlin 1969, wo sie Rollen u. a. in T. Schillings *Aschenbrödel* und *Mohr von Venedig* kreierte. Primaballerina der Dt. Staatsoper Ost-Berlin 1972.

Lubovitch, Lar, amer. Tänzer und Choreograph, * 1943 Chicago. Studierte Malerei, dann auch Tanz an der Juilliard School und bei A. Sokolow, L. Danielian und M. Graham. Tänzer bei den Komp.n von P. Lang (1964), G. Tetley, J. Butler, beim Manhattan Festival B. und Harkness B. (1967–69). Gründete 1968 seine eigene Gruppe, doch auch weiterhin als Gastchoreograph für Bat-Dor Dance Comp., Gulbenkian B., Holl. National-B., B. Rambert, American B.-Th. und Stuttgarter B. tätig. Unter seinen zahlreichen B.en u. a. *Whirligogs* (Mus.: 3. Satz aus Berios Sinfonia, 1970), *Some of the Reactions of Some of the People Some of the Time* *upon Hearing the Reports of the Coming of the Messiah* (Mus.: Händel, 1971), *Considering the Lilies* (Mus.: Bach, 1972), *Three Essays* (Mus.: Ives, 1974), *Les Noces* (Mus.: Strawinsky, 1976), *Exsultate Jubilate* (Mus.: Mozart, 1977), *Marimba* (Mus.: St. Reich, 1977), *North Star* (Mus.: Ph. Glass, 1978) und *Cavalcade* (Mus.: Reich, 1980).

Lit.: J. Gruen, in: *The Private World of Ballet*, New York 1975.

Luca, Dia, österr. Tänzerin, Choreographin, B.-Meisterin und Pädagogin, * 13. 4. 1912 Karansebes (Rumänien), † 15. 8. 1975 Wien. Studierte bei T. Birkmeyer, H. Kreutzberg, G. Wiesenthal und K. Godlewsky. Tänzerin Wiener Volksoper 1938, B.-Meisterin 1940–42, dann Brünn 1942–44. Rückkehr nach Wien nach dem Zweiten Weltkrieg, wo sie mit verschiedenen Komp.n arbeitete, eine eigene Schule aufmachte und abermals B.-Meisterin der Volksoper 1955–72 war. Choreographierte zahlreiche B.e auch außerhalb der von ihr betreuten Tanzeinlagen in den Opern- und Operetten-Einst.en ihres Hauses und wurde weltweit durch ihre Ch.n für die Fernsehübertragungen des Neujahrskonzerts der Wiener Philharmoniker bekannt.

Lucas, Roger, dt. Tänzer, Choreograph und B.-Meister, * 20. 5. 1940 Wuppertal, † 4. 4. 1984 Basel. Studierte an der Helken-Schule in Frankfurt a. M. Tänzer Frankfurter Opern-B. 1957, dann bei den Komp.n in Wuppertal, American Festival B., Münchner Staatsoper, Wiesbaden, J. Charrat, Grand B. Classique de France, Norweg. B. 1971–73, Wiesbaden 1973 bis 1976. B.-Meister in Oberhausen 1977–82, wo er zahlreiche B.e choreographiert hat.

Lüders, Adam, dän. Tänzer, * 16. 2. 1950 Kopenhagen. Studierte ebd. an der Schule des Kgl. Dän. B.s, dessen Mitgl. er 1968 wurde. Principal Dancer beim London Festival B. 1973–75 und seither beim New York City B. Rollenkreationen u. a. in G. Balanchines *Kammermusik Nr. 2* (1978), *Davidsbündlertänze* (1980) und *The Flood* (1982).

Lüdin, Fritz, schweiz.-amer. Tänzer und Pädagoge, * 1934 (Geburtsort nicht bekannt). Studierte bei R. Chladek, L. Schubert, V. Gsovsky, K. Waehner, J. Limón, A. Tudor, M. Craske und A. Hitchins. Tänzer bei der Komp. von Limón 1963–68, Rollenkreationen u. a. in Limóns *Choreographic Offering* (1965), *My Son, My Enemy* (1965), *The Winged* (1966) und *Psalm* (1967). Ausgedehnte Tourneen mit B. Jones als Partnerin in ihrem Programm *Dances we Dance* nach 1964. Gastpädagoge an verschiedenen Schulen und Colleges in Amerika und Europa. Hat heute zusammen mit B. Jones eine Tanzschule in Honolulu (Hawaii).

Luigi (d. i. Eugene Louis Facciuto), amer. Tänzer und Pädagoge, * 20. 3. 1925 Steubenville (Ohio). Studierte bei Bolm, B. Nijinska, Loring und Panaieff. War ursprünglich ein Tap Dancer, entdeckte aber nach einem Unfall (1946) die Isolationstechnik des Jazz Dance und schuf ein eigenes, dem klassischen B. angenähertes System des Modern Jazz Dance. Leiter des Luigi Jazz Center in New York.

Luipart, Marcel (geb. M. Fenchel), dt.-österr. Tänzer, Choreograph, B.-Direktor und Pädagoge, * 8. 9. 1912 Mülhausen (Elsaß). Studierte bei E. Eduardova, V. Gsovsky und N. Legat. Debüt in Düsseldorf 1933. Tänzer bei den Komp.n in Hamburg, Berlin und München, 1938/39 zum B. Russe de Monte Carlo, dann in Mailand und Rom sowie beim KDF-B. von Derra de Moroda. B.-Meister Münchner Staatsoper 1946–48, wo er zahlreiche B.e und die UA von W. Egks *Abraxas* choreographierte (1948). Weiterhin Tänzer bei den Komp.n in Frankfurt a. M., Wiesbaden und Düsseldorf. B.-Meister Bonn 1957/58, Essen 1958/59 und Köln 1959–61, dann Pädagoge an der Tanzabteilung der Wiener Staatsakademie, deren Direktor er 1973–75 war, danach Pädagoge für klassisches Rep. an der Schule der Wiener Staatsoper. Wurde als Choreograph vor allem durch seine B.e zu Libretti von G. Grass bekannt: *Die bösen Köche* (1957), *Stoffreste* (1959) und *Die Vogelscheuchen* (1970).

Luisillo (geb. Luis Pérez Davila), mex. Tänzer und Choreograph, * 1928 Mexico City. Studierte klassischen und span. Tanz und ging 1948 mit C. Amaya nach Spanien, machte sich dann selbständig und unternahm zusammen mit Teresa bis 1954 mehrere Tourneen. Gründete 1956 sein zweites span. Tanz-Th., mit dem er die Welt bereiste. Er ist nicht nur als Solotänzer, sondern auch als Choreograph von span. B.en mit dramatischen Stoffen berühmt geworden, besonders durch *Llanto por un torero* nach García Lorca.

Lully, Jean-Baptiste (geb. Giambattista Lulli), ital.-frz. Komponist, Dirigent und Intendant, * 28. 11. 1632 Florenz, † 22. 3. 1687 Paris. Kam als Tänzer und Violinist nach Paris an den Hof Ludwigs XIV., wurde dort zunächst Kammerdiener bei Louise d'Orléans und 1652 Violinist der Grande Bande, tanzte zusammen mit dem König in mehreren B.s de cour, für die er auch einzelne Instrumentalstücke komponierte, fungierte von 1661 an quasi als Intendant der Kgl. Musik und wurde 1672 Direktor der Académie Royale de Musique, als der er nicht nur großen Einfluß auf die Gestaltung der kgl. Lustbarkeiten hatte, sondern auch ein enorm reicher Mann wurde. Setzte sich sehr für das B. ein, das bei ihm freilich noch ganz im Rahmen des Gesamtkunstwerks aus Deklamation, Gesang, Musik und szenischer Darstellung verankert ist. Seine engsten Mitarbeiter waren I. de Benserade, Bérain, P. Beauchamp, Racine und Molière, für dessen Stücke er zahlreiche Entrées komponierte. – Titel-Auswahl: *La Nuit* (das berühmte *Ballet de la nuit*, 1653), *Les Nopces de Pelée et de Thétis* (1654), *La Puissance de l'amour* (1656), *Alcidiane* (1658), *Xerse* (1660), *Hercule amoureux* (1662), *L'Impromptu de Versailles* (1663), *Le Mariage forcé* (1664), *La Naissance de Vénus* (1665), *L'Amour médecin* (1665), *George Dandin* (1668), *Monsieur de Pourceaugnac* (1669), *Le Bourgeois gentilhomme* (1670), *Psyché* (1671), *Les Festes de l'Amour et de Bacchus* (1672), *Cadmus et Hermione* (1673), *Le Triomphe de l'Amour* (1681), *Phaéton* (1683), *Amadis de Gaule* (1684), *Le Temple de la paix* (1685), *Armide* (1686) und *Achille et Polyxène* (1687).

Lit.: M.-Fr. Christout, in: *Le Ballet de cour de Louis XIV*, Paris 1967.

Lumbye, Hans Christian, dän. Komponist, * 2. 5. 1810 Kopenhagen, † 20. 3. 1874 ebd. Wurde als Tanzkomponist häufig der »nordische Strauß« genannt. A. Bournonville choreographierte zahlreiche Einzeltänze zu Musikstücken von ihm, ließ sich von ihm die Divertissements *Maritana* (1847), *Der Unwiderstehliche* (1850), *La Ventana* (1854) und *Bouquet Royal* (1870) komponieren und zog ihn zusammen mit anderen Komponisten für seine B.e *Napoli* (1842), *Konservatorium* (1849), *Fern von Dänemark* (1860) und *Das Freiwilligencorps auf Amager* (1871) heran.

Lustige Witwe, Die (engl. Originaltitel: *The Merry Widow*), B. in 3 Akten, Libr. und Insz.: R. Helpmann, Ch.: R. Hynd, Mus.: Lehár, arr. von J. Lanchbery, Dek.: D. Heeley; UA 13. 11. 1975, The Australian B., Melbourne, mit M. Rowe, J. Meehan, L. Aldous, K. Coe u. a. Das B. hält sich eng an den Handlungsablauf von Lehárs Operette (1905). Eine frühere Version war R. Pages *Vilia* (London Festival B., 1953), eine andere, dezidiert gesellschaftskritische choreographierte Insz. der Operette von M. Béjart (Brüssel 1963).

Lutry, Michel de, frz. Tänzer, B.-Meister und Pädagoge, * 1924 (Geburtsort nicht bekannt). Studierte bei E. Eduardova. Tänzer am Pariser Th. du Châtelet, dann beim International B. 1946 sowie bei verschiedenen anderen Komp.n, zusammen mit seiner Frau, Domini Callaghan. B.-Meister am Münchner Th. am Gärtnerplatz 1958–60, dann Zürich 1960–63, Dortmund 1963–66. Leiter der B.-Schule der Münchner Staatsoper 1966–75, Kodirektor der Tanzabteilung an der Münchner Musikhochschule seit 1975, B.-Meister an der Staatsoper, wo er weiterhin in Charakterrollen auftritt.

Lynch Town, Tanzstück von Ch. Weidman, Mus.: Lehman Engel; UA 26. 1. 1936, Guild Th., New York. Das Stück gilt als eine der Hauptarbeiten von Weidman. Es ist Teil seiner Suite *Atavisms* und klagt nicht nur die soziale Ungerechtigkeit gegenüber einer Minoritätengruppe an, sondern zeigt auch die atavistische Blutlust, die unter der zivilisierten Oberfläche des respektablen Bürgertums nur darauf wartet, ein Opfer zu finden.

Lyric Suite, Tanzstück von A. Sokolow, Mus.: Berg (Lyrische Suite für Streichquartett); UA 1953, B. de Bellas Artes, Mexico City. Ein Gruppenwerk, das zu Sokolows wichtigsten Arbeiten zählt. Es handelt sich um eine tänzerische Gestaltung der emotionalen Inhalte von Bergs Musik. Das Grundthema: Schmerz über die Vergänglichkeit aller menschlichen Beziehungen. New Yorker Premiere 1954 mit D. McKayle, Jeff Duncan, M. Anthony u. a. Zur gleichen Musik schuf J. Ulrich 1974 seine *Lyrische Suite* für das B. der Bayer. Staatsoper (auch Wiener Staatsoper, 1984).

Lit.: D. McDonagh, in: *The Complete Guide to Modern Dance*, Garden City (N.Y.) 1976.

Lysistrata, Komödie des Aristophanes über den Weiberstreik in Athen, hat verschiedene B.-Versionen angeregt, so u. a. A. Tudors *L.* (Mus.: Prokofjew, London 1932), R. Bradas *L.* (Mus.: L. Lajhta, Budapest 1937), ein 1946 von R. Mohaupt komponiertes B., das u. a. 1957 in Karlsruhe (Ch.: L. Häusler) und 1959 an der Dt. Staatsoper Berlin (Ch.: L. Gruber) zur Auff. gelangte, dann G. Blanks *L.* (Mus.: Blacher, Städt. Oper Berlin, 1951) und P. Darrells *L.* (Mus.: J. Dankworth, Western Th. B., 1964). In den USA schufen D. Humphrey und Ch. Weidman 1931 zusammen eine Version des Stoffs, 1954 brachte Weidman allein ein *L.*-B. heraus.

M

Maar, Lisl, österr. Tänzerin, * 29. 9. 1942 Wien. Studierte ebd. an der B.-Schule der Staatsoper, deren Mitgl. sie 1956 wurde, Solistin 1965. Rollenkreation u. a. in R. Nurejews *Tancredi* (1966).

Macbeth-Ballette. Von Shakespeares Tragödie angeregt, choreographierte Ch. Le Piq 1785 in London ein *M.*-B. Spätere Versionen stammen u. a. von V. Galeotti 1816 in Kopenhagen (Mus.: Klaus Schall), H. Henry 1830 in Mailand (Mus.: C. Pugni), B. Menegatti 1969 in Mailand (*Die Macbeths*, bezogen auf Hitler und Eva Braun, Mus.: R. Strauss). Weiterhin ein Modern-Dance-Solo der Amerikanerin May O'Donnell, *The Queen's Obsession*. Für das Bolschoi-B. in Moskau schuf W. Wassiljew 1980 ein M.-B. (Mus.: K. Moltschanow). Eine M.-Paraphrase schuf Pina Bausch 1978 mit ihrem Tanzstück *Er nimmt sie an der Hand und führt sie in das Schloß, die anderen folgen* (Regieanweisung am Schluß von Akt I,6). Das Schloß stellt hier das verdeckte barbarische Chaos der modernen bürgerlichen Gesellschaft dar.

McBride, Patricia, amer. Tänzerin, * 23. 8. 1952 Teaneck (N. Y.). Studierte an der School of American B. Debüt beim Eglevsky B. 1958, Mitgl. des New York City B. seit 1959, Solistin 1960, Principal Dancer 1961. Zahlreiche Rollenkreationen u. a. in G. Balanchines *Figure in the Carpet* (1960), *A Midsummer Night's Dream* (1962, auch in der Filmversion von 1966), *Tarantella* (1964), *Harlequinade* (1965), *Brahms-Schoenberg Quartet* (1966), *Jewels* (1967), *Who Cares?* (1970), *Divertimento from ›Le Baiser de la Fée‹* (1972), *Coppélia* (1974), *The Steadfast Tin Soldier* und *Pavane pour une Infante défunte* (1975), *Vienna Waltzes* (1977) sowie J. Robbins' *Dances at a Gathering* (1969), *The Goldberg Variations* (1971), *Dybbuk Variations* (1974), *The Four Seasons* und *Opus 19* (beide 1979). Verheiratet mit dem Tänzer und Choreographen Jean-Pierre Bonnefous.

Lit.: J. Gruen, in: *The Private World of Ballet*, New York 1975.

Macdonald, Brian, kanad. Tänzer, Choreograph und B.-Direktor, * 14. 5. 1928 Montreal. Studierte ebd. an der Universität. Arbeitete als Musikkritiker und ließ sich als Tänzer von Gerald Crevier und Elizabeth Leese ausbilden. Gründungs-Mitgl. des National B. of Canada 1951–53. Konzentrierte sich nach einer Verletzung auf Ch. und arbeitete zuerst hauptsächlich fürs Fernsehen und in Music-Halls, dann auch fürs Royal Winnipeg B. (u. a. *Rose Latulippe*, Mus.: H. Freedman, 1966, und *The Shining World of Leonard Cohen*, Mus.: Freedman, 1970), daneben auch für andere Komp.n (u. a. *Aimez-vous Bach?*, Banff School Festival B., 1962, *Time Out of Mind*, Mus.: P. Creston, Joffrey B., 1963). Direktor des Kgl. Schwed. B.s 1964–66, Harkness B. 1967/68, Batsheva Dance Comp. 1971/72 und seit 1974 Künstlerischer Direktor von Les Grands B.s Canadiens.

McDonald, Elaine, engl. Tänzerin, * 2. 5. 1943 Tadcaster. Studierte bei Olivia Morley, Louise Brown und an der Royal B. School. Tänzerin bei W. Gores London B. 1962, dann Western Th. B. 1964, wo sie Principal Dancer wurde und auch beim Scottish B. blieb. Zahlreiche Rollenkreationen, vor allem in den B.en von P. Darrell, darunter Titelrollen in *Mary, Queen of Scots* (1976) und *Cinderella* (1979).

McKayle, Donald, amer. Tänzer, Choreograph und Pädagoge, * 6. 7. 1930 New York. Studierte bei der New Dance Group, M. Graham, K. Shook und P. Primus, debütierte 1948 und war dann zeitweise Mitgl. der Truppen von Graham, A. Sokolow, J. Erdman und Dudley-Maslow. Tanzte in verschiedenen Musicals (u. a. *House of Flowers* und *West Side Story*) und choreographierte u. a. die Musicals *Golden Boy* (1965) und *Tale of Two Cities* (1967). Seit 1951 trat er auch mit seiner eigenen Komp. auf, für die er u. a. *Games* (traditionelle Negermusik, 1951), *Nocturne* (Mus.: Moon Dog, 1953), *Rainbow Round My Shoulder* (traditionelle Songs, 1959), *District Storyville* (New Orleans Jazz, 1962), *Reflections in the Park* (Mus.: Gary

McFarland, 1965), *Daughters of the Garden* (Mus.: E. Bloch, 1965), *Wilderness* (Mus.: A. Copland), *Incantation* (Mus.: J. Rodrigo, beide 1968) und *Burst of Fists* (Mus.: H. Roberts, 1969) choreographierte. 1967 war er maßgeblich an der Prod. von *Black New World* beteiligt. 1975 schuf er, jeweils mit traditioneller schwarzer Musik, den Film *The Minstrel Man* und das Musical *Dr. Jazz*. Für das Musical *Sophisticated Ladies* (mit J. Jamison, Mus. von Duke Ellington, 1981) war er ursprünglich als Choreograph vorgesehen, übernahm aber unter der Gesamtleitung von M. Smuin lediglich Teilaufgaben.

Lit.: D. McDonagh, in: *The Complete Guide to Modern Dance*, Garden City (N. Y.) 1976.

MacLeary, Donald, brit. Tänzer und B.-Meister, * 22. 8. 1937 Glasgow. Studierte an der Sadler's Wells B. School. Mitgl. des Sadler's Wells Th. B. 1954, Solist 1955, Principal Dancer Royal B. 1959–76. War der bevorzugte Partner von S. Beriosova. Rollenkreationen u. a. in J. Crankos *Antigone* (1959) und K. MacMillans *The Burrow* (1958), *Baiser de la Fée* (1960), *Diversions* (1961), *Symphony* (1963), *Images of Love* (1964) und *Elite Syncopations* (1974). B.-Meister des Royal B. 1976–79.

MacMillan, Sir Kenneth, brit. Tänzer, Choreograph und B.-Direktor, * 11. 12. 1929 Dunfermline. Studierte an der Sadler's Wells B. School, wurde 1946 Mitgl. des neugegründeten Sadler's Wells Th. B. und 1948 des Sadler's Wells B. Resident Choreographer des Royal B. 1965. B.-Direktor der Dt. Oper Berlin 1966–69. Direktor des Royal B. 1970–77 (anfangs zus. mit J. Field). Principal Choreographer des Royal B. seit 1977. Artistic Associate des American B. Th. seit 1984. Begann 1953 zu choreographieren und profilierte sich neben J. Cranko als der führende engl. Choreograph nach 1945. Für Sadler's Wells und das Royal B. choreographierte er u. a.: 1953 *Somnambulism* (Mus.: S. Kenton); 1954 *Laiderette* (Mus.: F. Martin); 1955 *Danses concertantes* (Mus.: Strawinsky) und *House of Birds* (Mus.: F. Mompou, arr. von Lanchbery); 1956 *Solitaire* (Mus.: M. Arnold) und *Noctambules* (Mus.: H. Searle); 1958 *The Burrow* (Mus.: Martin) und *Agon* (Mus.: Strawinsky); 1960 *The Invitation* (Mus.: M. Seiber) und *Le Baiser de la Fée* (Mus.: Strawinsky); 1961 *Diversions* (Mus.: A. Bliss); 1962 *Sacre du printemps* (Mus.: Strawinsky); 1963 *Symphony* (Mus.: Schostakowitsch); 1964 *Images of Love* (Mus.: P. Tranchell) und *La Création du monde* (Mus.: Milhaud); 1965 *Romeo und Julia* (Mus.: Prokofjew); 1970 *Checkpoint* (Mus.: R. Gerhard); 1971 *Anastasia* (zweite, abendfüllende Version, Mus.: Tschaikowsky und Martinů); 1972 *Side Show* (Mus.: Strawinsky), *Ballade* (Mus.: G. Fauré), *The Poltroon* (Mus.: R. Maros) und *Triad* (Mus.: Prokofjew); 1973 *Pavane* (Mus.: Fauré), *Dornröschen* (Mus.: Tschaikowsky, unter Einbeziehung der traditionellen Ch.), *Die sieben Todsünden* (Mus.: Weill); 1974 *Manon* (Mus.: Massenet, arr. von L. Lucas) und *Elite Syncopations* (Mus.: S. Joplin); 1975 *The Four Seasons* (Mus.: Verdi) und *Rituals* (Mus.: Bartók); 1978 *Mayerling* (Mus.: Liszt, arr. von Lanchbery); 1979 *Playground* (Mus.: G. Crosse) und *La Fin du jour* (Mus.: Ravel); 1980 *Gloria* (Mus.: Poulenc); 1981 *Isadora* (Mus.: R. R. Bennett); 1982 *Quartet* (Mus.: Verdi); 1983 *Valley of Shadows* (Mus.: Martinů und Tschaikowsky); 1984 *Different Drummer* (Mus.: Webern und Schönberg). Für andere Komp.n choreographierte er u. a.: 1957 *Journey* (Mus.: Bartók) und *Winter's Eve* (Mus.: Britten, beide American B. Th.); 1963 *Las Hermanas* (Mus.: Martin, Stuttgart); 1965 *Lied von der Erde* (Mus.: Mahler, Stuttgart); 1966 *Valses nobles et sentimentales* (Mus.: Ravel) und *Concerto* (Mus.: Schostakowitsch, beide Berlin); 1967 *Anastasia* (erste Version, Mus.: Martinů) und *Dornröschen* (Mus.: Tschaikowsky, beide Berlin); 1968 *The Sphinx* (Mus.: Milhaud, Stuttgart), *Olympiade* (Mus.: Strawinsky), *Kain und Abel* (Mus.: A. Panufnik, beide Berlin); 1969 *Schwanensee* (Mus.: Tschaikowsky, Berlin); 1970 *Fräulein Julie* (Mus.: Panufnik, Stuttgart); 1977 *Requiem* (Mus.: Fauré, Stuttgart); 1978 *Mein Bruder, Meine Schwestern* (Mus.: Schönberg und Webern, Stuttgart) und *Métaboles* (Mus.: H. Dutilleux, Opéra Paris); 1982 *The Wild Boy* (Mus.: Grosse, American B. Th.). – »Er ist der Poet der Leidenschaft, der dunklen unseligen Lüste, Frustrationen und Selbsttäuschungen ... Alle seine Ballette sind klassisch, indem sie klare Weiterentwicklungen des akademischen Tanzes sind« (P. Brinson / Cl. Crisp in: *Ballet for All*, 1970). 1984 geadelt zum Knight of the Order of the British Empire.

Lit.: P. Brinson / Cl. Crisp, in: *Ballet & Dance*, Newton Abbot 1980.

Mad Tristan, B. in 2 Bildern, Libr. und Dek.: S. Dali, Ch.: L. Massine, Mus.: Wagner (arr. von Ivan Boutnikov); UA 15. 12. 1944, B. International, International Th., New York, mit F. Moncion, Toni Worth, Lisa Maslova u. a. Das B. lebte ganz von der surrealistischen Ausstattung Dalis und zeigt den aus Liebeskummer über den Verlust Isoldens wahnsinnig gewordenen Tristan, dem die Geliebte in seinen Fieberträumen als eine Art Gottesanbeterin erscheint.

Madsen, Egon, dän. Tänzer und B.-Direktor, * 24. 8. 1942 Ringe. Studierte bei Thea Jolles, B. Bartholin und E. Frandsen. Debüt im Kopenhagener Tivoli, dann Tänzer beim Scandinavian B. 1959 und 1961–81 beim Stuttgarter B., zu dessen persönlichkeitsstärksten Solisten er gehörte. Rollenkreationen u. a. in J. Crankos *Jeu de cartes*, *Onegin* (beide 1965), *Nußknacker* (1966), *Die Befragung* (1967), *Der Widerspenstigen Zähmung* (1969), *Poème de l'extase*, *Brouillards* (beide 1970), *Carmen* (1971) und *Initialen R. B. M. E.* (1972), K. MacMillans *Lied von der Erde* (1965) und *Die Sphinx* (1968), G. Tetleys *Daphnis und Chloe* (1975) und J. Neumeiers *Die Kameliendame* (1978). B.-Direktor in Frankfurt a. M. 1981–84 und seit 1984 des Kgl. Schwed. B.s. Verheiratet mit der Tänzerin Lucia Isenring-Montagnon.

Lit.: anon., in: *Stuttgarter Ballett Annual* 3 (1980).

Mädchen-Ballett der Madame Weiss → Wiener Kinder-Ballett.

M'ahesa, Sent, Tänzerin (Geburtsdaten nicht bekannt), † 19. 11. 1970 Stockholm. Sie war eine Baltin und zog vor dem Ersten Weltkrieg als interessante Tänzerin Aufmerksamkeit auf sich. Beeinflußt von Ruth St. Denis, tanzte sie, nachdem sie entdeckt hatte, daß ihr scharfes Profil ägyptisch aussah, fast nur noch altägyptisch. Studierte die Vasen und Reliefs der Pharaonenzeit und fand dort die Profilstellung des Rumpfs und des Gesichts. Diese Entdeckung kam nicht nur ihrem eigenen Gesicht, sondern dem Ideal der dynamischen Linearität des Jugendstils entgegen. Mit ihren Tänzen wollte sie den irdischen Raum auflösen und ihn einmünden lassen in den unendlichen Rhythmus des Alls. H. Brandenburg hat mit Recht die religiöse Bedeutung der Zweidimensionalität dieser Tänzerin betont.

Lit.: H. Brandenburg, in: *Der moderne Tanz*, München 1913, [3]1921.

Mahler, Gustav, österr. Komponist, * 7. 7. 1860 Kalischt, † 19. 5. 1911 Wien. Komponierte keine B.-Musik, doch sind seine konzertanten Werke oft B.en zugrunde gelegt worden – u. a. von A. Tudor in *Dark Elegies* (Kindertotenlieder, 1937) und *Shadow of the Wind* (Teile aus dem Lied von der Erde, zuerst u. a. von K. MacMillan, 1965), E. Feld in *At Midnight* (Rückert-Lieder, 1967), M. Béjart in *Lieder eines fahrenden Gesellen* (1971) und *Was mir die Liebe erzählt* (letzten 3 Sätze der 3. Sinfonie, 1974, die ganze Sinfonie 1974 – auch von J. Neumeier, 1975), R. Petit in *La Rose malade* (Adagietto aus der 5. Sinfonie, 1973 – zahlreiche andere Versionen), J. Cranko in *Spuren* (Adagio der 10. Sinfonie, 1973), J. Ulrich in *Des Knaben Wunderhorn* (1974), J. Neumeier in *Lieb und Leid und Welt und Traum* (1. Sinfonie und Adagio aus der 10. Sinfonie 1980), J. Russillo in *Lieb und Leid* (diverse Stücke, Mailand 1983) und *6. Sinfonie von G. M.* (Neumeier, Hamburg 1984). Das ausführlichste Verzeichnis aller bis dahin choreographierten M.-B.e findet sich im Programmbuch der Hamburger B.-Tage 1976.

Mailand. Der berühmteste Tanzmeister am Hofe der Sforzas während des 15. Jh.s war Pompeo Diobono, der aber bald nach Paris übersiedelte. Sein Schüler Cesare Negri veröffentlichte hier 1602 *Le gratie d'amore*. Während der siebziger Jahre des 18. Jh.s kam es zu einem erbitterten Disput zwischen G. Angiolini und J.-G. Noverre über das B. d'action. Am 1778 eröffneten Teatro alla Scala erlebte das B. eine erste Blütezeit unter S. Viganò, dessen B.e *Gli Streilizi* (1809), *Prometeo*, *Dedalo* (beide 1813), *Otello*, *La Vestale* (beide 1818) und *I Titani* (1819) von Stendhal begeistert gefeiert wurden. Weitere wichtige B.-Meister während der ersten Dezennien des Hauses waren u. a. Giovanni Monticini, F. Clerico und G. Gioja, doch wurden alle überschattet von C. Blasis, dem Direktor der 1813 gegründeten Imperiale Accademia di danze, die unter ihm zu einer der besten B.-Schulen des 19. Jh.s wurde und so hervorragende Ballerinen wie u. a. F. Cerrito, S. Fuoco, Cl.

Cucchi, A. Boschetti, A. Ferraris, C. Rosati und P. Legnani hervorbrachte. Während der dreißiger und vierziger Jahre des 19. Jh.s wurde die Scala eines der Weltzentren des romantischen B.s. Vier Jahre vor Paris brachte hier Luigi Henry 1828 seine *La Silfide* heraus. Cerrito, F. Elßler und C. Grisis waren die gefeierten Gastballerinen. 1843 gab es eine fünfaktige *Giselle* (zusätzliche Musik von Bajetti) von A. Cortesi. M. Taglioni studierte ihre berühmte Version von J. Perrots *Pas de quatre* 1846 ein (mit ihr selbst, Fuoco, C. Galletti alias Rosati und C. Vente), Perrot seinen *Faust* 1848. Während der zweiten Hälfte des Jahrhunderts gehörten P. Taglioni, G. Rota, P. Borri und H. Monplaisir zu den bekannten B.-Meistern, während Fuoco, Ferraris, Rosati, V. Zucchi, C. Brianza, C. Beretta und Legnani als Ballerinen gastierten. Im letzten Jahrhundertdrittel verkündeten dann die superspektakulären B.e von L. Manzotti den naiven Fortschrittsglauben der Belle Epoque: *Excelsior* (1881), *Amor* (1886) und *Sport* (1897). Der Niedergang des B.s war jedoch nicht aufzuhalten, obgleich Brianza hier 1895/96 nicht nur in *Coppélia* und *Sylvia* auftrat, sondern auch in *Dornröschen*, das sie in St. Petersburg kreiert hatte. Die Schule brachte unter E. Cecchetti auch weiterhin hervorragende Ballerinen hervor, u. a. C. Fornaroli und A. Radice, doch der schöpferische Beitrag der Komp. war minimal. Seit 1945 hat es an der Scala ein ständiges Kommen und Gehen von B.-Meistern, Direktoren und Choreographen gegeben – so haben hier u. a. gewirkt A. von Milloss, M. Wallmann, S. Lifar, G. Balanchine, L. Massine, F. Ashton, R. Petit, J. Cranko, R. Nurejew, E. Walter, N. Beriozoff und J. Field, die mit Tänzern wie Radice, L. Novaro, V. Colombo, L. Cosi, M. Pistoni, A. Amodio, R. Fascilla und C. Fracci, der bedeutendsten ital. Ballerina nach dem Zweiten Weltkrieg, zusammengearbeitet haben.

Lit.: L. Ross, *Il Ballo alla Scala*, Mailand 1972.

Maillot (frz., Trikot). Die Bezeichnung geht auf den gleichnamigen Kostümier der Pariser Opéra zurück, der jene Kombination aus Unterhosen und Strümpfen erfand, die sich als Tänzer-Einheitsdreß durchsetzte.

Maître de ballet (frz.) → Ballettmeister.

Majorow, Genrik Alexandrowitsch, sowj. Tänzer, Choreograph und B.-Meister, * 6. 9. 1936 Ulan-Ude. Studierte an der B.-Schule in Kiew sowie in Leningrad. Tänzer beim B. in Lemberg 1957–59, dann in Kiew 1960–67, wo er heute B.-Meister ist und zahlreiche B.e choreographiert hat.

Makarova, Natalia Romanowna, sowj.-amer. Tänzerin, * 21. 10. 1940 Leningrad. Studierte ebd. an der B.-Schule und wurde nach ihrem Examen 1949 Mitgl. des Kirow-B.s, wo sie sich rasch als eine der hervorragendsten Ballerinen der Komp. qualifizierte. Als die Komp. 1970 in London gastierte, entschloß sie sich, im Westen zu bleiben. Seither freischaffend als Ballerina tätig, Principal Dancer beim American B. Th., doch oft auch mit anderen Komp.n tanzend (u. a. Royal B., Pariser Opéra, Wien, Stuttgart, München). Galt bereits während der 1970er Jahre als eine der besten Giselles aller Zeiten. Studierte 1974 zunächst den Schatten-Akt, dann 1980 *La Bayadère* komplett beim American B. Th. ein. Hatte 1980 eine Saison mit eigener Komp. am Broadway. Weibliche Hauptrolle in der Broadway-Neueinstud. des Musicals *On Your toes* (1983). Schrieb *A Dance Autobiography* (1979).

Malagueña, paarweise ausgeführter, mit Gesang begleiteter andalus. Volkstanz aus Malaga im 3/8- oder 3/4-Takt. Stammt vermutlich vom Fandango ab. Die andalus. Zigeuner haben aus der span. M. einen leidenschaftlichen Flamenco-Tanz gemacht. In der Konzertmusik begegnet sie in Ravels *Rhapsodie espagnole*.

Malinche, La, Tanzstück von J. Limón (Libr. und Ch.), Mus.: N. Lloyd, Kost.: P. Lawrence; UA 31. 3. 1949, J. Limón Dance Comp., Ziegfeld Th., New York, mit Limón, P. Koner und L. Hoving. Das Stück handelt von der Eroberung Mexikos durch Cortez. Die Titelfigur war eine indian. Prinzessin, die Cortez als Dolmetscherin diente, nach ihrem Tode indessen keine Ruhe fand, da sie meinte, ihr Volk verraten zu haben. Als wilde Malinche kehrte sie zurück, um den Befreiungskampf der Mexikaner anzuführen. Die Form von Limóns Tanzstück ist die eines von Bauern ausgeführten dörflichen Tanzspiels.

Lit.: D. McDonagh, in: *The Complete Guide to Modern Dance*, Garden City (N. Y.) 1976.

Mallek, Peter, österr. Tänzer, * 20. 1. 1948 Wien. Studierte ebd. an der B.-Schule der Staatsoper. Tänzer beim Wiener Staatsopern-B. 1963–71, danach in Marseille, beim B. Guatemala, Niagara Frontier B., Australian B., Scottish B., London Festival B. Hat heute eine eigene Truppe, das Wiener Festival B., mit dem er ausgedehnte Tourneen unternimmt.

Maly-Ballett. Die Komp. des Maly (Kleinen) Th.s für Oper und B. in Leningrad (das frühere Kaiserl. Michailowsky-Th. – heute praktisch die Städt. Oper von Leningrad). Gegründet 1915, doch fanden die ersten B.-Vorst.en erst 1933 statt: *Harlekinade* von F. Lopuchow, der der erste B.-Direktor der Komp. 1933–35 war und weiter *Coppélia* (1934) und Schostakowitschs *Der klare Bach* (1935) herausbrachte. Sein Nachfolger war L. Lawrowsky 1936–38, mit Einst.en wie *Fadetta* (Delibes' *Sylvia*, 1936), *La Fille mal gardée* (1937) und *Der Gefangene des Kaukasus* (Mus.: B. Assafjew, 1938). Spätere Ch.n waren u. a. B. Fenster (*Der falsche Bräutigam*, Mus.: Tschulaki, 1946, *Die Prinzessin und die sieben Ritter*, Mus.: A. Liadow, 1949, und *An der schönen blauen Donau*, Mus.: J. Strauß, 1956), N. Anissimowa (*Scheherazade*, 1950), P. Gusjew (*Die sieben Schönen*, Mus.: K. Karajew, 1953, *Le Corsaire*, 1955) und K. Bojarsky (Strawinskys *Petruschka*, *Orpheus* und *Feuervogel*, 1962, und *Das Mädchen und der Rowdy*, Mus.: Schostakowitsch, 1962). I. Belski war Chefchoreograph 1963–72 und choreographierte u. a. Neueinst.en vom *Buckligen Pferdchen* und *Nußknacker* sowie die UA von Schostakowitschs *Neunter Sinfonie* (1966) und Tschernows *Owod* (1967). Choreographen, die in jüngerer Zeit hier gearbeitet haben, waren u. a. N. Bojartschikow (*Die drei Musketiere*, 1964, *Zar Boris*, 1978, *Orpheus und Eurydike*, 1979), I. Tschernischow (*Antonius und Kleopatra*, 1968) und O. Winogradow (*Jaroslawna*, 1974). Künstlerischer Direktor ist seit 1978 Bojartschikow.

Lit.: N. Roslavleva, in: *Era of the Russian Ballet*, London 1966; M. G. Swift, in: *The Art of the Dance in the U.S.S.R.*, Notre Dame (Ind.) 1968.

Manège (frz., Reitbahn, Karussell), im B. eine kreisförmig um die Bühnenmitte ausgeführte Folge von raschen tänzerischen Bewegungen (Petits tours, Déboulés, Jetés en tournant usw.).

Manen, Hans van, holl. Tänzer, Choreograph und B.-Meister, * 11. 7. 1932 Nieuwer Amstel. Studierte bei S. Gaskell, F. Adret und N. Kiss. Tänzer beim B. Recital 1952, Amsterdamer Opern-B. und R. Petits Komp. 1959. Gründungs-Mitgl. des Nederlands Dans Th.s 1960, wo er sich rasch als einer der individuellsten Choreographen profilierte und bis 1970 zum Direktorenstab der Komp. gehörte. Arbeitete danach freischaffend und seit 1973 als B.-Meister beim National-B. Einer der formvollendetsten Choreographen der Gegenwart, der durch zahlreiche Einst.en seiner B.e bei europ. und amer. Komp.n einen entscheidenden Beitrag zur zeitgenössischen Physiognomie des B.s geleistet hat. Auswahlliste seiner B.e (von 1970 an meist zus. mit J.-P. Vroom als Ausstatter, doch ist er häufig auch als sein Kostüm-Designer tätig gewesen): 1956 *Swing* (Mus.: S. Kenton, Scapino B.); 1957 *Feestgericht* (Mus.: L. Ponse, B. der Niederl. Oper); 1959 *De Maan in de Trapeze* (Mus.: Britten); 1960 *Klaar af* (Mus.: D. Ellington); 1961 *Concertino* (Mus.: Blacher); 1963 *Sinfonie in 3 Sätzen* (Mus.: Strawinsky); 1964 *Omnibus* (Mus.: diverse), *Opus 12* (Mus.: Bartók); 1965 *Essay in der Stille* (Mus.: Messiaen), *Metaforen* (Mus.: D. Lesur); 1966 *Point of No Return* (Mus.: diverse), *Fünf Skizzen* (Mus.: Hindemith); 1967 *Ready Made* (Pop-Musik), *Dualis* (Mus.: Bartók); 1968 *Untitled* (Mus.: Lutoslawski), *Variomatic* (Mus.: L. Berkeley), *Three Pieces* (Mus.: G. Bacewicz), *Solo for Voice 1* (Mus.: Cage); 1969 *Squares* (Mus.: Satie); 1970 *Situation* (Mus.: diverse), *Mutations* (Filmsequenzen, Mus.: Stockhausen – alle bisher genannten B.e für NDT), *Snippers* (Mus.: T. Riley, Scapino B.), *Twice* (Pop-Musik); 1971 *Große Fuge* (Mus.: Beethoven, beide NDT), *Keep Going* (Mus.: Berio, Düsseldorf), *Ajakaboembie* (Mus.: diverse, Scapino B.); 1972 *Tilt* (Mus.: Strawinsky, NDT), *Twilight* (Mus.: Cage, National-B.), *Opus Lemaitre* (Mus.: Bach, NDT), *Daphnis und Chloe* (Mus.: Ravel, National-B.); 1973 *Septet Extra* (Mus.: Saint-Saens, NDT), *Adagio Hammerklavier* (Mus.: Beethoven, National-B.), *Assortimento* (Mus.: Debussy, Scapino B.); 1974 *Le Sacre du printemps* (Mus.: Strawinsky), *Quintett* (Mus.: Mozart, beide National-B.); 1975 *Four Schumann Pieces* (Mus.: R. Schumann, Royal B.), *Noble et sentimentale* (Mus.: Ravel, NDT), *Collective Symphony* (zus. mit R. van Dantzig und T. van

Schayk, Mus.: Strawinsky); 1976 *Ebony Concerto* und *Tango* (Mus.: Strawinsky); 1977 *Oktett Opus 20* (Mus.: Mendelssohn Bartholdy), *Lieder ohne Worte* (Mus.: Mendelssohn Bartholdy), *5 Tangos* (Mus.: A. Piazzolla), 1978 *Dumbarton Oaks* (Mus.: Strawinsky, alle National-B.), 1978 *Premier Grand Trio* (Mus.: Schubert, Wiener Staatsopern-B.); 1979 *Memories of the Body* (Mus.: diverse, NDT), *Live* (Mus.: Liszt), *Konzert für Klavier und Bläser* (Mus.: Strawinsky); 1980 *Klaviervariationen I* (Mus.: Bach und Dallapiccola); 1981 *Sarkasmen* (Mus.: Prokofjew); 1982 *Five Short Stories* (Mus.: diverse), *Klaviervariationen IV* (Mus.: diverse – im Rahmen eines abendfüllenden van Manen-Programms, in dem als Nr. 2 die *Sarkasmen* und als Nr. 3 der erste Teil von *Squares* zählen; alle National-B.); 1984 *Klaviervariationen V* (Mus.: Debussy) und *Bits and Pieces* (Mus.: David Byrne, Brian Eno u. a.).

Lit.: K. Dekker, *H. v. M. + Modern Ballet in Nederland*, Amsterdam 1981.

Manfred, B. in 4 Sätzen, Libr. und Ch.: R. Nurejew, Mus.: Tschaikowsky, Bühne: Radu Boruzescu, Kost.: Miruva Boruzescu; UA 20. 11. 1979, B. der Pariser Opéra, Sportpalast, Paris, mit J. Guizerix, W. Piollet, D. Khalfouni, J.-P. Franchetti u. a. Das B. folgt dem inhaltlichen Ablauf des Programms von Tschaikowskys Sinfonie in direktem Bezug auf die Biographie Lord Byrons. 1981 vom Zürcher Opern-B. (mit neuem Dekor von N. Georgiadis) übernommen (und dort auch von Nurejew getanzt, der die Pariser Premiere wegen einer Verletzung hatte absagen müssen, 1984 auch an der Pariser Opéra).

Manipuri, klassisch-ind. Tanzstil, der aus dem Unionsstaat Manipur im Nordosten von Indien stammt. Nachweisbar erst in der zweiten Hälfte des 18. Jh.s, stammt er aus alten religiösen Wurzeln. Die zwischen 1768 und 1886 geschaffenen M.-Stücke, die sogenannten Ras Lila (religiös-erotisches Tanz-Th.) kreisen um die Liebe des Gottes Krishna und der Hirtin Radha, der menschlichen Verkörperung der ekstatischen Gottesliebe. Relativ jung ist auch das typische M.-Frauenkostüm, das aus einem bis zu den Füßen reichenden steifen Reifrock und einem darüber wehenden weißen Schleier besteht. Die Eroberung von Manipur (nach 1880) durch die Briten führte zu einer bis 1920 dauernden Stagnation von M. Erst der Dichter Tagore (1861–1941) entdeckte diesen Stil wieder für seine Schule Santiniketan, für Indien und die Welt. Heute gehört der Stil zu den vier großen klassischen Tanzstilen Indiens. In den Ras Lila tanzen in der Regel 14 Frauen in den Rollen von Krishna, Radha und der 12 Gopis (Hirtinnen). Technisch demonstriert M. weder die Strenge von Bharat Natyam noch die Virtuosität von Kathak. Alle Bewegungen sind in M. – der erotisch-religiösen Thematik entsprechend – weich, fließend und lyrisch.

Lit.: E. Rebling, *Die Tanzkunst Indiens*, Berlin [Ost] 1981.

Mann, Irene, dt. Tänzerin und Choreographin, * 12. 4. etwa 1928 Königsberg. Studierte bei Heinz Klee, Mme Rousanne, O. Preobrajenska und N. Kiss. Debüt in Oberhausen, dann Th. am Gärtnerplatz München 1951/52 und als Solistin in Frankfurt a. M. 1952–57, wo sie verschiedene Rollen in den B.en von H. Freund kreierte. Seither freiberuflich beim Fernsehen, für das sie zahlreiche Shows choreographiert hat, aber auch beim Film und in Operetten- und Musical-Prod.en.

Manon, B. in 3 Akten, Libr. und Ch.: K. MacMillan, Mus.: Massenet, arr. L. Lucas, Dek. N. Georgiadis, UA 7. 3. 1974, Royal B., Covent Garden, London, mit A. Sibley, A. Dowell, D. Wall, D. Rencher, M. Mason, D. Drew u. a. – Das B. folgt der Handlung von Abbé Prévosts *Histoire du Chevalier des Grieux et de Manon Lescaut* (1731). Ein früheres M. L.-B. von J. Aumer (Mus.: J. Halévy, Pariser Opéra 1830), ein weiteres von G. Golinelli (Mus.: J. Strebinger, Wien 1852), ein späteres M.-B. von P. van Dyk (Mus.: Mozart, Genf 1979).

Lit.: P. Brinson / Cl. Crisp, in: *Ballet & Dance*, Newton Abbot 1980.

Manzotti, Luigi, ital. Pantomime und Choreograph, * 2. 2. 1835 Mailand, † 15. 3. 1905 ebd. Ließ sich in Rom als Pantomime ausbilden und war in diesem Fach bereits sehr erfolgreich, als er 1858 seine erste Ch. in Rom machte: *La Morte di Masaniello*. Schon seine ersten B.e hatten einen Zug ins Spektakuläre, gipfelnd in seinen röm. B.-Aktionen *Moro delle Antille*, *Michelangelo e Rolla*, *Cleopatra* und *Pietro Micca* (Mus.: Chiti). Er ging 1872 an die Mailänder

Scala, wo er seine Erfolgs-Prod.en noch spektakulärer wiederholte. Es folgten dann, sämtlich zu Musik von Romualdo Marenco: *Sieba* (Turin 1878), *Excelsior* (Mailand 1881), *Amor* (Mailand 1886) und *Sport* (Mailand 1897). Seine von der technischen Fortschrittsgläubigkeit des 19. Jh.s durchdrungenen Prod.en machten ihren Weg um den ganzen Erdball. Doch handelte es sich nicht um B.e im gegenwärtigen Sinn, sondern vielmehr um eine Folge von Pantomimen, in die Tänze und Prozessionen eingebaut wurden.

Lit.: *Enciclopedia dello spettacolo*, Stichwort: M., Bd. 7, 1960.

Maratona di Danza, B. in 1 Akt, Libr. und Regie L. Visconti, Ch.: Dick Sanders, Mus.: Henze, Dek.: R. Vespignani; UA 24. 9. 1957, Städt. Oper Berlin, mit J. Babilée, M. Cito, E. Bredow u. a. – Das B. führt den 24. Kampftag in der 532. Stunde eines Tanzmarathons vor, das in einer röm. Vorstadt-Kaschemme stattfindet. In der Finalrunde gibt es noch einmal ein paar Sprints, die mit toten Strecken abwechseln. Ein Paar nach dem anderen gibt auf. Die Stimmung wird immer hektischer. Sieger ist schließlich Jean, aber während er gefeiert wird, fällt er tot zu Boden. 1965 auch von M. Descombey mit J. P. Bonnefous in Frankfurt a. M.

Marceau, Marcel, frz. Pantomime, * 22. 3. 1923 Straßburg. Studierte bei Ch. Dullin und E. Decroux und debütierte 1946 als Harlekin in der J. L.-Barrault-Prod. von *Baptiste*. Er gründete 1947 eine eigene kleine Gruppe. Im gleichen Jahr entstand seine weltberühmte Figur Bip: der kalkgesichtige Harlekin mit dem zerknautschten, nelkenverzierten Zylinder, den weißseidenen Hochwasserhosen und dem quergestreiften Pullover unter der mausgrauen Weste. Doch Marceau tritt nicht nur solistisch als Bip auf, er schuf seit 1948, vor allem für die 1949 offiziell gegründete Compagnie de Mime M. M., größere Gruppen-Pantomimen, die sogenannten Mimodramen: *Gestorben vor Morgengrauen* (1948), *Der Rattenfänger von Hameln* (1949), *Der Mantel* (nach Gogol, 1951), *Drei Perücken* (nach Nestroy, 1953), *14. Juli* (1956), *Paris wie es weint und lacht* (1958) und *Don Juan* (1964). Seine ambitionierteste Prod. schuf er – ohne Erfolg – 1971 an der Hamburger Staatsoper: *Candide* (nach Voltaire).

Lit.: E. Wisten, *M. M.*, Berlin [Ost] 1967.

Marcel, berühmter frz. Tänzer und Tanzlehrer, † 1759. Errang 1710 seinen ersten Erfolg, als er in Campras *Fêtes Venétiennes* ein Menuett zugleich tanzte und sang. Er war als Lehrer wegen seiner Grobheit berüchtigt, galt aber als die pädagogische Autorität für das Menuett und zählte u. a. Noverre zu seinen Schülern.

Marchand, Colette, frz. Tänzerin, * 1925 Paris. Studierte ebd. an der B.-Schule der Opéra sowie bei V. Gsovsky und A. Volinine. Tänzerin beim Metropolitan B., vor allem aber in den Komp.n von R. Petit. 1953 auch in J. Hustons *Moulin Rouge*-Film. Später noch in der Komp. von M. Miskovitch und beim B.-Th. Contemporain, danach hauptsächlich in Revuen, Musicals und Fernseh-Prod.en.

Lit.: A. Livio, in: *Etoiles et Ballerines*, Paris 1965.

Marcus, Peter, dt. Tänzer und Choreograph, * 30. 1. 1943 Liebau (Schlesien). Studierte bei Roleff-King in München. Tänzer in Stuttgart 1965–69, Hamburg 1969/70, Dt. Oper Berlin 1971–74 und seither als Solist an der Münchner Staatsoper, wo er auch verschiedentlich als Choreograph hervorgetreten ist.

Maré, Rolf de, schwed. Kunstsammler und B.-Mäzen, * 9. 5. 1898 Stockholm, † 28. 4. 1964 Barcelona. Aus reichem Hause stammend und engagierter Sammler vor allem nichtwestl. Kunst, gründete er 1920 in Paris Les B.s Suédois, mit ihm als Direktor und J. Börlin als Startänzer und Choreograph. Er entwickelte wie Diaghilew einen außerordentlichen Spürsinn für zeitgenössische künstlerische Strömungen und deren Umsetzung in Tanz. Auch er zog die interessantesten Schriftsteller, Maler und Komponisten für seine B.-Prod.en heran. Deren wichtigste Titel: *Jeux* (Mus.: Debussy, Bühne: P. Bonnard), *L'Homme et son désir* (Libr.: P. Claudel, Mus.: D. Milhaud, Dek.: A. Parr), *Les Mariés de la Tour Eiffel* (Libr.: J. Cocteau, Mus.: Les Six, Dek.: I. Lagut und J. Hugo), *Skating Rink* (Mus.: Honegger, Dek.: F. Léger), *La Creation du monde* (Libr.: B. Cendrars, Mus.: Milhaud, Dek.: Léger), *La Giara* (Libr.: L. Pirandello, Mus.: A. Casella, Dek.: G. de Chirico) und *Relâche* (Mus.: Satie, Dek.: F. Picabia, Film-Zwischenspiel von R. Clair). Sämtliche Werke zwischen 1920 und 1924 von Börlin choreographiert. Nach der 1925 erfolgten Auflösung seiner Komp. wandte sich de M.

anderen theatralischen Aufgaben zu. Er gründete 1931 mit P. Tugal Les Archives Internationales de la Danse in Paris, die wiederum 1932 als Veranstalter jenes ersten Choreogr. Wettbewerbs auftraten, bei dem K. Jooss mit seinem *Grünen Tisch* den Ersten Preis gewann. Ein Teil des Archivs befindet sich heute im Museum der Pariser Opéra, der Rest im Stockholmer Tanzmuseum. (→ Archives Internationales de la Danse, → Dansmuseet, → Ballets Suédois, Les.)

Lit.: R. de Maré (Hrsg.), *Les Ballets Suédois dans l'Art contemporain*, Paris 1931.

Marguerite and Armand, B. in 1 Akt, Libr. und Ch.: F. Ashton, Mus.: Liszt (Klaviersonate h-Moll und *La lugubre gondole*, instrumentiert von H. Searle), Dek.: C. Beaton; UA 12. 3. 1963, Royal B., Covent Garden, London, mit M. Fonteyn, R. Nurejew, M. Somes u. a. – Das B. erzählt die Liebesgeschichte der Kameliendame als eine Folge von Fieberträumen der sterbenden M. Es ist filmisch in dem Nurejew-Film *I Am A Dancer* (1972) konserviert. (Andere Versionen → *Kameliendame, Die*.)

Lit.: G. Balanchine / F. Mason, in: *Balanchine's Complete Stories of the Great Ballets*, Garden City (N. Y.) 1977.

Marientheater-Ballett → Kirow-Ballett.

Mariés de la Tour Eiffel, Les, B. in 1 Akt, Libr.: J. Cocteau, Ch.: J. Börlin, Mus.: G. Auric, G. Tailleferre, Honegger, Milhaud und Poulenc, Bühne: Irène Lagut, Kost. und Masken: J. Hugo; UA 18. 6. 1921, B.s Suédois, Th. des Champs Elysées, Paris, mit C. Ari, J. Figoni, K. Smith u. a. Das surrealistische B. spielt am 14. Juli auf dem Eiffelturm. Dort hat sich im 1. Stock eine Hochzeitsgesellschaft versammelt. Aber das mehrfach aufgebaute Gruppenfoto wird immer wieder gestört, weil dauernd neue Überraschungen aus der Kameralinse des buckligen Fotografen springen. – Eine spätere Insz. u. a. von Micha van Hoecke beim B. du XXe Siècle (Brüssel 1972).

Marin, Maguy, frz. Tänzerin und Choreographin, * um 1961 Toulouse. Studierte ebd. am Konservatorium, dann an der MUDRA-Schule in Brüssel. Tänzerin beim B. du XXe Siècle 1974–77. Rollenkreationen u. a. in M. Béjarts *Acqua Alta*, *Notre Faust* (beide 1975), *Heliogabale* und *Le Molière Imaginaire* (1976). Gründete dann zusammen mit Daniel Ambash 1977 das heute in der Maison des Arts de Créteil ansässige B.-Th. de l'Arche, mit dem sie ausgedehnte Tourneen unternommen hat. In ihren Prod.en zeigt sie sich stark von Tendenzen des zeitgenössischen Schauspiel-Th.s beeindruckt. Hauptarbeiten von ihr waren bisher *Nieblas de niño* (1978), *Contrastes* (1979), *La Jeune Fille et la mort* (1980) und *May B* (1982).

Markard, Anna, dt. Tänzerin, Pädagogin und B.-Meisterin, * 1. 3. 1931 Essen. Tochter von Aino Siimola und K. Jooss, wuchs sie in England auf und studierte ebd., in Paris und Essen klassischen und modernen Tanz. Tänzerin beim Düsseldorfer Opern-B. 1954, dann Pädagogin an der Essener Folkwang-Schule (zwischenzeitlich auch an der Butler University in Indianapolis, USA), wo sie zu den Gründungs-Mitgl.ern des neuen Folkwang-B. gehörte und Proben-B.-Meisterin war. Verließ die Folkwang-Hochschule 1971, um sich der Einst. der B.e ihres Vaters zu widmen und Meisterklassen für zeitgenössischen Tanz in zahlreichen Ländern der Welt zu leiten. Ist mit dem Bühnenbildner Hermann M. verheiratet.

Markó, Iván, ung. Tänzer, Choreograph und B.-Direktor, * 1947 Ballasagyarmaton. Studierte an der Budapester B.-Schule und wurde nach seinem Examen 1967 Tänzer ebd. beim Staatsopern-B. Gastverpflichtungen beim B. du XXe Siècle seit 1972 führten zu seiner regulären Mitgliedschaft als Solist bei der Komp. bis 1979, Rollenkreationen u. a. in M. Béjarts *Le Marteau sans maître* (1973) und *Seraphita* (1974). 1979 wurde er zum Künstlerischen Direktor der neugegründeten B.-Komp. in Györ (Raab) berufen, für die er binnen kurzem zahlreiche B.e choreographiert hat, mit denen die Komp. verschiedentlich im Ausland aufgetreten ist.

Markova, Dame Alicia, engl. Tänzerin, * 1. 12. 1910 London. Studierte bei S. Astafieva, N. Legat, E. Cecchetti und V. Celli. Mitgl. von Diaghilews Bs. Russes 1924–29, kreierte die Titelrolle in G. Balanchines *Le Rossignol* (1926). Tanzte dann in Einzelengagements in Monte Carlo und London, auch in Music Halls, und wurde 1931 Ballerina der Londoner Camargo Society und des B. Club, dann auch des Vic-

Wells B., wo sie nicht nur die Ballerinenrollen in den ersten engl. Klassiker-Prod.en tanzte, sondern auch zahlreiche Rollen in den frühen B.en von F. Ashton kreierte (u. a. in *La Péri*, *Foyer de danse*, *Mephisto Valse*, *Façade* und *Les Rendez-vous*) sowie in N. de Valois' *Bar aux Folies-Bergère* und *The Rake's Progress*. War dann Primaballerina der von ihr und A. Dolin gegründeten Markova-Dolin Komp. 1935–38, anschließend beim B. Russe de Monte Carlo 1938–41 mit Rollenkreationen u. a. in L. Massines *Siebente Sinfonie*, *Capriccio Espagnol*, *Rouge et noir* und *Vienna 1814*. Ballerina beim American B. Th. 1941–45, weitere Rollenkreationen u. a. in Massines *Aleko* und A. Tudors *Romeo und Julia*, vor allem aber die großen Ballerinenrollen des traditionellen Rep.s – auch später wiederholt bei dieser Komp. Neugründung der Markova-Dolin Comp. 1945/46. Ballerina beim Mex. B. 1947, Sadler's Wells B. und B. Russe de Monte Carlo 1948/49. Mitbegründerin des London Festival B. 1950 (zus. mit Dolin), zu dem sie immer wieder als Ballerina von ihren weltweiten Gastspielen bei anderen Truppen (u. a. Grand B. du Marquis de Cuevas, Royal Winnipeg B., Kgl. Dän. B., Mailänder Scala, R. Pages Chicago Opera B.) zurückgekehrt ist. Abschieds-Vorst. 1962. B.-Direktorin des Metropolitan Opera B. in New York 1963–70, als die sie auch mehrere Operneinlagen choreographiert hat. Später an der Tanzabteilung der Universität von Cincinnati und in ehrenamtlicher Funktion bei zahlreichen Komitees. Governor des Royal B. seit 1973. Ihre berühmtesten Rollen hatte sie in *Giselle*, Dolins *Pas de quatre*, M. Fokines *Les Sylphides* und als *Sterbender Schwan*. Sie ist die erste engl. Primaballerina der B.-Geschichte und die erste engl. Odette-Odile in einer vollständigen *Schwanensee*-Prod. (1934) gewesen. Adelsprädikat 1963.

Lit.: G. Anthony, *A. M.*, London 1951; A. Dolin, *M. – Her Life and Art*, London 1953.

Marks, Bruce, amer. Tänzer und Choreograph, * 23. 1. 1937 New York. Studierte an der New York School of Performing Arts, der Tanzabteilung der Juilliard School of Music, der Brandeis Universität und bei A. Tudor und M. Craske an der Metropolitan Opera B. School. Kreierte schon mit 14 Jahren seine erste Rolle in P. Langs *Rites*, dann auch in ihren B.en *And Joy is my Witness*, *Nightflight* und *Falls the Shadow between*, wurde 1956 Mitgl. des Metropolitan Opera B., tanzte 1959 in der Komp. von H. Ross in Spoleto und war 1961–71 führender Solist beim American B. Th. Gastierte u. a. auch beim Kgl. Schwed. B. und beim London Festival B. Kreierte 1967 die Hauptrolle in E. Felds *At Midnight*. Als Choreograph debütierte er 1970 mit *Clockwise* (Mus.: J. Françaix) bei Felds American B. Comp. Ab 1971 war er als Solist und Choreograph beim Kgl. Dän. B. engagiert. Dort schuf er u. a. *Dichterliebe* (Mus.: Schumann, 1972) und *Asylum* (Mus.: C. Ruggles, 1974). Wurde 1976 zum Künstlerischen Leiter des B. West in Salt Lake City ernannt. Dort schuf er 1976 ein *Don-Juan-B.* und vor allem 1978 *Sanctus*, ein modernes Passionsspiel mit afrik. und arab. religiöser Musik.

Marseillaise, La, Solotanz von I. Duncan; UA 9. 4. 1915, Trocadéro, Paris. Er war ihr Kriegsbeitrag, wurde von ihr in blutroter Tunika, mit rotem Schal und heroischem Revolutionsdenkmal-Pathos getanzt und riß die Massen zu größter Begeisterung hin. Als Vorbild diente ihr die Statue von Rude auf dem Arc de Triomphe. Schon 1792 choreographierte P. Gardel an der Pariser Opéra ein Revolutions-B. mit dem Titel *La Marseillaise, Offrande à la liberté*.

Marteau sans maître, Le, B. in 1 Akt, Ch.: M. Béjart, Mus.: Boulez; UA 18. 1. 1973, B. du XXe Siècle, La Scala, Mailand, mit R. Poelvoorde, J. Donn u. a. Ein rein konzertantes B., das von 1 Solistin, 6 männl. Solisten und 6 schwarz vermummten Personen ausgeführt wird. Frühere Versionen von P. Taylor (in *Meridian*, New York 1960) und Stere Popescu (Bukarester Opern-B., Paris 1965).

Marteny, Fred, tschech.-österr. Tänzer, Choreograph, Pädagoge und B.-Meister, * 12. 9. 1931 Prag. Studierte ebd. am Konservatorium, ging 1949 nach Wien, tanzte dort bis 1954 beim Dia Luca B., dann Straßburg 1954/55 und Marseille 1955/56. B.-Meister in Hildesheim 1959–62, Koblenz 1963–65, Graz 1965–70 (u. a. Choreograph der europ. EA von L. Bernsteins *Fancy Free*, 1969) und Marseille 1970/71. Seither freischaffend als B.-Meister und Pädagoge tätig, verschiedentlich beim B. Th. Contemporain und seit Ende der siebziger Jahre vorwiegend Korea, Philippinen und Tokio.

Martin, Frank, schweiz. Komponist, * 15. 9. 1890 Genf, † 21. 11. 1974 Naarden (Holland). Komponierte keine B.-Musik, doch wurden seine konzertanten Werke verschiedentlich B.en zugrunde gelegt, u. a. von K. MacMillan in *Laiderette* (Petite symphonie concertante, 1954), *The Burrow* (Concerto für 7 Blasinstrumente, Kesselpauke, Schlagzeug und Streichorchester, 1958; eine weitere Version von P. Darrell in *The Scarlet Pastorale*, 1975) und *Las Hermanas* (Konzert für Cembalo und Orchester, 1963), W. Gore in *Sweet Dancer* (verschiedene Klavierstücke, 1964).

Martin, John, amer. Tanzkritiker und -schriftsteller, * 2. 6. 1893 Louisville. Der überaus einflußreiche Tanzkritiker der New York Times (1927–62) ist auch als Tanzschriftsteller an die Öffentlichkeit getreten. Von ihm erschienen u. a.: *The Modern Dance* (1933), *Introduction to the Dance* (1939), *The Dance* (1945), *World Book of Modern Ballet* (1952) und *Ruth Page* (1977).

Martinez, Menia, kub. Tänzerin und B.-Meisterin, * 27. 9. 1938 Havanna. Studierte bei F. Alonso und J. Parés. Tänzerin bei der Komp. von A. Alonso 1952–55. Studierte weiter in Moskau und Leningrad, wo sie auch verschiedentlich auftrat. Ballerina des Kub. National-B.s 1960–69, dann B. du XXe Siècle 1969–73 und seither Ballerina und neuerdings auch B.-Meisterin beim B. Royal de Wallonie.

Martins, Peter, dän. Tänzer und Choreograph, * 27. 10. 1946 Kopenhagen. Studierte ebd. an der Schule des Kgl. B.s, dessen Mitgl. er 1965 wurde, Solist 1967. Zum New York City B. als Principal Dancer 1969, wo er bis 1983 zu den profiliertesten Tänzern gehörte. Rollenkreationen u. a. in J. Robbins' *In the Night* (1970), *The Goldberg Variations* (1971), *Piano Concerto in G* (1975), G. Balanchines *Violin Concerto*, *Duo concertant* (beide 1972), *Vienna Waltzes* (1977) und *Davidsbündlertänze* (1980). Zahlreiche Gastengagements als Tänzer bei anderen Komp.n. Begann 1977 auch zu choreographieren: *Calcium Light Night* (Mus.: Ch. Ives), gefolgt von u. a. *Giardino di Scarlatti* (1979), *Eight Easy Pieces* (Mus.: Strawinsky), *Lille Suite* (Mus.: C. Nielsen, beide 1980), *Suite from Histoire du soldat* (Mus.: Strawinsky), *Capriccio Italien* (Mus.: Tschaikowsky), *Symphony Nr. 1* (Mus.: Tschaikowsky, alle 1981), *The Magic Flute* (Mus.: R. Drigo), *Concerto for Two Solo Pianos* (Mus.: Strawinsky, beide 1982), *Delibes Divertissement* (1983) und *Rejouissance* (Mus.: Bach, 1984). Autor (zus. mit R. Cornfield) von *Far from Denmark* (1982). Seit März 1983 als Nachfolger Balanchines Chef-B.-Meister des New York City Ballet (zus. mit J. Robbins).

Lit.: J. Gruen, in: *The Private World of Ballet*, New York 1975.

Martinů, Bohuslav, tschech. Komponist, * 8. 12. 1890 Polička, † 28. 8. 1959 Liestal (Schweiz). Komponierte die Musik für R. Remislawskys *Istar* (Prag 1924), *Wer ist der Mächtigste auf der Welt?* (Ch.: Remislawsky, Prag 1927), *Der Aufruhr* (Ch.: I. V. Pšota, Brünn 1928), *Spaliček* (Ch.: Joe Jenčik, Prag 1935) und *The Strangler* (Ch.: E. Hawkins, New London 1948) – außerdem die im Manuskript vorliegenden, noch nicht zur UA gelangten B.e *Der stampfende Schmetterling* (1926), *Der wunderbare Flug* (1927), *Schach dem König* (1930) und *Das Urteil des Paris* (1935). A. Tudor legte seinem B. *Echo der Trompeten* M.s Sinfonische Phantasien zugrunde (Stockholm 1963 – K. MacMillan benutzte die gleiche Partitur für *Anastasia*, 1967, ebenfalls P. Smok für *Fresques de Piero della Francesca*, Prag 1965, und G. Cauley für *La Symphonie pastorale*, London 1970), M. Corder die Sinfonietta ›La Jolla‹ in *Day Into Night* (London 1980 – auch von R. Helliwell, Stuttgart 1982) und J. Kylián die *Soldatenmesse* (Den Haag 1980).

Martyre de Saint-Sébastien, Le, Mysterium in 5 Akten; Text: G. d'Annunzio, Mus.: Debussy, Ch.: I. Rubinstein, Dek.: L. Bakst; UA 22. 5. 1911, Komp. von I. Rubinstein, Th. du Châtelet, Paris, mit Rubinstein. – Eine Mischform aus Kantate, Oper und B., wird hier versucht, eine Verbindung zwischen dem Adonis-Kult und der christlichen Religion zu stiften. Das Werk macht sich außerordentlich rar im Rep. – Spätere Versionen u. a. von S. Lifar (mit L. Tcherina, Pariser Opéra, 1957), Otto Krüger (Essen 1959), die Suitenfassung auch von E. Walter (Düsseldorf 1982).

Mason, Monica, südafrik. Tänzerin, * 6. 9. 1941 Johannesburg. Studierte bei Ruth Inglestone,

Nesta Brooking und an der Royal B. School. Mitgl. des Royal B. seit 1958, Solistin 1961, Principal Dancer 1967. Rollenkreationen u. a. in K. MacMillans *Sacre du printemps* (1962), *Manon*, *Elite Syncopations* (beide 1974), *Rituals* (1975) und *Isadora* (1981).

Lit.: J. Gruen, in: *The Private World of Ballet*, New York 1975.

Masque. Die festlichen Maskenspiele, die im 16. und 17. Jh. am engl. Hofe beliebt waren, gingen aus den Mummings und Disguisings hervor, folkloristischen Umzügen maskierter Gestalten. Sie wurden wie ihre Pendants, die frz. B.s de Cour, meist von den Adligen selbst ausgeführt und bestanden aus allegorischen oder mythologischen Szenen, an denen Musik, Tanz, Mimik, Deklamation, Gesang und Dekorationen beteiligt waren. Dem Tanz kam dabei ganz besonderes Gewicht zu: in den Entrées, in dem etwa in der Mitte des Stückes stehenden Grand Masque Dance und in den anschließend stattfindenden Gesellschaftstänzen, die jeweils eine Masque beschlossen. Die bekanntesten Text-Dichter waren Ben Jonson, John Milton, Samuel Daniel und Thomas Campion. Komponisten waren u. a. J. Coperario und R. Johnson, der berühmteste Ausstatter war der Architekt Inigo Jones, als Inszenatoren wirkten die B.-Meister Thomas Giles und H. Herne. Die mehr literarisch als musikalisch orientierte Gattung erreichte ihren Höhepunkt mit Jonsons und Jones' *Masque of Blackness* (1605) und *Masque of Beauty* (1608). Jonson führte 1609 die der eigentlichen Masque voraufgehende Anti-Masque ein, gewissermaßen als getanzten und gemimten Prolog. Bei H. Purcell (*The Fairy Queen*, *King Arthur*, *Dido and Aeneas*) und Händel (in den stark ballettorientierten Opern *Alcina* und *Ariodante*) wirkten noch Einflüsse der M. nach. Wiederbelebungsversuche von Miltons *Comus* wurden 1942 von R. Helpmann fürs Sadler's Wells B. und 1946 von M. Inglesby für ihr International B. choreographiert.

Lit.: P. Reyher, *Les Masques Anglais*, Paris 1909; in H. Kindermann, *Theatergeschichte Europas*, Band 3, Salzburg 1967.

Massine, Léonide Fedorowitsch, russ.-amer. Tänzer, Choreograph, B.-Meister und Pädagoge, * 8. 8. 1895 Moskau, † 15. 3. 1979 Weseke bei Borken (Westf.). Studierte an der Moskauer Bolschoi-B.-Schule, machte 1912 sein Examen, Mitgl. des Bolschoi-B.s. Zu Diaghilews B.s Russes, wo er 1914 die Titelrolle in M. Fokines *Josephslegende* kreierte. Während er sich bei E. Cecchetti weiter ausbilden ließ, debütierte er als Choreograph bei der Diaghilew-Komp. mit *Soleil de nuit* (Mus.: Rimskij-Korsakow, 1915). Machte gleichzeitig als Tänzer und Choreograph Karriere – es folgten 1917 *Les Femmes de bonne humeur* (Mus.: Scarlatti) und *Parade* (Mus.: Satie), 1919 *Der Zauberladen* (Mus.: Rossini-Respighi) und *Der Dreispitz* (Mus.: de Falla), 1920 *Gesang der Nachtigall* (Mus.: Strawinsky), *Pulcinella* (Mus.: Strawinsky) und eine Neuversion von Strawinskys *Sacre du printemps* (alle für Diaghilews B.s Russes – in den meisten seiner B.e kreierte er selbst eine der Hauptrollen). Trennte sich 1921 von Diaghilew und ging mit einigen anderen Diaghilew-Tänzern auf Tournee. Choreographierte für die Soirées de Paris 1924 u. a. *Salade* (Mus.: Milhaud), *Mercure* (Mus.: Satie) und *Le Beau Danube* (Mus.: Joh. Strauß, arr. von R. Desormière). Zurück zur Diaghilew-Komp. 1925–28 – weitere B.e *Zéphyr et Flore* (Mus.: V. Dukelsky), *Les Matelots* (Mus.: G. Auric, beide 1925), *Le Pas d'acier* (Mus.: Prokofjew, 1927) und *Ode* (Mus.: N. Nabokov, 1928), arbeitete daneben aber auch 1925/26 als Choreograph für die Londoner Cochran-Revuen, dann Solotänzer und B.-Meister am Roxy Th. in New York 1927–30, wo er ebenfalls Revuen choreographierte, weiterhin als Musical-Choreograph am Broadway wirkte und 1930 seinen *Sacre du printemps* mit M. Graham neueinstudierte. Für die Komp. von I. Rubinstein choreographierte er *David* (Mus.: H. Sauguet, 1928) und *Amphion* (Mus.: Honegger, 1931). 1932 begann seine Zusammenarbeit mit den B.s Russes de Monte Carlo, deren B.-Meister er 1933 wurde – weitere B.e waren u. a. *Jeux d'enfants* (Mus.: Bizet, 1932), *Choreartium* (Mus.: Brahms' 4. Sinfonie, 1933) und *Les Présages* (Mus.: Tschaikowskys Symphonie pathétique, 1934). Nach der Trennung von R. Blum und Col. de Basil ging er 1936 zu de Basil, für dessen erste Komp. er *Symphonie fantastique* (1936) schuf. 1938 wechselte er zu Blum über und wurde Künstlerischer Direktor des mit de Basil rivalisierenden B. Russe de Monte Carlo und choreographierte u. a. *Gaité Parisienne* (Mus.: Offenbach, arr. M. Rosenthal), *Siebente Sinfonie* (Mus.: Beethoven), *Nobilissima visione* (Mus.: Hindemith, alle 1938), *Capriccio*

Espagnol (zus. mit Argentinita, Mus.: Rimskij-Korsakow), *Rouge et noir* (Mus.: Schostakowitsch), *Bacchanale* (Mus.: Wagner, alle 1939) und *Labyrinth* (Mus.: Schubert, 1941). Arbeitete dann beim American B. Th. 1942/43 – *Aleko* (Mus.: Tschaikowsky, 1942), *Mam'zelle Angot* (Mus.: Ch. Lecocq, 1943); für das B. International 1944 (*Mad Tristan*, Mus.: Wagner), unternahm 1945/46 Tourneen mit seiner eigenen Komp., B.s Russes Highlights (*Leningrad Symphony*, Mus.: Schostakowitsch). Nach 1947 arbeitete er dann wieder vornehmlich in Europa und choreographierte weiterhin *Clock Symphony* (Mus.: Haydn, Sadler's Wells B., 1948), *Le peintre et son modèle* (Mus.: Auric, B.s des Champs-Elysées, 1949), *Harold in Italy* (Mus.: Berlioz, B.s Russes de Monte Carlo), *Donald of the Burthens* (Mus.: I. Whyte, Sadler's Wells B., beide 1951), *Laudes Evangelii* (Mus.: V. Bucchi, Perugia 1952), *Mario und der Zauberer* (Mus.: F. Mannino, Mailänder Scala, 1954), *Don Juan* (Mus.: Gluck, Mailänder Scala, 1959). Während all dieser Jahre beschäftigte er sich intensiv mit dem indian. Tanz und unternahm mit seinem Sohn Léonide (heute Lorca M., Tänzer und Choreograph, * 25. 7. 1944 New York) zusammen ausgedehnte Vortrags- und Demonstrationstourneen, die ihn verschiedentlich auch nach Deutschland führten. 1960 war er mit der Organisation seines B. Europeo für das Festival in Nervi beschäftigt, für das er außer Wiederaufnahmen auch neue Ch.n schuf: eine B.-Prod. von Rossinis Oper *Der Barbier von Sevilla*, den Anouilh-inspirierten *Bal des voleurs* (Mus.: Auric) und als abendfüllendes Werk *La Commedia umana* (Musik aus dem 14. Jh.). 1961 unternahm er eine ausgedehnte Reise nach Moskau und Leningrad. In den folgenden Jahren war er hauptsächlich mit der Einst. seiner Erfolgs-B.e bei vielen Komp.n in der westl. Welt beschäftigt und arbeitete an einem grundlegenden Werk über Ch., wirkte auch als Gastpädagoge u. a. an der Royal B. School und war als Choreograph an den Filmen *Die roten Schuhe* (1946), *Hoffmanns Erzählungen* (1951) und *Carossello Napoletano* (1954) beteiligt. – Als Tänzer hatte er seine größten Erfolge im Charakterfach, als der er kaum je von einem Nachfolger in einer für sich selbst choreographierten Rolle übertroffen worden ist. Als Choreograph gehört er zu den innovatorischen Persönlichkeiten der B.-Geschichte. Seine Stärken lagen auf dem Gebiete der Charakterkomödie, deren künstlerische Ausdrucksmittel er um viele Nuancen bereichert hat, und auf dem Gebiete des Sinfonischen B.s, das bei seinem ersten Erscheinen zwar große Kontroversen hervorrief, aber entscheidende Pionierdienste geleistet hat für die Durchsetzung von konzertanter Musik auf dem modernen B.-Th. War zuerst mit der Tänzerin Eugenia Delarova verheiratet, von der er sich 1939 scheiden ließ, und in zweiter Ehe mit der Tänzerin Tatiana Orlova, mit der er außer dem schon genannten Sohn auch eine Tochter Tatiana hatte. Schrieb *My Life in Ballet* (1968).

Lit.: J. Gruen, in: *The Private World of Ballet*, New York 1975; J. Anderson, in: *The One and Only: The Ballet Russe de Monte Carlo*, New York 1981.

Match, Tanz-Duo, Ch.: T. Schilling, Mus.: S. Matthus, Kost.: E. Kleiber, Wettbewerb Varna 1970, mit M. Lubitz und I. Chmelnitzky, dann 9. 5. 1971, Komische Oper Ost-Berlin, in gleicher Besetzung. Dies ist ein Pas de deux in der Form eines Tennis-Matches. Später auch von anderen Paaren übernommen, u. a. J. Maximowa und W. Wassiljew (auch in dem sowj. Fernsehfilm *Das Duett*, 1974).

Matelots, Les, B. in 5 Bildern, Libr.: B. Kochno, Ch.: L. Massine, Mus.: G. Auric, Dek.: Pedro Pruna; UA 17. 6. 1925, B.s Russes de Diaghilew, Coliseum, London, mit L. Sokolova, V. Nemtchinova, L. Woicikowsky, S. Lifar u. a. – Bevor er wieder in See sticht, verlobt sich ein Matrose mit seinem geliebten Mädchen. Mit einigen Freunden kehrt er verkleidet und mit Bart zurück, um die Treue seiner Verlobten auf die Probe zu stellen. Sie bleibt jedoch standhaft, und die Liebenden fallen nach Aufklärung der Prüfung einander in die Arme.

Lit.: C. W. Beaumont, in: *Complete Book of Ballets*, London 1951.

Matisse, Henri, frz. Maler, * 31. 12. 1869 Le Cateau, † 3. 11. 1954 Nizza. Entwarf die Dek. für Massines *Le Chant du rossignol* (B. Russe de Diaghilew, 1920) und *L'étrange Farandole* (alias *Rouge et Noir*, B. Russe de Monte Carlo, 1939).

Matthäus-Passion, B. von J. Neumeier, Mus.: Bach; UA 25. 6. 1981, Staatsoper, Hamburg, mit B. Cordua, L. Charles, M. Midinet, R.

Darden, K. Haigen, I. Liska u. a. Nachdem in der Spielzeit 1980/81 in der Hamburger St. Michaelis-Kirche zu einer unter der Leitung von Günter Jena live musizierten Wiedergabe der *M.-P.* Skizzen, d. h. einzelne Arien, Ens.s und Chöre, dargestellt worden waren, entschloß sich Neumeier, die *M.-P.* komplett zu choreographieren. Neumeier erklärte: »Ich werde kein getanztes ›Oberammergau‹ versuchen, keine dramatische Illustration des Ostergeschehens, sondern eine Bachs Komposition entsprechende mehrschichtige choreographische Wiedergabe des biblischen Geschehens in seiner religiösen Aussage und menschlichen Bedeutung.« Die Auff. in der Oper erfolgte zu der Tonbandwiedergabe einer Aufnahme unter Jena mit dem St. Michaelis-Chor und -Orchester.

Lit.: J. Neumeier, *J. S. Bach: M.-P., Bilder und Texte zum Ballett*, Hamburg 1982.

Mattox, Matt, amer. Tänzer, Choreograph und Pädagoge, * 18. 8. 1921 Tulsa (Okla.). Studierte u. a. bei E. Loring, Evelyn Bruns und Jack Cole. Debütierte 1946 am Broadway und wirkte in zahlreichen Musicals und Filmen mit, u. a. in *Seven Brides for Seven Brothers*. Er wurde einer der bekanntesten amer. Lehrer für Modern Jazz Dance, übersiedelte 1970 nach London, wo er 1975 zum ersten Mal mit seiner Jazzart Comp. auftrat. Lebt und lehrt heute in Paris und gibt Kurse in ganz Europa.

Lit.: E. Frich, *The M. M. Book of Jazz Dance*, New York 1982.

Maudrik, Lizzie, dt. Tänzerin, Choreographin und B.-Meisterin, * 17. 8. 1898 Berlin, † 13. 1. 1955 (Sterbeort nicht bekannt). Studierte u. a. bei M. Fokine, debütierte in Paris, war Elevin an der Mailänder Scala und kam über Kassel (1912), Kiel (1913) als B.-Meisterin nach Hamburg (1914–16), ging dann nach Lübeck (1916–18), Riga (1919), Wiesbaden (1920–24), Darmstadt (1925) und schließlich nach Berlin, wo sie zuerst B.-Meisterin an der Städt. Oper 1926–34 und dann an der Staatsoper 1934–45 war und zahlreiche B.e choreographierte, u. a. die UA von R. Wagner-Régenys *Der zerbrochene Krug* (1937) und von W. Egks *Joan von Zarissa* (1940).

Maximowa, Jekaterina Sergejewna, sowj. Tänzerin, * 1. 2. 1939 Moskau. Studierte ebd. an der Bolschoi-B.-Schule und wurde nach ihrem Examen 1958 Mitgl. des Bolschoi-B.s, wo sie augenblicklich als Katerina in J. Grigorowitschs *Steinerner Blume* reüssierte, bald auch als Giselle und Kitri und binnen kurzem zu den populärsten Ballerinen der Komp. zählte. Rollenkreationen u. a. in Grigorowitschs *Nußknacker* (1966), *Spartakus* (1968) und *Dornröschen* (1968). Zahlreiche – auch westl. – Auslandsgastspiele, meist zusammen mit ihrem Mann, Wladimir Wassiljew.

Maxwell, Carla, amer. Tänzerin, Choreographin und B.-Direktorin, * um 1948 (Geburtsort nicht bekannt). Studierte an der Juilliard School. Mitgl. der J. Limón Comp. seit 1965 und seit 1978 deren Direktorin. Begann 1970 auch zu choreographieren, teils für ihre eigenen Recitals, teils für die Limón Comp., u. a. *Function* (1970), *A Suite of Psalms* (1973), *Homage to José* (1974), *Place Spirit* (1975), *Blue Warrior* (1976) und *Sonata* (1982).

May, Pamela, brit. Tänzerin und Pädagogin, * 30. 5. 1917 Trinidad. Studierte an der Royal Academy of Dancing in London, wurde mit 14 Jahren Schülerin von N. de Valois, debütierte 1934 beim Vic-Wells B. (dem späteren Sadler's Wells B.) und avancierte zur Ballerina, als die sie bis 1952 die Rollen des klassischen und modernen Rep.s tanzte. Zu ihren wichtigsten Kreationen zählen u. a. N. de Valois' *Checkmate* (1936), *The Prospect Before Us* (1940) und *Orpheus und Eurydike* (1941) sowie Ashtons *Horoscope* (1936), *The Wanderer* (1941) und *Symphonic Variations* (1946). Von 1954 an unterrichtete sie an der Schule ihrer Komp., die seit 1956 Royal B. School heißt.

Mayerling, B. in 3 Akten, mit Prolog und Epilog, Libr.: G. Freeman, Ch.: K. MacMillan, Mus.: Liszt, arr. von J. Lanchbery, Dek.: N. Georgiadis; UA 14. 2. 1978, Royal B., Covent Garden, London, mit D. Wall, L. Seymour, W. Ellis, G. Parkinson, M. Park u. a. – Umrahmt von den Beisetzungsfeierlichkeiten anläßlich des Todes der siebzehnjährigen Baronin Mary Vetsera in Heiligenkreuz bei Wien, ist die Handlung auf Kronprinz Rudolf von Österreich konzentriert und folgt den Ereignissen von seiner Heirat mit Prinzessin Stephanie von Belgien über seinen allmählichen moralischen und physischen Verfall bis zum gemeinsamen Selbstmord von ihm und Mary Vetsera in der Jagdhütte von M. Auch als London Weekend Fernseh-Prod. (Prix Italia, 1978). Ein früheres *M.*-B. von E. Bernhofer (Mus.: Dürr, Wien 1966).

Mayet, Annie, frz. Tänzerin, * 29. 3. 1957 Bordeaux. Studierte ebd. bei Nicole Beau. Mitgl. des Opern-B.s von Bordeaux 1972/73, Genf 1973–76, Stuttgarter B. seit 1976, Solotänzerin 1981. Rollenkreationen u. a. in R. Helliwells *Suite Nr. 2* (1980) und M. Béjarts Stuttgarter Neuversion von *Petruschka* (1982).

Maywood, Augusta, amer. Tänzerin, * 1825 New York, † 3. 11. 1876 Lwow (Lemberg). Studierte zuerst in Philadelphia, debütierte dort in Aubers Opern-B. *Der Gott und die Bajadere*, tanzte 1838 *La Sylphide* und ging dann mit ihren Eltern nach Paris, wo sie bei Mazilier und Coralli studierte und 1839 mit Erfolg in *La Tarentule* an der Opéra gastierte. Nach einer aufsehenerregenden Liebesaffäre mit dem Tänzer Mabille floh sie mit diesem nach Lissabon und tanzte dort u. a. in *Giselle* und *Die Bajadere*. Nach ihrer Scheidung ging sie 1845 nach Wien, wo sie drei Jahre lang als Mitgl. des Kärntnertor-Th.s blieb, dann 1848 an die Mailänder Scala, wo sie bei C. Blasis weiterstudierte und sich mit F. Elßler in die Ballerinenrollen teilte (neu: *Faust* von Perrot und *Silfide* von Cortesi). Sie tanzte dann auch an zahlreichen anderen ital. Th.n, kehrte nach Wien zurück (hier trat sie u. a. in Ronzanis *Das goldene Pferd* auf) und hatte 1864 ihren größten Erfolg in Filippo Termaninis *Rita Gauthier* (zu Musik aus Verdis *La Traviata*). Verbrachte ihre letzten Jahre in ihrem Ruhesitz am Lago di Como. Sie war die erste amer. Ballerina, die sich internationale Anerkennung erwarb.

Lit.: I. Guest, in: *The Romantic Ballet in Paris*, London 1966; P. Migel, *A. M.*, in: *The Ballerinas*, New York 1972.

Mazilier, Joseph (geb. Giulio Mazarini), frz. Tänzer, B.-Meister und Choreograph, * 13. 3. 1801 Marseille, † 19. 5. 1868 Paris. Debütierte 1822 am Pariser Th. de la Porte Saint-Martin und ging dann an die Opéra, wo er Hauptrollen in zahlreichen wichtigen B.en kreierte, so u. a. in F. Taglionis *La Sylphide*, *Nathalie ou la Laitière suisse* (beide 1832), *La Révolte au Serail* (1833) und *La Fille du Danube* (1836), J. Corallis *Le Diable boiteux* (1836), *La Chatte métamorphosée en femme* (1837) und *La Tarentule* (1839) sowie A. Guerras *Les Mohicans* (1837). Er wurde 1839 zum B.-Meister ernannt und choreographierte im selben Jahr *La Gipsy* (Mus.: Fr. Benoist und Th. Marliani), später folgten u. a. *Le Diable amoureux* (Mus.: Benoist und N. H. Reber, 1840), *Lady Henriette ou La Servante de Greenwich* (Mus.: F. von Flotow, F. Burgmüller und E. Deldevez, 1844), *Le Diable à quatre* (Mus.: A. Adam, 1845), *Paquita* (Mus.: Deldevez), *Betty* (Mus.: A. Thomas, beide 1846), *Griseldis ou les cinq sens* (Mus.: Adam, 1848), *Orfa* (Mus.: Adam, 1852), *Aelia et Mysis ou l'Atelane* (Mus.: H. Potier), *Jovita ou les Boucaniers* (Mus.: Th. Labarre, beide 1853), *Le Corsaire* (Mus.: Adam), *Les Elfes* (Mus.: N. Gabrielli, beide 1856) und *Marco Spada ou la Fille du Bandit* (Mus.: D. Fr. E. Auber, 1857).

Lit.: I. Guest, in: *The Romantic Ballet in Paris*, London 1966.

Mazowsze, poln. Volkstanz-Komp., 1950 von Tadeusz Sygietyński und seiner Frau Mira Zimińska ins Leben gerufen. Der Name rührt von der poln. Zentralprovinz her, die sich um Warschau erstreckt. Die Truppe verfolgt das Ziel, die traditionellen Lieder und Tänze Polens für die Bühne zu arrangieren. Seit dem Tode ihres Mannes (1965) fungiert M. Zimińska-Sygietyńska als alleinverantwortliche Direktorin, der auch die Arrangements der Kostüme, die Insz. und die Lieder-Bearbeitungen obliegen. Chefchoreograph ist Witold Zapala. Auf ihren zahlreichen Auslandstourneen erwarb sich die Komp. in der ganzen Welt bis heute viele Freunde.

Mazurka. Für den aus Masowien (Masuren) stammenden, in schnellem ¾- oder ⅜-Takt stehenden Volkstanz sind die punktierten Rhythmen, Melodiesprünge und Betonungen auf den schwachen Taktzeiten charakteristisch. Dieser poln. Nationaltanz, der mit stampfenden Füßen, aneinandergeschlagenen Fersen und gemeinsam von den Paaren ausgeführten Drehschritten getanzt wird, eroberte ab 1840 – als Folge der poln. Freiheitsbewegung und der damit verbundenen Emigration – die westeurop. Ballsäle und sogar als Volkstanz die deutschen Dörfer. Als Gesellschaftstanz und Volkstanz wird die Mazurka nur mit 3 Schritten ausgeführt: linker Fuß Stampfschritt vorwärts – rechter Fuß zu linkem Fuß – rechter Fuß Hüpfer und zugleich hoher Kick mit linkem Fuß. Eine Mischung von Walzerschritt und nachfolgendem Mazurkaschritt war die Tyrolienne, auch Jägerschottisch genannt. In die Kunstmusik wurde die Mazurka von dem Emigranten Chopin eingeführt.

Mazzo, Kay, amer. Tänzerin, * 17. 1. 1946 Chicago. Studierte bei Bernardene Hays und an der School of American B. Debüt bei Robbins B.s U.S.A. 1961 im *Nachmittag eines Fauns*. Mitglied des New York City B. 1962, Solistin 1965, Principal Dancer 1965–80. Zahlreiche Rollenkreationen u. a. in G. Balanchines *Jewels* (1967), *Suite No. 3* (1970), *Violin Concerto*, *Duo concertant* (beide 1972) und *Davidsbündlertänze* (1980) sowie J. Robbins' *Dances at a Gathering* (1969) und *In the Night* (1970).

Lit.: J. Gruen, in: *The Private World of Ballet*, New York 1975.

Medea, B. in 1 Akt und 5 Bildern, Libr. und Ch.: B. Cullberg, Mus.: Bartók (arr. von H. Sandberg), Dek.: Alvar Grandstrom; UA 31. 10. 1950, Riksteatern, Gaevle (Schweden), mit A.-M. Lagerborg, M. Béjart, Inga Noring u. a. – Das B. zeigt im Anschluß an Euripides, wie Medea, von Jason verlassen, sich rächt, indem sie mittels eines vergifteten Schals Jasons zweite Gemahlin Kreusa tötet und dann auch ihre eigenen beiden Kinder umbringt. Cullberg hat das B. auch anderen Komp.n einstudiert, so 1965 an der Bayer. Staatsoper. Ein früheres B. *Médée et Jason* brachte Noverre mit der Musik von J. J. Rodolphe 1763 in Stuttgart heraus. Ein Modern-Dance-Stück über M. schuf M. Graham 1947 unter dem Titel *Cave of the Heart* in New York (Mus.: Barber), dt. EA in Köln 1953 in der Ch. von K. Bergeest.

Medusa, B. in 3 Szenen, Libr.: Gale Hoffmann, Ch.: E. Hanka, Mus.: G. von Einem, Dek.: G. Wakhevitch; UA 16. 11. 1957, Wiener Staatsoper, mit Chr. Zimmerl, M. Bauer-Pokorny, L. Bräuer, R. Adama, W. Dirtl u. a. Mit ihren beiden Schwestern späht M. nach verirrten Wanderern aus. Sie sehnt sich nach menschlicher Liebe, aber ihr Blick versteint jeden, der ihr ins Antlitz schaut. Ein blinder Seemann entgeht diesem Schicksal, wendet sich aber ab, als er in ihr Schlangenhaar greift. Perseus, der ihren Blick nur im Spiegel seines Schildes auffängt, tötet sie dann endlich, wie der Fluch der Götter es verheißen hatte. Die dt. EA dieses sich an den antiken Mythos anschließenden B.s choreographierte T. Gsovsky 1958 in der Städt. Oper Berlin, eine musikalische Neufassung R. Adama 1971 in Hannover. Ein früheres M.-B. hatte Fokine zu Tschaikowskys Symphonie pathétique 1924 für seine Komp. in New York choreographiert.

Meehan, John, austral. Tänzer, * 1. 5. 1950 Brisbane. Studierte an der Australian B. School. Mitgl. des Australian B. 1972, Principal Dancer 1974–77, dann American Th. B. 1977–80. Rollenkreationen u. a. in G. Tetleys *Gemini* (1973) und R. Hydns *Lustige Witwe* (1975). Arbeitet gelegentlich auch als Choreograph.

Mein Bruder, meine Schwestern, B. von K. MacMillan, Mus.: Schönberg und Webern, Dek.: Y. Sonnabend; UA 21. 5. 1978, Stuttgart, mit R. Cragun, B. Keil, L. Montagnon, J. Allenby, S. Bayard, H. Koch und R. Anderson. Zu Schönbergs 5 Orchesterstücken op. 16 und Weberns 5 Orchesterstücken op. 10 und 6 Orchesterstücken op. 6 befaßt sich MacMillans B. mit den teils unschuldvoll-spielerischen, teils mörderischen Verhältnissen zwischen einem Bruder und seinen 5 Schwestern, die, abgekapselt von jeglicher Gemeinschaft, nur für sich leben, mit einem mysteriösen ER als Hintergrundsfigur. Übernommen ins Rep. des Royal B. 1980.

Meister, Hans, schweiz. Tänzer und B.-Direktor, * 13. 10. 1937 Schaffhausen. Studierte an der Zürcher Opern-B.-Schule und Sadler's Wells B. School. Tänzer National B. of Canada 1957, Principal Dancer 1961/62, dann Metropolitan Opera B. 1962–66, Zürich B. 1967/68. Studierte weiter in Leningrad, wo er verschiedentlich mit dem Kirow-B. tanzte. Gastsolist bei verschiedenen schweiz. Komp.n. Principal Dancer beim Finn. National-B. 1972–75. B.-Direktor Zürich 1975–78. Seither freischaffend tätig.

Mejia, Paul, amer. Tänzer, Choreograph und B.-Direktor, * um 1945 Lima (Peru). Studierte an der School of American B. Tänzer beim New York City B. 1965–70. Ging dann zusammen mit seiner Frau, der Tänzerin S. Farrell, zum B. du XXe Siècle 1970–75, wo er u. a. Rollen in M. Béjarts *Nijinsky* (1971), *Marteau sans Maître*, *Golestan* (beide 1973) und *Trionfi* (1974) kreierte. Arbeitete dann freischaffend, z. T. auch als Pädagoge, sowie als Choreograph für verschiedene kleinere Ens.s (Stars of American B., B. de Guatemala, Garden State B. von New Jersey). Assistant Artistic Director des Chicago City B. 1981 und seit 1982 Artistic Direktor der Komp., für die er u. a. *Cinderella* (Mus.: Prokofjew, 1981) choreographiert hat.

Mendelssohn Bartholdy, Felix, dt. Komponist, * 3. 2. 1809 Hamburg, † 4. 11. 1847 Leipzig. Komponierte keine B.-Musik, doch sind seine konzertanten Werke oft B.en zugrunde gelegt worden, u. a. die von vielen Podiumstänzern benutzten *Lieder ohne Worte* (auch H. van Manen, NDT, Den Haag 1977) sowie die Schauspielmusik zum *Sommernachtstraum* (zuerst von M. Petipa, St. Petersburg 1877), weiterhin seine *Schottische Sinfonie* (Ch.: G. Balanchine, New York 1952), *Italienische Sinfonie* (Ch.: H. Müller, Mannheim 1968) und *Oktett Opus 20* (Ch.: H. van Manen, Amsterdam 1977).

Mendez, Alberto, kub. Tänzer und Choreograph, * um 1940 Pinar de Rio. Debütierte als Tänzer 1959 beim National-Ens. für modernen Tanz, dann Solotänzer beim B. Nacional de Cuba 1960, wo er zum Danseur étoile avancierte. Von 1970 an zunehmend auch als Choreograph tätig – sein bekanntestes B. ist *Nous nous verrons hier soir, Margarita* (Mus.: H. Sauguet, 1971). Mehrfacher choreogr. Preisträger der Wettbewerbe in Varna und Tokio.

Mendez, Josefina, kub. Tänzerin, * 1940 Havanna. Studierte ebd. bei den Alonsos und J. Parés. Tänzerin beim B. de Cuba 1955 und später beim Kub. National-B., Primaballerina seit 1962 und heute zum künstlerischen Leitungs-Team der Komp. gehörig.

Menestrier, Claude-François, frz. Jesuitenpater und Schriftsteller, * 1631 Lyon, † 1705 Paris. Er veröffentlichte 1682 in Paris die erste gedruckte Tanzgeschichte: *Des ballets anciens et modernes selon les règles du Théâtre.*

Menotti, Gian-Carlo, ital.-amer. Komponist, * 7. 7. 1911 Cadegliano (bei Varese, Lombardei). Komponierte die Musik zu E. Catons *Sebastian* (International B., 1944), M. Grahams *Errand Into the Maze* (New York 1947) und J. Butlers *The Unicorn, the Gorgon and the Manticore* (New York City B., 1956, dt. EA *Das Einhorn, der Drache und der Tigermann*, Ch.: Y. Georgi, Hannover 1959).

Mensch und sein Begehr, Der → *Homme et son désir, L'.*

Menuett (frz. *menu pas*, kleiner Schritt), ursprünglich ein Volkstanz im ¾-Takt aus dem Poitou, der zwischen Ludwig XIV. und der Französischen Revolution zu dem Gesellschaftstanz der europ. Aristokratie wurde. Das älteste uns bekannte M. wurde 1663 von Lully komponiert. Dieser Tanz wurde nur von Einzelpaaren ausgeführt, die, streng *terre à terre*, genau vorgeschriebene und höchst komplizierte Figuren auf den Boden zeichneten. Im klassischen M., um 1700 von Pécourt gestaltet, bildete das Paar im Lauf des Tanzes eine große Z-Figur. Schwierig war schon der Grundschritt. Auf 2 Takte wurden vier Schritte verteilt, der zweite Schritt ging über den Taktstrich hinweg. Die ausführlichste Darstellung gab der dt. Tanzmeister G. Taubert in seinem voluminösen Band *Der rechtschaffene Tantzmeister* (1717).

Mephisto Valse, B. in 1 Akt, Libr. und Ch.: F. Ashton, Mus.: Liszt, Dek.: S. Fedorovitch; UA 13. 6. 1934, B. Club, Mercury Th., London, mit A. Markova, W. Gore und Ashton. – In dem von einem kleinen Corps akkompagnierten Pas de trois zwingt Mephisto mit seinem wilden Geigenspiel Margarete zu einem immer ausgelasseneren Tanz, so daß sie schließlich ein willfähriges Opfer für Faust wird, der sie erst verführt und dann verläßt. Eine etwas abgeänderte Fassung von Ashton als *Vision of Marguerite* beim London Festival B. (1952).

Lit.: D. Vaughan, in: *Frederick Ashton and his Ballets*, London 1977.

Mer, La, B. von Tom Schilling (Libr. und Ch.), Mus.: Debussy, Kost.: Gottfried Reinhardt; UA B.-Wettbewerb Varna 1968, mit H. Bey und R. Gawlik. Ein junges Paar begegnet sich am Strand, erlebt das Aufkommen einer Liebesbeziehung und wird dann durch die hereinbrechende Flut überrascht, die zu einer Bewährungsprobe der Ernsthaftigkeit ihrer Bindung wird. Schilling choreographierte das B. zu zwei der drei Sinfonischen Skizzen Debussys für den Wettbewerb, erweiterte es aber dann später um die dritte Debussy-Skizze für die Premiere an der Komischen Oper Berlin; UA 5. 4. 1969, Dek.: Erich Geister.

Mérante, Louis, frz. Tänzer, Choreograph und B.-Meister, * 23. 7. 1828 Paris, † 17. 7. 1887 Courbevoie. Stammte aus einer ital. Tänzerfamilie, studierte von 1848 an bei L. Petipa an der Pariser Opéra, folgte diesem schon bald als zweite Besetzung in dessen Rollen und machte rasch Karriere als einer der besten Ballerinos seiner Zeit, als der er von 1853–66 zahlreiche Hauptrollen kreierte – u. a. in J. Maziliers *Marco Spada*, L. Petipas *Sacountala*, Marie Taglionis *Le Papillon*, A. Saint-Léons *Diavolina* und *La Source*, aber auch noch in Petipas *Namouna* (1882). Er war bei den Ballerinen seiner Zeit als Partner außerordentlich begehrt. Wurde 1869 zum B.-Meister ernannt und debütierte 1873 als Choreograph mit *Gretna-Green* (Mus.: E. Guiraud). Es folgten u. a. *Sylvia* (Mus.: Delibes, 1876), *La Korrigane* (Mus.: Ch. M. Widor, 1880) und *Les deux pigeons* (Mus.: A. Messager, 1886).

Lit.: I. Guest, in: *The Ballet of the Second Empire*, 2 Bde. (London 1953, 1955).

Mercury Theatre, ursprünglich ein aus der Mitte des 19. Jh.s stammender Gemeindesaal in Notting Hill Gate, London, den Ashley Dukes und seine Frau M. Rambert 1927 kauften, um ihn als kleinen Th.-Saal und als B.-Studio herzurichten. Eröffnet 1931 mit einer Vorst. des B. Club. Hier fanden zahlreiche Premieren des sich langsam herauskristallisierenden engl. B.s statt. Seinen Namen erhielt das Th. 1933, das als solches bis 1955 existierte, wonach es vollends in ein B.-Studio umgewandelt wurde.

Meri, La → La Meri.

Merry Widow, The → *Lustige Witwe, Die.*

Merz, Richard, schweiz. Tanzpublizist, * 1. 5. 1936 Zug. Studierte an der Universität Zürich sowie Schauspiel bei Ellen Widmann. Arbeitet als Psychoanalytiker. B.-Kritiker der Neuen Zürcher Zeitung seit 1978 (auch Schauspielkritiker). Schweiz. Korrespondent der Zeitschrift *Ballett International.*

Messac, Magali, frz. Tänzerin, * 1951 Toulon. Studierte ebd. und debütierte beim dortigen Opern-B. Tänzerin in Hamburg 1969, Solistin 1972–78, Rollenkreationen u. a. in J. Neumeiers *Dritte Sinfonie von G. Mahler* (1975), *Schwanensee* (1976) und *Sommernachtstraum* (1977). Principal Dancer Pennsylvania B. 1978–80 und seither beim American B. Th.

Messerer, Assaf Michailowitsch, sowj. Tänzer, B.-Meister, Choreograph und Pädagoge, * 19. 11. 1903 Wilna. Studierte in Moskau bei A. Gorsky, machte 1921 sein Examen an der Bolschoi-B.-Schule und wurde anschließend Mitgl. des Bolschoi-B.s, dem er auch heute noch verbunden ist. Tanzte bis 1954 die Premier-danseur-Rollen des Rep.s und galt als einer der charaktervollsten Tänzer seiner Zeit. Debütierte 1924 als Choreograph in einer Bolschoi-Schulveranstaltung – weitere Ch.n von ihm waren u. a. *Schumanniana* (für die Komp. von V. Krieger, 1924), *Die Puppenfee* (Mus.: J. Bayer, 1926), *La Fille mal gardée* (zus. mit I. Moissejew, Bolschoi-Filial-Th., 1930), 4. Akt *Schwanensee* (1937, bis heute in den Auff.en im Kreml-Palast erhalten) und *Leçon de Danse* (Mus.: diverse, 1961 – später in revidierter Form unter dem Titel *Ballet School*). Daneben betreute er diverse Wiederaufnahmen von Klassiker-Prod.en und choreographierte eine Reihe von Konzert-Pas-de-deux, von denen seine *Melodie* (Mus.: Gluck) und *Frühlingsgewässer* (Mus.: Rachmaninow) am bekanntesten wurden. Begann 1923 auch an der Bolschoi-B.-Schule zu unterrichten und übernahm 1942 die Perfektionsklasse der Komp. Häufig auch im Ausland als Gast-B.-Meister tätig (meist zus. mit seiner Frau Irina Tichomirnowa – mehrfach in den sechziger Jahren beim B. du XXe Siècle, aber auch Budapest, Tokio usw.). Er ist der Bruder der Tänzerin und Pädagogin Sulamith M., der Vater des Ausstatters Boris M. und der Onkel der Tänzerin Maja Plissetzkaja. Schrieb das Buch *Klassen des klassischen Tanzes* (1967).

Lit.: N. Roslavleva, in: *Era of the Russian Ballet*, London 1966.

Messerer, Sulamith Michailowna, sowj. Tänzerin und Pädagogin, * 27. 8. 1908 Moskau. Studierte ebd. an der Bolschoi-B.-Schule und wurde nach ihrem Examen 1926 Mitgl. des Bolschoi-B.s, Ballerina 1926–50. Begann 1938 zu unterrichten. Oft als Gastpädagogin im Ausland (vor allem im Fernen Osten), entschlossen sich sie und ihr Sohn, der Tänzer Michail M., 1980 in Tokio, nicht mehr in die Sowjetunion zurückzukehren. Seither Gastpädagogin in Amerika und Europa. Eröffnete 1982 in London eine eigene B.-Schule.

Messiaen, Olivier, frz. Komponist, * 10. 12. 1908 Avignon. Komponierte keine B.-Musik. Obgleich M. ausgesprochen dagegen ist, seine Musik zu vertanzen, ist es einzelnen Choreographen doch gelungen, eine Auff.s-Genehmigung für die Verwendung seiner Kompositionen zu erhalten – so u. a. P. van Dyk für *Turangalîla* (3 Sätze, Hamburg 1960; komplett von R. Petit, Opéra, Paris 1968), H. van Manen für *Essay in der Stille* (Dessins éternels, NDT 1965), G. Tetley für *Chronochromie* (Jacob's Pillow 1967), J. Cranko für *Oiseaux exotiques* (Stuttgart 1967) und G. Bohner für *Quartett auf das Ende der Zeit* (Berlin 1969).

Metamorphoses, B. in 4 Sätzen, Ch.: G. Balanchine, Mus.: P. Hindemith (Sinfonische Variationen über Themen von C. M. von Weber), Kost.: Karinska, UA 25. 11. 1952, New York City B., City Center, New York, mit T. LeClerq, T. Bolender, N. Magallanes u. a. – »Metamorphoses ist ein musikalisches Ballett mit Kostümen und Dekors, die sich von einem Satz zum anderen verwandeln. Die Kostüme stellen nicht einen besonderen Typ von Leuten dar und keinen besonderen Typ von Tieren. Sie sollen nur, wie auch die Bewegungen jedes Satzes, die Metamorphosen der einzelnen Sätze der Partitur symbolisieren. Das Ballett hat nichts mit Kafkas Kurzgeschichte zu tun« (Balanchine). Spätere Versionen u. a. von G. Skibine (Buenos Aires 1961), I. Keres (Wiesbaden 1968) und O. Danovschi (Bukarest 1968).

Lit.: G. Balanchine, in: *Balanchine's Complete Stories of the Great Ballets*, Garden City (N. Y.) 1954.

Metropolitan Ballet. Die 1947 von Cecilia Blatch und Leon Hepner in London gegründete Komp. existierte bis 1949 und gab Vorst.en in Londoner Th.n sowie in der engl. Provinz und im Ausland. Erster B.-Meister war V. Gsovsky, gefolgt von N. Beriosoff und C. Franca. Hier gaben u. a. S. Beriosova, C. Marchand, E. Bruhn und S. Perrault ihr England-Debüt, aber auch S. Arova, D. Adams und P. Gnatt gehörten zeitweise zu ihren Tänzern. Das Rep. bestand aus Klassiker- und Diaghilew-Prod.en sowie aus neuen B.en von u. a. Franca, F. Staff, A. Howard, V. Gsovsky und, als erfolgreichstes Stück, J. Taras' *Designs with Strings* (1948).

Metropolitan Opera House. New Yorks führendes Opernhaus öffnete, gelegen zwischen Broadway und 7. Avenue, 39. und 40. Straße, 1883 seine Pforten. Die eigenen B.-Aktivitäten des Hauses wurden jedoch stets von den gastierenden ausländischen Komp.n überschattet – mit Ausnahme der Spielzeiten 1935–38, als G. Balanchine und sein American B. als Haus-Komp. fungierten. Das Haus wurde 1966 geschlossen und siedelte in sein heutiges Domizil im Lincoln Center for the Performing Arts über. Gegenwärtiger Direktor des B.s ist Donald Mahler.

Metzger, Márta, ung. Tänzerin und Pädagogin, * 29. 9. 1947 Budapest. Studierte ebd. an der B.-Schule. Mitgl. des Budapester Staatsopern-B.s seit 1965, Solistin 1972. Rollenkreationen u. a. in L. Seregis *Sylvia* (1972) und *Pas de deux* (Bach, 1977) sowie A. Fodors *Bach Concerto* (1974). Zahlreiche Auslandsgastspiele. Verschiedentlich auch als Gastpädagogin für Pas de deux bei der Kölner Sommerakademie.

Meudtner, Ilse, dt. Tänzerin, Choreographin und B.-Meisterin, * 1. 11. 1912 Berlin. Kam als Sportlerin (Wasserkunstspringen) zum Tanz, studierte von 1929 an bei B. Trümpy und Vera Skoronel, in deren Kammertanzgruppe sie mitwirkte, ging 1932 mit der Kreutzberg-Gruppe auf Amerika-Tournee, kam dann über Darmstadt und Essen 1934 an die Berliner Staatsoper, wo sie u. a. Rollen in L. Maudriks *Die Barberina* (1935) und *Joan von Zarissa* (1940) kreierte. Veranstaltete auch eigene Tanzabende und Tourneen. Nach 1945 wirkte sie weiter als Konzert-Tänzerin, kam dabei auch nach Spanien, studierte span. Tanz in Madrid und unternahm 1949 eine dt. Tournee mit einem span. Tanzprogramm. 1951–54 war sie Solotänzerin und B.-

Meisterin an der Komischen Oper Berlin, wo sie u. a. M. de Fallas *Der Dreispitz*, Ravels *Pavane auf den Tod einer Infantin* und *Bolero*, aber auch N. Tscherepnins *Der verzauberte Vogel* und L. Spies' *Der Stralauer Fischzug* choreographierte. 1955 verletzte sie sich beim Holzschuhtanz in *Zar und Zimmermann* so schwer, daß sie ihre Laufbahn aufgeben mußte. Sie trat dann noch mit dem Gitarristen Siegfried Behrend zusammen als Rezitatorin auf, veröffentlichte 1960 in Stuttgart ein Buch *Tanz ohne Bühne* und lebt seit 1964 als Journalistin in Madrid.

Meyerbeer, Giacomo, dt. Komponist, * 5. 9. 1791 Tasdorf bei Berlin, † 2. 5. 1864 Paris. Komponierte die Musik zu A. Laucherys *Der Fischer und das Milchmädchen oder Viel Lärmen um einen Kuß* (Berlin 1810). Aus den B.-Einlagen seiner Opern *Le Prophète* und *Étoile du Nord* stellte C. Lambert die Musik für F. Ashtons *Les Patineurs* (1937) zusammen. J. Neumeier läßt ihn als Charakter in seinem B. *Meyerbeer-Schumann* auftreten (Mus.: zusätzlich die Meyerbeer-Paraphrasen von G. Bialas, Hamburg 1974).

Mexikanisches Folklore Ballett → Ballet Folklorico de Mexico.

Midinet, Max, dt. Tänzer, * 16. 7. 1948 Mainz. Studierte an der Stuttgarter B.-Schule. Mitgl. des Stuttgarter B.s 1967–70, dann als Solist in Frankfurt a. M. 1970–73 und seither in Hamburg. Rollenkreationen u. a. in J. Neumeiers *Romeo und Julia*, *Nußknacker* (beide 1971), *Don Juan*, *Le Sacre* (beide 1972), *Meyerbeer-Schumann* (1974), *Dritte Sinfonie von G. Mahler* (1975), *Schwanensee* (1976), *Matthäuspassion* (1981) und *Artus-Sage* (1982).

Midsummer Night's Dream, A → *Sommernachtstraum, Ein.*

Milée, Erika, dt. Tänzerin und Pädagogin, * 24. 12. 1907 Hamburg. Studierte ebd. bei Gertrud Zimmermann und Theodor Etbauer, dann vor allem bei R. von Laban und A. Knust. Mitwirkung in Labans Hamburger Bewegungschören. Eröffnete 1928 in Hamburg ein eigenes Tanzstudio, ging dann 1930/31 zum Essener Folkwang-B. und wirkte anschließend erneut in Hamburg, nach 1933 mit ihrer überwiegend aus Schülern bestehenden Tanzgruppe im Jüd. Kulturbund-Th. (auch in Berlin). Emigrierte 1939 über Italien, Portugal und Argentinien nach Paraguay, wo sie in Asunción Direktorin der Abteilung für Tanz am Konservatorium wurde, eine eigene Schule gründete und von dieser Basis aus mit ihrer Tanzgruppe zahlreiche Gastspiele in Südamerika unternahm. 1959 Rückkehr nach Hamburg, wo sie seit 1960 wieder ein eigenes Tanzstudio unterhält, darüber hinaus auch an verschiedenen Schulen tätig und an zahlreichen öffentlichen Veranstaltungen (z. T. auch als Choreographin) beteiligt ist.

Milhaud, Darius, frz. Komponist, * 4. 9. 1892 Aix-en-Provence, † 22. 6. 1974 Genf. Komponierte die Musik für J. Cocteaus *Le Boeuf sur le toit* (1920), J. Börlins *L'Homme et son désir* (1921), *Les Mariés de la Tour Eiffel* (zus. mit Les Six, 1921), und *La Creation du monde* (1923), L. Massines *Salade*, B. Nijinskas *Le Train bleu* (beide 1924), G. Balanchines *Les Songes* (1933), R. Pages *The Bells* (1946), J. Charrats *'adame miroir* (1948) und R. Petits *La Rose des vents* (1958). H. Ross choreographierte sein B. *The Maids* zum Concerto für Schlagzeug und Orchester (1957) – weitere B.e zu Musik von ihm u. a. P. Darrells *Chiaroscuro* (Saudades do Brasil, 1959) und *Ephemeron* (diverse, 1968), J. Carters *Lulu* (diverse, 1976) und D. Bintleys *Meadow of Proverbs* (Carnaval d'Aix etc., 1979).

Milié, William, amer. Tänzer, Choreograph und Pädagoge, * 27. 11. 1929 Pittsburgh. Studierte bei A. Tudor, M. Craske, F. Wagner, T. Shawn, J. Limón und M. Kinch. Tänzer bei den Komp.n von u. a. Kinch, G. Holder und J. Butler. Ging 1959 nach Europa, wo er beim American Festival B. tanzte und 1961 in München eine eigene Komp., Broadway Jazz B., aufbaute und ebd. ein Depot Dance Studio einrichtete, mit Jazzdance, Step, Gymnastik, Gesang und allgemeiner Bühnentanz als Lehrfächern. Zahlreiche Ch.n in Fernseh-Prod.en und Musicals.

Mille, Agnes de, amer. Tänzerin, Choreographin und Tanz-Schriftstellerin, * 1909 New York. Tochter des Filmautors William C. de M. und Nichte des Filmregisseurs Cecil B. de M.

Sie begann ihre B.-Ausbildung bei Th. Kosloff und setzte sie zwischen 1932 und 1937 – mit Unterbrechungen – in London bei M. Rambert fort. Dort begegnete sie H. Laing und A. Tudor, in dessen *Dark Elegies* sie im Februar 1937 auftrat. Verließ mit Tudor im Frühjahr 1937 den B. Club von M. Rambert, um das Dance Th. zu gründen, aus dem im Dezember 1938 das London B. hervorging. Schon im September 1938 ging sie wieder nach Amerika zurück. Ihre erste wichtigste Ch. dort war *Black Ritual* zu Milhauds *Création du monde* 1940 für das American B. Th., der sie 1941 *Three Virgins and a Devil* (Mus.: Respighi) folgen ließ. Sie choreographierte dann fürs B. Russe de Monte Carlo *Rodeo* (Mus.: A. Copland, 1942), für ihr eigenes, 1953/54 die USA bereisendes A. de M. Dance Th. *Hochland-Ballade* (Mus.: F. Loewe und T. Rittmann). Doch kehrte sie immer wieder zum B. Th. zurück, für das sie weiterhin folgende B.e schuf: *Tally-Ho* (Mus.: Gluck-Mottel, 1944), *Fall River Legend* (Mus.: M. Gould, 1948), *The Harvest According* (Mus.: V. Thomson, 1952), *Rib of Eve* (Mus.: Gould, 1956), *The Wind in the Mountains* (Mus.: L. Rosenthal, 1965), *The Four Marys* (Mus.: Rittmann, 1965) und *A Rose for Miss Emily* (Mus.: A. Hovhaness, 1970). Am Broadway choreographierte sie u. a. folgende Musicals: *Oklahoma!* (1943), *Carousel* (1945), *Brigadoon* (1947), *Gentleman Prefer Blondes* (1949), *Paint Your Wagon* (1951), *Kwamina* (1961) und *110 in the Shade* (1963). 1973 gründete sie noch das A. de M. Heritage Dance Th., das sich auf die North Carolina School of the Arts stützt. In vielen Artikeln und Büchern hat sie sich auch als beredte und engagierte Tanz-Schriftstellerin erwiesen. Bücher von ihr: *Dance to the Piper* (1952, dt. *Tanz und Theater*, Wien, 1955); *And Promenade Home* (1956); *To a Young Dancer* (1962); *The Book of the Dance* (1963); *Russian Journals* (Dance Perspectives 44, 1970); *Speak to me, Dance with me* (1973); *America dances* (1980); *Reprieve – A Memoir* (1981). Alle Bücher sind in New York erschienen.

Millions d'Arlequin, Les, B. in 2 Akten, Ch.: M. Petipa, Mus.: R. Drigo, Bühne: Allegri, Kost.: Ponomarow; UA 10. 2. 1900, Eremitage-Th., St. Petersburg, mit M. Kschessinska. Eine gute Fee verhilft Harlekin zu den bewußten Millionen, um ihn in den Augen des Vaters seiner geliebten Colombine aufzuwerten. Es war eins von Petipas letzten B.en und wurde verschiedentlich in meist gekürzter Form neu choreographiert, u. a. von H. Brenaa (Kgl. Dän. B., noch heute im Kopenhagener Tivoli). (→ *Harlequinade.)*

Milloss, Aurel von (geb. A. M. de Miholy), ung.-ital. Tänzer, Choreograph und B.-Direktor, * 12. 5. 1906 Ozora. Studierte u. a. bei N. Guerra, R. von Laban, V. Gsovsky und E. Cecchetti. Tänzer an der Berliner Staatsoper 1928, trat in zahlreichen Soloabenden auf. B.-Meister in Hagen, Duisburg, Breslau, Augsburg und Düsseldorf, gelegentlich Gastspiele auch in Budapest, B.-Meister am Ung. National-Th. 1936–38. Lebt seit 1938 in Rom. B.-Direktor der Röm. Oper 1938–45 und 1966–69, Mailänder Scala 1946–50, Köln 1960–63, Wiener Staatsoper 1963–66 und 1971–74. Verschiedentlich auch beim Maggio Musicale Fiorentino, am Teatro Fenice in Venedig, bei den B.s des Champs-Elysées, in Rio de Janeiro und Sao Paulo tätig. Hat zahlreiche B.e choreographiert, oft zu Musik von Strawinsky oder Bartók, und dabei mit Malern wie G. de Chirico, F. Clerici und Afro zusammengearbeitet. Unter seinen UA auch G. Petrassis *La follia di Orlando* (Mailand 1947) und *Le Portrait de Don Quichotte* (B.s des Champs-Elysées, 1947), L. Dallapiccolas *Marsyas* (Venedig 1948) und die europ. EA von Strawinskys *Orpheus* (Venedig 1948). Hat verschiedentlich auch Opern inszeniert. Mitarbeit im Herausgeberstab der ital. *Enciclopedia dello spettacolo.*

Milon, Louis-Jacques, frz. Tänzer, Choreograph, B.-Meister und Pädagoge, * 1765, † 25. 11. 1845 Neuilly. Ausgebildet an der Pariser Opéra war er für diese später ausschließlich tätig. Als Choreograph debütierte er 1799 mit *Hero und Leander* (Mus.: F. C. Lefebvre) und wurde 1800 als B.-Meister Assistent von P. Gardel. Seine bekanntesten Werke waren: *Pygmalion* (Mus.: Lefebvre, 1800), *Les Noces de Gamache* (Mus.: Lefebvre, 1801), *Nina ou La Folle par amour* (Mus.: Persuis, nach Dalayrac, 1813), *Clari ou La Promesse de mariage* (Mus.: R. Kreutzer, 1820). 1789–1802 war er Direktoriumsmitgl. der B.-Schule der Opéra, von 1815–22 unterrichtete er dort »danse pantomime«.

Mime → Pantomime.

Minarik-Mindo, Jan, dt. Tänzer, * 25. 8. 1945 Prag. Studierte ebd. am Konservatorium. Tänzer am Prager National-Th. 1966/67, Solist in Brünn 1967–69, Innsbruck 1969/70 und seit 1970 in Wuppertal, zuerst noch unter I. Sertić, dann als eine der profiliertesten Tänzerpersönlichkeiten in P. Bauschs Wuppertaler Tanz-Th.

Minkus, Alois Louis (auch Léon, geb. Aloisius Ludwig), österr. Komponist, * 23. 3. 1826 Wien, † 7. 12. 1917 ebd. Wurde 1861 zum Musikinspektor der Kaiserl. Th. von St. Petersburg ernannt, war dann offizieller B.-Komponist am Moskauer Bolschoi-Th. 1864–71 und anschließend am St. Petersburger Marien-Th. 1872–86. Komponierte die Musik zu M. Petipas *Don Quixote* (1869), *Camargo* (1872), *Le Papillon* (1874), *La Bayadère* (1877), *Roxana oder die Schöne aus Montenegro* (1878), *Die Schneetochter* (1879), *Nacht und Tag* (1883), *Die Zauberpillen* (1886) und *Kalkabrino* (1891), darüber hinaus Teile für *Paquita* (1881) und für A. Saint-Léons *La Source* (zus. mit L. Delibes, 1866).

Mir Iskusstwa (russ., Welt der Kunst), von Diaghilew, A. Benois, W. Nouvel und L. Bakst 1899 in St. Petersburg gegründete Zeitschrift. War während der fünf Jahre ihres Bestehens das publizistische russ. Forum für die Diskussion aller fortschrittlichen künstlerischen Richtungen in Bildender Kunst, aber auch in Literatur und Musik. Sie wurde zum Sammelbecken der Persönlichkeiten, die 1909 am Zustandekommen der B.s Russes beteiligt waren.

Mirk, Shonach, amer. Tänzerin, * 21. 10. 1954 Westport (Conn.). Studierte bei Joanne de Berghm, School of American B. und Royal B. School. Seit 1974 Mitgl. des B. du XXe Siècle, zu dessen profiliertesten Solistinnen sie heute gehört. Rollenkreationen u. a. in M. Béjarts *Notre Faust* (1975), *Molière imaginaire* (1976), *Dichterliebe* (1978), *Variations ›Don Giovanni‹* (1979), *Eros-Thanatos* (1980), *Die Zauberflöte* (1981), *Wien, Wien, nur du allein*, *Konzert in D für Violine und Orchester* (1982) und *Messe pour le temps future* (1983).

Miró, Joán, span. Maler, * 20. 4. 1893 Montroig, † 25. 12. 1983 »Son Abrines« auf Mallorca. Entwarf die Ausstattung für Nijinskas und Balanchines *Romeo und Julia* (zus. mit M. Ernst, 1926) und für L. Massines *Jeux d'enfants* (1932). Eine B.-Pantomime *Le bal Miró, l'uccello luce* choreographierte J. Russillo zu Musik von S. Bussotti 1981 am Teatro Fenice in Venedig.

Mirror Walkers, The, B. in 1 Akt, Libr. und Ch.: P. Wright, Mus.: Tschaikowsky (1. Orchestersuite D-Dur, op. 43); UA 27. 4. 1963, Stuttgart, mit A. Cardus, R. Barra, G. Lechner, R. Cragun, M. Haydée, H. Delavalle u. a. – »Zwei Tänzer arbeiten im B.-Saal vor dem Spiegel. Die Grenzen zwischen Realität und Imagination verwischen sich, und sie gehen in den Spiegel hinein. Für einen Moment glaubt plötzlich jeder, im Spiegelbild des anderen die erträumte Idealvorstellung des Partners zu sehen.« (Programmheft.)

Lit.: O. F. Regner / H.-L. Schneiders, in: *Reclams Ballettführer*, Stuttgart [8]1980.

Miskovitch, Milorad, jugosl. Tänzer, Pädagoge und Choreograph, * 26. 3. 1928 Voljevo. Studierte bei N. Kirsanova, B. Kniaseff und O. Preobrajenska. Tänzer bei den B.s des Champs-Elysées, beim International B. und bei de Basils Original B. Russe (alle 1947) sowie Grand B. de Monte Carlo (1948) und R. Petits B.s de Paris (1949). Tourneen mit L. Darsonval und Y. Chauviré. Dann bei den Komp.n von J. Charrat und London Festival B. (1952). Weitere Tourneen mit A. Markova (1954) und C. Marchand (1955). Gründete 1956 eine eigene Komp., dann 1960 bei L. Massines B. Europeo und 1961 bei R. Pages Chicago Opera B. Anschließend bei zahlreichen anderen Komp.n überall in Europa, gelegentlich auch in Amerika. Kreierte zahlreiche Rollen u. a. in M. Béjarts *Haut voltage* (1956), D. Sanders' *La Echelle* (1957), A. Howards *La belle dame sans merci* (1958), Massines *Commedia umana* (1960), R. Pages *Die Fledermaus* (1961) und L. Gais *Die Möwe* (1968). Begann 1970 auch zu choreographieren, u. a. *Geschöpfe des Prometheus* (Mus.: Beethoven, Genua) und *Korak* (Mus.: Z. Hristic, Belgrad 1980). Gastpädagoge an zahlreichen Schulen und Colleges in den USA.

Missa Brevis, B. in 11 Teilen, Ch.: J. Limón, Mus.: Z. Kodály, Dek.: Ming Choo Lee; UA

11. 4. 1958, J. Limón and Dance Comp., Juilliard Th., New York, mit Limón, R. Currier, B. Jones u. a. Ausgeführt zu Kodálys *Missa Brevis in Tempore Belli* vor der Projektion einer in Ruinen daliegenden Kathedrale. Ein Mann kämpft darum, das Chaos und die Verzweiflung zu überwinden, die ihn umgeben. Übernommen von der Ailey Comp. 1973.

Mitchell, Arthur, amer. Tänzer, Pädagoge, Choreograph und B.-Direktor, * 27. 3. 1934 New York. Studierte an der High School of Performing Arts. Tänzer am Broadway und in den Komp.n von D. McKayle und J. Butler. Mitgl. des New York City B. 1956, wo er der erste farbige Principal Dancer der Komp. wurde. Rollenkreationen u. a. in G. Balanchines *Midsummer Night's Dream* (1962) und *Agon* (1967), J. Taras' *Ebony Concerto* (1960) und J. Butlers *The Unicorn, the Gorgon and the Manticore* (1963). Gründete zusammen mit K. Shook 1971 das Dance Th. of Harlem, für das er auch verschiedentlich choreographiert hat (u. a. *Holberg Suite*, *Rhythmetron*, *Fête Noire*). Die dazugehörige B.-Schule in Harlem wurde rasch zum Zentrum der klassisch-akademischen B.-Ausbildung für farbige Tänzer in New York.

Lit.: J. Gruen, in: *The Private World of Ballet*, New York 1975.

Mitterhuber, Alois, österr. Tänzer, Choreograph, B.-Direktor und Pädagoge, * 16. 10. 1932 Göstling. Studierte bei D. Luca, W. Fränzl, L. Bräuer u. a. Tänzer an der Wiener Volksoper 1958–64, Münchner Staatsoper 1964–67. Begann 1963 zu choreographieren. B.-Direktor Th. an der Wien 1967–74, wo er zahlreiche B.e choreographiert hat, u. a. *Der Golem* (Mus.: F. Burt, 1968) und *Hamlet* (Mus.: Blacher, 1974). Mehrfach auch als Fernseh-Choreograph und heute vorwiegend als Pädagoge tätig.

Mlakar, Pia und Pino, jugosl. Tänzer- und Choreographenehepaar, Pia M. * 28. 12. 1908 Hamburg, Pino M. * 2. 3. 1907 Novo mesto. Ausbildung bei R. von Laban in Berlin und J. Poliakowa in Belgrad. Kamen als Tänzer über Darmstadt und Dessau nach Zürich, wo sie 1934–38 als Solotänzer und B.-Chefs wirkten und u. a. die UA von *Der Teufel im Dorf* (Mus.: F. Lhotka, 1935) choreographierten. Leiter des B.s, Choreograph und Tänzer an der Münchner Staatsoper 1939–44, mit zahlreichen weiteren B.-Prod.en, darunter auch ein Wiederbelebungsversuch an *Danina oder Joko, der brasilianische Affe* (Mus.: P. Lindpaintner, 1940) und *Verklungene Feste* (Mus.: F. Couperin / R. Strauss, 1941). Seit 1945 in Ljubljana ansässig, kehrten sie noch einmal 1952–54 als B.-Leiter an die Münchner Staatsoper zurück, arbeiteten aber vor allem an den verschiedenen Th.n in Jugoslawien, wo zu ihren erfolgreichsten B.en *Ochridische Legende* (Mus.: S. Hrstic, 1948) und *Sinfonischer Kolo* (Mus.: J. Gotovac, 1956) gehörten. Sie waren unter den ersten Choreographen, die ihre B.e in Labanscher Kinetographie notieren ließen und sind die Eltern von Veronika M., * 8. 12. 1935 Zürich, die während der fünfziger Jahre als Tänzerin Karriere machte (u. a. das Einhorn in H. Rosens *Die Dame und das Einhorn*, München 1953, später auch bei R. Petit, Robbins' B.s U.S.A., Cullberg B. und American B. Th.).

Modern Dance, amer. Bezeichnung für jene spezifische Art von amer. Bühnentanz, die seit I. Duncan und R. St. Denis im Kampf gegen das akademisch-klassische B. entstanden war. Doch der eigentliche Modern Dance, der »historische« Modern Dance stellt nur eine bestimmte Phase in der Geschichte des anti-ballettistischen Tanzes in den USA dar. Dessen spezifische Geschichte begann 1927 mit Martha Graham und erlebte seinen Gipfel in den dreißiger Jahren. Doch schon in den vierziger Jahren setzte mit M. Cunningham jener Umschwung ein, der in den sechziger Jahren (1962 Gründung des Judson Dance Theatre) zum New Dance und Postmodern Dance führte. Die großen Vertreter des historischen Modern Dance – neben Graham (1894), D. Humphrey (1895), Ch. Weidman (1901), H. Tamiris (1905), Anna Sokolow und P. Koner (beide 1912) – waren kaum an individuell-psychologischen Problemen interessiert, sondern an universalen Menschheitsthemen, Mythen und sozialpolitischen Kämpfen. Dagegen wandte sich der New Dance. Die theoretischen Vorkämpfer des historischen Modern Dance waren der Tanzkritiker John Martin und der Komponist Louis Horst. Während in den vierziger Jahren das B. Russe de Monte Carlo das europ.-klassische B. dem amer. Provinzpublikum nahe brachte, zeigte der Modern Dance den amer. Intellektuellen der Universitäten, daß dieser große Kunst sein konnte.

Lit.: Don McDonagh, *The Complete Guide to Modern Dance*, Garden City (N. Y.) 1976.

Mohr von Venedig, Der, B. mit Prolog in 8 Bildern und mit Epilog, Libr. und Ch.: E. Hanka, Mus.: Blacher, Dek.: G. Wakhevitch; UA 29. 11. 1955, Wiener Staatsoper, mit W. Dirtl, Chr. Zimmerl, R. Adama u. a. Im Prolog wird der vollzogene Mord Othellos an Desdemona gezeigt. Die eigentliche Handlung des Othello-Dramas spielt sich in den eng an Shakespeare angelehnten 8 Bildern ab, zwischen die resümierende Ritornelle eingeschoben sind. Im Epilog stürzen die Beteiligten der Handlung abermals in das Mordzimmer, wo Jago den Wachen zu entkommen versucht, während sich Othello an der Seite Desdemonas ersticht. Die dt. EA choreographierte Y. Georgi 1956 in Hannover. Weitere Versionen u. a. von T. Gsovsky 1956 an der Städt. Oper Berlin und von H. Rosen 1962 an der Bayer. Staatsoper. Ein B. gleichen Titels (*Le Maure de Venise*) schuf S. Lifar zu Musik von Maurice Thiriet 1960 für Het Nederlands B. (Andere B.e über denselben Stoff → *Othello*-Ballette.)

Lit.: O. F. Regner / H.-L. Schneiders, in: *Reclams Ballettführer*, Stuttgart [8]1980.

Moissejew, Igor Alexandrowitsch, sowj. Tänzer, Choreograph, B.-Meister und B.-Direktor, * 21. 1. 1906 Kiew. Studierte von 1921 an an der Schule des Bolschoi-Th.s, machte 1924 sein Examen und war bis 1939 Tänzer beim Bolschoi-B., wo er 1925 die Titelrolle in Goleisowskis *Joseph der Schöne* kreierte. Choreographierte 1930 sein erstes eigenes B. zu Musik von W. Oransky: *Der Fußballspieler*, in dem sich bereits seine Begabung für das humoristisch-satirische Genre zeigte. Wichtiger aber waren 1932 *Salammbo* (Mus.: A. Arends) und 1935 *Die drei Dicken* (Mus.: Oransky). Er wurde 1936 mit der Leitung der choreogr. Abteilung im Moskauer Th. für Volkskunst beauftragt, aus der 1937 das erste Volkstanz-Ens. der UdSSR hervorging, dessen Laienkünstler im Laufe der Jahre durch Berufstänzer ersetzt wurden. (Die Komp. erhielt schon bald ihre eigene Volkstanzschule). Mit dem seinen Namen tragenden Ens. hat M. die ganze Welt bereist und für sich selbst und den russ. Volkstanz allenthalben Sympathien gewonnen. Die eigentliche Stärke des Choreographen M. sind Genreminiaturen und Szenen aus dem Alltagsleben. Am bekanntesten wurden *Partisanen*, *Bulba*, *Chorumi*, *Moldowenskaja*, *Fußball*, *Tag an Bord*, *Bilder der Vergangenheit*, *Gaucho* und *Tanz der Narren*. Für das Bolschoi-B. choreographierte er 1958 Chatschaturians *Spartakus*; 1967 gründete er noch ein klassisch-akademisch orientiertes Junges B., für das außer ihm selbst auch K. Goleisowski, A. Messerer und O. Winogradow B.e beigesteuert haben.

Lit.: M. Chudnowsky, *Dancing to Fame*, Moskau 1959.

Molière, Bühnenname für Jean-Baptiste Poquelin, frz. Schauspieler und Dramatiker, * Januar 1622 Paris, † 17. 2. 1673 ebd. Zusammen mit Lully und Beauchamp Schöpfer des Comédie-ballet. Dessen Geschichte begann 1661 auf dem Fest von Vaux mit *Les Fâcheux* (Mus. und Ch.: Beauchamp). Es folgten mit der Musik von Lully *Le Mariage forcé* (1664, Mitwirkung des Königs Ludwig XIV. im Louvre); *La Princesse d'Elide* (1664, innerhalb des Festes *Plaisirs de l'Isle Enchantée*), *L'Amour médecin* (1665), *M. de Pourceaugnac* (1669), *Les Amants magnifiques* (1670), *Le Bourgeois gentilhomme* (1670) und *Les Festes de l'Amour et de Bacchus* (1672). *Le Bourgeois gentilhomme* hat Balanchine dreimal choreographiert: 1932 für Les B.s Russes de Monte Carlo, 1944 für das B. Russe de Monte Carlo und 1979 mit Robbins und Nurejew für das New York City B. Béjart, der schon 1976 eine abendfüllende Prod. *Le Molière imaginaire* mit seinem B. du XXe Siècle in Brüssel herausgebracht hatte, versuchte 1981 die drei Stücke nachzuchoreographieren, die 1664 im Rahmen der *Plaisirs de l'Isle Enchantée* gezeigt worden waren: *Le Mariage forcé*, *La Princesse d'Elide* und die ersten drei Akte von *Tartuffe*. Ein M.-inspiriertes B., *Les Fâcheux*, choreographierte B. Nijinska zu Musik von G. Auric 1924, für die B.s Russes von Diaghilew in Paris.

Lit.: F. Böttger, *Die Comédie-Ballet* von Molière und Lully, Berlin 1930. Neudr. Hildesheim 1979; M. Fr. Christout, in: *Le Ballet de cour de Louis XIV*, Paris 1967.

Monat auf dem Lande, Ein (engl. Originaltitel: *A Month in the Country*), B. in 1 Akt, Ch.: F. Ashton, Mus.: Chopin, arr. von J. Lanchbery, Dek.: J. Trevelyn Oman; UA 12. 2. 1976, Royal B., Covent Garden, London, mit L. Seymour,

A. Dowell, A. Grant u. a. – Das B. basiert auf I. Turgenjews gleichnamigem Schauspiel (1872) und erzählt die Geschichte der Gutsherrin Natalia Petrowna, ihrem Mündel Vera und dem neu auf dem Gut angekommenen Studenten Beljajew und ihrer erotischen Komplikationen.

Lit.: P. Brinson / C. Crisp, in: *Ballet & Dance*, Newton Abbot 1980.

Moncion, Francisco, amer. Tänzer, * 2. 7. 1922 Las Vega (Dominik. Rep.). Studierte an der School of American B. Tänzerdebüt bei der New Opera Comp. 1942, dann beim International B., wo er Titelrollen in E. Catons *Sebastian* und L. Massines *Mad Tristan* (beide 1944) kreierte. Zur B. Society 1946 und seit 1948 Principal Dancer des New York City B. – Rollenkreationen u. a. in G. Balanchines *Vier Temperamente* (1946), *Divertimento* (1947), *Orpheus* (1948), *Feuervogel* (1949), *La Valse* (1951), *Ivesiana* (1954), *Episodes* (1959), *A Midsummer Night's Dream* (1962) und *The Flood* (1982), F. Ashtons *Picnic at Tintagel* (1952), J. Robbins' *The Guests* (1949), *Age of Anxiety* (1950), *Afternoon of a Faun* (1953) und *In the Night* (1970). Ist verschiedentlich auch als Choreograph hervorgetreten.

Mondrentier, Das (dän. Originaltitel: Maanrenen), B. in 1 Akt, Libr. und Ch.: B. Cullberg, Mus.: K. Riisager, Dek.: P. Falk; UA 22. 11. 1957, Kgl. Dän. B., mit M. Vangsaa, H. Kronstam, F. Bjørnsson. – Die Handlung gründet auf einer lappländischen Legende, in der sich ein Mädchen mit ihrem Liebeskummer an einen Zauberer wendet. Es verspricht ihm als Gegenleistung, sich bei Vollmond in ein weißes Rentier verwandeln zu lassen, als das es mehrere Jäger in den Tod lockt. Auch sein Liebhaber schwebt in dieser Gefahr, aber er tötet das Rentier und verhilft ihm so dazu, im Tode seine menschliche Gestalt wiederzuerlangen. Übernahmen ins Rep. verschiedener anderer Komp.n, u. a. auch Köln (1962).

Lit.: O. F. Regner / H.-L. Schneiders, in: *Reclams Ballettführer*, Stuttgart [8]1980.

Monk, Meredith, amer. Tänzerin, Choreographin und Musikerin, * 20. 11. 1943 Lima. Studierte bei M. Slavenska, M. Cunningham, M. Graham, Mata & Hari. Debüt als Tänzerin 1963. Entwickelte sich zu einer der führenden Persönlichkeiten der amer. Avantgardeszene. Tritt mit ihrer Gruppe vorzugsweise in sonst nicht als Th. genutzten Räumlichkeiten auf, z. B. Judson Church, Chicago Museum of Contemporary Art, Guggenheim Museum usw. Ist auch als Komponistin und Vokalistin für ihre Prod.en zuständig. Gründete 1968 The House, eine Komp., die sich um eine interdisziplinäre Verknüpfung der Künste bemüht. Ihr erstes Stück hieß *M* (1963), weitere Arbeiten von ihr waren u. a. *Blueprint* (1967), *Title: Title* (1969), *Needle Brain Lloyd and the System's Kid* (1970), *Education of the Girl Child* (1973), *Quarry* (1979), *Recent Ruins* (1980), *Turtle Dreams* (1981) und *Specimen Days* (1982).

Lit.: S. Banes, in: *Terpsichore in Sneakers*, Boston 1980.

Monotones, B. in 3 Sätzen, Ch.: F. Ashton, Mus.: E. Satie (Trois Gymnopédies); UA 24. 3. 1965, Royal B., Covent Garden, London, mit V. Lorrayne, A. Dowell und R. Mead. Es handelt sich um einen kühlen, schnittigen Pas de trois, zu dessen Outer-Space-Air nicht zuletzt die von Ashton selbst entworfenen Kostüme beitragen. Das Stück, für eine einmalige Auff. anläßlich der Royal B. Benevolent Fund Gala geplant, war so erfolgreich, daß sich Ashton entschloß, ihm noch einen zweiten Teil folgen zu lassen, dem er die von J. Lanchbery instrumentierten *Trois Gnossiennes* von Satie unterlegte, und der am 25. 4. 1966 Premiere hatte, mit A. Sibley, G. Parkinson und B. Shaw. Seither gibt es beide Teile meist zusammen, wobei der ursprünglich zweite dem ursprünglich ersten Teil vorangestellt wird. Übernommen ins Rep. der Dt. Oper Berlin (1971) und City Center Joffrey B. (1974).

Lit.: P. Brinson / C. Crisp, in: *Ballet & Dance*, Newton Abbot 1980.

Montagnon, Lucia → Isenring, Lucia.

Montagnon, Patrice, frz. Tänzer und Choreograph, * 4. 3. 1952 Menthon, St. Bernard. Studierte am Genfer Konservatorium. Tänzer ebd. am Grand Th., dann Münchner Staatsopern-B. 1967–72 und Stuttgart 1977–80, wo er zuletzt zu den Haus-Choreographen gehörte, seither freischaffend tätig. Choreographierte u. a. *Innere Not* (Mus.: Bruckner, 1977), *Glocken* (Mus.: Rachmaninow), *Der Tod und das Mädchen* (Mus.: Schubert, beide 1978), *Schlafwandler*

(Mus.: J. Sibelius, 1979, alle Stuttgart), *Kreisleriana* (Mus.: R. Schumann, Frankfurt a. M. 1982) und *Carmencita* (Mus.: Antonio Madigan, Dt. Oper Berlin 1984). War zeitweise mit der Tänzerin Lucia Isenring verheiratet.

Montez, Lola (geb. Marie Dolores Eliza Gilbert), Tänzerin und Abenteuerin, * 1818 Limerick (Irland), † 17. 1. 1861 New York. War die Tochter eines schott. Offiziers und einer Kreolin, hatte bei einer ihrer zahllosen Liebesaffären in Sevilla ein paar Tanzstunden genommen und danach mit unterschiedlichem Erfolg halb Europa als span. Tänzerin bereist. Um so erfolgreicher war sie als Lebedame, die 1844 in Paris für einen Skandal sorgte und 1846 in München sogar die Gunst von König Ludwig I. gewann. Dieser machte sie zur Gräfin Landsfeld, wurde aber durch die Revolution 1848 seiner Mätresse wegen zur Abdankung gezwungen. Nach weiteren Skandalen in Paris, London und Sydney ließ sie sich schließlich in New York nieder, wo sie ihre Tage als reuige Büßerin beendete. Es gibt viele Bücher über sie und auch ein paar B.e, in denen sie auftritt, u. a. in Massines *Bacchanale* (1939) und E. Catons *Lola Montez* (1946).

Lit.: Amanda Darling, *L. M.*, New York 1972.

Month in the Country, A → *Monat auf dem Lande, Ein.*

Monument für einen gestorbenen Jungen (holl. Originaltitel: *Monument voor een gestorven Jongen*), B. in 1 Akt, Libr. und Ch.: R. van Dantzig, Mus.: Jan Boerman (Alchemie 1961), Dek.: T. van Schayk; UA 19. 6. 1965, National-B., Stadsschouwburg, Amsterdam, mit van Schayk, José Lainez, Chr. Anthony u. a. – Das B. rekapituliert die Erinnerungsstationen eines Jungen, der durch seine homosexuelle Veranlagung in seinen Begegnungen mit Eltern, Mädchen und Freunden in eine Außenseiterrolle gedrängt wird und an ihr schließlich zugrunde geht. Van Dantzig wurde zu dem B. durch den Selbstmord eines jungen holl. Künstlers inspiriert. Spätere Übernahmen u. a. ins Rep. des Harkness B. (1967), American B. Th. (1973), Kgl. Dän. B. und Dt. Oper Berlin (beide 1976).

Lit.: G. Balanchine / F. Mason, in: *Balanchine's Complete Stories of the Great Ballets*, Garden City (N. Y.) 1977.

Monumentum pro Gesualdo, B. in 3 Teilen, Ch.: G. Balanchine, Mus.: Strawinsky, Bühne: D. Hays; UA 16. 11. 1960, New York City B., City Center, New York, mit D. Adams und C. Ludlow. – Das B. besteht aus drei sehr knappen tänzerischen Raumskizzen, deren kühler Neoklassizismus von exzeptioneller Reinheit und Klarheit ist. Das Solopaar wird von 6 Paaren akkompagniert. Es wird heute immer zusammen mit den 1963 uraufgeführten, ihm nachgestellten *Movements* zusammen gegeben.

Lit.: G. Balanchine / F. Mason, in: *Balanchine's Complete Stories of the Great Ballets*, Garden City (N. Y.) 1977.

Moor's Pavane, The (Moor of Venice), Tanzstück von J. Limón, Mus.: H. Purcell, Kost.: P. Lawrence; UA 17. 8. 1949, J. Limón Dance Comp., Connecticut College, New London, mit Limón, B. Jones, L. Hoving und P. Koner. – Limón erzählt hier in äußerster Strenge und Knappheit, auf die vier Hauptakteure Othello und Desdemona, Jago und Emilia konzentriert, mit dem verlorenen Taschentuch als einzigem Requisit, die Geschichte von Othellos Verblendung, und zwar im Rahmen eines höfischen Tanzes, der Pavane. Inzwischen von vielen Komp.n übernommen.

Lit.: G. Balanchine / F. Mason, in: *Balanchine's Complete Stories of the Great Ballets*, Garden City (N. Y.) 1977.

Moore, Lillian, amer. Tänzerin, Pädagogin und B.-Historikerin, * 20. 9. 1917 Chase City (Va.), † 28. 7. 1967 New York. Studierte an der School of American B., bei M. Curtis, V. Galli und Ch. Weidman. Tänzerin beim American B. 1935–38 und bei zahlreichen anderen Komp.n bis 1945, danach hauptsächlich als Pädagogin tätig, vor allem an R. Joffreys American B. Center. Amerikas erste B.-Historikerin, mit zahlreichen Beiträgen für internationale Zeitschriften, Publikationen und Enzyklopädien. Schrieb u. a. *Artists of the Dance* (1938), *›The Duport Mystery‹* in: *Dance Perspectives 7* (1960), *Bournonville and Ballet Technique* (zus. mit E. Bruhn, 1965) und *Images of the Dance* (1965). Herausgeberin der *Memoirs of Marius Petipa* (1958).

Mordkin, Michail Michailowitsch, russ.-amer. Tänzer, Choreograph, Pädagoge und B.-Direktor, * 21. 12. 1880 Moskau, † 15. 7. 1944 Milbrook (N. J.). Studierte an der Kaiserl. B.-Schule Moskau, machte 1899 sein Examen und trat sofort als Solotänzer in die Komp. ein, wo er bald auch B.-Meister wurde. Nach einem Gastspiel in Berlin tanzte er während der ersten Diaghilew-Saison in Paris, trennte sich dann aber mit A. Pawlowa von Diaghilew und unternahm zusammen mit ihr eine ausgedehnte Gastspielreise. Nach der Trennung von A. Pawlowa unternahm er 1911/12 ein Amerika-Gastspiel mit seinem All-Star Imperial Russian B. (u. a. mit J. Geltzer, L. Lopokova, St. Idzikovsky und A. Volinine) und ging 1912 zurück zum Bolschoi-Th. nach Moskau, wo er seine *Legende von Aziade* neueinstudierte und 1913–17 Mitarbeiter auch bei Tairows Kammer-Th. war. Tanzte und choreographierte in verschiedenen Städten: Moskau, Petrograd, Kiew, Tblissi. Verließ Rußland 1923. Arbeitete dann zunächst in Litauen und ließ sich 1924 in den USA nieder, wo er durch seine zahlreichen Aktivitäten zu einem der wichtigsten Pioniere des amer. B.s wurde. Er gründete 1926 das Mordkin B., für das er u. a. *Souvenir of Roses* (Mus.: Chopin) choreographierte und mit dem er 1927 *Schwanensee* aufführte. Die Truppe (u. a. mit H. Butsova, F. Doubrovska, P. Vladimiroff und N. Zwereff) gastierte auch in Europa, löste sich aber bald wieder auf, wonach M. als freischaffender Choreograph arbeitete. Im Jahr 1937 rief er sein M. B. erneut ins Leben, das außer Klassiker-Insz.en auch *The Goldfish* (Mus.: A. Tcherepnine), *Frühlingsstimmen* (Mus.: J. Strauß) und *Dionysus* (Mus.: Glasunow) bot. Seine Komp. bildete 1939 dann den Kern des American B. Th. In der Folgezeit war er hauptsächlich pädagogisch tätig. Schülerinnen von ihm waren u. a. P. Bowman, Kyra Nijinsky, K. Hepburn und J. Garland. Seine bekanntesten Schüler waren P. Haakon und L. Danielian.

Moreland, Barry, austral. Tänzer und Choreograph, * 1943 Melbourne. Studierte an der Australian B. School. Mitgl. des Australian B. 1962. Studierte weiter an der Londoner School of Contemporary Dance und trat mit eigener Gruppe auf. Resident Choreographer beim London Festival B. 1971–75, wo sein erfolgreichstes B. *Prodigal Son* (Mus.: S. Joplin, 1974) war. Seither freischaffend als Choreograph tätig – u. a. *Journey to Avalon* (Mus.: P. M. Davies, London Festival B., 1980).

Moresca (auch Morisca, Moresque, Moriske), Tanzbezeichnung, hatte in Mittelalter und Renaissance die verschiedensten Bedeutungen. In der ursprünglich span. Moresca standen sich Christen und islam. Araber (Moros!) im getanzten Kampfspiel gegenüber. Die älteste nachweisbare Moresca wurde bereits 1141 in Lerida aufgeführt, ein Jahr nach der Vertreibung der Moros aus der Stadt. Außerhalb Spaniens wurden auch ältere Kampf-Spiel-Tänze als Morescas stilisiert. Weiter wurden seit etwa 1500 auch kleine erotische B.e als Morescas bezeichnet, so etwa 1521 ein in Rom vor Papst Leo X. aufgeführtes B., in dem eine Mädchengruppe mit einer zunächst erosfeindlichen, dann aber bekehrten Mönchsgruppe konfrontiert wurde. Seit dem 16. Jh. werden ganz allgemein Tanzspiele als M. bezeichnet, vor allem in den Intermedien und Masques. Man begegnet ihr in Cavalieris *Rappresentazione di anima e di corpo* und im Schluß-B. von Monteverdis Oper *Orfeo* (1607). Doch wurden seit dem 14. Jh. auch Gruppen- und Einzeltänze von Männern als M. bezeichnet. Das hing damit zusammen, daß die Jahrhunderte dauernde Wiedereroberung Spaniens durch die christlichen Königreiche (800–1492) ganz Europa erregte. Moresca wurde zum Schlagwort. Schon 1393 wurde ein uralter frz. Wildmännertanz als M. bezeichnet. Arbeau schilderte in seiner Orchésographie (1588) eine M., die von einem als Neger verkleideten Burschen mit Fersenschlägen und Schellen an den Füßen ausgeführt wurde. Schließlich gab es noch eine M., in der Männergruppen die afrik. Isolationstechnik nachahmten. Diese total exotische Morisque, in Deutschland als Maruschka bekannt, wurde von I. van Meckenem und besonders charakteristisch von E. Grasser um 1480 im Münchner Rathaus dargestellt. Diese afrik. Morisque war, vor allem bei der Jugend, mit Abstand der beliebteste Gesellschaftstanz des 16. Jh.s.

Morishita, Yoko, jap. Tänzerin, * 7. 12. 1948 Hiroshima. Studierte an der Tachitana B. School sowie bei Asami Maki und I. Schwezoff. Debütierte als Sechzehnjährige beim Asami Maki B. als Odette/Odile. Primaballerina der Matsujama B. Komp. seit 1971. Zahlreiche Gastspiele bei Komp.n überall in der Welt (u. a. Stuttgart). Kreierte Hauptrolle in M. Béjarts *Light* (1981).

Lit.: *Y. M., World's Eminent Prima Ballerina*, Picture-Book, Tokyo 1980.

Moroda, Derra de → Derra de Moroda.

Morrice, Norman, engl. Tänzer, Choreograph und B.-Direktor, * 10. 9. 1931 Agua Dulce (Mex.). Studierte an der Rambert School. Mitgl. des B. Rambert 1952, Principal Assistant Director 1966–70 und Kodirektor 1970–74. Danach freischaffend als Choreograph tätig. Direktor des Royal B. seit 1977. Als Choreograph zeigte er sich stark beeinflußt durch sein Studium in den USA bei M. Graham und anderen Modern-Dance-Persönlichkeiten. Begann 1958 zu choreographieren: *Two Brothers* (Mus.: E. von Dohnányi), gefolgt von u. a. *Hažana* (1959), *A Place in the Desert* (Mus.: beide C. Surinach, 1961), *Conflicts* (Mus.: E. Bloch, 1962), *The Travellers* (1963), *Hazard* (1967), *1-2-3* (Mus.: alle L. Salzedo, 1968), *Them and Us* (Mus.: Y. Xenakis, 1968), *Blind-Sight* (Mus.: B. Downes, 1969), *The Empty Suit* (Mus.: Salzedo, 1970), *That Is the Show* (Mus.: L. Berio, 1971) und *Spindrift* (Mus.: J. Lewis, 1974). Hat u. a. auch für Batsheva Dance Comp. und Kölner Tanz-Forum gearbeitet. Direktor des zweiten Gulbenkian National Choreogr. Summer Course 1976.

Morris Dance. Trotz des fremdländischen Namens ist der Morris Dance englisch und hat außer dem Namen nichts zu tun mit der span. Moresca, in der zwei Parteien – Christen und Moros – tanzend miteinander kämpfen. Der engl. Morris Dance ist ein alter engl. Fruchtbarkeitstanz. Ein Rest davon ist der mit Grabstökken ausgeführte Bohnentanz, das Bean setting, als Teil des Tanzes. Weitere Hinweise auf magische Ursprünge sind mythische Figuren, die früher die 6 eigentlichen Morristänzer begleiteten, u. a. Robin Hood, der Narr, (der Vertreter des Todes und der Auferstehung), die erotische Maid Maryan und das Steckenpferd, das Hobby horse, Symbol der phallischen Fruchtbarkeit. Der Name wurde um 1450 im Zusammenhang mit der Spanien-Mode von Spanien übernommen, nicht aber der Kampftanz selbst. Der Morris Dance in England verbindet hohe Sprünge und Stampfer mit Raumfiguren und kennt auch die Nachahmung von Arbeitsvorgängen. Die Kleidung ist weiß, an den Waden tragen die Tänzer Schellenbänder, die durch die Sprünge zum Klingen gebracht werden. Je drei Tänzer stehen einander gegenüber oder hintereinander. Die Figuren sind S-Schleifen, Kettenfiguren, Kreise und Platzwechsel. Es war der Vater der engl. Volkstanzbewegung, Cecil Sharp, der um 1900 den Morris Dance vor dem Untergang rettete. In Ashtons *La Fille mal gardée* sind viele Ens.-Tanzformen aus dem M. D. übernommen worden.

Lit.: C. Sharp, *The Morris Book*, London 1907.

Moskau → Bolschoi-Ballett, → Stanislawsky und Nemirowitsch-Dantschenko-Musiktheater, Ballett des.

Moskauer Klassisches Ballett (*Moskowski Klassitscheski Balet*), 1966 gegründet als Choreogr. Konzert-Ens. SSSR. Erster Künstlerischer Leiter Igor A. Moissejew. Seit 1971 Staatl. Konzert-Ens. SSSR, Klassisches B. An der Spitze stand Juri T. Schdanow. Mitarbeiter: K. Goleisowski, A. Messerer, O. Winogradow u. a. Die Programme bestanden aus Fragmenten ausgewählter klassischer B.e wie *Schwanensee*, *Don Quixote*, *Der Korsar*, *Der Sterbende Schwan*, dem Einakter *Francesca da Rimini* und einigen neuen Kurzballetten u. a. von Goleisowski, R. Sacharow und Winogradow. 1977 wurde neuer Direktor und Künstlerischer Leiter W. Wassiljow, Chef-B.-Meisterin seine Frau N. Kassatkina. W. brachte 1978 außer *Gajaneh* seine eigenen Werke *Erschaffung der Welt* und *Sacre du Printemps* heraus, außerdem Fragmente aus klassischen B.en: *La Sylphide* (Ch.: F. Taglioni, Einst.: P. Lacotte), *Blumenfest* (Ch.: Bournonville) und *Carnaval in Venedig* (Ch.: Petipa). Er griff 1980 sogar auf Taglionis B. *Natalie oder Das Schweizer Milchmädchen* (Einst.: P. Lacotte) von 1821 zurück. Die Truppe tritt außer in Moskau (Kreml-Palast) auch in anderen Städten der Sowjetunion und des sozialistischen Auslandes auf.

Motte, Claire, frz. Tänzerin, * 21. 12. 1937 Belfort. Studierte an der B.-Schule der Pariser Opéra. Mitgl. des Opéra B. 1952, Première danseuse 1956, Danseuse étoile 1960–78. Zahlreiche Gastengagements bei anderen Komp.n. Rollenkreationen u. a. in S. Lifars *Chemin de la lumière* (1957), M. Descombeys *Sarracenia* (1964) und *Bacchus und Ariadne* (1967), R. Petits *Notre-Dame de Paris* (1965) und *Turangalîla* (1968) sowie in F. Blaskas *Concerto pour piano* (1970).

Mottram, Simon, engl. Tänzer und Pädagoge, * 3. 7. 1937 Woodford. Studierte an der Rambert School. Mitgl. des B. Rambert 1954, Touring Royal B. 1956, Solist 1959. Tanzte dann bei zahlreichen Komp.n, u. a. London Festival B., London B., Grand B. du Marquis de Cuevas, Western Th. B., Kgl. Schwed. B., Nederlands Dans Th., Northern Dance Th., New London B. B.-Meister Nederlands Dans Th. 1975–79, seither freischaffend tätig (u. a. auch Kölner Sommerakademie).

Movements, B. in 5 Teilen, Ch.: G. Balanchine, Mus.: Strawinsky (Movements for Piano and Orchestra), Bühne: D. Hays; UA 9. 4. 1963, New York City B., City Center, New York, mit S. Farrell und J. d'Amboise. – Dies ist ein handlungsloses B., das Balanchine als ein Doppelkonzert für ein Solopaar bezeichnet hat, welches identisch ist mit dem Klavierpart. Das akkompagnierende Paar besteht aus 6 Damen, die zu Beginn jedes neuen Teils in 3 Gruppen das Thema exponieren, das dann von den Solisten aufgegriffen und durchgeführt wird. Strawinsky hat das B. mit elektrischen Stromstößen verglichen. Es wird inzwischen immer mit *Monumentum pro Gesualdo* zusammengegeben, das den *M.* vorausgeht.

Lit.: G. Balanchine / F. Mason, in: *Balanchine's Complete Stories of the Great Ballets*, Garden City (N. Y.) 1977.

Moves, B. ohne Musik, Ch.: J. Robbins; UA 3. 7. 1959, Ballets: U.S.A., Spoleto. – Robbins hat seine Absicht so definiert: »Ich wollte, daß sich das Publikum auf die Bewegung konzentriert. Ich wollte zwei Dinge: erstens das Auskundschaften von Bewegung, die vom Publikum nur als Bewegung interpretiert werden kann ..., zweitens wollte ich ein Ballett über zwischenmenschliche Beziehungen machen – Mann und Frau, den einen und den anderen, den Individualisten und der Gruppe.« Später übernommen ins Rep. des City Center Joffrey B. (1968), Nederlands Dans Th. (1973) und New York City B. (1984).

Lit.: O. F. Regner / H.-L. Schneiders, in: *Reclams Ballettführer*, Stuttgart [8]1980.

Mozart, Wolfgang Amadeus, österr. Komponist, * 27. 1. 1756 Salzburg, † 5. 12. 1791 Wien. Komponierte die Musik zu J. G. Noverres *Les petits riens* (Pariser Opéra, 1778). Noverre war möglicherweise auch der Choreograph seiner Serenata teatrale *Ascanio in Alba* (Mailand 1771). Die B.-Einlagen für *Lucio Silla* choreographierte Ch. LePiq und Gius. Salomoni (Mailand 1772). Die bedeutendste Opern-B.-Musik komponierte M. für *Idomeneo* (Ch.: Peter Legrand, München 1781). Kleinere Tanzsätze begegnen auch in *Le nozze di Figaro* (1786) und *Don Giovanni* (1787). Durch sein ganzes Œuvre ziehen sich von KV 1 bis KV 611 für die verschiedensten Gelegenheiten komponierte Tänze, meist Menuette, Märsche, Ländler, Kontratänze und Deutsche. – Eine von Einar Nilsson stammende Bearbeitung der *Les petits riens* präsentierten Hofmannsthal-Reinhardt mit G. Christensen als Choreograph am Dt. Th. Berlin in der Pantomime *Die grüne Flöte* (1916). Ein 1928 in Graz aufgefundenes angebliches M.-Autograph, das häufig unter dem Titel *Die Rekrutierung, oder Die Liebesprobe* zur Auff. gelangte (auch von M. Fokine als *L'Epreuve d'amour*, 1936), identifizierte A. Einstein als das 1838 in Wien uraufgeführte B. *Der Rekrut* von Effisio Catte (diverse Komponisten). – So groß die Zahl der zu konzertanter Musik von M. aufgeführten B.e ist, so wenige haben sich dauerhafter im Rep. behaupten können – u. a. G. Balanchines *Symphonie concertante*, Es-Dur, KV 364 (B. Society, 1947) und *Caracole* (Divertimento Nr. 15, B-Dur, KV 287, New York City B., 1952 – seit 1956 in revidierter Form unter dem Titel *Divertimento Nr. 15*), J. Crankos *Konzert für Flöte und Harfe* (C-Dur, KV 299, Stuttgart 1966), M. Smuins *Gartenfest* (Cassation Nr. 1, G-Dur, KV 63, American B. Th., 1968) und G. Arpinos *Secret Places* (Andante aus dem Klavierkonzert C-Dur, KV 467, Joffrey City Center B., 1968).

Lit.: P. Nettl, *M. und der Tanz*, Zürich 1960.

Mudra, genauer Hasta-Mudra, ist das Sanskrit-Wort für Hand-Bedeutungen in den klassischen ind. Tanzstilen. Dabei werden in den kanonischen Schriften unterschieden 31 Einzelhand-M.s und 27 Zweihand-M.s. Aber jede Hasta-M. hat wieder eine Fülle von Bedeutungen, deren Sinn nur vom Kenner aus dem jeweiligen Zusammenhang verstanden werden kann. – M. ist auch der von Béjart gewählte Name für seine in Brüssel geschaffene Theater- und Tanzschule, die in Dakar (Senegal) eine Zweigstelle unterhält.

Müller, Horst, dt. Tänzer, Choreograph und B.-Direktor, * 3. 4. 1933 Lahr. Studierte an der Essener Folkwang-Schule, der Juilliard School und bei M. Graham, J. Limón und D. Humphrey. B.-Meister Oldenburg 1961–63, Mannheim 1963–73 (zahlreiche B.e zu Jazz-Musik) und seit 1975 B.-Direktor in Nürnberg. Choreographierte zahlreiche B.e.

München. Die Stadt blickt auf eine lange Tradition von volkstümlichen Tänzen zurück, u. a. der *Schäfflertanz* und die *Moresca*, die durch die Moriskentänzer-Skulpturen von E. Grasser (um 1480) weltweite Berühmtheit erlangt hat. Die Hof-B.e im 17. und 18. Jh. wurden überwiegend von frz. oder ital. B.-Meistern arrangiert. Peter Legrand choreographierte die UA von Mozarts *Idomeneo* 1781 und richtete eine erste private B.-Schule ein als Vorläufer der 1792 vom B.-Meister Crux gegründeten offiziellen Th.-B.-Schule. Später wirkte hier u. a. auch E. Lauchery sowie das Ehepaar Viganò, das 1795 in *La Fille mal gardée* Anstoß erregte (»Obscöne Gruppen, anstößige, ekelhafte Attitüden ... noch nie sah mein unsterbliches Herz so etwas ungraziöses«). Bei der Eröffnung des National-Th.s tanzten 1818 die Duports, auch F. und M. Taglioni erschienen als Gäste und tanzten 1825 bei der Wiedereröffnung des National-Th.s (das 1823 abgebrannt war). Crux' Nachfolger war F. Horschelt 1820–29, kehrte 1839–47 noch einmal nach M. zurück und engagierte außer den Taglionis auch F. Elßler und L. Grahn als Gäste. Seine Nachfolger waren Joh. Fenzl (1848–61), Franz Hoffmann (1861–64), Giov. Golinelli (1864–69), L. Grahn (1869–75), wonach Franz Fenzl (Sohn von J. Fenzl) bis 1890 die B.-Leitung der M.er Hof-Th. übernahm und auch für die gründliche Reorganisation der Kinder-B.-Schule sorgte, die unter der Leitung von Flora Jungmann (1891–1917) besonders florierte und noch heute einen guten Ruf genießt. L. Grahn choreographierte nicht nur das *Tannhäuser*-Bacchanal in der EA von Wagners Oper, sondern auch *Coppélia* und *Sylvia*. Nach einer Niedergangsperiode um die Jahrhundertwende erlebte das B. in M. neuen Auftrieb unter H. Kröller 1917–30. Eine sehr fruchtbare Tätigkeit entfaltete das Ehepaar Pia und Pino Mlakar 1939–44. Nach 1945 wechselten die B.-Chefs der Staatsoper relativ häufig: M. Luipart 1945–48 (UA von W. Egks *Abraxas*, 1948), R. Kölling 1948–50, V. Gsovsky 1950–52 (UA von Blachers *Hamlet*, 1950), noch einmal die Mlakars 1952–54, A. Carter 1954–59 (dt. EA von Brittens *Pagodenprinz*, 1958, und Henzes *Undine*, 1959), H. Rosen 1959–68 (schon 1953 am Th. am Gärtnerplatz die UA von J. Chailleys *Die Dame und das Einhorn*), der auch die ersten internationalen prominenten Gastchoreographen nach M. holte: H. Lander, K. Jooss, G. Balanchine, B. Cullberg und F. Flindt, komissarischer B.-Direktor J. Cranko 1968–70, dann R. Hynd 1970–73, D. Gackstetter 1973–78, L. Seymour 1978–80, 1980–84 E. Gleede und seither wieder R. Hynd. Das Rep. der Staatsoper ist heute ganz international und bietet sowohl die Standard-Klassiker von *Fille mal gardée* (F. Ashton) und *La Sylphide* (A. Bournonville) bis zu den Cranko-Abendfüllern sowie eine Auswahl von Zeitgenossen zwischen Balanchine, Tetley, van Manen, Neumeier, Kylián bis zu Haus-Choreographen wie Y. Vamos und F. Barbay. Nach 1945 entfaltete auch das Th. am Gärtnerplatz eigene B.-Ambitionen unter B.-Chefs wie G. Hess, W. Stammer, F. Baur-Pantoulier, I. Keres und seit 1973 mit wachsendem Erfolg I. Sertič. Seit Mitte der siebziger Jahre haben auch die lokalen Modern-Dance-Aktivitäten permanent zugenommen, mit B. Trommlers Tanzprojekt M. und dem Dance Center Jessica Iwanson als herausragenden Zentren. Nach dem Tod des Tänzers H. Bosl wurde eine Heinz-Bosl-Stiftung ins Leben gerufen, die sich der Förderung des tänzerischen Nachwuchses annimmt.

Lit.: J. Cocteau / W. Egk [u. a.], *Ballett Theater*, München 1963.

Muller, Jennifer, amer. Tänzerin und Choreographin, * 16. 10. 1944 Yonkers (N. Y.). Studierte an der Juilliard School. Tänzerin bei verschiedenen Komp.n, auch bei L. Falco, dessen Associate Director sie 1972 wurde, bis sie 1975 eine eigene Gruppe aufbaute (J. M. & The Works). Choreographierte auch für andere Komp.n, u. a. Nederlands Dans Th. Stücke von ihr waren u. a. *Rust – Giacometti Sculpture Garden* (1971), *Tub* (1973), *An American Beauty Rose* (1974), *Strangers* (ihre erste abendfüllende Arbeit, 1975) – jüngste Arbeiten für ihre eigene Komp. *Kites* (1982) und *Souls* (1984).

Murawjewa, Marfa Nikolajewna, russ. Tänzerin, * 29. 6. 1838 Moskau, † 15. 4. 1879 St. Petersburg. Studierte an der Kaiserl. B.-Schule in St. Petersburg bei Frédéric, Huguet und Petipa und wurde bald als Ballerina in den romantischen B.en zum Idol des Publikums von St. Petersburg. Sie hatte auch in Moskau großen Erfolg und tanzte 1863 und 1864 an der Pariser Opéra, wo die Kritiker zwar ihren Mangel an technischer Sauberkeit und stilistischer Eleganz beklagten, aber auch ihre Spitzentechnik, ihre Elevation und ihre darstellerischen Fähigkeiten bewunderten.

Lit.: N. Roslavleva, in: *Era of the Russian Ballet*, London 1966.

Murdmaa, Mai-Esther, sowj. Tänzerin und Choreographin, * 31. 3. 1933 Reval. Studierte ebd. an der B.-Schule, machte 1956 ihr Examen, dann GITIS, Moskau. Seit 1965 Choreographin am Estländ. Th. in Reval, wo sie durch ihre für dortige Verhältnisse ungewöhnlich modernen B.e Aufmerksamkeit erregt hat, darunter auch *Daphnis und Chloe* (Mus.: Ravel, 1968), *Der wunderbare Mandarin* (Mus.: Bartók, 1969), *Johanna, die Besessene* (Mus.: E. Tamberg, 1971), *Der verlorene Sohn* (Mus.: Prokofjew, 1973) und *Die Jahreszeiten* (Mus.: Vivaldi, 1976).

Murphy, Graeme, austral. Tänzer, Choreograph und B.-Direktor, * 1951 (Geburtsort nicht bekannt). Studierte an der Australian B. School, Mitgl. des Australian B. 1968–72, wo er auch bereits zu choreographieren begann. Ging dann nach Europa, wo er 1972–75 bei verschiedenen Komp.n als Tänzer engagiert war (u. a. Royal B. und B. Felix Blaska). Kehrte 1976 wieder nach Australien zurück, wo er freischaffend arbeitete, zum Teil auch mit eigener Gruppe. Artistic Director der Sydney Dance Comp. seit 1978, wo seine größten Erfolge als Choreograph bisher *Daphnis und Chloe* (Mus.: Ravel), *Poppy* (über J. Cocteau, Mus.: C. Vine), *Rumours*, *Shéhérazade* (Mus.: Ravel) und *An Evening* waren.

Musette, in den frz. Rokoko-B.en unter Ludwig XIV. und XV. beliebter Tanz im 2/4-, 3/4- oder 6/8-Takt, hat seinen Namen vom Begleitinstrument, einer Sackpfeife mit kleinem Blasebalg. Im Grunde handelte es sich um eine rustikale Gavotte.

Musil, Karl, österr. Tänzer, * 3. 11. 1939 Wien. Studierte ebd. an der B.-Schule der Staatsoper. Mitgl. des Staatsopern-B.s 1953, Solist 1958, Erster Solist 1965–83. Zahlreiche Gastspiele bei anderen Komp.n (London Festival B., Royal B., Komp. von J. Charrat, Hannover), auch Tourneen mit M. Fonteyn und S. Beriosova. Zahlreiche Rollenkreationen in B.en von u. a. Y. Georgi, D. Parlic, E. Walter, A. von Milloss, W. Orlikowsky, R. Adama, Charrat und D. Neumeier. Er ist der Bruder des Tänzers Ludwig M. M. und mit der Tänzerin und Pädagogin Irina Borowska verheiratet.

Musil, Ludwig M., österr. Tänzer, * 23. 3. 1941 Wien. Studierte ebd. an der B.-Schule der Staatsoper. Mitgl. des Staatsopern-B.s seit 1956, Solist 1962, Erster Solist 1972. Zahlreiche Rollenkreationen in B.en von u. a. A. von Milloss, W. Orlikowsky und E. Walter. Er ist der Bruder des Tänzers Karl M. und mit der Tänzerin Irmtraud Haider verheiratet.

Mussorgski, Modest Petrowitsch, russ. Komponist, * 21. 3. 1839 Karewo, † 28. 3. 1881 St. Petersburg. Schrieb keine B.-Musik, doch sind insbesondere zwei seiner konzertanten Stücke verschiedentlich B.en zugrunde gelegt worden: *Nacht auf dem kahlen Berge* (u. a. A. Gorsky, Moskau 1918, B. Nijinska, Diaghilews B.s Russes, 1924, D. Lichine, B. Th., 1943, I. Moissejew, Moissejew Ens. 1984) und *Bilder einer Ausstellung* (u. a. Nijinska, 1944, E. Hanka, Wien 1947, F. Lopuchow, Moskau 1963, J. Neumeier, Frankfurt a. M. 1972).

Mutations, B. von G. Tetley (Ch.) und H. van Manen (Film-Ch.), Mus.: Stockhausen, Bühne: N. Baylis, Kost.: Emmy van Leersum und Gijs Bakker, film. Realisierung: J.-P. Vroom; UA 3. 7. 1970, Nederlands Dans Th., Circus-Th., Scheveningen, mit J. Meyer, J. Flier, M. Sarstädt, G. Lemaitre, A. Licher u. a. – Das B. spielt sich im Raum (auch im Zuschauerraum, der durch einen Gang mit der offenen Bühne verbunden ist) und auf der Leinwand ab, die beide zunächst einander ablösen und zum Schluß simultan beteiligt sind. Zwischen die vier tänzerischen Szenen, in denen Veränderungen des tänzerischen Materials und der Kostüme vorgeführt werden, sind drei Filmsequenzen eingeschaltet: ein Solo für einen nackten Tänzer, ein Duo für den nackten Tänzer und eine bekleidete Tänzerin und ein Trio für zwei

Tänzer und Tänzerin, in dem alle drei bekleidet sind. Zum Schluß tanzen auch auf der Bühne drei nackte Tänzer und ein nacktes Paar. Dies dürfte das erste seriöse B. mit nackten Tänzern der Neuzeit gewesen sein.

Mythical Hunters, The, Tanzstück in 1 Akt, Ch.: G. Tetley, Mus.: O. Partos, Kost.: Anthony Binstead; UA 25. 11. 1965, Batsheva Dance Comp., Ohel-Shem. – Vorgeführt wird die archetypische Situation von Jägern und Gejagten, wobei der ständige Rollentausch für eine unablässige Wiederkehr derselben Konstellation sorgt. Später auch ins Rep. anderer Komp.n übernommen, u. a. Nederlands Dans Th. (1968) und Stuttgarter B. (1972).

N

Nabokov, Nicolas, russ.-amer. Komponist und Kulturpolitiker, * 17. 4. 1903 Lubscha (Minsk), † 6. 4. 1978 New York. Studierte in Moskau und Berlin, lebte bis 1933 in Paris, dann in den USA. Von 1952–63 Generalsekretär des Congress for Cultural Freedom, von 1963–68 Künstlerischer Leiter der Berliner Festwochen. Er komponierte die Musik zu den B.en *Ode* (Ch.: Massine, B. Russe de Diaghilew, 1928), *Union Pacific* (Ch.: Massine, B.s Russes de Monte Carlo, 1934), *Die letzte Blume* (Ch.: T. Gsovsky, Städt. Oper, Berlin, 1958) und *Don Quixote* (Ch.: Balanchine, New York City B., 1965). Er veröffentlichte zwei autobiographische Bücher, in denen er seine zahlreichen Freundschaften darstellte: *Old Friends and New Music* (1951) und *Bagazh, Memoirs of a Russian Cosmopolitan* (1975, dt. Ausgabe 1975).

Nachmittag eines Fauns, Der (frz. Originaltitel: *L'après-midi d'un faune*), B. in 1 Akt, Libr. und Ch.: W. Nijinsky, Mus.: Debussy, Dek.: L. Bakst; UA 29. 5. 1912, B.s Russes de Diaghilew, Th. du Châtelet, Paris, mit Nijinsky. Ein Faun, der an einem warmen Sommernachmittag Flöte spielend vor sich hinträumt, wird von sieben Nymphen überrascht, die auf dem Weg zum Bade sind. Es kommt zu einem brünstigen Liebesspiel, aber sie ergreifen dann doch die Flucht, wobei eine ihren Schleier verliert, der von dem Faun aufgegriffen und zärtlich liebkost wird. – Der schon 1894 entstandenen Komposition Debussys (*Prélude à l'après-midi d'un faune*) lag das gleichnamige Gedicht von Mallarmé zugrunde. Das B. verursachte wegen seiner unverhüllten Erotik einen Theaterskandal. Dazu kam noch, daß der Choreograph sich hier vollkommen von der klassischen B.-Technik löste. Alle Bewegungen wurden im Profil des Kopfs ausgeführt, während Torso und Hüften sich dem Zuschauer zudrehten. Die Füße wurden nicht mehr *en dehors* nach außen geführt, sie bewegten sich vielmehr nach innen, und zwar in Richtung des Kopfs. – Das B. wurde später immer wieder neu choreographiert. Am berühmtesten wurde die moderne Fassung, die J. Robbins 1953 als Begegnung zweier Tänzer im B.-Saal mit Fr. Moncion und T. LeClerq unter dem Titel *Afternoon of a Faune* für das New York City B. choreographierte.

Lit.: L. Kirstein, *L'après-midi d'un faune*, in: *Movement & Metaphor*, New York 1970; R. Buckle in: *Nijinsky*, London 1971. O. F. Regner / H.-L. Schneiders, in: *Reclams Ballettführer*, Stuttgart [8]1980.

Nádasi, Ferenc, ung. Tänzer, Pädagoge und B.-Meister, * 16. 10. 1893 Budapest, † 20. 2. 1966 ebd. Studierte bei Jakob Holczer und Henriette Spinzi, später auch bei E. Cecchetti und N. Guerra. Auf Rußland-Tournee 1909–12. Solotänzer an der Budapester Oper 1913–21. Erneut ausgedehnte Auslandstourneen. Rückkehr an die Budapester Oper 1936, später B.-Meister und B.-Direktor. Erster Direktor der Budapester Staatl. B.-Schule 1949–62, wo er fast die ganze Generation der ung. Tänzer nach dem Zweiten Weltkrieg ausbildete. Nach seiner Pensionierung an der Spitze des Komitees, das das richtungweisende Lehrbuch *Methodik des klassischen Tanzes* (1963) ausarbeitete.

Lit.: G. Körtvélyes / G. Lörinc, in: *Budapester Ballett*, Berlin [Ost], 1971.

Nadeshdina, Nadeshda Sergejewna, sowj. Tänzerin, Choreographin und B.-Direktorin, * 3. 6. 1908 Vilnius (Wilna), † 11. 10. 1979 Moskau. Studierte am Leningrader Choreogr. Institut, tanzte beim Bolschoi-B., wo sie sich im Charakterfach besondere Anerkennung erwarb, beendete jedoch frühzeitig aus Krankheitsgründen ihre tänzerische Laufbahn, choreographierte russ. Volkstänze für Amateurgruppen und gründete 1948 das Berjoska Ens., für das sie zahlreiche Tänze und auch den namengebenden Kleinen Birkentanz choreographierte.

Lit.: N. Roslavleva, *Berjoska*, Moskau 1960.

Nagy, Ivan, ung.-amer. Tänzer und B.-Meister, * 28. 4. 1943 Debrecen. Studierte an der Budapester B.-Schule. Mitgl. des Staatsopern-B.s ebd. 1960–65. Washington National B. 1965, New York City B. 1968, dann Principal Dancer American B. Th. 1968–78. Rollenkreationen

u. a. in M. Smuins *Gartenfest* (1968), D. Nahats *Brahms Quintet* (1969) und A. Aileys *The River* (1970). Zeitweise B.-Meister beim Australian B. B.-Direktor beim B. Municipal, Santiago de Chile seit 1981.

Lit.: J. Gruen, in: *The Private World of Ballet*, New York 1975.

Nagy, Zoltán, ung. Tänzer und B.-Meister, * 1941 Herincse. Studierte an der Budapester B.-Schule. Tänzer an der Budapester Staatsoper seit 1963, Solotänzer 1973, zahlreiche Rollenkreationen in den B.en von L. Seregi und A. Fodor. Unterrichtet seit 1969 ebd. an der B.-Schule. Seit 1982/83 B.-Proben- und Trainingsleiter an der Wiener Staatsoper. Verheiratet mit der Tänzerin Katalin N., auch ihrer beider Sohn Zoltán ist Tänzer.

Nahat, Dennis, amer. Tänzer und Choreograph, * 20. 2. 1946 Detroit. Studierte an der Juilliard School, American B. Center und School of American B. Tänzer beim Joffrey B. 1965–68, American B. Th. 1968–74, wo er 1969 auch zu choreographieren begann (bekannteste B.e: *Brahms Quintet*, 1969 und *Mendelssohn Symphony*, 1971). Gastchoreograph beim London Festival B. und Kgl. Schwed. B. Seit 1974 Artistic Advisor und Resident Choreographer beim Cleveland B.

Naila → *Source, La.*

Namouna, B. in 2 Akten, Libr.: Ch. Nuitter und L. Petipa (auch Ch.), Mus.: E. Lalo, Bühne: Rubé, Chaperon und J. E. Lavastre, Kost.: E. Lacoste; UA 6. 3. 1882, Opéra Paris, mit R. Sangalli, L. Mérante u. a. – Das B. spielt auf Korfu. Im Mittelpunkt steht ein Schiffskapitän, der seine Lieblingssklavin N. im Spiel verliert, sie aber nach mancherlei Hindernissen wiedergewinnt. Eine Insz. mit neugefaßtem Libr. brachte P. Wright 1967 in Stuttgart heraus. Teile der Musik verwendete Lifar in seiner 1943 choreographierten *Suite en blanc*.

Lit.: C. W. Beaumont, in: *Complete Book of Ballets*, London 1951.

Nana, B. in 1 Akt und 9 Szenen, Libr.: E. Charles-Roux, Ch.: R. Petit, Mus.: M. Constant, Dek.: E. Frigerio; UA 6. 5. 1976, Opéra, Paris, mit K. Kain, C. Atanassoff, O. Patey u. a. Das B. rekapituliert verschiedene Szenen aus E. Zolas gleichnamigem Roman (1880) in der Form eines Totentanzes des Second Empire.

Napoli, oder Der Fischer und seine Braut (dän. Originaltitel: *Napoli eller Fiskeren og hans Brud*), B. in 3 Akten, Libr. und Ch.: A. Bournonville, Mus.: H. S. Paulli, E. Helsted, N. W. Gade und H. C. Lumbye; UA 29. 3. 1842, Kgl. Dän. B., Kopenhagen. – Die Liebesgeschichte zwischen dem Fischer Gennaro und seiner Braut Teresina spielt in Neapel, auf dem Meer und in Capris Blauer Grotte. Bei einer Bootsfahrt wird Teresina über Bord gespült. Mit einem Madonnen-Amulett macht sich Gennaro auf, sie zu suchen, findet sie auch als Najade verwandelt in der Blauen Grotte wieder, verhilft ihr mittels Gebet wieder zu ihrer früheren Gestalt und kehrt mit ihr nach Neapel zurück, wo er zunächst der Hexerei angeklagt wird, bis sich schließlich herausstellt, daß es seine Frömmigkeit war, die die totgeglaubte Teresina ins Leben zurückgerufen hat – wonach dem Happy-End-Divertissement mit einer überschäumenden Tarantella nichts mehr im Wege steht. – Dies ist das populärste aller Bournonville-B.e. 1856 studierte Bournonville es auch am Wiener Kärntnertor-Th. ein. Neuere Versionen u. a. von H. Lander (London Festival B., 1954), E. M. von Rosen (Göteborg B., 1971) und P. Schaufuss (National B. of Canada, 1981).

Lit.: P. Brinson / C. Crisp, in: *Ballet & Dance*, Newton Abbot 1980.

Naranda, Ludmilla, jugosl. Tänzerin, * 17. 9. 1936 Zagreb. Studierte ebd. an der B.-Schule. Tänzerin ebd. beim Opern-B. 1954. Solistin in Frankfurt a. M., Heidelberg, Lübeck, dann Primaballerina Wuppertal 1965–73 und seit 1973 am Münchner Th. am Gärtnerplatz, wo sie zahlreiche Hauptrollen in den B.en ihres Mannes Ivan Sertič kreierte.

Narr, Der → *Chout, Le.*

Nathalie ou La Laitière Suisse → *Schweizer Milchmädchen, Das.*

National Ballet. Die in Washington (D. C.) ansässige Komp. ging aus der 1962 von der N. B. Society gegründeten Schule hervor, mit F. Franklin als Direktor beider Institutionen. Sie debütierte 1963 in Washington. Das Rep. basierte auf den von Franklin und B. Stevenson einstudierten Klassiker-Prod.en, zahlreichen Balanchine-B.en und Arbeiten von Gastchoreographen. 1980 aus finanziellen Gründen aufgelöst.

National Ballet of Canada. Die 1951 in Toronto gegründete Komp. verdankt ihre Existenz der Rivalität der Ost-Kanadier mit den West-Kanadiern, die kurz zuvor das Royal Winnipeg B. ins Leben gerufen hatten. Ihre Chefin war lange Jahre C. Franca, die zusammen mit K. Ambrose als Artistic Advisor einen Rep.-Aufbau konsequent nach dem Modell des engl. Sadler's Wells B. betrieb, wobei sie selbst zumeist die Klassiker-Prod.en besorgte. Außer F. Ashton, A. Tudor, N. de Valois, A. Howard und G. Balanchine haben hier in jüngerer Zeit u. a. E. Bruhn, F. Flindt, P. Wright, R. Nurejew, J. Neumeier und P. Schaufuss gearbeitet. Die Komp. unternimmt regelmäßig ausgedehnte Auslandstourneen und war seit 1972 wiederholt in Europa zu Gast. Nach Francas Pensionierung war A. Grant 1976–83 Künstlerischer Direktor, seit 1983 ist es E. Bruhn.

Lit.: C. Franca, *The N. B. o. C., A Celebration*, Toronto 1978.

Nationalballett von Kuba → Ballet Nacional de Cuba.

Nationale Ballet, Het. Die in Amsterdam ansässige Komp. ging 1961 aus der Vereinigung des von S. Gaskell geleiteten Het Nederlands B. und dem Amsterdams B. von M. ter Weeme hervor, mit Gaskell und ter Weeme als Leitern, bis schließlich Gaskell alleinige Direktorin wurde (bis 1968, wobei sie sich während der letzten Jahre mit R. van Dantzig die Direktion teilte). Der Rep.-Aufbau erfolgte auf der Basis eines stilistisch ungewöhnlich vielfältigen Angebots von den Klassikern über die Diaghilew-Klassiker und die Standardwerke des modernen internationalen Rep.s bis zu ausgewählten Stükken des Modern Dance. Mit van Dantzigs Aufstieg als Choreograph erhielt die Komp. ein ausgeprägteres Profil. Seit 1967 ist van Dantzig Künstlerischer Direktor, der es verstanden hat, der Komp. eine individuelle Rep.-Basis zu geben, zu der seine eigenen B.e ebenso wie die von H. van Manen (B.-Meister der Komp. seit 1973) beitragen, zum geringeren Teil auch die von T. van Schayk. Die Komp. unternimmt regelmäßig Tourneen im In- und Ausland.

Neary, Patricia, amer. Tänzerin, B.-Meisterin und B.-Direktorin, * 27. 10. 1942 Miami (Fla.). Studierte bei Georges Milenoff und School of American B., Tänzerin National B. of Canada 1959/60, New York City B. 1960–68, Solistin 1962. Rollenkreationen u. a. in G. Balanchines *Raymonda Variations* (1961) und *Jewels* (1967). Wurde anschließend von Balanchine zur Einst. seiner B.e zu zahlreichen Komp.n in aller Welt geschickt (u. a. Genf, Wien, West-Berlin, Stuttgart, Rom, Budapest, Het Nationale B.). B.-Meisterin Dt. Oper Berlin 1971–73. B.-Direktorin Genf 1973–78, Zürich 1978–85. Hat verschiedentlich auch choreographiert. Sie ist die Schwester der Tänzerin Colleen Neary (* 23. 5. 1952 Miami).

Nebrada, Vicente, amer. Tänzer, Choreograph und B.-Direktor, * 31. 3. 1932 Caracas. Studierte ebd. und bei verschiedenen Pädagogen in den USA. Tänzer bei B.s de Paris, R. Joffrey B. und Harkness B. Wurde dann B.-Meister und Resident Choreographer des Harkness B. Seine am bekanntesten gewordenen B.e sind *Percussions for Six*, *Schubert Variations* und *Gemini*. Resident Choreographer des B. Internacional von Caracas 1977–80. Seither freischaffend tätig.

Nederlands Dans Theater. Die in Den Haag ansässige Komp. konstituierte sich unter der Leitung des Amerikaners B. Harkarvy 1959 als eine Sezessionsgruppe des Het Nederlands B. (dessen B.-Meister Harkarvy bis dahin gewesen war). Während einige der Gründungs-Mitgl.er wieder zum nunmehrigen Het Nationale B. zurückkehrten, blieben W. de la Bye, J. Flier und A. Verstegen als Kerngruppe um Harkarvy, der 1960 in H. van Manen seinen engsten Mitarbeiter, Kodirektor und schließlich den profilbestimmenden Choreographen der Komp. fand. Zusammen bauten sie das Rep. der Komp. auf, das konsequent auf jegliche Klassiker-Insz.en verzichtete und größten Wert auf Eigenkreationen legte, bei gelegentlicher Übernahme von amer. Ch.n, namentlich von J. Butler, A. Sokolow und G. Tetley. Da auch die Tänzer zur Schaffung von B.en ermutigt wurden, kam rasch ein sehr reichhaltiges Rep. zusammen, dessen stilistische Vielfalt durch die profilbestimmenden, ausgesprochen zeitbezogenen Arbeiten von van Manen und Tetley fest fundiert wurde. Trainiert wurde auf klassisch-akademischer sowohl wie auf der Basis des Modern Dance. Nachdem Harkarvy 1969 die Komp. verlassen hatte, wurden van Manen und Tetley Kodirektoren, die jedoch schon 1970 ebenfalls weggingen und danach nur noch als Gastchoreographen hier gearbeitet haben. Man behalf sich mit einer kommissarischen Direktion und dem Import weiterer amer. Choreographen, u. a. L. Falco und J. Muller, doch war der Niedergang der Komp. unaufhaltbar. Das änderte sich erst wieder, als J. Kylián 1975 (zus. mit H. Knill) die Leitung der Komp. übernahm und dem Rep. eine Vielzahl von Erfolgs-B.en beisteuerte, die der Komp. nicht nur in Europa, sondern auch in Amerika zu einem enormen Auftrieb verhalfen.

Negri, Cesare (genannt Il Trombone), ital. Tänzer, Tanzmeister und Tanz-Schriftsteller, * um 1536 in Mailand, † nach 1604. Veröffentlichte 1602 in Mailand *Le Gratie d'Amore* und 1604 die *Nuove Inventioni di Balli*. Ihm ging es in diesen Büchern nicht so sehr um die von ihm angeblich erfundenen Schritte und Tänze als vielmehr um seinen eigenen Ruhm. Ausführlich stellt er die hohen Personen vor, die seine Schüler waren und vor denen er getanzt hat. An wirklicher Bedeutung für Tanzgeschichte und Tanzentwicklung wird Negri weit von seinem älteren Mailänder Landsmann Pompeio Diabono, der 1554 als Prinzenerzieher an den Pariser Hof gerufen wurde, übertroffen.

Nemchinova, Vera, russ. Tänzerin, * 1899 Moskau. Sie begann als Zwölfjährige bei L. Nelidova zu studieren, später auch bei E. Anderson, ging dann zu Diaghilews B. Russe, wo sie 1916 ihre ersten Solorollen tanzte. Kreierte Hauptrollen u. a. in Massines *Zauberladen* (1919), *Pulcinella* und *Le Astuzie femminili* (beide 1920), B. Nijinskas *Les Biches* (1924) und Massines *Les Matelots* (1925). Sie war auch an der Diaghilew-Prod. von *Dornröschen* 1921 in London beteiligt. Nachdem sie Diaghilew 1926 verlassen hatte, tanzte sie u. a. bei den Londoner Cochran-Revuen, 1927/28 in dem zusammen mit Dolin gegründeten N.-Dolin B., weiter im Mordkin-B. 1935/36 war sie Primaballerina in Kaunas (Kowno), wo ihr Mann A. Oboukhoff (Obuchow) B.-Meister war. 1936 ging sie zu Blums B.s de Monte Carlo, 1937 zum Markova-Dolin B., dann zu Basils Original B. Russe. Sie tanzte dann noch zusammen mit Dolin 1943 *Dornröschen* beim American B. Th. und unterrichtete seit 1947 in New York.

Němeček, Jiři, tschech. Tänzer, Choreograph und B.-Direktor, * 12. 4. 1924 Říčany bei Prag. Studierte bei J. Nikolská, I. V. Psota, B. Szynglarski und an der B.-Schule des Prager National-Th.s. Tänzer ebd. 1939. B.-Meister in Pilsen 1951–57, Prager National-Th. 1957–70, Brünn 1973–78 und seither wieder in Prag. Choreographierte zahlreiche B.e, u. a. die UA von Z. Vostřáks *Schneewittchen* (1956), J. Burghausers *Diener zweier Herren* (1958) und J. Hanuš' *Othello* (1959). Hat wiederholt mit den Produzenten der Prager Laterna Magica Programme zusammengearbeitet.

Némethy, Sándor, ung. Tänzer, * 9. 9. 1948 Mateszalka. Studierte an der Budapester B.-Schule. Tänzer ebd. beim Staatsopern-B., dann als Solist nach Düsseldorf 1972/73, Het Nationale B. 1973–75 und seither Principal Tänzer in Zürich. Zahlreiche Gastspiele bei anderen Komp.n, auch an der Dt. Oper Berlin (Rollenkreation in V. Panovs *Krieg und Frieden*, 1981).

Nerina, Nadia, südafrik. Tänzerin, * 21. 10. 1927 Kapstadt. Studierte bei E. Keegan, D. McHair und H. Grinter sowie in London an der Rambert School und Sadler's Wells B. School. Tänzerin beim Sadler's Wells B. 1946, Solistin 1947, Ballerina 1951. Eine brillante Technikerin, kreierte sie Rollen u. a. in A. Howards *Mardi Gras* (1946), J. Crankos *Bonne Bouche* (1952), F. Ashtons *Homage to the Queen* (1953), *Variations on a Theme of Purcell* (1955), *Birthday Offering* (1956) und *La Fille mal gardée* (1960), K. MacMillans *Noctambules* (1956), R. Helpmanns *Elektra* (1963) und P. Darrells *Home* (1965). Zahlreiche Gastspiele bei anderen Komp.n. Zog sich 1966 ins Privatleben zurück.

Lit.: C. Crisp [u. a.], *Ballerina*, London 1975.

Nervi International Ballet Festival. Seit 1955 findet dieses Festival alljährlich im Freilicht-Th. des Badeortes an der Riviera bei Genua statt.

Künstlerischer Leiter ist Mario Porcile. Viele der internationalen Komp.n sind hier im Laufe der Jahre aufgetreten. Für das Festival 1960 wurde als eigene Komp. Massines B. Europeo gegründet.

Nettl, Paul, österr.-amer. Musikwissenschaftler, * 10. 1. 1889 Hohenelbe, † 8. 1. 1972 Bloomington (Ind.). Veröffentlichte auch Arbeiten über das Verhältnis von Tanz und Musik, u. a. *The Story of Dance Music* (1947); *Tanz und Tanzmusik* (1962); *The Dance in Classical Music* (1963); *Mozart und der Tanz* (1960). – Sein Sohn Bruno gehört zu den führenden amer. Musik- und Tanz-Ethnologen.

Neumeier, John, amer. Tänzer, Choreograph und B.-Direktor, * 24. 2. 1942 Milwaukee. Studierte bei Sheila Reilly, Stone-Camryn, V. Volkova und Royal B. School. Tänzer bei der Komp. von S. Shearer, dann Stuttgarter B. 1963–69, wo er auch zu choreographieren begann. B.-Direktor Frankfurt a. M. 1969–73 und seit 1973 Hamburgische Staatsoper. Zahlreiche Gastspiele als Choreograph bei anderen Komp.n (u. a. Stuttgart, Wiener Staatsoper, Münchner Staatsoper, Pariser Opéra, Royal B., Kgl. Dän. B., B. du XXe Siècle, Harkness B., Royal Winnipeg B., National B. of Canada, American B. Th.). Choreographierte u. a. *Haiku* (Mus.: Debussy, Stuttgart 1966), *Separate Journeys* (Mus.: S. Barber, Stuttgart 1968), *Stages and Reflections* (Mus.: Britten, Harkness B., 1968), *Feuervogel* (Mus.: Strawinsky, Frankfurt a. M. 1970), *Romeo und Julia* (Mus.: Prokofjew, Frankfurt a. M. 1971), *Nußknacker* (Mus.: Tschaikowsky, Frankfurt a. M. 1971), *Kuss der Fee* (Mus.: Strawinsky), *Daphnis und Chloe* (Mus.: Ravel), *Don Juan* (Mus.: Gluck), *Le Sacre* (Mus.: Strawinsky, sämtlich Frankfurt a. M. 1972), *Meyerbeer-Schumann* (Hamburg 1974), *Dritte Sinfonie* (Mus.: Mahler, Hamburg 1975), *Hamlet Connotations* (Mus.: A. Copland, American B. Th.), *Illusionen wie Schwanensee* (Mus.: Tschaikowsky, Hamburg, beide 1976), *Josephs Legende* (Mus.: R. Strauss, Wien), *Vierte Sinfonie* (Mus.: Mahler, Royal B.), *Ein Sommernachtstraum* (Mus.: Mendelssohn Bartholdy, Ligeti u. a., Hamburg, alle 1977), *Dornröschen* (Mus.: Tschaikowsky, Hamburg), *Die Kameliendame* (Mus.: Chopin, Stuttgart), *West Side Story* (Mus.: L. Bernstein, Hamburg, alle 1978), *Don Quixote* (Mus.: Strauss), *Songfest* (Mus.: Bernstein), *The Age of Anxiety* (Mus.: Bernstein, alle Hamburg 1979), *Lieb und Leid und Welt und Traum* (Mus.: Mahler, B. du XXe Siècle 1980), *Matthäuspassion* (Mus.: Bach, Hamburg 1981), *Artus-Sage* (Mus.: Sibelius, Henze u. a., Hamburg 1982), *Endstation Sehnsucht* (Mus.: Prokofjew und A. Schnittke, Stuttgart 1983) und *Sechste Sinfonie von Gustav Mahler* (Hamburg 1984).

Lit.: H. Koegler u. a., *J. N. unterwegs*, Darmstadt 1972; J. Flügel u. a., *J. N. und das Hamburger Ballett*, Hamburg 1977; *J. N. Traumwege*, Hamburg 1980; Chr. Albert, *Zehn Jahre J. N. und das Hamburger Ballett 1973–1983*, Hamburg 1983.

Neunte Sinfonie (frz. Originaltitel: *Neuvième Symphonie – Beethoven, Ode à la joie – Schiller*), Choreogr. Insz.: M. Béjart (der jedoch auf dem UA-Besetzungszettel nicht genannt ist), Bühne: Ed. Mahillon; UA 28. 10. 1964, Cirque Royal, B. du XXe Siècle, Brüssel, mit L. Höfgen, L. Pinet, D. Sifnios, P. Bortoluzzi, T. Bari, J. Lefèbre, G. Casado u. a. – In einem Prolog werden, vom Schlagzeug akkompagniert, Texte aus F. Nietzsches *Geburt der Tragödie aus dem Geiste der Musik* vorgelesen. Béjart im Programmheft: »Diese choreographische Übersetzung des Werkes von Beethoven hat keine andere Idee, kein anderes Ziel, kein anderes Argument als die Musik, die sie stützt, nährt und ihr einziger Existenzgrund ist. Der Tanz macht nichts anderes, als daß er dem langsamen Weg des Komponisten folgt, welcher vom Zorn zur Freude, vom Dunkel zum Licht führt.« – Eine frühere choreogr. Version des Schlußsatzes als *Ode to Peace* bereits 1934 von Irma Duncan in New York.

New Dance, Variations and Conclusions, Ch.: D. Humphrey, Mus.: W. Riegger, Kost.: P. Lawrence; UA 27. 10. 1935, Humphrey Weidman Comp., Guild Th., New York, mit Humphrey, Weidman u. a. – Eine von Humphreys Hauptarbeiten – zusammen mit *Theater Piece* und *With My Red Fires* Teil einer Trilogie. »Das B. zeigt die Welt, wie sie sein sollte, wo jeder Mensch ein klares und harmonisches Verhältnis zu seinem Mitmenschen hat« (Humphrey).

Lit.: D. McDonagh, in: *The Complete Guide to Modern Dance*, Garden City (N. Y.) 1976.

New Dance Group. Sie war Teil der 1932 als Folge der Wirtschaftskrise in New York ins

Leben gerufenen Workers' Dance League und existierte als Studio und Dachorganisation von sich immer wieder neu für gelegentliche Vorst.en zusammenschließenden Gruppen. Choreographen, die mit ihr zusammengearbeitet haben, waren u. a. J. Dudley, S. Maslow, A. Sokolow, D. McKayle, P. Primus, J. Erdman, D. Nagrin und Ch. Weidman.

New London Ballet, kleine Komp. von kammerballettartigem Zuschnitt, die 1972 von G. Samsova und A. Prokovsky nach mehreren ausländischen Gast-Vorst.en gegründet wurde und ausgedehnte Tourneen unternahm. Londoner Debüt im März 1974. Choreographen, die hier gearbeitet haben, waren u. a. P. Darrell, J. Carter, B. Moreland und Prokovsky. Aufgelöst 1979.

Newport, Vivienne, engl. Tänzerin und Choreographin, * 4. 12. 1951 Bristol. Studierte an der Londoner Rambert School of B. Tänzerin des Folkwang-Tanzstudios und des Wuppertaler Tanz-Th.s 1972–81 mit zahlreichen Rollenkreationen in den B.en von P. Bausch. Begann in Wuppertal auch zu choreographieren, dann Mitarbeit an verschiedenen Workshops und seit 1981 Leiterin einer eigenen Tanzgruppe am Frankfurter Th. am Turm, für die sie verschiedene Prod.en choreographiert hat.

New York. Die erste überlieferte B.-Vorst. in N. Y. fand am 12. 2. 1759 im Long Room statt: *Harlequin and Scaramouche or The Spaniard Trick'd* von dem engl. Tanzmeister Holt. 1753/54 gab es Tanzvorführungen in den Schauspiel-Vorst.en der Hallam Comp. 1774 tanzte Pietro Sodi, der in Berlin Partner der Barbarina gewesen war, mit seiner Tochter in Mr. Hulls Assembly Room. 1783 erschien Louis Roussel von der Pariser Opéra und 1785 als erster professioneller amer. Ballerino John Durang. Erste richtige B.-Vorst.en gab es 1792–94 von der kleinen Komp. Alexandre Placides. Jean-Baptiste Francisquy aus Charleston zeigte B.e wie *The Whims of Galatea*, *The Two Hunters and the Milkmaid* und *The Independance of America or The Ever Memorable Fourth of July 1776*. Anfang des 19. Jh.s waren engl. Tänze (Hornpipes und Gigues) sehr populär – getanzt wurde zwischen einzelnen Schauspielakten. Edward Conway, Ballerino am Park Th., veröffentlichte *Le Maître de danse or The Art of Dancing Cotillons*. 1821 wurde Claude Labassé von der Mailänder Scala B.-Meister am Park Th. 1827 debütierte Francisque Hutin am Bowery Th., »Pionierin des Striptease«, die hier den »neuen französischen Stil« vorführte. 1828 kam Charles Vestris mit seiner Frau Marietta Ranzi-Vestris aus Neapel, während Armand Léon mit seiner Frau Virginia im Th. Lafayette B.e des frz. Rep.s tanzte. 1835 erschien Mlle Celeste in *La Sylphide* im Park Th. 1840–42 stand N. Y. im Bann der Gastspiele von F. Elßler. 1846 kam es zur lokalen EA von *Giselle* im Park Th. (mit Mme Augusta). Beliebteste amer. Tänzer dieser Zeit waren Julia Turnbull und George Washington Smith. 1847 erschien die erste größere europ. Komp. von Victor Bartholomin, mit Hipp. und Adèle Monplaisir und führte 1848 auch *Esmeralda* auf. 1858 gastierte Domenico Ronzani (mit den Eltern Cecchetti und ihrem 7jährigen Sohn Enrico). 1866/67 tanzten Marietta Bonfanti und R. Sangalli in *The Black Crook*, der berühmten Extravaganza, die als Vorläuferin des Musicals gilt. In den folgenden Jahren erlebte das B. in N. Y. einen Niedergang. 1886 gelangte in der Academy of Music *Sylvia* zur EA. Gegen Ende des Jahrhunderts lebte das Interesse am Bühnentanz wieder auf, stimuliert durch R. St. Denis und L. Fuller. 1908 debütierte A. Genée in *The Soul Kiss*, gab I. Duncan ihren ersten Tanzabend in N. Y. 1910 folgte das erste N. Y.er Gastspiel von A. Pawlowa und M. Mordkin. 1916 debütierten Diaghilews B.s Russes im Century Th. und brachten W. Nijinskys *Till Eulenspiegel* zur UA. Nach 1926 entwickelte sich N. Y. mehr und mehr zum Zentrum des Modern Dance. Zunehmend kamen auch überseeische Tänzer nach N. Y., u. a. Argentina, Argentinita, V. Escudero, M. Wigman, H. Kreutzberg, Y. Georgi, U. Shankar. 1935 setzten die regelmäßigen Gastspiele des B. Russe de Monte Carlo ein und bewirkten eine solche B.-Begeisterung, daß auch die jungen amer. Komp.n davon profitierten: die diversen Truppen von Mordkin und Fokine und von 1934 an das American B. von G. Balanchine, aus dem dann das New York City B. hervorging, von 1940 an auch das B. Th. (heute American B. Th.) von L. Chase. Nach 1945 setzte ein noch verstärkter Zustrom von Komp.n aus der ganzen Welt ein: regelmäßig von 1949 an das Royal B., von 1959 an das Bolschoi-B., später auch das Kirow-B. (1961), das Kgl. Dän. B. (1966), das Stuttgarter B. (1969), das B. du XXe Siècle (1971). Es etablierten sich – bei einer enormen Zunahme der Veranstaltungen auch auf dem Sektor des Modern Dance und des experimentellen Tanzes – das R. Joffrey B., das Harkness B., das E. Feld B. als residente N. Y.er Truppen, und die Komp.n von M. Graham, D. Humphrey und J. Limón, A. Nikolais und M. Louis, M. Cunningham, P. Taylor, A. Ailey, T. Tharp, L. Falco und L. Lubovitch als wichtigste Ens.s für die verschiedenen Arten von modernem Tanz. Nicht zu vergessen ist schließlich der starke Anteil, den der Bühnentanz seit den 1930er Jahren an den Musical-Prod.en des Broadway hat, gipfelnd in J. Robbins' *West Side Story* von 1957 und M. Bennetts *A Chorus Line* von 1975. Heute hat N. Y. praktisch das ganze Jahr über Tanzsaison, geben die einheimischen, andere amer. und ausländische Gastkomp.n einander die Tür in die Hand. (→ die genannten Komp.n.)

Lit.: G. Amberg, *Ballet in America*, New York 1949; A. Chujoy, »Ballet in America« in: *The Dance Encyclopedia*, New York 1967; M. G. Swift, *Belles and Beaux on Their Toes*, Washington (D. C.) 1980.

New York City Ballet. Die Komp. nahm ihren jetzigen Namen an, als sie 1948 zur residenten B.-Komp. des New York City Center for Music and Drama erklärt wurde – nach dem sehr erfolgreich absolvierten Gastspiel der von L. Kirstein und G. Balanchine geleiteten B. Society im Haus an der 57. Straße. Ihre Vorgeschichte reicht bis 1934 zurück, als Kirstein Balanchine nach Amerika holte und mit ihm als Leiter die School of American B. gründete. Daraus ging dann das American B. hervor, das 1935 in New York debütierte, auch die 1936 gegründete B. Caravan und schließlich 1946 die B. Society. Mit Kirstein als Generaldirektor, Balanchine als Künstlerischem Direktor und J. Robbins als Kodirektor entwickelte sich die Komp. rasch zu einem der profiliertesten und stilprägenden Ens.s der Welt, dem es gelang, die europ. B.-Tradition mit einem spezifisch amer. Zeitbewußtsein zu durchdringen. Auf den seit 1950 regelmäßig stattfindenden Europa-Tourneen (1952 erstmalig auch in Deutschland, in Berlin) gelang es ihr, sich allmählich gegen die anfangs noch beträchtlichen Vorurteile eines Teils der europ. Kritik gegen den von der Komp. so ostentativ zur Schau gestellten amer. Neoklassizismus (*le style frigidair*) durchzusetzen. Einen Einschnitt in der Geschichte des N. Y. C. B. bedeutete 1964 die Übersiedelung ins neue New York State Th. im Lincoln Center. Weitere wichtige Daten in der jüngeren Geschichte der Komp.: das (erste) Strawinsky Festival von 1972, das Ravel Festival von 1975, das Tschaikowsky Festival von 1981 und das (zweite) Strawinsky Festival von 1982. Zusätzlich zu ihren New Yorker Aktivitäten und den Tourneen tritt die Komp. alljährlich im Juli in einer Freiluft-Saison im Performing Arts Center in Saratoga Springs (N. Y.) auf. Nach wie vor rekrutiert sie ihren Tänzer-Nachwuchs vorwiegend aus der School of American B. Wegweisende Prod.en in der Geschichte des N. Y. C. B. waren u. a.: 1948 Balanchines *Orpheus*; 1949 Balanchines *Feuervogel* und *Bourrée fantasque*; 1950 Balanchines *Verlorener Sohn* (Neuversion), Robbins' *Age of Anxiety* und Ashtons *Illuminations*; 1951 Balanchines *La Valse* und *Schwanensee*, Robbins' *The Cage* und *The Pied Piper*; 1952 Balanchines *Caracole*, *Schottische Sinfonie* und *Metamorphosen*, Ashtons *Picnic at Tintagel*; 1953 Robbins' *Nachmittag eines Fauns* und *Fanfare*; 1954 Balanchines *Opus 34*, *Nußknacker*, *Western Symphony* und *Ivesiana*; 1955 Balanchines *Pas de dix*; 1956 Balanchines *Allegro Brillante* und Robbins' *The Concert*; 1957 Balanchines *Agon*; 1958 Balanchines *Stars and Stripes* und *Die sieben Todsünden* (Neuversion); 1959 Balanchines und Grahams *Episodes*; 1960 Balanchines *Monumentum pro Gesualdo* und *Liebeslieder Walzer*; 1962 Balanchines *Ein Sommernachtstraum*; 1963 Balanchines *Bugaku* und *Movements for Piano and Orchestra*; 1965 Balanchines *Harlequinade* und *Don Quixote*; 1966 Balanchines *Variations* und *Brahms-Schoenberg-Quartet*; 1967 Balanchines *Jewels*; 1969 Robbins' *Dances at a Gathering*; 1970 Balanchines *Who Cares?* und Robbins' *In the Night*; 1971 Robbins' *The Goldberg Variations*; 1972 Balanchines *Symphony in Three Movements*, *Duo concertant* und *Divertimento from ›Le Baiser de la Fée‹*; 1975 Balanchines *Tombeau de Couperin* und Robbins' *Piano Concerto in G*; 1977 Balanchines *Vienna Waltzes*; 1978 Robbins' *The Four Seasons* und *Opus 19*; 1980 Balanchines *Davidsbündlertänze*; 1982 Robbins' *The Gershwin Concerto* und *Four Chamber Works*, 1983 Robbins' *Glass Pieces* und *I'm Old-Fashioned*; 1984 Robbins' *Antiques Epigraphs*. Seit dem Ausscheiden Balanchines (März 1983) fungieren P. Martins und J. Robbins als Chef-B.-Meister. (→ American Ballet, → Ballet Caravan, → Ballet Society, → School of American Ballet.)

Lit.: L. Kirstein, *The N. Y. C. B.*, New York 1973, neu hrsg. 1978.

New York Export: Op. Jazz → *N. Y. Export: Op. Jazz.*

Nichols, Kyra, amer. Tänzerin, * 2. 7. 1958 Berkeley (Cal.). Studierte bei ihrer Mutter Sally Streets (ehemaliges Mitgl. des New York City B.), A. Howard und School of American B. Mitgl. New York City B. 1974, Solistin 1978, Principal Dancer 1979. Rollenkreationen u. a. in J. Robbins' *The Four Seasons* (1979) und P. Martins' *Suite from Histoire du Soldat* (1981). Verheiratet mit dem Tänzer Daniel Duell.

Nicks, Walter, amer. Tänzer, Pädagoge und Choreograph, * 26. 7. 1925 Pittsburgh (Penn.). Studierte B. u. a. bei K. Shook und I. Schwezoff, Modern Dance u. a. bei J. Limón, D. Humphrey und L. Horst, sowie afro-amer. Tanz u. a. bei K. Dunham, L. Williams, T. Beatty und A. Savage. Unterrichtete sieben Jahre bis 1954 an der Dunham School und tanzte auch in der Komp. von K. Dunham. Er wirkte, z. T. auch als Choreograph, in zahlreichen Broadway- und Film-Prod.en mit, wandte sich aber dann einer Laufbahn als Pädagoge für Jazz Dance zu. Als solcher ist er heute noch in der ganzen Welt tätig. Er wirkte 1959, 1960, 1962 und 1964 als erster schwarzer Amerikaner als Dozent für Jazz Dance an der Krefeld-Kölner Sommerakademie. Leitet auch eine eigene Komp., das W. Nicks Dance Theatre, das afrik. Tanzkunst sowie afro-amer. Tänze aus den USA, der Karibik und Puerto Rico pflegt.

Niedecken-Gebhard, Hanns, dt. Regisseur und Intendant, * 4. 9. 1889 Oberingelheim, † 7. 3. 1954 Michelstadt. Promovierte 1914 an der Universität Halle mit *Jean-Georges Noverre, sein Leben und seine Beziehungen zur Musik*, war 1924–27 Intendant in Münster, als K. Jooss dort seine Neue Tanzbühne leitete, arbeitete in Opern- und Oratorien-Insz.en (Händel, Gluck), durchweg auf der Basis choreogr. Konzeptionen, war während der Olympischen Spiele in Berlin 1936 für die Durchführung der großen Festspielveranstaltungen verantwortlich, übernahm 1940/41 die Leitung der Dt. Tanzbühne in Berlin und wirkte dann bis 1944 als Sonderbeauftragter für künstlerische Fragen in Leipzig, als der er zusammen mit T. Gsovsky die UA von Orffs *Catulli Carmina* (1943) inszenierte. Im gleichen Jahr brachte er die *Carmina Burana* in der Ch. von Mary Wigman heraus. Er sorgte auch dafür, daß diese, aus ihrer Dresdner Schule vertrieben, an der Leipziger Hochschule für Musik eine neue Arbeitsmöglichkeit erhielt. Nach 1945 wirkte er hauptsächlich in Göttingen, wo er sich große Verdienste um die Händel-Festspiele erwarb.

Niehaus, Max, dt. B.-Schriftsteller, * 17. 12. 1888 Wesel, † 8. 4. 1981 München. Kam während der zwanziger Jahre in Kontakt mit den B.s Russes von Diaghilew und wurde einer der aktivsten Beobachter und Förderer der dt. und internationalen B.-Szene. Seit 1958 gab er jährlich in München einen B.-Kalender heraus. Buchveröffentlichungen, u. a. *Ballett* (1954), *Junges Ballett* (1957, Neuausgabe 1972), *Himmel, Hölle und Trikot – Heinrich Heine und das Ballett* (1959), *Nijinsky* und *Ballett im Bild* (beide 1961), *Heinz Bosl* (1975), *Ballett-Faszination*, *Peter Breuer* (beide 1978) und *Isadora Duncan* (1982).

Night Shadow (auch *La Sonnambula*), B. in 1 Akt, Libr. und Mus.: V. Rieti (nach Bellini), Ch.: G. Balanchine, Dek.: D. Tanning; UA 27. 2. 1946, B. Russe de Monte Carlo, City Center, New York, mit A. Danilova, N. Magallanes, M. Tallchief u. a. – Die Handlung hat nichts mit Bellinis Oper *La Sonnambula* zu tun, aus der Rieti lediglich ein paar melodische Inspirationen bezogen hat. Auf einem Maskenball kommt es zu einem flüchtigen Flirt zwischen einem jungen Dichter und einer Koketten, die der Gastgeber jedoch für sich beansprucht. Alleingelassen, sieht sich der Dichter plötzlich mit einer schlafwandelnden Frau konfrontiert, die er umwirbt und aufzuwecken versucht. Es ist jedoch vergebens, und so folgt er ihr in den Garten. Die Kokette beobachtet ihn dabei und informiert den Gastgeber, der mit einem Dolch in der Hand dem Poeten nachstürzt. Bei einer Divertissementsvorführung taumelt der Dichter blutüberströmt herein und stirbt, während die weißgewandete Nachtwandlerin im Hintergrund unbeirrbar ihre Kreise zieht. Sie ist die

Gattin des Gastgebers. Übernommen ins Rep. zahlreicher anderer Komp.n (New York City B. seit 1960 unter dem Titel *La Sonnambula*). Frühere Versionen von F. Taglioni (*Die Nachtwandlerin*, Mus.: A. Gyrowetz, Wien 1826) und J. Aumer (*La Somnambule*, Mus.: F. Hérold, Paris 1827).

Lit.: G. Balanchine / F. Mason, in: *Balanchine's Complete Stories of the Great Ballets*, Garden City (N. Y.) 1977.

Nijinska, Bronislava Fominitschna (d. i. Nijinskaja), poln.-russ.-amer. Tänzerin, Choreographin, B.-Meisterin und Pädagogin, * 8. 1. 1891 Minsk, † 22. 2. 1972 Los Angeles. Als Tochter des Tänzerehepaars Eleonora Bereda und Thomas Nijinsky auf einer Tournee geboren, Schwester des Tänzers Waslaw N., studierte sie bei E. Cecchetti und an der B.-Schule in St. Petersburg 1900–08. Anschließend Mitgl. des Marien-Th.s. Ging mit Diaghilew 1909 nach Paris und war auch bei den meisten seiner weiteren Unternehmungen dabei. Rollenkreationen u. a. in M. Fokines *Carnaval* (1910) und *Petruschka* (1911). Verließ das Marien-Th. zusammen mit ihrem Bruder 1911 und wirkte weiter bei Diaghilews B.s Russes. Tanzte bei der Komp. ihres Bruders in London 1914. Rückkehr nach Petrograd bei Ausbruch des Weltkriegs. Ging 1916 nach Kiew, tanzte ebd. am Opernhaus und eröffnete eine Schule, wo S. Lifar ihr berühmtester Schüler wurde. Verließ Rußland 1921 und schloß sich erneut Diaghilews Komp. an, wo sie als Tänzerin, Regisseurin und Choreographin (Drei Iwans) an der Londoner *The Sleeping Princess*-Prod. 1921 beteiligt war. Weitere B.-Kreationen von ihr waren u. a. *Renard* (Mus.: Strawinsky, 1922), *Les Noces* (Mus.: Strawinsky, 1923), *Les Biches* (Mus.: Poulenc), *Les Fâcheux* (Mus.: G. Auric) und *Le Train bleu* (Mus.: Milhaud, alle 1924). Sie arbeitete dann als Choreographin an der Pariser Opéra, am Teatro Colón in Buenos Aires und bei der Komp. von I. Rubinstein, für die sie *Le Baiser de la Fée* (Mus.: Strawinsky), *Boléro* (Mus.: Ravel, beide 1928) und *La Valse* (Mus.: Ravel, 1929) choreographierte, sowie für eine Soiree des Vicomte de Noailles *Aubade* (Mus.: Poulenc, 1929). Arbeitete für die Opéra Russe à Paris 1930/31. Gründete eine eigene Komp. 1932, für die sie einige ihrer früheren B.e einstudierte (u. a. *Étude*, Mus.: Bach) und schuf weiter *Les Variations* (Mus.: Beethoven, 1932) und *Hamlet* (Mus.: Liszt, 1934, mit ihr selbst in der Titelrolle) sowie für die B.s Russes de Monte Carlo *Les cent baisers* (Mus.: F. d'Erlanger, 1935). Künstlerische Leiterin des in Paris ansässigen B. Polonais 1937 – neue B.e u. a. *Chopin Concerto*, *Le Chant de la terre* (Mus.: R. Palester) und *La Legende de Cracovie* (Mus.: M. Kondracki, alle 1937). Arbeitete auch mit Max Reinhardt in Berlin zusammen (*Hoffmanns Erzählungen* und am *Sommernachtstraum*-Film) sowie für die Markova-Dolin Comp. Eröffnete eine Schule in Los Angeles 1938. Arbeitete weiter als Gastchoreographin für einzelne Komp.n. Als weitere B.e entstanden u. a. *La Fille mal gardée* (Mus.: P. Hertel, B. Th., 1940), *The Snow Maiden* (Mus.: Glasunow, B. Russe de Monte Carlo, 1942), *Ancient Russia* (Mus.: Tschaikowsky, B. Russe de Monte Carlo, 1943), *Brahms Variations* und *Bilder einer Ausstellung* (Mus.: Mussorgski, B. International, 1944) und *Harvest Time* (Mus.: H. Wieniawski, B. Th., 1945). Nach dem Zweiten Weltkrieg war sie noch einmal länger als B.-Meisterin für das Grand B. du Marquis de Cuevas tätig und beschränkte sich im übrigen auf Gast-Einst.en ihrer Erfolgs-B.e bei verschiedenen Komp.n. Gilt als eine der innovatorischsten Choreographinnen des 20. Jh.s, deren Arbeit von ihrer Tochter Irina N. fortgeführt wird. Postum erschienen ihre von I. N. und J. Rawlinson herausgegebenen und übersetzten *Early Memoirs* (1981).

Lit.: R. Buckle, in: *Nijinsky*, London 1971; P. Brinson / C. Crisp, in: *Ballet & Dance*, Newton Abbot 1980.

Nijinsky, Clown de Dieu, B. in 2 Teilen, Idee und Ch.: M. Béjart, Mus.: P. Henry und Tschaikowsky, Kost.: J. Roustan und R. Bernard; UA 8. 10. 1971, B. du XXe Siècle, Forest National, Brüssel, mit J. Donn, P. Bortoluzzi, D. Lommel, J. Lanner, M. van Hoecke, S. Farrell, A. Albrecht, V. Ullate u. a. – Anhand von Textauszügen aus Nijinskys gleichnamigem, nachgelassenen Tagebuch ist das Stück weniger der Versuch einer biographischen Rekonstruktion des Lebens von N., sondern eher eine Art Phantasmagorie: ein junger Mann auf der Suche nach der Wahrheit seines Lebens. Diese Suche führt N. zuerst in das »irdische Paradies« der B.s Russes von Diaghilew, dann zu der Begegnung mit der Frau, die er heiratet, woraufhin ihn Diaghilew aus seiner Komp. ausstößt, und schließlich zu seiner Heirat mit Gott, die ihn die Leiden des Erlösers auf sich nehmen und bis zu Kreuzigung und Vision der Apokalypse nachvollziehen läßt. Abgespalten von ihm treten seine 4 wichtigsten Rollen auf: der Geist der Rose, der Goldene Sklave (aus *Scheherazade*), der Faun und Petruschka, deren tänzerischen Ausschnitten jedoch nicht die Originalmusik, sondern Tschaikowskys *Symphonie pathétique* unterlegt ist.

Lit.: G. Balanchine / F. Mason, in: *Balanchine's Complete Stories of the Great Ballets*, Garden City (N. Y.) 1977.

Nijinsky, Waslaw Fomitsch, poln.-russ.-engl. Tänzer und Choreograph, * laut Geburtsschein bei seiner röm.-kath. Taufe: 17. 12. 1889 Warschau, laut R. Buckle: 12. 3. 1888, laut B. Nijinska: 1889, † 8. 4. 1950 London. Wie seine Schwester Bronislava wurde auch er auf einer Tournee seiner Tänzer-Eltern Eleonora Bereda und Thomas N. geboren. Trat 1898 in die St. Petersburger B.-Schule ein, wo er zweimal durchs Examen fiel, ehe er es 1907 schließlich doch noch bestand. War schon als Schüler verschiedentlich in Vorst.en des Marien-Th.s aufgetreten und hatte 1905 von M. Fokine sein erstes Solo in *Acis et Galathée* bekommen, war 1906 bei der UA von Fokines *Sommernachtstraum*, 1907 mit A. Pawlowa in seinem *Pavillon d'Armide* und 1908 bei den *Nuits égyptiennes* und *Chopiniana* dabei. Nach seinem Examen wurde er Mitgl. des Marien-Th.s, wo er als Partner von Pawlowa, M. Kschessinska und O. Preobrajenska einen Triumph nach dem anderen in den B.en des Rep.s feierte. Schicksalhaft wurde seine Begegnung mit S. Diaghilew, mit dem ihn nicht nur eine künstlerische, sondern auch eine enge menschliche Freundschaft verband. In seinen Pariser Saisons von 1909 an stellte ihn Diaghilew als Star seiner Komp. heraus und Paris lag ihm zu Füßen. In den Klassiker-Insz.en und in Fokines *Pavillon d'Armide*, *Les Sylphides* und *Cléopâtre* (1909), *Carnaval* und *Scheherazade* (1910), *Geist der Rose*, *Narcisse* und *Petruschka* (1911), *Le Dieu bleu* und *Daphnis und Chloe* (1912) wurde er wie ein tänzerisches Weltwunder gefeiert. 1911 verursachte er durch sein für indezent gehaltenes Kostüm in einer *Giselle*-Auff. einen Skandal am Marien-Th. und suchte daraufhin um seine Entlassung nach. Erst jetzt wandelte Diaghilew seine Komp. in eine permanente Truppe um, mit N. als Startänzer, und vertraute ihm erste choreogr. Aufgaben an: Debussys *Nachmittag eines Fauns* (1912) und *Jeux* sowie Strawinskys *Sacre du printemps* (beide 1913), die die Zeitgenossen wegen ihres Bruchs mit der Tradition des klassisch-akademischen Bühnentanzes (im Falle des *Fauns* auch wegen ihrer unverhüllten Erotik) skandalisierten und erst viele Jahre später als die für die moderne Ch. bahnbrechenden Arbeiten erkannt wurden, die sie darstellten. Als N. 1913 auf einer Südamerika-Tournee der B.s Russes, auf der Diaghilew nicht dabei war, die ung. Tänzerin Romola de Pulszky heiratete, wurde er von Diaghilew fristlos entlassen. Von da an begann der Niedergang N.s. Der Versuch einer eigenen Komp.-Gründung 1914 in London brach nach sechzehntägiger Dauer zusammen. Via Madrid und Wien, wo dem Ehepaar eine Tochter Kyra, die später ebenfalls Tänzerin wurde, geboren wurde, gelangte er nach Budapest, wo er als Russe bei Ausbruch des Weltkriegs interniert wurde. Auf Vermittlung Diaghilews konnte er noch 1916 an der Nordamerika-Tournee der B.s Russes teilnehmen und brachte in New York die UA von *Till Eulenspiegel* (Mus.: R. Strauss) heraus. Bei der anschließenden Südamerika-Tournee begannen sich erste Anzeichen einer geistigen Umnachtung bemerkbar zu machen. Er trat immer seltener auf und gab, nachdem er sich mit seiner Familie 1917 in St. Moritz in der Schweiz niedergelassen hatte, seine letzte Solovorstellung ebd. in einem Hotel 1919. Während er in Hospitälern und Sanatorien vergeblich Heilung von seiner *dementia praecox* suchte, befaßte er sich mit einer eigenen Tanzschrift, entwarf Pläne für eine B.-Schule und neue Ch.n und begann zu zeichnen. 1947 übersiedelte die Familie nach London, wo er zweieinhalb Jahre später starb. 1953 wurde seine Leiche nach Paris überführt und auf dem Montmartre Friedhof beigesetzt – in unmittelbarer Nachbarschaft von G. Vestris, Th. Gautier und E. Livry. – Als Tänzer war er sowohl seiner (damals) exzeptionellen Technik (er war mit einer außergewöhnlichen Elevation und Ballon begabt und sprang mühelos Entrechats huit und gelegentlich sogar dix) als auch seiner instinktiven interpretatorischen Fähigkeiten wegen eine der bedeutendsten Persönlichkeiten der B.-Geschichte, deren Verdienste schon bald von Legenden überwuchert wurden. Als Choreograph, der mit den Grundprinzipien der Danse d'école brach (er bevorzugte eckige Bewegungen, die sich in den Boden bohren, statt vom Boden wegzustreben, und wandelte das En-dehors in ein En-dedans um), beginnt uns erst heute seine wahre künstlerische Bedeutung aufzugehen. M. Béjart choreographierte ein B. über ihn: *N., Clown de Dieu* (1971), H. Ross drehte einen Film, *N*, über ihn (1980).

Lit.: Romola Nijinsky, *N.*, London 1933, dt. Ausg. Frankfurt a. M. 1974; M. Niehaus, *N. – Gast aus einer anderen Welt*, München 1961; R. Buckle, *N.*, London 1971; B. Nijinska, in: *Early Memoirs*, New York 1981.

Nikitina, Alice, russ. Tänzerin, Sängerin und Pädagogin, * 1909 St. Petersburg, † Juni 1978 Monte Carlo. Studierte an der St. Petersburger B.-Schule, ging mit ihren Eltern nach der Oktoberrevolution nach Laibach, wo sie Tänzerin an der Oper wurde, kam dann über Wien nach Berlin zum Romantischen B. von B. Romanoff, wo sie 1923 dessen *Chasse de Diane* kreierte, und tanzte dann bis 1929 bei Diaghilews B.s Russes. Rollenkreationen in L. Massines *Zéphyr et Flore* (1925), B. Nijinskas *Romeo und Julia* (1926), G. Balanchines *Apollon musagète* (1928) und *Le Bal* (1929), wurde aber auch im restlichen Rep. ihrer kühlen Eleganz wegen sehr gefeiert. Nach Diaghilews Tod tanzte sie in den Londoner Cochran-Revuen, bei Balanchines B.s 1933, auf Solotourneen mit A. Vilzak, 1937 auch beim B. Russe de Monte Carlo, studierte dann drei Jahre lang Gesang in Mailand und Rom und machte von 1938 an eine zweite Karriere als Koloratursopran an ital. Opernhäusern. Eröffnete 1959 in Paris eine B.-Schule. Schrieb *N. by Herself* (1959).

Nikolais, Alwin, amer. Tänzer, Choreograph, B.-Direktor und Pädagoge, * 25. 11. 1912 Southington (Conn.). Begann als Klavierspieler für Stummfilme, wurde dann Puppenspieler. Tanzausbildung bei Truda Kaschmann, H. Holm, später auch M. Graham, D. Humphrey, Ch. Weidman und L. Horst. Produzierte 1939 seine erste abendfüllende Prod. *Eigth Column* (Mus.: Krenek) in Connecticut, hatte dort auch sein eigenes Studio. Nach seinem Militärdienst als Assistent zu H. Holm. Direktor des Henry Street Playhouse in New York 1948, einer Art Th.-Laboratorium, dessen Schule und Komp. er reorganisierte. Realisierte hier seine Vorst.en von einem neuartigen Tanz-Th., in dem der Tänzer die kinetische Energie in ein Spiel von abstrakten Formen, Mustern, Farben und Klängen im Bühnenraum einbringt. In seinen zu immer größerer Vollkommenheit entwickelten Prod.en tritt er nicht nur als Autor, Regisseur und Choreograph in Erscheinung, sondern ist auch sein eigener Komponist, Ausstatter und Beleuchter. Seine Stücke sind Ein-Mann-Prod.en eines tänzerischen Total-Th.s, von ihm selbst als »Sound and Vision Pieces« bezeichnet. Nach dem sehr großen Erfolg seiner Europa-Tourneen (1968 erstmalig auch in Berlin) übersiedelte er 1970 zusammen mit seinem engsten Mitarbeiter M. Louis in ein neues Studio-Gebäude, The Space. Direktor des Centre National de Danse Contemporaine d'Angers 1978–81. Haupttitel aus seinem Werkkatalog sind u. a. *Masks, Props and Mobiles* (1953), *Kaleidoscope* (1956), *Totem* (1959), *Imago* (1963), *Sanctum* (1964), *Somniloquy* und *Triptych* (1967), *Tent* und *Limbo* (1968), *Echo* (1969), *Structures* (1970), *Scenario* (1971), *Foreplay* (1972), *Grotto* (1973), *Scrolls* und *Cross-Fade* (1974), *Temple* und *The Tribe* (1975), *Tryad* und *Styx* (1976), *Arporisms* (1977), *Gallery* und *Castings* (1978), *Schema* (für Opéra, Paris 1980), *Pond* (1982).

Lit.: M. B. Siegel, ›Nik‹, *Dance Perspectives* 48 (1971); M. B. Siegel, in: *At the Vanishing Point*, New York 1972; M. B. Siegel, in: *Watching the Dance Go By*, Boston 1977; M. Louis, in: *Inside Dance*, New York 1980.

Nilanowa-Sanftleben, Nika (verh. Pasztor), Tänzerin, Choreographin, B.-Meisterin und Pädagogin, * 21. 2. 1919 Kokand (Kasachstan). Ausbildung in Berlin bei Alexandra Nikolajewna, später Studium u. a. auch bei Tamara Rauser, B. Kniaseff und M. Rambert. Kam über Kassel nach Aachen, wurde dort mit 18 Jahren stellvertretende B.-Meisterin, ging dann nach Nürnberg und an die Bayer. Staatsoper, wo sie bis 1955 als erste Solotänzerin engagiert war. Rollenkreationen u. a. in M. Luiparts *Abraxas* (1948), V. Gsovskys *Kain Innocentius* (1951), T. Gsovskys *Die chinesische Nachtigall* (1953) und A. Carters *Haus der Schatten* (1955). Ging 1955 als B.-Chefin nach Hagen, wirkte 1957–60 als B.-Meisterin und Choreographin in Düsseldorf. Hier choreographierte sie 1960 die dt. EA von D. ApIvors *Bluthochzeit*. Im gleichen Jahr übernahm sie die Leitung der Staatl. B.-Schule in Stuttgart und choreographierte an der dortigen Oper H. Reutters *Kirmes von Delft* (1960). Von 1962 an unterrichtete sie am Kölner Institut für Bühnentanz und eröffnete 1964 ihre eigene B.-Schule in Düsseldorf. Seit 1983 Lehrerin an der B.-Schule der Basler Theater.

Nina ou La Folle par amour, B.-Pantomime in 2 Akten, Libr. und Ch.: L. J. Milon, Mus.: Persius; UA 23. 11. 1813, Opéra Paris, mit E. Bigottini, F. D. Albert u. a. – Die Handlung basiert auf der zu ihrer Zeit sehr beliebten gleichnamigen Komödie von Marsollier und Dalayrac, die schon Paisiello zur Grundlage für eine Oper gedient hatte. N., die Tochter eines Grafen, liebt Germeuil und ist ihm versprochen, als der Gouverneur sie als Braut für seinen Sohn Blinval reklamiert. Der Graf willigt ein, Nina verliert darüber zeitweise den Verstand, wird aber wieder normal, als die Hochzeit mit dem geliebten Germeuil möglich gemacht wird. Das B. machte schnell die Runde über die europ. Bühnen, in Berlin brachte es 1820 Hoguet heraus.

Lit.: C. W. Beaumont, in: *Complete Book of Ballets*, London 1951.

Nitschkoff, Bika, dt. Tänzerin, * 2. 12. 1946 München. Studierte ebd. an der B.-Schule der Staatsoper, dann mit einem Stipendium an der Royal B. School. Tänzerin Münchner Staatsoper 1964–66, erste Solotänzerin Braunschweig 1966–77, seit 1977 Karlsruhe. Kreierte zahlreiche Hauptrollen in B.en von M. Taubert, J. Gerster und G. Casado.

Nobilissima Visione, Choreogr. Legende in 1 Akt und 5 Bildern, Libr. und Mus.: Hindemith, Ch.: L. Massine (auch Libr.), Dek.: P. Tchelitchev; UA 21. 7. 1938, B. Russe de Monte Carlo, Drury Lane Th., London, mit Massine, N. Theilade, F. Franklin u. a. – Das B. führt die Wandlung des Francesco Bernardone aus Assisi vor, der zunächst als verwöhnter Sohn im Hause seines reichen Vaters lebt, als Soldat plötzlich eine Erscheinung hat, die ihn die Armut als ständige Begleiterin wählen läßt, die Armen im Hause seines Vaters bewirtet, Bauern vor einem wilden Wolf schützt und schließlich in eine Apotheose entrückt wird: der Heilige Franz von Assisi. Dt. EA Hamburgische Staatsoper (Ch.: H. Swedlund, 1946). In Amerika ist das B. unter dem Titel *Saint Francis* bekannt.

Lit.: O. F. Regner / H.-L. Schneiders, in: *Reclams Ballettführer*, Stuttgart [8]1980.

Noblet, Lise, frz. Tänzerin, * 24. 11. 1801 Paris, † September 1852 ebd. Studierte an der Schule der Opéra, trat 1816 in deren Corps ein, gastierte 1821–24 wiederholt am Londoner King's Th., wo sie namentlich als *Nina* großen Erfolg hatte. Dann kreierte sie an der Opéra Hauptrollen in einigen der wichtigsten B.en der damaligen Zeit – u. a. in J. Aumers Dauberval-Neueinst.en von *Le Page inconstant* (1823) und *La Fille mal gardée* (1828) sowie in seiner *La Belle au bois dormant* (1829) und *Manon Lescaut* (1830), ferner in F. Taglionis *La Sylphide* (Effie, 1832) und *La Fille du Danube* (1836). Sie war die erste Fenella in Aubers *Die Stumme von Portici* (Ch.: Aumer, 1828) und kreierte auch u. a. die Opern-B.e in Aubers *Der Gott und die Bajadere* (1830) und Halévys *Die Jüdin* (1835, beide Ch.n: F. Taglioni). Als Interpretin span. Tänze war sie eine ernsthafte Konkurrentin von F. Elßler. Sie besaß ein feuriges Temperament und wurde von den Zeitgenossen ob ihrer Eleganz, ihrer virtuosen Technik und ihrer dramatischen Expressivität sehr bewundert. Sie zog sich 1841 von der Bühne zurück.

Lit.: I. Guest, in: *The Romantic Ballet in Paris*, London 1966.

Noces, Les (russ. Originaltitel: *Swadebka*), 4 russ. Tanzszenen mit Gesang und Musik von Strawinsky, Ch.: B. Nijinska, Dek.: N. Gontcharova; UA 14. 6. 1923, B.s Russes de Diaghilew, Th. Gaîté-Lyrique, Paris, mit F. Doubrovska, N. Semenov u. a. – Vorgeführt wird das fiktive Ritual einer russ. Bauernhochzeit – die Vorbereitungen im Hause der Braut und des Bräutigams, das Brautgeleit und der Hochzeitsschmaus. Nijinska hat später ihre Ch., die in der Wucht ihrer blockartigen Formationen nicht ihresgleichen hat, wiederholt anderen Komp.n einstudiert. Als Insz. letzter Hand gilt ihre Prod. für das Royal B. 1966. Eigene Versionen u. a. von Marion Hermann (Dt. EA Königsberg 1929), T. Gsovsky (Dt. Oper Berlin, 1961), H. Rosen (Münchner Staatsoper, 1962), J. Robbins (American B. Th., 1965) und L. Lubovitch (eigene Komp., 1976) sowie R. Hoffmann (als Teil einer abendfüllenden Prod. *Hochzeit*, Bremen 1980).

Lit.: O. F. Regner / H.-L. Schneiders, in: *Reclams Ballettführer*, Stuttgart [8]1980; P. Brinson / C. Crisp, in: *Ballet & Dance*, Newton Abbot 1980.

Nomos Alpha, Solotanz, Ch.: M. Béjart, Mus.: Y. Xenakis; UA 2. 4. 1969 Royan, mit P. Bortoluzzi. Eine Folge von Tanzsequenzen, die dem Ausführenden gestattet, eine weite Skala technischer Virtuosität und dramatischer Ausdrucksfülle zu demonstrieren.

Nono, Luigi, ital. Komponist, * 29. 1. 1924 Venedig. Komponierte das B. *Der rote Mantel* nach García Lorca (Ch.: T. Gsovsky, Städt. Oper Berlin, 1954). Verschiedentlich haben sich Choreographen auch seiner Konzertmusik bemächtigt und ihren B.en zugrunde gelegt, so u. a. G. Bohner in *Memento* (Epitaph Nr. 2, Dt. Oper Berlin, 1969) und G. Urbani in *Contrappunto dialettico alla mente* (Rom 1971).

North, Robert, amer. Tänzer, Choreograph und B.-Direktor, * 1. 6. 1945 Charleston (S. C.). Studierte bei K. Crofton, Royal B. School, London School of Contemporary Dance sowie mit M. Graham und M. Cunningham. Tänzer beim London Contemporary Dance Th. 1967, danach bei der M. Graham Comp. Zurück zum London Contemporary Dance Th. als Principal Dancer 1969. Nach choreogr. Anfängen beim London Festival B. Workshop profilierte er sich rasch als einer der residenten Choreographen des London Contemporary Dance Th., für das er eine große Anzahl von B.en in schneller Aufeinanderfolge choreographierte. Associate Choreographer der Komp. 1975–81 und seit 1981 Artistic Director des B. Rambert. Haupttitel seines umfangreichen Werkkatalogs sind u. a. *Troy Game* (Mus.: B. Downes), *Dressed to Kill* (Mus.: H. Miller und D. .Smith, beide 1974), *Still Life* (Mus.: Downes), *David and Goliath* (mit: W. Sleep, Mus.: C. Davis, beide 1975), *Scribian Preludes and Studies* (1978), *Reflections* (Mus.: Blake, 1979), *Songs and Dances* (1981), *Priaboutki* (Mus.: Strawinsky 1982) und *An meine Tochter* (Mus.: Janáček, Tänzer des Kgl. Dän. B.s, Fernseh-B., ZDF 1984). Verheiratet mit der Tänzerin und Choreographin Janet Smith.

Northern Ballet Theatre. Die in Manchester ansässige Komp. wurde von Laverne Meyer 1969 unter dem Namen Northern Dance Th. gegründet, vorzüglich um auch die kleineren Städte der engl. Provinz zu bereisen. Londoner Debüt 1973. Das Rep. bestand anfänglich hauptsächlich aus B.en von Meyer und anderen Junior-Choreographen, während J. Thorpe als residenter Choreograph fungierte. Als sich Meyer 1975 von der Leitung zurückzog, wurde R. de Warren 1976 als Nachfolger berufen, unter dem die Komp. ihren heutigen Namen annahm, nicht zuletzt um ihre klassisch-akademische Basis zu betonen. Von ursprünglich 16 war die Komp. bis 1981 auf 27 Tänzer gewachsen. Warren verstärkte das Rep. insbesondere durch die Einst. abendfüllender Werke, u. a. von ihm selbst choreographiert *Cinderella* (Mus.: Joh. Strauß, 1979) und *A Midsummer Night's Dream* (Mus.: Mendelssohn Bartholdy, 1981) sowie von A. Prokovsky *Nußknacker* (1980) und von R. Glasstone *Sylvia* (Mus.: L. Delibes, 1981).

Lit.: R. Southern (Hrsg.), *N. B. T.*, Manchester 1979.

Norwegisches National Ballett. Die in Oslo ansässige Komp. wurde 1948 von Gerd Kjølaas und Louise Brown als Ny Norsk B. gegründet, wobei beide auch als Solotänzer und Choreographen fungierten. Die Komp. unternahm ständig Tourneen und hatte eine sehr schwierige Existenz, die 1952 zur Auflösung zwang. Kjølaas und Rita Tori wurden Künstlerische Direktoren des neu formierten Norske B. 1953. N. Orloff kam 1960 als B.-Meister, gefolgt von J. Harris 1961–65, die danach die Leitung der angegliederten B.-Schule übernahm. Nächste B.-Direktoren waren S. Arova 1966–70, A. Borg 1971–76, B. Last 1977–80 und 1980–83 J. Graff, seither erneut A. Borg. Das klassisch-akademisch fundierte Rep. ist ganz international ausgerichtet, doch wurde immer größter Wert auf eine gewisse Repräsentanz skand. Ch.n gelegt (u. a. Barthold Halle, Kari Blakstad, Donya Feuer, B. Cullberg, F. Flindt).

Notation (Tanzschrift). Versuche, tänzerische Bewegungen graphisch aufzuzeichnen, sind schon seit über 500 Jahren bekannt. Aus der Mitte des 15. Jh.s befinden sich im Stadtarchiv von Cervera 2 Manuskripte mit Buchstabenbezeichnungen für Schrittfolgen. Auch in dem Brüsseler Manuskript *Livre des Basses Danses* werden Buchstaben für die Schritte benutzt, während in Arbeaus *Orchésographie* 1588 bereits sehr genaue Beschreibungen der Schrittfolgen für die einzelnen Tänze gegeben werden. Ein wesentlich differenzierteres Aufzeichnungssystem stellte 1701 R. A. Feuillets *Chorégraphie ou l'art de d'écrire la danse par caractères, figures et signes démonstratifs* dar. Den Notwendigkeiten eines Systems, das nicht nur Schritte aufzeichnete, sondern auch Körper- und Armhaltungen, wurden erstmals die 1852 von A. Saint-Léon vorgelegte *Sténochorégraphie* und 1887 die von A. Zorn stammende *Grammatik der Tanzkunst* gerecht. Nachdem B. Klemm schon 1855 in seinem *Handbuch der Tanzkunst* den Versuch unternommen hatte, aus dem musikalischen System abgeleitete Noten zu benutzen, entwickelte Wladimir Stepanow in St. Petersburg dieses System zu größerer Vollkommenheit, so daß es an der Kaiserl. B.-Schule unterrichtet werden konnte. Die Ergebnisse veröffentlichte er 1892 in Paris in seinem *Alphabet des mouvements du corps humain*. N. Sergeyev zeichnete die Ch.n von Iwanow und Petipa in dieser Schrift auf und brachte sie nach Westeuropa mit, wo sie ihm als Grundlage seiner Klassiker-Insz.en beim engl. International B. und Sadler's Wells B. dienten. Im 20. Jh. führte das Bedürfnis nach noch präziseren Aufzeichnungsmöglichkeiten zu den Forschungen R. von Labans, der in seiner 1926 in Jena veröffentlichten *Choreographie* erstmals die Grundlagen seines dann als *Kinetographie* zu immer größerer Vollkommenheit entwickelten Systems vorlegte. Dieses wurde in den USA als Labanotation bekannt. Dort existiert seit 1940 ein eigenes Dance Notation Bureau. In den USA waren es vor allem A. Hutchinson, die dt. Emigrantin Irmgard Bartenieff († 1981) und die Laban-Tochter Juanita de Laban († 1977), die sich Verdienste um die Verbreitung der Labanotation erwarben. In Deutschland wurde A. Knust der wichtigste Propagandist der Kinetographie Laban. Diese Tanzschrift gilt heute als die wissenschaftlich stichhaltigste Aufzeichnungsmethode für Bewegungsvorgänge jeglicher Art. In England ist ihr seit Mitte der fünfziger Jahre allerdings eine starke Konkurrenz in der von R. und J. Benesh entwickelten, etwas einfacheren *Choreology* (allgemein Benesh Dance Notation genannt) erwachsen, die durch die Verwendung als offizielle Tanzschrift an der Royal B. School und für die Aufzeichnung der B.e des Royal B. auch international zunehmende Verbreitung gefunden hat. In der jüngeren Vergangenheit haben u. a. auch A. Nikolais, E. Loring und N. Eshkol eigene N.-Systeme entwickelt.

Lit.: J. de Laban, *Introduction to Dance Notation*, in: *Dance Index* 5,4 (1946); s. a. Lit. zu: →Laban, Hutchinson, Knust.

Notre-Dame de Paris, B. in 2 Akten, Libr. und Ch.: R. Petit, Mus.: Maurice Jarre, Bühne: René Allio, Kost.: Y. Saint-Laurent; UA 11. 12. 1965, Pariser Opéra, mit Cl. Motte, Petit, C. Atanassoff, J.-P. Bonnefous u. a. Petit hat sein B., wie schon Perrot 1844 sein Londoner B. *Esmeralda*, auf dem gleichnamigen Roman von V. Hugo aufgebaut, hat aber den mittelalterlichen Charakter und die Pantomime beiseite gelassen. Er wollte die Dauerhaftigkeit von Hugos Meisterwerk für den modernen Zuschauer demonstrieren. Mittelpunktsfigur ist hier nicht wie bei Perrot der Dichter Gringoire (der bei Petit überhaupt nicht vorkommt), sondern Quasimodo, der verkrüppelte Glöckner von Notre-Dame. Spätere Einst.en beim Marseilles B. (1974) und Kirow-B. (1978).

Notre Faust, Spektakel in 2 Teilen, Libr. und Ch.: M. Béjart, Mus.: Bach und argent. Tangos, Dek.: T. Bosquet; UA 12. 12. 1975, B. du XXe Siècle, Th. Royal de la Monnaie, Brüssel, mit J. Donn, B. Pie, P. Touron, Béjart, Y. Le Gac, M. Robier u. a. – Arrangiert zu Ausschnitten aus Bachs h-Moll Messe, die mit Tangos abwechseln, zu Goethe-Texten in dt. und frz. Sprache, zeigt das B. die bekannte Geschichte in Form einer Schwarzen Messe, die von den drei Erzengeln Luzifer, Satan und Beelzebub zelebriert wird. Faust verwandelt sich in Mephistopheles, während aus Mephistopheles der junge Faust wird. (→ Faust-Ballette.)

Nouveau Ballet de Monte Carlo. Die Komp. wurde 1942 gegründet und rekrutierte sich zum Teil aus Pariser Tänzern, die vor den Deutschen geflohen waren, zum anderen Teil aus Schülern der Tanzschulen von Monte Carlo und Nizza (namentlich aus der Schule von J. Sedova). Direktor war Marcel Sablon, B.-Meister N. Zvereff. Das Rep. bestand hauptsächlich aus Diaghilew-Klassikern und wenigen neuen Kreationen, wie Zvereffs *Stenka Razine* (Mus.: Glasunow). Die Komp. stellte 1944 ihre Tätigkeit ein, wurde aber 1946 unter dem neuen Namen Nouveaux B.s de Monte Carlo von dem Impressario Eugène Grünberg neugegründet. Künstlerischer Leiter war der von der Opéra vertriebene S. Lifar, der außer Klassikern und Neueinst.en von Werken seines Pariser Rep.s auch neue Kreationen choreographierte, u. a. *La Péri* (Mus.: P. Dukas), *Méphisto-Valse* (Mus.: Liszt),

Dramma per musica (Mus.: Bach) und *Chota Roustaveli* (Mus.: Honegger). Prominenteste Tänzer waren u. a. Y. Chauviré, J. Charrat, R. Jeanmaire, L. Tcherina, O. Adabache, W. Skoutaroff, A. Kalioujny, Y. Algaroff und R. Bon. Lifar ging 1947 mit seinen besten Tänzern an die Opéra zurück. Darauf wurde 1948 W. Dollar B.-Meister, die Komp. ging im Grand B. du Marquis de Cuevas auf, nachdem der Marquis schon 1946 Direktor geworden war und den Namen in Grand B. de M. C. umgewandelt hatte.

Noverre, Jean-Georges, frz. Tänzer, Choreograph, B.-Meister und B.-Theoretiker, * 29. 4. 1727 Paris, † 19. 10. 1810 St.-Germain-en-Laye. Er studierte bei Dupré und Marcel und wurde schon früh von M. Sallé beeinflußt, debütierte 1743 an der Opéra Comique und ging 1744 als Corps-Tänzer nach Berlin. 1747 war er in Dresden und 1749 in Straßburg engagiert, wo er wahrscheinlich seine künftige Frau, die Schauspielerin Marguerite Sauveur, kennenlernte. Über Marseille kam er nach Lyon, wo er mit der Camargo tanzte und seine ersten Ch.n machte. 1753/54 abermals in Straßburg, wurde er 1754 B.-Meister an der Pariser Opéra Comique, wo er mit seinen schon in Lyon herausgebrachten *Les Fêtes chinoises* seinen ersten großen Erfolg hatte. Es folgten seine wesentlich dramatischer orientierten B.e *La Fontaine de Jouvence* (1754) und *Réjouissances flamandes* (1755). Im November 1755 inszenierte er seine *Fêtes chinoises* auf Einladung D. Garricks am Londoner Drury Lane Th., wurde aber ein Opfer der politischen Feindschaft gegen alles Französische (1756 Beginn des Krieges zwischen Frankreich und England). Das hinderte Garrick jedoch nicht, N.s Begabung zu erkennen und ihn »the Shakespeare of the dance« zu nennen. 1756/57 arbeitete er quasi als Geheim-B.-Meister am Drury Lane Th. und schrieb zu der Zeit wahrscheinlich seine berühmten *Lettres sur la danse*, die Ende 1759 (mit dem Datum von 1760) gleichzeitig in Lyon und Stuttgart erschienen. Der Zensor von Lyon (Bourgelat) hatte am 1. Oktober 1759 keine Einwände gegen das Buch. Da es N. nicht gelang, erneut in Paris Fuß zu fassen, ging er 1758 abermals nach Lyon, wo er seine Theorien über das Handlungs-B. von B. zu B. immer deutlicher realisieren konnte – namentlich in *Les Caprices de Galathée* und *La Toilette de Vénus*. Ende 1759 wurde N. von Herzog Karl Eugen zum B.-Meister des Stuttgarter B.s ernannt. Die offizielle Ernennungsurkunde stammt allerdings erst vom 1. 3. 1760. 1760–66 schuf N. in Stuttgart und Ludwigsburg 20 B.e. Er baute hier eine große und leistungsstarke Komp. auf, für die er mit den Komponisten J. J. Rodolphe und Fl. Deller, dem Kostümbildner L. Boquet und den Bühnenbildnern Giov. Servandoni und I. Colomba eine Reihe von Meisterwerken des dramatischen B.s schuf. Berühmt wurden: *Admète et Alceste* (1761), *La Mort d'Hercule*, *Psyché et Amour* (beide 1762), *Medée et Jason*, *Orpheus und Eurydike* (beide 1763), *Hypermestra* (1764), *Alexander* und *Cleopatra* (beide 1765), *Das Fest des Hymenäus* und *Der Raub der Proserpine* (beide 1766). Alle diese B.e waren zwar schon selbständige Handlungs-B.e, wurden aber noch größtenteils zwischen den Akten der Opern von N. Jommelli aufgeführt. Da Karl Eugen nicht nur eine Oper und das B., sondern auch ein frz. Th. unterhielt, rebellierten die württ. Landstände gegen diese Institutionen, deren enorme Kosten von den württ. Bürgern und Bauern aufgebracht werden mußten. Der Staatsbankrott stand bevor. Im Januar 1767 mußte Karl Eugen daher die Frz. Komödie aufgeben und das B. weitgehend reduzieren. N. ging nach Wien, wo er als B.-Meister am Hofe Maria Theresias hoch willkommen war. Bis 1774 brachte er am Burg-Th. und Kärntnertor-Th. an die 50 B.e heraus, zum Teil Wiederholungen seiner früheren Erfolgswerke, aber auch wichtige neue Kreationen wie u. a. *L'Apothéose d'Hercule* (1767), *Don Chischott* (Mus.: J. Starzer, 1768), *Der gerächte Agamemnon* (Mus.: F. Aspelmayer), *Roger et Bradamante* (Mus.: Starzer, beide 1771), *Vénus et Adonis* (Mus.: Starzer), *Apelles et Campaspe* (Mus.: Aspelmayer), *Adèle de Ponthieu* (Mus.: Starzer, alle 1773) und *Gli Orazi e i Curiazi* (Mus.: Starzer, 1774). In Wien wurde er als der größte Choreograph seiner Zeit bewundert. Von 1774–76 wirkte er in Mailand, während seine öffentlich geführten Auseinandersetzungen mit seinem Wiener Vorgänger Angiolini über den Prioritätsanspruch und die Prinzipien des Handlungs-B.s weiteste Aufmerksamkeit fanden. Sein wichtigstes neues B. war hier *La prima età dell'innocenza ossia La Rosaia di Salency* (Mus.: Baillou, 1775). Er kehrte dann nach Wien zurück, blieb aber nur kurz und erreichte endlich sein Ziel, im Herbst 1776 als B.-Meister an die Pariser Opéra berufen zu werden, wo er jedoch eine starke Opposition vorfand, da sich sowohl M. Gardel wie auch J. Dauberval Hoffnung auf diesen Posten, den vorher G. Vestris innehatte, gemacht hatten. Doch setzte er sich auch hier durch, allerdings mehr mit früheren Erfolgs-B.en als mit neuen Werken (*Annette et Lubin* und zus. mit Mozart *Les petits riens*, beide 1778). Doch hatte er 1780 die nicht endenden Intrigen satt und ließ sich pensionieren. Er ging dann ans Londoner King's Th., wo er erneut eine exzellente Komp. aufbaute, zu der u. a. P. Gardel und Antoine Bournonville, später auch M. Guimard (die sich schon in Paris als eine seiner besten Interpretinnen bewährt hatte), A. Vestris und Ch. Didelot gehörten. Hier brachte er bis 1794 noch zahlreiche weitere B.e heraus, u. a. *Les Offrandes à l'Amour* (Mus.: Mazzinghi, 1787), *Les Fêtes provençales* (1789), *Pas de trois et de quatre* (Mus.: God Save Our King), *Iphigenia in Aulide* (1793) und *Adelaide ou La Bergère des Alpes* (1794). Danach zog er sich nach St.-Germain-en-Laye zurück, wo er Mühe hatte, seine Pensionsansprüche gegenüber der Revolutionsregierung geltend zu machen. In Paris veröffentlichte er 1807 sein letztes großes Werk: *Les Lettres sur les Arts Imitateurs en Général et sur la Danse en Particulier*. – N. war einer der kultiviertesten und intelligentesten B.-Persönlichkeiten aller Zeiten. Durch seine *Briefe über die Tanzkunst*, von Bode und Lessing nicht komplett 1761 ins Deutsche übertragen, und mit seinem Wirken in Stuttgart, Wien, Paris und London trug er wesentlich dazu bei, das B. des Rokoko aus seinem Divertissements-Charakter zu befreien und damit das große Handlungs-B. durchzusetzen. Er ist als der große Reformator in die B.-Geschichte eingegangen. Spätere Choreographen, die das B. von Zeit zu Zeit zur Besinnung auf seinen dramatisch-theatralischen Auftrag aufriefen (hauptsächlich Fokine), haben sich immer wieder auf N. als ihr großes Vorbild berufen.

Lit.: C. Lynham, *The Chevalier N.*, London 1950; P. Tugal, *J.-G. N.*, Berlin 1959; M. Krüger, *J.-G. N. und sein Einfluß auf die Ballettgestaltung*, Emsdetten 1963.

Noverre-Gesellschaft. Die Gesellschaft der Freunde des B.s in Stuttgart wurde im Mai 1958 auf Initiative einiger am B. interessierter Stuttgarter Bürger gegründet. Ziel war, das B.-Verständnis des Stuttgarter Th.-Publikums zu fördern und als Brückenschlagsorganisation zum B. der Württ. Staats-Th. zu dienen, das sich anschickte, sich unter N. Beriozoff und dann vor allem unter Cranko zum dt. B.-Zentrum zu entwickeln. Dank des ebenso uneigennützigen wie engagierten Einsatzes des bis heute amtierenden Vorsitzenden Fritz Höver wurde dieses Ziel in kürzester Zeit erreicht. Neben Vorträgen und Tanzdemonstrationen wurden vor allem die N.-Matineen zu einer Plattform für junge Choreographen. Von der Gesellschaft wurden bis 1970 gefördert Begabungen wie A. Killar, J. Neumeier, J. Stripling, G. Veredon und J. Kylián. In den letzten Jahren kamen hinzu: W. Forsythe, R. Helliwell, R. Montagnon und U. Scholz. Das Noverre-Stipendium ermöglichte es begabten Nachwuchstänzern, an der Royal B. School in London zu studieren. Informationsreisen wurden bis Moskau und Leningrad unternommen.

Nowotny, Richard, österr. Tänzer und B.-Meister, * 24. 6. 1926 Wien. Wurde Mitte der vierziger Jahre Mitgl. der Wiener Staatsoper und war 1962–67 Solotänzer der Komp. Rollenkreationen u. a. in B.en von E. Walter und A. von Milloss. Probenleiter und B.-Meister der Komp. 1965–78. Verschiedentlich von R. Nurejew mit der Einst. seiner B.e für andere Komp.n betraut. Er ist mit der Tänzerin Edeltraud Brexner verheiratet.

Nurejew, Rudolf Hametowitsch, sowj.-österr. Tänzer, Choreograph und B.-Direktor, * 17. 3. 1938, auf einer Eisenbahnreise zwischen Baikal-See und Irkutsk. Sohn eines Politoffiziers, hatte er eine auf Grund der ständigen Versetzungen seines Vaters sehr unruhige Jugend. Mit dem Tanz kam er erstmalig als Amateurteilnehmer an Volkstanzkursen in einer Vorstadt von Ufa in Baschkirien in Berührung, wirkte als Tanzstatist in einigen Vorst.en der Oper in Ufa mit und trat erst als Siebzehnjähriger 1955 in die Leningrader B.-Schule ein. Auf Grund seiner außergewöhnlichen Begabung und mit der umsichtigen pädagogischen Hilfe von Alexander Puschkin gelang es ihm, in drei Jahren die übliche achtjährige Ausbildung zu absolvieren. Tanzte bereits 1958 beim Nationalen Wettbewerb in Moskau mit und machte dort durch seine exzeptionelle Virtuosität auf sich aufmerksam, wurde 1958 Mitgl. des Kirow-B.s, trat 1959 bei den Weltjugendfestspielen in Wien auf, hatte jedoch seiner Aufsässigkeit und Eigenmächtigkeiten wegen wachsende Schwierigkeiten mit seinen Vorgesetzten. Nachdem er beim Paris-Gastspiel des Kirow-B.s im Juni 1961 triumphal als Prinz in *Dornröschen* gefeiert worden war und beim Weiterflug der Komp. nach London plötzlich nach Hause zurückbeordert wurde, suchte er am 17. 6. 1961 auf dem Flughafen von Le Bourget um politisches Asyl nach – ein Schritt, der weltweites Aufsehen erregte. Seither ist er in der westl. Welt geblieben. Trat zuerst beim Grand B. du Marquis de Cuevas auf, wurde dann von M. Fonteyn zu einer Galavorst. nach London eingeladen und tanzte von da an immer häufiger mit ihr zusammen, deren Karriere durch diese Partnerschaft in ein neues Reifestadium eintrat. War dann permanenter *guest artist* beim Royal B., was ihn aber nicht daran gehindert hat, als Gast auch bei den anderen großen Komp.n der westl. Welt aufzutreten, wo er nicht nur in den traditionellen Premier-danseur-Rollen, sondern auch in neuen, speziell für ihn geschaffenen B.en zu einem Tänzeridol für weiteste Publikumskreise geworden ist. In der Bundesrepublik tanzte er erstmalig im November 1961 in Hamburg, später auch in Stuttgart, Berlin und München sowie auf Gastspielen mit diversen Komp.n in zahlreichen anderen Städten, immer wieder auch in Wien. Als Tänzer beeindruckt er nicht nur durch seine technische Virtuosität, sondern mehr noch durch sein Persönlichkeitscharisma und seine undomestizierte Expressivität. Seit Mitte der siebziger Jahre hat er immer wieder Tänzerkollegen um sich versammelt, mit denen er in eigenen *Nureyev and Friends*-Programmen auftritt, auch hat er in London im Sommer regelmäßige N.-Saisons (meist mit dem London Festival B., aber auch mit anderen Komp.n), während deren er wochenlang in jeder Vorst. tanzt. Man wird sagen können, daß er durch sein Beispiel den Beruf des männlichen Tänzers aufgewertet und popularisiert und auf eine höhere Qualitätsebene gehoben hat. Bemerkenswert ist auch sein Einsatz für nicht-klassische Modern Dance Choreographen wie M. Graham, P. Taylor, M. Louis und G. Tetley. Eine Auswahl der für ihn geschaffenen B.e schließt u. a. ein: F. Ashtons *Marguerite and Armand* (1963), R. Petits *Paradise Lost* (1967), *L'estasi* (1968) und *Pelléas et Mélisande* (1969), R. van Dantzigs *The Ropes of Time* (1970), M. Béjarts *Lieder eines fahrenden Gesellen* (1971), Tetleys *Tristan* (1974), Grahams *Lucifer* (1975), Louis' *Moment* (1975), van Dantzigs *Ulysses* (1979), G. Balanchines *Le Bourgeois gentilhomme* (1979) und P. Lacottes *Marco Spada* (1981). Als Choreograph begann er mit Einst.en von Pas de deux des sowj. Rep.s. Erste wichtige Prod. war *La Bayadère* (Royal B., 1963), gefolgt von *Raymonda* (Touring Royal B., Spoleto 1964), *Schwanensee* (Wien 1964), UA von Henzes *Tancredi* (Wien 1966), *Don Quixote* (Wien 1966), *Dornröschen* (Mailand 1966), *Nußknakker* (Kgl. Schwed. B., 1967), *Romeo und Julia* (London Festival B., 1977), *Manfred* (Pariser Opéra B., 1979) und *The Tempest* (Mus.: Tschaikowsky, Royal Ballet 1982) [die meisten dieser B.e später auch für andere Komp.n]. Abgesehen von seinen zahlreichen Fernseh-Prod.en existieren auch verschiedene Filme mit ihm: *I am a Dancer* (beim Training sowie in den B.en *La Sylphide*, *Field Figures*, *Marguerite and Armand* und *Dornröschen*, 1972), *Valentino* (1977). Veröffentlichte *N., An Autobiography* (zus. mit A. Bland, 1962). Seit 1983 ist er B.-Direktor der Pariser Opéra.

Lit.: K. Geitel, *R. N.*, Berlin 1967; J. Percival, *N., Aspects of the Dancer*, London 1975; A. Bland, *Fonteyn und N.*, München 1981.

Nußknacker (russ. Originaltitel: *Stschelkunschik*, auch frz. *Casse-Noisette*, engl. *The Nutcracker*), B. in 2 Akten und 3 Bildern, Libr.: M. Petipa, Ch.: L. Iwanow, Mus.: Tschaikowsky, Dek.: M. Botscharow, K. Iwanow und I. Wsewoloschki; UA 18. 12. 1882, Marien-Th., St. Petersburg, mit A. dell'Era, P. Gerdt u. a. – Die Handlung basiert auf E. T. A. Hoffmanns Erzählung *Der N. und der Mäusekönig*. In ihrem Mittelpunkt steht Klara (im russ. Original Mascha), die zur Bescherung am Weihnachtsabend von ihrem Patenonkel Drosselmayer einen N. zum Geschenk erhält. Sie nimmt ihn mit ins Bett und träumt von einer Schlacht der vom N. angeführten Spielzeugsoldaten gegen den Mäusekönig und seine Streitscharen, in der sie dem N. zu Hilfe eilt. Nach erfochtenem Sieg verwandelt sich der N. in einen Prinzen, der mit Klara ins Reich der Süßigkeiten reist. Dabei wird im Tannenwald Station gemacht. Dann geht es weiter nach Schloß Konfitürenburg, wo die Zuckerfee mit ihrem Gefolge zu Ehren der Gäste ein großes Divertissement veranstaltet. – Ursprünglich wollte Petipa das B. choreographieren, mußte die Insz. aber krankheitshalber an Iwanow abgeben. Von Iwanows Original ist nicht viel mehr als der Pas de deux der Zuckerfee und ihres Kavaliers übriggeblieben. Die etwas verworrene Dramaturgie hat das Entstehen immer neuer Insz.s-Konzepte begünstigt – u. a. von F. Lopuchow (GATOB, Leningrad 1928), W. Wainonen (Kirow-Th., Leningrad 1934), N. Sergeyev (Vic-Wells B., London 1934), G. Balanchine (New York City B., 1954), J. Grigorowitsch (Bolschoi-B., Moskau 1966), R. Nurejew (Kgl. Schwed. B., 1968), J. Neumeier (Frankfurt a. M. 1971) und H. Spoerli (Basel 1980).

Lit.: O. F. Regner / H.-L. Schneiders, in: *Reclams Ballettführer*, Stuttgart [8]1980.

N. Y. Export: Op. Jazz, B. in 5 Teilen, Ch.: J. Robbins, Mus.: Robert Prince, Bühne: Ben Shahn, Kost.: Shahn und Florence Klotz; UA 8. 6. 1958, B.s U. S. A., Spoleto, mit P. Dunn, J. Norman, W. Curley, J. Jones u. a. Der Hot Jazz-Musik von Prince entsprach der Tanz, von dem das Programmheft mit Recht behauptete, daß sich alle jungen Menschen der Zeit begeisterten für schwarze und lateinamerikanische Tanzmusik. Man könnte das B. auch als Konzentrat des ein Jahr zuvor uraufgeführten Musicals *West Side Story* bezeichnen. Doch ist dieses B. so wenig wie die *West Side Story* ein reines Jazz-B., es enthält nur einzelne Elemente des schwarzen Jazz Dance. Das B. besitzt eine strenge Struktur. Die 5 Teile sind: Einleitung (ganze Gruppe), Statisch (mehrere Boys und ein Girl), Improvisation (einzelne Gruppen), Pas de deux, Thema mit Variationen und Fuge. Der Schluß kehrt wieder zum Anfang zurück. Das B. wurde zu einer Art Aushängeschild von Robbins' kurzlebiger eigener B.-Komp. Er hat es 1969 auch dem Joffrey B. einstudiert.

Lit.: O. F. Regner / H.-L. Schneiders, in: *Reclams Ballettführer*, Stuttgart [8]1980.

O

Oboukhoff (russ. Obuchow), Anatole Nikolajewitsch, russ.-amer. Tänzer und Pädagoge, * 1896 St. Petersburg, † 25. 2. 1962 New York. Studierte an der Kaiserl. B.-Schule in St. Petersburg, machte 1913 sein Examen, ging dann ans Marien-Th., wo er 1917 Erster Solotänzer wurde, verließ Rußland 1920, tanzte an der Oper in Bukarest und wurde Primoballerino beim russ. Romantischen B. von B. Romanoff, unternahm mit seiner Frau Vera Nemchinova Tourneen in Südamerika, ging mit ihr 1935 nach Kaunas (Kowno) und gastierte mit dem B. der dortigen Oper in London. 1936/37 war er bei Blums B.s de Monte Carlo, ging dann zu de Basil und machte mit dessen Kompanie 1939 die Australien-Tournee mit. Von 1940 bis zu seinem Tode unterrichtete er an der School of American B. in New York.

Ode, B.-Oratorium in 2 Akten, Libr.: B. Kochno, Ch.: L. Massine, Mus.: N. Nabokov, Dek.: P. Tchelitchev und P. Charbonnier; UA 6. 6. 1928, B.s Russes de Diaghilew, Th. St. Bernhardt, Paris, mit Ira Beliankina, S. Lifar u. a. – Ausgangspunkt dieser szenischen Demonstration war M. Lomonossows *Ode an die Majestät Gottes anläßlich der Erscheinung der großen Nordlichter* aus dem 18. Jh. – ein Huldigungsgedicht an die russ. Kaiserin Elisabeth. Es handelt sich um eine Allegorie über die Schönheit und Harmonie der Natur, in die ein junger Student eingreift, und die er auf diese Weise zerstört. Interessanter als die sehr statische Ch. waren die dekorativen Elemente der Prod.: die Tänzer, die z. T. phosphoreszierende Kostüme trugen, hingen in Seilen, während Projektionen und spezielle Beleuchtungseffekte für ein mystisches Ambiente sorgten.

O'Donnell, May, amer. Tänzerin, Choreographin und Pädagogin, * 1909 Sacramento (Cal.). Studierte bei Estelle Reed und M. Graham, in deren Komp. sie 1932–38 und 1944–52 Tänzerin war. Rollenkreationen in Grahams *Appalachian Spring* und *Herodiade* (1944), *Dark Meadow* und *Cave of the Heart* (1946). Erster Soloabend in San Francisco 1939. Gründete zusammen mit G. Shurr das San Francisco Dance Th., Mitgl. der Limón Comp. 1941–43. Debütierte mit eigener Komp. in New York 1949. Unterrichtet an ihrer eigenen Schule und an der School of Performing Arts sowie an verschiedenen Colleges und Universitäten.

Odysseus-Ballette. V. Junk nennt ein B. *Ulisses und Circe* von A. Hilverding in Wien um 1740, *Ulisse al monte Etna* von A. Muzzarelli in Venedig 1787, *Il Ritorno d'Ulisse* von G. Gioja in Neapel 1804 und *Le Retour d'Ulysse* von Milon 1807. Im Grunde war schon *Le Ballet Comique de la Reine* von 1581 ein Odysseus-Circe-B. Moderne O.-B. sind u. a.: *Homerische Sinfonie* von E. Hanka (Mus.: Th. Berger, Wien 1950), *Neue Odyssee* von L. Gruber (Mus.: V. Bruns, Dt. Staatsoper Berlin 1957), *Odyssey* als Modern-Dance-Stück von M. Louis (Mus.: Ivan Fiedel, New York 1960), *Die Irrfahrten des Odysseus* von E. Walter (Mus.: H. Eder, Bregenz 1965) und *Ulysses* von R. van Dantzig (Mus.: R. Haubenstock-Ramati, Staatsoper Wien 1979).

Offenbach, Jacques, dt.-frz. Komponist, * 20. 6. 1819 Köln, † 5. 10. 1880 Paris. Komponierte die Musik für verschiedene Harlekinaden, dann auch für M. Taglionis B. *Le Papillon* (Paris, 1860; erste moderne Prod. E. M. von Rosens *Utopia*, Göteborg 1974, auch J. Gerster, Braunschweig 1977). Häufig ist Musik von ihm für B.-Zwecke bearbeitet worden, so u. a. M. Rosenthal für *Gaîté Parisienne* (Ch.: L. Massine, 1938; auch M. Béjart, Brüssel 1978; unter diesem Titel, zusammen mit *Le Papillon*, von G. Veredon, München 1982), A. Dorati für *Blaubart* (Ch.: M. Fokine, 1941) und *Helen of Troy* (Ch.: Fokine und D. Lichine, 1942), G. Crum für *O. in the Underworld* (Ch.: A. Tudor), L. Aubert für *La Belle Hélène* (Ch.: J. Cranko, beide 1955). M. Béjart brachte 1961 in Brüssel eine choreogr. Insz. von *Hoffmanns Erzählungen* heraus – B.-Versionen der Oper von P. Darrell (1972) und R. Petit (1982).

Ondine → *Undine.*

Onegin, B. in 3 Akten und 6 Bildern, Libr. und Ch.: J. Cranko, Mus.: Tschaikowsky, arr. von K. H. Stolze, Dek.: J. Rose; UA 13. 4. 1965, Stuttgart, mit R. Barra, M. Haydée, E. Madsen, A. Cardus u. a. – In Anlehnung an A. Puschkins Roman in Versen (1832) erzählt Cranko die Geschichte der auf dem Lande lebenden Tatjana, die sich in den blasierten Dandy O. verliebt, sich ihm in einem leidenschaftlichen Brief erklärt und, nachdem sie von ihm abgewiesen worden ist, in St. Petersburg den Fürsten Gremin heiratet und nun ihrerseits O. abweist, als er zu spät seine Liebe zu ihr erkannt hat. Verbunden damit ist die Geschichte der Zuneigung, die Tatjanas Schwester Olga und O.s Freund Lenski für einander hegen, und die mit einer Tragödie endet: O. erschießt Lenski in einem aus nichtigem Eifersuchtsanlaß heraufbeschworenen Duell. – Stolze hat seiner Partitur unbekannte Klavierstücke Tschaikowskys sowie den Mittelteil von *Francesca da Rimini* zugrunde gelegt (auf die Verwendung von Melodien aus Tschaikowskys Lyrischen Szenen ist bewußt verzichtet worden). Eine leicht revidierte Neufassung hatte 1967 Premiere. Übernommen ins Rep. des Münchner Staatsopern-B.s (1972), Kgl. Schwed. B. (1976), Australian B. (1978) und London Festival B. (1983).

Lit.: O. F. Regner / H.-L. Schneiders, in: *Reclams Ballettführer*, Stuttgart [8]1980.

Onestep, heute noch als Marschtanz (Marschfox) der einfachste aller Gesellschaftstänze. Er wird nur mit einfachen Gehschritten ausgeführt, kam um 1908 aus den USA nach Europa und wurde zum ersten Mal öffentlich 1909 bei der Ersten Weltmeisterschaft für moderne Gesellschaftstänze in Paris neben Turkey Trot und Boston vorgeführt. Die ursprünglich von den Negern stammenden Hüftmotionen (Schiebe- und Wackeltänze!) wurden von 1914 an von dem New Yorker Tanzlehrer Vernon Castle ausgemerzt und verboten.

Oono, Kazuo, jap. Tänzer, * 1906 (Geburtsort nicht bekannt). Errang plötzlich Anfang der achtziger Jahre, bereits über siebzig, mit seinem Tanz *Admiring La Argentina* internationales Aufsehen und wurde zu einer Kultfigur der europ. und amer. Avantgarde.

Opéra-Ballet, gesungene und getanzte, prunkvoll ausgestattete musikalische Schaustellung, die sich während des ausgehenden 17. und der ersten Hälfte des 18. Jh.s in Frankreich großer Beliebtheit erfreute. Ging hervor aus den Divertissements, die in der Tragédie lyrique einen immer breiteren Raum einnahmen. »Im Unterschied zur Tragédie lyrique, deren (in der Regel) 5 Akte eine durchlaufende Handlung aufweisen, stellt im Opéra-Ballet jeder der meist 2 oder 3 Akte (Akt ist hier gleichbedeutend mit Entrée) mit je einem Divertissement jeweils ein eigenes, unabhängiges Sujet vor, bald mehr tragischen, bald mehr komischen Inhalts. Die Akte sind nur lose durch eine Rahmenidee verbunden« (Riemann, Musiklexikon). Eine frühe Form stellten J. B. Lullys *Triomphe de l'amour* (1681) und *Le Temple de la paix* (1685) dar. Voll ausgebildet war die Form dann in A. Campras *L'Europe galante* (1697). Hauptwerke der Gattung waren Campras *Les Muses* (1703), *Les Fêtes vénitiennes* (1710) und *Les Amours de Vénus et de Mars* (1712), J. J. Mourets *Les Festes ou le Triomphe de Thalie* (1714), M. P. Montéclairs *Les Fêtes de l'été* (1716) und Destouches *Les Stratagèmes de l'amour* (1726). Seinen Höhepunkt erreichte das O.-B. in Opern von J. Ph. Rameau wie *Les Indes galantes* (1735), *Les Fêtes d'Hébé ou les talents lyriques* (1739) und *Le Temple de la gloire* (1745). (→ Ballett-Oper.)

Opernballett, Tanzeinlagen in Opern, die sich von kleineren Aufgaben (*Figaros Hochzeit*, *La Traviata*) bis zu großen Einlagen (z. B. das Venusberg-Bacchanal in *Tannhäuser*, die Walpurgisnacht in *Faust* und die Polowetzer Tänze in *Fürst Igor*) erstrecken. Bei stärkerer Integration des Tanzgeschehens in die Gesamtdramaturgie einer Oper spricht man von B.-Opern.

Opus 1, B. in 1 Akt, Ch.: J. Cranko, Mus.: Webern (Passacaglia op. 1); UA 7. 11. 1965, Stuttgart, mit R. Cragun und B. Keil. – Cranko hat sich nicht über die seinem B. zugrunde liegende Idee geäußert, aber es handelt sich offensichtlich um einen Lebenszyklus: ein Mann wird geboren, erkämpft sich sein Leben, jagt dem idealen Frauenbild nach, dessen er jedoch auf die Dauer nicht habhaft werden kann und stirbt so, wie er geboren wurde. Übernommen ins Rep. zahlreicher anderer Komp.n, u. a. Dt.

Oper Berlin, Frankfurt a. M., Kgl. Dän. B., Joffrey B., Basler B.

Lit.: O. F. Regner / H.-L. Schneiders, in: *Reclams Ballettführer*, Stuttgart [8]1980.

Opus V (auch *Webern Opus 5*), B. in 5 Sätzen, Ch.: M. Béjart, Mus.: Webern; UA 26. 3. 1966, B. du XXe Siècle, Th. de la Monnaie, Brüssel, mit M.-Cl. Carrié und J. Donn. Ein handlungsloses B. für 2 Tänzer zu Weberns Streichquartett op. 5. Später auch von anderen Paaren getanzt. Zur gleichen Musik choreographierte R. van Dantzig sein B. *Moments* (1968).

Orchesis (griech.), Sammelbezeichnung für die Kunst der Bewegungen und Gebärden, wird sowohl für die generelle künstlerische Aktion wie auch speziell für Pantomime und Tanz gebraucht.

Orchésographie (griech., Aufschreiben des Tanzes). Th. Arbeau nannte sein 1588 erschienenes Buch so, in dem er Beschreibungen und graphische Darstellungen von Tänzen des 16. Jh.s gegeben hat.

Orchestra, griech. Wort für den kreisförmigen Tanzplatz im antiken Th., auf dem sich die Schauspieler und der Chor bewegen.

Ordman, Jeannette, süd-afrik. Tänzerin, Pädagogin und B.-Direktorin, * 8. 11. 1935 Germiston (Südafrika). Studierte bei R. Berman, M. Sturman, A. Northcote und E. Ward. Tänzerin beim Johannesburg Festival B., Solistin 1964. Ging dann nach London und arbeitete beim Fernsehen, Sadler's Wells Opera B. sowie als Pädagogin. Als Pädagogin 1965 nach Israel, wo sie mit Bathsheva de Rothschild 1968 die Bat-Dor Dance Comp. gründete, deren Künstlerische Direktorin und Erste Solistin sie heute ist. Darüber hinaus ist sie auch Direktorin der Bat-Dor Studios of Dance in Tel Aviv.

Orfano della China, L' → *Chinesische Waisenknabe, Der.*

Orff, Carl, dt. Komponist, * 10. 7. 1895 München, † 29. 3. 1982 ebd. Hat zwar keine B.e im üblichen Sinne komponiert, doch weisen einige seiner Hauptwerke dem Tanz eine bedeutende Aufgabe zu, namentlich sein Triptychon der *Carmina Burana* (UA-Ch. Inge Herting, Frankfurt a. M. 1937), *Catulli Carmina* (UA-Ch. T. Gsovsky, Leipzig 1943) und *Trionfo di Afrodite* (UA-Ch. T. Gsovsky, Mailand 1953). Diese 3 Stücke sind häufig neuchoreographiert worden. Weitere B.e zu Musik von ihm waren u. a. S. Kortys *Das Paradiesgärtlein* (München 1937) und H. Rosens *Entrata, Nänie und Dithyrambus* (Münchner Staatsoper, 1963). Auch das nach ihm benannte Schulwerk enthält viele tänzerische Elemente, die er zusammen mit D. Günther ausgearbeitet hat.

Original Ballet Russe. Aus den 1932 von R. Blum und dem Oberst W. de Basil gemeinsam gegründeten B.s Russes de Monte Carlo gingen 1936 außer Blums neuer Komp. Les B.s de Monte Carlo auch Col. W. de Basil's B.s Russes als selbständige Truppe hervor. Diese Komp. nahm 1938 den Namen Educational B.s Ltd. an. Daraus wurde 1939 das Covent Garden Russian B., das aber schon im Oktober 1939 endgültig umbenannt wurde in O. B. R. Diese Komp. ging 1940 nach Australien, wo D. Lichine sein B. *Graduation Ball* herausbrachte. In den Jahren 1940/41 tanzte die Truppe in den USA und Kanada, 1942–45 in Südamerika, 1946/47 noch einmal in den USA und 1947/48 zum letzten Mal in Paris und London. Eine im Frühjahr 1948 begonnene Spanien-Tournee endete im Oktober 1948 mit der Auflösung des O. B. R. Einem nach Basils Tod (27. 7. 1951) unternommenen Wiederbelebungsversuch durch das Ehepaar Grigoriev und dem Designer G. Krista war 1951 kein Erfolg beschieden.

Lit.: K. S. Walker; *De Basil's Ballets Russes*, London 1982.

Orlikowsky, Wazlaw, sowj.-schweiz. Tänzer, Choreograph und B.-Direktor, * 8. 11. 1921 Charkow. Studierte bei V. Sulima und W. Preobrajenski. Tänzer bei den Komp.n in Charkow, Tiflis, Prag und Lemberg. Kam nach Westeuropa mit der Komp. von Antonia Tumkowskaja. Gründete das Klassische Russ. B. in München 1950. B.-Meister in Oberhausen 1952–55, wo er 1955 die erste dt. Nachweltkriegs-Prod. des kompletten *Schwanensee*-B.s choreographierte. B.-Meister in Basel 1955–67, zahlreiche B.-UA. B.-Direktor der Wiener Staatsoper 1966–71 und seither am Grazer Opernhaus. Häufige Gastspiele als Choreograph bei den unterschiedlichsten Komp.n –

u. a. Städt. Oper Berlin, London Festival B., Komp. von R. de Larrain, Bregenzer Festspiele (A. Adams *Le Corsaire*, 1975) und Salzburger Festspiele.

Orpheus, B. in 3 Bildern, Ch.: G. Balanchine, Mus.: Strawinsky, Dek.: I. Noguchi; UA 28. 4. 1948, B. Society, City Center, New York, mit N. Magallanes, M. Tallchief, F. Moncion u. a. – Strawinsky und Balanchine haben sich hier strikt an den Ablauf der mythischen Erzählung vom thrakischen Sänger O. gehalten – wie er über den Tod seiner Frau Eurydike trauert und mit dem Todesengel in den Tartarus hinabsteigt, dort mit seinem Saitenspiel die Furien besänftigt, mit Eurydike zusammengeführt wird und mit ihr den Weg in die Oberwelt antritt, dabei das göttliche Gebot, seine Frau nicht anzusehen, mißachtet und sie deshalb erneut verliert, woraufhin die Bacchantinnen über ihn herfallen und ihn in Stücke zerreißen, bis Apollo erscheint, seine Lyra an sich nimmt und mit ihr zum Himmel aufsteigt. – Die Balanchine-Version bekam Deutschland zuerst 1962 beim Gastspiel von Solisten des New York City B. in einer Gemeinschafts-Prod. mit den Tänzern der Hamburgischen Staatsoper zu sehen. Dt. Erst-Ch.: R. Kölling (Münchner Staatsoper 1949). Zahlreiche andere Versionen, darunter auch A. von Milloss (europ. EA Venedig 1948) und K. MacMillan (Royal B., 1982). – Frühere *O.*-B.e u. a. von A. Hilverding (Wien 1752), J. G. Noverre (Mus.: F. Deller, Stuttgart 1763), auch von R. von Laban (Mus.: Gluck, 1927). Spätere *O.*-B.e u. a. von J. Charrat (Mus.: R. Lupi, Venedig 1951), M. Béjart (Mus.: P. Henry, Lüttich 1958) und W. Forsythe (B. in 6 Bildern, Libr.: E. Bond, Mus.: Henze, Bühne: A. Manthey, Kost.: J. Herzog; UA 17. 3. 1979, Stuttgart, mit R. Cragun, B. Keil, R. Anderson u. a. – dies ist ein abendfüllendes B., in dem O. als der Künstler dargestellt wird, der durch seine Anstrengung die Menschheit aus dem Chaos zu Kultur und Zivilisation führt und dabei den Zorn der Götter auf sich zieht, die er aber überwindet, indem er die ihm von Apollo überreichte Lyra zerschmettert und aus der einen übriggebliebenen Saite die erste wirklich menschliche Melodie gewinnt, die die Toten aus ihren Gräbern auferstehen und im utopischen Finale einer klassenlosen Gesellschaft die Götter ein für allemal überwinden läßt). – In neuerer Zeit sind auch wiederholt choreogr. Insz.en der verschiedenen *O.*-Opern unternommen worden – Monteverdis *O.* u. a. von Milloss (Florenz 1957), E. Walter (Wuppertal 1961) und M. Sparemblek (Brüssel 1960), Glucks *O.* u. a. von G. Balanchine (New York 1936), M. Wigman (Leipzig 1947), F. Ashton (London 1953), P. Bausch (Wuppertal 1975), J. Neumeier (Hamburg 1978) und H. Spoerli (Basel 1983).

Lit.: O. F. Regner / H.-L. Schneiders, in: *Reclams Ballettführer*, Stuttgart [8]1980.

Orta, Carlos Enrique, venezol. Tänzer und Choreograph, * 28. 3. 1947 Caracas. Studierte ebd., an der Pariser Schola Cantorum und Essener Folkwang-Hochschule. Tänzer beim Essener Folkwang-B. 1970–73, Wuppertaler Tanz-Th. 1973/74, Kölner Tanz-Forum 1974–79 und seither mit der Limón-Komp. Begann 1975 zu choreographieren, arbeitete u. a. für Kölner Tanz-Forum und Nederlands Dans Th.

Oslo → Norwegisches Nationalballett.

Ossipenko, Alla Jewgenjewna, sowj. Tänzerin, * 16. 6. 1932 Leningrad. Studierte ebd. an der B.-Schule. Nach ihrem Examen 1950 Tänzerin beim Kirow B., wo sie bis 1974 zu den beliebtesten Ballerinen gehörte – Rollenkreationen u. a. in J. Grigorowitschs *Steinerner Blume*, Belskis *Küste der Hoffnung* (beide 1959) und K. Sergejews *Hamlet* (1970). Schloß sich danach L. Jakobsons Komp. an.

Othello-Ballette. B.e nach Shakespeares Tragödie schufen u. a. S. Viganò 1818 in Mailand, J. Limón (*The Moor's Pavane* zu Mus. von Purcell) 1949 in New London (Conn.), E. Hanka (*Der Mohr von Venedig*, Mus.: Blacher) 1955 in Wien, W. Tschabukiani (Mus.: A. D. Matschawarjani) 1957 in Tbilissi (Tiflis), J. Němeček (Mus.: J. Hanuš) 1959 in Prag, S. Lifar (*Le Maure de Venise*, Mus.: M. Thiriet, Het Nederlands B., 1960), J. d'Amboise (*Prologue*, die venezianische Vorgeschichte zu O., Mus.-Arr. von R. Irving) 1967 fürs New York City B., P. Darrell (Mus.: Liszt) 1971 für eine Tänzergruppe mit A. Prokovsky und G. Samtsova in Triest, J. Butler (in *La Voix*, Mus.: G. Crumb) für das B. du Rhin 1972, Jean-Pierre Bonnefous 1980 in Louisville (Ky.) und G. Pick (in *O.-B.*, Mus.: G. Humel, Aachen 1984). (→ *Mohr von Venedig, Der,* → *Moor's Pavane, The.*)

P

PACT Ballet, südafrik. Komp., die sich ursprünglich Transvaal B. nannte. Ging 1963 aus dem Zusammenschluß des Johannesburg City B. mit dem Performing Arts Council of Transvaal hervor. Die Johannesburg Festival B. Society, die 1944 von Marjorie Sturman als Amateur-Komp., bestehend aus Schülern ihrer eigenen und anderer örtlicher Schulen gegründet worden war, wandelte sich in das Johannesburg City B. um. Erster Direktor des P. B. war Faith de Villiers 1963–71, gefolgt von John Hart 1971–75 – die heutige Leitung hat Lorna Haupt, Resident Choreographer ist A. Killar. Die Komp., die seit 1981 im neuerrichteten State Th. Pretoria ihren Stammsitz hat, verfügt über ein grundsolides Klassiker-Rep., das zum großen Teil von engl. Choreographen erarbeitet wurde, wie überhaupt ein enger Kontakt mit dem engl. B.-Establishment gepflegt wird. Abendfüllende Prod.en der jüngeren Vergangenheit waren u. a. R. Hynds *Rosalinda* (1978) und *Papillon* (1979), A. Prokovskys *The Three Musketeers* (1981) und *Anna Karenina* sowie V. Panovs *Krieg und Frieden* (beide 1982).

Paganini, B. in 1 Akt und 3 Bildern, Libr. und Mus.: Rachmaninow, Ch.: M. Fokine (auch Libr.), Dek.: S. Soudeikine; UA 30. 6. 1939, Col. de Basils B. Russe, Covent Garden, London, mit D. Rostoff, I. Baronova, T. Riabouchinska. – Das B. behandelt die Konflikte, in die sich das musikalische Genie ständig durch die weltlichen Herausforderungen gestürzt sieht, um sie jedoch mit Hilfe seines Genies zu besiegen und auf diese Weise künstlerische Unsterblichkeit zu erlangen. – Andere B.-Versionen zu Rachmaninows Rhapsodie über ein Thema von Paganini u. a. von L. Lawrowsky (Bolschoi-B., Moskau 1960) und F. Ashton (*Rhapsody*, Royal B., London 1980).

Lit.: G. Balanchine / F. Mason, in: *Balanchine's Complete Stories of the Great Ballets*, Garden City (N. Y.) 1977.

Page, Ruth, amer. Tänzerin, Choreographin und B.-Direktorin, * 22. 3. 1900 Indianapolis. Studierte bei I. Clustine, A. Bolm und E. Cecchetti. Südamerika-Tournee mit der Pawlowa-Komp. 1918. Tanzte in Bolms *Birthday of an Infanta*, Chicago 1919, dann mit seinem B. Intime in London 1920. Primaballerina der Music Box Revue, Berlin und New York 1923/24. Bei Diaghilews B.s Russes 1925, dann mit Bolm nach Südamerika, Metropolitan Opera B., New York 1926–28. Kreierte Terpsichore in Bolms UA von Strawinskys *Apollon musagète* (Washington 1928). Auf Tournee in Japan und in der Sowjetunion. Primaballerina und B.-Meisterin Chicago Summer Opera 1929–33, für die sie ihre ersten Ch.n schuf. Tourneen mit H. Kreutzberg 1932 und 1934. Primaballerina und B.-Meisterin der Oper von Chicago 1934–37. Skandinavien-Tournee 1937. Choreographierte *Frankie and Johnny* (Mus.: J. Moross) für Chicago Federal Th. 1938. Gründete zusammen mit B. Stone die Page-Stone B. Comp. 1938, mit der sie zahlreiche Tourneen unternahm (auch Paris 1950). Choreographierte *Revanche* (basierend auf Verdis *Il trovatore*, B.s des Champs-Elysées, Paris 1951) und *Vilia* (Lehárs *Lustige Witwe*, London Festival B., 1953). Arbeitete während der nächsten Jahre als Choreographin an der Chicago Lyric Opera und für ihre eigene Komp., die unter verschiedenen Namen auftrat, bis sie schließlich den Namen Chicago B. annahm. Eine der dynamischsten Persönlichkeiten der amer. B.-Szene, die durch ihre häufigen Tourneen zu einer der bekanntesten B.-Pionierinnen Amerikas wurde. Haupttitel ihrer langen Liste von B.-Kreationen sind u. a. *La Guiablesse* (Libr.: Lafcadio Hearn, Mus.: W. Grant Smith, Chicago 1933 – hier trat sie als einzige weiße Tänzerin mit 50 Negern auf), *Susanna and the Barber* (Rossinis *Il barbiere di Siviglia*, 1955), *Camille* (Verdis *La traviata*, 1957), *Die Fledermaus* (1958), *Carmen* (1959 – eine frühere Version als *Guns and Castanets*, 1939), *Pygmalion* (Suppés *Die schöne Galathée*, 1961), *Bullets and Bonbons* (O. Straus' *Der tapfere Soldat*, 1965) sowie *The Bells* (nach E. A. Poe, Mus.: Milhaud, 1946), *Mephistophela* (nach H. Heines *Faust*-Libr., Mus.: Berlioz, Boito und Gounod, 1966), *Carmina Burana* (Mus.: Orff, 1966) und

Alice in the Garden (Mus.: I. van Grove, 1970).

Lit.: J. Martin, *R. P. – An Intimate Biography*, New York 1977; *Page by Page*, New York 1980.

Pagodenprinz, Der (engl. Originaltitel: *Prince of the Pagodas*), B. in 3 Akten, Libr. und Ch.: J. Cranko, Mus.: Britten, Bühne: J. Piper, Kost.: D. Heeley; UA 1. 1. 1957, Royal B. Covent Garden, London, mit S. Beriosova, J. Farron, D. Blair u. a. – Das Kunstmärchen erzählt die Geschichte von der bescheidenen Prinzessin Belle Rose, die zusammen mit ihrem Vater von ihrer bösartigen Schwester Belle Epine aus dem Land verjagt wird. Sie begegnet dem Salamanderprinzen, der durch ihre Liebe seine menschliche Gestalt wiedergewinnt und dafür sorgt, daß Belle Epine bestraft wird, während er und Belle Rose unter dem Protektorat des kgl. Vaters ihre Hochzeit feiern. Cranko studierte das B. noch als Gast 1960 in Stuttgart ein und wurde daraufhin als B.-Direktor engagiert. Dt. EA A. Carter, München 1958. Weitere Versionen u. a. von W. Orlikowsky (Basel 1961, auch Wiener Staatsoper, 1967), R. Alston, *Dances from the Kingdom of the Pagodas*, Kopenhagen 1982.

Lit.: O. F. Regner / H.-L. Schneiders, in: *Reclams Ballettführer*, Stuttgart [8]1980.

Palais de cristal → *Symphony in C.*

Palucca, Gret, dt. Tänzerin und Pädagogin, * 8. 1. 1902 München. Studierte in Dresden und München bei H. Kröller und ging 1920 zu M. Wigman, deren Gruppe sie seit 1923 angehörte. Erster Solotanzabend 1923, dem in den nächsten Jahren viele weitere und immer ausgedehntere Tourneen folgten. In einer charakteristischen Kritik der damaligen Zeit heißt es: »Die P. ist in jedem Tanz echt und hell und herrlich in ihrer kraftvollen Lebensbejahung, sie hat eine unbeschreiblich reine Anmut, eine wundervoll hohe Heiterkeit und einen erschütternden Ernst.« Typische Titel ihrer frühen Tänze u. a.: *In weitem Schwung*, *Verklingend*, *Plötzlicher Ausbruch*, *Fern*, *Stilles Lied*, *Treibender Rhythmus*, *Fernes Schwingen*, *Appassionata* und *Serenata*. Nachdem sie 1925 in Dresden eine Schule eröffnet hatte, trat sie auch mit einer eigenen Gruppe von Schülerinnen auf, zu der zeitweise auch L. Goslar gehörte. Unter den modernen dt. Tänzerinnen galt sie als die humorvollste, fröhlichste und unbeschwerteste. Aus politischen Gründen wurde 1939 ihre Schule geschlossen, während sie in Dresden nur noch privat weiterarbeiten konnte. Bereits im Juli 1945 trat sie mit einem Solotanzabend in Dresden wieder an die Öffentlichkeit und unternahm bis 1950 noch zahlreiche Tourneen, die ihren Ruf als eine der großen Persönlichkeiten des dt. Tanzes noch einmal bekräftigten. Mehr und mehr verlagerte sie das Hauptgewicht ihrer Tätigkeit auf den Unterricht in ihrer 1945 wiedereröffneten Dresdner Schule, die als Fachschule für künstlerischen Tanz (mit ihr als langjähriger Leiterin der Abteilung für Neuen Künstlerischen Tanz) heute auch außerhalb der DDR ein ausgezeichnetes Renommee genießt – nicht zuletzt dank der auch von westl. Dozenten und Teilnehmern besuchten, jährlich dort stattfindenden Sommerkurse. Mit zahlreichen Preisen und Ehrungen ausgezeichnet, ist sie eine der verdienstvollsten künstlerischen Persönlichkeiten der DDR. Preisträgerin des Dt. Tanzpreises 1983.

Lit.: G. Schumann, *P.*, Berlin [Ost] 1972.

Pan Twardowski (poln. Originaltitel), B.-Pantomime in 3 Akten und 8 Bildern, Libr. und Mus.: Lubomir Różycki, Ch.: Piotr Zajlich, Dek.: Vincent Drabik; UA 9. 5. 1921, Warschau, mit Zygmunt Tokarski, Halina Szmolcówna u. a. – Das B. basiert auf der poln. Faust-Legende aus dem 17. Jh. P. T. ist ein Krakauer Gelehrter, der dem Teufel seine Seele verschreibt und sich mit ihm auf einem feurigen Hahn auf die Reise begibt. In der Silbermine von Olkusz begegnet er der Königin der Unterwelt. Im Totenkopfberg nimmt er am teuflischen Sabbat teil. Im Königsschloß von Wawel tritt er als Zauberer auf. Im Orient erlebt er ein Liebesabenteuer mit der Königin. Vor dem Wirtshaus in Rom wähnt der Teufel schon P. T. in seiner Macht, da ergreift der eine Bergspitze des Mondes und tritt mit ihm seine wundersame Reise zu den magischen Tierkreisen der Sterne und Kometen an, wo der Teufel nichts mehr auszurichten vermag. – Das B. erfreute sich lange Zeit in Polen und auch anderen Ostblockstaaten großer Beliebtheit. Eine frühere Fassung von Adolph Sonnenfeld (Mus. und Ch., Warschau 1871), eine spätere Version als *Krakauer Legende* von B. Nijinska (Mus.: M. Kondracki, Poln. B., 1937).

Pankov, Gradimir, jugosl. Tänzer, B.-Meister und B.-Direktor, * um 1938 Skopje. Studierte ebd. an der Staatl. B.-Schule. Tänzerdebüt ebd. 1956, dann Belgrad und Sarajevo. Solotänzer in Karlsruhe 1968, dann Wuppertal, München und Mannheim. Trainingsleiter in Dortmund 1976–80, dann beim Nederlands Dans Th. 1980/1981, wo er Künstlerischer Leiter der Aspirantengruppe Springplank war. Künstlerischer Direktor des Finn. National-B.s in Helsinki 1981–84, seither beim Cullberg-B.

Panov, Valeri Matwejewitsch, sowj.-israel. Tänzer, Choreograph und B.-Direktor, * 12. 3. 1938 Witebsk. Studierte an der Leningrader B.-Schule. Wurde nach seinem Examen 1957 Mitgl. des Maly-B.s, dann Solist beim Kirow-B. 1963–72, wo er als einer der brillantesten Charaktertänzer seiner Generation bewundert wurde. Rollenkreationen u. a. in K. Bojarskis *Petruschka* (1961), *Das Mädchen und der Rowdy* (1962), N. Bojartschikows *Die drei Musketiere* (1964), O. Winogradows *Gorjanka* (1968), K. Sergejews *Hamlet* (Titelrolle, 1970) und Kassatkina-Wassiljows *Erschaffung der Welt* (1971). Als er 1972 für sich und seine Frau, die Tänzerin Galina Ragoschina, um ein Ausreisevisum nach Israel nachsuchte, wurde er aus der Komp. ausgestoßen und zeitweise inhaftiert. Sein Kampf um seine Ausreise zog weltweite Aufmerksamkeit und internationale Unterstützung auf sich. Im Juni 1974 wurde ihnen gestattet, das Land zu verlassen. Seither zahlreiche Gastauftritte bei Komp.n in der ganzen westl. Welt (häufig auch in Berlin), wo er große Schwierigkeiten hatte, sich dem westl. Standard anzupassen. Choreographierte für die Dt. Oper Berlin *Aschenbrödel* (Mus.: Prokofjew, 1977), *Sacre du printemps* (Mus.: Strawinsky, 1978), *Der Idiot* (Mus.: Schostakowitsch, 1979), *Krieg und Frieden* (Mus.: Tschaikowsky, 1981) und *Riccardo W.* (Mus.: Wagner u. a., 1983), für Staatsoper Wien *Petruschka* (Mus.: Strawinsky) und *Scheherazade* (Mus.: Rimskij-Korsakow, 1981). Seit 1984 Künstlerischer Leiter des Kgl. B.s von Flandern. Schrieb (zus. mit G. Feifer) *To Dance* 1978, dt. *Ballett – Mein Leben*, 1980.

Panova, Galina (geb. Ragoschina), sowj.-israel. Tänzerin, * 17. 3. 1949 Archangelsk. Studierte an der B.-Schule in Perm. War nach ihrem Examen Mitgl. des Permer B.s 1967–70, dann Solistin beim Kirow-B. 1970–72. Wurde zusammen mit ihrem Tänzer-Gatten Valeri Panov aus der Komp. ausgestoßen, als sie um ein Ausreisevisum nach Israel nachsuchten. Kreierte die Teufelin in Kassatkina-Wassiljows *Erschaffung der Welt* (1971). Nach Israel 1974 und seither Gastauftritte, meist zusammen mit ihrem Mann, bei zahlreichen Komp.n in der westl. Welt (häufig auch in Berlin). Rollenkreationen u. a. in ihres Mannes *Aschenbrödel* (1977), *Der Idiot* (1979), *Krieg und Frieden*, *Petruschka* und *Scheherazade* (alle 1981). Hatte 1983 großen Erfolg in der Broadway-Musical-Prod. von *On Your Toes.*

Pantomime (griech. pantomimos, alles nachahmend). K. G. Simon definiert in seinem 1960 in München erschienenen Buch *Pantomime* den Begriff als »das Spiel des bewußt bewegten Körpers«. Während die Pantomime als eigenständige Kunst erst in unserem Jahrhundert zur eigentlichen Blüte gelangte (Decroux, Marceau und viele andere), hat das B. in einer Jahrhunderte dauernden Entwicklung eine eigene Sprache der P. entwickelt, deren Gesten und Bedeutungen genau fixiert sind. Sie erlebte ihren Höhepunkt im 19. Jh. etwa in B.en wie *La Sylphide*, *Giselle*, *Coppélia*, *Schwanensee*, *Dornröschen* und *Nußknacker*. Sie diente dazu, konkrete dramatische Inhalte möglichst plausibel zu übermitteln und verhielt sich zu den Tanznummern etwa wie das Rezitativ zur Arie in der Oper. Mit dem Beginn des 20. Jh.s setzten dann vor allem bei A. Gorsky und M. Fokine Bestrebungen ein, zu einer möglichst vollkommenen Integration von pantomimischer und tänzerischer Form zu gelangen. Solche Bestrebungen hatte es, vor allem bei Noverre, schon früher gegeben, doch erst Werke wie Fokines *Feuervogel* und *Petruschka* schufen einen neuen Stil des dramatischen B.s.

Lit.: J. Lawsons, *Mime, The Theory and Practice of Expressive Gesture with a Description of its Historical Development*, London 1957. Claude Kipnis, *The Mime Book*, New York, ²1981.

Papillon, Le, B. in 2 Akten und 4 Bildern, Libr.: V. de Saint-Georges, Ch.: Marie Taglioni, Mus.: J. Offenbach, Bühne: Martin, Despléchin, Nolau, Rubé, Cambon und Thierry, Kost.: Alfr. Albert; UA 26. 11. 1860, Opéra, Paris, mit E. Livry, L. Mérante u. a. – Die sehr komplizierte Handlung kreist um Farfalla, ein hübsches junges Mädchen, das sich in der Gewalt der bösartigen Hexe Hamza befindet, die sich danach sehnt, von Djalma, dem Neffen des Emir, geküßt und dadurch in eine schöne junge Frau verwandelt zu werden. Im Verlauf des Geschehens wird statt dessen Farfalla in einen Schmetterling verwandelt, ehe sich alles zu einem Happy-End fügt, Hamza zu einer Statue versteint und Djalma und Farfalla zu ihrem Märchenpalast aufbrechen. Nach der Schallplatten-Wiederentdeckung der Musik durch R. Bonynge (1973) hat es verschiedene Neufassungen des B.s gegeben – u. a. von E. M. von Rosen (*Utopia*, Göteborg 1974), J. Gerster (Braunschweig 1977), R. Hynd (Houston 1979) und G. Veredon (im Rahmen der abendfüllenden *Gaîté Parisienne*, München 1982).

Lit.: C. W. Beaumont, in: *Complete Book of Ballets*, London 1951.

Papillons, Les, B. in 1 Akt, Ch.: M. Fokine, Mus.: R. Schumann (instrumentiert von A. Tscherepnin), Bühne: M. Doboujinsky, Kost.: L. Bakst; UA 10. 3. 1913, Marien-Th., St. Petersburg, mit T. Karsavina, Fokine u. a. – In einem nächtlichen Park strolcht Pierrot zur Karnevalszeit einsam umher und trifft auf eine Gruppe junger Mädchen, die er für Schmetterlinge hält und mit einer Kerzenflamme anzulocken versucht. Es gelingt ihm auch, die Hübscheste einzufangen, aber er geht so ungeschickt mit ihr um, daß ihre Flügel abbrechen und sie tot zu Boden sinkt. Die anderen Mädchen helfen ihm jedoch, seine Geliebte ins Leben zurückzurufen, und alle nehmen am Hochzeitstanz teil, als ein Glockenschlag das Ende des Karnevals ankündigt und alle Mädchen mit ihren Gouvernanten und Zofen wieder von dannen ziehen. Fokine hat das B., das in der UA noch *Papillon* hieß, dann für Diaghilews B.s Russes einstudiert, wo es am 16. 4. 1914 in Monte Carlo Premiere hatte.

Lit.: C. W. Beaumont, in: *Michel Fokine & His Ballets*, London 1935.

Paquita, B. in 2 Akten und 3 Bildern, Libr.: Paul Foucher, Ch.: J. Mazilier, Mus.: E. Delvedez, Bühne: Philastre, Cambon, Diéterle, Séchan und Despléchin, Kost.: P. Lormier und H. de B. d'Orschwiller; UA 1. 4. 1846, Opéra, Paris, mit C. Grisi, L. Petipa u. a. Die Handlung spielt in Spanien um 1810 zur Zeit der napoleonischen Besatzung. P. ist eine span. Zigeunerin, die den frz. Offizier Lucien vor einem Mordanschlag rettet und auf diese Weise seine Liebe erringt, obwohl sein Vater eine Hochzeit mit der Tochter des span. Gouverneurs geplant hatte. Als sich dann aber herausstellt, daß P. selber aus einer adligen Familie stammt, steht einer Hochzeit nichts mehr im Wege. M. Petipa, der das B. 1847 auch in St. Petersburg herausbrachte, ließ sich 1881 für eine Neuprod. neue Musik von L. Minkus für einen Pas de trois und einen Grand Pas komponieren. Dieser Grand Pas hat sich bis heute im internationalen Rep. erhalten. Zwei verschiedene Versionen des Pas de trois choreographierte Balanchine 1948 für das Grand B. du Marquis de Cuevas und 1951 fürs New York City B. Eine einaktige Version von A. Danilova hatte 1949 beim B. Russe de Monte Carlo in New York Premiere. Jüngste Einst. von N. Makarova für American B. Th. (1984).

Lit.: G. Balanchine / F. Mason, in: *Balanchine's Complete Stories of the Great Ballets*, Garden City (N. Y.) 1977.

Parade, realistisches B. in 1 Akt, Libr.: J. Cocteau, Ch.: L. Massine, Mus.: Satie, Dek.: P. Picasso; UA 18. 5. 1917, B.s Russes de Diaghilew, Th. du Châtelet, Paris, mit L. Lopoukhova, Massine, L. Woizikovsky, N. Zvereff u. a. – Eine Tourneetruppe von frz. Varieté-Künstlern versucht an einem Sonntagnachmittag in einer Pariser Straße Besucher anzulocken. Die beteiligten Personen dieses Charakter-Divertissements sind Akrobaten, ein chin. Zauberkünstler, ein kleines amer. Mädchen und drei Reklame-Manager. Es gibt keine eigentliche Handlung, sondern lediglich eine lose Folge von Szenen. Durch die Dek. und Kost. von Picasso wurde *P.* zum theatralischen Manifest des Kubismus. Dt. EA Ch.: C. Eckstein (Darmstadt 1929). Versionen in jüngerer Vergangenheit u. a. von M. Pendleton (Opéra, Paris 1979) und G. Veredon (Metropolitan Opera House, New York 1981).

Lit.: O. F. Regner / H.-L. Schneiders, in: *Reclams Ballettführer*, Stuttgart [8]1980.

Parés, José, amer. Tänzer, Pädagoge, B.-Meister und Choreograph, * 11. 12. 1926 Puerto Rico. Studierte bei E. Caton, M. Craske, V. Nemchinova und A. Fedorova. Tänzer beim Teatro de Danza 1956–59 und beim National-B. von Kuba 1959–70 – bei beiden Komp.n auch B.-

Meister. Gastpädagoge beim B. du XXe Siècle. Verschiedentlich auch als Choreograph in Erscheinung getreten – u. a. *Coppélia* und *La Fille mal gardée* (beide Dt. Oper Berlin, 1973, bzw. 1978).

Paris. Die Académie royale de danse wurde 1661 gegründet und 1671 mit der Académie royale de musique vereint. P. Beauchamp war verantwortlich für die Tänze in der ersten Prod. von Camberts *Pomone* 1671. Lully, der 1672–78 Direktor war, arbeitete eng mit Beauchamp zusammen. Als erste Ballerina auf der Bühne trat Mlle Lafontaine 1681 in *Triomphe de l'Amour* auf. Beauchamps Nachfolger als B.-Meister waren L. Pécour (1687–1703) und N. Blondy. Die angegliederte Schule, die noch heute existiert, wurde 1713 gegründet – zu ihren ersten Schülern gehörten J. Balon, La Prévost, La Camargo und La Sallé. Zu einer wesentlichen Verbesserung des künstlerischen Standards trugen die Opern von J.-Ph. Rameau bei (1733–60). L. Dupré wurde 1739 B.-Meister, zu seinen Schülern gehörten G. Vestris und J.-G. Noverre. Einen weiteren Aufschwung bewirkte Gluck durch seine Opern (von 1774 an). Sallé und Vestris (1770–76) bereiteten dann den Boden für die Reformen Noverres, der die Komp. von 1776–80 leitete und 1778 Mozarts *Les petits riens* zur UA brachte. Die populärsten Tänzer jener Jahre waren M. Guimard, Thérèse und Aug. Vestris. Noverres Nachfolger waren M. Gardel (1781–87) und P. Gardel (1787–1817), der außer mythologischen und anakreontischen B.en auch *La Marseillaise* und *Offrande à liberté* (beide 1792) choreographierte. Das B. spielte auch eine wichtige Rolle in den Opern von Spontini und etwas später von Rossini, Auber, Adam, Meyerbeer und Halévy. F. Taglionis *La Sylphide* war 1832 ein entscheidendes Datum als Introduktion der Ära des romantischen B.s, mit seiner Tochter Marie als Ballerina. F. Elßler debütierte hier 1834. J. Coralli choreographierte für sie 1836 *Le Diable boîteux*, dann folgte 1841 Corallis und J. Perrots *Giselle* mit C. Grisi. A. Saint-Léon wurde 1850 B.-Meister, gefolgt von J. Mazilier 1853. L. Petipa debütierte 1858 und wurde 1860 B.-Meister. Während der vierziger und fünfziger Jahre des 19. Jh.s zog die Stadt die besten Choreographen und Tänzer der Welt an. Gegen Ende der sechziger Jahre setzte dann der rasche Niedergang des B.s ein, nachdem Saint-Léons *Coppélia* noch einmal 1870 einen letzten Höhepunkt markiert hatte. Das gegenwärtige Haus der Opéra, das Palais Garnier, wurde 1875 eröffnet – erste B.-Prod.en waren u. a. L. Mérantes *Sylvia* (1876), L. Petipas *Namouna* (1882) und Mérantes *Les deux pigeons* (1886). Mérante war B.-Meister 1869–87, gefolgt von Joseph Hansen und L. Staats (1907). In den Jahren vor dem Ersten Weltkrieg wurde alle B.-Aktivität durch den enormen Erfolg von Diaghilews 1910 erstmals und später immer wieder in der Opéra auftretende B.s Russes überschattet, der sich bis in die zwanziger Jahre fortsetzte, als sie gegen Les B.s Suédois konkurrierten. Die B.-Aktivitäten der Opéra nahmen einen neuen Aufschwung, als S. Lifar 1930 als B.-Meister und Chefchoreograph berufen wurde, die Komp. wesentlich verstärkte, einen wöchentlichen Jour fixe für B.-Vorst.en einführte und durch seine zahlreichen Kreationen für immer neue öffentliche Aufmerksamkeit sorgte. Nach kurzer Unterbrechung seiner Arbeit, als er nach dem Zweiten Weltkrieg der Kollaboration bezichtigt wurde, kehrte er 1947 an die Opéra zurück, die jedoch zunehmend an B.-Bedeutung verlor, während allenthalben aus dem Boden sprießende kleinere Komp.n (R. Petit, J. Charrat, später auch M. Béjart) als kreative Unruhestifter fungierten. Lifar zog sich 1959 von der Leitung der Opéra zurück, wo seither die Direktoren in rascher Reihenfolge abwechselten – u. a. G. Skibine, J. Taras, V. Verdy, R. Hightower und seit 1983/84 R. Nurejew. Doch das B. war keineswegs auf die Opéra beschränkt. Während des zweiten Viertels des 19. Jh.s erfreute sich auch das Th. de la Porte-Saint-Martin großer B.-Popularität. Auch die Opéra Comique bot seit 1922 immer wieder B.-Vorst. an. Seit den sechziger Jahren haben auch Modern-Dance-Komp.n zunehmend Aufmerksamkeit auf sich gezogen. Obgleich der internationale Einfluß des Pariser (und frz.) B.s heute nicht sehr bedeutend ist, zählt die Komp. der Opéra dank ihrer vorzüglichen Tänzer nach wie vor zu den besten der Welt, gilt die Stadt noch immer als eine der interessantesten Tanzkapitalen der Welt, in der aufzutreten die führenden klassischen und modernen Komp.n aus aller Welt miteinander wetteifern. Seit 1963 zieht das alljährlich stattfindende herbstliche Festival International de Danse de P. weltweite Aufmerksamkeit auf sich, während sich der 1969 in der

Vorstadt von Bagnolet etablierte Concours International de Chorégraphie zu einer der respektiertesten Plattformen für junge Choreographen entwickelt hat. (→ Bagnolet, → Ballet de France, → Ballets des Etoiles de P., → Ballets de l'Etoile, → Ballets de P., → Ballets des Champs-Elysées, → Ballets 1933, → Ballet-Théâtre de P.)

Lit.: I. Guest, *Le Ballet de l'Opéra de P.*, Paris 1976.

Park, Merle, brit. Tänzerin, * 6. 10. 1937 Salisbury (Rhodesien). Studierte bei Betty Lamb und an der Elmhurst School. Mitgl. des Sadler's Wells B. 1954, Solistin 1958 und seit 1962 Principal Dancer. Rollenkreationen u. a. in A. Tudors *Shadowplay* (1967), F. Ashtons *Jazz Calendar* (1968), R. Nurejews Londoner *Nußknacker* (1968), K. MacMillans *Elite Syncopations* (1974), *Mayerling* (1978), *La Fin du jour* (1979) und *Isadora* (1981). Galt als eine der führenden Ballerinen des Royal B. Seit 1983 Direktorin der Royal B. School.

Lit.: J. Gruen, in: *The Private World of Ballet*, New York 1975.

Parkinson, Georgina, engl. Tänzerin, * 20. 8. 1938 Brighton. Studierte an der Sadler's Wells B. School. Zunächst Mitgl. des Royal B. 1957, dann Solistin 1959, anschließend Principal Dancer 1962–78. Rollenkreationen u. a. in K. MacMillans *Symphony* (1963), F. Ashtons *Monotones II* (1966) und *Enigma Variations* (1968) sowie Chloe in J. Crankos Stuttgarter *Daphnis und Chloe* (1962). Eine ihrer besten Rollen war La Garçonne in B. Nijinskas *Les Biches*. Hat nach ihrem Verlassen des Royal B. als B.-Meisterin bei verschiedenen amer. Komp.n gearbeitet.

Parlić, Dimitrije, jugosl. Tänzer, Choreograph und B.-Direktor, * 23. 10. 1919 Saloniki. Studierte bei E. Poliakova und Boskowitsch. Tänzer an der Belgrader Oper 1938, Principal Dancer 1941. Tanzte dann bei verschiedenen Komp.n in Berlin, Wien und Zagreb, bevor er 1946 nach Belgrad zurückkehrte, wo er von 1949 an auch als Choreograph tätig war und auch heute noch tätig ist. Während seiner ausgedehnten Urlaube hat er häufig auch im Ausland – auch als B.-Chef – gearbeitet, u. a. Paris, Edinburgh, Wiener Staatsoper (1958–61) und Helsinki (1970/71).

Pártay, Lilla, ung. Tänzerin, * 25. 11. 1941 Budapest. Studierte ebd. an der B.-Schule. Mitgl. des Budapester Staatsopern-B.s 1961 und heute eine der führenden Ballerinen. Rollenkreationen u. a. in L. Seregis *Wunderbarem Mandarin* (1970) und *Die Zeder* (1975).

Pas (frz., Schritt). In der Fachsprache des B.s wird P. meist in Zusammensetzung mit anderen Worten gebraucht. Als Bezeichnung für einen bestimmten Schritt wie in P. de bourrée, P. de chat usw., aber auch als Bezeichnung für eine bestimmte Form – wie in P. d'action für eine dramatisch akzentuierte Szene, weiter in Zusammensetzung mit Zahlen: P. seul, P. de deux, P. de trois usw. als geschlossene Tanznummer für einen, zwei, drei usw. Tänzer. Die berühmteste Form ist der P. de deux für die Ballerina und ihren Partner, der meist nach dem Muster Entrée und Adagio für beide Partner, Variation für den Ballerino, Variation für die Ballerina, Coda für beide, aufgebaut ist. (→ Bourrée, → Chat).

Pas d'acier, Le (russ. Originaltitel: *Stalnoi skok*, dt. Titel: *Der Schritt des Stahls*), B. in 2 Bildern, Libr. und Dek.: G. Jakulow, Ch.: L. Massine, Mus.: Prokofjew; UA 7. 6. 1927, B.s Russes de Diaghilew, Th. S. Bernhardt, Paris, mit L. Tchernicheva, A. Danilova, Massine, S. Lifar, L. Woizikowsky u. a. Das B. hat keine durchgehende Handlung, sondern zeigt Szenen aus dem Alltagsleben der jungen Sowjetunion. Das 1. Bild spielt auf einem Bahnhof, wo Lebensmittelschieber ihren Schwarzmarktgeschäften nachgehen. Kommissare, Matrosen, Zigarettenverkäufer, Redner, eine verarmte Gräfin und Arbeiter bilden das übrige Personal. Das 2. Bild spielt in einer Fabrik, wohin einer der Matrosen als Arbeiter gegangen ist, und ist ganz auf die Maschinentänze konzentriert. Das B. war als Verbeugung vor der konstruktivistischen Kunst der jungen Sowjetunion gedacht. Diaghilew hatte die Prod. daher ursprünglich A. Tairow, W. Meyerhold und K. Goleisowsky übertragen wollen. Spätere Auff.en u. a. von S. Lifar (Paris 1948) und Eva Bernhofer (Kapfenberger Kulturtage, 1962).

Pas de deux → Pas.

Pas de dix, B. in 1 Akt, Ch.: G. Balanchine, Mus.: Glasunow (das Divertissement aus dem letzten Akt von *Raymonda*), Kost.: E. Francés; UA 9. 11. 1955, New York City B., City Center, New York, mit M. Tallchief, A. Eglevsky u. a. – »Es handelt sich hier nicht um einen Versuch, sich dem Original von Petipa anzunähern [. . .]. Was ich statt dessen getan habe, ist der Versuch eines unterhaltsamen Schauspiels, ohne Handlung, einfach eine Serie von Tänzen für eine Ballerina, ihren Partner und ein kleines Ensemble.« Balanchine in *Balanchine's Complete Stories of the Great Ballets*, Garden City, 1977. Dt. EA 1962 Hamburger Staatsoper.

Lit.: O. F. Regner / H.-L. Schneiders, in: *Reclams Ballettführer*, Stuttgart [8]1980.

Pas de quatre, B.-Divertissement, Ch.: J. Perrot, Mus.: C. Pugni; UA 12. 7. 1845, Her Majesty's Th., London, mit M. Taglioni, C. Grisi, F. Cerrito und L. Grahn. Das Divertissement stellt den Gipfel der romantischen Ballerinenkultur dar. Nur den diplomatischen Verhandlungen des Th.-Direktors B. Lumley und dem psychologischen Taktieren durch Perrot war es gelungen, vier der berühmtesten Ballerinen jener Zeit zusammenzubringen. Vier Vorst.en fanden statt, bei zwei weiteren Wiederholungen 1847 mußte die von Grahn kreierte Partie bereits mit C. Rosati besetzt werden. Eine vermutlich sehr ähnliche Version studierte M. Taglioni 1846 als Einlage einer Vorst. von *Le Diable à quatre* an der Mailänder Scala ein – mit ihr selbst, S. Fuoco, C. Galletti (alias C. Rosati) und C. Vente. Spätere Rekonstruktionen unternahmen K. Lester 1936 für das Markova-Dolin B. (mit Molly Lake, D. Gould, K. Crofton und Prudence Hyman) und A. Dolin 1941 für das B. Th. (mit N. Gollner, N. Stroganova, A. Alonso und Sergava). Diese Version wurde von vielen Komp.n übernommen, u. a. auch vom Kirow-B. in Leningrad. M. Luipart schuf 1957 in Bonn eine eigene Version.

Lit.: O. F. Regner / H.-L. Schneiders, in: *Reclams Ballettführer*, Stuttgart [8]1980.

Pas des déesses → *Jugement de Pâris, Le.*

Passacaglia (span. *pasar una calle*, durch eine Straße gehen; *Pasecalle*, Gassenhauer). Der Ursprung des Tanzes ist unbekannt. Er gelangte im 16. Jh. von Spanien nach Italien, als ein in gemessenem ¾-Takt stehendes Tanzlied mit Variationen über ein ostinates Baßmotiv. Dieser ostinate Baß macht die P. zu einem Tanz, der mit der afro-kub. Chaconne verwandt ist. In Frankreich erschien die P. am Hofe Ludwigs XIV. als Anfangs- oder Schlußstück in den B.en von Lully.

Passamezzo (ital. *passo e mezzo*, ein Schritt und ein halber), eine ital. Version der Pavane, die aber rascher getanzt wurde als die feierliche und steife span. Pavane. Erste Erwähnung bei Hans Newsidler 1540 (Neues Lautenbüchlein). Bis 1550 hatte der Passamezzo die Pavane in Italien und Frankreich verdrängt. Er selber verschwand um 1600 von der Tanzfläche.

Passé (frz. *passer*, von einem Ort zum anderen gehen), im B. die Übergangsbewegung des Spielbeins von der einen in eine andere Position, etwa von vorne nach hinten, sowie das Vorbeistreifen der Zehen des Spielbeins am Knie des Standbeins.

Passepied (frz. *passer les pieds*, nach M. Praetorius, *Terpsichore*, 1612, einen Fuß über den anderen schlagen und gehen). Der Tanz ist ursprünglich ein Reigentanz im ⅜-Takt, der aus der oberen, nichtkeltischen Bretagne stammt. Erste Erwähnung 1547. König Heinrich IV. reiste 1597 in die Bretagne, um den Tanz zu erlernen. Als höfischer Paartanz wurde der P. 1665 zum ersten Mal erwähnt.

Patineurs, Les, B. in 1 Akt, Ch.: F. Ashton, Mus.: G. Meyerbeer (aus seinen Opern *Le Prophète* und *L'Étoile du Nord*, arr. von C. Lambert), Dek.: W. Chappell; UA 16. 2. 1937, Vic-Wells B., Sadler's Wells Th., London, mit H. Turner, M. Fonteyn, M. Honer u. a. – Dies ist ein *period piece*-Divertissement, dessen verschiedenen Schlittschuhlaufnummern Ashton einen bald drolligen, bald virtuosen Akzent gegeben hat. Es gehört nach wie vor zu den populärsten B.en des engl. Rep.s und ist von zahlreichen ausländischen Komp.n übernommen worden.

Lit.: P. Brinson / C. Crisp, in: *Ballet & Dance*, Newton Abbot 1980.

Patsalas, Constantin, griech. Tänzer und Choreograph, * 1. 8. 1943 Thessaloniki. Studierte an der Essener Folkwang-Schule, Tänzer in Düsseldorf 1959, dann National B. of Canada 1972, Solist 1976 und Choreograph 1980. Choreographierte u. a. *Black Angels* (Mus.: G.

Crumb, 1976), *Sacre du printemps* (Mus.: Strawinsky, 1978), *Piano Concerto* (Mus.: A. Ginastera, 1979) und *Nataraja* (Mus.: M.-A. Charpentier, 1981).

Paul, Annette av (auch Wiedersheim-Paul), schwed.-kanad. Tänzerin, * 1944 Stockholm. Studierte an der Kgl. Schwed. B.-Schule. Tänzerin beim Kgl. Schwed. B. 1961, wo sie die Katerina in J. Grigorowitschs Stockholmer Prod. der *Steinernen Blume* kreierte (1962). Weitere Rollenkreationen u. a. in A. Tudors *Echoing of Trumpets* (1963) und B. Macdonalds *While the Spider Slept* (1965). Heiratete den Choreographen Macdonald und ging mit ihm 1972 nach Kanada, wo sie weitere Rollen in den B.en ihres Mannes, vor allem beim Royal Winnipeg B. und bei den Grands B.s Canadiens kreiert hat. Beendete 1984 ihre Laufbahn.

Paulli, Holger Simon, dän. Dirigent und Komponist, * 22. 2. 1810 Kopenhagen, † 23. 12. 1891 ebd. Mitgl. des Kgl. Orchesters in Kopenhagen 1828–83, von 1861 an auch Kapellmeister. Komponierte eine große Zahl von B.en für Aug. Bournonville, u. a. *Napoli* (zus. mit E. Helsted, N. W. Gade und H. C. Lumbye, 1842), *Konservatorium* (1849), *Kirmes in Brügge* (1851), *Die Hochzeitsprozession von Hadanger* (1853) und *Blumenfest von Genzano* (zus. mit Helsted, 1858).

Pavane, feierlicher höfischer Schreittanz in der ersten Hälfte des 16. Jh.s. Das Wort ist abgeleitet von span. *pavo*, Pfau. Die Ableitung des Worts von der Stadt Padua trifft nicht auf die Pavane zu, sondern auf einen eigenen Tanz Padovana. Die Pavane war der feierlichste Tanz der Renaissance, starb aber schon um 1550 aus. In ihrer kunstmusikalischen Form hat sie namentlich durch Ravels *Pavane auf den Tod einer Infantin* Eingang ins moderne B.-Rep. gefunden.

Pavillon d'Armide, Le, B. in 1 Akt und 3 Bildern, Libr. und Dek.: A. Benois, Ch.: M. Fokine, Mus.: N. Tcherepnin; UA 25. 11. 1907, Marien-Th., St. Petersburg, mit A. Pawlowa, P. Gerdt, W. Nijinsky u. a. – Der Vicomte de Beaugency wird auf einer Reise durch einen Sturm überrascht, vor dem er im Schloß eines Marquis Zuflucht sucht. Der ist in Wirklichkeit ein Zauberer und weist ihm einen Raum an, der von einem riesigen Gobelin beherrscht wird, darstellend die Zauberin Armida, ihren Hof und die gefangenen Ritter. Um Mitternacht belebt sich der Gobelin und der Vicomte träumt sich an die Stelle Rinaldos, der Armidas Gefangener und Geliebter ist. Als er am Morgen erwacht, findet er neben sich das goldene Tuch, das ihm Armida als Unterpfand ihrer Liebe gegeben hatte. Er versucht zu entfliehen, aber der Zauber wirkt fort, und er fällt tot zu Füßen des Marquis nieder. – Fokine hatte das B. ursprünglich für die St. Petersburger B.-Schulabschlußveranstaltung 1907 choreographiert. Er schuf dann im Anschluß daran jene Version, die 1909 beim Pariser Debüt der Komp. von Diaghilew, mit V. Karalli und Nijinsky, einer der ersten triumphalen Erfolge der russ. Tänzer wurde.

Lit.: C. W. Beaumont, in: *Complete Book of Ballets*, London 1951.

Pawlinin, Helge → Romantisches Ballett.

Pawlowa, Anna Pawlowna, russ. Tänzerin, * 12. 2. 1881 St. Petersburg, † 23. 1. 1931 Den Haag. Studierte ab 1891 an der St. Petersburger B.-Schule bei A. Oblakow, N. Legat, J. Wazem und G. Gerdt. Schon auf der Schule und bei ihren ersten Th.-Auftritten bewunderte man ihre außerordentliche Bewegungspoesie und stilistische Sensibilität. Machte 1899 ihr Examen und wurde Mitgl. des Marien-Th.s, zweite Solistin 1902, erste Solistin 1903, Ballerina (nach weiteren Studien bei E. Cecchetti) 1905 und Primaballerina 1906. Sie hatte bis dahin schon alle großen Ballerinenrollen des Rep.s getanzt und eine große Anhängerschar um sich versammelt. 1907 kreierte sie M. Fokines *Sterbenden Schwan*, der ihr berühmtester Solotanz wurde. Weitere wichtige Rollenkreationen u. a. in Fokines *Pavillon d'Armide* (1907), *Ägyptische Nächte* und in der zweiten Version von *Chopiniana* (alias *Les Sylphides*, beide 1908). 1908 begann die Serie ihrer großen Auslandstourneen, die sie zunächst nach Skandinavien, Leipzig, Prag und Wien führten. Tanzte bei Diaghilews B.s Russes in Paris 1909. Blieb Mitgl. des Marien-Th.s bis 1913, trat dort jedoch immer seltener auf, da sie fortwährend auf Tournee war, mit M. Mordkin als Partner. Es folgten ihr Berlin-Debüt 1909, New York und London

1910. Trat noch ein letztes Mal mit Diaghilews Komp. 1911 in London auf. Erwarb ein Haus in Golders Green (London), das sie zu ihrer Residenz ausbaute. Versammelte eine eigene Truppe um sich, mit der sie zahlreiche Welttourneen unternahm, die von ihrem angeblichen Gatten Victor Dandré organisiert wurden. Nachdem ihre Partnerschaft mit Mordkin zu Ende gegangen war, wurde L. Novikov 1911 ihr nächster Partner, gefolgt von A. Volinine 1914 und P. Vladimiroff 1927. Durch ihre unermüdlichen Tourneen wurde sie zu einer Pionierin des B.s auch in den entlegensten Gebieten in Südafrika und Australien. Sie verfolgte dabei eine strikt konservative Ästhetik und hatte für die modernen Reformen, die um sie herum vorgingen, keinerlei Sympathien. Ihr Rep. setzte sich überwiegend aus Klassiker-Ch.n von u. a. N. Legat, I. Clustine (auch *Die Puppenfee*), U. Shankar und eigenen Charakterpiecen zusammen, von denen Stücke wie *Herbstblätter* (Mus.: Chopin) und *Gavotte* (zu P. Linckes *Glühwürmchen-Idyll*) am populärsten waren. Als Tänzerin beeindruckte sie weniger durch besondere technische Virtuosität als durch ihre einmalige Leichtigkeit, Grazie, Poesie und Spiritualität, die sie schon zu Lebzeiten zu einer Legende werden ließen. In einem Neunzigminutenfilm, produziert 1915 in Hollywood, spielte sie Fenella in der *Stummen von Portici*. Probeaufnahmen in Hollywood aus dem Jahr 1924 konservieren Ausschnitte von ihr in B.en wie *Weihnachten*, *Sterbender Schwan*, *Orientalischer Tanz*, *Rose Mourante*, *Puppenfee*, *The Californian Poppy* und *Colombine*, die 1956 zu dem Film *The Immortal Swan* zusammengeschnitten wurden. Das London Museum veranstaltete zu Ehren der 25. Wiederkehr ihres Todestages 1956 eine Ausstellung. Im Ivy House ist ein Raum mit ihren persönlichen Besitztümern hergerichtet, der der Öffentlichkeit zu bestimmten Terminen zugänglich ist. Die Autorschaft ihrer 1928 in Dresden erschienenen Autobiographie, *A. P. – Tanzende Füße – Der Weg meines Lebens*, ist umstritten.

Lit.: J. und R. Lazzarini, *P. – Repertoire of a Legend*, New York / London 1980; K. Money, *A. P.*, London 1982.

Pawlowa, Nadeschda Wassiljewna, sowj. Tänzerin, * 15. 5. 1956 Tscheboksari. Studierte an der B.-Schule in Perm. Wurde nach ihrem Examen 1974 Mitgl. des B.s in Perm, nachdem sie schon 1973 den Grand Prix des Internationalen B.-Wettbewerbs in Moskau gewonnen hatte. Im gleichen Jahr tanzte sie erstmalig im Westen, in New York und in Bregenz. Seit 1975 Ballerina des Bolschoi-B.s. Hauptrolle in dem amer. Film *Blue Bird* (1976). Verheiratet mit dem Tänzer W. Gordejew.

Payer, Erich, dt. Tänzer, Choreograph und B.-Direktor, * 1950 München. Studierte bei G. Blank an der Münchner Musikhochschule. Tänzer bei der Gulbenkian-Komp. in Lissabon 1974–76, dann Bayer. Staatsoper München 1976–79. Trainingsleiter der Solotänzer Augsburg 1979–81, seither ebd. B.-Direktor und Choreograph.

Pécourt, Louis, frz. Tänzer, Choreograph und Tanzmeister, * 10. 8. 1653 (1651?, 1655?) Paris, † 22. 4. 1729 ebd. Studierte u. a. bei P. Beauchamp, debütierte 1674 in der von Lully 1673 geschaffenen Oper *Cadmus et Hermione* und wurde einer der bekanntesten Tänzer in den Lully-Opern, in denen er u. a. in *Le Triomphe de l'Amour* (1681) und *Le Temple de la Paix* (1685) große Erfolge hatte. Von 1687–1703 war er Nachfolger von Beauchamp als B.-Meister der Opéra, trat aber auch noch bis 1710 als Tänzer auf und choreographierte zahlreiche B.-Einlagen in den Opern von P. Colasse, H. Desmaret, A. C. Destouches, Th. Bertin und Lully. Er hat weiter zahlreiche neue Versionen für die damaligen Gesellschaftstänze geschaffen: Menuett, Bourrée, Courante. Berühmt wurde sein Menuett, dem er die klassische Form einer Z-Gestalt gab. Einige seiner Tänze wurden 1700 von Feuillet gesammelt und herausgegeben: *Recueil de Danses composées par Mr. Pécourt.*

Pécs Ballet → Ballet Sopianae.

Peer Gynt. Henrik Ibsens dramatisches Gedicht in 5 Akten (1867) ist verschiedentlich B.en zugrunde gelegt worden – u. a. von G. Tregubow (Mus.: Grieg, Lemberg 1955, dann von zahlreichen sowj. Komp.n übernommen), W. Orlikowsky (Basel 1956), H. Tomaszewski (Cramér B., 1972), G. Buch (Dresdner Landesbühne, 1974) und B. Cullberg (Norweg. Fernsehen, 1976) und B. Stevenson (Houston B., 1983).

Pelleas und Melisande. Maurice Maeterlincks Drama in 5 Akten (1892) ist verschiedentlich

B.en zugrunde gelegt worden – u. a. von P. van Dyk (Mus.: Schönberg, Wiesbaden 1952), J.-J. Etchevery (Mus.: Fauré, Enghien 1953), T. Gsovsky (Mus.: M. Baumann, Städt. Oper Berlin, 1954), E. Walter (Mus.: Schönberg, Wuppertal 1955), R. Petit (Mus.: Schönberg, Royal B., 1969), Menegatti/Gai (Mus.: Sibelius, Mailand 1970) und J. Gerster (Mus.: Sibelius, Braunschweig 1974).

Peña, George de la, amer. Tänzer, * 9. 12. 1955 New York. Studierte an der School of American B. und High School of Performing Arts. Tänzer bei der St. Paul Civic Opera und A. Eglevsky B. Comp. Solist des American B. Th. 1974–79. Titelrolle in dem amer. *Nijinsky*-Film (1979). Seit 1983 Hauptrolle in der Broadway-Prod. von *On Your Toes*.

Penché (frz. *pencher*, neigen, beugen), im B. eine Vorwärtsbeugung des Rumpfes und begegnet vor allem in der Arabesque penchée (Auftritt der Schatten in *La Bayadère*).

Penderecki, Krzysztof, poln. Komponist, * 23. 11. 1933 Deciba. Komponierte keine B.-Musik, doch wurden seine konzertanten Werke verschiedentlich B.en zugrunde gelegt – u. a. von L. Höfgen in *Polymorphia* (Bonn 1966, von mehreren dt. Komp.n übernommen; auch J. Chesworth in *H.*, B. Rambert, 1968, und Jerzy Makarowski, Warschau 1971), J. Butler in *Ceremony* (basierend auf *Anaklasis* und *Fluorescences*, Pennsylvania B. Comp., 1968), A. Doutreval in *Sonate per Violoncello* (Frankfurt a. M. 1969), C. Borg in *De natura sonoris* (Schwed. Fernsehen, 1969) und W. Forsythe in *Traum des Galilei* (1. Sinfonie, Stuttgart 1978). Eine stark choreogr. orientierte Insz. der *Lukas-Passion* (Ch.: E. Walter) brachte die Dt. Oper am Rhein (Düsseldorf) 1969 heraus.

Pendleton, Moses, amer. Tänzer, Choreograph und B.-Direktor, * 28. 3. 1949 Lyndonville (Vt.). Gründete noch als Student am Dartmouth College zusammen mit Alison Chase und Jonathan Wolken das Pilobolus Dance Th., das seine Residenz auf der Lochlyndon Farm (Vt.) aufschlug und wirkte an allen folgenden Prod.en als Tänzer-Choreograph mit – gehört auch heute noch zum Fünfdirektorenteam der Komp. Rief dann 1980 in Mailand die Momix-Truppe ins Leben, der er ebenfalls als Tänzer-Choreograph verbunden ist. Neben seiner Arbeit für beide Komp.n hat er verschiedentlich auch für Opern-B.-Komp.n choreographiert – so u. a. *Intégrale Erik Satie* (Opéra, Paris 1979), *Parade* (Mus.: Satie, Joffrey B., 1980) und *Tutuguri* (Mus.: W. Rihm, Dt. Oper Berlin, 1982).

Lit.: T. Matson, in: *Pilobolus*, New York 1978.

Penney, Jennifer, kanad. Tänzerin, * 5. 4. 1946 Vancouver. Studierte bei Gweneth Lloyd und Betty Farrally sowie an der Royal B. School. Mitgl. des Royal B. seit 1963, Solistin 1966, Principal Dancer 1970. Rollenkreationen u. a. in K. MacMillans *Anastasia* (Londoner Version, 1971), *Sieben Todsünden* (1973), *Elite Syncopations* (1974), *Four Seasons* (1975), *La Fin du jour* (1979), *Gloria* (1980) und *Orpheus* (1982), H. van Manens *Four Schumann Pieces* (1975) und J. Neumeiers *Fourth Symphony* (1977). Tanzt die Ballerinenrollen des klassischen und modernen Rep.s.

Lit.: J. Gruen, in: *The Private World of Ballet*, New York 1975.

Pennsylvania Ballet. Die in Philadelphia ansässige Komp. formierte sich 1963. Sie ging aus der regionalen B. Comp. und der B.-Schule von B. Weisberger hervor, die bis zu ihrem Rücktritt 1982 die künstlerische Leitung innehatte. Sie unterhält eine enge Beziehung zum New York City B. Das Rep. hat eine starke Balanchine-Basis – weitere B.e u. a. von B. Harkarvy (bis 1982 Kodirektor), J. Butler, W. Dollar, M. Smuin und H. van Manen. Seit Herbst 1982 fungiert R. Weiss als Artistic Director, mit P. Martins als Artistic Adviser.

Percival, John, engl. B.-Publizist, * 16. 3. 1927 Walthamstow. Studierte an der Universität Oxford. Co-Editor (zus. mit C. Barnes) des Oxford B. Club Magazine *Arabesque* 1950. Seit 1950 Mitarbeiter von *Dance and Dancers* – Associate Editor 1965, Editor 1981. B.-Kritiker der Londoner *Times* seit 1965. Londoner Korrespondent von *Dance Magazine* und des dt. B.-Jahrbuchs seit *Ballett 1965*. Schrieb u. a. *Antony Tudor* (*Dance Perspectives* 17, 1965), *Modern Ballet* (1970, neubearbeitet 1980), *The World of Diaghilev* und *Experimental Dance* (beide 1971), *Nureyev – Aspects of the Dancer* (1975) und *Facts about a Ballet Company* (1979) und *Theatre in My Blood* (J. Cranko, 1983).

Pereyaslavec, Valentina, russ.-amer. Tänzerin und Pädagogin, * 1907 Ukraine. Studierte an der Moskauer Bolschoi-B.-Schule, Examen 1926. Tanzte bei den Komp.n in Charkow und Swerdlowsk. Kreierte die Ballerinenrolle in L. Jakobsons *Verlorene Illusionen* (1936). Studierte weiter bei A. Waganowa in Leningrad und wurde ihre Assistentin. Ballerina in Lemberg 1940. Von den Deutschen als Fabrikarbeiterin nach Leipzig deportiert. Eröffnete eine B.-Schule in Ingolstadt 1945. Übersiedelte 1949 nach Amerika und begann in T. Semeyonovas Studio in Philadelphia zu unterrichten. Ging dann nach New York, wo sie lange Jahre als Lehrerin an der American B. Th. School tätig war. Unterrichtet seit Herbst 1982 an der M. Hayden B. School. Viel gefragt als Gastpädagogin überall in der Welt (u. a. Royal B., Wiener Staatsopern-B., Kölner Sommerakademie).

Péri, La, B. in 2 Akten und 3 Bildern, Libr.: Th. Gautier, Ch.: J. Coralli, Mus.: F. Burgmüller, Bühne: Séchan, Diéterle, Philastre und Cambon, Kost.: P. Lormier; UA 17. 7. 1843, Opéra, Paris, mit C. Grisi, L. Petipa u. a. Ein anderes Datum für die UA ist 22. 2. 1843. Im Mittelpunkt der komplizierten Handlung steht der dichtende Sultan Achmet, dem während eines Opiumrausches die Königin der Péris erscheint (die Péris sind die Sylphiden der orientalischen Mythologie). Nach einer Reihe von bösen Zwischenfällen nimmt sie ihn schließlich mit sich in ihr himmlisches Reich. – Das B. machte schnell die Runde über die europ. Bühnen und erfreute sich das ganze 19. Jh. hindurch größter Beliebtheit. Berlin brachte 1848 *Ein orientalischer Traum aus La Péri* zur Auff. Ein anderes B. *L. P.* choreographierte I. Clustine 1912 zu Musik von P. Dukas in Paris. Spätere Versionen u. a. von F. Ashton zuerst 1931 in London, S. Lifar 1946 in Monte Carlo und G. Furtwängler 1961 in Oberhausen.

Lit.: O. F. Regner / H.-L. Schneiders, in: *Reclams Ballettführer*, Stuttgart [8]1980.

Perm. Die an den Ausläufern des Urals gelegene Stadt, in der S. Diaghilew seine Jugend verlebte, eröffnete 1925 ein B.-Studio. Von 1926 an fanden hier B.-Vorst.en der Klassiker statt, die einen wesentlichen Auftrieb erfuhren, als hier 1931 die zweite Staatsoper des Urals gegründet wurde. Während des Zweiten Weltkriegs wurde das Leningrader Kirow-B. in die damals in Molotow umbenannte Stadt evakuiert. Aus dieser Zeit datiert die spezifische B.-Begeisterung der lokalen Bevölkerung. Eine strikt nach dem Leningrader Modell orientierte B.-Schule wurde 1945 eröffnet. Während der folgenden Dezennien und besonders nach der 1958 erfolgten Erweiterung des Th.s erlebte das B. einen mächtigen Aufschwung unter der Leitung von Murat Gaziew. Von den zahlreichen jungen Tänzern, die hier das Sprungbrett zu ihrer Karriere fanden, wurden N. Pawlowa und G. Rogoschina-Panov am bekanntesten. Die Komp. trat zum erstenmal im Westen bei den Bregenzer Festspielen 1973 auf. Langjähriger Künstlerischer Direktor war N. Bojartschikow, heutiger Leiter der Komp. ist G. Alexidze.

Perrot, Jules Joseph, frz. Tänzer, Choreograph und B.-Meister, * 18. 8. 1810 Lyon, † 24. 8. 1892 Paramé. Trat als Neunjähriger in Lyon in die Th.-Tanzklasse ein, ging 1823 nach Paris ans Th. de la Gaîté, 1826 ans Th. de la Porte-St.-Martin, studierte weiter bei A. Vestris, wurde 1830 als Erster Solist ans Londoner King's Th. engagiert und debütierte im selben Jahr an der Pariser Opéra, wo er als Partner von M. Taglioni seiner außergewöhnlichen Elevation wegen sehr gefeiert wurde. Unzufrieden mit seinem Vertrag, trennte er sich von der Opéra, tanzte 1833–36 in London, 1834 auch in Neapel, wo er C. Grisi begegnete, deren B.-Meister, Partner und Liebhaber er wurde. Er war jedoch nie mit ihr verheiratet. Er ging dann nach München und 1836 an das Wiener Kärntnertor-Th., wo er als erstes größeres B. *La Nymphe et le Papillon* schuf. Nach weiteren Gastspielen (auch als Choreograph) in Mailand und Neapel kehrte er 1840 nach Paris zurück, wo er mit Grisi am Th. de la Renaissance in seinem B. *Le Zingaro* (Mus.: Fontana) auftrat. Wahrscheinlich choreographierte er 1841 alle Grisi-Soli in der Pariser UA von *Giselle*, bei der sein Name jedoch nicht auf dem Programm erschien. Doch tanzte er 1842 mit Grisi in der Londoner *Giselle*-Premiere und choreographierte dort *Le Pêcheur napolitain* und zusammen mit A. J. J. Deshayes und F. Cerrito *Alma ou La Fille de feu*. Als B.-Meister am Her Majesty's Th. kreierte er dort bis 1848, mit C. Pugni als Komponisten, u. a. folgende B.e: *L'Aurore*, *Ondine* (beide 1843), *La Esmeralda* (1844), *Eoline ou La Dryade*, *Pas de* *quatre* (beide 1845), *Catarina ou La Fille du bandit*, *Le Jugement de Pâris* (beide 1846) und *Les Quatre Saisons* (1848) – sowie *Lalla Rookh ou La Rose de Lahore* (Mus.: P. und F. David, 1846) und *Les Eléments* (Mus.: Bajetti, 1847). Im Jahr 1848 kreierte er *Faust* (Mus.: Panizza) an der Mailänder Scala. Im selben Jahr ging er als Premier danseur nach St. Petersburg und war dort 1851–59 B.-Meister. Er choreographierte dort auch neue B.e, u. a. – alle zu Musik von Pugni – *La Guerre des femmes ou Les Amazones du XIXe siècle* (1852) und *Markobomba* (Neuversion des B.s von J. Petipa, 1854). In Paris hatte er 1849 *La Filleule des Fées* (Mus.: Adam und Saint Julien) herausgebracht. Während seiner Jahre in St. Petersburg arbeitete er auch in Berlin, Warschau, Brüssel, Lyon und Paris. Er wurde 1860 entlassen und zog sich 1861 mit seiner Frau, der russ. Ballerina Capitoline Samowskaja, aufs Land in Frankreich zurück. Er gilt als einer der bedeutendsten Tänzer des 19. Jh.s und als einer der ausdrucksstärksten Choreographen der Romantik.

Lit.: J. Slonimsky, *J. P.*, in: Dance Index 4,12 (1945).

Perrottet, Suzanne, schweiz. Tänzerin und Pädagogin, * Dezember 1889 Rolle bei Genf, † Ende 1983 Zürich. Trat schon 1902 in die ersten Kurse von E. Jaques-Dalcroze in Genf ein und ging 1910 mit diesem als diplomierte Lehrerin der Rhythmischen Gymnastik nach Dresden und 1911 nach Hellerau, 1913 schloß sie sich Laban an (Monte Verità). Im Krieg wurde sie in Zürich dessen engste Mitarbeiterin. Nach dem Krieg, als Laban 1920 nach Deutschland ging, blieb S. P. in Genf, wo sie ihre eigene Schule für Tanz und Gymnastik gründete. Bircher-Benner, C. G. Jung und andere Ärzte schickten ihre Patienten zu ihr. Aber auch Lehrer, Architekten und Schauspieler besuchten ihre Schule. Sie erhielt 1936 einen Lehrauftrag an der ETH Zürich für Rhythmische Gymnastik, Ausdrucksbewegung und Anleitung zu musikalischer Begleitung. Sie wurde Lehrerin für Pantomime, Gymnastik und Tanz am Zürcher Bühnenstudio. 1939 war sie Mitbegründerin des Schweiz. Berufsverbandes für Tanz und Gymnastik und in der Folge im Vorstand tätig.

Persephone, Melodrama in 3 Szenen, Libr.: A. Gide, Ch.: K. Jooss, Mus.: Strawinsky, Dek.: A. Barsacq; UA 30. 4. 1934, Opéra, Paris, mit I. Rubinstein u. a. – Die drei Szenen zeigen P., die Tochter der Fruchtbarkeitsgöttin Demeter, auf ihrer ewigen Wanderung zwischen der irdischen und der Unterwelt, wo sie als Gemahlin Plutos residiert. Sie wird so zu einem Symbol des jährlich mit ihr zur Erde zurückkehrenden Lebens. – Das Werk, das auch in Strawinskys Œuvre eine Sonderstellung einnimmt, erfordert eine ausdrucksstarke Darstellerin, die in der Lage ist, gleichzeitig den Text zu rezitieren. Auff.en des Stücks sind daher relativ selten. Jooss hat seine Ch. in Düsseldorf 1955 und in Essen 1965 neueinstudiert. Weitere Versionen u. a. von Irmgard von Müller (Krefeld 1934), M. Wallmann (Salzburger Festspiele, 1955), J. Charrat (Palermo 1956 – auch Gelsenkirchen 1968), F. Ashton (Royal B., 1961) und G. Balanchine (New York City B., 1982). – Ein B. über P.s Mutter *Demeter* (Mus.: Blacher) brachte Y. Georgi 1964 in Schwetzingen zur UA.

Peter und der Wolf (russ. Originaltitel: *Petr i wolk*), musikalisches Märchen von Prokofjew – als B. in 1 Akt, Ch.: A. Bolm, Dek.: Lucinda Ballard; UA 13. 1. 1940, B. Th., Center Th., New York, mit E. Loring, W. Dollar, V. Essen, K. Conrad, N. Stroganova. Das Märchen erzählt die Geschichte von Peter, der trotz der Warnungen seines Großvaters mit Hilfe seiner Tierfreunde den gefährlichen Wolf einfängt und in einem Triumphzug in den Zoo geleitet. – Das Stück erfreut sich sowohl in seiner Originalform (für Rezitator und Orchester) wie auch als B. nach wie vor größter Beliebtheit in der ganzen Welt. Spätere B.-Versionen schufen u. a. F. Staff (zuerst 1940 fürs B. Rambert in Cambridge), G. Blank (1954 an der Berliner Tribüne), A. Warlamow (1959 am Moskauer Bolschoi-Th.) und P. Belda (1966 fürs B. du XXe Siècle).

Lit.: E. Rebling, in: *Ballett von A bis Z*, Berlin [Ost] 1966.

Petermann, Kurt, Musikwissenschaftler und Tanzhistoriker, * 26. 1. 1930 Holzweißig bei Bitterfeld. Studierte 1950–55 in Leipzig Musikwissenschaft und Psychologie, gründete 1957 am Institut für Volkskunstforschung in Leipzig das Dt. Volkstanzarchiv, das sich unter seiner Leitung zur zentralen Dokumentationsquelle für alle Gebiete der Tanzkunst entwickelte und 1975 als »Tanzarchiv« der Akademie der Künste der DDR angegliedert wurde. Die von ihm zusammengestellte *»Tanzbibliographie«* (1966 bis 1981, ^{2}1981) registriert sämtliche deutschsprachigen Zeugnisse der Tanzgeschichte. Das Heft *»Sowjetische Tanzliteratur«* (^{2}1975) enthält die wichtigsten Tanzpublikationen der Sowjetunion. P. ist weiter Herausgeber der *»documenta choreologica«*, einer Studienbibliothek der Tanzgeschichte. Bisher erschienene Reprints, jeweils mit wissenschaftlichen Nachworten, waren u. a. die Werke von G. Taubert (1717), Noverre (1769, dt. Übersetzung), S. Behr (1713), J. Pasch (1707), R. Voß (1868), A. Czerwinski (1862) und G. Lambranzi (1716). Zahlreiche Aufsätze zur Tanzgeschichte und Tanztheorie in verschiedenen Zeitschriften.

Peters, Kurt, dt. Tänzer, Pädagoge und Tanzpublizist, * 10. 8. 1915 Hamburg. Studierte bei Mariska Rudolph und Alexandra Fedorowna-Fokine. Tänzer in Saarbrücken und Hamburg. War nach 1945 erst in Hamburg und von 1966 an in Köln als Pädagoge tätig. In Hamburg baute er eine umfassende private Tanzsammlung, das Tanzarchiv, auf, mit dem er 1966 nach Köln übersiedelte. Diese Sammlung wurde zum Mittelpunkt der Hamburger Gesellschaft der Freunde der Tanzkunst und die Basis der seit Juni 1953 erscheinenden Zeitschrift *Das Tanzarchiv*, die seit 1966 ebenfalls in Köln erscheint (seit 1981 vereint mit dem *Ballett-Journal*). Eine damit in Zusammenhang stehende Publikationsreihe, Die Tanzarchiv-Reihe, legt seit 1964 in loser Folge Veröffentlichungen über Fragen der Tanzkunst und -pädagogik vor. War zuletzt als einer der Direktoren des Kölner Instituts für Bühnentanz tätig. Verfasser des *Lexikons der klassischen Tanztechnik* (1961). Preisträger des Dt. Tanzpreises 1984.

Peters-Pawlinin, Helge → Romantisches Ballett.

Petipa, Jean Antoine, frz. Tänzer, Choreograph und Pädagoge, * 16. 2. 1787 Paris, † 28. 7. 1855 St. Petersburg. Stammvater der P.-Familie, Tänzer in Marseille, Paris und Brüssel, arbeitete als Choreograph in Bordeaux und Madrid und ging 1848 als Lehrer nach St. Petersburg, wo er bis zu seinem Tode an der Kaiserl. B.-Schule arbeitete. Er war der Vater von Lucien und Marius P.

Petipa, Lucien, frz. Tänzer, Choreograph und B.-Meister, * 22. 12. 1815 Marseille, † 7. 7. 1898 Versailles. Sohn von Jean Antoine P. und Bruder von Marius P., debütierte unter seinem Vater in Brüssel, tanzte dann unter seiner Leitung in Bordeaux und ging auf Empfehlung von L. Noblet 1839 nach Paris, wo er in *La Sylphide* debütierte und 1841 den Albert in Coralli und Perrots *Giselle* kreierte. Ein wegen seiner Eleganz und Stilreinheit sehr geschätzter Tänzer, wurde er der ständige Partner von C. Grisi und kreierte weitere Hauptrollen u. a. in Corallis *La Péri* (1843) und *Eucharis* (1844), J. Maziliers *Le Diable à quatre* (1845), *Paquita* (1846), *Jovita, ou Les Boucaniers* (1853), *Les Elfes* (1856) und *Marco Spada* (1857), A. Mabilles *Griseldis*, J. Perrots *La Filleule des fées* (1849) und F. Cerritos *Gemma* (1854). 1853 debütierte er mit einer Opern-Ch. in Niedermeyers *La Fronde*, dann choreographierte er die UA von Verdis *Les Vêpres siciliennes* (1855) und von D. F. E. Aubers *Le Cheval de bronze* (1857). Es folgte als erstes B. *Sakountala* (Mus.: E. Reyer, 1858), in dem er selbst eine der Hauptrollen tanzte. B.-Meister der Pariser Opéra 1860–68. Weitere B.e: *Graziosa* (Mus.: Th. Labarre, 1861) und *Le Roi d'Yvetot* (Mus.: Labarre, 1865). Opern-Ch.n u. a. für Rossinis *Semiramis* (1860), Wagners *Tannhäuser* (1861), Gounods *La Reine de Saba* (1862), Verdis *Don Carlos* (1867) und Thomas' *Hamlet* (1868). Ein Jagdunfall beendete vorzeitig seine Karriere, doch kehrte er 1882 als Choreograph der UA von E. Lalos *Namouna* an die Opéra zurück. Er war einer der besten Danseurs nobles seiner Zeit, wurde aber als Choreograph von seinem Bruder Marius überschattet.

Lit.: I. Guest, in: *The Romantic Ballet in Paris*, London 1966; ders., in: *The Ballet of the Second Empire*, London 1974.

Petipa, Marius, frz. Tänzer, Choreograph und B.-Meister, * 11. 3. 1818 Marseille, † 14. 7. 1910 Gurzuf (Krim). Sohn von Jean Antoine P., Bruder von Lucien P., Gatte der Tänzerin Marie P. (geb. Surowtschikowa, mit ihr 1854 bis 1867 verheiratet), in zweiter Ehe dann der Moskauer Tänzerin Ljubow Leonidowna Sawitzkaja und der Vater der Tänzerin Maria P. (1857–1930; sie kreierte u. a. die Fliederfee in *Dornröschen* und den Csárdás in *Schwanensee*). Begann als Siebenjähriger mit der Tanzausbildung bei seinem Vater, debütierte 1831 in Brüssel in P. Gardels *Dansomanie*, tanzte bei seinem Vater in Bordeaux, ging 1838 als Premier danseur nach Nantes und choreographierte ebd. seine ersten B.e *Le Droit du Seigneur*, *La petite bohémienne* und *La Noce à Nantes*. Unternahm mit seinem Vater 1839 eine kurze Amerika-Tournee. Wieder in Europa, studierte er noch bei A. Vestris und ging dann als Tänzer nach Bordeaux, wo er in *La Fille mal gardée*, *Giselle* und *La Péri* sehr erfolgreich war und als Choreograph die B.e *La jolie Bordelaise*, *La Vendange*, *L'Intrigue amoureuse* und *Le Langage des fleurs* kreierte. 1845 wirkte er am T. del Circo in Madrid, studierte span. Tanz und choreographierte *Carmen et son Toréro*, *La Perle de Séville*, *L'Aventure d'une fille de Madrid*, *La Fleur de Grenade* und *Départ pour la course des taureaux*. Via Paris ging er 1847 als Premier danseur nach St. Petersburg, wo er in *Paquita*, *Giselle*, *La Péri*, *Armida*, *Catarina*, *Le Délire d'un peintre*, *Esmeralda*, *Le Corsaire* und *Faust* großen Erfolg hatte (in vielen dieser B.e tanzte er mit F. Elßler zusammen). In der St. Petersburger Wiederaufnahme von *Giselle* führte er 1850 einige Änderungen in den Wili-Szenen durch, die er 1884 zum Grand Pas des Wilis erweiterte. Nachdem ihn Perrot als Ch.-Assistenten herangezogen hatte, kreierte er als sein erstes eigenes St. Petersburger B. 1855 *Der Stern von Granada* (Mus.: diverse). Ernennung zum zweiten B.-Meister 1862 (als Nachfolger von A. Saint-Léon erster B.-Meister ab 1869). Im selben Jahre hatte er seinen ersten großen Triumph als Choreograph mit *La Fille du Pharaon* (Mus.: C. Pugni). Bis zu seinem Tode choreographierte er nicht weniger als etwa 50 B.e für die Kaiserl. Th. in St. Petersburg und Moskau – die erfolgreichsten waren u. a. *Don Quixote* (Mus.: L. Minkus, Moskau 1869), *La Camargo* (Mus.: Minkus, St. Petersburg – wie auch alle folgenden – 1872), *Bajaderka* (Mus.: Minkus, 1877), *Der Talisman* (Mus.: R. Drigo, 1889), *Dornröschen* (Mus.: Tschaikowsky, 1890), *Kalkabrino* (Mus.: Minkus, 1891), *Aschenbrödel* (zus. mit E. Cecchetti und L. Iwanow, Mus.: Baron Schell, 1893), *Schwanensee* (zus. mit Iwanow, Mus.: Tschaikowsky, 1895), *Halte de Cavallerie* (Mus.: I. Armsheimer, 1896), *Raymonda* (1898), *Ruses d'amour* (1900), *Die Jahreszeiten* (1900 – alle Glasunow), *Les Millions d'Arlequin* (Mus.: Drigo, 1900) und als letztes, nicht mehr erfolgreiches B., *Der Zauberspiegel* (Mus.: Koreschenko, 1903). Nicht zu vergessen sind seine zahlreichen Neueinst.en solcher Erfolgs-B.e seiner Zeit wie *La Fille du Danube*, *Le Corsaire* (beide 1880), *Paquita* (1881), *Le Diable à quatre* (1885), *Esmeralda* (1886) und *La Sylphide* (1892), wobei er häufig große Teile neuchoreographierte. Die in enger Zusammenarbeit mit Tschaikowsky vorbereitete UA des *Nußknacker* mußte er 1892 krankheitshalber an Iwanow abgeben. Gegen Ende seiner Karriere, die ihn fünfzig Jahre lang die Geschicke des russ. B.s lenken ließ, sah er sich einer wachsenden Gegnerschaft der jüngeren Generation gegenüber, der es um eine Wiederherstellung der dramatischen Rechte des B.s zu tun war. Gleichwohl ist unbestritten, daß P. das zaristische B., gestützt auf die besten Traditionen der frz. und ital. Schule, auf den Gipfel seines Ruhmes führte. Sein strikt formbewußter aristokratischer Klassizismus galt zwar nach 1900 als gründlich überholt, erlebte aber ein glänzendes Comeback durch die Londoner Diaghilew-Prod. seines *Dornröschen* 1921. Die verschiedenen Besuche des Leningrader Kirow-B.s im Westen bewirkten dann eine vollkommene, eindeutig positiv akzentuierte Neubewertung seines choreogr. Œuvres, das zu den imposantesten Leistungen der B.-Geschichte gehört.

Lit.: E. Rebling (Hrsg.), *M. P., Meister des klassischen Balletts – Selbstzeugnisse, Dokumente, Erinnerungen*, Berlin [Ost] 1975.

Petit, Roland, frz. Tänzer, Choreograph und B.-Direktor, *13. 1. 1924 Villemomble. Trat 1934 in die Schule der Pariser Opéra ein, wurde 1940 Mitgl. der Komp., trat 1941–43 zusammen mit M. Bourgat und J. Charrat in verschiedenen Veranstaltungen auf, verließ die Opéra 1944, tanzte bei den Vendredis de la Danse im Th. S. Bernhardt, war 1945–48 Leiter der B.s des Champs-Elysées und gründete dann 1948 seine eigenen B.s de Paris, die er für einzelne Saisons und Tourneen immer wieder neu zusammenstellte. Inszenierte und choreographierte auch für Revuen, im Ausland sowie in Hollywood und beim Fernsehen und übernahm 1970–75 die Leitung des Casino de Paris, wo er verschiedene Revuen mit seiner Frau Zizi (d. i. Renée Jeanmaire) herausbrachte. Im selben Jahr zum B.-Direktor der Pariser Opéra ernannt, trat er noch vor Vertragsbeginn von dem ihm zubestimmten Amt wieder zurück. Seit 1972 wirkt er als B.-Direktor in Marseille, von wo aus er mit seinem B. National de Marseille ausgedehnte internationale Tourneen unternimmt. Als Tänzer eine Erscheinung von sehr individueller, rassiger, sexbetonter Eleganz, wird seine Bedeutung als Choreograph von derjenigen des versierten, seismographisch auf alle Modeerscheinungen – vor allem in den bildenden Künsten – reagierenden Th.-Mannes überstrahlt, der durch seine Zusammenarbeit mit Künstlern, die gerade ›in‹ sind, immer wieder für neue Schlagzeilen sorgt. Seine B.e sind choreographisch meist um virtuos arrangierte, stark erotisch aufgeladene Pas de deux zentriert. Er gehört zu den fruchtbarsten Persönlichkeiten des frz. B.s nach 1945, dessen individuelle Mischung von Chic, Sex und Theatralik sein eigenstes Geheimnis geblieben ist. – Als wichtigste seiner Prod.en (wenn nicht anders bezeichnet, für seine eigenen Komp.n) seien genannt: *Les Forains* (Mus.: H. Sauguet, 1945), *Les Amours de Jupiter* (Mus.: Ibert), *Le jeune homme et la mort* (Mus.: Bach) und *Bal des blanchisseuses* (Mus.: V. Duke, 1946), *Les Demoiselles de la nuit* (Mus.: J. Françaix, 1948), *Carmen* (Mus. nach Bizet, 1949), *Ballabile* (Mus.: E. Chabrier, Sadler's Wells B., 1950), *Hans Christian Andersen* (Film, 1951), *Le Loup* (Mus.: H. Dutilleux), *Deuil en 24 heures* (Mus.: M. Thiriet, 1953), *Daddy Long Legs* und *Glass Slipper* (Filme, 1954), *Folies Bergère* (Film, 1956), *Zizi au music-hall* (Revue, 1957), *Cyrano de Bergerac* (Mus.: M. Constant, 1959), *Un-deux-trois* (Film mit *Cyrano*, *Carmen*, *La Croqueuse de diamants* und *Deuil en 24 heures*, 1960 – dt. Titel: *Carmen '62*), *Maldoror* (Mus.: M. Jarre, 1962), *Notre-Dame-de-Paris* (Mus.: Jarre, Pariser Opéra, 1965), *Eloge de la folie* (Mus.: Constant, 1966), *Paradis perdu* (Mus.: Constant, Royal B. 1967), *Turangalîla* (Mus.: Messiaen, Pariser Opéra) und *L'estasi* (Mus.: Skrjabin, La Scala di Milano, alle 1968), *Pelléas et Mélisande* (Mus.: Schönberg, Royal B.), *Kraanerg* (Mus.: Y. Xenakis, National B. of Canada, beide 1969), *Allumez les Etoiles* (Mus.: diverse, 1972), *La Rose malade* (Mus.: Mahler, 1973), *Les Intermittences du coeur* (Mus.: diverse, 1974), *Symphonie fantastique* (Mus.: Berlioz, Pariser Opéra) und *Coppélia* (Mus.: Delibes, beide 1975), *Nana* (Mus.: Constant, Pariser Opéra, 1976), *La Dame de pique* (Mus.: Tschaikowsky, 1977), *Le Fantome de l'Opéra* (Mus.: M. Landowski, Pariser Opéra, 1980), *Die Fledermaus* (Mus.: Joh. Strauß, 1980), *Contes d'Hoffmann* (Mus.: nach Offenbach) und *Les Hauts de Hurlevent* (*Wuthering Heigths*, Mus.: M. Landowski, beide 1982). Er hat seine B.e immer wieder auch anderen Komp.n einstudiert. Er ist der Vater der Tänzerin Valentine P. (* 1955).

Lit.: *Ballet National de Marseille – R. P.*, Paris 1981.

Petits Riens, Les, B.-Divertissement in 3 Szenen, Libr. und Ch.: J.-G. Noverre, Mus.: Mozart; UA 11. 6. 1778, Opéra, Paris, mit M. Guimard, J. Dauberval u. a. Das Original-Libr. Noverres ist verlorengegangen. Laut einer Rezension im Journal de Paris vom 12. 6. 1778 stellte die 1. Szene dar, wie Amor von einer Schäferin gefangen und in einen Vogelkäfig gesteckt wird; die 2. Szene ein Blindekuhspiel zwischen einer Schäferin und einem Schäfer; die 3. Szene dann, wie der Liebesgott Amor zwei Schäferinnen an der Nase herumführt und sich in einen Schäfer verlieben läßt, der sich am Ende ebenfalls als eine Schäferin entpuppt. – *Die kleinen Nichtigkeiten* (so der dt. Titel) waren nicht mehr als eine aus 20 Nummern bestehende B.-Einlage der Oper *Le finte gemelle* von N. Piccini. Von Mozart stammen die Ouvertüre und vermutlich 13 der Tänze. Der Rest besteht, so Mozart in einem Brief, aus »miserablen französischen Airs«. Das Manuskript wurde 1872 in der Bibliothek der Opéra wiederentdeckt und danach immer wieder neu choreographiert. Es hat sich aber trotz der Bemühungen so prominenter Choreographen wie F. Ashton, N. de Valois und A. von Milloss nirgends länger im Rep. halten können. Eine Bearbeitung der Musik von Einar Nilson, Libr.: H. von Hofmannsthal, brachte Max Reinhardt mit Ch. von G. Christensen als *Die grüne Flöte* 1916 am Dt. Th. Berlin heraus.

Lit.: O. F. Regner / H.-L. Schneiders, in: *Reclams Ballettführer*, Stuttgart [8]1980.

Petruschka, Burleske in 4 Bildern, Libr.: A. Benois (auch Dek.) und Strawinsky (auch Mus.), Ch.: M. Fokine; UA 13. 6. 1911, B.s Russes de Diaghilew, Th. du Châtelet, Paris, mit W. Nijinsky, T. Karsavina, A. Orlov, E. Cecchetti u. a. Die Handlung spielt in der Fastnachtswoche um 1830 auf dem Platz der Admiralität in St. Petersburg. Ein Schaubudenbesitzer führt den Zuschauern seine drei Puppen vor: P. (die traditionelle russ. Harlekinsfigur), die Ballerina und den Mohren. In P.s Zelle, in der er nach der Vorführung wieder eingeschlossen wird, kommt es zu einer Begegnung mit der Ballerina. P. gesteht ihr seine Liebe, wird aber von ihr abgewiesen und bricht zusammen. Das nächste Bild spielt im luxuriös ausgestatteten Zimmer des dummen und eitlen Mohren. Auch hier erscheint wieder die Ballerina und erweist sich seinen Avancen durchaus nicht abgeneigt – was den hinzukommenden P. in fürchterliche Rage versetzt. Ihr Kampf und ihre Verfolgungsjagd setzt sich im Schlußbild fort, das wieder die Jahrmarktsszene zeigt – bis der Mohr P. mit seinem Säbel ersticht. Doch P. ist unsterblich. Er erscheint noch einmal auf dem Dach des Puppen-Th.s und schneidet dem Schaubudenbesitzer eine Fratze. – Das B. gehörte von Anfang an zu den größten und dauerhaftesten Erfolgen der Diaghilew-Komp. Fokine hat es später auch zahlreichen anderen Komp.n einstudiert, noch heute haben es u. a. das Royal B. und das Joffrey B. in der Original-Ch. auf dem Spielplan. In Deutschland ist P. dagegen fast immer in neuer Ch. zu sehen – wichtige Versionen waren hier u. a. die von T. Gsovsky (Dt. Staatsoper, Ost-Berlin 1946), G. Krätke (Dt. Staatsoper, Ost-Berlin 1965) und E. Walter (Düsseldorf 1964). Eine vielbeachtete Version schuf M. Béjart 1977 für das B. du XXe Siècle.

Lit.: O. F. Regner / H.-L. Schneiders, in: *Reclams Ballettführer*, Stuttgart [8]1980.

Pfefferkuchenherz, Das → Froman, M.

Phaedra-Ballette. Die Gemahlin des Theseus, die ihren Stiefsohn Hippolytos, der ihre Liebe nicht erwiderte, bei ihrem Gatten verleumdete, dadurch seinen Tod veranlaßte und sich selbst tötet, tritt als Hauptfigur bereits in einer von Lukian erwähnten heroischen Pantomime der röm. Kaiserzeit auf. Danach u. a. in B.en von G. Angiolini (Mailand 1789), Ch. Didelot (Mus.: Cavos und Turik, St. Petersburg 1825), S. Lifar (Mus.: G. Auric, Paris 1950), M. Graham (Mus.: R. Starer, New York 1962) und B. Cullberg (in *I Am not You*, Mus.: B. Brustad, Norweg. Fernsehen 1966).

Lit.: Lifar-Version in: O. F. Regner / H.-L. Schneiders, *Reclams Ballettführer*, Stuttgart [8]1980.

Phantastische Sinfonie (frz. Originaltitel: *Symphonie fantastique*), B. in 5 Bildern, Ch.: L. Massine, Mus.: Berlioz, Dek.: Chr. Bérard; UA 24. 7. 1936, Col. de Basils B. Russe, Covent Garden, London, mit Massine, T. Toumanova, N. Verchinina, P. Petroff, M. Platoff, Y. Shabelevski, G. Zoritch u. a. – Bei seiner Konzeption des B.s hat sich Massine im großen und ganzen an das Programm der »Episodes de la vie d'un artiste« gehalten, dessen 1. Satz Traumbilder, Leidenschaften, 2. Satz Ein Ball, 3. Satz Auf dem Lande, 4. Satz Der Gang zum Richtplatz und 5. Satz Walpurgisnacht überschrieben sind. Im Mittelpunkt der Handlung steht ein junger Komponist von krankhafter Sensibilität und verzehrender Phantasie, der in seinen Opiumträumen von einer fixen Idee verfolgt wird, die sich ihm in Gestalt einer unerreichbaren Geliebten manifestiert. – Massine hat dieses, sein vielleicht erfolgreichstes Sinfonisches B. später auch anderen Komp.n einstudiert. Eigene choreogr. Versionen zur gleichen Musik u. a. von Y. Georgi (Hannover 1954), H. Rosen (München), T. Schilling (Komische Oper Berlin, beide 1967) und E. Walter (Düsseldorf 1975).

Lit.: C. W. Beaumont, in: *Complete Book of Ballets*, London 1951.

Pianovariaties → *Klaviervariationen.*

Picasso, Pablo Ruiz, span. Maler, * 23. 10. 1881 Malaga, † 8. 4. 1973 Mougins. Diaghilew beauftragte ihn als erster, für das Th. zu arbeiten. Für seine Komp. schuf er das Dek. zu L. Massines *Parade* (1917), *Der Dreispitz* (1919), *Pulcinella* (1920) und *Mercure* (1924 für die Soirées de Paris) sowie für die *Cuadro flamenco*-Suite (1921) und den Vorhang zu B. Nijinskas *Le Train bleu* (1924). Später entstanden noch ein Vorhang für S. Lifars *Nachmittag eines Fauns* (Pariser Opéra, 1960 – erstmalig verwendet bei der Insz. 1965 im Th. du Capitole von Toulouse) und das Dek. für Lifars Neufassung von *Icare* (Pariser Opéra 1962).

Lit.: D. Cooper, *P.: Theatre*, Paris/London 1967; H. Rischbieter, in: *Bühne und bildende Kunst im XX. Jahrhundert*, Velber 1968.

Pick, Günter, dt. Tänzer, Choreograph und B.-Direktor, * 4. 11. 1943 Roetgen. Studierte bei L. Renoldi in Aachen und an der Essener Folkwang-Schule. Mitgl. des Folkwang B.s 1965, dann National B. of Canada 1966–68, Gelsenkirchen 1968/69, Düsseldorf 1969–71 sowie als Gast bei verschiedenen Komp.n. B.-Direktor und Choreograph Ulm 1973–79, Augsburg 1979–81 und Aachen seit 1983/84. Hat verschiedentlich mit dem Komponisten P. Henry zusammengearbeitet: *Metamorphoses* (Pariser Opéra, 1979), *Les Noces chymiques* (Pariser Opéra Comique, 1980), *Woyzeck* (Augsburg 1981) – weitere B.-Titel u. a. *Werther* (Mus.: Beethoven, Augsburg 1980), *Dracula* (Mus.: Reger, Augsburg 1982) und *Othello* (Mus.: G. Humel, Aachen 1984). Seit 1983 Herausgeber des ehemaligen Niehausschen B.-Kalenders.

Picnic at Tintagel, B. in 1 Akt und 3 Bildern, Libr. und Ch.: F. Ashton, Mus.: A. Bax (*The Garden of Fand*), Dek.: C. Beaton; UA 28. 2. 1952, New York City B., City Center, New York, mit F. Moncion, D. Adams, J. d'Amboise u. a. – Das B. erzählt die Geschichte von Tristan und Isolde, verkörpert durch die Gestalten einer edwardianischen Gesellschaft aus dem Jahr 1916, die sich anläßlich eines Picknicks in Tintagel in die Rollen der Originalfiguren zurückversetzt.

Lit.: G. Balanchine / F. Mason, in: *Balanchine's Complete Stories of the Great Ballets*, Garden City (N. Y.) 1977.

Picq, Pic, Pick → Le Picq.

Pied Piper, The, B. in 2 Teilen, Libr. und Ch.: J. Robbins, Mus.: A. Copland (Klarinettenkonzert); UA 4. 12. 1951, New York City B., City Center, New York, mit D. Adams, N. Magallanes, Jillana, R. Tobias, J. Reed, T. Bolender, Robbins u. a. – Der dt. Titel wäre *Der Rattenfänger*. Obgleich jede Beziehung zur Sage des *Rattenfängers von Hameln* abgestritten wird, handelt es sich doch darum, daß der auf offener Bühne spielende Soloklarinettist die Tänzer einen nach dem anderen durch sein Spiel in seinen Bann zieht, bis sie schließlich als willenlose Geschöpfe nur noch den Impulsen seiner Musik folgen.

Lit.: G. Balanchine / F. Mason, in: *Balanchine's Complete Stories of the Great Ballets*, Garden City (N. Y.) 1977.

Piège de lumière, B. in 1 Akt, Libr.: Philippe Hériat, Ch.: J. Taras, Mus.: J.-M. Damase, Bühne: Félix Labisse, Kost.: A. Levasseur; UA 23. 12. 1952, Grand B. du Marquis de Cuevas, Th. de l'Empire, Paris, mit R. Hightower, S. Golovine, V. Skouratoff u. a. Die Handlung spielt in einem Strafgefangenenlager im tropischen Urwald, dessen Insassen exotische Schmetterlinge fangen. Einem von ihnen gelingt es, eines besonders raren Schmetterlings habhaft zu werden, aber dessen Liebhaber vergiftet den Gefangenen mittels seines Pollens, so daß der irre wird und sich selbst für einen Schmetterling hält. – Taras hat das B. später auch dem New York City B. und dem London Festival B. einstudiert.

Lit.: F. Mason / G. Balanchine, in: *Balanchine's Complete Stories of the Great Ballets*, Garden City (N. Y.) 1977.

Pierrot lunaire, dreimal sieben Melodramen von Schönberg nach Gedichten von Alb. Giraud (übers. von O. E. Hartleben, 1912). L. Massine plante 1922 ein B. unter Auslassung des Vokalparts, doch Schönberg verweigerte seine Zustimmung. Eine geplante Prod. von J. Cranko für das Edinburgh International B. 1958 wurde von den Schönberg-Erben untersagt. Als erster choreographierte Joffrey das Werk 1955 in New York für seine R. Joffrey B. Concert-Gruppe. Als repertoirebeständigste Version erwies sich die von G. Tetley für ein Recital-Programm in New York choreographierte Fassung (Dek.: R. Ter-Arutunian; UA 5. 5. 1962, Fashion Institute of Technology, mit Tetley, L. Hodes und R. Powell – zahlreiche Einst.en für andere Komp.n). Andere Versionen u. a. von M. Taubert (Braunschweig 1968) und R. Hoffmann (Bremen 1982).

Lit.: P. Brinson / C. Crisp, in: *Ballet & Dance*, Newton Abbot 1980.

Pikieris, Yanis, venezol. Tänzer, * 1958 Caracas. Studierte bei seinem Vater Kiril P., dann auch in Riga (wo sein Vater Solotänzer gewesen war). Tänzer beim International B. Caracas 1977, Solotänzer Münchner Staatsoper 1980–84. Rollenkreationen u. a. in Y. Vamos' *Tschaikowsky* (1980), G. Veredons *Gaîté Parisienne* und F. Barbays *Daphnis und Chloe* (beide 1982). Verheiratet mit der Tänzerin Marielena Mancia.

Pilato, Boris, dt. Tänzer, Choreograph und B.-Direktor, * 6. 5. 1921 Görz (Italien). Studierte an der Belgrader Opern-B.-Schule, bei J. Poljakova, B. Kniaseff und O. Preobrajenska. Tänzerdebüt beim Belgrader Opern-B., dann Danzig, Ljubljana. Von 1943 auch als B.-Meister und Choreograph tätig – u. a. Plaza-Varieté, Berlin, Th. Mogador, Paris, Wiener Volksoper 1945/46, Innsbruck 1947, bis 1953 in verschiedenen Städten in der Schweiz, Bonn 1953–56, Lübeck 1956–59, Gelsenkirchen 1959–67, Essen 1967–81 und Dortmund seit 1983/84. Choreographierte häufig auch für Freilichtauff.en und im Fernsehen. Erste dt. Nachkriegs-Auff. von *Giselle* (Bonn 1953), westdt. EA von Prokofjews *Romeo und Julia* (Bonn 1956).

Piletta, Georges, frz. Tänzer, * 13. 2. 1945 Paris. Studierte bei seiner Mutter Anna Stephan, dann an der Schule der Opéra. Mitgl. des Opéra B.s 1963, Premier danseur 1967, Danseur Étoile 1969. Rollenkreationen u. a. in R. Petits *Turangalîla* (1968) und *Kraanerg* (Ottawa 1969), F. Blaskas *Concerto* (Marseille) und *Ballet pour tam-tam* (beide 1970), J. Lazzinis *Cantadagio* (1972), A. Nikolais' *Schema* (1980) und H. Spoerlis *Fille mal gardée* (1981).

Lit.: G. Mannoni / P. Jouhaud, in: *Les Étoiles de l'Opéra de Paris*, Paris 1981.

Pillar of Fire, B. in 1 Akt und 2 Szenen, Libr. und Ch.: A. Tudor, Mus.: Schönberg (*Verklärte Nacht*), Dek.: Jo Mielziner; UA 8. 4. 1942, B. Th., Metropolitan Opera House, New York, mit N. Kaye, L. Chase, A. Lyon, Tudor, H. Laing u. a. Das B. hält sich eng an das der Komposition Schönbergs zugrunde liegende Gedicht von Richard Dehmel. Erzählt wird die Geschichte von Hagar, die aus Furcht, ihren jungen Freund an ihre kokette jüngere Schwester verloren zu haben und eine ebenso lebensfeindliche alte Jungfer wie ihre ältere Schwester zu werden, sich in einem momentanen Entschluß einem anderen Mann hingibt. Sie erwartet ein Kind, erklärt sich jedoch ihrem jungen Freund und findet dessen Verzeihung. – Tudor hat das B. auch anderen Komp.n einstudiert, so 1969 dem Wiener Staatsopern-B. Andere Versionen zur selben Musik von Schönberg u. a. von E. Walter 1961 in Wuppertal, P. van Dyk 1965 in Hamburg, J. Kylián 1975 beim Nederlands Dans Th. und K. MacMillan (in *Different Drummer*, Royal B. London 1984).

Lit.: O. F. Regner / H.-L. Schneiders, in: *Reclams Ballettführer*, Stuttgart ^{8}1980.

Pilobolus Dance Theatre. Die amer. Komp., ansässig auf der Lochlyndon Farm in Vermont, wurde 1971 von M. Pendleton und Jonathan Wolken gegründet, später schlossen sich ihnen Lee Harris und Robert Barnett, 1973 dann Alison Chase und Martha Clarke an. Es handelt sich um ein völlig auf eigenen Füßen stehendes Ens., dessen Tänze von den Mitgl.ern selbst konzipiert, choreographiert, getanzt und gemanagt werden. Ihr energetischer und dynamischer Stil zielt auf eine rein körperorientierte Synthese aus Athletik, Gymnastik, Akrobatik und zeitgenössischem Tanz in der Form eines *energy circus*. Europa-Debüt beim Edinburgh Festival 1973. Seit Beginn der achtziger Jahre hat die Zusammensetzung der Komp. mehrfach gewechselt, arbeitet Pendleton auch für andere Komp.n, treten Clarke und Barnett zusammen mit F. Blaska auch als Crowsnest-Gruppe auf.

Lit.: T. Mason, *P.*, New York 1978.

Pineapple Poll, B. in 1 Akt und 3 Bildern, Libr. und Ch.: J. Cranko, Mus.: A. Sullivan (arr. aus diversen Stücken seiner Operetten von Ch. Mackerras), Dek.: O. Lancaster; UA 13. 3. 1951, Sadler's Wells Th. B., Sadler's Wells Th., London, mit E. Fifield, D. Blair, D. Poole u. a. Die Grundlage für das Libr. lieferte W. S. Gilberts *The Bumboat Woman's Story*, deren Mittelpunkt Kapitän Belaye ist, der so unwiderstehlich ist, daß alle Ladies von Portsmouth ihre Männer verlassen, um sich von Belaye als Matrosen anheuern zu lassen und erst dann entdekken, daß er gerade geheiratet hat. – Cranko hat das B. auch anderen Komp.n einstudiert, so 1972 dem Stuttgarter Noverre-B.

Lit.: O. F. Regner / H.-L. Schneiders, in: *Reclams Ballettführer*, Stuttgart ^{8}1980.

Piqué (frz. *piquer*, stechen), im B. ein Stechschritt auf die Spitze des Spielbeins, ohne daß das Knie gebeugt wird.

Pirouette (frz. *pirouetter*, im Kreise drehen), im B. eine rasche Drehung auf einem Fuß (auch auf halber oder ganzer Spitze), wobei die Spitze des Spielbeins an das Knie des Standbeins angelehnt ist. Sie kann aber auch *sur le coup-de-pied* (Fuß des Spielbeins am Knöchel des Standbeins), *à la seconde* oder *en attitude* ausgeführt werden. Die Drehung kann nach außen (*en dehors*) oder nach innen (*en dedans*) erfolgen. In der Luft gedrehte P.n heißen Tours en l'air.

Pistolets → Ailes de pigeon.

Pistoni, Mario, ital. Tänzer und Choreograph, * 11. 1. 1932 Rom. Studierte an der B.-Schule der röm. Oper. Mitgl. des Opern-B.s 1948, Solist 1950, Principal Dancer 1951 – im gleichen Jahr an die Mailänder Scala. Hat zahlreiche B.e choreographiert – u. a. *La Strada* (Mus.: N. Rota, 1966), *Die Macbeths* (Mus.: R. Strauss, 1969), *Romeo und Julia* (Mus.: Prokofjew, 1974) und *Der wunderbare Mandarin* (Mus.: Bartók, 1981). Verheiratet mit F. Cova.

Pittsburgh Ballet Theatre. Die Komp. wurde 1970 von N. Petrov gegründet, der bis 1982 als Künstlerischer Direktor und Chefchoreograph fungierte und das Stammrep. choreographierte – darunter die ersten kompletten amer. Prod.en von Prokofjews *Romeo und Julia* und Beethovens *Neunter Sinfonie*. Seine Nachfolgerin wurde im Herbst 1982 P. Wilde.

Place, The. Das frühere Londoner Hauptquartier des Artists' Rifles Regiment, in unmittelbarer Nachbarschaft zur St. Pancras Church in W. C. 1, wurde 1969 vom Contemporary Dance Trust als Residenz der London School of Contemporary Dance und des London Contemporary Dance Th. erworben. Es verfügt über mehrere Räumlichkeiten für Vorst.en bei verschiedener Zuschauerkapazität, diverse Studios und eine Kantine und ist seither verschiedentlich erweitert und umgebaut worden.

Platel, Elisabeth, frz. Tänzerin, * 10. 4. 1959 Paris. Studierte am Konservatorium in Saint-Germain-en-Laye, dann an der B.-Schule der Opéra. Mitgl. des Opéra-B.s 1976, Première danseuse 1979, Danseuse étoile 1981. Tanzt die Ballerinenrollen des klassischen Rep.s.

Playford, John, engl. Schriftsteller und Musikverleger, * 1623, † 1686 (Geburts- und Sterbeort nicht bekannt). Veröffentlichte 1651 das Standardwerk über die engl. Tänze seiner Zeit: *The English Dancing Master or, Plaine and easie rules for the Dancing of Country Dances, with the tunes to each dance*. Mit diesem Buch, das bis 1728 in 18 Auflagen erschien, begann die Geschichte der bürgerlich-engl. Country Dances in Europa, die in Frankreich zu Contredanses oder Quadrillen wurden.

Plié (frz. *plier*, beugen), im B. die Kniebeuge mit einem oder beiden Beinen, wobei sich die Knie in einer Linie mit den eine Gerade bildenden Füßen befinden müssen. Wir unterscheiden zwischen demi plié und grand plié. Jedes Training im B. beginnt mit einer Serie von pliés zur Lockerung der Muskeln und Sehnen und zur Stärkung der Balance.

Plissetzkaja, Maja Michailowna, sowj. Tänzerin, * 20. 11. 1925 Moskau. Eine Nichte von A. und S. Messerer, studierte sie an der Schule des Moskauer Bolschoi-B.s bei E. Gerdt und M. Koschuchowa, trat bereits als Schülerin in Vorst.en des Bolschoi-B.s auf, wo sie durch ihre exzeptionelle Virtuosität frühzeitig Aufmerksamkeit auf sich zog, machte 1943 ihr Examen und wurde als Solistin in die Komp. aufgenommen, wo sie während ihres ersten Jahres nicht weniger als 20 verschiedene Rollen tanzte. 1945 avancierte sie zur Ballerina, als die sie alle einschlägigen Rollen des klassischen und modernen Rep.s getanzt hat. Sie ist eine formidable Technikerin, der nichts unmöglich ist, dank ihrer einzigartig beredsamen Arme und Hände und ihrer darstellerisch-expressiven Begabung, aber auch eine ungewöhnlich ausdrucksstarke Schauspielerin (als die sie gelegentlich auch in reinen Schauspielerinnenrollen im Film mitgewirkt hat – z. B. 1968 in *Anna Karenina*). Auf ihren häufigen und ausgedehnten Auslandstourneen tanzte sie 1951 erstmalig in Berlin und 1967 erstmalig in der Bundesrepublik in Köln. Zu ihren besten klassischen Rollen gehören Odette/Odile, Kitri, Raymonda, die Zarewna im *Buckligen Pferdchen* sowie der *Sterbende Schwan* – im modernen Rep. Julia, Laurencia, Zarema und die Suimbike in *Schuraleh*. Rollenkreationen u. a. als Herrin des Kupferbergs in L. Lawrowskys *Steinerner Blume* (1954), Aegina in I. Moissejews *Spartakus* (1958), Aurora in J. Grigorowitschs *Dornröschen* (1963) und die Titelrolle in A. Alonsos *Carmen*-Suite (1967). R. Petit choreographierte für sie *La Rose malade* (1973) und M. Béjart *Isadora* (1976) und *Leda* (1979). Mit sich selbst in der Hauptrolle choreographierte sie (zus. mit N. Ryschenko und V. Smirnow-Golowanow) *Anna Karenina* (Mus.: R. Schtschedrin, der ihr Gatte ist, 1972) und *Die Möwe* (Mus.: Schtschedrin, 1980). Seit 1983/84 Künstlerische Direktorin des B.s am Teatro dell' Opera, Rom.

Lit.: N. Roslavleva, *M. P.*, in engl. Sprache, Moskau 1956; A. Vavra u. a., *M. P.*, in engl. Sprache, Moskau 1975.

Poelvoorde, Rita, belg. Tänzerin, * 23. 2. 1951 Antwerpen. Studierte an der Kgl. Fläm. B.-Schule. Tänzerin beim Nederlands Dans Th. 1969–71 und seither beim B. du XXe Siècle, zu dessen profiliertesten Solistinnen sie gehört. Rollenkreationen u. a. in M. Béjarts *Le Marteau sans maître* (1973), ›*I Trionfi*‹ *di Petrarca* (1974), *Pli selon pli* (1975), *Le Molière imaginaire* (1976), *Gaité Parisienne* (1978), *Variations ›Don Giovanni‹* (1979), *Eros – Thanatos* (1980) und *Messe pour le temps futur* (1983). Zusammen mit Béjart tritt sie in dem belg. Fernsehfilm *Je t'aime, tu danses* auf (1973). Mitwirkung in dem Spielfilm *Les Uns et les Autres* (Alternativ-Titel: *Bolero*, 1982).

Poème de l'extase, B. in 2 Teilen, Ch.: J. Cranko, Mus.: A. Skrjabin (und W. Fortner), Dek.: J. Rose, UA 24. 3. 1970, Stuttgart, mit M. Fonteyn, E. Madsen, J. Stripling, B. Berg, H. Clauss, R. Cragun u. a. »Unter den Gästen einer Soirée, die ein großer Bühnenstar gibt, befindet sich auch ein junger Mann, der sich in die Diva verliebt. Zunächst von seiner Werbung geschmeichelt, erinnert sie sich immer lebhafter ihrer früheren Liebesbeziehungen. Sie begreift aber dann, daß sich ihr Leben bereits erfüllt hat und weist ihn schließlich ab« (Programmheftnotiz von Cranko). – Cranko hat sein speziell für M. Fonteyn geschaffenes B. auf Motive aus Colettes Roman *La Naissance du jour* (dt. Titel: *Die Freuden des Lebens*) basiert und der titelbestimmenden Komposition von Skrjabin dessen 9. Klaviersonate vorangestellt, die von Fortner instrumentiert wurde. Die Ausstattung verdankt ihre Inspirationen dem österr. Sezessionisten G. Klimt. – Außer von Cranko wurde Skrjabins Orchesterstück u. a. auch von A. Sokolow (New York 1956), R. Petit (Mailand 1968) und I. Keres (Wiesbaden 1969) choreographiert.

Lit.: O. F. Regner / H.-L. Schneiders, in: *Reclams Ballettführer*, Stuttgart [8]1980.

Polen. Vor 1918 gab es außerhalb des Großen Th.s in Warschau wenig B. Unter den ersten Komp.n, die sich außerhalb der Hauptstadt etablierten, war die 1919 gegründete des Großen Th.s in Posen. Maksymilian Statkiewicz (* 1889) choreographierte 1938 die erste poln. Prod. von K. Szymanowskis B. *Harnasie*. Eine weitere Komp. gab es in Lemberg. J. Cieplinki leitete 1922–24 eine unabhängige Komp. Zwischen den beiden Weltkriegen beherrschten Einflüsse von seiten I. Duncans, E. Jaques-Dalcrozes und M. Wigmans die poln. Szene, und es gab zahlreiche private Schulen, in denen ihr System unterrichtet wurde – die bekanntesten waren die von Janina Mieczyńska und Stefan und Tacjana Wysocki in Warschau. Heute gibt es 6 Opern-B.-Komp.n, die jeweils zwischen 50 und 100 Tänzer haben, sowie 2 weitere, die Musik-Th.n attachiert sind und 7 Operetten-B.-Komp.n. Weitere Tanzgruppen stellen das Mazowsze, Slask und Zentral-Ens. der Poln. Armee. Außerhalb Warschaus gibt es B.-Komp.n an den Opernhäusern von Posen, Danzig, Beuthen, Breslau und Lodz. 1973 formierte sich das unter der Leitung von Conrad Drzwiecki arbeitende Poln. Tanz-Th. in Posen. 1949 erfolgte eine Neuorganisation der B.-Schulen, von denen es derzeit 4 in Warschau, Posen, Beuthen und Danzig gibt. Seit 1972 existiert an der Warschauer Musikhochschule eine spezielle Abteilung für die Ausbildung von Pädagogen, die enge Verbindung zu den einschlägigen Instituten in Moskau und Leningrad unterhält.

Polka (tschech. *pulka*, Halb- oder Wechselschritt), ein angeblich um 1830 in Böhmen entstandener Tanz im 2/4-Takt mit Achtelrhythmus, wobei auf die drei ersten Achtel je ein Schritt (Chassé) und auf das vierte Achtel ein Hopser kommt. Sie eroberte sich rasch die europ. Ballsäle. Als Mischform mit der Mazurka heißt sie Polka-Mazurka und steht im 3/4-Takt.

Polonaise, ein poln. festlicher Schreittanz im 3/4-Takt mit charakteristischem, dem Bolero ähnlichem Rhythmus, vielleicht ursprünglich ein triumphierender Krieger-Marsch oder ein festlicher Bauerntanz. Erste Erwähnungen 1645 und 1681. Möglicherweise wurde sie in Deutschland bekannt, als sich der Kurfürst August von Sachsen, genannt der Starke, 1697 zum König von Polen krönen ließ. Sie wurde 1719 anläßlich der Vermählung des sächsischen Kurprinzen genauer beschrieben. Im 19. Jh. war die P. der Nationaltanz aller Polen. Mit der Polen-Begeisterung um 1830 kam sie auch nach Westeuropa. Sie ist heute noch als Einführungstanz zu Bällen beliebt. Dem anführenden Paar bleibt die Ausführung der geometrischen Figuren (Schnecke, Muschel, Fächer, Stern usw.) überlassen. Sie begegnet im B. vor allem in solchen Festakten wie in *Schwanensee* und *Dornröschen*.

Polowetzer Tänze. Sie bilden den Höhepunkt des 2. Aktes der 1890 am Marien-Th. in St. Petersburg in der Ch. von L. Iwanow uraufgeführten Oper *Fürst Igor* von A. Borodin. Es handelt sich um Folkloretänze von Kriegern und Mädchen im Zeltlager des Polowetzer Khan Kontschak, dessen Tataren die Russen und ihren Zaren Igor besiegt haben. Als selbständiges B. ließ sie Diaghilew 1909 von Fokine für sein Paris-Gastspiel einstudieren, wo sie am 18. 5. im Th. du Châtelet Premiere hatten und das Publikum durch ihre ungezähmte Wildheit zu größter Begeisterung hinrissen. Die Ausstattung stammte von N. Roerich, die Hauptrollen wurden von Sophie Fedorova, Yelena Smirnova und A. Bolm getanzt. Seither sind sie immer wieder neu choreographiert worden.

Lit.: O. F. Regner / H.-L. Schneiders, in: *Reclams Ballettführer*, Stuttgart [8]1980.

Pomare, Eleo, amer. Tänzer und Choreograph, * 22. 10. 1937 Cartagena (Kolumbien). Kam mit 10 Jahren nach New York und studierte dort u. a. bei J. Limón, L. Horst und G. Holder. Gründete 1958 seine erste eigene Komp., ging aber 1962 nach Europa und studierte bei K. Jooss. Nach seiner Rückkehr in die USA gründete er wieder eine Komp., die sich ausdrücklich als tänzerisches Forum der revolutionären Black-Power-Bewegung verstand. 1971 schuf er The Vital Arts Dance School. Sein erstes großes Werk war *Blues for the Jungle* (1966, Musik u. a. H. Belafonte, Charles Mingus und Michael Olatunji). Das Thema war das grauenvolle Leben der Neger im Dschungel der schwarzen Ghettos. P.s bekanntestes Solo war *Narcissus Rising* (1968). Geschildert wird das Schicksal eines schwarzen Motorradfahrers, der von der Polizei verfolgt wird. Bekanntestes Gruppenwerk: *Las Desenamoradas* nach García Lorcas *Bernarda Albas Haus* (Mus.: J. Coltrane). Seine Arbeiten aus dem Jahr 1971 tragen so charakteristische Titel wie *Black on Black*, *Burnt Ash*, *'Nother Shade of Blue*. Aus dem Jahr 1976 stammen: *Sextet* und *Queen's Chamber*.

Pongor, Ildikó, ung. Tänzerin, * 17. 1. 1953 Budapest. Studierte ebd. an der B.-Schule und in Leningrad. Mitgl. des Budapester Staatsopern-B.s seit 1972, Solistin 1974. Rollenkreationen u. a. in L. Seregis *Kammermusik Nr. 1* (1976), *Serenade* (1977) und *Variationen über ein Kinderlied* (1978). Seit 1982/83 auch Solotänzerin an der Wiener Staatsoper. Verheiratet mit dem Tänzer László Péter.

Pontois, Noëlla, frz. Tänzerin, * 24. 12. 1943 Vendôme. Studierte an der B.-Schule der Pariser Opéra. Mitgl. des Pariser Opéra-B.s 1960–83, Première danseuse 1966, Danseuse étoile 1968 (jetzt pensioniert). Zahlreiche Auslandsgastspiele (London Festival B., Wiener Staatsoper u. a.). Tanzt die Ballerinenrollen des klassischen und modernen Rep.s. Rollenkreationen u. a. in R. Petits *Adages et Variations* (1965), M. Descombeys *Zyklus* (1966), B. Macdonalds *Variations Diabelli* (1974) und H. Spoerlis *Fille mal gardée* (1981).

Lit.: G. Mannoni / P. Jouhaud, in: *Les Etoiles de l'Opéra de Paris*, Paris 1981.

Popa, Magdalena, rum. Tänzerin und Pädagogin, * 19. 6. 1941 Bukarest. Studierte ebd. an der B.-Schule. Mitgl. des Bukarester Staatsopern-B.s seit 1961 und später dessen Primaballerina. Zahlreiche Auslandsgastspiele (u. a. auf Tourneen mit dem B. Th. Contemporain und dem Grand B. Classique de France). Heute auch als Pädagogin und Jury-Mitgl. bei zahlreichen internationalen Tänzerwettbewerben tätig.

Porcile, Mario, ital. Direktor, * 29. 8. 1921 Genua. Leiter des B.-Festivals von Nervi seit 1955 und Direktor der Akademie für klass. Tanz in Genua seit 1964. Als Koordinator der Tanzaktivitäten von Nervi, der Arena di Verona, des Teatro Regio di Torino und des Teatro La Fenice in Venedig, ist er eine der einflußreichsten Persönlichkeiten der ital. Tanzszene und in zahlreichen nationalen und internationalen Verbänden und Komitees tätig.

Port de bras (frz., Haltung der Arme), entsprechend den verschiedenen Positionen der Füße gibt es verschiedene damit korrespondierende Armhaltungen.

Porter, Marguerite, engl. Tänzerin, * 1950 Doncaster. Studierte ebd. sowie an der Royal B. School. Seit ihrem Examen 1967 Mitgl. des

Royal B., mit dessen beiden Komp.n sie getanzt hat. Principal Dancer 1978. Rollenkreationen u. a. in K. MacMillans *Manon* (1974), *The Four Seasons* (1975) und *Mayerling* (1978), H. van Manens *Four Schumann Pieces* (1975) und F. Ashtons *A Month in the Country* (1976). Tanzt die Ballerinenrollen des klassischen und modernen Rep.s.

Portugal → Gulbenkian Ballett, → Lissabon.

Pose, im B. eine bewegungslos durchgehaltene Körperstellung – einen Ruhepunkt oder eine Akzentuierung, wie z. B. in einer Arabesque oder Attitüde.

Posé (frz. *poser*, hinstellen, hinsetzen), im B. eine bestimmte Art von Gewichtsverlagerung von einem auf das andere Bein. Der Tänzer hebt zuerst das Spielbein mit gebeugtem Knie, dann aber streckt er das Bein und führt es in einen Schritt auf Spitze oder Halbspitze. Dieser Schritt kann nach vorne, nach hinten oder zur Seite ausgeführt werden.

Positionen → Fünf Positionen.

Poulenc, Francis, frz. Komponist, * 7. 1. 1899 Paris, † 30. 1. 1963 ebd. Mit seinen Kollegen von der Gruppe Les Six war er an J. Börlins *Les Mariés de la Tour Eiffel* (1921) beteiligt und komponierte dann die Musik für B. Nijinskas *Les Biches* (1924) und *Aubade* (1929) sowie für S. Lifars *Les Animaux modèles* (1942). P. Wright bediente sich seiner Sinfonietta für *Summer's Night* (1964), G. Cauley seiner Sonate für Klarinette und Klavier und Sonate für Oboe und Klavier für *In the Beginning* (1969), E. Walter seines Orgelkonzerts für *Gravité* (1969 – zahlreiche andere Versionen, u. a. G. Tetley für *Voluntaries*, 1973), K. MacMillan seines *Gloria* (1980) und U. Scholz seines Konzerts für 2 Klaviere für *variation-1* (1983).

Poupon, Michèle, schweiz. Tänzerin, * 27. 7. 1940 Biel. Studierte bei E. Mohar, B. Pilato, S. Lifar, O. Stens und L. Anlen. Tänzerin in Bonn 1955/56, Lübeck 1956–58, Oberhausen 1959/60, Gelsenkirchen 1960–67 und Essen 1967–81, wo sie als Primaballerina zahlreiche Hauptrollen in den B.en von Pilato kreierte.

Pourfarrokh, Ali, iran. Tänzer, B.-Meister, Choreograph und B.-Direktor, * 27. 11. 1938 Kermanshah. Studierte an der Tanzakademie in Teheran sowie an der Metropolitan Opera B. School in New York, School of American B. und Graham School. Tänzerdebüt bei A. Alonsos amer. Westküsten Komp., dann American B. Th. 1959–63, Metropolitan Opera B., Frankfurt a. M., Joffrey B. Associate Director und B.-Meister des A. Ailey Dance Th. 1972–76. Künstlerischer Direktor der Iranischen National-B.s 1976–79. B.-Meister in Essen 1981–84. Hat verschiedene B.e choreographiert.

Praagh, Dame Peggy van, engl. Tänzerin, Pädagogin und B.-Direktorin, * 1. 9. 1910 London. Studierte bei A. Philipps, M. Craske, L. Sokolova, V. Volkova, T. Karsavina, G. Bodenwieser und A. de Mille. Solistin beim B. Rambert 1933–38, dann bei A. Tudors London B., wo sie 1938 Rollen in dessen B. *Lilac Garden*, *Soirée Musicale*, *Gala Performance*, *The Planets* und *Dark Elegies* kreierte, rief während des Krieges das Lunch-Hour B. im Londoner Arts Th. ins Leben, ging 1941 als Principal Dancer zum Sadler's Wells B. und wurde 1946 B.-Mistress des neugegründeten Sadler's Wells Th. B., dessen Assistant Director sie 1951–55 war. In den folgenden Jahren war sie freischaffend als B.-Produzentin (auch für das Fernsehen) tätig und studierte B.e des brit. Rep.s bei verschiedenen Komp.n in Europa und Amerika ein. Direktorin des Edinburgh International B. 1958. Artistic Director des Borovansky B. 1963 und des Australian B. 1963–74. Schrieb *How I Became a Dancer* (1954) und, zusammen mit P. Brinson, *The Choreographic Art* (1963). Geadelt zur Dame of the Order of the British Empire 1970.

Prag. Tänzerische Veranstaltungen sind hier zuerst während der zweiten Hälfte des 16. Jh.s anläßlich von Krönungsfeierlichkeiten nachgewiesen. In den tschech. und mähr. Schlössern fanden B.-Vorst.en entweder von ausländischen Truppen oder von Leibeigenen-Ens.s statt. Mit dem Vordringen der ital. Oper in der zweiten Hälfte des 17. Jh.s kamen auch ital. Tänzer für B.-Einlagen nach Böhmen. Wanderkomödianten aus Italien und Deutschland brachten auch B.e und Pantomimen in ihrem Rep. mit. Im 1724 gegründeten ersten ständigen Prager Th., dem Schporck Th. am Poríč, gab es neben ital.

Opern-Vorst.en auch einzelne B.e. Auch am 1737 eröffneten Th. in Kotce gelangten B.e und Pantomimen zur Auff. In der 2. Hälfte des 18. Jh.s wirkte hier als B.-Meister der Noverre-Schüler Vojtech Moravec alias Alberti, der Auszüge aus Noverre-B.en einstudierte – wie auch sein Nachfolger Antonín Roessler. Die von tschech. Komponisten wie Koželuh, Jírovec, Vranický u. a. komponierten B.e gelangten freilich meist im Ausland zur Auff. In der ersten Hälfte des 19. Jh.s kam dann eine Reihe von gastierenden Ens.s und einzelnen Künstlern nach P. 1838 tanzte Johann Raab erstmalig auf der Bühne des Stände-Th.s die Polka. Das romantische B. gelangte freilich erst nach P., als seine Blüte im Westen schon überschritten war: 1850 *La Sylphide* im Stände-Th., im selben Jahr Gastspiele von L. Grahn. 1862 wurde das erste selbständige tschech. Th., das Prozatímmí divadlo, eröffnet, wo V. Reisinger B.-Meister war, der auch der erste B.-Meister des 1881 eingeweihten National-Th.s wurde. Sein Nachfolger war A. Berger 1884–1900, von dem Tschaikowsky 1888 bei seinem P.-Besuch den 2. Akt *Schwanensee* sah und der auch der Ch. der UA von L. Janáčeks *Rákoš Rakoczy* (1891) war. Unter ihm nahm der ital. Einfluß durch den Import solcher Ausstattungs-Prod.en wie *Excelsior* und von ital. Ballerinen stark zu. 1900–12 wirkte hier als B.-Meister der auch als Lehrer hochverdiente Achille Viscusi, der 1907 die erste komplette *Schwanensee*-Prod. in P. choreographierte und darüber hinaus der erste Choreograph einer Reihe von B.-Pantomimen von O. Nedbal war. 1912–22 kam Berger noch einmal als B.-Chef ans National-Th. zurück. Sein Nachfolger war Remislav Remislavský 1922–27, der u. a. die UA von F. Skvors *Doktor Faust* choreographierte. 1927 erregte das Gastspiel von Diaghilews B.s Russes großes Aufsehen. In den zwanziger und dreißiger Jahren belebte sich das Interesse der einheimischen Komponisten am B. – der bedeutendste tschech. Choreograph jener Zeit war Josef Jenčik. Weitere B.-Chefs am National-Th. waren dann Jaroslav Hladík (1927–31) und Jelizaveta Nikolská (1932–45). Nach 1945 erfolgte dann eine zunehmende Orientierung am Standard des sowj. B.s. Unter den B.-Chefs des National-Th.s seien genannt: Saša Machov (1946–51, mit Prokofjews *Romeo und Julia* und Vostřáks *Viktorka*, beide 1950), Vlastimil Jílek (1951–53), Antonín Landa (1953–57), Jiří Němeček (1957–70), Emmerich Gabzdyl (1970–73) und heute abermals Němeček, der auch als Chefchoreograph fungiert (zus. mit J. Blazek und M. Kura). Zunehmend kamen auch ausländische Komp.n zu Besuch: das engl. Royal B. 1947 und 1966, das Kirow-B. erstmalig 1959, das Bolschoi-B. 1967, das Stuttgarter B. 1982. Von 1965 bis 1970 gab es das unabhängige, von den Choreographen L. Ogoun und P. Smok zusammen mit dem Kritiker V. Vasut geleitete B. Praha, eine Komp. kleineren Zuschnitts, die sich als schöpferisches Laboratorium der tschech. B.-Kunst verstand und häufig auch im Ausland gastierte.

Premier danseur, der an der Spitze einer Komp. stehende männliche Solist. Entsprechende weibliche Form: Première danseuse. In der Hierarchie des Pariser Opéra-B.s gibt es darüber hinaus noch den (bzw. die) P. d. étoile.

Preobrajenska, Olga Josifowna (d. i. Preobrajenskaja), russ.-frz. Tänzerin und Pädagogin, * 2. 2. 1870 St. Petersburg, † 27. 12. 1962 Saint-Mandé. Trat 1879 in die Kaiserl. B.-Schule ein, machte 1889 ihr Examen und wurde Mitgl. des Marien-Th.s. Solistin 1896, Primaballerina 1900. Tanzte dort an die 700 Vorst.en und glänzte als unfehlbare Technikerin vor allem in *Coppélia*, *Raymonda*, *Les Saisons*, *Le Corsaire*, *Dornröschen*, *Paquita*, *Nußknacker*, *Der Talisman*, *Sylvia* und *Don Quixote*. Von 1895 an trat sie auch häufig im Ausland auf. Begann 1914 in St. Petersburg zu unterrichten. Verließ die Sowjetunion 1921, unterrichtete in Mailand, London, Buenos Aires und Berlin und ließ sich endgültig 1923 in Paris nieder, wo sie bis 1960 eine der prominentesten Pädagoginnen im Studio Wacker war. Zu ihren am bekanntesten gewordenen Schülern zählten u. a. I. Baronova, T. Toumanova, I. Youskevitch, G. Skibine, S. Golovine und M. Miskovitch. Als Ballerina beherrschte sie während der ersten beiden Jahrzehnte des 20. Jh.s das russ. B. – als Pädagogin verdanken ihr ganze Tänzer-Generationen ihre Ausbildung.

Preobrajenski, Wladimir Alexejewitsch, sowj. Tänzer und Pädagoge, * 21. 1. 1912 St. Petersburg, † 24. 1. 1981 Moskau. Studierte an der Leningrader B.-Schule, war 1931–35 Charaktertänzer am Kirow-Th., ging dann als Lehrer nach

Swerdlowsk und 1939 nach Kiew, wo er die Premier danseur-Rollen des klassischen und modernen Rep.s tanzte. War 1943–63 einer der führenden Solisten des Moskauer Bolschoi-B.s und der ständige Partner von O. Lepeschinskaja. Unterrichtete lange Jahre an der Moskauer Bolschoi-Schule und war zuletzt Leiter der Tanzabteilung der Moskauer Konzertdirektion.

Préparation (frz. *préparer*, vorbereiten), im B. eine Vorbereitungsstellung als Kraftkonzentration für die Ausführung einer besondere Energie fordernden Bewegung – z. B. für Pirouetten.

Présages, Les, B. in 4 Sätzen, Libr. und Ch.: L. Massine, Mus.: Tschaikowsky (5. Sinfonie), Dek.: André Masson; UA 13. 4. 1933, Blums und Basils B.s Russes de Monte Carlo, mit N. Verchinina, I. Baronova, T. Riabouchinska, D. Lichine, L. Woizikovsky u. a. Dies war Massines erstes Sinfonisches B. Es zeigt den Menschen im Kampf mit dem Schicksal. Die 4 Sätze heißen: 1. Aktion oder Das Leben mit seinen Abwechslungen, Ambitionen und Versuchungen; 2. Leidenschaft oder Der Kampf zwischen heiliger und profaner Liebe; 3. Frivolität; 4. Krieg oder Der Sieg der Vernunft über den Geist des Bösen.

Lit.: C. W. Beaumont, in: *Complete Book of Ballets*, London 1951.

Présence, B. in 1 Akt, Libr. und Ch.: J. Cranko, Mus.: B. A. Zimmermann (Concerto scénique pour violon, violoncello et piano), Dek.: Jürgen Schmidt-Oehm; UA 16. 5. 1968, Stuttgarter B., Schwetzingen, mit M. Haydée, R. Cragun, H. Clauss u. a. Die drei Hauptfiguren verkörpern archetypische Charaktere aus der Welt der Literatur. Molly ist die Molly Bloom von James Joyce, Don ist Don Quixote und Roy ist Roi Ubu von A. Jarry. Sie wiederum stehen für drei Aspekte der menschlichen Natur: Sex, Idealismus und Machtgier. Die tänzerischen wechseln mit mehr pantomimisch orientierten Episoden ab. Neue Version von G. Bohner (Freiburg 1984).

Lit.: O. F. Regner / H.-L. Schneiders, in: *Reclams Ballettführer*, Stuttgart [8]1980.

Prévost, Françoise, frz. Tänzerin, * um 1680 Paris, † 1741 ebd. Debütierte 1699 in Lullys *Atys* an der Pariser Opéra und war dann 30 Jahre lang die erste frz. Primaballerina, die sich ihrer Grazie und mimischen Ausdrucksfähigkeit wegen größter Erfolge erfreute und als eine der ersten Tänzerinnen zu Musik auftrat, die nicht speziell für den Tanz bestimmt war. Ihre berühmteste Schülerin war La Camargo.

Primaballerina, eigentlich Prima ballerina für die an der Spitze einer Komp. stehende Tänzerin. Es ist heute jedoch nicht selten, daß eine Komp. mehrere Primaballerinen besitzt. In Rußland wurde um die Jahrhundertwende als besondere Auszeichnung der Titel P. assoluta verliehen. In der Hierarchie des Pariser Opéra B.s wird der Titel P. zumeist durch Première danseuse étoile ersetzt.

Primus, Pearl, amer. Tänzerin, Choreographin, Pädagogin und Anthropologin, * 29. 11. 1919 Trinidad. Wuchs in New York auf und studierte dort Medizin und Anthropologie, von 1941 an auch mit einem Stipendium Tanz bei der New Dance Group. Sie kannte weder Afrika noch das schwarze Westindien. Aus Büchern entstand ihr erstes großes Werk *African Ceremonial* (UA 14. 2. 1943, YMHA). Am gleichen Abend zeigte sie auch ihre ersten nordamer. Protest-Tänze: *Strange Fruit* (Thema ein Lynchmord), *Rock Daniel – A Lesson in Jazz* und *Hard Times Blues* (Protest gegen das Elend der schwarzen Landarbeiter im Süden der USA). Im gleichen Jahr schuf P. P. noch drei ihrer stärksten Werke: *The Negro Speaks of Rivers* (nach dem berühmten Gedicht von L. Hughes), *Yanvalou* und *Afro-Haitian Play Dance*. Von der Rosenwald-Stiftung bekam sie 1948 ein Stipendium für das Studium afrik. Tänze. So entstand 1949 in Monrovia (Liberia) ihr großes Solo *Fanga* mit original afrik. Musik. Im Jahr 1953 besuchte sie für längere Zeit das schwarze Westindien. Dort lernte sie in Trinidad Percival Borde kennen, der ihr Gatte und Mitarbeiter wurde. In der Folgezeit gestaltete sie zahlreiche Werke mit afrik. und afro-amer. Themen. Für die Truppe von A. Ailey schuf sie 1974 *Congolese Wedding* und eine neue Version von *Fanga* mit Judith Jamison. Für ihre Pearl Primus und Percival Borde Dance Company choreographierte sie noch 1981 *Caribbean Vignettes* in der Riverside Church. P. P. gehört zu denjenigen Tänzerinnen, die in den USA die Sache des schwarzen Tanzes aufs stärkste mitgeformt und mitgefördert haben.

Prinz der Pagoden, Der → *Pagodenprinz, Der.*

Prinz von China, Der → *Chinesische Waisenknabe, Der.*

Prisonnier du Caucase, Le (dt. *Gefangene im Kaukasus, Der*) → Puschkin-Ballette.

Prodigal Son, The → *Verlorene Sohn, Der.*

Prokofjew, Serge Sergejewitsch, russ. Komponist, * 23. 4. 1891 Gut Sonzowka (Gouvernement Jekaterinoslaw), † 5. 3. 1953 Moskau. Er gehörte zu den fruchtbarsten russ. B.-Komponisten und schrieb die Musik zu *Ala und Lolly* (entstanden 1914, UA unter dem Titel *Die Erlösten*, Ch.: M. Terpis, Staatsoper Berlin, 1927), *Chout* (entstanden 1915, UA-Ch.: T. Slavinsky und M. Larionov, B.s Russes de Diaghilew, Paris 1921), *Le Pas d'acier* (Ch.: L. Massine, B.s Russes de Diaghilew, Paris 1927), *Der verlorene Sohn* (Ch.: G. Balanchine, B.s Russes de Diaghilew, Paris 1929), *Sur le Borsythène* (Ch.: S. Lifar, Opéra Paris, 1932), *Romeo und Julia* (Ch.: I. V. Psota, Brünn 1938), *Aschenbrödel* (Ch.: L. Lawrowsky, Bolschoi-Th. Moskau 1945) und *Die steinerne Blume* (Ch.: Lawrowsky, Bolschoi-Th., Moskau 1954). – Von seinen nicht speziell fürs B. komponierten Werken sind am häufigsten die Klassische Sinfonie (am bekanntesten wurde A. Tudors *Gala Performance*, London 1938, die eingangs zusätzlich den 1. Satz seines 3. Klavierkonzerts verwendet) und *Peter und der Wolf* (zuerst von A. Bolm, B. Th., 1940) choreographiert worden. Seine Filmmusik zu *Leutnant Kije* choreographierte zuerst M. Fokine (B. Th.), sein komplettes 3. Klavierkonzert A. von Milloss (in *Estro arguto*, Rom 1957), seine 5. Sinfonie D. Lichine (in *Image chorégraphique*, Dt. Oper Berlin, 1962), sein 2. Klavierkonzert F. Blaska (Marseille 1970), seine Schauspielmusik zu *Ägyptische Nächte* U. dell'Ara (Mailänder Scala, 1971), sein 1. Violinkonzert K. MacMillan (in *Triad*, Royal B., London 1972; auch J. Robbins in *Opus 19*, New York City B., 1979), seine Filmmusik zu *Iwan der Schreckliche* J. Grigorowitsch (Bolschoi-B., Moskau 1975).

Lit.: F. Streller, *S. P.*, Berlin [Ost] 1960; I. Nestjew, *P.* Berlin [Ost] 1962.

Prokovsky, André, frz. Tänzer, Choreograph und B.-Direktor, * 13. 1. 1939 Paris. Studierte bei L. Egorova, N. Kiss, S. Peretti und N. Zverev. Debüt an der Comédie Française 1954. Tänzer in den Komp.n von J. Charrat (1955) und R. Petit (1956). Principal Dancer London Festival B. 1957–60 und 1966–73, Grand B. du Marquis de Cuevas 1960–62 und New York City B. 1963–66. Rollenkreationen u. a. in A. Dolins *Variations for Four* (1957), J. Carters *The Unknown Island* (1969) und R. Hynds *Dvorak Variations* (1970). Gründete 1972 zusammen mit seiner damaligen Frau Galina Samsova eine Komp., aus der dann das New London B. hervorging – Titelrolle in P. Darrells *Othello* (1971). Choreographierte eine Reihe von B.en für seine Komp., u. a. *Scarlatti and Friends* (Mus.: Scarlatti), *Bagatelles, opus 126* (Mus.: Beethoven, beide 1972), *Vespri* (Mus.: Verdi, 1973), *Piano Quartet No. 1* (Mus.: Beethoven, 1974), *Elégie* (Mus.: Fauré), *Commedia I* (Mus.: R. R. Bennett, beide 1975) sowie *Anna Karenina* (Mus.: Tschaikowsky, Australian B., 1979), *Die drei Musketiere* (Mus.: Verdi/Woolfenden, Australian B., 1980), *The Storm* (Mus.: Schostakowitsch) und *Verdi Variations* (beide London Festival B., 1981).

Promenade, im B.: **1.** eine langsame Drehung auf einem Fuß, während der Körper in einer bestimmten Position, z. B. einer Attitüde gehalten wird. – **2.** eine Pas-de-deux-Drehung der Ballerina durch ihren langsam um sie herumschreitenden Partner.

Prometheus → *Geschöpfe des Prometheus, Die.*

Psalmensinfonie, B. in 1 Akt, Ch.: J. Kylián, Mus.: Strawinsky, Bühne: W. Katz, Kost.: J. Stokvis; UA 24. 11. 1978, Nederlands Dans Th. Circus Th., Scheveningen. Das B. ist für 8 Tänzerpaare arrangiert, eine choreogr. Hommage à la Gloire de Dieu. Es handelt sich um ein B. der Meditation und Devotion, aber auch ein B. über die mannigfachen Anfechtungen, denen der heutige Mensch unentwegt ausgesetzt ist, über die Zweifel, die ihn abfallen lassen von seinem Glauben, und über die mühselige Wiedergewinnung von Vertrauen und Gewißheit. Übernommen ins Rep. des Stuttgarter B.s 1979.

Psota, Ivo Vána, tschech. Tänzer, Choreograph und B.-Meister, * 1. 5. 1908 Kiew, † 16. 2. 1952 Brünn. Studierte bei A. Berger in Prag, debütierte als Eleve 1924 am National-Th., war Solist und Choreograph in Brünn 1926–32, dann beim B. Russe de Monte Carlo 1932–36, B.-Chef in Brünn 1931–41, Regisseur beim American B. Th. 1941, B.-Meister beim B. Russe von Col. de Basil 1942–47 und abermals B.-Chef in Brünn 1947–52. Choreographierte 1938 die UA von Prokofjews *Romeo und Julia* (in der er selbst den Romeo tanzte), dann u. a. *Slavonica* (Dvořáks *Slawische Tänze*, B. Th., 1941), *Schwanensee* (Brünn 1950) und *Dornröschen* (Brünn 1952).

Pugni, Cesare, ital. Komponist, * 31. 5. 1802 Genua, † 26. 1. 1870 St. Petersburg. Schrieb sein erstes B. zusammen mit anderen für die Mailänder Scala: *Il castello di Kenilworth* (Ch.: G. Gioja, 1823). Arbeitete in Paris, London und Berlin. Als B.-Komponist nach St. Petersburg 1851. Komponierte 312 B.e, darunter als seine erfolgreichsten für J. Perrot: *Ondine* (1843), *Eoline ou la Dryade* und *Pas de quatre* (1845), *Catarina ou la Fille du bandit* (1846, alle für London) und *Faust* (St. Petersburg 1854) – für A. Saint-Léon *La Fille de marbre* (Paris 1847) und *Das bucklige Pferdchen* (St. Petersburg 1864) – für J. Mazilier *Le Corsaire* (St. Petersburg 1858) – für M. Petipa *La Fille du Pharaon* (1862) und *Roi Candaule* (1868, beide St. Petersburg). Für C. Grisis St. Petersburger Debüt komponierte er einen Pas de cinq für *Giselle* (1850).

Pulcinella, B. mit Gesang in 1 Akt, Libr. und Ch.: L. Massine, Mus.: Strawinsky (nach G. Pergolesi), Dek.: P. Picasso; UA 15. 5. 1920, B.s Russes de Diaghilew, Opéra, Paris, mit T. Karsavina, L. Tchernicheva, V. Nemchinova, Massine, St. Idzikowsky, N. Zeverev, E. Cecchetti u. a. – Für sein Libr. ließ sich Massine von dem um 1700 entstandenen Volksstück *Vier gleiche Polichinellen* inspirieren. Im Mittelpunkt der komplizierten Intrigen- und Liebeskomödie steht P., der Held des neap. Volks-Th.s, der nicht wenig zur Verwirrung der diversen Liebespaare und ihrer unwilligen Väter beiträgt. Strawinsky legte seiner Partitur eine Reihe von Pergolesi-Melodien zugrunde, die Diaghilew in ital. Bibliotheken entdeckt hatte. Eine auch dramaturgisch stark überarbeitete Neufassung schuf Massine 1971 für Mailand. Das B. ist immer wieder neu choreographiert worden – u. a. von F. Lopuchow (Leningrad 1925), M. Terpis (dt. EA Staatsoper, Berlin 1925), K. Jooss (Essen 1932), J. Keith (Städt. Oper Berlin 1952), E. Walter (Wuppertal 1955), G. Balanchine und J. Robbins (New York 1972), H. Spoerli (Basel 1980) und G. Tetley (London Festival B., 1984). B.e zur *P.*-Suite u. a. von T. Bolender (in *Commedia Ballettica*, B. Russe Monte Carlo, New York 1945) und M. Smuin (American B. Th., New York 1968).

Lit.: O. F. Regner / H.-L. Schneiders, in: *Reclams Ballettführer*, Stuttgart [8]1980.

Puppenfee, Die. Pantomimisches Divertissement in 1 Akt, Libr.: J. Haßreiter (auch Ch.) und F. Gaul, Mus.: J. Bayer, Dek.: A. Brioschi; UA 4. 10. 1888, Hofoper Wien, mit C. Pagliero in der Titelrolle. Die Handlung spielt in einem Puppenladen, dessen Besitzer einer engl. Familie seine Puppen vorführt. Nach Feierabend sich selbst überlassen, beleben sich die Puppen und tanzen einzeln und miteinander, angeführt von der P., der alle zum Schluß in einem Défilé huldigen. – Das B., das ursprünglich *Im Puppenladen oder D. P.* hieß, hat in Wien verschiedene Neuinsz.en erfahren, die sich jedoch alle an die Original-Ch. gehalten haben. Es war das erfolgreichste B. der Zeit um die Jahrhundertwende und erlebte bis 1972 allein in Wien an die 750 Vorst.en. Weitere wichtige Prod.en u. a. von N. und S. Legat (St. Petersburg 1903), K. Lanner (Empire-Th., London 1905), I. Clustine (Pawlowa-Komp., 1914) und H. Kröller (Mailand 1930). Massines B. *Zauberladen* von 1919 stellt im Grunde nur eine dramaturgisch verbesserte Fassung des Libr.s von Haßreiter und Gaul dar. Eine auf die Originalprod. zurückgehende Neuinsz. brachte die Wiener Staatsoper 1983 heraus.

Lit.: O. F. Regner / H.-L. Schneiders, in *Reclams Ballettführer*, Stuttgart [8]1980.

Purcell, Henry, engl. Komponist, * Sommer oder Herbst 1659, wahrscheinlich London, † 21. 11. 1695 ebd. Seine Opern- und Schauspielkompositionen wurden zu seinen Lebzeiten meist von John Priest choreographiert: *Dido and Aeneas* (1689), *The Prophetess or The History of Dioclesian* (1690), *King Arthur or The British Worthy* (1691), *The Fairy Queen* (1692) und *The Indian Queen* (1695). Neuere B.e zu Arrangements seiner Musik waren u. a. F. Ashtons *Dances for ›The Fairy Queen‹* (B. Rambert, 1927), N. de Valois' *The Birthday of Oberon* (Vic-Wells B., 1933), A. Tudors *Suite of Airs* (B. Rambert, 1937), R. Helpmanns *Comus* (Sadler's Wells B., 1942), E. Walters *Orpheus Britannicus* (Wuppertal 1957), K. Jooss' choreograph. Insz. der *Fairy Queen* (Schwetzingen 1959) und *Dido and Aeneas* (ebd. 1966, mit B.-Epilog), auch R. Hoffmann, Bremen 1984, Teile von R. van Dantzigs *Ramifications* (Het Nationale B., 1973) und U. Scholz' *P.* (Stuttgart 1982).

Puschkin, Alexander Iwanowitsch, sowj. Tänzer und Pädagoge, * 7. 9. 1907 Mikulino, † 20. 3. 1970 Leningrad. Studierte an der Leningrader B.-Schule. Nach seinem Examen 1925 Tänzer beim GATOB und Kirow-B. bis 1953. Profilierte sich als einer der hervorragendsten Lehrer für männliche Tänzer an der dortigen B.-Schule. Zu seinen Schülern gehörten u. a. W. Semjonow, A. Makarow, J. Solofjew, R. Nurejew, V. Panov und M. Baryschnikow.

Puschkin-Ballette. Schon zu Alexander Puschkins Lebzeiten (1799–1837) gab es B.e, die ihre Inspirationen aus seinem Werk bezogen, so u. a. von Adam Gluschkowski *Ruslan und Ludmilla* 1821 in Moskau, von Ch. L. Didelot *Der Gefangene im Kaukasus* 1823 in St. Petersburg und von Gluschkowski *Der Schwarze Schal* 1831 in Moskau. 1854 zeigte die Wandertruppe von Yelena Andrejanowa ein B. in Woronesch, dessen Stoff Puschkins *Fontäne von Bachtschissaray* entnommen war. A. Saint-Léon brachte 1867 in St. Petersburg ein B. *Der Goldfisch* heraus und Foma Nijinsky (der Vater von Waslaw N.) 1892 in Kiew *Ein Opfer der Eifersucht*, das auf *Die Fontäne von Bachtschissaray* zurückgeht. Die große Zeit der P.-B.e setzte jedoch erst in der Sowjetunion 1934 mit R. Sacharow *Die Fontäne von Bachtschissaray* (Mus.: B. Assafjew) ein. 1938 brachte L. Lawrowsky im Maly-Th. von Leningrad das B. *Der Gefangene im Kaukasus* heraus (Mus.: Assafjew). Ihm folgte wenig später mit dem gleichen Thema und der gleichen Musik R. Sacharow am Bolschoi-Th. von Moskau. Sacharow choreographierte 1946 am Moskauer Bolschoi-Filial-Th. *Das Edelfräulein als Bäuerin* (Mus.: Assafjew) und 1949 am Kirow-Th. Leningrad *Der Eherne Reiter* (Mus.: R. Glière). Spätere P.-B.e waren u. a. *Die Geschichte vom Popen und seinem Knecht Balda* (Ch.: W. Warkowitzki, Mus.: M. Tschulaki, Maly-Th., 1940), *Zigeuner* (Ch.: N. Cholfin, Mus.: S. Wasilenko, Kunst-Th. des B.s, Moskau 1937), *Die Prinzessin und die sieben Ritter* (Ch.: A. Andrejew und B. Fenster, Mus.: A. Ljadow, Maly-Th., 1949), *Pique Dame* (Ch.: Nikolai Bojartschikow, Mus.: Prokofjew, Leningrader Kammer-B., 1968) und *Puschkin – Gedanken über einen Dichter* (Ch.: Natalia Kassatkina und Wladimir Wassiljow, Mus.: A. Petrow, Kirow-Th., Leningrad, 1979). Im Ausland choreographierten P.-B.e u. a. L. Massine in *Aleko* (Mus.: Tschaikowskys Trio in a-Moll, American B. Th., 1942), G. Skibine in *Le Prisonnier du Caucase* (Mus.: Chatschaturjan, Grand B. du Marquis de Cuevas, 1951), W. Ulbrich in *Das Edelfräulein als Bäuerin* (Mus.: V. Bruns, Leipzig 1955), S. Lifar in *La Dame de Pique* (Mus. Tschaikowsky – Annenkov, Monte Carlo 1960, auch R. Petit, Paris 1977) und J. Cranko in *Onegin* (Mus.: Tschaikowsky, arr. von K. H. Stolze, Stuttgart 1965).

Push Comes to Shove, B. in 1 Akt, Ch.: T. Tharp, Mus.: Haydn und Jos. Lamb, arr. von David E. Bourne, Kost.: S. Loquasto; UA 9. 1. 1976, American B. Th. Oris Th., New York, mit M. Baryschnikow, M. Tcherkassky, M. van Hamel, C. Tippett, Chr. Aponte u. a. »Eine Mixtur aus alter und neuer Musik, Vergangenheit und Gegenwart, neuem und altem Tanz, zeigt *P. C. t. S.* das Genie des zeitgenössischen Tänzers in seltenen und bizarren Kombinationen« (G. Balanchine).

Lit.: G. Balanchine / F. Mason, in: *Balanchine's Complete Stories of the Great Ballets*, Garden City (N. Y.) 1977.

Pygmalion-Ballette. Die auf Ovids *Metamorphosen* zurückgehende Sage vom gleichnamigen König, der sich so sehr in das von ihm selbst geschaffene Standbild einer Jungfrau verliebte, daß sich Aphrodite seiner erbarmte und die Plastik zum Leben erweckte – dieses Thema hat immer wieder als Grundlage von B.en gedient, so u. a. von M. Sallé (London 1734), J.-Ph. Rameau (als B.-Oper, Paris 1748), F. Hilverding (St. Petersburg 1763), G. Angiolini (Wien 1776), J. Dauberval (London 1784), L. J. Milon (Paris 1800), T. Elßler (Berlin 1835), K. Telle (Wien 1881), A. Howard (London 1946), V. Gsovsky (London 1947) und J. J. Etchevery (Brüssel 1957).

Q

Qarrtsiluni, B. in 1 Akt, Libr.: K. Riisager (auch Mus.) und H. Lander (auch Ch.), Dek.: Svend Johansen; UA 21. 2. 1942, Kgl. Dän. B., Kopenhagen, mit N. B. Larsen. – Das der grönländischen Eskimo-Sprache entlehnte Zauberwort bezeichnet das Übergangsstadium zwischen der unerträglich gewordenen langen Winternacht und dem sehnsuchtsvoll erwarteten Frühlingsbeginn. In einem immensen Crescendo wird der Frühlingsausbruch ritualistisch herbeigetrommelt. – Uraufgeführt zur Zeit der dt. Besatzung Dänemarks, wurde *Q.* spontan eine politische Bedeutung unterstellt.

Lit.: C. W. Beaumont, in: *Ballets, Past & Present*, London 1955.

Quadrille. 1. Ein seit dem 18. Jh. existierender, vom engl. Country Dance abgeleiteter Gesellschaftstanz, der von 4 Paaren ausgeführt wurde, die zusammen ein Kreuz oder Carré bildeten. Sie wurde in Frankreich auch als Contredanse Française oder Cotillon bezeichnet. In Norddeutschland entwickelten sich volkstümliche Formen, die heute noch Bunte genannt werden. Die amer. Version ist der Square Dance. **2.** Seit etwa 1800 bestehender Fronttanz. Damen und Herren stehen sich in je einer Linie gegenüber. Jeweils 2 Paare bilden eine miteinander tanzende Einheit (Platzwechsel, Partnertausch). Diese »Quadrille« wurde auch als Française bezeichnet und wird heute noch auf festlichen Bällen getanzt. Sie besteht aus 6 Teilen mit jeweils verschiedenen Figuren. Musik für diese Art von Quadrillen schrieben u. a. Offenbach und J. Strauß (Fledermaus). **3.** Die unterste Stufe in der Hierarchie des B.s der Pariser Opéra (also das eigentliche Corps de b., das noch einmal in Premiers und Seconds Quadrilles unterteilt wird).

Quaternaria. Die ital. Tanzlehrer des 15. Jh.s verstanden darunter den raschen dt. Nachtanz (Hupfauf) zu der langsam geschrittenen Allemande. Die Qu. wurde daher auch als Saltarello tedesco bezeichnet. Die Zusammenstellung Allemande plus Qu. entsprach der ital. Ordnung Bassa Danza plus Saltarello.

Quatrième, im B. die 4. Position. Kann entweder *derrière* (nach hinten) oder *devant* (nach vorn) ausgeführt werden.

Quelle, Die → *Source, La.*

Quickstep, in Deutschland Schneller Foxtrott genannt. Er entstand 1924–27 in England durch Abspaltung vom Foxtrot, in Deutschland als Langsamer Foxtrott bekannt. Während der Langsame Foxtrott nur mit schwebenden Gehschritten getanzt wird, werden im Quickstep auch Schrittwechsel benutzt.

Quinault, Philippe, frz. Dramatiker und Librettist, * 1635 Paris, † 26. 11. 1688 ebd. Er war Mitgl. der Académie Française und schrieb 1672 das Libr. zu der ersten B.-Oper *Les Fêtes de l'Amour et de Bacchus*, die den Beginn seiner ständigen, bis 1686 währenden Zusammenarbeit mit Lully markierte. Seine wichtigsten Libretti waren die zu *Le Triomphe de l'Amour* (1681) und *Le Temple de la paix* (1685).

R

Raab, Riki, österr. Tänzerin, Pädagogin und Tanzpublizistin, * 5. 1. 1899 Wien. Studierte an der B.-Schule der Hofoper, trat 1914 der B.-Komp. bei und war 1922–33 ebd. Solotänzerin. Rollenkreationen u. a. in H. Kröllers *Josephslegende*, *Carnaval* (beide 1922) und *Don Juan* (1924). Von 1938–52 unterrichtete sie an der Tanzakademie Wien, trat mit Vorträgen über die Wiener B.-Geschichte hervor und veröffentlichte zahlreiche Einzeluntersuchungen, vor allem 1962: *Fanny Elßler – Eine Weltfaszination*. Maßgebliche Mitarbeit an der jüngsten Wiener Einst. der *Puppenfee* (1983).

Rabowsky, István → Kovach and Rabovsky.

Rachmaninow, Serge Wassiljewitsch, russ.-amer. Komponist, * 1. 4. 1873 Oneg (Gouvernement Nowgorod), † 28. 3. 1943 Beverly Hills (Cal.). Schrieb keine B.-Musik, doch ist seine *Rhapsodie über ein Thema von Paganini* verschiedentlich von Choreographen benutzt worden – u. a. von M. Fokine (Covent Garden Russ. B., London 1939), M. Lawrowsky (Bolschoi-B., Moskau 1960) und F. Ashton (Royal B., London 1980). W. Gore choreographierte sein 2. Klavierkonzert (*Winter Night*, B. Rambert, 1948), B. Stevenson verschiedene Klavierpräludien (*Three Preludes*, Harkness B., 1969), R. Duse *Die Toteninsel* (Luzern 1976) und P. Montagnon die Chorsinfonie *Die Glocken* (Stuttgart 1978). Ein komplettes R.-B.-Programm mit Ch.n von B. Stevenson, R. Barra, Y. Vámos, P. Breuer und N. Vesak am Münchner Cuvilliés-Th., 1984.

Radamm, Monika, dt. Tänzerin, * 22. 9. 1950 Berlin. Studierte bei T. Gsovsky und G. Reinholm. Mitgl. der Dt. Oper Berlin 1950–81, wo sie zuletzt als Solistin tätig war. Rollenkreationen u. a. in K. MacMillans *Schwanensee* (1969) und M. Luiparts *Vogelscheuchen* (1970).

Radius, Alexandra, holl. Tänzerin, * 3. 7. 1942 Amsterdam. Studierte bei Nel Rooss. Debütierte beim Nederlands B. 1957, dann beim Nederlands Dans Th. 1959–69, American B. Th. 1969/70 und seit 1970 Principal Dancer beim Het Nationale B. Tanzt die Ballerinenrollen des klassischen und modernen Rep.s. Zahlreiche Rollenkreationen, besonders in B.en von H. van Manen – so u. a. in *Symphony in Three Movements* (1963), *Metaforen* (1965), *Five Sketches* (1966), *Twilight* (1972), *Adagio Hammerklavier* (1973), *Sacre du printemps* und *Quintet* (beide 1974). Verheiratet mit dem Tänzer Han Ebbelaar.

Lit.: *A. R. and Han Ebbelaar Dancing*, Haarlem 1979.

Radojevic, Danilo, austral. Tänzer, * 8. 9. 1957 Sydney. Studierte bei Estella Nova und Jeffrey Kovel sowie an der Australian B. School. Mitgl. des Australian B. 1975–78 und seit 1978 Solist, heute Principal Dancer beim American B. Th. Rollenkreationen u. a. in W. Bourkes *Super Boy* (1977) und L. Taylor-Corbetts *Great Gallopping Gottschalk* (1982).

Ragoschina, Galina → Panova, Galina.

Ragtime, Ragtime-Ballette. Der R. ist ein seit 1896 nachweisbarer afro-amer. Musik- und Tanzstil. Das berühmteste Ragtime-Pianostück war *Maple Leaf Rag* von Scott Joplin (1899). In den siebziger Jahren kam es in Film (*Der Pate*, 1974), Schlager (*The Entertainer*, Nr. 3 der US-Hitliste 1974), Literatur (E. L. Doctorows Roman *Ragtime*, 1973) und B. zu einem Revival des Ragtime. Ragtime-B.e, in der Mehrzahl mit Musik von Joplin stammten von J. Waring (*Eternity Bounce*, 1973); A. Catá (*Ragtime*, auch Musik von Strawinsky und G. Schuller, Frankfurt a. M., 1973); G. Veredon (*The Ragtime Dance Company*, Köln 1974); B. Moreland (*Prodigal Son*, London Festival B., 1974, Mus.: verschiedene Komponisten); K. MacMillan (*Elite Syncopations*, Mus.: neben Joplin andere Komponisten, Royal B., 1974). Auch die Ragtimes von Strawinsky (1918: *Ragtime für elf Instrumente*, 1919: *Piano-Rag-Music*) wurden für B.e benutzt, so von Balanchine 1960 für das New York City B., von Todd Bolender (New

York State Th., 1972) und J. Robbins (in *Four Chamber Works*, New York City B., 1982).

Raimund, Carl, österr. Tänzer, Pädagoge und B.-Meister, * 31. 8. 1871 Wien, † 16. 7. 1951 ebd. Studierte an der B.-Schule der Hofoper. Tänzer des Hofopern-B.s 1886, Erster Solotänzer 1892–1930. Pädagoge an der B.-Schule der Wiener Oper 1899–1930, dort auch B.-Meister 1920–22. Betreute eine Reihe von Neueinst.en der Haßreiter-B.e. Leitete nach seiner Pensionierung eine eigene B.-Schule in Wien. Sein Sohn Carl (* 14. 6. 1914 Wien) war 1933–63 Tänzer des Wiener Staatsopern-B.s (zuletzt Erster Solotänzer).

Rainer, Yvonne, amer. Tänzerin, Choreographin und Filmemacherin, * 1934 San Francisco. Studierte bei M. Graham, M. Cunningham, A. Halprin und E. Stephen. Tänzerin in den Komp.n von J. Waring, A. Pasloff, B. Schmidt und J. Dunn. Mitbegründerin des Judson Dance Workshop 1962, wo sie sich als eine der experimentierfreudigsten Choreographinnen profilierte. Seit 1972 auch als Filmemacherin tätig. D. McDonagh: »She is post-modern dance's most dedicated iconoclast«. Schrieb *Work 1961–73*.

Lit.: S. Banes, in: *Terpsichore in Sneakers*, Boston 1980.

Rake's Progress, The, B. in 6 Bildern, Libr. und Mus.: G. Gordon, Ch.: N. de Valois, Dek.: R. Whistler; UA 20. 5. 1935, Vic-Wells B., Sadler's Wells B., Sadler's Wells Th., London, mit W. Gore, A. Markova u. a. – Das auf W. Hogarths gleichnamiger Kupferstichfolge vom *Leben eines Wüstlings* basierende B. schildert die Erlebnisse eines jungen Mannes aus der engl. Provinz, der sein ererbtes Vermögen in London durchbringt, zunächst von der Gesellschaft hofiert, dann aber, als er sein Geld beim Spielen verloren hat, schnöde von ihr abgewiesen wird, bis er schließlich in einer Irrenanstalt endet. Lediglich das von ihm treulos verlassene Mädchen hält bis zum Schluß zu ihm. Zahlreiche Neueinst.en und Übernahmen in das Rep. anderer Komp.n (dt. EA Staatsoper, München 1956).

Lit.: O. F. Regner / H.-L. Schneiders, in: *Reclams Ballettführer*, Stuttgart [8]1980.

Ralov, Kirsten, dän. Tänzerin, Pädagogin und B.-Direktorin, * 1922 Baden bei Wien. Schwester des Tänzers Paul Gnatt, studierte an der Kgl. Dän. B.-Schule. Mitgl. des Kgl. Dän. B.s seit 1940, Solotänzerin 1942–62. Erwarb sich einen Namen als Produzentin von Bournonville-B.en. Seit 1978 Assistentin des B.-Direktors des Kgl. Dän. B.s. Herausgeberin von *The Bournonville School* (3 Teile, New York 1979). War zuerst mit dem Tänzer Børge R., dann mit dem Tänzer und B.-Meister Fredbjørn Bjørnsson verheiratet.

Rambert, Marie, poln.-engl. Tänzerin, Pädagogin und B.-Direktorin, * 20. 2. 1888 Warschau, † 14. 6. 1982 London. Hieß ursprünglich Cyvia Rambam, doch ihr Vater änderte den Namen in Ramberg. Die Tochter nannte sich bis 1913 Myriam Ramberg. Sie hatte schon Tanzunterricht in Warschau, bevor sie 1905 nach Paris zog. Dort tanzte sie in privaten Zirkeln im Stil der von ihr bewunderten Isadora Duncan. Von 1909 an studierte sie Rhythmische Gymnastik in Genf bei E. Jaques-Dalcroze. Als Hilfslehrerin kam sie mit diesem 1910 nach Dresden und 1911 nach Dresden-Hellerau. Im Herbst 1912 besuchte Diaghilew zusammen mit Nijinsky die Bildungsanstalt Jaques-Dalcroze in Hellerau. Er lud Myriam Ramberg ein, in seine Komp. einzutreten, sie sollte als Rhythmikerin Nijinsky bei der schwierigen Choreographie von *Sacre du Printemps* (Mai 1913) behilflich sein. Obwohl sie als Schülerin von Dalcroze und auch von Duncan das klassische B. ablehnte, schloß sie sich im Dezember 1912 dem Diaghilew-B. an. Sie blieb dort bis Herbst 1913. Sie hatte sich inzwischen zum klassischen B. bekehrt. Nach kurzem Aufenthalt in Paris fuhr sie im August 1914 nach London, wo sie blieb. Sie heiratete dort 1918 den Dramatiker Ashley Dukes, studierte bei S. Astafieva und E. Cecchetti, gründete dann 1920 ihre eigene Schule. Aus ihr gingen die meisten der Tänzer und Choreographen hervor, mit denen sie seit 1926 regelmäßig an die Öffentlichkeit trat – zuerst mit den M. R. Dancers, dann ab 1930 als B. Club und von 1935 an als B. Rambert. Sie war neben N. de Valois die große Gründergestalt des modernen brit. B.s – gleich bedeutend als Pädagogin, Chefin ihrer Komp., Produzentin von Klassiker-Insz.en – vor allem aber als unermüdliche Entdeckerin und Förderin choreogr. Nachwuchstalente. Zu ihren Entdeckungen gehörten F. Ashton, A. Tudor, A. Howard, F. Staff, W.

Gore, N. Morrice und J. Cranko. Ihre im Mercury Th. beheimatete Schule brachte u. a. so hervorragende Tänzerinnen und Tänzer wie P. Argyle, D. Gould, M. Lloyd, C. Franca, S. Gilmour, L. Aldous und H. Turner hervor. Geadelt zur Dame of the Order of the British Empire 1962. Schrieb *Quicksilver, An Autobiography* (London 1972).

Lit.: M. Clarke, *Dancers of Mercury*, London 1962.

Rameau, Jean-Philippe, frz. Komponist, getauft 25. 9. 1683 Digione, † 12. 9. 1764 Paris. Komponierte zahlreiche B.-Opern, u. a. *Les Indes galantes* (1734), *Castor et Pollux* (1737), *Les Fêtes d'Hébé* (1739), *Platée* (1745) und *Pygmalion* (1748), die zumeist von L. de Cahusac choreographiert wurden.

Rameau, Pierre, frz. B.-Meister und Tanzschriftsteller während der ersten Hälfte des 18. Jh.s. Veröffentlichte 1725 in Paris das grundlegende Buch *Le Maître à danser*. R. zeigte in Wort und Bild die vorgeschriebenen Positionen der Füße und Arme, weiter die notwendigen Haltungen und Betragensformen, vor allem aber die Schritte und Techniken der Gesellschaftstänze der Zeit, die alle auch im B. verwendet wurden. Er beschrieb folgende Tänze: Menuett, Courante, Bourrée, Chaconne, Gavotte, Rigaudon. Sechs Monate nach diesem Hauptwerk veröffentlichte er *Abrégé de la nouvelle méthode de l'art d'écrire ou de tracer toutes sortes de danses de ville*. Es handelte sich dabei um eine vereinfachte Version von Feuillets *Chorégraphie*.

Rast der Kavallerie → *Halte de cavalerie*.

Ravel, Maurice, frz. Komponist, * 7. 3. 1875 Ciboure (bei Saint-Jean-de-Luz), † 28. 12. 1937 Paris. B.-Kompositionen: *Ma Mère l'Oye* (Ch.: L. Staats, Th. des Arts, Paris 1912), *Adélaide, ou Le Langage des fleurs* (Ch.: N. Trouhanova, Th. du Châtelet, Paris 1912), *Daphnis und Chloe* (Ch.: M. Fokine, B.s Russes de Diaghilew, Paris 1912), *Bolero* (Ch.: B. Nijinska, Komp.: I. Rubinstein, Paris 1929) und *L'Eventail de Jeanne* (mit Roussel, Ferroud, Ibert, Roland-Manuel, Delannoy, Milhaud, Poulenc, Auric, Schmitt – Ch.: Y. Frank und A. Bourgat, Privat-Auff. 1928, dann Opéra, Paris 1929). Auch seine Fantaisie lyrique *L'Enfant et les sortilèges* ist verschiedentlich inszeniert worden (u. a. G. Balanchine, A. von Milloss, J. Charrat und J. Kylián). Häufig sind konzertante Stücke von ihm B.en zugrunde gelegt worden – herausragende B.e waren u. a. K. Jooss' *Pavane auf den Tod einer Infantin* (Essen 1929), J. Crankos *Quatre Images* (verschiedene Kompositionen, Stuttgart 1967), K. MacMillans *Fin du jour* (Klavierkonzert in G, Royal B., 1979) und J. Ulrichs *Das Fenster* (diverse Stücke, auch von Debussy, Köln 1984). Im Mai 1975 veranstaltete das New York City B. ein *Hommage à Ravel*, dessen drei Programme folgende B.e offerierten: von G. Balanchine *Sonatine*, *Gaspard de la nuit*, *Rhapsodie espagnole*, *Le Tombeau de Couperin*, *Tzigane*, *L'Enfant et les sortilèges* und *La Valse*; von J. Robbins *Piano Concerto in G*, *Introduction and Allegro*, *Chansons Madegasses* und *Ma Mère l'Oye*; von J. Taras *Daphnis und Chloe*; von J. d'Amboise *Alborada del grazioso* und *Sarabande et Danse*.

Rayet, Jacqueline, frz. Tänzerin, * 26. 6. 1932 Paris. Studierte ebd. an der Schule der Opéra. Mitgl. des Opéra-B.s 1946, Première danseuse 1956, Danseuse étoile 1961–74. Tanzte häufig als Gastballerina in Hamburg während der frühen sechziger Jahre. Rollenkreationen u. a. in S. Lifars *Les Noces fantastiques* (1955), P. van Dyks *Unvollendete Sinfonie* (1957), *Peau de chagrin* (1960) und *Romeo und Julia* (1961), R. Petits *Turangalîla* (1968) und *La Dame de pique* (1977).

Raymonda, B. in 3 Akten und 4 Bildern, Libr.: Lydia Paschkowa und M. Petipa (auch Ch.), Mus.: Glasunow, Dek.: O. Allegri, K. Iwanow und P. Lambin; UA 19. 1. 1898, Marien-Th., St. Petersburg, mit P. Legnani, S. Legat, P. A. Gerdt u. a. – Raymonda feiert ihren Geburtstag, zu dem ihr abwesender Verlobter Jean de Brienne ihr einen Gobelin mit seinem Bildnis schickt. Zu Gast erscheint auch der Sarazenen-Häuptling Abderachman, der sie mit Gaben überhäuft, von ihr aber abgewiesen wird. Sie träumt davon, daß ihr Geliebter aus seinem Bild heraussteigt und mit ihr im Garten einen Pas de deux tanzt, erwacht jedoch und sieht sich Abderachman konfrontiert, der sie aufs neue umwirbt, wobei sie in Ohnmacht fällt. Bei einem zu Ehren Abderachmans veranstalteten Fest unterhält dieser die Gäste mit einem großen Divertissement seiner Begleiter und versucht, R. zu entführen, was der plötzlich auftauchende de Brienne gerade noch im letzten Augenblick zu verhindern weiß. Im anschließenden Duell fällt Abderachman. Im Schlußakt wird R.s und de Briennes Hochzeit mit einem Grand pas hongrois gefeiert. – Das B. ist in der UdSSR immer wieder neuinszeniert worden. Im Westen wurde die Original-Ch. zuerst in einer Kurzfassung bekannt, die A. Danilova und G. Balanchine 1946 in New York für das B. Russe de Monte Carlo einstudierten. Eine vollständige Fassung studierte R. Nurejew 1964 der Tournee-Komp. des Royal B. ein, die jedoch nur in Spoleto gezeigt wurde (lediglich ihr 3. Akt wurde im Rep. behalten). Weitere vollständige Versionen von Nurejew für das Australian B. (1965), in Zürich (1972), für das American B. Th. (1975), für die Pariser Opéra (1983) sowie von T. Gsovsky (1. und 2. Akt) und N. Beriozoff (3. Akt) für die Dt. Oper Berlin (1975). Balanchine choreographierte ein B. *Pas de dix* (hauptsächlich Musik des Grand pas hongrois, New York City B., 1955), *Raymonda Variations* (eine andere Musikauswahl, New York City B., 1961) und *Cortège Hongrois* (New York City B., 1973).

Lit.: O. F. Regner / H.-L. Schneiders, in: *Reclams Ballettführer*, Stuttgart [8]1980.

Rebel, Günther, dt. Tänzer, Choreograph, Pädagoge und B.-Meister, * 14. 3. 1945 Wörth/Donau. Studierte in Regensburg und an der Essener Folkwang-Hochschule, von wo aus er auch an Tourneen des Folkwang-B.s mitwirkte. Solist in Oldenburg 1963/64, Essen 1964/65, dann auch als Stellvertretender B.-Meister und Choreograph in Lübeck 1965 und seit 1971 in Münster, wo er Leiter einer Tanzschule ist, aus der die Jazz Dance Comp. hervorgegangen ist, für die er zahlreiche Ch.n geschaffen hat. Gastdozenturen und Workshops für Jazz Dance im In- und Ausland.

Rebling, Eberhard, Pianist, Musikwissenschaftler und Tanzpublizist, * 4. 12. 1911 Berlin. Studierte 1930–34 in Berlin Musikwissenschaft und Klavierspiel. Emigrierte 1936 nach Holland, Teilnahme am niederl. Widerstandskampf (1940–45), 1945–52 Musik- und Tanzkritiker der Zeitung De Waarheid, Amsterdam, 1952–59 Chefredakteur der Zeitschrift Musik und Gesellschaft in Berlin, 1959–76 Prof. für Klavierspiel an der Hochschule für Musik Hanns Eisler, zugleich 1959–71 Rektor der Hochschule. Schrieb neben zahlreichen Aufsätzen und Kritiken folgende Bücher: *Een eeuw danskunst in Nederland* (1950); *Ballett, gestern und heute* (1957, [3]1961); *Ballett von A bis Z* (1966, u. d. T. *Das Große Ballettlexikon* in bearb. Form 1981); *Tanz der Völker*, *Folkloreballett heute* (1972); *Marius Petipa* (Hrsg., 1975); *Die Tanzkunst Indiens* (1981).

Redowa, hervorgegangen aus dem tschech. *Rejdovák* (tschech. *rej*, Reigen). Ein um 1840 in Paris übernommener Gesellschaftstanz im ¾- oder ⅜-Takt, der dem österr. Ländler und Walzer ähnlich war.

Reel, Sammelname für ursprünglich schott.-kelt. Volkstänze, die nur von kleinen Gruppen (3–8 Teilnehmer) ausgeführt wurden. Beliebt waren und sind die Threesome Reels von einer Dame und zwei Herren. Heute werden auch die aus England importierten Longways (Country Dances mit zwei einander gegenüberstehenden Linien) als Reels bezeichnet. In den USA ist der Virginia Reel ein von 4 Paaren getanzter Longway.

Regional Ballet Movement. Die amer. Bundesstaaten außerhalb von New York City haben in den Jahrzehnten seit dem Zweiten Weltkrieg eine mächtige Zunahme von nicht-professionellen, bzw. semiprofessionellen B.-Komp.n erlebt, deren Basis die B.-Schulen in den einzelnen Städten sind. Sie nennen sich R. B. oder Civic B., arbeiten ohne Verdienstabsicht, geben eine oder mehrere Vorst.en pro Jahr und gehören meist einer von mehreren regionalen Organisationen an, die die Komp.n ihres Bereichs einmal pro Jahr zu einem Festival zusammenführen. Immer wieder werden für diese Veranstaltungen auch prominente Gastsolisten der führenden B.-Komp.n hinzugezogen. Inzwischen dürfte es über 300 solcher Komp.n geben, die in fünf Organisationen zusammengeschlossen sind.

Regitz, Hartmut, dt. B.-Kritiker, * 22. 4. 1943 Stuttgart. Studierte an der Universität Tübingen. B.-Redakteur der *Stuttgarter Nachrichten* seit 1980. Schreibt regelmäßig auch für *Das*

Tanzarchiv, *Badische Zeitung*, *Basler Zeitung*, *Abendzeitung*, *Rheinische Post*, *Tagesspiegel* u. a. Mitherausgeber des dt. B.-Jahrbuchs seit *Ballett 1968* (verantwortlicher Redakteur seit 1978). Mitverfasser von *Reclams Ballettführer* seit der 8. Auflage (Stuttgart 1980).

Regner, Otto Friedrich, dt. B.-Kritiker und -Schriftsteller, * 2. 2. 1913 Hersbruck, † 5. 1. 1963 München. Veröffentlichte seine Kritiken 1946–56 in der Süddeutschen Zeitung, 1957–60 in der Deutschen Zeitung und Wirtschaftszeitung und von 1960 an in der Frankfurter Allgemeinen Zeitung. Als Buchveröffentlichungen erschienen von ihm 1954 *Das Ballettbuch* (Fischer Bücherei) und 1956 *Reclams Ballettführer*. Das von ihm verfaßte Libr. zu dem B. *Taubenflug* wurde von O.-E. Schilling vertont und von A. Carter 1955 am Münchner Th. am Gärtnerplatz herausgebracht.

Reinholm, Gert, dt. Tänzer, B.-Direktor und Pädagoge, * 20. 12. 1923 Chemnitz. Studierte an der B.-Schule der Berliner Staatsoper sowie bei L. von Sachnowsky und T. Gsovsky. Wurde 1942 Eleve beim Staatsopern-B., dem er 1946–50 als Solotänzer angehörte. Danseur étoile am Teatro Colón in Buenos Aires 1951–53. Seit 1953 an der Städt. und Dt. Oper Berlin, bei deren Übersiedelung in das wiedererstandene Haus an der Bismarckstraße (1961) er B.-Direktor wurde (zeitweise neben K. MacMillan und J. Taras). Gründete 1955 zusammen mit T. Gsovsky das Berliner B., mit dem er zahlreiche Tourneen im In- und Ausland unternommen hat, denen er seinen Ruf als einer der prominentesten dt. Tänzer verdankte. Kreierte eine sehr große Zahl von Rollen in T. Gsovsky-B.en, in denen er sich vor allem dank seiner noblen, unverwechselbar persönlichkeitsgefärbten darstellerischen Kultur auszeichnete – vor allem in *Daphnis und Chloe*, *Nobilissima Visione* (beide 1946), *Romeo und Julia* (1948), *Prometheus* (1949), *Hamlet* (1953), *Der Mohr von Venedig* (1956), *Die Kameliendame* (1957), *Joan von Zarissa* (1958) und *Tristan* (1965). Wie kein anderer Tänzer war er der Idealinterpret des Gsovskyschen Expressivstils. Seit 1967 ist er Leiter seiner eigenen Berliner Tanzakademie sowie Dozent an der Max-Reinhardt-Schule.

Lit.: H. Kellermann, *G. R.*, Berlin 1957.

Reise, Die (frz. Titel: *Le Voyage*), Choreogr. Aktion (nach dem Kult und dem Ritus des Tibetanischen Totenbuchs) von M. Béjart, Mus.: P. Henry, Film-Projektion: Thierry Vincens, Kost.: G. Casado; UA 29. 4. 1962, Köln, mit L. Höfgen, T. Söffing, R. Duse u. a. – Gezeigt wird der Weg des Lebens, die Reise zum Tod, der in das Wiedergeborenwerden einmündet. Satz 1 und 7 spielen auf dem Fließband der Zeit, von dem der Mensch herabstürzt, um sich am Ende wieder dort einzureihen. Dazwischen stehen die Stationen seines Totseins, seine Suche nach der reinen Wirklichkeit, seine Unterweisung durch die friedlichen und sein Kampf gegen die zornigen Gottheiten und seine Wiedergeburt. Übernommen ins Rep. des B. du XXe Siècle 1968.

Reisinger, Václav (oder Wenzel), österr. Choreograph, * 14. 2. 1828 Prag, † 1892 Berlin. Über den Choreographen der Moskauer UA von Tschaikowskys *Schwanensee* (1877) ist wenig bekannt. Während der frühen sechziger Jahre des 19. Jh.s arbeitete ein gewisser V. R. in Prag. Er war vermutlich der Choreograph von *Mephistophela* (Mus.: Kredler) in Hamburg 1856. B.-Meister in Leipzig 1846–72. 1871 kam er (zunächst als Gast?) ans Moskauer Bolschoi-Th. und choreographierte dort die UA des B.s *Der Zauberpantoffel* (Mus.: Wilh. K. Mühldörfer). 1883/84 war er der erste B.-Meister am wiederaufgebauten Prager National-Th., wo er die UA von *Haschisch* (Mus.: K. Kovarovic) choreographierte.

Reiter-Soffer, Domy, israel. Tänzer und Choreograph, * 24. 10. 1948 Tel Aviv. Studierte bei Mia Arbatova, E. Frandsen, R. Gluck, A. de Vos und A. Sokolow. Tänzer beim Israeli Opera B. 1959. Solist beim Irish Th. B. 1962/63, Irish National B. 1963/64, London Dance Th. 1964/65. Schauspieler am Londoner Royal Court Th. 1965/66. Tänzer beim Western und Scottish Th. B. 1966–70. Begann frühzeitig auch zu choreographieren. Resident Choreographer der Irish National B. Comp. seit 1974. Schuf zahlreiche B.e für diverse irische, israel. und amer. Komp.n – am bekanntesten wurde sein B. *Equus* (nach P. Shaffer, Mus.: Wilfred Josephs, Maryland B., 1980).

Rekrutierung, Die → *Liebesprobe, Die*.

Relâche, B. in 2 Akten mit einem Film Entr'acte von R. Clair, Libr. und Dek.: F. Picabia, Ch.: J. Börlin, Mus.: Satie; UA 4. 12. 1924, B.s Suédois, Th. des Champs-Elysées, mit Edith Bonsdorff, Börlin und Kaj Smith. Der Titel bezieht sich auf den »Geschlossen«-Aushang der frz. Th. während der Sommerpause. Picabia: »Autoscheinwerfer, Perlenkolliers, die gerundeten und schlanken Formen der Frauen, Publicity, Musik, Autos, befrackte Herren, Bewegung, Lärm, Spiele, klares durchsichtiges Wasser, die Freuden des Lachens, das ist *R.*« – Spätere Prod.en u. a. von A. von Milloss (Maggio Musicale Fiorentino, 1970) und M. Pendleton (Joffrey B., 1980).

Lit.: C. W. Beaumont, in: *Complete Book of Ballets*, London 1951.

Relevé (frz. *relever*, aufrichten), im B. das Sicherheben vom flachen Fuß auf die halbe oder volle Spitze.

Remus, Horst, dt. Tänzer, B.-Meister, Choreograph und Pädagoge, * 6. 4. 1921 Berlin. Studierte bei T. Rauser und L. von Sachnowsky, später auch bei T. Gsovsky, G. Blank und Derra de Moroda. Tänzer an der Staatsoper Berlin 1941, dann beim Romantischen B. von H. Peters-Pawlinin 1942, Münchner Schaubude 1945, Bayer. Staatsoper 1946. B.-Meister in Flensburg 1948, Solotänzer in Göttingen 1951, B.-Meister in Mannheim 1952, Solotänzer in Augsburg 1955, dann E. Lindners Junge B.-Komp. 1959. Fernseh-B.-Direktor in Kairo 1960. Leitet seit 1965 ein eigenes Studio für B. und Gymnastik in Heidelberg.

Renard, Le (russ. Originaltitel: *Baika pro lisu*, dt. Titel: *Der Fuchs*), B.-Burleske für Tänzer und Sänger, Text und Mus.: Strawinsky, Ch.: B. Nijinska, Dek.: M. Larionov; UA 18. 5. 1922, B.s Russes de Diaghilew, Opéra, Paris mit Nijinska, St. Idzikowski, Jazvinsky und Federov. Die Fabel handelt vom Fuchs, der zunächst in der Verkleidung einer Nonne erscheint und sich mit listigen Tricks des Hahns bemächtigt, der sich nur mit Hilfe der auf sein Geschrei hin herbeieilenden Katze und Ziege befreien kann. Später kehrt der Fuchs in seiner wahren Gestalt zurück, legt abermals den Hahn herein, doch diesmal ist sein Geschrei vergebens. Er wird vom Fuchs tüchtig gezaust, und lediglich sein Gebet an den Allmächtigen rettet ihn. Zusammen mit Katze und Ziege bedroht er den Fuchs mit einem großen Messer, zu dritt ziehen sie ihn an seinem Schwanz aus dem Versteck und erdrosseln ihn. Die Spielanweisung statuiert: »R. kann von Clowns, Tänzern oder Akrobaten gespielt werden – vorzugsweise auf einer dreigeteilten Bühne, auf der das Orchester hinten placiert ist. Wenn er auf einer Bühne aufgeführt wird, sollte vor dem Vorhang gespielt werden. Die Ausführenden bleiben die ganze Zeit auf der Bühne. Sie treten zusammen auf zur Begleitung des kleinen Einleitungsmarsches, ihr Abgang wird auf dieselbe Weise gehandhabt. Ihre Rollen sind stumm. Die Sänger (2 Tenöre und 2 Bässe) halten sich im Orchester auf.« – Spätere Versionen u. a. von S. Lifar 1929 für Diaghilews B.s Russes, G. Balanchine 1947 für die B. Society in New York, H. Rosen 1962 an der Bayer. Staatsoper und M. Béjart 1965 an der Pariser Opéra.

Rendezvous, Les, B. in 1 Akt, Ch.: F. Ashton, Mus.: D. Fr. E. Auber (B.-Musik aus *L'Enfant prodigue*), Dek.: W. Chappell; UA 5. 12. 1933, Sadler's Wells B., Sadler's Wells Th., London, mit A. Markova, St. Idzikowski, N. de Valois, R. Helpmann u. a. – Eine lose Folge von Tänzen, in einem Park spielend, wo junge Menschen miteinander flirten und fröhlich sind. Übernahme ins Rep. mehrerer Komp.n, u. a. National B. of Canada (1956) und Münchner Staatsopern-B. (1972).

Lit.: P. Brinson / C. Crisp, in: *Ballet & Dance*, Newton Abbot 1980.

Repertory Dance Theatre. Das anfangs aus 6 Tänzerpaaren bestehende Ens. wurde 1966 als Comp. in residence an der Universität von Utah in Salt Lake City gegründet und erwarb sich rasch den Ruf einer der besten Modern-Dance-Komp.n außerhalb von New York City. Die Komp. versteht sich als ein Kollektiv – alle Entscheidungen werden gemeinsam getroffen. In der Aufbauphase steuerte B. Evans die meisten Ch.n bei. Inzwischen offeriert das Rep. außer Werken der beteiligten Tänzer auch B.e von u. a. J. Limón, D. McKayle, J. Butler, P. Sanasardo, A. Sokolow, G. Tetley und R. Kuch.

Requiem, B. in 1 Akt, Ch.: K. MacMillan, Mus.: Fauré, Dek.: Y. Sonnabend; UA

28. 11. 1977, Stuttgart, mit M. Haydée, B. Keil, R. Cragun, E. Madsen, R. Andersen. Dem Gedächtnis des 1973 verstorbenen J. Cranko gewidmet, reflektiert das B. die wechselnden Stimmungen von Faurés 1886/87 komponiertem R. Frühere B.-Versionen der gleichen Musik im selben Jahr von J. Russillo und G. Casado.

Ress, Sabine, dt. Tänzerin, Choreographin, Pädagogin und B.-Meisterin, * 21. 10. 1904 Berlin. Studierte ebd. bei Marg. Altmann und E. Eduardowa und trat in den Tanzabenden des B.s E. Eduardowa auf. Unterrichtete von 1922 an. Trat von 1932 an zunehmend als Filmchoreographin hervor, Mitwirkung an zahlreichen UFA-Filmen (M. Rökk, L. Harvey u. a.). Gründete 1938 eine eigene Schule, aus der u. a. N. Trofimowa, L. von Sachnowsky und K. von Aroldingen hervorgingen. B.-Meisterin am Th. am Nollendorfplatz 1938–43, dann an der Komischen Oper in Ost-Berlin 1947–51. Nach 1960 zahlreiche Fernseh-B.e.

Revelations, Tanzsuite, Ch.: A. Ailey, Mus.: traditionelle Neger-Folklore, Dek.: Ves Harper; UA 31. 1. 1960, A. Ailey Dance Th., YM-YWHA, New York. »Die Suite beschäftigt sich mit den Motivationen und Emotionen religiöser amer. Negermusik, die in vielerlei Gestalt auftritt – legitimen Spirituals mit ihren langgezogenen Melodien, Song-Sermons, Gospel-Songs und Holy-Blues-Songs von Kummer, Liebe und Erlösung« (Programmheft). Die drei Teile heißen: Pilgrim of Sorrow, Take Me to the Water und Move, Members, Move. Dies ist Aileys erfolgreichstes Stück, das er häufig an den Schluß seines Programms stellt.

Lit.: D. McDonagh, in: *The Complete Guide to Modern Dance*, Garden City (N. Y.) 1976.

Révérence (frz., Verbeugung), im Gesellschaftstanz die Verbeugung als Einleitung zum Tanz, im B. die formelle Verbeugung, die jedes Training beschließt.

Rhapsody, B. in 1 Akt, Ch. und Bühne: F. Ashton, Mus.: Rachmaninow, Kost.: W. Chappell, UA 4. 8. 1980, Royal B., Covent Garden, London, mit M. Baryschnikow, L. Collier u. a. Das B. basiert auf Rachmaninows R. über ein Thema von Paganini für Klavier und Orchester. Es handelt sich um eine rein konzertante Ch. für 1 Solopaar und 6 Begleitpaare – ein Ausstellungsstück für tänzerische Bravour. Frühere B.-Versionen zur gleichen Musik u. a. von M. Fokine (Col. de Basils B. Russe, London 1939) und L. Lawrowsky (Bolschoi-B., 1960).

Rhodes, Lawrence, amer. Tänzer, * 24. 11. 1939 Mount Hope (West Va.). Debütierte beim B. Russe de Monte Carlo, ging 1960 zum R. Joffrey B., wo er u. a. Rollen in G. Arpinos *Incubus* und B. Macdonalds *Time Out of Mind* (beide 1962) kreierte und war 1964–70 einer der Hauptsolisten beim Harkness B., dessen künstlerische Direktion er 1968 übernommen hatte. Hier auch seine besten Rollen in St. Hodes' *The Abyss*, J. Butlers *Sebastian* und *After Eden* sowie in R. van Dantzigs *Monument für einen gestorbenen Jungen*. Tanzte 1970/71 bei Het Nationale B., wo van Dantzig 1970 *Unterwegs* mit ihm kreierte. 1972 Principal Dancer beim Pennsylvania B. – Verheiratet mit der Tänzerin Lone Isaksen.

Riabouchinska, Tatiana, russ.-amer. Tänzerin, * 23. 5. 1917 Moskau. Studierte in Paris bei A. Volinine und M. Kschessinska. Debütierte bei der russ. Revue *La Chauve-Souris* in Paris und wurde 1932 als eine der drei Baby-Ballerinen von den B.s Russes de Monte Carlo engagiert. Bei der Trennung von Blum und Basil 1936 blieb sie bei letzterem bis 1941. Rollenkreationen u. a. in G. Balanchines *La Concurrence*, L. Massines *Jeux d'enfants* (beide 1932), *Les Présages*, *Scuola di ballo*, *Beach* und *Choreartium* (alle 1933), D. Lichines *Francesca da Rimini* (1937) und *Graduation Ball* (1940), M. Fokines *Cendrillon* (1938) und *Paganini* (1939). Zum American B. Th. 1944. In der Folgezeit Gastauftritte mit einzelnen Komp.n, u. a. beim B. de Los Angeles von Lichine, mit dem sie seit 1943 verheiratet war. Unterrichtete dann noch lange Jahre in Kalifornien.

Rianne, Patricia, neuseel. Tänzerin, * 1943 Palmerston North, Neuseeland. Studierte bei ihrer Mutter. Tänzerin beim New Zealand B. 1959. Studierte weiter an der Royal B. School. Tänzerin beim Marseille Opern B. 1963–65, B. Rambert 1966–69, Principal Dancer beim Scottish B. seit 1969. Rollenkreationen u. a. in P. Darrells *Herodias* (1970), *Tales of Hoffmann* (1972) und *The Scarlet Pastorale* (1975).

Ricercare, B. in 1 Akt, Ch.: G. Tetley, Mus.: M. Seter, Dek.: R. Ter-Arutunian; UA 15. 1. 1966, American B. Th., New York State Th., New York, mit M. Hinkson und S. Douglas. Ein Duo-B. über eine Frau und einen Mann nach einer hochdramatischen emotionalen und sexuellen Affäre. Ter-Arutunians riesige konkave Skulptur bildet das einzige stabile Element in ihren hin und her driftenden Beziehungen. Übernommen ins Rep. des B. Rambert (1967) und des Kgl. Schwed. B.s (1970).

Rich, John, engl. Pantomime und Impresario, * um 1682, † 26. 11. 1761 Hillingdon. Folgte seinem Vater als Inhaber des Lincoln's Inn Th., wo er 1728 Gays *Bettleroper* herausbrachte. Eröffnete 1732 das Th. von Covent Garden und war ein berühmter Autor und Produzent von Harlekinaden, in denen er als Protagonist große Beliebtheit genoß. Er war es auch, der M. Sallé, Noverre und die Barberina nach London brachte.

Richardson, Philip John Sampey, engl. Tanzpublizist, * 17. 3. 1875 Winthorpe (Notts.), † 17. 2. 1963 London. Gründete 1910 (zus. mit T. N. Middleton) The Dancing Times und war von da an der engl. Tanzszene bis zu seinem Tode engstens verbunden. Zusammen mit Edouard Espinosa gründete er 1920 die Association of Operatic Dancing of Great Britain, aus der die Royal Academy of Dancing hervorging. Zusammen mit A. Haskell rief er 1930 die Camargo Society ins Leben. Er war weiter maßgebend beteiligt 1920–29 an der Gestaltung des sogenannten Engl. Stils für die Standardtänze. Darüber hinaus organisierte er tänzerische Wohltätigkeitsveranstaltungen (z. B. die Sunshine Matinées) und machte die Dancers' Circle Dinners zu einem gesellschaftlichen Treffpunkt der Londoner Tanzwelt. Er war Vorsitzender zahlreicher Komitees und Gesellschaften. Als Buchautor trat er mit *The Art of the Ballroom* (zus. mit Victor Silvester, 1936), *A History of English Ballroom Dancing* (o. J., um 1948) und *Social Dances of the 19th Century* (1960) hervor. Mit seinem profunden Wissen und seiner unermüdlichen Aktivität war er eine der anregendsten und wichtigsten Persönlichkeiten der engl. Tanzszene seiner Zeit.

Richter, Hedi, österr. Tänzerin, * 2. 6. 1936 Troppau. Studierte an der Wiener Staatsakademie, später auch bei O. Preobrajenska, V. Gsovsky, H. Kreutzberg, M. Wigman und in Leningrad. Debüt am Wiener Raimund-Th. 1954. Seit 1957 Solotänzerin (heute Solomimikerin) an der Wiener Volksoper, wo sie zahlreiche Rollen in den B.en von D. Luca kreiert hat.

Riga. Ein dt. Opernhaus öffnete 1863 seine Pforten. Wiederaufgebaut nach einem Brand 1887, heißt es heute Lettisches Akademisches Opern- und B.-Th. Während des 19. Jh.s hatte es eine eigene Tänzergruppe, die von der Italienerin M. Balbo angeführt wurde, die als erste lett. Tänzer ausbildete. Ein Nationales Opern-Th. wurde 1919 gegründet, mit Voldemar Kommissaris, einem Schüler von M. Mordkin, als B.-Meister. Er baute die erste Nationale B. Komp. auf, mit Klara Gentele als Ballerina. Erste eigene B.-Prod. war *La Fille mal gardée* 1922, gefolgt von *Paquita* und der *Zauberflöte* in der Marien-Th.-Fassung, einstudiert von N. Sergejew. Die Komp. wurde dann von A. Fedorova (Fokina) 1925–32 geleitet, die weitere B.e des Marien-Th.-Rep.s einstudierte. In den Studios von Fedorova und Sergejew, die sich später zusammentaten, wurde die erste Generation genuin lett. Tänzer herangebildet, darunter auch O. Lemanis und H. Plucis. M. Fokine kam 1929 als Gast und studierte in den frühen dreißiger Jahren *Chopiniana* und *Polowetzer Tänze* ein. Lemanis wurde 1934 der erste lett. B.-Meister, der mit *Schwanensee* begann und später solche lett. B.e wie *Das Lied der Liebe*, *Die Nachtigall und die Rose* und *Herbst* folgen ließ (während dieser Jahre war E. Frandsen Primaballerina). Das Th. eröffnete 1932 eine eigene B.-Schule, die die Schüler von Fedorova und Sergejew übernahm. Nach dem Zweiten Weltkrieg übernahm die frühere Primaballerina Tangijew-Birzniek († 1965) die B.-Direktion. Sie sorgte für ein ausgeglichenes Rep. aus Klassikern und Werken des zeitgenössischen sowj. Rep.s, die von ihr selbst oder von Eugene Tschanga (* 1920) choreographiert wurden. Heute steht Alexander Lemberg an der Spitze der Komp. Die B.-Schule hat eine Reihe prominenter Tänzer hervorgebracht – u. a. M. Liepa, M. Barischnikow, J. Markowski und A. Godunow.

Rigaudon. Ursprünglich südfrz.-erotischer Werbetanz im ¾-Takt, der den süddt.-alpinen Werbetänzen ähnelte. Ende des 17. Jh.s wurde der R. vom B. übernommen und in seinem Charakter völlig verändert. P. Rameau schildert den B.-Rigaudon folgendermaßen: beide Beine *plié* in 1. Position – Sprung, dabei rechtes Bein seitwärts ausstrecken – zurück zu 1. Position – linkes Bein seitwärts am Boden führen – *plié* – Hupfer auf linkem Bein – zurück in 1. Position.

Rimskij-Korsakow, Nikolaij Andrejewitsch, russ. Komponist, * 18. 3. 1844 Tichwin (Gouvernement Nowgorod), † 21. 6. 1908 Ljubensk bei St. Petersburg. Komponierte keine B.-Musik, doch wurden einzelne seiner konzertanten Stücke immer wieder B.en zugrunde gelegt – vor allem *Scheherazade* (Ch.: M. Fokine, B.s Russes de Diaghilew, 1910 – zahlreiche andere Versionen), *Le Coq d'or* (Ch.: Fokine, B.s Russes de Diaghilew, 1914) und *Capriccio espagnol* (Ch.: L. Massine und Argentinita, B. Russe de Monte Carlo, 1939 – mehrere andere Versionen).

Rinaldo-Ballette. B.e über den klassischen Tasso-Stoff (1581: *Gerusalemme Liberata*), in dem Armida Ritter in ihren Zaubergarten lockt und sie dadurch dem Tode überliefert – bis sie sich selbst in Rinaldo verliebt und damit ihren eigenen Tod besiegelt, hat es in großer Zahl gegeben. Als Beispiele seien genannt: *La Délivrance de Renaud* (Paris 1617), *Renaud et Armida* (Ch.: Noverre, Stuttgart 1761), *Reinald und Armide* (Mus.: Toeschi und Cannabich, Mannheim 1768), *R. nell'isola incantata d'Armida* (Ch.: Ch. LePicq, Venedig 1769), *R. ed Armida* (Ch.: O. Viganò, Venedig 1778), *R. e Armida* (Ch.: P. Angiolini, Mailand 1780), *Gli Amori di Armida e Rinaldo* (Ch.: G. Rota, Mus.: G. Bajetti, Mailand 1853) und *R. and Armida* (Ch.: F. Ashton, Mus.: M. Arnold, London 1955). Eine Variante des Stoffes bot auch Fokine in *Le Pavillon d'Armide* (Mus.: N. Tcherepnine, St. Petersburg, zuerst 1907).

Rio de Janeiro. Zwar werden einzelne tänzerische Darbietungen gegen Ende des 17. Jh.s erwähnt, auch kamen einzelne europ. B.-Komp.n zu gelegentlichen Besuchen während des 19. Jh.s, doch ist über eigene bras. B.-Aktivitäten aus dieser frühen Zeit nichts bekannt. Für gewaltiges Aufsehen sorgten im Oktober 1913 die B.s Russes de Diaghilew. Am Teatro Municipal wurde 1931 eine B.-Schule eröffnet, die von Maria Olenewa geleitet wurde. Ihre Nachfolger waren I. Schwezoff (der auch am Th. als Choreograph arbeitete) und V. Veltchek. Die besten der aus dieser Schule hervorgegangenen Tänzer zogen es jedoch vor, im Ausland zu arbeiten – so u. a. B. Consuelo, Y. Meyer und M. Haydée. Die Situation hat sich seither nicht grundlegend geändert. Zwar besuchen die großen internationalen Komp.n heute auf ihren Südamerika-Tourneen auch die Stadt an der Guanabara-Bucht, doch erwiesen sich einheimische B.-Gründungen durchweg als sehr kurzlebig. Seit 1975 gibt es allerdings das der Leitung von Dalal Achcar unterstehende B. do R. d. J., das verschiedentlich B.-Saisons veranstaltet hat.

Ritterballett, von L. van Beethoven, entworfen von Graf Ferdinand Waldstein in Zusammenarbeit mit dem Tanzmeister Habich aus Aachen, uraufgeführt am 6. 3. 1791 im Bonner Redoutensaal – offenbar als eine Selbstdarstellung der aristokratischen Gesellschaft der kurfürstlich-kölnischen Residenz im altdeutschen Rahmen. Ein möglicherweise gesprochener Text ging verloren. Die Musik zu dem Werk ohne Opuszahl besteht aus (1) Marsch; (2) Deutscher Gesang; (3) Jagdlied; (4) Romanze; (5) Kriegslied; (6) Trinklied (mihi est propositum); (7) Deutscher Tanz und (8) Coda. R. von Laban schuf 1927 eine erweiterte Fassung für den Magdeburger Tänzerkongreß. Weitere Ch.n u. a. von G. Urbani (Bonn 1962) und von Dia Luca (Wien 1970).

Road of the Phoebe Snow, The, Tanzstück, Ch.: T. Beatty, Mus.: Duke Ellington und Billy Strayhorn, UA 28. 11. 1959, YM-YWHA, New York mit Candace Caldwell, Georgia Collins, Tommy Johnson, Hermann Howell u. a. Der Titel spielt auf eine Eisenbahnlinie an, die den Mittleren Westen der USA durchquert. Das Stück selbst stellt Szenen aus dem Leben jener Neger dar, die an dieser Linie wohnen. Es sind Vorfälle, in denen Liebe in Gewalttat, Zärtlichkeit in Mord und Totschlag umschlägt. Es handelt sich um ein typisches Negerstück, das Ailey noch heute im Programm hat.

Lit.: D. McDonagh, in: *The Complete Guide to Modern Dance*, Garden City (N. Y.) 1976.

Robbins, Jerome, amer. Tänzer, Choreograph und B.-Meister, * 11. 10. 1918 New York. Studierte bei Ella Daganova, E. Loring, Helena Platonova und A. Tudor sowie Span. Tanz bei

Helene Veola, oriental. Tanz bei Yeichi Nimura und Modern Dance bei der New Dance League, bei seiner Schwester Sonya R. und bei Alice Bentley, auch Rezitation bei E. Kazan, weiterhin Klavier und Violine. Debütierte als Schauspieler 1937 beim Yiddish Art Th., dann als Tänzer beim Dance Center von Felicia Sorel und Gluck-Sandor. Tänzer beim Sommer-Th. im Camp Tamiment, wo er auch erste Ch.n machte, Mitwirkung in Broadway-Musicals 1938–40. Zum B. Th. 1940, wo er 1941 zum Solisten avancierte und Rollen u. a. in M. Fokines *Bluebeard* (1941), D. Lichines *Helen of Troy* (1942) und Tudors *Romeo und Julia* (1943) kreierte. Mit seinem ersten B. *Fancy Free* hatte er 1944 einen so durchschlagenden Erfolg, daß er es noch im selben Jahr zusammen mit dem Komponisten L. Bernstein zu einem Musical *On the Town* erweiterte. Es folgten *Interplay* (Mus.: M. Gould, 1945) und *Facsimile* (Mus.: Bernstein, 1946, beide fürs B. Th.). Als Musical-Choreograph festigte er seinen Ruf mit *Billion Dollar Baby* (1946) und *High Button Shoes* (1947). Associate Director und Choreograph beim New York City B. 1949–59, für das er während dieser Zeit die folgenden B.e schuf: *Age of Anxiety* (Mus.: Bernstein, 1950), *The Cage* (Mus.: Strawinsky), *The Pied Piper* (Mus.: A. Copland, 1951), *Fanfare* (Mus.: Britten), *Afternoon of a Faun* (Mus.: Debussy, 1953) und *The Concert* (Mus.: Chopin, 1956), wobei er in verschiedenen dieser B.e auch als Tänzer auftrat (auch Titelrolle in G. Balanchines *Till Eulenspiegel*, 1951). Mit dem Musical *West Side Story* (Mus.: Bernstein), dessen tänzerische Grundkonzeption und Insz. von ihm stammte, erlangte er 1957 weltweiten Ruhm. 1958 debütierte er mit einer eigenen Komp., den B.s: U. S. A. beim Festival in Spoleto und hatte mit ihr auch auf der 1959 durchgeführten Europa-Tournee (nicht jedoch in Amerika) größte Erfolge – besonders mit seinen neuen B.en *Moves* (ohne Mus.) und *New York Export: Op. Jazz* (Mus. R. Prince). 1961 unternahm er einen Neustart mit der Komp. in Spoleto und schuf für sie *Events* (Mus.: Prince), ging abermals auf Europa-Tournee, mußte sie nach der lauen Aufnahme in Amerika aber wiederum auflösen. Während dieser Jahre choreographierte er weitere Musicals, die z. T. auch verfilmt wurden – u. a. *The King and I* (Mus.: O. Hammerstein II, 1951), *Peter Pan* (Mus.: M. Charlap, 1954), *Bells Are Ringing* (Mus.: J. Styne, 1956), *Gypsy* (Mus.: Styne, 1959), *Funny Girl* (Mus.: Styne) und *Fiddler on the Roof* (Mus.: J. Bock, beide 1964). Inszenierte auch Schauspiele, u. a. B. Brechts *Mutter Courage* und 1965 A. Kopits *Oh Dad, Poor Dad, Mama's Hung You in the Closet and I'm Feelin' So Sad*. Choreographierte fürs American B. Th. Strawinskys *Les Noces* (1965). Kehrte 1969 als B.-Meister zum New York City B. zurück, dem er auch heute noch angehört – weitere B.e von ihm: *Dances at a Gathering* (Mus.: Chopin, 1969), *In the Night* (Mus.: Chopin, 1970), *The Goldberg Variations* (Mus.: Bach, 1971), *Watermill* (Mus.: T. Ito), dann für das Strawinsky-Festival *Scherzo fantastique*, *Circus Polka*, *Dumbarton Oaks*, *Requiem Canticles* und, zusammen mit Balanchine, *Pulcinella* (alle 1972), gefolgt von *An Evening's Waltzes* (Mus.: Prokofjew, 1973), *Dybbuk Variations* (Mus.: Bernstein) und für das Ravel-Festival *Piano Concerto in G*, *Introduction and Allegro*, *Ma Mère l'oye* and *Chansons Madegasses* (alle 1975), weiterhin *Opus 19* (Mus.: Prokofjew) und *The Four Seasons* (Mus.: Verdi, beide 1979), für das Tschaikowsky-Festival *Piano Pieces*, *Pas de deux* und *Allegro con grazia* (alle 1981), dann *Gershwin Concerto*, für das Strawinsky-Festival 1982 *Four Chamber Works* sowie – später – *Glass Pieces* (Mus.: Ph. Glass) und *I'm Old Fashioned* (Mus.: J. Kern und M. Gould, beide 1983), *Antique Epigraphes* (Mus.: Debussy) und *Brahms / Handel* (zus. mit T. Tharp, 1984). – R.s weltweiter Ruhm als eine der großen schöpferischen Persönlichkeiten der zeitgenössischen Th.-Szene betrifft nicht nur sein Wirken als Choreograph, als der er ein höchst individuelles, außerordentlich dynamisches Demi-caractère-Idiom entwickelt hat, das mühelos Einflüsse aus einer Vielzahl von Quellen (namentlich auch vom Jazz Dance) assimiliert hat, sondern auch seine Tätigkeit als Regisseur (speziell von Musicals). Tatsächlich ist es ihm gelungen, mit seinen Prod.en von *West Side Story* und *Fiddler on the Roof* (dt. Titel: *Anatevka*) das Musical zu einer seriösen Th.-Kunstform aufzuwerten. Als Choreograph ist er nur ausnahmsweise auch im Rep. anderer Komp.n vertreten.

Lit.: G. Balanchine / F. Mason, in: *Balanchine's Complete Stories of the Great Ballets*, Garden City (N. Y.) 1977; M. B. Siegel, in: *The Shapes of Change*, Boston 1979.

Robilant, Claire H. de, dt.-chil.-brit. Tanzpublizistin, * 24. 1. 1915 Breslau. Studierte bei Kschessinska. Spezialisierte sich dann auf Tanz- und Operngeschichte. Ging nach Chile, wo sie als erste das Cecchetti-System unterrichtete. Tanzkritikerin bei verschiedenen chil. Publikationen 1959–75. Korrespondentin ausländischer Tanzzeitschriften wie *Dance News* und *Les Saisons de la danse*. Gründete das Archivo Municipal de Danza, B.y Opera Elena Poliakova am Teatro Municipal in Santiago und fungierte als dessen Direktorin 1965–74. Nach der Schließung des Archivs durch die neuen politischen Machthaber 1974 ging sie nach London, wo sie die Bibliothek der London School of Contemporary Dance aufbaute und heute für verschiedene Institutionen tätig ist.

Robinson, Bill, genannt Bojangles, * 25. 5. 1878 Richmond (Va.), † 25. 11. 1949 New York. Größter Vertreter des echten schwarzen Tap Dance. Tanzte schon ab 1891 als Junge in schwarzen Minstrel-Truppen. Seit 1900 gehörte er zur Spitzenklasse der schwarzen Minstrelsy. Er war u. a. Mitgl. einer so berühmten schwarzen Truppe wie Old Kentucky. In den zwanziger Jahren wurde er im Zusammenhang mit der Harlem-Renaissance auch vom weißen Publikum und von den weißen Kritikern als großer Tänzer anerkannt. Doch erst 1927/28 durch die Show Blackbirds wurde er mit 50 Jahren wirklich berühmt. Mit dieser Show trat er 18 Monate lang am Broadway und weitere 6 Monate in Paris auf. Er war einer der wenigen schwarzen Tänzer, denen auch die Wirtschaftskrise der dreißiger Jahre nichts anhaben konnte. Er tanzte in den führenden Theatern von New York und spielte in Filmen mit. Höhepunkt seiner Laufbahn war *The Hot Mikado* (1939). Das große Verdienst von R. bestand darin, daß er den echten schwarzen Tap Dance, bis dahin als Niggertanz verachtet, in den Rang großer Tanzkunst erhob.

Lit.: M. und J. Stearns, in: *Jazz Dance*, New York 1968; H. Günther, in: *Jazz Dance*, Berlin/Wilhelmshaven 1980.

Rockettes, Name der Girl-Truppe, die in New York in der Radio City Music Hall auftritt.

Rodeo, B. in 2 Bildern, Libr. und Ch.: A. de Mille, Mus.: A. Copland, Bühne O. Smith, Kost.: K. Love; UA 16. 10. 1942, B.s Russes de Monte Carlo, mit Casimir Kokitch, F. Franklin, de Mille, Milada Mladova u. a. Das B. trägt den Untertitel *The Courting at Burnt Ranch* und handelt davon, wie die Cowboys auf einer Farm jedem weiblichen Wesen, das in ihre Reichweite kommt, nachstellen. Dabei übersehen sie die weiblichen Reize eines bei ihnen arbeitenden Cowgirls völlig. Das ändert sich jedoch schlagartig, als dieses Mädchen, so weiblich herausgeputzt wie nur irgendeine der Geschlechtsgenossinnen, am Samstag beim Tanz erscheint. Einen Moment lang herrscht totale Verblüffung im Saal, aber dann liegen ihr auch schon der beste Reiter und der beste Lassowerfer zu Füßen. – De Mille hat das B. dann auch dem American B. Th. einstudiert, in dessen Rep. es sich bis heute erhalten hat (ebenso, mit neuem Dek., in Wuppertal, 1974).

Lit.: O. F. Regner / H.-L. Schneiders, in: *Reclams Ballettführer*, Stuttgart [8]1980.

Rodolphe, Johann Joseph → Rudolph J. J.

Rodrigues, Alfred, südafrik. Tänzer und Choreograph, * 18. 8. 1921 Kapstadt. Studierte bei C. Robinson und wirkte in verschiedenen B. Club-Prod.en mit, für die er 1938 sein erstes B. choreographierte. Ging 1946 nach London, wo er weiter bei V. Volkova studierte. Mitgl. des Sadler's Wells B. 1947, Solist 1949, B.-Meister 1953/54. Seine bekanntesten B.e sind *Blood Wedding* (Mus.: D. ApIvor, 1953) und *Café des Sports* (Mus.: A. Hopkins, 1954, beide fürs Sadler's Wells Th. B.). Arbeitet seither freischaffend. Bei vielen Komp.n tätig, u. a. für La Scala di Milano, Royal B., Kgl. Dän. B., Großes Th. Warschau und in Südafrika – auch für Musical-Prod.en. Verheiratet mit der Tänzerin Julia Farron.

Rodriguez, Zhandra, venezol. Tänzerin und B.-Direktorin, * 17. 3. 1947 Caracas. Studierte an der Academia Interamericana de B. und American B. Th. School. Tänzerin beim American B. Th. 1968, Solistin 1970, Principal Dancer 1973/74. Kreierte weibliche Hauptrolle in J. Neumeiers *Dritte Sinfonie von Gustav Mahler* (Hamburg 1975). Direktorin und Primaballerina des B.s Internacional de Caracas seit 1977 (seit 1982 unter dem Namen Caracas New World B.).

Roehm, Ulrich, dt. Tänzer und Pädagoge, * 14. 9. 1933 Essen. Studierte an der Essener

Folkwang-Schule, wo er als Mitgl. der Meisterklasse an deren Auff.en beteiligt war. Premier danseur étoile beim B. de Wallonie 1958–61 (gleichzeitig häufige Gastspiele in K.-Jooss-B.-Prod.en), Solist des Folkwang-B.s 1961–69 (auch beim Essener Opern-B. 1963–69), Tänzer und Pädagoge in Toronto 1969. Gründung eines eigenen B.-Studios in Essen 1973. Mitbegründer und Vorsitzender des Verbandes der B.-Schulen in Deutschland 1975 (heute Dt. Berufsverband für Tanzpädagogik). Mitgl. der Londoner Royal Academy of Dancing und deren Repräsentant in Deutschland sowie Mitgl. der Canadian Dance Teachers Association.

Roempke, Gunilla, schwed. Tänzerin, B.-Meisterin und B.-Direktorin, * 22. 7. 1940 Stockholm. Studierte an der Schule des Kgl. Schwed. B.s. Mitgl. der Komp. seit 1958, B.-Meisterin 1976–80 und 1980–84 B.-Direktorin. Mehrfach Zusammenarbeit mit B. Cullberg bei Einst.en ihrer B.e (u. a. American B. Th. und Mailänder Scala).

Rogers, Ginger, amer. Tänzerin und Schauspielerin, * 16. 7. 1911 Independence (Mo.). Trat am Broadway auf, machte dann eine sehr erfolgreiche Karriere als Tänzerin und Partnerin von F. Astaire in *Flying Down to Rio* (1933), *The Gay Divorcee* (1934), *Roberta* und *Top Hat* (1935), *Follow the Fleet* und *Swing Time* (1936), *Shall We Dance?* (1937), *Carefree* (1938), *The Story of Vernon and Irene Castle* (1939) und *The Berkeleys of Broadway* (1949). Nach dem Ende der Partnerschaft trat sie hauptsächlich als Schauspielerin auf sowie gelegentlich als Musical-Star (*Hello, Dolly!* und *Mame*).

Lit.: A. Croce, *The Fred Astaire & G. R. Book*, New York 1972.

Rogge, Lola, dt. Tänzerin, Choreographin und Pädagogin, * 20. 3. 1908 Altona. Studierte bei Laban und A. Knust in Hamburg, machte 1927 ihr Examen bei Laban, gründete im selben Jahr einen Bewegungschor, der sich Vereinigung zur Pflege der Bewegungslehre Laban nannte und assistierte Knust an der Hamburger Laban-Schule. Deren Leitung übernahm sie 1934 nach Knusts Weggang. Schon 1931 war ihr erstes großes Schulwerk entstanden: *Der Rattenfänger von Hameln* (Mus.: H. Jansen). Diesem Werk folgten 1933 *Thyll* (Mus.: Cl. E. Clausius), 1935 *Amazonen* (Mus.: Händel) und 1939 *Die Mädcheninsel* (Mus.: Händel). In all diesen Jahren und auch noch nach 1945 arbeitete sie häufig als Choreographin am Hamburger Schauspielhaus, während ihre ständig erweiterte Schule zu einem der anregendsten Zentren der Hamburger Tanzszene wurde. 1950 brachte sie ihr szenisches Oratorium *Vita Nostra* (Mus.: A. Montijn) heraus, 1954 den *Lübecker Totentanz*.

Lit.: K. Peters, *L. R. – eine musische Insel der Tanzkultur*, Tanzarchiv-Reihe Nr. 3 (1964).

Roleff, Peter, dt. Tänzer, Choreograph, B.-Meister und Pädagoge, * 18. 12. 1906 Quadrath (bei Köln). Studierte bei V. Gsovsky und Berthold Schmid in Berlin. Tänzerdebüt ebd. bei L. Maudrik an der Städt. Oper, dann Augsburg 1931, Essen 1932. Von 1935 arbeitete er freischaffend als Choreograph und Pädagoge in Berlin. B.-Meister und Solist in Wiesbaden 1946/47, dann freischaffend in Köln, Leiter und Choreograph des Kölner Tanzbrunnen-B.s 1948–51. B.-Meister in Bonn 1951–53, Bielefeld 1953–56, wo er u. a. die UA von B. A. Zimmermanns *Kontraste* und *Alagoana* (1954) choreographierte. 1956 eröffnete er zusammen mit K. H. King eine B.-Schule in München, deren Schüler-Komp. häufig in Münchner Th.n sowie auf Tourneen auftritt, wobei R. nicht nur als Choreograph, sondern auch als Ausstatter fungiert.

Rom. Das B. hat eine ziemlich wechselvolle Geschichte in der ital. Hauptstadt durchlebt. Obgleich Auftritte von Vincenzo Trenti und Onorato Viganò sowie des »giovanissimo Salvatore Viganò, applauditissimo, in vesti muliebri« 1783 dokumentiert ist, scheint es bis zur romantischen Ära wenig B.-Aktivität hier gegeben zu haben. F. Cerrito kam 1833, C. Grisi 1834, F. Elßler 1845, M. Taglioni und L. Grahn 1846. *Una Silfide a Pechino* kam 1860 heraus, L. Manzottis *Excelsior* 1883, A. Saint-Léons *Coppélia* 1885 und H. G. Montplaisirs *Brahma* 1887. Diaghilews B.s Russes kamen 1911 und 1917 (UA von L. Massines *Les Femmes de bonne humeur*) ins Teatro Costanzi, das 1928 seinen Namen in Teatro Reale dell'Opera umwandelte (das heutige Teatro all'Opera) und gleichzeitig eine eigene B.-Schule eröffnete. B. Romanow war hier B.-Direktor 1934–38 (unter seiner Leitung auch die erste lokale *Schwanen-*

see-Prod.), 1938–45 A. von Milloss, unter dessen Leitung sich die B.-Aktivität etwas stabilisierte und das Rep. beträchtlich ausgeweitet wurde. Romanow kehrte 1945–54 zurück und sorgte vor allem für eine Konsolidierung der klassischen Basis (*Giselle*, 1952, *Nußknacker*, 1953, *Dornröschen*, 1954). Ihm folgte abermals Milloss 1955–60, der auch seither wiederholt hier gearbeitet hat. Die meisten B.-Direktoren blieben in der Folgezeit meist nur ein, allenfalls zwei Jahre – so u. a. C. Newman, A. Dolin, E. Bruhn, D. Parlič, V. Prebil und gegenwärtig M. Plissetzkaja. Internationale Beachtung fand P. Lacottes Einst. von D. Fr. E. Aubers *Marco Spada* (1981).

Romanesca, altital. Volkstanz, der im Tripeltakt mit Schleifschritten und Sprüngen ausgeführt wird und zur Familie der Galliarde gehört. – Im B. begegnet eine R. im 1. Akt von *Raymonda*.

Romanow, Boris Georgiewitch, russ.-amer. Tänzer, Choreograph und B.-Direktor, * 22. 3. 1891 St. Petersburg, † 30. 1. 1957 New York. Studierte bei S. und N. Legat, M. Obuchoff, A. Skirajew und Fokine, machte 1909 sein Examen und trat ins B. des Marien-Th.s ein. Als Choreograph begann er als Ens.-Mitgl. bei Diaghilew mit *La Tragédie de Salomé* (Mus.: Florent Schmitt, 1913) und *Le Rossignol* (Mus.: Strawinsky, 1914) und machte dann zahlreiche Opern-Ch.n in Petrograd. Verließ Rußland 1921 und ging über Bukarest nach Berlin, wo er 1922 zusammen mit Elsa Krüger das Russ. Romantische B. gründete, mit dem er bis 1924 Tourneen durch Mittel- und Westeuropa unternahm. Diese Initiative führte in Deutschland zur Gründung ähnlicher Truppen: Das Romantische B. von Helge Peters-Pawlinin und das Münchner Russ. B. von Peter Wladimirow und V. Trefilova. Nach Auflösung seiner Komp. ging er zu A. Pawlowa und 1928–34 als B.-Meister ans Teatro Colón von Buenos Aires, war aber auch gleichzeitig in Paris (Opéra Russe à Paris und B. Nijinskas Th. de Danse), Monte Carlo und Jugoslawien tätig. 1934–38 arbeitete er vor allem in Mailand und Rom, 1938–42 und 1945–50 an der Metropolitan Opera in New York.

Romantisches Ballett. Die von dem ehemaligen Dresdner Staatsopern-Solotänzer Helge Peters-Pawlinin zu Beginn des Zweiten Weltkrieges gegründete, in München ansässige Kammer-B.-Truppe war »erfüllt von dem glühenden Wunsch, durch den Tanz den Menschen das Hohe Lied von der Schönheit zu singen« (Dt. Tanz-Zeitschrift, März 1940). Zu diesem Zweck unternahm sie in den folgenden Jahren ausgedehnte Tourneen durch das »Groß-Reich«. Sie benutzte Kompositionen u. a. von Mozart, Beethoven, Schumann, Chopin und M. Bruch. B.-Titel waren u. a. *Triptychon vom Frühling*, *Herbstblätter*, *Die Sylphiden*, *Diana und Aktäon* und *Das Jahr*. Choreograph war Peters-Pawlinin. Unter den Tänzern befanden sich zeitweise auch H. Heiden und H. Remus. 1951 choreographierte Peters-Pawlinin die *Abraxas*-Prod. der zu diesem Zweck gegründeten B.-Th.-Comp. in Hamburg.

Romeo und Julia (orig. russ. Titel: *Romeo i Dschulietta*), B. mit Prolog, in 3 Akten und 13 Bildern, mit Epilog, Libr.: L. Lawrowsky, S. Prokofjew (auch Mus.) und S. Radlow, Ch.: I. V. Psota, Dek.: V. Skrušny; UA 30. 12. 1938, Brünn, mit Psota, Zora Semberová u. a. – Das B. hält sich in seinem Ablauf eng an das Trauerspiel von W. Shakespeare und legt größten Wert auf die Herausarbeitung der gesellschaftlichen Konfliktsituation, in der sich die beiden Protagonisten befinden, und an der sie zugrunde gehen, um durch ihren Tod die beiden miteinander verfeindeten Familien der Montagues und Capulets wieder zu versöhnen. – Die sowj. EA, die Lawrowsky am 11. 1. 1940 am Leningrader Kirow-Th. mit K. Sergejew und G. Ulanowa in den Hauptrollen choreographierte und 1946 am Moskauer Bolschoi-Th. wiederholte, galt lange Zeit als die Modell-Insz., die vor allem für die Einst.en in den Ostblock-Staaten verbindlich war (verfilmt 1954). In Deutschland wurde diese Version zuerst ausschnittsweise (3. Akt) beim Gastspiel sowjetischer B.-Künstler im Friedrichstadt-Palast in Ost-Berlin 1954 bekannt – vollständig dann erstmals beim Gastspiel des Kirow-B.s in Wiesbaden 1968. Die dt. EA choreographierte T. Gsovsky an der Dt. Staatsoper (Ost-)Berlin 1948 – die westdt. EA B. Pilato in Bonn 1956. Wichtige andere Versionen u. a. von F. Ashton in Kopenhagen (1955), J. Cranko in Stuttgart (1962, vorher schon mit Tänzern der Mailänder Scala in Verona, 1958), K. MacMillan in London (1965), O. Winogradow in Nowosibirsk (1967), J. Neumeier zuerst in Frankfurt a. M. (1971). E. Walter in Duisburg-Düsseldorf (1972), R. Nurejew beim London Festival B. und O. Araiz beim Joffrey B. (beide 1977) sowie J. Grigorowitsch an der Pariser Opéra (1978) und T. Schilling an der Komischen Oper Ost-Berlin (1984). – Auch vorher gab es schon zahlreiche *R. und J.*-B.e – so u. a. von Eusebio Luzzi in Venedig (1785), V. Galeotti zu Musik von C. Schall in Kopenhagen (1811), dann auch von B. Nijinska und G. Balanchine zu Musik von C. Lambert bei Diaghilews B.s Russes (1926), T. Gsovsky zu Tschaikowskys Phantasie-Ouvertüre in Berlin (1938, später ein anderes *R. und J.*-B. von ihr zu Musik von L. Spies in Leipzig, 1942), A. Tudor zu Musik von F. Delius fürs American B. Th. (1943), G. Skibine zu Musik von H. Berlioz fürs Grand B. du Marquis de Cuevas (1959, andere Versionen zur gleichen Musik u. a. von E. Walter, Wuppertal 1966, und M. Béjart, Brüssel 1966).

Lit.: O. F. Regner / H.-L. Schneiders, in: *Reclams Ballettführer*, Stuttgart [8]1980.

Rona, Viktor, ung. Tänzer, B.-Meister, * 17. 8. 1936 Budapest. Studierte an der Budapester B.-Schule, später auch bei A. Puschkin in Leningrad. Mitgl. des Budapester Staatsopern-B.s seit 1955, Principal Dancer 1956. Häufige Auslandsgastspiele, u. a. auch mit M. Fonteyn. Rollenkreationen u. a. J. Charrats *Tu auras nom . . . Tristan* (1963), I. Ecks *Undine* (1969), L. Seregis *Spartacus* (1968), *Der holzgeschnitzte Prinz* (1970) und *Sylvia* (1972). Auch diverse Rollen als Schauspieler in ung. Filmen. Gastsolist und B.-Meister beim Norweg. National-B. 1974–80. B.-Meister Opéra Paris 1980–82.

Lit.: G. Körtvélyes / G. Lörinc, in: *Budapester Ballett*, Berlin [Ost] 1971.

Rond de jambe (frz., Kreisen des Beines), im B. ein vom Spielbein mit der Spitze am Boden ausgeführter Halbkreis, in dem das Bein gestreckt vorwärts, zur Seite und wieder zurück in die 1. Position geführt wird. Kann im Gegensatz zu dieser *en dedans* Richtung auch *en dehors* ausgeführt werden. Außer diesem *R. d. j. à terre* gibt es auch einen *R. d. j. en l'air*.

Rosamunde, B.e zu Schuberts Schauspielmusik choreographierten u. a. F. Holst (Essen), S. Leontjew (Wiener Staatsoper, beide 1928), R. Adama (Hannover), A. Catá (Genf) sowie J. Gerster (Wiener Staatsoper, alle 1978).

Rosario (geb. Florencia Pérez Podilla), span. Tänzerin, * 11. 11. 1918 Sevilla. Studierte bei Realito und debütierte zusammen mit ihrem Vetter Antonio 1928 in Lüttich. Beider offizielles Debüt war 1930 in Sevilla. Bis 1952 waren die beiden das unzertrennliche span. Tanzpaar ihrer Generation, das in der ganzen Welt gefeiert wurde. Sie arbeitete 1953/54 kurz mit Rob. Iglesias zusammen und versammelte dann fallweise Tänzer um sich, mit denen sie noch mehrere ausgedehnte Auslandstourneen unternahm, für die sie auch eigene Ch.n schuf – u. a. *Ritmo gracia y sentimento* (Mus.: Infante), *Capriccio espagnol* (Mus.: Rimskij-Korsakow), *Sortilegio de la luna* (Mus.: M. Salvedor) und *Café del Burrero* (andalus. Volksmusik).

Rosati, Carolina (geb. C. Galletti), ital. Tänzerin, * 13. 12. 1826 Bologna, † Mai 1905 Cannes. Studierte u. a. bei C. Blasis und tanzte von 1846 an zusammen mit ihrem Gatten Francesco R. an der Mailänder Scala. 1847 trat sie am Her Majesty's Th. in London auf, wo sie u. a. die Grisi-Partie im *Pas de quatre* übernahm. Kreierte dort 1848 J. Perrots *Les quatre saisons*, debütierte 1853 an der Pariser Opéra in J. Maziliers *Jovita* und triumphierte 1856 in der UA von Maziliers *Le Corsaire* und 1857 in dessen *Marco Spada*. Ging 1859 nach St. Petersburg, trat dort in den B.en von A. Saint-Léon auf und feierte ebd. einen neuen Triumph 1862 in der UA von M. Petipas *La Fille du Pharaon*. Noch im selben Jahr kehrte sie nach Frankreich zurück und beschloß ihre Tage in ihrer Villa in Cannes.

Rose, Jürgen, dt. Bühnen- und Kostümbildner, * 25. 8. 1937 Bernburg. Begann seine Karriere in Ulm, entwarf dann für J. Cranko in Stuttgart *Romeo und Julia* (1962), *Schwanensee* (1963), *Feuervogel* (1964), *Onegin* (1965), *Poème de l'extase* (1971), *Initialen R. B. M. E.* (1972) sowie für Crankos Prod. der *Lustigen Witwe* (1971). Für andere Choreographen u. a. *Giselle* (A. Tudor, Dt. Oper Berlin, 1963), *Nußknacker* (C. Franca, National B. of Canada, 1964), *Cinderella* (C. Franca, National B. of Canada, 1968), *Concerto* (K. MacMillan, Dt. Oper Berlin, 1966) für J. Neumeier *Kuß der Fee* und *Daph-*

nis und Chloe (Frankfurt a. M., 1972), *Nußknacker* (Royal Winnipeg B., 1972), *Romeo und Julia* (Kgl. Dän. B., 1974), *Schwanensee* (Hamburg 1976), *Dornröschen* (Hamburg 1978), *Kameliendame* (Stuttgart 1978), *Feuervogel* (Wiener Staatsoper 1983) und für H. Spoerli, *Falstaff* (Basel 1984).

Rosen, Elsa Marianne, schwed. Tänzerin, Choreographin, Pädagogin und B.-Direktorin, * 21. 4. 1927 Stockholm. Studierte bei V. Alexandrova, A. Kozlovsky, J. Hasselquist und an der Kgl. Dän. B.-Schule. Trat zuerst in diversen Tanz-Recitals auf, dann Tänzerin beim B. Russe de Monte Carlo 1947. Gründete zusammen mit ihrem Mann, dem dän. B.-Kritiker Allan Fridericia, das Schwed. B. Rollenkreationen u. a. in B. Cullbergs *Fräulein Julie* (1950) und *Medea* (1951). Ballerina beim Kgl. Schwed. B. 1951–59, wo sie alle Rollen des Standard-Rep.s tanzte. Tourneen mit dem von ihr geleiteten Skand. B. 1960/61. Arbeitete dann als freischaffende Ballerina sowie als Regisseurin für Bournonville-B.e und Choreographin (*La Sylphide*, B. Rambert, 1960; *Irene Holm*, Mus.: Lumbye, Kgl. Dän. B., 1960; *Helios*, Mus.: C. Nielsen, Skand. B., 1960; *Jungfrauenquelle*, Mus.: Alfven, Kgl. Dän. B., 1965; *Jenny von Westfalen*, Mus.: N. V. Bentzon, Skand. B., 1965; *Don Juan*, Mus.: Gluck, Kgl. Dän. B., 1967). Eröffnete dann eine B.-Schule in Kopenhagen. B.-Direktorin in Göteborg 1970–76, wo sie u. a. choreographierte, bzw. inszenierte: *Napoli*, *Schwanensee* (1971), Beethovens *Prometheus* und Prokofjews *Romeo und Julia* (1972), *Utopia* (Mus.: Offenbachs *Le Papillon*, 1974) und *Geschichte eines Mädchens* (Mus.: Emerson, Lake and Palmer, 1975). Inszenierte *La Sylphide* beim Maly-B. in Leningrad (1975). B.-Direktorin in Malmö seit 1979/80, mit weiteren Einst.en u. a. von *Bilder einer Ausstellung* (Mus.: Mussorgski, Emerson, Lake and Palmer, 1980), *Johannisnacht* (Mus.: G. de Frumerie), *Opus 111* (Mus.: Beethoven, beide 1981) und *Dornröschen* (Mus.: Tschaikowsky, 1982).

Rosen, Heinz, dt. Tänzer, Choreograph und B.-Direktor, * 3. 7. 1908 Hannover, † 25. 12. 1972 Kreuzlingen. Studierte bei R. von Laban, K. Jooss und V. Gsovsky. Tänzer bei den B.s Jooss. B.-Meister in Basel vom Ende des Zweiten Weltkriegs bis 1951. Choreographierte die UA von Cocteau-Chaillys *Die Dame und das Einhorn* am Münchner Th. am Gärtnerplatz (1953, später auch für mehrere andere Komp.n). Dann Regisseur für Schauspiel und Musicals. Choreographierte R. Straussens *Josephslegende* (1958) und C. Orffs *Carmina Burana* und *Catulli Carmina* (1959) für die Münchner Staatsoper, deren B.-Direktor er 1959–69 war – unter seinen zahlreichen weiteren B.en: *Joan von Zarissa* (Mus.: Egk), *Trionfo di Afrodite* (Mus.: Orff, beide 1960), *La Buffonata* (Mus.: W. Killmayer, 1961), *Der Mohr von Venedig* (Mus.: Blacher), *Les Noces* und *Renard* (Mus.: Strawinsky, alle 1962) sowie *Symphonie fantastique* (Mus.: Berlioz, 1967).

Lit.: J. Cocteau / W. Egk [u. a.] in: *Ballett Theater*, München 1963.

Rosen-Adagio. Der von Prinzessin Aurora mit vier ihrer Bewerber, dem span., ind., ital. und engl. Prinzen getanzte Pas d'action im 2. Bild von *Dornröschen*, in dem jeder ihrer Partner ihr zweimal eine Rose überreicht.

Ross, Bertram, amer. Tänzer, Choreograph und Pädagoge, * 13. 11. 1920 Brooklyn. Studierte zunächst Malerei, dann auch an der Graham School. Tänzer bei der Graham-Comp. 1954, wurde dann Grahams Hauptpartner. Rollenkreationen u. a. in ihrem *Seraphic Dialogue* (1955), *Embattled Garden* und *Clytemnestra* (1958), *Acrobats of God* und *Alcestis* (1960), *Samson Agonistes* (1961), *A Look at Lightning*, *Phaedra* und *Legend of Judith* (1962), *Circe* (1963), *Lady of the House of Sleep* and *A Time of Snow* (1968) sowie *The Archaic Hours* (1969). Seit Beendigung seiner Tänzerkarriere Pädagoge an der Graham und Juilliard School. Zahlreiche Ch.n für die von ihm geleitete Tänzergruppe.

Ross, Herbert, amer. Tänzer, Choreograph, B.-Direktor und Filmregisseur, * 13. 5. 1926 Brooklyn. Studierte bei H. Platova und D. Humphrey. Tänzer am Broadway. Begann mit Ch.n beim New York Choreographers Workshop (u. a. *Caprichos*, Mus.: Bartók, 1950). Choreographierte die Musicals *House of Flowers* (1954), *Body Beautiful* und *Wonderful Town* (1958) sowie *Finian's Rainbow* (1960), ferner die Tänze für den Film *Carmen Jones* (1954) und fürs American B. Th. die B.e *Paean*

(Mus.: E. Chausson) und *The Maids* (Mus.: Milhaud, 1975), *Tristan* (Mus.: Wagner) und *Ovid Metamorphoses* (Mus.: Schönberg, 1958) sowie *Dark Songs* (Mus.: Křenek), *Serenade for Seven Dancers* (Mus.: Bernstein) und *Angel Head* (diverse Jazz-Musik, die letzten drei für das Spoleto Festival 1959). Gründete 1960 das B. of Two Worlds mit seiner Frau Nora Kaye als Ballerina, das in Spoleto debütierte und dann eine Deutschland-Tournee unternahm – neue B.e: *Persephone* (Mus.: Bartók) und *The Dybbuk* (Mus.: R. Starer). Seit Auflösung der Komp. überwiegend als Regisseur für Musicals und Filme tätig, u. a. die Filme *The Turning Point* (1977) und *Nijinsky* (1980).

Roß-Ballette. Von Pferden und Rittern ausgeführt, erfreuten sie sich namentlich im 17. Jh. großer Beliebtheit. Cl. Le Menestrier betrachtete »les pas de chevaux comme des vraies figures de danse, en rapport avec les sons et les airs, qui guident les chevaux au cours du ballet«. In Paris gab es 1606 ein *Ballet à cheval des quatre éléments*, in Florenz 1608 einen *Ballo di persone a cavallo: La Giostra di Venti*. Das bedeutendste Roß-B. gelangte 1666 in Wien anläßlich der Hochzeit von Leopold I. mit Marg. Theresia von Spanien zur Auff.: *La Contessa dell'aria e dell'acqua*, gefolgt 1667 von *La Germania esultante*. Späte Nachfahren sind die Lipizzaner-Vorführungen in der Span. Hofreitschule in Wien.

Rossini, Gioacchino, ital. Komponist, * 29. 2. 1792 Pesaro, † 13. 11. 1868 Passy. Schrieb keine B.e, doch enthalten seine für Paris komponierten, bzw. arrangierten Opern umfangreiche B.-Divertissements, so u. a. *Le Siège de Corinthe* (Ch.: M. Gardel, 1826), *Moïse* (Ch.: Gardel, 1827) und *Guillaume Tell* (Ch.: J. Aumer, 1829). Gelegentlich sind diese Divertissements auch separat aufgeführt worden. Während des 19. Jh.s wurden zudem verschiedentlich Arien aus seinen Opern zu B.-Zwecken verwendet, z. B. in S. Viganòs *I Titani* (Mailand 1819) und in der Hérold-Version von *La Fille mal gardée* (1828). Spezielle Arrangements von R.-Kompositionen gab es u. a. für L. Massines *Zauberladen* (1919), A. Howards *Selina* (1948), L. Christensens *Con amore* (1953) und G. Arpinos *Confetti* (1970). Zahlreiche Choreographen haben B.e zu Brittens Adaptionen von R.s *Soirées musicales* und *Matinées musicales* geschaffen, u. a. A. Tudor und J. Cranko. Häufig wurden auch seine Ouvertüren für Pas de deux benutzt. P. Darrell choreographierte sein B. *Cinderella* zu einem Arrangement aus R.s Oper *La cenerentola* (Scottish B., 1979).

Rote Frauenbataillon, Das, chin. revolutionäres B.; UA 1. 10. 1964, Peking. Ursprünglich eine Oper (die in verfilmter Form einen Preis beim Moskauer Filmfestival 1961 gewann), wurde sie 1964 in Peking zu einem abendfüllenden B. umarrangiert. Das B. wurde dann 1970 verfilmt mit der China B.-Truppe, mit Pai Shu-hsiang und Liu Chingtang in den Hauptrollen. Das B. berichtet von dem R. F. auf der Insel Hainan während des Bürgerkriegs von 1927 bis 1937. Gezeigt wird die Befreiung des Bauernmädchens Wu Ching-hua, die von einer Sklavin zur Parteisekretärin und schließlich zur Anführerin des Bataillons aufsteigt. Das Drehbuch und die Partitur des Films erschienen bei Foreign Languages Press in Peking 1972.

Rote Mantel, Der, B. in 3 Akten, Libr. und Ch.: T. Gsovsky, Mus.: Nono, Dek.: J.-P. Ponnelle; UA 20. 9. 1954, Städt. Oper Berlin, mit E. Bredow, G. Deege, L. Herbeth u. a. – Das B. basiert auf F. García Lorcas *In seinem Garten liebt Don Perlimplin Belisa* und zeigt die unglücklichen Folgen der auf Betreiben der Magd zustandegekommenen Heirat des Junggesellen Don Perlimplin mit der schönen Belisa, die ihn bereits in der Hochzeitsnacht mit jüngeren Anbetern betrügt und sich in einen geheimnisvollen Mann mit einer roten Capa verliebt. Um wenigstens die Illusion eines nicht für ihn bestimmten Glücks zu erhaschen, begeht Perlimplin, in seine rote Capa gehüllt, Selbstmord und schleppt sich sterbend zu Belisa, die ihn nicht erkennt und im Wahn, er sei der von ihrem Gatten getötete Geliebte, ihre Liebe schenkt. Spätere Versionen u. a. von O. Krüger (Essen 1961), G. Popescu (Zürich 1971) und H. Spoerli (Basel 1980). Eine frühere Version *Die Liebe von Don Perlimplin und Belisa* von S. Gaskell (Mus.: H. Villa-Lobos, B. Recital, Amsterdam 1952).

Roten Schuhe, Die. Das Märchen von Andersen diente schon 1898 einem gleichnamigen B. als Grundlage, das mit einem Libr. von Heinrich Regel, der Musik von Raoul Mader und in der Ch. von J. Haßreiter in 25 Jahren an der Wiener Staatsoper 79 Vorst.en erlebte. Es war dann das Zentral-B. des gleichnamigen engl. Films von 1948, der in der Ch. von R. Helpmann und L. Massine, mit M. Shearer, Helpmann und Massine in den Hauptrollen, ein Welterfolg wurde.

Roter Mohn (sowj. Originaltitel: *Krasnij mak*), B. in 3 Akten und 8 Bildern, Libr.: M. Kurilko (auch Dek.), Ch.: W. Tichomirow und L. Lastschilin, Mus.: R. Glière; UA 14. 6. 1927, Bolschoi-Th., Moskau, mit J. Geltzer, A. Bulgakow u. a. Die Handlung spielt in einer chin. Hafenstadt am Ende der zwanziger Jahre. Das Titelrequisit ist das Freiheitssymbol der vom Kapitalismus ausgebeuteten chin. Kulis. Der Kapitän eines sowj. Schiffs kauft eine Blüte und überreicht sie der Tänzerin Tai-Hoa, die ihre Sympathien für die sowj. Matrosen bekundet hatte. In ihrem Zimmer bietet sie chin. Revolutionären Unterschlupf, die ihr beistehen, als sich ihr Boß Li Schan-Fu lüstern auf sie stürzt – wonach sie sich ihren Träumen überläßt, in denen sie den Sieg der Revolution voraussieht. Im 3. Akt deckt sie ein Komplott auf. Der Aufstand der Kulis ist in vollem Gang. Zwar kann Tai-Hoa verhindern, daß die von dem reichen Li Schan-Fu heimtückisch abgefeuerte Kugel den Führer der Aufständischen trifft, aber sie selber zahlt mit ihrem Leben dafür und stirbt mit der roten Mohnblume in der Hand. Das letzte Bild zeigt den Siegestanz des chin. Volkes, das das Joch der reaktionären Kuo Mintang und der ausländischen Imperialisten abgeschüttelt hat. Das B. gilt als das erste große sowj. B. mit einem zeitgenössischen Thema. Es ist in der Sowjetunion in verschiedenen dramaturgischen Bearbeitungen immer wieder neu inszeniert worden.

Lit.: C. W. Beaumont, in: *Complete Book of Ballets*, London 1951.

Rothschild, Bethsabee (Batsheva de), israel. Tanzpromoterin und Direktorin, * 1914 London. Studierte an der Sorbonne in Paris und an der Columbia University in New York, wo sie in Kontakt mit M. Graham kam, bei ihr studierte und später als Sponsorin ihrer Vorst.en und Auslandstourneen fungierte. Ließ sich 1958 in Israel nieder. Gründete die Batsheva Dance Comp. 1964 in Tel Aviv, dann ebd. auch die Bat-Dor Studios of Dance 1967 und die Bat-Dor Dance Comp. 1968, in deren Leitungsteam sie nach wie vor tatkräftig mitwirkt.

Rousanne, Madame (geb. R. Sarkissian), armen.-frz. Pädagogin, * 1894 Baku, † 19. 3. 1958 Paris. Studierte bei I. Clustine und A. Volinine. Trat nur wenige Male als Tänzerin auf, da sie mit ihrer Ausbildung sehr spät begonnen hatte. Eröffnete ein eigenes Studio in Paris 1928 und wurde eine der prominentesten Pädagoginnen der Stadt. Zu ihren Schülern gehörten u. a. L. Darsonval, S. Peretti, Y. Brieux, Y. Chauviré, Y. Algaroff, A. Kalioujny, P. van Dyk, J. Babilée, R. Petit und M. Béjart.

Roy, Alexander (geb. Udo Badstübner), dt.-brit. Tänzer, Choreograph und B.-Direktor, * 16. 10. 1935 Magdeburg. Studierte bei G. Steinweg, T. Gsovsky, G. Blank, N. Kiss und A. Northcote. Debüt als Tänzer in Leipzig 1951, dann Komische Oper in Ost-Berlin 1954–57, Bremen 1957–60, American Festival B. 1960/61, Amsterdam B. 1961/62, Teatro del Balletto 1962/63, Nederlands Dans Th. 1963–65. Gründete zusammen mit seiner Frau Christine Gallea als Ballerina 1965 die International B. Caravan, für deren ausgedehnte Tourneen er zahlreiche Ch.n geschaffen hat. Die Komp. änderte 1976 ihren Namen in A. R. London B. Th.

Royal Academy of Dancing. Sie wurde am 31. 12. 1920 von A. Genée, T. Karsavina, Ph. Bedells, E. Espinosa und P. J. S. Richardson als Association of Operatic Dancing of Great Britain in London gegründet und nahm ihren jetzigen Namen an, als ihr 1936 eine kgl. Charta zuerkannt wurde. Bis 1954 war Dame A. Genée Präsidentin, ihr folgte Dame M. Fonteyn. Das Ziel der Akademie ist die Förderung des künstlerischen Tanzes in Großbritannien, insbesondere die Förderung des klassisch-akademischen Tanzes und die ständige Qualifizierung seiner pädagogischen Methoden. Entsprechend den verbindlich festgelegten Lehrplänen werden in jedem Jahr Prüfungen für Tänzer und Pädagogen abgehalten. Darüber hinaus gibt es ein reiches Programm mit Lektionen, Demonstrationen und Konferenzen. Jährlich werden verschiedene Stipendien vergeben. Seit 1954 wird ebenfalls jährlich der Queen Elizabeth II Coronation Award für Verdienste um das brit. B. verliehen. Zu den Empfängern gehörten u. a. de Valois, Karsavina, Rambert, Dolin, Bedells, Helpmann, Moreton, Beaumont, Richardson, Idzikowski, Gilpin, Van Praagh, K. Gordon und Ruth French. John Field wurde 1975 zum Künstlerischen Direktor und 1976 zum Direktor ernannt, gefolgt 1979 von Alan Hooper.

Royal Ballet, The. Die seit 1946 im Londoner Opernhaus von Covent Garden residierende engl. B.-Komp. nahm ihren jetzigen Namen mit der Verleihung einer kgl. Charta am 31. 10. 1956 an. Sie ging aus der 1926 von N. de Valois in London gegründeten Academy of Choreographic Art hervor, deren Schüler seit 1928 gelegentlich B.e im Rahmen der Auff.en des Old Vic Th. vorführten, wo de Valois als Schauspiel-Choreograph wirkte. Mit dieser Schule übersiedelte de Valois im Januar 1931 ans neueröffnete Sadler's Wells Th., wo sie am 15. 5. 1931 einen ersten B.-Abend gab, auf dessen Programm u. a. *Les petits riens*, *Faust Scène de Ballet* und *Bach Suite* standen – unter Mitwirkung von u. a. de Valois, B. Appleyard, U. Moreton, A. Dolin und L. French. Es folgten 14tägige B.-Vorst.en des Vic-Wells B., mit C. Lambert als musikalischem Leiter (bis 1948). Neben de Valois erschien als erster anderer Choreograph F. Ashton 1933 mit *Les Rendezvous*. Von 1932 an tanzte hier A. Markova, von 1933 an auch R. Helpmann. Erste Klassiker-Prod. war der 2. Akt *Schwanensee* (1932), gefolgt von *Coppélia* (1933, mit L. Lopokova als Gast) sowie von *Giselle*, *Nußknacker* und dem kompletten *Schwanensee* (1934 – alle diese Prod.en stammten von N. Sergejew). 1935 erhielt die 15jährige M. Fonteyn ihre erste größere Rolle in einer Neueinst. von Ashtons *Rio Grande*. Andere wichtige Tänzer dieser frühen Jahre waren u. a. P. May, J. Brae, M. Honer, H. Turner, W. Chappell und M. Soames – die wichtigsten B.-Kreationen waren de Valois' *The Haunted Ballroom* (1934), *The Rake's Progress* (1935) und *Checkmate* (1937) sowie Ashtons *Apparitions* (1935), *Nocturne* (1936), *Les Patineurs*, *A Wedding Bouquet* (beide 1937) und *Horoscope* (1938). Die Kriegsjahre sahen dann eine gesteigerte Aktivität des Sadler's Wells B., teils auf Tourneen, teils in London im New Th. und Princes Th. Ein erster Abstecherbesuch auf dem Kontinent endete 1940 in Holland mit der Flucht vor den einmarschierenden dt. Truppen. Zu de Valois und Ashton gesellte sich Helpmann als weiterer brit. Choreograph mit *Comus*, *Hamlet* (beide 1942) und *Miracle in the Gorbals* (1944). Mit der Übersiedlung nach Covent Garden, wo die Komp. am 20. 2. 1946 mit einer Neuinsz. von *Dornröschen* eröffnete, begann ein neuer Entwicklungsabschnitt, der dem Sadler's Wells B. zunehmend auch internationale Anerkennung einbrachte. Als erster renommierter ausländischer Choreograph kam L. Massine und studierte 1947 *Der Dreispitz*, *Der Zauberladen* und *Mam'zelle Angot* ein, gefolgt 1950 von G. Balanchine (*Ballet Imperial*) und R. Petit (*Ballabile*). Mit seinen *Symphonic Variations* schuf Ashton 1946 das stilprägende B. der Komp., mit *Cinderella* 1948 seine erste abendfüllende B.-Prod. Neue Tänzernamen während dieser frühen Nachkriegsjahre waren u. a. B. Grey, M. Shearer, V. Elvin, J. Hart, A. Rassine und J. Field. Als Zweitkomp. zur Heranbildung junger Tänzer und als Plattform für Junioren-Choreographen wurde am 6. 4. 1946 das Sadler's Wells Opera B. gegründet, das später seinen Namen in Sadler's Wells Th. B. umwandelte und im Haus in der Rosebery Ave. sowie in der Provinz auftrat (es änderte später noch verschiedene Male seinen Namen, fungierte auch als Touring Group of the Royal B. und heißt heute Sadler's Wells Royal B.). Hier machten N. Nerina, S. Beriosova, M. Lane, A. Page, D. Blair, St. Holden und D. MacLeary erstmals auf sich aufmerksam – hier schufen J. Cranko, K. MacMillan, A. Rodrigues ihre ersten, z. T. noch heute im Rep. befindlichen B.e. In den folgenden Jahren erfolgte ein umfassender Personal- und Rep.-Ausbau, der Hand in Hand ging mit regelmäßigen Auslandstourneen beider Komp.n, die ihren ersten Höhepunkt beim ersten Gastspiel in New York 1949 hatten. Auch der Schulbetrieb wurde planmäßig erweitert durch die Angliederung eines Zweiges für allgemeine schulische Ausbildung und die Einrichtung eines Internats. Weitere bedeutsame Prod.en bis 1956 waren u. a. de Valois' *Checkmate* (1947), Ashtons *Scènes de ballet* (1948), *Daphnis und Chloe* (1951), *Sylvia* (1952), *Homage to the Queen* (1953) und *Birthday Offering* (1956), Crankos *Pineapple Poll*, *Harlequin in April* (beide 1951) und *The Lady and the Fool* (1954 – alle Cranko-B.e Sadler's Wells Th.B.)

und MacMillans *Danses concertantes*, *House of Birds* (beide 1955) und *Solitaire* (1956, alle Sadler's Wells Th. B.). Nach der 1956 erfolgten Umbenennung der Komp. in Royal B., die auch das Sadler's Wells Th. B. einbezog, waren die nächsten wichtigen Stationen in der Geschichte der Komp. die Übergabe der B.-Direktion von de Valois an Ashton 1963, mit MacMillan als Chefchoreographen – die 1964 erfolgte Gründung der B. for All Gruppe unter der Leitung von P. Brinson, die mit ihren B.-Plays die von der großen Komp. nicht bespielten Städte und Gemeinden vornehmlich der engl. Provinz bediente – und die Reorganisation der Komp. mit dem Direktionsantritt von MacMillan im Herbst 1970 (zunächst mit Field, dann mit P. Wright als Associate Director). Außer den Klassiker-Prod.en stellten u. a. die folgenden Kreationen und Neueinst.en wesentliche Rep.-Bereicherungen dar: Crankos *Prince of the Pagodas* (als erstes abendfüllendes brit. B., 1957) und *Antigone* (1959), MacMillans *The Burrow* (1958), *The Invitation* (1960), *Sacre du printemps* (1962), *Romeo und Julia* (1965), *Lied von der Erde* (1966) und *Anastasia* (1971), Ashtons *Undine* (1958), *La Fille mal gardée* (1960), *Les deux pigeons* (1961), *The Dream* (1964), *Monotones 1 and 2* (1965 und 1966) und *Enigma Variations* (1968), B. Nijinskas *Les Biches* (1964) und *Les Noces* (1966). A. Tudors *Shadowplay* (1967), J. Robbins' *Dances at a Gathering* und G. Tetleys *Field Figures* (beide 1970), während D. Drew und G. Cauley als Junioren-Choreographen auf sich aufmerksam machten. Ende der sechziger Jahre rückten u. a. A. Sibley, L. Seymour, M. Park, D. Wells, A. Dowell, D. Wall und M. Coleman in die führenden Solistenpositionen auf, nachdem bereits 1962 R. Nurejew als Tänzer und Produzent von Klassiker-Ch.n zur Komp. gestoßen war. 1977 löste dann N. Morrice MacMillan als Artistic Director ab und legte seither größten Wert auf die Förderung des tänzerischen Nachwuchses. Während weiterhin die Klassiker-Prod.en das Fundament des traditionellen Rep.s bildeten, gab es zunehmend Übernahmen von Ch.n u. a. von Balanchine und van Manen. Kreationen waren u. a. Tetleys *Field Figures* (1971) und *Laborintus* (1972), Ashtons *Lament of the Waves* (1970), *A Month in the Country* (1976) und *Rhapsody* (1980), MacMillans *Triad* (1972), *Manon*, *Elite Syncopations* (beide 1974), *The Four Seasons* (1975), *Mayerling* (1978), *La Fin du jour* (1979), *Gloria* (1980), *Isadora* (1981), *Orpheus* (1982), *Valley of Shadows* (1983) und *Different Drummer* (1984), van Manens *Four Schumann Pieces* (1975), J. Neumeiers *The Fourth Symphony* (1977), D. Bintleys *Meadow of Proverbs*, *Punch and the Judy* (beide 1979) und *The Swan of Tuonela* (1982), R. Hynds *Papillon* (1980) und R. Nurejews *The Tempest* (1982). Tänzer, die in der jüngeren Vergangenheit spezielle Aufmerksamkeit auf sich zogen, sind u. a. B. Brind, L. Collier, S. Conley, L. Connor, W. Ellis, A. Ferri, M. Mason, J. Penney, M. Porter, W. Eagling, J. Hosking, St. Jefferies, W. Sleep, M. Barbieri, J. Highwood, M. Tait, D. Ashmole, D. Kelly, C. Myers und M. Corder. – Heute gehört das R. B. zu den führenden Komp.n der Welt – zahlreiche seiner Prod.en sind in Filmen und Video-Aufzeichnungen konserviert.

Lit.: A. Grant, *T. R. B. – The first 50 years*, London 1981.

Royal Ballet School, The. Die Schule begann 1931 unter der Leitung von N. de Valois als Sadler's Wells School (vorausgegangen war ihre 1926 eröffnete Academy of Choreographic Art). Mit A. Haskells Berufung als Direktor und der Übersiedlung nach Baron's Court erweiterte sie 1947 ihre Aktivitäten beträchtlich – eine Abteilung für den Grundschul- und Oberschulunterricht der Schüler wurde angegliedert. 1955 kam es zur Etablierung der in White Lodge, Richmond Park, angesiedelten Lower School, die sowohl als Internat wie auch als Tagesschule geführt wird, mit vollem Grundschulunterricht und B.-Ausbildung für Mädchen und Knaben von 11 bis 16 Jahren, während die Upper School für die über 16jährigen weiterhin in der Talgarth Road residiert. Regelmäßige Schulauff.en und die Heranziehung der fortgeschritteneren Studenten zu den Vorst.en des Royal B. sorgen für die nötige Th.-Erfahrung. Haskells Nachfolger als Direktoren waren M. Wood 1966–78, J. Monahan (mit B. Fewster als Director of B. Studies) 1978–83 und seit Herbst 1983 M. Park. An der Upper School gibt es auch einen Teacher's Training Course, der von V. Adams geleitet wird. Die Mitgl.er beider Komp.n des Royal B. sind fast alle aus der R. B. S. hervorgegangen.

Royal Winnipeg Ballet. Die in der Hauptstadt von Manitoba ansässige kanad. Komp. ging aus dem 1938 von G. Lloyd und B. Farrally gegründeten Winnipeg B. Club hervor, gab 1939 ihre erste Vorst. als Winnipeg B., existierte aber noch bis 1948 auf semiprofessioneller Basis und wurde 1949 in eine professionelle Komp. umgewandelt, die 1953 als erste brit. Komp. eine Kgl. Charta erhielt. Nach R. Boris und B. Harkarvy wurde 1958 der noch heute amtierende A. Spohr Direktor der Komp., der für einen großzügigen Ens.- und Rep.-Aufbau sorgte und sie zu ihren ersten Tourneen ins Ausland und nach Übersee führte. Das heutige Rep. offeriert eine solide Basis von Klassiker-Einst.en, die ergänzt werden durch eine breite Palette zeitgenössischer Werke u. a. von G. Balanchine, A. de Mille, H. van Manen, R. van Dantzig, J. Neumeier, B. Macdonald, N. Vesak, O. Araiz, V. Nebrada u. a. Die führenden Solisten der heute aus 14 plus 12 Tänzern bestehenden Komp. sind T. Bacall, E. Hart, D. Peregrine und Z. Wilson.

Lit.: M. Wyman, *The R. W. B.*, New York 1978.

Royale ist im B. ein Entrechat mit zweimaligem Kreuzen der Beine, in Wirklichkeit ein Entrechat deux. Die Benennung soll auf Ludwig XIV. zurückgehen, von dem es heißt, daß er diesen Schritt anstelle des ihn überfordernden Entrechat quatre ausführte.

Ruanne, Patricia, engl. Tänzerin, * 3. 6. 1945 Leeds. Studierte bei J. Pearce, L. Brown und an der Royal B. School. Mitgl. des Royal B. (Touring Section) seit 1962, Solistin 1966, Principal Dancer 1969. Wechselte 1973 zum London Festival B. Rollenkreationen u. a. in B. Morelands *Prodigal Son* (1974), R. Hynds *The Sanguine Fan* (1976) sowie A. Prokovskys *The Storm* und *Verdi Variations* (1981). Verheiratet mit dem Extänzer und Photographen Richard Farley.

Rubinstein, Ida Lwowna, russ. Tänzerin und Schauspielerin, * um 1885 St. Petersburg, † 20. 9. 1960 Vence (Alpes Maritimes). Studierte Rezitation und Pantomime sowie, beeindruckt durch I. Duncan, für kurze Zeit Tanz bei Fokine, der für sie zur Musik von R. Strauss einen nur einmal aufgeführten *Salome*-Tanz choreographierte. Von 1909–11 war sie Mitgl. von Diaghilews B.s Russes, wo sie 1909 als Fokines Cléopatre und 1910 als Zobeide in *Scheherazade* ob ihrer Schönheit viel bewundert wurde. Sie versuchte dann, ein Konkurrenz-Unternehmen zu Diaghilew ins Leben zu rufen, für das sie als ihre eigene Protagonistin eine Reihe von B.en in Auftrag gab: Bei d'Annunzio und Debussy *Le Martyre de Saint Sébastien* (Ch.: Fokine, 1911), bei D. de Sévérac und E. Verhaeren *Hélene de Sparte* (Regie: A. Sanine, 1911) und bei d'Annunzio und Pizzetti *La Pisanelle* (Ch.: Fokine, 1913). Nach dem Krieg trat sie in diversen Schauspielen hervor, die speziell für ihre besonderen Talente (außer ihrer Schönheit und ihrem Sexappeal besaß sie auch eine ungewöhnliche dramatische Expressivität) eingerichtet wurden: *La Tragédie de Salomé* (Mus.: Fl. Schmitt, 1919) und *Antoine et Cléopatre* (Mus.: Schmitt, 1920). 1924 tanzte sie an der Pariser Opéra in L. Staats' *Istar* und 1926 in dessen *Orphée*. Sie unterhielt 1928/29 abermals eine eigene B.-Komp., die sie 1931 und 1934 wiederbelebte. Folgende Werke, von ihr in Auftrag gegeben, wurden 1928 von ihr herausgebracht und kreiert: *Les Noces de Psyché et de l'Amour* (Mus.: Bach und Honegger), *Bolero* (Mus.: Ravel), *La Bien-Aimee* (Mus.: Schubert, Liszt, Milhaud); *Der Kuß der Fee* (Mus.: Strawinsky) und *Nocturne* (Mus.: Borodin). Die Ch.n zu diesen B.en stammen von B. Nijinska. Massine steuerte 1928 noch *David* bei (Mus.: H. Sauguet). Es folgten: *La Valse* (Mus.: Ravel, Ch.: Nijinska, 1929), *Amphion* (Mus.: Honegger, Ch.: Massine, 1931), *Diane de Poitiers* (Mus.: Ibert, Ch.: Fokine, 1934), *Perséphone* (Mus.: Strawinsky, Ch.: K. Jooss, 1934) und *Sémiramis* (Mus.: Honegger, Ch.: Fokine, 1934). Zog sich 1935 vom Th. zurück und überließ der Pariser Opéra die von ihr geplanten Werke *La Sagesse* von Claudel und Milhaud, *Jeanne d'Arc auf dem Scheiterhaufen* von Claudel und Honegger (in dem sie 1938 noch einmal in Basel und 1939 in Orléans auftrat), *Oriane la Sans-Egale* von Fl. Schmitt und *Le Chevalier errant* von Ibert. Sie besaß ohne Zweifel eine außerordentliche, in der Geschichte des modernen Tanz-Th.s seltene Persönlichkeitsfaszination.

Rudner, Sara, amer. Tänzerin und Choreographin, * 1944 Brooklyn. Studierte bei P. Sanasardo, in dessen Komp. sie auch als Tänzerin begann. Danach bei verschiedenen anderen Komp.n und Hauptsolistin von T. Tharps Komp. 1966–74. Tritt jetzt vorwiegend als Solo-Performer auf und choreographiert für ihr eigenes S. R. Performing Ens. Verheiratet mit dem Tänzer Bob Clifford.

Rudolph, Hermann, dt. Tänzer, Choreograph und B.-Meister, * 22. 1. 1935 Chemnitz. Studierte an der Staatl. B.-Schule in Ost-Berlin sowie B.-Pädagogik bei W. Wolkowa. Tänzer in Leipzig 1956/57, Komische Oper Ost-Berlin 1957/58, B.-Meister und Choreograph in Potsdam 1958–61, Friedrichstadt-Palast und Berliner Ens. 1961–63, Solist und Trainingsmeister an der Komischen Oper 1963–67 und seit 1967 als B.-Chef in Karl-Marx-Stadt, wo er zahlreiche B.e choreographiert hat. Verschiedentlich auch als Gastchoreograph an der Dt. Staatsoper in Ost-Berlin tätig.

Rudolph, Johann Joseph (auch Jean-Joseph Rodolphe), frz. Komponist, * 14. 10. 1730 Straßburg, † 18. 8. 1812 Paris. Als Hornist bei der Stuttgarter Hofkapelle komponierte er ab 1761 eine Reihe von Zwischenakt-B.en für Noverre, u. a. *Rinaldo und Armida* (1761), *Psyché et l'Amour* (1762), *La Mort d'Hercule* (1762) und *Medea und Jason* (1763). Später entstand in Paris noch eine B.-Oper *Ismenor* (1773) und das B. *Apelles et Campaspe* (1799).

Rumba. Von Haus aus afro-kub. Werbetanz, der, zum ersten Mal 1882 in einem Gedicht mit diesem Namen erwähnt, zurückging auf ältere afrokub. Werbetänze wie Chica und Yuca. Diese Tänze wurden mit heftigen Beckenstößen und Hüftmotionen, aber ohne Berührung der Partner getanzt. Die Musik der ursprünglichen schwarzen Rumba war polyrhythmisch und polymetrisch. Daher sind heute noch in der modernen Rumba Rhythmus- und Perkussionsinstrumente die typischen Instrumente der Rumba. Im Jahr 1931 kam der Tanz nach New York und von da aus auch nach Europa. Doch war die Rumba damals für Europäer noch zu fremdartig, schon 1934 ging die erste Rumba-Welle zu Ende. Erst nach dem Krieg konnte sich die Rumba in Europa und den USA durchsetzen, allerdings noch ohne Hüftbewegungen. Doch die moderne Turnier-Rumba erfordert Hüftbewegungen zur Seite. Sie wird mit den Figuren des Cha-Cha-Cha getanzt und gehört zu den fünf lateinamerikanischen Gesellschaftstänzen.

Russillo, Joseph, amer. Tänzer, Choreograph, Pädagoge und B.-Direktor, * 1941 New York. Studierte bei M. Mattox. Tänzer bei amer. Komp.n. Beteiligt am Spoleto Festival 1968, wo er auch als Choreograph wirkte. Arbeitete in Turin, Mailand und in Paris, wo er 1971 mit A. Béranger eine Komp. gründete, für die er zahlreiche Ch.n schuf. Arbeitete auch als Pädagoge für Jazztanz an der Pariser Akademie von Y. Chauviré, war Hauschoreograph am Nouveau Carré Th. in Paris. Dann in Italien tätig. Choreographierte u. a. *Le bal Miró, l'uccello luce* (Mus.: S. Bussotti, Venedig 1981), *Lieb und Leid* (Mus.: Mahler, Mailand 1983). Seit 1984 Direktor des Centre choréographique national de Toulouse.

Rußland → Sowjetunion.

S

Sacharoff, Alexander (geb. Zuckerman), russ.-dt. Tänzer und Choreograph, * 26. 5. 1886 Mariupol, † 25. 9. 1963 Siena. Ging nach Paris, um Jura und Malerei zu studieren, sah dort S. Bernhardt ein Menuett tanzen und beschloß darauf, Tänzer zu werden. Studierte in München und gab dort 1910 sein erstes Tanzkonzert mit *Plastischen Studien* (u. a. *Daphnis*, *Narcissus*, *Orpheus*, *Dionysischer Gottesdienst*), *Tanzstudien nach den Meistern der italienischen Frührenaissance* und dem *Frühlingsstimmen-Walzer*. In den folgenden Jahren entwickelte er zusammen mit seiner Partnerin und seit 1919 Gattin Clotilde von Derp auf weltweiten Tourneen seine persönliche Modern-Dance-Variante, die er als »abstrakte Pantomime« bezeichnete, zu höchster Vollkommenheit. Seine Inspirationen bezog er aus den Motiven der bildenden Kunst. Auch als Designer seiner Kostüme erwies er sich als ein Mann von exquisitem Geschmack. Nach 1953 in Rom ansässig, wo er und seine Frau eine Tanzschule unterhielten, gab das Paar 1954 seine Abschieds-Vorst. in Siena, wo beide in den folgenden Jahren regelmäßige Sommerkurse abhielten. Als Kenner des Orients befaßte sich S. auch seriös mit dem ind. Yoga. Er veröffentlichte 1957 ein grundlegendes Werk: *Yoga aus dem Urquell*.

Lit.: H. Brandenburg, in: *Der moderne Tanz*, München 1921.

Sacharow, Rostislaw Wladimirowitsch, sowj. Tänzer, Choreograph, B.-Direktor und Pädagoge, * 7. 9. 1907 Astrachan, † 15. 1. 1984 Moskau. Trat 1920 in die Petrograder B.-Schule ein, studierte dort bei W. Ponomarjew, legte dort 1925 sein Examen ab und ging 1926–29 nach Kiew, wo er bereits seine ersten Ch.n machte. Im Jahr 1929 arbeitete er in Saratow und Astrachan und choreographierte *Don Quixote*, ging dann zur Vervollständigung seiner Ausbildung ans Leningrader Institut für Szenische Kunst und studierte dort Ch. Machte auch dort 1932 sein Examen und wurde Regieassistent und Choreograph am Kirow-Th., wo er 1934 mit *Die Fontäne von Bachtschissaray* (Mus.: B. Assafjew) seinen ersten großen Erfolg hatte. Schon hier erwies er sich als versierter Regisseur, der versuchte, die Erfahrungen des Stanislawsky-Systems auf die Arbeitspraxis des B.s zu übertragen, wobei allerdings literarisch-dramaturgische Rücksichten oft die tänzerischen Belange in den Hintergrund drängten. Auch in seinen folgenden B.en griff er immer wieder auf literarische Klassiker als Inspirationsquelle zurück – so u. a. auf Balzac in *Verlorene Illusionen* (Mus.: Assafjew, Kirow-B., Leningrad 1935), auf Puschkin in *Der Gefangene im Kaukasus* (Mus.: Assafjew, Bolschoi-B., Moskau 1938), *Das Edelfräulein als Bäuerin* (Mus.: Assafjew, Filiale des Bolschoi-Th.s, Moskau 1946) und *Der eherne Reiter* (Mus.: R. Glière, Kirow-B., Leningrad 1949). Choreographierte auch die UA von Prokofjews *Aschenbrödel* (Bolschoi-B., Moskau 1945) und zusammen mit S. Sergejew die UA von W. Jurowskis *Unter dem Himmel Italiens* (Kiew 1952). Von 1936–39 war er Künstlerischer Direktor des Bolschoi-B.s und 1946–49 Chef der Bolschoi-B.-Schule. Für sich selbst schuf er 1946 einen Lehrstuhl für Ch. am Staatlichen Institut für Theaterkunst (GITIS) in Moskau. Dort wurde er 1951 zum Professor für Ch. ernannt. Veröffentlichte 1954 ein Buch *Die Kunst des Choreographen*. S. galt in der Sowjetunion als ein hervorragender Praktiker und Theoretiker, doch sind seine im Westen bekanntgewordenen Arbeiten wegen Hintanstellung der tänzerischen Belange starker Kritik begegnet. War verheiratet mit der Tänzerin Maria Smirnowa – ihrer beider Sohn Wladimir ist Tänzer beim Bolschoi-B.

Lit.: N. Roslavleva, in: *Era of the Russian Ballett*, London 1966.

Sacre du printemps, Le (russ. Originaltitel: *Wesna swjaschennaja*, dt. Titel: *Das Frühlingsopfer*), Szenen aus dem heidnischen Rußland von N. Roerich (auch Dek.) und Strawinsky (auch Mus.), Ch.: W. Nijinsky; UA 29. 5. 1913, B.s Russes de Diaghilew, Th. des Champs-Elysées, Paris, mit Maria Pilz. – Das B. stellt ein fiktives atavistisches Frühlings-Ritual dar. Der 1. Teil heißt: Die Anbetung der Erde. Aus den rivalisierenden Tänzen der Jünglinge und Mädchen entwickelt sich ein Kampf der Geschlechter, in den der weise Mann eingreift, woraufhin alle an dem sich zu einem orgiastischen Taumel steigernden Tanz der Erde teilnehmen. Der 2. Teil heißt: Das Opfer. Er beginnt mit Tänzen der jungen Mädchen, die die zur Opferung bestimmte Auserkorene wählen. Die Opferhandlung wird eingeleitet durch Ritualtänze der Alten. Dann beginnt die Auserkorene mit ihrem Opfertanz, in dem sie sich zu Tode tanzt. Nach dem vollzogenen Opfer wird sie beigesetzt. – Die UA bewirkte wegen ihrer rhythmischen Exzesse und ihrer Dissonanzen-Ballungen einen der größten Th.-Skandale aller Zeiten, so daß das B. nach nur sechs Auff.en in Paris und London wieder abgesetzt wurde – die Pionierleistung der Ch. von Nijinsky ist erst seit den siebziger Jahren in ihrem ganzen Gewicht gewürdigt worden. Eine erfolgreichere Zweitfassung choreographierte L. Massine für die Diaghilew-Komp. 1920. Erste Insz. außerhalb des Diaghilew-Ens.s von Lasar Galpern im Mai 1930 in Köln. Später im gleichen Jahr brachte Massine das B. mit M. Graham in der Hauptrolle in New York heraus. Weitere herausragende Insz.en: L. Horton (Hollywood Bowl, 1937), A. von Milloss (Rom 1941), R. Kölling (Staatsoper München, 1949), Y. Georgi (Düsseldorf 1953), M. Wigman (Städt. Oper Berlin, 1957), M. Béjart (Brüssel 1959), K. MacMillan (Royal B., London 1962), N. Kassatkina und W. Wassiljow (Bolschoi-Th., Moskau 1965), E. Walter (Düsseldorf 1970), J. Neumeier (Frankfurt a. M. 1972), G. Tetley (Staatsoper München) und H. van Manen (Het Nederlands B., beide 1974), P. Bausch (Wuppertal 1975), V. Panow (Dt. Oper Berlin, 1978), O. Araiz (Genf 1982) und M. Graham (New York 1984). Eine ganz vom Original-Libr. absehende Insz. zu der vierhändigen Klavierbearbeitung der Musik von P. Taylor (New York 1980) – auch von R. Alston (B. Rambert, London 1981). Das B. ist auch Teil von Walt Disneys *Fantasia*-Film (1940).

Lit.: O. F. Regner / H.-L. Schneiders, in: *Reclams Ballettführer*, Stuttgart, [8]1980; *The Rite of Spring Sketches. 1911–1913*, with autograph facsimiles, commentary by the composer on Nijinsky's original choreography and essays and commentary by R. Craft, London/New York 1969; R. Buckle, in: *Nijinsky*, London 1971.

Sadler's Wells Ballet → Royal Ballet, The.

Sadler's Wells Royal Ballet → Royal Ballet, The.

Sagan, Gene Hill, amer. Tänzer, Choreograph, Pädagoge und B.-Meister, * 28. 9. 1936 Emporia (Va.). Studierte bei M. Brigante und M. Panaieff, an der B. Th. School sowie bei N. Vyroubova und A. Corvino. Tänzerdebüt beim First Negro Classical B. 1959, dann bei den Komp.n von L. Johnson, C. de Lavallade und G. Holder, beim Puerto Rican B., American Festival B., Israel National Opera B., Jazz-B. Stockholm und in Köln. Begann für seine eigene, 1963 in München gegründete Komp. zu choreographieren. Arbeitet heute vorwiegend in Israel, wo er für verschiedene Komp.n choreogr. hat – am bekanntesten wurde sein B. *And After*... (Mus.: Bach, Bat Dor Dance Comp., 1974).

Saint Denis, Ruth (geb. R. Dennis), amer. Tänzerin, Choreographin und Pädagogin, * 20. 1. 1879 New Jersey, † 21. 7. 1968 Hollywood. Studierte Rezitation, Gesellschaftstanz und für kurze Zeit auch B., sowie Delsarte-Mimik bei ihrer Mutter, trat als Varieté-Tänzerin in New York bei D. Belasco und auf Tourneen (auch in London) auf und wurde 1904 durch ein Zigarettenplakat mit der ägypt. Göttin Isis zu ihrem ersten oriental. B. inspiriert, das sie 1906 in New York präsentierte: *Radha, the Dance of the Five Senses* (Mus. aus Delibes' *Lakmé*). Im selben Jahr folgten *The Incense* und *The Cobras* für ihr erstes Tanzprogramm, mit dem sie im Juli zu ihrer ersten Europa-Tournee aufbrach, die ihr während ihrer dreijährigen Dauer hauptsächlich in Berlin und Wien triumphale Erfolge einbrachte. Neue Tänze waren: *The Nautch* und *Yogi*. Für eine große Amerika-Tournee kreierte sie 1909 *Egypta* und 1913 als ihr erstes jap. B. *O-Mika*. 1914 heiratete sie Ted Shawn. Mit ihm gründete sie 1915 die Denishawn-Tanzschule in Los Angeles, die zur ersten Plattform des modernen Tanzes in den USA wurde und mit deren Komp. sie bis 1931 zahlreiche Tourneen (1925/26 auch in den Fernen Osten) unternahm. Zu ihren größten Unternehmungen gehörten das zusammen mit Shawn realisierte *A Dance Pageant of Egypt, Greece and India* (Mus.: W. Myrowitz, L. Horst und A. Nevins, 1916) und Glucks *Orpheus und Eurydike* (1918). Nach ihrer Trennung von Shawn und der Auflösung von Denishawn (1931) wandte sie sich vorwiegend der Ausführung religiöser Tänze zu. Präsentierte 1932 in der Riverside

Church in New York *Masque of Mary* und gründete dann die Society of Spiritual Arts, die sich um eine Integration von Religion und Kunst bemühte. Zusammen mit La Meri eröffnete sie in New York die dem Studium des oriental. Tanzes gewidmete School of Natya und trat noch bis kurz vor ihrem Tode in Demonstrationen, Film- und Fernsehsendungen auf. Mit dem Band *Lotus Light* trat sie 1932 als Dichterin hervor, 1939 veröffentlichte sie ihre Autobiographie *An Unfinished Life*. Als Tänzerin, Choreographin, Pädagogin und Theoretikerin setzte sie sich für eine Visualisierung von Musik durch Tanz ein. Ihre wichtigste Inspirationsquelle war die Kunst des Fernen Ostens, obwohl sie nur ungenaue Ideen über die verschiedenen oriental. Tanzstile besaß. Hinzu kam bei ihren Tänzen ein preziöses Raffinement, das sich z. T. auch in den Titeln zu erkennen gab – u. a. *Japanese Flower Arrangement*, *White Jade*, *The Dance of the Black and Gold Sari*, *Kwannon*, *Chrysanthemum* und *Ishtar of the Seven Gates*. Über ihre Kunst existieren mehrere Filme: *Ruth St. Denis* von Baribault, *First Lady of American Dance* (Skipper Prods., 1957) und *Ruth St. Denis and Ted Shawn* (NBC, 1958). Ein Radha-Film wurde zwar 1941 aufgenommen, aber erst 1973 veröffentlicht.

Lit.: C. L. Schlundt, *The Professional Appearances of R. St. D. and Ted Shawn – A Chronology and an Index of Dances 1906–32*, New York 1962; W. Terry, *Miss Ruth – The More Living Life of R. St. D.*, New York 1969; J. Sherman, *The Drama of Denishawn Dance*, Middletown (Conn.) 1979; S. Shelton, *Divine Dancer*, New York 1981.

Saint Francis → *Nobilissima Visione.*

Saint-Léon, Arthur (geb. Charles-Victor-Arthur Michel), frz. Tänzer, Choreograph, B.-Meister, Pädagoge und Violinist, * 17. 9. 1821 Paris, † 2. 9. 1870 ebd. Studierte bei seinem Vater (B.-Meister u. a. in Stuttgart), debütierte 1834 als Violinist in Stuttgart und 1835 als Tänzer in München, setzte dann in Paris bei F. D. Albert seine Studien fort, debütierte 1838 als Premier danseur de demi-caractère in Brüssel und kam 1840 ans Kärntnertor-Th. in Wien, wo er zusammen mit F. Cerrito (1845–51 seine Frau) u. a. in *Le Diable boîteux* auftrat. Kreierte 1843 in London J. Perrots *Ondine* und choreographierte in Rom sein wahrscheinlich erstes B. *Vivandiera ed il postiglione* (Mus.: E. Rolland). Tanzte 1844 in London den Phoebus in Perrots *Esmeralda*. Es folgten umfangreiche Gastspielreisen, meist mit Cerrito als Partnerin. Seine ersten großen Erfolge waren 1847 sein B. *La Fille de marbre* in Paris, 1849 *Le Violon du diable* und 1850 *Stella ou Les Contrebandiers* (Mus.: alle Pugni). Leitete die Perfektionsklasse der Pariser Opéra und studierte zahlreiche Opern-B.e ein. 1859–69 war er als Nachfolger von Perrot B.-Meister am Kaiserl. Th. von St. Petersburg und choreographierte dort u. a. *Graziella ou La Querelle amoureuse* (1860), *La Perle de Séville* (1861), *Fiammetta* und *Das bucklige Pferdchen* (Mus.: Pugni – beide 1864). 1863–70 war er gleichzeitig auch B.-Meister der Pariser Opéra und choreographierte hier u. a. *La Source* (Mus.: L. Minkus und L. Delibes, 1866) und *Coppélia* (Mus.: Delibes, 1870). Veröffentlichte 1852 eine von ihm entwickelte Tanznotation: *La Sténochorégraphie ou Art d'écrire promptement la danse*. – Er war einer der besten Tänzer seiner Zeit, berühmt durch seinen Ballon und seine Élévation. Als Choreograph, der gelegentlich auch selber die Musik zu seinen B.en komponierte, wie für *Saltarello* (Lissabon 1855), war er besonders wegen seiner temperamentvollen Charaktertänze geschätzt. I. Guest hat seine Korrespondenz herausgegeben: *Letters from a Ballet Master* (1981).

Lit.: I. Guest, in: *The Ballet of the Second Empire*, London 1974.

Saisons, Les → *Jahreszeiten, Die.*

Salade, B. chanté von Alb. Flamant, Ch.: L. Massine, Mus.: Milhaud, Dek.: G. Braque; UA 17. 5. 1924, im Rahmen der Soirées de Paris, mit Massine, E. Marra u. a. – Es handelt sich um eine von Commedia-dell'arte-Motiven inspirierte Geschichte mit großen Liebeskomplikationen, listigen Streichen nebst Verkleidungen und Verwicklungen jeglicher Art. Die Szenendarsteller – Charaktere der klassischen ital. Komödie – werden jeweils durch einen Sänger im Orchester gedoubelt. Dt. EA von M. Terpis (Staatsoper Berlin, 1929) – spätere Versionen u. a. von S. Lifar (Opéra, Paris 1935), P. Darrell (Western Th. B., 1961) und A. von Milloss (Staatsoper Wien, 1963).

Lit.: C. W. Beaumont, in: *Complete Book of Ballets*, London 1951.

Salammbô, B. in 5 Akten und 7 Bildern, Libr. und Ch.: A. Gorsky, Mus.: A. Arends, Dek.:

K. Korowin; UA 10. 10. 1910, Bolschoi-Th., Moskau, mit J. Geltzer, M. Mordkin u. a. – Das B. basiert auf dem gleichnamigen Roman von G. Flaubert und schildert die Auseinandersetzungen zwischen den Karthagern (zu denen auch Salammbô gehört, die in einem Tempel den Schleier der Göttin Tanit hütet) und den Libyern (die von Matho angeführt werden). Es kommt zu einer leidenschaftlichen Liebesromanze zwischen Salammbô und Matho, als Salammbô in sein Zelt eindringt, um den von ihm geraubten Schleier, an dem das Kriegsglück der Karthager hängt, zurückzuholen. Schließlich besinnt sie sich ihrer Pflicht und kehrt mit dem wiedergewonnenen Schleier ins Lager der Ihren zurück. Als Matho vor ihren Augen einen qualvollen Foltertod erleidet, bricht auch ihr das Herz. – *S.* war eins von Gorskys wichtigsten Reform-B.en, in dem er sich ganz vom bisherigen Nummern-B. abwandte und eine aus der integrierten dramaturgisch-inszenatorischen Konzeption erwachsende Prod. schuf, die er Mimodrama nannte. Anstelle der üblichen B.-Kostüme trugen die Tänzer lange Roben und Sandalen.

Lit.: N. Roslavleva, in: *Era of the Russian Ballet*, London 1966.

Sallé, Marie, frz. Tänzerin, * 1707, † 27. 7. 1756 Paris. Tochter eines Jahrmarktsakrobaten, trat schon als Kind in Pantomimen von J. Rich in London auf und debütierte 1718 auf dem Jahrmarkt von Saint-Laurent in Paris in Lesage-Lafonts komischer Oper *La Princesse de Carisme*. Studierte dann bei Fr. Prévost und debütierte 1727 an der Opéra, wo sie rasch als Rivalin der Camargo (die ihr an technischer Brillanz überlegen war, während sie vor allem ihrer darstellerischen Sensibilität wegen geschätzt wurde) Berühmtheit erlangte. Tanzte regelmäßig auch in London, wo sie 1734 das B. *Pygmalion* kreierte, in dem sie als erste auf das übliche schwere Barock-Kostüm verzichtete und statt dessen eine Musselin-Tunika im griech. Stil trug. Zu ihrem Freundeskreis gehörte außer Garrick, Voltaire und Noverre auch Händel, der für sie nicht nur seinen *Terpsichore*-Prolog (zu *Pastor fido*, 1734) komponierte, sondern auch seine drei stark B.-orientierten Opern *Oreste* (1734), *Ariodante* und *Alcina* (beide 1735). In Paris hatte sie ihre größten Erfolge in den B.en von Molière/Lully, aber auch in Campras *Fêtes vénitiennes* und *L'Europe galante* sowie in Rameaus *Les Indes galantes*. Nach ihrer 1740 erfolgten Pensionierung trat sie noch verschiedentlich bei höfischen Bällen, aber auch auf der Bühne in Paris und London auf, zum letztenmal wahrscheinlich 1752 in Fontainebleau in *Tyrsis et Doristée*. Noverre hat sie geschätzt, denn sie gehörte als seine Vorläuferin zu den Pionieren des B. d'action. So bedeutende Schriftsteller wie Voltaire, Pope und Gay haben Gedichte über sie geschrieben.

Lit.: P. Migel, in: *The Ballerinas*, New York 1972.

Salome-Ballette. Die Geschichte der Tochter des Königs Herodes, die als Preis für den von ihrem Vater erbetenen Tanz der sieben Schleier den Kopf Johannes des Täufers fordert, ist immer wieder von Solotänzern und Choreographen neu interpretiert worden – u. a. von M. Allan (Mus.: M. Remy, Wien 1907), L. Fuller (Mus.: F. Schmitt, Paris 1907), A. Gorsky (Mus.: R. Strauss, Moskau 1921 – später u. a. auch von R. Abramowitsch, Warschau 1933, S. Lifar, Monte Carlo 1946, J. Lefebre, Dt. Staatsoper Ost-Berlin 1970), L. Horton (eigene Schlagzeug-Musik, Los Angeles 1938), B. Cullberg (Mus.: H. Rosenberg, Stockholm 1964), P. Darrell (in Hindemiths *Herodiade*, London 1970 – in der für M. Graham geschriebenen und 1944 in Washington (D. C.) uraufgeführten Version tritt S. jedoch nicht auf), M. Béjart (Musik-Collage, Opéra Comique, Paris 1970), L. Kemp (Musik-Collage, New York 1975) und F. Flindt (Mus.: P. M. Davies, Kopenhagen 1978). Ein B. zu der von F. Schmitt für L. Fuller komponierten Musik *La Tragédie de S.* von B. Romanov (B.s Russes de Diaghilew, Paris 1913).

Salon Mexico, El, Tanzstück in 1 Akt, Ch.: D. Humphrey, Mus.: A. Copland, Kost.: E. Parsons; UA 11. 3. 1943, Studio Th., New York, mit J. Limón, F. Lessing u. a. – Das Stück ist eine Folge loser, ineinander übergehender Szenen, mit einem mex. Bauern als durchgehender Hauptfigur, der hier von seinen verschiedenen Begegnungen mit Frauen träumt.

Saltarello (lat. *saltare*, springen, tanzen), lebhafter ital. Springtanz im ¾-Takt, der Tarantella verwandt, doch hauptsächlich aus flachen Sprüngen bestehend. Entstand im 14. Jh., fand seine endgültige Gestalt im 15. Jh. und war noch im 16. Jh. verbreitet, als Nachtanz zu einer Bassa Danse. In die Kunstmusik fand er durch Mendelssohn Bartholdy im Schlußsatz seiner Ital. Sinfonie Eingang, ins B. durch Perrot in *Catarina ou La Fille du Bandit* (London 1846).

Samaropoulo, Persephone, griech. Tänzerin, * 28. 1. 1941 Kairo. Studierte bei Sonia Iwanowa, H. Remus, C. Molina, Y. Metsis und B. Kniaseff, dann in London bei W. Edwards, E. Ward, M. Fay und M. Rambert. Tänzerin beim Kairo Fernseh-B. 1959–64, Athen Opern-B. 1964–66, Stuttgarter B. 1966/67, abermals Athen 1968–70, Frankfurt a. M. 1970–73 und Hamburg 1973–80. Zahlreiche Rollenkreationen in den B.en von J. Neumeier.

Samba, afro-bras. Paartanz, der von Bantu-Sklaven aus Angola geschaffen wurde. Erste Erwähnung 1883. Berühmt sind die Samba-Truppen des Carnaval von Rio. Der (!) Samba tauchte um 1924 zum ersten Mal in Europa auf, konnte sich aber erst nach 1950 als Gesellschaftstanz und vor allem als Turniertanz durchsetzen. Der Grundschritt ist dreiteilig: rechter Fuß kleiner Schritt vorwärts, rechte Hüfte vorwärts – linken Fuß leicht zurückschleifen – rechter Fuß zu linkem Fuß zurück, linke Hüfte rückwärts.

Samsova, Galina (d. i. Samtsova), sowj.-kanad. Tänzerin und B.-Meisterin, * 17. 3. 1937 Stalingrad. Studierte an der B. Schule in Kiew (Examen 1956). Tänzerin beim B. in Kiew, dann auch Solistin. Heiratete den kanad. Tänzer und Pädagogen A. Ursuliak und ging mit ihm nach Kanada, wo sie sich 1961 dem National B. of Canada anschloß. Kreierte Titelrolle in W. Orlikowskys *Cinderella* (Paris 1963). Ballerina beim London Festival B. 1964–73. Gründete 1972 zusammen mit ihrem zweiten Gatten A. Prokovsky das New London B., mit dem sie ausgedehnte Tourneen unternahm und zahlreiche Rollen in den B.en ihres Mannes kreierte. Principal Dancer des Sadler's Wells Royal B. seit 1979 und neuerdings auch Pädagogin und Proben-B.-Meisterin. Studierte für die Komp. den Grand Pas aus *Paquita* ein (1980), dann, zusammen mit P. Wright, *Schwanensee* (1982). Hauptrollenkreationen u. a. in J. Carters *The Unknown Island* (1969), R. Hynds *Dvorak Variations* (1970), P. Darrells *Othello* (1971), *La Péri* (1971) und *Chéri* (1980) sowie L. Seymours *Intimate Letters* (1978). Inzwischen von Prokovsky geschieden.

Sanasardo, Paul, amer. Tänzer, Choreograph, Pädagoge und B.-Direktor, * 15. 9. 1928 Chicago. Studierte bei A. Tudor, E. Thimey, M. Graham und M. Slavenska. Tänzerdebüt beim E. Thimey Dance Th. 1951, dann bei den Komp.n von A. Sokolow und P. Lang, am Broadway und bei der New York City Opera. Gründete zusammen mit D. Feuer die S. Dance Comp. 1957, gefolgt vom Studio for Dance 1958. Artistic Director der Batsheva Dance Comp. 1977–81. Seither Director of Modern Dance Artists in New York und der School of Modern Dance in Saratoga (N. Y.).

Sanders, Job, holl. Tänzer, Choreograph und Pädagoge, * 1929 Amsterdam. Studierte bei A. Gavrilov und an der School of American B. Tänzerdebüt bei der B. Society, dann am Broadway, beim B. Russe de Monte Carlo, American B. Th., R. Pages Chicago Opera B. und American Festival B. Tänzer und Choreograph beim Nederlands Dans Th. 1961–71, seither verschiedentlich als Choreograph zurückgekehrt. Direktor des Mexican B. Clásico 1971–73. Unterrichtet heute in Den Haag.

San Francisco Ballet, The. Amerikas älteste B.-Komp. wurde als S. F. Opera B. 1933 gegründet, zusammen mit der S. F. B. School. Erster Choreograph war A. Bolm. Sie trat anfangs hauptsächlich in Opern-Prod.en auf, gab aber auch einzelne B.-Vorst.en, die von Bolm choreographiert wurden. Größere Unabhängigkeit wurde unter dem Bolm-Nachfolger S. Oukrainsky (ab 1937) erreicht, der wiederum von W. Christensen, bis dahin Erster Solist, 1938 abgelöst wurde. Unter Christensen kamen die ersten Klassiker-Prod.en heraus: *Coppélia*, *Schwanensee* (erste amer. Prod. des kompletten B.s) und *Nußknacker*. H. Christensen wurde dann Direktor der Schule. W. Christensens Bruder L. Christensen übernahm 1951 die Leitung der Komp. und stellte einen engen Kontakt zum New York City B. her, der sich außerordentlich positiv für die Rep.-Bildung während der fünfziger Jahre entwickelte. Seit 1957 hat die Komp. regelmäßig auch Auslands- und Intercontinental-Tourneen unternommen. Sie wird heute zusammen von L. Christensen und M. Smuin geleitet, mit R. Gladstein als Assistant Director und B.-Meister. Das Rückgrat des heutigen Rep.s bilden die B.e von Christensen und Smuin, mit mehreren B.en sind aber auch u. a. G. Balanchine, J. Butler, C. Carvajal und Gladstein vertreten. Zu den bekannt gewordenen Tänzern, die aus der Komp. hervorgegangen sind, zählen u. a. J. Reed, J. Vollmar, H. Lang, S. Bailey, C. Gregory und S. Douglas.

San Goh, Choo → Goh, Choo San.

Sangalli, Rita, ital. Tänzerin, * 1850 Mailand, † Nov. 1909 Carpesino d'Arcellasco. Studierte bei A. Hus und debütierte 1865 in P. Taglionis *Flick und Flock* an der Scala. Ihre Tourneen führten sie dann über Italien, Österreich und England in die USA, wo sie 1866 ihr Debüt in New York in *The Black Crook* hatte. Daran schlossen sich ausgedehnte Tourneen und weitere Gastspiele in New York an. Debütierte 1872 an der Pariser Opéra in *La Source* und kreierte dort L. Mérantes *Sylvia* (1876), *Yedda* (1879) und L. Petipas *Namouna* (1882). 1886 heiratete sie den Baron de Saint-Pierre, als dessen kluge und gebildete Frau sie eine der großen Pariser Salonschönheiten der Belle Epoque war. Veröffentlichte 1875 ein kleines Buch, *Terpsichore*, in dem sie ihren Kolleginnen kluge Ratschläge erteilte.

Sankowskaja, Jekaterina Alexandrowna, russ. Tänzerin, * 1816 Moskau, † 28. 8. 1878 ebd. Trat 1825 in die Moskauer B.-Schule ein, machte 1836 ihr Examen und wurde die beliebteste Moskauer Ballerina ihrer Zeit. Wegen ihrer beseelten und dramatisch engagierten Interpretationen wurde sie sehr gefeiert. War 1837 die erste Moskauer La Sylphide. Beendete 1854 ihre Bühnentätigkeit, lebte in großer Armut und verdiente sich ihr Geld als Tanzlehrerin in den Familien reicher Moskauer Kaufleute. Auch K. Stanislawsky war ihr Schüler.

Lit.: N. Roslavleva, in: *Era of the Russian Ballet*, London 1966.

Santiago de Chile. Die ersten B.-Vorst.en fanden 1850 im Teatro Principal statt, wo die Gruppe von M. Ponçot mit den Ballerinen Mlles Dimier und Soldini romantische Erfolgs-B.e zur Auff. brachte. 1854 lernte Chile durch die Komp. der Roussets auch *Giselle* kennen. Die großen Anreiseschwierigkeiten machten jedoch eine planmäßige B.-Pflege so gut wie unmöglich. Die nächste größere Saison war erst das Gastspiel der Pawlowa-Truppe 1917/18. 1921 kam es zu einer ersten Schulgründung durch den ehemaligen Pawlowa-Tänzer Jan Kaveski, dessen bis 1938 bestehende Schule zur Basis der B.-Pionierarbeit in Chile wurde. Neben ihm wirkten die bei S. Astafieva in London ausgebildete Doreen Young, eine Anglo-Chilenin, die später B.-Meisterin des B. Nacional de Chile wurde, und Lucy Clark. Während der vierziger Jahre kamen de Basils Original B. Russe de Monte Carlo und die B.s Jooss, die hier besonders beeindruckten. Zwei ihrer Tänzer, E. Uthoff und Lola Botka, kehrten 1942 zurück und gründeten unter dem Protektorat der Universität eine Schule. Sie diente als Basis gelegentlicher Vorst.en mit zunehmend professionelleren Tänzern, so daß der aus ihnen gebildeten Komp. schließlich der Name eines Nationalen Chil. B.s zuerkannt wurde, wobei der größte Teil ihres Rep.s aus B.en von Uthoff und Jooss stammte. 1952 wurde die auf klassischer russ. Basis arbeitende E. Poliakova B.-Meisterin und die Komp. orientierte sich zunehmend akademisch. Bis 1957 veranstaltete die Komp. regelmäßige Saisons im Teatro Municipal, danach, auf Grund administrativer Schwierigkeiten, im kleineren Teatro Victoria. Tourneen in die benachbarten Länder, 1964 erstmalig in die USA, wonach Uthoff in den Ruhestand trat. Seither hat es hier einen häufigen B.-Meister-Wechsel gegeben. Es kamen und gingen Ch. Dickson, D. Carey, V. Roncal, P. Bunster u. a. 1949 gründeten die sowj. Tänzer Vadim Sulima und Nina Gritsova eine klassisch orientierte B.-Schule am Teatro Municipal. Aus ihr entwickelte sich unter großen Schwierigkeiten das B. Clásico Nacional, das mit einer Reihe von Klassiker-Einst.en aufwartete und 1959 von O. Cintolesi, einem früheren Uthoff-Schüler, der lange in Europa gearbeitet hatte, in das B. Municipal de Santiago umgewandelt wurde. Ihm folgten als Chefs Ch. Dickson, B. Hermansen, N. Dixon und als derzeitiger Direktor I. Nagy. Seit 1965 gibt es am Teatro Municipal ein von Claire Robilant aufgebautes Tanzarchiv, das nach dem politischen Coup von 1973 geschlossen wurde und heute von Hilda Sato geleitet wird.

Sappington, Margo, amer. Tänzerin und Choreographin, * 30. 7. 1947 Baytown (Tex.). Studierte bei Camille Hill, M. Mattox und am American B. Center. Trat in Musicals auf. Wurde bekannt als Choreographin von *Oh! Calcutta!* (1969). Hat seither für verschiedene Komp.n choreographiert, u. a. fürs Joffrey B., Harkness B., Nederlands Dans Th. und B. de Caracas.

Sarabande, seit etwa 1580 in Andalusien bekannter, ursprünglich afro-kub. Tanz, der wegen seiner »wollüstigen« Beckenbewegungen von Kirche und Staat verfolgt, verboten und bestraft wurde. Seit etwa 1620 Wandlung zum langsamen höfischen Tanz im ¾-Takt. Nach 1700 nur noch Bühnentanz, 3. Satz der klassischen Suite. Die ursprüngliche Bedeutung des Worts (Zarabanda, schwarze Magie) blieb bis heute in schwarzen kub. Geheimkulten erhalten.

Sarabhai, Mrinalini, ind. Tänzerin, Choreographin und Pädagogin, * 1923 Madras. Studierte in der Schweiz, an der von Tagore gegründeten Schule von Shantiniketan und an der Academy of Dramatic Art in New York, weiter bei Srimati Rukmini, bei der sie die Techniken von Bharata Natya und Kathakali erlernte. Debütierte 1939 in Madras, tanzte häufig mit Ram Gopal zusammen, gründete 1948 in Ahmedabad ihre Darpana-Akademie für Tanz, Drama und Musik und unternahm seit 1949 mit eigener Komp. weltweite Tourneen (1949 auch in Europa). Die von ihr choreographierten Tänze und Tanzdramen, in denen sie sich aller zur Verfügung stehenden Mittel der verschiedenen ind. Schulen bedient, zeichnen sich durch bemerkenswerte Stilreinheit aus. Wurde 1955 als Staatstänzerin ausgezeichnet und gleichzeitig Direktorin der neugegründeten Sangit Natak Akademie. Veröffentlichte 1952 in London ein Buch *This Alone is True.*

Sarstädt, Marian, holl. Tänzerin und B.-Meisterin, * 11. 7. 1942 Amsterdam. Studierte bei Ann Sybranda, N. Kiss und A. de Vos. Tänzerindebüt beim Scapino B. 1957, dann beim Grand B. du Marquis de Cuevas 1960/61 und schließlich als eine der profiliertesten Solistinnen beim Nederlands Dans Th. 1962–72, wo sie zahlreiche Rollen vor allem in den B.en von H. van Manen kreierte. Ging 1972 als B.-Meisterin zum Scapino B., mit dessem Künstlerischen Direktor Armando Novarro sie verheiratet ist.

Satanella oder Metamorphosen, B. von P. Taglioni, Mus.: Paul Hertel; UA 28. 4. 1852, Kgl. Oper Berlin. Das sehr verbürgerlichte Libr. geht auf Cazottes Roman *Diable amoureux* zurück. In seinem Mittelpunkt steht der liederliche Student Karl, der seine Braut Bertha im Stich läßt und den Verlockungen der Teufelin S. erliegt, die ihm in allen möglichen Verwandlungen erscheint und ihn dadurch in Wahnsinn versetzt. – Das B. erfreute sich in Berlin (bis 1885 waren es 207 Auff.en), aber auch in Wien (Premiere 1853) größter Beliebtheit. Eine kürzere Vorform choreographierte Taglioni schon 1850 unter dem Titel *Les Metamorphoses* am Londoner Her Majesty's Th. zu Musik von C. Pugni, mit C. Grisi in der Hauptrolle.

Lit.: C. W. Beaumont, *»Les Metamorphoses«*, in: *Complete Book of Ballets*, London 1951.

Satie, Erik Alfred Leslie, frz. Komponist, * 17. 5. 1866 Honfleur, † 1. 7. 1925 Paris. Schrieb die Musik zu dem kretischen B. *Uspud* (keine Details bekannt), L. Massines *Parade* (1917) und *Mercure* (1924), J. Börlins *Relâche* (1924) und G. Balanchines *Jack in the Box* (1926). Seine *Trois Gymnopédies* sind vielfach choreographiert worden, meist in der Orchesterfassung von Debussy und Roland-Manuel – u. a. von F. Ashton in *Monotones* (1965, ergänzt durch *Trois Gnossiennes*, arr. von J. Lanchbery, 1966) und H. van Manen in *Squares* (1969, später ersetzt aus Copyright-Gründen durch eine ähnlich klingende Musik von Z. Silassy). M. Cunningham hat sich häufig seiner Musik bedient, u. a. in *Idyllic Song* (1944), *The Monkey Dances* (1948), *Two Step* (1949), *Waltz* und *Rag Time Parade* (1950), *Septet* (1953), *Nocturnes* (1956) und *Second Hand* (geplant 1970 zu seinem *Socrate*, aus juristischen Gründen ausgetauscht gegen eine Musik von J. Cage). Verschiedene Stücke von ihm wurden von B. Moreland in *Dark Voyage* (1973) verwendet, von P. Taylor in *Sports and Follies* (1974), von Lorca Massine in *Esoteriksatie* (Mailand 1978) und von M. Pendleton in *Intégrale E. S.* (Paris 1979).

Sauguet, Henri, frz. Komponist, * 18. 5. 1901 Bordeaux. Schrieb die Musik zu L. Massines *Les Roses* (1924), *David* (1928) und *Les Saisons* (1951), G. Balanchines *La Chatte* (1927) und *Fastes* (1933), S. Lifars *La Nuit* (1930) und *Les*

Mirages (1947), R. Petits *Image à Paul et Virginie* (1943) und *Les Forains* (1945), D. Lichines *Le Rencontre, ou Edipe et le Sphinx* (1948), J. Charrats *Le dernier jugement* (1951) und *Paris* (1966), J. Taras' *Cordelia* (1952), J. Babilées *Le Caméléopard* (1956), T. Gsovskys *Die Kameliendame* (1957) und W. Orlikowskys *Fünf Etagen* (1960).

Saunders, James, amer. Tänzer, Choreograph und Pädagoge, * 14. 7. 1946 Wilmington (Del.). Studierte Malerei und Bildhauerei am Philadelphia College of Arts sowie Tanz an der School of Pennsylvania B. und bei E. Caton und H. Zaraspe. Tänzer beim Pennsylvania B., B. du XXe Siècle, Kölner Tanz-Forum 1973–77, Frankfurt a. M. 1977/78, mit zahlreichen Rollenkreationen in B.en von G. Veredon und F. Howald, als Gast auch von H. Spoerli in Basel. Seither freischaffend tätig als Choreograph und Pädagoge sowohl in Köln (mehrere städt. Tanz-Projekte) als auch in den USA.

Saut (frz. *sauter*, springen), im B. ein Sprung mit Absprung und Landung auf beiden Füßen in derselben Position.

Saut de basque → Basque, Pas de.

Savignano, Luciana, ital. Tänzerin, * 30. 11. 1943 Mailand. Studierte an der B.-Schule der Scala. Tänzerin des Scala-B.s seit 1961, Solistin 1965, Principal Dancer 1972. Zahlreiche Auslandsgastspiele (Bolschoi-B., Lyric Opera of Chicago B.), mehrfach auch beim B. du XXe Siècle. Rollenkreationen u. a. in M. Béjarts *Ce que l'amour me dit* (1974) und J. Russillos *Lieb und Leid* (1983).

Scala, Ballett des Teatro alla → Mailand.

Scandinaviske Ballet, Den, eine von E. M. von Rosen und ihrem Mann A. Fridericia 1960 gegründete Komp., die unter dem Protektorat des schwed. Riksteatern und des dän. Andelsteatret bis Herbst 1961 zwei größere Tourneen durchführte. Auf dem Rep. standen zwei Programme: *Irene Holm* (Ch.: von Rosen), *La Sylphide* (Ch.: A. Bournonville) und *Truffaldino* (Ch.: I. Cramér) sowie *Teenagers* (Ch.: von Rosen), *Fest von Albano* (Ch.: Bournonville) und *Romantische Suite* (Ch.: Cramér). Zu den Tänzern der Komp. gehörten u. a. auch L. Isaksen und E. Madsen.

Scapino Ballet. Die Komp. wurde 1945 von (Frau) Hans Snoek in Amsterdam mit der Zielsetzung gegründet, B.-Vorst.en für Jugendliche zu geben. Sie hat dieses Ziel mit großer Konsequenz realisiert und auf diese Weise entscheidend zum B.-Verständnis des heutigen holl. Publikums beigetragen. Außer den regulären Vorst.en mit eigens für die Truppe und ihr jugendliches Publikum geschaffenen B.en (zuerst fast ausschließlich von Snoek, inzwischen haben u. a. auch H. van Manen und R. van Dantzig für die Komp. choreographiert) gehen die heute 46 Tänzer oft auch mit Einführungs-Demonstrationen in Schulen und Jugendheime. Nachfolger von Snoek als Künstlerischer Direktor wurde 1970 A. Verstegen. Heute wird die Komp. von A. Navarro geleitet.

Scaramouche, B. in 3 Bildern, Libr.: Paul Knudsen, Mus.: Sibelius, Ch.: Emilie Walbom; UA 12. 5. 1922, Kgl. Dän. B., Kopenhagen. – Auf einem Fest, das von Leilo und seiner Frau Blondelaine gegeben wird, erscheint der fremde Wandergeiger S., der durch sein faszinierendes Spiel alle in seinen Bann zieht – auch Blondelaine, die ihm in den Garten folgt, wo es zu einer leidenschaftlichen Liebesszene zwischen beiden kommt. Als S. sie danach auffordert, mit ihm zu gehen, andernfalls er ihren Gatten über das im Garten Vorgefallene informieren will, tötet sie ihn mit einem Dolch. S. verfolgt sie jedoch über seinen Tod hinaus mit seinem Spiel. Überall glaubt sie, seine Melodie zu hören. Sie steigert sich in einen immer rasenderen Tanz, bis sie tot zu Boden sinkt. – Sibelius komponierte sein einziges B. bereits 1913. Spätere Einst.en u. a. von O. Lemanis (Riga 1936), R. Hightower (Grand B. du Marquis de Cuevas, 1951) und Irja Koskkinen (Helsinki 1955).

Scarlatti, Domenico, italien. Komponist, * 26. 10. 1685 Neapel, † 23. 7. 1757 Madrid. Komponierte keine B.-Musik, doch wurden seine Cembalo-Sonaten verschiedentlich für B.-Zwecke arrangiert – u. a. für L. Massines *Les Femmes de bonne humeur* (1917), E. Lorings *Harlequin for President* (1936), M. Béjarts *La Mégère apprivoisée* (1954), J. Crankos *La Reja* (1959) und *Der Widerspenstigen Zähmung*

(1969), A. Prokovskys *Scarlatti and Friends* (1973) und P. Martins' *Sonate di Scarlatti* (1979).

Scènes de ballet, B. von I. Strawinsky, Ch.: A. Dolin; UA 17. 12. 1944 im Rahmen der Billy-Rose-Revue *The Seven Lively Arts*, Ziegfeld Th., New York, mit A. Markova und Dolin. – Es handelt sich um ein reines Divertissement, das der Broadway-Produzent B. Rose als 15-Minuten-B. für 5000 $ bei Strawinsky bestellt hatte. Die nach der Try-Out-Auff. in Philadelphia verlangten Änderungen wurden von Strawinsky abgelehnt. Bei der Premiere in New York wurde das B. in stark gekürzter Form gegeben. Zuerst komplett von F. Ashton (Sadler's Wells B., Covent Garden, London 1948), spätere Versionen u. a. von G. Blank (Städt. Oper Berlin, 1952).

Lit.: O. F. Regner / H.-L. Schneiders, in: *Reclams Ballettführer*, Stuttgart [8]1980.

Schachmatt → *Checkmate.*

Schanne, Margrethe, dän. Tänzerin und Pädagogin, * 21. 11. 1921 Kopenhagen. Studierte an der Schule des Kgl. Dän. B.s. Mitgl. der Komp. 1940, Solotänzerin 1943–66. Tanzte die Ballerinenrollen des dän. und internationalen klassischen und modernen Rep.s. Ihre Leichtigkeit und ihre beseelte Sensitivität ließen sie ihre vollkommenste tänzerische Erfüllung in den romantischen Ballerinenrollen finden – insbesondere als Bournonvilles La Sylphide. Gastierte häufig auch im Ausland (u. a. beim Grand B. du Marquis de Cuevas). Heute als Pädagogin tätig.

Schaufuss, Peter, dän. Tänzer, Choreograph und B.-Direktor, * 26. 4. 1949 Kopenhagen. Sohn von Frank Sch. (* 13. 12. 1921 Kopenhagen, Tänzer und Choreograph) und Mona Vangsaae studierte an der Kgl. Dän. B.-Schule. Mitgl. des Kgl. Dän. B.s seit 1965 (heute mit Gastvertrag). Auslandsgastspiele, beim National B. of Canada, R. Petits B. National de Marseille, Pittsburgh B., Frankfurt a. M., Dt. Oper Berlin, auch Principal Dancer New York City B. 1974–77. Rollenkreationen u. a. in Petits *La Fantôme de l'Opéra* (1980) und K. MacMillans *Orpheus* (1982). Hatte aufsehenerregenden Erfolg mit seiner Prod. von A. Bournonvilles *La Sylphide* beim London Festival B. (1979, auch für Stuttgart und Dt. Oper Berlin, 1982), mit *Napoli* beim National B. of Canada (1981) und *Eine Volkssage* an der Dt. Oper Berlin (1983). Seit 1984 Artistic Director des London Festival B.

Schayk, Toer van, holl. Tänzer, Designer und Choreograph, * 28. 9. 1936 Amsterdam. Studierte bei S. Gaskell, gleichzeitig auch Malerei und Bildhauerei an der Kunstakademie in Den Haag. Tänzer beim Nederlands B. 1955–59. Arbeitete dann als Maler und Bildhauer. Kehrte 1965 zu Het Nationale B. zurück, wo er zahlreiche Rollen in B.en von R. van Dantzig kreierte, die er meist auch ausstattete (u. a. *Monument für einen gestorbenen Jungen*, 1965). Seit 1971 auch als Choreograph tätig, choreographierte u. a. *The Art of Saying Bye-Bye* (Mus.: Purcell, 1973), *Pyrrhische Tänze* (Mus.: G. Grey, 1974; später auch *Pyrrhische Tänze II und III*), *8 Madrigale* (Mus.: Gesualdo, 1975), *Jeux* (Mus.: Debussy, 1977), *Life* (zus. mit van Dantzig, Mus.: Ives u. a., 1979), *Ein verwahrloster Garten* (Mus.: Mozart, 1980), *Landschaft* (Mus.: Beethoven u. a., 1982). Als Gastchoreograph u. a. auch in Frankfurt a. M. tätig.

Scheherazade, B. in 1 Akt, Libr.: A. Benois, Ch.: M. Fokine, Mus.: Rimskij-Korsakow, Dek.: L. Bakst; UA 4. 6. 1910, B.s Russes de Diaghilew, Opéra Paris, mit I. Rubinstein, W. Nijinsky, E. Cecchetti u. a. Das Libr. basiert auf der ersten Erzählung aus *Tausendundeine Nacht* und behandelt die Geschichte von Zobeide, welche die Geliebte Schahriars ist. Während dieser sich auf die Jagd begibt, gibt sie sich in einem leidenschaftlichen Tanz dem Goldneger, ihrem Lieblingssklaven, hin, wird aber dabei von dem verfrüht zurückkehrenden Schahriar überrascht, der den Sklaven von seinen Wachen töten läßt, während S. Selbstmord begeht. Das B. erregte sofort durch seinen exotischen Luxus und seine ungezügelte Erotik größtes Aufsehen. Musikalische Bedenken richteten sich jedoch von Anfang an gegen die sinnentstellende Interpretation von Rimskij-Korsakows programmatisch genau festgelegter Sinfonischer Suite und ihre Kürzung von vier auf drei Sätze. Trotzdem wurde die Fokine-Ch. immer wieder neu inszeniert. Doch schufen andere Choreographen auch eigene Bearbeitungen und choreographierten die Musik nach eigenem Gutdünken.

Eng an das Originalprogramm von Rimskij-Korsakow hielt sich N. Anissimowa in ihrer 1950 am Leningrader Maly-Th. geschaffenen Version. Eine erfolgreiche Insz. choreographierte G. Steinweg 1955 an der Komischen Oper Berlin. Die ind. Tänzerin Lilavati gestaltete 1969 eine Insz. im ind. Kathakali-Stil in Malmö.

Lit.: O. F. Regner / H.-L. Schneiders, in: *Reclams Ballettführer*, Stuttgart [8]1980.

Scheier, Helmut, dt. Tanzpublizist, * 6. 11. 1926 Remscheid. Studierte an den Universitäten Bonn und Heidelberg. B.-Kritiker des *Kölner Stadt-Anzeigers* seit 1977. Ständiger Mitarbeiter des *Tanzarchivs* seit 1975 sowie von *B. International*, der *Stuttgarter Zeitung*, des dt. B.-Jahrbuchs seit *Ballett 1976*, zahlreicher weiterer Publikumsorgane und Rundfunkstationen. Dozent für Tanz- und Kulturgeschichte am Kölner Institut für Bühnentanz seit 1979. Koautor *John Neumeier und das Hamburger Ballett* (Hamburg 1977).

Schelesnowa, Eleonora → Shelesnowa, Eleonora.

Schelest, Alla Jakowlewna, sowj. Tänzerin und B.-Meisterin, * 26. 2. 1919 Smolensk. Studierte an der Leningrader B.-Schule (Examen 1937), wurde dann Mitgl. des Kirow-B.s und eine seiner populärsten Ballerinen, viel gerühmt ob ihrer glänzenden Technik und ihrer dramatischen Ausdrucksfülle. Tanzte alle Ballerinenrollen des Standard-Rep.s, kreierte Aegina in L. Jakobsons *Spartacus* (1956). B.-Meisterin der Komp. seit 1970. War verheiratet mit dem Choreographen J. Grigorowitsch.

Schenfeld, Rina, israel. Tänzerin und Choreographin, * 16. 12. 1938 Tel Aviv. Studierte bei M. Graham und an der Juilliard School. Gründete eine eigene Komp. in Israel, tanzte auch beim A. Sokolows Lyric Th. War dann während der sechziger Jahre eine der führenden Tänzerinnen der Batsheva Dance Comp., für die sie auch verschiedentlich choreographiert hat. Seit 1978 Konzentration auf eine eigene Karriere als Solotänzerin mit eigenen Modern-Dance-Ch.n sowie Auftritte mit ihrer eigenen Komp., deren Tänzer sich hauptsächlich aus Schülern ihres Tanzstudios zusammensetzen.

Scherzer, Steffi, dt. Tänzerin, * 14. 7. 1957 Stollberg. Studierte an der Ostberliner B.-Schule (Examen 1975). Seither Mitgl. der Dt. Staatsoper in Ost-Berlin, seit 1978 Solistin.

Scheuermann, Lilly → Jacob-Scheuermann, Lilly.

Schilling, Tom, dt. Tänzer, Choreograph und B.-Direktor, * 23. 1. 1928 Esperstedt. Studierte an der Dessauer Opern-B.-Schule sowie bei D. Hoyer, M. Wigman und O. Iljina. Tänzer bei den Komp.n in Dresden, Leipzig (1946–52) und Weimar (1953–56), wo er auch zu choreographieren begann. B.-Direktor und Chefchoreograph der Dresdner Staatsoper 1956–64 und seither an der Komischen Oper in Ost-Berlin (seit 1974 Leiter des Tanz-Th.-Ens.s und Chefchoreograph mit koordiniertem B.-Direktor), als der er verschiedentlich auch für andere Komp.n choreographiert hat (u. a. Grand B. Classique de France, B. de Wallonie, Norweg. National-B., Staatsoper Wien, Stanislawski- und Nemirowitsch-Dantschenko-Musik-Th. Moskau). Auswahlliste der von ihm choreographierten B.e: *Fontäne von Bachtschissaray* (Mus.: B. Assafjew, Weimar 1955), *Die Steinerne Blume* (Mus.: Prokofjew, Dresden 1960), *Fancy Free* (Mus.: Bernstein, Ost-Berlin 1971 – alle als dt. EA); in Weimar: *Gajaneh* (Mus.: Chatschaturjan, 1953) und *Flamme von Paris* (Mus.: Assafjew, 1954); in Dresden *Schneewittchen* (Mus.: R. Griesbach, 1956), *Abraxas* (Mus.: Egk, 1957), *Die Nachtigall* (H. Reinhold, 1958), *Schwanensee* (Mus.: Tschaikowsky, 1959), *Die sieben Todsünden* (Mus.: Weill, 1962) und *Dornröschen* (Mus.: Tschaikowsky, 1963); in Ost-Berlin *Symphonie fantastique* (Mus.: Berlioz, 1967), *Aschenbrödel* (Mus.: Prokofjew, 1968), *La Mer* (Mus.: Debussy, 1968), *Der Mohr von Venedig* (Mus.: Blacher, 1969), *Undine* (Mus.: Henze) und *Match* (Mus.: S. Matthus, 1970), *Romeo und Julia* (Mus.: Prokofjew, 1972), *Schwarze Vögel* (Mus.: G. Katzer, 1975), *Pastorale* (Mus.: Beethoven, 1979), *Ein neuer Sommernachtstraum* (Mus.: Katzer, 1981) und *Wahlverwandtschaften* (Mus.: Schubert, 1983).

Lit.: B. Köllinger, *Tanztheater – T. Sch. und die zeitgenössische Choreographie*, Berlin [Ost] 1983.

Schindowski, Bernd, dt. Tänzer, Choreograph und B.-Meister, * 17. 9. 1947 Hagen. Studierte am Kölner Institut für Bühnentanz. Tänzer beim Kölner Tanz-Forum 1971–74, dann in Ulm (dort auch Trainingsleiter für modernen Tanz und Ch.) 1975–78 und seit 1978 B.-Meister und Chefchoreograph in Gelsenkirchen. Choreographierte u. a. *Medea* (Mus.: J. Whitman, 1976), *Tagebuch eines Verschollenen* (Mus.: Janáček, 1977), *Johanna auf dem Scheiterhaufen* (Mus.: Honegger, 1978 – alle Ulm), *Tristan* (Mus.: Henze), *Winterreise* (Mus.: Schubert), *... oder sie töteten ihre Pferde* (Mus.: Bartók, alle 1980), *Der Zweikampf/Pulcinella* (Mus.: Monteverdi und Strawinsky, 1981), *Die Versuchung des heiligen Antonius* (Musik-Collage), *Die Legende der sieben Söhne* (Mus.: Bartók, beide 1982 – alle Gelsenkirchen) und *Die Springteufel* (Mus.: Strawinsky, 1983).

Schläpfer, Martin, schweiz. Tänzer, * 26. 11. 1959 Rehetobel. Studierte bei M. Fuchs und P. Appel in St. Gallen, dann an der Royal B. School. Tänzer in Basel seit 1978/79. Rollenkreationen u. a. in H. Spoerlis *Wendung* (1979), *Nußknacker* und *Till Eulenspiegel* (1980), *Backstage* (1981) und *L'Estro Armonico* (1982). 1983/84 eine Saison als Principal Dancer beim Royal Winnipeg B.

Schlagobers, heiteres Wiener B. in 2 Aufzügen, Libr. und Mus.: R. Strauss, Ch.: H. Kröller, Dek.: Ada Nigrin; UA 9. 5. 1924, Staatsoper Wien, mit G. Pichler, H. Pfundmayr, T. Losch, A. Krausenecker, T. Birkmeyer, R. und W. Fränzl u. a. – Einem Firmling, der in der Konditorei zuviel S. gegessen hat, erscheinen im Fiebertraum u. a. die Prinzessinnen Pralinée und Teeblüte, die Prinzen Kaffee und Kakao, Don Zucchero, Mlle Chartreuse, Ladislaw Sliwowitz und Boris Wodka. Dt. EA des mehrfach neuchoreographierten B.s in Breslau 1924.

Lit.: O. F. Regner / H.-L. Schneiders, in: *Reclams Ballettführer*, Stuttgart [8]1980.

Schlemmer, Oskar, dt. Maler, Tanz-Theoretiker und Bühnenbildner, * 4. 9. 1888 Stuttgart, † 13. 4. 1943 Baden-Baden. Er kam durch seine Untersuchungen über das Verhältnis von Menschenfigur und Raum zum Tanz. In seinem Tagebuch findet sich 1912 eine Notiz über die Entwicklung vom alten zum neuen Tanz, in dem auch schon von seiner späteren Farbsymbolik die Rede ist. Im gleichen Jahr arbeitete er erstmalig mit den Stuttgarter Tänzern Albert Burger und Elsa Hötzel zusammen. Widmete sich seit 1916 den Plänen zu seinem *Triadischen Ballett*, das am 30. 9. 1922 in Stuttgart zur UA gelangte. Führte am Bauhaus in Weimar und Dessau seine Tanz-Versuche weiter. Hier entstanden Raumtanz, Formentanz und Gestentanz, während seine Auseinandersetzung mit technischen Materialien im Metall-, Glas-, Reifen- und Kulissentanz kulminierte. In diesen Bewegungsstudien, in denen er die Tänzer durch verschiedenfarbige Trikots und Masken typisierte, ging es ihm um das Ausprobieren grundlegender Gesetzmäßigkeiten, um das Verhältnis von Mensch und Raum. Durch Gastspiele in Deutschland und im Ausland, bei Tanz- und Th.-Kongressen sorgte Sch. für eine weite Diskussion seiner Theorien, deren Einfluß jedoch erst nach dem Zweiten Weltkrieg evident wurde – insbesondere durch ihr Weiterwirken beispielsweise in den Prod.en von A. Nikolais. Entwarf 1926 für Magdeburg die Ausstattung zu den B.en *Petruschka*, *Der holzgeschnitzte Prinz* und *Don Juan*, 1927 für die Dresdner Staats-Th. die *Nußknacker-Suite* und *Les Noces* (nicht aufgeführt), 1928 für das Kammertanz-Th. Hagen *Vogelscheuchen* und 1929 für Breslau *Renard*. Für Zürich entwarf er 1936 die Konzeption zu einem *Komischen Ballett, eine Handlung aus Sinn und Unsinn.*

Lit.: Ausstellungskataloge *O. Sch. und die abstrakte Bühne*, Zürich 1961 und *O. Sch., Akademie der Künste*, Berlin 1963; E. Scheyer, *The Shapes of Space: The Art of Mary Wigman and O. Sch.*, Dance Perspectives 41 (1970).

Schmalz, Jörg, dt. Tänzer und Choreograph, * 27. 8. 1942 Dresden. Studierte ebd. an der Palucca-Schule und bei T. Gsovsky in Berlin. Tänzer an der Dt. Oper Berlin seit 1962. Begann im Rahmen der Nachwuchsveranstaltungen der Akademie der Künste 1968 zu choreographieren, danach einzelne B.e für verschiedene Gelegenheiten (auch für das B. der Dt. Oper und beim Cantiere Internationale d'Arte di Montepulciano).

Schmidt, Jochen, dt. Tanz- und Schauspielkritiker, * 22. 9. 1936 Borken. Studierte an den Universitäten Münster, München und Köln. Tanzkritiker der *Frankfurter Allgemeinen Zeitung* seit 1968. Mitarbeiter zahlreicher Rundfunkstationen sowie anderer Publikationsorgane

(u. a. *Ballett International*, auch dt. B.-Jahrbuch und *Ballett 1978* ff.).

Schnee, Joel, amer. Tänzer, Choreograph und B.-Meister, * 23. 3. 1935 New Jersey. Studierte bei C. Maracci, B. Lewitzky, an der Juilliard School und am American B. Center. Tänzer bei verschiedenen amer. Gruppen. Seit 1963 in Europa. Arbeitet als Pädagoge, B.-Meister und Choreograph in Berlin, Köln, Oslo, Helsinki, während der sechziger Jahre auch für eine Reihe von Fernseh-Prod.en in Stockholm. Wurde auch als Musicalchoreograph bekannt. B.-Meister St. Gallen 1974–76, dann Kassel 1976–80, seit 1983/84 Osnabrück.

Schneewittchen-Ballette. Eine russ. Version choreographierten A. Andrejew und B. Fenster unter dem Titel *Die Prinzessin und die sieben Ritter* (Mus.: A. Liadow) nach der gleichnamigen Erzählung von A. Puschkin am 16. 6. 1949 am Leningrader Maly-Th. (dt. EA in der Ch. von L. Gruber, 1964 am Opernhaus Leipzig.) – Eine Version von Lifar hatte unter dem Titel *Blanche-Neige* am 14. 11. 1951 an der Pariser Opéra Premiere (Mus.: M. Yvain). Ein dt. *Sch.*-B. in 7 Bildern (Libr.: Alfred Mönch, Ch.: Anni Peterka, Mus.: Karl-Rudi Griesbach, Bühne: Rud. Heinrich, Kost.: Maria Uhlig) gelangte am 24. 5. 1956 am Metropol-Th. Berlin zur UA mit U. Heinrich und R. Zabekow in den Hauptrollen. Weitere *Sch.*-B.e stammen von T. Gsovsky (Mus.: Mozart; UA 16. 12. 1956, Berliner B., Renaissance-Th.) und von H. Rudolph (Karl-Marx-Stadt 1972).

Schneider, Alexander, rumän.-dt. Tänzer, Choreograph und B.-Direktor, * 15. 6. 1941 Timisoara. Studierte an der B.-Schule in Cluj (Examen 1965). Tänzer beim Staats-Opern-B. in Temesvar, dann auch Choreograph und B.-Meister. Künstlerischer Direktor und Choreograph am Staatsopern-B. in Cluj 1975–79. Gastchoreograph in Bukarest und West-Berlin. Choreographierte zahlreiche B.e und Fernseh-Prod.en. Stellvertretender B.-Direktor Frankfurt a. M. 1980/81, B.-Chef Linz 1981–83.

Schneider, Irene, dt. Tänzerin, Pädagogin, Choreographin und B.-Meisterin, * 10. 10. 1942 Metz. Studierte an der B.-Schule des National-Th.s Mannheim und bei Roleff-King in München. Tänzerin in Mannheim 1959–63 (zwischenzeitlich Weiterstudium in Paris bei N. Kiss und V. Gsovsky, Mitwirkung in Fernseh-B.en von R. Petit und B. Sanders), Stuttgarter B. 1963–69, Solotänzerin Heidelberg 1969/70, Halbsolistin Frankfurt a. M. 1970–73. Unterrichtete dann an der Stuttgarter J.-Cranko-Schule 1973–77. B.-Meisterin in Heidelberg 1977–79 und seit 1979 in Ulm, wo sie auch Leiterin der angegliederten B.-Schule ist. Choreographierte zahlreiche B.e des klassischen und modernen Rep.s. Verheiratet mit dem Bühnenbildner Eberhard Matthies.

Schneider, Jürgen, dt. Tänzer, Pädagoge und B.-Meister, * 2. 5. 1936 Berlin. Studierte in Ost-Berlin sowie bei N. Tarasow in Moskau und A. Puschkin in Leningrad. Tänzer in Weimar und an der Ostberliner Komischen Oper, ebd. auch B.-Meister 1968–71, dann Stuttgart 1971–73, Staatsoper München 1973/74 und seither beim American B. Th.

Schneiders, Heinz-Ludwig, dt. Tanzkritiker, * 13. 4. 1934 Mönchengladbach, † 22. 3. 1979 Stuttgart. Schrieb für zahlreiche Publikationen, u. a. *Tanzarchiv*, auch dt. B.-Jahrbuch *Ballett 1966*, dann vor allem in den *Stuttgarter Nachrichten*, deren B.-Redakteur er 1979 wurde. Mitbegründer der Stuttgarter John-Cranko-Gesellschaft 1975. Als Nachfolger von O. F. Regner 1963–78 Mitverfasser von *Reclams Ballettführer*.

Schneitzhoeffer, Jean-Madeleine, frz. Dirigent und Komponist, * 1785, † 1852. War zweiter Chordirigent an der Pariser Opéra und komponierte die Musik zu 6 B.en, u. a. zu F. Alberts *Le Séducteur du village* (1818), A. Deshayes' *Zémire et Azor* (1824), F. Taglionis *La Sylphide* (1832) und J. Corallis *La Tempête* (1834).

Lit.: I. Guest, in: *The Romantic Ballet in Paris*, London 1966.

Schönberg, Arnold, österr. Komponist, * 13. 9. 1874 Wien, † 13. 7. 1951 Los Angeles. Komponierte keine B.-Musik außer dem Tanz ums Goldene Kalb als Teil seiner Oper *Moses und Aron* (Ch.: J. Berger, Zürich 1957 – später auch u. a. von D. Hoyer, Städt. Oper Berlin 1959; E. Walter, Düsseldorf 1968; O. Araiz, Buenos Aires 1970; J. Neumeier, Frankfurt 1970; B. Macdonald, Nürnberg 1970; G. Veredon, Hamburg 1974; H. Wandtke, Dresden 1975; Y. Vamos, München 1982). Zahlreiche Choreographen haben Konzertmusik von ihm ihren B.en zugrunde gelegt – u. a. A. Tudor (in *Pillar of Fire*, basierend auf *Verklärte Nacht*, New York 1942 – später u. a. auch von P. van Dyk, Paris 1958; E. Walter, Wuppertal 1961; A. Catá, Genf 1973; J. Kylián, Den Haag 1975; R. Petit, Paris 1976; H. Spoerli, Ludwigsburg 1982), J. Limón (in *The Exiles*, basierend auf der 1. Kammersinfonie, 1950), van Dyk (in *Pelleas und Melisande*, Wiesbaden 1952 – später u. a. auch von Walter, Wuppertal 1955; Petit, Royal B. 1969), G. Balanchine (in *Opus 34*, basierend auf *Begleitmusik zu einer Lichtspielszene*, New York 1954 – später u. a. auch von G. Tetley in *Imaginary Film*, Scheveningen 1971; G. Bohner, in *Ballett ohne Titel*, Darmstadt 1974), R. Joffrey (in *Pierrot lunaire*, New York 1955 – später u. a. auch von Tetley, New York 1962; M. Taubert, Braunschweig 1968; R. Hoffmann, Bremen 1982; H. Spoerli, Ludwigsburg 1984), A. von Milloss (in *Wandlungen*, basierend auf den Orchestervariationen op. 31), G. Furtwängler (in *Serenade*, op. 24, Münster 1964), Balanchine (in *Brahms-Schoenberg-Quartet*, basierend auf Sch.s Orchesterbearbeitung von Brahms' Klavierquartett in g-Moll, op. 25, New York 1966), J. Waring (in *Figures in a Landscape*, basierend auf der 2. Kammersinfonie, Scheveningen 1971) und Catá (*5 Stükke für Orchester*, op. 16, Frankfurt a. M. 1974, als Teil eines Sch.-B.-Abends, der weiter in Ch.n von Catá *Verklärte Nacht*, *In der Zeit* [Sch.s Orchesterbearbeitungen von Werken Bachs und Brahms'] und von J. Butler *Cult of Night* zu den 5 Stücken für Orchester op. 16 bot).

Schöne Joseph, Der → *Joseph der Schöne*.

Schollar, Ludmila Franzewna (auch Shollar), russ.-amer. Tänzerin und Pädagogin, * 1888 St. Petersburg, † 11. 7. 1978 San Francisco. Studierte ebd. an der B.-Schule (Examen 1908), Tänzerin am Marien-Th., dann bei Diaghilews B.s Russes 1909–14, wo sie Rollen in M. Fokines *Carnaval* (1910), *Petruschka* (1911), *Papillon* (1914) und W. Nijinskys *Jeux* (1913) kreierte. Während des Ersten Weltkriegs arbeitete sie als Rote-Kreuz-Schwester. Kehrte dann ans Marien-Th. und GATOB 1917–21 zurück. Schloß sich erneut Diaghilews Komp. 1921–25 an. Ging zusammen mit A. Vilzak, den sie später heiratete, nach Buenos Aires. Ballerina bei den Komp.n von R. Rubinstein, Karsawina-Vilzak und B. Nijinska. Mit ihrem Mann zusammen begann sie 1936 in New York zu unterrichten, zuerst an der School of American B., dann an der B. Th. School. Später auch in Washington (D. C.) und seit 1965 an der San Francisco B. School. War als Charakterballerina in den Fokine-B.en sehr geschätzt.

Scholz, Uwe, dt. Tänzer und Choreograph, * 31. 12. 1958 Jugenheim. Studierte an der John-Cranko-Schule in Stuttgart. Mitgl. des Stuttgarter B.s seit 1979 als Tänzer und Choreograph. Begann mit choreogr. Arbeiten für die B.-Schule, dann im Rahmen der Stuttgarter Noverre-Matineen. Schuf als erstes B. für das Stuttgarter B. *Schäferspiele* (Mus.: Mozart), gefolgt von *Das Märchen* (Mus.: R. Strauss, beide 1980), *Air* (Mus.: Bach) und *Finale 1058* (Mus.: Purcell/Wuorinen, beide 1982), *variation-1* (Mus.: Poulenc, 1983), *prismen*[4] (Mus.: Bach), *stabat mater* (Mus.: Pergolesi), *tausendflügler* (Mus.: Strawinsky, alle 1984). Gastchoreograph auch bei anderen Komp.n (Ch. für die Neuenfels-Insz. von *Aida*, Frankfurt a. M. 1981, sowie für *Konzert für Klavier und Bläser*, Mus.: Strawinsky, Frankfurt a. M. 1982). Zur Spielzeit 1985/86 B.-Direktor am Zürcher Opernhaus.

School of American Ballet. Sie wurde von L. Kirstein, G. Balanchine, V. Dimitriev und E. Warburg 1933 in Hartford (Conn.) gegründet und 1934 nach New York verlegt. Seit 1970 als Teil der Juilliard School im Lincoln Center ansässig. Das American B. rekrutierte seine Tänzer aus dieser Schule, die heute als offizielle Schule des New York City B. gilt. Prominente Lehrer, die hier unterrichtet haben, waren und sind u. a. A. Danilova, F. Doubrovska, M. Stuart, P. Vladimirov, A. Eglevsky und S. Williams.

Schostakowitsch, Dmitri Dmitriewitsch, sowjet. Komponist, * 25. 9. 1906 St. Petersburg, † 9. 8. 1975 Moskau. Komponierte die Musik zu S. Kaplans und W. Wainonens *Das goldene Zeitalter* (1930), F. Lopuchows *Der Bolzen* (1931) und *Der klare Bach* (1935). B.e zu Konzertmusik von ihm sind u. a. L. Massines *L'étrange farandole* (1. Sinfonie, Monte Carlo

1938, auch K. MacMillans *Symphony*, London 1963), Massines *Leningrad Symphony* (7. Sinfonie, New York 1945, auch von I. Belski, Leningrad 1961), J. Crankos *Katalyse* (Konzert für Klavier, Trompete und Streichorchester, Stuttgart 1961), K. Bojarskis *Das Mädchen und der Rowdy* (Konzert-Suiten, Leningrad 1962), P. van Dyks *Neunte Sinfonie* (Hamburg 1964), Belskis *Elfte Sinfonie* (Leningrad 1966), MacMillans *Concerto* (Klavierkonzert, Dt. Oper Berlin, 1966), A. Carters *Zehnte Sinfonie* (Wuppertal, 1967) und D. Drews *Sacred Circles* (Klavierquintett op. 57, London 1973). V. Panov legte seinem B. *Der Idiot* eine Auswahl von Sch.-Stücken zugrunde (Dt. Oper Berlin, 1979), A. Prokovsky seinem B. *The Storm* eine Auswahl von Filmmusik und anderen Stücken (London Festival B., 1981).

Schottische, technisch nichts anderes als die Folge von Wechselschritten und Hupf wie in Polka und Rheinländer. Die dt. Schreibweise Schottische (Mehrzahl: Schottisches) wird auch heute noch in England und den USA im Volkstanz benutzt. In Brasilien wurde daraus Chotis.

Schottische Sinfonie → *Scotch Symphony*.

Schritt des Stahls, Der → *Pas d'acier, Le*.

Schtschedrin, Rodion Konstantinowitsch, sowj. Komponist, * 16. 12. 1932 Moskau. Schrieb die Musik für Radunskis Neuversion des *Buckligen Pferdchens* (1960), A. Alonsos *Carmen Suite* (1967) sowie für M. Plissetzkajas (seine Frau) *Anna Karenina* (1972) und *Die Möwe* (1980).

Schubert, Franz, österr. Komponist, * 31. 1. 1797 Liechtenthal, † 19. 11. 1928 Wien. Komponierte keine B.-Musik, doch wurden einzelne seiner Kompositionen verschiedentlich B.en zugrunde gelegt und seine diversen Tänze immer wieder von Konzerttänzern und Choreographen neuinterpretiert – insbesondere von den Schwestern Wiesenthal. B.e zu seiner *Rosamunde*-Schauspielmusik choreographierten u. a. F. Holst (Essen), S. Leontjew (Staatsoper Wien, beide 1928), R. Adama (Hannover) und A. Catá (Genf, beide 1970) und J. Gerster (Wien 1978). Weitere B.e zu Musik von Sch. u. a. J. Haßreiters *Jahreszeiten der Liebe* (Wien 1911), I. Duncans *Unvollendete Sinfonie* (Paris 1927, später u. a. auch von A. Knust in *Das Kreisen*, Hamburg 1931, und P. van Dyk, Paris und Lyon 1957), B. Nijinskas *La bien aimée* (nur zum Teil Musik von Sch., Rubinstein-Komp. 1928), G. Balanchines *Errante* (die Wanderer-Phantasie, instrumentiert von Liszt, Les B.s 1933, auch von F. Ashton in *The Wanderer*, Sadler's Wells B., 1941), A. Howards *Death and the Maiden* (nur der letzte Satz, B. Rambert, 1937, komplett auch von E. Walter in *Der Tod und das Mädchen*, Wuppertal 1964, P. Montagnon, Stuttgart 1978), L. Massines *Labyrinth* (die 7. Sinfonie, B. Russe de Monte Carlo, New York 1941), H. Landers *Printemps à Vienne* (die 2. Sinfonie, Opéra, Paris 1954), B. Macdonalds *Oktett* (Kgl. Schwed. B., 1965), M. Smuins *Schubertiade* (diverse Walzer, San Francisco B., 1970), J. Neumeiers *Wendung* (Streichquintett, 1977), H. van Manens *Grand Trio* (in B.-Dur, D 28, Wien 1978), R. Norths *Songs and Dances* (Quartettsatz in c-Moll plus 7 Lieder, London Contemporary Dance Th., 1981), R. Petits *Les Amours de Franz* (B. National de Marseille, 1981), P. Taylors *Mercuric Tidings* (Auszüge aus der 1. und 2. Sinfonie, New York 1982) und T. Schillings *Wahlverwandtschaften* (Mus.: diverse, Ost-Berlin 1983).

Schuhplattler, bayer. Volkstanz, auch Haxenschlager genannt. Der Bursche stampft dabei mit den Füßen, springt in die Höhe, fällt auf ein Knie und schlägt mit den Händen im Takt der Musik auf Schenkel, Knie und Absätze. Das von ihm begehrte Mädchen tanzt zunächst am Rande der Tanzfläche für sich allein. Schließlich aber vereinigt sich das Paar zu einem gemeinsamen Walzer. Der Sch. gehört zur großen Familie der süddt.-alpinen Werbetänze, zu der Schwäbisch, Ländler und Steirisch gerechnet werden.

Schulz, Claus, dt. Tänzer und B.-Direktor, * 21. 6. 1934 Rostock. Studierte bei G. Krätke, G. Blank und T. Gsovsky. Tänzer in Schwerin 1949, Komische Oper Ost-Berlin 1951–56, dann an der Dt. Staatsoper, wo er zum Meistertänzer avancierte und 1970–72 als B.-Direktor wirkte. Ein brillanter Charaktertänzer, war er der populärste Tänzer der DDR und hatte dort auch eine eigene Fernseh-Show – bis er sich 1972 bei einem Paris-Gastspiel seiner Komp. entschloß, nicht mehr nach Ost-Berlin zurückzukehren.

Lit.: W. Hoerisch, *Meistertänzer C. S.*, Berlin [Ost] 1968.

Schumann, Robert, dt. Komponist, * 8. 6. 1810 Zwickau, † 29. 7. 1856 Endenich bei Bonn. Komponierte keine B.-Musik, doch wurden konzertante Kompositionen von ihm verschiedentlich B.en zugrunde gelegt – so u. a. von M. Fokine in *Le Carnaval* (B.s Russes de Diaghilew, 1910) und *Les Papillons* (B.s Russes de Diaghilew, 1912), B. Nijinska in *Schumann Concerto* (Klavierkonzert in a-Moll, B. Th., New York 1951), T. Gsovsky in *Sinfonische Etüden* (Berliner B., 1956; auch von J. Ulrich, Kölner Tanz-Forum 1976), B. Marks in *Dichterliebe* (Kgl. Dän. B., 1973), J. Neumeier in *Meyerbeer-Schumann* (verschiedene Werke, Hamburg 1974), H. van Manen in *Four Schumann Pieces* (Streichquartett Nr. 3, Royal B., 1975), H. Spoerli *Ein Faschingsschwank aus Wien* (Wien 1977), G. Balanchine in *Davidsbündlertänze* (New York City B., 1980) und P. Montagnon in *Kreisleriana* (Frankfurt a. M. 1982).

Schuraleh (russ. Originaltitel), B. in 3 Akten und 4 Bildern, Libr.: A. Faisi und L. Jakobson (auch Ch.), Mus.: Farid Jarullin, Dek.: A. Ptuschko, L. Miltschin und I. Wano; UA 12. 1. 1945, Kasan. Endgültige Fassung: 28. 6. 1950, Kirow-Th., Leningrad, mit I. Belski, N. Dudinskaja und K. Sergejew. Das B. basiert auf einer tartarischen Sage. Die Titelfigur ist ein Waldschrat, der in seiner Höhle das Vogel-Mädchen Suimbike dadurch gefangen hält, daß er ihr die Flügel geraubt hat. Das Mädchen wird dann von dem kühnen Jäger Ali-Batyr befreit, jedoch ohne die Flügel mitnehmen zu können. Zur Hochzeit kommt auch Sch., der Suimbike mit den Flügeln wieder zu sich lockt. In einer großen Auseinandersetzung zwischen Ali-Batyr und Sch. kommt dieser mit seinen Ungeheuern in einem Feuer um. Dieses Schicksal droht auch Ali-Batyr, als aber Suimbike, die mit ihm sterben will, ihre Flügel ins Feuer schleudert, erlischt es, und die beiden Liebenden finden sich am Ende in einem blühenden Garten wieder. Das B. war als erstes tartarisches National-B. für ein Moskauer Festival geplant, kam jedoch wegen des Kriegsausbruchs nicht mehr zustande. Teile des B.s gelangten 1954 beim Gastspiel der sowj. B.-Solisten in Ost-Berlin zur Auff.

Lit.: N. Roslavleva in: *Era of the Russian Ballet*, London 1966.

Schwaarz, Heidrun, dt. Tänzerin, Choreographin und B.-Direktorin. * 15. 8. 1943 München. Studierte ebd. an der B.-Schule der Staatsoper. Tänzerin beim Münchner Staatsopern-B. 1960–65, via Straßburg als Solistin nach Frankfurt a. M. 1965–70, dann Dt. Oper Berlin 1970–81 (zahlreiche Gastspiele, regelmäßig auch in Kassel) und seit 1981/82 B.-Direktorin in Essen, wo sie auch als Choreographin tätig ist. Verheiratet mit dem Tänzer Igor Kosak.

Schwan von Tuonela, Der. B.e zu Sibelius gleichnamiger sinfonischer Dichtung (Teil der *Lemminkäinen*-Suite op. 22, 1893) choreographierten u. a. A. Saxelin (Helsinki 1948), W. Ulbrich (Leipzig 1958), A. Dolin (Guatemala 1965) und J. Neumeier (als Teil seiner *Artus Sage*, Hamburg 1982).

Schwanensee (russ. Originaltitel: *Lebedinoe ozero*, auch engl. *Swan Lake*, frz. *Le Lac de cygne*, ital. *Il lago dei cigni*), B. in 4 Akten, Libr.: V. P. Begitschew und W. Geltzer, Mus.: Tschaikowsky, Ch.: J. Reisinger, Bühne: H. Schangin (1. Akt), K. Waltz (2. und 4.) und H. Gropius (3.), Kost.: H. Simone und Wormenko; UA 4. 3. 1877, Bolschoi-Th., Moskau, mit P. Karpakowa, St. Gilbert u. a. Nur 2. Akt Ch.: L. Iwanow, anläßlich der Tschaikowsky-Gedenkfeier am 1. 3. 1894, Marien-Th., St. Petersburg, mit P. Legnani; komplett Ch.: M. Petipa (1. und 3. Akt) und Iwanow (2. und 4.), Dek.: M. Botscharow und M. Levogt; UA 27. 1. 1895, Marien-Th., St. Petersburg, mit Legnani, P. A. Gerdt u. a. – Die Handlung geht auf Motive aus J. K. A. Musäus' *Der geraubte Schleier* (veröffentlicht in seinen *Volksmärchen der Deutschen*, 1782–86) zurück. In ihrem Mittelpunkt steht die Prinzessin Odette, die von dem Zauberer Rotbart in einen Schwan verwandelt wurde. Nur nach Mitternacht erlangen sie und ihre Gefährtinnen für einige Stunden ihre menschliche Gestalt zurück. Während einer dieser Nachtstunden begegnet ihr Prinz Siegfried, der sich in sie verliebt und ihr verspricht, sie zu erlösen. Auf einem Ball im Schlosse, der veranstaltet wird, damit sich Prinz Siegfried eine Braut wähle, erscheint auch der Ritter Rotbart mit seiner Tochter Odile, der er die Gestalt eines schwarzen Doubles von Odette gegeben hat. Prinz Siegfried hält sie, umgarnt von ihr, für Odette und verlobt sich mit ihr, als Odette, zu spät, erscheint, um ihn zu warnen. Verzweifelt erkennt Prinz Siegfried seinen Treuebruch. Er eilt an den See, wo Odette mit ihren Gefährtinnen trauert, ihrem Geliebten aber vergibt, als er ihr seine Schuld bekennt. In dem von Rotbart heraufbeschworenen Sturm tritt der See über seine Ufer, und die beiden Liebenden ertrinken in seinen Wogen. – Es existieren jedoch mehrere Schlußversionen, auch mit glücklichem Ausgang. Einzelnen Fassungen ist ein Prolog vorangestellt, in dem die Verwandlung der Prinzessin Odette in einen Schwan gezeigt wird. Wieder andere Insz.en gliedern das B. in 3 Akte, wobei meist der 1. und 2. Akt zusammengefaßt werden. Verschiedentlich ist auch die Doppelrolle Odette-Odile mit 2 Ballerinen besetzt worden. Da sich schon bei der UA in der Originalpartitur dramaturgisch-musikalische Unstimmigkeiten herausstellten, komponierte Tschaikowsky zusätzlich eine Danse russe und einen Pas de deux für den 3. Akt, die sich heute im Anhang der Partitur befinden. Für die St. Petersburger EA von Petipa und Iwanow instrumentierte R. Drigo einzelne Klavierstücke von Tschaikowsky, die im 3. und 4. Akt eingelegt wurden. Spätere Leningrader Versionen von A. Waganowa (1933), F. Lopuchow (1945) und K. Sergejew (1950), in Moskau von A. Gorski (1901), A. Messerer (1937) und J. Grigorowitsch (1969) sowie von W. Burmeister am Stanislawski-Nemirowitsch-Dantschenko Musik-Th. (1953). Außerhalb Rußlands zuerst der 2. Akt, Ch.: A. Berger, Prag 1877, dann komplett ebd. von A. Viscusi, 1907. Eine gekürzte Fassung brachte die Diaghilew-Komp. 1911 heraus. Die erste westl. Prod. der kompletten Petipa-Iwanow-Version studierte N. Sergejew beim Vic-Wells B. 1934 ein – sie wurde zur Basis aller weiteren Einst.en beim Sadler's Wells und Royal B. Dt. EA, Ch.: B. Merck, Dessau 1938, erste dt. Nachkriegs-Prod. von L. Kretschmar, Mannheim 1954. Erste dt. Einst. in Anlehnung an die traditionelle Petipa-Iwanow-Ch. von W. Orlikowsky in Oberhausen 1955, dann auch M. Skeaping, J. Harris und H. Rosen in München 1959 und N. Beriozoff in Stuttgart 1960. Weitere herausragende Prod.en u. a. von G. Balanchine (erweiterter 2. Akt, New York City B., 1951), J. Cranko (Stuttgart 1963), R. Nurejew (Staatsoper Wien, 1964), E. Bruhn (National B. of Canada, 1967), K. MacMillan (Dt. Oper Berlin, 1969), J. Neumeier (*Illusionen – wie Schwanensee*, Hamburg 1976), T. Schilling (Kom. Oper Ost-Berlin, 1978) und P. Wright (Sadler's Wells Royal B., 1981). Zahlreiche Film- und Fernseh-Prod.en (u. a. Nurejews Wiener Version, mit M. Fonteyn und Nurejew, 1966).

Lit.: O. F. Regner / H.-L. Schneiders, in: *Reclams Ballettführer*, Stuttgart [8]1980; C. W. Beaumont, *The Ballet Called ›Swan Lake‹*, London 1952; Y. Slonimsky, in: »Writings on Lev Ivanov«, *Dance Perspectives* 2 (1959).

Schwartz, Sheldon, kanad. Tänzer, * 27. 10. 1954 Montreal. Studierte in New York an der Juilliard School. Mitgl. des Basler B.s 1973–83, dann auch Solist. Seither beim Philadelphia B. Rollenkreationen in zahlreichen B.en von H. Spoerli. Zunehmend auch als Choreograph tätig.

Schwarze Schwan, Der. Bezeichnung für den Pas de deux, den Odile und Prinz Siegfried im 3. Akt *Schwanensee* miteinander tanzen und in dem Odile ein schwarzes Kostüm trägt (im Gegensatz zu dem weißen der Odette in den beiden »weißen« *Schwanensee*-Akten am Gestade des Sees).

Schweden → Cramér, Ivo, → Cullberg, Birgit, → Königlich Schwedisches Ballett → Skandinavisches Ballett. Städte mit eigenen B.-Ambitionen außerhalb von Stockholm sind Göteborg (B.-Chef 1983 U. Gadd) und Malmö (E. M. von Rosen).

Schweiz. Das Land zog erstmals die Aufmerksamkeit am Tanz interessierter internationaler Kreise auf sich, als R. von Laban in Ascona 1913–17 seine sogenannte Tanz-Farm auf dem Monte Verità unterhielt und hier die Grundlagen für eine eigenständige moderne Tanztradition schuf, die er in seiner Schule in Zürich weiter ausbaute. Seine profilierteste schweiz. Mitarbeiterin wurde Suzanne Perrotet. Ohne Verbindung mit Laban baute Charlotte Bara ihre Karriere als Ausdruckstänzerin auf, die 1928 in Ascona im Park von San Materno ihr eigenes Kammerspiel-Th. erhielt, in dem sie bis 1958 regelmäßige Tanzabende gab. Weitere Städte mit eigenen B.-Ambitionen sind Bern (B.-Chef 1984 R. Duse), Luzern (D. Ammann) und St. Gallen (M. Taubert). Ein eigenes Schweizer Kammer-B. gründete J. Deroc 1968 in Windisch. Die Stadt Nyon am Genfer See richtete 1977 einen internationalen Choreographen-Wettbewerb ein. Über die B.-Arbeit in den einzelnen Städten → Basel, → Genf, → Zürich, → Lausanne, Prix de.

Schweizer Milchmädchen, Das (international bekannt unter dem Titel *Nathalie ou La Laitière Suisse*), B. in 2 Akten, Libr. und Ch.: P. Taglioni, Mus.: A. Gyrowetz; UA 8. 10. 1821, Kärntnertor-Th., Wien. Das B. basiert auf Gaetano Giojas *I minatori Valacchi*, verlegt die Handlung aber von der Walachei in die Schweiz. Nathalie, eine Bauerntochter, wird von Oswald, dem Bruder des Gutsherrn, geliebt. Der läßt sie auf das Schloß entführen. Als sie aus ihrer Betäubung erwacht, findet sie sich in einem eleganten Salon, in dem eine lebensgroße Statue von Oswald steht. Nachdem ihre Furcht besänftigt ist, tanzt sie vor der Statue, an dessen Stelle sich plötzlich der wirkliche Oswald befindet, der zu ihren Füßen niedersinkt und ihr seine Liebe gesteht. Dabei werden die beiden von den anderen Schloßbewohnern überrascht. Doch klärt sich alles auf, so daß am Schluß die Verlobung gefeiert werden kann. Das B. erfreute sich großer Beliebtheit bei den Zeitgenossen, die Titelrolle wurde zu einem von F. Elßlers größten Erfolgen. Sie tanzte die Rolle zuerst 1830 in Berlin, daraufhin in Wien. Wiederaufnahme des B.s 1831. Am 7. 11. 1832 inszenierte F. Taglioni eine neue Version mit Marie Taglioni in der Titelrolle an der Pariser Opéra. Revival 1980 von D. Lacotte für das Moskauer Klassische B.

Schwezoff, Igor, russ.-amer. Tänzer, Choreograph und Pädagoge, * 1904 St. Petersburg, † 28. 10. 1982 New York. Studierte ebd. an der B.-Schule und bei A. Fedorowa. Tanzte 1926 an verschiedenen Th.n in der Ukraine, dann in China in Revuen 1930/31. Premier danseur am Teatro Colón in Buenos Aires. Filmte 1932 in Berlin. Dann Tänzer Pariser Opéra Comique und bei der Komp. von B. Nijinska. Eröffnete 1933 eine Schule in Den Haag, aus der sich eine Komp. rekrutierte, für die er mehrere B.e choreographierte. Tänzer in Monte Carlo 1936/37. Eröffnete 1937 eine weitere B.-Schule in London. Weitere Stationen u. a. Solist beim Original B. Russe 1939–41, Choreograph bei der New Opera Comp. 1941. Militärdienst bei der amer. Army 1942/43. B.-Direktor, Choreograph und Tänzer am Teatro Municipal in Rio de Janeiro 1945, Choreograph an der New York City Opera 1946, Leiter des von ihm in Rio de Janeiro gegründeten B. da Juventude 1947. Eröffnung einer Schule in New York 1949. Gründung einer neuen B.-Komp. 1953. Lehrer an der B. Th. School 1956–62. Danach sporadische Tätigkeiten als Pädagoge. Seine bekanntesten B.e waren u. a. *Eternal Struggle* (Mus.: R. Schumann, Sydney 1940), *Der Rote Mohn* (Mus.: R. Glière, amer. EA beim B. Russe de Monte Carlo, New York 1943) und *Concerto dansante* (Mus.: Saint-Saëns, Rio de Janeiro 1945). Veröffentlichte 1935 in London seine Autobiographie *Borzoi*.

Scotch Symphony, B. in 3 Sätzen, Ch.: G. Balanchine, Mus.: Mendelssohn Bartholdy, Bühne: H. Armistead, Kost.: Karinska und D. Ffolkes; UA 11. 11. 1952, New York City B., City Center, New York, mit Maria Tallchief, A. Eglevsky, P. Wilde, F. Hobi, M. Maule u. a. – Das B. basiert auf Mendelssohns Schottischer Sinfonie in a-Moll, deren 1. Satz jedoch nicht choreographiert worden ist. Es handelt sich um ein rein konzertantes B. im Schotten-Look, das sich im 2. Satz wie eine Huldigung an *La Sylphide* ausnimmt. Von zahlreichen Komp.n übernommen. Dt. EA München 1964.

Lit.: G. Balanchine / F. Mason, in: *Balanchine's Complete Stories of the Great Ballets*, Garden City (N. Y.) 1977.

Scott, Colleen, südafrik. Tänzerin, * 6. 9. 1945 Durban. Studierte bei E. Keegan und an der Royal B. School. Tänzerin beim Johannesburg B. 1962–64, Düsseldorf 1967–74 (Solistin 1970), Staatsoper München 1974–77 und seit 1977 als Erste Solistin in Hamburg. Zahlreiche Rollenkreationen, u. a. in E. Walters *Pelleas und Melisande* (1969) sowie J. Neumeiers *Orpheus und Eurydike* (1977), *Don Quixote* (1979), und *Artus Sage* (1982). Verheiratet mit dem Tänzer Ivan Liška.

Scottish Ballet, The. Im Mai 1956 gründeten interessierte Mitgl.er der Bristol School of Dancing, der Old Vic Th. School und der Öffentlichkeit in Bristol das Western Th. B. als eine kleine B.-Komp. mit modernem Rep. und ausgesprochen dramatisch-theatralischer Orientierung. Die Initiative dazu ging von E. West aus, die bis zu ihrem Tod 1962 die treibende Kraft der Komp. war. Die Komp. nahm im Mai 1957 ihre Arbeit auf und debütierte am 24. 6. 1957 in Dartington mit B.en von West und P. Darrell, der allmählich in die Position eines Chefchoreographen hineinwuchs und heute Direktor ist. Die Anfangsjahre waren sehr schwierig und immer wieder sah sich die Komp. am Rande des Nichts. Zu Beginn der sechziger Jahre machten sich erste Zeichen einer Konsolidierung bemerkbar. Einladungen zu Auslandsgastspielen (Beteiligung an M. Béjarts Brüsseler *Sacre du printemps*-Prod., 1959) und Festivals (Edinburgh 1961, Jacob's Pillow 1963) ließen das Western Th. B. auch außerhalb Englands bekannt werden. Wichtige B.-Kreationen während dieser Jahre waren u. a. Darrells *The Prisoners* (1957), *Chiaroscuro* (1959), *A Wedding Present* (1962), *Jeux* und das erste B. mit Musik der Beatles, *Mods and Rockers* (1963). Auf eine Einladung, als Opern-B. in den Opern-Prod.en der Sadler's Wells Opera mitzuwirken, übersiedelte die Komp. 1965 nach London, wo sie das erste abendfüllende brit. B. mit einem zeitgenössischen Originalstoff kreierte: Darrells *Sun Into Darkness* (1966). Das Rückgrat des Rep.s bildeten stark dramatisch orientierte B.e wie Béjarts *Sonate à trois*, K. MacMillans *Las Hermanas* und F. Flindts *The Lesson* – J. Carter steuerte *Cage of God* (1967) und P. Wright *Dance Macabre* (1968) bei. Die Komp. übersiedelte im April 1969 nach Glasgow und änderte ihren Namen in Scottish Th. B. (seit 1974 The Scottish B.). Allmählich kam es auch zu Klassiker-Prod.en, die ergänzt werden durch Darrells abendfüllende Werke wie *Beauty and the Beast* (1969), *Tales of Hoffmann* (1972), *Mary, Queen of Scots* (1976) und *Cinderella* (1979) sowie zahlreiche B.-Einakter. Darrell ist weiterhin Artistic Director, mit Gordon Aitken als Assistant Director. Die Komp. zählt heute etwa 40 Tänzer.

Lit.: N. Goodwin, *A Ballet for Scotland*, Edinburgh 1979.

Scribe, Eugène, frz. Dramatiker, * 24. 12. 1791 Paris, † 20. 2. 1861 ebd. Obwohl seine Tätigkeit als B.-Librettist nur geringen Anteil an seinem umfangreichen dramatischen Œuvre hatte, entstammen doch gerade einige der wichtigsten B.e der frz. Romantik seiner Feder, so u. a. die J. Aumer-B.e *La Somnambule* (1827), *La Belle au bois dormant* (1829) und *Manon Lescaut* (1830), aber auch J. Corallis *L'Orgie* (1831) und *La Tarentule* (1839) sowie F. Taglionis Opern-B. *Le Dieu et la Bayadère* (1830).

Sechs von der Staatsoper. Nachdem R. von Laban als neuer B.-Chef der Berliner Staatsoper allen Solisten zum Abschluß der Spielzeit 1930/31 gekündigt und damit eine große Pressekampagne ausgelöst hatte, warfen ihm seine Gegner vor, nur noch mit der Gruppe arbeiten zu wollen. Die Solisten Elisabeth Grube, Genia Nikolajewa, Daisy Spies, Rolf Arco, Jens Keith und Rudolf Kölling bildeten das Kollektiv Sechs von der Staatsoper, das sein Debüt mit großem Erfolg zu Beginn der neuen Spielzeit im Berliner Wintergarten gab und dann ausgedehnte Tourneen im In- und Ausland unternahm.

Seconde, à la, im B. die 2. Position.

Sedova, Julie (geb. Julia Nikolajewna S.), russ.-frz. Tänzerin und Pädagogin, * 21. 3. 1880 St. Petersburg, † 23. 11. 1969 Cannes. Studierte an der St. Petersburger B.-Schule (Examen 1898). Tänzerin am Marien-Th. 1898 bis 1911, gastierte dann in Westeuropa und Amerika, kehrte 1914–16 noch einmal ans Marien-Th. zurück und ging nach der Oktoberrevolution nach Frankreich, wo sie in Nizza ein Studio eröffnete, aus dem zahlreiche prominente frz. Tänzer hervorgegangen sind, u. a. X. Palley, S. Golovine, G. Skibine, E. Carroll und G. Melikova.

Seguidillas (span. *seguir*, folgen), Sammelbegriff für eine große Zahl typisch span. Paartänze im ungeraden Takt. Sie tragen ihren Namen jeweils nach der Landschaft, aus der sie stammen: S. Manchegas (angeblich war die Mancha das Ursprungsgebiet der S.), S. Gallegas, S. Madrileñas, S. Sevillanas. Diese werden wieder untergeteilt in S. Corraleras, S. Roncieras, S. Boleras, um nur einige zu nennen. In Andalusien wird unterschieden zwischen S. Mollares, S. Gitanas, S. Boleras, S. Sevillanas. Die S. werden begleitet von Gesang (coplas) und Gitarre. In Andalusien werden auch Kastagnetten benutzt. S. können nur von einem Paar ausgeführt werden, in der Regel aber tanzen zwei oder noch mehr Paare zusammen. Für die S. Manchegas sind in der Regel 2 Paare vorgeschrieben. In den S. Madrileñas stehen sich je eine Linie von Männern und Frauen gegenüber und bilden Figuren mit Platz- und Partnerwechsel. Insgesamt gehören die S. zusammen mit Fandango, Bolero, Malagueña und vielen anderen Volkstänzen zur großen Familie der erotischen Werbetänze in Spanien. – In die Kunstmusik fanden die S. durch M. Glinka und I. Albéniz Eingang. Bekannt wurden sie nicht zuletzt durch den 1. Akt der Oper *Carmen*.

Lit.: La Meri, in: *Spanish Dancing*, Pittsfield 1967.

Seigneuret, Michèle, frz. Tänzerin, * 1934 Paris. Studierte bei J. Schwarz. Tänzerin bei M. Béjarts B.s de l'Étoile 1954, für den und mit dem zusammen sie mehrere Rollen in seinen früheren B.en kreierte – u. a. in *Symphonie pour un homme seul* (1955), *Le Teck* (1956) und *Sonate à trois* (1957). Nach ihrer Trennung von Béjart nur noch sehr vereinzelte Auftritte.

Semenjaka, Ludmila Iwanowna, sowj. Tänzerin, * 16. 1. 1952 Leningrad. Studierte ebd. an der B.-Schule (Examen 1970). Tänzerin beim Kirow-B. 1970–72 und seither Solistin des Moskauer Bolschoi-B.s, wo sie heute zu den prominentesten Ballerinen gehört. Verheiratet mit dem Tänzer Michail Lawrowski.

Semiramis-Ballette. B.e über die sagenhafte assyrische Königin, die nicht zuletzt durch ihre hängenden Gärten Berühmtheit erlangte, schufen u. a. G. Angiolini zu Musik von Gluck (Wien 1765 – erste Insz. im 20. Jh. offenbar von H. Swedlund, Hamburger Staatsoper 1936), S. Viganò zu einer eigenen Musikbearbeitung nach Giulio Viganò unter dem Titel *Die Tochter der Luft oder Die Erhöhung der S.* (Venedig 1792, Wien 1793) und M. Fokine als B.-Melodram zu einem Text von P. Valéry (Mus.: Honegger, Komp. von I. Rubinstein, Paris 1934).

Semjonow, Wladilen Grigorjewitsch, sowj. Tänzer, * 12. 11. 1932 Samara. Mit seinen Eltern übersiedelte er frühzeitig nach Leningrad, wo er an der B.-Schule u. a. bei W. Ponomarjow studierte und 1950 sein Examen machte. Bis 1972 Mitgl. des Kirow-B.s, zu dessen führendem Danseur noble er rasch avancierte. Seine Stärke waren die Prinzenrollen des klassischen Rep.s. Er tanzte 1963 mit seiner Frau I. Kolpakowa zusammen in der Wiener *Dornröschen*-Premiere, 1966 traten beide erstmalig in der Bundesrepublik in der *Giselle*-Vorst. der Münchner B.-Festwoche auf. Wurde 1963 zum Lehrer am Choreogr. Institut Leningrad ernannt. Künstlerischer Leiter des Kollegiums des Kirow-B.s 1970–72.

Semjonowa, Marina Timofejewna, sowj. Tänzerin und Pädagogin, * 10. 5. 1908 St. Petersburg. Sie begann 1919 bei A. Waganowa zu studieren, deren erste und berühmteste Schülerin sie werden sollte, debütierte bereits 1923 am Leningrader GATOB, machte 1925 ihr Examen und avancierte 1926 am GATOB zur Ballerina. Sie zeichnete sich dort durch ihre majestätische Allüre und erhabene Nobilität aus. Wirkte 1930–52 als Primaballerina beim Moskauer Bolschoi-B. und gastierte als eine der ersten sowj. Ballerinen neuen Stils 1935 an der Seite von S. Lifar als Giselle an der Pariser Opéra. In den B.en des modernen sowj. Rep.s hatte sie ihre besten Rollen u. a. in *Roter Mohn*, *Komödianten*, *Flamme von Paris*, *Der Gefangene im Kaukasus*, *Taras Bulba* und *Aschenbrödel*. Unterrichtete 1954–60 am Moskauer Choreogr. Institut, 1953 ernannt zur Pädagogin-Repetitorin der Solisten des Bolschoi-B.s, 1960 Prof. in der Abteilung der Pädagogen für Choreographie im GITIS.

Lit.: in Ballett-Enzyklopädie, Moskau 1981. [In russ. Sprache.]

Senft, Gerhard, österr. Tänzer, B.-Meister und Choreograph, * 1936 Wien. Studierte an der Wiener Tanzakademie und trat schon während seiner Ausbildung bei der Tanztruppe von R. Chladek auf. Solotänzer in Graz 1954/55, wo er seine ersten Solotanzabende gab. Seit 1955 Solotänzer an der Wiener Volksoper (1956/57 auch in Düsseldorf), wo er zahlreiche Rollen in B.en von D. Luca, J. Charrat und A. Johnson kreierte und auch in diversen Musicalrollen auftrat. Seit 1973/74 B.-Meister der Volksoper, wo er außer den B.-Einlagen in den Opern- und Operetten-Prod.en auch gelegentlich B.-Abend-Programme choreographiert hat – so u. a. *Mozartmania* (Mus.: Mozart / Waldo de los Rios) und *Der Schleier der Pierette* (Mus.: E. von Dohnányi, beide 1981).

Sent M'ahesa → M'ahesa, Sent.

Septet Extra, B. in 5 Sätzen, Ch.: H. van Manen, Mus.: Saint-Saëns, Dek.: J. P. Vroom; UA

2. 7. 1973, Nederlands Dans Th., Circus-Th., Scheveningen, mit G. Lemaitre, M. Venema u. a. – Choreographiert zum Septett für Streicher, Klavier und Trompete und der Etüde in Walzerform, op. 56/6. Ein handlungsloses humoristisches B. für 10 Tänzer. Das ›Extra‹ bezieht sich auf Bewegungen, für die der Choreograph in seinen früheren B.en keine Verwendung hatte, aber auch auf die angehängte Etüde. Übernommen ins Rep. zahlreicher anderer Komp.n, darunter auch Düsseldorf (1975).

Lit.: P. Brinson / C. Crisp, in: *Ballet & Dance*, Newton Abbot 1980.

Septième Symphonie, La → *Siebente Sinfonie.*

Seraphic Dialogue, Tanzstück von M. Graham, Mus.: N. Dello Joio, Dek.: I. Noguchi; UA 8. 5. 1955, M. Graham Dance Comp., ANTA Th., New York, mit L. Margolies, P. Birch, M. Hinkson, M. Turney und B. Ross. – Das Werk »zeigt Johanna von Orléans im Augenblick ihrer Erhöhung. Im Zwiegespräch mit den Heiligen St. Michael, St. Katharina und St. Margareta, deren Stimmen sie ihrem Schicksal entgegengeführt haben, sieht sie sich noch einmal als junges Mädchen, als Kriegerin und als Märtyrerin, bevor sie verklärt zu ihrem Ehrenplatz erhoben wird« (Programmheft-Notiz). – Dem Stück ging ein größeres Solotanzwerk M. Grahams voraus, das 1951 unter dem Titel *Triumph of St. Joan* zur UA gelangte.

Seregi, László, ung. Tänzer, Choreograph und B.-Direktor, * 12. 12. 1929 Budapest. Studierte als Angehöriger des Ung. Armee-Ens.s bei F. Nádasi und G. Harangozó. Mitgl. des Budapester Staatsopern-B.s seit 1958, zunächst Charaktertänzer, dann auch Choreograph und 1977–83 B.-Direktor. Seither freischaffend tätig. Häufig als Gastchoreograph auch im Ausland tätig (u. a. Staatsoper München, Dt. Oper Berlin, Staatsoper Wien, Zürich, Norweg. National-B., Dt. Staatsoper Ost-Berlin). Choreographierte u. a. *Spartacus* (Mus.: Chatschaturjan, 1968), *Der wunderbare Mandarin* und *Der holzgeschnitzte Prinz* (beide Mus.: Bartók, 1970), *Sylvia* (Mus.: Delibes, 1972), *Die Zeder* (Mus.: F. Hidas, 1975), *Kammermusik Nr. 1* (Mus.: Hindemith), *Serenade* und *On the Town* (Mus.: Bernstein, alle 1977), *Variationen über ein Kinderlied* (Mus.: E. von Dohnányi, 1978). Choreograph der Budapester *Cats*-Prod. (1983).

Lit.: G. Körtnélyes / G. Lörinc, in: *Budapester Ballett*, Bd. 1, Budapest 1971, Bd. 2, Budapest 1981.

Serenade, B. in 4 Sätzen, Ch.: G. Balanchine, Mus.: Tschaikowsky, Kost.: J. Lurçat; UA 10. 6. 1934, Studenten der School of American B., Besitz von F. M. Warburg, White Plains (N. Y.). – Das B. entstand als Arbeitsmaterial in den Abendklassen der neugegründeten School of American B. Der 3. und 4. Satz der Tschaikowskyschen Serenade für Streichorchester in C-Dur wurden miteinander ausgetauscht. Balanchine selbst hat jede Inhaltserklärung kategorisch zurückgewiesen. »Dies sind, ganz einfach, Tänzer, die sich zu einer schönen Musik bewegen. Die einzige Story ist die Story der Musik, eine Serenade, ein Tanz, wenn man so will, im Mondschein« (in *Balanchine's Complete Stories of the Great Ballets*, Garden City, N. Y., 1977). – Dies war Balanchines erstes amer. B. Nach der quasi Privat-Auff. auf dem Schulgrundstück fand die erste öffentliche Auff. am 8. 12. 1934 durch die Producing Comp. der School of American B. im Avery Memorial Th., Hartford (Conn.) statt, mit K. Mullowney, H. Vossler und Ch. Lanskey in den drei Hauptpartien – die New Yorker Premiere dann am 1. 3. 1935 vom American B. im Adelphi Th. Für spätere Wiederaufnahmen wurden verschiedentlich neue Kostüme entworfen – die heute verwendeten schuf B. Karinska für die Prod. des New York City B. 1964. Übernommen ins Rep. zahlreicher anderer Komp.n – Dt. EA Hamburg 1960, dann auch Staatsoper München 1965, Staatsoper Wien 1966 und Dt. Oper Berlin 1970. – Die Musik ist auch von anderen Choreographen verschiedentlich choreographiert worden – so u. a. von Y. Georgi (Hannover 1954) und G. Krätke (Dt. Staatsoper Ost-Berlin 1965).

Lit.: O. F. Regner / H.-L. Schneiders, in: *Reclams Ballettführer*, Stuttgart [8]1980.

Sergejew, Konstantin Michailowitsch, sowj. Tänzer, Choreograph und B.-Direktor, * 20. 2. 1910 St. Petersburg. Studierte in den Abendklassen der Leningrader B.-Schule (Examen 1928). Ging mit der Komp. von Jos. Kschessinski auf ausgedehnte Rußland-Tournee. Weiteres Studium am Choreogr. Technikum 1929/30. Mitgl. des GATOB und Kirow-Th.s seit 1930, wo er als einer der besten männlichen Tänzer rasch Karriere machte und eine große Anzahl von Rollen in den UA der folgenden Jahre kreierte – u. a. in W. Wainonens *Flamme von Paris* (1932), R. Sacharows *Fontäne von Bachtschissaray* (1934), *Verlorene Illusionen* (1935) und *Der eherne Reiter* (1949), N. Anissimowas *Gajaneh* (1942), F. Lopuchows *Frühlingsmärchen* (1947), L. Jakobsons *Schuraleh* (1950) und B. Fensters *Taras Bulba* (1955). Er war aber auch der erste Romeo in L. Lawrowskys Leningrader EA von Prokofjews *Romeo und Julia* und exzellierte als Danseur noble in den großen Rollen des klassischen Rep.s, namentlich als Partner von G. Ulanowa und seiner Frau N. Dudinskaja. Als Choreograph begann er 1946 mit der Leningrader EA von Prokofjews *Aschenbrödel*, in dem er selbst auch den Prinzen tanzte (auch in seinen späteren B.en kreierte er häufig die männliche Hauptrolle). Es folgten seine Neuinsz.en von *Raymonda* (Mus.: Glasunow, 1948), *Schwanensee* (Mus.: Tschaikowsky, 1950) und *Dornröschen* (Mus.: Tschaikowsky, 1952) sowie, als Kreationen, *Der Pfad des Donners* (Mus.: K. Karajew, 1958), *Der ferne Planet* (Mus.: B. Maizel, 1963) und *Hamlet* (Mus.: N. Tscherwinski, 1970). Er war Künstlerischer Direktor des Kirow-B.s 1951–56 und 1960–70 und leitete die Komp. auf ihren ersten westl. Auslandstourneen. Er geriet mehrfach unter Beschuß der politischen Funktionäre, blieb aber in der einen oder anderen Position immer dem Kirow-B. verbunden, dessen Exekutiv-Komitee er auch heute noch angehört. Er ist der Vater des Tänzers Nikolai S.

Sergejew (engl. **Sergeyev**) **Nicholas Grigoriewitsch,** russ. Tänzer, B.-Meister und Regisseur, * 15. 9. 1876 St. Petersburg, † 23. 6. 1951 Nizza. Trat 1884 in die Kaiserl. B.-Schule ein, machte 1894 dort sein Examen, wurde Mitgl. des Marien-Th.-B.s, avancierte 1904 zum Solisten und Regisseur und 1914 zum Régisseur général, als der er die Geschicke der Komp. bis 1918 diktatorisch kontrollierte. Verließ dann die Sowjetunion mit 21 mehr oder weniger kompletten Stepanow-Aufzeichnungen von B.en des Marien-Th.s. Kam über die Türkei zur Komp. von Diaghilew, für die er 1921 die Londoner *Dornröschen*-Prod. einstudierte. Wirkte 1922–24 als B.-Meister in Riga, ging nach Paris und eröffnete dort eine Schule. Studierte 1924 an der Opéra *Giselle* neu ein, wie auch 1932 für die Camargo Society in London. War danach auf Grund seiner Notationen verantwortlich für die klassischen B.e des Vic-Wells B. (*Coppélia*, 1933; *Giselle*, 1934; *Nußknacker*, 1934; *Schwanensee*, 1934, *Dornröschen*, 1939). Wirkte zeitweise auch als Pädagoge an der Sadler's Wells B. School. Seine Insz.en bildeten die Basis für den Rep.-Aufbau des Sadler's Wells B. Ging 1941 als Regisseur zum International B. von M. Inglesby und studierte auch dort seine Klassiker-Prod.en ein. Nach seinem Tode gingen seine Aufzeichnungen in den Besitz von M. Inglesby über, die sie an die Harvard Library verkaufte.

Sert, José Maria, span. Maler, * 1876 Barcelona, † 1945 Paris. Entwarf die Bühnenbilder für M. Fokines *Josephslegende* (1914), L. Massines *Las Meniñas* (1916) und *Le Astuzie femminili* (1924) sowie S. Lifars *Pavane* (1940).

Lit.: R. Fizdale / A. Gold, in: *Misia*, München 1981.

Sertić, Ivan, jugosl. Tänzer, Choreograph und B.-Direktor, * 13. 1. 1927 Zagreb. Studierte ebd. sowie in London, Paris und Moskau. Mitgl. des Opern-B.s in Zagreb 1948, dann Belgrad, Frankfurt a. M. 1956–61, B.-Meister in Heidelberg 1961–63, Lübeck 1963–65, Wuppertal 1965–73 (B.-Direktor von 1968 an), B.-Direktor Staats-Th. am Gärtnerplatz, München, seit 1973. Verschiedentlich auch Gastchoreograph in Basel und bei diversen jugosl. Komp.n. Debütierte als Choreograph in Heidelberg mit *Versuch über Sisyphus* (Mus.: I. Malec, 1960). Auswahltitel seiner sehr umfangreichen Werkliste sind u. a. *Las Apasionadas* (Mus.: M. Kelemen, Lübeck 1964) – in Wuppertal: *Concert pour violoncelle et orchestre* (Mus.: B. A. Zimmermann, 1967), *Romeo und Julia* (Mus.: Prokofjew), *Der rote Mantel* (Mus.: Nono, beide 1968), *Der wunderbare Mandarin* (Mus.: Bartók, 1969), *Aschenbrödel* (Mus.: Prokofjew, 1970), *Coppélia* (Mus.: Delibes, 1971), *Salade* (Mus.: Milhaud) und *Die steinerne Blume* (Mus.: Prokofjew, beide 1972) – in München: *Visage* (Mus.: Berio, 1974), *Carmina Burana* (Mus.: Orff, 1977), *Undine* (Mus.: Henze, 1978), *Abraxas* (Mus.: Egk, 1979), *Don Quixote* (Mus.: L. Minkus, 1980), *Nächte in spanischen Gärten* (Mus.: de Falla u. a., 1981) und *Die Geschöpfe des Prometheus* (1984).

Seyffert, Dietmar, dt. Tänzer und Choreograph, * 7. 4. 1943 Reichenberg. Studierte an der Dresdner Palucca-Schule und in Leipzig. Mitgl. des Ostberliner Staatsopern-B.s 1962. B.-Meister und Choreograph in Kairo 1967–69, dann abermals – jetzt als Choreograph – an die Ostberliner Staatsoper, wo er u. a. *Des Königs neue Kleider* (Mus.: J. Françaix, 1971), *David und Goliath* (Mus.: T. Medek, 1972) und *Die drei Musketiere* (Mus.: B. Basner, 1975) choreographiert hat. Gastchoreograph bei anderen Komp.n, u. a. Tokyo B. Chefchoreograph am Leipziger Opernhaus seit 1980, choreographierte u. a. *Le Sacre du printemps* (Mus.: Strawinsky, 1981), *Romeo und Julia* (Mus.: Prokofjew) und *West Side Story* (Mus.: Bernstein, beide 1983).

Seymour, Lynn (geb. Springbett), kanad. Tänzerin und B.-Direktorin, * 8. 3. 1939 Wainwright (Alberta). Studierte in Vancouver bei Jean Jepson und Nicolai Svetlanoff, dann an der Sadler's Wells School. Tänzerin beim Covent Garden Opera B. 1956, Touring Royal B. 1957, Solistin beim Royal B. 1958, Principal Dancer 1959. Ging mit K. MacMillan als Primaballerina an die Dt. Oper Berlin 1966–69. Kehrte danach zum Royal B. zurück, gastierte aber auch bei anderen Komp.n, u. a. London Festival B., National B. of Canada, A. Ailey American Dance Th., London Contemporary Dance Th., American B. Th. Eine Ballerina von ungewöhnlicher dramatischer Expressivität, kreierte sie Rollen u. a. in MacMillans *The Burrow* (1958), *Baiser de la Fée* und *The Invitation* (1960), *Images of Love* (1964), *Concerto* (1966), *Anastasia* (1967 und 1971), *Mayerling* (1978) sowie in seinen Berliner Prod.en von *Dornröschen* (1967) und *Schwanensee* (1969) – er schuf auch seine Julia (in *Romeo und Julia*, 1965) für sie, die dann in der Premiere von M. Fonteyn getanzt wurde. Weitere Rollenkreationen u. a. in F. Ashtons *Les deux pigeons* (1961), *Brahms Walzer* und *Ein Monat auf dem Lande* (beide 1975), R. Petits *Kraanerg* (1969) und Aileys *Flowers* (1971). B.-Direktorin Münchner Staatsoper 1978–80. Kehrte noch einmal 1981 kurz zum Royal B. zurück. Heute freischaffend tätig. Ist gelegentlich auch als Choreographin hervorgetreten – u. a. mit *Gladly, Sadly, Badly, Madly* (Mus.: C. Davies, London Contemporary Dance Th., 1975) *Rashomon* (Mus.: B. Downes, Sadler's Wells Royal B., 1976) und *Intime Briefe* (Mus.: Janáček, Sadler's Wells Royal B., 1978 – auch in München). Schrieb (zus. mit Paul Gardner) *Lynn* (London 1984).

Lit.: A. Crickmay / C. Crisp, *L. S.*, London 1980; R. Austin, *L. S.*, London 1980.

Shadowplay, B. in 1 Akt, Libr. und Ch.: A. Tudor, Mus.: Ch. Koechlin, Dek.: M. Annals; UA 25. 1. 1967, Royal B., Covent Garden, London, mit A. Dowell, D. Rencher, M. Park u. a. – Seinem B. hat Tudor Koechlins *Les Bandar-Log* zugrunde gelegt, in das er einen Ausschnitt aus Koechlins *La Course de printemps* interpoliert hat. Im Mittelpunkt steht ein Junge mit einem Wuschelkopf, der in einer exotischen Waldlichtung, unter einem riesigen Baum, eine Reihe von Begegnungen hat: mit den Arboreals und Aerials, die ihn vergeblich in ihre Kreise zu ziehen trachten – mit Celestial, deren feminin-lockender Charme plötzlich in eine Attacke von furioser Nymphomanie umschlägt – mit der brutalen, ihn übermannenden Kraft Terrestrials – und letzten Endes mit sich selbst, der er traum-, tag- und gedankenverloren am Fuße des Baumes kauert, nachgeahmt in seiner Stellung und seinen gelegentlichen Bewegungen von den Arboreals und Aerials, die, wie er, mit leeren Augen ins Publikum starren. Übernahme ins Rep. des American B. Th. 1975. – G. Skibine choreographierte ein B. *Les Bandar-Log* zur gleichen Musik (Opéra Comique, Paris 1969).

Lit.: P. Brinson / C. Crisp, in: *Ballet & Dance*, Newton Abbot 1980.

Shakers, The, B. in 1 Akt, Libr. und Ch.: D. Humphrey, Mus. und Kost.: P. Lawrence, UA 12. 11. 1930, Humphrey Weidman Comp., Hunter College, New York (ursprünglicher Titel: *Dance of the Chosen*, ausgeführt zur Begleitung von Trommel, Akkordeon und einem wortlosen Sopran). Eine Evokation einer religiösen Versammlung der Shaker-Sekte während des amer. Pionier-Zeitalters, die ihren Namen von den Schüttelbewegungen ihrer in Trance ausgeführten Tänzer erhielt. Erste professionelle Vorst. am 1. 2. 1931, Craig Th., New York. Seither zahlreiche Neueinst.en.

Lit.: M. B. Siegel, in: *The Shapes of Change*, Boston 1979.

Shakespeare-Ballette. Die Stücke des engl. Dramatikers (1564–1616) haben Choreographen immer wieder als Inspirationsquelle gedient. Im folgenden werden die auf seinen Stoffen basierenden B.e in der Reihenfolge der Entstehungszeit der Dramen aufgeführt. *Der Widerspenstigen Zähmung* von M. Béjart (Mus.: Scarlatti, Paris 1954), Vera Untermüllerová (Mus.: O. Flosman, Leitmeritz 1961), J. Cranko (Mus.: Scarlatti, arr. Stolze, Stuttgart 1969) und L. Falco in *Kate's Rag* (1980); *Romeo und Julia*: von Eusebio Luzzi (Venedig 1785), V. Galeotti (Mus.: C. Schall, Kopenhagen 1811), B. Nijinska (Mus.: Lambert, Monte Carlo 1926) B. Bartholin (Mus.: Tschaikowsky, Paris 1937), I. Psota (Mus.: Prokofjew, Brünn 1938; auch Leningrad, Ch. L. Lawrowsky, 1940), T. Gsovsky (Mus.: L. Spies, Leipzig 1942), A. Tudor (Mus.: F. Delius, New York 1943), G. Skibine (Mus.: Berlioz, Paris 1955); *Ein Sommernachtstraum* von Barratti-Jacobi (München 1798), M. Petipa (Mus.: Mendelssohn Bartholdy, St. Petersburg 1876), M. Fokine (Mus.: Mendelssohn Bartholdy, St. Petersburg 1906), G. Balanchine (Mus.: Mendelssohn Bartholdy, New York 1962), F. Ashton (in *The Dream*, Mus.: Mendelssohn Bartholdy, London 1964), H. Spoerli (Mus.: Mendelssohn Bartholdy, Basel 1976), J. Neumeier (Mendelssohn Bartholdy/Ligeti, Hamburg 1977), R. de Warren (Mendelssohn Bartholdy, Manchester 1980) und T. Schilling (in *Ein Neuer Sommernachtstraum*, Mus.: G. Katzer, Ost-Berlin 1981); *Was ihr wollt* von Tudor (in *Cross-Gartered*, Mus.: G. Frescobaldi, London 1931) und A. Howard (Mus.: Grieg, Liverpool 1942); *Hamlet* von Francesco Clerico (eigene Mus., Venedig 1788), L. Henry (Mus.: W. Gallenberg, Paris 1816), Nijinska (Mus.: Liszt, Paris 1934), R. Helpmann (Mus.: Tschaikowsky, London 1942), V. Gsovsky (Mus.: Blacher, München 1950), K. Sergejew (Mus.: Tscherwinski, Leningrad 1970), W. Tschabukiani (Mus.: R. Gabichwadse, Tiflis 1971), L. Monreal (Mus.: Schostakowitsch, Boston 1975) und Neumeier (in *H.: Connotations*, Mus.: A. Copland, American B. Th., New York, 1976); *Die lustigen Weiber von Windsor* von W. Burmeister und I. Kurilow (Mus.: W. Oransky, Moskau 1942), H. Spoerli (in *Falstaff*, Mus.: Th. Jahn, Basel 1984); *Viel Lärm um Nichts* von V. Boccadoro (Mus.: T. Chrennikow, Moskau 1976); *Othello* von S. Viganò (Mus.: diverse, Mailand 1818), J. Limón (in *The Moor's Pavane*, Mus.: Purcell, New London, Conn., 1949), E. Hanka (in *Der Mohr von Venedig*, Mus.: Blacher, Wien 1955), Tschabukiani (Mus.: W. Matschawarjani, Tiflis 1957), J. Němeček (Mus.: J. Hanus, Prag 1959), S. Lifar (in *Le Maure de Venise*, Mus.: M. Thiriet, Amsterdam 1960), J. d'Amboise (in *Prologue*, Mus. arr. von R. Irving, New York 1967), P. Darrell (Mus.: Liszt, Triest 1971), J. Butler (in *La Voix*, Mus.: G. Crumb, B. du Rhin, 1972), J. P. Bonnefous (Louisville Civic B., 1981) und G. Pick (Mus.: G. Humel, Aachen 1984); *Macbeth* von Ch. Le Piq (Mus.: Locke, arr. von Barthelémon, London 1785), Galeotti (Mus.: Schall, Kopenhagen 1816), H. Henry (Mus.: Pugni, Mailand 1830), M. Pistoni (Mus.: R. Strauss, Mailand 1969) und W. Wasiliew (Mus.: Moltschanow, Moskau 1980); *Antonius und Kleopatra* von Noverre (Ludwigsburg 1765), Aumer (Mus.: Kreutzer, Paris 1808), I. Rubinstein (Mus.: Schmitt, Paris 1920), Tschernyschow (Mus.: Lasarew, Leningrad 1968) und U. dell'Ara (Mus.: Prokofjew, Mailand 1971); *Coriolan* von S. Viganò (Mus.: Weigl, Mailand 1804); *Der Sturm* von Coralli (in *La Tempête*, Mus.: Schneitzhoeffer, Paris 1834), F. Taglioni (in *Miranda*, London 1838), Howard (Mus.: Tippett, London 1964), I. Eck (Mus.: Sibelius, Helsinki 1974), G. Tetley (Mus.: A. Nordheim, B. Rambert, London 1979), M. Smuin (Mus.: Chihara nach Purcell, San Francisco 1981) und R. Nurejew (Mus.: Tschaikowsky, Royal B. 1982). Andere B.e, die auf Stoffen von Sh. beruhen, schließen u. a. ein P. Lacottes *Such Sweet Thunder* (Mus.: Duke Ellington, Berlin 1959) und K. MacMillans *Images of Love* (Mus.: P. Tranchell, London 1964).

Lit.: P. Hartnoll (Hrsg.), in: *Sh. in Music*, London 1964.

Shankar, Uday, ind. Tänzer und Choreograph, * 8. 12. 1900 Udaipur, † 26. 9. 1977 Calcutta. Studierte 1919 zuerst Malerei in London und trat gelegentlich auch als Tänzer auf. Anna Pawlowa forderte ihn 1922 auf, mit ihr zwei ind. Tänze einzustudieren: *The Hindu Wedding* und *Rahda and Krishna*. Mit Pawlowa 1924 Tournee in Europa und Amerika, anschließend 1924–28 Studium der ind. Kultur in Paris, dort erste Auftritte mit eigener Gruppe, 1930 Rückkehr nach Indien. Aufstellung einer Truppe von ind. Tänzern und Tänzerinnen, die 1931–37 Europa und Amerika bereiste, 1938 wieder Rückkehr nach Indien, Gründung eines ind. Kulturzentrums in Almora, wo die Stile Bharata Natyam, Manipuri und Kathakali von berühmten Lehrern unterrichtet wurden. Klassische ind. Musik lehrte der große Sarod-Spieler Ustad Alauddin Khan, Lehrer auch von Ravi Shankar, dem Bruder von Uday. Nach dem Krieg neue Tourneen in der ganzen Welt. U. Sh. setzte sich bewußt über die einzelnen Techniken und Tanzstile hinweg, was ihm den Vorwurf des Synkretismus, ja des Verrats am ind. Tanz einbrachte. Aber er war der erste, der die klassische ind. Tanzkultur in der ganzen Welt bekannt machte, außerdem brachte er moderne Themen mit ind. Techniken auf die Bühne. Das Tanzspiel *Rhythmus des Lebens* propagierte die Einheit aller ind. Völker und Religionen.

Lit.: E. Rebling, in: *Die Tanzkunst Indiens*, Berlin [Ost] 1981.

Shawn, Ted, amer. Tänzer, Choreograph, Pädagoge und Leiter des Jacob's Pillow Dance Festival, * 21. 10. 1891 Kansas City, † 9. 1. 1972 Orlando (Fla.). Bereitete sich in Denver darauf vor, Theologie zu studieren, als ihn eine Diphtherie zwang, monatelang zu pausieren. Beschäftigte sich dann mit B. als Bewegungstherapie, studierte bei Hazel Wallack, debütierte 1911 als Tänzer in Denver, eröffnete eine Tanzschule in Los Angeles, drehte dort einen der ersten Tanzfilme *Dance of the Ages* und begann 1914 eine erste Coast-to-Coast-Tour mit einer kleinen Komp. In New York Begegnung mit Ruth St. Denis, die er im August 1914 heiratete und mit der zusammen er eine ausgedehnte Tournee unternahm. Beide zusammen gründeten 1915 Denishawn, das als Schule (mit mehreren Zweigstellen in den USA) und als Tanz-Komp. entscheidenden Einfluß auf die Entwicklung des kommenden Modern Dance ausübte. Tourneen ließen die Namen der beiden nicht nur in Amerika, sondern auch in Europa und Asien bekannt werden. Shawn wirkte 1930 bei der UA von M. Wallmanns *Orpheus Dionysus* beim Münchner Tänzerkongreß mit. Seit 1929 lebte das Paar getrennt, tanzte noch 1930 und 1931 zusammen, letzter gemeinsamer Auftritt August 1931 im Lewisohn Stadium in New York. Ruth und Ted trennten sich 1932 endgültig, doch wurden sie niemals offiziell geschieden. Im Jahr 1933 gründete Shawn die erste rein männliche Tänzergruppe, die T. S. Men Dancers. Diese Truppe trug wesentlich zum Abbau der Vorurteile gegen den männlichen Tanz in den USA bei. Ebenfalls 1933 erwarb er eine Jacob's Pillow genannte Farm in den Berkshire Hills (Mass.) und baute sie von einem bescheidenen Tanzstudio zum wichtigsten amer. Tanz-Festival und zu einer Universität des Tanzes aus. Die Farm ging zwar 1940 in anderen Besitz über, doch wurde S. als Künstlerischer Leiter weiterverpflichtet. Diese Position hatte er bis zu seinem Tode inne. Charakteristikum des sich inzwischen über ganze Sommerwochen erstrekkenden Festivals ist seine Offenheit für alle Manifestationen des Tanzes und die harmonische Verbindung von Unterrichts- und Vorstellungsbetrieb. Im Mittelpunkt seines Wirkens stand jedoch immer das Interesse an der Förderung des männlichen Tanzes und Tänzers. Auch als Schriftsteller ist S. hervorgetreten. Zu seinen wichtigsten Veröffentlichungen gehören: *Ruth St. Denis: Pioneer and Prophet* (1920); *The American Ballet* (1926); *Gods Who Dance* (1929); *Dance We Must* (1940); *Every Little Movement* (1954); *33 Years of American Dance* (1959); *One Thousand and One Night Stands* (zus. mit Gray Poole, 1960).

Lit.: C. L. Schlundt, *The Professional Appearances of T. S. and his Men Dancers*, New York 1967; W. Terry, *T. S., Father of American Dance*, New York 1976.

Shearer, Moira, brit. Tänzerin, * 17. 1. 1926 Dunfermline (Schottland). Studierte in London, zuerst bei Flora Fairbairn, dann bei N. Legat und an der Sadler's Wells School. Debütierte 1941 beim International B. und ging 1942 zum Sadler's Wells B., dem sie bis 1952 angehörte (ab 1944 als Ballerina). Tanzte die Ballerinenrollen des klassischen und modernen Rep.s, in denen sie sich nicht nur durch souverän beherrschte Technik, sondern auch durch ihre starke Persönlichkeit auszeichnete. Rollenkreationen u. a. in F. Ashtons *The Quest* (1943), *Symphonic Variations* (1946), *Don Juan* und *Aschenbrödel* (beide 1948) sowie in *Promenade* (1943) von N. de Valois, R. Helpmanns *Miracle in the Gorbals* (1944) und L. Massines *The Clock Symphony* (1950). Tanzte als Gast 1950 bei den B.s de Paris. Ihren größten internationalen Erfolg hatte sie 1948 in dem Film *Die roten Schuhe*, dem mehrere andere Film-Prod.en folgten (u. a. *Hoffmanns Erzählungen*, 1951; *The Man who loved Redheads*, 1955; *Un, deux, trois, quatre* – dt. Titel: *Carmen '62*).

Kehrte dann vereinzelt als Gastballerina zum Sadler's Wells B. zurück, tanzte 1953/54 auch beim London Festival B. und spielte 1954 Titania in einer *Sommernachtstraum*-Prod. in Edinburgh, wo sie auch mit Helpmann zusammen in Strawinskys *Geschichte vom Soldaten* auftrat. Sie zog sich dann ins Privatleben zurück.

Lit.: P. Crowle, *M. S.*, London 1949.

Shearer, Sybil, amer. Tänzerin und Choreographin, * um 1918 Toronto. Studierte am Bennington College vor allem bei D. Humphrey, tanzte als Solistin bei der Humphrey-Weidman Comp., gründete mit mehreren anderen Tänzern zusammen 1938 die Th. Dance Comp., debütierte 1941 als Solotänzerin in New York und verlegte dann ihren Wohnsitz nach Chicago, von wo aus sie ihre Tourneen als Konzerttänzerin durch die USA, mit regelmäßigen Abstechern auch nach New York, unternahm. Seit ihren frühesten Jahren arbeitet sie eng mit Helen Morrison zusammen, die als Designerin und Beleuchterin seither alle ihre Prod.en betreut hat. 1959 versammelte sie die S. S. Comp. um sich und zog sich aufs Land zurück, in die Nähe von Chicago, wo sie das Winnetka Community Th. zu einem Studio und privaten Tanz-Th. umbauen ließ. Dies ist auch heute noch ihre Residenz, wo sie noch zuletzt mit ihren Programmen vor die Öffentlichkeit trat, doch ist es in den siebziger Jahren zunehmend still um sie geworden. Sie war eine der großen Einzelgängergestalten des amer. Modern Dance, die eine Gefolgschaft von ihr ergebenen Schülern und Bewunderern an sich band. Ihre Programme zeichneten sich durch eine ungewöhnliche, oft zyklisch oder thematisch gebundene Geschlossenheit aus. Zu ihren Tänzern gehörte zeitweise auch J. Neumeier.

Shelesnova, Eleonora, sowj. Tänzerin und Pädagogin, * 9. 1. um 1932 Moskau. Studierte in Baku. Tänzerin am Opernhaus ebd., dann via Sofia nach Ost-Berlin, wo sie als Solistin 1966 an der Komischen Oper engagiert war. Verheiratet mit einem Orchestermusiker, gelangte sie nach West-Berlin, wo sie als Pädagogin an der Dt. Oper 1971–73 engagiert war. Seither an der Staatsoper München.

Sheta, Reda, ägypt. Tänzer, * 1. 4. 1949 Kairo. Studierte ebd. an der B.-Schule und in Leningrad, wo er in einigen Vorst.en des Kirow-B.s mittanzte. Tänzer beim Kairo B. 1966–69, wo er zum Premier danseur avancierte, dann Palermo 1970–73, Dt. Oper Berlin 1973–75 und seither in Zürich, aber auch weiterhin in Berlin und an der Münchner Staatsoper 1980/81 sowie als regelmäßiger Gast bei der Bat-Dor-Dance Comp. Rollenkreationen u. a. in T. Gsovskys *Raymonda* (1975), J. Burths *Schemenstadt* (1979), Y. Vámos' *Tschaikowsky* (1980), H. Spoerlis *Narziß* (1981) und Susanas *Soledad* (1983). – Sein jüngerer Bruder Hassan ist Premier danseur beim Kairo B. (zeitweise auch in Frankfurt a. M.).

Shollar, Ludmila → Schollar, Ludmila.

Shook, Karel, amer. Tänzer, Pädagoge und B.-Meister, * 8. 8. 1920 Renton (Wash.). Studierte bei D. Fisher, E. Caton, N. Fornaroli, L. Novikoff, B. Stone und W. Camryn sowie an der School of American B. Tänzer beim Seattle Civic Opera B. 1938, B. Russe de Monte Carlo 1939/40, in mehreren Musicals am Broadway, beim New York City B. 1949 und abermals beim B. Russe de Monte Carlo 1950–52. Direktor der B.-Abteilung an der K. Dunham School in New York 1952–54, dann seiner eigenen Schule in New York 1954–57, J. Taylor School 1957–59. Pädagoge und B.-Meister des holl. Het Nationale B. 1959–68 und seither Associate Artistic Director des Dance Th. of Harlem. Autor von *Elements of Classical Ballet Technique* (1977).

Sibelius, Jean, finn. Komponist, * 8. 12. 1865 Hämeenlinna, † 21. 9. 1957 Jävenpää. Schrieb 1913 die Musik zu dem B. *Scaramouche* (UA, Ch.: E. Walbom, Kopenhagen 1922). B.e, die zu Konzertmusik von ihm choreographiert wurden, sind u. a. B. Kniaseffs *Obsession* (Monte Carlo 1931), F. Ashtons *Lady of Shalott* (London 1931), W. Gores *Confessional* (Oxford 1941), *Antonia* (London 1949) und *Ginevra* (Den Haag 1956), C. Francas *Khadra* (London 1946), J. Crankos *Sea Change* (Dublin 1949), L. Gais *Pelleas und Melisande* (Mailand 1970), I. Ecks *Der Sturm* (Helsinki 1974), U. Gadds *Kalevala* (Göteborg 1975, auch von E. Walter, Düsseldorf 1978), Ecks *Lemminkäinen* (Helsinki 1976), P. Montagnons *Schlafwandler* (Stuttgart 1979), *J. Neumeiers Artus-Sage* (Hamburg 1982), J. Gersters *Pelleas und Melisande*

(Mannheim 1982) und D. Bintleys *Schwan von Tuonela* (abendfüllend, Sadler's Wells Royal B., 1982).

Sibley, Antoinette, engl. Tänzerin, * 27. 2. 1939 Bromley. Studierte an der Cone-Ripman School und Sadler's Wells School. Mitgl. des Sadler's Wells B. 1956, Solistin (Royal B.) 1959, Principal Dancer 1959–79. Eine Stilistin von exzeptioneller Musikalität, tanzte sie alle Ballerinenrollen des Standard-Rep.s. Rollenkreationen u. a. in K. MacMillans *Symphony* (1963), *Anastasia* (Version 1971), *Triad* (1972), *Pavane* (1973), *Manon* (1974) und Aurora in seinem *Dornröschen* (1973), F. Ashtons *The Dream* (1964), *Monotones* (1966), *Jazz Calendar* und *Enigma Variations* (1968) sowie *Meditation from Thaïs* (1971). Seit ihrem Abschied im Mai 1981 noch gelegentliche Auftritte (u. a. in R. Helpmanns *Hamlet*, 1981). Seit 1982/83 wieder Gastsolistin beim Royal B. Rollenkreation in Ashtons *Varii Capricci* (1983). War mit dem Tänzer Michael Soames verheiratet.

Lit.: N. Dromgoole, *S. and Dowell*, London 1976.

Siciliano (ital. auch *Siciliana*, frz. *Sicilienne*). Aus Sizilien stammender, pastoraler Volkstanz im 6/8- oder 12/8-Takt in wiegender Bewegung.

Sieben Todsünden der Kleinbürger, Die (frz. UA-Titel: *Les sept péchés capitaux* – auch engl. *The Seven Deadly Sins*), B. mit Gesang in 7 Bildern, mit Prolog und Epilog, Text: B. Brecht, Mus.: Weill, Ch.: G. Balanchine, Dek.: C. Neher; UA 7. 6. 1933, Les B.s 1933, Th. des Champs-Elysées, Paris, mit T. Losch und L. Lenya. – »Das Ballett soll die Darstellung einer Reise zweier Schwestern aus den Südstaaten sein, die für sich und ihre Familie das Geld zu einem kleinen Haus erwerben wollen. Sie heißen beide Anna. Die eine der beiden Annas ist die Managerin, die andere die Künstlerin; die eine (Anna I) ist die Verkäuferin, die andere (Anna II) die Ware. Auf der Bühne steht eine kleine Tafel, auf der die Route der Tournee durch die sieben Städte aufgezeigt wird . . . Auf der Bühne ist die Familie der beiden, Vater, Mutter und zwei Söhne, in Louisiana, und hinter ihnen wächst das kleine Haus, das durch die Vermeidung der sieben Todsünden verdient wird« (Bühnenanweisung von Brecht). Weitere Prod.en u. a. von H. Lander (Kopenhagen 1936), Balanchine (Neuversion fürs New York City B., 1958), T. Gsovsky (Frankfurt a. M. 1960), M. Béjart (Brüssel 1961), K. MacMillan (Edinburgh Festival 1961, andere Version für ITV 1984) und P. Bausch (Wuppertal 1976).

Lit.: O. F. Regner / H.-L. Schneiders, in: *Reclams Ballettführer*, Stuttgart [8]1980.

Siebente Sinfonie (frz. Titel: *La septième symphonie* – auch engl. *Seventh Symphony*), B. in 4 Sätzen, Ch.: L. Massine, Mus.: Beethoven, Dek.: Chr. Bérard; UA 5. 5. 1938, B. Russe de Monte Carlo, Monte Carlo, mit A. Markova, N. Theilade, F. Franklin, I. Youskevitch u. a. – Obgleich es sich primär um ein konzertantes B. handelt, in dem Soli und kleinere Ens.s mit kompakten Gruppen und Menschenblöcken konfrontiert werden, ist dem Ganzen als roter Faden das Thema von der Schöpfung und Zerstörung der Erde zugeordnet. Die 4 Sätze heißen entsprechend: (1) Die Schöpfung; (2) Die Erde; (3) Der Himmel und (4) Bacchanale und Zerstörung. – Eine frühere Version derselben Beethoven-Sinfonie bereits von I. Duncan 1908 in New York.

Lit.: C. W. Beaumont, in: *Supplement to Complete Book of Ballet*, London 1952.

Siimola, Aino (geb. A. Leberecht, verh. A. Jooss-S.), estn.-dt. Tänzerin, * 18. 4. 1901 Narwa, † 5. 2. 1971 Essen. Erhielt ihren ersten Tanzunterricht an der Schule der Zarin-Mutter Maria Fedorowna, studierte dann beim Ehepaar Gaidaroff in Berlin und seit 1922 bei R. von Laban in Hamburg. Wurde 1924 Solistin der Tanzbühne Laban, war 1924/27 an der Neuen Tanzbühne Münster von Jooss tätig und ging anschließend nach Essen, wo sie zu den profiliertesten Tänzerinnen des Folkwang-Tanz-Th.s gehörte. Heiratete 1929 K. Jooss, wurde seine engste choreogr. Mitarbeiterin, ging mit ihm in die Emigration und leitete mit ihm die ausgedehnten Tourneen der Komp. Auch nach der Rückkehr der Komp. nach Deutschland war sie maßgeblich am Wiederaufbau des Folkwang-Tanz-Th.s der Stadt Essen beteiligt und arbeitete 1954–56 als Assistentin von Jooss am Düsseldorfer Opernhaus. Beendete dann ihre Tätigkeit aus Gesundheitsgründen. Ihre bedeutendsten Rollen als Tänzerin hatte sie in J. Keiths *Dreispitz* sowie in Jooss' *Brautfahrt* und *Gaukelei*.

Silvain, James (geb. J. Sullivan), engl. Tänzer und B.-Meister, † 1856 Paris. Bruder des Schauspielers Barry Sullivan. Trat zuerst in Pantomimen auf, dann auch Tänzer am Londoner King's Th. (1824, 1826 und während der dreißiger und vierziger Jahre) sowie an der Pariser Opéra 1831–33. Partner von F. Elßler während ihrer Amerika-Tournee und B.-Meister ihrer Komp. 1840–42.

Lit.: I. Guest, in: *Fanny Elssler*, London 1970.

Simone, Kirsten, dän. Tänzerin, * 1. 7. 1934 Kopenhagen. Studierte an der Kgl. Dän. B.-Schule. Tänzerin beim Kgl. Dän. B. seit 1952, Solotänzerin 1956, Erste Solotänzerin (inoffizielle Primaballerina) 1966. Häufige Auslandsgastspiele. Eine sehr elegante, leicht distanzierte Ballerina, die alle Standardrollen des dän. Bournonville- und internationalen Rep.s getanzt hat. Rollenkreationen u. a. in F. Flindts *Drei Musketieren* (1966), E. M. von Rosens *Don Juan* (1967) und H. Landers *Festpolonaise* (Neufassung 1970).

Sinceretti, Francis, frz. Tänzer, * 18. 7. 1942 Grasse. Studierte in Nizza sowie bei S. Golovine und V. Gsovsky. Tänzer an der Oper von Nizza, dann in Toulon und Genf, Hamburg 1966–71 und seither Principal Dancer beim holl. Het Nationale B. Zahlreiche Rollenkreationen, u. a. in R. Petits *24 Préludes* (1967), P. van Dyks *Pinocchio* (1969), G. Tetleys *Chronochromie* (1971), R. van Dantzigs *Ramifications* und H. van Manens *Adagio Hammerklavier* (1973), *Sacre du printemps* (1974) sowie T. van Schayks *Pyrrhische Tänze II* (1977).

Sinfonie für einen einsamen Menschen (frz. Originaltitel: *Symphonie pour un homme seul*), B. in 1 Akt, Ch.: M. Béjart, Mus.: P. Henry und P. Schaeffer; UA 26. 7. 1955, B. de l'Étoile, Th. de l'Étoile, Paris, mit Béjart und M. Seigneuret. Mittelpunkt des B.s ist der sich selbst überlassene Mensch im Spannungsfeld von Technik und Sexus, der von anonymen Kräften manipuliert wird und vergeblich versucht, sich mittels der von oben herabhängenden Taue aus seiner Gefangenschaft zu befreien. Das B., Béjarts entscheidendes Durchbruchswerk, wurde seinerzeit als überzeugendstes tänzerisches Statement eines im Schatten von J. P. Sartre und S. Beckett kultivierten tänzerischen Existentialismus empfunden. Béjart hat es dann seinen verschiedenen Komp.n immer wieder neu einstudiert, 1963 auch an den Bühnen der Stadt Köln. – Einen Teil der konkreten Musik von Henry und Schaeffer hatte bereits M. Cunningham 1952 in *Collage* benutzt.

Lit.: O. F. Regner / H.-L. Schneiders, in: *Reclams Ballettführer*, Stuttgart [8]1980.

Sinfonie in C (frz. UA-Titel: *Le Palais de cristal* – engl. Titel: *Symphony in C*), B. in 4 Sätzen, Ch.: G. Balanchine, Mus.: Bizet, Dek.: L. Fini; UA 28. 7. 1947, Opéra, Paris, mit L. Darsonval, A. Kalioujny, T. Toumanova, M. Renault u. a. – Balanchine hat das B. zu der Sinfonie des 17jährigen Bizet ohne jede Handlung choreographiert – in Form eines rein konzertanten B.s. Jeder der ersten drei Sätze (Allegro vivo – Adagio – Allegro vivace) hat seine eigene Ballerina, seinen Premier danseur und sein Corps, bis es im 4. Satz (Allegro vivace) zu einer Summierung der drei verschiedenen Ens.s in einem Finale von prickelndem Elan kommt. In seiner unter dem engl. Titel erfolgenden Neueinstud. für die American B. Society 1948 verzichtete Balanchine auf jedes Dekor. Zahlreiche Übernahmen ins Rep. anderer Komp.n, Dt. EA Hamburg 1965 (auch dt. Oper Berlin 1969). – Ein B. *Assembly Ball* zur gleichen Musik von A. Howard bereits 1946 fürs Sadler's Wells B.

Lit.: O. F. Regner / H.-L. Schneiders, in: *Reclams Ballettführer*, Stuttgart [8]1980.

Sinfonie in D, B. von J. Kylián, Mus.: Haydn, Nederlands Dans Th. Das B. hat eine komplizierte Entstehungsgeschichte. Die Premiere fand am 5. 10. 1976 in Schweinfurt statt – zu 2 Sätzen aus Haydns Sinfonie Nr. 101, D-Dur, »Die Uhr«. Für die Premiere am 18. 10. 1976 in Utrecht änderte Kylián den 2. Satz und ergänzte die beiden ersten Sätze aus der Sinfonie Nr. 101 um den letzten Satz der Sinfonie Nr. 73, G-Dur, »Die Jagd«. Auf einer Amerika-Tournee der Komp. 1981 ergänzte Kylián das B. weiter um den 3. Satz der Sinfonie Nr. 73, der seither als 3. Satz des B.s getanzt wird – in dieser viersätzigen Fassung stammt die Kostüm-Ausstattung von Tom Schenk. Es handelt sich um ein rein konzertantes, überaus witziges B., das seine komischen Pointen aus parodistischen Zitaten, überraschenden Richtungswechseln, ungewöhnlichen Partnerschaften und falschem Timing bezieht. Übernommen ins Rep. zahlreicher anderer Komp.n. Dt. EA Staatsoper München, 1980 (auch Dt. Op. Berlin, 1981).

Sinfonie in drei Sätzen → *Symphony in Three Movements.*

Sinfonietta, B. in 5 Sätzen, Ch.: J. Kylián, Mus.: Janáček, Dek.: W. Nobbe; UA 9. 6. 1978, Nederlands Dans Th., Charleston (S. C.). Das B., choreographiert zu Janáčeks überschwenglichem Werk aus dem Jahr 1926, wird von 7 Paaren getanzt. Es handelt sich um einen mitreißenden Hymnus auf das Leben und die Eroberung des Raumes, kontrastiert durch Episoden, die von Trauer und Nostalgie künden. Man kann das B. als Kyliáns Hommage an den Prager Frühling 1968 interpretieren. – Eine frühere Version der gleichen Sinfonietta von P. Smok (Basel 1971).

Sinfonische Ballette. Der Begriff kam in den dreißiger Jahren auf, als L. Massine seine ersten B.e zu sinfonischer Musik schuf, die vorgaben, lediglich den musikalischen Inhalt und Formverlauf mit tänzerischen Mitteln wiederzugeben, dabei aber doch immer wieder zu außermusikalischen Themenstellungen ihre Zuflucht nahmen: *Les Présages* (Tschaikowskys 5. Sinfonie, 1933), *Choreartium* (Brahms' 4. Sinfonie, 1933), *Symphonie fantastique* (Berlioz, 1936), *La Septième Symphonie* (Beethovens 7. Sinfonie, 1938) und *Rouge et noir* (Schostakowitschs 1. Sinfonie, 1939). Im Gegensatz zu diesen meist philosophisch ambitionierten Massine-B.en hat sich G. Balanchine in seinen B.en zu konzertanter Musik im allgemeinen davor gehütet, seinen choreogr. Interpretationen anekdotische oder spezifische Inhalte zu unterlegen. In der Sowjetunion spricht man heute gern von einer Sinfonisierung der choreogr. Form, deren erste Ansätze bis zu Iwanows 2. Akt *Schwanensee* zurückverfolgt werden. Vor Massine haben sich schon andere Choreographen sinfonischer Musik bedient – u. a. I. Duncan (Beethovens 7. Sinfonie, New York 1908), A. Gorsky (Glasunows 5. Sinfonie, Moskau 1915) und F. Lopuchow (Beethovens 4. Sinfonie, Petrograd 1923).

Sisowa, Alla Iwanowa, sowjet. Tänzerin, * 22. 9. 1939 Moskau. Trat 1949 in die Leningrader B.-Schule ein, machte 1958 ihr Examen und wurde anschließend Mitgl. des Kirow-B.s, zu dessen führenden Ballerinen sie gehört. Ihre Glanzrolle ist die Aurora in *Dornröschen*, die sie auch in der sowj. Film-Prod. dieses B.s getanzt hat. Weitere Rollenkreationen u. a. in I. Belskis *Leningrader Sinfonie* (1961) und K. Sergejews *Hamlet* (1971).

Sissonne, im B. angewandte Sprungtechnik: Absprung von zwei Beinen, Landung auf einem Bein.

Situation, B. in 1 Akt, Ch.: H. van Manen zu einer Klang-Collage, Dek.: J. P. Vroom; UA 20. 4. 1970, Nederlands Dans Th., Circus Th., Scheveningen, mit G. Lemaitre, M. Sarstädt, F. Vervenne, E. Hampton u. a. Eine Reihe von aggressiven und brutalen Begegnungen in einem geschlossenen Raum. Übernahme ins Rep. des holl. Het Nationale B. und Kölner Tanz-Forum (beide 1980).

Skating Rink, B. in 1 Akt, Libr.: Riciotto Canudo, Ch.: J. Börlin, Mus.: Honegger, Dek.: F. Léger; UA 20. 1. 1922, B.s Suédois, Th. des Champs-Elysées, Paris, mit Yolande Figoni, Kay Smith, Börlin u. a. Das B. ist um eine Eislaufarena zentriert und führt eine Reihe von dort beschäftigten Charakteren vor, die z. T. als Karikaturen gezeichnet sind.

Lit.: C. W. Beaumont, in: *Complete Book of Ballets*, London 1951.

Skeaping, Mary, engl. Tänzerin, Choreographin und B.-Direktorin, * 15. 12. 1902 Woodford, † 9. 2. 1984 London. Studierte bei L. Novikov, V. Trefilova, L. Egorova und M. Craske. Tänzerin bei der Pawlowa-Komp. in London 1925, dann beim Nemchinova-Dolin B. und anderen Komp.n. B.-Meisterin des Sadler's Wells B. 1948–51. Gastproduzentin von Klassiker-Auff.en in Kanada und Kuba 1952–54. B.-Direktorin des Kgl. Schwed. B.s 1953–62, wo sie die Standardklassiker des 19. Jh.s einstudierte und historische schwed. B.e rekonstruierte, u. a. *Der schlechtgelaunte Cupido* (Drottningholmer Schloß-Th., 1956). Produzierte eine Reihe von Filmen über historische Tanzstile für das schwed. Fernsehen. Danach als freischaffende Produzentin der B.-Klassiker tätig. International anerkannte Autorität für die Technik und den Stil des B. de cour im 17. Jh. Beteiligt an verschiedenen B. for All-Prod.en. Schrieb

Ballet Under Three Crowns (eine Geschichte des Kgl. Schwed. B.s 1637–1792), *Dance Perspectives* 32 (1967).

Skibine, George Borisowitsch, russ.-amerik. Tänzer, Choreograph und B.-Direktor, * 30. 1. 1920 Jasnaja Poljana, † 14. 1. 1981 Dallas (Tex.). Sohn von Boris S., einem Corps-de-b.-Mitgl. der Diaghilew-Komp., studierte er bei O. Preobrajenska, E. Eduardova, S. Lifar, M. Fokine, A. Volinine und J. Sedova. Debüt als Cancan-Tänzer beim Bal Tabarin und als B.-Tänzer beim B. de la Jeunesse 1937. Tänzer beim B. de Monte Carlo 1938/39, de Basils B. Russe 1939–41, B. Th. 1941/42. Nach seinem Militärdienst schloß er sich 1946 der Markova-Dolin-Comp. an, dann beim Original B. Russe und Grand B. du Marquis de Cuevas 1947–56, wo er auch zu choreographieren begann. Als Gast, zusammen mit seiner Frau Marjorie Tallchief, bei R. Pages Chicago B. Beide wurden dann Danseurs étoiles an der Pariser Opéra 1957, wo er 1958–62 auch als B.-Direktor wirkte. Nach einer kurzen Periode freischaffender Tätigkeit Artistic Director des neugegründeten Harkness B. 1964–66, dann in gleicher Position beim Dallas Civic B. und der angegliederten Akademie 1969–81. Als Tänzer vielbewundert ob seiner durchaus männlichen Eleganz vor allem in romantischen Rollen. Debütierte als Choreograph mit *Tragédie à Vérone* (Mus.: Tschaikowsky, 1950). Auswahl aus der umfangreichen Liste seiner B.-Kreationen: *Annabel Lee* (Mus.: B. Schiffmann) und *Gefangener im Kaukasus* (Mus.: Chatschaturjan, 1951), *Idylle* (Mus.: F. Serette, 1954), *Romeo und Julia* (Mus.: Berlioz, 1955), *Daphnis und Chloe* (Mus.: Ravel, 1959), *Les Noces* (Mus.: Strawinsky, 1962), *Bacchus und Ariadne* (Mus.: A. Roussel, 1964), *Der Feuervogel* (Mus.: Strawinsky, 1967), *Les Bandar-Log* (Mus.: Ch. Koechlin, 1969) und *Carmina Burana* (Mus.: Orff, 1970). Arbeitete verschiedentlich auch in der Bundesrepublik (Lübeck, Wuppertal, Wiesbaden).

Lit.: L. Nemenschousky, *A Day With Marjorie Tallchief and G. Skibine*, London 1960.

Sklaven → *Spartakus.*

Skorik, Irène, frz. Tänzerin, * 27. 1. 1928 Paris. Studierte bei C. Zambelli, O. Preobrajenska, V. Gsovsky und Y. Brieux. Tänzerin bei den B. Recitals im Th. S. Bernhardt 1944, dann B.s des Champs-Elysées 1945–50. Primaballerina Staatsoper München 1950–52. Danach freischaffend als Ballerina bei verschiedenen Komp.n (häufig bei M. Miskovitch). Primaballerina in Basel 1960–65, danach Gastballerina, verschiedentlich auch beim Berliner B. Rollenkreationen u. a. in J. Charrats *Jeu de cartes* und R. Petits *Dejeuner sur l'herbe* (1945) und *Les Amours de Jupiter* (1946), V. Gsovskys *Hamlet* (1950), *Cinderella* (1951) und *Chemin de la lumière* (1952), T. Gsovskys *Fleurenville* (1956) und W. Orlikowskys *Pagodenprinz* (1961), *Die steinerne Blume* (1962) und *Abraxas* (1963). War auch als Pädagogin an Y. Chauvirés Pariser Akademie tätig.

Skoronel, Vera, schweiz. Tänzerin, * 28. 5. 1906 Zürich, † 24. 3. 1932 Berlin. Studierte bei Laban, M. Wigman und Loheland. Trat bereits mit 12 Jahren als Tänzerin in Zürich auf, leitete als Vierzehnjährige eine eigene Schule in Oberhausen, war dann B.-Meisterin in Oberhausen und Darmstadt und arbeitete seit 1926 in Berlin, wo sie sich mit Berthe Trümpy in die Leitung der Trümpy-Skoronel-Schule teilte. Wurde durch ihr *Tanzspiel* (Essen 1924) und *Erwekkung der Massen* (Berlin 1927) bekannt und galt als eine der begabtesten Vertreterinnen des von Laban und Wigman kommenden modernen Tanzes in Deutschland.

Skouratoff, Vladimir, frz. Tänzer, Choreograph und B.-Meister, * 12. 3. 1925 Paris. Studierte bei O. Preobrajenska, A. Volinine und B. Kniaseff. Begann als Tänzer im Corps des Lido-Kabaretts, dann Solist bei den Nouveaux B.s de Monte Carlo 1946, Original B. Russe 1947, B.s de Paris 1948. Tourneen mit Y. Chauviré und T. Toumanova, dann B.s des Champs-Elysées 1951, Grand B. du Marquis de Cuevas 1952–57, in der Sagan-Prod. von *Le Rendezvous manqué* 1958, Gast beim London Festival B., in Nizza und beim Skandinavian B. B.-Meister in Straßburg 1966/67, seit 1970 in Bordeaux, wo er auch als Choreograph hervorgetreten ist. Rollenkreationen u. a. in S. Lifars *Dramma per musica* und *Chota Roustaveli* (1946), J. Charrats *La Femme et son ombre* und *'adame miroir* (1948), W. Dollars *Le Combat* (1949), J. Taras' *Piège de lumière* (1952) und *Le Rendezvous manqué* (1958) sowie in G. Skibines *Idylle* (1954).

Skrjabin, Alexander Nikolajewitsch, russ. Komponist, * 6. 1. 1872 Moskau, † 27. 4. 1915 ebd. Schrieb keine B.-Musik, doch wurden verschiedene seiner konzertanten Stücke B.en zugrunde gelegt, insbesondere sein *Poème de l'extase* (zuerst von A. Sokolow, New York 1956). Weitere B.e zu Musik von ihm waren u. a. K. Goleisowskis *Skrjabiniana* (Bolschoi-B., 1962), J. Neumeiers *Dämmern* (Frankfurt a. M. 1972), W. Walters *Dritte Sinfonie* (Düsseldorf 1974), R. North' *Preludes and Studies* (London Contemporary Dance Th.) und F. Howalds *Prometheus* (Frankfurt a. M., beide 1979) sowie J. P. Comelins *Overtones* (Stuttgart 1982). A. Sokolow choreographierte ein abendfüllendes *Hommage à S.* (1977).

Skroblin, Gislinde, dt. Tänzerin, * 23. 7. 1944 Ballenstedt. Studierte in Saarbrücken und an der B.-Schule der Münchner Staatsoper. Mitgl. des Münchner Staatsopern-B.s seit 1959, Solistin 1966. Rollenkreationen u. a. in J. Charrats *Casanova in London* (1969), J. Crankos *Ebony Concerto*, F. Ashtons Münchner Einst. von *La Fille mal gardée* (1971), D. Gackstetters *Moira* (1976) und *Das Lächeln am Fuße der Leiter* (1978), G. Bohners *Wieland – ein Heldenleben* (1979), Y. Vámos' *Tschaikowsky* (1980) und G. Veredons *Gaité Parisienne* (1982).

Skythische Suite. Auf Anregung von S. Diaghilew komponierte Prokofjew 1914 unter dem Titel *Ala und Lolli* ein B. zu einem von Gorodetzki konzipierten Libr.: »Die Skythen beten ihren Lieblingsgott, den Sonnengott Veles, und den hölzernen Götzen Ala an. Eines Nachts versucht Chuschbog, ein schlauer Reisender, von den Mächten des Bösen unterstützt, Ala zu stehlen. Sein Werk läßt sich nur im Dunkeln vollenden, Licht zerstört die Macht des Bösen. Der Krieger Lolli bemerkt den Diebstahl, will Ala retten und gerät beim Zweikampf mit dem Dieb in Lebensgefahr. Rechtzeitig erscheint jedoch Veles im Sonnenglanz und tötet das Böse mit seinen blendenden Strahlen.« (I. Nestjew, *Prokofjew* 1962). Da Diaghilew das fertige Werk jedoch ablehnte, arbeitete der Komponist die Musik für eine konzertante Version (16. 1. 1916) in Petrograd zur *S. S.* um. Diese hat vier Sätze: Verehrung Alas und Veles', Chuschbog und der Tanz der bösen Geister, Nacht, Lollis Marsch und die Sonnenprozession. Die szenische UA choreographierte M. Terpis unter dem Titel *Die Erlösten* am 7. 5. 1927 an der Berliner Staatsoper. Spätere Versionen u. a. von B. Nijinska (Teatro Colón, 1927), K. Tóth (Preßburg 1964) und G. Alexidze (Kirow-B. Leningrad, 1969).

Slansk (Slask). Das Staatl. Poln. Folklore B. wurde 1954 von Stanislaw Hadyna gegründet. Die Mitgl.er treten nicht nur als Tänzer, sondern auch als Sänger auf. Chefchoreographin ist Elwira Kaminska, die sich um eine möglichst authentische Verwendung des Folklore-Materials bemüht.

Slaughter on Tenth Avenue, B.-Einlage in dem Musical *On Your Toes*, Ch.: G. Balanchine, Mus.: R. Rodgers, Bühne: Jo Mielziner, Kost.: I. Sharaff; UA 11. 4. 1936, Imperial Th., New York, mit Ray Bolger, T. Geva, George Church. Das B. bildet den Höhepunkt des Musicals, das von den Abenteuern eines jungen Amerikaners handelt, der Mitgl. einer russ. B.-Komp. ist. Er wird von Gangstern verfolgt und muß um sein Leben tanzen, bis im allerletzten Moment die Polizei eintrifft und die Gangster verhaftet. Als separates B. neueinstudiert am 2. 5. 1968 beim New York City B., New York State Th., New York, mit S. Farrell und A. Mitchell. Neueinst. des Musicals, choreogr. betreut von D. Saddler und P. Martins, 1983, mit N. Makarova, Lara Teeter und G. de la Peña.

Lit.: G. Balanchine / F. Mason, in: *Balanchine's Complete Stories of the Great Ballets*, Garden City (N. Y.) 1977.

Slavenska, Mia (geb. M. Čorak), jugosl.-amer. Tänzerin, Choreographin und Pädagogin, * 1914 Slavenski-Brod. Studierte in Zagreb bei Josephine Weiß und M. Froman, arbeitete in Wien u. a. bei Gertrud Kraus und in Paris bei L. Egorova, M. Kschessinska und O. Preobrajenska. Sie wirkte 1930–33 als Primaballerina in Zagreb, 1933/34 in Paris bei der Opéra Russe, tanzte in Paris mit S. Lifar und in London mit A. Dolin, wiederholt auch in Berlin. 1938–42 aktiv beim B. Russe de Monte Carlo, dann Niederlassung in den USA, wo sie eine eigene Gruppe, B. Variante, ins Leben rief und eine Schule in Los Angeles gründete. Den Höhepunkt ihrer Laufbahn erlebte sie als Ballerina des von ihr 1952 mitgegründeten Slavenska-Franklin B.s, wo sie die Blanche Dubois in V.

Bettis' *A Streetcar Named Desire* kreierte. Einem breiten Publikum wurde sie als Ballerina in dem Film *La Mort du Cygne* von J. Benoît-Lévy bekannt. Später an der School of Dance beim California Institute of the Arts tätig.

Sleep, Wayne, engl. Tänzer, * 17. 7. 1948 Plymouth. Studierte an der Royal B. School. Tänzer beim Royal B. 1966, Solist 1970, Principal Dancer 1973. Rollenkreationen u. a. in F. Ashtons *Jazz Calendar* und *Enigma Variations* (1968), *Tales of Beatrix Potter* (Film, 1971) und *Ein Monat auf dem Lande* (1976), K. MacMillans *Anastasia* (Version 1971), *Dornröschen* (1973), *Manon* und *Elite Syncopations* (1975). Choreographierte (zus. mit R. North) *David and Goliath* (Mus.: C. Davis, London 1975) und verschiedene B.e für seine 1980 gegründete eigene Gruppe Dash. Hauptrolle in dem Musical *Cats* (1981).

Slonimski, Juri Josifowitsch, sowj. B.-Historiker, Kritiker und Librettist, * 12. 3. 1902 St. Petersburg, † 23. 4. 1978 Moskau. Studierte Jura, begann 1919 als B.-Kritiker, gehörte 1921 zu den Begründern der Gruppe Junges B., schrieb 1926/27 kleinere Monographien über *Giselle* und *La Sylphide* und veröffentlichte 1937 die Standardwerke *Meister des B.s im 19. Jh.* und *Klassiker der Choreographie*. Dozierte während der dreißiger Jahre als wissenschaftlicher Mitarbeiter an den B.-Schulen in Leningrad und Moskau und wurde zum Begründer der sowj. Schule einer analytischen B.-Kritik. Weitere Bücher von ihm: *Tschaikowsky und das Ballett-Theater seiner Zeit* (1956), *Didelot* (1958), *Sammelband über M. Petipa* (1971) und *Puschkins Ballettverse* (1973). Für folgende B.e schrieb er die Libretti: *Küste der Hoffnung* (Ch.: W. Burmeister, Mus.: A. Spadavecchia, Stanislawski-Nemirowitsch-Dantschenko-Musik-Th., 1959), *Jugend* (Ch.: B. Fenster, Mus.: M. Tschulaki, Maly-B., 1949), *Die sieben Schönen* (Ch.: P. Gussjew, Mus.: K. Karajew, Baku, 1952) und *Pfad des Donners* (Ch.: K. Sergejew, Mus.: Karajew, Kirow-B., 1958). Ein Buch über seine Erfahrungen als Librettist veröffentlichte er 1967 unter dem Titel *Sieben Ballettgeschichten*.

Sloot, Pieter van der, holl. Tänzer, Pädagoge, Choreograph und B.-Direktor, * 1. 5. 1926 Amsterdam. Studierte bei I. Schwezoff, Y. Georgi, S. Gaskell, V. Volkova, O. Preobrajenska und G. Mulys. Tänzer bei der Gemeentelijk Th. Bedrijf in Amsterdam 1941–45, mit eigener Gruppe 1945/46, Solotänzer und Choreograph. B. der Lage Landen 1947/48, Regent B. Comp. London 1948, B. Recital 1949/50, erneut B. der Lage Landen 1950–52, Opéra in Nizza 1952/53, B. der Lage Landen 1953/54, Künstlerischer Leiter des Teatro Italiano del B. 1954–67, Landes-Th. Hannover 1969/70, B.-Direktor Münster 1969–71, seit 1971 Leiter einer eigenen B.-Schule in Münster, aus der 1977 das Tanz-Th. Münster hervorging, für das er seither regelmäßig choreographiert hat. Zahlreiche Gastengagements als Choreograph in ganz Europa.

Smith, George Washington, amer. Tänzer, B.-Meister und Pädagoge, * um 1820 Philadelphia, † 18. 2. 1899 ebd. Er war schon als Kindertänzer wegen seines Clog Dance berühmt und schloß sich 1840 der Komp. von F. Elßler an, wo er bei James Silvain Stunden nahm. War 1846 Amerikas erster Albrecht in der Bostoner *Giselle*-Prod. (mit Mary Ann Lee), wurde 1847 Primoballerino und B.-Meister am Bowery Th. New York und 1850 am Brougham's Lyceum Th. ebd., wo er diverse romantische B.e inszenierte und tanzte. Unternahm 1851 eine Amerika-Tournee mit Lola Montez und war anschließend freischaffend bei verschiedenen Komp.n und Prod.en tätig, u. a. auch 1859 als Primoballerino der Ronzani-Komp., zu der auch E. Cecchetti sen. gehörte. Eröffnete 1881 eine Schule in Philadelphia. Sein Sohn Joseph S. (1875–1932) wurde einer der bekanntesten amer. Musical-Choreographen.

Lit.: L. Moore, *G. W. S.*, in Dance Index 4,6 (1945).

Šmok, Pavel, tschech. Tänzer, Choreograph und B.-Direktor, * 22. 10. 1927 Levoča. Studierte am Prager Konservatorium. Tänzer beim Armee-Ens. 1952–55, in Pilsen 1955–58. B.-Meister in Aussig 1958–60 und Ostrau 1960–64. Mitbegründer des Prager B.s (zus. mit L. Ogoun) und B.-Meister 1964–70. B.-Direktor in Basel 1970–73. Heute als freischaffender Choreograph tätig – hat verschiedentlich auch in Deutschland gearbeitet (Darmstadt, Komische Oper Ost-Berlin). Schuf zahlreiche B.e und Fernseh-Prod.en, u. a. *Rossiniana* (1961), *Fresken* (Mus.: Martinů, 1966), *Intime Briefe* (Mus.: Janáček, 1968), *Glagolitische Messe* (Mus.: Janáček, 1969), *Der Diener zweier Herren* (Mus.: J. Burghauser, 1970), *Sinfonietta* (Mus.: Janáček, 1971), *Amerikanisches Quartett* (Mus.: Dvořák, 1977) und *Der Narr* (Mus.: Prokofjew, 1982).

Smuin, Michael, amer. Tänzer, Choreograph und B.-Direktor, * 13. 10. 1938, Missoula (Mont.). Studierte bei den Brüdern Christensen in Utah und an der San Francisco B. School. Tänzer beim University of Utah B. 1955–57, San Francisco B. 1957–62. Dann freischaffend als Tanzpaar mit seiner Frau Paula Tracy. Begann als Choreograph in Nachtclubs und beim Fernsehen. Principal Dancer beim American B. Th. 1969–73, hier auch als Choreograph tätig. Heute Kodirektor (zus. mit L. Christensen) des San Francisco B. Choreographierte zahlreiche B.e, u. a. *Pulcinella Variations* (Mus.: Strawinsky) und *Gartenfest* (Mus.: Mozart, 1968), *The Eternal Idol* (Mus.: Chopin, 1969), *Schubertiade* (1970), *Harp Concerto* (Mus.: F. A. Boieldieu) und *Shinju* (Mus.: P. Chihara, 1975), *Romeo und Julia* (Mus.: Prokofjew, 1976), *A Song for Dead Warriors* (Mus.: C. Fox, 1977) und *The Tempest* (Mus.: Chihara, 1980). Choreograph und Regisseur des Broadway-Musicals *Sophisticated Ladies* (Mus.: D. Ellington, 1981).

Söffing, Tilly, dt. Tänzerin, * 13. 8. 1932 Apolda. War zuerst in Gera, Weimar, Aachen und Augsburg engagiert, 1960–65 in Köln, danach bis 1977 an der Dt. Oper am Rhein. Sie gehörte zu den ausdrucksstärksten Tänzerinnen ihrer Generation in Deutschland. Rollenkreationen u. a. in A. von Milloss' *Wandlungen* (1960) und *Estro barbarico* (1963), M. Béjarts *Die Reise* (1962), G. Furtwänglers *'adame miroir* (1964), E. Walters *Kuß der Fee* (1965), *Streichquartett Nr. 1* (1966), *Menagerie* (1968) und *Sacre du Printemps* (1970), M. Tauberts *Herodias* (1967), H. van Manens *Keep Going* (1971) und L. Höfgens *Volumina* (1972). Zu ihren markantesten Rollendarstellungen gehörten das Mädchen in Milloss' *Wunderbarer Mandarin* und die weibliche Hauptpartie in Béjarts *Sinfonie für einen einsamen Menschen*. Fernseh-Prod.en u. a.: *Sinfonie für einen einsamen Menschen* (1963), *Die sieben Todsünden* (Ch.: M. Sparemblek, 1964) und *Kassandra* (Ch.: H. Baumann, 1971). Leitet heute eine Schule für Gymnastik und Tanz in Düsseldorf.

Soft Shoe Dance → Tap Dance.

Soirées de Paris, Les, eine von Comte Étienne de Beaumont organisierte, vom 17. 5. bis 30. 6. 1924 dauernde Saison von B.-Veranstaltungen im Th. de la Cigale, Paris, die sich durch ihren Snob-Appeal und ihre UA auszeichnete. L. Massine choreographierte: *Mercure* (Mus.: Satie, Dek.: P. Picasso), *Salade* (Mus.: Milhaud, Dek.: G. Braque), *Le beau Danube* (Mus.: Joh. Strauß, arr. von A. Dorati, Dek.: V. Polunin), *Gigue* (Dek.: A. Derain) und *Scuola di ballo* (Mus.: L. Boccherini, arr. von J. Françaix, Dek.: Comte de Beaumont). Dazu gab es eine Cocteau-Prod. von *Romeo und Julia* (Dek.: J. Hugo).

Soirées musicales. Brittens aus dem Jahr 1936 stammende Suiten-Bearbeitung von Rossini-Melodien ist wiederholt – gelegentlich auch zusammen mit seinen *Matinées musicales* – choreographiert worden – so u. a. von A. Tudor (zuerst für eine Cecchetti Society Matinée, London 1938), H. Heiden (in *Divertimento*, Mannheim 1960) und J. Cranko (in *Bouquet garni*, Stuttgart 1965).

Sokolova, Lydia (geb. Hilda Munnings), engl. Tänzerin, * 4. 3. 1896 Wanstead, † 5. 2. 1974 Sevenoaks. Studierte an der Stedman B.-Akademie in London, dann bei A. Pawlowa, M. Mordkin, I. Clustine und E. Cecchetti, tanzte 1911 bei der Mordkin-Komp. auf deren USA-Tournee und war 1913–29 Mitgl. der Diaghilew-Komp., deren erste engl. Ballerina sie wurde (unterbrochen nur 1922/23, als sie bei Massine in London tanzte und mit ihrem Mann Nicholas Kremnev zusammen in Music-Halls auftrat). Kreierte als dramatische Ballerina zahlreiche B.e von Massine, so *Las Meninas*, *Contes russes* (beide 1916), *Der Zauberladen* (1919), *Le Chant du Rossignol*, *Le Astuzie femminili*, *Sacre du Printemps* (alle 1920) und *Les Matelots* (1925). Weitere Rollenkreationen von ihr u. a. in W. Nijinskys *Till Eulenspiegel* (1916), B. Nijinskas *Les Biches*, *Le Train bleu* (beide 1924) und *Romeo und Julia* (1926) sowie in Balanchines *Le Bal* (1929). Sie beendete ihre Tänzerinnen-Karriere mit der Auflösung der Komp. von Diaghilew (1929), tanzte aber noch einmal 1935 in der Londoner Saison der Komp. von L. Woizikovsky und 1962 in der Royal B.-Prod. von Massines *Die gutgelaunten Frauen*. Zusammen mit R. Buckle gab sie ihre Memoiren heraus: *Dancing for Diaghilev* (1960).

Sokolow, Anna, amer. Tänzerin, Choreographin und Pädagogin, * 22. 2. 1912, Hartford (Conn.). Wuchs in New York in der Nachbarschaft des Neighborhood Playhouse heran, studierte Modern Dance bei Blanche Talmud, M. Graham und L. Horst sowie klassisches B. an der School of American B. Tanzte 1930–39 als Solistin bei der Graham Comp. und wurde gleichzeitig Assistentin von Horst, trat ab 1934 auch in Soloabenden und mit Gruppe auf, wobei sich sowohl in ihren Auftrittsorten wie in ihrer Thematik (*Ballad in a Popular Style*, *Slaughter of the Innocents*, beide Musik von Alex North) schon früh ihr soziales Verantwortungsbewußtsein ankündigte. Arbeitete von 1939 an zunehmend als Choreographin und Pädagogin in Mexico City, wo einige ihrer wichtigsten Stücke entstanden, u. a. *Lament for the Death of a Bullfighter* (zu Gedichten von García Lorca, Mus.: S. Revueltas), *Lyric Suite* (Mus.: Berg, 1953), *Opus '60* (Mus.: T. Macero), *Dreams* (Mus.: Bach und Webern) und *Musical Offering* (Mus.: Bach – alle 1961). Für ihre eigene Komp. in den USA entstanden nach 1954 (als sie ihre tänzerische Mitwirkung beendete) u. a. *Rooms* (Mus.: K. Hopkins, 1955), *Poem* (Mus.: Skrjabins *Poème de l'extase*, 1956), *Metamorphosis* (nach F. Kafka, ohne Mus., New York, 1957) und *Sessions '58* (Mus.: Macero, 1958). Ab 1960 arbeitete sie auch beim Nederlands Dans Th., wiederholt auch in Israel, gelegentlich auch beim B. Rambert (u. a. *Deserts*, Mus.: E. Varèse, 1967), beim London Contemporary Dance Th. (*Scenes from the Music of Charles Ives*, 1972). Schuf *Hommage to A. Scriabin* (1977). In letzter Zeit wandte sie sich religiös-jüdischen Themen zu: *Deborah* (Mus.: Bach) und *Los Conversos* (beide 1981), aber auch *Magritte, Magritte* (1982). A. S. gehört zu jenen Vertreterinnen des Modern Dance, die im Tanz ein Mittel der Gesellschaftskritik sehen. Dementsprechend heißt ein berühmter Artikel von ihr: *The Rebel and the Bourgeois* (in: *The Modern Dance*, 1965).

Lit.: D. McDonagh, in: *The Complete Guide to Modern Dance*, Garden City (N. Y.) 1976.

Soleares, von den andalus. Zigeunern (Gitanos) benutzter Plural von kastilisch *soledad* für Einsamkeit. Dieser Flamenco-Tanz ist sehr alt, er gehört als Tanz und Gesang zu den *bailes y cantes jondos*, zu den »tiefen« Tänzen und Gesängen des Flamenco. Das Thema ist die Tragik der Einsamkeit der Gitanos.

Solomon, Robert, amer. Tänzer, Pädagoge und Choreograph, * 13. 2. 1945 New York. Studierte ebd. bei A. Nikolais und M. Louis, Tänzer in ihrer Komp. 1968–71. Unterrichtete an der London School of Contemporary Dance 1971–73, der Essener Folkwang-Hochschule 1973–76 und gründete 1975 in Düsseldorf das Projekt Tanz-Th., das seither mit verschiedenen Werkstatt-Prod.en an die Öffentlichkeit getreten ist. Als Choreograph auch am Düsseldorfer Schauspielhaus tätig sowie Zusammenarbeit mit Jazzgruppen und mit den Organisatoren von Straßenfesten in Essen und Unna.

Solowjew, Juri Wladimirowitsch, sowj. Tänzer, * 10. 8. 1940 Leningrad, † 15. 1. 1977 Sosnora bei Leningrad. Studierte an der Leningrader B.-Schule (Examen 1958). Tänzer des Kirow-B.s seit 1958, avancierte rasch zu einem der brillantesten Solisten der Komp., begabt mit einer phänomenalen Elévation. Eine seiner besten Rollen war der Blaue Vogel, doch tanzte er auch die Standard-Danseur-noble-Rollen des Rep.s, auch den Prinzen in der Verfilmung des Kirow-*Dornröschens* (1965). Rollenkreationen u. a. in I. Belskis *Leningrader Sinfonie* (1961), K. Sergejews *Der ferne Planet* (1963), K. Bojarskis *Die Perle* (1965), L. Jakobsons *Land der Wunder* (1967), G. Alexidzes *Orestie* (1968) und Kassatkina-Wassiljows *Erschaffung der Welt* (1971). Wurde unter mysteriösen Umständen in seiner Datscha erschossen aufgefunden. War mit der Tänzerin Tatjana Legat verheiratet.

Sombert, Claire, frz. Tänzerin und Pädagogin, * 1935 Courbevoie. Studierte bei Y. Brieux, V. Gsovsky, Rousanne und O. Preobrajenska. Tänzerin in Lausanne 1950, bei den B.s J. Charrat 1951/52, B.s R. Petit 1953/54, Miskovitch Komp. 1956, B.s J. Babilée 1957–59, dann bei diversen Komp.n, in der Larrain-Prod. von *Cinderella* 1964 und auf einer Rußland-Tournee mit M. Bruel 1968. Künstlerische Kodirektorin des B. du Rhin 1972–74. Mitwirkung in G. Kellys Film *Invitation to the Dance* (1962). Rollenkreationen u. a. in Petits *Le Loup* (1953), M. Béjarts *Promethée* (1956) und S. Lifars *Pique Dame* (1960). Inspectrice de la danse an der B.-Schule der Pariser Opéra seit 1979.

Somes, Michael, engl. Tänzer und B.-Direktor, * 28. 9. 1917 Horsley. Studierte bei K. Blotz, E. Espinosa, Ph. Bedells und an der Sadler's Wells B. School. Mitgl. des Sadler's Wells B. 1936, Principal Dancer 1938. Seine Karriere wurde durch Kriegsdienst und eine Verletzung unterbrochen, doch kehrte er nach dem Zweiten Weltkrieg zur Komp. zurück und wurde nach R. Helpmanns Abschied 1949 führender Solist und ständiger Partner von M. Fonteyn. Tanzte die Danseur-noble-Rollen in allen Klassiker-Prod.en und kreierte Rollen in zahlreichen B.en, u. a. in F. Ashtons *Horoscope* (1938), *Dante Sonata* (1940), *The Wanderer* (1941), *Symphonic Variations* (1946), *Scènes de ballet* und *Cinderella* (1948), *Daphnis und Chloe* und *Tiresias* (1951), *Sylvia* (1952), *Homage to the Queen* (1953), *Rinaldo and Armida* (1955), *La Péri* und *Birthday Offering* (1956), *Undine* (1958), *Marguerite and Armand* (1963) sowie in L. Massines *Clock Symphony* (1948), J. Crankos *Antigone* (1959), K. MacMillans *Romeo und Julia* (1965) und Titelrolle in J. Laytons *O. W.* (Oscar Wilde, 1972). Assistant Director des Royal B. 1963–70. Heute Principal Répétiteur und Pädagoge. War verheiratet mit den Tänzerinnen Deidre Dixon und Antoinette Sibley.

Lit.: H. Fisher, *M. S.*, London 1955; J. Gruen, in: *The Private World of Ballet*, New York 1975.

Sommernachtstraum, Ein, B.e, beruhend auf W. Shakespeares Komödie *A Midsummer Night's Dream* und der von Mendelssohn Bartholdy dazu komponierten Bühnenmusik, hat es, z. T. auch ergänzt durch zusätzliche Musik von Mendelssohn, immer wieder neu gegeben – u. a. von M. Petipa (St. Petersburg 1877), M. Fokine (St. Petersburg 1906), G. Balanchine (New York City B., 1962), F. Ashton (Royal B., 1964), H. Spoerli (Basel 1976) und J. Neumeier (Hamburg 1977). Eine gänzlich andere, aktuelle Version auch von T. Schilling (Mus.: G. Katzer, Komische Oper Ost-Berlin, 1981).

Lit.: G. Balanchine / F. Mason, in: *Balanchine's Complete Stories of the Great Ballets*, Garden City (N. Y.) 1977.

Sonate à trois, B. in 1 Akt, Libr. und Ch.: M. Béjart, Mus.: Bartók, Kost.: H. Bert; UA 27. 4. 1957, B. de l'Etoile, Essen, mit T. Bari, M. Seigneuret und Béjart. Das auf Sartres Stück *Huis clos* basierende B. ist zu Bartóks Sonate für zwei Klaviere und Schlagzeug choreographiert. Es handelt vom Verhalten zweier Frauen und eines Mannes, die gezwungen sind, in einem Raum zusammen zu leben, aus dem es keinen Ausgang gibt. Pariser Premiere: 19. 6. 1957 im Th. Marigny. Béjart hat das B. 1960 auch beim Western Th. B. und 1963 beim Nederlands Dans Th. einstudiert.

Sonnambula, La → *Night Shadow*.

Sorel, Ruth → Abramowitsch, Ruth.

Sorokina, Nina Iwanowna, sowj. Tänzerin, * 13. 5. 1942. Studierte an der Moskauer Bolschoi-Schule (Examen 1961). Mitgl. des Bolschoi-B.s seit 1961 und heute eine seiner populärsten Ballerinen. Rollenkreationen u. a. in Kassatkina-Wassiljows *Geologen* (1964) und *Sacre du printemps* (1965), O. Winogradows *Assel* (1967) und W. Wassiljews *Icarus* (1971). Verheiratet mit dem Tänzer Juri Wladimirow.

Soubresaut (frz., plötzlicher Sprung), im B. Senkrechtsprung aus 5. Position, Absprung mit beiden Beinen. Die Knie und Zehen werden so gestreckt, daß das vordere Bein das hintere völlig verdeckt. Landung wieder in 5. Position.

Source, La, B. in 3 Akten und 4 Bildern, Libr.: Ch. Nuitter und A. Saint-Léon (auch Ch.), Mus.: L. Minkus (1. und 4. Bild) und L. Delibes (2. und 3. Bild), Bühne: Desplechin, Lavastre, Rubé und Chapéron, Kost.: Loumier und Albert; UA 12. 11. 1866, Opéra, Paris, mit Guglielmina, Salvioni, Eugénie Fiocre und L. Mérante. Im Mittelpunkt des in einem fiktiven Persien spielenden B.s stehen der Jäger Djémil, das schöne Mädchen Nouredda und die Quellennymphe Naila. Djémil verliebt sich auf den ersten Blick in Nouredda, die von einer Karawane zum Hof des Khans gebracht werden soll. Unter großen Gefahren pflückt er eine von ihr begehrte Blume und möchte als Belohnung ihr Gesicht sehen. Er wird wegen dieser Impertinenz von Noureddas Begleitern zu einem qualvollen Wüstentod verurteilt, vor dem ihn aber Naila bewahrt, als Gegenleistung dafür, daß er früher verhindert hatte, daß eine Zigeunerin ihre Quelle vergifte. Nach mancherlei Komplikationen sorgt Naila für eine Vereinigung der beiden Liebenden, indem sie Nouredda die Zauberblume übergibt, wohl wissend, daß sie damit ihren eigenen Tod besiegelt. – A. Grantzow sollte die Rolle der Naila kreieren, verletzte sich aber und konnte sie erst später übernehmen. Sie wurde einer ihrer größten Erfolge. – Eine gründlich revidierte Neufassung, mit neuem in China spielenden Libr. choreographierte Saint-Léon unter dem Titel *Le Lys* 1869 für Grantzow in St. Petersburg, 1878 ebenfalls von Saint-Léon als *Naila* an der Wiener Hofoper. Spätere Versionen u. a. von N. Sergejew (als Abschieds-Vorst. für A. Waganowa, Petrograd 1916) und von W. Ponomarjew zusammen mit Waganowa (Leningrad 1925). Eine Neufassung mit teilweise neuer Musik schuf L. Staats 1928 unter dem Titel *Soir de fête* an der Pariser Opéra. Separate Pas-de-deux-Ch.n u. a. von J. Cranko (Stuttgart 1964) und G. Balanchine (New York City B. 1968, ergänzt durch Ens. 1969).

Lit.: C. W. Beaumont, in: *Complete Book of Ballets*, London 1951.

Soutenu (frz. *soutenir*, unterstützen), hat im B. eine doppelte Bedeutung, eine allgemeine und eine spezielle. **1.** Eine langsame, getragen wirkende Bewegung. **2.** Eine komplette Drehung *en dedans* oder *dehors*. Ausgangsposition für *en dedans*: 4. Position, linker Fuß zurück – dann *grand ronde de jambe* mit linkem Fuß, rechtes Knie gebeugt, Körper dreht dabei nach rechts – linker Fuß befindet sich jetzt vorne, weiterdrehen, bis die Drehung vollendet ist.

Souvenirs, B. in 1 Akt, Libr. und Ch.: T. Bolender, Mus.: Barber, Dek.: R. Ter-Arutunian; UA 15. 11. 1955, New York City B., City Center, New York, mit A. Mitchell, Bolender, I. Larsson, R. Tobias, Jillana, J. Watts u. a. – Bolender ließ sich von Barber die ursprünglich für 2 Klaviere geschriebene Suite instrumentieren. Die Szene ist ein fashionables Hotel aus der Zeit um 1914, in dem sich eine Reihe von exzentrischen, parodistisch überdrehten Personen ein Stelldichein geben: drei Mauerblümchen, ein Dandy, ein jung verheiratetes Paar, eine Dame von Welt usw. Das Schlußbild führt alle noch einmal am Strand zusammen, wo es zu einer wilden Verfolgungsjagd in bester Stummfilmmanier kommt. Übernommen ins Rep. zahlreicher anderer Komp.n, Dt. EA Köln 1963, auch Th. an der Wien 1968.

Lit.: O. F. Regner / H.-L. Schneiders, in: *Reclams Ballettführer*, Stuttgart [8]1980.

Sowjetunion. Das B. in der UdSSR ist untrennbar mit seinem Ursprung im zaristischen Rußland verbunden. Der Franzose J.-B. Landé wurde 1734 als Lehrer für Gesellschaftstanz nach St. Petersburg beordert. Er öffnete dort die erste russ. B.-Schule für die Kinder des Hofpersonals 1738, aus der die heutige Leningrader B.-Schule und das Kirow-B. hervorgingen. Erste westl. Choreographen, an die Einladungen ergingen, waren u. a. R. Fusano, G. Angiolini, F. Hilverding und Ch. LePicq. 1773 wurde auch in Moskau eine Tanzabteilung als Teil des Waisenhauses mit Filippo Beccari als Direktor eröffnet, aus der die heutige Bolschoi-B.-Schule und das Bolschoi-B. hervorgingen. Zur gleichen Zeit unterhielten zahlreiche wohlhabende Gutsbesitzer ihre eigenen Truppen von Sklaven-Tänzern, die nicht nur nationale Tänze, sondern auch regelrechte B.e zur Auff. brachten. Eine erste Blütezeit erlebte das B. in St. Petersburg unter seinem ersten russ. B.-Meister I. Walberg, der 1794 Direktor der St. Petersburger Schule und Inspektor des B.s am dortigen Bolschoi-Th. wurde. Eine weitere Konsolidierung beider Institutionen bewirkte der Franzose Ch.-L. Didelot (1801–11 und 1816–33), unter dem sich eine ungewöhnliche B.-Aktivität entfaltete (zu jener Zeit schrieb A. Puschkin von »der russischen Terpsichore beseeltem Flug«, eine Phrase, die noch heute die spezifisch russ. Tanzqualität bezeichnet). A. Gluschkowski war einer der ersten, der B.e nach Puschkinschen und anderen nationalen Stoffen schuf. M. Taglionis St. Petersburger Debüt als La Sylphide markierte 1837 den Eintritt ins romantische Zeitalter. Es folgte ein Strom von westl. B.-Meistern und Ballerinen, in deren Gefolge Rußland seine ersten eigenen romantischen Ballerinen hervorbrachte: Jelena Andrejanowa und Jekaterina Sankowskaja. J. Perrot arbeitete in St. Petersburg 1848–59 und studierte hier seine Pariser und Londoner Erfolgs-Prod.en ein. Ihm folgte A. Saint-Léon 1859–69, mit dem *Buckligen Pferdchen* (1864) als größtem Erfolg und Maria Murajewa als seiner bevorzugten russ. Ballerina. Das zaristische B. wurde dann auf seinen

Höhepunkt geführt durch M. Petipa, der als Tänzer 1847 nach St. Petersburg kam und dann zum B.-Direktor aufstieg, als der er bis 1903 das Geschick praktisch des ganzen russ. B.s kontrollierte. Seine Erfolgs-Prod.en waren u. a. *Don Quixote* (1869), *La Bayadère* (1877, das Jahr von J. Reisingers Moskauer *Schwanensee*-UA), *Dornröschen* (1890), *Schwanensee* (1895, zus. mit L. Iwanow, der 1892 die UA des *Nußknacker* herausgebracht hatte) und *Raymonda* (1898). Während dieser Zeit produzierte Rußland eine endlose Phalanx erstklassiger Ballerinen und Premier danseurs, viele von ihnen von Chr. Johansson herangebildet, und das B. erlebte hier eine außerordentliche Blüte, während es im Westen zur Bedeutungslosigkeit herabsank. Das Moskauer Bolschoi-B. verfolgte dabei immer eine realistisch-nationalbewußtere Politik als das primär stilorientierte St. Petersburger Marien-Th.-B. (als Nachfolge-Komp. des dortigen Bolschoi-B.s). Zu Beginn des 20. Jh.s wurde das Moskauer Bolschoi-B. unter A. Gorsky eine Plattform der realistischen Bestrebungen im B., während St. Petersburg viele seiner besten Tänzer, darunter A. Pawlowa, T. Karsawina und W. Nijinsky sowie den Choreographen M. Fokine an den Westen verlor. S. Diaghilews B.s Russes, zunächst eine saisonale Komp., zusammengesetzt aus den besten Tänzern beider Kaiserl. Th. in St. Petersburg und Moskau, begeisterten in Paris und anderen Hauptstädten von 1909 an das Publikum und bewirkten durch ihren außerordentlichen künstlerischen Standard eine Reformation des westl. B.s an Haupt und Gliedern. Für das B. in Rußland schuf die Oktoberrevolution von 1917 eine völlig neue Situation. Das neue sowj. B. war unter Choreographen wie F. Lopuchow und K. Goleisowski den verschiedensten modernen Einflüssen ausgesetzt, und es gab unentwegte Diskussionen darüber, welchen Kurs das Sowjet-B. einschlagen solle, bis 1932 der sogenannte sozialistische Realismus die allgemeinverbindliche Richtschnur für jegliche künstlerische Betätigung lieferte. Lastschilins und Tichomirows *Roter Mohn*, das erste B. im revolutionären Stil, das seinen Platz im Rep. behaupten konnte, war allerdings schon 1927 entstanden. Die B.-Ausbildung wurde unter der Leitung von A. Waganowa, die ihr eigenes pädagogisches System entwickelte, vollständig reorganisiert und vereinheitlicht (es wurde nach 1945 auch für die anderen Ostblock-Länder verbindlich). Überall im Lande wurden neue Komp.n gegründet, während in zaristischen Zeiten außer St. Petersburg und Moskau lediglich Kiew und Tiflis und das von den Russen besetzte Warschau stärkere eigene B.-Ambitionen verfolgten. Leningrad behielt seine führende Rolle während der dreißiger Jahre. W. Wainonens *Flamme von Paris* (1932), R. Sacharows *Fontäne von Bachtschissaray* und L. Lawrowskys *Gefangener im Kaukasus* (1938) und *Romeo und Julia* (1940) wurden zu den Säulen des neuen Rep.s, ohne daß die Klassikerpflege darüber vernachlässigt worden wäre. Die Bolschoi-Premiere von Sacharows *Aschenbrödel* markierte 1945 den Beginn der Schwergewichtsverlagerung von Leningrad nach Moskau, was sich auch aus dem Wechsel der Ballerina G. Ulanowa von Leningrad nach Moskau ablesen ließ. Zwar schuf Sacharow seinen *Ehernen Reiter* noch 1949 für Leningrad, doch das Kirow-B. entwickelte sich zunehmend zu einer Museums-Komp., während das Bolschoi-B. und das ebenfalls in Moskau ansässige B. des Stanislawski- und Nemirowitsch-Dantschenko-Musik-Th.s sich entschiedener für das zeitgenössische B. einsetzten. J. Grigorowitschs *Spartacus* aus dem Jahr 1968 symbolisiert all das, was das Bolschoi-B. zur führenden Komp. des Landes werden ließ, während die besten Prod.en des Kirow-B.s nach wie vor die liebevoll konservierten Petipa- und Iwanow-Klassiker sind. Mitte der fünfziger Jahre sind die führenden Sowjet-Komp.n wiederholt zu Tourneen in den Westen gekommen, während die führenden westl. klassischen und modernen Komp.n bei ihren Besuchen in der UdSSR vom Publikum mit denkbar größter Begeisterung aufgenommen worden sind. Gleichwohl hat sich das sowj. B. hermetisch gegen alle westl. Einflüsse abgeriegelt. Die choreogr. Kreativität liegt heute bei den Choreographen der mittleren Generation wie O. Winogradow, K. Bojartschikow und N. Dolguschin, von der eher älteren Generation sind noch so etablierte Persönlichkeiten wie I. Moissejew, Grigorowitsch und Kassatkina-Wassiljow tätig. Die schöpferische Aktivität stagniert indessen so sehr, daß einige der besten Tänzer die Gelegenheit westl. Auslandstourneen ihrer Komp.n dazu benutzt haben, nicht in ihre Heimat zurückzukehren, bzw. zu emigrieren – wie u. a. R. Nurejew, N. Makarova, M. Baryschnikow, A.

Godunow und die Panows. Da die mustergültig geleiteten Schulen jede Menge Nachwuchs produzieren, hat sich bisher noch kein Mangel an jungen Tänzern bemerkbar gemacht. Heute verfügt die UdSSR außer in den schon genannten Städten u. a. auch in Riga, Reval, Odessa, Erewan, Perm und Nowosibirsk über leistungsfähige B.-Komp.n.

Lit.: N. Roslavleva, *Era of the Russian Ballet,* London 1966; M. G. Swift, *The Art of the Dance in the U.S.S.R.*, Notre Dame (Ind.) 1968; *Balet enziklopedia*, Moskau 1981.

Spanien. Im span. Tanz von heute werden – außer dem Zigeuner-Flamenco – 3 Stile unterschieden: die traditionellen Volkstänze (*bailes regionales*), die Schultänze der Escuela Bolero und die neoklassischen Bühnentänze. Aber auch die modernen span. Tanzstile gehen auf die heute noch lebendigen Volkstänze zurück. Es gibt hier Männer- und Frauen-Soli, Schwertertänze, Kampf-Morescas, Frontreigen (Hilera, je eine Linie von Männern und Frauen), Kreisreigen, Kettenreigen, Trios (ein Mann und zwei Frauen), vor allem aber Einzelpaartänze und Paartänze innerhalb von Formationen. Zu diesen Paartänzen gehörten schon die Gesellschaftstänze des 16. Jh.s: Pavane, Sarabande, Chaconne, Folia und Passacaglia. Im 18. Jh. folgte der afro-kub. Fandango, die Boleros und die verschiedenen Seguidillas, die aber schon lange vor dem 18. Jh. im Volk getanzt wurden. Von den heutigen span. Paartänzen sind am bekanntesten die Jota aus Aragon, die Muiñeira aus Galizien und die Malagueña aus Andalusien. Bekannte Kreisreigen: Sardana (Katalanien) und Danza Prima (Asturien). Aus diesen paarweise getanzten *bailes regionales* entstand seit etwa 1780 die Escuela Bolero (auch Bolera geschrieben). Deren Geschichte begann damit, daß der in Italien ausgebildete Tanzmeister Sebastian Cerezo die span. Boleros (span. *volar*, fliegen) durch Schritte des klassischen B.s bereicherte. Im 19. Jh. wurden auch andere Volkstänze zu Schultänzen, vor allem die Seguidillas. Seit etwa 1900 wurden sogar die nichtspan. Flamenco-Tänze der andalus. Zigeuner in das Rep. der Schultänze aufgenommen. Der wichtigste Schöpfer dieser Schultänze war der ab 1872 wirkende José Otero, der 1912 in Sevilla ein Buch veröffentlichte: *Tratado de bailes*. Heute vertritt José de Udaeta vor allem die Escuela Bolero. Diese Schule vereint den Stil der span. *bailes* in Körper- und Armhaltung mit der Beintechnik des klassisch-akademischen B.s. Mit dessen Technik wurde auch die Terminologie, allerdings in hispanisierter Form übernommen. Im 19. Jh. drangen die *bailes regionales* und die Tänze der Escuela Bolero in die Varietés und Theater ein. So erlernte F. Elßler 1834 die Cachucha von der damals in Paris auftretenden Tänzerin Dolores Serral. Damals wurde ganz Europa von der Musik und dem Tanz Spaniens verzaubert. Seit 1920 entstand dann der neoklassische Tanzstil, dessen Vertreter das gesamte span. Tanzmaterial benutzen oder benutzen können: bailes regionales, Escuela Bolero und auch die Fußtechnik des Flamenco. Dieser Tanzstil wird nicht mehr nur von Zigeunern (Pastora Imperio, Carmen Amaya, Estampio) gepflegt, sondern auch von Nicht-Zigeunern: Argentina, Argentinita, Escudero, Susana y José, Antonio u. a. Der neoklassische Tanzstil kann wie von Argentina solistisch vorgestellt werden. In der Regel aber schaffen die modernen Vertreter dieses Bühnenstils mit ihren Gruppen richtige Ch.n (Ballet Español). 1978 wurde hauptsächlich aus Mitgl.ern der Truppe von Antonio Gades ein B. Nacional unter der Leitung von Gades gegründet, das gleichermaßen Tanzfolklore, Klassisches B. und Flamenco pflegen soll. Allerdings wurde schon 1980 Gades von dem »großen« Antonio als Leiter abgelöst.

Lit.: La Meri, *Spanish Dancing*, Pittsfield 1967; A. Ivanova, *The Dance in Spain*, New York 1970; H. Wingrave / R. Harrold, *Spanish Dancing*, New York 1973.

Sparemblek, Milko, jugosl. Tänzer, Choreograph und B.-Direktor, * 1. 12. 1928 Farnavas. Studierte bei A. Roje. Tänzer in Zagreb 1949–53. Studierte weiter in Paris bei O. Preobrajenska und S. Peretti. Tanzte bei zahlreichen Komp.n, am häufigsten bei M. Miskovitch, aber auch bei J. Charrat, M. Béjart und L. Tcherina, mit der er jahrelang eng zusammenarbeitete (choreographierte für sie Debussys *Martyre de Saint Sébastien* und die B.- und Film-Version von *Les Amants de Teruel*). B.-Meister am Brüsseler Th. de la Monnaie 1960, dann auch Vizedirektor des B. du XXe Siècle 1963/64. Produzierte anschließend zahlreiche frz. Fernseh-B.-Sendungen. Direktor des Gulbenkian B. in Lissabon 1970–75 – auch Metropolitan Opera B., New York, 1970–72. Danach freischaffend tätig. Zuletzt Künstlerischer Direktor des Opern-B.s von Lyon 1980–82. Choreographierte zahlreiche B.e, am bekanntesten wurden u. a. *Quatuor* (Mus.: R. Banfield, 1957), *Der Spiegel* (Mus.: M. Kelemen, 1959), *Die sieben Todsünden* (Mus.: Weill, 1962), *Siegfried-Idyll* (Mus.: Wagner, 1965), *L'Absence* (Mus.: I. Malec, 1969), *Psalmensinfonie* (Mus.: Strawinsky) und *Ancient Voices of Children* (Mus.: G. Crumb, beide 1972).

Spartakus, B. in 4 Akten und 9 Bildern, Libr.: Nikolai Wolkow, Ch.: L. Jakobson, Mus.: Chatschaturjan, Dek.: Valentina Chodasewitsch; UA 27. 12. 1956, Kirow-Th., Leningrad, mit A. Makarow, I. Subkowskaja, A. Schelest u. a. Im Triumphzug des Feldherrn Crassus gelangen S. und seine Frau Phrygia als Sklaven nach Rom, wo S. an den Leiter einer Gladiatorenschule und Phrygia an Ägina, die Mätresse von Crassus, verkauft werden. In der Arena besiegt S. alle seine Gegner. In der Kaserne, in die sich auch Phrygia geflüchtet hat, bereitet S. den Aufstand der Gladiatoren vor. Er gewinnt auch die Bauern an der Via Appia für seine Pläne. Zusammen dringen sie bei Crassus ein, der mit seinen Gästen gerade eine Orgie feiert. Ihr Sieg ist jedoch nicht von langer Dauer, obgleich sich neue Aufständische zu ihnen gesellen. Es kommt zu privaten Konflikten im Lager der revolutionären Sklaven, die von Crassus und seinen Anhängern für ihre Zwecke ausgenutzt werden. Infolge Verrats fällt S. seinen Verfolgern zum Opfer. Seine Frau und ein Gefolge junger thrakischer Sklaven geleiten seinen Leichnam in den jungen Morgen. Nach Jakobson choreographierte I. Moissejew das B. 1958 am Moskauer Bolschoi-Th., doch gilt erst die von J. Grigorowitsch ebd. am 9. 4. 1968 herausgebrachte, stark bearbeitete Version als definitive Fassung (mit W. Wasiljew, J. Maximowa, M. Liepa und N. Timofejewa). Ausländische Versionen u. a. von J. Blažek (Prag 1957) und L. Seregi (Budapest 1968). Andere S.-B.e u. a. von Günther Jätzlau (Mus.: Uwe Ködderitzsch, Weimar 1961) und von H. Haas unter dem Titel *Sklaven* (Mus.: W. Hohensee, Halle 1962).

Lit.: O. F. Regner / H.-L. Schneiders, in: *Reclams Ballettführer*, Stuttgart [8]1980.

Spectre de la rose, Le → *Geist der Rose, Der.*

Speker, Kurt, schweiz. Tänzer, * 14. 6. 1949 St. Gallen. Studierte an der Stuttgarter John-Cranko-Schule. Mitgl. des Stuttgarter B.s 1969–74, Frankfurt a. M. 1974–76, Solotänzer Stuttgarter B. seit 1976. Gastsolist beim Joffrey B. 1982/83. Rollenkreationen u. a. in W. Forsythes *flore subsimplici* (1977), U. Scholz' *Schäferspiele* (1980) und *Air* (1982), R. Helliwells *Hedda* (1981) und J.-P. Comelins *Overtones* (1982).

Spessiwtzewa, Olga Alexandrowna (auch O. Spessiva und Spessivtzeva), russ. Tänzerin, * 18. 7. 1895 Rostow. Studierte ab 1905 an der Kaiserl. B.-Schule in St. Petersburg, machte 1913 ihr Examen und wurde Mitgl. des Marien-Th.-B.s, wo sie 1916 zur Solistin avancierte und als Ballerina namentlich in B.en des romantischen Rep.s gefeiert wurde. Gastierte im selben Jahr mit Diaghilews B.s Russes in den USA und kehrte dann wieder ans Marien-Th. zurück, wo sie 1918 zur Primaballerina avancierte. Gastierte 1921 mit größtem Erfolg in Diaghilews Londoner *Dornröschen*-Prod., kehrte abermals nach Leningrad zurück, studierte dort auch noch bei Waganowa und verließ 1923 endgültig die Sowjetunion. Kam 1924 an die Pariser Opéra, der sie mit kurzen Unterbrechungen bis 1932 als Étoile verbunden blieb. Zu ihren Kreationen gehörten hier Rollen in L. Staats' *Soir de fête*, B. Nijinskas *Les Rencontres* (beide 1925), N. Guerras *Salomé* (1928) und S. Lifars *Die Geschöpfe des Prometheus* (1929) und *Bacchus und Ariadne* (1931), doch war ihre wichtigste Rolle die Giselle, als die sie zu den bedeutendsten Interpretinnen der B.-Geschichte gehört. Sie tanzte 1927 erneut bei Diaghilews B.s Russes und kreierte dort eine Hauptrolle in G. Balanchines *La Chatte* (ebenfalls 1929 in der letzten Londoner Saison der Komp.). Gastierte 1931 am Teatro Colón, in den folgenden Jahren bei der Camargo Society in London, bei der Komp. von V. Landré und A. Levitov und 1935 noch einmal an der Pariser Opéra Comique. Abschieds-Vorst. 1937 in Buenos Aires. Übersiedelte 1939 in die USA, wo sie als Beraterin bei den Debüt-Vorst.en des B. Th. fungierte. Nach einem 1943 erlittenen Nervenzusammenbruch lebte sie bis 1963 in einer Klinik für Geistesgestörte, seit 1963 auf der Tolstoi Farm in Valley Cottage (N.Y.). Sie zeichnete sich aus durch eine nur ihr eigene Spiritualität, die entscheidend zu der Legendenbildung beitrug, die schon während ihrer aktiven Karriere einsetzte. Sie galt als eine der perfektesten Stilistinnen der klassischen St. Petersburger Schule. Ihre Aurora und Giselle sind für die meisten, die sie in diesen Rollen gesehen haben, durch keine spätere Interpretation übertroffen worden.

Lit.: L. Vaillat, *O. S.*, Paris 1944; A. Dolin, *The Sleeping Ballerina*, London 1966.

Spies, Daisy, dt. Tänzerin, Choreographin und B.-Meisterin, * 20. 12. 1905 Moskau. Studierte u. a. bei Ellen Tels und J. Algo, später auch bei V. Gsovsky und M. Terpis, der sie als Solotänzerin an die Berliner Staatsoper verpflichtete (1924–31). Ging anschließend mit den »Sechs von der Staatsoper« auf Tournee und ab 1934 als Erste Solotänzerin, später als Meistertänzerin und Stellvertretende B.-Meisterin ans Dt. Opernhaus Berlin, mit dessen B.-Chef R. Kölling sie 1940–53 verheiratet war und in dessen B.en sie zahlreiche Rollen kreierte, u. a. in *Der Stralauer Fischzug* (1936), *Kampf um Helena* (1939), *Die Puppenfee* (1939), *Die Sonne lacht* (1942). Unternahm in diesen Jahren Gastspieltourneen als Konzerttänzerin, zum Teil auch mit eigener Gruppe. Im Juni 1945 veranstaltete sie zusammen mit Kölling und ihrem Bruder, dem Komponisten Leo Spies, den ersten Nachkriegs-B.-Abend in Berlin, wirkte 1946 in Weimar und war danach freischaffend tätig. War 1951–55 B.-Chefin der Dt. Staatsoper Berlin und choreographierte dort u. a. *La Valse* (Mus.: Ravel, 1951), *Aschenbrödel* (Mus.: Prokofjew 1952), *Apollo und Daphne* (Mus.: L. Spies), *Das Recht des Herrn* (UA 1953, Mus.: V. Bruns) und *Der bekehrte Spießer* (Mus.: Kabalewsky, 1953). Wirkte dann bis 1959 als B.-Meisterin am Hamburger Operettenhaus und 1959–61 als B.-Chefin in Linz. Von 1962–65 leitete sie die klassische B.-Ausbildung an der M.-Wigman-Schule in Berlin.

Spitzentanz. Die Historiker sind sich nicht einig, welche Tänzerin zuerst auf der Fußspitze (pointe) getanzt hat. Der frz. Kritiker Castil-Blaze zitierte Zeitgenossen, die sich erinnerten, daß Mlle Gosselin († 1818) »eine ganze Minute« auf der Spitze stand. Auch von der russ. Tänzerin A. Istomina ist bekannt, daß sie schon vor 1820 »ganz auf den Zehenspitzen« getanzt habe. Eine Lithographie von F. Waldeck aus dem Jahr 1821 zeigt die frz. Tänzerin F. Bias in *Flore et Zéphyre* auf der Fußspitze. Viel bewundert wegen ihrer Spitzentechnik wurde auch Amalia Brugnoli in den zwanziger Jahren des 19. Jh.s in Mailand und Wien. Auch Maria Taglioni tanzte schon in ihrer Stuttgarter Zeit (1824–28) auf Spitze. Sie war es dann auch, die den Spitzentanz aus seiner Funktion einer virtuosen Leistung in den Rang eines sublimen Ausdrucksmittels der tänzerischen Poesie erhob, so daß der wirklich künstlerische Spitzentanz wohl erst mit *La Sylphide* 1832 geboren wurde. Die durch ihn suggerierte Leichtigkeit und Schwerelosigkeit machte ihn zu einem idealen technischen Instrument der Darstellung der weltflüchtigen Heroinen der B.-Romantik – ganz abgesehen davon, daß er eine Vervollkommnung der Pirouettentechnik ermöglichte und auch der von der Romantik angestrebten Verlängerung der Körperlinie zugute kam. In der Frühzeit des Spitzentanzes gab es noch keine besonderen Spitzenschuhe. Die Tänzerinnen stopften ihre Schuhe mit etwas Wolle aus und benähten deren Spitze, um ihnen etwas mehr Halt zu geben. Die heute gebräuchlichen geleimten, bzw. geblockten Spitzenschuhe kamen erst in den sechziger Jahren des 19. Jh.s auf. Noch heute werden sie von den Tänzerinnen selbst benäht und mit Bändern versehen. – Verhältnismäßig selten im B. ist der S. von Männern, obwohl er in Georgien (Kaukasus) seit Jahrhunderten gepflegt wird. In neuerer Zeit bedienten sich seiner u. a. B. Nijinska (in *Les Fâcheux*, 1924) und F. Ashton (in *The Dream*, 1964) als spezifisches Charakterisierungsmittel.

Spoerli, Heinz, schweiz. Tänzer, Choreograph und B.-Direktor, * 8. 7. 1941 Basel. Studierte bei W. Kleiber sowie an der School of American B., American B. Center und London Dance Centre. Tänzer in Basel 1960–63, Köln 1963–66, Royal Winnipeg B. 1966–67, Grands B.s Canadiens 1967–69, Basel 1969–70 und Genf 1971–73. Seit 1973 B.-Meister und Choreograph, seit 1978 auch B.-Direktor in Basel, das unter seiner Leitung eine außergewöhnliche B.-Aktivität entwickelt hat. Gast-Choreograph auch in Zürich, Stuttgart, Dt. Oper Berlin, Pariser Opéra, Helsinki, Kgl. Schwed. B. u. a. Auswahl aus seiner sehr umfangreichen Liste von B.en: *Feuervogel* (Mus.: Strawinsky, 1973), *Petruschka* (Mus.: Strawinsky, 1974), *Flowing Landscape* (Mus.: Ives, 1975), *Ein Sommer-*

nachtstraum (Mus.: Mendelssohn Bartholdy) und *Giselle* (Mus.: A. Adam, 1976), *Ein Faschingsschwank* (Mus.: R. Schumann, für Wien) und *Romeo und Julia* (Mus.: Prokofjew, 1977), *Chäs* (Schweizer Volksmusik) und *Undine* (Mus.: Henze, 1978), *Der Nußknacker* (Mus.: Tschaikowsky) und *Le Mal du pays* (Mus.: Liszt, für Zürich 1979), *Träume* (Mus.: Wagner, für Stuttgart 1980), *La Fille mal gardée* (Mus.: L. J. F. Hérold und P. L. Hertel, für Paris 1981), *Sackgasse* (Mus.: Strawinsky, für Stuttgart), *Verklärte Nacht* (Mus.: Schönberg, beide 1982), *Orpheus und Eurydike* (Glucks Oper als B., 1983), *Coppélia* (Mus.: Delibes und *Falstaff* (Mus.: Th. Jahn, beide 1984).

Lit.: Ph. Fleury / P. Kaufmann, *H. Sp. – Ballett-Faszination*, Zürich 1983.

Spohr, Arnold, kanad. Tänzer, Choreograph und B.-Direktor, * um 1920 Saskatchewan. Studierte in London, New York, Hollywood und Leningrad, u. a. bei A. de Vos, V. Volkova und A. Puschkin. Tänzer beim Winnipeg B., später auch Principal Dancer, 1945–54. Arbeitete fürs kanad. Fernsehen. Tänzer in der Londoner Prod. – zusammen mit A. Markova – von *Where the Rainbow Ends* 1956/57. Künstlerischer Direktor des Royal Winnipeg B. seit 1958, als der er verschiedentlich auch choreographiert hat. Renommiert auch als professioneller Pianist.

Lit.: M. Wyman, in: *The Royal Winnipeg Ballet*, New York 1978.

Springbrunnen von Bachtschissaray, Der → *Fontäne von Bachtschissaray, Die.*

Square Dance, eine wahrscheinlich aus der frz. Quadrille abgeleitete und mit anderen Volkstanzelementen durchsetzte Hauptform des amer. Volkstanzes, in der sich 4 Paare über Kreuz einander gegenüberstehen. Der Ansager (Caller) ruft die Figuren für die Tänzer auf. Traditionelle Begleitinstrumente: Akkordeon, Banjo, Fidel und Gitarre. Er erfreut sich noch heute in den USA großer Beliebtheit, nicht nur auf dem Lande, sondern auch in den Städten, wo es spezielle Clubs für diese Tanzform gibt. Nach dem Krieg wurde der S. D. auch in Volkstanzkreisen der Bundesrepublik heimisch.

Lit.: R. Kraus, *Square Dances of Today*, New York 1950.

Square Dance, B. in 1 Akt, Ch.: G. Balanchine, Mus.: Corelli und Vivaldi; UA 21. 11. 1957, New York City B., City Center, New York, mit Elisha Keeler (Caller), P. Wilde, N. Magallanes u. a. – Balanchine hat sein B. als klassisches B. choreographiert, das sich der vom Caller aufgerufenen Formationen bedient und seinen Reiz aus der dreifachen Spannung von Barockmusik, klassisch-akademischen Schritten und Volkstanzformen bezieht. Übernommen ins Rep. des Joffrey B.s 1971.

Lit.: G. Balanchine / F. Mason, in: *Balanchine's Complete Stories of the Great Ballets*, Garden City (N. Y.) 1977.

Squares, B. in 2 Teilen, Ch.: H. van Manen, Mus.: Satie, Dek.: Bonies; UA 24. 6. 1969, Nederlands Dans Th., Th. de la Ville, Paris. – Der Titel des handlungslosen B.s für 5 Tänzerpaare ist von den Quadratformen abgeleitet, die der holl. Bildhauer Bonies (Bony Nieuwenhuis) im 1. Teil als ein wadenhohes Podest und im 2. Teil als ein Geviert aus Neon-Röhren geschaffen hat. Der 1. Teil wird zu Saties *Gymnopédies* in ihrer originalen Klavierform, der 2. dann zu deren Orchesterfassung von Debussy und Roland-Manuel getanzt. Van Manens kühle, sportlich-elegante Ch., in wechselnder Beleuchtung präsentiert, ist ganz auf die Untersuchung von Bewegung in ihrer Abhängigkeit von den plastischen Objekten im Raum angelegt, verdichtet sich aber stellenweise zu ausgesprochen dramatischen Konstellationen. Die Musik Saties wurde später aus Tantieme-Gründen durch eine sehr ähnlich klingende Komposition von Zoltan Szilassy ersetzt. Bei den Übernahmen durch andere Komp.n ist das B. jedoch stets zur Musik von Satie getanzt worden (Dt. EA Düsseldorf 1972).

Stählerne Schritt, Der → *Pas d'acier, Le.*

Stahl, Jockel, dt. Tänzer, * 20. 9. 1911 Kranichbruch (Ostpreußen), † 28. 4. 1957 Berlin. Studierte bei M. Terpis und an der Schule der Städt. Oper Berlin, der er bis zu seinem Tode als einer ihrer profiliertesten Charaktertänzer verbunden blieb. Seine bedeutendsten Rollen hatte er hier u. a. in J. Keiths *Der Dämon*, als Faust in J. Charrats *Abraxas* und als König in T. Gsovskys *Hamlet* sowie in ihrem *Bolero*. Nicht minder beliebt waren seine sehr differenzierten Clownsgestalten, die einen großen Teil seines Konzert-Rep.s ausmachten, mit dem er und seine Frau, Lieselotte Köster, zahlreiche Tourneen und Matineeveranstaltungen bestritten.

Stammer, Werner, dt. Tänzer, Choreograph und B.-Meister, * 18. 4. 1906 Kiel. Studierte bei R. von Laban, K. Jooss, M. Terpis und V. Gsovsky. Tänzer bei der Neuen Tanzbühne in Münster 1924, dann in Hannover und Essen. B.-Meister in Chemnitz 1930. In den folgenden Jahren tanzte er u. a. bei M. Reinhardt und beim Kollektiv der Sechs von der Staatsoper. Solotänzer und B.-Meister Dresdner Staatsoper 1934–36, unterrichtete ebd. auch bei M. Wigman und G. Palucca. Meistertänzer am Dt. Opernhaus Berlin 1936–38. B.-Leiter der Münchner Staatsoper 1938 und Staatsoperette 1938, ebd. auch Aufbau der Staatl. B.-Schule. B.-Meister Th. am Gärtnerplatz, München 1951–56, dann Krefeld 1958–64.

Stanislawsky- und Nemirowitsch-Dantschenko-Musiktheater. Die B.-Komp. von Moskaus zweitem Opernhaus (das eine Art Städt. Opern-Funktion hat) ist außerhalb der Sowjetunion unter dem Namen Stanislawsky-B. bekannt geworden, als es 1956 sein erstes westl. Auslandsgastspiel in Paris absolvierte. Es ging hervor aus einer kleinen von Tänzern des Bolschoi-B.s, darunter Viktorina Krieger, gegründeten Gruppe, deren Leitung 1929 von V. Krieger übernommen wurde. Die Gruppe nannte sich seit 1932 Kunst-Th. des B.s. und hatte die Wahrnehmung der dramatischen Belange des B.s auf der Basis des Stanislawsky-Systems zum Ziel. Wladimir Nemirowitsch-Dantschenko, Freund und Mitarbeiter von K. Stanislawsky, erreichte 1933 eine vorübergehende, 1939 eine dauernde Vereinigung des Kunst-Th. des B.s mit dem von ihm geleiteten Musik-Th., einem Zweigunternehmen von Stanislawskys Künstler-Th. So entstand das Stanislawsky- und Nemirowitsch-Dantschenko-Musik-Th. Unter der Leitung von Krieger und W. Burmeister, der von 1930 bis zu seinem Tod 1971 hier B.-Direktor und Chef-Choreograph war, arbeitete die Komp. immer im Hinblick auf eine Akzentuierung der dramatisch-theatralischen Substanz der aufgeführten B.e. Programmatisch war gleich die erste Insz.: *La Fille mal gardée* unter dem Titel *Die Rivalen*, mit neuem Libr. und neuer Ch. von N. Cholfin und P. Markow (1933). Weitere wichtige Prod.en waren u. a. das Puschkin-B. *Die Zigeuner* (Ch.: Cholfin, Mus.: S. Wasilenko, 1937), *Weihnachtsabend* (Ch.: F. Lopuchow, Mus.: B. Assafjew, 1938), *Straußiana* (Ch.: Burmeister, Mus.: Joh. Strauß, 1941), *Die lustigen Weiber von Windsor* (Ch.: Burmeister und I. Kurilow, Mus.: W. Oranski, 1942), *Küste des Glücks* (Ch.: Burmeister, Mus.: A. Spadavecchia, 1948), *Eine Tochter Kastiliens* (Ch.: A. W. Tschitschinadse, Mus.: R. Glière, 1955), *Der Korsar* (Ch.: Nina Grischina, Mus.: A. Adam und L. Delibes, 1958), *Maskerade* (Ch.: Igor Smirnow, Mus.: Mich. Laputin, 1961), *Bilder einer Ausstellung* (Ch.: F. Lopuchow, Mus.: Mussorgski, 1963) und *Appassionata* (Ch.: Burmeister, Mus.: Beethoven, 1971). Nach Burmeisters Tode wurde 1971 A. Tschitschinadse neuer Direktor und Chefchoreograph der Komp.

Lit.: N. Roslavleva, in: *Era of the Russian Ballet*, London 1966.

Stars and Stripes, B. in 5 Campaigns, Ch.: G. Balanchine, Mus.: Ph. Sousa und H. Kay, Bühne: D. Hays, Kost.: Karinska; UA 17. 1. 1958, New York City B., City Center, New York, mit A. Kent, R. Barnett, D. Adams, M. Hayden, J. d'Amboise u. a. – Vier »Regimenter« sind an dieser Tanzparade beteiligt, die dem Gedächtnis des New Yorker Bürgermeisters La Guardia gewidmet ist. Im 1. Satz – zu Sousas *Corcoran Cadets* – führt eine Majorette 12 Mädchen an. Auch der 2. Satz wird von einem Mädchen angeführt – zum *Rifle Regiment*-Marsch. Der 3. Satz – *Thunder and Gladiator* – wird von einem Jungen-Regiment exerziert. Der 4. Satz ist ein Pas de deux – zu *Liberty Bell* und *El Capitan*. Der 5. Campaign führt noch einmal alle Beteiligten zum *St. a. St.*-Finale auf die Bühne.

Lit.: G. Balanchine / F. Mason, in: *Balanchine's Complete Stories of the Great Ballets*, Garden City (N. Y.) 1977.

Starzer, Josef, österr. Komponist, * 1726 Wien, † 22. 4. 1787 ebd. War Violinist und Konzertmeister der Wiener Hofkapelle, ging 1760 als Hofkomponist und Konzertmeister nach St. Petersburg und kehrte 1770 nach Wien zurück, wo er sich namentlich als B.-Komponist großer Beliebtheit erfreute. Für Noverre komponierte er u. a. die B.e *Diane et Endymion* (1772), *Roger und Bradamante* (1771), *Adele von Ponthieu* (1773) und *Die Horatier und die Curatier* (1774). Weiterhin zahlreiche B.-Musiken für G. Angiolini.

Steigerwald, Kurt, dt. Tänzer, Choreograph und B.-Meister, * 27. 9. 1925 Ingolstadt. Studierte an der Godlewski-Schule in Berlin sowie in München und Paris. Tänzer beim Münchner Kammer-B. 1945–47, Augsburg 1947–51, B.-Meister in Kaiserslautern 1951–54, Dortmund 1954–56, Wiener Raimund-Th. 1956–58, Trier 1958–60, Mainz 1960–62, Bielefeld 1962–66, Krefeld 1966–69 und danach in Oldenburg. Choreographierte zahlreiche B.e des modernen Standard-Rep.s. Häufige Operetten-Gast-Ch.n an verschiedenen Th.n.

Steinbach, Hans Heinz, dt. Tänzer, Choreograph, B.-Meister und Pädagoge, * 4. 2. 1910 Straßburg. Studierte bei Tilly Düring in Freiburg, später auch bei S. Ress. Tänzer in Freiburg 1928, dort auch B.-Meister 1931, dann Halle (Saale) 1939–42, Düsseldorf 1942–45, erneut Freiburg 1948–52, Karlsruhe 1952/53, Wiesbaden 1953–61 und Braunschweig 1962–64, wo er danach eine eigene Schule eröffnete. Choreographierte eine große Zahl von Standard-B.en des modernen Rep.s und 1953 in Wiesbaden die dt. EA von A. Bliss' *Adam Zero*.

Steinerne Blume, Die (russ. Originaltitel: *Kamenni swetok*), B. mit Prolog, in 3 Akten und 8 Bildern, Libr., Mus.: Mendelson-Prokofjew und L. Lawrowsky (auch Ch.), Mus.: Prokofjew, Dek.: T. Starschenetza; UA 12. 2. 1954, Bolschoi-Th., Moskau, mit G. Ulanowa, M. Plissetzkaja, W. Preobrajenski, A. Jermolajew u. a. – Das B. basiert auf diversen Märchen aus dem Ural (*D. s. B.*, *Der Meister des Bergkristalls*, *Die Sohlen des Verwalters* und *Ognewuschka, der Wildfang* – alle aus der Sammlung von Pawel Baschow). Es erzählt die Geschichte vom Edelsteinschleifer Danila, der sich vorgenommen hat, eine wie eine lebende Blume aussehende Vase aus Malachit zu schaffen. Er verläßt seine Braut Katerina und folgt der Herrin des Kupferbergs in ihr Reich, während sich Katerina der Nachstellungen des schurkischen Verwalters Sewerjan zu erwehren hat, den die Herrin des Kupferbergs jedoch von der Erde verschlingen läßt. Katerina macht sich auf die Suche nach ihrem Geliebten und findet ihn im Berg wieder, wo er seine Arbeit vollendet hat. Zwar bietet die Herrin alle Schätze auf, um Danila zu halten, doch er zieht es vor, mit Katerina in die Menschenwelt zurückzukehren. – Die Moskauer UA war nicht sonderlich erfolgreich, so daß erst die 1957 von J. Grigorowitsch für das Kirow-B. choreographierte Version (auch Stockholm 1962) das B. endgültig in der Sowjetunion durchsetzte. Dt. EA von Tom Schilling, Dresden 1960, unter den anderen Versionen auch W. Orlikowsky, Basel 1962, I. Sertic, Wuppertal 1972, L. Gai, Bologna 1973, und E. Walter, Düsseldorf 1976.

Lit.: O. F. Regner / H.-L. Schneiders, in: *Reclams Ballettführer*, Stuttgart [8]1980.

Stepanow, Wladimir Iwanowitsch, russ. Tänzer und Pädagoge, * 29. 6. 1866 St. Petersburg, † 28. 1. 1896 ebd. Nach gründlichen anatomischen Studien an der Universität von St. Petersburg entwickelte er mit Hilfe von Prof. Lesgaft sein auf den Prinzipien der musikalischen Notation basierendes System einer Tanzschrift, das er 1892 zuerst in Paris unter dem Titel *Alphabet des Mouvements du Corps Humain* veröffentlichte. Nach seiner Rückkehr nach St. Petersburg wurde diese Notation als Lehrfach in den Unterrichtsplan der Kaiserl. B.-Akademie aufgenommen. St. ging 1895 nach Moskau, um auch an der dortigen B.-Schule die Voraussetzungen für die Aufnahme seiner Notation in den Lehrplan zu schaffen. A. Gorsky veranlaßte die Notierung der ersten Klassiker-Prod.en, die ihm bei seiner Einst. seiner B.e in Moskau zu Hilfe kamen. Im Jahr 1899 erfolgte auch, nach dem Tod von St., eine Veröffentlichung in Rußland. Die Notation konnte sich aber nicht durchsetzen und wird heute nicht mehr verwendet. N. Sergejew brachte seine Aufzeichnungen der Klassiker-Prod.en des Marien-Th.s in der St.-Notation bei seiner Emigration in den Westen mit, wo sie ihm als Grundlage seiner Einst.en der Diaghilew-Komp. in Frankreich und England dienten.

Steptanz (engl. Step Dance), seit dem 19. Jh. in England und Schottland gebräuchliche und in den zwanziger Jahren unseres Jahrhunderts in Deutschland übernommene Bezeichnung für die brit. »Klopftänze«, in denen Laute (Sounds) mit den Fußsohlen erzeugt werden. Dazu gehören die irische Jig, in der Metallplättchen an den Sohlen benutzt werden und der nordengl. Clog Dance, der Holzschuhtanz. In Amerika, vor allem in Virginia, wurden die brit. Klopftänze weitgehend als Jigs bezeichnet. Doch vermischte sich dort die irische Jig mit den aus dem afrik.

Sudan stammenden schwarzen Klopftänzen. So entstand die sogenannte Negro Jig, die ihrerseits wieder Techniken der irischen Jig übernahm. Seit etwa 1920 wurde diese Synthese in Amerika als Tap Dance bezeichnet. Der wichtigste Unterschied von Step und Tap ist rhythmischer Art. Die weißen Steptänze sind rhythmisch völlig regelmäßig, während im afro-amer. Tap Dance mit den Füßen regelrechte Offbeat-Rhythmen getanzt werden *müssen*. (→ Tap Dance.)

Sterbende Schwan, Der (russ. Originaltitel: *Umirajuschtschi Lebed*, frz.: *La Mort du Cygne* oder *Le Cygne*, engl.: *The Dying Swan*), Solotanz, Ch.: M. Fokine, Mus.: Saint-Saëns (*Der Schwan* aus seinem *Karneval der Tiere*), Kost.: L. Bakst, UA bei einer Wohltätigkeits-Vorst. im Marien-Th. am 22. 12. 1907 (nicht 1905!) in St. Petersburg, getanzt von A. Pawlowa. Ein Stück vollkommener Tanzpoesie, wurde das auf speziellen Wunsch der Pawlowa geschaffene Solo zum Inbegriff ihres Stils, das sie bis zu ihrem Tode überall in der Welt getanzt hat. Es steht heute noch auf dem Rep. zahlreicher Ballerinen. Berühmte Interpretinnen u. a.: A. Markova, G. Ulanowa, M. Plissetzkaja und Y. Chauviré.

Lit.: O. Kerensky, in: *Anna Pavlova*, London 1973.

Stevenson, Ben, engl. Tänzer, Choreograph, Pädagoge und B.-Direktor, * 4. 4. 1937 Southsea. Studierte bei M. Tonkin und an der Arts Educational School. Tänzer beim Th. Arts B. 1953, dann Sadler's Wells Opera B. 1956, Sadler's Wells B. 1957–59, Solist, später auch Principal Dancer und B.-Meister beim London Festival B. 1959–68. Studierte 1967 (zus. mit B. Grey) *Dornröschen* fürs London Festival B. ein (auch für Washington National B., 1971). Arbeitete seither vorwiegend in Amerika. Direktor der Harkness Youth B. Comp. 1969, für die er sein bekanntestes B. choreographierte: *Three Preludes* (Mus.: Rachmaninow). Assistant Director beim Washington National B. 1971–74, Direktor bei R. Pages Chicago B. 1974/75 und seit 1976 Artistic Director des Houston B.

Stierli, Madeleine, schweiz. Tänzerin, * 19. 12. 1945 Aarau. Studierte an der B.-Schule des Basler Th.s, wo sie schon während ihrer Ausbildung in B.en von W. Orlikowsky mittanzte. Tänzerin beim B. du XXe Siècle 1967–74, dann bei der Komp. von B. Cullberg 1974/75 und Solotänzerin in Zürich seit 1975, wo sie die Ballerinenrollen tanzt. Rollenkreationen u. a. in J. Burths *Jahre danach* (1976) und *Carmina Burana* (1977) sowie in Susanas *Soledad* (1983) und in zahlreichen Zürcher Premieren der Balanchine-Einst.en.

Still Point, The, B. in 1 Akt, Ch.: T. Bolender, Mus.: Debussy (die ersten 3 Sätze seines Streichquartetts); UA 3. 8. 1955, Dance Drama Comp., Jacob's Pillow Festival, Lee (Mass.), mit E. Frankel, M. Ryder u. a. – Das B. schildert die Konflikte eines heranwachsenden Mädchens, das sich zunächst von seinen Freundinnen und Freunden zurückgewiesen dünkt, bis es schließlich seine Erfüllung in der Liebe zu einem jungen Mann findet. – Das B., das im Rep. des New York City B. (seit 1956) stets zu einer Orchesterbearbeitung der Musik Debussys getanzt wird, gelangte 1956 zur dt. EA an der Münchner Staatsoper. Bei der Kölner Prod. von 1963 bestand der Verlag darauf, daß auch der 4. Satz gespielt wurde – sozusagen als musikalischer Nachgedanke, nachdem bereits der Vorhang gefallen war.

Lit.: O. F. Regner / H.-L. Schneiders, in: *Reclams Ballettführer*, Stuttgart [8]1980.

Stockhausen, Karlheinz, dt. Komponist, * 22. 8. 1928 Mödrath bei Köln. Schrieb keine B.-Musik, doch wurden seine konzertanten Stücke häufig von Choreographen zu B.-Zwecken benutzt, u. a. von J. Cébron in *Struktur* (elektronische Studie Nr. 1, Hamburg 1960), G. Tetley in *Ziggurat* (Gesang der Jünglinge und Teil der Kontakte, B. Rambert 1967), Tetley und H. van Manen in *Mutations* (Mixtur und Tele-Musik, Nederlands Dans Th. 1970), Tetley in *Field Figures* (2 Stücke aus den Sieben Tagen, Royal B. 1970), M. Descombey in *Zyklus* (Opéra, Paris 1958; auch von F. Adret, B. Th. Contemporain, 1973), Descombey und einem Choreographen-Kollektiv in *Hymnen* (B. Th. Contemporain, 1971) und M. Béjart in *Stimmung* (B. du XXe Siècle, 1972).

Stockholm → Königlich Schwedisches Ballett, → Cullberg, Birgit.

Strauß, Johann, jr., österr. Komponist, * 25. 10. 1825 Wien, † 3. 6. 1899 ebd. Als B.-

Komponist wurde er erst nach seinem Tode entdeckt, als sich in seinem Nachlaß ein *Aschenbrödel*-B. fand, das in der musikalischen Bearbeitung von J. Bayer und der Ch. von J. Haßreiter 1908 an der Wiener Hofoper aufgeführt wurde. Die aus seinen B.-Einlagen in den Operetten und seiner Tanzmusik zusammengestellten B.e sind Legion, doch haben sich nur wenige dieser B.e länger im Rep. halten können. Dazu gehörten: H. Kröllers *G'schichten aus dem Wiener Wald* (1926), M. Wallmanns *Weihnachtsmärchen* (1933, beide Wien), L. Massines *Le beau Danube* (*An der schönen blauen Donau*, *Soirées de Paris*, 1924), D. Lichines *Graduation Ball* (*Kadettenball*, Basils Original B. Russe, Sydney 1940), E. Hankas *Titus Feuerfuchs* (Hamburg 1941), W. Burmeisters *Straußiana* (Stanislawsky-Nemirowitsch-Dantschenko-Musik-Th., Moskau 1941), G. Harangozós *Platzmusik* (Budapest 1948), Hankas *Höllische G'schicht* (Wien 1949), B. Fensters *An der schönen blauen Donau* (Maly-Th., Leningrad 1956), R. Pages *Fledermaus* (Chicago 1958), Dia Lucas *Wiener Ringelspiel* (Wiener Volksoper, 1959), R. Powells *One in Five* (auch Mus. von Josef St., Sunday B. Club, London 1960), Balanchines *Vienna Waltzes* (auch Mus. von Lehár und R. Strauss, New York, 1977), M. Béjarts *Wien, Wien, nur Du allein* (zusätzlich Mus. u. a. von Haydn, Mozart, Beethoven, Schubert, Heuberger, Schönberg und Webern, Brüssel 1982). Als tänzerische Interpretinnen von St.s Musik wurden schon vor dem Ersten Weltkrieg die Wiener Schwestern Wiesenthal berühmt, während sich von Berlin aus die Schwestern Höpfner mit ihren St.-Tänzen große Popularität erwarben.

Strauss, Richard, dt. Komponist, * 11. 6. 1864 München, † 8. 9. 1949 Garmisch. Schrieb die Musik zu den B.en *Josephslegende* (Ch.: M. Fokine, B.s Russes de Diaghilew, Paris 1914) und *Schlagobers* (Ch.: H. Kröller, Staatsoper Wien, 1924). Seine *Couperin Tanzsuite*, die Kröller auf St.s speziellen Wunsch 1923 choreographiert hatte, wurde zu dem B. *Verklungene Feste* erweitert (Ch.: P. und P. Mlakar, Staatsoper, München 1941). A. Gorsky choreographierte ein B. *Salomes Tanz* zu einem Arrangement der Opernmusik für das Moskauer Bolschoi-Th. 1921. Unter den zahlreichen B.en zu konzertanter Musik von Str. sind erwähnenswert: W. Nijinskys *Tyl Ulenspiegel* (B.s Russes de Diaghilew, New York 1916; zahlreiche weitere Versionen u. a. von J. Babilée, 1949, G. Balanchine, 1951, H. Spoerli, 1980), I. Lewisohns *Ein Heldenleben* (New York, 1929), Balanchines *Le Bourgeois gentilhomme* (B. Russe de Monte Carlo, 1932; auch von L. Maudrik, Staatsoper Berlin, 1936, A. Tudor in *Knight Errand*, Royal B., 1968), A. von Milloss' *Tod und Verklärung* (Augsburg 1934; auch von R. van Dantzig in *Blown in a Gentle Wind*, Het Nationale B., 1975), T. Gsovskys *Don Juan* (Berlin 1938; zahlreiche weitere Versionen, u. a. von Milloss, Rom 1944, F. Ashton, Sadler's Wells B., 1948, M. Luipart, Bonn 1957), Tudors *Dim Lustre* (die Burleske für Klavier und Orchester, B. Th., 1943; auch von E. Feld in *Theatre*, American B. Comp., 1971), Y. Georgis *Metamorphosen* (Hannover 1962; auch von G. Cauley, London Festival B., 1978), B. Macdonalds *Vier letzte Lieder* (Stockholm 1966; von M. Béjart in *Serait-çe la mort?*, Marseille 1970, und Van Dantzig, Het Nationale B., 1977), M. Pistonis *Die Macbeths* (Mailand 1969) und Felds *Early Songs* (American B. Comp., 1970).

Strawinsky, Igor Fedorowitsch, russ.-frz.-amer. Komponist, * 18. 6. 1882 Oranienbaum bei St. Petersburg, † 6. 4. 1971 New York. Von allen Komponisten, bei denen das B.-Schaffen eine zentrale Stellung in ihrem Œuvre einnahm, war Str. derjenige mit dem größten musikgeschichtlichen Einfluß und eben darin auch Tschaikowsky überlegen, mit dem er oft verglichen wird. Str.s Beschäftigung mit dem B. hielt sein ganzes Leben an: es war S. Diaghilew, der ihn für das B. entdeckte; in den Jahren nach seiner Übersiedelung in die USA bis zu seinem Tode verband ihn eine enge Freundschaft mit G. Balanchine. – Komponierte die Musik zu den B.en *Der Feuervogel* (Ch.: M. Fokine, Paris 1910), *Petruschka* (Ch.: Fokine, Paris 1911), *Le Sacre du printemps* (Ch.: W. Nijinsky, Paris 1913), *Der Gesang der Nachtigall*, *Pulcinella* (beide Ch.: L. Massine, Paris 1920), *Les Noces* (Ch.: B. Nijinska, Paris 1923 – alle B.s Russes de Diaghilew), *Apollon musagète* (Ch.: A. Bolm, E. Sprague Coolidge Foundation, Washington, D. C., 1928), *Der Kuß der Fee* (Ch.: Nijinska, I. Rubinstein Komp., Paris 1928), *Jeu de cartes* (Ch. G. Balanchine, American B., New York 1937), *Scènes de ballet* (Ch.: A. Dolin, Billi Rose Productions, New York 1944), *Orpheus*

(Ch.: Balanchine, B. Society, New York 1948) und *Agon* (Ch.: Balanchine, New York City B., New York 1957) – sowie als weitere musiktheatralische, mehr oder weniger stark choreogr. orientierte Stücke *Geschichte vom Soldaten* (gelesene, gespielte und getanzte Handlung, Insz.: L. und G. Pitoëff, Lausanne 1918), *Le Renard* (Burleske Geschichte über den Fuchs, den Hahn, die Katze und die Ziege, auf der Bühne zu singen und zu spielen – Ch.: Nijinska, B.s Russes de Diaghilew, Paris 1922), *Perséphone* (Melodrama, Ch.: K. Jooss, I. Rubinstein Komp., Paris 1934) und *Die Flut* (Ein musikalisches Spiel, Ch.: Balanchine, CBS Television Network, New York 1962). Eine *Circus Polka* komponierte Str. 1942 für die Elefanten des Ringling Brothers Circus (Ch.: Balanchine). – Immer wieder sind aber auch seine konzertanten Werke B.en zugrunde gelegt worden – vor allem von Balanchine, so u. a. in *Balustrade* (das Violinkonzert, Original B. Russe, New York 1941, Neuversion als *Violin Concerto*, New York City B. 1972), *Danses concertantes* (B. Russe de Monte Carlo, New York 1944; später u. a. auch von K. MacMillan, Sadler's Wells Th.B., London 1955), *Monumentum pro Gesualdo* (New York City B., New York 1960), *Movements for Piano and Orchestra* (New York City B., New York 1963), *Variations* (New York City B., New York 1966), *Rubies* (als 2. Teil des B.s *Jewels*, zum Capriccio für Klavier und Orchester, New York City B., New York 1967), *Requiem Canticles* (New York City B., New York 1968; später auch von J. Robbins, New York City B., 1972), *Duo Concertant*, *Scherzo à la Russe*, *Symphony in Three Movements* und *Choralvariationen über Bachs ›Vom Himmel hoch‹* (alle New York City B., New York 1972), *Tango* und *Elegie* (beide New York City B., New York 1982). Andere Stücke von Str., die wiederholt B.en zugrunde gelegt wurden, sind u. a. die *Kleinen Suiten* (zuerst von M. Terpis, Staatsoper Berlin, 1927), Das *Concerto in D* (u. a. von D. Hoyer, Hamburg 1950, auch J. Robbins in *The Cage*, New York City B., New York 1951, H. van Manen in *Tilt*, Nederlands Dans Th., Rotterdam 1972), *Ebony Concerto* (u. a. von J. Taras, New York City B., New York 1960, auch J. Cranko, Staatsoper München 1970, Van Manen, Het Nationale B. 1976 und O. Araiz, Genf 1982), das Konzert für Klavier und Blasorchester von J. Taras in *Arcade* (New York City B., New York 1963, auch U. Scholz, Frankfurt a. M. 1982) und *Dumbarton Oaks* (u. a. von J. Robbins, New York City B., New York 1972). Das New York City B. veranstaltete vom 18. bis 25. 6. 1972 ein Str.-Festival im New York State Th., bei dem 31 B.e zu seiner Musik zur Auff. gelangten. Ein weiteres Str.-Festival im Juni 1982 fand wesentlich weniger Anklang. Str. kommentiert sein Verhältnis zum B. ausführlich in seinen *Erinnerungen* (1937) sowie in seinen verschiedenen Gesprächsbänden mit R. Craft (*I. S. – Gespräche mit Robert Craft*, 1961; *I. S. mit Robert Craft – Erinnerungen und Gespräche*, 1972).

Lit.: H. Kirchmeyer, *Str.s russische Ballette*, Stuttgart 1974; N. Goldner, *The Str. Festival*, New York 1973.

Strolka, Egbert, dt. Tänzer, Pädagoge und B.-Meister, * 21. 3. 1935 Berlin. Studierte ebd. an der B.-Schule der Städt. Oper sowie bei G. Blank und T. Gsovsky. Tänzer an der Städt. Oper Berlin, dann Solotänzer in Wuppertal 1956–60 und Bonn 1960–62 mit zahlreichen Rollenkreationen in den B.en von E. Walter und M. Luipart. Trainingsleiter Heidelberg 1962–64. Auslandstourneen für das Goethe-Institut 1964/1965. Studium an der Pädagogischen Hochschule Oldenburg 1965/66. Assistent und Trainingsleiter der vereinigten B.-Komp.n von Kiel und Lübeck 1967/68. Dozent für klassischen Tanz an der Folkwang-Hochschule in Essen 1968–80, daneben auch als Trainingsmeister beim London Festival B. sowie 1976–80 beim Wuppertaler Tanz-Th. Leiter der B.-Abteilung an der Hochschule für Musik und darstellende Kunst Frankfurt a. M. seit 1980.

Strutschkowa, Raissa Stepanowna, sowj. Tänzerin, * 5. 10. 1925 Moskau. Trat 1935 in die Schule des Bolschoi-B.s ein, studierte dort bei J. Gerdt, kreierte schon 1937 die Titelrolle in N. Popkos, L. Pospechins und A. Radunskis *Das Störchlein*, machte 1944 ihr Examen und trat anschließend dem Bolschoi-B. bei. Als eine der beliebtesten Ballerinen der Komp. zeichnete sie sich in den Rollen des klassischen und modernen Rep.s nicht nur durch ihre exzellente Technik und Leichtigkeit aus, sondern vor allem auch durch ihre Spontaneität und Natürlichkeit. Rollenkreationen u. a. in A. Lapauri und O. Tarassowas *Lied der Wälder* (1961) und *Leutnant Kije* (1963) wie in L. Lawrowskys *Seiten des*

Lebens (1961). Mit ihrem Mann A. Lapauri zusammen wurde sie besonders in so virtuosen Pas de deux wie *Frühlingsgewässer* und *Moszkowski-Walzer* gefeiert. In der Verfilmung der Bolschoi-Prod. von Prokofjews *Aschenbrödel* tanzte sie die Titelrolle. Zog sich 1978 von der Bühne zurück, heute Professorin bei GITIS in Moskau.

Stunde des Tanzes. Sie wurde im Frühjahr 1937 in Berlin von Vertretern der nationalsozialistischen Regierung, der Stadtbehörde, der Kulturorganisationen und der Opernhäuser gegründet und war als Instrument der Begabtenauslese und Förderung des künstlerischen Nachwuchses gedacht, nahm aber von Anfang an auch prominente Persönlichkeiten in ihr Programm auf. Die Vorst.en fanden durchweg im Th. am Horst-Wessel-Platz, der ehemaligen (und heutigen) Volksbühne statt. Bei den ersten Terminen im Frühjahr 1937 tanzten hier u. a. die Gruppe J. Klamt, H. und M. Höpfner, I. Meudtner und E. Lindner. Die S. d. T. entfaltete dann in den folgenden Jahren eine überaus fruchtbare Aktivitität. Sie wurde auch nach dem Krieg sowohl in West- wie in Ost-Berlin fortgesetzt, lief dann aber während der sechziger Jahre allmählich aus.

Sturm, Der. B.e nach Shakespeares Komödie (1610/11) schufen u. a. J. Coralli (Mus.: J. M. Schneitzhoeffer, Paris 1834), F. Taglioni (in *Miranda*, London 1838), A. Howard (Mus.: M. Tippett, London 1964), I. Eck (Mus.: Sibelius, Helsinki 1974), G. Tetley (Mus.: A. Nordheim, B. Rambert, Schwetzingen 1979). M. Smuin (Mus.: P. Chihara nach Purcell, San Francisco B. 1980) und R. Nurejew, Mus.: Tschaikowsky, Royal B. 1982).

Lit.: G. Tetleys *The Tempest*, in: P. Brinson / C. Crisp, *Ballet & Dance*, Newton Abbot 1980.

Stuttgart. Die höfische B.-Tradition geht hier auf das Jahr 1609 zurück. Unter Jacques Courcelles, Hof-B.-Meister 1684–1709, der sich auf sogenannte Sing-B.e spezialisierte, kam es zu einer ersten Blütezeit. Internationalen B.-Ruhm erlangte die Stadt, als J.-G. Noverre hier 1759 auf Einladung Herzog Carl Eugens seine Arbeit aufnahm und so historisch wichtige B.e wie *Rinaldo und Armida*, *Admet und Alkeste*, *Medea und Jason*, *Der Sieg des Neptun*, *Der Raub der Proserpina* und *Die Danaiden* schuf, die entscheidend zur Durchsetzung des B. d'action (im Gegensatz zu den bis dahin hauptsächlich gepflegten B.-Divertissements) beitrugen. Er erweiterte die Komp., die auf dem Höhepunkt seines hiesigen Wirkens aus 7 plus 7 Ersten Tänzern und 21 plus 21 Figuranten bestand. Die berühmtesten Tänzer der damaligen Zeit erschienen als Gäste, u. a. G. Vestris, M. Gardel, J. Dauberval, A. F. Heinel, Miss Nancy-Levier und N. Saveur. Als es 1766 zu einschneidenden Sparmaßnahmen kam, ging er nach Wien. Die Komp. wurde in wesentlich reduzierter Form weitergeführt unter Louis Dauvigny. Eine herzogliche B.-Schule florierte in bescheidenem Maße 1771–94. Mit neuer Hoffnung verband sich 1824 das Engagement von F. Taglioni, das jedoch nur vier Jahre währte, aber immerhin die Begegnung mit der jungen M. Taglioni brachte und die UA des dann in ganz Europa gegebenen B.s *Jocko oder der brasilianische Affe* (1826) sah. In der folgenden Zeit befriedigte die Stadt ihre B.-Bedürfnisse überwiegend durch den Import gastierender Komp.n, doch unterhielt das Hof-Th. ein kleineres Tänzer-Kontingent für die Opern-Prod.en. Einen sensationellen Erfolg erzielte 1891 die von August Brühl choreographierte *Puppenfee*, die es vom 31. Januar bis 18. März en suite gab. Fritz Scharf war dann der Choreograph der von Max Reinhardt inszenierten UA von R. Strauss' *Bürger als Edelmann* und *Ariadne auf Naxos* (1912). Danach zog O. Schlemmers *Triadisches Ballett* überlokale Aufmerksamkeit auf sich (einzelne Teile 1916, komplett 1922). Lina Gerzer amtierte als Chefchoreographin während der dreißiger Jahre, gefolgt von Gertrud Pichl und Mascha Lidolt. Nach dem Zweiten Weltkrieg wirkten als erste B.-Meister A. Mörike, R. Wosien, O. Lemanis und R. Mayer. 1958 kam es zum Engagement von N. Beriozoff, dessen Klassiker-Prod.en die Basis bildeten, von der aus J. Cranko während seines hiesigen Wirkens 1961–73 den planmäßigen Aufbau des Stuttgarter B.s betreiben konnte, das schon bald auch international von sich reden machte. Dabei gründete er sein Rep. auf einer gut ausbalancierten Mischung aus abendfüllenden Werken (die Klassiker, dazu *Romeo und Julia*, *Onegin* und *Der Widerspenstigen Zähmung*), kürzeren Stücken und speziell für die Komp. choreographierten B.en von Gästen wie

K. MacMillan (*Las Hermanas* und *Lied von der Erde*) oder dem als B.-Meister hier wirkenden P. Wright. Es gelang ihm auch, den technischen Standard der Komp. wesentlich zu verbessern, die während seiner Zeit den internationalen Karriere-Durchbruch solcher Tänzer wie M. Haydée, R. Barra, A. Cardus, B. Keil, E. Madsen, R. Cragun und H. Clauss sah. Darüber hinaus sorgte er für den Ausbau der B.-Schule, die 1971 ein Internat erhielt. Als sich die Auslandstourneen häuften, kam es 1970 zur Gründung des Noverre-B.s, das hauptsächlich für die Mitarbeit in den Opern-Auff.en bestimmt war, aber auch einzelne Separat-Vorst.en gab, bis es 1973 in die große Komp. zurückgeführt wurde. Die Arbeit Crankos erfuhr entscheidende Unterstützung durch die Aktivitäten der Noverre-Gesellschaft, deren regelmäßige Matineen Jungchoreographen wie A. Killar, G. Veredon, J. Neumeier und J. Kylián bekannt machten. Als Cranko 1973 auf einem Rückflug der Komp. von einem Amerika-Gastspiel starb, wurde 1974–76 G. Tetley sein Nachfolger und bereicherte das Rep. durch eine Reihe wichtiger eigener Kreationen. Seit 1976 wirkt die Ballerina M. Haydée als B.-Direktorin, zusammen mit D. Graefe und A. Beale als Kodirektoren, die vor allem junge Choreographen wie W. Forsythe und U. Scholz mit Nachdruck gefördert und als prominente Gastchoreographen J. Neumeier, H. van Manen und M. Béjart wiederholt nach St. eingeladen hat. Nach wie vor rangiert das Stuttgarter B. unter den international populärsten B.-Komp.n.

Lit.: H. Kilian, *Stuttgarter Ballett*, Weingarten 1980; *Stuttgart Ballett Annual*, hrsg. von der Stuttgarter John-Cranko-Gesellschaft (jährlich seit 1978).

Subligny, Marie-Thérèse, frz. Tänzerin, * 1666, † nach 1735. Wurde 1688 Ballerina an der Pariser Opéra, als die sie bis zu ihrem Rücktritt 1707 das Bindeglied zwischen La Fontaine und La Prévost darstellte. Sie war eine der ersten professionellen Ballerinen überhaupt und trat vornehmlich in den Opéra-B.s von Lully und Campra auf. Gastierte 1700–02 als erste professionelle Tänzerin auch in England.

Suite en blanc, B. in 1 Akt, Ch.: S. Lifar, Mus.: E. Lalo, Dek.: Dignimont; UA 23. 7. 1943, Opéra, Paris, mit S. Schwarz, L. Darsonval, Y. Chauviré u. a. – Ein Grand Divertissement, von Lifar zur Suite aus *Namouna* choreographiert, das sich als ein glänzendes Tänzer-Ausstellungsstück bis heute im Rep. gehalten hat. Neufassung unter dem Titel *Noir et blanc* beim Nouveau B. de Monte Carlo 1946, dt. EA der *S. e. b.* Dt. Oper Berlin 1963.

Lit.: P. Brinson / C. Crisp, in: *Ballet & Dance*, Newton Abbot 1980.

Suite No. 3, B. in 4 Sätzen, Ch.: G. Balanchine, Mus.: Tschaikowsky, Dek.: N. Benois; UA 3. 12. 1970, New York City B., New York State Th., New York, mit K. Aroldingen, K. Mazzo, C. Ludlow, J. Clifford, M. Morris, G. Kirkland, E. Villella u. a. Das konzertante B. ist die Erweiterung von Balanchines 1947 geschaffenem B. → *Theme and Variations* um die drei ersten Sätze der G-Dur Suite. Später auch unter dem Titel *Tchaikovsky Suite No. 3*.

Lit.: N. Reynolds, in: *Repertory in Review*, New York 1977.

Sunday Ballet Club. Der 1958 in London gegründete Club verstand sich als professionelles Forum für junge Choreographen, von denen u. a. F. Worth, N. Dixon, P. Darrell, M. Charnley, P. Wright und B. Macdonald hier gearbeitet haben. R. Powells *One in Five* (1960), G. Lynnes *The Owl and the Pussycat* (1962) und L. Meyers *The Web* (1963) haben von hier aus den Weg ins reguläre Rep. gefunden. Auflösung des Clubs 1966.

Suritz, Elisabeth (geb. Jelisaweta Jakowlewna S.), sowj. Tanzpublizistin, * 25. 2. 1923 Berlin. Studierte am Moskauer Lunascharski-Th.-Institut. Arbeitete am Bakruschin-Museum 1951 bis 1960, dann Moskauer Th.-Bibliothek 1960–64 und seither als Abteilungsleiterin der Sektion Tanz am Moskauer Institut für die Geschichte der Künste. Ständige Mitarbeiterin des sowj. Th.-Magazins und der Sowjet-Enzyklopädie. Autorin des sowj. B.-Lexikons *Alles über Ballett* (1966) und von *Choreographische Kunst im 20. Jahrhundert* (1979; New York, 1984). Mitarbeiterin an der *Ballett-Enzyklopädie* (1981). Korrespondentin des dt. B.-Jahrbuchs. War verheiratet mit dem Choreographen Wladimir Warkowitzki.

Susana → Audeoud, Susana.

Sutherland, David, amer. Tänzer und B.-Meister, * 18. 9. 1941 Santa Ana (Cal.). Studierte bei M. Panaieff, A. Girard und F. Alonso.

Tänzer beim B. de Cuba 1959–61, Stuttgarter B. 1963–77, B.-Meister Nederlands Dans Th. 1977–79, Staatsoper München 1979–82. Gelegentlich auch als Choreograph bei den Noverre-Matineen in Stuttgart hervorgetreten – ebenso als B.-Meister für Cranko-Prod.en beim Fernsehen. Verheiratet mit der Tänzerin Gudrun Lechner.

Svetlana, B. in 3 Akten mit Prolog, Ch.: A. Radunski, L. Pospechin und N. Popko, Mus.: D. Klebanow, Dek.: R. Makarow; UA 20. 12. 1939, Bolschoi-Filial-Th., Moskau, mit O. Lepeschinskaja, J. Kondratow, A. Messerer u. a. Das B. spielt in der sibir. Taiga, wo S. als Tochter eines Försters lebt. Als Mitgl. des Komsomol lernt sie Ilko kennen, in den sie sich verliebt. Gemeinsam arbeiten sie am Bau einer neuen Komsomolzen-Stadt. Im 2. Akt steckt sie kurzentschlossen ihr eigenes Haus in Brand, um die Grenzwächter auf diese Weise aufmerksam zu machen, daß sich ein Saboteur in der Taiga befindet. Das B. wurde vor allem wegen seiner ereignisreichen Handlung und seiner markanten Charaktere sehr geschätzt und in der Sowjetunion häufig neu choreographiert.

Lit.: M. G. Swift, in: *The Art of the Dance in the U. S. S. R.*, Notre Dame (Ind.) 1968.

Svetlova, Marina, frz.-amer. Tänzerin, Choreographin und Pädagogin, * 3. 5. 1922 Paris. Studierte bei V. Trefilova, L. Egorova und A. Vilzak, tanzte 1939–41 beim Original B. Russe, 1942/43 beim American B. Th., 1943–50 beim Metropolitan Opera B. und 1951–52 an der New York City Opera. Unternahm daneben 1944–58 zahlreiche Tourneen mit einer eigenen Gruppe und gastierte bei zahlreichen europ. Komp.n. War Künstlerische Direktorin des Dallas Civic B., ist heute Chairwoman der B.-Abteilung an der Universität von Indiana in Bloomington.

Swaine, Alexander Freiherr von, dt. Tänzer und Pädagoge, * 28. 12. 1905 München. Studierte 1924–28 bei E. Eduardowa in Berlin, hatte seinen ersten Erfolg in M. Reinhardts *Sommernachtstraum*, arbeitete weiter mit Reinhardt zusammen in Berlin und Salzburg und unternahm seit 1928 zahlreiche Tanzabende als moderner Solotänzer (*De Profundis*, *Caprichos* usw.). Studierte weiter 1932 bei M. Craske in London und wurde 1933 Solotänzer an der Städt. Oper Berlin und 1935 an der Staatsoper Berlin. Von 1936 an führten ihn seine Tourneen auch in den Fernen Osten, u. a. mit D. Collin und R. Chladek. Während des Krieges unterrichtete er in Batavia, war in Sumatra interniert und arbeitete dann bis 1947 in Indien. Kehrte 1947 nach Deutschland zurück und begann seine bis 1965 dauernde Partnerschaft mit Lisa Czobel, die beide ausgedehnte Tourneen, vor allem in überseeische Länder, unternehmen ließ, tanzte aber auch in Th.-B.-Auff.en von K. Bergeest in Heidelberg, Freiburg und Köln. Seit 1960 Lehrer für klassischen und modernen Tanz an der Schule von Bellas Artes in Mexico City. Als einer der profiliertesten und ausdrucksstärksten dt. Tänzer seiner Zeit war er nicht nur ein exzellenter Techniker, sondern auch außerordentlich vielseitig.

Swedlund, Helga, dt. Tänzerin, Choreographin und B.-Meisterin, * 1904 München. Studierte bei Anna Ornelli und M. Wigman. Tänzerin beim Petz-Kainer B. 1921–23, B.-Meisterin in Breslau 1924, dann via Dortmund und Nürnberg als Solotänzerin und B.-Meisterin ans Hamburger Stadt-Th. 1932 (später Staatsoper), der sie bis zu ihrem Th.-Abschied 1955 verbunden blieb (unterbrochen in den Spielzeiten 1940–42 – B.-Meisterin an der Staatsoper Wien – und 1949–51). Choreographierte zahlreiche B.e, u. a. die dt. EA von K. Szymanowskis *Brautraub* (*Harnaschie*, 1937) sowie die UA von P. Höffers *Tanz um Liebe und Tod* (nach Rilkes *Cornet*, 1939) und G. von Einems *Rondo vom Goldenen Kalb* (1952). Sie war mit dem Dirigenten Hans Schmitt-Isserstedt verheiratet.

Sydney Dance Company. Die austral. Modern Dance Comp. formte sich 1971 als The Dance Comp. of New South Wales. Vorausgegangen war eine 1965 ins Leben gerufene Educational Group. Sie zog erstmals internationale Aufmerksamkeit auf sich unter der Direktion von J. Flier 1975/76, der Choreographen wie J. Butler, A. Sokolow, G. Tetley und ein paar junge Australier einlud. G. Murphy wurde 1976 zum Artistic Director ernannt, dessen eigene B.e wie *Poppy* (1978), *Rumours* (1979) und *An Evening* (1981) der Komp. zu ihren ersten Auslandstourneen verhalfen (Italien 1980, New York und London 1981).

Sylphide, La, B. in 2 Akten, Libr.: Adolphe Nourrit, Ch.: F. Taglioni, Mus.: J. Schneitzhoeffer, Bühne: P. L. C. Ciceri, Kost.: E. Lami; UA 12. 3. 1832, Opéra, Paris, mit M. Taglioni, L. Noblet, J. Mazilier, L. Elie u. a. – Die Inspiration zu diesem Schlüsselwerk der B.-Romantik lieferte die phantastische Erzählung *Trilby, ou le Lutin de Argaïl* von Charles Nodier (1822). Die Handlung spielt in Schottland. Der junge Bauer James, dem am Vorabend seiner Hochzeit mit Effie eine S. erscheint, verläßt seine Braut und die Hochzeitsgesellschaft und folgt der S. in den Wald. Um sie für immer an sich zu fesseln, läßt er sich von der Hexe Madge einen Zauberschal geben. Als er ihn der S. um die Schultern legt, verliert sie ihre Flügel und sinkt tot zu Boden, während im Hintergrund der Hochzeitszug mit Effie und Gurn (der sie schon lange geliebt hat, aber von ihr zugunsten James' abgewiesen wurde) über die Bühne zieht. – Nach F. Taglionis Nonnen-B.-Einlage in der Oper *Robert der Teufel* von G. Meyerbeer (1831) etablierte *L. S.* definitiv die Herrschaft der Geisterwesen auf der Bühne der B.-Romantik. Die Titelrolle wurde zu einer der berühmtesten B.-Rollen aller Zeiten. Die Rolle der Hexe wurde bereits bei der UA *en travestie* gegeben – eine Tradition, die sich bis auf den heutigen Tag erhalten hat. Das B. machte schnell die Runde über die europ. und amer. Bühnen. Dt. EA in Taglionis eigener Insz. am 29. 5. 1832, Hofoper Berlin, dann Kärntnertor-Th., Wien 1836, sowie London 1832, New York 1835, St. Petersburg 1835. Eine frühere Version *La Silfide* von L. Henry mit Th. Herberle in der Titelrolle an der Mailänder Scala 1828. – In Kopenhagen choreographierte A. Bournonville unter dem Titel *Sylfiden* am 28. 11. 1836 eine eigene Version zu neuer Musik von Løvenskjold, mit L. Grahn in der Titelrolle. Diese Ch. ist immer wieder neueinstudiert worden und gehört noch heute zum festen Rep.-Besitz des Kgl. Dän. B.s. Spätere Folgewerke waren *Die wiederbelebte S.* (Ch.: Armand Vestris, Kärntnertor-Th., Wien 1841, mit F. Cerrito) und *Eine Sylphide in Peking* (Ch.: G. Rota, Mus.: E. Terziani, Rom 1859 – auch Wien 1862). – Im 20. Jh. stimulierte die V. Gsovsky-Insz. von *L. S.* (zur Schneitzhoeffer-Musik für die B.s des Champs-Elysées 1946 – auch Münchner Staatsoper 1951) erneut das Interesse an diesem Standardklassiker. Weitere Versionen u. a. von R. Adama (Bremen 1964, Hannover 1970), H. Müller (Mannheim 1970) und P. Lacotte (Opéra, Paris 1972). Nach vereinzelten Prod.en der Bournonville-Version gelang P. Schaufuss 1979 mit seiner Einst. fürs London Festival B. eine besonders überzeugende Insz. (auch Stuttgarter B. und Dt. Oper Berlin, beide 1982).

Lit.: O. F. Regner / H.-L. Schneiders, in: *Reclams Ballettführer*, Stuttgart, [8]1980; I. Guest, in: *The Romantic Ballet in Paris*, London 1966.

Sylphides, Les (russ. Originaltitel: *Chopiniana*), B. in 1 Akt, Ch.: M. Fokine, Mus.: Chopin (instrumentiert von A. Glasunow); UA 23. 2. 1907, Marien-Th., St. Petersburg, mit A. Pawlowa, V. Fokina, A. Obuchow u. a. In dieser ersten Fassung bestand das B. aus 5 Nummern mit stark poln. Charaktertanz-Einschlag: die einleitende Polonaise in A-Dur, op. 40, Nr. 1 spielte in einem Ballsaal. Die Nocturne in F-Dur, op. 15, Nr. 1 zeigte Chopins Fieberträume auf Mallorca. In der Mazurka cis-Moll, op. 50, Nr. 3 wurde eine poln. Hochzeit gefeiert. Der Walzer in cis-Moll, op. 64, Nr. 2 war ein Pas de deux, in dem die Ballerina das traditionelle romantische Kostüm trug. Die übrigen Tänzer tanzten in poln. Nationaltrachten. Die Tarantella am Schluß in As-Dur, op. 43 zeigte ein neap. Volksfest. Eine revidierte Fassung, basierend auf dem Pas de deux, die versuchte, den Geist der Romantik zu beschwören, wurde von Fokine am 21. 3. 1908 am Marien-Th. herausgebracht. Mitwirkende: O. Preobrajenska, Pawlowa, T. Karsavina und W. Nijinsky. Maurice Keller orchestrierte zusätzliche Stücke von Chopin. Diese Version wird noch heute im Rep. gehalten. Sie beginnt mit der Polonaise in A-Dur. Allerdings wird dafür in vielen westl. Vorführungen das Prélude A-Dur, op. 28, Nr. 7 benutzt, das später noch einmal erscheint. Es folgen: Nocturne in As-Dur, op. 32, Nr. 2 (Ens.-Tanz für 3 Solistinnen, 1 Solisten und Gruppe), Walzer in Ges-Dur, op. 70, Nr. 1 (für die Erste Tänzerin), Mazurka in D-Dur, op. 33, Nr. 2 (gewöhnlich für die Primaballerina), Mazurka in D-Dur, op. 67, Nr. 3 (für den Ersten Tänzer), Prélude in A-Dur wie oben (für eine andere Erste Tänzerin), Walzer in cis-Moll, op. 64, Nr. 2 (der Pas de deux der Originalversion) und Walzer (Grande Valse) in Es-Dur, op. 18, Nr. 1 (für das ganze Ens.). In einer weiteren Prod. choreographierte Fokine die

Mazurka in C-Dur, op. 33, Nr. 3, als Alternative für den Ersten Tänzer. Diese Fassung wird noch heute am Kirow-Th. benutzt. Das B. erhielt seine endgültige Form, als Fokine es für die Komp. von Diaghilew mit Dek. von Benois am 2. 6. 1909 in Paris herausbrachte (Th. du Châtelet, mit Pawlowa, Karsavina, Baldina und Nijinsky). Fokine hat sein B. vielen anderen Komp.n einstudiert. Die Prod. des Royal B. geht zurück auf eine von A. Markova geschaffene Auff. für das Vic-Wells-B. 1932. Danilova schuf eine Prod. im Trainings-Dress für das New York City B. (1972). Zahlreiche Film- und TV-Prod.en, so die BBC-Prod. von 1958 und Teil des Films *An Evening with the Royal Ballet* (1965).

Lit.: O. F. Regner / H.-L. Schneiders, in: *Reclams Ballettführer*, Stuttgart [8]1980.

Sylvia, ou La Nymphe de Diane, B. in 3 Akten und 5 Bildern, Libr.: J. Barbier und Baron de Reinach, Ch.: L. Mérante, Mus.: Delibes, Bühne: Chéret, Rubé und Chaperon, Kost.: Eugène Lacoste; UA 14. 6. 1876, Opéra, Paris, mit R. Sangalli, M. Sanlaville, Mérante u. a. Der Hirte Amyntas hat sich in S., die Nymphe der Diana, verliebt, wird aber abgewiesen. Ebenso ergeht es dem schwarzen Jäger Orion. Als S. zornerfüllt einen Pfeil auf die Statue des Eros abschießt, wirft sich Amyntas dazwischen und wird von ihm durchbohrt. Nun tritt Eros selbst in Erscheinung und schießt einen Pfeil auf S., die sich danach nicht länger der Liebe zu Amyntas erwehren kann. Vorerst aber wird sie von Orion gegen ihren Willen entführt. Amyntas muß erst beweisen, daß er S. wirklich liebt, bevor die beiden Liebenden endgültig miteinander vereint werden. Sogar die liebesfeindliche Göttin Diana verzeiht ihrer ungetreuen Dienerin und gibt ihr Einverständnis zur Hochzeit. – Das auf T. Tassos Schäferdrama *Aminta* basierende B., in dem die Gestalt des Eros en travestie dargestellt wurde, ist an der Pariser Opéra immer wieder neu inszeniert worden. Die Wiener EA fand 1877 statt, die Berliner 1884. In St. Petersburg war Diaghilew 1900/01 mit der Oberaufsicht über die Prod. des Marien-Th.s betraut worden, die dann Anlaß für sein Ausscheiden aus dem Verband der Kaiserl. Th. wurde. Die von L. Iwanow konzipierte Ch. dieser Insz. war nach dessen Tod von P. Gerdt komplettiert worden. Weitere wichtige Prod.en u. a. von H. Kröller (Staatsoper Berlin, 1922) und F. Ashton (Sadler's Wells B., 1952, gekürzte Neufassung fürs Royal B. 1967). Von diversen Komp.n übernommen die Einst. von L. Seregi (Budapest 1972). Eine repertoirebeständige Version des Pas de deux aus dem 3. Akt schuf Balanchine 1951 für Maria Tallchief und N. Magallanes (später A. Eglevsky) beim New York City B. – L. Lawrowsky choreographierte 1931 als erstes größeres B. *Fadetta* zu Musik aus Sylvia und anderen Kompositionen von Delibes (nach G. Sands *La petite Fadette*) für eine Leningrader Schulabschlußveranstaltung.

Lit.: O. R. Regner / H.-L. Schneiders, in: *Reclams Ballettführer*, Stuttgart [8]1980.

Symphonic Variations, B. in 3 Sätzen, Ch.: F. Ashton, Mus.: C. Franck, Dek.: S. Fedorovitch; UA 24. 4. 1946, Sadler's Wells B., Covent Garden, London, mit M. Fonteyn, P. May, M. Shearer, M. Somes, H. Danton und B. Shaw. – Die zu Francks Sinfonischen Variationen für Klavier und Orchester als konzertantes B. choreographierte Studie für 6 Tänzer gilt als eines von Ashtons Meisterwerken. Es ist keiner anderen Komp. überlassen worden.

Lit.: O. F. Regner / H.-L. Schneiders, in: *Reclams Ballettführer*, Stuttgart [8]1980.

Symphonie Concertante, B. in 3 Sätzen, Ch.: G. Balanchine, Mus.: Mozart, Dek.: J. St. Morcom; UA 12. 11. 1947, B. Society, City Center, New York, mit Maria Tallchief, T. LeClerq, T. Bolender u. a. – Das handlungslose B. ist zu Mozarts Sinfonia concertante in Es-Dur für Violine und Viola (KV 364) choreographiert, wobei die Führung der beiden Ballerinen in etwa den Partien der beiden konzertierenden Soloinstrumente korrespondiert. Beteiligt sind weiterhin ein Danseur, eine Gruppe von 6 Sekundär-Solisten und ein 18-Tänzerinnen-Corps.

Lit.: G. Balanchine / F. Mason, in: *Balanchine's Complete Stories of the Great Ballets*, Garden City (N. Y.) 1977.

Symphonie fantastique → *Phantastische Sinfonie.*

Symphonie inachevée → *Unvollendete Sinfonie.*

Symphonie pour un homme seul → *Sinfonie für einen einsamen Menschen.*

Symphonische Ballette → *Sinfonische Ballette.*

Symphony in C → *Sinfonie in C.*

Symphony in Three Movements, B. in 3 Sätzen, Ch.: G. Balanchine, Mus.: Strawinsky; UA 18. 6. 1972, New York City B., New York State Th., New York, mit S. Leland, E. Villella, H. Tomasson u. a. Ein konzertantes, von rastloser Energie vorangetriebenes B. mit zahlreichen asymmetrischen Mustern. Andere Versionen auch von H. van Manen (Nederlands Dans Th., 1936), H. Spoerli in *Sackgasse / Dead End*, Stuttgart 1982), U. Scholz in *tausendflügler* (Stuttgart 1984).

Lit.: G. Balanchine / F. Mason, in: *Balanchine's Complete Stories of the Great Ballets*, Garden City (N. Y.) 1977.

Symphony of Psalms → *Psalmensinfonie.*

Szumrák, Vera, ung. Tänzerin, * 28. 10. 1938 Budapest. Studierte ebd. an der B.-Schule. Tänzerin beim Budapester Staatsopern-B. seit 1954, Solistin 1965. Rollenkreationen u. a. in L. Seregis *Wunderbarer Mandarin* (1970) und *Die Zeder* (1975). Verheiratet mit Imre Dósza.

T

Taconeo, im span. Flamenco die Fersenschlag-Technik.

Tänzerkongresse → Deutscher Tänzerkongreß.

Taglioni, berühmte ital. Tänzer- und Choreographen-Familie des 18. und 19. Jh.s. Stammvater war der Mitte des 18. Jh.s in Turin geborene Carlo T., der von 1782 bis zum Jahrhundertende als Tänzer und Choreograph in Venedig, Rom, Siena und Udine arbeitete. Zwei seiner Söhne sind ballettgeschichtlich besonders wichtig: Filippo T. (1777–1871) und Salvatore T. (1789–1868). Filippo T. wiederum war der Vater von Marie T. (1804–84) und Paul T. (1808–84). Pauls Tochter war Marie T. die Jüngere (1833–91).

Taglioni, Filippo, ital. Tänzer und Choreograph, * 5. 11. 1777 Mailand, † 11. 2. 1871 Como. Sohn von Carlo T. und Vater von Marie und Paul T., tanzte zunächst Mädchenrollen in Pisa (1794), ging dann nach Livorno, Florenz und Venedig, arbeitete 1795–98 in Turin und Mailand und ging 1799 nach Paris, wo er bei J. F. Coulon studierte und auch an der Opéra tanzte. Folgte 1803 einem Ruf als Primoballerino und B.-Meister nach Stockholm, wo er die Tochter eines Sängers heiratete. Reiste in den folgenden Jahren ständig in Europa umher, z. T. mit seiner Familie, oft auch allein und wirkte u. a. in Wien, Kassel, München, Mailand, Turin, Stuttgart und Paris, widmete sich mehr und mehr der Karriere seiner Tochter, arbeitete auch in Berlin, St. Petersburg, Warschau und erneut in Stockholm. Zog sich dann nach Como zurück, wo er nach dem Tod seiner Frau die letzten Lebensjahre in geistiger Umnachtung durchlitt. Längere Zeit arbeitete er in Wien (1821–24) und in Stuttgart (1825–28). Ihm folgten nach Stuttgart seine Tochter Marie, sein Sohn Paul und – neben anderen Wiener Tänzern und Tänzerinnen – Anton Stuhlmüller, später berühmt geworden als Geliebter von Fanny Elßler. Ende März 1828 ging er nach Paris (1828–37), wirkte 1838–42 hauptsächlich in St. Petersburg und von 1843–53 in Warschau. Debütierte als Choreograph 1805 in Wien mit *Atalante* und *Hippomenes*. Später choreographierte er ebd. *Das Schweizer Milchmädchen* (Mus. A. Gyrowetz), *Lodoiska* (Mus. I. Umlauff und Gyrowetz), *Joconde* (nach A. Vestris – alle 1821), *Margaretha, Königin von Catanea* (Mus.: Wenzel Graf von Gallenberg), *La Réception d'une jeune nymphe à la cour de Terpsichore* (für das Debüt seiner Tochter Marie am 10. 6. – beide 1822). In München schuf er die erste Version von *Aglaë oder Amors Pflegekind*. In Stuttgart war seine wichtigste Schöpfung *Danina oder Jocko, der brasilianische Affe* (schon 1824 hatte F. T. in Stuttgart sein B. *Das Erwachen der Venus* als Gast vorgeführt). Auf dem Höhepunkt seines Wirkens zeigten ihn seine Pariser B.e für die Opern von D. F. E. Auber (*Le Dieu et la Bayadère*, 1830 und *Gustave III*, 1833), G. Meyerbeer (*Robert der Teufel*, 1831 und *Die Hugenotten*, 1836) sowie *Die Jüdin* von F. Halévy (1835). In Paris schuf er weiter seine berühmtesten eigenständigen B.e: *La Sylphide* (Mus.: J. Schneitzhoeffer), *Nathalie ou La Laitière Suisse* (definitive Fassung – beide 1832), *La Révolte au Serail* (Mus.: Th. Labarre, 1833) und *La Fille du Danube* (Mus.: A. Adam, 1836). In St. Petersburg entstanden noch: *La Gitana* (Mus.: Schmidt und Aumer, 1838), *L'Ombre* (Mus.: W. Maurer, 1839) und die endgültige Fassung von *Aglaë ou L'Élève d'amour* (Mus.: J. F. Keller, 1841). Die Zeitgenossen bewunderten F. T. als Schöpfer eines neuen Stils der grazilen und ätherischen Leichtigkeit, sie rühmten die keusche Reinheit seiner B.e und rätselten an deren mystisch-religiöser Qualität herum.

Lit.: I. Guest, in: *The Romantic Ballet in Paris*, London 1966.

Taglioni, Marie, ital.-frz. Tänzerin, * 23. 4. 1804 Stockholm, † 22. 4. 1884 Marseille. Tochter von Filippo T. und Schwester von Paul T., studierte sie hauptsächlich bei ihrem Vater in Wien und Kassel sowie bei J. F. Coulon in Paris, debütierte am 10. 6. 1822 in Wien in ihres Vaters B. *La Réception d'une jeune nymphe à la* *cour de Terpsichore* und wurde von ihm in den nächsten Jahren während seiner Engagements in München und Stuttgart (1825–28) mit außerordentlicher Konsequenz zur Image-Ballerina seines neuen romantischen Stilwollens herangebildet. Kreierte in Stuttgart 1826 die Titelrolle in *Danina oder Jocko, der brasilianische Affe*, debütierte 1827 probeweise in Paris mit einer Einlage in dem B. *Le Sicilien* und hatte dank ihrer als stilistisch vollkommen neuartig empfundenen Technik einen sensationellen Erfolg, der sich auch in ihren folgenden Auftritten wiederholte. Feste Anstellung in Paris ab 1. April 1828. Tanzte hier ihre wichtigsten Kreationen, u. a. in – wenn nicht anders angegeben in der Ch. ihres Vaters – *La Belle au bois dormant, Guillaume Tell* (Oper von G. Rossini, Ch.: beide J. Aumer, 1829), *Le Dieu et la Bayadère* (Oper von Auber, 1830), *Robert le diable* (Oper von Meyerbeer, 1831) und *La Sylphide* (1832). Es war die Titelrolle dieses B.s, mit der sie in Zukunft identifiziert wurde und in der sich ihr Stil einer vollkommenen Vergeistigung und poetischen Verklärung aller technischen Belange am reinsten darstellte. Weitere Kreationen: *Nathalie ou La Laitière Suisse* (definitive Version 1832), *La Révolte au Serail* (1833) und *La Fille du Danube* (1836). Heiratete 1832 den Grafen Gilbert de Voisins, aber die Ehe war unglücklich und wurde 1844 geschieden. Während sie sich von 1834 an in Paris der zunehmenden Konkurrenz F. Elßlers zu erwehren hatte, eroberte sie sich in einem Triumphzug die anderen europ. Kapitalen: Berlin, London und vor allem St. Petersburg, wo sie zwischen 1837 und 1842 die Stadt zu den überschwenglichsten Begeisterungsausbrüchen hinriß, dann auch Warschau, Mailand und Turin. Kehrte verschiedentlich nach Paris (1844), Wien, München und Stockholm zurück. In den späten Jahren ihrer Laufbahn kreierte sie noch in St. Petersburg Rollen in *La Gitana* (1838) und *L'Ombre* (1839) sowie in London in J. Perrots *Pas de quatre* (1845) und *Le Jugement de Pâris* (1846). In diesem B. gab sie 1847 in London ihre Abschiedsvorst. Zog sich dann an den Comer See und nach Venedig zurück, choreographierte aber 1860 in Paris an der Opéra zur Musik von Offenbach ihr einziges B. *Le Papillon* für E. Livry. Wirkte bis 1870 an der Opéra als Inspectrice des classes et du service de la danse, wo sie sich die Förderung von A. Boschetti und G. Salvioni besonders angelegen sein ließ. Der Krieg 1870/71 brachte sie um ihr ganzes Vermögen und zwang sie, sich in London mühselig als Lehrerin für Gesellschaftstanz und Umgangsformen durchzuschlagen. Verbrachte ihre vier letzten Jahre bei ihrem Sohn in Marseille. M. T. gilt als eine der bedeutendsten Ballerinen der B.-Geschichte. Sie gehört zu den ganz wenigen Ballerinen, die stilprägend gewirkt haben. Als vollkommen ätherische Erscheinung von unantastbarer Reinheit verwandelte sie den Spitzentanz, der bis dahin nur als technische Tour de force eingesetzt wurde, in ein Ausdrucksmittel sublimer tänzerischer Poesie. Genuine Lyrikerin, die sie war, wurde sie die Ballerina und auch Mitschöpferin des romantischen B.s.

Lit.: L. Vaillat, *La T. ou la vie d'une danseuse*, Paris 1942; Prinz zu Wied, in: *Königinnen des Balletts*, München 1961; I. Guest, in: *The Romantic Ballet in Paris*, London 1966; P. Migel, in: *The Ballerinas*, New York 1972.

Taglioni, Marie die Jüngere, dt. Tänzerin, * 27. 10. 1833 Berlin, † 27. 8. 1891 Neuaigen (Niederösterreich). Tochter von Paul T., wurde von ihrem Vater ausgebildet, debütierte 1847 in London in dessen B. *Coralia* und kreierte weitere Rollen in *Thea ou La Fée aux fleurs* (Ch.: P. Taglioni, 1847) und *Les quatre saisons* (Ch.: J. Perrot, 1848). Tanzte von 1853–56 in Wien und bis zu ihrer Vermählung mit dem Fürsten von Windisch-Grätz (1866) an der Berliner Hofoper, wo sie u. a. Rollen in P. T.s *Flick und Flocks Abenteuer* (1865), *Des Malers Traumbild* (1859) und *Sardanapal* (1856) kreierte. Johann Strauß komponierte für sie die aus Motiven ihrer B.e zusammengesetzte T.-Polka.

Taglioni, Paul (auch Paolo), dt. Tänzer, Choreograph und B.-Meister, * 12. 1. 1808 Wien, † 6. 1. 1884 Berlin. Sohn von Filippo T., Bruder von Marie T. und Vater von Marie T. der Jüngeren. Eine andere Tochter von ihm, Augusta T. (1831–1911) wurde eine der bekanntesten Hofschauspielerinnen in Berlin. Studierte bei seinem Vater und bei J. F. Coulon in Paris, debütierte mit seiner Schwester 1824 in Stuttgart und war dann lange Jahre deren Partner, obwohl er in Berlin 1829 die Ballerina Anna Galster geheiratet hatte, mit der er 1839 eine Amerika-Tournee unternahm. Ließ sich in Berlin nieder, wo er 1835 seine ersten beiden B.e choreographierte: *Amors Triumph* und *Der* *arme Fischer* (beide Mus.: H. Schmidt). Von Berlin aus unternahm er auch Abstecher ins Ausland, vor allem nach Wien (Solotänzer 1826–29, ständiger Gastchoreograph 1853–74), London (Solotänzer und B.-Meister 1847–51 und 1856/57), Neapel (B.-Meister 1853–56) und Mailand (B.-Meister 1861/62). Von 1856–83 wirkte er als B.-Meister an der Berliner Hofoper, wo er ebenso angesehen wie beliebt war und mit seinen schon vorher produzierten Werken an die 40 B.e schuf, in denen er sich als grundsolider Handwerker erwies. Liebte es, von neuen technischen Mitteln Gebrauch zu machen. Arbeitete schon 1849 in *Electra* mit elektrischem Licht und ließ im selben Jahr seine Tänzer in *Les Plaisirs de l'hiver* auf Rollschuhen auftreten. Weniger stilbildend als sein Vater, war er gleichwohl ein vielseitiger und theatralischer Choreograph, der nicht zu Unrecht Paul der Große genannt wurde. Für Berlin ließ er sich 1864 von P. L. Hertel eine neue Musik für seine Prod. von *La Fille mal gardée* komponieren, die 1885 auch von M. Petipa und L. Iwanow bei ihrer Auff. des B.s in St. Petersburg verwendet wurde und die in Leningrad noch heute benutzt wird. Seine wichtigsten Berliner B.e waren *Undine, die Wassernymphe* (Mus.: Schmidt, 1836, revidierte Fassung unter dem Titel *Coralia* 1847 in London), *Don Quixote* (Mus.: Gährich, 1839), *Die Weiberkur oder Le Diable à quatre* (nach J. Mazilier, Mus.: A. Adam, 1849), *Thea oder Die Blumenfee* (Mus.: Pugni, 1847, die UA kurz zuvor als *Thea ou La Fée aux fleurs* in London), *Satanella oder Metamorphosen* (Mus. – wie bei den folgenden B.en, wenn nicht anders angegeben – von Hertel, 1852; UA schon 1850 als *Les Métamorphoses*, Mus.: Pugni in London), *Alphea* (1853), *Flick und Flocks Abenteuer* (1858, bis 1885 in 419 Auff.en), *Ellinor oder Träumen und Erwachen* (1861), *Electra oder Die Sterne* (1862, schon 1849 in London als *E. ou La Pléiade perdue*), *Sardanapal* (1865, 1869 auch erste B.-Premiere in der neuen Wiener Hofoper am Ring), *Fantasca* (1869), *Lamea, die Favoritin des Rajah* (Mus.: Hertel und Delibes, 1877) und eine eigene Version von *Coppélia* (Mus.: Delibes, 1882). Seine erfolgreichsten B.e mit z. T. weit mehr als 100 Vorst.en waren *Satanella, Flick und Flocks Abenteuer, Ellinor* und *Fantasca*.

Lit.: C. W. Beaumont, in: *Complete Book of Ballets*, London 1937.

Taglioni, Salvatore, ital. Tänzer und Choreograph, * 1789 Palermo, † 1868 Neapel. Sohn von Carlo T., Bruder von Filippo T. und Vater von Luisa T. (1823–93), die als Ballerina an der Pariser Opéra Karriere machte, und von Fernando T. (1810–74?), der ein geschätzter Komponist war. Studierte u. a. in Paris bei J. F. Coulon, tanzte dann in Lyon und Bordeaux, gründete 1812 zusammen mit L. Henry eine renommierte B.-Schule in Neapel. Schuf dort, in Mailand und Turin eine große Zahl von B.en, in denen er häufig mit seiner Frau, der Ballerina Adélaide Perraud, zusammen auftrat.

Tait, Marion, engl. Tänzerin, * 7. 10. 1950 London. Studierte an der Royal B. School. Mitgl. des Sadler's Wells Royal B. seit 1968, Principal Dancer 1974. Kreierte zahlreiche Rollen in B.en u. a. von A. Killar, J. Carter, D. Bintley und K. MacMillan.

Takei, Kei, jap. Tänzerin, Choreographin und Pädagogin, * 1946 Tokio. Studierte an der Sakaki Bara Tanzschule, Kaitani B.-Schule und Kenji Hinoki Schule, wo sie auch zu choreographieren begann. Ging 1966 nach New York, wo sie weiter an der Juilliard School sowie bei A. Nikolais, M. Graham, M. Cunningham, E. Halprin und T. Brown studierte. Gründete dort ihre Moving Earth Comp., für die sie seither alle ihre Arbeiten choreographiert hat. Ihr Hauptwerk ist ein Zyklus aus 15 Einzelstücken, *Light* genannt, mit dem sie 1969 begann, und der erstmals 1975 geschlossen zur Auff. gelangte. J. Anderson hat *Light* als eine Folge von Vignetten bezeichnet, »in denen gezeigt wird, wie Leute gegen Schwierigkeiten ankämpfen, die sie nie überwinden, von denen sie sich jedoch auch nie völlig überwältigen lassen«.

Tales of Beatrix Potter. Eine EMI-Film-Prod., Regie: Reginald Mills, Ch.: F. Ashton, Mus.: J. Lanchbery, Dek.: Christine Edzard, Masken: R. Doboujinsky, mit Tänzern des Royal B., u. a. Ashton, A. Grant, K. Martin, R. Mead, B. Last, M. Coleman, W. Sleep, L. Collier, L. Edwards. Kam 1971 zum Einsatz. Es handelt sich um einen reinen B.-Film mit den beliebtesten von B. Potters Charakteren, darunter Mrs. Tiggy-Winkle, Peter Rabbit, Mrs. Tittlemouse, Johnny Town-Mouse, Jemina Puddle-Duck, Pigling Bland, Black Berkshire Pig, Jeremy Fisher, Hunca Munca, Tom Thumb und Squirrel Nutkin, die alle von Tänzern dargestellt werden.

Tallchief, Maria, amer. Tänzerin und B.-Direktorin, * 24. 1. 1925 Fairfax (Okla.). Sie ist indian. Abstammung und die Schwester von Marjorie T. Studierte bei E. Belcher, B. Nijinska, D. Lichine und an der School of American B. War zuerst unentschieden, ob sie Tänzerin oder Konzertpianistin werden sollte. Tänzerin beim B. Russe de Monte Carlo 1942–47, Rollenkreationen in G. Balanchines *Danses concertantes* (1944) und *Night Shadow* (1946). Verheiratet mit Balanchine 1946–52, begleitete sie ihn 1947 an die Pariser Opéra, wo sie in *Serenade, Apollon musagète* und *Kuß der Fee* auftrat. Schloß sich 1947 der B. Society an und avancierte zur führenden Ballerina des daraus hervorgegangenen New York City B., dem sie – mit kürzeren Unterbrechungen – bis 1965 angehörte. Tanzte in fast allen Balanchine-B.en und kreierte Partien u. a. in seinen B.en *Symphonie concertante* (1947), *Orpheus, Feuervogel* und *Bourrée fantasque* (1948), *Caracole* und *Scotch Symphony* (1952), *Pas de dix* (1955), *Allegro brillante* (1956) und *Gounod Symphony* (1958) sowie in seinen Versionen des *Sylvia Pas de deux* (1950), *Schwanensee* (1951) und *Nußknacker* (1954). Tanzte nach ihrer Trennung vom New York City B. noch verschiedentlich bei anderen Komp.n und kreierte die Titelrolle in P. van Dyks *Aschenbrödel* (Hamburg 1965). Galt lange Zeit dank ihrer brillanten Virtuosität und staunenswerten Präzision als die technisch perfekteste Ballerina, die Amerika bis dahin hervorgebracht hatte. Gab dann Meisterklassen und Lecture-Demonstrations und ist seit 1981 Direktorin des Chicago City B.

Lit.: E. Myers, *M. T.*, New York 1966.

Tallchief, Marjorie, amer. Tänzerin, * 19. 10. 1927 Fairfax (Okla). Sie ist indian. Abstammung und die Schwester von Maria T. Studierte bei B. Nijinska und D. Lichine, tanzte 1944 bis 1946 beim B. Th. und 1946/47 beim Original B. Russe. Heiratete 1947 den Tänzer und Choreographen George Skibine und ging mit ihm zum Grand B. du Marquis de Cuevas, wo sie bis 1957 zu den führenden Ballerinen gehörte und u. a. Rollen in Skibines *Annabel Lee, Le Prisonnier du Caucase* (beide 1951), *Idylle* (1954) und *Romeo und Julia* (1955) kreierte. Gastierte 1956 und 1958 bei Ruth Pages Chicago Opera B. und kreierte die Titelrolle in deren *Camille* (1958). Ging 1957 mit Skibine (1958–62 B.-Chef der Opéra) nach Paris und wurde dort als erste Amerikanerin Première danseuse étoile an der Opéra, wo sie bis 1962 Rollen des klassischen und modernen Rep.s tanzte und weitere Rollen in Skibines *Concerto* (1958), *Conte Cruel* (1959) und *Pastorale* (1961) schuf. Gastierte dann bei mehreren Komp.n und tanzte 1964–66 als Gastballerina beim Harkness B., wo sie 1965 die Titelrolle in A. Aileys *Ariadne* kreierte. Tanzte 1967 die Titelrolle in Skibines *Feuervogel* beim Louisville Civic B. Wirkte bis zum Tode von Skibine (1981) beim Dallas Civic B. Als technisch außerordentlich versierte Ballerina und begabt sowohl mit akrobatischer Geschmeidigkeit wie mit mimischer Expressivität, vermochte sie besonders in dramatischen Aufgaben zu fesseln. Seit Herbst 1981 Leiterin der Schule des Chicago City B.

Lit.: L. Nemenschousky, *A Day with M. T. and George Skibine*, London 1960.

Tambourin, lebhafter provençalischer Tanz im $\frac{2}{4}$-Takt, der seinen Namen von der dazu gespielten kleinen zweifelligen Zylindertrommel hat. Er erfreute sich namentlich im 18. Jh. großer Beliebtheit und fand auch Eingang in die Kunstmusik, vor allem in die Kompositionen von J.-Ph. Rameau.

Tamiris, Helen (geb. H. Becker), amer. Tänzerin, Choreographin und Pädagogin, * 24. 4. 1905 New York, † 4. 8. 1966 ebd. Studierte bei I. Lewinsohn, M. Fokine und R. Galli, tanzte 1924–27 beim Metropolitan Opera B., wandte sich dann aber dem Modern Dance zu. Wurde durch zahlreiche Solotanzabende in den USA und auch in Europa (1928 Salzburg, 1929 Berlin) bekannt. Von 1930 an trat sie mit verschiedenen Gruppen auf. Ihre Werke zeigten ein ausgesprochenes sozialkritisches Engagement. Am bekanntesten wurden: *Walt Whitman Suite*, *Salut au monde*, *Toward the Light* (alle 1934) und *Cycle of Unrest* (1935). Schon früh trat sie für die Sache der Neger ein. Als erste weiße Choreographin schuf sie einige Tanzwerke nach Negro Spirituals, so u. a. *Nobody Knows the Trouble* (1928), *Joshua Fit the Battle* (1928), *Swing Low Sweet Chariot* (1929).

Schuf 1937 das große Werk *How Long Brethren*, das auf sieben Negro Protest Songs beruhte und dem Kampf der Neger gewidmet war. Nach 1945 choreographierte sie regelmäßig auch am Broadway, wo J. Kerns *Showboat*, I. Berlins *Annie Get Your Gun* (beide 1946) und H. Romes *Fanny* (1954) zu ihren größten Erfolgen gehörten. Zuletzt leitete sie zusammen mit ihrem Mann, dem Tänzer und Choreographen Daniel Nagrin, die T.-Nagrin Dance Comp. und den T.-Nagrin Dance Workshop.

Lit.: C. L. Schlundt, *T., A Chronicle of Her Dance Career 1927–1955*, New York 1973.

Tango, Gesellschaftstanz im 2/4-Takt, gehört heute zu den 5 Standardtänzen. Seine Heimat ist das schwarze Kuba, wo ein Tango 1835 zum ersten Mal erwähnt wird. Aus diesem afro-kub. Urtango wurde die weiße Habanera entwickelt, die musikalisch-rhythmisch identisch ist mit dem Tango. Das erste Zeugnis für Tango in der Bedeutung von Negertanzfest stammt 1808 aus Montevideo (Uruguay). Schwarze Matrosen aus Kuba hatten den Tanz dorthin gebracht. Hier wurde der T. seit 1860 nicht mehr nur mit Handberührung der Partner getanzt, sondern in enger Umschlingung, a la francesa, und so zur Milonga weiter entwickelt. Deren typische Figuren waren das Corte (Stillstand) und die Quebrada, isolierte Schultermotionen. Auch in Brasilien verbreitete sich ab 1870 der schwarze Tango unter dem Namen Tango Brasileiro oder Maxixe (zwischen 1910 und 1914 auch europ. Gesellschaftstanz). Seit etwa 1880 wurde die Milonga auch in Buenos Aires bekannt und erhielt hier wieder den alten Namen Tango. Dessen erste Träger waren die z. T. kriminellen Bewohner der Vorstädte (arrabales) und Hafenviertel. Doch schon seit 1887 wurde der Milonga-Tango von Kleinkunstbühnen und populären Operettenhäusern übernommen. Auch die junge Generation der reichen weißen Oberschicht fand Gefallen an diesem von ihren Vätern gehaßten Tanz. Junge Argentinier brachten den nun als Tango Argentino bezeichneten Tanz nach 1900 nach Paris. 1907 erstes Tango-Turnier in Nizza. Die ersten großen Tango-Jahre waren die Jahre 1911 und 1912. Doch beeilte sich die vornehme argent. Gesellschaft, die nicht-argent. und proletarische Herkunft des Tango zu betonen: Tanz der Bordelle, Dirnen und Zuhälter. Erst nach dem endgültigen Sieg des Tango in Europa nach dem Ersten Weltkrieg wurde der Tango als Herzstück der modernen argent. Kultur anerkannt. – B.e mit Tangos u. a.: F. Ashtons *Façade* (1931), T. Bolenders *Souvenirs* (1951), M. Béjarts *Notre Faust* (1975), P. Bauschs *Bandoneon* (1980). Doch erst seit 1977 entstanden regelrechte Tango-B.e, Werke, die mehr oder weniger aus dem Geist des Tango geboren waren: Hans van Manens *5 Tangos* (1977, Mus.: Astor Piazzolla), J. Ulrichs *Tango* (1978, Mus.: Piazzolla), C. Ortas *Noviciado* (1978, Mus.: Gray Carpenter) und O. Araiz' *Tango* (1981, Mus.: historische Tangos und solche von Atilio Stampone).

Lit.: V. Rossi, *Cosas de Negros*, Rio de Janeiro 1958; E. Sabato, *Tango*, Buenos Aires 1968; H. Ferrer: *El Tango*, Buenos Aires 1960; D. Reichardt, *Tango*, Frankfurt a. M. 1982; Künstlerhaus Bethanien (Hrsg.), *Melancholie der Vorstadt, Tango*, Berlin 1982; H. Günther, in: *Riten und Tänze der Afro-Amerikaner*, Bonn 1982.

Tanzarchiv, Das. Die in Hamburg gegen Ende der vierziger Jahre aufgebaute Sammlung den Tanz betreffender Publikationen aller Art verdankt ihr Entstehen der unermüdlichen und zählebigen Initiative des B.-Pädagogen und Tanzpublizisten K. Peters. Sie wuchs im Laufe der Jahre zur umfassendsten Tanz-Spezialbibliothek in der Bundesrepublik heran und bildete 1953 die Basis der ebenfalls von Peters in Hamburg herausgegebenen gleichnamigen Monatszeitschrift. 1966 übersiedelte Peters mit dem Archiv und der Zeitschrift nach Köln. Seit 1981 erscheint die Zeitschrift in mehrmonatigem Abstand zusammen mit dem seit 1975 bestehenden, von Eberhard Gockel und Ulrich Steiner herausgegebenen *Ballett-Journal/Variationen Tanz* unter dem Titel *Ballett-Journal/Das Tanzarchiv*.

Tanzblätter, in unregelmäßiger Folge erscheinende Zeitschrift, von der B.-Direktion der Wiener Staatsoper herausgegeben und vorzugsweise für die Tänzer und Schüler des Instituts sowie speziell interessierte Persönlichkeiten bestimmt. Zum erstenmal im September 1976 veröffentlicht, liefert sie Hintergrundinformationen über die Wiener B.-Aktivitäten und Artikel über die B.-Geschichte der Stadt zu publizieren. Für die Redaktion zeichneten Gunhild Schüller und Alfred Oberzaucher verantwortlich. Seit Dezember 1982 als *Neue Tanzblätter* unter der Redaktion von Brigitte Zehetgruber.

Tanzfabrik. Die in Berlin-Kreuzberg 1978 ins Leben gerufene T. ging aus der Neuen Tanzgruppe hervor. Sie versteht sich als Zentrum für modernen Tanz und experimentelle Tanzformen. Angeboten werden Kurse und Auff.en. Die personelle Besetzung wechselt entsprechend den unterschiedlichen Bedürfnissen der jeweils erarbeiteten Prod.en. Persönlichkeiten, die entscheidend zur Profilierung des Unternehmens beigetragen haben, waren bzw. sind Jacalyn Carley, Sygun Schenk, Heidrun Vielhauer, Dieter Heitkamp und Rüdiger Hürter.

Tanz-Forum Köln → Köln.

Tanzschrift → Notation.

Tanzsinfonie – Die Größe des Weltalls (russ. Originaltitel: *Tanzsinfonia – Welitschije mirosdanija*), B. von F. Lopuchow zu Beethovens 4. Sinfonie; UA 7. 3. 1923, GATOB, Leningrad, mit u. a. G. Balantschiwadse (später Balanchine), L. Lawrowsky, A. Danilova, Andrei Lopuchow u. a. Das B. hat 4 Teile: Geburt des Lichts; Triumph des Lebens über den Tod – das hervorkeimende Leben; Erwachen der Natur in der Frühlingssonne – Großes Adagio; Freude des Daseins; Finale: Die kosmogonische Spirale. Das B. rief einen der größten Skandale der russ. B.-Geschichte hervor und erlebte nur eine einzige Auff. Lopuchow hatte es in engster Anlehnung an die Partitur Beethovens für 18 Tänzer choreographiert – es entwickelte sich von akademischen zu immer freieren Formen und wurde von der Kritik als obszön zurückgewiesen. Es stellte gleichwohl den ersten großangelegten Versuch eines sinfonischen B.s dar – trotz A. Gorskys Ch. zu Glasunows 5. Sinfonie (Moskau 1916) – zehn Jahre vor L. Massines *Les Présages*.

Lit.: N. Roslavleva, in: *Era of the Russian Ballet*, London 1966.

Tap Dance. In den USA und heute auch in Europa gebräuchlicher Name für jene Art von »akustischem« Tanz, in dem Taps oder Sounds mit Metallplättchen an den Fußsohlen erzeugt werden. Dieser Tanzstil entstand schon vor 1800 in den USA, und zwar als Mischung von Jig, dem irischen »Klopftanz«, und dem afrik. »Klopftanz«, der von sudan. Sklaven nach Amerika gebracht worden war. Die Neger selber bezeichneten ihren Klopftanz als Juba, Buck (junger Neger) oder auch Hoofing, übernahmen aber seit etwa 1840 mit irischen Techniken den von Weißen geprägten Terminus Negro Jig. Um 1880 entdeckten iro-amer. Tänzer den enormen Unterschied von irischer Jig und schwarz-sudan. Negro Jig. Die irische Jig ist, wie der engl. Step Dance, rhythmisch vollkommen regelmäßig, der Tänzer erzeugt bis zu 16 gleichmäßige Sounds in der Sekunde. Die Negro Jig aber war »synkopiert«, sie streute eine Menge von Offbeats vor oder hinter die regelmäßigen Beats bzw. Sounds ein. Die ursprüngliche Negro Jig wurde flach und bodennah nur mit den Unterschenkeln getanzt, erst ab 1880 kamen Wings, senkrechte Sprünge hinzu, bei denen das Spielbein zur Seite in der Luft gestreckt wurde. Diesen Stil nannte man Buck and Wing. Doch wurde schon 1875 der Name Buck Tap Dance benutzt. Buck and Wing wurde in den zwanziger Jahren zum modernen Tap Dance weiterentwickelt. 1929 erschien das erste Buch mit diesem Titel. Die größten Vertreter des Tap Dance waren Neger: Bill Bojangles Robinson, King Rastus Brown, Eddie Rector, John Bubbles u. a. Berühmte weiße Tap Dancers waren seit den dreißiger Jahren G. Rogers, R. Keeler, El. Powell; F. Astaire, Gene Kelly, Paul Draper, Ray Bolger u. a. Seit den fünfziger Jahren verdrängte der Jazz Dance den Tap Dance fast völlig. Neues Interesse entstand erst wieder in den siebziger Jahren. Seit den zwanziger Jahren wurde auch der Soft Shoe Dance zum Tap Dance gerechnet. Hier handelt es sich um einen Tanzstil, der von westafrik. Sklaven nach Amerika gebracht worden war. Der Soft Shoe wurde barfuß oder nur mit einfachen Schuhen getanzt. Hier kam es nicht so sehr auf die hart klopfenden Sounds an, sondern allein auf die rasende Folge von Körperverlagerungen. Der Soft Shoe wurde daher flach am Boden getanzt. (→ Steptanz)

Lit.: J. Ames / J. Siegelman, *The Book of Tap*, New York 1977; H. Günther, in: *Jazz Dance*, Wilhelmshaven 1982.

Taqueterie (frz. taquet, Pflock), im B. scharf mit der Spitze des Fußes markierte Schritte wie Piqués, Pas de bourrées usw. – insgesamt also eine Art Pizzicato-Variante des Spitzentanzes.

Tarantella. Der beliebteste aller südital. Volkstänze, ein paarweise oder zu dritt in rasendem Tempo ausgeführter Tanz im ⅝-Takt. Er führt seinen Namen auf die Stadt Tarent und den in der dortigen Gegend in der zweiten Hälfte des 14. Jh.s grassierenden Tarantismus zurück: eine Tanzwut-Variante, die angeblich durch den Biß einer Tarantel-Spinne erzeugt wurde und die davon Befallenen zwang, so lange zu tanzen, bis sie das Gift aus ihrem Körper herausgetanzt hatten. Die T. fand im 19. Jh. Eingang in die Kunstmusik und erfreute sich seit der im 3. Akt *Schwanensee* getanzten T. auch im B. größter Beliebtheit, u. a. in L. Massines *Zauberladen* und als Pas de deux – zu Musik von L. Gottschalk und H. Kay – von G. Balanchine (1964). Bereits 1839 benutzte J. Coralli die T. als Höhepunkt in seinem B. *La Tarentule.*

Taras Bulba (russ. Originaltitel), B. in 3 Akten, Libr. Semjon Kaplan, Ch.: F. Lopuchow, Mus.: W. Solowjow-Sedoi, Dek.: W. F. Rindin; UA 12. 12. 1940, Kirow-Th., Leningrad, mit N. Dudinskaja, W. Tschabukiani u. a. In Anlehnung an die historische Erzählung von N. Gogol handelt das B. vom Freiheitskampf der Ukrainer gegen die poln. Unterdrücker im 16. und 17. Jh. Die Titelfigur ist ein Kosakenoberst, der in diesem Kampf seine beiden Söhne verliert. Den einen, Andrij, der aus Liebe zu der Polin Pannotschka zum Überläufer geworden ist, tötet er mit eigener Hand, während Ostap vor seinen Augen von den Polen zu Tode gemartert wird. Er selbst endet auf dem Scheiterhaufen, nachdem er fürchterliche Rache genommen hat. – Weitere Versionen u. a. von R. Sacharow (Bolschoi-Th., Moskau 1941) und B. Fenster (in 4 Akten und 10 Bildern, Kirow-Th., Leningrad 1955).

Lit.: C. W. Beaumont, in: *Supplement to Complete Book of Ballet*, London 1952.

Taras, John, amer. Tänzer, Choreograph und B.-Meister, * 18. 4. 1919 New York. Begann als Neunjähriger in einem ukrain. Volkstanz-Ens. mitzuwirken, machte als Dreizehnjähriger seine erste Ch., studierte regulär von 1936 an bei M. Fokine, A. Vilzak, L. Schollar, E. Anderson-Ivantzova und an der School of American B. Tänzer bei der B.-Caravan 1940, Littlefield B. 1941, B.-Th. 1942–46, für das er sein erstes professionelles B. choreographierte (*Graziana*, Mus.: Mozart, 1945). Danach bei verschiedenen Komp.n, wobei er als eines seiner erfolgreichsten B.e *Designs with Strings* (Mus.: Tschaikowsky) 1948 fürs Metropolitan B. schuf. B.-Meister beim Grand B. du Marquis de Cuevas 1948–59 (mit kleineren Unterbrechungen), für das u. a. *Piège de lumière* (Mus.: J. M. Damase, 1952) entstand. Zwischenzeitlich immer wieder bei den verschiedensten Komp.n tätig, auch als Choreograph für den 1. und 3. Akt der Tournee-Prod. des F. Sagan-B.s *Le Rendezvous manqué* (Mus.: M. Magne, 1958). Seit 1959 als B.-Meister beim New York City B., von dem er sich zeitweise zur Wahrnehmung anderer Aufgaben beurlauben läßt (B.-Direktor der Pariser Opéra 1969/70, Künstlerischer Leiter des B.s der Dt. Oper Berlin 1971/72). Choreographierte zahlreiche weitere B.e, von denen sich jedoch keines länger im Rep. zu halten vermochte. Häufig auch als Einst.-B.-Meister für Balanchine-B.e bei anderen Komp.n tätig.

Tarasow, Nikolai Iwanowitsch, sowj. Tänzer und Pädagoge, * 19. 12. 1902 Moskau, † 8. 2. 1975 ebd. Sohn des prominenten Tanzpädagogen Iwan T. (1878–1954), studierte er an der Moskauer Bolschoi-B.-Schule (Examen 1920). Schloß sich dann dem Bolschoi-B. an und wurde einer seiner führenden Tänzer. Seine historische Bedeutung beruht jedoch auf seinem Wirken als Pädagoge an der Bolschoi-B.-Schule 1923–61, wo er sich namentlich als Lehrer der Jungen-Klassen große Verdienste erwarb. Nach 1946 unterrichtete er auch am GITIS-Institut. Autor des pädagogischen Standardwerkes *Klassischer Tanz – Die Schule des Tänzers* (1971, dt. 1974 und 1977).

Tarentule, La, B. in 2 Akten und 3 Bildern, Libr.: E. Scribe, Ch.: J. Coralli, Mus.: Casimir Gide, Bühne: Ch. Séchan, J. P. M. Diéterle, Feuchères und E. D. J. Despléchin, Kost.: E. Lormier; UA 24. 6. 1839, Pariser Opéra, mit F. Elßler, J. Mazilier u. a. Luigi und Lauretta lieben einander. Nachdem Luigi die vornehme Frau Clorinde vor Räubern errettet hat und mit einer guten Belohnung abgefunden worden ist, hat auch Laurettas Mutter nichts mehr gegen den armen Luigi. Die Hochzeit wird vorbereitet, da wird Luigi von einer Tarantel gestochen. Dr. Omeopatico verspricht, ihn zu kurieren, verlangt dafür aber Lauretta. Dieser bleibt nichts übrig, als vorzutäuschen, daß auch sie von einer Tarantel gestochen worden ist. Ihr vermeintlicher Leichnam wird weggetragen. Da aber greift Clorinde ein, die sich als Dr. Omeopaticos Frau zu erkennen gibt. Der Doktor und seine Frau, die er schon von den Banditen ermordet glaubte, sind glücklich wieder vereint. Nun darf auch Lauretta unter die Lebenden zurückkehren und ihren Luigi heiraten. Nach der Cachucha und der Cracovienne wurde hier als spezieller Tanz für F. Elßler eine Tarantella eingelegt, die auch prompt den Erfolg des B.s sicherte und diesem den Weg über die europ. Bühnen frei machte.

Taubert, Gottfried, dt. Tanzmeister und Tanzautor, * 29. 7. 1679 (wahrscheinlich) Ronneburg, † (Todesdaten nicht bekannt). Studierte bis 1702 an der Universität Leipzig, gab aber auch schon als Student Tanzunterricht. Sein Lehrer war vermutlich der Beauchamp-Schüler Joh. Pasch, der von 1670–1710 in Leipzig unterrichtete und der zu den ersten dt. Tanzautoren zählt (1707: *Beschreibung wahrer Tantzkunst*). T. wirkte von 1702–14 als Tanzlehrer in Danzig, kehrte dann nach Leipzig zurück und brachte hier 1717 sein Riesenwerk *Rechtschaffener Tantzmeister* heraus. Ihm ging es vor allem darum, nachzuweisen, daß auch dt. Adlige und Bürger imstande seien, die frz. Gesellschaftstänze, die galanten Kammertänze, zu erlernen. Das Werk ist in drei Teile gegliedert: (1.) Geschichte und – gegen die pietistischen Tanzhasser gerichtet – Verteidigung des Tanzes, (2.) Ausführliche Vorst. der drei Fundamentaltänze: Menuett, Courante, Bourrée. Dieser Teil enthält weiter eine komplette Übersetzung von Feuillets Tanzschrift, (3) Hier wird die Rolle der Tanzmeister und des Tanzes in der bürgerlichen Gesellschaft behandelt. Den Bühnentanz stellt T. nur kurz vor.

Lit.: Nachwort von Kurt Petermann zum Neudruck des *Rechtschaffenen Tantzmeisters*, Leipzig 1976.

Taubert, Karl Heinz, dt. Musik- und Tanz-Pädagoge, * 16. 12. 1912 Stettin. Bis 1978 Professor und Dozent für historische Tänze an der Hochschule der Künste Berlin. Seither freiberuflich tätig als Kursleiter für historische Tänze. Verfasser des Buches *Höfische Tänze* (Mainz 1968) und mit Fritz Feldmann von *Historische Tänze der Musikalischen und Choreographischen Weltliteratur*. In: Die Tanzarchiv Reihe 15/16 (1973).

Taubert, Manfred, dt. Tänzer, Choreograph und B.-Meister, * 27. 12. 1935 Berlin. Studierte an der B.-Schule der Städt. Oper, bei T. Gsovsky und N. Kiss. Tänzer der Städt. und Dt. Oper Berlin 1952–63, begann dort auch zu choreographieren. Solotänzer und B.-Meister Salzburg 1963/64, Braunschweig 1964–74, B.-Direktor Karlsruhe 1974–76, seit 1980 in St. Gallen. Choreographierte zahlreiche B.e, u. a. die UA von G. Humels *Herodias* (1967) sowie A. Schönbergs *Pierrot lunaire* (1968) und die dt. EA von Glasunows kompletter *Raymonda* (1969).

Taylor, Anthony, engl. Tänzer, Choreograph und B.-Meister, * 28. 12. 1944 Wokingham (Berkshire). Studierte an der Rambert School in London. Tänzer in Dortmund 1963–66, Solotänzer Bremen 1966–69, dann Kiel 1969–82, wo er von 1974 an auch als B.-Assistent und Trainingsleiter tätig war und zunehmend mit choreograph. Aufgaben betraut wurde. Seit 1982/83 B.-Meister in Koblenz. Verschiedentlich als Gastpädagoge in London tätig (u. a. Rambert School, Imperial Society of Teachers of Dancing).

Taylor, Jonathan, engl. Tänzer, Choreograph und B.-Direktor, * 2. 5. 1941 Manchester. Studierte bei A. Hardie. Begann als Tänzer in Londoner Musical-Prod.en, dann bei L. Massines B. Europeo 1960, Amsterdam B. 1960/61 und B. Rambert 1961–73, wo er zum Principal Dancer avancierte und Rollen in B.en von u. a. N. Morrice, J. Chesworth und G. Tetley kreierte. Begann dort auch zu choreographieren, u. a. *Diversities* (Mus.: H. Badings, 1966), *'Tis Goodly Sport* (elisabeth. Mus., 1970) und *Almost an Echo* (Mus.: Milhaud, 1974). Verließ das B. Rambert 1974, danach als freischaffender Ch. tätig – auch Musical-Prod.en wie *Cockie* (1973) und *The Good Companions* (1974) sowie beim Nederlands Dans Th. Ging dann nach Australien, wo er seit 1977 Artistic Director des Australian Dance Th. ist.

Taylor, Paul, amer. Tänzer, Choreograph und B.-Direktor, * 29. 7. 1930 Alleghany County (Pa.). Begann als Sportstudent an der Universität von Syracuse, wo er auch Malerei studierte, kam über ein von Angiola Sartorio geleitetes Sommer-Ferienlager zum Tanz, studierte dann bei M. Graham, D. Humphrey und J. Limón sowie an der Juilliard School bei A. Tudor und

M. Craske. Tänzer in verschiedenen Modern-Dance-Komp.n, u. a. bei M. Cunningham, P. Lang und bei Graham 1955–61 (Rollenkreationen u. a. in *Clytemnestra* und *Embattled Garden*, 1958, *Alcestis*, 1960, *Visionary Recital* und *One More Gaudy Night*, 1961, und *Phaedra*, 1962) und wirkte 1959 bei der UA von *Episodes* mit, wo G. Balanchine ein Solo für ihn choreographierte. Sein erstes B. choreographierte er 1953 in Syracuse, debütierte 1955 im Henry St. Playhouse in New York mit *Jack and the Beanstalk* (Mus.: Hy Gubernick, Dek.: R. Rauschenberg, mit dem er auch später immer wieder zusammengearbeitet hat) und *Circus Polka* (Mus.: Strawinsky) und hatte seinen ersten durchschlagenden Erfolg mit *Three Epitaphs* (Mus.: Laneville-Johnson Union Brass Band, 1956). Von da an ist er regelmäßig mit seiner Komp. in New York, bei den amer. Tanzfestivals und auf Tourneen in den USA und im Ausland (in Europa erstmals 1960, in Deutschland zuerst bei den Berliner Festwochen 1963) aufgetreten und heute als Gastchoreograph in der ganzen Welt begehrt. Er gehört nicht nur zu den fruchtbarsten, phantasievollsten und musikalischsten, sondern auch zu den humorvollsten Modern-Dance-Choreographen seiner Generation. Auswahl aus seiner sehr umfangreichen Werkliste: *Duet* (Mus.: J. Cage, 1957), *Meridian* (Mus.: P. Boulez, später ersetzt durch M. Feldman, 1960), *Insects and Heroes* (Mus.: J. H. McDowell) und *Junction* (Mus.: Bach, 1961), *Aureole* (Mus.: Händel, 1962), *Scudorama* (Mus.: C. Jackson) und *Party Mix* (Mus.: A. Haieff, 1963), *Duet* (Mus.: Haydn, 1964), *Post Meridian* (Mus.: E. Lohoeffer) und *From Sea to Shining Sea* (Mus.: McDowell, 1965), *Orbs* (Mus.: Beethoven, 1966), *Agathe's Tale* (Mus.: C. Surinach) und *Lento* (Mus.: Haydn, 1967), *Public Domain* (Mus.-Collage: McDowell, 1968), *Churchyard* (Mus.: Cosmos Savage, 1969), *Foreign Exchange* (Mus.: M. Subotnik, 1970), *Big Bertha* (Mus.: Band Machines from the St. Louis Melody Museum) und *The Book of Beasts* (Mus.: diverse, 1971), *American Genesis* (Mus.: diverse, 1973), *Sports and Follies* (Mus.: E. Satie, 1974), *Esplanade* (Mus.: Bach, 1975), *Cloven Kingdom* (Mus.: McDowell) und *Polaris* (Mus.: D. York, 1976), *Airs* (Mus.: Händel, 1978), *Diggity* (Mus.: York) und *Nightshade* (Mus.: Skrjabin, 1979), *The Rehearsel* (Mus.: Strawinskys *Sacre du printemps*, 1980), *Arden Court* (Mus.: W. Boyce) und *House of Cards* (Mus.: Milhauds Création du monde, 1981), *Mercuric Tidings* (Mus.: Schubert), *Lost, Found and Lost* (Mus.-Arr.: York, 1982), *Snow White* (Mus.: D. York), *Sunset* (Mus.: E. Elgar) und *Equinox* (Mus.: Brahms, 1983), sowie *Byzantinum* (Mus.: E. Varese, 1984). Schrieb *Down With Choreography* in *The Modern Dance* (Middletown, Conn., 1965).

Lit.: D. McDonagh, in: *The Complete Guide to Modern Dance*, Garden City (N. Y.) 1976; J. H. Mazo, in: *Prime Movers*, New York 1977; M. B. Siegel, in: *The Shapes of Change*, Boston 1979.

Taylor-Corbett, Lynne, amer. Tänzerin und Choreographin, * 1947 Denver. Studierte an der School of American B., B. Th. School und American B. Center. Tänzerin bei der Komp. von A. Ailey 1968–70, dann auch bei A. Sokolow und am Broadway. Mitbegründerin der Th. Dance Collection 1971, für die sie auch zu choreographieren begann, dann auch als Choreographin beim Gulbenkian B., Dayton B., Winnipeg Contemporary Dancers, Les B.s Jazz, San Antonio B., in Opern- und Musical-Prod.en sowie beim American B. Th., wo sie 1982 ihren entscheidenden Durchbruchserfolg mit *Great Galloping Gottschalk* hatte.

Tblissi → Tiflis.

Tchaikovsky Suite No. 3 → *Suite No. 3.*

Tcherina, Ludmila (geb. Monique Tchemerzina), frz. Tänzerin, * 10. 10. 1924 Paris. Studierte bei Blanche d'Alessandri, O. Preobrajenska, I. Clustine und G. Ricaux. Debütierte 1942 in S. Lifars *Romeo und Julia* in Paris. Tanzte dann bei B. Kniaseff, an der Oper von Marseille und zusammen mit ihrem Mann Edmond Audran (1951 tödlich verunglückt) in Pariser Konzertveranstaltungen, bei Lifars Nouveaux B. de Monte Carlo, wo sie 1946 Rollen in Lifars *À la mémoire d'un héros* und *Mephisto Valse* kreierte. Wandte sich dann einer Karriere als Gastballerina zu, als die sie nicht nur in *Giselle* in Frankreich und Italien (auch in Moskau) Erfolge hatte, sondern vor allem auch in der Titelrolle von Debussys *Le Martyre de Saint Sébastien*, die sie in zahlreichen Prod.en – Ch.: M. Sparemblek – dargestellt hat. Mit einer eigenen Komp. brachte sie 1959 in Paris das von Sparemblek für sie choreographierte B. *Les Amants de Teruel* heraus, das auch verfilmt wurde. Mit Béjarts B. du XXe Siècle trat sie 1961 in der Dali-Béjart-Prod. von *Gala* auf. Wirkte auch in mehreren Filmen mit (u. a. *Die roten Schuhe* und *Hoffmanns Erzählungen*) und trat außer im Fernsehen (u. a. in Lazzinis *Der wunderbare Mandarin*, 1967) nur noch in für sie geschaffenen Prod.en auf, u. a. in Ugo dell'Aras *Excelsior* (Florenz 1967). Sie war eine ungewöhnlich schöne Frau, die vor allem in dramatischen Rollen glänzte.

Lit.: I. und S. Lido, *L. T., Tragédienne de la danse*, Paris 1967.

Tcherkassky, Marianna, amer. Tänzerin, * 28. 10. 1952 Glen Cove (N. Y.). Studierte bei ihrer Mutter Lillian T., dann auch Washington School of B. und American School of B. Tänzerin bei der Komp. von A. Eglevsky, dann American B. Th. 1970, Solistin 1973, Principal Dancer 1976. Rollenkreation u. a. in T. Tharps *Push Comes to Shove* (1976). Eine ihrer besten Rollen ist Nikia in *La Bayadère*.

Tchernicheva, Lubov Pavlovna, russ.-engl. Tänzerin und B.-Meisterin, * 17. 9. 1890 St. Petersburg, † 1. 3. 1976 Richmond (Surrey). Studierte in ihrer Geburtsstadt an der Kaiserl. B.-Schule bei M. Fokine, machte 1908 ihr Examen, trat ins Marien-Th.-B. ein, heiratete 1909 den B.-Regisseur S. Grigoriev und folgte ihm 1911 zur Diaghilew-Komp., der sie bis zu deren Ende 1929 angehörte. Kreierte meist kleinere Rollen, u. a. in L. Massines *Les Femmes de bonne humeur* (1917), *Der Zauberladen* (1919), *Pulcinella* (1920) und *Le Pas d'acier* (1927), B. Nijinskas *Les Noces* (1923) und *Les Biches* (1924) sowie in G. Balanchines *Apollon musagète* und *The Gods Go a-Begging* (beide 1928). Von 1926 an war sie auch als B.-Meisterin engagiert. Ging 1932 mit Grigoriev als B.-Meisterin zu den B.s Russes de Monte Carlo. Bei der Trennung von Blum und Basil (1936) schloß sie sich mit Grigoriev den B.s Russes du Col. de Basil an und kreierte hier 1937 die Titelrolle in D. Lichines *Francesca da Rimini*. Blieb dann bis 1952 bei den verschiedenen von Basil geleiteten Truppen. In den folgenden Jahren betreute sie zusammen mit Grigoriev noch Neueinstud.en von Fokine-B.en beim Sadler's Wells B., London Festival B. und an der Mailänder Scala.

Tedejew, Wadim Sergejewitsch, sowj. Tänzer, * 26. 7. 1946 Moskau. Studierte an der Moskauer Bolschoi-B.-Schule (Examen 1965). Seither beim Stanislawsky- und Nemirowitsch-Dantschenko-Musik-Th., zu dessen profiliertesten Solisten er heute gehört.

Telle, Constantin Michel, dt. Tänzer, Choreograph und B.-Meister. B.-Meister an der Berliner Hofoper. 1813–30 schuf er hier über zwei Dutzend B.e – z. T. als eigene Versionen andernorts bereits erfolgreicher Werke Ch. Didelots, J. L. Milons u. a. Seine Spezialität scheinen Militärthemen gewesen zu sein, u. a. *Die glückliche Rückkehr* (Mus.: Gürrlich, 1814), *Die Einquartierung* (Mus.: diverse) und *Das Fest des Gutsherrn oder Der Unteroffizier* (Mus.: G. A. Schneider – beide 1817). Brachte schon 1821 eine eigene *Aschenbrödel*-Version heraus.

Telle, Karl, österr. Tänzer, Choreograph und B.-Meister, 12. 10. 1826 Berlin, † 4. 1. 1895 Klosterneuburg. Sohn des B.-Meisters Constantin Michel T. in Berlin, studierte bei seinem Vater sowie bei F. und P. Taglioni. Debütierte in Wien 1860 mit *Die Nymphe* (Mus.: diverse), wurde B.-Regisseur und B.-Meister der Hofoper (bis 1890) und war Vorstand der B.-Schule und Tanzlehrer bei Hofe. Choreographierte in Wien 22 B.e, zu denen er häufig auch das Libr. verfaßte. B.e von ihm waren u. a. *Rosine* (nach *Figaros Hochzeit*, Mus.: A. F. Doppler, 1861), *Coppélia* (Mus.: Delibes, 1876), *Sylvia* (Mus.: Delibes, 1877), *Marco Bomba* (Mus.: Cozet, 1878), *Der Spielmann* (Mus.: J. Forster, 1881), *Sakuntala* (zus. mit F. Uhl, Mus.: S. Bachrich, 1884), *Die verwandelte Katze* (zus. mit Zell, Mus.: J. Hellmesberger, 1887) und *Pierrot und Pierette* (Mus.: Burgmein, 1888). Als seinen Nachfolger empfahl er J. Haßreiter. – Verheiratet mit der Solomimikerin und B.-Lehrerin Johanna T.

Tels, Ellen, russ.-österr. Tänzerin, Choreographin und Pädagogin. Kam schon früh unter den Einfluß der in Rußland seit 1904 gastierenden I. Duncan. Mitgl. von Stanislawskys Künstler-Th. 1907–10, gründete dann eine Mädchengruppe, mit der sie auch in Deutschland auftrat, u. a. mit den von I. Duncan beeinflußten Tanzstükken *Im Herbst* (Mus.: M. Moszkowski) und *In* *der Halle des Bergkönigs* (Mus.: Grieg). Übersiedelte nach der Revolution mit mehreren ihrer Kolleginnen (darunter auch Mila Cirul) 1919 nach Wien, wo sie eine Schule für künstlerischen Tanz und ästhetische Bewegung gründete. Legte größten Wert auf eine umfassende, auch die klassische Technik einschließende Ausbildung ihrer Schülerinnen. E. Wellesz komponierte für sie sein *Persisches Ballett*, das sie 1924 in Donaueschingen zur UA brachte.

Tempest, The → *Sturm, Der.*

Temps (frz., Zeit), bedeutet im B.: **1.** einen Sprung ohne Gewichtswechsel, z. B. *temps levé* (hop, Hüpfer auf einem Bein). **2.** Einteilung einer Bewegungsfolge in ihre Zeiten, z. B. *ballonné à trois temps*. **3.** Bezeichnung für verschiedene zusammengesetzte Schulschritte, z. B. *temps lié, temps de l'ange, temps de cou-de-pied, temps de cuisse, temps de flèche, temps de poisson* usw.

Tendu (frz. *tendre*, spannen und ausstrecken), im B. gestreckte Bewegung des Spielbeins, z. B. *battement tendu.*

Tennant, Veronica, engl. Tänzerin, * 1946 London. Studierte an der Cone-Ripman School und Canadian National B. School (Examen 1963). Tänzerin beim National B. of Canada seit 1965 (von Anfang an als Principal Dancer), wo sie die Ballerinenrollen des klassischen und modernen Rep. tanzt. Auch als Filmschauspielerin aktiv (*Mad Shadows*, 1979). Autorin des Buches *On Stage Please!*.

Tenorio, Ivan, kub. Tänzer und Choreograph, * um 1940 Matanzas. Ausbildung als Schauspieler. Mitgl. des Studio-Gruppen-Th.s. Tänzer und Choreograph beim National-Ens. für modernen Tanz 1963. Choreograph beim B. Nacional de Cuba seit 1965 – sein bekanntestes B. ist *Bernarda Albas Haus* (Mus.: S. F. Barroso, 1974). Arbeitet auch für das B. de Camagüey sowie als Schauspielregisseur.

Terabust, Elisabetta, ital. Tänzerin, * 5. 8. 1946 Varese. Studierte an der Opern-B.-Schule in Rom. Tänzerin beim Röm. Opern-B. seit 1964. Gastballerina bei zahlreichen ital. Komp.n und im Ausland, seit 1973 häufig auch beim London Festival B.

Ter-Arutunian, Rouben, amer. Bühnen- und Kostümbildner, * 24. 7. 1920 Tiflis. Gehört zu den meistbeschäftigten amer. B.-Ausstattern, entwarf das Dek. u. a. für T. Bolenders *Souvenirs* (1955), G. Balanchines *Die sieben Todsünden* (Version 1958), *The Flood* (CBS-TV, 1962, auch 1982), *Ballet Imperial* und *Nußknacker* (1964), *Harlequinade* (1965), *Coppélia* (1974), *Union Jack* (1976) und *Davidsbündlertänze* (1980), G. Tetleys *Pierrot lunaire* (1962), *Sargasso* und *Field Mass* (1965), *Ricercare* (1966), *Chronochromie* (1971), *Laborintus* (1972) und *Voluntaries* (1973), B. Macdonalds *Time Out of Mind* (1963) und J. Butlers *Villon* (1969) sowie für Balanchines Prod. von Glucks *Orpheus und Eurydike* (Hamburg 1963). Schrieb »In Search of Design«, in *Dance Perspectives* 28 (1966).

Téri, Evelyn, ung. Tänzerin und Pädagogin, * 11. 1. 1941 Budapest. Studierte ebd. an der B.-Schule. Tänzerin an der Budapester Staatsoper 1959, Stuttgart 1965–67, Lübeck/Kiel 1967/1968, Hamburg 1968/69 und Mannheim 1969 bis 1976. Danach Lehrerin an der Mannheimer Musikhochschule. Ballerina beim Tokio City B. 1978–80. Seit 1981 Lehrerin an der B.-Schule der Wiener Staatsoper.

Terpis, Max (geb. M. Pfister), schweiz. Tänzer, Choreograph, B.-Meister und Pädagoge, * 1. 3. 1889 Zürich, † 18. 3. 1958 ebd. Studierte zunächst Architektur, dann 1920 Tanz bei der Laban-Schülerin Suzanne Perrottet und ging 1921 zu M. Wigman nach Dresden. Wurde Anfang 1923 von H. Niedecken-Gebhard zusammen mit H. Kreutzberg und Y. Georgi nach Hannover berufen. Debütierte dort 1923 mit *Der Tänzer unserer lieben Frau* (Mus.: Bruno Störmer), schuf hier noch 1923 u. a. *Die Geschöpfe* (Mus.: E. Wellesz) und *Josephslegende* (Mus.: R. Strauss). Wurde 1924 – nach einem Berlin-Gastspiel 1923 – als Nachfolger von H. Kröller als B.-Chef an die Berliner Staatsoper geholt und blieb in dieser Position bis 1930. Choreographierte 1924 *Der Leierkasten* (Mus.: J. Kool) und *Die Nächtlichen* (erweiterte Fassung von *Die Geschöpfe*, Mus.: Wellesz, mit H. Kreutzberg in seiner ersten großen Rolle). Weitere Berliner Werke u. a. *Pulcinella* (Mus.: Strawinsky, dt. EA), *Klein Idas Blumen* (Mus.: P. von Klenau), *Spielzeug* (Mus.: Debussy – alle 1925), *Don Morte* (nach E. A. Poe, Mus.:

Friedrich Wilckens, Hauptrolle Kreutzberg, zum ersten Mal mit Glatze, als Narr), *Die Vogelscheuche* (Mus.: de Falla – beide 1926), *Der letzte Pierrot* (Mus.: K. Rathaus, UA), *Die Erlösten* (Mus.: Prokofjews *Skythische Suite*, UA – beide 1927), *Schöpfung* (Mus.: Milhauds *Création du monde*, dt. EA) und *Salat* (Mus.: Milhaud, Dt. EA – beide 1929). – Wurde 1930 von Laban als B.-Meister der Berliner Staatsoper abgelöst. T. eröffnete zusammen mit R. Arco eine B.-Schule in Berlin, unterrichtete zeitweise auch an den Dt. Meister-Stätten für Tanz und gastierte als Choreograph in Bremen (mit Hindemiths *Der Dämon*) und an der Mailänder Scala. Kehrte 1939 in die Schweiz zurück, arbeitete 1941–43 in Basel, Mailand und Barcelona, las 1945–47 an der Universität Zürich über Ch., Regie und Architektur, studierte noch Psychologie und brachte ein Buch heraus *Tanz und Tänzer* (1946).

Lit.: W. N. Schede, *Farbenspiel des Lebens – M. Pfister/Terpis*, Zürich 1960.

Terpsichore (altgriech., die Tanzfrohe) ist eine der neun Musen der griech. Mythologie und zuständig für den Tanz. Ihr Attribut ist die Lyra. Vom T.-Vorspiel zu Händels *Pastor fido* über Beethovens *Die Geschöpfe des Prometheus* bis zu Strawinskys *Apollon musagète* begegnet sie immer wieder als B.-Figur.

Terre à terre (frz., am Boden, auf der Erde), im B. Bewegungen, in denen die Füße den Boden nicht oder kaum verlassen. Der Begriff wird aber auch benutzt, um die Erdgebundenheit einer Tänzerin bzw. eines Tanzstils zu kennzeichnen. Beispiel: die T.a.-t.-Tänzerin Fanny Elßler im Gegensatz zu Marie Taglioni, der *Danseuse aérienne*.

Terry, Walter, amer. Tanzpublizist, * 14. 5. 1913 New York, † 4. 10. 1982 ebd. Studierte an der Universität von North Carolina sowie Tanz bei A. Markova, A. Dolin, A. Vilzak, R. Joffrey, T. Shawn, M. Graham, D. Humphrey und J. Limón. Tanzkritiker *Boston Herald* 1936–39, *New York Herald Tribune* 1939–42 und 1945–67 sowie *Saturday Review/World* von 1968 bis zu seinem Tode. Mitarbeiter zahlreicher amer. und ausländischer Tanzpublikationen. Auch als Lektor und Tanzkonsulent tätig. Direktor des Jacob's Pillow Festival 1973. Autor zahlreicher Bücher, u. a.: *Isadora Duncan: Her Life, Her Art, Her Legacy* und *Miss Ruth – The More Living Life of Ruth St. Denis* (1969), *Ted Shawn – Father of American Dance* (1976), *I Was There* (Auswahl seiner Kritiken, 1978), *The King's Balletmaster* (über A. Bournonville, 1980) und *Richard Cragun* (1982).

Tetley, Glen, amer. Tänzer, Choreograph und B.-Direktor, * 3. 2. 1926 Cleveland. Studierte zunächst Medizin, dann Tanz bei H. Holm, M. Craske, A. Tudor und M. Graham. Begann als Assistent von Holm, Tänzer in ihrer Komp. 1946–51 sowie in Musical Prod.en, dann New York City Opera 1952–54, Komp. von J. Butler 1955, Joffrey B. 1956/57, Graham Komp. 1958 (Rollenkreationen in *Clytemnestra* und *Embattled Garden*), Amer. B. Th. 1960, Robbins' B.s: U.S.A. 1961. Tänzer und Choreograph beim Nederlands Dans Th. 1962, wurde dann Künstlerischer Kodirektor (zus. mit H. van Manen) bis 1970. Von 1969 an Leiter einer eigenen Komp., mit der er zahlreiche Europa-Gastspiele unternahm. Nach J. Crankos Tod B.-Direktor Stuttgart 1974–76. Seither freischaffend als Choreograph tätig. Begann als Choreograph mit Modern-Dance-Stücken, in die er zu Beginn der siebziger Jahre mehr und mehr klassische Elemente übernahm. Seine B.e zeichnen sich durch eine kühle, distanzierte, völlig unemotionale, oft rätselhafte Objektivität aus, die jedoch nicht ohne erotische Spannungsmomente ist. Auswahl aus seiner sehr umfangreichen Werkliste: *Pierrot lunaire* (Mus.: Schönberg, 1962), *The Anatomy Lesson* (Mus.: M. Landowski) und *Sargasso* (Mus.: Krenek, beide Nederlands Dans Th., 1964), *Mythical Hunters* (Mus.: Ö. Pathos, Batsheva Dance Comp., 1965), *Ricercare* (Mus.: M. Seter, American B. Th., 1966), *Freefall* (Mus.: M. Schubel, University of Utah, Repertory Dance Th.) und *Ziggurat* (Mus.: Stockhausen, B. Rambert, 1967), *Circles* (Mus.: Berio, Nederlands Dans Th.) und *Embrace Tiger and Return to Mountain* (Mus.: M. Subotnik, B. Rambert, 1968), *Field Figures* (Mus.: Stockhausen, Royal B.) und *Mutations* (zus. mit van Manen, Mus.: Stockhausen, Nederlands Dans Th., 1970), *Rag Dances* (Mus.: A. Hymes, B. Rambert) und *Chronochromie* (Mus.: Messiaen, Hamburg, 1971), *Threshold* (Mus.: Berg, Hamburg), *Small Parades* (Mus.: E. Varèse, Nederlands Dans Th.) und *Laborintus* (Mus.:

Berio, Royal B., 1972), *Voluntaries* (Mus.: Poulenc, Stuttgart 1973), *Sacre du printemps* (Mus.: Strawinsky, München) und *Tristan* (Mus.: Henze, Opéra, Paris 1974), *Daphnis und Chloe* (Mus.: Ravel) und *Greening* (Mus.: A. Nordheim, Stuttgart 1975), *Der Sturm* (Mus.: Nordheim, B. Rambert, 1979), *Dances of Albion* (Mus.: Britten, Royal B., 1980), *Summer's End* (Mus.: H. Dutilleux, Nederlands Dans Th.) und *Feuervogel* (Mus.: Strawinsky, Kgl. Dän. B., 1981), *Mörder, Hoffnung der Frauen* (keine Mus., B. Rambert, 1983) und *Pulcinella* (Mus.: Strawinsky, London Festival B., 1984).

Lit.: P. Brinson / C. Crisp, in: *Ballet & Dance*, Newton Abbot 1980; E. Rogosin, in: *The Dance Makers*, New York 1980.

Teufel im Dorf, Der (kroatischer Titel: *Davo u selu*), B. in 3 Akten und 8 Bildern, Libr. und Ch.: Pino und Pia Mlakar, Mus.: F. Lhotka, Bühne: Roman Clemens, UA 18. 2. 1935 Zürich, mit P. und P. Mlakar, Mischa Panajew, Maja Kübler u. a. – Das B. erzählt die Geschichte vom Bauernburschen Mirko, der das Mädchen Jela liebt, in seiner Arglosigkeit jedoch dem Teufel verfällt, der ihn zu einem lasterhaften Leben verführt und mit sich in die Hölle nimmt. Doch Mirkos robuste moralische Gesundheit siegt am Ende über die teuflische Lasterhaftigkeit. Reumütig kehrt er zu Jela zurück, die er gerade noch im letzten Moment vor der Verheiratung mit einem reichen Dummkopf rettet. Das stark mit jugosl.-folkloristischen Elementen durchsetzte B. hielt sich lange im Rep. der deutschsprachigen Länder und in Jugoslawien. Die dt. EA schuf V. Kratina 1935 in Karlsruhe. In der choreogr. Originalversion von P. und P. Mlakar hatte das B. 1939 an der Bayer. Staatsoper seine dt. Premiere.

Lit.: O. F. Regner / H.-L. Schneiders, in: *Reclams Ballettführer*, Stuttgart [8]1980.

Tharp, Twyla, amer. Tänzerin und Choreographin, * 1. 7. 1942 Portland (Ind.). Studierte bei I. Schwezoff, M. Mattox, M. Graham, A. Nikolais, M. Cunningham und P. Taylor. Tänzerin in Taylors Komp. 1963–65. Seither freischaffend als Choreographin mit ihrer eigenen Komp. sowie bei verschiedenen anderen Komp.n. Gehört zu den meistdiskutierten Choreographen der zeitgenössischen Tanzszene. Hinter der frivolspöttischen, oft auch humoristischen Oberfläche ihrer B.e, die sich durch ihre Nonchalance auszeichnen, verbirgt sich die minutiös ausgearbeitete Struktur einer perfektionistischen Handwerkerin. Auswahl aus ihrer Werkliste: *Tank Dive* und *Cede Blue Lake* (1965), *Re-Moves* (1966), *Dancing in the Streets of London, and Paris, Continued in Stockholm and Sometimes in Madrid* (1969), *The Fugue* und *Eight Jelly Rolls* (1971), *The Bix Pieces* (1972), *Deuce Coupe* und *As Time Goes By* (beide City Center Joffrey B., 1973), *In the Beginning* (1974), *Ocean's Motion* (Mus.: Ch. Berry, 1975), *Push Comes to Shove* (Mus.: Haydn, American B. Th., 1976), *Hair* (Film-Ch., 1979), *When We Were Very Young* (Mus.: J. Simon, 1980), *The Catherine Wheel* (Mus.: D. Byrne, 1981), *Once Upon a Time* (Mus.: A. Glasunow, 1983), *Bach Partita* (Amer. B. Th. 1984) und *Brahms / Handel* (zus. mit J. Robbins, New York City B. 1984). Seit 1983 residiert ihre Komp. im Strand Th., Brooklyn.

Lit.: M. B. Siegel, in: *The Shapes of Change*, Boston 1979; E. Rogosin, in: *The Dance Makers*, New York 1980.

That Is the Show, B. in 5 Sätzen, Ch.: N. Morrice. Mus.: Berio, Dek.: N. Baylis; UA 6. 5. 1971, B. Rambert, J. Cochrane Th., London, mit S. Craig, Chr. Bruce u. a. – Der Titel ist ein Zitat aus dem 3. Satz von Berios Sinfonia, die hier erstmalig in ihrer späteren fünfsätzigen Fassung choreographiert wurde. Das B. hat keine nacherzählbare Handlung, gleichwohl geht es um existentielle Lebenserfahrungen, deren Schauplatz irgendwo im Weltall zu liegen scheint. Übernommen ins Rep. des Köln Tanz-Forums 1975. – Andere Versionen derselben Musik u. a. von G. Veredon (Köln) und J. Butler (B. Th. Contemporain, beide 1970), H. van Manen (in *Keep Going*, Düsseldorf 1971) und L. Lubovitch (nur der 3. Satz in *Whirligogs*, Bat-Dor Komp. 1974).

Théâtre du Silence. Die frz. Modern-Dance-Komp., 1971 von Brigitte Lefèvre und Jacques Garnier gegründet, ist in La Rochelle ansässig, von wo aus sie regelmäßig ausgedehnte Torneen unternimmt, die sie auch nach Amerika geführt haben. Außer B.en der beiden künstlerischen Leiter bietet das Rep. auch Werke von u. a. M. Cunningham, L. Lubovitch und M. Béjart.

Theilade, Nini, dän. Tänzerin und Choreographin, * 1916 Java. Studierte in Kopenhagen bei

Astra Møllerup und in Paris bei C. Ari und L. Egorova, hatte ihre ersten Erfolge in den Berliner Prod.en von M. Reinhardt, unternahm dann Tourneen als Konzerttänzerin, choreographierte 1936 ihr erstes B. *Psyché* (Mus.: C. Franck) für das Kgl. Dän. B. und war 1938–40 Mitgl. des B. Russe de Monte Carlo, wo sie Rollen in L. Massines *Nobilissima Visione* (1938), *Siebente Sinfonie* und *Bacchanale* (beide 1939) kreierte und *Les Nuages* (Mus.: Debussy, 1940) choreographierte. Ließ sich dann in Brasilien nieder, von wo aus sie verschiedentlich nach Europa zurückkehrte und B.e für das Kgl. Dän. B. schuf, u. a.: *Cirklen* (Mus.: Tschaikowskys 6. Sinfonie, 1938), *Concerto* (Mus.: R. Schumanns Klavierkonzert, 1950) und *Kalkbillede* (Mus.: Knud Hogenhaven, 1968). Leitet seit 1970 eine Schule in Svendborg in Dänemark.

Theme and Variations, B. in 1 Akt, Ch.: G. Balanchine, Mus.: Tschaikowsky, Dek.: Woodman Thompson; UA 26. 11. 1947, B. Th., City Center, New York, mit A. Alonso, I. Youskevitch u. a. – Balanchine hat das rein konzertante B. zum Schlußsatz von Tschaikowskys Orchester-Suite Nr. 3 in G-Dur als eine Huldigung an den zaristischen Nobelklassizismus choreographiert. Eine um die drei vorausgehenden Sätze erweiterte Fassung als *Suite No. 3* 1970 beim New York City B.

Lit.: G. Balanchine / F. Mason, in: *Balanchine's Complete Stories of the Great Ballets*, Garden City (N. Y.) 1977.

Thesmar, Ghislaine, frz. Tänzerin, * 1943 Peking. Studierte am Pariser Conservatoire. Tänzerin beim Grand B. du Marquis de Cuevas 1961, dann in erster Linie bei der Komp. von P. Lacotte, den sie 1968 heiratete. Zeitweise auch beim B. Rambert, R. Petit und den Grands B.s Canadiens. Étoile an der Pariser Opéra 1971–83. Kreierte die Titelrolle in Lacottes Fernseh-Prod. von *La Sylphide* (1971), die als eine ihrer besten Bühnenrollen galt.

Lit.: G. Mannoni / P. Jouhaud, in: *Les Étoiles de l'Opéra de Paris*, Paris 1981.

Théodore, Mlle (geb. Marie-Madeleine Crépé), frz. Tänzerin, * 6. 10. 1760 Paris, † 9. 9. 1796 Audenge. Schülerin von J. B. Lany, debütierte 1777 an der Pariser Opéra, wo sie namentlich in B.en von Noverre und M. Gardel gefeiert wurde. Hatte wegen ihres allzu lebhaften Temperaments und ihrer Freimütigkeit viele Schwierigkeiten und kam 1782 sogar ins Gefängnis, weil sie gegen die Administration der Opéra rebelliert hatte. Heiratete 1783 J. B. Dauberval, ging mit ihm nach London und war 1785–90 seine Primaballerina in Bordeaux, wo sie u. a. 1789 die Lise in Daubervals *La Fille mal gardée* kreierte.

Thibon, Nanon, frz. Tänzerin, * 1. 11. 1943 Paris. Studierte an der Schule der Pariser Opéra. Mitgl. des Opéra B.s seit 1958, Première danseuse 1963, Danseuse étoile 1965–83. Rollenkreationen u. a. in M. Descombeys *Les Paladins* (1965), P. Petits *Turangalîla* (1968), J. Charrats *Hyperprism* (1973) und G. Tetleys *Tristan* (1974).

Lit.: G. Mannoni / P. Jouhaud, in: *Les Étoiles de l'Opéra de Paris*, Paris 1981.

Thom, Brigitte, dt. Tänzerin und B.-Meisterin, * 5. 2. 1938 Dessau. Studierte bei Veith Büchel in Dessau und G. Blank in Berlin. Tänzerin an der Hamburgischen Staatsoper 1957, wo sie 1968 choreogr. Assistentin von P. van Dyk wurde. Mit der Betreuung der Balanchine-B.e im Hamburger Repertoire beauftragt, spezialisierte sie sich auf die Einst. von Balanchine-B.en. B.-Meisterin ebd. 1970. Erstmalig als Gast.-B.-Meisterin an der Pariser Opéra 1972 und seit 1973 Repetitions-B.-Meisterin ebd. Zahlreiche Einst.en von Balanchine-B.en in Ostberlin, aber auch immer wieder für Komp.n im Westen. Eigene Ch.n zu *Dornröschen* (Mus.: Tschaikowsky, Dt. Staatsoper Berlin, 1981), *La Favorite* (Mus.: Donizetti, Solisten der Pariser Opéra, 1981) und *Aschenbrödel* (Mus.: Prokofjew, Dt. Staatsoper Berlin, 1983).

Thompson, Clive, amer. Tänzer, * 20. 10. um 1940 Kingston (Jamaica). Studierte und tanzte bei der Ivy Baxter Dance Comp. (der Vorläufer-Komp. des heutigen Jamaican National Dance Th.), nahm an diversen Festivals und Wettbewerben in Trinidad und Kuba teil, ging 1960 nach New York und studierte bei M. Graham, deren Komp. er sich 1961 anschloß. Rollenkreationen u. a. in Grahams *One More Gaudy Night* (1961), *Secular Games* (1962) und *Circe* (1963). Tanzte aber auch bei T. Beatty, P. Lang, Yuriko, G. Holder und, vor allem in den siebziger Jahren, bei A. Ailey. Rollenkreationen u. a. in Aileys *Love Songs* (1972), *Lark Ascending, Hidden Rites* (beide 1973). Gründete 1980 eine eigene Schule und 1982 die Clive Thompson Dance Comp. Verheiratet mit der Tänzerin Liz T., seit 1980 Leiterin des Jacob's Pillow Festival.

Thorpe, Jonathan, engl. Tänzer, Choreograph und B.-Meister, * 12. 10. 1943 Birmingham. Studierte bei Dulcie Pyne und an der Royal B. School, A. Hardie School und Folkwang-Schule. Tänzer in Oldenburg 1954–65, Lübeck 1965/66, Folkwang B. 1966/67, Düsseldorf 1967–69, dann 1970–79 Northern Dance Th., zuletzt als Resident Choreographer. Begann 1970 zu choreographieren – u. a. *Tancredi e Clorinda* (Mus.: Monteverdi, 1970), *Quartet* (Mus.: Beethoven, op. 130, 1971), *The Wanderer and His Shadow* (Mus.: Brahms, 1972), *Woman's Love* (Mus.: R. Schumann, 1974), *Stamping Ground* (Mus.: Bach, 1975), *Triptych* (Mus.: Beethoven, 1975), *Spring Song* (Mus.: Dvořák, 1976), *Thanatos Fantasy* (Mus.: Schubert, 1977), und *Madam Butterfly* (Mus.: Puccini, 1979).

Tichomirow, Wassili Dimitriewitsch, russ. Tänzer, Choreograph und Pädagoge, * 30. 3. 1876 Moskau, † 20. 6. 1956 ebd. Studierte bei A. Ermolow in Moskau, machte 1891 sein Examen, studierte weiterhin bei P. Gerdt und Chr. Johansson in St. Petersburg, tanzte am Marien-Th., debütierte in Moskau, wo er rasch zum führenden Premier danseur des Bolschoi-B.s avancierte. Tanzte 1911 in A. Gorskys *Dance Dream* in London und war 1914 Partner von A. Pawlowa auf ihrer Tournee. Meist jedoch tanzte er mit J. Geltzer zusammen, die seine Schülerin war und dann seine Frau wurde. Seine Bedeutung als Pädagoge übersteigt seinen Ruhm als Tänzer. Zu seinen Schülern zählten u. a. L. Novikov, A. Volinine, Th. und A. Koslow, A. Messerer und die Ballerinen V. Karalli, A. Balaschowa und V. Krieger. In den unruhigen Jahren nach der Oktoberrevolution von 1917 setzte er sich mit Nachdruck für die Pflege des klassischen Erbes ein und wurde 1924 als Nachfolger von Gorsky Chef des Bolschoi-B.s und der Schule. Besorgte im gleichen Jahr die Neueinst.en von *Dornröschen* und *La Bayadère* und produzierte später auch *La Sylphide* (Mit neuer Ch. für den 2. Akt, 1925) und *Esmeralda* (1926). Choreographierte 1927 zusammen mit L. Lastschilin das B. *Roter Mohn* (Mus.: R. Glière), in dem er auch mittanzte. Wegen schwerer Krankheit 1937 Rücktritt von seinen Ämtern. T. gilt als einer der bedeutendsten Pädagogen in der Geschichte des russ. B.s.

Tichomirowa, Irina Viktorowna, sowj. Tänzerin und Pädagogin, * 18. 7. 1917 Moskau. Studierte an der Bolschoi-B.-Schule (Examen 1936). Als Solistin 1936 zum Bolschoi-B., wo sie schon bald in Ballerinenrollen auftrat. Ausgedehnte Tourneen mit ihrem Mann Assaf Messerer, den sie auch als B.-Meisterin begleitete. Zeitweise B.-Meisterin bei I. Moissejews Jungem B.

Tietz, Michael, dt. Tänzer, * 28. 8. 1948 Grömitz. Studierte bei G. Blank, R. Franchetti, E. Ward und H. Zaraspe. Tänzer in Basel 1967, Het Nationale B. 1968 und seit 1973 Solist an der Dt. Oper Berlin. Eröffnete zusammen mit seiner Frau, der Tänzerin Yvonne Vendrig, 1974 eine Schule in Berlin. Gelegentlich auch als Choreograph hervorgetreten. Seit 1980 Leiter des Internationalen B. Centrums Berlin, das mit Gala-Vorst.en auch außerhalb Berlins vor die Öffentlichkeit tritt.

Tiflis (georg. Tblissi). Während des 19. Jh.s beschränkten sich die B.-Vorst.en auf Gastspiele reisender Gruppen aus St. Petersburg. Ein Opernhaus, das heutige Georgische Akademische Th. für Oper und B. S. P. Paliaschwili, wurde 1896 eröffnet, die dazugehörige B.-Komp. zählte 12 Tänzer. Lange Jahre fungierte Maria Petrini als Primaballerina. Das B.-Rep. offerierte Werke von Tschaikowsky, Glasunow u. a., als Gäste erschienen u. a. die Fokines, M. Kschessinska, O. Preobrajenska und J. Geltzer. In der vorrevolutionären Ära wurde die Komp. von S. Wakaretz und M. Bauersax und 1920–22 dann von M. Mordkin geleitet. Inzwischen war die Komp. auf 38 Mitgl. angewachsen, und es erschienen die ersten B.e mit nationalen Stoffen auf dem Spielplan, darunter *Iranische Pantomime* (1914), *Der Liebestrank* (1920) und *Chandzari* (1930), alle komponiert von Tamara Wachwachischwili. Choreographen der B.e in den späteren zwanziger Jahren waren M. Dyskowsky, M. Moissejew *(Schwanensee, Giselle)*, S.

Sergejew (*Carnaval, Feuervogel, Scheherazade* etc.), V. Zaplin *(Roter Mohn)*, L. Lukin *(Carmencita)* und R. Balanotti. In den dreißiger Jahren begann der meteorhafte Aufstieg W. Tschabukianis, der es als erster lokaler Tänzer zu internationalem Ruhm brachte. 1936 choreographierte er als erstes repertoirebeständiges nationales B. *Msetschabuki* (das spätere *Herz der Berge*), gefolgt von dem ersten nationalen B. mit einem zeitgenössischen Stoff, *Maltakwa* (1938). Zu dieser Zeit zählte die Komp. 70 Tänzer. Tschabukiani wurde 1941 B.-Meister und Chefchoreograph und choreographierte die Stammwerke des Rep.: *Das Herz der Berge* (1938), *Sinatle* (1947), *Gorda* (1949), *Für den Frieden* (1953), *Othello* (1957, 1960 auch verfilmt), *Dämon* (1961) und *Ballettpoem* (1963), war aber auch verantwortlich für die großen Klassiker Prod.en. Andere hier wirkende Choreographen waren Gulbat Dawitaschwili, S. Kikaleischwili und R. Sulukidze. Tschabukiani unternahm dann auch die ersten westl. Auslandsgastspiele mit der Komp. (Wien 1958, Paris 1966). Seit Tschabukianis Rücktritt 1972 steht Georgi Alexidze an der Spitze der Komp. Das erste lokale Tanzstudio öffnete 1921 seine Pforten, daraus ging dann 1925 die Staatl. B.-Schule hervor, die 1934 von D. Dscharischwili neuorganisiert wurde.

Lit.: in: *Balet-Enziklopedia*, Moskau 1981.

Tights, Trikot aus Wolle, Baumwolle, Seide oder Nylon, das den Körper des Tänzers und der Tänzerin von der Taile an abwärts bedeckt.

Till Eulenspiegel. Richard Strauss' op. 28 aus den Jahren 1894/95 ist mehrfach choreographiert worden, zuerst offenbar von W. Nijinsky für Diaghilews B. Russe (New York 1916), später u. a. von V. Kratina (Dt. Tanzbühne, Berlin 1940), J. Babilée (B. des Champs-Elysées, 1949), G. Balanchine (New York City B., 1951) und H. Spoerli (Basel 1980). Dabei taucht der Name in verschiedener Schreibweise auf. *T. E.*-B.e zu anderer Musik schufen u. a. L. Rogge (Mus.: Claus-Eberhard Clausius, Hamburg 1933) und E. Köhler-Richter (Mus.: Uwe Köderitzsch, Leipzig 1965).

Lit.: die Nijinsky-Version in: R. Buckle, *Nijinsky*, London 1971; die Balanchine-Version in: G. Balanchine / F. Mason, *Balanchine's Complete Stories of the Great Ballets*, Garden City (N. Y.) 1977.

Timofejewa, Nina Wladimirowna, sowj. Tänzerin, * 11. 6. 1935 Leningrad. Studierte ebd. an der B.-Schule (Examen 1953). Mitgl. des Kirow-B.s, dann als Solistin zum Bolschoi-B. 1956, wo sie schon bald zu den populärsten Ballerinen der Komp. gehörte. Rollenkreationen u. a. in O. Winogradows *Assel* (1967), G. Grigorowitschs *Spartacus* (1968), V. Boccadoros *Liebe für Liebe* (1976) und W. Wassiljews *Macbeth* (1980). War verheiratet mit dem Dirigenten Gennadi Roschdestwenski.

Titus, Antoine, frz. Choreograph und B.-Meister. War 1824–32 B.-Meister an der Berliner Hofoper und schuf hier über 20 B.e, ohne freilich immer anzugeben, daß es sich oft um Anleihen handelte, die er bei berühmten Choreographen aufgenommen hatte, so schon bei seinem Berlin-Debüt mit F. Taglionis *Das Schweizer Milchmädchen* (Mus.: A. Gyrowetz, 1823). Er war mehr ein dekorativ arrangierender Regisseur als ein kreativer Choreograph, doch schätzte das Publikum offenbar seine Tableaux vivants. Berliner B.e von ihm waren u. a. *Kiaking* (1824), *Der rosenfarbene Kobold* (1825), *Danina oder Jocko der brasilianische Affe* (1826), *Amphion* (1827), *Das Götzenbild und der Tambour* (1828), *Venus und Adonis* (1831). Ging 1832 nach St. Petersburg, wo er zusammen mit Blache als Nachfolger von Ch. Didelot bis 1849 B.-Meister am Bolschoi-Th. war. Die moderne sowj. B.-Geschichtsschreibung beurteilt ihn negativ: Er war kein guter Lehrer, ein bloßer Routine-Choreograph, machte lediglich Karriere, weil er zu allem ja und amen sagte, hat durch seine unsensible Ch. zum Mißerfolg von Glinkas Opern-UA *Iwan Sussanin* (1836) und *Ruslan und Ludmila* (1842) beigetragen, war insgesamt mitschuldig am Verfall des Russ. B.s nach Didelot. Er produzierte aber immerhin 1835 die beiden Taglioni-B.e *La Sylphide* und *Aufstand im Serail* und 1842 die erste russ. *Giselle*.

Tivoli-Ballette. Außer seinen weltberühmten Pantomimen bietet das im Kopenhagener Vergnügungspark gelegene Pantomimen-Th. auch B.-Divertissements. Sie erfreuten sich besonderer Beliebtheit zur Zeit, als Paul Huld, Mitgl. des Kgl. Dän. B., dort seit 1916 Direktor war. Die erfolgreichste B.-Prod. war 1938 *Offenbach vor den Richtern im Olymp* (270 Auff.en). Beliebt war auch Erik Bidsteds *Og Dansen gar* (Und der Tanz ist im Gang, 1960).

Tochter Kastiliens, Eine (russ. Originaltitel: *Dotsch Kastilii*), B. in 4 Akten und 6 Bildern, Libr. und Ch.: A. W. Tschitschinadze, Mus.: R. Glière, Dek.: M. Schikowani; UA 28. 5. 1955, Stanislawsky-Nemirowitsch-Dantschenko-Musik-Th. Moskau, mit W. Wlassowa. Das B. basiert, wie das themengleiche B. *Laurencia* von Tschabukiani-Krein, auf Lope de Vegas Stück *Die Schafsquelle*. – Laurencia, die Tochter eines kastilischen Dorfalkalden wird von dem Dorfburschen Frondoso geliebt und erwidert nach anfänglichem Zögern seine Liebe. Doch auch der adlige Komtur stellt ihr hartnäckig nach und will Frondoso mit seinen aufsässigen Freunden hinrichten lassen, als ein von Laurencia angeführter Volksaufstand losbricht. Frondoso und seine Freunde werden befreit, der Komtur wird in sein brennendes Schloß getrieben, wo er umkommt. – Eine erfolgreiche frühere Fassung gelangt unter dem Titel *Komödianten* in der Ch. von A. Tschekrygin 1931 am Moskauer Bolschoi-Th. zur Auff. – Die dt. EA schuf E. Köhler-Richter 1960 in Leipzig.

Tod und das Mädchen, Der. B.e zu Schuberts Streichquartett d-Moll (Deutsch Verzeichnis 810, 1819) choreographierten u. a. E. Walter (zuerst Wuppertal 1964), N. Dixon (Montevideo 1971) und P. Montagnon (Stuttgart 1978) – vorher schon, jedoch nur den Schlußsatz, A. Howard (B. Rambert, London 1937).

Tokio Ballett-Wettbewerb. Die offizielle Bezeichnung des 1976 instituierten B.-Wettbewerbs lautet World B. Concours. Er findet seit 1978 jährlich statt. Teilnahmeberechtigt sind ausschließlich Pas-de-deux-Paare, von denen jeder Partner mindestens 17 Jahre alt sein muß. Gewinne sind Gold-, Silber- und Bronzemedaillen (inklusive Geldpreise) sowie spezielle Preise und Nominationen.

Tokyo Ballet Company (früher Tchaikovsky Memorial B.). Die Komp. ging aus Tokios erster Schule für klassisches B. hervor, der 1960 von Koichi Hyaschi gegründeten Tokio B. Gakko. Von Anfang an legte man größten Wert auf enge Zusammenarbeit mit sowj. Pädagogen und sowj. Lehrmethodik. Schule und Komp. wurden von Tadatsugu Sasaki 1964 von Grund auf reorganisiert und die Aktivitäten entscheidend verbreitert. Die Rep.-Basis bildeten namentlich in den Anfangsjahren Klassiker-Prod.en nach sowj. Vorbild, weitere B.e stammten u. a. von M. Descombey, R. Petit, F. Blaska, R. Hynd und A. Alonso. Ihre ersten Auslandstourneen Mitte der sechziger Jahre wurden von ihrem Startänzer Hideteru Kitahara angeführt.

Tomasson, Helgi, isländ. Tänzer, * 1942 Reykjavik. Studierte bei Sigridur Arman, Erik Bidsted, V. Volkova und School of American B. Debütierte beim Kopenhagener Tivoli-B. 1958. Tänzer beim R. Joffrey B. 1961, als Solist zum Harkness B. 1964, seit 1970 Principal Dancer beim New York City B., wo er als klassischer Stilist besonders geschätzt ist. Rollenkreationen u. a. in N. Walkers *Night Song* und J. Butlers *A Season in Hell* (1967), J. Neumeiers *Stages and Reflections* (1968), B. Harkarvys *La Favorita* (1969), J. Robbins' *The Goldberg Variations* (1974) sowie G. Balanchines *Symphony in Three Movements, Divertimento from ›Le Baiser de la Fée‹* (1972), *Coppélia* (1974) und *Vienna Waltzes* (1977). Unterrichtet an der School of American B., für deren Schüler er auch seine ersten B.e choreographiert hat. Schrieb »The Male Image« (in *Dance Perspectives* 40, 1969). Verheiratet mit der früheren Tänzerin Marlene Rizzo.

Lit.: J. Gruen, in: *The Private World of Ballet*, New York 1975.

Tomaszewski, Henryk, poln. Pantomime, Choreograph und Tänzer, * 20. 11. 1925 Posen. Studierte am Tanz-Institut in Krakau, war beim Parnell-B. und an der Warschauer Staatsoper engagiert und gründete 1956 in Breslau das Poln. Pantomimen-Ens., mit dem er seither die ganze Welt bereist hat. War seit 1962 auch mehrfach in Berlin und der Bundesrepublik zu Gast. Zu seinen durchweg tänzerisch-choreogr. konzipierten Pantomimen zählen als Hauptwerke: *Das Krippenspiel, Der Marathonläufer, Labyrinth, Der Mantel, Das Kleid, Das Postamt, Der Minotaurus, Gilgamesch, Pan Twardowski* und Fausts *Höllenfahrt*. T. hat aber auch mit B.-Komp.n zusammengearbeitet, u. a. schuf er für Breslau *Petruschka* (Mus.: Strawinsky) und *Daphnis und Chloe* (Mus.: Ravel), für Het Nationale Ballet *Der Stier* (Mus.: A. Bloch), fürs Kgl. Dän. B. *Bagage* (Mus.: Pergolesi) und noch einmal für das holl. Nationale B. *Bevor fünf Jahre vergehen* (Mus.: Luciuk, 1972).

Tombé (frz. *tomber*, fallen), im B. der Fall von einem Bein auf das andere, oder von beiden Beinen auf eines, wobei die Knie bei der Landung gebeugt werden.

Tomsky, Alexander Romanowitsch, sowj. Tänzer, Choreograph, B.-Meister und B.-Direktor, * 3. 1. 1905 Moskau, † 27. 9. 1970 Mailand, begraben in Moskau. Wurde bis 1922 in Abendkursen am Moskauer Choreogr. Institut ausgebildet, tanzte und choreographierte bis 1941 bei verschiedenen Truppen in Moskau und der russ. Provinz, trat 1941–48 im Stanislawsky-Nemirowitsch-Dantschenko-Musik-Th. und von 1948–1951 mit dem B. des Bolschoi-Th.s auf. War Künstlerischer Leiter des Bolschoi-B.s 1957–59 und des Stanislawsky-B.s 1959–64. Von 1965–1970 Leiter der Tournee-Truppe des Bolschoi-B.s.

Toreadoren, Idyllisches B. in 2 Akten. Libr. und Ch.: Auguste Bournonville, Mus.: E. Helsted; UA 27. 11. 1840, Kgl. Dän. B., Kgl. Th., Kopenhagen. Im Mittelpunkt der Handlung stehen Maria, die hübsche Tochter eines span. Gastwirts, und der fesche Torero Alonzo, die beide ineinander verliebt sind, doch deren Liebe einem schweren Test unterworfen wird, wenn die frz. Ballerina Céleste auftaucht, die mit ihrem Charme jeden Mann verführt, auch die beiden engl. Touristen Mr. Arthur und Mr. William. Das B. erfreute sich größter Beliebtheit und wurde bis 1927 immer wieder neuinszeniert. Eine Neubearbeitung, Ch.: F. Flindt (in Zusammenarbeit mit J. Udaeta), Mus.: Erling D. Bjerno (nach Helsted), Dek.: Hans Chr. Molbech; UA am 17. 3. 1978, Kgl. Dän. B., Kopenhagen, mit I. Andersen, L. Hindberg, M. Hønningen, N. Kehlet, H. Kronstam u. a. (übernommen vom Kgl. Schwed. B., Stockholm, im gleichen Jahr).

Toronto. Außer dem National B. of Canada ist hier auch das T. Dance Th. ansässig, eine Modern-Dance-Komp., die 1969 von Peter Randazzo, Patricia Beatty und David Earle gegründet wurde (Europa-Debüt in London 1972).

Totentanz. Die Vorstellung vom Tod als Tänzer, der alle Menschen, ohne Rücksicht auf Herkunft und Stand, in seinen Reigen zwingt, ist alten Ursprungs und findet sich bereits auf etruskischen Grabplatten. Dieser Tanz begegnet dann vor allem in bildlichen und literarischen Darstellungen des späten Mittelalters, in Frankreich erstmals 1376 als *danse macabre*. Berühmt ist das Lübecker Totentanzgemälde von 1463, das am Anfang der dt. Totentanz-Darstellungen steht, die in der Holzschnittfolge von H. Holbein d. J. (1538) gipfeln. – Eine moderne Variante ist K. Jooss' *Der grüne Tisch* (Mus.: F. Cohen, 1932). Andere Ch.n jüngeren Datums u. a. von M. Terpis (Mus.: Debussy, Staatsoper Berlin 1927), M. Wigman (in A. Talhoffs *Das Totenmal*, München 1930, und *Totenklage* im Rahmen des Festspiels der Jugend-Olympiade, Berlin 1936), A. von Milloss (in *Coro di morti*, Mus.: G. Petrassi, Rom 1942), M. Wallmann (in *La Danse des morts*, Mus.: Honegger, Salzburger Festspiele 1954) und L. Rogge (in *Der Lübecker Totentanz*, Mus.: Walter Kraft, Lübeck 1956) – sowie im Rahmen der Insz. von E. de Cavalieris *Rappresentazione di anima et di corpo* (u. a. von Jooss, Salzburger Festspiele, 1968, und E. Walter, Düsseldorf 1971).

Lit.: H. Rosenfeld, *Der mittelalterliche Totentanz*, Köln 1968.

Tóth, Sándor, ung. Tänzer, Choreograph und B.-Direktor, * 29. 4. 1938 Bukarest. Studierte an der Budapester B.-Schule (Examen 1960), später noch in Leningrad bei A. Puschkin. Tänzer beim B. in Pécs 1960, dann auch Solist und seit 1970 Direktor der Komp., für die er auch verschiedene B.e choreographiert hat.

Toumanova, Tamara, russ.-amer. Tänzerin, * 1919 in einem Güterwagen auf der Flucht ihrer Eltern aus Rußland nach Schanghai. Studierte seit 1926 bei O. Preobrajenska in Paris, debütierte 1927 als Wunderkind in Y. Francks und A. Bourgats *L'Eventail de Jeanne*, wurde 1932 von Balanchine für die B.s Russes de Monte Carlo engagiert, wo sie Rollen in dessen *Cotillon, Concurrence* und *Le Bourgeois gentilhomme* (alle 1932) kreierte. War Mitgl. von Balanchines kurzlebiger Truppe Les B.s 1933 (Kreationen in dessen *Songes* und *Mozartiana*), kehrte dann zu den B.s Russes de Monte Carlo zurück, wo sie als eine der Baby-Ballerinen (zus. mit I. Baronova und T. Riabouchinska) in mehreren B.en von L. Massine weitere Rollen kreierte (u. a. schon 1932 in *Jeux d'enfants*, dann in *Union Pacific* [1934] und *Jardin public* [1935]). Bei der Trennung von Blum und Basil trat sie der Truppe von Basil bei und schuf hier die zentrale Rolle in Massines *Symphonie fantastique* (1936). Bei Basils Original B. Russe tanzte sie 1941 in Balanchines *Balustrade*, trat aber dann dem B. Russe de Monte Carlo bei. Rollenkreation hier in Massines *Labyrinth* (1941). Drehte 1943 ihren ersten Film in Hollywood *Days of Glory*, tanzte 1944/45 beim B. Th. und kreierte hier u. a. Massines *Mondscheinsonate* (1944) und B. Nijinskas *Harvest Time* (1945). Gastierte in den folgenden Jahren bei verschiedenen Komp.n und wirkte bei einer Reihe weiterer Kreationen mit, u. a. in Balanchines *Le Palais de cristal* (alias *Sinfonie in C*, Pariser Opéra, 1947), S. Lifars *Phèdre* (ebd. 1950, 1963 auch an der Dt. Oper Berlin) und J. Taras' *Fanfares pour le Prince* (Monte Carlo 1956). Gastierte dann noch in individuellen Vorst.en, in der Regel zusammen mit ihrem Partner Vladimir Oukhtomsky. Weitere Film-Mitwirkungen in *Tonight We Sing* (in der Rolle der Pawlowa, 1953), G. Kellys *Einladung zum Tanz* (1956), A. Hitchcocks *Der zerrissene Vorhang* (1966) und B. Wilders *The Private Life of Sherlock Holmes* (1970). Als Ballerina von leicht exotischer Schönheit, faszinierte sie durch ihre Virtuositätstechnik, deren besondere Spezialität ihre Schnelligkeit und ihre Drehgeschwindigkeit war.

Tour en l'air (frz., Drehung in der Luft), im B. die während eines Senkrechtsprungs in der Luft ausgeführte Drehung des männlichen Tänzers um die eigene Körperachse. Sie kann auch mehrfach ausgeführt werden als *double, triple tour en l'air*.

Touron, Patrice, frz. Tänzer, * 21. 8. 1952 Dakar (Senegal). Studierte am Conservatoire in Bordeaux, dann auch bei R. Hightower in Cannes. Tänzer beim B. du XXe Siècle seit 1972, wo er rasch zum Principal Dancer avancierte. Rollenkreationen u. a. in M. Béjarts *I trionfi* (1974), *Notre Faust* (1975), *Molière imaginaire* (1976), *Clair de lune* (1977), *Spectre de la rose* und *Dichterliebe* (1978), *Die Zauberflöte* (1981) und *Wien, Wien, nur du allein* (1982) sowie J. Neumeiers *Mahler – Lieb und Leid und Welt und Traum* (1980).

Traguth, Fred, dt. Tänzer, Choreograph und Pädagoge, * 6. 2. 1932 Stuttgart. Studierte seit 1957 bei K. Jooss an der Folkwang-Schule Essen, später in New York vor allem Modern Dance in der Graham-Schule und Jazz Dance bei F. Wagner. Solotänzer in Ulm 1959/60, wirkte 1963/64 in Köln als Lehrer für Ch., ging 1965 als Professor für Modern Dance an die Universität von Bahia und arbeitete dann als Leiter der Sektion Modern Jazz Dance am B.-Studio der Universität Bonn. Als Tänzer wurde er 1959 mit *Protest* (Mus.: M. Gould) bekannt, mit dem er 1960 den ersten Preis beim Münchner Choreographen-Wettbewerb gewann. Wichtige andere Werke von ihm waren u. a. *Frequenzen I* (Mus.: Stockhausen), *Brasilianische Impressionen* (Mus.: Bossa Novas, beide 1965), *Frequenzen II* (Mus.: H. Eimert), *Collage I* (Mus.: Berio, beide 1967) und seine seit 1969 in verschiedener Form aufgeführte *Ballettwerkstatt*. Als Pädagoge vertritt T. den Modern Jazz Dance, also eine Synthese von Modern Dance und Jazz Dance. Sein Buch *Modern Jazz Dance* (Bonn 1977) war das erste dt. Lehrbuch für diesen Stil. Darüber hinaus ist T. auch an den Tänzen der nichtwestl. Kulturen interessiert. In diesem Sinne gründete er 1973 die sowohl für Profis als vor allem auch für Amateure (hauptsächlich Pädagoginnen aller Richtungen) offene Tanzwerkstatt Bonn (ITW). Dabei handelt es sich um einen zweiwöchigen Sommerkurs. Von bekannten Pädagogen wurde und wird dort unterrichtet in: Klassischer Tanz, Modern Dance, Jazz Dance, Tap Dance, ind. und korean. Tanz, ghanaischer, westafrik., afro-bras. und afro-haitian. Tanz, sowie von T. selbst Ch. Seit 1980 wurde die ITW auf drei Kurse jährlich erweitert. Im gleichen Jahr übernahm die dt. Unesco-Kommission die Schirmherrschaft. Außer in Bonn gab T. Kurse in vielen dt. und ausländischen Städten sowie in Costa Rica, Südafrika und Japan.

Trailine, Hélène, frz. Tänzerin und Pädagogin, * 6. 10. 1928 Bombas (Lothringen). Studierte bei J. Sedova und L. Egorova. Tänzerin beim Nouveau B. de Monte Carlo 1946, dann B.s des Champs-Elysées 1949/50, bei den Komp.n von J. Charrat, A. von Milloss, M. Miskovitch und M. Béjart. Rollenkreationen u. a. in Béjarts *Haut voltage* (1956) und Charrats *Electre* (1960). Heute als Pädagogin tätig, mit dem Tänzer und Choreographen Juan Giuliano verheiratet.

Train bleu, Le, B. in 1 Akt, Libr.: J. Cocteau, Ch.: B. Nijinska, Mus.: Milhaud, Bühne: H. Laurens, Kost.: Chanel, Vorhang: Picasso; UA 20. 6. 1924, B.s Russes de Diaghilew, Th. des Champs-Elysées, Paris, mit Nijinska, L. Sokolova, A. Dolin, L. Woizikovsky u. a. – Der titelgebende Express Paris – Côte d'Azur kommt im B. überhaupt nicht vor, es handelt sich vielmehr um die *Operette dansée* einer müßiggängerischen reichen Gesellschaft am Strand. Dies ist das vielleicht typischste B. aus Diaghilews sogenannter Cocktail-Periode. Dt. EA (?) als *Der Bäderexpress* (Ch.: Y. Georgi, Hannover 1930).

Lit.: C. W. Beaumount, in: *Complete Book of Ballets*, London 1951.

Travestie, En (frz., Verkleidung), im B. die sogenannten Hosenrollen, die sich namentlich im B. des 19. Jh.s großer Beliebtheit erfreuten, als der Feminitätskult im Gefolge der frz. B.-Romantik auf seinem Höhepunkt angelangt war. Die vielleicht berühmteste aller Hosenrollen im B. ist der Franz in *Coppélia*, der bis 1961 an der Pariser Opéra meist von einer Frau dargestellt wurde. Auch die umgekehrte Form ist möglich – also die Rockrolle, in der Frauenrollen von Männern verkörpert werden, meist mit entweder groteskem (Carabosse in *Dornröschen*) oder komischem Effekt (die Schulleiterin in Lichines *Graduation Ball*).

Trefilova, Vera Alexandrowna, russ. Tänzerin, * 8. 10. 1875 Wladikawkas bei St. Petersburg, † 11. 7. 1943 Paris. Studierte an der B.-Schule in St. Petersburg (Examen 1898) und wurde dann Mitgl. des Marien-Th.s, wo sie infolge von Intrigen anfangs nur im Corps de b. tanzte, bis sich P. Legnani ihrer annahm und sie förderte. Solistin 1901, tanzte dann die Ballerinenrollen mit großem Erfolg, Primaballerina 1906. Die anhaltenden Intrigen, die insbesondere von M. Kschessinska ständig neu genährt wurden, ließen sie 1910 vorzeitig ihren Abschied nehmen. Rückkehr zum Th. 1915 als Schauspielerin. Verließ Rußland 1917 und eröffnete in Paris eine B.-Schule. Ihre Abschieds-Vorst.en tanzte sie in Diaghilews Londoner *Dornröschen*-Prod. 1921 (einzelne weitere Vorst. noch in Paris, Monte Carlo und London). Danach als Pädagogin tätig (zu ihren Schülern gehörten u. a. auch N. Vyroubova und M. Svetlova). Sie war eine rein klassische Ballerina von außerordentlicher Virtuosität, die gleichwohl über bedeutende darstellerische Fähigkeiten verfügte. Ihre berühmteste Rolle war die Aurora. In dritter Ehe mit dem Kritiker und B.-Schriftsteller Valerian Svetlov verheiratet, dessen 1911 in St. Petersburg veröffentlichtes Buch *Zeitgenössisches Ballett* zu den Standardwerken der internationalen B.-Literatur zählt.

Trepak. Der aus der Ukraine stammende lebhafte Tanz im 2/4-Takt ist ein reiner Männertanz, für den Spagatsprünge und Hockschleudern (Prisjadki) charakteristisch sind. Besonders beliebt der T. im 2. Akt von *Nußknacker*.

Triadisches Ballett von Oskar Schlemmer; UA 30. 9. 1922, Landes-Th. Stuttgart. Dieses Tanzwerk war in 3 Teile gegliedert. Im 1. Akt waren die Vorhänge gelb, Tänze und Kostüme komisch-burlesk. Im 2. Teil war die Bühne rosarot drapiert, Figuren und Tänze trugen fröhlichen Charakter. Im ausgesprochen metaphysischen 3. Akt wurde vor schwarz ausgeschlagenem Hintergrund getanzt. Die insgesamt zwölf Tanzstücke wurden in achtzehn Kostümen ausgeführt, die alle feste Namen trugen. Berühmt wurden die Kugelhände und der Dämon im 1. Teil, der Strahlenrock und der Kugelrock im 2. Teil, vor allem aber alle Kostüme des 3. Teils: Spiralrock, die beiden männlichen Scheibentänzer, die weibliche Drahtfigur, die beiden männlichen Goldkugeln und schließlich noch Der Abstrakte. Getanzt wurde das B. von dem Stuttgarter Tänzerehepaar Albert Burger und Elsa Hötzel und – in Stuttgart – auch von Schlemmer selbst, der sich nach einer Figur von J. Pauls *Titan* Walter Schoppe nannte. Triadisch hieß das B., weil es eine metaphysische Huldigung an die Zahl Drei darstellte. Solche Dreiheiten fand Schlemmer in den drei Dimensionen des Raums; den drei geometrischen Grundfiguren Kugel, Quadrat, Kubus; in den drei Grundfarben Gelb, Rot, Blau und im B. selbst in der Dreiheit von Bewegung, Musik und Kostüm. Das zentrale Thema des B.s war die Einheit des durch die Kostüme in die geometrischen Grundfiguren verwandelten menschlichen Körpers mit dem durch Linien strukturierten dreidimensional-unendlichen Raum.

Schlemmer wollte vom technisch-strukturierten Körper her der modernen menschlichen Existenz noch einmal einen religiösen Sinn geben. – Die ersten Tanzpläne von Burger und Schlemmer entstanden 1912 in Stuttgart. Dort gab es 1916 auch eine »kleine Uraufführung«. Das fertige B. wurde u. a. noch 1923 in Weimar (Bauhaus) und Dresden, 1926 in Donaueschingen (mit einer von Hindemith komponierten und leider verlorenen Musik für mechanische Orgel) und 1932 beim Choreographen-Wettbewerb in Paris aufgeführt. Eine Fernseh-Prod. schuf 1970 Margarete Hasting. Eine neue Bühnen-Ch. mit den rekonstruierten alten Kostümen und einer Musik von H. J. Hespos wurde 1977 von G. Bohner in Berlin herausgebracht.

Lit.: H. Günther, »Der Körper als sinnstiftende Realität – *Entstehung, Sinn und Bedeutung des T. B.«, Ballett 1978.*

Trinchero, Roberto Horacio, argent. Tänzer, Choreograph und B.-Direktor, * 18. 2. 1931 La Plata. Studierte am Nationalkonservatorium in Buenos Aires. Solist in der Compania Argentina de B. 1949, dann am Teatro Argentino de La Plata 1951, wo er 1956 auch zu choreographieren begann. Direktor und Choreograph am Teatro Colón in Bogota 1959, am Teatro San Martin in Buenos Aires 1963, bei der Israel National Opera in Tel Aviv 1966, Choreograph beim Israel Classical B. 1969, Real B. de Camera de Madrid 1970, Gastchoreograph Heidelberg, Ulm, Saarbrücken und Scapino B. 1971/72, B.-Direktor Saarbrücken 1972–76 und seither in Wiesbaden. Choreographierte zahlreiche B.e, wobei die außergewöhnliche Spannweite seiner Musikwahl auffällt.

Triomphe de l'amour, Le, B. de cour in 20 Entrées, Texte: I. de Benserade und P. Quinault, Mus.: J.-B. Lully, Insz. und Ch.: P. Beauchamp und L. Pécour, Dek.: J. Bérain; UA 21. 1. 1681, Château de Saint-Germain-en-Laye, mit Beauchamp als Mars und Pécour in verschiedenen Entrées, unter Beteiligung der adligen Herren und Damen des Hofes. Das B. entwickelte sich als großartiges Barock-Spektakel. Venus beginnt mit den Feierlichkeiten, dann kommt der Friede, der die Grazien, Dryaden und Najaden herbeiruft. So füllt sich allmählich die Szene, bis alle Teilnehmer schließlich dem Gott der Liebe huldigen als dem Gott, der Götter und Menschen beherrscht. Bei einer Reprise vier Monate später im Pariser Palais Royal trat dann zum ersten Mal mit Mlle Lafontaine eine professionelle Tänzerin in einem B. de cour auf. – Eine Neuversion choreographierte H. Lander 1962 für das Kgl. Dän. B.

Trionfo di Afrodite, Concerto scenico von Orff, Insz.: H. von Karajan, Ch.: T. Gsovsky, Dek.: Jos. Fenneker; UA 13. 2. 1953, Teatro alla Scala, Mailand. Nach den *Carmina Burana* und den *Catulli Carmina* bildete der *T.d.A.* den Schlußteil von Orffs Triptychon. Gedichte von Catull und Sappho und ein Chor aus Euripides' *Philoktet* sind hier zur Schilderung einer antiken Hochzeitsfeier zusammengefügt. In seinem kultischen Charakter verlangt das Szenische Konzert nach einem choreographisch orientierten Insz.-Konzept. Bei der dt. EA 1953 in Stuttgart betreute der inszenierende Heinz Arnold selbst die Bewegungsregie. Von Choreographen inszenierte Prod.en u. a. von H. Rosen (Staatsoper München, 1960) und N. Walker (Les Grands B.s Canadiens, 1965).

Lit.: A. Liess, in: *Orff, Idee und Werk*, Neubearb. München 1980.

Trisler, Joyce, amer. Tänzerin, Choreographin und Pädagogin, * 1934 Los Angeles, † 9. 10. 1979 New York. Studierte bei L. Horton, C. Maracci, A. Tudor, H. Holm, R. Joffrey und E. Caton. Tänzerin beim L. Horton Dance Th. 1951–54, Juilliard Dance Th. 1955–59, dann vorzugsweise mit ihrer eigenen Gruppe, aber auch bei der Komp. von A. Ailey. Auch als Choreographin in Schauspielen und Musicals tätig. Galt als eine der profiliertesten Pädagoginnen der L. Horton-Technik. Schrieb »The Magic and the Commitment« (in: *Dance Perspectives* 31, 1967). Die unter ihrem Namen weiterbestehende Komp. wird heute von Milton Myers geleitet.

Tristan, B. in 1 Akt, Ch.: G. Tetley, Mus.: Henze, Dek.: N. Baylis; UA 13. 11. 1974, Opéra, Paris, mit R. Nurejew, C. Carlson u. a. Dies ist eine semiabstrakte Version der Legende von T. und Isolde (spätere Versionen u. a. von L. Houlton, Dt. Oper Berlin, 1979, B. Schindowski, Gelsenkirchen 1980, und J. Neumeier – als Teil des B.s *Artus-Sage* –, Hamburg 1982). – Andere B.e über diesen Stoff u. a. von L. Massine (in *Mad Tristan*, Mus.: Wagner, Dek.: S.

Dali, B. International, New York 1944), F. Ashton (in *Picnic at Tintagel*, Mus.: A. Bax, New York City B., 1952), H. Ross (in *T.*, Mus.: Wagner, American B. Th., New York 1958), J. Charrat (in *Tu auras nom ... T.*, Mus.: Blacher, Dt. Oper Berlin, 1965), M. Béjart (in *Les Vainqueurs*, tibet. Mus. und Wagner, B. du XXe Siècle, Brüssel 1969), N. Morrice (in *Isolde*, Mus.: J. Lewis, B. Rambert, 1973) und R. Cohan (als 2. Teil der *Dances of Love and Death*, Mus.: C. David und C. Nancarrow, London Contemporary Dance Th., 1981).

Triumph des Todes (dän. Originaltitel: *Dødens Triumf*), Fernseh-B. von F. Flindt, Mus.: Th. Koppel, Szenenbild Poul Arnt Thomsen, Kost.: Søren Breum, Produzent Jørgen Mydtskov; UA 23. 5. 1971, Dän. Fernsehen, mit Flindt, F. Schaufuss, J. Eliasen, V. Flindt u. a. – Inspiriert von E. Ionescos *Jeu de massacre*, hat Flindt sein 3. Ionesco-Fernseh-B. als eine große Totentanz-Revue konzipiert und choreographiert, wobei das Spiel vom unausweichlichen Sterbenmüssen ausgesprochen groteske Züge angenommen hat. – Bühnen-UA 19. 2. 1972, Kgl. Dän. B.

Trofimowa, Natascha, dt. Tänzerin, * 23. 2. 1923 Berlin, † 25. 9. 1979 München. Studierte bei E. Eduardowa, S. Ress, T. und V. Gsovsky. Debütierte mit dem S. Ress B. an der Berliner Scala 1941. Mitgl. der Dt. Staatsoper in Ost-Berlin 1946–51, wo sie zuletzt Primaballerina war. Danach Gastballerina in West-Berlin, München, Hamburg und Frankfurt a. M., zuletzt an der Staatsoper München 1957–71. Wegen ihrer darstellerischen Intelligenz und Persönlichkeitspräsenz besonders in dramatischen Rollen geschätzt. Wichtige Rollenkreationen u. a. in T. Gsovskys *Petruschka* (1946), *Romeo und Julia* (1948), *Dornröschen* (1949), *Der Idiot* (1952) und *Die chinesische Nachtigall* (1953), H. Swedlunds *Hamlet* und *Rondo vom Goldenen Kalb* (1952), H. Freunds *Joan von Zarissa* (1953), A. Carters *Der wunderbare Mandarin, Haus der Schatten* (1955) und *Der Pagodenprinz* (1958), H. Rosens *Josephslegende* (1958), *Catulli Carmina* (1959), *Joan von Zarissa* (1960), *Les Noces* (1962) und *Triptychon* (1963) sowie in J. Charrats *Casanova in London* (1969).

Trommler, Birgitta, dt. Tänzerin, Choreographin und Pädagogin, * 29. 1. 1944 München. Studierte zuerst bei Maja Lex in Köln, dann in den USA bei J. Truitte, E. Pomare, J. Limón und M. Cunningham, tanzte in den Komp. von Lex, K. Dunham, Limón und dem Philadelphia Dance Th. Begann 1967 für amer. Komp.n zu choreographieren, kehrte nach Deutschland zurück und gründete 1976 in München ihre Gruppe und Schule Tanzprojekt München. Ihre stilistisch-technische Herkunft von der amer. Tanz-Avantgarde ist unverkennbar. Thematisch geht es ihr um die Bedrohung des Individuums durch überindividuelle Mächte und Zwänge. Wichtige Werke: *Makrokosmos* (Mus.: G. Crumb, 1976), *Night Passage* (Mus.: D. Salbert, 1976), *Riesen raus* (Mus.: P. M. Hamel, 1982) und *Trau, schau wem* (Mus.: Turo, 1984).

Trümpy, Berthe, schweiz. Tänzerin, Choreographin und Pädagogin, * 29. 6. 1895 Zürich. Kam 1917 in Zürich zu M. Wigman, die damals noch Assistentin von Laban war. Baute mit Wigman 1920 die Wigman-Schule in Dresden auf, an der sie bis 1924 als Kodirektorin unterrichtete. Trat 1923 mit Palucca zusammen auf, gab dann aber auch Solotanzabende. Gründete 1926 zusammen mit ihrer Zürcher Landsmännin V. Skoronel in Berlin eine eigene Schule, die bald zu einer der beliebtesten und begehrtesten Ausbildungsstätten für modernen Tanz wurde. Ihr besonderes Interesse galt dem Laientanz. Trat auch mit eigenen Tanz-Schöpfungen vor die Öffentlichkeit. Sehr populär war ihr *Weihnachtsspiel* von 1926.

Lit.: R. Lämmel, in: *Der moderne Tanz*, Berlin 1928.

Truitte, James, amer. Tänzer, Choreograph und Pädagoge, * um 1925 Chicago. Studierte bei A. Savage, J. Collins, C. Maracci und L. Horton. Begann als Show-Tänzer, schloß sich 1950 der Komp. von Horton an, übernahm 1953 nach dem Tod Hortons dessen Schule, wurde 1960 Solist in der Truppe von A. Ailey und übernahm dort bis 1968 die Position des Künstlerischen Kodirektors. Spezialisierte sich dann auf die Ausbildung der Schüler von Ailey in der Horton-Technik, wurde 1970 an die Tanz-Fakultät des Musik-Konservatoriums der Universität von Cincinnati berufen und dort 1973 zum Associate Professor of Dance ernannt. Wichtige Werke u. a.: *Variegations* (New York 1958, eine choreographierte Horton-Stunde) und *Four against the Gods* (1976).

Tschabukiani, Wachtang Michailowitsch, sowj. Tänzer, B.-Meister, Choreograph und Pädagoge, * 12. 3. 1910 Tiflis. Studierte zunächst ebd. bei Maria Perrini, ging dann 1926 nach Leningrad, wo er in den Abendkursen des Choreograph. Technikums so rasche Fortschritte machte, daß er bald in die Normalklasse übernommen wurde und 1929 sein Examen ablegte, worauf er Mitgl. des GATOB wurde. Innerhalb von zwei Jahren hatte er sich an die Spitze der Komp. getanzt und galt mit seiner athletischen Konstitution, seiner dynamischen Persönlichkeit und seiner virtuosen Technik nicht nur als ihr führender Premier danseur in den Rollen des klassischen Rep.s, sondern darüber hinaus als der erste Heldentänzer des neuen Sowjet-B.s. Kreierte eine Reihe von Rollen in B.en – u. a. in W. Wainonens, L. Jakobsons und W. Tschesnakows *Das Goldene Zeitalter* (1930), Wainonens *Flamme von Paris* (1932) und *Partisanentage* (1937), R. Sacharows *Fontäne von Bachtschissaray* (1934) und *Verlorene Illusionen* (1935) sowie in den von ihm selbst choreographierten B.en *Das Herz der Berge* (Mus.: A. Balantschiwadse, 1938) und *Laurencia* (Mus.: A. Krein, 1939). Zu Beginn des Krieges ging er nach Tbilissi (Tiflis) zurück, wo er am Paljaschwili Th. als Tänzer, Choreograph und Pädagoge eine reiche Aktivität entfaltete. Zu seinen wichtigsten hier entstandenen Werken zählen u. a. *Sinatle* (Mus.: W. Kiladse, 1947), *Othello* (Mus.: A. D. Matschawariani, 1957) und *Der Dämon* (Mus.: S. Sinsadse, 1961). Wirkte auch in verschiedenen B.-Filmen mit, u. a. in *Sterne des Balletts* und der Verfilmung seines *Othello*. Unternahm 1934 als erster Sowjet-Tänzer eine Amerika-Tournee, führte 1958 das B. von Tbilissi zu seinem ersten westl. Auslandsgastspiel nach Wien. War bis 1968 aktiv als Tänzer, bis 1973 als Lehrer und als Choreograph bis 1980.

Tschaikowsky, Pjotr Iljitsch, russ. Komponist, * 7. 5. 1840 Wotkinsk, † 6. 11. 1893 St. Petersburg. Komponierte die Musik zu drei B.en: *Schwanensee* (Ch.: J. Reisinger, Moskau 1877 – die Petipa-Iwanow-Version, St. Petersburg 1895), *Dornröschen* (Ch.: M. Petipa, St. Petersburg 1890) und *Nußknacker* (Ch.: L. Iwanow, St. Petersburg 1892). Unübersehbar ist die Zahl der zu seiner konzertanten Musik choreographierten B.e – zu den bekanntesten zählen u. a. L. Massines *Les Présages* (5. Sinfonie, 1933) und *Aleko* (Klavier-Trio, 1942), G. Balanchines *Mozartiana* (4. Orchestersuite, 1933), *Serenade* (für Streichorchester, 1934), *Ballet Imperial* (2. Klavierkonzert in G-Dur, 1941), *Theme and Variations* (Schlußsatz der 3. Orchestersuite, 1947 – später auch die ganze Suite in *Suite No. 3*, 1970), *Allegro Brillante* (das unvollendete 3. Klavierkonzert, 1956) und *Tchaikovsky Pas de deux* (der im Anhang des *Schwanensee*-Klavierauszugs veröffentlichte Pas de deux, 1960), R. Helpmanns *Hamlet* (1942), J. Taras' *Designs with Strings* (Schlußsatz des Klaviertrios, 1948), W. Burmeisters *The Snow Maiden* (diverse Stücke, 1961), J. Crankos *Onegin* (diverse Stücke, arr. von K. H. Stolze, 1965), K. MacMillans *Anastasia* (nur der 1. und 2. Akt zur 1. und 3. Sinfonie, 1971), R. Nurejews *Manfred* (diverse Stücke, 1979) und V. Panovs *Krieg und Frieden* (diverse Stücke, 1981). Abendfüllende B.e über Themen aus T.s Leben choreographierten u. a. H. Mueller in *T.* (Nürnberg 1979), Y. Vamos in *T.* (Staatsoper München) und E. Walter in *Fantaisies* (Düsseldorf, beide 1980). Ein zehntägiges T.-Festival veranstaltete das New York City B. im Juni 1981, wobei B.e zu T.-Musik von Balanchine, J. Robbins, P. Martins, J. Taras, J. d'Amboise und J. Duell zur Auff. gelangten.

Tsinguirides, Georgette, dt. Tänzerin und Choreologin, * 27. 2. 1933 (?) Stuttgart. Studierte an der Stuttgarter B.-Schule. Mitgl. des Stuttgarter B.s seit 1947, Solistin 1955. Studierte dann Choreologie in London und kehrte 1966 als Choreologin zur Komp. zurück. Häufig bei anderen Komp.n als Gast-B.-Meisterin für die Einst. von Cranko-B.en tätig.

Tudor, Antony (geb. William Cook), engl. Tänzer, Choreograph und Pädagoge, * 4. 4. 1908 London. Begann mit seiner Ausbildung erst 1928 bei M. Rambert, studierte dann auch bei P. Argyle, H. Turner und M. Craske. Schloß sich dem B. Rambert 1930 als Tänzer, Sekretär und Assistent von Marie Rambert an. Fing bald auch an zu choreographieren, wobei er meist selbst in seinen B.en tanzte: *Cross-Garter'd* (Mus.: G. Frescobaldi, 1931), *Lysistrata* (Mus.: Prokofjew), *Adam and Eve* (Mus.: Lambert, 1932), *The Planets* (Mus.: G. Holst, 1934), *The Descent of Hebe* (Mus.: E. Bloch, 1935), *Jardin* *aux lilas* (Mus.: E. Chausson, 1936) und *Dark Elegies* (Mus.: Mahler, 1937). Gründete zusammen mit A. de Mille (und H. Laing, für den er fast alle seine frühen B.e choreographierte, als Principal Dancer) 1937 das Dance Th. und choreographierte *Gallant Assembly* (Mus.: G. Tartini). Die Komp. löste sich nach einem einwöchigen Gastspiel in Oxford wieder auf. Sein nächstes B. war *Judgment of Paris* (Mus.: Weill) für eine ad-hoc-Truppe 1938. Gründete zusammen mit Laing im Dezember 1938 das London B. und choreographierte *Gala Performance* (Mus.: Prokofjew). 1939 gingen er und Laing nach New York, wo er 10 Jahre lang zum Choreographenstab des neugegründeten B.Th. gehörte. Er tanzte bei der Komp., studierte seine Londoner Erfolgs-B.e ein und choreographierte *Goyescas* (Mus.: E. Granados, 1940), *Pillar of Fire* (Mus.: Schönberg, 1942), *Romeo und Julia* (Mus.: F. Delius) und *Dim Lustre* (Mus.: R. Strauss, 1943), *Undertow* (Mus.: W. Schuman, 1945) und *Shadow of the Wind* (Mus.: Mahler, 1948). Arbeitete dann beim Kgl. Schwed. B. 1949/50 und beim New York City B. 1951/52, für das er *Lady of the Camellias* (Mus.: Verdi, 1951) und *La Gloire* (Mus.: Beethoven, 1952) choreographierte. Übernahm 1950 die Leitung der Metropolitan Opera B. School und konzentrierte sich in den folgenden Jahren auf seine Lehrtätigkeit. Choreographierte *Offenbach in the Underworld* und andere Stücke fürs National B. of Canada (1954). Wurde dann in den Pädagogenstab der Juilliard School berufen, für deren Performing Group er mehrere kleinere B.e schuf. Direktor des Kgl. Schwed. B.s 1963/64, choreographierte *Echo der Trompeten* (Mus.: Martinů, 1963). Seit der zweiten Hälfte der sechziger Jahre ist er nur noch sporadisch als Gastchoreograph bei den verschiedensten Komp.n tätig gewesen, wo er seine B.e einstudierte und gelegentlich neue B.e schuf – so u. a. *Shadowplay* (Mus.: Ch. Koechlin, Royal B. 1967), *Knight Errand* (Mus.: Strauss, Royal B. 1968), *The Divine Horseman* (Mus.: W. Egk, Australian B., 1968), *Fandango* (Mus.: A. Soler, National B. of Canada, 1972) und *Cereus* (Mus.: G. Grey, Pennsylvania B., 1972). Seit 1974 Associate Director des American B. Th., für das er *The Leaves Are Fading* (Mus.: Dvořák, 1976) und *The Tiller in the Fields* (Mus.: Dvořák, 1978) schuf. Als Choreograph gehört T. zu den bedeutendsten Persönlichkeiten der B.-Geschichte im 20. Jh. Man hat ihn den Choreographen des menschlichen Kummers genannt, zurückzuführen auf die seinen B.en durchweg eigene warme menschliche Anteilnahme am Schicksal der von Sorge und Unglück Verfolgten. Er hat die Geste neu beseelt und ist auf diesem Weg zu einer choreogr. Psychologisierung seiner Gestalten gelangt, wie sie das B. in so hochgradiger Differenziertheit und Sensibilität vor ihm nicht zu bieten hatte.

Lit.: J. Percival / J. S. Cohen, »A. T.«, *Dance Perspectives* 17/18 (1963); J. Gruen, in: *The Private World of Ballet*, New York 1975; P. Brinson / C. Crisp, in: *Ballet & Dance*, Newton Abbot 1980.

Türckheim, Edith, dt. Tänzerin, Choreographin und Pädagogin, * 3. 7. 1912 Berlin, † 16. 1. 1980, ebd. Studierte bei M. Wallmann an der Wigman-Schule in Berlin. Debütierte in den Wallmann-Prod.en der Salzburger Festspiele 1934. Tänzerin an der Berliner Staatsoper 1934–43, wo sie u. a. Rollen in L. Maudriks *Kuß der Fee* (1937), *Joan von Zarissa* (1940) und *Carmina Burana* (1941) kreierte. Erster eigener Tanzabend in Dresden 1936 (zus. mit Richard Schöffmann), dem sich weitere Einzelveranstaltungen und immer ausgedehntere Tourneen anschlossen. Mit Maria Merz als engster Mitarbeiterin trat sie von 1947 an gelegentlich mit einer eigenen Tanzgruppe auf, für die sie u. a. *Kreuz und quer durch Wilhelm Busch* (1947) und *Ruf des Lebens* (1954) choreographierte. In den sechziger Jahren fanden ihre Tanzabende hauptsächlich in der Westberliner Akademie der Künste statt. Sie hat auch bei Fernseh-Prod.en mitgewirkt, sich aber nach 1946 mehr und mehr der Pädagogik zugewandt, nicht nur in ihrem zusammen mit M. Merz geleiteten T.-Tanzstudio in Berlin, sondern auch an den Hochschulen der Stadt sowie in Volkshochschulkursen.

Türkei. Nach einem Inspektionsbesuch von N. de Valois wurde auf ihre Empfehlung 1947 in Istanbul eine nationale B.-Schule mit Joy Newton als Direktorin gegründet. 1950 übersiedelte sie nach Ankara, wo Beatrice Appleyard die Leitung übernahm. 1963 gelangte die erste *Dornröschen*-Prod. zur Auff., einstudiert von Lorna Mossford vom Sadler's Wells B., mit Meriç Sümen als erste türk. Aurora. Robert Glasstone, Direktor 1965–69, studierte dann

1967 den *Pagodenprinz* und *Sylvia* ein. Eine zweite B.-Schule wurde 1970 unter der Leitung von A. Carter in Istanbul eröffnet, der das Land jedoch wieder verließ, als im gleichen Jahr das Opernhaus von Istanbul abbrannte. Inzwischen hatten sich die Bande zum Royal B. noch verstärkt: A. Rodrigues hat mehrere seiner B.e einstudiert, die Komp. in Ankara auch F. Ashtons *Fille mal gardée*. Heute gibt es zwei B.-Komp.n: das Ankara Devlet B. mit Nevit Kodalli als Direktor, und das Istanbul Devlet B. mit Aydin Gün als Direktor.

Tune, Tommy, amer. Tänzer, Schauspieler und Choreograph, Regisseur, * 28. 2. 1939 Wichita Falls, Texas. Studierte bei Camille Hill, Emma Mae Horn und Shirley Dodge. Begann als Musical-Darsteller in verschiedenen Tournee-Prod.en. Wurde bekannt namentlich als brillanter Tap-Dancer in Filmen wie *Hello, Dolly* (1969) und *The Boy Friend* (1971) und als Choreograph und Darsteller in dem Musical *Seesaw* (1973), gefolgt von *The Club* (1977), *A Day in Hollywood / A Night in the Ukraine* (1980), *Nine* (1982) und *My One and Only* (1983).

Turner, Harold, engl. Tänzer und Pädagoge, * 2. 12. 1909 Manchester, † 2. 7. 1962 London. Studierte in Manchester bei Alfred Haines und debütierte in dessen Komp., dann auch an der Rambert School. Tanzte während der Formationsjahre des neuen engl. B.s mit verschiedenen Gruppen und Ens.s (u. a. A. Dolin, T. Karsawina, B. Club), wo er seine größten Erfolge als außerordentlich virtuoser Demi-caractère-Tänzer (Blauer Vogel u. a.) hatte. Nachdem er schon vorher beim Vic-Wells B. gastiert hatte, schloß er sich 1935 der Komp. ganz an und war bis 1951 (mit kleineren Unterbrechungen) einer ihrer attraktivsten und temperamentvollsten Solisten, mit Rollenkreationen u. a. in N. de Valois' *The Rake's Progress* (1935) und *Checkmate* (1937) sowie in F. Ashtons *Les Rendezvous* (1933), *A Wedding Bouquet* und *Les Patineurs* (beide 1937). Nach seiner Rückkehr aus dem Kriege hatte er großen Erfolg in L. Massines Einst.en des *Zauberladen* und *Dreispitz*. Nach seiner Bühnenkarriere wirkte er als Lehrer an der Sadler's Wells School und als B.-Meister des Opern-B.s von Covent Garden. War zuerst mit der Tänzerin Mary Honer, später mit Gerd Larsen verheiratet.

Turnbull, Julia, amer. Tänzerin, * 18. 6. 1822 Montreal, † 11. 9. 1887 Brooklyn. Studierte Tanz in New York bei Mme LeComte und Jules Martin, debütierte 1839 neben Mary Ann Lee in *The Sisters*, tanzte 1840–42 in der Komp. von F. Elßler auf deren Amerika-Tournee, wo sie bei J. Sylvain weiterstudierte. Bis zu ihrem Bühnenabschied 1857 war sie eine der ersten amer. Ballerinen, welche die großen Rollen des romantischen Rep.s tanzten, u. a. Giselle, Esmeralda und Nathalie, das Schweizer Milchmädchen.

Turning Point, The. Ein B.-Spielfilm der 20th Century Fox, dessen Handlung um die tägliche Arbeit einer B.-Komp. (American B. Th.) kreist. Drehbuch Arthur Laurents, Regisseur H. Ross (mit N. Kaye als Assistentin). In den Hauptrollen Leslie Browne und M. Baryschnikow, weiterhin Anne Bancroft und Shirley MacLaine sowie als Tänzer u. a. A. Sibley, A. Danilova, S. Danias, S. Douglas, D. Levans, J. Schneider, D. Nahat und als Galagäste L. Aldous, F. Bujones, R. Cragun, S. Farrell, M. Haydée und P. Martins. Premiere: New York 1977.

Tutu (frz. B.-Röckchen), der aus mehreren Schichten Tüll, gelegentlich auch aus Seide oder Nylon hergestellte T. ist seit M. Taglionis *La Sylphide* (1832) die Standardbekleidung des romantischen B.s. Als romantischer T. reicht er bis etwa zur Mitte des Unterschenkels. Die Perfektionierung der Virtuositätstechnik und der Wunsch nach größerer Bewegungsfreiheit führten in den achtziger Jahren des 19. Jh.s zur Verkürzung seiner Länge. Der moderne T. gibt das ganze Bein der Tänzerin frei.

Lit.: G. Chaffee, »The Birth of the T.«, in: *Dance Index* 3,9 (1944).

Twilight, B. in 1 Akt, Ch.: H. van Manen, Mus.: J. Cage, Dek.: J. P. Vroom; UA 20. 6. 1972, Het Nationale B., Stadsschouwburg, Amsterdam, mit A. Radius und H. Ebbelaar. Basierend auf Cages *Perilous Night* für Prepared Piano (auf der Bühne gespielt) schildert das B. die hochdramatische Auseinandersetzung eines in Haßliebe miteinander verbundenen Paares. Übernommen in das Rep. des Royal B. (1973) und Stuttgart (1982).

Lit.: P. Brinson / C. Crisp, in: *Ballet & Dance*, Newton Abbot 1980.

Twist, wörtlich Verdrehung (Vertwistung) des Beckens gegen den Oberkörper. *Der* Twist war der beliebteste Modetanz 1960–63. Wichtigstes Kennzeichen: die ständigen Halbkreise des isolierten Beckens, weshalb die Tanzlehrer den Twist als laszive Kulturschande zunächst ablehnten. In der DDR war der Twist bis 1962 verboten. Mit diesem Tanz begann die Geschichte der Rock-, Pop- und Soul-Tänze, die in steigendem Maße die Isolationstechniken benutzten und daher keine Partnerberührung mehr erlaubten. Musikalisch war der T. ein Rhythm and Blues. Den ersten T. komponierte 1959 Hank Ballard, ihm folgten Chubby Checker und Joey Dee als erster Weißer, der Held der legendären Peppermint Lounge.

Twostep, um 1910 Marschtanz mit den Wechselschritten der Polka. Wurde ab 1914 vom Langsamen Foxtrott (ohne Wechselschritte) verdrängt. Erst der Quickstep (Schneller Foxtrott) führte wieder blitzartige Wechselschritte ein.

Tyl Eulenspiegel → *Till Eulenspiegel.*

U

Udaeta, José, span. Tänzer, Choreograph und Pädagoge, * 27. 5. 1919 Barcelona. Studierte Span. Tanz in Madrid, wurde jung B.-Meister an der Oper von Barcelona und erarbeitete mit seiner dortigen Primaballerina Susana Audeoud ein Konzertprogramm span. Tänze, mit dem beide 1948 ihre erste Tournee unternahmen. Sie war der Auftakt zu zahllosen weiteren gemeinsamen Unternehmungen, die das Paar als Susana y José über 20 Jahre lang durch die ganze Welt führten. Ausgehend von den span. Volkstänzen, deren folkloristische Substanz weitgehend unangetastet blieb, eroberte sich U. zunehmend größere choreogr. Formen, die freilich durchweg auf Soli und Duos beschränkt blieben. Unterstützt wurde das Paar meist von Armin Janssen als Pianist und Paco Hernandez als Gitarrist. Die dramatischen Duo-Werke gipfelten in *Orfeo gitano* (1951), *Don Juan* (1952), *Encuentro ritmico* (1956), *Romance de Carmen y Don José* (1958) und *La Celestina* (1966). Nach der Trennung von Susana im Jahr 1970 war U. hauptsächlich als Pädagoge tätig. Er unterrichtete die Techniken der *escuelas bolera* und des Flamenco. Darüber hinaus entdeckte er für sich eine zweite Laufbahn als Kastagnetten-Virtuose. 1958–79 gehörte er mit seiner dt. Assistentin Ursula Knaflewsky zum festen Dozentenstamm der Krefeld-Kölner Sommerakademie. Darüber hinaus unterrichtet er bis heute in New York, Stockholm und vielen dt. B.-Schulen, so in Stuttgart regelmäßig in der Braig-Witzel-Schule und der John-Cranko-Schule. Seit 1973 leitet er auch eine eigene Sommertanzschule in Sitges bei Barcelona, an der alle span. Tanzstile von namhaften Fachkräften unterrichtet werden. Er schrieb auch ein Büchlein über *Flamenco* (Die Tanzarchiv-Reihe 5, 1964).

Lit.: G. Zacharias, *Susana y José,* Wien 1970.

Ulanowa, Galina Sergejewna, sowj. Tänzerin und Pädagogin, * 8. 1. 1910, St. Petersburg. Tochter des B.-Regisseurs Serge U. und der Tänzerin und Pädagogin Maria Romanowa, studierte sie zuerst bei ihrer Mutter, dann bei A. Waganowa an der Staatl. B.-Schule (Examen 1928). Wurde dann Mitgl. des GATOB und tanzte schon bald die Ballerinenrollen des traditionellen Rep.s, in denen sie besonders ihrer außergewöhnlichen dramatischen Projektionskraft wegen bewundert wurde. Von 1930 an tanzte sie auch Rollen des modernen sowj. Rep.s und kreierte die Maria in R. Sacharows *Fontäne von Bachtschissaray* (1933). Von 1935 an gastierte sie auch gelegentlich beim Moskauer Bolschoi-B. Weitere Rollenkreationen waren die Coralie in Sacharows *Verlorenen Illusionen* (1935) und die Julia in L. Lawrowskys *Romeo und Julia* (1940). Mit dem Kirow-B. während des Krieges nach Perm evakuiert, tanzte sie 1942/43 auch in Alma-Ata. Mitgl. des Bolschoi-B.s von 1944 an, weitere Rollenkreationen (nicht die Titelrolle in Sacharows *Aschenbrödel*, 1945) die Tao-Hoa in Lawrowskys neuer Version des *Roten Mohns* (1949) und die Katerina in seiner *Steinernen Blume* (1954). Erster Auftritt im westl. Ausland in Wien 1945, dann Rom 1949, Florenz und Venedig 1951 und erstmalig in einer öffentlichen Veranstaltung in Ost-Berlin 1954. Von 1956 an nahm sie an den westl. Auslandstourneen des Bolschoi-B.s teil, wo sie sowohl in ihren klassischen (namentlich als Giselle) wie auch in ihren modernen Rollen (hauptsächlich als Julia) als Primaballerina assoluta des sowj. B.s größte Triumphe feierte. Von 1959 an reduzierte sie allmählich ihre tänzerischen Auftritte und tanzte letztmalig 1962. Ist weiterhin dem Bolschoi-B. als Proben-B.-Meisterin verbunden und hat sich auch durch die Einweisung von Nachwuchstänzerinnen in ihre Rollen große Verdienste erworben, wobei sie sich besonders J. Maximowas angenommen hat. Als Ballerina gehört sie zu den bedeutendsten Persönlichkeiten der B.-Geschichte. Ihre Rolleninterpretationen zeichneten sich durchweg durch eine exzeptionelle Humanisierung der von ihr dargestellten Personen aus. Wie wenige andere Tänzerinnen war sie in der Lage, ihr Publikum nicht nur zu begeistern, sondern auch zu erschüttern. Einige ihrer Filme haben wesentliche Eigenschaften ihrer Tanzkunst konserviert, so u. a. *Meister des russischen Balletts*

(Ausschnitte aus *Schwanensee* und *Fontäne von Bachtschissaray*, sowj. 1946), *Romeo und Julia* (sowj. 1954) und *Giselle* (auch der *Sterbende Schwan*, engl. 1957). Sie ist auch als engagierte und artikulierte Sprecherin und Publizistin für die Sache des modernen sowj. B.s eingetreten und fungiert heute noch oft als Vorsitzende von Komitees, Konferenzen und Wettbewerben (regelmäßig bei den Tänzerwettbewerben in Varna und Moskau sowie beim B.-Festival in Havanna). Sie war mit dem Inspizienten Y. Sawatzki und später mit dem Bolschoi-Chefausstatter W. Ryndin verheiratet. Verfaßte verschiedene Beiträge für *U. on Soviet Ballet* (1954).

Lit.: F. Fühmann, *G. U.*, Berlin [Ost] 1961; A. Kahn, *Days with U.* (New York / London 1962).

Ulbrich, Werner, dt. Tänzer, Choreograph und B.-Meister, * 28. 7. 1928 Dresden, † (Selbstmord) Herbst 1978 Berlin. Studierte bei D. Hoyer und G. Blank. Tänzer an der Komischen Oper in Ostberlin 1951–56, wo er sich besonders in Charakterrollen auszeichnete. B.-Meister in Karl-Marx-Stadt 1954, dann Leipziger Opernhaus 1954–58, wirkte dann freischaffend als Choreograph u. a. in Stuttgart und Hamburg, B.-Chef in Düsseldorf 1960–64. War danach nur noch gelegentlich als Choreograph tätig, hielt sich häufig in Spanien und in Japan auf und schlug sich als Lehrer für Gitarre durch, zuletzt in Berlin mit Volkshochschulkursen. Choreographierte die dt. EA von J. Kenesseys *Brauttüchlein* und A. Raitschews *Heiduckenlied* (beide Leipzig 1955) sowie u. a. *Romeo und Julia* (Mus.: Prokofjew, Stuttgart 1959), *Undine* (Mus.: Henze, Düsseldorf 1961) und *Abraxas* (Mus.: Egk, Düsseldorf 1962) und hatte seinen größten Erfolg mit einem span. B.-Abend, bestehend aus Ravels *Le Tombeau de Couperin, Alborada del Grazioso* und *Bolero* (1963).

Ullate, Victor, span. Tänzer und B.-Direktor, * 9. 5. 1947 Saragossa. Studierte bei Maria de Avila und R. Hightower. Tänzer in der Komp. von Antonio 1962–65. Mitgl. des B. du XXe Siècle 1965, wo er schon bald zu den profiliertesten Solisten gehörte – Rollenkreationen u. a. in M. Béjarts *Ni Fleurs, ni couronnes* (1967), *Offrandes chorégraphique* (1970), *Nijinsky, Clown de dieu* (1971), *Golestan* (1973) und *›I trionfi‹ di Petrarca* (1974). Seit 1979 Leiter diverser span. Truppen.

Ullmann, Lisa, dt.-engl. Tänzerin und Bewegungspädagogin, * 17. 6. 1907 Berlin. Studierte bis 1929 an der Laban-Schule Berlin, wurde Lehrerin an der Folkwang-Schule in Essen, ging mit Jooss 1933 in die englische Emigration, unterrichtete bei Jooss in Dartington Hall und war 1938–58 die engste Mitarbeiterin von Laban. Mitbegründerin der Laban Art of Movement Guild 1945 und des Art of Movement Studio in Manchester 1946, das 1954 in dem Laban Art of Movement Center Trust, Addlestone, Surrey, aufging. L. U. war bis 1973 die Leiterin dieses Instituts. Zur Zeit beschäftigt mit der Katalogisierung der Laban-Archive.

Ulrich, Jochen, dt. Tänzer, Choreograph und B.-Direktor, * 3. 8. 1944 Osterode. Studierte am Kölner Institut für Bühnentanz. Mitgl. des Kölner Opern-B.s 1967, wo er bald schon mit solistischen Aufgaben betraut wurde, im gleichen Jahr bereits seine erste Ch. einstudierte (*Der magische Tänzer*, Mus.: Joh. G. Fritsch), 1971 Mitgl. des Leitungsteams des Kölner Tanz-Forums wurde, dessen B.-Direktor und Chefchoreograph er seit 1978/79 ist. Als Gastchoreograph auch bei anderen Komp.n tätig (u. a. Wiesbaden, Staatsoper München und Wien). Auswahl aus der Liste seiner B.-Kreationen: *Lewis C.* (Mus.: I. Malec, 1970), *Des Knaben Wunderhorn* (Mus.: Mahler, 1974), *Für Maurice Ravel* (1975), *Die Regel war unabänderlich* (Mus.: Fritsch, 1976), *Walzerträume* (Mus.: K. Schwertsik, 1977), *Der blaue Mantel* (zus. mit J. Burth, Mus.: Britten und Debussy, 1979), *Der große Gesang* (Mus.: Fritsch), *Der wunderbare Mandarin* (Mus.: Bartók, beide 1980), *Die Geschichte von Pulcinella* (Mus.: Strawinsky, 1982), *American Landscapes* (Mus.: Gershwin und Ives, *Übungen für Tänzer* (Mus.: diverse, beide 1983) und *Das Fenster* (Mus.: Debussy und Ravel) sowie *Lyrische Suite* (Mus.: A. Berg, Wiener Staatsop., beide 1984).

Undine (engl. Originaltitel: *Ondine*), B. in 3 Akten und 5 Bildern, Libr. und Ch.: F. Ashton, Mus.: Henze, Dek.: Lila de Nobili; UA 27. 10. 1958, Royal B., Covent Garden, London, mit M. Fonteyn, M. Somes, J. Farron, A. Grant u. a. – Ashton und Henze haben hier die von Friedrich de la Motte Fouqué übernommene Erzählung von der Wassernymphe U., die sich nach einer menschlichen Seele sehnt und damit zur Todesbringerin für ihren treulosen sterblichen Geliebten wird, in fiktive mediterrane Gefilde übertragen und dabei den Personen neue Namen gegeben: aus dem Ritter Huldbrand wurde Palemon, aus seiner Verlobten Bertalda Beatrice und aus dem Wassergeist Kühleborn der Meeresherrscher Tirrenio. 1960 wurde die Royal B.-Prod. verfilmt. Dt. EA von A. Carter (Staatsoper München 1959) – spätere Versionen (z. T. auch gekürzt) u. a. von T. Gsovsky (Städt. Oper Berlin, 1959), W. Ulbrich (Düsseldorf 1961), E. Walter (Wuppertal 1962), N. Beriozoff (Zürich 1965), T. Schilling (Komische Oper Ost-Berlin, 1970) und H. Spoerli (Basel 1978). – Frühere *U.*-Versionen u. a. von L. Henry (Mus.: A. Gyrowetz, Wien 1825), P. Taglioni (Mus.: H. Schmidt, Berlin 1836) und J. Perrot (Mus.: C. Pugni, London 1843).

Lit.: H. W. Henze, *U. – Tagebuch eines Balletts*, München 1959; O. F. Regner / H.-L. Schneiders, in: *Reclams Ballettführer*, Stuttgart [8]1980.

Unterrichtsstunde, Die (dän. Originaltitel: *Enetime* – sehr häufig auch frz. *La Leçon*), Fernseh-B. von F. Flindt, Mus.: G. Delerue, Dek.: B. Daydé, Produzent Preben Montell; UA 16. 9. 1963, Dän. Fernsehen, mit Flindt, J. Amiel und Tsilla Chelton. – In Anlehnung an E. Ionescos *La Leçon* erzählt das B. die Geschichte eines von seinem Metier besessenen Professors, der schließlich im Rausch seine Schülerin lustmordet, um dann mit seiner ihn mißbilligenden, gleichwohl mit ihm unter einer Decke steckenden Sekretärin die Leiche wegzuschaffen und die Stätte für das nächste Opfer herzurichten. Bei seiner Adaption hat Flindt den Stoff ins Milieu einer B.-Schule übertragen: der Professor der Mathematik ist jetzt B.-Meister, seine Sekretärin ist die Trainingspianistin und aus der Nachhilfeschülerin ist eine B.-Elevin geworden. Das B., mit dem Flindt seine Visitenkarte als Choreograph abgab, wurde 1964 an der Pariser Opéra erstmalig auch auf der Bühne gezeigt. Zahlreiche weitere Einst.en – dt. EA Köln 1965.

Lit.: O. F. Regner / H.-L. Schneiders, in: *Reclams Ballettführer*, Stuttgart [8]1980.

Unvollendete Sinfonie. F. Schuberts posthume Sinfonie Nr. 8 in h-Moll ist mehrfach choreographiert worden – u. a. von I. Duncan (Paris 1927), A. Knust (in *Das Kreisen*, Hamburg 1931) und P. van Dyk (Paris und Lyon 1957).

Urbani, Giuseppe, ital. Tänzer, Choreograph und B.-Meister, * 30. 12. 1928 Rom. Studierte ebd. an der B.-Schule der Oper. Tänzer bei den verschiedenen ital. Opernhäusern, dann bei A. von Milloss in Köln 1959–62. B.-Meister in Bonn 1962–69. Seither freischaffend in Italien tätig.

Ursuliak, Alexander, kanad. Tänzer, Pädagoge und B.-Meister, * 1. 10. 1937 Edmonton. Studierte bei Fred Seychuk in Kanada, dann an der B.-Schule in Kiew, wo er sein Examen als B.-Meister und Choreograph ablegte. Tänzer und B.-Meister beim National B. of Canada 1961–63. Pädagoge an der Arts Educational School in London 1963–65. Assistent des B.-Direktors und Direktor der B.-Schule der Wiener Staatsoper 1966–73 und seither B.-Meister des Stuttgarter B.s, wo er auch gelegentlich als Choreograph hervorgetreten ist. War mit der Tänzerin Galina Samsova verheiratet, heute mit der ehemaligen Tänzerin Christl Himmelbauer.

U.d.S.S.R. → Sowjetunion.

Utah Repertory Dance Theatre → Repertory Dance Theatre.

Uthoff, Ernst, dt.-chil. Tänzer, Choreograph, Pädagoge und B.-Meister, * 28. 12. 1904 Duisburg. Studierte bei K. Jooss und S. Leeder, tanzte seit 1927 beim Folkwang-Tanztheater-Studio in Essen und wurde B.-Meister-Assistent der Komp., mit der er 1933 emigrierte. Kreierte im *Grünen Tisch* 1932 den Fahnenträger. Auf der Südamerika-Tournee der B.s Jooss machte er sich 1941 selbständig und blieb mit seiner Frau, der Tänzerin Lola Botka, in Santiago, wo beide eine Schule an der Universität von Chile eröffneten, aus der das Chil.-National-B. hervorging. Er wurde hier zum südamer. Pionier der Jooss-Leeder-Technik und basierte das Rep. der Komp. auf den Hauptwerken von Jooss, die dieser selbst einstudierte. Choreographierte *Don Juan* (Mus.: Gluck), *Petruschka* (Mus.: Strawinsky) und *Carmina Burana* (Mus.: Orff). Trat mit seiner Frau 1965 in den Ruhestand.

Uthoff, Michael, chil. Tänzer, * 5. 11. 1943 Santiago. Sohn von Ernst Uthoff, studierte an der

Juilliard School, der School of American B. und bei M. Graham, vor allem aber bei A. Tudor und J. Limón, debütierte 1964 bei der Limón-Komp. und ging 1965 zum Joffrey-B., wo er 1966 die Tänzerin Lisa Bradley heiratete. Kreierte hier Rollen u. a. in G. Arpinos *Olympics* und *Nightwings* (1966), doch war seine wichtigste Rolle der 1932 von seinem Vater kreierte Fahnenträger im *Grünen Tisch* von Jooss. Verließ 1969 das Joffrey B. und ging mit seiner Frau 1970 zur First Chamber Dance Comp., für die er seine ersten eigenen B.e schuf: *Windsong* (Mus.: E. Elgar) und *Reflections* (Mus.: D. Kabalewsky). Ein von ihm choreographierter Tanzfilm *Seafall* (nach Poes *Annabel Lee*, Mus.: T. Albinoni – mit ihm selber und L. Bradley) erschien 1970. Wurde 1973 Künstlerischer Direktor der Hartford B. Comp, für die er u. a. *Aves Mirabiles* (Mus.: L. Foss, 1973), *Brahms Variations* (1974) und *Cantata* (Mus.: A. Ginastera, 1974) choreographierte.

V

Valois, Dame Ninette de (geb. Edris Stannus), irische Tänzerin, Choreographin, Pädagogin und B.-Direktorin, * 6. 6. 1898 Baltiboys (Irland). Studierte bei Lila Field, dann in London bei E. Espinosa und E. Cecchetti, tanzte von 1914 an in Pantomimen und Revuen, 1919 auch in der Opern-Saison von Covent Garden, 1922 bei der Massine-Lopokova-Komp. und 1923–25 bei Diaghilews B.s Russes (ebenfalls 1926). Eröffnete in London 1926 eine Academy of Choreographic Art und begann ihre Zusammenarbeit mit Lilian Baylis am Old Vic, wo sie den Schauspielern Bewegungsunterricht erteilte und mit ihren Schülern in den Schauspielprod.en auftrat. Arbeitete auch am Festival Th. in Cambridge und mit W. B. Yeats zusammen am Abbey Th. in Dublin. Choreographierte Mozarts *Les petits riens* als Eröffnungs-B. für eine *Hänsel und Gretel*-Opern-Auff. 1928 am Old Vic. Dies war der Auftakt einer Reihe von weiteren B.-Vorst.en ebd. Schloß dann ihre Privatschule 1931 und eröffnete eine offizielle B.-Schule des neuerbauten Sadler's Wells Th., wo sie mit ihrer umgebildeten und jetzt Vic-Wells B. genannten Komp. regelmäßige B.-Vorst.en gab. Der Radius der Komp. erweiterte sich in den folgenden Jahren rapide, bis aus ihr das Sadler's Wells B. geworden war, mit dem sie 1946 als residente Komp. ins Kgl. Opernhaus von Covent Garden übersiedelte, wo sie 1956 mit einer Kgl. Charta in Royal B. umbenannt wurde. Nebenher lief die 1946 erfolgte Gründung einer zweiten Komp., des Sadler's Opera (nachmalig Th.) B., und die Organisation des nach 1945 mächtig expandierenden Schulbetriebs. Als Tänzerin trat sie noch bis 1937 gelegentlich auf, meist in Demi-caractère-Rollen. Auch als Choreographin hat sie sich in den Formationsjahren des neuen brit. B.s große Verdienste erworben – so choreographierte sie u. a. – wenn nicht anders angegeben, für ihre eigenen Komp.n: *Danse sacrée et danse profane* (Mus.: Debussy, Camargo Society, 1930), *La Création du monde* (Mus.: Milhaud, Camargo Society), *Job* (Mus.: R. Vaughan Williams, Camargo Society, beide 1931), *Bar aux Folies-Bergère* (Mus.: E. Chabrier, B. Rambert), *The Haunted Ballroom* (Mus.: G. Toye), *Der große Krug* (Mus.: A. Casella, alle 1934), *The Rake's Progress* (Mus.: G. Gordon, 1935), *The Gods Go a'Begging* (Mus.: Händel/Beecham), *Barabau* (Mus.: V. Rieti), *Prometheus* (Mus.: Beethoven, alle 1936), *Checkmate* (Mus.: A. Bliss, 1937), *Le Roi nu* (Mus.: J. Françaix, 1938), *The Prospect Before Us* (Mus.: Boyce/Lambert, 1940), *Orpheus and Eurydice* (Mus.: Gluck, 1941), *Promenade* (Mus.: Haydn/Evans, 1943) und *Don Quixote* (Mus.: R. Gerhard, 1950). Legte 1963 ihr Amt als Direktorin des Royal B. nieder, kümmerte sich aber bis 1971 weiterhin aktiv um die Royal B. School, zu deren Life Governors sie gehört. – Neben M. Rambert ist sie die große Pioniergestalt des neuen brit. B.s, der das Royal B. und die Royal B. School ihr heute weltweites Renommee verdanken. Schrieb die autobiographisch orientierten Bücher *Invitation to the Ballet* (1937), *Come Dance With Me* (1957) und *Step by Step* (1977). 1951 zur Dame of the Order of the British Empire geadelt.

Lit.: A. Bland, in: *The Royal Ballet – The first Fifty Years*, London 1981.

Valse, La, choreogr. Gedicht in 1 Akt, Ch.: B. Nijinska, Mus.: Ravel, Dek.: A. Benois; UA 12. 1. 1929, Ida-Rubinstein-Komp., Monte Carlo, mit Rubinstein, A. Vilzak u. a. Ravel nannte sein bereits 1920 konzertant uraufgeführtes Werk ein »choreographisches Poem«. Er stellte es sich vor als eine »Apotheose des Wiener Walzers«, spielend an einem kaiserl. Hof um 1855. Aber es ist ein Walzer auf dem Vulkan, und so spricht Ravel weiter von einem »phantastischen und schicksalhaft-unabwendbaren Wirbel«. Die Dämonie dieses Konzepts scheint aber erst in Balanchines Prod. realisiert worden zu sein, die Ravels *Valses nobles et sentimentales* vorausgehen läßt. Sie hatte am 20. 2. 1951 beim New York City B. Premiere (Kost.: Karinska, mit T. LeClerq, N. Magallanes und F. Moncion) und wurde von mehreren anderen Komp.n übernommen. (Dt. Erstprod. 1965 in

Stuttgart.) Weitere Versionen u. a. von L. Massine (Opéra Comique, Paris 1950) und F. Ashton (Mailand 1958). Diese Version wurde 1959 für das Royal B. einstudiert und bildete einen Teil des Films *An Evening with the Royal Ballet* (1965).

Lit.: O. F. Regner / H.-L. Schneiders in: *Reclams Ballettführer*, Stuttgart [8]1980.

Valses nobles et sentimentales. Ravel komponierte die Folge von 8 Walzern für Klavier 1911 »nach dem Beispiel Schuberts« und brachte sie in der Pariser Société Indépendante anonym zur UA. Auf Wunsch von N. Trouhanova instrumentierte er sie 1912. In der Ch. von I. Clustine gelangten sie so unter dem Titel *Adélaïde, ou Le Langage des fleurs* mit Trouhanova in der Hauptrolle (Dek.: M. Drésa) am 22. 4. 1912 am Pariser Th. du Châtelet zur B.-UA. – Spätere Versionen u. a. von S. Lifar (Opéra, Paris 1938), F. Ashton (Sadler's Wells B., 1947) und K. MacMillan (Dt. Oper Berlin, 1966). – Auch G. Balanchine hat sie choreographiert und quasi als Prolog seiner Version von *La Valse* vorangestellt (New York City B., 1951).

Vamos, Youri (geb. György), ung. Tänzer und Choreograph, * 21. 11. 1946 Budapest. Studierte ebd. an der B.-Schule (Examen 1967). Tänzer beim Budapester Staatsopern-B. 1968–72. Seit 1972 an der Münchner Staatsoper, zu deren profiliertesten Solisten er heute gehört. Als Choreograph begann er mit *Rhapsodie* (Mus.: Rachmaninow), gefolgt von u. a. *Ich will, daß es Dir gut geht* (Mus.: D. Behne, beide 1978), *Tschaikowsky* (1980) und *Coppélia* (Mus.: Delibes, 1981) sowie *Das zweite Gesicht* (Mus.: Prokofjew, Klagenfurt 1982).

Vangsaae, Mona (nicht Vangsaa, obgleich sie unter diesem Namen aufgetreten ist), dän. Tänzerin, Pädagogin und B.-Meisterin, * 29. 4. 1920 Kopenhagen, † 17. 5. 1983 ebd. Studierte an der Kgl. Dän. B.-Schule und in Paris. Mitgl. des Kgl. Dän. B.s 1938–63 (Solotänzerin 1942). Rollenkreationen u. a. in F. Ashtons *Romeo und Julia* (1955) und B. Cullbergs *Mondrentier* (1957). Leitete zusammen mit ihrem früheren Mann Frank Schauffuss die Dän. B.-Akademie und das angegliederte B. Th. bis zu deren Auflösung 1974. Mutter des Tänzers und Choreographen Peter Schaufuss, war sie zuletzt vorwiegend als B.-Meisterin für Bournonville-Einst.en tätig.

Varèse, Edgar, frz.-amer. Komponist, * 22. 12. 1883 Paris, † 6. 11. 1965 New York. Schrieb keine B.-Musik, doch haben Choreographen verschiedentlich auf seine Konzertmusik zurückgegriffen und sie ihren B.en zugrunde gelegt, so u. a. M. Graham in *Intégrales* (New York 1934), H. Holm auf Ionisation und Octandre (in *Trend*, Bennington College 1937), G. Furtwängler auf Ionisation (in *Schade, daß die Hoffnung tot ist*, Oberhausen 1963), T. Gsovsky auf verschiedene seiner Stücke (in *Labyrinth der Wahrheit*, Dt. Oper Berlin, 1964), A. von Milloss auf Déserts (in *Die Einöde*, Staatsoper, Wien 1965 – später auch von A. Sokolow, B. Rambert 1967, M. Descombey, B.-Th. Contemporain 1968), G. Tetley auf Intégrales, Density, Octandre, Hyperprism und Ionisation (in *Small Parades*, Nederlands Dans Th., 1972). Ein Programm *Homages à V.* der Pariser Opéra am 24. 5. 1973 offerierte *Octandre, Le Poème électronique, Arcana* (Ch.: alle F. Blaska), *Hyperprism, Offrandes* (Ch.: beide J. Charrat), *Intégrales, Amériques* (Ch.: beide J. Butler), *Ionisation* (Ch.: S. Keuten) und *Densité 21,5* (Ch.: C. Carlson).

Variation, im B. jede nicht besonders spezifizierte Solotanznummer.

Varna, Internationaler Ballettwettbewerb. 1964 fand in dem bulg. Kurort am Schwarzen Meer der erste Tanzwettbewerb statt – es folgten 1965 der zweite und 1966 der dritte. Seither ist man zu einem Zweijahresturnus übergegangen. Vor einer international zusammengesetzten Jury werden die Ausscheidungen in zwei Kategorien ausgetragen: (1) Teilnehmer im Alter von 15 bis 19, und (2) von 20 bis 28 Jahren. Fast die ganze Tänzerprominenz des Ostblocks hat hier erstmals internationale Aufmerksamkeit auf sich gezogen, doch ist der Wettbewerb zunehmend auch für westl. Tänzer attraktiv geworden. Die meisten Medaillen wurden an sowj. Tänzer verliehen, gefolgt von den Kubanern.

Vazem, Jekaterina → Wazem, Jekaterina.

Veigl, Eva Maria → Violette, Eva Marie.

Ventana, La, B. in 1 Akt, Ch.: Auguste Bournonville, Mus.: H. Chr. Lumbye; UA 19. 6. 1854, Kgl. Dän. B., Kopenhagen. – Im Mittelpunkt des sehr kurzen, noch heute sehr beliebten und in seiner Original-Ch. konservierten, span. akzentuierten B.s steht ein Spiegeltanz. Dt. Erstprod. Bonn 1974.

Lit.: P. Brinson / C. Crisp, in: *Ballet & Dance*, Newton Abbot 1980.

Verchinina, Nina, russ.-amer. Tänzerin, Pädagogin und Choreographin, * Moskau. Wuchs in Schanghai und Paris auf und studierte bei O. Preobrajenska und B. Nijinska, später auch Laban-Technik, debütierte 1929 bei der Komp. von Ida Rubinstein und tanzte seit 1933 bei den B.s Russes de Monte Carlo. Kreierte hier Rollen u. a. in L. Massines *Les Présages* und *Choreartium* (beide 1933). Ging 1936 bei der Trennung von Blum und Basil zu Basils B.s Russes und trat dort in Massines B. *Phantastische Sinfonie* (1936) auf. Tanzte 1937/38 im San Francisco B., 1939–41 in Basils Original B. Russe. Ging 1950 nach Südamerika, wo sie schon früher gelegentlich aufgetreten war, unterrichtete und choreographierte in Rio de Janeiro und Buenos Aires. Leitete dann jahrelang eine eigene Schule in Copacabana. Als Tänzerin und als Choreographin verkörperte sie einen individuellen Mischstil aus klassischen und modernen Elementen.

Verdi, Giuseppe, ital. Komponist, * 10. 10. 1813 Le Roncole, † 27. 1. 1901 Mailand. Komponierte keine B.e, wohl aber ausgedehnte B.-Einlagen für 7 seiner Opern: *Jérusalem* (1847), *Les Vêpres Siciliennes* (1855), *Il Trovatore* (für Paris, 1857), *Macbeth* (für Paris, 1865), *Don Carlos* (1867), *Aida* (1871) und *Otello* (für Paris, 1894). Einzeltänze begegnen auch in anderen seiner Opern. Am häufigsten ist das *Vier Jahreszeiten*-B. aus den *Vêpres Siciliennes* separat aufgeführt worden – Versionen der jüngeren Zeit u. a. von V. Verdy (Cincinnati B., 1970), A. Prokovsky (New London B., 1973), K. MacMillan (Royal B., 1975), M. Smuin (San Francisco B., 1978) und J. Robbins (New York City B., 1979). Zu Verdis Lebzeiten gab es verschiedene B.e zu Potpourris aus seinen Opern, u. a. Filippo Termaninis *Rita Gauthier* (*La traviata*, Turin 1857), dazu gehören auch R. Pages *Revanche* (nach *Il Trovatore*, B.s des Champs-Elysées, 1951) und *Camille* (nach *La traviata*, Chicago 1957). Potpourri-Arrangements aus verschiedenen Opern liegen u. a. J. Carters *The Life and Death of Lola Montez* (B. Workshop, London 1954), J. Crancos *The Lady and the Fool* (arr. von Ch. Mackerras, Sadler's Wells Th. B., 1954), Z. Solovs *Vittorio* (Metropolitan Opera House, New York 1955), A. Prokovskys *The Three Musketeers* (arr. von G. Woolfenden, The Australian B., 1980) und *Verdi Variations* (London Festival B., 1981) zugrunde. R. Petit choreographierte sein *Streichquartett* (Opéra, Paris 1976).

Verdon, Gwen, amer. Tänzerin und Musical-Darstellerin, * 13. 1. 1926 Culver City (Cal.). Studierte bei Ernest Belcher und C. Maracci. Erste Auftritte als Nachtclub-Tänzerin, zusammen mit J. Cole. Hatte ihren großen Karriere-Durchbruch in M. Kidds *Can-Can* 1953. Gehört seither zu den erfolgreichsten Broadway-Stars. Weitere wichtige Musicals: *Damn Yankees* (1955), *Sweet Charity* (1966) und *Chicago* (1975). War verheiratet mit dem Choreographen und Regisseur Bob Fosse.

Verdy, Violette (geb. Nelly Guillerm), frz. Tänzerin und B.-Direktorin, * 1. 12. 1933 Pont-l'Abbé. Studierte bei Rousanne und V. Gsovsky. Debütierte bei den B.s des Champs-Elysées 1945. Drehte 1949 mit Ludwig Berger und Y. Georgi den Film *Ballerina*. Mitgl. von R. Petits B. de Paris 1950, Maggio Musicale 1951, Y. Chauvirés B. de Marigny 1952, erneut B. de Paris 1953/54 sowie in Petits Film *The Glass Slipper*, London Festival B. 1954/55, dann freischaffend als Gastballerina, American B. Th. 1957/58, New York City B. 1958–77. Häufige Gastspiele bei anderen amer. Komp.n und im Ausland (1963 auch in Stuttgart in J. Crankos *Daphnis und Chloe* und *Romeo und Julia*). Ihre außerordentliche Popularität verdankte sie ihrem eminent frz. Temperament und ihrer quecksilberhaften Leichtigkeit. Rollenkreationen u. a. in Petits *Le Loup* (1953), G. Balanchines *Episodes* (1959), *Tchaikovsky Pas de deux* und *Liebeslieder Walzer* (1960), *A Midsummer Night's Dream* (1962), *Jewels* (1967), *La Source* (1968) und *Sonatine* (1975), J. Robbins' *Dances at a Gathering* (1969) und *In the Night* (1970) sowie in Balanchines und Robbins *Pulcinella* (1972). Künstlerische Leiterin des

B.s der Pariser Opéra 1977–80 und seither des Boston B.

Lit.: V. Huckenpahler, *Ballerina, A Biography of V. V.*, New York 1978.

Veredon, Gray, neuseel. Tänzer, Choreograph und B.-Direktor, * 5. 4. 1943 Tauranga (N. Z.). Studierte bei P. Gnatt, dann Royal B. School sowie bei St. Idzikowsky und R. Hightower. Tänzer in Neuseeland 1960, Covent Garden Opera B. 1963, Stuttgarter B. 1964–68, Köln 1968, dann Mitbegründer des Tanz-Forums Köln (zus. mit H. Baumann und J. Ulrich) 1971 und einer von dessen Direktoren bis 1978. Danach freischaffend tätig und 1982–84 B.-Direktor in Lyon. Begann als Choreograph bei den Stuttgarter Noverre-Matineen. Choreographierte u. a. *Collage* (Mus.: Berios Sinfonia, Köln 1970), *The Ragtime Dance Company* (Mus.: S. Joplin, Köln), *Tanz ums Goldene Kalb* (im Rahmen der Hamburger Prod. von Schönbergs *Moses und Aron*, beide 1974), *Pelleas und Melisande* (Mus.: Schönberg, Köln 1975), *Romeo und Julia* (Mus.: Berlioz, Köln 1976), *Koan* (Mus.: St. Micus, Köln 1976), *Der Tod geht ein und aus* (Mus.: Schostakowitsch, Köln 1978), *Voices and Echos* (Mus.: G. Crumb, Köln 1979), *Parade* (Mus.: Satie, Metropolitan Opera House, New York 1981), *Gaîté Parisienne* (Mus.: Offenbach / M. Rosenthal, Staatsoper München) und ein Strawinsky-Programm, bestehend aus *Sacre du printemps, Les Noces* und *Sinfonie in drei Sätzen* (Lyon, beide 1982).

Verklärte Nacht. Schönbergs Streichsextett op. 4 aus dem Jahr 1899, inspiriert durch Richard Dehmels gleichnamiges Gedicht, ist von verschiedenen Choreographen für das B. adaptiert worden, und zwar sowohl in seiner originalen kammermusikalischen Besetzung wie auch in seiner häufiger aufgeführten Orchester-Bearbeitung, u. a. von A. Tudor in → *Pillar of Fire* (B. Th. New York 1942), E. Walter (Wuppertal 1961), P. van Dyk (Hamburg 1965), J. Kylián (Nederlands Dans Th., 1975), R. Petit (Opéra, Paris 1976), H. Spoerli (Basler B. in Ludwigsburg, 1982) und K. MacMillan (in *Distant Drummer*, Royal B., London 1984).

Lit.: die *Pillar of Fire*-Version, O. F. Regner / H.-L. Schneiders, in: *Reclams Ballettführer*, Stuttgart [8]1980.

Verlorene Sohn, Der (russ. Originaltitel: *Bludnij sin*, frz. UA-Titel: *Le Fils prodigue*, sehr häufig auch engl.: *The Prodigal Son*), B. in 1 Akt, Libr.: B. Kochno, Ch.: G. Balanchine, Mus.: Prokofjew, Dek.: G. Rouault; UA 21. 5. 1929, B.s Russes de Diaghilew, Th. S. Bernhardt, Paris, mit S. Lifar, F. Doubrovska u. a. – Das B. erzählt das biblische Gleichnis vom Sohn, der sich sein Erbe auszahlen läßt, in die Fremde zieht, dort sein Hab und Gut verpraßt und am Ende mittellos und reumütig in sein Elternhaus zurückkehrt, wo ihn der Vater wieder in die Arme schließt. – Balanchine hat seine UA.-Ch. ins Rep. des New York City B. übernommen, sie ist auch von zahlreichen anderen Komp.n einstudiert worden, dt. EA von K. Jooss, Essener Folkwang-Tanz-Bühne 1931 – spätere Versionen u. a. von A. von Milloss (Düsseldorf 1934), D. Lichine (Original B. Russe Sydney 1938), R. Mayer (Stuttgart 1955) und G. Krätke (Dt. Staatsoper Berlin, 1964). – Ein anderes B., *Den Förlorade Sonen*, basierend auf den Motiven der Folklore-Kunst von Dalekarlien, von I. Cramér zu Musik von Hugo Alfvén, Dek.: Rune Linstrom für das Kgl. Schwed. B., Stockholm 1957.

Lit.: O. F. Regner / H.-L. Schneiders, in: *Reclams Ballettführer*, Stuttgart [8]1980.

Vernon, Konstanze (geb. K. Herzfeld), dt. Tänzerin und Pädagogin, * 2. 1. 1939 Berlin. Studierte bei T. Gsovsky, N. Kiss und S. Peretti. Mitgl. der Städt. und Dt. Oper Berlin 1954–62 (Solistin 1956), dann Erste Solistin Münchner Staatsoper 1962–80. Zahlreiche Rollenkreationen, u. a. in H. Rosens *Symphonie fantastique* (1967), J. Crankos *Begegnung in drei Farben* (1968) und *Triplum* (1969), sowie G. Tetleys *Sacre du printemps* (1974). Hatte einen ihrer größten Erfolge in der Titelrolle von G. Bohners *Die Folterungen der Beatrice Cenci*. Seit 1975 Leiterin der B.-Abteilung an der Münchner Musikhochschule. Seit 1978 Vorsitzende der Münchner Bosl-Stiftung.

Vesak, Norbert, kanad. Tänzer, Choreograph und B.-Direktor, * 22. 10. 1936 Vancouver. Studierte bei M. Cunningham, J. Slater, M. Craske, La Meri, V. Volkova, G. Holder, P. Koner u. a. Als Tänzer bei verschiedenen Komp.en engagiert. Begann 1964 für die Vancouver Playhouse Th. Comp. zu choreographieren. Resident Choreograph Royal Winnipeg B. Direktor des B.s am Metropolitan Opera House, New York 1976. Artistic Director des New World B. in Miami 1982. Zu seinen am bekanntesten gewordenen B.en gehören u. a. *The Ecstasy of Rita Joe* (Mus.: Mortifee, 1971), *What to Do Till the Messiah Cometh* (Mus.: Chilliwack, Werren und Syrin, 1972), *Whispers of Darkness* (Mus.: Mahler, 1974), *In Quest of the Sun* (Mus.: Martindale, 1975) und *Sacre du printemps* (Mus.: Strawinsky, 1982).

Vestris, berühmte ital.-frz. Tänzerfamilie, aus Florenz stammend. Stammvater war Tommaso Maria Ippolito V., von dessen 7 Kindern drei zu ballettgeschichtlichem Ruhm kamen: Teresa (1726–1808), Gaetano (1728–1808) und Angiolo (1730–1809). Gaetano V. war dann der Vater von Auguste V. (1760–1842), dessen Sohn Armand V. (1786–1825) war.

Vestris, Angiolo Maria Gasparo, ital. Tänzer und Schauspieler, * 1730 Florenz, † 1809 Paris. Sohn von Tommaso V. und Bruder von Gaetano V. Tanzte an verschiedenen ital. Th.n, studierte in Paris bei L. Dupré, wirkte ab 1753 als Solist an der Opéra und gastierte dann 4 Jahre lang bei verschiedenen europ. Bühnen. War seit 1757 in Stuttgart tätig, von 1760 an als Solist bei Noverre. Wurde zum Unterschied von seinem ebenfalls in Stuttgart zeitweise auftretenden Bruder Gaetano als Vestris der Jüngere (cadet) bezeichnet. Tanzte in fast allen B.en mit, die Noverre in Stuttgart geschaffen hatte. Kehrte 1767 nach Paris zurück, wo er noch als Schauspieler an der Comédie Italienne tätig war.

Vestris, Armand, frz. Tänzer und Choreograph, * 1786 Paris, † 17. 5. 1825 Wien. Sohn von Auguste V., studierte er bei seinem Großvater Gaetano V. und trat als Vierjähriger mit seinem Vater und seinem Großvater in der Opéra auf. Arbeitete in Italien und Portugal, vor allem aber 1809–16 in London, 1813–16 auch als Choreograph am King's Th.

Vestris, Auguste (d. i. Marie-Jean-Augustin, vom Publikum auch Vestr'Allard genannt), frz. Tänzer und Pädagoge, * 27. 3. 1760 Paris, † 5. 12. 1842 ebd. Unehelicher Sohn von Gaetano V. und der Tänzerin Marie Allard. Sein Vater betreute sorgsam seine tänzerische Ausbildung. Debütierte 1772 in dem Divertissement *La Cinquantaine*, wo das Publikum sogleich auf seine außergewöhnliche Begabung aufmerksam wurde. Hatte seinen ersten großen Erfolg 1773 als Amor in dem B. *Endymion* seines Vaters, wurde 1776 Solist, 1778 Premier danseur und 1780 Premier sujet de la danse. Tanzte 1778 in der UA von Noverres *Les petits riens* und von Glucks *Alceste*. Hatte 1781 an der Seite seines Vaters einen sensationellen Erfolg in London, wo das Parlament ihretwegen seine Sitzungen unterbrach. War von 1781–87 der bevorzugte männliche Tänzer in den B.en von M. Gardel. Obgleich er sehr eingebildet war, ziemlich klein und X-Beine besaß, war er auf Grund seiner fabelhaften Elévation und seiner unglaublichen Virtuosität schon damals der berühmteste Tänzer Europas. Floh 1789 nach Ausbruch der Revolution nach London, tanzte dort bis 1793 bei Noverre, kehrte aber dann im Triumph an die Opéra zurück, wo er sich mit Erfolg der Rivalität des jüngeren L. Duport erwehrte und noch bis 1816 tanzte. Eine Zeitlang ging es ihm wirtschaftlich schlecht, doch dann nahm das Schicksal für ihn wieder einen glücklicheren Verlauf, er wurde einer der berühmtesten Lehrer seiner Zeit, der seine Erfahrungen an Ch. Didelot, J. Perrot, Auguste Bournonville und sogar noch an M. Taglioni weitergab, mit der er 1835 noch einmal in einem höfischen Menuett auf der Bühne erschien. Die B.-Technik verdankt ihm eine wesentliche Bereicherung ihrer virtuosen Ausdrucksmittel. Gerühmt wurden sein Ballon, seine Pirouetten und seine Batterie. Obwohl schwierig im persönlichen Umgang (seine erste Frau verließ er wenige Tage nach der Geburt seines Sohnes Armand), war er der unangefochtene Danseur noble seiner Zeit. Noverre rühmte ihn aber auch wegen seiner Ausdrucksfähigkeit und nannte ihn den »nouveau Protée de la danse«.

Lit.: S. Lifar, *A. V.*, Paris 1950.

Vestris, Gaetano Apolline Baldassare, ital. Tänzer und Choreograph, * 18. 4. 1728 Florenz, † 27. 9. 1808 Paris. Sohn von Tommaso V., Bruder von Angiolo V. und Vater von Auguste V. Tanzte an verschiedenen ital. und dt. Th.n, vervollkommnete sich dann noch bei L. Dupré in Paris und debütierte dort 1748 an der Opéra, der er mit Unterbrechungen bis 1782 angehörte. War schon 1750 einer der angesehensten Solisten, obgleich er erst 1751 offiziell zum Premier danseur avancierte. War sehr von sich eingenommen und ging infolge von Meinungsverschiedenheiten 1754/55 nach Turin und Berlin, kehrte aber 1755 an die Opéra zurück, feierte dort Triumphe und wurde zum Ko-Choreographen neben J.-B. Lany ernannt. 1762–64 tanzte er als Vestris der Ältere auf Einladung des württembergischen Herzogs Karl Eugen, des Förderers von Noverre, jeden Winter drei Monate lang in Stuttgart. Der Hof- und B.-Historiker J. Uriot nannte ihn den Pylades des Jahrhunderts. Tanzte in Stuttgart neben seinem Bruder Angiolo in folgenden Noverre-B.en die Hauptrollen: *Der Tod des Herkules*, *Fêtes Persanes* (beide 1762); *Medea und Jason, Sieg des Neptun* (beide 1763); *Tod des Lykomedes, Hypermnestra* (beide 1764). Da er in Paris wagte, ohne die damals obligate Maske aufzutreten, galt er als modernster Tänzer seiner Zeit, ja sogar als »le dieu de la danse« (wie auch schon Dupré). Wurde 1770 als Nachfolger Lanys alleinverantwortlicher Choreograph, doch gab er dieses Amt schon 1776 ohne Bedauern an Noverre ab. Tanzte noch bis 1782, konzentrierte sich aber mehr und mehr auf seine Tätigkeit als Direktor der angegliederten B.-Schule und auf die Förderung seines Sohnes Auguste. Schon in Stuttgart soll er der blutjungen Tänzerin A. Heinel (* 1753) begegnet sein, doch erst 1792 heirateten beide nach vielen Streitigkeiten und Affären. Als er 1781 mit seinem Sohn Auguste in London auftrat, unterbrach das Parlament seine Sitzung. Eingebildet wie er war, sagte er: »Es gibt nur drei große Männer in Europa, Friedrich, König von Preußen, Monsieur de Voltaire und mich selbst.« Er war in der Tat nicht nur ein genialer Techniker, sondern auch ein wirklicher Tanzkünstler. Noverre sprach von ihm mit höchstem Respekt. Auch Castil-Blaze rühmte seinen Tanz als »un chef d'œuvre de noblesse et de grâce«.

Lit.: L. Moore, in: *Artists of the Dance*, New York 1938.

Vestris, Teresa (auch Thérèse), ital. Tänzerin, * 1726 Florenz, † 1808 Paris. Tochter von Tommaso V. und Schwester von Angiolo und Gaetano Vestris, studierte in Neapel, debütierte in Palermo und tanzte in Wien, wo sie die Geliebte des Fürsten Esterhazy wurde – was der Kaiserin Maria Theresia so sehr mißfiel, daß sie für die schleunige Weiterreise der Tänzerin nach Dresden sorgte. Sie tanzte dort und in Florenz, kam 1746 nach Paris, bereitete dort durch ihre gesellschaftlichen Beziehungen den Boden für das Entrée ihrer Brüder an der Opéra vor, debütierte dort selbst 1751 und war bis 1766 eine vielbeschäftigte Solistin, die sich im Glanze des Ruhmes ihrer Brüder sonnte.

Vienna Waltzes, B. in 5 Teilen, Ch.: G. Balanchine, Mus.: Joh. Strauß jr., F. Lehár und R. Strauss, Bühne: R. Ter-Arutunian, Kost.: Karinska; UA 15. (Gala Preview) und 23. 6. 1977, New York City B., New York State Th., New York, mit K. von Aroldingen und J. d'Amboise, P. McBride und H. Tomasson, S. Leland und B. Cook, K. Mazzo und P. Martins, S. Farrell und J. Donn. Zu den »Geschichten aus dem Wiener Wald«, »Frühlingsstimmen«, der »Explosions-Polka«, dem »Gold und Silber Walzer« und der Walzerfolge aus dem *Rosenkavalier* bietet das B. eine nostalgische Revue über das Wien im 19. Jh. (aus amerikanischer Perspektive).

Lit.: G. Balanchine / F. Mason, in: *Balanchine's Complete Stories of the Great Ballets*, Garden City, N. Y. 1977.

Vier letzte Lieder, B. in 4 Teilen, Ch.: R. van Dantzig, Mus.: R. Strauss, Dek.: T. van Schayk; UA 16. 5. 1977, Het Nationale B., Stadsschouwburg, Amsterdam, mit C. Farha, M. Sand, F. Sinceretti, S. Marchiolli, H. Jurriens, A. Radius und H. Ebbelar. Das B. wird zu der Schallplattenaufnahme von Herbert von Karajan, mit Gundula Janowitz als Solistin, getanzt – eine herbstliche Elegie, die sich von den Stimmungen der Texte von Hermann Hesse und Josef von Eichendorff ebenso wie von der Musik Strauss' inspirieren läßt, mit dem Tod als allgegenwärtiger Figur, die jedoch nichts Bedrohliches, sondern eher etwas Begütigendes und Tröstendes an sich hat. Übernommen ins Rep. der Wiener Staatsoper 1979. Frühere B.-Versionen der gleichen Musik von B. Macdonald (Stockholm 1966) und M. Béjart (in *Seraitçe la mort?*, Marseille 1970).

Lit.: O. F. Regner / H.-L. Schneiders, in: *Reclams Ballettführer*, Stuttgart [8]1980.

Vier Temperamente, Die (engl. Originaltitel: *The Four Temperaments*), B. in 5 Sätzen, Ch.: G. Balanchine, Mus.: Hindemith, Dek.: Kurt Seligmann; UA 20. 11. 1946, B. Society, Central High School of Needle Trades, New York, mit G. Caccialanza, T. LeClerq, M. E. Moylan, T. Bolender, L. Christensen, F. Moncion u. a. Der Untertitel weist das Werk als »B. ohne Handlung« aus. Im vorangestellten Thema tanzen 3 Paare nacheinander. Dann folgen die unterschiedlich besetzten 4 Variationen, die abstrahierte Behandlungen der 4 Temperamente darstellen: melancholisch, sanguinisch, phlegmatisch und cholerisch. – Das von Balanchine bei Hindemith bestellte B. hat sich als einer seiner dauerhaftesten Erfolge erwiesen. Zahlreiche Komp.en in der westl. Welt haben es heute in ihrem Rep. Balanchine brachte es 1951 in einer Neufassung ohne die ursprüngliche Dekoration heraus. Dt. Erstprod. 1962 an der Hamburger Staatsoper. Es folgten 1964 die Wiener Staatsoper und 1973 das Royal B. Andere Versionen u. a. von W. Ulbrich (zuerst Stuttgart 1959).

Lit.: G. Balanchine / F. Mason, in: *Balanchine's Complete Stories of the Great Ballets,* Garden City (N. Y.) 1977.

Viganò, Giulio, ital. Tänzer, Choreograph und Komponist (Lebensdaten nicht bekannt). Er war der Sohn des Tänzers und Choreographen Onorato V. und der Bruder von Salvatore V., tanzte 1788–94 in Venedig, dann bis 1811 in Wien. Komponierte eine Reihe von B.en für seinen Vater in Venedig und für seinen Bruder *I divertimenti d'amore* (Venedig 1791). Schuf in Wien *Die Rache der Diana* (1807), *Der Faßbinder* (1810) und *Der wiedererkannte Amenophis* (1811).

Viganò, Salvatore, ital. Tänzer und Choreograph, * 25. 3. 1769 Neapel, † 10. 8. 1821 Mailand. Sohn des Tänzers und Choreographen Onorato V. (1739–1811) und der Tänzerin Maria Ester Boccherini. Bei seinem Onkel Luigi Boccherini nahm er zunächst Kompositionsunterricht, studierte auch Malerei und debütierte als Tänzer in einer Frauenrolle in Rom. Tanzte 1788 in Madrid. Heiratete dort die span. Tänzerin Maria Medina (nicht, wie oft behauptet, identisch mit der in Wien 1756 geborenen Tänzerin Josepha Meyer; diese war mit dem 1752 in Mailand geborenen und jahrelang in Wien tätigen Anton Viganò verheiratet). In Madrid traf S. V. mit Dauberval zusammen, der ihn aufs stärkste beeinflußte und mit dem er auf Reisen ging. Tanzte dann 1790 mit seiner Frau in den B.en seines Vaters. Schuf 1791 hier sein erstes B.: *Raoul, Signor de Crequi* (Mus.: wie häufig bei ihm, von ihm selbst). 1793–95 tanzte das Paar mit größtem Erfolg in Wien. Während sie ihrer gewagten, Nacktheit simulierenden Kostüme wegen die Männerwelt hinriß, choreographierte er ein B. nach dem anderen, u. a. *Raoul, Die Tochter der Luft* (beide 1793), *Das übelbehütete Mädchen* (1794), *Richard Löwenherz, König von England* (Mus.: J. Weigl) und *Das gefundene Veilchen* (beide 1795). Anschließend unternahm das Paar eine Europa-Tournee und tanzte 1798–99 wieder in Venedig, dann trennten sich die Wege der beiden Gatten (Maria Medina starb 1833 in Paris). Er wirkte 1799–1803 erneut in Wien und choreographierte hier u. a. *Clothilde, Herzogin von Salerno* (nach Gozzi, 1799), *Die Geschöpfe des Prometheus* (sein berühmtestes B., Mus.: Beethoven, 1801), *Die Spanier auf der Insel Christiana* (Mus.: Weigl, 1802), später dann noch als Gast *Die gedemütigte Eitelkeit* (1807). Ging dann wieder nach Italien und brachte 1804 in Mailand sein erstes Shakespeare-B. heraus: *Coriolano, una tragedia pantomimica* (Mus.: Weigl). Arbeitete in den folgenden Jahren auch in Venedig, Rom und Padua. Nächstes wichtiges B.: *Gli Strelizzi* (Venedig 1809). 1803–21 B.-Meister an der Mailänder Scala, wo er seine bewunderten, von Stendhal enthusiastisch gepriesenen Hauptwerke schuf: *Prometeo* (eine sechsaktige Neufassung, in der nurmehr 4 Nummern des originalen Beethoven-B.s verwendet wurden, 1813), *Gli Ussitti, Numa Pompilio* (beide 1815), *Otello, Dedalo* (beide 1818), *I Titani* (Mus.: größtenteils Rossini, 1819), *Alessandro nelle Indie* (1820), *Giovanna d'Arco* und *Didone* (beide 1821, Musik der drei letzteren: G. Ayblinger). V. genoß ein ungeheueres Ansehen und wurde als Schöpfer des Choreodramas verehrt. Sein Grabstein trägt die Inschrift »sommo tra i coreografi«. Charakteristisch für ihn war die rhythmische Pantomime, die sich zwischen nachahmender Gestik und traditionellem Tanz bewegte, wobei aber alle Bewegungen stets der Musik unterworfen waren.

Lit.: C. Ritorni, *Commentarii della vita e delle opere coreodrammatiche di S. V.,* Mailand 1838; M. Krüger, in: *J.-G. Noverre und sein Einfluß auf die Ballettgestaltung,* Emsdetten 1963.

Villella, Edward, amer. Tänzer, * 10. 1. 1936 Bayside (N. Y.). Studierte an der School of American B. und High School of Performing

Arts. Kam vom Maritime College 1957 zum New York City B., wo er rasch Solist und Principal Dancer wurde und durch seine Hochspannungs-Energie und -Dynamik zu den beliebtesten Tänzern der Komp. gehörte. Rollenkreationen u. a. in G. Balanchines *Electronics* (1961), *A Midsummer Night's Dream* (1962), *Bugaku* (1963), *Tarantella* (1964), *Harlequinade* (1965), *Brahms-Schoenberg Quartet* (1966), *Jewels* (1967) und *Suite No. 3* (1970) sowie in J. Robbins' *Dances at a Gathering* (1969), *Watermill* (1972) und Balanchine-Robbins' *Pulcinella* (1972). Hatte eine seiner besten Rollen als Balanchines *Verlorener Sohn*. Als Musical-Darsteller in der *Brigadoon*-Prod. von 1962. Gelegentlich auch als Choreograph hervorgetreten. Artistic Coordinator of the Eglevsky B. seit 1979, 1983 dann des State B. of New York. Direktor der WNET/13 *Dance in America*-TV-Serie 1982. Schrieb »The Male Image« in *Dance Perspectives* 40 (1969). War mit der Tänzerin Janet Greschler verheiratet.

Lit.: J. Gruen, in: *The Private World of Ballet,* New York 1975.

Vilzak, Anatole Josifowitsch, russ.-amer. Tänzer und Pädagoge, * 1898 St. Petersburg. Studierte an der Kaiserl. B.-Akademie, machte 1915 sein Examen und trat ins B.-Corps des Marien-Th.s ein, wo er 1917 Premier danseur wurde. Mit seiner Frau, der Tänzerin Ludmila Schollar, ging er 1921 zur Diaghilew-Komp., wo er namentlich in den Prinzenrollen großen Erfolg hatte und zusammen mit Schollar 1924 die Kurzfassung von *Schwanensee* inszenierte. Kreierte hier Rollen u. a. in B. Nijinskas *Les Biches* und *Les Fâcheux* (beide 1924). Ging 1928 zur Komp. von I. Rubinstein und tanzte hier u. a. in den neuen Werken von B. Nijinska: *La Bienaimée, Kuß der Fee, Bolero* (alle drei 1928) und *La Valse* (1929). Weitere Rolle in *Persephone* von K. Jooss (1934). Zwischendurch tanzte er auch im Th. Mogador in Paris, war 1932–34 B.-Meister in Riga, ging 1935 zum kurzlebigen B. Russe de Paris und 1936 zu Blums B.s de Monte Carlo, wo er eine Rolle in Fokines *Don Juan* (1936) kreierte. Tanzte noch eine Saison beim American B. und zog sich dann von der Bühne zurück, um zu unterrichten. Zuerst an der School of American B., 1940–46 an seiner eigenen Vilzak-Schollar School in New York, später auch an der B. Russe de Monte Carlo School, seit 1965 an der San Francisco B. School.

Violette, Eva Maria, (geb. Faigel, auch Faigl und Veigel), österr. Tänzerin, * 29. 2. 1724 Wien, † 16. 10. 1822 London. Studierte bei F. A. Hilverding und tanzte in dessen Wiener B.en 1734–44. Ging dann 1746 nach London, wo sie als Tänzerin, aber auch in der Londoner Gesellschaft sehr erfolgreich war und 1749 den berühmten Schauspieler und Noverre-Freund David Garrick heiratete. Entgegen allen Erwartungen wurde es eine sehr glückliche Ehe. Beigesetzt an der Seite ihres Gatten in der Westminster Abbey.

Violin Concerto, B. in 4 Sätzen, Ch.: G. Balanchine, Mus.: Strawinsky; UA 18. 6. 1972, New York City B., New York State Th., New York, mit K. von Aroldingen, K. Mazzo, J.-P. Bonnefous, P. Martins u. a. Ein handlungslos-konzertantes B. für 2 Solopaare und ein Corps aus 9 plus 7 Tänzern. Frühere B.-Versionen der gleichen Musik von Balanchine (in *Balustrade,* B. Russe de Monte Carlo, 1941) und A. von Milloss (in *Les Jambes savantes*, Staatsoper Wien 1965) – später u. a. von M. Béjart (B. du XXe Siècle, Brüssel 1982).

Lit.: G. Balanchine / F. Mason, in: *Balanchine's Complete Stories of the Great Ballets,* Garden City (N. Y.) 1977.

Violon du diable, Le, B. in 2 Akten, Libr. und Ch.: A. Saint-Léon, Mus.: C. Pugni, Bühne: E. D. J. Despléchin und J. Thierry, Kost.: P. Lormier; UA 19. 1. 1849, Pariser Opéra, mit F. Cerrito und Saint-Léon. Im Mittelpunkt der Handlung steht der junge Geiger Urbain, der die schöne Hélène de Vardeck liebt. Ein sinistrer Doktor verhext den Ton seiner Geige, so daß niemand seinem Spiel widerstehen kann, will dafür aber seine Seele. Als Urbain sich ihm verweigert, zerschlägt ihm der Doktor das Instrument. Da aber greift der Pater Anselm ein, der ihm eine Geige mit himmlischen Tönen übergibt, die alles zu einem guten Ende führt. Saint-Léon tanzte nicht nur in diesem B., sondern spielte auch die Violine so gut, daß er A. Adams Bewunderung erregte.

Lit.: C. W. Beaumont, in: *Complete Book of Ballets,* London 1951.

Vivaldi, Antonio, ital. Komponist, * 4. 3. 1678 wahrscheinlich Venedig, † 28. 7. 1741 Wien. Schrieb keine B.-Musik, doch sind konzertante Stücke von ihm immer wieder B.en zugrunde gelegt worden, u. a. von G. Balanchine (auch Stücke von A. Corelli, in *Square Dance*, New York City B. 1957), J. Cranko (in *Estro Armonico*, Stuttgart 1963; auch H. Spoerli, Basel 1982), G. Arpino (in *Viva Vivaldi!*, R. Joffrey B. 1965), M. Béjart (in *Light*, B. du XXe Siècle, 1981) und G. Casado (in *Viva Vivaldi*, Karlsruhe 1982).

Vivandière, La, B. in 1 Akt, Libr. und Ch.: A. Saint-Léon, Mus.: C. Pugni, Dek.: W. Grieve; UA 23. 5. 1844, Her Majesty's Th., London, mit F. Cerrito, Saint-Léon u. a. Das B. spielt in dem ung. Dorf Wieselburg, in das Kathi, die Marketenderin, nach langer Abwesenheit heimkehrt. Alle sind hingerissen von ihrer Schönheit, auch der Bürgermeister und der Baron stellen ihr nach, sehr zum Ärger ihrer Frauen. Kathi aber liebt nur Hans, den Sohn des Gastwirts. Der Vater will seinen Sohn nicht eine Marketenderin heiraten lassen. Aber durch eine List sichert sich Kathi von ihren beiden Seniorenverehrern eine reiche Mitgift, so daß nun ihrer Hochzeit nichts mehr im Wege steht. Das B. war nicht zuletzt wegen der speziell eingelegten Redowa, einem damals modischen feurigen ländlerartigen Werbetanz aus Böhmen, ein außerordentlicher Erfolg und wurde auch in den anderen europ. Hauptstädten aufgeführt. Eine frühere Version, noch ohne Redowa oder auch Redowotschka, schuf Saint-Léon 1843 in Rom.

Lit.: C. W. Beaumont, in: *Complete Book of Ballets*, London 1951.

Vláčilová, Hana, tschech. Tänzerin, * 25. 11. 1956 Prag. Studierte ebd. am Konservatorium und wurde nach ihrem Examen Tänzerin am National-Th., wo sie rasch zu einer der führenden Solistinnen avancierte.

Vladimiroff, Pierre (geb. Pjotr Nikolajewitsch), russ.-amer. Tänzer und Pädagoge, * 1893 St. Petersburg, † 25. 11. 1970 New York. Studierte an der Kaiserl. B.-Akademie in St. Petersburg, machte 1911 sein Examen und wurde Mitgl. des Marien-Th.-B.s, wo er die frühen Nijinsky-Rollen des Rep.s übernahm. Tanzte 1912 und 1914 als Gast bei Diaghilew, blieb aber fest am Marien-Th.-B., wurde dort 1915 Premier danseur und kreierte im selben Jahr Rollen in M. Fokines *Francesca da Rimini* und *Eros*. Ging 1918 ganz zur Komp. von Diaghilew, tanzte dort den Prinzen in der Londoner *Dornröschen*-Prod. von 1921, unternahm dann Tourneen mit T. Karsavina, tanzte 1926/27 beim Mordkin B. und war 1928–31 der letzte Partner von A. Pawlowa. Ging anschließend nach New York, wo er bis kurz vor seinem Tode an der School of American B. unterrichtete und so berühmte Tänzer wie T. Bolender, W. Dollar, L. Christensen, R. Boris, T. LeClerq und Maria Tallchief ausbildete. War verheiratet mit der Tänzerin und Pädagogin Felia Doubrovska.

Vogelscheuchen, Die. Unter diesem Titel sind mehrere B.e bekannt: **1.** Libr.: (mit gesprochenen Texten): Hans Frömbgen, Ch.: Inger von Tramp, Mus.: Karlheinz Gutheim, Dek.: O. Schlemmer, Kammertanz-Th. Hagen; UA 1928. **2.** (Titel in der Einzahl) Libr. und Ch.: M. Terpis, Mus.: de Falla (*Der Liebeszauber*), Dek.: Emil Pirchan; UA 15. 5. 1926 Staatsoper Berlin. **3.** (Titel in der Einzahl), Libr. und Ch.: A. Peterka, Mus.: A. Dvořák (*Slawische Tänze*), Bühne: H. Kaubisch, Kost.: M. Uhlig; UA 5. 3. 1954 Metropol-Th., Berlin. **4.** *The Scarecrow*, Libr.: Vera Pacheco Jordão, Ch.: T. Leskova, Mus.: Francisco Mignone, Dek.: Tomás Santa Rosa; UA 1954 Rio de Janeiro. **5.** Libr.: G. Grass, Ch.: M. Luitpart, Mus.: A. Reimann, Bühne: Erich Kondrak, Kost.: L. Erler; UA 7. 10. 1970 Dt. Oper Berlin, mit F. Frey, E. Evdokimova, K. Beelitz u. a.

Lit.: O. F. Regner / H.-L. Schneiders, in: *Reclams Ballettführer*, Stuttgart [8]1980.

Volé (frz. *voler*, fliegen) im B. eine im Flug ausgeführte Bewegung, z. B. *brisé volé*.

Volinine, Alexander Jemeljanowitsch, russ.-frz. Tänzer und Pädagoge, * 17. 9. 1882 Moskau, † 3. 7. 1955 Paris. Studierte an der Bolschoi-B.-Schule (Examen 1901). Wurde dann Mitgl. des Bolschoi-B.s. Als Premier danseur zur Diaghilew-Komp. 1910. Dann Tourneen mit J. Geltzer, L. Kyasht, L. Lopokova und A. Genée. Partner von A. Pawlowa 1914–25. Eröffnete dann eine Schule in Paris, wo u. a. Z. Jeanmaire, M. Lafon, A. Eglevsky seine Schüler waren, aber u. a. auch A. Dolin, D. Lichine, T. Riabouchinska, J. Babilée und Y. Chauviré bei ihm trainierten.

Volkova, Vera, russ.-engl. Tänzerin und Pädagogin, * 1904 St. Petersburg, † 5. 5. 1975 Kopenhagen. Studierte an der B.-Schule in Petrograd bei M. Romanowna, N. Legat und an der Schule von Wolynski bei A. Waganowa. Tänzerin am GATOB. Unternahm mit mehreren Kollegen eine Japan- und China-Tournee, ließ sich 1929 in Schanghai nieder, tanzte dort bei der Komp. von George Goncharov, eröffnete ebd. eine Schule, heiratete den engl. Maler und Architekten Hugh Williams, übersiedelte mit ihm nach Hongkong und ließ sich 1936 in London nieder, wo sie 1943 abermals eine Schule eröffnete und 1943–50 Trainingsmeisterin beim Sadler's Wells B. sowie an der Sadler's Wells B. School war. B.-Meisterin an der Mailänder Scala 1950, wirkte dort aber nur ein paar Monate und ging 1951 nach Kopenhagen, wo sie bis 1966 Trainingsmeisterin des Kgl. Dän. B.s war, darüber hinaus häufig bei anderen Komp.n als Gastpädagogin wirkte (von 1960 gehörte sie auch zum Dozentenstamm der Essener Folkwang-Hochschule). Galt als die führende westl. Autorität für das Waganowa-System.

Volkssage, Eine (dän. Originaltitel: *Et Folkesagn*), B. in 3 Akten und 14 Bildern, Libr. und Ch.: Auguste Bournonville, Mus.: N. W. Gade und J. P. E. Hartmann; UA 20. 3. 1854, Kgl. Dän. B., Kopenhagen, mit J. Price u. a. Das B. spielt in Jütland zu Beginn des 16. Jh.s. Im Mittelpunkt steht das Mädchen Hilda, das im Berg bei der Hexe Muri und ihren Trollen lebt. Die beiden Hexen-Söhne Diderik und Viderik lieben sie, sie aber träumt vom Junker Ove, der ihr einst begegnet ist. Dessen Verstand ist seither umnachtet. Er will von seiner Verlobten Birthe nichts mehr wissen und sucht nur nach Hilda. Schließlich finden sie sich wieder. Es stellt sich heraus, daß Hilda die rechtmäßige Erbin eines großen Gutes ist, die seinerzeit von der Hexe Muri gegen ihre Tochter Birthe ausgetauscht wurde. Diese muß nun wieder zurück ins Hexenreich, während der Vermählung von Hilda und Ove nichts mehr im Wege steht. Das B. erfreut sich auch heute noch großer Beliebtheit in Kopenhagen. Dt. EA Dt. Oper, Berlin, 1983 (einstudiert von P. Schaufuß).

Lit.: C. W. Beaumont, »A Folk Tale«, in: *Ballets Past and Present*, London 1955.

Volkstanz (engl.: *Folk Dance*, international Tanzfolklore), bezeichnet die traditionellen Tänze der unterdrückten und verachteten ländlichen Unterschicht in den vorindustriellen Gesellschaften Europas. Häufig wegen ihrer »Wildheit und Unsittlichkeit« von den Kirchen und der Obrigkeit verfolgt und verboten. Erst in der Zeit der Französischen Revolution und der frühen Romantik wurde mit der revolutionären Emanzipation des Volkes auch der Volkstanz als Basis sowohl des Gesellschaftstanzes als auch des B.s entdeckt. Doch starben die Volkstänze in den europ. Industrieländern im 19. Jh. fast völlig aus. Sie blieben erhalten in den Alpenländern, Spanien, Osteuropa und auf dem Balkan. Als Gegenwehr gegen die nivellierenden Folgen der Industrialisierung kam es seit etwa 1890 vor allem in Skandinavien, England und Deutschland zu einer ersten Volkstanz-Renaissance. F. M. Böhme stellte 1886 in seiner *Geschichte des Tanzes in Deutschland* fest, »daß es höchste Zeit war, aus Anschauung die alten Volkstänze zu schildern und die Beschreibungen davon zu sammeln, da es, wie der gesungenen alten Volkslieder, bald keine mehr gibt«. In Deutschland wurde die Jugendbewegung zur wichtigsten Trägerin der neuen Volkstanzbewegung. (Aktiv vor allem war seit 1908 Anna Helms.) In England wirkte die 1911 von Cecil Sharp gegründete English Folk Dance and Song Society. Die zweite Volkstanz-Renaissance ging nach 1945 von den sozialistischen Ländern Ost- und Südosteuropas aus. Dort entstanden jene berühmten Staatl. Volkstanz-Ens., die heute in der ganzen Welt auftreten. Auch die wissenschaftliche Erforschung des Volkstanzes wird dort aus politischen Gründen stärker betrieben als im Westen. In der DDR wurde schon 1957 das Dt. Volkstanzarchiv gegründet. In der Bundesrepublik wirkt die Dt. Gesellschaft für Volkstanz, die innerhalb des 1953 gegründeten Arbeitskreises für Tanz im Bundesgebiet besteht.

Lit.: A. Goldschmidt, *Handbuch des deutschen Volkstanzes*, Berlin [Ost] ^{3}1978; H. Oetke, *Der deutsche Volkstanz*, 2 Bände, Berlin [Ost] 1982; J. Lawson, *European Folk Dance*, London 1953.

Volta (*volte*, ital. bzw. frz., Umdrehung), im Tanz ursprünglich provençal. Volkstanz, der im 16. Jh. zum Gesellschaftstanz im Triple-Takt aufstieg. Da der Tänzer seine Partnerin hochwerfen mußte und sie dabei an einem »schamigen Ort«, d. h. zwischen den Schenkeln faßte, wurde die V. von den Hütern der Moral aufs heftigste angegriffen. Sie galt als teuflischer

Tanz, wurde aber an den europ. Höfen, vor allem in Paris und London mit größtem Vergnügen getanzt. Ein berühmtes Bild zeigt die engl. Königin Elisabeth I. bei einer Volte, die sie mit dem Earl of Essex tanzt.

Voluntaries, B. in 1 Akt, Ch.: G. Tetley, Mus.: Poulenc, Dek.: R. Ter-Arutunian; UA 22. 12. 1973 Stuttgart, mit M. Haydée, R. Cragun, B. Keil, R. Anderson, J. Stripling u. a. – »Mein Ballett ist als eine Folge lose miteinander verbundener ›Voluntaries‹ gedacht« (Tetley in einer Programmheftnotiz – »Voluntaries« wurden im Mittelalter freie Orgel-Improvisationen genannt, die man vor, während oder nach dem Gottesdienst spielt, z. B. während der Kollekte. Sie können auch, laut Musiklexikon, zur Erprobung des Instruments oder als Talentbeweis für den Organisten dienen). Tetley hat das konzertante B. zu Poulencs Konzert für Orgel, Streicher und Pauken dem Gedächtnis des im Sommer des gleichen Jahres verstorbenen John Cranko gewidmet. Übernommen ins Rep. des Royal B. (1976), American B. Th. (1977) und Kgl. Dän. B. (1978).

Lit.: O. F. Regner / H.-L. Schneiders, in: *Reclams Ballettführer*, Stuttgart [8]1980.

Vondersaar, Jeanette, amer. Tänzerin, * 17. 5. 1951 Indianapolis (Ind.). Studierte am Jordan College of Music bei Jack Copeland, Karl Kaufmann, George Verdak und Gay Besser Shields, dann auch School of American B. und Harkness House for B. Arts. Tänzerin bei den Harkness Youth Dancers 1970, dann beim Harkness B. Solistin in Zürich 1975–77 und seither beim Het Nationale B.

Lit.: J. Copeland / R. van Dantzig, *The Cry of the Firebird – J. V., Profile of a Dancer*, Zürich 1977.

Vondrak, Paul, österr. Tänzer, * 28. 4. 1939 Wien. Studierte an der B.-Schule der Wiener Staatsoper sowie bei W. Fränzl und seinem Vater Ewald V. Mitgl. des Wiener Staatsopern-B.s 1953–82, Solist 1958, Erster Solotänzer 1965. Zahlreiche Rollenkreationen in B.en von u. a. D. Parlić, Y. Georgi, A. von Milloss und E. Walter. Gastierte häufig beim B. der Belgrader National-Oper. Verheiratet mit der Tänzerin Gisela Cech.

Vondruška, Petr, tschech. Tänzer, * 15. 6. 1943 Königgrätz. Studierte am Prager Konservatorium. Tänzer beim B. Praha 1964–67, Prager National-Th. 1967–69 und seither als Erster Solist in Düsseldorf, wo er zahlreiche Rollen in den B.en von E. Walter kreiert hat. Auch als Lehrer am Kölner Institut für Bühnentanz tätig.

Vroom, Jean-Paul, holl. Maler und B.-Ausstatter, * 1922 Den Haag. Wurde international bekannt als Bühnen- (oft, aber nicht immer auch Kostüm-)bildner der B.e H. van Manens. Die bekanntesten der ihrer Zusammenarbeit entsprossenen B.e sind u. a. *Kain und Abel* (1961), *Situation, Mutations* (die Filme *Motion* I, II und III), *Snippers, Twice* (Film, alle 1970), *Große Fuge, Keep Going, Ajakaboembie* (alle 1971), *Tilt, Twilight, Opus Lemaitre, Daphnis und Chloe* (alle 1972), *Septet Extra, Adagio Hammerklavier* (beide 1973), *Sacre du printemps* (1974), *Four Schumann Pieces* (1975), *Ebony Concerto und ein Tango* (1976), *Oktett Opus 20, Lieder ohne Worte, 5 Tangos* (alle 1977), *Premier Grand Trio* (1978), *Konzert für Klavier und Bläser* (1979), *Klaviervariationen* (1980), *5 Short Stories* und *Pose* (1982). Zu den wenigen B.en, die V. mit anderen Choreographen zusammen erarbeitet hat, gehören J. Ulrichs *Vier Jahreszeiten* (1973) und *American Landscapes* (1983) sowie H. Spoerlis *Sackgasse* (1982).

Vulpian, Claude de, frz. Tänzerin, * 29. 12. 1952 Paris. Studierte ebd. an der B.-Schule der Opéra. Mitgl. des Opéra B.s seit 1969, Première danseuse 1976, Danseuse étoile 1978.

Vyroubova, Nina, russ.-frz. Tänzerin und Pädagogin, * 4. 6. 1921 Gurzoff (Krim). Studierte bei ihrer Mutter sowie bei V. Trefilova, O. Preobrajenska, B. Kniaseff, L. Egorova, V. Gsovsky, Y. Brieux und S. Lifar. Debüt als Swanilda in Caen 1937, dann B. Russe de Paris 1940, B.s des Champs-Elysées 1945–47, R. Petits B. de Paris 1949, Étoile an der Pariser Opéra 1949–56, Grand B. du Marquis de Cuevas 1957–62, danach als Gastballerina bei den verschiedensten Komp.en (auch an der Hamburgischen Staatsoper 1965/66). Seither als Pädagogin tätig. Geschätzt als eine Ballerina von lyrischer Sensibilität, die zahlreiche Rollen in B.en von u. a. R. Petit, V. Gsovsky und S. Lifar kreierte. Eine ihrer besten Partien war die Titelrolle in V. Gsovskys *La Sylphide*. Sie ist die Mutter des Tänzers Youra Kniazeff (* 1951).

Lit.: I. Laurent, *N. V. et ses visages*, Paris 1958.

W

Waehner, Karin, dt. Tänzerin, Choreographin und Pädagogin, * 12. 3. 1926 Gleiwitz. Studierte bei M. Wigman in Berlin. Pädagogin für modernen Tanz in Buenos Aires 1950–53. Gründete 1953 eine eigene Schule in Paris, wo sie zusammen mit Jerome Andrews als Les Compagnons de la danse auftrat. War 1955 an der Gründung der Frz. Assoziation für choreogr. Forschungen und des angegliederten experimentellen Th. d'Essai de la Danse beteiligt. Als Solotänzerin trat sie bei den verschiedensten Gelegenheiten hervor, choreographierte 1958 ihr erstes Gruppenwerk *Cycle eternel* (Mus.: Bartók), gründete im selben Jahr die B.s Contemporains de K. W., mit denen sie in den folgenden Jahren bis in die Gegenwart ausgedehnte Tourneen durch Frankreich und die angrenzenden Länder, aber auch nach Übersee unternommen hat, wobei ihre Gastspiele in den einzelnen Städten häufig mit Gastkursen für modernen Tanz verbunden sind. Sie gehört zu den Pionierpersönlichkeiten des modernen Tanzes in Frankreich. In Deutschland wiederholt als Pädagogin bei der Internationalen Tanzwerkstatt Bonn tätig.

Waganowa, Agrippina Jakowlewna, russ.-sowj. Tänzerin, Choreographin, Pädagogin und B.-Direktorin, * 24. 6. 1879 St. Petersburg, † 5. 11. 1951 Leningrad. Studierte seit 1889 an der Kaiserl. B.-Akademie bei L. Iwanow, P. Gerdt, N. Legat und J. Wazem, machte 1897 ihr Examen und trat ins Marien-Th.-B. ein, wo sie trotz ihrer großen technischen Fähigkeiten nur langsam Karriere machte und erst 1915 zur Ballerina avancierte, obgleich sie bis dahin schon die wichtigsten Ballerinenrollen des klassischen Rep.s getanzt hatte. (*Schwanensee, Das Bucklige Pferdchen, La Source* u. a.) Zog sich 1916 von der Bühne zurück. 1919–21 unterrichtete sie an der privaten B.-Schule von A. Wolynski. Wurde 1921 als Pädagogin an das Petrograder Choreogr. Technikum berufen (die ehemalige Marjinsky-Schule). Diesem Institut gehörte sie bis zu ihrem Tode an, 1934 wurde sie dessen Direktorin. Unterrichtete hauptsächlich in den Perfektions- und Pädagogenklassen und entwickelte im Laufe der Jahre das nach ihr benannte W.-Unterrichtssystem, das heute die Basis der gesamten B.-Ausbildung in der UdSSR und den Ostblockstaaten ist und auch an zahlreichen Schulen des westl. Auslands gelehrt wird. Ihre einzigartigen Erfolge als Pädagogin, denen sie einen Ehrenplatz an der Seite der bedeutendsten Pädagogen der B.-Geschichte verdankt, dokumentieren die aus ihrer Klasse hervorgegangenen Ballerinen M. Semjonowa, G. Ulanowa, T. Wetscheslowa, N. Dudinskaja, A. Schelest und I. Kolpakowa. Doch gehört auch die hervorragende Pädagogin V. Volkova zu ihren Schülerinnen. Ihr System, dessen Prinzipien sie in ihrem 1934 in Leningrad erschienenen Buch *Grundlagen des klassischen Tanzes* definierte und das 1954 in Ost-Berlin in dt. Sprache veröffentlicht wurde, ist eine ungewöhnlich harmonische Synthese der von ihr gründlich studierten und ausgewerteten Schul- und Individualstile, zu denen auch das Cecchetti-System und die Technik von O. Preobrajenska gehörten. Auf der Basis dieses Systems konnten die sowj. Choreographen ihre Virtuosität entwickeln. Eine engl. Übersetzung erschien 1937; 1959 und 1966 kamen Lizenzausgaben in der Bundesrepublik heraus. – Sie wurde 1927 Assistentin des B.-Direktors am Leningrader GATOB, das 1935 in Kirow-Th. umbenannt wurde. 1931–37 war sie B.-Direktorin der dortigen Komp., als die sie nicht nur Wainonens *Flamme von Paris* (1932) und Sacharows *Fontäne von Bachtschissaray* (1934) entscheidend förderte, sondern selbst auch mit eigenwilligen Insz.en. von *Schwanensee* (1933) und *Esmeralda* (1935) sowie als Choreographin diverser brillanter Konzertnummern hervortrat. Die B.-Schule von Leningrad wurde 1957 nach ihr benannt.

Wagner, Richard, dt. Komponist, * 22. 5. 1813 Leipzig, † 12. 3. 1883 Venedig. Komponierte keine B.e, doch wurde die B.-Musik seiner Opern verschiedentlich separat für B.e verwendet, so u. a. die Ouvertüre und das Bacchanale aus *Tannhäuser* in L. Massines *Bacchanale* (B. Russe de Monte Carlo, New York 1939, später

u. a. auch von M. Béjart, nach seiner Beteiligung an der Bayreuther *Tannhäuser*-Insz. von 1961, beim B. du XXe Siècle, Brüssel 1963), Ausschnitte aus *Tristan und Isolde* von Massine in *Mad Tristan* (B. International, New York 1944, später u. a. auch von H. Ross in *Tristan*, American B. Th., New York 1958, und von Béjart in *Les Vainqueurs*, B. du XXe Siècle, Brüssel 1969), Ausschnitte aus *Siegfried* von D. Lichine in *Kain und Abel* (Mexiko City 1946), das *Siegfried-Idyll* von M. Sparemblek (B. du XXe Siècle, Brüssel 1965), die *Wesendonck-Lieder* plus Ausschnitte aus *Tristan* von Béjart in *Mathilde* (B. du XXe Siècle, Brüssel 1965, nur die Lieder in R. Joffreys *Rememberances*, City Center Joffrey B., New York 1973, und H. Spoerlis *Träume*, Stuttgart 1980), die Klavierphantasie in fis-Moll von G. Pick in *Wälsungenblut* (Ulm 1975), diverse Stücke (auch von anderen Komponisten) in V. Panovs *Riccardo W.*, (Dt. Oper Berlin, 1983) und Ausschnitte aus dem Ring in V. Gadds *Der Ring* (Göteborg 1983).

Wagoner, Dan, amer. Tänzer und Choreograph, * 31. 7. 1932 Springfield (Mass.). Studierte bei Ethel Butler und M. Day in Washington und an der M. Graham School in New York. Tänzer bei der Graham-Komp. 1958–62, wo er Rollen u. a. in Grahams *Clytemnestra* (1958), *Episodes I* (1959), *Alcestis* (1960), *Visionary Recital* (1961) und *Phaedra* sowie *Samson Agonistes* (1962) kreierte. Tanzte dann kurze Zeit bei M. Cunningham und von 1961 an mehrere Jahre bei P. Taylor, mit Rollenkreationen u. a. in dessen *Insects and Heroes* (1961), *Aureole* (1962), *Scudorama* (1963) und *Orbs* (1966). Begann 1968 zu choreographieren und hat seit 1969 seine eigene Gruppe, mit der er ausgedehnte Tourneen (auch verschiedentlich nach Europa) unternimmt. Hat auch für das London Contemporary Dance Th. und andere engl. Gruppen choreographiert.

Wainonen, Wassili Iwanowitsch, sowj. Tänzer und Choreograph, * 21. 2. 1901 St. Petersburg, † 23. 3. 1964 Moskau. Studierte an der Kaiserl. B.-Akademie, machte 1919 sein Examen und trat anschließend dem B. des GATOB bei, wo er hauptsächlich Charakterrollen tanzte. Als Choreograph begann er mit kleineren Stücken für die Abende des Jungen B.s von Leningrad, in deren Rahmen er bereits seinen noch heute beliebten virtuos-akrobatischen *Moszkowski-Walzer* schuf. Choreographierte 1930 sein erstes professionelles B., *Das goldene Zeitalter* (Mus.: Schostakowitsch), das seiner librettistischen und akrobatischen Kühnheiten wegen jedoch heftig kritisiert wurde. Hatte 1932 einen dauerhafteren Erfolg mit *Flamme von Paris* (Mus.: B. Assafjew). Als nicht weniger dauerhaft erwies sich sein neu choreographierter *Nußknacker* (Mus.: Tschaikowsky, 1934). Weitere Ch.n von ihm waren u. a. *Partisanentage* (Mus.: Assafjew, 1937) – sämtlich GATOB, bzw. seit 1935 Kirow-Th.), *Mirandolina* (Mus.: W. Wassilenko, Bolschoi-Filial-Th., 1949), *Küste des Glücks* (Mus.: A. Spadavecchia, Nowosibirsk 1952) und *Gajaneh* (Mus.: A. Chatschaturian, Bolschoi-Th., Moskau 1957). Arbeitete 1950–51 auch an der Budapester Staatsoper. – Seinem B. *Flamme von Paris* mit dessen folkloristischen und Charaktertanz-Akzenten verdankt er sein Renommee als typischer Choreograph des neuen heroischen Sowjet-B.-Stils, doch war er auch ein bedeutender virtuoser Klassizist, dessen *Nußknacker* sich bis heute im sowj. Rep. zu halten vermocht hat.

Lit.: K. Armaschewskaja / N. Wainonen, *Ballettmeister Wainonen*, Moskau 1971. [In russ. Sprache.]

Waise aus China, Die → *Chinesische Waisenknabe, Der.*

Walberg, Iwan (auch Walberch), russ. Tänzer, Choreograph, B.-Meister und Pädagoge, * 14. 7. 1766 Moskau, † 26. 7. 1819 St. Petersburg. Studierte an der Th.-Schule in St. Petersburg bei Angiolini und Canziani, machte 1786 sein Examen, tanzte unter Le Picq und wurde der erste russ. Choreograph von Bedeutung. Wurde 1794 als Nachfolger des Italieners Canziani B.-Inspektor der Komp. des St. Petersburger Bolschoi-Th.s und Direktor der Schule. Reorganisierte 1807/08 auch die B.-Schule in Moskau. Setzte sich sehr für russ. Tänzer ein und protegierte besonders die Ballerina Eugenia Kolossowa. Als Choreograph bevorzugte er literarische Stoffe und Themen, die er aus populären Opern und Schauspielen bezog. Arbeitete auch viel mit dem Franzosen Auguste Poireau, dem besten Kenner der russ. Tanzfolklore, zusammen. Choreographierte 1799 *Der neue Werther* (Mus.: Serge Titow) und 1809

Romeo und Julia, ein tragisches B. mit Chören, aber mit glücklichem Ausgang. 1812–14 choreographierte er als Beitrag zum Kampf gegen Napoleon patriotische Stoffe, vor allem *Liebe zum Mutterland* (Mus.: Catarino Cavos). Dieses B. soll die jungen Zuschauer so begeistert haben, daß manche direkt vom Th. zu den Konskriptionsbüros gegangen seien, um sich als Freiwillige für den Kriegsdienst zu melden. Diese patriotischen B.e hatten alle russ. Themen à la *Die neue Heldin oder Der weibliche Kosak*, *Die Russen in Paris* und *Kosaken in London*.

Lit.: N. Roslavleva, in: *Era of the Russian Ballet*, London 1966.

Walker, David Hatch → Hatch Walker, David.

Walker, Norman, amer. Tänzer, Choreograph und Pädagoge, * 21. 6. 1934 New York. Studierte bei M. O'Donnell, G. Shurr, M. Graham, V. Pereyaslavec und R. Joffrey. Tänzerdebüt bei der O'Donnell Comp. 1953, dann bei den Komp.n von Yuriko, P. Koner und P. Lang. Begann 1956 an der High School of Performing Arts zu unterrichten. Gelegentliche Tourneen mit einer eigenen Komp., meist als freischaffender Choreograph bei den verschiedensten Komp.n tätig (u. a. Grands B.s Canadiens, Harkness B., Batsheva Dance Comp., Kölner Tanz-Forum, D. Waynes Dancers Comp.). Gegenwärtig Chairman of the Dance Department an der Adelphi University, Garden City (N. Y.). Zeitweise auch Direktor des Jacob's Pillow Festival.

Wall, David, engl. Tänzer, * 15. 3. 1946 Chiswick. Studierte in Windsor und an der Royal B. School. Tänzer bei der Touring Group des Royal B. 1963, dann reguläre Komp., Solist 1964, Principal Dancer 1966. Einer der virilsten und projektionskräftigsten Solisten der Komp. – außer den Premier-danseur-Rollen des Standard-Rep.s auch zahlreiche Rollenkreationen u. a. in F. Ashtons *Sinfonietta* (1967) und *The Walk to the Paradise Garden* (1973), K. MacMillans *Anastasia* (Londoner Version, 1971), *Manon* und *Elite Syncopations* (1974), *The Four Seasons* (1975) und *Mayerling* (1978) sowie R. Nurejews *The Tempest* (1982). A. Tudor choreographierte *Knight Errand* (1971), Ashton die Titelrolle in *Geschöpfe des Prometheus* (1970) für ihn, doch konnte er krankheitshalber die Premieren nicht tanzen. Beendete 1984 seine Tänzerlaufbahn – seither Assistent Director der Royal Academy of Dancing. Verheiratet mit der Ex-Tänzerin Alfreda Thorogood.

Wallmann, Margarethe (auch Margherita), österr. Tänzerin, Choreographin, Pädagogin, B.-Meisterin und Opernregisseurin, * 22. 7. 1904 Wien. Studierte an der B.-Schule der Wiener Oper, bei E. Eduardowa, O. Preobrajenska – vor allem bei M. Wigman in Dresden, wo sie bald auch in deren Gruppe mittanzte. Eröffnete 1927 in Berlin eine Filiale der Wigman-Schule und ging 1928 erstmals als Lehrerin für Wigman-Technik in die USA. Unternahm mit eigener Gruppe Tourneen durch Deutschland und choreographierte dafür ihre ersten größeren Arbeiten *Orpheus Dionysos* (Mus.: Gluck, Münchner Tänzerkongreß 1930) und *Das Jüngste Gericht* (Mus.: Händel, Salzburger Festspiele 1931). Löste 1932 ihre Verbindung mit Wigman, wandte sich mehr dem klassischen Tanz zu und verlagerte ihre Aktivität auf das Gebiet der Opernregie, auf dem sie 1933 in Salzburg mit Glucks *Orpheus und Eurydike* debütierte. War als inoffizielle Chefchoreographin der Salzburger Festspiele bis 1939 für alle choreogr. Belange zuständig. Wirkte 1934–39 auch als B.-Chefin und Vorstand der B.-Schule an der Wiener Staatsoper und schuf hier u. a. die B.e *Österreichische Bauernhochzeit* (Mus.: F. Salmhofer), *Fanny Elßler* (Mus.: M. Nador, beide 1934) und *Der liebe Augustin* (Mus.: A. Steinbrecher, 1936). Choreographierte in diesen Jahren auch an der Mailänder Scala. Machte in Hollywood einige Ch.n zu Filmen und wirkte während des Zweiten Weltkrieges als B.-Direktorin am Teatro Colón in Buenos Aires. Choreographierte hier eine Reihe von B.en über südamer. Themen, war besonders erfolgreich mit ihren Insz.en von A. Honeggers *Jeanne d'Arc auf dem Scheiterhaufen*. Nach dem Krieg kehrte sie nach Italien zurück und schuf eine Reihe weiterer B.e in Rom und Mailand. Im folgenden wandte sie sich der – bei ihr freilich immer mehr oder weniger choreographisch-orientierten – Opernregie zu. Letzte B.-Insz.en 1954 bei den Salzburger Festspielen mit *Salzburger Divertimento* (Mus.: Arr. B. Paumgartner), *Der Totentanz* (Mus.: Honegger) und *Der große Krug* (Mus.: A. Casella) sowie 1955 *Persephone* (Mus.: Strawinsky).

Walpurgisnacht, B.-Divertissement aus dem letzten Akt der Oper *Faust* von Gounod (UA Opéra, Paris 1869, Ch.: Henri Justament). Wird gelegentlich auch aus seinem Opern-Zusammenhang gelöst in B.-Vorst.en gegeben und erfreut sich namentlich in der Ch. von L. Lawrowsky großer Beliebtheit bei den Komp.n der UdSSR (zuerst Bolschoi-B., Moskau 1941). Weitere erfolgreiche Versionen u. a. von W. Orlikowsky (Wiener Staatsoper, 1963) und G. Balanchine (zuerst im Rahmen der *Faust*-Prod. der Opéra, Paris 1975, dann New York City B., 1980).

Walter, Erich, dt. Tänzer, Choreograph und B.-Direktor, * 30. 12. 1927 Fürth, † 23. 11. 1983 Herdecke (bei Hagen). Studierte bei Olympiada Alperova in Nürnberg. Tänzer ebd. 1946–50, Göttingen 1950/51 und Wiesbaden 1951–53. B.-Meister und Choreograph Wuppertal 1954–64, wo er zusammen mit dem Bühnenbilder H. Wendel als engstem Mitarbeiter eine Vielzahl von B.en schuf, die durch ihren musikalischen Ehrgeiz, ihre ungewöhnlich dichte Integration von Dramaturgie, Ch. und Szenographie und ihrem sehr flüssigen Neoklassizismus einen Stil ausbildeten, der zunehmend auch außerhalb von Wuppertal Aufmerksamkeit fand und als erster eigenständiger dt. B.-Beitrag nach dem Zweiten Weltkrieg gewürdigt worden ist. Fortsetzung ihrer Arbeit an der Dt. Oper am Rhein Düsseldorf-Duisburg, wo W. seit 1964/65 als B.-Direktor wirkte, häufig aber auch bei anderen Komp.n als Gastchoreograph tätig war (wiederholt Wiener Staatsoper, Mailänder Scala, Staatsoper München und Opernhaus Zürich). Auswahl aus der überaus umfangreichen Liste von B.en, die W. choreographiert hat (nur Erstversionen, wenn nicht anders vermerkt, jeweils während seiner Wuppertaler, bzw. Düsseldorf-Duisburger B.-Leitung entstanden): *Die vier Jahreszeiten* (Mus.: Vivaldi), *Der Kuß der Fee* (Mus.: Strawinsky, beide 1953), *Der Zweikampf* (Mus.: Monteverdi), *Daphnis und Chloe* (Mus.: Ravel), *Orpheus* (Mus.: Strawinsky), *Jacques Pudding* (Mus.: Henze, alle 1954), *Pulcinella* (Mus.: Strawinsky), *Musik für Saiteninstrumente, Schlagzeug und Celesta* (Mus.: Bartók), *Pelleas und Melisande* (Mus.: Schönberg, alle 1955), *Die weiße Rose* (Mus.: W. Fortner), *Jeu de cartes* und *Apollon musagète* (Mus.: beide Strawinsky, alle 1956), *Sirenen* (Mus.: Debussy), *Der Feuervogel* und *Lied der Nachtigall* (beide Mus.: Strawinsky, alle 1957), *Jeux* (Mus.: Debussy), *Der wunderbare Mandarin* (Mus.: Bartók), *Boulevard Solitude* (im Rahmen der Henze-Oper), *Ariadne* (Mus.: Monteverdi, alle 1958), *Romeo und Julia* (Mus.: Berlioz), *Konzert für Orchester* (Mus.: Bartók, beide 1959), *Persephone* (Mus.: Strawinsky, 1960), *Die Planeten* (Mus.: G. Holst, Wiener Staatsoper), *Anrufung Apolls* (Mus.: Henze), *L'Orfeo* (choreogr. Insz. der Oper von Monteverdi), *Verklärte Nacht* (Mus.: Schönberg, alle 1961), *Don Juan* (Mus.: Gluck), *Tanz der Spröden* (Mus.: Monteverdi), *Der holzgeschnitzte Prinz* (Mus.: Bartók), *Undine* (Mus.: Henze, alle 1962), *Der Wolf* (Mus.: H. Dutilleux), *Delphische Suite* (Mus.: A. Jolivet), *Sylvia* (Mus.: Delibes, Bregenzer Festspiele, alle 1963), *Der Tänzer Unserer Lieben Frau* (Mus.: K. Boehmer), *Der Tod und das Mädchen* (Mus.: Schubert, beide 1964), *Die Irrfahrten des Odysseus* (Mus.: H. Eder, Bregenzer Festspiele 1965), *Streichquartett Nr. 1* (Mus.: Janáček), *Petruschka* (Mus.: Strawinsky), *La Damoiselle élue* (Mus.: Debussy), *Die Geschöpfe des Prometheus* (Mus.: Beethoven, alle 1966), *Aschenbrödel* (Mus.: Prokofjew, 1967), *Frühlingssonate* (Mus.: Beethoven), *Musique pour les soupers du Roi Ubu* (Mus.: B. A. Zimmermann), *Menagerie* (Mus.: G. Klebe), *Der Tanz ums Goldene Kalb* (innerhalb der Opern-Prod. von Schönbergs *Moses und Aron*, alle 1968), *Schwanensee* (Mus.: Tschaikowsky, zus. mit R. Mazalová), *Gravité* (Mus.: Poulenc), *Erinnerung* (Mus.: Brahms, alle 1969), *Le Sacre du printemps* (Mus.: Strawinsky, 1970), *Giselle* (Mus.: A. Adam, zus. mit Mazalová), *Klavierkonzert Nr. 2, Es-Dur* (Mus.: Weber, beide 1971), *Romeo und Julia* (Mus.: Prokofjew, 1972), *Dornröschen* (Mus.: Tschaikowsky), *Dritte Sinfonie* (Mus.: Skrjabin, 1974), *Symphonie fantastique* (Mus.: Berlioz), *Josephslegende* (Mus.: R. Strauss, beide 1975), *Die steinerne Blume* (Mus.: Prokofjew, 1976), *Divertimento für Streichorchester* (Mus.: Bartók), *Cellokonzert h-Moll* (Mus.: Dvořák, beide 1977), *Kalevala* (Mus.: Sibelius, 1978), *Rondo* (Mus.: G. von Einem, Wiener Staatsoper 1979), *Fantaisies* (Mus.: Tschaikowsky, 1980), *Der Golem* (Mus.: F. Burt, Wiener Staatsoper), *Sinfonie Nr. 4* (Mus.: Sibelius), *Le Martyre de Saint-Sébastien* (Mus.: Debussy), *Chacun sa Chimère* (Mus.: A.

Reimann), *Fantastische Nacht* (Mus.: Berlioz, Staatsoper München, sämtlich 1982).

Lit.: G. Barfuß / K. Geitel / H. Koegler, *Ein Ballett in Deutschland*, Düsseldorf 1971.

Walzer, süddt.-österr. Drehtanz im ¾-Takt. Ursprünglich die Schlußfigur der in Süddeutschland und den Alpenländern seit Jahrhunderten bekannten und immer wieder verbotenen Werbetänze, die als Ländler, Schuhplattler, Steirer, Schwäbisch oder einfach als Deutsche (Teutsche) bezeichnet wurden. Noch Mozart, Beethoven, Schubert schrieben Deutsche Tänze, die nichts anderes waren als Walzer. Die Worte walzen und Walzer sind sicher alt, doch ein schriftlicher Beleg findet sich erst in einer Wiener Komödie von 1754. In dem bayer. Städtchen Eurasberg wurden teusch walzende Tänze 1760 ebenso verboten wie 1765 in Würzburg die »ärgerlichen Walz- und Schleifertänze«. Der Kampf gegen den wegen der engen Umschlingung der Partner als unsittlich geltenden Walzer dauerte noch Jahrzehnte. Doch schon Goethe hat 1774 in seinem Werther das Walzerglück begeistert geschildert. Der W. als Gesellschaftstanz erlebte seine Blütezeit im bürgerlichen 19. Jh., insbesondere in Wien während der Herrschaft der Strauß-Familie. Auf der Bühne erschien er zuerst offenbar in Martin y Solers Oper *Una cosa rara* (Wien 1786), in einem B. erstmalig in P. Gardels *La Dansomanie* (Paris 1800). Den Höhepunkt im B. erreichte er in Tschaikowskys *Schwanensee, Dornröschen* und *Der Nußknacker*. Walzer-B.e des 20. Jh.s sind u. a. Ravels *Adélaide ou le Langage des fleurs* (Ch.: I. Clustine, Paris 1912), *La Valse* (Mus.: Ravel, Ch.: B. Nijinska, Monte Carlo 1929), G. Balanchines *Liebeslieder Walzer* (Mus.: Brahms, New York 1960), J. Ulrichs *Walzerträume* (Mus.: K. Schwertsik, Köln 1977), Balanchines *Vienna Waltzes* (Mus.: J. Strauß jun., Lehár, R. Strauss, New York City B. 1977), P. Bauschs *Walzer* (Mus.: Schubert, Schumann u. a., Amsterdam 1982) und Béjarts *Wien, Wien nur du allein* (Mus.: diverse, Brüssel 1982).

Lit.: P. Nettl, in: *Tanz und Tanzmusik*, Freiburg 1962; H. Günther / H. Schäfer, in: *Vom Schamanentanz zur Rumba*, Stuttgart 1975.

Wandtke, Harald, dt. Tänzer und Choreograph, * 26. 9. 1939 Schönehr. Studierte bei J. Weidt und an der Dresdner Palucca-Schule. Tänzer bei den Komp.n in Karl-Marx-Stadt, Weimar und Dresdner Staatsoper, dann Komische Oper in Ost-Berlin 1966. Begann 1970 zu choreographieren. Chefchoreograph der Dresdner Staatsoper seit 1980/81. Choreographierte u. a. *Triptychon* (Mus.: J. Françaix, M. Ohana, Strawinsky, 1974), *Tanz ums Goldene Kalb* (im Rahmen der Prod. von Schönbergs Oper *Moses und Aron*, 1975), *Die Versuchung* (ein abendfüllendes B. zu Musik von C. M. von Weber, 1978), *Wandlungen* (Mus.: P. Dessau, 1979), *Papillon* (Mus.: Offenbach, 1982) und *Apocalyptica* (Mus.: M. Kelemen, 1983).

Waring, James, amer. Tänzer, Choreograph und Pädagoge, * 1. 11. 1922 Alameda (Cal.), † 2. 12. 1975 New York. Studierte bei Raoul Pausé in Oakland, San Francisco B. School und bei W. Lathrop, dann School of American B. und M. Cunningham. Tänzer im Rahmen seiner eigenen Komp. 1949–66, dann Künstlerischer Direktor von The Stage B. Comp., für die er die Mehrzahl seiner Ch.n schuf, darüber hinaus als Gastchoreograph bei zahlreichen Komp.n tätig (u. a. Manhattan Festival B., New England Dance Th. und Nederlands Dans Th.). Choreographierte eine größere Anzahl von B.en für Soloperformer. Man hat ihn den am meisten paradoxen Choreographen in den USA genannt.

Lit.: M. B. Siegel, in: *Watching the Dance Go By*, Boston 1977.

Warren, Robert de, engl. Tänzer, Choreograph und B.-Direktor, * 1933 Montevideo. Studierte bei G. Goncharov, T. Grigorievna und an der Royal B. School. Tänzer beim National-B. von Uruguay 1954, Covent Garden Opera B. 1958–60, Stuttgarter B. 1960–62, Frankfurt a. M. 1962–64. Direktor des Iranischen National-B.s 1968–70. Studierte danach iran. Folklore und gründete und leitete die Folklore-Komp. der Mahalli-Tänzer 1971–76 (choreographierte das abendfüllende Stück *Simorgh*, Mus.: Tjeknavorian, 1975). Künstlerischer Direktor des Northern B. Th. seit Ende 1976, für das er seither zahlreiche B.e geschaffen hat (darunter auch die engl. EA von J. Strauß' *Cinderella*, 1979).

Warschau. Erste poln. Tanzvorführungen fanden 1518 am Hofe Sigismunds I. in Krakau statt. Mit einer ital. Operntruppe kamen 1637 die beiden ital. Choreographen Ciampoli und Fantomi nach Polen. 1938 gelangte das B.

L'Africana supplicante zur Auff. Unter August II. und seinen Nachfolgern wurden vornehmlich frz. Tänzertruppen engagiert, u. a. Lovis de Poitier. Im Schloß in W. und der Sommerresidenz Wilanow gab es häufig B.-Vorst.en, meist Divertissements. 1727 erregte ein frz. *Persephone*-B. wegen seiner Freizügigkeit den Unwillen der Öffentlichkeit. In der zweiten Hälfte des 18. Jh.s setzte der poln. Großadel seinen Stolz darein, auf seinen Schlössern eigene B.-Auff.en zu veranstalten – diese waren meist frz. Ursprungs (u. a. arbeitete M. Dupré beim Fürsten Radziwill). S. Viganò kam 1744, G. Vestris 1768, die Choreographen Antonio Sacco und Ch. LePiq 1774–77. 1785 gastierte die unter Leitung von Gabriel Le Doux stehende, 60 poln. Tänzer zählende Komp. des Grafen Antoni Tyzenhauz aus Grodno in W. Sehr beliebt war das B. während der Regierungszeit von Stanislaus August – charakteristisch für die sich langsam durchsetzenden nationalen Interessen war das B. *Die Kosaken oder Die mit Gewalt durchgesetzte Erlaubnis*. Als erster poln. Choreographen-Name begegnet Walinski als Schöpfer der B.e *Ungarn und Kosaken* und *Die beiden Geizigen* 1801. Als erste poln. Ballerina wurde Julia Mierzynska bekannt. Eine wichtige B.-Kreation war die *Hochzeit von Ojców* mit der Musik von Karol Kurpinski 1823. M. Taglioni gastierte 1834, ihr Vater Filippo Taglioni wirkte hier als B.-Meister 1838–43. Adolph Sonnenfeld choreographierte und komponierte das poln. Faust-B. *Pan Twardowski* 1871. Eine Glanzzeit erlebte das B. in Warschau unter der Direktion von Piotr Zajlich nach dem Ersten Weltkrieg. K. Szymanowskis *Harnasie* hatte allerdings 1935 in Prag seine UA. Nach 1945 gelangte das B. am Teatr Wielki (das 1965 sein heutiges Gebäude bezog) trotz Import solcher westl. Choreographen wie F. Adret und A. Rodrigues zunehmend unter sowj. Einfluß, der sich namentlich durch die Insz. der großen, abendfüllenden Prod.en von A. Tschitschinadse ausbreitete. Zwar versuchten poln. Choreographen wie Stanislaw Misczyk, Witold Gruca, Eugeniusz Paplinsky und Conrad Drzwiecki dem Rep. eine stärkere poln. Note zu geben, doch nahm und nimmt das zahlenmäßig sehr stark besetzte B. der Staatsoper W. auch unter den Komp.n des Ostblocks nur einen zweiten Rang ein, während der poln. Tanz im westl. Ausland fast ausschließlich mit den Folklore Ens.s von Mazowsze und Slask identifiziert wird. Seit 1981 ist Elzbieta Jaron B.-Direktorin am Teatr Wielki. Moderner ambitioniert geben sich die Komp.n von Posen, Krakau und Danzig sowie das in Breslau ansässige Pantomimen-Th. von H. Tomaszewski, der eine eigene Zwischenform von B. und Pantomime geschaffen hat. Poln. Tänzer sind heute in vielen westl. Komp.n engagiert.

Wassiljew, Wladimir Viktorowitsch, sowj. Tänzer, * 18. 4. 1940 Moskau. Studierte an der Schule des Bolschoi-Th.s, machte 1958 sein Examen und wurde Mitgl. des Bolschoi-B.s, wo er sich rasch als einer der dynamischsten Solisten qualifizierte. Tanzt auch die Premier-danseur-Rollen des klassischen Rep.s. Gleichwohl sind die Helden des modernen sowj. B.-Rep.s seine eigentliche Domäne – Gestalten, denen er mit seiner Virilität ein jeweils höchst individuelles Gepräge zu geben versteht. Rollenkreationen u. a. in A. Radunskis Neufassung des *Buckligen Pferdchens* (1960), L. Lawrowskys *Seiten des Lebens* (1961), K. Goleisowskis *Leili und Medschnun* (1964), Grigorowitschs *Nußknacker* (1966), *Spartakus* (1968), *Dornröschen* (1973), *Iwan der Schreckliche* (2. Fassung, 1975) und *Angara* (1976). Seine erste eigene Ch. war *Ikarus* (Mus.: S. Slonimski, 1971). Es folgte *Macbeth* (Mus.: K. Moltschanow, 1980). Mitwirkung in den B.-Filmen *Das Bucklige Pferdchen* (1961) und *Geheimnis des Erfolgs* (1967).

Wassiljow, Wladimir Judowitsch, sowj. Tänzer und Choreograph, * 8. 2. 1931 Moskau. Studierte an der Moskauer Choreogr. Schule, machte 1949 sein Examen, studierte weiterhin Schauspiel am Moskauer GITIS-Institut, machte auch dort 1953 sein Examen und gehörte seit 1949 dem Bolschoi-B. an. Mit seiner Frau Natalia Kassatkina zusammen choreographierte er folgende B.e für das Bolschoi-B.: *Vanina Vanini* (nach Stendhal, Mus.: N. Karetnikow, 1962), *Heroisches Poem* (*Geologen*) (Mus.: Karetnikow, 1964), *Sacre du printemps* (Mus.: Strawinsky, 1965) und *Präludien und Fugen* (Mus.: Bach, 1968); für das Kirow-B. *Die Erschaffung der Welt* (Mus.: A. Petrow, 1971) und *Puschkin*, eine »vokalo-choreographische Symphonie« (Mus.: Petrow, 1979); für das Stanislawsky-und-Nemirowitsch-Dantschenko-Musik-Th. *Beim Erblicken des Lichts (russ. Titel:* Proswenije, *Mus.: Juri Butzko, 1974). W. wurde 1977 zum*

Künstlerischen Leiter des 1966 gegründeten Moskauer Klassischen B.s ernannt. (→ Moskauer Klassisches Ballett.)

Lit.: *Balet-Enziklopedia*, Moskau 1981. [In russ. Sprache.]

Watts, Heather, amer. Tänzerin, * 21. 9. 1953 Los Angeles. Studierte an der School of American B. Tänzerin beim New York City B. seit 1970, Solistin 1978, Principal Dancer 1980. Rollenkreationen u. a. in P. Martins' *Calcium Light Night* (1978), *Sonate di Scarlatti* (1979) und *Suite from Histoire du Soldat* (1981), J. Robbins' *The Four Seasons* (1979) und *Ragtime* (1982) sowie G. Balanchines *Davidsbündlertänze* (1980).

Watts, Jonathan, amer. Tänzer und Pädagoge, * 8. 11. 1933 Fort Warren (Wyom.) Studierte bei R. Joffrey und M. O'Donnell. Debütierte als Tänzer bei der Komp. von Joffrey, dann New York City B. 1954, Solist 1957, Principal Dancer 1959–62. Kreierte Rollen u. a. in G. Balanchines *Divertimento Nr. 15* (1956), *Agon* (1957), *Episodes* (1959), *Donizetti Variations* und *Liebeslieder Walzer* (1960). Zurück zum R. Joffrey B. 1962, dann Australian B. 1962/63, Kölner Opern-B. 1965–68. Kehrte dann nach Amerika zurück, unterrichtete am American B. Center in New York, leitete das Joffrey II B., für das er auch einzelne Ch.n gemacht hat, war zeitweise Pädagoge an der Purchase University und an der Indiana University School of Music. Ist heute freischaffend tätig.

Wayne, Dennis, amer. Tänzer, * 19. 7. 1945 St. Petersburg (Fla.). Studierte bei N. Walker, G. Shurr und M. Graham. Tänzer bei den Komp.n von Walker und P. Sanasardo, dann Harkness B. 1964, zu dessen profiliertesten Solisten er gehörte. Principal Dancer des Joffrey B. 1972–74, Solist beim American B. Th. 1974/75. Trat dann zunehmend mit Tänzerkollegen auf Tourneen auf und gründete 1975 seine eigene Truppe, Dancers, in der er selbst der Starsolist ist (ohne selbst zu choreographieren), und mit der er mehrfach auch Europa bereist hat.

Lit.: J. Gruen, in: *The Private World of Ballet*, New York 1975.

Wazem, Jekaterina Ottowna, russ. Tänzerin, * 13. 1. 1848 Moskau, † 14. 12. 1937 Leningrad. Studierte an der Kaiserl. B.-Akademie bei L. Iwanow, M. Petipa und F. Huguet, machte 1867 ihr Examen und trat in die Komp. des St. Petersburger Bolschoi-Th.s ein, wo sie die Ballerinenrollen in 22 verschiedenen B.en tanzte. Sie war eine bravouröse, eiskalte Virtuosin, die von Petipa besonders geschätzt wurde. Mit ihr kreierte er u. a. *Der Schmetterling* (1874), *Die Banditen* (1875), *La Bayadère* (1877), *Die Schneetochter* (1879), *Soraya* (1881) und *Nacht und Tag* (1883) sowie den Grand Pas in seiner neuen Version von *Paquita* (1881). Zog sich 1884 von der Bühne zurück, unterrichtete aber noch bis 1896 an der B.-Akademie, lebte im Haus der St. Petersburger Th.-Pensionäre und veröffentlichte in ihrem Todesjahr ihre Memoiren: *Aufzeichnungen einer Ballerina am Petersburger Bolschoi-Theater* (Leningrad 1937).

Weaver, John, engl. Tänzer, Choreograph, Pädagoge und Tanz-Theoretiker, * 21. 7. 1673 Shrewsbury, † 24. oder 29. 9. 1760 ebd. Gilt als »the Father of English Pantomime« und einer der ersten Vorkämpfer des B. d'action. War der Sohn eines Tanzmeisters, trat selbst hauptsächlich in Charakter- und komischen Rollen auf und wirkte 1700–36 als Tänzer und Choreograph in London, wo er für die Entwicklung des Handlungs-B.s so wichtige Werke wie *The Tavern Bilkers* (1702) und *The Loves of Mars and Venus* (A Dramatic Entertainment of Dancing, Theatre Royal, Drury Lane, 1717) herausbrachte. Seine Libretti verfaßte er selber und veröffentlichte sie auch, wie er überhaupt zu den fruchtbarsten Tanzpublizisten seiner Zeit gehörte. Brachte 1706 die erste engl. Ausgabe von A. Feuillets *Chorégraphie* heraus. Andere Bücher von ihm: *An Essay towards a History of Dancing* (1712), *Anatomical and Mechanical Lectures upon Dancing* (1721) und *History of Mimes and Pantomimes* (1728).

Lit.: M. H. Winter, in: *The Pre-Romantic Ballet*, London 1974; S. J. Cohen, in: *Dance as a Theatre Art*, New York 1974.

Weber, Carl Maria von, dt. Komponist, * 18. 12. 1786 Eutin, † 5. 6. 1826 London. Schrieb keine B.-Musik, wohl aber Gebrauchstänze, Walzer und Polonaisen, und seine *Aufforderung zum Tanz* gehört in der Berliozschen Orchester-Bearbeitung zu den gelegentlich choreographierten Konzertmusikstücken – u. a. schon von P. Taglioni und K. Telle in *Rokoko* (Berlin 1876) und M. Fokine in *Geist der Rose* (B.s Russes de Diaghilew 1911). Weitere B.e zu Musik von Weber waren u. a. *Die Nixe von*

Schönbrunn (Ch.: H. Kröller, Wiener Staatsoper, 1927), *Silvana* (Ch.: A. von Milloss, Augsburg 1934), *Vienna – 1814* (Ch.: L. Massine, B. Russe de Monte Carlo, New York 1940), *Konzertstück* (für Klavier in f-Moll, Ch.: P. van Dyk, Hamburg 1965), *Klavierkonzert Nr. 2, Es-Dur* (Ch.: E. Walter, Düsseldorf 1971) und *Die Versuchung* (diverse Stücke, Ch.: H. Wandtke, Dresden 1978).

Webern, Anton (von), österr. Komponist, * 3. 12. 1883 Wien, † 15. 9. 1943 Mittersill. Komponierte keine B.e, doch haben sich die Choreographen seit Ende der fünfziger Jahre verschiedentlich seiner Konzertmusik bemächtigt – u. a. M. Graham und G. Balanchine in *Episodes* (Graham: Passacaglia, op. 1, 6 Stücke für Orchester, op. 6 – Balanchine: Sinfonie op. 21, 5 Stücke für Orchester op. 10, Orchesterkonzert op. 24, Orchestervariationen op. 30 und Ricercar aus Bachs *Musikalischem Opfer*; M. Graham Dance Comp. und New York City B., New York 1959), M. Béjart in *Temps* (Stücke für Orchester op. 6 und 10 im Rahmen seiner *Suite viennoise*, B. du XXe Siècle, Brüssel 1960) und *Webern – opus 5* (B. du XXe Siècle, Brüssel 1966), J. Cranko in *Opus 1* (Passacaglia, Stuttgart 1965), R. van Dantzig in *Augenblicke* (6 Bagatellen op. 9 und Streichquartett op. 5, Het Nationale B., Amsterdam 1968), J. Butler in *Transitions* (op. 5 in Streichorchester-Bearbeitung und 6 Orchesterstücke op. 6, Köln 1969) und K. MacMillan in *Mein Bruder, meine Schwestern* (op. 10 und 6, dazu weitere Musik von A. Schönberg, Stuttgart 1978) sowie in *Different Drummer* (Passacaglia, dazu weitere Musik von Schönberg, Royal B. 1984).

Webster, Clara, engl. Tänzerin, * 1821 Bath, † 17. 12. 1844 London. Studierte bei ihrem Vater Benjamin W. in Bath. Tänzerinnen-Debüt zusammen mit ihrem Bruder Arthur W. in einem Pas de deux 1830. Ging 1836 nach London, trat im Haymarket Th. auf, später auch in Dublin, Liverpool und Manchester. Tanzte als eine der ersten Engländerinnen die *Cachucha, Cracovienne* und (mit ihrem Bruder) die *Tyrolienne*. Starb an den Verbrennungen, die sie erlitten hatte, als ihr Kostüm in einer Vorst. des B.s *The Revolt in the Harem* im Drury Lane Th. Feuer gefangen hatte.

Lit.: I. Guest, *Victorian Ballet Girl*, London 1957.

Wedding Bouquet, A, B. in 1 Akt, Libr., Mus. und Dek.: Lord Berners (mit Versen von G. Stein), Ch.: F. Ashton; UA 27. 4. 1937, Sadlers Wells B., Sadlers Wells Th., London, mit M. Honer, R. Helpmann u. a. Ein Nonsense-B. über eine Hochzeit in der frz. Provinz zu Beginn des 19. Jh.s, das seinen Reiz aus der Konfrontierung der anfangs gesungenen, später gesprochenen Texte mit den davon völlig unabhängigen tänzerischen Aktionen bezieht.

Lit.: P. Brinson / C. Crisp, in: *Ballet and Dance*, Newton Abbot 1980.

Weidman, Charles, amer. Tänzer, Choreograph und Pädagoge, * 22. 7. 1901 Lincoln (Nebr.), † 15. 7. 1975 New York. Studierte bei Eleanor Frampton sowie an der Schule von Denishawn, tanzte mit M. Graham in dem B. *Xochitl* von T. Shawn und war acht Jahre lang Mitgl. der Denishawn-Komp. Mit D. Humphrey zusammen bildete er 1928 eine Komp., die bis 1944 existierte, als sich Humphrey wegen Arthritis von der Bühne zurückziehen mußte. Tanzte und choreographierte auch in den großen Werken von Humphrey, vor allem in der *New Dance Trilogy* (1935/36). Seine eigenen Werke hatten zumeist satirischen und gesellschaftskritischen Charakter: *The Happy Hypocrite* (1931), *Candide* (1933), *Lynchtown* (1936), *On my Mother's Side* (1940) *And Daddy was a Fireman* (1943). Diese Werke machten W. zum Father of Modern Dance. Nach der Auflösung der Humphrey-Weidman-Komp. gründete er 1945 eine Schule, aus deren Absolventen sich die Charles Weidman Dance Th. Comp. rekrutierte. Für sie schuf er eine Reihe seiner wichtigsten Werke, u. a. *A House Divided* (über Lincoln, 1945), *Fables for Our Time* (nach Thurber, 1947), *The War Between the Men and Women, Lysistrata* (nach Aristophanes, beide 1954) und *Is Sex Necessary?* (1959). Er arbeitete dann für die New York City Opera und für zahlreiche Schauspiel-Prod.en, auch als Pädagoge an der Westküste und etablierte Anfang der sechziger Jahre zusammen mit dem Plastiker Mikhail Santaro in New York das Expression of Two Arts Th., in dessen Vorst.en beide gemeinsam tänzerisch-bildkünstlerische Projekte realisierten. Zu seinen Schülern gehörten u. a. S. Shearer, E. King, K. Litz, B. Seckler, G. Shurr, J. Limón, J. Cole, B. Fosse und W. Bales.

Lit.: M. B. Siegel, in: *At the Vanishing Point*, New York 1972.

Weidt, Jean (geb. Hans), dt. Tänzer und Choreograph, * 7. 10. 1904 Hamburg. War gelernter Gärtner, studierte 1923 bei dem Laban-Schüler S. Leeder in Hamburg, tanzte in dessen Gruppe und hatte im gleichen Jahr die sein weiteres Leben entscheidende Begegnung mit dem Kommunismus. Gab 1925 seinen ersten Tanzabend, wo bereits Stücke wie *Der Arbeiter* und die musiklose *Klage eines Soldaten* auf dem Programm erschienen. Ging 1929 nach Berlin, wo er eine Gruppe, die Roten Tänzer, aufbaute, mit der er nicht nur in öffentlichen Vorst.en, sondern auch in politischen Versammlungen auftrat. Aus dem Programm: *Arbeiterkampflieder, Reichstagsabgeordneter, Unsterbliche Opfer*. Wurde 1933 als Kommunist verhaftet, konnte aber über Moskau nach Paris emigrieren, wo er bis 1935 lebte und tanzte (B. Weidt). Weitere Stationen waren wieder Moskau, Prag und 1937–39 wieder Paris. Bei Kriegsausbruch 1939 in Frankreich und seit 1940 in Algerien interniert, nach der Landung der Alliierten in Nord-Afrika 1942 Soldat in der engl. Armee, bei Kriegsende Rückkehr nach Paris. Dort Gründung des B. des Arts, das mit dem B. von Weidt *Die Zelle* (Mus.: E. Damaise) beim Choreogr. Wettbewerb in Kopenhagen 1947 den ersten Preis erhielt. Rückkehr nach Ost-Berlin 1948, dort Zusammenarbeit mit einer Gruppe von jungen Arbeitern. 1950–53 wirkte er als Choreograph in Schwerin, an der Komischen Oper Berlin und in Karl-Marx-Stadt. Seit 1953 als freischaffender Choreograph vor allem tätig für die Gruppe Junger Tänzer, für die er u. a. *No pasarán* (1960), *Im Feuer vergangen und wieder auferstanden* (1961), *Der Knecht, als er seinen Acker bekam* (1964) schuf. Er beschrieb sein Leben in der Autobiographie *Der Rote Tänzer* (1968).

Weigelt, Gert, dt. Photograph, * 27. 7. 1943 Raeren bei Eupen. Begann erst nach dem Abitur mit seiner tänzerischen Ausbildung bei T. Gsovsky, dann auch in Kopenhagen bei B. Bartholin und V. Volkova. Tänzer beim Kgl. Schwed. B. 1967–70, Cullberg-B. 1970–72, Nederlands Dans Th. 1972–75. Wendete sich dann der Photographie zu und studierte an der Kölner Fachhochschule für Kunst und Design. Seither regelmäßige Mitarbeit u. a. beim *Tanzarchiv, Ballett International, Dance Magazine,* B.-Jahrbuch des Friedrich Verlags sowie *Stuttgarter Zeitung, Süddeutsche Zeitung* und *Frankfurter Allgemeine*. Koautor *Pina Bausch – Wuppertaler Tanztheater* (1979).

Weigl, Joseph, österr. Komponist, * 28. 3. 1766 Eisenstadt, † 3. 2. 1846 Wien. Wurde 1791 Dirigent der Hofoper in Wien, als der er nicht nur eine große Anzahl von Opern und Singspielen, sondern auch 18 B.e komponierte, u. a. für A. Muzzarelli *Das Sinnbild des menschlichen Lebens*, *Die Müller*, *Die Reue des Pygmalion* (alle 1794), *Der Raub der Helena* und *Die Zerstörung der Stadt Troja* (1796), für S. Viganò *Richard Löwenherz* (1795), *Die Spanier auf der Insel Christina* (1802) und *Die Isthmischen Spiele* (1803), für G. Traffieri *Alonza e Cora* (1796), *Alcina* (1798), *Rollar oder Die Spanier in Peru* und *Das Fest der Bacchanten* (beide 1799), für F. Clerico *Die Waise der Höhle oder Der Zauberer der beiden Bildnisse* (zus. mit P. Wranitzky) und *Zulima und Azem* (beide 1800).

Weill, Kurt, dt.-amer. Komponist, * 2. 3. 1900 Dessau, † 3. 4. 1950 New York. Komponierte die B.-Pantomime *Die Zaubernacht* (Libr.: Wladimir Boritsch, Auftrag des Russischen Kinder-Th.s, UA 18. 11. 1922, Th. am Kurfürstendamm, Berlin, Insz.: Franz-Ludwig Hörth) und *Die sieben Todsünden der Kleinbürger* (Libr.: B. Brecht, Ch.: G. Balanchine, Les B.s 1933, Paris). Eine abendfüllende W.-B.-Prod. mit den *Sieben Todsünden* und *Fürchtet Euch nicht* (diverse Stücke) von P. Bausch (Wuppertal 1976). Eine B.-Version des *Berliner Requiem* von Chr. Bruce beim B. Rambert (London 1982).

Weisberger, Barbara, amer. Tänzerin, Pädagogin und B.-Direktorin, * um 1926 Brooklyn (N. Y.). Studierte bei Marian Lehman, School of American B. und bei D. Littlefield in Philadelphia. Gründete Ende der vierziger Jahre eine Schule in Wilkes-Barre (Penn.), aus deren Performing Group eine Regional B. Comp. hervorging. 1962 nach Philadelphia, wo sie wiederum eine Schule eröffnete, aus der das Pennsylvania B. hervorging, das 1963 seine erste Vorst. gab und dessen Leitung sie bis 1982 innehatte.

Weiss, Josephine (geb. Maudry), österr. Tänzerin und B.-Meisterin, * 1805 Wien, † 18. 12.

1852 ebd. War 1820–26 und 1841 Solotänzerin am Kärtnertor-Th., dann B.-Meisterin am Josephstädter Th. und gründete hier das nach ihr benannte Mädchen-B. (Les Danseuses Viennoises), mit dem sie seit 1845 mehrere Jahre lang die Alte und Neue Welt bereiste. (→ Wiener Kinder-Ballett.)

Weiss, Robert, amer. Tänzer und B.-Direktor, * 1. 3. 1949 New York. Studierte an der School of American B. Tänzer beim New York City B. seit 1966, später Solist, dann Principal Dancer 1977. Rollenkreationen u. a. in G. Balanchines *Symphony in Three Movements* (1972), *Coppélia* (1974) und *Ballo della Regina* (1978). Seit Herbst 1982 Artistic Director des Pennsylvania B.

Weiße Rose, Die, B. in 2 Teilen, Libr. und Mus.: W. Fortner, Ch.: J. Keith, Dek.: P. Seltenhammer; UA 28. 4. 1951, Städt. Oper Berlin, mit S. Preisser, E. Bredow, R. Köchermann u. a. – Das B. basiert auf O. Wildes Märchen *Der Geburtstag der Infantin* und erzählt die Geschichte von dem Zwerg, der von der Prinzessin eine w. R. geschenkt bekommt, sich von ihr geliebt glaubt und sich in einem Traum als ihr bildschöner Liebhaber sieht, dann aber an der Gefühlskälte des Hofes zugrunde geht, als man ihn mit seinem wirklichen Erscheinungsbild in einem Spiegel konfrontiert. Spätere Versionen u. a. von E. Walter (Wuppertal 1956, Wiener Staatsoper 1961, Düsseldorf 1964) und H. Spoerli (Basel 1980). – Das Märchen von Wilde hat schon vorher und später mehrere andere B.e angeregt, so u. a. eine Pantomime von F. Schreker, *Der Geburtstag der Infantin* (Wien 1908, in der Ch. von M. Terpis als *Spanisches Fest*, Staatsoper Berlin 1927), A. Bolm (in *Birthday of an Infant*, Mus.: J. A. Carpenter, Chicago 1919) und G. Burne (Mus.: H. Partsch, Kapstadt 1971).

Lit.: O. F. Regner / H.-L. Schneiders, in: *Reclams Ballettführer*, Stuttgart [8]1980.

Weißhaarige Mädchen, Das, B. in 8 Akten; UA 1964, Schanghai B.-Schule. »Hsi-erhs Vater, unfähig seine Schulden zu bezahlen, wird zu Tode geprügelt und sie zur Zwangsarbeit im Haus des Großgrundbesitzers Huang Schih-jen verpflichtet. Ihr Bräutigam geht zur Volksarmee, entschlossen, das Dorf zu befreien und seine Braut zu retten . . . Im Laufe der sehr langen Wartezeit erleidet sie solche Qualen, daß sich ihr schönes langes schwarzes Haar weiß verfärbt. Die 8. Rote Armee befreit schließlich das Dorf, wobei Hsi-erhs Bräutigam das völlig verwilderte Mädchen in einem Käfig wiederfindet. Wieder vereint mit ihrem Volk, erlebt sie die Genugtuung, ihren Ausbeuter liquidiert zu sehen . . . Zusammen mit anderen jungen Leuten aus dem Dorf schließt sich Hsi-erh der Armee an und bricht zu neuen revolutionären Heldentaten auf« (L. Wheeler Snow). Das B. geht auf eine chin. Volksoper aus dem Jahr 1945 zurück. Ursprünglich ein halbstündiges Werk, wurde eine einstündige Prod. daraus, die dann abendfüllende Dauer erhielt. Die Titelrolle ist derart anstrengend, daß sie im Laufe einer Vorst. von verschiedenen Ballerinen getanzt wird. Verfilmt vom Schanghai Filmstudio zum generellen Kinostart aus Anlaß des 13. Jahrestages von Maos Rede über Literatur und Kunst in Yenan (15. 2. 1972).

Lit.: L. Wheeler Snow, in: *China on Stage*, New York 1972.

Weitz, Heinz, österr. Tänzer, Choreograph und B.-Meister, * 18. 10. 1929 Wien. Studierte an der B.-Schule der Wiener Staatsoper. Mitgl. des Wiener Staatsopern-B.s 1946–62, Solotänzer Hannover 1962–64, Bremen 1964–68 (auch Assistent des B.-Meisters), B.-Assistent der B.-Gemeinschaft Kiel-Lübeck 1968–70 und seit 1970 Chef-Choreograph, B.-Meister und Leiter des Kieler B.s, als der er zahlreiche B.e des klassischen und zeitgenössischen Rep.s choreographiert hat.

Wells, Bruce, amer. Tänzer und Choreograph, * 17. 1. 1950 Tacoma (Wash.). Studierte bei Patricia Cairns und an der School of American B. Mitgl. des New York City B. 1967, Solist 1970–75. Dann Resident Choreographer Connecticut B. 1975 und seit 1979 in gleicher Position beim Boston B. Choreographierte u. a. *Coppélia* (Mus.: Delibes, 1977), *A Midsummer Night's Dream* (Mus.: Mendelssohn Bartholdy, 1978), *Beauty and the Beast* (Mus.: Debussy, 1970), *La Fille mal gardée* (1980) und *The Hunchback of Notre Dame* (Mus.: Bartók, fürs Australian B., 1981).

Wells, Doreen, engl. Tänzerin, * 25. 6. 1937 Walthamstow. Studierte an der Bush-Davies

School und Royal B. School. Tänzerin beim Sadler's Wells Th. B. 1955, Sadler's Wells B. 1956, später auch Solistin. Ballerina des Touring Royal B. 1960–74 (auch beim Royal B.). Kreierte Titelrolle in R. Nurejews *Raymonda* (Spoleto 1964), weitere Rollen in F. Ashtons *Sinfonietta* und *Creatures of Prometheus* (1970), J. Laytons *The Grand Tour* und G. Cauleys *Ante Room* (1971). Zog sich 1974 von der Bühne zurück, trat aber weiterhin gelegentlich als Gastballerina auf. Wurde mit ihrer Heirat 1972 Marchioness of Londonderry.

Wendel, Heinrich, dt. Bühnenbildner, * 9. 3. 1915 Bremen, † 27. 3. 1980 Düsseldorf. Als Ausstattungschef in Wuppertal 1953–64 und an der Dt. Oper am Rhein Düsseldorf-Duisburg 1964–80 hat er nicht nur die meisten Bühnenbilder für die E. Walter-B.e in diesen Städten entworfen, sondern auch entscheidend am Konzept der Insz.en mitgearbeitet, so daß W. und Walter eine Zeitlang in Wuppertal sogar auf eine getrennte Nennung ihrer Kompetenzen verzichteten und gemeinsam für die Insz. verantwortlich zeichneten. Die ungewöhnlich dichte Integration von Raumgestaltung und Ch. in den Walter-B.en ist nicht zuletzt dieser außerordentlich harmonischen Zusammenarbeit von Choreograph und Bühnenbildner zuzuschreiben.

Lit.: G. Barfuß / K. Geitel / H. Koegler, *Ein Ballett in Deutschland*, Düsseldorf 1971.

Wendland, Jens, dt. Rundfunkredakteur, * 8. 4. 1944 Bad Polzin. Studierte an den Universitäten Münster, Köln und Bonn. Als Redakteur beim Hessischen Rundfunk in Frankfurt a. M. tätig, seit 1984 Redakteur der Frankfurter Allgemeinen Zeitung. B.-Kritiker der *Süddeutschen Zeitung* 1966–83, regelmäßiger Mitarbeiter des *Tanzarchivs* seit 1966. Schreibt darüber hinaus in weiteren Publikationsorganen (auch über Oper und Schauspiel), u. a. für *Theater heute*, sowie für andere Rundfunkstationen. Mitherausgeber des dt. B.-Jahrbuchs *Ballett* (1968 ff., bis 1976).

Wengerd, Tim, amer. Tänzer, * 4. 1. 1945 Boston. Studierte bei Elizabeth Waters in Albuquerque (N. Mex.), dann an der University of Utah, wo er Tänzer beim Repertory Dance Th. wurde, bevor er 1973 als Solist zur Graham Comp. ging und dort Rollen u. a. in *Lucifer* und *The Scarlet Letter* (beide 1975) sowie *O Thou Who Art About to Sing* (1977) kreiert hat. Ab 1979 auch verschiedentlich als Choreograph tätig. Seit 1983/84 Assistent des Leiters der Groupe de Recherche Chorégraphique de l'Opéra de Paris.

Werner, Margot, österr. Tänzerin und Chanson-Sängerin, * 8. 12. 1937 Salzburg. Studierte bei Hanna Kammer und F. Derra de Moroda. Tänzerin am Landes-Th. Salzburg 1952–55, dann als Solistin an der Müncher Staatsoper 1955–75, wo die Charakterballerinen-Rollen ihre eigenste Domäne waren. Rollenkreationen u. a. in H. Rosens *Les Noces*, *Renard* (beide 1962) und *Triptychon* (1963), G. Blanks *Der Dreispitz* (1967), J. Crankos *Triplum*, J. Charrats *Casanova in London* (beide 1969) und R. Hynds *Wendekreise* (1972). Seit ihrem Rückzug vom B. als Chanson-Sängerin tätig (auch in G. Veredons *Gaîté Parisienne*-Prod., Münchner Staatsoper 1982). Schrieb – zusammen mit Maurus Pacher – ihre Memoiren . . . *und für jeden kommt der Tag* (1982).

Western Symphony, B. in 3 Sätzen, Ch.: G. Balanchine, Mus.: Hershy Kay, Bühne: John Boyt, Kost.: Karinska; UA 7. 9. 1954, New York City B., City Center, New York, mit D. Adams, H. Bliss, J. Reed, N. Magallanes, P. Wilde, T. LeClerq, J. d'Amboise u. a. – Das B. hat keine Handlung, basiert auf klassischer Grundlage, verfremdet diese aber durch eine ausgesprochen amer.-folkloristische Idiomatik. Man kann es als eine Huldigung des B.s an den Mythos des Wilden Westens sehen. Bei der UA hatte das B. noch 4 Sätze und wurde im Trainingsdress getanzt.

Lit.: G. Balanchine / F. Mason, in: *Balanchine's Complete Stories of the Great Ballets*, Garden City (N. Y.) 1977.

West Side Story, amer. Musical, Libr.: Arthur Laurents, Mus.: Bernstein, Prod. und Ch.: J. Robbins, Bühne: O. Smith, Kost.: I. Sharaff; UA 26. 9. 1957, Winter Garden Th., New York. Das auf Shakespeares *Romeo und Julia* basierende, die Geschichte aber ins New York der mittfünfziger Jahre transferierende Musical, bei dem die Auseinandersetzungen zwischen den Banden der einheimischen Jets und der zugewanderten Sharks (Puertoricaner) im Mittelpunkt stehen, ist total durchchoreographiert. Zahlreiche Reproduktionen der originalen Broadway-Fassung in den meisten Ländern der Erde. 1961 auch verfilmt. Eine eigene Version choreographierte J. Neumeier in Hamburg 1978.

Wetscheslowa, Tatjana Michailowna, sowj. Tänzerin und B.-Meisterin, * 10. 2. 1910 St. Petersburg. Tochter der Ballerina Jewgenia P. Snjetkowa (1882–1961), begann sie ihre Ausbildung zusammen mit G. Ulanowa 1919 am Petrograder Choreogr. Technikum, studierte dort bei M. Romanowna und A. Waganowa (Examen 1928). Tänzerin beim Kirow-B. 1929–53, wo sie als Ballerina ihren größten Erfolg in *Esmeralda* hatte, die sie auch in der Neuversion von Waganowa 1935 kreierte. Weitere Rollenkreationen u. a. in R. Sacharows *Fontäne von Bachtschissaray* (Zarema 1934) sowie in W. Tschabukianis *Herz der Berge* (1938) und *Laurencia* (1939), A. Anissimowas *Gajaneh* (1942), K. Sergejews *Aschenbrödel* (1946) und die Titelrolle in W. Burmeisters *Tatjana* (1947). Mit Tschabukiani auf ausgedehnter Amerika-Tournee 1933/34. Nach Beendigung ihrer Bühnenlaufbahn war sie bis 1954 Direktorin des Leningrader Choreogr. Technikums und wurde dann B.-Meisterin des Kirow-B.s. Schrieb ihre Memoiren *Ich bin Ballerina* (1955). War mit dem Tänzer Swjatoslaw Kusnetzow verheiratet.

Who Cares?, B. in 1 Akt. Ch.: G. Balanchine, Mus.: Gershwin (arrangiert von H. Kay), Kost.: Karinska; UA 5. 2. 1970, New York City B., City Center, New York, mit K. von Aroldingen, P. McBride, M. Morris, J. d'Amboise. – »Who cares / If the sky cares to fall in the sea? / Who cares / What banks fail in Yonkers? / Long as you've got a kiss that conquers. / Why should I care? / Life is one long jubilee, / So long as I care for you / And you care for me« (Gershwin). Balanchine bedient sich der Gershwin-Songs nicht als ein Transportmittel in eine nostalgisch gesehene Vergangenheit, sondern als Songs, beziehungsweise Melodien für regulär klassisch-akademische Tänze. Übernommen ins Rep. des Zürcher B.s (1980).

Lit.: G. Balanchine / F. Mason, in: *Balanchine's Complete Stories of the Great Ballets*, Garden City (N. Y.) 1977.

Widerspenstigen Zähmung, Der, B. in 2 Akten, Libr. und Ch.: J. Cranko, Mus.: K.-H. Stolze (nach Scarlatti), Dek.: E. Dalton; UA 16. 3. 1969 Stuttgart, mit M. Haydée, R. Cragun, S. Hanke, H. Clauss, E. Madsen, J. Neumeier u. a. – Das B. hält sich an den Ablauf der Komödie Shakespeares, die sie mit tänzerisch-pantomimischen Mitteln nacherzählt. Die Musik ist eine Bearbeitung Scarlattischer Klavierkompositionen. Übernommen ins Rep. zahlreicher anderer Komp.n, u. a. Münchner Staatsoper 1976 (mit neuem Dekor von J. Rose), Royal B. 1977, Hamburger Staatsoper 1979. – Frühere B.-Versionen u. a. von M. Béjart (Mus.: Alwynn/Scarlatti, B. Étoile, Paris 1954) und Vera Untermüllerová (Mus.: Olderich Flosman, Reichenberg-Liberec, 1961).

Lit.: O. F. Regner / H.-L. Schneiders, in: *Reclams Ballettführer*, Stuttgart [8]1980.

Wiedmann, Ilse, argent. Tänzerin und B.-Meisterin, * 1933 Buenos Aires. Studierte bei E. Bulnés. Tänzerin beim B. des Teatro Colón 1955–59, dann Stuttgarter B. 1959–67, wo sie zur Solistin avancierte und eine ihrer eindrucksvollsten Rollenkreationen in J. Crankos *Die Befragung* (1967) hatte. War dann als Pädagogin in Chile und Brasilien tätig und wirkt seit 1973/74 als B.-Meisterin an der Hamburgischen Staatsoper.

Wien. Am Anfang der B.-Pflege standen hier die Roß-B.e, die 1631 mit den Hochzeitsfestivitäten Ferdinands III. einsetzten und in abgewandelter Form in den Darbietungen der Hofreitschule bis heute überleben. Am Hof der Habsburger kultivierten vorwiegend ital., in geringerem Maße auch frz. B.-Meister. Das B. F. Hilverding wirkte hier 1743–68 an den verschiedenen Th.n als einer der Pioniere des B. d'action, das dann unter G. Angiolini (UA von Glucks *Don Juan* 1761 und seiner *Semiramide* 1765) und J.-G. Noverre 1767–74 beträchtlich an Boden gewann. S. Viganò erlangte um die Jahrhundertwende beträchtliche Bedeutung, mit der UA von Beethovens *Geschöpfen des Prometheus* (1801) als Höhepunkt seiner Karriere. Das B.-Monopol des Kärtnertor-Th.s (die Hofoper) erhielt Konkurrenz durch die eigenständigen B.-Vorst.en des Th.s auf der Wieden und am Th. in der Josephstadt. Zu einem regelrechten B.-Boom kam es, als F. Horschelt an der Wien seine Märchen-B.e inszenierte und 1815–17 seine moralisch dubiosen Kinder-B.e präsentierte. Gleichzeitig gab es im Th. in der Leopoldstadt die sehr beliebten, mit Lokalkolorit versehenen Pantomimen und B.e von Rainoldi. In den zwanziger Jahren begann dann der Stern von F. Elßler, der bedeutendsten Tänzerin, die die Stadt hervorgebracht hat, aufzugehen, während Marie Taglioni, ihre erbittertste Rivalin, hier 1822 ihr Debüt gab. Während der dreißiger und vierziger Jahre des 19. Jh.s traten hier regelmäßig die großen Ballerinen der Romantik auf – in *La Sylphide* (EA 1836), *Le Diable boîteux* und *La Fille du Danube* (1839), *La Gitana* (1840), *Die wiederbelebte Sylphide* (von Bernard Vestris, 1841), *Giselle* (1842), *La Tarentule* (1843), *La Péri* (1844), *Beatrice von Gent* (1845, das Jahr der lokalen Debüts von K. Lanner und A. Maywood), *Esmeralda* und *Le Diable à quatre* (1846), die jeweils nach dem Pariser Modell inszeniert wurden. Von 1853 an erschien häufig Paul Taglioni aus Berlin als Gastchoreograph. Auguste Bournonville wirkte hier als B.-Meister 1855/56 und choreographierte *Die Gazelle von Basora* (1855) und *Napoli* (1856). J. Rotas *Eine Sylphide in Peking* war 1862 eine lokale Kuriosität. Die erste B.-Premiere im neuen Hofopernhaus am Ring war 1869 P. Taglionis *Sardanapal*. Bis 1890 wirkte hier K. Telle als B.-Chef, der u. a. die Premieren von *Coppélia* (1876) und *Sylvia* (1877) choreographierte. Als Nachfolger wurde J. Haßreiter 1891–1920 Leiter des B.s an der Hofoper, der schon 1888 mit der *Puppenfee* debütiert hatte, die bis heute über 750 Vorst.en erlebte und bis zur *Giselle*- und *Schwanensee*-Renaissance das meistaufgeführte B. der B.-Geschichte gewesen sein dürfte, doch erfreuten sich die anderen 47 Haßreiter-B.e kaum minderer Beliebtheit. Außerhalb der Hof- und Staatsoper eröffneten die Schwestern Wiesenthal nach der Jahrhundertwende ein neues Kapitel der lokalen Tanzgeschichte und unternahmen von hier aus mit ihren Walzern Tourneen durch die ganze Welt. Nach der Pensionierung Haßreiters folgte an der Staatsoper eine höchst unstete Periode für das B. Die wichtigeren B.-Meiser waren hier H. Kröller (1922–28, mit der UA von R. Strauss' *Schlagobers*, 1924, und seiner *Couperin-Suite*, 1923) und M. Wallmann (1934–39). Eine kontinuierliche B.-Pflege setzte erst wieder 1942 mit der Berufung E. Hankas ein, die das B. der Staatsoper nicht nur sicher durch die schwierigen Kriegs- und Nachkriegsjahre steuerte, sondern bis 1958 auch im wiedererstandenen Haus am Ring die Fundamente für die weitere, von 1955 an auch die Klassiker einbeziehende B.-Arbeit legte und mit B.en wie *Der Mohr von Venedig* (1955), *Hotel Sacher* und *Medusa* (beide 1957) dem Rep. langanhaltende Erfolge zuführte. Danach folgte dann wieder eine Periode der Unrast unter ihren Nachfolgern D. Parlić, A. von Milloss (der erstmalig N. de Valois, L. Massine, G. Balanchine und R. Nurejew nach Wien einlud) und W. Orlikowsky, mit so seltenen Höhepunkten wie der *Schwanensee*-Insz. 1964 von Nurejew. Seit 1976 hat G. Brunner als B.-Direktor eine gewisse Konsolidierung von Rep. und Komp. bewirkt, nicht zuletzt durch seine kontinuierliche Zusammenarbeit mit Choreographen vom Range Balanchines, H. van Manens, Nurejews und J. Neumeiers. Auch die Volksoper hat verschiedentlich eigene B.-Ambitionen verfolgt – am erfolgreichsten während der langjährigen B.-Leitung Dia Lucas, seit 1973/74 setzt G. Senft ihre Arbeit in kleinerem Maßstab fort. Immer wieder einmal ist auch das B. des Th.s an der Wien neben seiner Musical-Arbeit mit eigenen Abenden an die Öffentlichkeit getreten, am kontinuierlichsten unter der Leitung von A. Mitterhuber, der sich besondere Verdienste um die Heranführung eines jugendlichen Publikums an das B. erworben hat. Sonstige W.er B.-Aktivitäten wie das Jeunesse-B. um den Choreographen H. Nitsch sind nur von sekundärer Bedeutung, doch haben die zunächst von 1969 an in unregelmäßiger Reihenfolge, neuerdings in zweijährigem Turnus veranstalteten B.-Festivals unter der künstlerischen Leitung von Brunner zunehmend auch internationales Interesse auf sich gezogen. Die vom modernen Tanz ausgehenden Initiativen, die hier von 1924 an namentlich in der als Filialunternehmen der Hellerau-Schule in Laxenburg von R. Chladek geleiteten Schule eine vitale Basis hatten, sind heute fast ganz erlahmt.

Lit.: G. Winkler, *Das Wiener Ballett von Noverre bis Fanny Elßler*, Diss. Wien 1967; Katalog der Jubiläumsausstellung *100 Jahre Wiener Oper am Ring*, Wien 1969; Einzelbeiträge über die W.er B.-Geschichte im *Almanach der Wiener Festwochen 1969;* Katalog der Ausstellung *Tanz – 20. Jahrhundert in Wien*, Wien 1979.

Wien, Wien, nur du allein, B. von M. Béjart, Mus.: Beethoven, Berg, Haydn, R. Heuberger, W. Mayer, Mozart, Schönberg, Schubert,

Strauß und Webern, Dek.: N. Corte-Real; UA 14. 3. 1982, B. du XXe Siècle, Th. Royal de la Monnaie, Brüssel, mit M. Haydée, S. Mirk, J. Donn, P. Touron, M. Boieru u. a. Eine apokalyptische Revue über das am Rande der Katastrophe überlebende Wien.

Wiener Kinderballette. Von Kindern dargestellte B.e haben sich in Wien stets großer Beliebtheit erfreut. Schon F. Hilverding schuf 1765 solche B.e. J.-G. Noverre richtete 1771 eine Theatral-Tanzschule ein, für deren Kinder er ebenfalls B.e choreographierte. Ihm machte 1776 die Kindertruppe von Felix Berner in Penzing Konkurrenz. 1815–17 zog das Horscheltsche Kinder-B. im Th. an der Wien viel Aufmerksamkeit auf sich, Mitgl.er waren später so berühmte Künstler wie Therese Heberle, Wilhelmina Schröder (-Devrient) und Anton Stuhlmüller, nicht aber F. Elßler. Gerüchte über die moralische Gefährdung der Kinder veranlaßten den Kaiser, die Truppe durch Erlaß aufzulösen. Der Skandal verhinderte nicht die Gründung eines Mädchen-B.s durch J. Weiß, B.-Meisterin am Th. in der Josephstadt. Diese 48 Danseuses Viennoises riefen 1845–48 nicht nur in Paris und London, sondern auch in Kanada und den USA größte Begeisterung hervor. Die Chefin erzwang ein so mustergültiges moralisches Regiment, daß ihr keine der gegen sie – sogar auf diplomatischer Ebene – geführten Attacken etwas anhaben konnte.

Lit.: Über Horschelt und sein W. K. in: I. Guest, *Fanny Elßler*, London 1970; über Mme Weiß und ihr Mädchen-B. in: I. Guest, *The Romantic Ballet*, London 1966.

Wiesenthal, Grete, österr. Tänzerin, Choreographin und Pädagogin, * 9. 12. 1885 Wien, † 22. 6. 1970 ebd. Sie war die bedeutendste unter den tanzenden Schwestern W. – bekannt wurden noch Elsa W. (die Charmante) und Bertha (die Blühende). Grete studierte an der B.-Schule der Wiener Hofoper und war dort 1901–1907 Corps-Tänzerin. Seit 1908 traten die drei Schwestern Grete, Elsa und Bertha als selbständige Tanzgruppe mit eigenen Werken auf und begeisterten das Publikum in Wien und München mit ihren Walzern. Max Reinhardt engagierte sie für seine Pantomime *Sumurun*. Grete machte sich 1910 selbständig. Elsa und Bertha tanzten nun mit Martha zusammen. Grete studierte 1910–11 bei Jaques Dalcroze in Hellerau, trat 1912 als Küchenjunge in der von Reinhardt inszenierten UA von R. Strauss' Oper *Ariadne auf Naxos* auf und erreichte bis 1914 den Höhepunkt ihrer tänzerischen Laufbahn. Sie tanzte häufig auch mit Toni Birkmeyer zusammen. Berühmtheit erlangte sie als tanzende Botschafterin des Wiener Walzers, doch war der Einfluß von I. Duncan unverkennbar, wie schon H. Brandenburg in seinem 1913 erschienenen Buch *Der moderne Tanz* bemerkte: »Sie ist in des Wortes vollster Bedeutung eine Natur, und eine beliebte poetische Floskel wird bei ihr zur Wahrheit: daß sie wie Wind und Welle, wie Bäume und Blumen tanzt.« Ihre berühmtesten und schönsten Tänze waren *Frühlingsstimmen, An der schönen blauen Donau* und *Rosen aus dem Süden* von J. Strauß sowie die *2. Ungarische Rhapsodie* von Liszt. Was ihr weltweite Sympathien einbrachte, waren die Unaffektiertheit, der Charme, die Gelöstheit und der freie Schwung ihrer Art zu tanzen. Nach dem Krieg war sie vor allem aktiv als Pädagogin und Choreographin. Sie hatte eine eigene Tanztechnik entwickelt, die klassische Elemente mit von ihr kreierten Schwüngen vereinte. Unterrichtete ab 1919 an ihrer eigenen Schule sowie in der Tanzabteilung der Wiener Akademie für Musik und Bildende Kunst, deren Direktorin sie 1945–52 war. 1930–59 war sie auch choreogr. Mitarbeiterin der Salzburger Festspiele und 1952–59 verantwortlich für die *Jedermann*-Ch. Einige ihrer Walzer wurden 1977 mit Erfolg von Wiener Staatsoperntänzern wieder aufgeführt. – Ihre Jugend bis zum Austritt aus der Wiener Hofoper 1907 beschrieb sie in dem Buch *Der Aufstieg* (1919).

Lit.: R. Huber-Wiesenthal, *Die Schwestern W.*, Wien 1934.

Wigman, Mary (geb. Marie Wiegmann), dt. Tänzerin, Choreographin und Pädagogin, * 13. 11. 1886 Hannover, † 18. 9. 1973 Berlin. Verbrachte ihre Jugend in Hannover, England, Holland und Lausanne, studierte 1910/11 mit dem berühmten ersten Lehrgang, den E. Jaques-Dalcroze an seiner eben gegründeten Bildungsanstalt in Dresden-Hellerau abhielt. Mit W. studierten u. a. Grete Wiesenthal, Myriam Ramberg (später Marie Rambert), V. Kratina, R. Bode, G. Haass-Berkow. Verließ Hellerau, weil sie nicht Musik realisieren, sondern sich selbst tänzerisch realisieren wollte. Nach Aufenthalten in Rom und Berlin ging sie 1913 auf

Veranlassung der Frau des Malers E. Nolde nach München, um dort bei Laban zu studieren. Die Sommer 1913 und 1914 verbrachte sie mit Laban und anderen dt. Tänzerinnen auf dem berühmten Monte Verità bei Ascona. Erste öffentliche Tänze in München: *Hexentanz I, Lento, Ein Elfentanz*. Laban und W. blieben nach Kriegsausbruch (August 1914) in der Schweiz. Sie unterrichtete als Labans Assistentin abwechselnd in Zürich und Ascona. In Zürich trat sie 1917 ohne großen Erfolg mit drei verschiedenen Programmen an die Öffentlichkeit. Unter ihren Tänzen waren: *Der Tänzer Unserer Lieben Frau, Das Opfer, Tempeltanz*. Erfolg hatte sie erst mit ihrem Davoser Programm vom Februar 1918, das vor allem die *Ekstatischen Tänze (Nonne, Opfer, Tempeltanz, Götzendienst)* und *Vier Ungarische Tänze* nach Brahms zeigte. Dieses Programm wurde 1919 auch in Zürich und später in Deutschland vorgeführt. Nach anfänglichen Mißerfolgen im Reich kam es dann 1919 zum siegreichen Durchbruch in Hamburg und Dresden. 1920 gründete sie mit ihrer Assistentin B. Trümpy die Wigman-Schule in Dresden, die rasch zum Zentrum der Bewegung des Dt. Ausdruckstanzes wurde. H. Holm, Y. Georgi, Gret Palucca, M. Wallmann, V. Skoronel, H. Kreutzberg und M. Terpis gehörten zu ihren später berühmten Schülerinnen und Schülern. Auf Tourneen bereiste sie in den folgenden Jahren Deutschland und die angrenzenden Länder, ging 1928 erstmals auch nach London und 1930 in die USA. Wurde in den zwanziger Jahren zum Idol eines Tanzwollens, das sich gegen den klassisch-akademischen Tanz wandte und auch die Unterwerfung unter die Musik ablehnte. Es wurde überwiegend zur Begleitung von Gongs und Trommeln oder ganz ohne Musik getanzt. Tanz wurde begriffen und erlebt als Verwirklichung tief innerlicher, ausgesprochen kreativer tänzerischer Impulse. In den zwanziger Jahren entstanden in unablässiger Folge Solo- und Gruppentänze, die nicht nur ein neues Publikum für die Sache des Tanzes gewannen, sondern gerade auch in intellektuellen Kreisen lebhafte Resonanz fanden. Solotänze waren u. a. *Tanzsuite* (Mus.: Dvořák), *Tänze der Nacht, Der Spuk, Vision* (alle 1920), *Tanzrhythmen I und II, Tänze des Schweigens* (alle 1920–23) *Die abendlichen Tänze* (1924), *Visionen* (1925), *Helle Schwingungen* (1927), *Schwingende Landschaft* (1929), *Das Opfer* (1931). Gruppentänze waren u. a. *Die Feier I* (1921), *Die sieben Tänze des Lebens* (Mus.: H. Pringsheim, 1921), *Szenen aus einem Tanzdrama* (1923/24), *Raumgesänge* (1926), *Die Feier II* (1927, endgültige Fassung 1928), *Der Weg* (1932). In dem von Albert Talhoff geschaffenen Tanz-Musik-Wort-Chorwerk *Das Totenmal*, aufgeführt zu Ehren der Toten des Ersten Weltkrieges, wirkte sie als Choreographin und Hauptdarstellerin (Münchener Tänzerkongreß, 1930). Anfang der dreißiger Jahre zählte das Dresdener Zentralinstitut der W.-Schule allein 360 Schüler, in den Filialen des In- und Auslandes, einschließlich New York, weitere 1500. Die zu Beginn des Dritten Reiches sich abzeichnenden Schwierigkeiten verdichteten sich nur langsam. Es entstanden weitere Solotänze: *Schicksalslied* (1935), *Herbstliche Tänze* (1937). Während der Berliner Olympischen Spiele 1936 trat sie noch einmal mit einem großen Tanzwerk *Totenklage* vor die Öffentlichkeit. Doch wurde sie als Leiterin der Dresdner Schule abgelöst und nach Leipzig abgeschoben, wo sie eine Dozentur an der Musikhochschule erhielt. Verabschiedete sich 1942 als Solotänzerin, zog aber noch einmal 1943 mit der Ch. zur Leipziger Auff. von Orffs *Carmina Burana* Aufmerksamkeit auf sich. Unter größten Schwierigkeiten begann sie nach 1945 von neuem mit einer Leipziger Schule und inszenierte 1947 an der Oper eine aufsehenerregende Auff. von Glucks *Orpheus und Eurydike*. Ging 1949 nach West-Berlin und eröffnete dort eine weitere Schule. Erarbeitete mit ihrer Schülergruppe *Chorische Studien* (1952) und *Chorische Szenen* (1953). Trat ein letztes Mal 1953 bei den Festspielen in Recklinghausen mit ihrer Gruppe in *Die Seherin* auf. Choreographierte und inszenierte in den folgenden Jahren Händels *Saul* (1954), Orffs *Catulli Carmina* (1955) und Glucks *Alkestis* (1958, alle National-Th. Mannheim) und choreographierte an der Städt. Oper Berlin Strawinskys *Sacre du printemps* (1957). Ihre letzte Th.-Arbeit war die Ch. zur G. R. Sellner-Insz. von Glucks *Orpheus und Eurydike* (1961) an der Dt. Oper Berlin. – In ihren Tänzen ging es ihr stets um die Beziehung des von innen her rhythmisch bewegten Körpers zum Raum, der als aktiver Partner und Gegner erlebt wurde. Raumvermählung war eines ihrer Lieblingswörter. Im Laufe ihres Lebens rückte sie immer mehr von erzählbaren Inhalten ab. Ihre Tänze waren nur dem absoluten, dem eigenen tänzerischen Gesetz verpflichtete Formen und Gestalten. – Neben zahlreichen Aufsätzen in Zeitschriften veröffentlichte M. W. auch zwei Bücher: *Deutsche Tanzkunst* (1935) und *Die Sprache des Tanzes* (1963).

Lit.: R. Delius, *M. W.*, Dresden 1925; R. Bach, *Das M. W. Werk*, Dresden 1933; G. Zivier, *M. W.*, Berlin 1956.

Wilde, Patricia, kanad.-amer. Tänzerin und Pädagogin, * 16. 7. 1928 Ottawa. Studierte bei G. Osborn, dann auch bei C. Littlefield und School of American B. Tänzerin bei verschiedenen Komp.n, u. a. B. International de Marquis de Cuevas, B. Russe de Monte Carlo, dann 1950–65 beim New York City B., zu dessen profiliertesten Solistinnen sie gehörte. Rollenkreationen u. a. in G. Balanchines *La Valse* (1951), *Caracole, Scotch Symphony* (beide 1952), *Opus 34, Western Symphony, Ivesiana* (alle 1954), *Divertimento No. 15* (1956), *Square Dance* (1957) und *Raymonda Variations* (1961) sowie in R. Boris' *Cakewalk* (1951) und J. Robbins' *Quartet* (1954). Leiterin der Tanzabteilung des Harkness House for B. Arts 1965–67, dann Pädagogin an der B. Th. School (Direktorin 1979–82) und seit 1982 B.-Direktorin des Pittsburgh B. Th.

Wilde-Ballette. Zu den B.en, die auf Werke des anglo-irischen Dichters und Schriftstellers (1856–1920) zurückgehen, gehören u. a. *Geburtstag der Infantin* (Ch.: O. Zöbisch, Mus.: M. Radnai, Budapest, 1918, spätere Versionen u. a. von A. Bolm, Mus.: J. A. Carpenter, Chicago 1919, J. Keith in *Die weiße Rose*, Mus.: W. Fortner, Städt. Oper Berlin 1951, G. Burne, Mus.: H. Partsch, Kapstadt 1971; eine Pantomime von F. Schreker bereits Wien 1908), *Die Nachtigall und die Rose* (Ch.: A. Dolin, Mus.: H. Fräser-Simson, Nemtchinova-Dolin B., London 1927, später auch von G. Furtwängler, Mus.: F. Voss, Oberhausen 1962), *Der Fischer und seine Seele* (Ch.: G. Hess, Mus.: W. E. von Brandis, Wuppertal 1936), *Ballade vom Zuchthaus zu Reading* (Ch.: J.-J. Etchevery, Mus.: J. Ibert, Opéra Comique, Paris 1947) und *Das Bildnis des Dorian Gray* (Ch.: B. von Larsky, Mus.: Skrjabin, Augsburg 1955, später auch von W. Orlikowsky, Mus.: M. Lang, Basel 1966, und in *Double Exposure*, Ch.: J. Layton, Mus.: Skrjabin und H. Pousseur, City Center Joffrey B., New York 1972). Ein biographisches B. *O. W.* choreographierte Layton 1972 fürs Royal B. (Mus.: W. Walton). Siehe auch die zahlreichen *Salome*-B.e und Solotänze im Gefolge der Wilde-Tragödie von 1891.

Wilhelm, Franz, österr. Tänzer, * 14. 4. 1945 Bilin (ČSSR). Studierte an der B.-Schule der Wiener Staatsoper, deren Mitgl. er seit 1960 ist (Solotänzer 1967, Erster Solotänzer 1972). Rollenkreationen u. a. in A. von Milloss' *Daidalos* (1972), J. Neumeiers *Josephslegende* (1977) und *Feuervogel* (1983) sowie J. Gersters *Rosamunde* (1978).

Williams, Ellen Virginia, amer. Tänzerin, Pädagogin und B.-Direktorin, * 1930 Melrose (Mass.). Studierte bei G. Cragin, D. Sieveling und beim Dance Teachers Club of Boston. Eröffnete eine eigene Schule in Boston, aus der die Tänzer für das 1958 etablierte New England Civic B. hervorgingen, das seinerseits die Basis für das 1963 gegründete Boston B. abgab, dessen Direktorin sie bis 1983 war (seit 1980 zus. mit V. Verdy). Gelegentlich auch als Choreographin hervorgetreten. Häufig als Gastpädagogin an anderen Schulen tätig.

Williams, Stanley, engl.-dän. Tänzer und Pädagoge, * 1925 Chappel (Engl.). Wuchs in Kopenhagen auf und studierte ebd. an der Kgl. Dän. B.-Schule. Tänzer beim Kgl. Dän. B., dann auch Solotänzer 1950 und Pädagoge 1950–63. Ging 1963 nach New York, wo er zunächst am American B. Center unterrichtete und seit 1964 zu den angesehensten Pädagogen der School of American B. gehört.

Williams Yarborough, Lavinia, amer. Tänzerin und Pädagogin, * 2. 7. (?) Philadelphia. War ursprünglich Malerin, ging aber dann zum Tanz über. Trat zum ersten Mal 1937 in dem American Negro B. des deutschstämmigen Barons Eugen von Grona auf, ging dann 1940 zur Komp. von K. Dunham, tanzte dort in *Tropical Revue* (1943), weiter in den Filmen *Cabin in the Sky* (1940), *Carnival of Rhythm* (1942) und *Stormy Weather* (1943). Wurde 1953 vom haitianischen Erziehungsministerium als Tanz-Pädagogin nach Port-au-Prince berufen. Gründete dort das Th. de Verdure, das die ekstatischen Vaudou-Tänze für Touristen attraktiv machte.

Wurde 1954 Direktorin des Haitianischen Instituts für Folklore-Tanz (Afro-haitianische Tänze) und klassisches B. Unterrichtete auch am University College of the West Indies in Jamaica, in Nassau auf den Bahamas und in Bonn bei Traguths Internationaler Tanzwerkstatt. Sie ist die Mutter der Tänzerin Sara Yarborough.

Lit.: L. F. Emery, in: *The Black Dance in the USA*, Palo Alto 1972.

Wilson, George Bulkeley Laird, engl. Ingenieur und B.-Publizist, * 22. 3. 1908 Kew Gardens (Surrey). Studierte an der Universität von Cambridge. Mitgl. des Grand Council der Royal Academy of Dancing. Gründungs-Mitgl. der Association of B. Clubs 1947. Assistant Editor des *Ballet Annual* 1946–63. Mitarbeiter der *Dancing Times* seit 1957. Londoner Korrespondent der amer. *Dance News* 1969–1982. Zahlreiche Beiträge in engl. und ausländischen Tanzzeitschriften. Autor des *Dictionary of Ballet*, London 1957, erw. Neuaufl. 1974.

Wilson, Sallie, amer. Tänzerin, * 18. 4. 1932 Fort Worth (Tex.). Studierte bei M. Craske, A. Tudor und E. Caton. Tänzerin beim B. Th. 1949, Metropolitan Opera B. 1950–55, dann Rückkehr zum American B. Th. 1955, Solistin 1957, Ballerina 1961, als die sie sich besonders in dramatischen Rollen auszeichnete. Zeitweise auch beim New York City B. tätig. Kreierte Maria Stuart in M. Grahams *Episodes* (1959) und weitere Rollen u. a. in J. Robbins *Les Noces* (1965) und A. Aileys *The River* (1971). Heute als Pädagogin und gelegentliche Choreographin tätig sowie als B.-Meisterin bei Einst. von B.en, in denen sie ihre Haupterfolge hatte (u. a. *Lilac Garden, Fall River Legend* und *Pillar of Fire*).

Lit.: J. Gruen, in: *The Private World of Ballet*, New York 1975.

Winnipeg Ballet →Royal Winnipeg Ballet.

Winogradow, Oleg Michailowitsch, sowj. Tänzer, Choreograph und B.-Direktor, * 1. 8. 1937 Leningrad. Studierte ebd. an der B.-Schule (Examen 1958), darüber hinaus auch Malerei. Anschließend Tänzer in Nowosibirsk, wo P. Gusjew behutsam seine offenkundige choreogr. Begabung förderte und ihn 1964 als erstes abendfüllendes B. Prokofjews *Aschenbrödel* choreographieren ließ, gefolgt von *Romeo und Julia* (1965), die beträchtliches Aufsehen erregten, da sie sich nicht länger an die Modell-Ch.n von Sacharow, bzw. Lawrowsky hielten. Ging dann nach Leningrad zurück, wo er 1973–77 B.-Meister am Maly-Th. war und seither Künstlerischer Direktor des Kirow-B.s ist. Weitere B.e von ihm waren *Assel* (Mus.: W. Wlassow, Bolschoi-Th., Moskau 1967), *Zwei* (Mus.: A. Melikow, Kirow-Th., Leningrad 1969), *La Fille mal gardée* (Mus.: Hérold, Maly-Th. Leningrad 1970, auch an der Kom. Oper in Ost-Berlin, 1974), *Pagodenprinz* (Mus.: Britten, Kirow-Th., 1972), *Jaroslawna* (Mus.: B. Tischenko, Mali-Th., 1974) und *Der Revisor* (Mus.: A. Tschaikowsky, Kirow-Th., 1980).

Winter, Ethel, amer. Tänzerin, Choreographin und Pädagogin, * 18. 6. 1924 Wrentham (Mass.). Studierte am Bennington College bei M. Graham und M. Hill. Tänzerin bei der Graham Comp. 1945, wo sie schon bald Graham-Rollen nachtanzte (u. a. in *Herodiade* und *Frontier*). – Rollenkreationen u. a. in Grahams *Dark Meadow* (1946), *Night Journey* (1947), *Seraphic Dialogue* (1955), *Clytemnestra* (1958), *Episodes* (I, 1959), *Alcestis* (1960), *Phaedra* (1962) und *Cortege of Eagles* (1967). Tanzte gastweise auch bei anderen Komp.n (u. a. in der UA von S. Maslows *The Dybbuk*, 1964). Choreographierte auch für ihre eigene Gruppe. Gastchoreographin bei der Batsheva Dance Comp.

Witham, Melinda, amer. Tänzerin, * 29. 12. 1954 Mobile (Ala.). Studierte an der School of American B. und American B. Th. School. Tänzerin beim Boston B. 1971/72 und seit 1973 Stuttgarter B., Solotänzerin 1980. Rollenkreationen u. a. in W. Forsythes *Seite 1 – Alte Platten, Orpheus* (beide 1979), *Whispermoon* und J. Kyliáns *Vergessenes Land* (beide 1981).

Wladimirow, Juri Kusmich, sowj. Tänzer, * 1. 1. 1942 Kosterowo. Studierte an der Bolschoi-B.-Schule (Examen 1962), anschließend Tänzer beim Bolschoi-B., zu dessen kraftvollsten und projektionsstärksten Solisten er heute gehört. Rollenkreationen u. a. in Kassatkina-Wassiljows *Heroisches Poem* (1964) und *Sacre du printemps* (1965), W. Wassiljews *Ikarus* (1971), J. Grigorowitschs *Iwan der Schreckliche* (1975) und V. Boccadoros *Liebe um Liebe* (1976). Verheiratet mit der Tänzerin Nina Sorokina.

Woizikovsky, Leon (ursprünglich poln. Wójcikowski), poln. Tänzer und Choreograph, * 20. 2. 1899 Warschau, † 23. 2. 1975 ebd. Studierte an der Kaiserl. B.-Schule in Warschau und bei E. Cecchetti, trat der Komp. von Diaghilew 1916 bei und galt dort als einer der hervorragendsten Charaktertänzer. Kreierte Rollen in L. Massines *Les Meninas* (1916), *Les Femmes de bonne humeur* und *Parade* (beide 1917), *Der Zauberladen* und *Der Dreispitz* (1919), *Les Matelots* (1925) und *Le Pas d'acier* (1927), B. Nijinskas *Les Noces* (1923), *Les Biches* und *Le Train bleu* (1924), G. Balanchines *Barabau* (1925), *Le Bal* und *Der verlorene Sohn* (1929). Nach dem Tod Diaghilews tanzte er 1929–31 in der Komp. von A. Pawlowa und 1932–34 bei den B.s Russes de Monte Carlo. Hier kreierte er Rollen in Balanchines *Cotillon* und *La Concurrence* (1932) sowie Massines *Jeux d'enfants, Les Présages, Beach* und *Choreartium* (alle 1933). Leitete 1935/36 eine eigene Komp., trat dann Basils Original B. Russe bei, mit dem er bis Kriegsende tanzte. Kehrte 1945 nach Warschau zurück und unterrichtete dort an der Opern-B.-Schule. Ging dann nach London, studierte dort *Petruschka* (1958) und *Scheherazade* (1960) für das London Festival B. ein. Mitgl. von Massines B. Europeo (1960/61), dann B.-Meister beim London Festival B., weiter Dozent am Kölner Institut für Bühnentanz bis 1965 und an der Bonner Universität bis 1974. Rückkehr nach Warschau 1974.

Wolynski, Akim Lwowitsch (geb. Flekser), * 11. 4. 1865 Shitomir, † 6. 7. 1926 Leningrad. Er war einer der einflußreichsten B.-Kritiker im alten St. Petersburg, bzw. Petrograd. Veröffentlichte zwei wichtige Bücher über B. und B.-Philosophie: *Probleme des russischen Balletts* (1923) und *Das Buch des Jubels* (1925). Aus letzterem veröffentlichte *Das Tanzarchiv* von August 1961 an in loser Folge ein paar Kapitel. W. gründete 1919 eine bis 1921 bestehende private Schule des Russischen B.s, an der A. Waganowa zuerst unterrichtete. Eine ihrer ersten Schülerinnen war hier V. Volkova.

Wood, Donna, amer. Tänzerin, * 21. 11. 1954 New York. Studierte bei J. Schwarz in Dayton, Tänzerin bei deren Dayton Contemporary Dance Comp. Studierte weiter an der Schule des Dance Th. of Harlem. Seit 1972 Tänzerin bei A. Aileys American Dance Th., zu dessen profiliertesten Solistinnen sie gehört. Zahlreiche Gastverpflichtungen bei anderen Komp.n und als Frau des Potiphar in J. Neumeiers Wiener und Hamburger Prod.en der *Josephs Legende*.

Woolliams, Anne, engl. Tänzerin, Pädagogin und B.-Meisterin, * 3. 8. 1926 Folkestone. Studierte bei J. Espinosa und V. Volkova. Tänzerin beim Kyasht B. 1943, Russian Opera B. und St. James's B., dann Mitwirkung an der Film-Prod. der *Roten Schuhe* (1948). Unterrichtete an der Essener Folkwang-Schule 1958–63 und trat auch mit deren Komp. auf. B.-Meisterin in Stuttgart 1963–75. Direktorin der Stuttgarter (J. Cranko) B.-Schule 1971–75. Artistic Director des Australian B. 1976/77. Seit 1977 Dean of Dance am Victoria College of the Arts, Melbourne. Autorin des Buches *Ballettsaal* (1973). Verheiratet mit dem ehemaligen Tänzer Jan Stripling (* 1941 Essen).

World Ballet Concours → Tokio Ballett-Wettbewerb.

Wosien, Bernhard, dt. Tänzer, Choreograph, B.-Meister und Pädagoge. * 19. 9. 1908 Passenheim (Ostpreußen). Tanzte ab 1934 an verschiedenen dt. Th.n, wurde 1941 B.-Meister am Staatl. Schauspielhaus Berlin, 1944 B.-Meister an der Dresdner Staatsoper, wirkte 1946–48 als Choreograph in Stuttgart, wurde 1950 in Dresden zum Professor für Ch. ernannt und leitete bis 1954 das Staatl. Ens. für Sorbische Volkskultur in Bautzen, war 1954–58 als Choreograph in Nürnberg tätig und wandte sich ab 1961 zunehmend pädagogischen Aktivitäten zu. Veröffentlichte eine kleine Schrift: *Im Ansturm der Rhythmen* (1959).

Woyzeck-Ballette. B.e nach Georg Büchners Dramenfragment (1836) choreographierten u. a. M. Ek (*Der Kalfaktor*, Mus.: Bartók, Stockholm 1976), G. Pick (*W.*, Mus.: P. Henry, Augsburg 1981) und K. MacMillan (*Different Drummer*, Mus.: Webern und Schönberg, London 1984).

Wranitzky, Paul, österr. Komponist, * 30. 12. 1756 Neu-Reisch (Mähren), † 28. 9. 1808 Wien. Als Leiter des Wiener Hofopernorchesters komponierte er zahlreiche B.e – u. a. für A. Muzzarelli *Die Weinlese* (1794), für Aless. Vulcani *Zephyr und Flora* (1795), für J. Trafieri *Das Waldmädchen* (1796) und *Die Luftfahrer* (1797), für F. Clerico *Zemire und Azor* (1799) und *Die Waise der Höhle oder Der Zauber der beiden Bildnisse* (zus. mit J. Weigl, 1800), für G. Gioja *Das Urteil des Paris* (1801), für Seb. Gallet *Der Raub der Sabinerinnen* (1804), *Zufriedenheit mehr als Reichtum oder Der Tiroler Jahrmarkt* und *Die Erkenntlichkeit* (beide 1805) und für F. Gioja *Zelina und Gorano oder Die Morlakenhochzeit* (1806).

Wright, Peter, engl. Tänzer, Choreograph, B.-Meister und B.-Direktor, * 1926 London. Studierte bei K. Jooss, V. Volkova und P. van Praagh. Tänzer bei den B.s Jooss 1945/46 und 1951/52, Metropolitan B. 1947, St. James's B. 1948, Sadler's Wells Th. B. 1949–51 und 1952–55, dort auch Assistant B. Master. Unterrichtete an der Royal B. School 1957–59. Gelegentlich auch als Choreograph tätig: *A Blue Rose* (Mus.: Barber, Royal B. 1957), *The Great Peacock* (Mus.: H. Searle, International B., Edinburgh 1958) und *Musical Chairs* (Mus.: Prokofjew, Western Th. B. 1959). B.-Meister beim Stuttgarter B. 1961–67, choreographierte weiter *The Mirror Walkers* (Mus.: Tschaikowsky), *Quintet* (Mus.: Ibert, beide 1963) und *Namouna* (Mus.: E. Lalo, 1967), studierte hier auch *Giselle* ein (1966), die er seither auf zahlreiche andere Komp.n übertragen hat. Anschließend als B.-Meister für die Fernseh-B.-Prod.en der BBC in London tätig. Einst. von *Dornröschen* in Köln (1967, dann auch Royal B. 1968, Münchner Staatsoper, 1976). Choreographierte *Danse Macabre* (Mus.: J. McCabe, Western Th. B., 1968), *Arpège* (Mus.: F.-A. Boieldieu, Royal B. School 1974, Touring Royal B. 1975) und *El amor brujo* (Mus.: de Falla, Touring Royal B., 1975). Als B.-Meister und Choreograph auch für die Bat-Dor Dance Comp. und National B. of Canada sowie als Pädagoge beim Royal B. und an der Royal B. School tätig. Associate Director des Royal B. seit 1970 und seit 1975 Resident Director der Touring Company und des heutigen Sadler's Wells Royal B., für das er *Schwanensee* einstudierte (zus. mit G. Samsova 1981, auch München 1984).

Wright, Rebecca, amer. Tänzerin, * 5. 12. 1947 Springfield (Ohio). Studierte bei J. Fasting, H. Thompson, J. und H. Schwarz sowie an der School of American B. und American B. Center. Tänzerin beim City Center Joffrey B. 1966, dort auch Solistin und Principal Dancer bis 1975, seither Solistin beim American B. Th.

Lit.: J. Gruen, in: *The Private World of Ballet*, New York 1975.

Wührer, Ully, österr. Tänzerin, * 30. 10. 1940 Wien. Studierte an der B.-Schule der Wiener Staatsoper, in deren Komp. sie 1955 eintrat, Solotänzerin 1965–77. Rollenkreationen u. a. in E. Walters *Irrfahrten des Odysseus* (Bregenz 1965) und R. Nurejews *Tancredi* (1966).

Wunderbare Mandarin, Der (ung. Originaltitel: *A csodálatos mandarin*), Pantomime in 1 Akt, Libr.: Menyhért Lengyel, Mus.: Bartók, Insz.: Hans Strohbach; UA 28. 11. 1926 Köln, mit Wilma Aug, Ernst Zeiller u. a. – Drei Strolche lassen sich von einem Mädchen aushalten und plündern deren von der Straße angeschleppte Kavaliere aus (einen lüsternen Greis und einen Studenten). Als dritter erscheint der Mandarin, der den Verführungskünsten des Mädchens zuerst völlig teilnahmslos zusieht, dann aber in um so heftigerer Leidenschaft zu ihr entflammt. Auch auf ihn stürzen sich die Strolche, versuchen, ihn auszurauben, dann zu ersticken, schließlich zu erstechen und am Ende aufzuhängen – doch erweist sich seine Liebe als stärker. Erst nachdem das Mädchen sein leidenschaftliches Begehren erfüllt hat, erlahmen seine Kräfte, kann er sterben. – Aus moralischen Gründen wurde das bei der UA noch als Pantomime dargebotene Werk auf Betreiben des damaligen Kölner Oberbürgermeisters Konrad Adenauer gleich nach der Premiere wieder vom Spielplan abgesetzt. Die von László Márkus 1931 in Budapest vorbereitete Insz. gelangte nicht einmal bis zur Premiere. Einen entscheidenden Durchsetzungserfolg bedeutete die von A. von Milloss 1942 an der Mailänder Scala herausgebrachte Insz. (Milloss hat das Werk später verschiedentlich neuchoreographiert). In Budapest choreographierte G. Harangozó 1945 die lokale EA. Seither zahlreiche Neuversionen bei den B.-Komp.n überall in der Welt, wobei noch am ehesten die von Milloss, Harangozó und L. Seregi erarbeiteten Ch.n verschiedene Einst.en erlebten.

Lit.: O. F. Regner / H.-L. Schneiders, in: *Reclams Ballettführer*, Stuttgart [8]1980.

X

Xenakis, Iannis, griech.-frz. Architekt und Komponist, * 1. 5. 1922 Braila (Rumänien). Schrieb die Musik für R. Petits *Kraanerg* (National B. of Canada, Ottawa 1969). B.e zu konzertanter Musik von ihm sind u. a. P. Taylors *Private Domain* (basierend auf *Atrées*, New York 1967), N. Morrices *Them and Us* (auf *Eonta*, B. Rambert, 1968), G. Balanchines *Metastaseis & Pithoprakta* (New York City B., 1968), M. Béjarts *Nomos Alpha* (B. du XXe Siècle, 1969, auch von G. Bohner in *Frustration-Aggression*, Berlin 1969) und N. Schmuckis *Oresteia* (Marseille 1971).

Y

Yarborough, Sara, amer. Tänzerin, * um 1950 New York, Tochter der Tanzpädagogin Lavinia Williams. Begann ihr Studium an der Tanz-Akademie ihrer Mutter in Haiti, studierte dann an der School of American B. und der Harkness B. School, trat dem Harkness B. 1967 bei, tanzte in Ailey's City Center Dance Th. seit 1971 und schloß sich 1975 dem City Center Joffrey B. an.

Young Men's & Young Women's Hebrew Association (YMHA & YWHA). Diese Institution, in der 92. Straße von New York gelegen, hat sich seit 1937 große Verdienste um die Förderung des modernen Tanzes erworben. Sie steht Tänzern und Choreographen aller Rassen und Glaubensbekenntnisse offen, bietet Tanzkurse, Vorträge, Demonstrationen und in der Kaufmann Concert Hall einen Th.-Raum, der auch für tänzerische Veranstaltungen benutzt wird. Einige der berühmtesten Vertreter des Modern Dance haben hier ihre ersten Solo- und Gruppenprogramme gegeben. Größte Verdienste um dieses jüdische Jugendkultur-Zentrum erwarb sich Dr. William Kolodney als Direktor der Erziehungsabteilung.

Youskevitch, Igor, russ.-amer. Tänzer und Pädagoge, * 13. 3. 1912 Piriytin (bei Kiew). Emigrierte 1920 mit seinen Eltern nach Belgrad, wurde dort Leistungssportler, begann erst 1932 auf Anregung der jugosl. Ballerina Xenia Grunt in Belgrad Tanz zu studieren, wurde 1933 Schüler von O. Preobrajenska in Paris und debütierte 1934 in der Komp. von B. Nijinska. Ging 1935 mit der Komp. von L. Woizikovsky auf Tournee, schloß sich dann Blums B.s de Monte Carlo an und war 1938–43 Solist beim B. Russe de Monte Carlo, wo er als einer der besten Danseurs nobles seiner Zeit sehr geschätzt war. Rollenkreationen u. a. in L. Massines *Gaîté Parisienne*, *Siebente Sinfonie* (beide 1938), *Rouge et noir* (1939); in Nijinskas *Snow Maiden* (1942) und in Schwezoffs *Der rote Mohn* (1943). Nach seinem Militärdienst tanzte er in Massines B. Russe Highlights (1946) und beim B. Th. bis 1955, wo er als ständiger Partner von Alicia Alonso auftrat. Dank seiner exzeptionellen Elévation, seiner virtuosen Technik, seiner Stilnoblesse und seiner männlichen Eleganz galt er als einer der bedeutendsten Tänzer seiner Generation. 1956 wirkte er auch in Gene Kellys Film *Einladung zum Tanz* mit. Nach 1955 reduzierte er seine tänzerischen Auftritte immer mehr zugunsten pädagogischer Aktivitäten. 1972–82 war er Leiter der Tanzfakultät der Austin University of Texas.

Yuriko (geb. Y. Kikuchi, früher auch Y. Amanaya), amer. Tänzerin, Pädagogin und Choreographin, * 2. 2. 1920 San José (Cal.). Wuchs in Japan auf, tanzte 1930–37 in Tokio, ging dann nach Amerika zurück, war bis 1941 Mitgl. der Dorothy S. Lyndall Junior Dance Group in Los Angeles, studierte an der M. Graham School und gehörte 1964–67 zu den profiliertesten Tänzerinnen ihrer Komp., als die sie u. a. Rollen in Grahams *Canticle for Innocent Comedians* (1952), *Clytemnestra* und *Embattled Garden* (beide 1958) kreierte. Arbeitete seit 1963 mit einer eigenen kleinen Gruppe zusammen, trennte sich 1968 von Graham und gab ihr Debüt mit ihrer eigenen Komp., für die sie zahlreiche Werke choreographierte. Lehrt heute in New York und arbeitet wieder mit M. Graham zusammen.

Z

Zambelli, Carlotta, ital. Tänzerin und Pädagogin, * 4. 11. 1875 Mailand, † 28. 1. 1968 ebd. Studierte an der B.-Schule der Scala und wurde an die Pariser Opéra engagiert, wo sie 1894 debütierte und Rollennachfolgerin von R. Mauri wurde. Machte eine rasche Karriere, die sie ihrer Virtuosität und ihrer Eleganz verdankte. Gastierte 1901 als letzte ausländische Ballerina am Marien-Th. in St. Petersburg und war dort in *Coppélia*, *Giselle* und *Paquita* erfolgreich. Tanzte noch bis 1930 an der Opéra und unterrichtete bis 1935 dort die Perfektionsklassen, allgemein als »Grande Mademoiselle« verehrt.

Zambra, ursprünglich Tanz- und Musikfest der span. Araber im Mittelalter. Wurde von den andalus. Zigeunern übernommen und bis in die Gegenwart hinein bewahrt. Zum Tanz wurden und werden auch häufig balladenartige Romanzen rezitiert oder gesungen. Die Z. steht im langsamen ¾-Takt.

Zapateado, die männliche Fußarbeit in den Flamenco-Tänzen, also sowohl die harten und lauten Schläge der Ferse (*taconeo*), als auch *filigrano*, die sanften, bürstenden Fußbewegungen, die in die Luft führen oder dort ausgeführt werden.

Zarabanda → Sarabande.

Zaraspe, Hector, argent. Tänzer und Pädagoge, * 1931 Tucumán. Kam durch den Volkstanz zum B. Studierte bei E. Bulnés. Tänzer am Teatro Colón 1949–52, begann dort 1951 auch zu unterrichten. Ging 1954 nach Spanien und unterrichtete dort bei den Komp.n von Mariemma und Antonio. Ließ sich 1964 in New York nieder, wo er seither an den verschiedensten Schulen, oft aber auch als Gastpädagoge im Ausland tätig ist. Zeitweilig auch B.-Direktor am Teatro Municipal in Rio de Janeiro (1971–73).

Zauberflöte, Die (russ. Originaltitel: *Wolschewnaja fleita*), B. in 1 Akt, Libr. und Ch.: L. Iwanow, Mus.: R. Drigo; UA 22. 3. 1893, Kaiserl. B.-Akademie, St. Petersburg. – Das B. spielt in einem frz. Dorf zur Zeit Ludwigs XV. Lise ist die Tochter einer wohlhabenden Bäuerin. Sie liebt Luc, einen Bauernjungen, aber der ist arm, und die Mutter besteht darauf, daß Lise den reichen Marquis heiratet. Luc ist untröstlich, aber er ist ein guter Kerl, und so schenkt er einem armen Eremiten eine Münze, woraufhin sich der mit einer Flöte revanchiert, bei deren Tönen jedermann zu tanzen anfängt. Luc bringt so das ganze Dorf zum Tanzen, aber schließlich bemächtigen sich die Dorfautoritäten seiner Flöte und verurteilen ihn zum Tode. Da aber naht Oberon, der vermeintliche ehemalige Eremit, stiftet allgemeinen Frieden und vereint die beiden Liebenden miteinander. Nach seiner Schulpremiere wurde das B. ins Rep. des Marien-Th.s übernommen. Später war es eines der beliebtesten Stücke im Rep. der A.-Pawlowa-Komp. Eine Neuversion von P. Martins beim New York City B. 1982. Zur gleichen Musik ein B. *Die Tippelbrüder* von Betty Merck (Dessau 1943). – Eine B.-Prod. unter diesem Titel zu der Musik der Oper von Mozart choreographierte M. Béjart 1981 für das B. du XXe Siècle.

Lit.: C. W. Beaumont, in: *Complete Book of Ballets*, London 1951.

Zauberladen, Der (frz. Originaltitel: *La Boutique fantasque*), B. in 1 Akt, Ch.: L. Massine, Libr.: A. Derain (auch Dek.), Mus.: O. Respighi (nach Rossini); UA 5. 6. 1919, B.s Russes de Diaghilew, Alhambra Th., London, mit E. Cecchetti, L. Lopoukhova, Massine, L. Sokolova, L. Woizikovsky u. a. Das B. stellt eine modernisierte, dramaturgisch gestraffte Bearbeitung der *Puppenfee* von 1888 dar, für die Respighi eine Reihe relativ unbekannter Stücke von Rossini neu instrumentierte. Es wurde von Massine immer wieder neu inszeniert. Auch andere Choreographen haben eigene Versionen herausgebracht, u. a. T. Gsovsky (Dt. Staatsoper Berlin, 1948) und Dia Luca (Wiener Volksoper, 1969).

Zauberwort, Das → *L'Enfant et les sortilèges.*

Zéphire et Flore, B. in 1 Akt, Libr.: B. Kochno, Ch.: L. Massine, Mus.: V. Dukelsky, Dek.: G. Braque; UA 28. 4. 1925, B.s Russes de Diaghilew, Monte Carlo, mit S. Lifar, A. Nikitina, A. Dolin u. a. Das B. stellt in Anlehnung an das B. *Flore et Zéphyre* (London 1796) von Ch. Didelot den Versuch dar, ein mythologisches B. d'action aus dem 18. Jh. zu rekonstruieren. Lifar hatte hier als Windgott Boreas seine erste größere Solorolle.

Zimmerl, Christl, österr. Tänzerin, * 27. 2. 1939 Wien, † 19. 3. 1976 ebd. Studierte an der B.-Schule der Wiener Staatsoper, Tänzerin des Staatsopern-B.s 1953, Solistin 1957, Erste Solotänzerin 1965. Rollenkreationen u. a. in E. Hankas *Mohr von Venedig* (1955) und *Medusa* (1957), in A. von Milloss' *Deserts* (1965) und *Orpheus verliert Eurydike* (1966). War mit dem damaligen Musik- und B.-Kritiker und heutigen B.-Direktor Gerhard Brunner verheiratet.

Zimmermann, Bernd Alois, dt. Komponist, * 20. 3. 1918 Bliesheim (bei Köln), † 10. 8. 1970 Königsdorf (Lövenich bei Köln). Schrieb das B. *Alagoana* (Ch.: P. Roleff, Bielefeld 1954). Auch seine konzertanten Werke komponierte er gelegentlich in Form von B.en, so u. a. *Kontraste*, Musik zu einem imaginären B. (Ch.: Roleff, Bielefeld 1954), *Présence*, Concert scénique pour violon, violoncello et piano (Ch.: J. Cranko, Schwetzingen–Stuttgart 1968), *Concerto pour violoncelle et orchestre en forme de pas de trois* (Ch.: I. Sertić, Wuppertal 1968) und *Musique pour les soupers du Roi Ubu* (Ch.: E. Walter, Düsseldorf 1968). Auch seine anderen konzertanten Kompositionen wurden gelegentlich von Choreographen ihren B.en zugrunde gelegt, so u. a. Giostra Genovese von G. Urbani in *La Chatelaine* (Bonn 1962), seine Sonate für Violoncello solo von Cranko in *Befragung* (Stuttgart 1967) und *Tratto* von G. Bohner (Berlin 1969).

Zimmermann, Gerda, dt. Tänzerin, Choreographin und Pädagogin, * 26. 3. 1927 Cuxhaven. Studierte bei Erika Kluetz in Hamburg. Tänzerin bei den Opern-B.en in Düsseldorf 1950–54 und Hannover 1954–60, wo sie auch an der Hochschule unterrichtete und mit Solotanzabenden begann. Ging 1960 nach New York, studierte weiter bei M. Graham und am Connecticut College. Unterrichtete 1964/65 in Hamburg und Hannover und seit 1966 kontinuierlich in den USA, und zwar sowohl in ihrem eigenen Studio in New York wie auch an verschiedenen Colleges, vor allem in North Carolina und Wisconsin, wo sie für ihre Schüler-Gruppen eine große Anzahl von Werken choreographiert hat.

Zlocha, Erika, österr. Tänzerin, * 8. 2. 1939 Wien. Studierte an der B.-Schule der Wiener Staatsoper. Tänzerin des Wiener Staatsopern-B.s 1953, dann auch Solistin und Erste Solotänzerin bis zur Beendigung ihrer Karriere 1982. Rollenkreationen u. a. in E. Hankas *Hotel Sacher* (1957) und D. Parlićs *Manfred* (1960) sowie im Rahmen des Staats-Opern-Rep.s die Titelrolle in G. Hamiltons *Giselle* (1955).

Zorina, Vera (geb. Eva Brigitta Hartwig), dt.-amer. Tänzerin und Schauspielerin, * 2. 1. 1917 Berlin. Studierte bei E. Eduardowa, T. und V. Gsovsky, debütierte in Max Reinhardts Prod. des *Sommernachtstraums* (1929), wirkte auch in seinen *Hoffmanns Erzählungen* (1931) mit, ging 1933 nach London, studierte dort weiter bei N. Legat und trat als Schauspielerin auf. Tanzte beim B. Russe de Monte Carlo 1934–36, wirkte 1937 in London in dem Musical *On Your Toes* mit, ging dann nach Hollywood und debütierte 1938 in dem Musical *I Married an Angel* am Broadway, wobei sie G. Balanchine kennenlernte, mit dem sie bis 1946 verheiratet war. Tanzte 1943 beim amer. B. Th., war dann wieder als Schauspielerin tätig, 1948 erstmals auch in der Titelrolle von A. Honeggers *Jeanne d'Arc auf dem Scheiterhaufen*, die sie dann auch in zahlreichen späteren Prod.en dargestellt hat, gefolgt von *Persephone* in der Salzburger M. Wallmann-Prod. von 1955, die zu einer weiteren Rollenspezialität von ihr wurde. Später kam noch die Titelrolle in Debussys *Le Martyre de Saint-Sébastien* hinzu. Tanzfilme mit ihr waren u. a. *The Goldwyn Follies* (1938), *On Your Toes* (1939) und *Star Spangled Rhythm* (1943). Noch 1982 trat sie in der von Balanchine und ihr erarbeiteten *Persephone*-Prod. beim Strawinsky-Festival des New York City B. auf.

Lit.: J. Gruen, in: *The Private World of Ballet*, New York 1975.

Zorn, Friedrich Albert, dt. Tanzlehrer und -schriftsteller. Von 1846 an Tanzlehrer am Richelieu-Gymnasium in Odessa (Rußland). Publizierte nach gründlichen Konsultationen mit P. Taglioni und A. Saint-Léon in Leipzig

1887 sein Standardwerk *Grammatik der Tanzkunst* (Theoretischer und praktischer Unterricht in der Tanzkunst und Tanzschreibkunst oder Choreographie. Nebst Atlas mit Zeichnungen und musikalischen Übungsbeispielen mit choreogr. Bezeichnung und einem besonderen Notenheft für den Musiker). Erfand eine eigene Tanzschrift, mit deren Hilfe er die von ihm vorgestellten Figuren des B.s, der Gesellschaftstänze und auch der Cachucha notierte. Eine revidierte dt. Fassung erschien 1920. Erste engl. Übersetzung Boston 1905.

Zucchi, Virginia, ital. Tänzerin und Pädagogin, * 10. 2. 1849 Parma, † 12. 10. 1930 Monte Carlo. Studierte bei C. Blasis und G. Lepri in Mailand, tanzte seit 1866 in der ital. Provinz, in Rom, Mailand, Berlin (1876–78 u. a. in P. Taglionis *Flick und Flock* und *Satanella*), London und vor allem 1885–92 in St. Petersburg, wo sie mit ihrer ital. Virtuosität entscheidenden Anteil an der technischen Perfektionierung des St. Petersburger Schulstils hatte. Sie war aber nicht nur eine brillante Technikerin, sondern auch eine dramatisch fesselnde Künstlerin. Ihre größten Erfolge hatte sie – auch in Moskau – in L. Manzottis *Brahma* sowie in M. Petipas *Tochter des Pharao*. Nach ihrer Rückkehr aus Rußland tanzte sie nur noch gelegentlich, choreographierte Opern-B.e und eröffnete schließlich eine B.-Schule in Monte Carlo, an der sie bis zu ihrem Tode unterrichtete.

Züllig, Hans, schweiz. Tänzer, Choreograph und Pädagoge, * 1. 2. 1914 Rorschach. Studierte bei K. Jooss und S. Leeder in Essen und Dartington (Engl.), war 1935–47 Solist bei den B.s Jooss, 1948/49 beim Sadler's Wells Th. B., 1949–52 beim Folkwang-Tanz-Th. in Essen, 1953/54 in Zürich, 1954–56 Pädagoge an der Essener Folkwang-Schule und Zweiter B.-Meister (neben Jooss) und Solist in Düsseldorf, 1956–61 tätig als Lehrer, Choreograph und Solist an der Chil. Universität in Santiago, seit 1961 erneut an der Folkwang-Schule, 1969 Ernennung zum Leiter dieses Tanzinstituts. Er kreierte u. a. Rollen in Jooss' *Ballade*, J. Strauß' *Tonight!* (beide 1935), *A Spring Tale* (1939), *Pandora* (1944), Leeders *Sailor's Fancy* (1943), seinem eigenen B. *Le Bosquet* (1945), A. Howards *Selina* (1948) und J. Crankos *Sea Change* (1949).

Zürich. Durch die hier von R. von Laban kurz vor Ausbruch des Ersten Weltkriegs eingerichtete Schule wurde die Stadt zu einem der Brennpunkte der modernen Ausdruckstanzbewegung. Das B. am Stadt-Th. hatte allerdings nur dekorative Aufgaben in den Opern- und Operetten-Prod.en des Hauses zu erfüllen und zog erstmals überlokale Aufmerksamkeit auf sich, als die Mlakars hier 1934–38 als B.-Chefs wirkten und die UA damals vielfach nachgespielter B.e wie *Der Teufel im Dorf* (1935) und *Eine mittelalterliche Liebe* (1936) herausbrachten. Nach dem Zweiten Weltkrieg wirkten hier Hans Macke, Jaroslav Berger und Robert Mayer als B.-Meister (Berger choreographierte die lokale EA von *Sacre du printemps* 1951 und war auch als Choreograph an der UA von Schönbergs *Moses und Aron* 1957 beteiligt). Doch erst mit der Berufung N. Beriozoffs als B.-Direktor 1964–71 wurden hier die Grundlagen für ein reguläres Rep. gelegt, mit einer dezidierten Klassiker-Pflege, die durch ausgesuchte zeitgenössische Werke ergänzt wurde, wobei die meisten Ch.n von Beriozoff selbst stammten, mit G. Fulton als Primaballerina. Dann kam R. Nurejew und studierte 1972 seine *Raymonda* hier ein. Als Nachfolger wirkten M. Descombey 1971–73, G. Cauley 1973–75 und als Kodirektoren H. Meister und J. Burth 1975–78, ohne daß einer von ihnen markantere Akzente zu setzen imstande gewesen wäre. Seit 1978 ist P. Neary hier als B.-Direktorin tätig, deren forcierter Balanchine-Pflege Z. das heute umfangreichste europ. Balanchine-Rep. verdankt, ergänzt durch Arbeiten von u. a. Nurejew (*Don Quixote* und *Manfred*), L. Seregi, V. Panov, H. van Manen, H. Spoerli und Burth. Zur Spielzeit 1985/86 übernimmt U. Scholz die B.-Direktion.

Zumbo, Francesca, frz. Tänzerin, * 28. 4. 1944 Paris. Studierte am Pariser Conservatoire und an der B.-Schule der Opéra. Tänzerin beim Grand B. du Marquis de Cuevas 1961/62, dann an der Opéra, Première danseuse 1969. Erregte beträchtliches Aufsehen, als sie zusammen mit P. Bart beim Moskauer Tänzerwettbewerb 1969 den für dortige Verhältnisse als außerordentlich gewagt empfundenen *Bhakti*-Pas-de-deux von M. Béjart tanzte (und damit eine Goldmedaille gewann). Häufige Ballerinengastspiele bei anderen Komp.n (u. a. Bolschoi-B. und Royal Winnipeg B.).